2025

míni CÓDIGO saraiva

PROCESSO PENAL
e Legislação Complementar

Inclui **MATERIAL SUPLEMENTAR**
- Constituição Federal

CB066347

saraiva jur

LEGISLAÇÃO BRASILEIRA

míni CÓDIGO saraiva

PROCESSO PENAL

e Legislação Complementar

Decreto-lei n. 3.689, de 3 de outubro de 1941,
acompanhado de Legislação Complementar, Súmulas e Índices.

31.ª edição
2025

- O Grupo Editorial Nacional | Saraiva Jur empenhou seus melhores esforços para assegurar que as informações e os procedimentos apresentados no texto estejam em acordo com os padrões aceitos à época da publicação, *e todos os dados foram atualizados até a data de fechamento do livro*. Entretanto, tendo em conta a evolução das ciências, as atualizações legislativas, as mudanças regulamentares governamentais e o constante fluxo de novas informações sobre os temas que constam do livro, recomendamos enfaticamente que os leitores consultem sempre outras fontes fidedignas, de modo a se certificarem de que as informações contidas no texto estão corretas e de que não houve alterações nas recomendações ou na legislação regulamentadora.

- Fechamento desta edição: 17/12/2024

- A equipe e a editora se empenharam para citar adequadamente e dar o devido crédito a todos os detentores de direitos autorais de qualquer material utilizado neste livro, dispondo-se a possíveis acertos posteriores caso, inadvertida e involuntariamente, a identificação de algum deles tenha sido omitida.

- Direitos exclusivos para a língua portuguesa
  Copyright ©2025 by
  Saraiva Jur, um selo da SRV Editora Ltda.
  Uma editora integrante do GEN | Grupo Editorial Nacional
  Travessa do Ouvidor, 11
  Rio de Janeiro – RJ – 20040-040

- **Atendimento ao cliente: https://www.editoradodireito.com.br/contato**

- Reservados todos os direitos. É proibida a duplicação ou reprodução deste volume, no todo ou em parte, em quaisquer formas ou por quaisquer meios (eletrônico, mecânico, gravação, fotocópia, distribuição pela Internet ou outros), sem permissão, por escrito, da **SRV Editora Ltda**.

- Capa: Tiago Dela Rosa
  Diagramação: Fabricando Ideias Design Editorial

- **DADOS INTERNACIONAIS DE CATALOGAÇÃO NA PUBLICAÇÃO (CIP)**
  VAGNER RODOLFO DA SILVA – CRB-8/9410

S243m   Saraiva
    Minicódigo de processo penal / Saraiva ; organização Equipe Saraiva Jur. – 31.
    ed. – São Paulo : Saraiva Jur, 2025.

624 p.
ISBN 978-85-5362-475-1

1. Direito. 2. Direito penal. 3. Processo penal. I. Título.

                        CDD 345
2024-3403   CDU 343

Índices para catálogo sistemático:
1. Direito penal   345
2. Direito penal   343

Indicador Geral

Apresentação dos Códigos Saraiva	VII
Nota dos Organizadores	IX
Abreviaturas	XIII
Índice Cronológico da Legislação	XVII
Lei de Introdução ao Código de Processo Penal (Decreto-lei n. 3.931, de 11-12-1941)	3
Exposição de Motivos do Código de Processo Penal	7
Índice Sistemático do Código de Processo Penal	19
Código de Processo Penal (Decreto-lei n. 3.689, de 3-10-1941)	25
Legislação Complementar	137
Súmulas do Supremo Tribunal Federal	495
Súmulas Vinculantes	503
Súmulas do Superior Tribunal de Justiça	507
Índice Alfabético da Legislação Complementar e das Súmulas	517
Índice Alfabético do Código de Processo Penal	545

Constituição da República Federativa do Brasil, acesse:

> *https://uqr.to/1wztp*

*O seu acesso tem validade de 12 meses a contar da data de fechamento desta edição.

Apresentação dos Códigos Saraiva

Pioneira na exemplar técnica desenvolvida de atualização de Códigos e Legislação, como comprova o avançado número de suas edições e versões, a Saraiva Jur apresenta sua consagrada "Coleção de Códigos", aumentada e atualizada.

Mantivemos, nesta edição, os diferenciais reconhecidos como vantajosos, a saber:

– composição, diagramação e *layout*, que justificam a **portabilidade**;

– texto na íntegra da **Constituição Federal** (Acesso via *QR code* ou *link*);

– temas no alto da página indicando o **assunto tratado** naquele trecho do Código e da Legislação complementar;

– **tarjas** laterais, que aceleram a pesquisa;

– texto de orelha (parte interna da capa) com **dicas** que facilitam a consulta rápida;

– notas **fundamentais** e índices facilitadores da consulta;

– **destaques** indicando as alterações legislativas de **2024**;

– **negrito** para ressaltar artigos, títulos, capítulos, seções, súmulas e índices.

Organizar o produto ideal sempre constitui um desafio. Muitos perseguem essa meta. Mas, conjugados os esforços de nossa equipe ao parecer valioso de tantos cultores do Direito, acreditamos que esta ferramenta de trabalho e estudo seja diagnosticada como positiva.

Sempre receptivos a sugestões, desejamos a todos bom uso.

Nota dos Organizadores

CONSTITUIÇÃO FEDERAL E EMENDAS CONSTITUCIONAIS (material suplementar)

O texto completo da Constituição Federal e das emendas constitucionais poderá ser acessado através do *QR code* ou *link* abaixo:

Acesse o material suplementar

> *https://uqr.to/1wztp*

*O seu acesso tem validade de 12 meses a contar da data de fechamento desta edição.

DESTAQUES

 ➝ Dispositivos incluídos e/ou alterados em 2024.

MEDIDAS PROVISÓRIAS

Medidas Provisórias são normas com força de lei editadas pelo Presidente da República em situações de relevância e urgência (CF, art. 62). Apesar de produzirem efeitos jurídicos imediatos, devem ser submetidas à apreciação das Casas do Congresso Nacional (Câmara dos Deputados e Senado Federal) para serem convertidas definitivamente em lei ordinária.

O prazo inicial de vigência de uma Medida Provisória é de 60 dias, prorrogável por igual período, caso não tenha sua votação concluída nas duas Casas do Congresso Nacional. Se não for apreciada em até 45 dias, contados da sua publicação, entra em regime de urgência, sobrestando todas as demais deliberações legislativas da Casa em que estiver tramitando.

Considerando que as Medidas Provisórias estão sujeitas a avalição posterior pelo Congresso Nacional, podendo ou não serem convertidas em lei, no caso de sua apreciação não ocorrer até o fechamento da edição da obra, a redação anterior do dispositivo alterado é mantida em forma de nota.

MINISTÉRIOS

Mantivemos a redação original no texto do Código e da Legislação Complementar, com a denominação dos Ministérios vigente à época da norma.

A Lei n. 14.600, de 19-6-2023, estabelece a organização básica dos órgãos da Presidência da República e dos Ministérios e dispõe em seu art. 17 sobre a denominação atual dos Ministérios.

MULTAS

Dispõe a Lei n. 7.209, de 11 de julho de 1984: "Art. 2.º São canceladas, na Parte Especial do Código Penal e nas leis especiais alcançadas pelo art. 12 do Código Penal, quaisquer referências a valores de multas, substituindo-se a expressão *multa de* por *multa*".

O citado art. 12 do Código Penal diz: "as regras gerais deste Código aplicam-se aos fatos incriminados por lei especial, se esta não dispuser de modo diverso".

NORMAS ALTERADORAS

Normas alteradoras são aquelas que não possuem texto próprio, mas apenas alteram outros diplomas, ou **cujo texto não é relevante para a obra**. Para facilitar a consulta, já processamos as alterações no texto da norma alterada.

Notas

As notas foram selecionadas de acordo com seu grau de importância, e estão separadas em fundamentais (grafadas com ••) e acessórias (grafadas com •).

PODER JUDICIÁRIO

– Os *Tribunais de Apelação*, a partir da promulgação da Constituição Federal de 1946, passaram a denominar-se *Tribunais de Justiça*.

– O *Tribunal Federal de Recursos* foi extinto pela Constituição Federal de 1988, nos termos do art. 27 do ADCT.

– Os *Tribunais de Alçada* foram extintos pela Emenda Constitucional n. 45, de 8 de dezembro de 2004, passando os seus membros a integrar os Tribunais de Justiça dos respectivos Estados.

SIGLAS

– OTN (OBRIGAÇÕES DO TESOURO NACIONAL)

A Lei n. 7.730, de 31 de janeiro de 1989, extinguiu a OTN Fiscal e a OTN de que trata o art. 6.º do Decreto-lei n. 2.284, de 10 de março de 1986.

A Lei n. 7.784, de 28 de junho de 1989, diz em seu art. 2.º que "todas as penalidades previstas na legislação em vigor em quantidades de Obrigações do Tesouro Nacional – OTN serão convertidas para Bônus do Tesouro Nacional – BTN, à razão de 1 para 6,92".

Com a Lei n. 8.177, de 1.º de março de 1991, ficaram extintos, a partir de 1.º de fevereiro de 1991, o BTN (Bônus do Tesouro Nacional), de que trata o art. 5.º da Lei n. 7.777, de 19 de junho de 1989, o BTN Fiscal, instituído pela Lei n. 7.799, de 10 de julho de 1989, e o MVR (Maior Valor de Referência). A mesma Lei n. 8.177/91 criou a TR (Taxa Referencial) e a TRD (Taxa Referencial Diária), que são divulgadas pelo Banco Central do Brasil. A Lei n. 8.660, de 28 de maio de 1993, estabeleceu novos critérios para a fixação da Taxa Referencial – TR e extinguiu a Taxa Referencial Diária – TRD.

A Lei n. 9.365, de 16 de dezembro de 1996, instituiu a Taxa de Juros de Longo Prazo – TJLP.

– URV (UNIDADE REAL DE VALOR)

Com a Lei n. 8.880, de 27 de maio de 1994, foi instituída a Unidade Real de Valor – URV, para integrar o Sistema Monetário Nacional, sendo extinta pela Lei n. 9.069, de 29 de junho de 1995.

– UFIR (UNIDADE FISCAL DE REFERÊNCIA)

A Lei n. 8.383, de 30 de dezembro de 1991, "instituiu a UFIR (Unidade Fiscal de Referência) como medida de valor e parâmetro de atualização monetária de tributos e de valores expressos em cruzeiros na legislação tributária federal, bem como os relativos a multas e penalidades de qualquer natureza".

O art. 43 da Lei n. 9.069, de 29 de junho de 1995, extinguiu, a partir de 1.º de setembro de 1994, a UFIR diária de que trata a Lei n. 8.383, de 30 de dezembro de 1991.

A Lei n. 8.981, de 20 de janeiro de 1995, que altera a legislação tributária, fixa em seu art. 1.º a expressão monetária da Unidade Fiscal de Referência – UFIR.

O art. 6.º da Lei n. 10.192, de 14 de fevereiro de 2001, disciplinou o reajuste semestral da UFIR durante o ano de 1996 e anualmente após 1.º de janeiro de 1997. O § 3.º do art. 29 da Lei n. 10.522, de 19 de julho de 2002, extinguiu a UFIR, estabelecendo a reconversão dos créditos para o Real, para fins de débitos de qualquer natureza com a Fazenda Nacional.

SÚMULAS

Constam deste volume apenas as Súmulas do STF e do STJ relacionadas à legislação processual penal.

Sendo assim, a inexistência de súmulas nesta obra não significa que elas tenham sido revogadas ou estejam prejudicadas.

Foram disponibilizadas todas as Súmulas Vinculantes do STF, tendo em vista seu interesse constitucional.

Em virtude de eventual proibição do uso de súmulas em provas, inserimos nesta edição um recuo na parte destinada a elas, para a utilização de grampeador sem prejuízo do conteúdo da obra.

TEXTOS PARCIAIS

Alguns diplomas deixam de constar integralmente. Nosso propósito foi o de criar espaço para normas mais utilizadas no dia a dia dos profissionais e acadêmicos. A obra mais ampla atenderá aqueles que, ao longo de tantos anos, vêm prestigiando nossos Códigos.

VALORES

São originais todos os valores citados na legislação constante deste Código.

Como muitos valores não comportavam transformação, em face das inúmeras modificações impostas à nossa moeda, entendemos que esta seria a melhor das medidas. Para conhecimento de nossos consulentes, este o histórico de nossa moeda:

a) O Decreto-lei n. 4.791, de 5 de outubro de 1942, instituiu o CRUZEIRO como unidade monetária brasileira, denominada CENTAVO a sua centésima parte. O cruzeiro passava a corresponder a mil-réis.

b) A Lei n. 4.511, de 1.º de dezembro de 1964, manteve o CRUZEIRO, mas determinou a extinção do CENTAVO.

c) O Decreto-lei n. 1, de 13 de novembro de 1965, instituiu o CRUZEIRO NOVO, correspondendo o cruzeiro até então vigente a um milésimo do cruzeiro novo, restabelecido o centavo. Sua vigência foi fixada para a partir de 13 de fevereiro de 1967, conforme Resolução n. 47, de 8 de fevereiro de 1967, do Banco Central da República do Brasil.

d) A Resolução n. 144, de 31 de março de 1970, do Banco Central do Brasil, determinou que a unidade do sistema monetário brasileiro passasse a denominar-se CRUZEIRO.

e) A Lei n. 7.214, de 15 de agosto de 1984, extinguiu o CENTAVO.

f) O Decreto-lei n. 2.284, de 10 de março de 1986, criou o CRUZADO, em substituição ao CRUZEIRO, correspondendo o cruzeiro a um milésimo do cruzado.

g) A Lei n. 7.730, de 31 de janeiro de 1989, instituiu o CRUZADO NOVO em substituição ao CRUZADO e manteve o CENTAVO. O cruzado novo correspondeu a um mil cruzados.

h) Por determinação da Lei n. 8.024, de 12 de abril de 1990, a moeda nacional passou a denominar-se CRUZEIRO, sem outra modificação, mantido o centavo e correspondendo o cruzeiro a um cruzado novo.

i) A Lei n. 8.697, de 27 de agosto de 1993, alterou a moeda nacional, estabelecendo a denominação CRUZEIRO REAL para a unidade do sistema monetário brasileiro. A unidade equivalia a um mil cruzeiros e sua centésima parte denominava-se CENTAVO.

j) A Lei n. 8.880, de 27 de maio de 1994, dispondo sobre o Programa de Estabilização Econômica e o Sistema Monetário Nacional, instituiu a UNIDADE REAL DE VALOR – URV.

k) A unidade do Sistema Monetário Nacional, por determinação da Lei n. 9.069, de 29 de junho de 1995 (art. 1.º), passou a ser o REAL. As importâncias em dinheiro serão grafadas precedidas do símbolo R$ (art. 1.º, § 1.º). A centésima parte do REAL, denominada "centavo", será escrita sob a forma decimal, precedida da vírgula que segue a unidade (art. 1.º, § 2.º).

Organizadores

Abreviaturas

ADC	–	Ação Declaratória de Constitucionalidade
ADCT	–	Ato das Disposições Constitucionais Transitórias
ADI(s)	–	Ação(ões) Direta(s) de Inconstitucionalidade
ADPF	–	Arguição de Descumprimento de Preceito Fundamental
AGU	–	Advocacia-Geral da União
BTN	–	Bônus do Tesouro Nacional
CADE	–	Conselho Administrativo de Defesa Econômica
CBA	–	Código Brasileiro de Aeronáutica
CC	–	Código Civil
c/c	–	combinado com
CCom	–	Código Comercial
CDC	–	Código de Proteção e Defesa do Consumidor
CE	–	Código Eleitoral
CETRAN	–	Conselhos Estaduais de Trânsito
CF	–	Constituição Federal
CGSIM	–	Comitê para Gestão da Rede Nacional para a Simplificação do Registro e da Legalização de Empresas e Negócios
CGSN	–	Comitê Gestor do Simples Nacional
CJF	–	Conselho da Justiça Federal
CLT	–	Consolidação das Leis do Trabalho
CNAP	–	Cadastro Nacional de Aprendizagem Profissional
CNDT	–	Certidão Negativa de Débitos Trabalhistas
CNDU	–	Conselho Nacional de Desenvolvimento Urbano
CNJ	–	Conselho Nacional de Justiça
CNMP	–	Conselho Nacional do Ministério Público
CNPCP	–	Conselho Nacional de Política Criminal e Penitenciária
COAF	–	Conselho de Controle de Atividades Financeiras
COLOG	–	Comando Logístico do Exército
CONAD	–	Conselho Nacional Antidrogas
CONAMA	–	Conselho Nacional do Meio Ambiente
CONANDA	–	Conselho Nacional dos Direitos da Criança e do Adolescente
CONASP	–	Conselho Nacional de Segurança Pública
CONTRADIFE	–	Conselho de Trânsito do Distrito Federal
CONTRAN	–	Conselho Nacional de Trânsito

Abreviaturas

CP	–	Código Penal
CPC	–	Código de Processo Civil
CPP	–	Código de Processo Penal
CRPS	–	Conselho de Recursos da Previdência Social
CTB	–	Código de Trânsito Brasileiro
CTN	–	Código Tributário Nacional
CTPS	–	Carteira de Trabalho e Previdência Social
CVM	–	Comissão de Valores Mobiliários
DJE	–	*Diário da Justiça Eletrônico*
DJU	–	*Diário da Justiça da União*
DNRC	–	Departamento Nacional de Registro do Comércio
DOU	–	*Diário Oficial da União*
DPU	–	Defensoria Pública da União
EAOAB	–	Estatuto da Advocacia e da Ordem dos Advogados do Brasil
EC	–	Emenda Constitucional
ECA	–	Estatuto da Criança e do Adolescente
EIRELI	–	Empresa Individual de Responsabilidade Limitada
FCDF	–	Fundo Constitucional do Distrito Federal
FGTS	–	Fundo de Garantia do Tempo de Serviço
FUNAD	–	Fundo Nacional Antidrogas
HC	–	*Habeas corpus*
INSS	–	Instituto Nacional do Seguro Social
JARI	–	Juntas Administrativas de Recursos de Infrações
JEFs	–	Juizados Especiais Federais
LCP	–	Lei das Contravenções Penais
LDA	–	Lei de Direitos Autorais
LEF	–	Lei de Execução Fiscal
LEP	–	Lei de Execução Penal
LINDB	–	Lei de Introdução às Normas do Direito Brasileiro
LOM	–	Lei Orgânica da Magistratura
LPI	–	Lei de Propriedade Industrial
LRP	–	Lei de Registros Públicos
LSA	–	Lei de Sociedades Anônimas
MJSP	–	Ministério da Justiça e Segurança Pública
MTE	–	Ministério do Trabalho e Emprego
MVR	–	Maior Valor de Referência
OIT	–	Organização Internacional do Trabalho
OJ(s)	–	Orientação(ões) Jurisprudencial(ais)
OTN	–	Obrigação do Tesouro Nacional
PIA	–	Plano Individual de Atendimento

Abreviaturas

PNC	–	Plano Nacional de Cultura
PRONAC	–	Programa Nacional de Apoio à Cultura
PRONAICA	–	Programa Nacional de Atenção Integral à Criança e ao Adolescente
PRONASCI	–	Programa Nacional de Segurança Pública com Cidadania
RENACH	–	Registro Nacional de Carteiras de Habilitação
RENAVAM	–	Registro Nacional de Veículos Automotores
s.	–	seguinte(s)
SDI-1	–	Subseção 1 da Seção Especializada em Dissídios Individuais
SDI-2	–	Subseção 2 da Seção Especializada em Dissídios Individuais
SDC	–	Seção Especializada em Dissídios Coletivos
SENAD	–	Secretaria Nacional Antidrogas
SENAR	–	Serviço Nacional de Aprendizes Rurais
SENASP	–	Secretaria Nacional de Segurança Pública
SIGMA	–	Sistema de Gerenciamento Militar de Armas
SINAMOB	–	Sistema Nacional de Mobilização
SINARM	–	Sistema Nacional de Armas
SINASE	–	Sistema Nacional de Atendimento Socioeducativo
SINESP	–	Sistema Nacional de Informações de Segurança Pública, Prisionais e sobre Drogas
SISNAD	–	Sistema Nacional de Políticas Públicas sobre Drogas
SNDC	–	Sistema Nacional de Defesa do Consumidor
SNIIC	–	Sistema Nacional de Informação e Indicadores Culturais
STF	–	Supremo Tribunal Federal
STJ	–	Superior Tribunal de Justiça
STM	–	Superior Tribunal Militar
SUDAM	–	Superintendência de Desenvolvimento da Amazônia
SUDECO	–	Superintendência de Desenvolvimento do Centro-Oeste
SUDENE	–	Superintendência de Desenvolvimento do Nordeste
SUFRAMA	–	Superintendência da Zona Franca de Manaus
TCU	–	Tribunal de Contas da União
TFR	–	Tribunal Federal de Recursos
TJ	–	Tribunal de Justiça
TJLP	–	Taxa de Juros de Longo Prazo
TR	–	Taxa Referencial
TRD	–	Taxa Referencial Diária
TRF	–	Tribunal Regional Federal
TSE	–	Tribunal Superior Eleitoral
TST	–	Tribunal Superior do Trabalho
UFIR	–	Unidade Fiscal de Referência
URV	–	Unidade Real de Valor

Índice Cronológico da Legislação

DECRETOS:

4.388 – de 25-9-2002 (Tribunal Penal Internacional) 285
5.912 – de 27-9-2006 (Drogas) 391
6.488 – de 19-6-2008 (Bebidas Alcoólicas) 403
7.627 – de 24-11-2011 (Monitoração Eletrônica) 409
7.950 – de 12-3-2013 (Identificação de Perfis Genéticos) 417
8.858 – de 26-9-2016 (Algemas) 435
9.847 – de 25-6-2019 (Desarmamento – Regulamento) 444
11.480 – de 6-4-2023 (Conselho Nacional de Políticas sobre Drogas) 468
11.615 – de 21-7-2023 (Desarmamento – Regulamento) 470

DECRETOS-LEIS:

2.848 – de 7-12-1940 (Ação Penal) 137
3.689 – de 3-10-1941 (Código de Processo Penal) 25
3.931 – de 11-12-1941 (Lei de Introdução) 3
201 – de 27-2-1967 (Crimes de Responsabilidade) 168

LEIS:

1.060 – de 5-2-1950 (Assistência Judiciária) 149
1.079 – de 10-4-1950 (Crimes de Responsabilidade) 151
1.408 – de 9-8-1951 (Prazos Judiciais) 162
1.521 – de 26-12-1951 (Crimes contra a Economia Popular) 162
1.579 – de 18-3-1952 (Comissão Parlamentar de Inquérito) 165
4.737 – de 15-7-1965 (Crimes Eleitorais) 166
5.249 – de 9-2-1967 (Abuso de Autoridade) 168
5.256 – de 6-4-1967 (Prisão Especial) 170
5.970 – de 11-12-1973 (Trânsito) 170
7.106 – de 28-6-1983 (Crimes de Responsabilidade) 171
7.210 – de 11-7-1984 (Execução Penal) 171
7.492 – de 16-6-1986 (Crimes contra o Sistema Financeiro) 200
7.716 – de 5-1-1989 (Crimes de Preconceito) 203
7.960 – de 21-12-1989 (Prisão Temporária) 206
8.038 – de 28-5-1990 (Processos perante o STJ e o STF) 207
8.069 – de 13-7-1990 (Criança e Adolescente) 211

Índice Cronológico da Legislação

8.072 – de 25-7-1990 (Crimes Hediondos)	230
8.078 – de 11-9-1990 (Consumidor)	232
8.257 – de 26-11-1991 (Drogas)	236
8.658 – de 26-5-1993 (Processos perante o TJ e o TRF)	237
9.051 – de 18-5-1995 (Documentos)	238
9.099 – de 26-9-1995 (Juizados Especiais)	238
9.279 – de 14-5-1996 (Propriedade Industrial)	249
9.296 – de 24-7-1996 (Interceptação Telefônica)	252
9.455 – de 7-4-1997 (Tortura)	254
9.503 – de 23-9-1997 (Código de Trânsito)	255
9.613 – de 3-3-1998 ("Lavagem" de Dinheiro)	261
9.800 – de 26-5-1999 (Atos Processuais)	270
9.807 – de 13-7-1999 (Proteção a Vítimas e Testemunhas)	271
9.868 – de 10-11-1999 (ADI e ADC)	274
9.882 – de 3-12-1999 (ADPF)	278
10.001 – de 4-9-2000 (Comissão Parlamentar de Inquérito)	280
10.259 – de 12-7-2001 (Juizados Especiais)	280
10.446 – de 8-5-2002 (Segurança Pública)	284
10.741 – de 1.º-10-2003 (Pessoa Idosa)	332
10.792 – de 1.º-12-2003 (Execução Penal)	341
10.826 – de 22-12-2003 (Estatuto do Desarmamento)	342
11.101 – de 9-2-2005 (Crimes Falimentares)	353
11.340 – de 7-8-2006 (Violência Doméstica)	359
11.343 – de 23-8-2006 (Drogas)	369
11.417 – de 19-12-2006 (Súmula Vinculante)	393
11.419 – de 19-12-2006 (Informatização do Processo Judicial)	395
11.473 – de 10-5-2007 (Segurança Pública)	398
11.636 – de 28-12-2007 (Custas Judiciais)	399
11.705 – de 19-6-2008 (Bebidas Alcoólicas)	402
12.016 – de 7-8-2009 (Mandado de Segurança)	403
12.037 – de 1.º-10-2009 (Identificação Criminal)	407
12.594 – de 18-1-2012 (SINASE)	410
12.694 – de 24-7-2012 (Crime Organizado)	415
12.830 – de 20-6-2013 (Apuração/Investigação Criminal)	420
12.850 – de 2-8-2013 (Crime Organizado)	420
13.188 – de 11-11-2015 (Direito de Resposta)	428
13.260 – de 16-3-2016 (Antiterrorismo)	431
13.300 – de 23-6-2016 (Mandados de Injunção Individual e Coletivo)	433
13.344 – de 6-10-2016 (Tráfico de Pessoas)	436
13.445 – de 24-5-2017 (Institui a Lei de Migração)	438

Índice Cronológico da Legislação

13.869 – de 5-9-2019 (Abuso de Autoridade) 450
13.974 – de 7-1-2020 (Conselho de Controle de Atividades Financeiras – Coaf) 455
14.022 – de 7-7-2020 (Medidas contra Violência Doméstica e Familiar – Covid-19).. 457
14.188 – de 28-7-2021 (Programa de Cooperação Sinal Vermelho contra a Violência Doméstica) 459
14.344 – de 24-5-2022 (Lei "Henry Borel") 460
14.478 – de 21-12-2022 (Serviços de Ativos Virtuais) 466

Lei de Introdução

Lei de Introdução

DECRETO-LEI N. 3.931, DE 11 DE DEZEMBRO DE 1941 (*)

Lei de Introdução ao Código de Processo Penal (Decreto-lei n. 3.689, de 3-10-1941).

O Presidente da República, usando da atribuição que lhe confere o art. 180 da Constituição, decreta:(*)

Art. 1.º O Código de Processo Penal aplicar-se-á aos processos em curso a 1.º de janeiro de 1942, observado o disposto nos artigos seguintes, sem prejuízo da validade dos atos realizados sob a vigência da legislação anterior.

Art. 2.º À prisão preventiva e à fiança aplicar-se-ão os dispositivos que forem mais favoráveis.

Art. 3.º O prazo já iniciado, inclusive o estabelecido para a interposição de recurso, será regulado pela lei anterior, se esta não prescrever prazo menor do que o fixado no Código de Processo Penal.

Art. 4.º A falta de arguição em prazo já decorrido, ou dentro no prazo iniciado antes da vigência do Código Penal e terminado depois de sua entrada em vigor, sanará a nulidade, se a legislação anterior lhe atribui este efeito.

•• O CP aprovado pelo Decreto-lei n. 2.848, de 7-12-1940, entrou em vigor no dia 1.º-1-1942.

Art. 5.º Se tiver sido intentada ação pública por crime que, segundo o Código Penal, só admite ação privada, esta, salvo decadência intercorrente, poderá prosseguir nos autos daquela, desde que a parte legítima para intentá-la ratifique os atos realizados e promova o andamento do processo.

Art. 6.º As ações penais, em que já se tenha iniciado a produção de prova testemunhal, prosseguirão, até a sentença de primeira instância, com o rito estabelecido na lei anterior.

§ 1.º Nos processos cujo julgamento, segundo a lei anterior, competia ao júri e, pelo Código de Processo Penal, cabe a juiz singular:

a) concluída a inquirição das testemunhas de acusação, proceder-se-á a interrogatório do réu, observado o disposto nos arts. 395 e 396, parágrafo único, do mesmo Código, prosseguindo-se depois de produzida a prova de defesa, de acordo com o que dispõem os arts. 499 e segs.;

b) se, embora concluída a inquirição das testemunhas de acusação, ainda não houver sentença de pronúncia ou impronúncia, prosseguir-se-á na forma da letra anterior;

c) se a sentença de pronúncia houver passado em julgado, ou dela não tiver ainda sido interposto recurso, prosseguir-se-á na forma da letra *a*;

d) se, havendo sentença de impronúncia, esta passar em julgado, só poderá ser instaurado o processo no caso do art. 409, parágrafo único, do Código de Processo Penal;

e) se tiver sido interposto recurso da sentença de pronúncia, aguardar-se-á o julgamento do mesmo, observando-se, afinal, o disposto na letra *b* ou na letra *d*.

§ 2.º Aplicar-se-á o disposto no § 1.º aos processos da competência do juiz singular nos quais exista a pronúncia, segundo a lei anterior.

§ 3.º Subsistem os efeitos da pronúncia, inclusive a prisão.

§ 4.º O julgamento caberá ao júri se, na sentença de pronúncia, houver sido uo for o crime classificado no § 1.º ou § 2.º do art. 295 da Consolidação das Leis Penais.

•• A Consolidação das Leis Penais (Decreto n. 22.213, de 14-12-1932) foi substituída pelo CP de 1940.

Art. 7.º O juiz da pronúncia, ao classificar o crime, consumado ou tentado, não poderá reconhecer a existência de causa especial de diminuição da pena.

Art. 8.º As perícias iniciadas antes de 1.º de janeiro de 1942 prosseguirão de acordo com a legislação anterior.

(*) Publicado no *DOU*, de 13-12-1941.

Art. 9.º Os processos de contravenções, em qualquer caso, prosseguirão na forma da legislação anterior.

Art. 10. No julgamento, pelo júri, de crime praticado antes da vigência do Código Penal, observar-se-á o disposto no art. 78 do Decreto-lei n. 167, de 5 de janeiro de 1938, devendo os quesitos ser formulados de acordo com a Consolidação das Leis Penais.

•• Citado Decreto-lei regulava a instituição do júri, matéria hoje regida pelos arts. 74, 78, 81, 106, e 406 a 497 do CPP, e art. 5.º, XXXVIII, da CF.

§ 1.º Os quesitos sobre causas de exclusão de crime, ou de isenção de pena, serão sempre formulados de acordo com a lei mais favorável.

§ 2.º Quando as respostas do júri importarem condenação, o presidente do tribunal fará o confronto da pena resultante dessas respostas e da que seria imposta segundo o Código Penal, e aplicará a mais benigna.

§ 3.º Se o confronto das penas concretizadas, segundo uma e outra lei, depender do reconhecimento de algum fato previsto no Código Penal, e que, pelo Código de Processo Penal, deva constituir objeto de quesito, o juiz o formulará.

Art. 11. Já tendo sido interposto recurso de despacho ou de sentença, as condições de admissibilidade, a forma e o julgamento serão regulados pela lei anterior.

Art. 12. No caso do art. 673 do Código de Processo Penal, se tiver sido imposta medida de segurança detentiva ao condenado, este será removido para estabelecimento adequado.

Art. 13. A aplicação da lei nova a fato julgado por sentença condenatória irrecorrível, nos casos previstos no art. 2.º e seu parágrafo, do Código Penal, far-se-á mediante despacho do juiz, de ofício, ou a requerimento do condenado ou do Ministério Público.

§ 1.º Do despacho caberá recurso, em sentido estrito.

§ 2.º O recurso interposto pelo Ministério Público terá efeito suspensivo, no caso de condenação por crime a que a lei anterior comine, no máximo, pena privativa de liberdade, por tempo igual ou superior a 8 (oito) anos.

Art. 14. No caso de infração definida na legislação sobre a caça, verificado que o agente foi, anteriormente, punido, administrativamente, por qualquer infração prevista na mesma legislação, deverão ser os autos remetidos à autoridade judiciária que, mediante portaria, instaurará o processo, na forma do art. 531 do Código de Processo Penal.

Parágrafo único. O disposto neste artigo não exclui a forma de processo estabelecido no Código de Processo Penal, para o caso de prisão em flagrante de contraventor.

Art. 15. No caso do art. 145, IV, do Código de Processo Penal, o documento reconhecido como falso será, antes de desentranhado dos autos, rubricado pelo juiz e pelo escrivão em cada uma de suas folhas.

Art. 16. Esta Lei entrará em vigor no dia 1.º de janeiro de 1942, revogadas as disposições em contrário.

Rio de Janeiro, 11 de dezembro de 1941; 120.º da Independência e 53.º da República.

GETÚLIO VARGAS

Exposição de Motivos

Exposição de Motivos do Código de Processo Penal (*)

(DECRETO-LEI N. 3.689, DE 3-10-1941)

MINISTÉRIO DA JUSTIÇA E NEGÓCIOS INTERIORES
GABINETE DO MINISTRO

Em 8 de setembro de 1941

Senhor Presidente:

Tenho a honra de passar às mãos de Vossa Excelência o projeto do Código de Processo Penal do Brasil.

Como sabe Vossa Excelência, ficara inicialmente resolvido que a elaboração do projeto de Código único para o processo penal não aguardasse a reforma, talvez demorada, do Código Penal de 90.

Havia um dispositivo constitucional a atender, e sua execução não devia ser indefinidamente retardada. Entretanto, logo após a entrega do primitivo projeto, organizado pela Comissão oficial e afeiçoado à legislação penal substantiva ainda em vigor, foi apresentado pelo Senhor Alcântara Machado, em desempenho da missão que lhe confiara o Governo, o seu anteprojeto de novo Código Penal. A presteza com que o insigne e pranteado professor da Faculdade de Direito de São Paulo deu conta de sua árdua tarefa fez com que se alterasse o plano traçado em relação ao futuro Código de Processo Penal. Desde que já se podia prever para breve tempo a efetiva remodelação da nossa antiquada lei penal material, deixava de ser aconselhado que se convertesse em lei o projeto acima aludido, pois estaria condenado a uma existência efêmera.

Decretado o novo Código Penal, foi então empreendida a elaboração do presente projeto, que resultou de um cuidadoso trabalho de revisão e adaptação do projeto anterior.

Se for convertido em lei, não estará apenas regulada a atuação da justiça penal em correspondência com o referido novo Código e com a Lei de Contravenções (cujo projeto, nesta data, apresento igualmente à apreciação de Vossa Excelência): estará, no mesmo passo, finalmente realizada a homogeneidade do direito judiciário penal no Brasil, segundo reclamava, de há muito, o interesse da boa administração da justiça, aliado ao próprio interesse da unidade nacional.

A REFORMA DO PROCESSO PENAL VIGENTE

II – De par com a necessidade de coordenação sistemática das regras do processo penal num Código único para todo o Brasil, impunha-se o seu ajustamento ao objetivo de maior eficiência e energia da ação repressiva do Estado contra os que delinquem. As nossas vigentes leis de processo penal asseguram aos

---

(*) Publicada no *DOU*, de 13-10-1941. Mantivemos aqui o texto original da Exposição de Motivos do Código de Processo Penal de 1941, privilegiando seu valor histórico. Portanto, após inúmeras alterações em seu texto, alguns pontos da Exposição de Motivos estão em desacordo com a norma vigente.

réus, ainda que colhidos em flagrante ou confundidos pela evidência das provas, um tão extenso catálogo de garantias e favores, que a repressão se torna, necessariamente, defeituosa e retardatária, decorrendo daí um indireto estímulo à expansão da criminalidade. Urge que seja abolida a injustificável primazia do interesse do indivíduo sobre o da tutela social. Não se pode continuar a contemporizar com pseudodireitos individuais em prejuízo do bem comum. O indivíduo, principalmente quando vem de se mostrar rebelde à disciplina jurídico-penal da vida em sociedade, não pode invocar, em face do Estado, outras franquias ou imunidades além daquelas que o assegurem contra o exercício do poder público fora da medida reclamada pelo interesse social. Este o critério que presidiu à elaboração do presente projeto de Código. No seu texto, não são reproduzidas as fórmulas tradicionais de um mal-avisado favorecimento legal aos criminosos. O processo penal é aliviado dos excessos de formalismo e joeirado de certos critérios normativos com que, sob o influxo de um mal-compreendido individualismo ou de um sentimentalismo mais ou menos equívoco, se transige com a necessidade de uma rigorosa e expedita aplicação da justiça penal.

As *nulidades processuais*, reduzidas ao mínimo, deixam de ser o que têm sido até agora, isto é, um meandro técnico por onde se escoa a substância do processo e se perdem o tempo e a gravidade da justiça. É coibido o êxito das fraudes, subterfúgios e alicantinas. É restringida a aplicação do *in dubio pro reo*. É ampliada a noção do *flagrante delito*, para o efeito da prisão provisória. A decretação da prisão preventiva, que, em certos casos, deixa de ser uma *faculdade*, para ser um *dever* imposto ao juiz, adquire a suficiente elasticidade para tornar-se medida plenamente assecuratória da efetivação da justiça penal. Tratando-se de crime inafiançável, a falta de exibição do mandado não obstará à prisão, desde que o preso seja imediatamente apresentado ao juiz que fez expedir o mandado. É revogado o formalismo complexo da extradição interestadual de criminosos. O prazo da formação da culpa é ampliado, para evitar o atropelo dos processos ou a intercorrente e prejudicial solução de continuidade da detenção provisória dos réus. Não é consagrada a irrestrita proibição do julgamento *ultra petitum*. Todo um capítulo é dedicado às medidas preventivas assecuratórias da reparação do dano *ex delicto*.

Quando da última reforma do processo penal na Itália, o Ministro Rocco, referindo-se a algumas dessas medidas e outras análogas, introduzidas no projeto preliminar, advertia que elas certamente iriam provocar o desagrado daqueles que estavam acostumados a aproveitar e mesmo abusar das inveteradas deficiências e fraquezas da processualística penal até então vigente. A mesma previsão é de ser feita em relação ao presente projeto, mas são também de repetir-se as palavras de Rocco: "Já se foi o tempo em que a alvoroçada coligação de alguns poucos interessados podia frustrar as mais acertadas e urgentes reformas legislativas".

E se, por um lado, os dispositivos do projeto tendem a fortalecer e prestigiar a atividade do Estado na sua função repressiva, é certo, por outro lado, que asseguram, com muito mais eficiência do que a legislação atual, a defesa dos acusados. Ao invés de uma simples faculdade outorgada a estes e sob a condição de sua presença em juízo, a defesa passa a ser, em qualquer caso, uma indeclinável injunção legal, antes, durante e depois da instrução criminal. Nenhum réu, ainda que ausente do distrito da culpa, foragido ou oculto, poderá ser processado sem a intervenção e assistência de um defensor. A pena de revelia não exclui a garantia constitucional da contrariedade do processo. Ao contrário das leis processuais em vigor, o projeto não pactua, em caso algum, com a insídia de uma acusação sem o correlativo da defesa.

SUBSÍDIO DA LEGISLAÇÃO VIGENTE E PROJETOS ANTERIORES

III – À parte as inovações necessárias à aplicação do novo Código Penal e as orientadas no sentido da melhor adaptação das normas processuais à sua própria finalidade, o projeto não altera o direito atual, senão para corrigir imperfeições apontadas pela experiência, dirimir incertezas da jurisprudência ou evitar ensejo à versatilidade dos exegetas. Tanto quanto o permitiu a orientação do projeto, foi aproveitado o material da legislação atual. Muito se respigou em vários dos códigos de processo penal estaduais, e teve-se também em conta não só o projeto elaborado pela Comissão Legislativa nomeada pelo Governo Provisório em 1931, como o projeto de 1936, este já norteado pelo objetivo de unificação do direito processual penal.

A respeito de algumas das inovações introduzidas e da fidelidade do projeto a certas práticas e critérios tradicionais, é feita, a seguir, breve explanação.

A CONSERVAÇÃO DO INQUÉRITO POLICIAL

IV - Foi mantido o inquérito policial como processo preliminar ou preparatório da ação penal, guardadas as suas características atuais. O ponderado exame da realidade brasileira, que não é apenas a dos centros urbanos, senão também a dos remotos distritos das comarcas do interior, desaconselha o repúdio do sistema vigente.

O preconizado *juízo de instrução*, que importaria limitar a função da autoridade policial a prender criminosos, averiguar a materialidade dos crimes e *indicar* testemunhas, só é praticável sob a condição de que as distâncias dentro do seu território de jurisdição sejam fácil e rapidamente superáveis. Para atuar proficuamente em comarcas extensas, e posto que deva ser excluída a hipótese de criação de juizados de instrução em cada sede do distrito, seria preciso que o juiz instrutor possuísse o dom da ubiquidade. De outro modo, não se compreende como poderia presidir a todos os processos nos pontos diversos da sua zona de jurisdição, a grande distância uns dos outros e da sede da comarca, demandando, muitas vezes, com os morosos meios de condução ainda praticados na maior parte do nosso *hinterland*, vários dias de viagem. Seria imprescindível, na prática, a quebra do sistema: nas capitais e nas sedes de comarca em geral, a imediata intervenção do juiz instrutor, ou a *instrução única*; nos distritos longínquos, a continuação do sistema atual. Não cabe, aqui, discutir as proclamadas vantagens do juízo de instrução.

Preliminarmente, a sua adoção entre nós, na atualidade, seria incompatível com o critério de unidade da lei processual. Mesmo, porém, abstraída essa consideração, há em favor do inquérito policial, como *instrução provisória* antecedendo à propositura da ação penal, um argumento dificilmente contestável: é ele uma garantia contra apressados e errôneos juízos, formados quando ainda persiste a trepidação moral causada pelo crime ou antes que seja possível uma exata visão de conjunto dos fatos, nas suas circunstâncias objetivas e subjetivas. Por mais perspicaz e circunspeta, a autoridade que dirige a investigação inicial, quando ainda perdura o alarma provocado pelo crime, está sujeita a equívocos ou falsos juízos *a priori*, ou a sugestões tendenciosas. Não raro, é preciso voltar atrás, refazer tudo, para que a investigação se oriente no rumo certo, até então despercebido. Por que, então, abolir-se o inquérito preliminar ou instrução provisória, expondo-se a justiça criminal aos azares do *detetivismo*, às marchas e contramarchas de uma instrução imediata e única? Pode ser mais expedito o sistema de unidade de instrução, mas o nosso sistema tradicional, com o inquérito preparatório, assegura uma justiça menos aleatória, mais prudente e serena.

A AÇÃO PENAL

V - O projeto atende ao princípio *ne procedat judex ex officio*, que, ditado pela evolução do direito judiciário penal e já consagrado pelo novo Código Penal, reclama a completa separação entre o juiz e o órgão da acusação, devendo caber exclusivamente a este a iniciativa da ação penal. O procedimento *ex officio* só é mantido em relação às *contravenções*, que, dado o caráter essencialmente preventivo que assume, na espécie, a sanção penal, devem ser sujeitas a um processo particularmente célere, sob pena de frustrar-se a finalidade legal. A necessidade de se abolirem, nesse caso, as delongas processuais motivou mesmo a transferência, respeitada pelo projeto de se permitir à autoridade policial, para o efeito de tal processo, excepcional função judiciária.

É devidamente regulada a formalidade da *representação*, de que depende em certos casos, na conformidade do novo Código Penal, a iniciativa do Ministério Público.

São igualmente disciplinados os institutos da *renúncia* e do *perdão*, como causas de extinção da punibilidade nos crimes de ação privada.

Para dirimir dúvidas que costumam surgir no caso de recusa do promotor da justiça em oferecer denúncia, adotou o projeto a seguinte norma: "Se o órgão do Ministério Público, ao invés de apresentar a denúncia, requerer o arquivamento do inquérito policial ou de quaisquer peças de informação, o juiz, no caso de considerar improcedentes as razões invocadas, fará remessa do inquérito ou peças de informação ao Procurador-Geral, e este oferecerá a denúncia, designará outro órgão do Ministério Público para oferecê-la ou insistirá no pedido de arquivamento, ao qual só então estará o juiz obrigado a atender".

A REPARAÇÃO DO DANO "EX DELICTO"

VI - O projeto, ajustando-se ao Código Civil e ao novo Código Penal, mantém a separação entre a ação penal e a ação civil *ex delicto*, rejeitando o instituto ambíguo da constituição de "parte civil" no processo penal. A obrigação de reparar o dano resultante do crime não é uma consequência de caráter *penal*, embora se torne *certa* quando haja sentença condenatória no juízo criminal. A invocada conveniência prática da economia de juízo não compensa o desfavor que acarretaria ao interesse da repressão a interferência de questões de caráter patrimonial no curso do processo penal. É indissimulável o mérito da argumentação de Sá Pereira na "Exposição de Motivos" do seu "Projeto de Código Penal", refutando as razões com que se defende o deslocamento da reparação do dano *ex delicto* para o campo do direito público:

"A meu ver, o que há de verdade nessas alegações não atinge os dois pontos seguintes: 1) que a reparação do dano é matéria de direito civil, e 2) que a repressão sofreria, se, no crime, a pleiteássemos. Se há lesão patrimonial, a reparação há de ser pedida a um outro patrimônio, e se me afigura impossível deslocar esta relação entre dois patrimônios do campo do direito privado para o do direito público, como querem os positivistas. Abrir no processo-crime a necessária margem à ação reparadora seria ou fazer marcharem simultaneamente as duas ações no mesmo processo, o que se tornaria tumultuário, ou paralisar o processo-crime para que o cível o alcançasse no momento final de pronunciamento da sentença que aplicasse a pena e fixasse a indenização. Não creio que a repressão ganhasse com isto alguma coisa; ao contrário, perderia muito de sua prontidão e rapidez".

Limita-se o projeto a outorgar ao juiz da *actio civilis ex delicto* a *faculdade* de sobrestar no curso desta até o pronunciamento do juízo penal. Desde que exista julgamento definitivo no processo-crime, prevalece o disposto no art. 1.525 do Código Civil, isto é, a prejudicialidade daquele sobre o julgamento no cível, relativamente à existência do fato, ou quem seja o seu autor. É expressamente declarado que faz coisa julgada no cível a sentença penal que reconhecer, no caso concreto, qualquer das hipóteses do art. 19 do Código Penal. Não será prejudicial da ação cível a decisão que, no juízo penal: 1) absolver o acusado, sem reconhecer, *categoricamente*, a inexistência material do fato; 2) ordenar o arquivamento do inquérito ou das peças de informação, por insuficiência de prova quanto à existência do crime ou sua autoria; 3) declarar extinta a punibilidade; ou 4) declarar que o fato imputado não é definido como crime.

O projeto não descurou de evitar que se torne ilusório o direito à reparação do dano, instituindo ou regulando eficientemente medidas assecuratórias (sequestro e hipoteca legal dos bens do indiciado ou do responsável civil), antes mesmo do início da ação ou do julgamento definitivo, e determinando a intervenção do Ministério Público, quando o titular do direito à indenização não disponha de recursos pecuniários para exercê-lo. Ficará, assim, sem fundamento a crítica, segundo a qual, pelo sistema do direito pátrio, a reparação do dano *ex delicto* não passa de uma promessa vã ou platônica da lei.

AS PROVAS

VII – O projeto abandonou radicalmente o sistema chamado da *certeza legal*. Atribui ao juiz a faculdade de iniciativa de provas complementares ou supletivas, quer no curso da instrução criminal, quer a final, antes de proferir a sentença. Não serão atendíveis as restrições à prova estabelecidas pela lei civil, salvo quanto ao estado das pessoas; nem é prefixada uma *hierarquia* de provas: na livre apreciação destas, o juiz formará, honesta e lealmente, a sua convicção. A própria confissão do acusado não constitui, fatalmente, *prova plena* de sua culpabilidade. Todas as provas são relativas; nenhuma delas terá, *ex vi legis*, valor decisivo, ou necessariamente maior prestígio que outra. Se é certo que o juiz fica adstrito às provas constantes dos autos, não é menos certo que não fica subordinado a nenhum critério apriorístico no apurar, através delas, a verdade material. O juiz criminal é, assim, restituído à sua própria consciência. Nunca é demais, porém, advertir que *livre convencimento* não quer dizer puro capricho de opinião ou mero arbítrio na apreciação das provas. O juiz está livre de *preconceitos legais* na aferição das provas, mas não pode abstrair-se ou alhear-se ao seu conteúdo. Não estará ele dispensado de *motivar* a sua sentença. E precisamente nisto reside a suficiente garantia do direito das partes e do interesse social.

Por outro lado, o juiz deixará de ser um espectador inerte da produção de provas. Sua intervenção na atividade processual é permitida, não somente para dirigir a marcha da ação penal e julgar a final, mas também para ordenar, de ofício, as provas que lhe parecerem úteis ao esclarecimento da verdade. Para a indagação desta, não estará sujeito a *preclusões*. Enquanto não estiver averiguada a matéria da acusação ou da defesa, e houver uma fonte de prova ainda não explorada, o juiz não deverá pronunciar o *in dubio pro reo* ou o *non liquet*.

Como corolário do sistema de livre convicção do juiz, é rejeitado o velho brocardo *testis unus testis nullus*. Não se compreende a prevenção legal contra a *voix d'un*, quando, tal seja o seu mérito, pode bastar à elucidação da verdade e à certeza moral do juiz. Na atualidade, aliás, a exigência da lei, como se sabe, é contornada por uma simulação prejudicial ao próprio decoro ou gravidade da justiça, qual a consistente em suprir-se o *mínimo legal* de testemunhas com pessoas cuja insciência acerca do objeto do processo é previamente conhecida, e que somente vão a juízo para declarar que nada sabem.

Outra inovação, em matéria de prova, diz respeito ao interrogatório do acusado. Embora mantido o princípio de que *nemo tenetur se detegere* (não estando o acusado na estrita obrigação de responder o que se lhe pergunta), já não será esse termo do processo, como atualmente, uma série de perguntas predeterminadas, sacramentais, a que o acusado dá as respostas de antemão estudadas, para não comprometer-se, mas uma franca oportunidade de obtenção de prova. É facultado ao juiz formular ao acusado quaisquer perguntas que julgue necessárias à pesquisa da verdade, e se é certo que o silêncio do réu não importará confissão, poderá, entretanto, servir, em face de outros indícios, à formação do convencimento do juiz.

O projeto ainda inova quando regula especialmente como meio de prova o "reconhecimento de pessoas e coisas"; quando estabelece a forma de explicação de divergência entre testemunhas presentes e ausentes do distrito da culpa; e, finalmente, quando, ao regular a *busca*, como expediente de consecução de prova, distingue-se em *domiciliar* e *pessoal*, para disciplinar diversamente, como é justo, as duas espécies.

A PRISÃO EM FLAGRANTE E A PRISÃO PREVENTIVA

VIII – A prisão em flagrante e a prisão preventiva são definidas com mais latitude do que na legislação em vigor. O *clamor público* deixa de ser condição necessária para que se equipare ao *estado de flagrância* o caso em que o criminoso, após a prática do crime, está a fugir. Basta que, vindo de cometer o crime, o fugitivo seja perseguido "pela autoridade, pelo ofendido ou por qualquer pessoa, em situação que faça presumir ser autor da infração": preso em tais condições, entende-se preso em flagrante delito. Considera-se, igualmente, em estado de flagrância o indivíduo que, logo em seguida à perpetração do crime, é encontrado "com o instrumento, armas, objetos ou papéis que façam presumir ser autor da infração". O interesse da administração da justiça não pode continuar a ser sacrificado por obsoletos escrúpulos formalísticos, que redundam em assegurar, com prejuízo da futura ação penal, a afrontosa intangibilidade de criminosos surpreendidos na atualidade de ainda palpitante do crime e em circunstâncias que evidenciam sua relação com este.

A prisão preventiva, por sua vez, desprende-se dos limites estreitos até agora traçados à sua admissibilidade. Pressuposta a existência de suficientes indícios para imputação da autoria do crime, a prisão preventiva poderá ser decretada toda vez que o reclame o interesse da ordem pública, ou da instrução criminal, ou da efetiva aplicação da lei penal. Tratando-se de crime a que seja cominada pena de reclusão por tempo, no máximo, igual ou superior a 10 (dez) anos, a decretação da prisão preventiva será *obrigatória*, dispensando outro requisito além da prova indiciária contra o acusado. A duração da prisão provisória continua a ser condicionada, até o encerramento da instrução criminal, à efetividade dos atos processuais dentro dos respectivos prazos; mas estes são razoavelmente dilatados.

Vários são os dispositivos do projeto que cuidam de prover à maior praticabilidade da captura de criminosos que já se acham sob decreto de prisão. Assim, a falta de exibição do mandado, como já foi, de início, acentuado, não obstará à prisão, ressalvada a condição de ser o preso conduzido imediatamente à presença da autoridade que decretou a prisão.

A prisão do réu ausente do distrito da culpa, seja qual for o ponto do território nacional em que se encontre, será feita mediante simples precatória de uma autoridade a outra, e até mesmo, nos casos urgentes, mediante entendimento entre estas por via telegráfica ou telefônica, tomadas as necessárias precauções para evitar ludíbrios ou ensejo a maliciosas vindíctas. Não se compreende ou não se justifica que os Estados, gravitando dentro da unidade nacional, se oponham mutuamente obstáculos na pronta repressão da delinquência.

A autoridade policial que recebe um mandado de prisão para dar-lhe cumprimento poderá, de sua própria iniciativa, fazer tirar tantas cópias quantas forem necessárias às diligências.

A LIBERDADE PROVISÓRIA

IX – Abolida a pluralidade do direito formal, já não subsiste razão para que a liberdade provisória mediante fiança, que é matéria tipicamente de caráter processual, continue a ser regulada pela lei penal substantiva. O novo Código Penal não cogitou do instituto da fiança, precisamente para que o futuro Código de Processo Penal reivindicasse a regulamentação de assunto que lhe é pertinente. Inovando na legislação atual, o presente projeto cuidou de imprimir à fiança um cunho menos rígido. O *quantum* da fiança continuará subordinado a uma tabela graduada, mas as regras para a sua fixação tornam possível sua justa correspondência aos casos concretos. É declarado que, "para determinar o valor da fiança, a autoridade terá em conta a natureza da infração, as condições pessoais de fortuna e vida pregressa do acusado, as circunstâncias indicativas de sua periculosidade, bem como a importância provável das custas do processo, até final julgamento". Ainda mais: o juiz não estará inexoravelmente adstrito à tarifa legal, podendo aumentar até o triplo a fiança, quando "reconhecer que, em virtude da situação econômica do réu, não assegurará a ação da justiça, embora fixada no máximo".

Não é admitida a fiança fidejussória, mas o projeto contém o seguinte dispositivo, que virá conjurar uma iniquidade frequente no regime legal atual, relativamente aos réus desprovidos de recursos pecuniários: "Nos casos em que couber fiança, o juiz, verificando ser impossível ao réu prestá-la, por motivo de pobreza, poderá conceder-lhe a liberdade provisória...".

Os casos de *inafiançabilidade* são taxativamente previstos, corrigindo-se certas anomalias da lei vigente.

A INSTRUÇÃO CRIMINAL

X – O prazo da instrução criminal ou formação da culpa é ampliado (em cotejo com os estabelecidos atualmente): estando o réu preso, será de 20 (vinte) dias; estando o réu solto ou afiançado, de 40 (quarenta) dias.

Nesses prazos, que começarão a correr da data do interrogatório, ou da em que devera ter-se realizado, terminando com a inquirição da última testemunha de acusação, não será computado o tempo de qualquer impedimento.

O sistema de inquirição das testemunhas é o chamado *presidencial*, isto é, ao juiz que preside à formação da culpa cabe privativamente fazer perguntas diretas à testemunha. As perguntas das partes serão feitas por intermédio do juiz, a cuja censura ficarão sujeitas.

O ACUSADO

XI – Suprindo uma injustificável omissão da atual legislação processual, o projeto autoriza que o acusado, no caso em que não caiba a prisão preventiva, seja forçadamente conduzido à presença da autoridade, quando, regularmente intimado para ato que, sem ele, não possa realizar-se, deixa de comparecer sem motivo justo. Presentemente, essa medida compulsória é aplicável somente à testemunha faltosa, enquanto ao réu é concedido o privilégio de desobedecer à autoridade processante, ainda que a sua presença seja necessária para esclarecer ponto relevante da acusação ou da defesa. Nenhum acusado, ainda que revel, será processado ou julgado sem defensor; mas a sua ausência (salvo tratando-se de crime da competência do Tribunal do Júri) não suspenderá o julgamento, nem o prazo para o recurso, pois, de outro modo, estaria a lei criando uma prerrogativa em favor de réus foragidos, que, garantidos contra o julgamento à revelia, poderiam escapar, indefinidamente, à categoria de reincidentes. Se algum erro judiciário daí provier, poderá ser corrigido pela revisão ou por um decreto de graça.

A SENTENÇA

XII – O projeto, generalizando um princípio já consagrado pela atual Lei do Júri, repudia a proibição de sentença condenatória *ultra petitum* ou a desclassificação *in pejus* do crime imputado. Constituía um dos exageros do liberalismo o transplante dessa proibição, que é própria do direito privado, para a esfera do direito processual penal, que é um ramo do direito público. O interesse da defesa social não pode ser superado pelo unilateralíssimo interesse pessoal dos criminosos. Não se pode reconhecer ao réu, em prejuízo do bem social, estranho *direito adquirido* a um *quantum* de pena injustificadamente diminuta, só porque o Ministério Público, ainda que por equívoco, não tenha pleiteado maior pena. Em razão do antigo sistema, ocorria, frequentemente, a seguinte inconveniência: não podendo retificar a classificação feita na denúncia, para impor ao réu sanção mais grave, o juiz era obrigado a julgar nulo o processo ou improcedente a ação penal, conforme o caso, devendo o Ministério Público apresentar nova denúncia, se é que já não estivesse extinta a punibilidade pela prescrição. Se o réu estava preso, era posto em liberdade, e o êxito do segundo processo tornava-se, as mais das vezes, impossível, dado o intercorrente desaparecimento dos elementos de prova. Inteiramente diversa é a solução dada pelo projeto, que distingue duas hipóteses: o fato apurado no sumário é idêntico ao descrito na denúncia ou queixa, mas esta o classificou erradamente; ou o fato apurado ocorreu em circunstâncias diversas não contidas explícita ou implicitamente na peça inicial do processo, e estas deslocam a classificação. E os dois casos são assim resolvidos: no primeiro, é conferida ao juiz a faculdade de alterar a classificação, ainda que para aplicar pena mais grave; no segundo, se a circunstância apurada não estava contida, explícita ou implicitamente, na denúncia ou queixa, mas não acarreta a nova classificação pena mais grave, deverá o juiz conceder ao acusado o prazo de 8 (oito) dias para alegação e provas, e se importa classificação que acarrete pena mais grave, o juiz baixará o processo, a fim de que o Ministério Público adite a denúncia ou a queixa e, em seguida, marcará novos prazos sucessivos à defesa, para alegações e prova.

Vê-se que o projeto, ao dirimir a questão, atendeu à necessidade de assegurar a defesa e, ao mesmo tempo, impedir que se repudie um processo realizado com todas as formalidades legais.

É declarado, de modo expresso, que, nos crimes de ação pública, o juiz poderá proferir sentença condenatória, ainda que o Ministério Público tenha opinado pela absolvição, bem como reconhecer agravantes, embora nenhuma tenha sido alegada.

Quando o juiz da sentença não for o mesmo que presidiu à instrução criminal, é-lhe facultado ordenar que esta se realize novamente, em sua presença.

A sentença deve ser *motivada*. Com o sistema do relativo arbítrio judicial na aplicação da pena, consagrado pelo novo Código Penal, e o do *livre convencimento* do juiz, adotado pelo presente projeto, é a *motivação* da sentença que oferece garantia contra os excessos, os erros de apreciação, as falhas de raciocínio ou de lógica ou os demais vícios de julgamento. No caso de absolvição, a parte dispositiva da sentença deve conter, de modo preciso, a razão específica pela qual é o réu absolvido. É minudente o projeto, ao regular a *motivação* e o *dispositivo* da sentença.

AS FORMAS DO PROCESSO

XIII – São estabelecidas e devidamente reguladas as várias formas do processo.

O *processo sumário* é limitado às contravenções penais e aos crimes a que seja cominada pena de detenção. Para o efeito da aplicação de medida de segurança, nos casos do parágrafo único do art. 76 do Código Penal, é instituído processo especial.

Ao cuidar do processo por crimes contra a honra (ressalvada a legislação especial sobre os "crimes de imprensa") o projeto contém uma inovação: o juízo preliminar de reconciliação entre as partes. Antes de receber a queixa, o juiz deverá ouvir, separadamente, o querelante e o querelado e, se julgar possível a reconciliação, promoverá um entendimento entre eles, na sua presença. Se efetivamente se reconciliarem, será lavrado termo de desistência e arquivada a queixa. Os processos por calúnia, difamação ou injúria redundam, por vezes, em agravação de uma recíproca hostilidade. É de boa política, portanto, tentar-se, *in limine litis*, o apaziguamento dos ânimos, sem quebra da dignidade ou amor-próprio de qualquer das partes.

O processo por crime de falência é atribuído integralmente ao juízo criminal, ficando suprimido, por sua consequente inutilidade, o termo de pronúncia. Não são convenientes os argumentos em favor da atual dualidade de juízos, um para o processo até pronúncia e outro para o julgamento. Ao invés das singularidades de um processo *anfíbio*, com instrução no juízo cível e julgamento no juízo criminal, é estabelecida a competência deste *ab initio*, restituindo-se-lhe uma função específica e ensejando-se-lhe mais segura visão de conjunto, necessária ao acerto da decisão final.

O JÚRI

XIV – Com algumas alterações, impostas pela lição da experiência e pelo sistema de aplicação da pena adotado pelo novo Código Penal, foi incluído no corpo do projeto o Decreto-lei n. 167, de 5 de janeiro de 1938. Como atestam os aplausos recebidos, de vários pontos do país, pelo Governo da República, e é notório, têm sido excelentes os resultados desse Decreto-lei que veio afeiçoar o tribunal popular à finalidade precípua da defesa social. A aplicação da justiça penal pelo júri deixou de ser uma *abdicação*, para ser uma *delegação* do Estado, controlada e orientada no sentido do superior interesse da sociedade. Privado de sua antiga *soberania*, que redundava, na prática, numa sistemática indulgência para com os criminosos, o júri está, agora, integrado na consciência de suas graves responsabilidades e reabilitado na confiança geral.

A relativa individualização da pena, segundo as normas do estatuto penal que entrará em vigor a 1.º de janeiro do ano vindouro, não pode ser confiada ao *conselho de sentença*, pois exige, além da apreciação do fato criminoso em si mesmo, uma indagação em torno de condições e circunstâncias complexas, que não poderiam ser objeto de quesitos, para respostas *de plano*. Assim, ao conselho de sentença, na conformidade do que dispõe o projeto, apenas incumbirá afirmar ou negar o fato imputado, as circunstâncias elementares ou qualificativas, a desclassificação do crime acaso pedida pela defesa, as causas de aumento ou diminuição especial de pena e as causas de isenção de pena ou de crime. No caso em que as respostas sejam no sentido da condenação, a *medida* da pena caberá exclusivamente ao presidente do tribunal, pois, com o meditado estudo que já tem do processo, estará aparelhado para o ajustamento *in concreto* da pena aplicável ao réu. Também ao presidente do tribunal incumbe, privativamente, pronunciar-se sobre a aplicação de medidas de segurança e penas acessórias.

A decisão do conselho de sentença, prejudicial da sentença proferida pelo juiz-presidente, é reformável, *de meritis*, em grau de apelação, nos estritos casos em que o autoriza a legislação atual; mas do pronunciamento do juiz-presidente cabe apelação segundo a regra geral.

O RECURSO *"EX OFFICIO"* DA CONCESSÃO DE *"HABEAS CORPUS"* NA PRIMEIRA INSTÂNCIA

XV – O projeto determina o recurso *ex officio* da sentença proferida pelos juízes inferiores concedendo *habeas corpus*. Não é exato que a Constituição vigente tenha suprimido, implicitamente, essa providência de elementar cautela de administração da justiça penal. A opinião contrária levaria a admitir que tais sentenças são atualmente irrecorríveis, pois delas, pela mesma lógica, não caberia recurso do Ministério Público, ainda que se tornasse obrigatória a intervenção deste nos processos de *habeas corpus*.

A Constituição, em matéria de processo de *habeas corpus*, limita-se a dispor que das decisões *denegatórias* desse *remedium juris*, proferidas "em última ou única instância", há recurso ordinário para o Supremo Tribunal Federal.

A *última instância*, a que se refere o dispositivo constitucional, é o Tribunal de Apelação, sendo evidente que, salvo os casos de competência originária deste, a decisão denegatória de *habeas corpus*, de que há recurso para o Supremo Tribunal, pressupõe um anterior recurso, do juiz inferior para o Tribunal de Apelação. Ora, se admitiu recurso para o Tribunal de Apelação, da sentença do juiz inferior no caso de denegação do *habeas corpus*, não seria compreensível que a Constituição, visceralmente informada no sentido da incontrastável supremacia do interesse social, se propusesse à abolição do recurso *ex officio*, para o mesmo Tribunal de Apelação, da decisão concessiva do *habeas corpus*, também emanada do juiz inferior, que passaria a ser, em tal caso, *instância única*. É facilmente imaginável o desconchavo que daí poderia resultar. Sabe-se que um dos casos taxativos de concessão de *habeas corpus* é o de não constituir infração penal o fato que motiva o constrangimento à liberdade de ir e vir. E não se poderia conjurar, na prática, a seguinte situação aberrante: o juiz inferior, errada ou injustamente, reconhece penalmente lícito o fato imputado ao paciente, e, em consequência, não somente ser este posto em liberdade, como também impedido o prosseguimento da ação penal, sem o pronunciamento da segunda instância.

Não se pode emprestar à Constituição a intenção de expor a semelhante desgarantia o interesse da defesa social. O que ela fez foi apenas deixar bem claro que das decisões sobre *habeas corpus*, proferidas pelos Tribunais de Apelação, como última ou única instância, somente caberá recurso para o Supremo Tribunal quando *denegatórias*. No caso de decisão denegatória, não se tratando de *habeas corpus* originário de tribunal de apelação, haverá, excepcionalmente, *três* instâncias; se a decisão, porém, é concessiva da medida, *duas* apenas, segundo a regra geral, serão as instâncias.

OS NOVOS INSTITUTOS DA LEI PENAL MATERIAL

XVI – O projeto consagra capítulos especiais à detalhada regulamentação dos institutos que, estranhos à lei penal ainda vigente, figuram no novo Código Penal, como sejam as medidas de segurança e a reabilitação, do mesmo modo que provê à disciplina da execução das penas principais e acessórias, dentro da sistemática do referido Código.

AS NULIDADES

XVII – Como já foi dito de início, o projeto é infenso ao excessivo rigorismo formal, que dá ensejo, atualmente e, à infindável série das nulidades processuais. Segundo a justa advertência de ilustre processualista italiano, "um bom direito processual penal deve limitar as sanções de nulidade àquele estrito *mínimo* que não pode ser abstraído sem lesar legítimos e graves interesses do Estado e dos cidadãos".

O projeto não deixa respiradouro para o frívolo *curialismo*, que se compraz em espiolhar nulidades. É consagrado o princípio geral de que nenhuma nulidade ocorre se não há prejuízo para a acusação ou a defesa.

Não será declarada a nulidade de nenhum ato processual, quando este não haja influído concretamente na decisão da causa ou na apuração da verdade substancial. Somente em casos excepcionais é declarada insanável a nulidade.

Fora desses casos, ninguém pode invocar direito à irredutível subsistência da nulidade.

Sempre que o juiz deparar com uma causa de nulidade, deve prover imediatamente à sua eliminação, renovando ou retificando o ato irregular, se possível; mas, ainda que o não faça, a nulidade considera-se sanada:

a) pelo silêncio das partes;

b) pela efetiva consecução do escopo visado pelo ato não obstante sua irregularidade;

c) pela aceitação, ainda que tácita, dos efeitos do ato irregular.

Se a parte interessada não argui a irregularidade ou com esta implicitamente se conforma, aceitando-lhe os efeitos, nada mais natural que se entenda haver renunciado ao direito de argui-la. Se toda formalidade processual visa um determinado fim, e este fim é alcançado, apesar de sua irregularidade, evidentemente carece esta de importância. Decidir de outro modo será incidir no despropósito de considerar-se a formalidade um fim em si mesma.

É igualmente firmado o princípio de que não pode arguir a nulidade quem lhe tenha dado causa ou não tenha interesse na sua declaração. Não se compreende que alguém provoque a irregularidade e seja admitido em seguida, a especular com ela; nem tampouco que, no silêncio da parte prejudicada, se permita à outra parte investir-se no direito de pleitear a nulidade.

O ESPÍRITO DO CÓDIGO

XVIII – Do que vem de ser ressaltado, e de vários outros critérios adotados pelo projeto, se evidencia que este se norteou no sentido de obter equilíbrio entre o interesse social e o da defesa individual, entre o direito do Estado à punição dos criminosos e o direito do indivíduo às garantias e seguranças de sua liberdade. Se ele não transige com as sistemáticas restrições ao poder público, não o inspira, entretanto, o espírito de um incondicional autoritarismo do Estado ou de uma sistemática prevenção contra os direitos e garantias individuais.

É justo que, ao finalizar esta Exposição de Motivos, deixe aqui consignada a minha homenagem aos autores do projeto, Drs. Vieira Braga, Nélson Hungria, Narcélio de Queiroz, Roberto Lyra, Desembargador Florêncio de Abreu e o saudoso Professor Cândido Mendes de Almeida, que revelaram rara competência e a mais exata e larga compreensão dos problemas de ordem teórica e de ordem prática que o Código se propõe resolver.

Na redação final do projeto contei com a valiosa colaboração do Dr. Abgar Renault.

Aproveito a oportunidade para renovar a Vossa Excelência os protestos de meu mais profundo respeito.

FRANCISCO CAMPOS

Código de Processo Penal

Índice Sistemático do Código de Processo Penal
(Decreto-Lei n. 3.689, de 3-10-1941)

Livro I
DO PROCESSO EM GERAL

Título I
DISPOSIÇÕES PRELIMINARES

Arts. 1.º a 3.º-F 25

Título II
DO INQUÉRITO POLICIAL

Arts. 4.º a 23 30

Título III
DA AÇÃO PENAL

Arts. 24 a 62 34

Título IV
DA AÇÃO CIVIL

Arts. 63 a 68 39

Título V
DA COMPETÊNCIA

Arts. 69 a 91 40
Capítulo I – Da competência pelo lugar da infração – arts. 70 e 71 40
Capítulo II – Da competência pelo domicílio ou residência do réu – arts. 72 e 73 40
Capítulo III – Da competência pela natureza da infração – art. 74 40
Capítulo IV – Da competência por distribuição – art. 75 41
Capítulo V – Da competência por conexão ou continência – arts. 76 a 82 41
Capítulo VI – Da competência por prevenção – art. 83 42
Capítulo VII – Da competência pela prerrogativa de função – arts. 84 a 87 42
Capítulo VIII – Disposições especiais – arts. 88 a 91 43

Título VI
DAS QUESTÕES E PROCESSOS INCIDENTES

Capítulo I – Das questões prejudiciais – arts. 92 a 94 43

Capítulo II – Das exceções – arts. 95 a 111 43
Capítulo III – Das incompatibilidades e impedimentos – art. 112 45
Capítulo IV – Do conflito de jurisdição – arts. 113 a 117 45
Capítulo V – Da restituição das coisas apreendidas – arts. 118 a 124-A 45
Capítulo VI – Das medidas assecuratórias – arts. 125 a 144-A 46
Capítulo VII – Do incidente de falsidade – arts. 145 a 148 49
Capítulo VIII – Da insanidade mental do acusado – arts. 149 a 154 49

Título VII
DA PROVA

Capítulo I – Disposições gerais – arts. 155 a 157 49
Capítulo II – Do exame de corpo de delito, da cadeia de custódia e das perícias em geral – arts. 158 a 184 50
Capítulo III – Do interrogatório do acusado – arts. 185 a 196 55
Capítulo IV – Da confissão – arts. 197 a 200 57
Capítulo V – Do ofendido – art. 201 57
Capítulo VI – Das testemunhas – arts. 202 a 225 57
Capítulo VII – Do reconhecimento de pessoas e coisas – arts. 226 a 228 60
Capítulo VIII – Da acareação – arts. 229 e 230 60
Capítulo IX – Dos documentos – arts. 231 a 238 60
Capítulo X – Dos indícios – art. 239 61
Capítulo XI – Da busca e da apreensão – arts. 240 a 250 61

Título VIII
DO JUIZ, DO MINISTÉRIO PÚBLICO, DO ACUSADO E DEFENSOR, DOS ASSISTENTES E AUXILIARES DA JUSTIÇA

Capítulo I – Do juiz – arts. 251 a 256 62
Capítulo II – Do Ministério Público – arts. 257 e 258 63
Capítulo III – Do acusado e seu defensor – arts. 259 a 267 63
Capítulo IV – Dos assistentes – arts. 268 a 273 64
Capítulo V – Dos funcionários da justiça – art. 274 64
Capítulo VI – Dos peritos e intérpretes – arts. 275 a 281 64

Título IX
DA PRISÃO, DAS MEDIDAS CAUTELARES E DA LIBERDADE PROVISÓRIA

Capítulo I – Disposições gerais – arts. 282 a 300 65
Capítulo II – Da prisão em flagrante – arts. 301 a 310 68

Capítulo III – Da prisão preventiva – arts. 311 a 316.. 70
Capítulo IV – Da prisão domiciliar – arts. 317 a 318-B... 72
Capítulo V – Das outras medidas cautelares – arts. 319 e 320.. 73
Capítulo VI – Da liberdade provisória, com ou sem fiança – arts. 321 a 350............................ 73

Título X
DAS CITAÇÕES E INTIMAÇÕES

Capítulo I – Das citações – arts. 351 a 369.. 76
Capítulo II – Das intimações – arts. 370 a 372.. 78

Título XI
DA APLICAÇÃO PROVISÓRIA DE INTERDIÇÕES DE DIREITOS E MEDIDAS DE SEGURANÇA

Arts. 373 a 380... 78

Título XII
DA SENTENÇA

Arts. 381 a 393... 79

LIVRO II
DOS PROCESSOS EM ESPÉCIE

Título I
DO PROCESSO COMUM

Capítulo I – Da instrução criminal – arts. 394 a 405... 82
Capítulo II – Do procedimento relativo aos processos da competência do tribunal do júri – arts. 406 a 497 84
   Seção I – Da acusação e da instrução preliminar – arts. 406 a 412 84
   Seção II – Da pronúncia, da impronúncia e da absolvição sumária – arts. 413 a 421 86
   Seção III – Da preparação do processo para julgamento em plenário – arts. 422 a 424...... 87
   Seção IV – Do alistamento dos jurados – arts. 425 e 426 87
   Seção V – Do desaforamento – arts. 427 e 428 88
   Seção VI – Da organização da pauta – arts. 429 a 431 89
   Seção VII – Do sorteio e da convocação dos jurados – arts. 432 a 435 89
   Seção VIII – Da função do jurado – arts. 436 a 446 89
   Seção IX – Da composição do tribunal do júri e da formação do conselho de sentença – arts. 447 a 452 91
   Seção X – Da reunião e das sessões do tribunal do júri – arts. 453 a 472 92
   Seção XI – Da instrução em plenário – arts. 473 a 475 94

Seção XII – Dos debates – arts. 476 a 481 95
Seção XIII – Do questionário e sua votação – arts. 482 a 491 96
Seção XIV – Da sentença – arts. 492 e 493 98
Seção XV – Da ata dos trabalhos – arts. 494 a 496 99
Seção XVI – Das atribuições do presidente do tribunal do júri – art. 497 100
Capítulo III – Do processo e do julgamento dos crimes da competência do juiz singular – arts. 498 a 502 101

Título II
DOS PROCESSOS ESPECIAIS

Capítulo I – Do processo e do julgamento dos crimes de falência – arts. 503 a 512 101
Capítulo II – Do processo e do julgamento dos crimes de responsabilidade dos funcionários públicos – arts. 513 a 518 101
Capítulo III – Do processo e do julgamento dos crimes de calúnia e injúria, de competência do juiz singular – arts. 519 a 523 102
Capítulo IV – Do processo e do julgamento dos crimes contra a propriedade imaterial – arts. 524 a 530-I 102
Capítulo V – Do processo sumário – arts. 531 a 540 103
Capítulo VI – Do processo de restauração de autos extraviados ou destruídos – arts. 541 a 548 104
Capítulo VII – Do processo de aplicação de medida de segurança por fato não criminoso – arts. 549 a 555 105

Título III
DOS PROCESSOS DE COMPETÊNCIA DO SUPREMO TRIBUNAL FEDERAL E DOS TRIBUNAIS DE APELAÇÃO (*Revogado*)

Capítulo I – Da instrução – arts. 556 a 560 105
Capítulo II – Do julgamento – arts. 561 e 562 105

Livro III
DAS NULIDADES E DOS RECURSOS EM GERAL

Título I
DAS NULIDADES

Arts. 563 a 573 106

Título II
DOS RECURSOS EM GERAL

Capítulo I – Disposições gerais – arts. 574 a 580 107

Capítulo II – Do recurso em sentido estrito – arts. 581 a 592.. 108
Capítulo III – Da apelação – arts. 593 a 606... 109
Capítulo IV – Do protesto por novo júri – arts. 607 e 608... 111
Capítulo V – Do processo e do julgamento dos recursos em sentido estrito e das apelações,
nos Tribunais de Apelação – arts. 609 a 618... 111
Capítulo VI – Dos embargos – arts. 619 e 620.. 112
Capítulo VII – Da revisão – arts. 621 a 631.. 112
Capítulo VIII – Do recurso extraordinário – arts. 632 a 638... 113
Capítulo IX – Da carta testemunhável – arts. 639 a 646... 113
Capítulo X – Do *habeas corpus* e seu processo – arts. 647 a 667.. 114

Livro IV
DA EXECUÇÃO

Título I
DISPOSIÇÕES GERAIS

Arts. 668 a 673.. 117

Título II
DA EXECUÇÃO DAS PENAS EM ESPÉCIE

Capítulo I – Das penas privativas de liberdade – arts. 674 a 685... 117
Capítulo II – Das penas pecuniárias – arts. 686 a 690... 118
Capítulo III – Das penas acessórias – arts. 691 a 695.. 119

Título III
DOS INCIDENTES DA EXECUÇÃO

Capítulo I – Da suspensão condicional da pena – arts. 696 a 709.. 120
Capítulo II – Do livramento condicional – arts. 710 a 733... 122

Título IV
DA GRAÇA, DO INDULTO, DA ANISTIA E DA REABILITAÇÃO

Capítulo I – Da graça, do indulto e da anistia – arts. 734 a 742... 124
Capítulo II – Da reabilitação – arts. 743 a 750... 125

Título V
DA EXECUÇÃO DAS MEDIDAS DE SEGURANÇA

Arts. 751 a 779.. 125

Livro V
DAS RELAÇÕES JURISDICIONAIS COM AUTORIDADE ESTRANGEIRA

Título Único

Capítulo I – Disposições gerais – arts. 780 a 782 129
Capítulo II – Das cartas rogatórias – arts. 783 a 786 129
Capítulo III – Da homologação das sentenças estrangeiras – arts. 787 a 790 129

Livro VI
DISPOSIÇÕES GERAIS

Arts. 791 a 811 131

Código de Processo Penal

Decreto-Lei n. 3.689, de 3-10-1941 (*)

Código de Processo Penal.

O Presidente da República, usando da atribuição que lhe confere o art. 180 da Constituição, decreta a seguinte Lei:

CÓDIGO DE PROCESSO PENAL

LIVRO I
DO PROCESSO EM GERAL

TÍTULO I
DISPOSIÇÕES PRELIMINARES

Art. 1.º O processo penal reger-se-á, em todo o território brasileiro, por este Código, ressalvados:

I – os tratados, as convenções e regras de direito internacional;

II – as prerrogativas constitucionais do Presidente da República, dos ministros de Estado, nos crimes conexos com os do Presidente da República, e dos ministros do Supremo Tribunal Federal, nos crimes de responsabilidade (Constituição, arts. 86, 89, § 2.º, e 100);

•• Os artigos citados são da Constituição de 1937. *Vide* arts. 50, § 2.º, 52, I e parágrafo único, 85, 86, § 1.º, II, e 102, I, *b*, da CF.

III – os processos da competência da Justiça Militar;

IV – os processos da competência do tribunal especial (Constituição, art. 122, n. 17);

•• Refere-se o texto à CF de 1937.

V – os processos por crimes de imprensa.

•• O STF, no julgamento da ADPF n. 130-7, em 30-4-2009, declarou a não recepção da Lei n. 5.250, de 9-2-1967 (Lei de Imprensa), pela CF.

Parágrafo único. Aplicar-se-á, entretanto, este Código aos processos referidos nos n. IV e V, quando as leis especiais que os regulam não dispuserem de modo diverso.

(*) Publicado no *DOU*, de 13-10-1941, e retificado em 24-10-1941.

Art. 2.º A lei processual penal aplicar-se-á desde logo, sem prejuízo da validade dos atos realizados sob a vigência da lei anterior.

Art. 3.º A lei processual penal admitirá interpretação extensiva e aplicação analógica, bem como o suplemento dos princípios gerais de direito.

Juiz das Garantias

•• Rubrica acrescentada pela Lei n. 13.964, de 24-12-2019.

•• A Resolução n. 881, de 29-4-2024, do CJF, dispõe sobre a implementação do instituto do juiz das garantias e a tramitação de investigações, ações penais e procedimentos criminais incidentais no âmbito da Justiça Federal.

•• A Resolução n. 562, de 3-6-2024, do CNJ, instituiu diretrizes de política judiciária para a estruturação, implantação e funcionamento do juiz das garantias no âmbito da Justiça Federal, Eleitoral, Militar, e dos Estados, Distrito Federal e Territórios.

Art. 3.º-A. O processo penal terá estrutura acusatória, vedadas a iniciativa do juiz na fase de investigação e a substituição da atuação probatória do órgão de acusação.

•• Artigo acrescentado pela Lei n. 13.964, de 24-12-2019.

•• O STF, nas ADIs n. 6.298, 6.299, 6.300 e 6.305, de 24-8-2023 (*DOU* de 4-9-2023), por maioria, julgou parcialmente procedentes os pedidos, para atribuir interpretação conforme a este artigo, incluído pela Lei n. 13.964/2019, "para assentar que o juiz, pontualmente, nos limites legalmente autorizados, pode determinar a realização de diligências suplementares, para o fim de dirimir dúvida sobre questão relevante para o julgamento do mérito". Por unanimidade, fixou a seguinte regra de transição: "quanto às ações penais já instauradas no momento da efetiva implementação do juiz das garantias pelos tribunais, a eficácia da lei não acarretará qualquer modificação do juízo competente".

Art. 3.º-B. O juiz das garantias é responsável pelo controle da legalidade da investigação criminal e pela salvaguarda dos direitos individuais cuja franquia

Art. 3.º-B   **Disposições Preliminares**

tenha sido reservada à autorização prévia do Poder Judiciário, competindo-lhe especialmente:

•• *Caput* acrescentado pela Lei n. 13.964, de 24-12-2019.

•• O STF, nas ADIs n. 6.298, 6.299, 6.300 e 6.305, de 24-8-2023 (*DOU* de 4-9-2023), por maioria, julgou parcialmente procedentes os pedidos, para declarar a constitucionalidade do *caput* deste artigo, incluído pela Lei n. 13.964/2019, e, por unanimidade, "fixar o prazo de 12 (doze) meses, a contar da publicação da ata do julgamento, para que sejam adotadas as medidas legislativas e administrativas necessárias à adequação das diferentes leis de organização judiciária, à efetiva implantação e ao efetivo funcionamento do juiz das garantias em todo o país, tudo conforme as diretrizes do Conselho Nacional de Justiça e sob a supervisão dele. Esse prazo poderá ser prorrogado uma única vez, por no máximo 12 (doze) meses, devendo a devida justificativa ser apresentada em procedimento realizado junto ao Conselho Nacional de Justiça. Por unanimidade, fixou a seguinte regra de transição: quanto às ações penais já instauradas no momento da efetiva implementação do juiz das garantias pelos tribunais, a eficácia da lei não acarretará qualquer modificação do juízo competente".

I – receber a comunicação imediata da prisão, nos termos do inciso LXII do *caput* do art. 5.º da Constituição Federal;

•• Inciso I acrescentado pela Lei n. 13.964, de 24-12-2019.

II – receber o auto da prisão em flagrante para o controle da legalidade da prisão, observado o disposto no art. 310 deste Código;

•• Inciso II acrescentado pela Lei n. 13.964, de 24-12-2019.

III – zelar pela observância dos direitos do preso, podendo determinar que este seja conduzido à sua presença, a qualquer tempo;

•• Inciso III acrescentado pela Lei n. 13.964, de 24-12-2019.

IV – ser informado sobre a instauração de qualquer investigação criminal;

•• Inciso IV acrescentado pela Lei n. 13.964, de 24-12-2019.

•• O STF, nas ADIs n. 6.298, 6.299, 6.300 e 6.305, de 24-8-2023 (*DOU* de 4-9-2023), por unanimidade, julgou parcialmente procedentes os pedidos, para atribuir interpretação conforme a este inciso IV, incluído pela Lei n. 13.964/2019, "para que todos os atos praticados pelo Ministério Público como condutor de investigação penal se submetam ao controle judicial (HC 89.837/DF, Rel. Min. Celso de Mello) e fixar o prazo de até 90 (noventa) dias, contados da publicação da ata do julgamento, para os representantes do Ministério Público encaminharem, sob pena de nulidade, todos os PIC e outros procedimentos de investigação criminal, mesmo que tenham outra denominação, ao respectivo juiz natural, independentemente de o juiz das garantias já ter sido implementado na respectiva jurisdição. Por unanimidade, fixou a seguinte regra de transição: quanto às ações penais já instauradas no momento da efetiva implementação do juiz das garantias pelos tribunais, a eficácia da lei não acarretará qualquer modificação do juízo competente".

V – decidir sobre o requerimento de prisão provisória ou outra medida cautelar, observado o disposto no § 1.º deste artigo;

•• Inciso V acrescentado pela Lei n. 13.964, de 24-12-2019.

VI – prorrogar a prisão provisória ou outra medida cautelar, bem como substituí-las ou revogá-las, assegurado, no primeiro caso, o exercício do contraditório em audiência pública e oral, na forma do disposto neste Código ou em legislação especial pertinente;

•• Inciso VI acrescentado pela Lei n. 13.964, de 24-12-2019.

•• O STF, nas ADIs n. 6.298, 6.299, 6.300 e 6.305, de 24-8-2023 (*DOU* de 4-9-2023), por unanimidade, julgou parcialmente procedentes os pedidos, para atribuir interpretação conforme a este inciso VI, incluído pela Lei n. 13.964/2019, "para prever que o exercício do contraditório poderá ser implementado em audiência pública e oral. Por unanimidade, fixou a seguinte regra de transição: quanto às ações penais já instauradas no momento da efetiva implementação do juiz das garantias pelos tribunais, a eficácia da lei não acarretará qualquer modificação do juízo competente".

VII – decidir sobre o requerimento de produção antecipada de provas consideradas urgentes e não repetíveis, assegurados o contraditório e a ampla defesa em audiência pública e oral;

•• Inciso VII acrescentado pela Lei n. 13.964, de 24-12-2019.

•• O STF, nas ADIs n. 6.298, 6.299, 6.300 e 6.305, de 24-8-2023 (*DOU* de 4-9-2023), por unanimidade, julgou parcialmente procedentes os pedidos, para atribuir interpretação conforme a este inciso VII, incluído pela Lei n. 13.964/2019, "para estabelecer que o juízo pode deixar de realizar a audiência quando houver risco para o processo, ou diferi-la em caso de necessidade. Por unanimidade, fixou a seguinte regra de transição: quanto às ações penais já instauradas no momento da efetiva implementação do juiz das garantias pelos tribunais, a eficácia da lei não acarretará qualquer modificação do juízo competente".

Disposições Preliminares **Art. 3.º-B** 27

VIII – prorrogar o prazo de duração do inquérito, estando o investigado preso, em vista das razões apresentadas pela autoridade policial e observado o disposto no § 2.º deste artigo;

•• Inciso VIII acrescentado pela Lei n. 13.964, de 24-12-2019.

•• O STF, nas ADIs n. 6.298, 6.299, 6.300 e 6.305, de 24-8-2023 (*DOU* de 4-9-2023), por unanimidade, julgou parcialmente procedentes os pedidos, para atribuir interpretação conforme a este inciso VIII, incluído pela Lei n. 13.964/2019, "para que todos os atos praticados pelo Ministério Público como condutor de investigação penal se submetam ao controle judicial (HC 89.837/DF, Rel. Min. Celso de Mello) e fixar o prazo de até 90 (noventa) dias, contados da publicação da ata do julgamento, para os representantes do Ministério Público encaminharem, sob pena de nulidade, todos os PIC e outros procedimentos de investigação criminal, mesmo que tenham outra denominação, ao respectivo juiz natural, independentemente de o juiz das garantias já ter sido implementado na respectiva jurisdição. Por unanimidade, fixou a seguinte regra de transição: quanto às ações penais já instauradas no momento da efetiva implementação do juiz das garantias pelos tribunais, a eficácia da lei não acarretará qualquer modificação do juízo competente".

IX – determinar o trancamento do inquérito policial quando não houver fundamento razoável para sua instauração ou prosseguimento;

•• Inciso IX acrescentado pela Lei n. 13.964, de 24-12-2019.

•• O STF, nas ADIs n. 6.298, 6.299, 6.300 e 6.305, de 24-8-2023 (*DOU* de 4-9-2023), por unanimidade, julgou parcialmente procedentes os pedidos, para atribuir interpretação conforme a este inciso IX, incluído pela Lei n. 13.964/2019, "para que todos os atos praticados pelo Ministério Público como condutor de investigação penal se submetam ao controle judicial (HC 89.837/DF, Rel. Min. Celso de Mello) e fixar o prazo de até 90 (noventa) dias, contados da publicação da ata do julgamento, para os representantes do Ministério Público encaminharem, sob pena de nulidade, todos os PIC e outros procedimentos de investigação criminal, mesmo que tenham outra denominação, ao respectivo juiz natural, independentemente de o juiz das garantias já ter sido implementado na respectiva jurisdição. Por unanimidade, fixou a seguinte regra de transição: quanto às ações penais já instauradas no momento da efetiva implementação do juiz das garantias pelos tribunais, a eficácia da lei não acarretará qualquer modificação do juízo competente".

X – requisitar documentos, laudos e informações ao delegado de polícia sobre o andamento da investigação;

•• Inciso X acrescentado pela Lei n. 13.964, de 24-12-2019.

XI – decidir sobre os requerimentos de:

•• Inciso XI, *caput*, acrescentado pela Lei n. 13.964, de 24-12-2019.

a) interceptação telefônica, do fluxo de comunicações em sistemas de informática e telemática ou de outras formas de comunicação;

•• Alínea *a* acrescentada pela Lei n. 13.964, de 24-12-2019.

b) afastamento dos sigilos fiscal, bancário, de dados e telefônico;

•• Alínea *b* acrescentada pela Lei n. 13.964, de 24-12-2019.

c) busca e apreensão domiciliar;

•• Alínea *c* acrescentada pela Lei n. 13.964, de 24-12-2019.

d) acesso a informações sigilosas;

•• Alínea *d* acrescentada pela Lei n. 13.964, de 24-12-2019.

e) outros meios de obtenção da prova que restrinjam direitos fundamentais do investigado;

•• Alínea *e* acrescentada pela Lei n. 13.964, de 24-12-2019.

XII – julgar o *habeas corpus* impetrado antes do oferecimento da denúncia;

•• Inciso XII acrescentado pela Lei n. 13.964, de 24-12-2019.

XIII – determinar a instauração de incidente de insanidade mental;

•• Inciso XIII acrescentado pela Lei n. 13.964, de 24-12-2019.

XIV – decidir sobre o recebimento da denúncia ou queixa, nos termos do art. 399 deste Código;

•• Inciso XIV acrescentado pela Lei n. 13.964, de 24-12-2019.

•• O STF, nas ADIs n. 6.298, 6.299, 6.300 e 6.305, de 24-8-2023 (*DOU* de 4-9-2023), por maioria, julgou parcialmente procedentes os pedidos, para "declarar a inconstitucionalidade deste inciso XIV, incluído pela Lei n. 13.964/2019, e atribuir interpretação conforme para assentar que a competência do juiz das garantias cessa com o oferecimento da denúncia. Por unanimidade, fixou a seguinte regra de transição: quanto às ações penais já instauradas no momento da efetiva implementação do juiz das garantias pelos tribunais, a eficácia da lei não acarretará qualquer modificação do juízo competente".

XV – assegurar prontamente, quando se fizer necessário, o direito outorgado ao investigado e ao seu defensor de acesso a todos os elementos informativos e provas produzidos no âmbito da investigação criminal, salvo no que concerne, estritamente, às diligências em andamento;

•• Inciso XV acrescentado pela Lei n. 13.964, de 24-12-2019.

XVI – deferir pedido de admissão de assistente técnico para acompanhar a produção da perícia;

•• Inciso XVI acrescentado pela Lei n. 13.964, de 24-12-2019.

XVII – decidir sobre a homologação de acordo de não persecução penal ou os de colaboração premiada, quando formalizados durante a investigação;

•• Inciso XVII acrescentado pela Lei n. 13.964, de 24-12-2019.

XVIII – outras matérias inerentes às atribuições definidas no *caput* deste artigo.

•• Inciso XVIII acrescentado pela Lei n. 13.964, de 24-12-2019.

§ 1.º O preso em flagrante ou por força de mandado de prisão provisória será encaminhado à presença do juiz de garantias no prazo de 24 (vinte e quatro) horas, momento em que se realizará audiência com a presença do Ministério Público e da Defensoria Pública ou de advogado constituído, vedado o emprego de videoconferência.

•• § 1.º acrescentado pela Lei n. 13.964, de 24-12-2019, originalmente vetado, todavia promulgado em 30-4-2021.

•• O STF, nas ADIs n. 6.298, 6.299, 6.300 e 6.305, de 24-8-2023 (*DOU* de 4-9-2023), por unanimidade, julgou parcialmente procedentes os pedidos, para atribuir interpretação conforme a este § 1.º, incluído pela Lei n. 13.964/2019, "para estabelecer que o preso em flagrante ou por força de mandado de prisão provisória será encaminhado à presença do juiz das garantias, no prazo de 24 horas, salvo impossibilidade fática, momento em que se realizará a audiência com a presença do ministério público e da defensoria pública ou de advogado constituído, cabendo, excepcionalmente, o emprego de videoconferência, mediante decisão da autoridade judiciária competente, desde que este meio seja apto à verificação da integridade do preso e à garantia de todos os seus direitos. Por unanimidade, fixou a seguinte regra de transição: quanto às ações penais já instauradas no momento da efetiva implementação do juiz das garantias pelos tribunais, a eficácia da lei não acarretará qualquer modificação do juízo competente".

§ 2.º Se o investigado estiver preso, o juiz das garantias poderá, mediante representação da autoridade policial e ouvido o Ministério Público, prorrogar, uma única vez, a duração do inquérito por até 15 (quinze) dias, após o que, se ainda assim a investigação não for concluída, a prisão será imediatamente relaxada.

•• § 2.º acrescentado pela Lei n. 13.964, de 24-12-2019.

•• O STF, nas ADIs n. 6.298, 6.299, 6.300 e 6.305, de 24-8-2023 (*DOU* de 4-9-2023), por unanimidade, julgou parcialmente procedentes os pedidos, para atribuir interpretação conforme a este § 2.º, incluído pela Lei n. 13.964/2019, "para assentar que: *a)* o juiz pode decidir de forma fundamentada, reconhecendo a necessidade de novas prorrogações do inquérito, diante de elementos concretos e da complexidade da investigação; e *b)* a inobservância do prazo previsto em lei não implica a revogação automática da prisão preventiva, devendo o juízo competente ser instado a avaliar os motivos que a ensejaram, nos termos da ADI n. 6.581. Por unanimidade, fixou a seguinte regra de transição: quanto às ações penais já instauradas no momento da efetiva implementação do juiz das garantias pelos tribunais, a eficácia da lei não acarretará qualquer modificação do juízo competente".

Art. 3.º-C. A competência do juiz das garantias abrange todas as infrações penais, exceto as de menor potencial ofensivo, e cessa com o recebimento da denúncia ou queixa na forma do art. 399 deste Código.

•• *Caput* acrescentado pela Lei n. 13.964, de 24-12-2019.

•• O STF, nas ADIs n. 6.298, 6.299, 6.300 e 6.305, de 24-8-2023 (*DOU* de 4-9-2023), por maioria, julgou parcialmente procedentes os pedidos, para "atribuir interpretação conforme à primeira parte do *caput* deste artigo, incluído pela Lei n. 13.964/2019, para esclarecer que as normas relativas ao juiz das garantias não se aplicam às seguintes situações: *a)* processos de competência originária dos tribunais, os quais são regidos pela Lei n. 8.038/90; *b)* processos de competência do tribunal do júri; *c)* casos de violência doméstica e familiar; e *d)* infrações penais de menor potencial ofensivo", e por maioria, declarou "a inconstitucionalidade da expressão 'recebimento da denúncia ou queixa na forma do art. 399 deste Código' contida na segunda parte do *caput* deste artigo, incluído pela Lei n. 13.964/2019, e atribuiu interpretação conforme para assentar que a competência do juiz das garantias cessa com o oferecimento da denúncia. Por unanimidade, fixou a seguinte regra de transição: quanto às ações penais já instauradas no momento da efetiva implementação do juiz das garantias pelos tribunais, a eficácia da lei não acarretará qualquer modificação do juízo competente".

Disposições Preliminares — Arts. 3.º-C e 3.º-D

§ 1.º Recebida a denúncia ou queixa, as questões pendentes serão decididas pelo juiz da instrução e julgamento.

•• § 1.º acrescentado pela Lei n. 13.964, de 24-12-2019.

•• O STF, nas ADIs n. 6.298, 6.299, 6.300 e 6.305, de 24-8-2023 (*DOU* de 4-9-2023), por maioria, julgou parcialmente procedentes os pedidos, para "declarar a inconstitucionalidade do termo 'Recebida' contido neste § 1.º, incluído pela Lei n. 13.964/2019, e atribuir interpretação conforme ao dispositivo para assentar que, oferecida a denúncia ou queixa, as questões pendentes serão decididas pelo juiz da instrução e julgamento. Por unanimidade, fixou a seguinte regra de transição: quanto às ações penais já instauradas no momento da efetiva implementação do juiz das garantias pelos tribunais, a eficácia da lei não acarretará qualquer modificação do juízo competente".

§ 2.º As decisões proferidas pelo juiz das garantias não vinculam o juiz da instrução e julgamento, que, após o recebimento da denúncia ou queixa, deverá reexaminar a necessidade das medidas cautelares em curso, no prazo máximo de 10 (dez) dias.

•• § 2.º acrescentado pela Lei n. 13.964, de 24-12-2019.

•• O STF, nas ADIs n. 6.298, 6.299, 6.300 e 6.305, de 24-8-2023 (*DOU* de 4-9-2023), por maioria, julgou parcialmente procedentes os pedidos, para "declarar a inconstitucionalidade do termo 'recebimento' contido neste § 2.º, incluído pela Lei n. 13.964/2019, e atribuir interpretação conforme ao dispositivo para assentar que, após o oferecimento da denúncia ou queixa, o juiz da instrução e julgamento deverá reexaminar a necessidade das medidas cautelares em curso, no prazo máximo de 10 (dez) dias. Por unanimidade, fixou a seguinte regra de transição: quanto às ações penais já instauradas no momento da efetiva implementação do juiz das garantias pelos tribunais, a eficácia da lei não acarretará qualquer modificação do juízo competente".

§ 3.º Os autos que compõem as matérias de competência do juiz das garantias ficarão acautelados na secretaria desse juízo, à disposição do Ministério Público e da defesa, e não serão apensados aos autos do processo enviados ao juiz da instrução e julgamento, ressalvados os documentos relativos às provas irrepetíveis, medidas de obtenção de provas ou de antecipação de provas, que deverão ser remetidos para apensamento em apartado.

•• § 3.º acrescentado pela Lei n. 13.964, de 24-12-2019.

•• O STF, nas ADIs n. 6.298, 6.299, 6.300 e 6.305, de 24-8-2023 (*DOU* de 4-9-2023), por unanimidade, julgou parcialmente procedentes os pedidos, para "declarar a inconstitucionalidade, com redução de texto, deste § 3.º, incluído pela Lei n. 13.964/2019, e atribuir interpretação conforme para entender que os autos que compõem as matérias de competência do juiz das garantias serão remetidos ao juiz da instrução e julgamento. Por unanimidade, fixou a seguinte regra de transição: quanto às ações penais já instauradas no momento da efetiva implementação do juiz das garantias pelos tribunais, a eficácia da lei não acarretará qualquer modificação do juízo competente".

§ 4.º Fica assegurado às partes o amplo acesso aos autos acautelados na secretaria do juízo das garantias.

•• § 4.º acrescentado pela Lei n. 13.964, de 24-12-2019.

•• O STF, nas ADIs n. 6.298, 6.299, 6.300 e 6.305, de 24-8-2023 (*DOU* de 4-9-2023), por unanimidade, julgou parcialmente procedentes os pedidos, para "declarar a inconstitucionalidade, com redução de texto, deste § 4.º, incluído pela Lei n. 13.964/2019, e atribuir interpretação conforme para entender que os autos que compõem as matérias de competência do juiz das garantias serão remetidos ao juiz da instrução e julgamento. Por unanimidade, fixou a seguinte regra de transição: quanto às ações penais já instauradas no momento da efetiva implementação do juiz das garantias pelos tribunais, a eficácia da lei não acarretará qualquer modificação do juízo competente".

Art. 3.º-D. O juiz que, na fase de investigação, praticar qualquer ato incluído nas competências dos arts. 4.º e 5.º deste Código ficará impedido de funcionar no processo.

•• *Caput* acrescentado pela Lei n. 13.964, de 24-12-2019.

•• O STF, nas ADIs n. 6.298, 6.299, 6.300 e 6.305, de 24-8-2023 (*DOU* de 4-9-2023), por unanimidade, julgou parcialmente procedentes os pedidos, para declarar a inconstitucionalidade do *caput* deste artigo, incluído pela Lei n. 13.964/2019. "Por unanimidade, fixou a seguinte regra de transição: quanto às ações penais já instauradas no momento da efetiva implementação do juiz das garantias pelos tribunais, a eficácia da lei não acarretará qualquer modificação do juízo competente".

Parágrafo único. Nas comarcas em que funcionar apenas um juiz, os tribunais criarão um sistema de rodízio de magistrados, a fim de atender às disposições deste Capítulo.

•• Parágrafo único acrescentado pela Lei n. 13.964, de 24-12-2019.

•• O STF, nas ADIs n. 6.298, 6.299, 6.300 e 6.305, de 24-8-2023 (*DOU* de 4-9-2023), por unanimidade, julgou parcialmente procedentes os pedidos, para declarar a inconstitucionalidade formal deste parágrafo único, incluído pela Lei n. 13.964/2019. "Por unanimidade, fixou a seguinte regra de transição: quanto às ações penais já instauradas no momento da efetiva implementação do juiz das garantias pelos tribunais, a eficácia da lei não acarretará qualquer modificação do juízo competente".

Art. 3.º-E. O juiz das garantias será designado conforme as normas de organização judiciária da União, dos Estados e do Distrito Federal, observando critérios objetivos a serem periodicamente divulgados pelo respectivo tribunal.

•• Artigo acrescentado pela Lei n. 13.964, de 24-12-2019.

•• O STF, nas ADIs n. 6.298, 6.299, 6.300 e 6.305, de 24-8-2023 (*DOU* de 4-9-2023), por unanimidade, julgou parcialmente procedentes os pedidos, para atribuir interpretação conforme a este artigo, incluído pela Lei n. 13.964/2019, "para assentar que o juiz das garantias será investido, e não designado, conforme as normas de organização judiciária da União, dos Estados e do Distrito Federal, observando critérios objetivos a serem periodicamente divulgados pelo respectivo tribunal. Por unanimidade, fixou a seguinte regra de transição: quanto às ações penais já instauradas no momento da efetiva implementação do juiz das garantias pelos tribunais, a eficácia da lei não acarretará qualquer modificação do juízo competente".

Art. 3.º-F. O juiz das garantias deverá assegurar o cumprimento das regras para o tratamento dos presos, impedindo o acordo ou ajuste de qualquer autoridade com órgãos da imprensa para explorar a imagem da pessoa submetida à prisão, sob pena de responsabilidade civil, administrativa e penal.

•• *Caput* acrescentado pela Lei n. 13.964, de 24-12-2019.

•• O STF, nas ADIs n. 6.298, 6.299, 6.300 e 6.305, de 24-8-2023 (*DOU* de 4-9-2023), por unanimidade, julgou parcialmente procedentes os pedidos, para declarar a constitucionalidade deste *caput*, incluído pela Lei n. 13.964/2019. "Por unanimidade, fixou a seguinte regra de transição: quanto às ações penais já instauradas no momento da efetiva implementação do juiz das garantias pelos tribunais, a eficácia da lei não acarretará qualquer modificação do juízo competente".

Parágrafo único. Por meio de regulamento, as autoridades deverão disciplinar, em 180 (cento e oitenta) dias, o modo pelo qual as informações sobre a realização da prisão e a identidade do preso serão, de modo padronizado e respeitada a programação normativa aludida no *caput* deste artigo, transmitidas à imprensa, assegurados a efetividade da persecução penal, o direito à informação e a dignidade da pessoa submetida à prisão.

•• Parágrafo único acrescentado pela Lei n. 13.964, de 24-12-2019.

•• O STF, nas ADIs n. 6.298, 6.299, 6.300 e 6.305, de 24-8-2023 (*DOU* de 4-9-2023), por unanimidade, julgou parcialmente procedentes os pedidos, para atribuir interpretação conforme a este parágrafo único, incluído pela Lei n. 13.964/2019, "para assentar que a divulgação de informações sobre a realização da prisão e a identidade do preso pelas autoridades policiais, ministério público e magistratura deve assegurar a efetividade da persecução penal, o direito à informação e a dignidade da pessoa submetida à prisão. Por unanimidade, fixou a seguinte regra de transição: quanto às ações penais já instauradas no momento da efetiva implementação do juiz das garantias pelos tribunais, a eficácia da lei não acarretará qualquer modificação do juízo competente".

TÍTULO II
DO INQUÉRITO POLICIAL

Art. 4.º A polícia judiciária será exercida pelas autoridades policiais no território de suas respectivas circunscrições e terá por fim a apuração das infrações penais e da sua autoria.

•• *Caput* com redação determinada pela Lei n. 9.043, de 9-5-1995.

Parágrafo único. A competência definida neste artigo não excluirá a de autoridades administrativas, a quem por lei seja cometida a mesma função.

•• *Vide* Súmula 397 do STF.

Art. 5.º Nos crimes de ação pública o inquérito policial será iniciado:

I – de ofício;

II – mediante requisição da autoridade judiciária ou do Ministério Público, ou a requerimento do ofendido ou de quem tiver qualidade para representá-lo.

§ 1.º O requerimento a que se refere o n. II conterá sempre que possível:

Inquérito Policial   **Arts. 5.º a 10**

a) a narração do fato, com todas as circunstâncias;

b) a individualização do indiciado ou seus sinais característicos e as razões de convicção ou de presunção de ser ele o autor da infração, ou os motivos de impossibilidade de o fazer;

c) a nomeação das testemunhas, com indicação de sua profissão e residência.

§ 2.º Do despacho que indeferir o requerimento de abertura de inquérito caberá recurso para o chefe de Polícia.

§ 3.º Qualquer pessoa do povo que tiver conhecimento da existência de infração penal em que caiba ação pública poderá, verbalmente ou por escrito, comunicá-la à autoridade policial, e esta, verificada a procedência das informações, mandará instaurar inquérito.

§ 4.º O inquérito, nos crimes em que a ação pública depender de representação, não poderá sem ela ser iniciado.

§ 5.º Nos crimes de ação privada, a autoridade policial somente poderá proceder a inquérito a requerimento de quem tenha qualidade para intentá-la.

Art. 6.º Logo que tiver conhecimento da prática da infração penal, a autoridade policial deverá:

I – dirigir-se ao local, providenciando para que não se alterem o estado e conservação das coisas, até a chegada dos peritos criminais;

•• Inciso I com redação determinada pela Lei n. 8.862, de 28-3-1994.

II – apreender os objetos que tiverem relação com o fato, após liberados pelos peritos criminais;

•• Inciso II com redação determinada pela Lei n. 8.862, de 28-3-1994.

III – colher todas as provas que servirem para o esclarecimento do fato e suas circunstâncias;

IV – ouvir o ofendido;

V – ouvir o indiciado, com observância, no que for aplicável, do disposto no Capítulo III do Título VII, deste Livro, devendo o respectivo termo ser assinado por 2 (duas) testemunhas que lhe tenham ouvido a leitura;

VI – proceder a reconhecimento de pessoas e coisas e a acareações;

VII – determinar, se for caso, que se proceda a exame de corpo de delito e a quaisquer outras perícias;

VIII – ordenar a identificação do indiciado pelo processo datiloscópico, se possível, e fazer juntar aos autos sua folha de antecedentes;

•• *Vide* Lei n. 12.037, de 1.º-10-2009.

IX – averiguar a vida pregressa do indiciado, sob o ponto de vista individual, familiar e social, sua condição econômica, sua atitude e estado de ânimo antes e depois do crime e durante ele, e quaisquer outros elementos que contribuírem para a apreciação do seu temperamento e caráter;

X – colher informações sobre a existência de filhos, respectivas idades e se possuem alguma deficiência e o nome e o contato de eventual responsável pelos cuidados dos filhos, indicado pela pessoa presa.

•• Inciso X acrescentado pela Lei n. 13.257, de 8-3-2016.

Art. 7.º Para verificar a possibilidade de haver a infração sido praticada de determinado modo, a autoridade policial poderá proceder à reprodução simulada dos fatos, desde que esta não contrarie a moralidade ou a ordem pública.

Art. 8.º Havendo prisão em flagrante, será observado o disposto no Capítulo II do Título IX deste Livro.

Art. 9.º Todas as peças do inquérito policial serão, num só processado, reduzidas a escrito ou datilografadas e, neste caso, rubricadas pela autoridade.

Art. 10. O inquérito deverá terminar no prazo de 10 (dez) dias, se o indiciado tiver sido preso em flagrante, ou estiver preso preventivamente, contado o prazo, nesta hipótese, a partir do dia em que se executar a ordem de prisão, ou no prazo de 30 (trinta) dias, quando estiver solto, mediante fiança ou sem ela.

•• Nos crimes contra a economia popular: prazo de 10 dias, para indiciado solto ou preso (art. 10, § 1.º, da Lei n. 1.521, de 26-12-1951).

•• Nos crimes da Lei de Drogas: prazo de 30 (indiciado preso) e 90 dias (se solto) (art. 51 da Lei n. 11.343, de 23-8-2006).

•• Nos inquéritos atribuídos à polícia federal: prazo de 15 dias (indiciado preso), podendo ser prorrogado por mais 15 (art. 66 da Lei n. 5.010, de 30-5-1966).

•• Nos inquéritos militares: prazo de 20 (indiciado preso) e 40 dias (indiciado solto), podendo, neste último caso, ser prorrogado por mais 20 dias (art. 20 do Decreto-lei n. 1.002, de 21-10-1969).

§ 1.º A autoridade fará minucioso relatório do que tiver sido apurado e enviará os autos ao juiz competente.

Arts. 10 a 14 — **Inquérito Policial**

§ 2.º No relatório poderá a autoridade indicar testemunhas que não tiverem sido inquiridas, mencionando o lugar onde possam ser encontradas.

§ 3.º Quando o fato for de difícil elucidação, e o indiciado estiver solto, a autoridade poderá requerer ao juiz a devolução dos autos, para ulteriores diligências, que serão realizadas no prazo marcado pelo juiz.

Art. 11. Os instrumentos do crime, bem como os objetos que interessarem à prova, acompanharão os autos do inquérito.

Art. 12. O inquérito policial acompanhará a denúncia ou queixa, sempre que servir de base a uma ou outra.

Art. 13. Incumbirá ainda à autoridade policial:

I – fornecer às autoridades judiciárias as informações necessárias à instrução e julgamento dos processos;

II – realizar as diligências requisitadas pelo juiz ou pelo Ministério Público;

III – cumprir os mandados de prisão expedidos pelas autoridades judiciárias;

IV – representar acerca da prisão preventiva.

Art. 13-A. Nos crimes previstos nos arts. 148, 149 e 149-A, no § 3.º do art. 158 e no art. 159 do Decreto-lei n. 2.848, de 7 de dezembro de 1940 (Código Penal), e no art. 239 da Lei n. 8.069, de 13 de julho de 1990 (Estatuto da Criança e do Adolescente), o membro do Ministério Público ou o delegado de polícia poderá requisitar, de quaisquer órgãos do poder público ou de empresas da iniciativa privada, dados e informações cadastrais da vítima ou de suspeitos.

•• *Caput* acrescentado pela Lei n. 13.344, de 6-10-2016.
•• *Vide* Lei n. 13.344, de 6-10-2016.

Parágrafo único. A requisição, que será atendida no prazo de 24 (vinte e quatro) horas, conterá:

•• Parágrafo único, *caput*, acrescentado pela Lei n. 13.344, de 6-10-2016.

I – o nome da autoridade requisitante;

•• Inciso I acrescentado pela Lei n. 13.344, de 6-10-2016.

II – o número do inquérito policial; e

•• Inciso II acrescentado pela Lei n. 13.344, de 6-10-2016.

III – a identificação da unidade de polícia judiciária responsável pela investigação.

•• Inciso III acrescentado pela Lei n. 13.344, de 6-10-2016.

Art. 13-B. Se necessário à prevenção e à repressão dos crimes relacionados ao tráfico de pessoas, o membro do Ministério Público ou o delegado de polícia poderão requisitar, mediante autorização judicial, às empresas prestadoras de serviço de telecomunicações e/ou telemática que disponibilizem imediatamente os meios técnicos adequados – como sinais, informações e outros – que permitam a localização da vítima ou dos suspeitos do delito em curso.

•• *Caput* acrescentado pela Lei n. 13.344, de 6-10-2016.
•• *Vide* Lei n. 13.344, de 6-10-2016.

§ 1.º Para os efeitos deste artigo, sinal significa posicionamento da estação de cobertura, setorização e intensidade de radiofrequência.

•• § 1.º acrescentado pela Lei n. 13.344, de 6-10-2016.

§ 2.º Na hipótese de que trata o *caput*, o sinal:

•• § 2.º, *caput*, acrescentado pela Lei n. 13.344, de 6-10-2016.

I – não permitirá acesso ao conteúdo da comunicação de qualquer natureza, que dependerá de autorização judicial, conforme disposto em lei;

•• Inciso I acrescentado pela Lei n. 13.344, de 6-10-2016.

II – deverá ser fornecido pela prestadora de telefonia móvel celular por período não superior a 30 (trinta) dias, renovável por uma única vez, por igual período;

•• Inciso II acrescentado pela Lei n. 13.344, de 6-10-2016.

III – para períodos superiores àquele de que trata o inciso II, será necessária a apresentação de ordem judicial.

•• Inciso III acrescentado pela Lei n. 13.344, de 6-10-2016.

§ 3.º Na hipótese prevista neste artigo, o inquérito policial deverá ser instaurado no prazo máximo de 72 (setenta e duas) horas, contado do registro da respectiva ocorrência policial.

•• § 3.º acrescentado pela Lei n. 13.344, de 6-10-2016.

§ 4.º Não havendo manifestação judicial no prazo de 12 (doze) horas, a autoridade competente requisitará às empresas prestadoras de serviço de telecomunicações e/ou telemática que disponibilizem imediatamente os meios técnicos adequados – como sinais, informações e outros – que permitam a localização da vítima ou dos suspeitos do delito em curso, com imediata comunicação ao juiz.

•• § 4.º acrescentado pela Lei n. 13.344, de 6-10-2016.

Art. 14. O ofendido, ou seu representante legal, e o indiciado poderão requerer qualquer diligência, que será realizada, ou não, a juízo da autoridade.

Art. 14-A. Nos casos em que servidores vinculados às instituições dispostas no art. 144 da Constituição Federal figurarem como investigados em inquéritos policiais, inquéritos policiais militares e demais procedimentos extrajudiciais, cujo objeto for a investigação de fatos relacionados ao uso da força letal praticados no exercício profissional, de forma consumada ou tentada, incluindo as situações dispostas no art. 23 do Decreto-lei n. 2.848, de 7 de dezembro de 1940 (Código Penal), o indiciado poderá constituir defensor.

•• *Caput* acrescentado pela Lei n. 13.964, de 24-12-2019.

§ 1.º Para os casos previstos no *caput* deste artigo, o investigado deverá ser citado da instauração do procedimento investigatório, podendo constituir defensor no prazo de até 48 (quarenta e oito) horas a contar do recebimento da citação.

•• § 1.º acrescentado pela Lei n. 13.964, de 24-12-2019.

§ 2.º Esgotado o prazo disposto no § 1.º deste artigo com ausência de nomeação de defensor pelo investigado, a autoridade responsável pela investigação deverá intimar a instituição a que estava vinculado o investigado à época da ocorrência dos fatos, para que essa, no prazo de 48 (quarenta e oito) horas, indique defensor para a representação do investigado.

•• § 2.º acrescentado pela Lei n. 13.964, de 24-12-2019.

§ 3.º Havendo necessidade de indicação de defensor nos termos do § 2.º deste artigo, a defesa caberá preferencialmente à Defensoria Pública, e, nos locais em que ela não estiver instalada, a União ou a Unidade da Federação correspondente à respectiva competência territorial do procedimento instaurado deverá disponibilizar profissional para acompanhamento e realização de todos os atos relacionados à defesa administrativa do investigado.

•• § 3.º acrescentado pela Lei n. 13.964, de 24-12-2019, originalmente vetado, todavia promulgado em 30-4-2021.

§ 4.º A indicação do profissional a que se refere o § 3.º deste artigo deverá ser precedida de manifestação de que não existe defensor público lotado na área territorial onde tramita o inquérito e com atribuição para nele atuar, hipótese em que poderá ser indicado profissional que não integre os quadros próprios da Administração.

•• § 4.º acrescentado pela Lei n. 13.964, de 24-12-2019, originalmente vetado, todavia promulgado em 30-4-2021.

§ 5.º Na hipótese de não atuação da Defensoria Pública, os custos com o patrocínio dos interesses dos investigados nos procedimentos de que trata este artigo correrão por conta do orçamento próprio da instituição a que este esteja vinculado à época da ocorrência dos fatos investigados.

•• § 5.º acrescentado pela Lei n. 13.964, de 24-12-2019, originalmente vetado, todavia promulgado em 30-4-2021.

§ 6.º As disposições constantes deste artigo se aplicam aos servidores militares vinculados às instituições dispostas no art. 142 da Constituição Federal, desde que os fatos investigados digam respeito a missões para a Garantia da Lei e da Ordem.

•• § 6.º acrescentado pela Lei n. 13.964, de 24-12-2019.

Art. 15. Se o indiciado for menor, ser-lhe-á nomeado curador pela autoridade policial.

•• *Vide* Lei n. 8.069, de 13-7-1990.

•• *Vide* Súmula 352 do STF.

Art. 16. O Ministério Público não poderá requerer a devolução do inquérito à autoridade policial, senão para novas diligências, imprescindíveis ao oferecimento da denúncia.

Art. 17. A autoridade policial não poderá mandar arquivar autos de inquérito.

Art. 18. Depois de ordenado o arquivamento do inquérito pela autoridade judiciária, por falta de base para a denúncia, a autoridade policial poderá proceder a novas pesquisas, se de outras provas tiver notícia.

Art. 19. Nos crimes em que não couber ação pública, os autos do inquérito serão remetidos ao juízo competente, onde aguardarão a iniciativa do ofendido ou de seu representante legal, ou serão entregues ao requerente, se o pedir, mediante traslado.

Art. 20. A autoridade assegurará no inquérito o sigilo necessário à elucidação do fato ou exigido pelo interesse da sociedade.

Parágrafo único. Nos atestados de antecedentes que lhe forem solicitados, a autoridade policial não poderá mencionar quaisquer anotações referentes a instauração de inquérito contra os requerentes.

•• Parágrafo único com redação determinada pela Lei n. 12.681, de 4-7-2012.

Art. 21. A incomunicabilidade do indiciado dependerá sempre de despacho nos autos e somente será permitida quando o interesse da sociedade ou a conveniência da investigação o exigir.

Parágrafo único. A incomunicabilidade, que não excederá de 3 (três) dias, será decretada por despacho fundamentado do juiz, a requerimento da autoridade policial, ou do órgão do Ministério Público, respeitado, em qualquer hipótese, o disposto no art. 89, III, do Estatuto da Ordem dos Advogados do Brasil (Lei n. 4.215, de 27-4-1963).

•• Parágrafo único com redação determinada pela Lei n. 5.010, de 30-5-1966.

•• A Lei n. 4.215, de 27-4-1963, encontra-se revogada pela Lei n. 8.906, de 4-7-1994 (EAOAB).

Art. 22. No Distrito Federal e nas comarcas em que houver mais de uma circunscrição policial, a autoridade com exercício em uma delas poderá, nos inquéritos a que esteja procedendo, ordenar diligências em circunscrição de outra, independentemente de precatórias ou requisições, e bem assim providenciará, até que compareça a autoridade competente, sobre qualquer fato que ocorra em sua presença, noutra circunscrição.

Art. 23. Ao fazer a remessa dos autos do inquérito ao juiz competente, a autoridade policial oficiará ao Instituto de Identificação e Estatística, ou à repartição congênere, mencionando o juízo a que tiverem sido distribuídos, e os dados relativos à infração penal e à pessoa do indiciado.

TÍTULO III
DA AÇÃO PENAL

Art. 24. Nos crimes de ação pública, esta será promovida por denúncia do Ministério Público, mas dependerá, quando a lei o exigir, de requisição do Ministro da Justiça, ou de representação do ofendido ou de quem tiver qualidade para representá-lo.

§ 1.º No caso de morte do ofendido ou quando declarado ausente por decisão judicial, o direito de representação passará ao cônjuge, ascendente, descendente ou irmão.

•• Primitivo parágrafo único passado a § 1.º pela Lei n. 8.699, de 27-8-1993.

§ 2.º Seja qual for o crime, quando praticado em detrimento do patrimônio ou interesse da União, Estado e Município, a ação penal será pública.

•• § 2.º acrescentado pela Lei n. 8.699, de 27-8-1993.

Art. 25. A representação será irretratável, depois de oferecida a denúncia.

Art. 26. A ação penal, nas contravenções, será iniciada com o auto de prisão em flagrante ou por meio de portaria expedida pela autoridade judiciária ou policial.

•• Vide arts. 5.º, LXI, e 129, I, da CF.

Art. 27. Qualquer pessoa do povo poderá provocar a iniciativa do Ministério Público, nos casos em que caiba a ação pública, fornecendo-lhe, por escrito, informações sobre o fato e a autoria e indicando o tempo, o lugar e os elementos de convicção.

Art. 28. Ordenado o arquivamento do inquérito policial ou de quaisquer elementos informativos da mesma natureza, o órgão do Ministério Público comunicará à vítima, ao investigado e à autoridade policial e encaminhará os autos para a instância de revisão ministerial para fins de homologação, na forma da lei.

•• *Caput* com redação determinada pela Lei n. 13.964, de 24-12-2019.

•• O STF, nas ADIs n. 6.298, 6.299, 6.300 e 6.305, de 24-8-2023 (*DOU* de 4-9-2023), por maioria, julgou parcialmente procedentes os pedidos, para atribuir interpretação conforme a este *caput*, alterado pela Lei n. 13.964/2019, "para assentar que, ao se manifestar pelo arquivamento do inquérito policial ou de quaisquer elementos informativos da mesma natureza, o órgão do Ministério Público submeterá sua manifestação ao juiz competente e comunicará à vítima, ao investigado e à autoridade policial, podendo encaminhar os autos para o Procurador-Geral ou para a instância de revisão ministerial, quando houver, para fins de homologação, na forma da lei. Por unanimidade, fixou a seguinte regra de transição: quanto às ações penais já instauradas no momento da efetiva implementação do juiz das garantias pelos tribunais, a eficácia da lei não acarretará qualquer modificação do juízo competente".

• Vide art. 17 do CPP.

• Vide art. 397 do CPPM.

• Vide art. 7.º da Lei n. 1.521, de 26-12-1951 (crimes contra a economia popular).

• Vide art. 54 da Lei n. 11.343, de 23-8-2006 (Lei de Drogas).

• Vide art. 12, XI, da Lei n. 8.625/93 (LONMP).

• Vide Súmulas 524 e 696 do STF.

§ 1.º Se a vítima, ou seu representante legal, não concordar com o arquivamento do inquérito policial,

Ação Penal — Arts. 28 e 28-A

poderá, no prazo de 30 (trinta) dias do recebimento da comunicação, submeter a matéria à revisão da instância competente do órgão ministerial, conforme dispuser a respectiva lei orgânica.

•• § 1.º acrescentado pela Lei n. 13.964, de 24-12-2019.

•• O STF, nas ADIs n. 6.298, 6.299, 6.300 e 6.305, de 24-8-2023 (*DOU* de 4-9-2023), por unanimidade, julgou parcialmente procedentes os pedidos, para atribuir interpretação conforme este § 1.º, incluído pela Lei n. 13.964/2019, "para assentar que, além da vítima ou de seu representante legal, a autoridade judicial competente também poderá submeter a matéria à revisão da instância competente do órgão ministerial, caso verifique patente ilegalidade ou teratologia no ato do arquivamento. Por unanimidade, fixou a seguinte regra de transição: quanto às ações penais já instauradas no momento da efetiva implementação do juiz das garantias pelos tribunais, a eficácia da lei não acarretará qualquer modificação do juízo competente".

§ 2.º Nas ações penais relativas a crimes praticados em detrimento da União, Estados e Municípios, a revisão do arquivamento do inquérito policial poderá ser provocada pela chefia do órgão a quem couber a sua representação judicial.

•• § 2.º acrescentado pela Lei n. 13.964, de 24-12-2019.

Art. 28-A. Não sendo caso de arquivamento e tendo o investigado confessado formal e circunstancialmente a prática de infração penal sem violência ou grave ameaça e com pena mínima inferior a 4 (quatro) anos, o Ministério Público poderá propor acordo de não persecução penal, desde que necessário e suficiente para reprovação e prevenção do crime, mediante as seguintes condições ajustadas cumulativa e alternativamente:

•• *Caput* acrescentado pela Lei n. 13.964, de 24-12-2019.

•• O STF, nas ADIs n. 6.298, 6.299, 6.300 e 6.305, de 24-8-2023 (*DOU* de 4-9-2023), por unanimidade, julgou parcialmente procedentes os pedidos, para declarar a constitucionalidade deste *caput*, incluído pela Lei n. 13.964/2019. "Por unanimidade, fixou a seguinte regra de transição: quanto às ações penais já instauradas no momento da efetiva implementação do juiz das garantias pelos tribunais, a eficácia da lei não acarretará qualquer modificação do juízo competente".

I – reparar o dano ou restituir a coisa à vítima, exceto na impossibilidade de fazê-lo;

•• Inciso I acrescentado pela Lei n. 13.964, de 24-12-2019.

II – renunciar voluntariamente a bens e direitos indicados pelo Ministério Público como instrumentos, produto ou proveito do crime;

•• Inciso II acrescentado pela Lei n. 13.964, de 24-12-2019.

III – prestar serviço à comunidade ou a entidades públicas por período correspondente à pena mínima cominada ao delito diminuída de um a dois terços, em local a ser indicado pelo juízo da execução, na forma do art. 46 do Decreto-lei n. 2.848, de 7 de dezembro de 1940 (Código Penal);

•• Inciso III acrescentado pela Lei n. 13.964, de 24-12-2019.

•• O STF, nas ADIs n. 6.298, 6.299, 6.300 e 6.305, de 24-8-2023 (*DOU* de 4-9-2023), por unanimidade, julgou parcialmente procedentes os pedidos, para declarar a constitucionalidade deste inciso III, incluído pela Lei n. 13.964/2019. "Por unanimidade, fixou a seguinte regra de transição: quanto às ações penais já instauradas no momento da efetiva implementação do juiz das garantias pelos tribunais, a eficácia da lei não acarretará qualquer modificação do juízo competente".

IV – pagar prestação pecuniária, a ser estipulada nos termos do art. 45 do Decreto-lei n. 2.848, de 7 de dezembro de 1940 (Código Penal), a entidade pública ou de interesse social, a ser indicada pelo juízo da execução, que tenha, preferencialmente, como função proteger bens jurídicos iguais ou semelhantes aos aparentemente lesados pelo delito; ou

•• Inciso IV acrescentado pela Lei n. 13.964, de 24-12-2019.

•• O STF, nas ADIs n. 6.298, 6.299, 6.300 e 6.305, de 24-8-2023 (*DOU* de 4-9-2023), por unanimidade, julgou parcialmente procedentes os pedidos, para declarar a constitucionalidade deste inciso IV, incluído pela Lei n. 13.964/2019. "Por unanimidade, fixou a seguinte regra de transição: quanto às ações penais já instauradas no momento da efetiva implementação do juiz das garantias pelos tribunais, a eficácia da lei não acarretará qualquer modificação do juízo competente".

V – cumprir, por prazo determinado, outra condição indicada pelo Ministério Público, desde que proporcional e compatível com a infração penal imputada.

•• Inciso V acrescentado pela Lei n. 13.964, de 24-12-2019.

§ 1.º Para aferição da pena mínima cominada ao delito a que se refere o *caput* deste artigo, serão consideradas as causas de aumento e diminuição aplicáveis ao caso concreto.

Art. 28-A   Ação Penal

•• § 1.º acrescentado pela Lei n. 13.964, de 24-12-2019.

§ 2.º O disposto no *caput* deste artigo não se aplica nas seguintes hipóteses:

•• § 2.º, *caput*, acrescentado pela Lei n. 13.964, de 24-12-2019.

I – se for cabível transação penal de competência dos Juizados Especiais Criminais, nos termos da lei;

•• Inciso I acrescentado pela Lei n. 13.964, de 24-12-2019.

II – se o investigado for reincidente ou se houver elementos probatórios que indiquem conduta criminal habitual, reiterada ou profissional, exceto se insignificantes as infrações penais pretéritas;

•• Inciso II acrescentado pela Lei n. 13.964, de 24-12-2019.

III – ter sido o agente beneficiado nos 5 (cinco) anos anteriores ao cometimento da infração, em acordo de não persecução penal, transação penal ou suspensão condicional do processo; e

•• Inciso III acrescentado pela Lei n. 13.964, de 24-12-2019.

IV – nos crimes praticados no âmbito de violência doméstica ou familiar, ou praticados contra a mulher por razões da condição de sexo feminino, em favor do agressor.

•• Inciso IV acrescentado pela Lei n. 13.964, de 24-12-2019.

§ 3.º O acordo de não persecução penal será formalizado por escrito e será firmado pelo membro do Ministério Público, pelo investigado e por seu defensor.

•• § 3.º acrescentado pela Lei n. 13.964, de 24-12-2019.

§ 4.º Para a homologação do acordo de não persecução penal, será realizada audiência na qual o juiz deverá verificar a sua voluntariedade, por meio da oitiva do investigado na presença do seu defensor, e sua legalidade.

•• § 4.º acrescentado pela Lei n. 13.964, de 24-12-2019.

§ 5.º Se o juiz considerar inadequadas, insuficientes ou abusivas as condições dispostas no acordo de não persecução penal, devolverá os autos ao Ministério Público para que seja reformulada a proposta de acordo, com concordância do investigado e seu defensor.

•• § 5.º acrescentado pela Lei n. 13.964, de 24-12-2019.

•• O STF, nas ADIs n. 6.298, 6.299, 6.300 e 6.305, de 24-8-2023 (*DOU* de 4-9-2023), por unanimidade, julgou parcialmente procedentes os pedidos, para declarar a constitucionalidade deste § 5.º, incluído pela Lei n. 13.964/2019. "Por unanimidade, fixou a seguinte regra de transição: quanto às ações penais já instauradas no momento da efetiva implementação do juiz das garantias pelos tribunais, a eficácia da lei não acarretará qualquer modificação do juízo competente".

§ 6.º Homologado judicialmente o acordo de não persecução penal, o juiz devolverá os autos ao Ministério Público para que inicie sua execução perante o juízo de execução penal.

•• § 6.º acrescentado pela Lei n. 13.964, de 24-12-2019.

§ 7.º O juiz poderá recusar homologação à proposta que não atender aos requisitos legais ou quando não for realizada a adequação a que se refere o § 5.º deste artigo.

•• § 7.º acrescentado pela Lei n. 13.964, de 24-12-2019.

•• O STF, nas ADIs n. 6.298, 6.299, 6.300 e 6.305, de 24-8-2023 (*DOU* de 4-9-2023), por unanimidade, julgou parcialmente procedentes os pedidos, para declarar a constitucionalidade deste § 7.º, incluído pela Lei n. 13.964/2019. "Por unanimidade, fixou a seguinte regra de transição: quanto às ações penais já instauradas no momento da efetiva implementação do juiz das garantias pelos tribunais, a eficácia da lei não acarretará qualquer modificação do juízo competente".

§ 8.º Recusada a homologação, o juiz devolverá os autos ao Ministério Público para a análise da necessidade de complementação das investigações ou o oferecimento da denúncia.

•• § 8.º acrescentado pela Lei n. 13.964, de 24-12-2019.

•• O STF, nas ADIs n. 6.298, 6.299, 6.300 e 6.305, de 24-8-2023 (*DOU* de 4-9-2023), por unanimidade, julgou parcialmente procedentes os pedidos, para declarar a constitucionalidade deste § 8.º, incluído pela Lei n. 13.964/2019. "Por unanimidade, fixou a seguinte regra de transição: quanto às ações penais já instauradas no momento da efetiva implementação do juiz das garantias pelos tribunais, a eficácia da lei não acarretará qualquer modificação do juízo competente".

§ 9.º A vítima será intimada da homologação do acordo de não persecução penal e de seu descumprimento.

•• § 9.º acrescentado pela Lei n. 13.964, de 24-12-2019.

§ 10. Descumpridas quaisquer das condições estipuladas no acordo de não persecução penal, o Ministério Público deverá comunicar ao juízo, para fins de sua rescisão e posterior oferecimento de denúncia.

•• § 10 acrescentado pela Lei n. 13.964, de 24-12-2019.

Ação Penal **Arts. 28-A a 39**

§ 11. O descumprimento do acordo de não persecução penal pelo investigado também poderá ser utilizado pelo Ministério Público como justificativa para o eventual não oferecimento de suspensão condicional do processo.
•• § 11 acrescentado pela Lei n. 13.964, de 24-12-2019.

§ 12. A celebração e o cumprimento do acordo de não persecução penal não constarão de certidão de antecedentes criminais, exceto para os fins previstos no inciso III do § 2.º deste artigo.
•• § 12 acrescentado pela Lei n. 13.964, de 24-12-2019.

§ 13. Cumprido integralmente o acordo de não persecução penal, o juízo competente decretará a extinção de punibilidade.
•• § 13 acrescentado pela Lei n. 13.964, de 24-12-2019.

§ 14. No caso de recusa, por parte do Ministério Público, em propor o acordo de não persecução penal, o investigado poderá requerer a remessa dos autos a órgão superior, na forma do art. 28 deste Código.
•• § 14 acrescentado pela Lei n. 13.964, de 24-12-2019.

Art. 29. Será admitida ação privada nos crimes de ação pública, se esta não for intentada no prazo legal, cabendo ao Ministério Público aditar a queixa, repudiá-la e oferecer denúncia substitutiva, intervir em todos os termos do processo, fornecer elementos de prova, interpor recurso e, a todo tempo, no caso de negligência do querelante, retomar a ação como parte principal.

Art. 30. Ao ofendido ou a quem tenha qualidade para representá-lo caberá intentar a ação privada.

Art. 31. No caso de morte do ofendido ou quando declarado ausente por decisão judicial, o direito de oferecer queixa ou prosseguir na ação passará ao cônjuge, ascendente, descendente ou irmão.

Art. 32. Nos crimes de ação privada, o juiz, a requerimento da parte que comprovar a sua pobreza, nomeará advogado para promover a ação penal.

§ 1.º Considerar-se-á pobre a pessoa que não puder prover às despesas do processo, sem privar-se dos recursos indispensáveis ao próprio sustento ou da família.

§ 2.º Será prova suficiente de pobreza o atestado da autoridade policial em cuja circunscrição residir o ofendido.

Art. 33. Se o ofendido for menor de 18 (dezoito) anos, ou mentalmente enfermo, ou retardado mental, e não tiver representante legal, ou colidirem os interesses deste com os daquele, o direito de queixa poderá ser exercido por curador especial, nomeado, de ofício ou a requerimento do Ministério Público, pelo juiz competente para o processo penal.

Art. 34. Se o ofendido for menor de 21 (vinte e um) e maior de 18 (dezoito) anos, o direito de queixa poderá ser exercido por ele ou por seu representante legal.
•• O art. 5.º, *caput*, do CC estabelece a maioridade civil aos dezoito anos completos.

Art. 35. (*Revogado pela Lei n. 9.520, de 27-11-1997.*)

Art. 36. Se comparecer mais de uma pessoa com direito de queixa, terá preferência o cônjuge, em seguida, o parente mais próximo na ordem de enumeração constante do art. 31, podendo, entretanto, qualquer delas prosseguir na ação, caso o querelante desista da instância ou a abandone.

Art. 37. As fundações, associações ou sociedades legalmente constituídas poderão exercer a ação penal, devendo ser representadas por quem os respectivos contratos ou estatutos designarem ou, no silêncio destes, pelos seus diretores ou sócios-gerentes.

Art. 38. Salvo disposição em contrário, o ofendido, ou seu representante legal, decairá do direito de queixa ou de representação, se não o exercer dentro do prazo de 6 (seis) meses, contado do dia em que vier a saber quem é o autor do crime, ou, no caso do art. 29, do dia em que se esgotar o prazo para oferecimento da denúncia.

Parágrafo único. Verificar-se-á a decadência do direito de queixa ou representação, dentro do mesmo prazo, nos casos dos arts. 24, parágrafo único, e 31.
•• A referência hoje deve ser feita ao art. 24, § 1.º, alterado pela Lei n. 8.699, de 27-8-1993.

Art. 39. O direito de representação poderá ser exercido, pessoalmente ou por procurador com poderes especiais, mediante declaração, escrita ou oral, feita ao juiz, ao órgão do Ministério Público, ou à autoridade policial.

§ 1.º A representação feita oralmente ou por escrito, sem assinatura devidamente autenticada do ofendido, de seu representante legal ou procurador, será reduzida a termo, perante o juiz ou autoridade policial, presente o órgão do Ministério Público, quando a este houver sido dirigida.

§ 2.º A representação conterá todas as informações que possam servir à apuração do fato e da autoria.

§ 3.º Oferecida ou reduzida a termo a representação, a autoridade policial procederá a inquérito, ou, não sendo competente, remetê-lo-á à autoridade que o for.

§ 4.º A representação, quando feita ao juiz ou perante este reduzida a termo, será remetida à autoridade policial para que esta proceda a inquérito.

§ 5.º O órgão do Ministério Público dispensará o inquérito, se com a representação forem oferecidos elementos que o habilitem a promover a ação penal, e, neste caso, oferecerá a denúncia no prazo de 15 (quinze) dias.

Art. 40. Quando, em autos ou papéis de que conhecerem, os juízes ou tribunais verificarem a existência de crime de ação pública, remeterão ao Ministério Público as cópias e os documentos necessários ao oferecimento da denúncia.

Art. 41. A denúncia ou queixa conterá a exposição do fato criminoso, com todas as suas circunstâncias, a qualificação do acusado ou esclarecimentos pelos quais se possa identificá-lo, a classificação do crime e, quando necessário, o rol das testemunhas.

Art. 42. O Ministério Público não poderá desistir da ação penal.

Art. 43. *(Revogado pela Lei n. 11.719, de 20-6-2008.)*

Art. 44. A queixa poderá ser dada por procurador com poderes especiais, devendo constar do instrumento do mandato o nome do querelante e a menção do fato criminoso, salvo quando tais esclarecimentos dependerem de diligências que devem ser previamente requeridas no juízo criminal.

•• Mantivemos "querelante" conforme publicação oficial. Entendemos que o correto seria "querelado".

Art. 45. A queixa, ainda quando a ação penal for privativa do ofendido, poderá ser aditada pelo Ministério Público, a quem caberá intervir em todos os termos subsequentes do processo.

Art. 46. O prazo para oferecimento da denúncia, estando o réu preso, será de 5 (cinco) dias, contado da data em que o órgão do Ministério Público receber os autos do inquérito policial, e de 15 (quinze) dias, se o réu estiver solto ou afiançado. No último caso, se houver devolução do inquérito à autoridade policial (art. 16), contar-se-á o prazo da data em que o órgão do Ministério Público receber novamente os autos.

§ 1.º Quando o Ministério Público dispensar o inquérito policial, o prazo para o oferecimento da denúncia contar-se-á da data em que tiver recebido as peças de informações ou a representação.

§ 2.º O prazo para o aditamento da queixa será de 3 (três) dias, contado da data em que o órgão do Ministério Público receber os autos, e, se este não se pronunciar dentro do tríduo, entender-se-á que não tem o que aditar, prosseguindo-se nos demais termos do processo.

Art. 47. Se o Ministério Público julgar necessários maiores esclarecimentos e documentos complementares ou novos elementos de convicção, deverá requisitá-los, diretamente, de quaisquer autoridades ou funcionários que devam ou possam fornecê-los.

Art. 48. A queixa contra qualquer dos autores do crime obrigará ao processo de todos, e o Ministério Público velará pela sua indivisibilidade.

Art. 49. A renúncia ao exercício do direito de queixa, em relação a um dos autores do crime, a todos se estenderá.

Art. 50. A renúncia expressa constará de declaração assinada pelo ofendido, por seu representante legal ou procurador com poderes especiais.

Parágrafo único. A renúncia do representante legal do menor que houver completado 18 (dezoito) anos não privará este do direito de queixa, nem a renúncia do último excluirá o direito do primeiro.

Art. 51. O perdão concedido a um dos querelados aproveitará a todos, sem que produza, todavia, efeito em relação ao que o recusar.

Art. 52. Se o querelante for menor de 21 (vinte e um) e maior de 18 (dezoito) anos, o direito de perdão poderá ser exercido por ele ou por seu representante legal, mas o perdão concedido por um, havendo oposição do outro, não produzirá efeito.

•• O art. 5.º, *caput*, do CC estabelece a maioridade civil aos dezoito anos completos.

Art. 53. Se o querelado for mentalmente enfermo ou retardado mental e não tiver representante legal, ou colidirem os interesses deste com os do querelado, a aceitação do perdão caberá ao curador que o juiz lhe nomear.

Art. 54. Se o querelado for menor de 21 (vinte e um) anos, observar-se-á, quanto à aceitação do perdão, o disposto no art. 52.

•• O art. 5.º, *caput*, do CC estabelece a maioridade civil aos dezoito anos completos.

Art. 55. O perdão poderá ser aceito por procurador com poderes especiais.

Art. 56. Aplicar-se-á ao perdão extraprocessual expresso o disposto no art. 50.

Art. 57. A renúncia tácita e o perdão tácito admitirão todos os meios de prova.

Art. 58. Concedido o perdão, mediante declaração expressa nos autos, o querelado será intimado a dizer, dentro de 3 (três) dias, se o aceita, devendo, ao mesmo tempo, ser cientificado de que o seu silêncio importará aceitação.

Parágrafo único. Aceito o perdão, o juiz julgará extinta a punibilidade.

Art. 59. A aceitação do perdão fora do processo constará de declaração assinada pelo querelado, por seu representante legal ou procurador com poderes especiais.

Art. 60. Nos casos em que somente se procede mediante queixa, considerar-se-á perempta a ação penal:

I – quando, iniciada esta, o querelante deixar de promover o andamento do processo durante 30 (trinta) dias seguidos;

II – quando, falecendo o querelante, ou sobrevindo sua incapacidade, não comparecer em juízo, para prosseguir no processo, dentro do prazo de 60 (sessenta) dias, qualquer das pessoas a quem couber fazê-lo, ressalvado o disposto no art. 36;

III – quando o querelante deixar de comparecer, sem motivo justificado, a qualquer ato do processo a que deva estar presente, ou deixar de formular o pedido de condenação nas alegações finais;

IV – quando, sendo o querelante pessoa jurídica, esta se extinguir sem deixar sucessor.

Art. 61. Em qualquer fase do processo, o juiz, se reconhecer extinta a punibilidade, deverá declará-lo de ofício.

Parágrafo único. No caso de requerimento do Ministério Público, do querelante ou do réu, o juiz mandará autuá-lo em apartado, ouvirá a parte contrária e, se o julgar conveniente, concederá o prazo de 5 (cinco) dias para a prova, proferindo a decisão dentro de 5 (cinco) dias ou reservando-se para apreciar a matéria na sentença final.

Art. 62. No caso de morte do acusado, o juiz somente à vista da certidão de óbito, e depois de ouvido o Ministério Público, declarará extinta a punibilidade.

TÍTULO IV
DA AÇÃO CIVIL

Art. 63. Transitada em julgado a sentença condenatória, poderão promover-lhe a execução, no juízo cível, para o efeito da reparação do dano, o ofendido, seu representante legal ou seus herdeiros.

Parágrafo único. Transitada em julgado a sentença condenatória, a execução poderá ser efetuada pelo valor fixado nos termos do inciso IV do *caput* do art. 387 deste Código sem prejuízo da liquidação para a apuração do dano efetivamente sofrido.

•• Parágrafo único acrescentado pela Lei n. 11.719, de 20-6-2008.

Art. 64. Sem prejuízo do disposto no artigo anterior, a ação para ressarcimento do dano poderá ser proposta no juízo cível, contra o autor do crime e, se for caso, contra o responsável civil.

Parágrafo único. Intentada a ação penal, o juiz da ação civil poderá suspender o curso desta, até o julgamento definitivo daquela.

Art. 65. Faz coisa julgada no cível a sentença penal que reconhecer ter sido o ato praticado em estado de necessidade, em legítima defesa, em estrito cumprimento de dever legal ou no exercício regular de direito.

•• O STF, na ADPF n. 779, de 1.º-8-2023 (*DOU* de 10-8-2023), por unanimidade, julgou integralmente procedente o pedido formulado na presente arguição de descumprimento de preceito fundamental para: "(i) firmar o entendimento de que a tese da legítima defesa da honra é inconstitucional, por contrariar os princípios constitucionais da dignidade da pessoa humana (art. 1.º, III, da CF), da proteção à vida e da igualdade de gênero (art. 5.º, *caput*, da CF); (ii) conferir interpretação conforme à Constituição aos arts. 23, inciso II, e 25, *caput* e parágrafo único, do Código Penal e ao art. 65 do Código de Processo Penal, de modo a excluir a legítima defesa da honra do âmbito do instituto da legítima defesa e, por consequência, (iii) obstar à defesa, à acusação, à autoridade policial e ao juízo que utilizem, direta ou indiretamente, a tese de legítima defesa da honra (ou qualquer argumento que induza à tese) nas fases pré-processual ou processual penais, bem como durante o julgamento perante o tribunal do júri, sob pena de nulidade do ato e do julgamento; (iv) diante da impossibilidade do acusado beneficiar-se da própria torpeza, fica vedado o reconhecimento da nulidade, na hipótese de a defesa ter-se utilizado da tese com esta finalidade. Por fim, julgou procedente também o pedido sucessivo apresentado pelo requerente, de forma a conferir interpretação conforme à Constituição ao art. 483, III, § 2.º, do Código de Processo Penal, para entender que não fere a soberania dos veredictos do Tribunal do Júri o provimento de apelação que anule a absolvição fundada em quesito genérico, quando, de algum modo, possa implicar a reprisitinação da odiosa tese da legítima defesa da honra.".

Art. 66. Não obstante a sentença absolutória no juízo criminal, a ação civil poderá ser proposta quando não tiver sido, categoricamente, reconhecida a inexistência material do fato.

Art. 67. Não impedirão igualmente a propositura da ação civil:
I – o despacho de arquivamento do inquérito ou das peças de informação;
II – a decisão que julgar extinta a punibilidade;
III – a sentença absolutória que decidir que o fato imputado não constitui crime.

Art. 68. Quando o titular do direito à reparação do dano for pobre (art. 32, §§ 1.º e 2.º), a execução da sentença condenatória (art. 63) ou a ação civil (art. 64) será promovida, a seu requerimento, pelo Ministério Público.

TÍTULO V
DA COMPETÊNCIA

Art. 69. Determinará a competência jurisdicional:
I – o lugar da infração;
II – o domicílio ou residência do réu;
III – a natureza da infração;
IV – a distribuição;
V – a conexão ou continência;
VI – a prevenção;
VII – a prerrogativa de função.

Capítulo I
DA COMPETÊNCIA PELO LUGAR DA INFRAÇÃO

Art. 70. A competência será, de regra, determinada pelo lugar em que se consumar a infração, ou, no caso de tentativa, pelo lugar em que for praticado o último ato de execução.

§ 1.º Se, iniciada a execução no território nacional, a infração se consumar fora dele, a competência será determinada pelo lugar em que tiver sido praticado, no Brasil, o último ato de execução.

§ 2.º Quando o último ato de execução for praticado fora do território nacional, será competente o juiz do lugar em que o crime, embora parcialmente, tenha produzido ou devia produzir seu resultado.

§ 3.º Quando incerto o limite territorial entre duas ou mais jurisdições, ou quando incerta a jurisdição por ter sido a infração consumada ou tentada nas divisas de duas ou mais jurisdições, a competência firmar-se-á pela prevenção.

§ 4.º Nos crimes previstos no art. 171 do Decreto-lei n. 2.848, de 7 de dezembro de 1940 (Código Penal), quando praticados mediante depósito, mediante emissão de cheques sem suficiente provisão de fundos em poder do sacado ou com o pagamento frustrado ou mediante transferência de valores, a competência será definida pelo local do domicílio da vítima, e, em caso de pluralidade de vítimas, a competência firmar-se-á pela prevenção.

•• § 4.º acrescentado pela Lei n. 14.155, de 27-5-2021.

Art. 71. Tratando-se de infração continuada ou permanente, praticada em território de duas ou mais jurisdições, a competência firmar-se-á pela prevenção.

Capítulo II
DA COMPETÊNCIA PELO DOMICÍLIO OU RESIDÊNCIA DO RÉU

Art. 72. Não sendo conhecido o lugar da infração, a competência regular-se-á pelo domicílio ou residência do réu.

§ 1.º Se o réu tiver mais de uma residência, a competência firmar-se-á pela prevenção.

§ 2.º Se o réu não tiver residência certa ou for ignorado o seu paradeiro, será competente o juiz que primeiro tomar conhecimento do fato.

Art. 73. Nos casos de exclusiva ação privada, o querelante poderá preferir o foro de domicílio ou da residência do réu, ainda quando conhecido o lugar da infração.

Capítulo III
DA COMPETÊNCIA PELA NATUREZA DA INFRAÇÃO

Art. 74. A competência pela natureza da infração será regulada pelas leis de organização judiciária, salvo a competência privativa do Tribunal do Júri.

§ 1.º Compete ao Tribunal do Júri o julgamento dos crimes previstos nos arts. 121, §§ 1.º e 2.º, 122, parágrafo único, 123, 124, 125, 126 e 127 do Código Penal, consumados ou tentados.

•• § 1.º com redação determinada pela Lei n. 263, de 23-2-1948.

§ 2.º Se, iniciado o processo perante um juiz, houver desclassificação para infração da competência de outro, a este será remetido o processo, salvo se mais graduada for a jurisdição do primeiro, que, em tal caso, terá sua competência prorrogada.

§ 3.º Se o juiz da pronúncia desclassificar a infração para outra atribuída à competência de juiz singular, observar-se-á o disposto no art. 410; mas, se a desclassificação for feita pelo próprio Tribunal do Júri, a seu presidente caberá proferir a sentença (art. 492, § 2.º).

•• Com o advento da Reforma Processual Penal em 2008, a remissão ao art. 410 deve ser feita ao art. 419.

Capítulo IV
DA COMPETÊNCIA POR DISTRIBUIÇÃO

Art. 75. A precedência da distribuição fixará a competência quando, na mesma circunscrição judiciária, houver mais de um juiz igualmente competente.

Parágrafo único. A distribuição realizada para o efeito da concessão de fiança ou da decretação de prisão preventiva ou de qualquer diligência anterior à denúncia ou queixa prevenirá a da ação penal.

Capítulo V
DA COMPETÊNCIA POR CONEXÃO OU CONTINÊNCIA

Art. 76. A competência será determinada pela conexão:

I – se, ocorrendo duas ou mais infrações, houverem sido praticadas, ao mesmo tempo, por várias pessoas reunidas, ou por várias pessoas em concurso, embora diverso o tempo e o lugar, ou por várias pessoas, umas contra as outras;

II – se, no mesmo caso, houverem sido umas praticadas para facilitar ou ocultar as outras, ou para conseguir impunidade ou vantagem em relação a qualquer delas;

III – quando a prova de uma infração ou de qualquer de suas circunstâncias elementares influir na prova de outra infração.

Art. 77. A competência será determinada pela continência quando:

I – duas ou mais pessoas forem acusadas pela mesma infração;

II – no caso de infração cometida nas condições previstas nos arts. 51, § 1.º, 53, segunda parte, e 54 do Código Penal.

•• Referência a dispositivos originais do CP. A remissão deve ser feita a seus arts. 70 (concurso formal), 73 (erro na execução) e 74 (resultado diverso do pretendido).

Art. 78. Na determinação da competência por conexão ou continência, serão observadas as seguintes regras:

I – no concurso entre a competência do júri e a de outro órgão da jurisdição comum, prevalecerá a competência do júri;

II – no concurso de jurisdições da mesma categoria:

a) preponderará a do lugar da infração, à qual for cominada a pena mais grave;

b) prevalecerá a do lugar em que houver ocorrido o maior número de infrações, se as respectivas penas forem de igual gravidade;

c) firmar-se-á a competência pela prevenção, nos outros casos;

III – no concurso de jurisdições de diversas categorias, predominará a de maior graduação;

IV – no concurso entre a jurisdição comum e a especial, prevalecerá esta.

•• Artigo com redação determinada pela Lei n. 263, de 23-2-1948.

Art. 79. A conexão e a continência importarão unidade de processo e julgamento, salvo:

I – no concurso entre a jurisdição comum e a militar;

II – no concurso entre a jurisdição comum e a do juízo de menores.

§ 1.º Cessará, em qualquer caso, a unidade do processo, se, em relação a algum corréu, sobrevier o caso previsto no art. 152.

§ 2.º A unidade do processo não importará a do julgamento, se houver corréu foragido que não possa ser julgado à revelia, ou ocorrer a hipótese do art. 461.

•• Com o advento da Reforma do CPP pela Lei n. 11.689, de 9-6-2008, a referência deve ser feita ao art. 469, § 1.º, do CPP.

Art. 80. Será facultativa a separação dos processos quando as infrações tiverem sido praticadas em circunstâncias de tempo ou de lugar diferentes, ou, quando pelo excessivo número de acusados e para não lhes prolongar a prisão provisória, ou por outro motivo relevante, o juiz reputar conveniente a separação.

Art. 81. Verificada a reunião dos processos por conexão ou continência, ainda que no processo da sua competência própria venha o juiz ou tribunal a proferir sentença absolutória ou que desclassifique a infração para outra que não se inclua na sua competência, continuará competente em relação aos demais processos.

Parágrafo único. Reconhecida inicialmente ao júri a competência por conexão ou continência, o juiz, se vier a desclassificar a infração ou impronunciar ou absolver o acusado, de maneira que exclua a competência do júri, remeterá o processo ao juízo competente.

Art. 82. Se, não obstante a conexão ou continência, forem instaurados processos diferentes, a autoridade de jurisdição prevalente deverá avocar os processos que corram perante os outros juízes, salvo se já estiverem com sentença definitiva. Neste caso, a unidade dos processos só se dará, ulteriormente, para o efeito de soma ou de unificação das penas.

Capítulo VI
DA COMPETÊNCIA POR PREVENÇÃO

Art. 83. Verificar-se-á a competência por prevenção toda vez que, concorrendo dois ou mais juízes igualmente competentes ou com jurisdição cumulativa, um deles tiver antecedido aos outros na prática de algum ato do processo ou de medida a este relativa, ainda que anterior ao oferecimento da denúncia ou da queixa (arts. 70, § 3.º, 71, 72, § 2.º, e 78, II, c).

Capítulo VII
DA COMPETÊNCIA PELA PRERROGATIVA DE FUNÇÃO

Art. 84. A competência pela prerrogativa de função é do Supremo Tribunal Federal, do Superior Tribunal de Justiça, dos Tribunais Regionais Federais e Tribunais de Justiça dos Estados e do Distrito Federal, relativamente às pessoas que devam responder perante eles por crimes comuns e de responsabilidade.

•• *Caput* com redação determinada pela Lei n. 10.628, de 24-12-2002.

§ 1.º A competência especial por prerrogativa de função, relativa a atos administrativos do agente, prevalece ainda que o inquérito ou a ação judicial sejam iniciados após a cessação do exercício da função pública.

•• § 1.º acrescentado pela Lei n. 10.628, de 24-12-2002.

•• A Lei n. 10.628, de 24-12-2002, que acrescentou este parágrafo, foi declarada inconstitucional pelas ADIs n. 2.797-2 e n. 2.860-0, em 15 de setembro de 2005 (DOU de 26-9-2015).

§ 2.º A ação de improbidade, de que trata a Lei n. 8.429, de 2 de junho de 1992, será proposta perante o tribunal competente para processar e julgar criminalmente o funcionário ou autoridade na hipótese de prerrogativa de foro em razão do exercício de função pública, observado o disposto no § 1.º.

•• § 2.º acrescentado pela Lei n. 10.628, de 24 de dezembro de 2002.

•• A Lei n. 10.628, de 24 de dezembro de 2002, que acrescentou este parágrafo, foi declarada inconstitucional pelas ADIs n. 2.797-2 e n. 2.860-0, em 15 de setembro de 2005 (DOU de 26-9-2005).

Art. 85. Nos processos por crime contra a honra, em que forem querelantes as pessoas que a Constituição sujeita à jurisdição do Supremo Tribunal Federal e dos Tribunais de Apelação, àquele ou a estes caberá o julgamento, quando oposta e admitida a exceção da verdade.

Art. 86. Ao Supremo Tribunal Federal competirá, privativamente, processar e julgar:

•• *Vide* art. 102 da CF.

I – os seus ministros, nos crimes comuns;

II – os ministros de Estado, salvo nos crimes conexos com os do Presidente da República;

III – o procurador-geral da República, os desembargadores dos Tribunais de Apelação, os ministros do Tribunal de Contas e os embaixadores e ministros diplomáticos, nos crimes comuns e de responsabilidade.

•• Sobre Tribunais de Apelação, vide Nota dos Organizadores.

Art. 87. Competirá, originariamente, aos Tribunais de Apelação o julgamento dos governadores ou interventores nos Estados ou Territórios, e prefeito do Distrito Federal, seus respectivos secretários e chefes de Polícia, juízes de instância inferior e órgãos do Ministério Público.

•• Sobre Tribunais de Apelação, vide Nota dos Organizadores.

Capítulo VIII
DISPOSIÇÕES ESPECIAIS

Art. 88. No processo por crimes praticados fora do território brasileiro, será competente o juízo da Capital do Estado onde houver por último residido o acusado. Se este nunca tiver residido no Brasil, será competente o juízo da Capital da República.

Art. 89. Os crimes cometidos em qualquer embarcação nas águas territoriais da República, ou nos rios e lagos fronteiriços, bem como a bordo de embarcações nacionais, em alto-mar, serão processados e julgados pela justiça do primeiro porto brasileiro em que tocar a embarcação, após o crime, ou, quando se afastar do País, pela do último em que houver tocado.

Art. 90. Os crimes praticados a bordo de aeronave nacional, dentro do espaço aéreo correspondente ao território brasileiro, ou ao alto-mar, ou a bordo de aeronave estrangeira, dentro do espaço aéreo correspondente ao território nacional, serão processados e julgados pela justiça da comarca em cujo território se verificar o pouso após o crime, ou pela da comarca de onde houver partido a aeronave.

Art. 91. Quando incerta e não se determinar de acordo com as normas estabelecidas nos arts. 89 e 90, a competência se firmará pela prevenção.

•• Artigo com redação determinada pela Lei n. 4.893, de 9-12-1965.

Título VI
DAS QUESTÕES E PROCESSOS INCIDENTES

Capítulo I
DAS QUESTÕES PREJUDICIAIS

Art. 92. Se a decisão sobre a existência da infração depender da solução de controvérsia, que o juiz repute séria e fundada, sobre o estado civil das pessoas, o curso da ação penal ficará suspenso até que no juízo cível seja a controvérsia dirimida por sentença passada em julgado, sem prejuízo, entretanto, da inquirição das testemunhas e de outras provas de natureza urgente.

Parágrafo único. Se for o crime de ação pública, o Ministério Público, quando necessário, promoverá a ação civil ou prosseguirá na que tiver sido iniciada, com a citação dos interessados.

Art. 93. Se o reconhecimento da existência da infração penal depender de decisão sobre questão diversa da prevista no artigo anterior, da competência do juízo cível, e se neste houver sido proposta ação para resolvê-la, o juiz criminal poderá, desde que essa questão seja de difícil solução e não verse sobre direito cuja prova a lei civil limite, suspender o curso do processo, após a inquirição das testemunhas e realização das outras provas de natureza urgente.

§ 1.º O juiz marcará o prazo da suspensão, que poderá ser razoavelmente prorrogado, se a demora não for imputável à parte. Expirado o prazo, sem que o juiz cível tenha proferido decisão, o juiz criminal fará prosseguir o processo, retomando sua competência para resolver, de fato e de direito, toda a matéria da acusação ou da defesa.

§ 2.º Do despacho que denegar a suspensão não caberá recurso.

§ 3.º Suspenso o processo, e tratando-se de crime de ação pública, incumbirá ao Ministério Público intervir imediatamente na causa cível, para o fim de promover-lhe o rápido andamento.

Art. 94. A suspensão do curso da ação penal, nos casos dos artigos anteriores, será decretada pelo juiz, de ofício ou a requerimento das partes.

Capítulo II
DAS EXCEÇÕES

Art. 95. Poderão ser opostas as exceções de:

I – suspeição;

II – incompetência de juízo;

III – litispendência;

IV – ilegitimidade de parte;

V – coisa julgada.

Art. 96. A arguição de suspeição precederá a qualquer outra, salvo quando fundada em motivo superveniente.

Art. 97. O juiz que espontaneamente afirmar suspeição deverá fazê-lo por escrito, declarando o motivo legal, e remeterá imediatamente o processo ao seu substituto, intimadas as partes.

Art. 98. Quando qualquer das partes pretender recusar o juiz, deverá fazê-lo em petição assinada por ela própria ou por procurador com poderes especiais, aduzindo as suas razões acompanhadas de prova documental ou do rol de testemunhas.

Art. 99. Se reconhecer a suspeição, o juiz sustará a marcha do processo, mandará juntar aos autos a petição do recusante com os documentos que a instruam, e por despacho se declarará suspeito, ordenando a remessa dos autos ao substituto.

Art. 100. Não aceitando a suspeição, o juiz mandará autuar em apartado a petição, dará sua resposta dentro em 3 (três) dias, podendo instruí-la e oferecer testemunhas, e, em seguida, determinará sejam os autos da exceção remetidos, dentro em 24 (vinte e quatro) horas, ao juiz ou tribunal a quem competir o julgamento.

§ 1.º Reconhecida, preliminarmente, a relevância da arguição, o juiz ou tribunal, com citação das partes, marcará dia e hora para a inquirição das testemunhas, seguindo-se o julgamento, independentemente de mais alegações.

§ 2.º Se a suspeição for de manifesta improcedência, o juiz ou relator a rejeitará liminarmente.

Art. 101. Julgada procedente a suspeição, ficarão nulos os atos do processo principal, pagando o juiz as custas, no caso de erro inescusável; rejeitada, evidenciando-se a malícia do excipiente, a este será imposta a multa de duzentos mil-réis a dois contos de réis.

Art. 102. Quando a parte contrária reconhecer a procedência da arguição, poderá ser sustado, a seu requerimento, o processo principal, até que se julgue o incidente da suspeição.

Art. 103. No Supremo Tribunal Federal e nos Tribunais de Apelação, o juiz que se julgar suspeito deverá declará-lo nos autos e, se for revisor, passar o feito ao seu substituto na ordem da precedência, ou, se for relator, apresentar os autos em mesa para nova distribuição.

•• Sobre Tribunais de Apelação, vide Nota dos Organizadores.

§ 1.º Se não for relator nem revisor, o juiz que houver de dar-se por suspeito, deverá fazê-lo verbalmente, na sessão de julgamento, registrando-se na ata a declaração.

§ 2.º Se o presidente do tribunal se der por suspeito, competirá ao seu substituto designar dia para o julgamento e presidi-lo.

§ 3.º Observar-se-á, quanto à arguição de suspeição pela parte, o disposto nos arts. 98 a 101, no que lhe for aplicável, atendido, se o juiz a reconhecer, o que estabelece este artigo.

§ 4.º A suspeição, não sendo reconhecida, será julgada pelo tribunal pleno, funcionando como relator o presidente.

§ 5.º Se o recusado for o presidente do tribunal, o relator será o vice-presidente.

Art. 104. Se for arguida a suspeição do órgão do Ministério Público, o juiz, depois de ouvi-lo, decidirá, sem recurso, podendo antes admitir a produção de provas no prazo de 3 (três) dias.

Art. 105. As partes poderão também arguir de suspeitos os peritos, os intérpretes e os serventuários ou funcionários da justiça, decidindo o juiz de plano e sem recurso, à vista da matéria alegada e prova imediata.

Art. 106. A suspeição dos jurados deverá ser arguida oralmente, decidindo de plano o presidente do Tribunal do Júri, que a rejeitará se, negada pelo recusado, não for imediatamente comprovada, o que tudo constará da ata.

Art. 107. Não se poderá opor suspeição às autoridades policiais nos atos do inquérito, mas deverão elas declarar-se suspeitas, quando ocorrer motivo legal.

Art. 108. A exceção de incompetência do juízo poderá ser oposta, verbalmente ou por escrito, no prazo de defesa.

§ 1.º Se, ouvido o Ministério Público, for aceita a declinatória, o feito será remetido ao juízo competente, onde, ratificados os atos anteriores, o processo prosseguirá.

§ 2.º Recusada a incompetência, o juiz continuará no feito, fazendo tomar por termo a declinatória, se formulada verbalmente.

Art. 109. Se em qualquer fase do processo o juiz reconhecer motivo que o torne incompetente, declará-lo-á nos autos, haja ou não alegação da parte, prosseguindo-se na forma do artigo anterior.

Art. 110. Nas exceções de litispendência, ilegitimidade de parte e coisa julgada, será observado, no que lhes for aplicável, o disposto sobre a exceção de incompetência do juízo.

§ 1.º Se a parte houver de opor mais de uma dessas exceções, deverá fazê-lo numa só petição ou articulado.

§ 2.º A exceção de coisa julgada somente poderá ser oposta em relação ao fato principal, que tiver sido objeto da sentença.

Art. 111. As exceções serão processadas em autos apartados e não suspenderão, em regra, o andamento da ação penal.

Capítulo III
DAS INCOMPATIBILIDADES E IMPEDIMENTOS

Art. 112. O juiz, o órgão do Ministério Público, os serventuários ou funcionários de justiça e os peritos ou intérpretes abster-se-ão de servir no processo, quando houver incompatibilidade ou impedimento legal, que declararão nos autos. Se não se der a abstenção, a incompatibilidade ou impedimento poderá ser arguido pelas partes, seguindo-se o processo estabelecido para a exceção de suspeição.

Capítulo IV
DO CONFLITO DE JURISDIÇÃO

•• A CF dispõe sobre conflito de competência nos arts. 102, I, 105, I, d, e 108, I.

Art. 113. As questões atinentes à competência resolver-se-ão não só pela exceção própria, como também pelo conflito positivo ou negativo de jurisdição.

Art. 114. Haverá conflito de jurisdição:

I – quando duas ou mais autoridades judiciárias se considerarem competentes, ou incompetentes, para conhecer do mesmo fato criminoso;

II – quando entre elas surgir controvérsia sobre unidade de juízo, junção ou separação de processos.

Art. 115. O conflito poderá ser suscitado:

I – pela parte interessada;

II – pelos órgãos do Ministério Público junto a qualquer dos juízos em dissídio;

III – por qualquer dos juízes ou tribunais em causa.

Art. 116. Os juízes e tribunais, sob a forma de representação, e a parte interessada, sob a de requerimento, darão parte escrita e circunstanciada do conflito, perante o tribunal competente, expondo os fundamentos e juntando os documentos comprobatórios.

§ 1.º Quando negativo o conflito, os juízes e tribunais poderão suscitá-lo nos próprios autos do processo.

§ 2.º Distribuído o feito, se o conflito for positivo, o relator poderá determinar imediatamente que se suspenda o andamento do processo.

§ 3.º Expedida ou não a ordem de suspensão, o relator requisitará informações às autoridades em conflito, remetendo-lhes cópia do requerimento ou representação.

§ 4.º As informações serão prestadas no prazo marcado pelo relator.

§ 5.º Recebidas as informações, e depois de ouvido o procurador-geral, o conflito será decidido na primeira sessão, salvo se a instrução do feito depender de diligência.

§ 6.º Proferida a decisão, as cópias necessárias serão remetidas, para a sua execução, às autoridades contra as quais tiver sido levantado o conflito ou que o houverem suscitado.

Art. 117. O Supremo Tribunal Federal, mediante avocatória, restabelecerá a sua jurisdição, sempre que exercida por qualquer dos juízes ou tribunais inferiores.

Capítulo V
DA RESTITUIÇÃO DAS COISAS APREENDIDAS

Art. 118. Antes de transitar em julgado a sentença final, as coisas apreendidas não poderão ser restituídas enquanto interessarem ao processo.

Art. 119. As coisas a que se referem os arts. 74 e 100 do Código Penal não poderão ser restituídas, mesmo depois de transitar em julgado a sentença final, salvo se pertencerem ao lesado ou a terceiro de boa-fé.

•• Referência a dispositivos originais do CP. A remissão deve ser feita a seu art. 91, II, que estabelece a perda, em favor da União, dos instrumentos ou do produto do crime, como efeito da condenação.

Art. 120. A restituição, quando cabível, poderá ser ordenada pela autoridade policial ou juiz, mediante termo nos autos, desde que não exista dúvida quanto ao direito do reclamante.

§ 1.º Se duvidoso esse direito, o pedido de restituição autuar-se-á em apartado, assinando-se ao requerente o prazo de 5 (cinco) dias para a prova. Em tal caso, só o juiz criminal poderá decidir o incidente.

§ 2.º O incidente autuar-se-á também em apartado e só a autoridade judicial o resolverá, se as coisas forem apreendidas em poder de terceiro de boa-fé, que será intimado para alegar e provar o seu direito, em prazo igual e sucessivo ao do reclamante, tendo um e outro 2 (dois) dias para arrazoar.

§ 3.º Sobre o pedido de restituição será sempre ouvido o Ministério Público.

§ 4.º Em caso de dúvida sobre quem seja o verdadeiro dono, o juiz remeterá as partes para o juízo cível, ordenando o depósito das coisas em mãos de depositário ou do próprio terceiro que as detinha, se for pessoa idônea.

§ 5.º Tratando-se de coisas facilmente deterioráveis, serão avaliadas e levadas a leilão público, depositando-se o dinheiro apurado, ou entregues ao terceiro que as detinha, se este for pessoa idônea e assinar termo de responsabilidade.

Art. 121. No caso de apreensão de coisa adquirida com os proventos da infração, aplica-se o disposto no art. 133 e seu parágrafo.

Art. 122. Sem prejuízo do disposto no art. 120, as coisas apreendidas serão alienadas nos termos do disposto no art. 133 deste Código.

• • *Caput* com redação determinada pela Lei n. 13.964, de 24-12-2019.
• *Vide* art. 91 do CP.

Parágrafo único. (*Revogado pela Lei n. 13.964, de 24-12-2019.*)

Art. 123. Fora dos casos previstos nos artigos anteriores, se dentro no prazo de 90 (noventa) dias, a contar da data em que transitar em julgado a sentença final, condenatória ou absolutória, os objetos apreendidos não forem reclamados ou não pertencerem ao réu, serão vendidos em leilão, depositando-se o saldo à disposição do juízo de ausentes.

Art. 124. Os instrumentos do crime, cuja perda em favor da União for decretada, e as coisas confiscadas, de acordo com o disposto no art. 100 do Código Penal, serão inutilizados ou recolhidos a museu criminal, se houver interesse na sua conservação.

• • A referência aqui é feita a dispositivo original do CP não reproduzido na nova Parte Geral do mesmo Código.

Art. 124-A. Na hipótese de decretação de perdimento de obras de arte ou de outros bens de relevante valor cultural ou artístico, se o crime não tiver vítima determinada, poderá haver destinação dos bens a museus públicos.

• • Artigo acrescentado pela Lei n. 13.964, de 24-12-2019.

Capítulo VI
DAS MEDIDAS ASSECURATÓRIAS

• • A Resolução n. 558, de 6-5-2020, do CNJ, dispõe sobre as diretrizes para a gestão e destinação de valores e bens oriundos de pena de multa, de perda de bens e valores, inclusive por alienação antecipada de bens apreendidos, sequestrados ou arrestados, de condenações a prestações pecuniárias em procedimentos criminais, de colaboração premiada, acordos de leniência e acordos de cooperação internacional.

Art. 125. Caberá o sequestro dos bens imóveis, adquiridos pelo indiciado com os proventos da infração, ainda que já tenham sido transferidos a terceiro.

Art. 126. Para a decretação do sequestro, bastará a existência de indícios veementes da proveniência ilícita dos bens.

Art. 127. O juiz, de ofício, a requerimento do Ministério Público ou do ofendido, ou mediante representação da autoridade policial, poderá ordenar o sequestro, em qualquer fase do processo ou ainda antes de oferecida a denúncia ou queixa.

Art. 128. Realizado o sequestro, o juiz ordenará a sua inscrição no Registro de Imóveis.

Art. 129. O sequestro autuar-se-á em apartado e admitirá embargos de terceiro.

Art. 130. O sequestro poderá ainda ser embargado:
I – pelo acusado, sob o fundamento de não terem os bens sido adquiridos com os proventos da infração;
II – pelo terceiro, a quem houverem os bens sido transferidos a título oneroso, sob o fundamento de tê-los adquirido de boa-fé.

Parágrafo único. Não poderá ser pronunciada decisão nesses embargos antes de passar em julgado a sentença condenatória.

Art. 131. O sequestro será levantado:
I – se a ação penal não for intentada no prazo de 60 (sessenta) dias, contado da data em que ficar concluída a diligência;
II – se o terceiro, a quem tiverem sido transferidos os bens, prestar caução que assegure a aplicação do disposto no art. 74, II, *b*, segunda parte, do Código Penal;

• • Referência a dispositivo original do CP. A remissão deve ser feita a seu art. 91, II, *b*, que estabelece a perda, em favor da União, do produto do crime, como efeito da condenação.

III – se for julgada extinta a punibilidade ou absolvido o réu, por sentença transitada em julgado.

Art. 132. Proceder-se-á ao sequestro dos bens móveis se, verificadas as condições previstas no art. 126, não for cabível a medida regulada no Capítulo XI do Título VII deste Livro.

Art. 133. Transitada em julgado a sentença condenatória, o juiz, de ofício ou a requerimento do interessado ou do Ministério Público, determinará a avaliação e a venda dos bens em leilão público cujo perdimento tenha sido decretado.

•• *Caput* com redação determinada pela Lei n. 13.964, de 24-12-2019.

§ 1.º Do dinheiro apurado, será recolhido aos cofres públicos o que não couber ao lesado ou a terceiro de boa-fé.

•• Parágrafo único renumerado pela Lei n. 13.964, de 24-12-2019.

§ 2.º O valor apurado deverá ser recolhido ao Fundo Penitenciário Nacional, exceto se houver previsão diversa em lei especial.

•• § 2.º acrescentado pela Lei n. 13.964, de 24-12-2019.

Art. 133-A. O juiz poderá autorizar, constatado o interesse público, a utilização de bem sequestrado, apreendido ou sujeito a qualquer medida assecuratória pelos órgãos de segurança pública previstos no art. 144 da Constituição Federal, do sistema prisional, do sistema socioeducativo, da Força Nacional de Segurança Pública e do Instituto Geral de Perícia, para o desempenho de suas atividades.

•• *Caput* acrescentado pela Lei n. 13.964, de 24-12-2019.

§ 1.º O órgão de segurança pública participante das ações de investigação ou repressão da infração penal que ensejou a constrição do bem terá prioridade na sua utilização.

•• § 1.º acrescentado pela Lei n. 13.964, de 24-12-2019.

§ 2.º Fora das hipóteses anteriores, demonstrado o interesse público, o juiz poderá autorizar o uso do bem pelos demais órgãos públicos.

•• § 2.º acrescentado pela Lei n. 13.964, de 24-12-2019.

§ 3.º Se o bem a que se refere o *caput* deste artigo for veículo, embarcação ou aeronave, o juiz ordenará à autoridade de trânsito ou ao órgão de registro e controle a expedição de certificado provisório de registro e licenciamento em favor do órgão público beneficiário, o qual estará isento do pagamento de multas, encargos e tributos anteriores à disponibilização do bem para a sua utilização, que deverão ser cobrados de seu responsável.

•• § 3.º acrescentado pela Lei n. 13.964, de 24-12-2019.

§ 4.º Transitada em julgado a sentença penal condenatória com a decretação de perdimento dos bens, ressalvado o direito do lesado ou terceiro de boa-fé, o juiz poderá determinar a transferência definitiva da propriedade ao órgão público beneficiário ao qual foi custodiado o bem.

•• § 4.º acrescentado pela Lei n. 13.964, de 24-12-2019.

Art. 134. A hipoteca legal sobre os imóveis do indiciado poderá ser requerida pelo ofendido em qualquer fase do processo, desde que haja certeza da infração e indícios suficientes da autoria.

Art. 135. Pedida a especialização mediante requerimento, em que a parte estimará o valor da responsabilidade civil, e designará e estimará o imóvel ou imóveis que terão de ficar especialmente hipotecados, o juiz mandará logo proceder ao arbitramento do valor da responsabilidade e à avaliação do imóvel ou imóveis.

§ 1.º A petição será instruída com as provas ou indicação das provas em que se fundar a estimação da responsabilidade, com a relação dos imóveis que o responsável possuir, se outros tiver, além dos indicados no requerimento, e com os documentos comprobatórios do domínio.

§ 2.º O arbitramento do valor da responsabilidade e a avaliação dos imóveis designados far-se-ão por perito nomeado pelo juiz, onde não houver avaliador judicial, sendo-lhe facultada a consulta dos autos do processo respectivo.

§ 3.º O juiz, ouvidas as partes no prazo de 2 (dois) dias, que correrá em cartório, poderá corrigir o arbitramento do valor da responsabilidade, se lhe parecer excessivo ou deficiente.

§ 4.º O juiz autorizará somente a inscrição da hipoteca do imóvel ou imóveis necessários à garantia da responsabilidade.

§ 5.º O valor da responsabilidade será liquidado definitivamente após a condenação, podendo ser requerido novo arbitramento se qualquer das partes não se conformar com o arbitramento anterior à sentença condenatória.

§ 6.º Se o réu oferecer caução suficiente, em dinheiro ou em títulos de dívida pública, pelo valor de sua cotação em Bolsa, o juiz poderá deixar de mandar proceder à inscrição da hipoteca legal.

Art. 136. O arresto do imóvel poderá ser decretado de início, revogando-se, porém, se no prazo de 15 (quinze) dias não for promovido o processo de inscrição da hipoteca legal.

•• Artigo com redação determinada pela Lei n. 11.435, de 28-12-2006.

Art. 137. Se o responsável não possuir bens imóveis ou os possuir de valor insuficiente, poderão ser arrestados bens móveis suscetíveis de penhora, nos termos em que é facultada a hipoteca legal dos imóveis.

•• *Caput* com redação determinada pela Lei n. 11.435, de 28-12-2006.

§ 1.º Se esses bens forem coisas fungíveis e facilmente deterioráveis, proceder-se-á na forma do § 5.º do art. 120.

§ 2.º Das rendas dos bens móveis poderão ser fornecidos recursos arbitrados pelo juiz, para a manutenção do indiciado e de sua família.

Art. 138. O processo de especialização da hipoteca e do arresto correrão em auto apartado.

•• Artigo com redação determinada pela Lei n. 11.435, de 28-12-2006.

Art. 139. O depósito e a administração dos bens arrestados ficarão sujeitos ao regime do processo civil.

•• Artigo com redação determinada pela Lei n. 11.435, de 28-12-2006.

Art. 140. As garantias do ressarcimento do dano alcançarão também as despesas processuais e as penas pecuniárias, tendo preferência sobre estas a reparação do dano ao ofendido.

Art. 141. O arresto será levantado ou cancelada a hipoteca, se, por sentença irrecorrível, o réu for absolvido ou julgada extinta a punibilidade.

•• Artigo com redação determinada pela Lei n. 11.435, de 28-12-2006.

Art. 142. Caberá ao Ministério Público promover as medidas estabelecidas nos arts. 134 e 137, se houver interesse da Fazenda Pública, ou se o ofendido for pobre e o requerer.

Art. 143. Passando em julgado a sentença condenatória, serão os autos de hipoteca ou arresto remetidos ao juiz do cível (art. 63).

•• Artigo com redação determinada pela Lei n. 11.435, de 28-12-2006.

Art. 144. Os interessados ou, nos casos do art. 142, o Ministério Público poderão requerer no juízo cível, contra o responsável civil, as medidas previstas nos arts. 134, 136 e 137.

Art. 144-A. O juiz determinará a alienação antecipada para preservação do valor dos bens sempre que estiverem sujeitos a qualquer grau de deterioração ou depreciação, ou quando houver dificuldade para sua manutenção.

•• *Caput* acrescentado pela Lei n. 12.694, de 24-7-2012.

•• A Resolução n. 558, de 6-5-2024, do CNJ, dispõe sobre as diretrizes para a gestão e destinação de valores e bens oriundos de pena de multa, de perda de bens e valores, inclusive por alienação antecipada de bens apreendidos, sequestrados ou arrestados, de condenações a prestações pecuniárias em procedimentos criminais, de colaboração premiada, acordos de leniência e acordos de cooperação internacional.

§ 1.º O leilão far-se-á preferencialmente por meio eletrônico.

•• § 1.º acrescentado pela Lei n. 12.694, de 24-7-2012.

§ 2.º Os bens deverão ser vendidos pelo valor fixado na avaliação judicial ou por valor maior. Não alcançado o valor estipulado pela administração judicial, será realizado novo leilão, em até 10 (dez) dias contados da realização do primeiro, podendo os bens ser alienados por valor não inferior a 80% (oitenta por cento) do estipulado na avaliação judicial.

•• § 2.º acrescentado pela Lei n. 12.694, de 24-7-2012.

§ 3.º O produto da alienação ficará depositado em conta vinculada ao juízo até a decisão final do processo, procedendo-se à sua conversão em renda para a União, Estado ou Distrito Federal, no caso de condenação, ou, no caso de absolvição, à sua devolução ao acusado.

•• § 3.º acrescentado pela Lei n. 12.694, de 24-7-2012.

§ 4.º Quando a indisponibilidade recair sobre dinheiro, inclusive moeda estrangeira, títulos, valores mobiliários ou cheques emitidos como ordem de pagamento, o juízo determinará a conversão do numerário apreendido em moeda nacional corrente e o depósito das correspondentes quantias em conta judicial.

•• § 4.º acrescentado pela Lei n. 12.694, de 24-7-2012.

§ 5.º No caso da alienação de veículos, embarcações ou aeronaves, o juiz ordenará à autoridade de trânsito ou ao equivalente órgão de registro e controle a expedição de certificado de registro e licenciamento em favor do arrematante, ficando este livre do pagamento de multas, encargos e tributos anteriores, sem prejuízo de execução fiscal em relação ao antigo proprietário.

•• § 5.º acrescentado pela Lei n. 12.694, de 24-7-2012.

§ 6.º O valor dos títulos da dívida pública, das ações das sociedades e dos títulos de crédito negociáveis em bolsa será o da cotação oficial do dia, provada por certidão ou publicação no órgão oficial.

•• § 6.º acrescentado pela Lei n. 12.694, de 24-7-2012.

§ 7.º (*Vetado*.)

•• § 7.º acrescentado pela Lei n. 12.694, de 24-7-2012.

Capítulo VII
DO INCIDENTE DE FALSIDADE

Art. 145. Arguida, por escrito, a falsidade de documento constante dos autos, o juiz observará o seguinte processo:

I – mandará autuar em apartado a impugnação, e em seguida ouvirá a parte contrária, que, no prazo de 48 (quarenta e oito) horas, oferecerá resposta;

II – assinará o prazo de 3 (três) dias, sucessivamente, a cada uma das partes, para prova de suas alegações;

III – conclusos os autos, poderá ordenar as diligências que entender necessárias;

IV – se reconhecida a falsidade por decisão irrecorrível, mandará desentranhar o documento e remetê-lo, com os autos do processo incidente, ao Ministério Público.

Art. 146. A arguição de falsidade, feita por procurador, exige poderes especiais.

Art. 147. O juiz poderá, de ofício, proceder à verificação da falsidade.

Art. 148. Qualquer que seja a decisão, não fará coisa julgada em prejuízo de ulterior processo penal ou civil.

Capítulo VIII
DA INSANIDADE MENTAL DO ACUSADO

Art. 149. Quando houver dúvida sobre a integridade mental do acusado, o juiz ordenará, de ofício ou a requerimento do Ministério Público, do defensor, do curador, do ascendente, descendente, irmão ou cônjuge do acusado, seja este submetido a exame médico-legal.

§ 1.º O exame poderá ser ordenado ainda na fase do inquérito, mediante representação da autoridade policial ao juiz competente.

§ 2.º O juiz nomeará curador ao acusado, quando determinar o exame, ficando suspenso o processo, se já iniciada a ação penal, salvo quanto às diligências que possam ser prejudicadas pelo adiamento.

Art. 150. Para o efeito do exame, o acusado, se estiver preso, será internado em manicômio judiciário, onde houver, ou, se estiver solto, e o requererem os peritos, em estabelecimento adequado que o juiz designar.

§ 1.º O exame não durará mais de 45 (quarenta e cinco) dias, salvo se os peritos demonstrarem a necessidade de maior prazo.

§ 2.º Se não houver prejuízo para a marcha do processo, o juiz poderá autorizar sejam os autos entregues aos peritos, para facilitar o exame.

Art. 151. Se os peritos concluírem que o acusado era, ao tempo da infração, irresponsável nos termos do art. 22 do Código Penal, o processo prosseguirá, com a presença do curador.

•• Referência a dispositivo original do CP. A remissão deve ser feita a seu art. 26.

Art. 152. Se se verificar que a doença mental sobreveio à infração o processo continuará suspenso até que o acusado se restabeleça, observado o § 2.º do art. 149.

§ 1.º O juiz poderá, nesse caso, ordenar a internação do acusado em manicômio judiciário ou em outro estabelecimento adequado.

§ 2.º O processo retomará o seu curso, desde que se restabeleça o acusado, ficando-lhe assegurada a faculdade de reinquirir as testemunhas que houverem prestado depoimento sem a sua presença.

Art. 153. O incidente da insanidade mental processar-se-á em auto apartado, que só depois da apresentação do laudo, será apenso ao processo principal.

Art. 154. Se a insanidade mental sobrevier no curso da execução da pena, observar-se-á o disposto no art. 682.

Título VII
DA PROVA

Capítulo I
DISPOSIÇÕES GERAIS

Art. 155. O juiz formará sua convicção pela livre apreciação da prova produzida em contraditório judicial, não podendo fundamentar sua decisão exclusivamente nos elementos informativos colhidos na investigação, ressalvadas as provas cautelares, não repetíveis e antecipadas.

•• *Caput* com redação determinada pela Lei n. 11.690, de 9-6-2008.

Parágrafo único. Somente quanto ao estado das pessoas serão observadas as restrições estabelecidas na lei civil.

•• Parágrafo único acrescentado pela Lei n. 11.690, de 9-6-2008.

Art. 156. A prova da alegação incumbirá a quem a fizer, sendo, porém, facultado ao juiz de ofício:

•• *Caput* com redação determinada pela Lei n. 11.690, de 9-6-2008.

Arts. 156 a 158-A — **Prova**

•• *Vide* art. 5.º, LVII, da CF.

I – ordenar, mesmo antes de iniciada a ação penal, a produção antecipada de provas consideradas urgentes e relevantes, observando a necessidade, adequação e proporcionalidade da medida;

•• Inciso I acrescentado pela Lei n. 11.690, de 9-6-2008.

II – determinar, no curso da instrução, ou antes de proferir sentença, a realização de diligências para dirimir dúvida sobre ponto relevante.

•• Inciso II acrescentado pela Lei n. 11.690, de 9-6-2008.

Art. 157. São inadmissíveis, devendo ser desentranhadas do processo, as provas ilícitas, assim entendidas as obtidas em violação a normas constitucionais ou legais.

•• *Caput* com redação determinada pela Lei n. 11.690, de 9-6-2008.

§ 1.º São também inadmissíveis as provas derivadas das ilícitas, salvo quando não evidenciado o nexo de causalidade entre umas e outras, ou quando as derivadas puderem ser obtidas por uma fonte independente das primeiras.

•• § 1.º acrescentado pela Lei n. 11.690, de 9-6-2008.

§ 2.º Considera-se fonte independente aquela que por si só, seguindo os trâmites típicos e de praxe, próprios da investigação ou instrução criminal, seria capaz de conduzir ao fato objeto da prova.

•• § 2.º acrescentado pela Lei n. 11.690, de 9-6-2008.

§ 3.º Preclusa a decisão de desentranhamento da prova declarada inadmissível, esta será inutilizada por decisão judicial, facultado às partes acompanhar o incidente.

•• § 3.º acrescentado pela Lei n. 11.690, de 9-6-2008.

§ 4.º (*Vetado.*)

•• § 4.º acrescentado pela Lei n. 11.690, de 9-6-2008.

§ 5.º O juiz que conhecer do conteúdo da prova declarada inadmissível não poderá proferir a sentença ou acórdão.

•• § 5.º acrescentado pela Lei n. 13.964, de 24-12-2019.

•• O STF, nas ADIs n. 6.298, 6.299, 6.300 e 6.305, de 24-8-2023 (*DOU* de 4-9-2023), por maioria, julgou parcialmente procedentes os pedidos, para declarar a inconstitucionalidade deste § 5.º, incluído pela Lei n. 13.964/2019. "Por unanimidade, fixou a seguinte regra de transição: quanto às ações penais já instauradas no momento da efetiva implementação do juiz das garantias pelos tribunais, a eficácia da lei não acarretará qualquer modificação do juízo competente".

Capítulo II
DO EXAME DE CORPO DE DELITO, DA CADEIA DE CUSTÓDIA E DAS PERÍCIAS EM GERAL

•• Capítulo II com redação determinada pela Lei n. 13.964, de 24-12-2019.

• Das perícias oficiais criminais: *vide* Lei n. 12.030, de 17-9-2009.

Art. 158. Quando a infração deixar vestígios, será indispensável o exame de corpo de delito, direto ou indireto, não podendo supri-lo a confissão do acusado.

Parágrafo único. Dar-se-á prioridade à realização do exame de corpo de delito quando se tratar de crime que envolva:

•• Parágrafo único, *caput*, acrescentado pela Lei n. 13.721, de 2-10-2018.

I – violência doméstica e familiar contra mulher;

•• Inciso I acrescentado pela Lei n. 13.721, de 2-10-2018.

II – violência contra criança, adolescente, idoso ou pessoa com deficiência.

•• Inciso II acrescentado pela Lei n. 13.721, de 2-10-2018.

Art. 158-A. Considera-se cadeia de custódia o conjunto de todos os procedimentos utilizados para manter e documentar a história cronológica do vestígio coletado em locais ou em vítimas de crimes, para rastrear sua posse e manuseio a partir de seu reconhecimento até o descarte.

•• *Caput* acrescentado pela Lei n. 13.964, de 24-12-2019.

§ 1.º O início da cadeia de custódia dá-se com a preservação do local de crime ou com procedimentos policiais ou periciais nos quais seja detectada a existência de vestígio.

•• § 1.º acrescentado pela Lei n. 13.964, de 24-12-2019.

§ 2.º O agente público que reconhecer um elemento como de potencial interesse para a produção da prova pericial fica responsável por sua preservação.

•• § 2.º acrescentado pela Lei n. 13.964, de 24-12-2019.

§ 3.º Vestígio é todo objeto ou material bruto, visível ou latente, constatado ou recolhido, que se relaciona à infração penal.

•• § 3.º acrescentado pela Lei n. 13.964, de 24-12-2019.

Art. 158-B. A cadeia de custódia compreende o rastreamento do vestígio nas seguintes etapas:

•• *Caput* acrescentado pela Lei n. 13.964, de 24-12-2019.

I – reconhecimento: ato de distinguir um elemento como de potencial interesse para a produção da prova pericial;

•• Inciso I acrescentado pela Lei n. 13.964, de 24-12-2019.

II – isolamento: ato de evitar que se altere o estado das coisas, devendo isolar e preservar o ambiente imediato, mediato e relacionado aos vestígios e local de crime;

•• Inciso II acrescentado pela Lei n. 13.964, de 24-12-2019.

III – fixação: descrição detalhada do vestígio conforme se encontra no local de crime ou no corpo de delito, e a sua posição na área de exames, podendo ser ilustrada por fotografias, filmagens ou croqui, sendo indispensável a sua descrição no laudo pericial produzido pelo perito responsável pelo atendimento;

•• Inciso III acrescentado pela Lei n. 13.964, de 24-12-2019.

IV – coleta: ato de recolher o vestígio que será submetido à análise pericial, respeitando suas características e natureza;

•• Inciso IV acrescentado pela Lei n. 13.964, de 24-12-2019.

V – acondicionamento: procedimento por meio do qual cada vestígio coletado é embalado de forma individualizada, de acordo com suas características físicas, químicas e biológicas, para posterior análise, com anotação da data, hora e nome de quem realizou a coleta e o acondicionamento;

•• Inciso V acrescentado pela Lei n. 13.964, de 24-12-2019.

VI – transporte: ato de transferir o vestígio de um local para o outro, utilizando as condições adequadas (embalagens, veículos, temperatura, entre outras), de modo a garantir a manutenção de suas características originais, bem como o controle de sua posse;

•• Inciso VI acrescentado pela Lei n. 13.964, de 24-12-2019.

VII – recebimento: ato formal de transferência da posse do vestígio, que deve ser documentado com, no mínimo, informações referentes ao número de procedimento e unidade de polícia judiciária relacionada, local de origem, nome de quem transportou o vestígio, código de rastreamento, natureza do exame, tipo do vestígio, protocolo, assinatura e identificação de quem o recebeu;

•• Inciso VII acrescentado pela Lei n. 13.964, de 24-12-2019.

VIII – processamento: exame pericial em si, manipulação do vestígio de acordo com a metodologia adequada às suas características biológicas, físicas e químicas, a fim de se obter o resultado desejado, que deverá ser formalizado em laudo produzido por perito;

•• Inciso VIII acrescentado pela Lei n. 13.964, de 24-12-2019.

IX – armazenamento: procedimento referente à guarda, em condições adequadas, do material a ser processado, guardado para realização de contraperícia, descartado ou transportado, com vinculação ao número do laudo correspondente;

•• Inciso IX acrescentado pela Lei n. 13.964, de 24-12-2019.

X – descarte: procedimento referente à liberação do vestígio, respeitando a legislação vigente e, quando pertinente, mediante autorização judicial.

•• Inciso X acrescentado pela Lei n. 13.964, de 24-12-2019.

Art. 158-C. A coleta dos vestígios deverá ser realizada preferencialmente por perito oficial, que dará o encaminhamento necessário para a central de custódia, mesmo quando for necessária a realização de exames complementares.

•• *Caput* acrescentado pela Lei n. 13.964, de 24-12-2019.

§ 1.º Todos vestígios coletados no decurso do inquérito ou processo devem ser tratados como descrito nesta Lei, ficando órgão central de perícia oficial de natureza criminal responsável por detalhar a forma do seu cumprimento.

•• § 1.º acrescentado pela Lei n. 13.964, de 24-12-2019.

§ 2.º É proibida a entrada em locais isolados bem como a remoção de quaisquer vestígios de locais de crime antes da liberação por parte do perito responsável, sendo tipificada como fraude processual a sua realização.

•• § 2.º acrescentado pela Lei n. 13.964, de 24-12-2019.

Art. 158-D. O recipiente para acondicionamento do vestígio será determinado pela natureza do material.

Arts. 158-D a 159 — Prova

•• *Caput* acrescentado pela Lei n. 13.964, de 24-12-2019.

§ 1.º Todos os recipientes deverão ser selados com lacres, com numeração individualizada, de forma a garantir a inviolabilidade e a idoneidade do vestígio durante o transporte.

•• § 1.º acrescentado pela Lei n. 13.964, de 24-12-2019.

§ 2.º O recipiente deverá individualizar o vestígio, preservar suas características, impedir contaminação e vazamento, ter grau de resistência adequado e espaço para registro de informações sobre seu conteúdo.

•• § 2.º acrescentado pela Lei n. 13.964, de 24-12-2019.

§ 3.º O recipiente só poderá ser aberto pelo perito que vai proceder à análise e, motivadamente, por pessoa autorizada.

•• § 3.º acrescentado pela Lei n. 13.964, de 24-12-2019.

§ 4.º Após cada rompimento de lacre, deve se fazer constar na ficha de acompanhamento de vestígio o nome e a matrícula do responsável, a data, o local, a finalidade, bem como as informações referentes ao novo lacre utilizado.

•• § 4.º acrescentado pela Lei n. 13.964, de 24-12-2019.

§ 5.º O lacre rompido deverá ser acondicionado no interior do novo recipiente.

•• § 5.º acrescentado pela Lei n. 13.964, de 24-12-2019.

Art. 158-E. Todos os Institutos de Criminalística deverão ter uma central de custódia destinada à guarda e controle dos vestígios, e sua gestão deve ser vinculada diretamente ao órgão central de perícia oficial de natureza criminal.

•• *Caput* acrescentado pela Lei n. 13.964, de 24-12-2019.

§ 1.º Toda central de custódia deve possuir os serviços de protocolo, com local para conferência, recepção, devolução de materiais e documentos, possibilitando a seleção, a classificação e a distribuição de materiais, devendo ser um espaço seguro e apresentar condições ambientais que não interfiram nas características do vestígio.

•• § 1.º acrescentado pela Lei n. 13.964, de 24-12-2019.

§ 2.º Na central de custódia, a entrada e a saída de vestígio deverão ser protocoladas, consignando-se informações sobre a ocorrência no inquérito que a eles se relacionam.

•• § 2.º acrescentado pela Lei n. 13.964, de 24-12-2019.

§ 3.º Todas as pessoas que tiverem acesso ao vestígio armazenado deverão ser identificadas e deverão ser registradas a data e a hora do acesso.

•• § 3.º acrescentado pela Lei n. 13.964, de 24-12-2019.

§ 4.º Por ocasião da tramitação do vestígio armazenado, todas as ações deverão ser registradas, consignando-se a identificação do responsável pela tramitação, a destinação, a data e horário da ação.

•• § 4.º acrescentado pela Lei n. 13.964, de 24-12-2019.

Art. 158-F. Após a realização da perícia, o material deverá ser devolvido à central de custódia, devendo nela permanecer.

•• *Caput* acrescentado pela Lei n. 13.964, de 24-12-2019.

Parágrafo único. Caso a central de custódia não possua espaço ou condições de armazenar determinado material, deverá a autoridade policial ou judiciária determinar as condições de depósito do referido material em local diverso, mediante requerimento do diretor do órgão central de perícia oficial de natureza criminal.

•• Parágrafo único acrescentado pela Lei n. 13.964, de 24-12-2019.

Art. 159. O exame de corpo de delito e outras perícias serão realizados por perito oficial, portador de diploma de curso superior.

•• *Caput* com redação determinada pela Lei n. 11.690, de 9-6-2008.

§ 1.º Na falta de perito oficial, o exame será realizado por 2 (duas) pessoas idôneas, portadoras de diploma de curso superior preferencialmente na área específica, dentre as que tiverem habilitação técnica relacionada com a natureza do exame.

•• § 1.º com redação determinada pela Lei n. 11.690, de 9-6-2008.

•• O art. 2.º da Lei n. 11.690, de 9-6-2008, dispõe: "Art. 2.º Aqueles peritos que ingressaram sem exigência do diploma de curso superior até a data de entrada em vigor desta Lei continuarão a atuar exclusivamente nas respectivas áreas para as quais se habilitaram, ressalvados os peritos médicos".

§ 2.º Os peritos não oficiais prestarão o compromisso de bem e fielmente desempenhar o encargo.

•• § 2.º com redação mantida pela Lei n. 11.690, de 9-6-2008.

§ 3.º Serão facultadas ao Ministério Público, ao assistente de acusação, ao ofendido, ao querelante e ao acusado a formulação de quesitos e indicação de assistente técnico.

•• § 3.º acrescentado pela Lei n. 11.690, de 9-6-2008.

§ 4.º O assistente técnico atuará a partir de sua admissão pelo juiz e após a conclusão dos exames e elaboração do laudo pelos peritos oficiais, sendo as partes intimadas desta decisão.

•• § 4.º acrescentado pela Lei n. 11.690, de 9-6-2008.

§ 5.º Durante o curso do processo judicial, é permitido às partes, quanto à perícia:

•• § 5.º, *caput*, acrescentado pela Lei n. 11.690, de 9-6-2008.

I – requerer a oitiva dos peritos para esclarecerem a prova ou para responderem a quesitos, desde que o mandado de intimação e os quesitos ou questões a serem esclarecidas sejam encaminhados com antecedência mínima de 10 (dez) dias, podendo apresentar as respostas em laudo complementar;

•• Inciso I acrescentado pela Lei n. 11.690, de 9-6-2008.

II – indicar assistentes técnicos que poderão apresentar pareceres em prazo a ser fixado pelo juiz ou ser inquiridos em audiência.

•• Inciso II acrescentado pela Lei n. 11.690, de 9-6-2008.

§ 6.º Havendo requerimento das partes, o material probatório que serviu de base à perícia será disponibilizado no ambiente do órgão oficial, que manterá sempre sua guarda, e na presença de perito oficial, para exame pelos assistentes, salvo se for impossível a sua conservação.

•• § 6.º acrescentado pela Lei n. 11.690, de 9-6-2008.

§ 7.º Tratando-se de perícia complexa que abranja mais de uma área de conhecimento especializado, poder-se-á designar a atuação de mais de um perito oficial, e a parte indicar mais de um assistente técnico.

•• § 7.º acrescentado pela Lei n. 11.690, de 9-6-2008.

Art. 160. Os peritos elaborarão o laudo pericial, onde descreverão minuciosamente o que examinarem, e responderão aos quesitos formulados.

•• *Caput* com redação determinada pela Lei n. 8.862, de 28-3-1994.

Parágrafo único. O laudo pericial será elaborado no prazo máximo de 10 (dez) dias, podendo este prazo ser prorrogado, em casos excepcionais, a requerimento dos peritos.

•• Parágrafo único com redação determinada pela Lei n. 8.862, de 28-3-1994.

Art. 161. O exame de corpo de delito poderá ser feito em qualquer dia e a qualquer hora.

Art. 162. A autópsia será feita pelo menos 6 (seis) horas depois do óbito, salvo se os peritos, pela evidência dos sinais de morte, julgarem que possa ser feita antes daquele prazo, o que declararão no auto.

Parágrafo único. Nos casos de morte violenta, bastará o simples exame externo do cadáver, quando não houver infração penal que apurar, ou quando as lesões externas permitirem precisar a causa da morte e não houver necessidade de exame interno para a verificação de alguma circunstância relevante.

Art. 163. Em caso de exumação para exame cadavérico, a autoridade providenciará para que, em dia e hora previamente marcados, se realize a diligência, da qual se lavrará auto circunstanciado.

Parágrafo único. O administrador de cemitério público ou particular indicará o lugar da sepultura, sob pena de desobediência. No caso de recusa ou de falta de quem indique a sepultura, ou de encontrar-se o cadáver em lugar não destinado a inumações, a autoridade procederá às pesquisas necessárias, o que tudo constará do auto.

Art. 164. Os cadáveres serão sempre fotografados na posição em que forem encontrados, bem como, na medida do possível, todas as lesões externas e vestígios deixados no local do crime.

•• Artigo com redação determinada pela Lei n. 8.862, de 28-3-1994.

Art. 165. Para representar as lesões encontradas no cadáver, os peritos, quando possível, juntarão ao laudo do exame provas fotográficas, esquemas ou desenhos, devidamente rubricados.

Art. 166. Havendo dúvida sobre a identidade do cadáver exumado, proceder-se-á ao reconhecimento pelo Instituto de Identificação e Estatística ou repartição congênere ou pela inquirição de testemunhas, lavrando-se auto de reconhecimento e de identidade, no qual se descreverá o cadáver, com todos os sinais e indicações.

Parágrafo único. Em qualquer caso, serão arrecadados e autenticados todos os objetos encontrados, que possam ser úteis para a identificação do cadáver.

Art. 167. Não sendo possível o exame de corpo de delito, por haverem desaparecido os vestígios, a prova testemunhal poderá suprir-lhe a falta.

Art. 168. Em caso de lesões corporais, se o primeiro exame pericial tiver sido incompleto, proceder-se-á a exame complementar por determinação da autoridade policial ou judiciária, de ofício, ou a requerimento do Ministério Público, do ofendido ou do acusado, ou de seu defensor.

§ 1.º No exame complementar, os peritos terão presente o auto de corpo de delito, a fim de suprir-lhe a deficiência ou retificá-lo.

§ 2.º Se o exame tiver por fim precisar a classificação do delito no art. 129, § 1.º, I, do Código Penal, deverá ser feito logo que decorra o prazo de 30 (trinta) dias, contado da data do crime.

§ 3.º A falta de exame complementar poderá ser suprida pela prova testemunhal.

Art. 169. Para o efeito de exame do local onde houver sido praticada a infração, a autoridade providenciará imediatamente para que não se altere o estado das coisas até a chegada dos peritos, que poderão instruir seus laudos com fotografias, desenhos ou esquemas elucidativos.

Parágrafo único. Os peritos registrarão, no laudo, as alterações do estado das coisas e discutirão, no relatório, as consequências dessas alterações na dinâmica dos fatos.

•• Parágrafo único acrescentado pela Lei n. 8.862, de 28-3-1994.

Art. 170. Nas perícias de laboratório, os peritos guardarão material suficiente para a eventualidade de nova perícia. Sempre que conveniente, os laudos serão ilustrados com provas fotográficas, ou microfotográficas, desenhos ou esquemas.

Art. 171. Nos crimes cometidos com destruição ou rompimento de obstáculo a subtração da coisa, ou por meio de escalada, os peritos, além de descrever os vestígios, indicarão com que instrumentos, por que meios e em que época presumem ter sido o fato praticado.

Art. 172. Proceder-se-á, quando necessário, à avaliação de coisas destruídas, deterioradas ou que constituam produto do crime.

Parágrafo único. Se impossível a avaliação direta, os peritos procederão à avaliação por meio dos elementos existentes nos autos e dos que resultarem de diligências.

Art. 173. No caso de incêndio, os peritos verificarão a causa e o lugar em que houver começado, o perigo que dele tiver resultado para a vida ou para o patrimônio alheio, a extensão do dano e o seu valor e as demais circunstâncias que interessarem à elucidação do fato.

Art. 174. No exame para o reconhecimento de escritos, por comparação de letra, observar-se-á o seguinte:

I – a pessoa a quem se atribua ou se possa atribuir o escrito será intimada para o ato, se for encontrada;

II – para a comparação, poderão servir quaisquer documentos que a dita pessoa reconhecer ou já tiverem sido judicialmente reconhecidos como de seu punho, ou sobre cuja autenticidade não houver dúvida;

III – a autoridade, quando necessário, requisitará, para o exame, os documentos que existirem em arquivos ou estabelecimentos públicos, ou nestes realizará a diligência, se daí não puderem ser retirados;

IV – quando não houver escritos para a comparação ou forem insuficientes os exibidos, a autoridade mandará que a pessoa escreva o que lhe for ditado. Se estiver ausente a pessoa, mas em lugar certo, esta última diligência poderá ser feita por precatória, em que se consignarão as palavras que a pessoa será intimada a escrever.

Art. 175. Serão sujeitos a exame os instrumentos empregados para a prática da infração, a fim de se lhes verificar a natureza e a eficiência.

Art. 176. A autoridade e as partes poderão formular quesitos até o ato da diligência.

Art. 177. No exame por precatória, a nomeação dos peritos far-se-á no juízo deprecado. Havendo, porém, no caso de ação privada, acordo das partes, essa nomeação poderá ser feita pelo juiz deprecante.

Parágrafo único. Os quesitos do juiz e das partes serão transcritos na precatória.

Art. 178. No caso do art. 159, o exame será requisitado pela autoridade ao diretor da repartição, juntando-se ao processo o laudo assinado pelos peritos.

Art. 179. No caso do § 1.º do art. 159, o escrivão lavrará o auto respectivo, que será assinado pelos peritos e, se presente ao exame, também pela autoridade.

Parágrafo único. No caso do art. 160, parágrafo único, o laudo, que poderá ser datilografado, será subscrito e rubricado em suas folhas por todos os peritos.

Art. 180. Se houver divergência entre os peritos, serão consignadas no auto do exame as declarações e respostas de um e de outro, ou cada um redigirá separadamente o seu laudo, e a autoridade nomeará um terceiro; se este divergir de ambos, a autoridade poderá mandar proceder a novo exame por outros peritos.

Art. 181. No caso de inobservância de formalidades, ou no caso de omissões, obscuridades ou contradições, a autoridade judiciária mandará suprir a formalidade, complementar ou esclarecer o laudo.

•• *Caput* com redação determinada pela Lei n. 8.862, de 28-3-1994.

Parágrafo único. A autoridade poderá também ordenar que se proceda a novo exame, por outros peritos, se julgar conveniente.

Art. 182. O juiz não ficará adstrito ao laudo, podendo aceitá-lo ou rejeitá-lo, no todo ou em parte.

Art. 183. Nos crimes em que não couber ação pública, observar-se-á o disposto no art. 19.

Art. 184. Salvo o caso de exame de corpo de delito, o juiz ou a autoridade policial negará a perícia requerida pelas partes, quando não for necessária ao esclarecimento da verdade.

Capítulo III
DO INTERROGATÓRIO DO ACUSADO

Art. 185. O acusado que comparecer perante a autoridade judiciária, no curso do processo penal, será qualificado e interrogado na presença de seu defensor, constituído ou nomeado.

•• *Caput* com redação determinada pela Lei n. 10.792, de 1.º-12-2003.

§ 1.º O interrogatório do réu preso será realizado, em sala própria, no estabelecimento em que estiver recolhido, desde que estejam garantidas a segurança do juiz, do membro do Ministério Público e dos auxiliares bem como a presença do defensor e a publicidade do ato.

•• § 1.º com redação determinada pela Lei n. 11.900, de 8-1-2009.

§ 2.º Excepcionalmente, o juiz, por decisão fundamentada, de ofício ou a requerimento das partes, poderá realizar o interrogatório do réu preso por sistema de videoconferência ou outro recurso tecnológico de transmissão de sons e imagens em tempo real, desde que a medida seja necessária para atender a uma das seguintes finalidades:

•• § 2.º, *caput*, com redação determinada pela Lei n. 11.900, de 8-1-2009.

I – prevenir risco à segurança pública, quando exista fundada suspeita de que o preso integre organização criminosa ou de que, por outra razão, possa fugir durante o deslocamento;

•• Inciso I acrescentado pela Lei n. 11.900, de 8-1-2009.

II – viabilizar a participação do réu no referido ato processual, quando haja relevante dificuldade para seu comparecimento em juízo, por enfermidade ou outra circunstância pessoal;

•• Inciso II acrescentado pela Lei n. 11.900, de 8-1-2009.

III – impedir a influência do réu no ânimo de testemunha ou da vítima, desde que não seja possível colher o depoimento destas por videoconferência, nos termos do art. 217 deste Código;

•• Inciso III acrescentado pela Lei n. 11.900, de 8-1-2009.

IV – responder à gravíssima questão de ordem pública.

•• Inciso IV acrescentado pela Lei n. 11.900, de 8-1-2009.

§ 3.º Da decisão que determinar a realização de interrogatório por videoconferência, as partes serão intimadas com 10 (dez) dias de antecedência.

•• § 3.º acrescentado pela Lei n. 11.900, de 8-1-2009.

§ 4.º Antes do interrogatório por videoconferência, o preso poderá acompanhar, pelo mesmo sistema tecnológico, a realização de todos os atos da audiência única de instrução e julgamento de que tratam os arts. 400, 411 e 531 deste Código.

•• § 4.º acrescentado pela Lei n. 11.900, de 8-1-2009.

§ 5.º Em qualquer modalidade de interrogatório, o juiz garantirá ao réu o direito de entrevista prévia e reservada com o seu defensor; se realizado por videoconferência, fica também garantido o acesso a canais telefônicos reservados para comunicação entre o defensor que esteja no presídio e o advogado presente na sala de audiência do Fórum, e entre este e o preso.

•• § 5.º acrescentado pela Lei n. 11.900, de 8-1-2009.

§ 6.º A sala reservada no estabelecimento prisional para a realização de atos processuais por sistema de videoconferência será fiscalizada pelos corregedores e pelo juiz de cada causa, como também pelo Ministério Público e pela Ordem dos Advogados do Brasil.

•• § 6.º acrescentado pela Lei n. 11.900, de 8-1-2009.

§ 7.º Será requisitada a apresentação do réu preso em juízo nas hipóteses em que o interrogatório não se realizar na forma prevista nos §§ 1.º e 2.º deste artigo.

•• § 7.º acrescentado pela Lei n. 11.900, de 8-1-2009.

§ 8.º Aplica-se o disposto nos §§ 2.º, 3.º, 4.º e 5.º deste artigo, no que couber, à realização de outros atos processuais que dependam da participação de pessoa que esteja presa, como acareação, reconhecimento de pessoas e coisas, e inquirição de testemunha ou tomada de declarações do ofendido.

•• § 8.º acrescentado pela Lei n. 11.900, de 8-1-2009.

§ 9.º Na hipótese do § 8.º deste artigo, fica garantido o acompanhamento do ato processual pelo acusado e seu defensor.

•• § 9.º acrescentado pela Lei n. 11.900, de 8-1-2009.

§ 10. Do interrogatório deverá constar a informação sobre a existência de filhos, respectivas idades e se possuem alguma deficiência e o nome e o contato de eventual responsável pelos cuidados dos filhos, indicado pela pessoa presa.

•• § 10 acrescentado pela Lei n. 13.257, de 8-3-2016.

Art. 186. Depois de devidamente qualificado e cientificado do inteiro teor da acusação, o acusado será informado pelo juiz, antes de iniciar o interrogatório, do seu direito de permanecer calado e de não responder perguntas que lhe forem formuladas.

•• *Caput* com redação determinada pela Lei n. 10.792, de 1.º-12-2003.

•• *Vide* art. 5.º, LXIII, da CF.

Parágrafo único. O silêncio, que não importará em confissão, não poderá ser interpretado em prejuízo da defesa.

•• Parágrafo único acrescentado pela Lei n. 10.792, de 1.º-12-2003.

Art. 187. O interrogatório será constituído de duas partes: sobre a pessoa do acusado e sobre os fatos.

•• *Caput* com redação determinada pela Lei n. 10.792, de 1.º-12-2003.

§ 1.º Na primeira parte o interrogando será perguntado sobre a residência, meios de vida ou profissão, oportunidades sociais, lugar onde exerce a sua atividade, vida pregressa, notadamente se foi preso ou processado alguma vez e, em caso afirmativo, qual o juízo do processo, se houve suspensão condicional ou condenação, qual a pena imposta, se a cumpriu e outros dados familiares e sociais.

•• § 1.º acrescentado pela Lei n. 10.792, de 1.º-12-2003.

§ 2.º Na segunda parte será perguntado sobre:

I – ser verdadeira a acusação que lhe é feita;

II – não sendo verdadeira a acusação, se tem algum motivo particular a que atribuí-la, se conhece a pessoa ou pessoas a quem deva ser imputada a prática do crime, e quais sejam, e se com elas esteve antes da prática da infração ou depois dela;

III – onde estava ao tempo em que foi cometida a infração e se teve notícia desta;

IV – as provas já apuradas;

V – se conhece as vítimas e testemunhas já inquiridas ou por inquirir, e desde quando, e se tem o que alegar contra elas;

VI – se conhece o instrumento com que foi praticada a infração, ou qualquer objeto que com esta se relacione e tenha sido apreendido;

VII – todos os demais fatos e pormenores que conduzam à elucidação dos antecedentes e circunstâncias da infração;

VIII – se tem algo mais a alegar em sua defesa.

•• § 2.º acrescentado pela Lei n. 10.792, de 1.º-12-2003.

Art. 188. Após proceder ao interrogatório, o juiz indagará das partes se restou algum fato para ser esclarecido, formulando as perguntas correspondentes se o entender pertinente e relevante.

•• Artigo com redação determinada pela Lei n. 10.792, de 1.º-12-2003.

Art. 189. Se o interrogando negar a acusação, no todo ou em parte, poderá prestar esclarecimentos e indicar provas.

•• Artigo com redação determinada pela Lei n. 10.792, de 1.º-12-2003.

Art. 190. Se confessar a autoria, será perguntado sobre os motivos e circunstâncias do fato e se outras pessoas concorreram para a infração, e quais sejam.

•• Artigo com redação determinada pela Lei n. 10.792, de 1.º-12-2003.

Art. 191. Havendo mais de um acusado, serão interrogados separadamente.

•• Artigo com redação determinada pela Lei n. 10.792, de 1.º-12-2003.

Art. 192. O interrogatório do mudo, do surdo ou do surdo-mudo será feito pela forma seguinte:

I – ao surdo serão apresentadas por escrito as perguntas, que ele responderá oralmente;

II – ao mudo as perguntas serão feitas oralmente, respondendo-as por escrito;

•• Inciso II com redação determinada pela Lei n. 10.792, de 1.º-12-2003.

Prova   Arts. 192 a 203

III – ao surdo-mudo as perguntas serão formuladas por escrito e do mesmo modo dará as respostas.
•• Inciso III com redação determinada pela Lei n. 10.792, de 1.º-12-2003.

Parágrafo único. Caso o interrogando não saiba ler ou escrever, intervirá no ato, como intérprete e sob compromisso, pessoa habilitada a entendê-lo.
•• Parágrafo único com redação determinada pela Lei n. 10.792, de 1.º-12-2003.

Art. 193. Quando o interrogando não falar a língua nacional, o interrogatório será feito por meio de intérprete.
•• Artigo com redação determinada pela Lei n. 10.792, de 1.º-12-2003.

Art. 194. (Revogado pela Lei n. 10.792, de 1.º-12-2003.)

Art. 195. Se o interrogado não souber escrever, não puder ou não quiser assinar, tal fato será consignado no termo.
•• Artigo com redação determinada pela Lei n. 10.792, de 1.º-12-2003.

Art. 196. A todo tempo o juiz poderá proceder a novo interrogatório de ofício ou a pedido fundamentado de qualquer das partes.
•• Artigo com redação determinada pela Lei n. 10.792, de 1.º-12-2003.

Capítulo IV
DA CONFISSÃO

Art. 197. O valor da confissão se aferirá pelos critérios adotados para os outros elementos de prova, e para a sua apreciação o juiz deverá confrontá-la com as demais provas do processo, verificando se entre ela e estas existe compatibilidade ou concordância.

Art. 198. O silêncio do acusado não importará confissão, mas poderá constituir elemento para a formação do convencimento do juiz.

Art. 199. A confissão, quando feita fora do interrogatório, será tomada por termo nos autos, observado o disposto no art. 195.

Art. 200. A confissão será divisível e retratável, sem prejuízo do livre convencimento do juiz, fundado no exame das provas em conjunto.

Capítulo V
DO OFENDIDO

•• Capítulo V com denominação determinada pela Lei n. 11.690, de 9-6-2008.

Art. 201. Sempre que possível, o ofendido será qualificado e perguntado sobre as circunstâncias da infração, quem seja ou presuma ser o seu autor, as provas que possa indicar, tomando-se por termo as suas declarações.
•• Caput com redação mantida pela Lei n. 11.690, de 9-6-2008.

§ 1.º Se, intimado para esse fim, deixar de comparecer sem motivo justo, o ofendido poderá ser conduzido à presença da autoridade.
•• Primitivo parágrafo único renumerado pela Lei n. 11.690, de 9-6-2008.

§ 2.º O ofendido será comunicado dos atos processuais relativos ao ingresso e à saída do acusado da prisão, à designação de data para audiência e à sentença e respectivos acórdãos que a mantenham ou modifiquem.
•• § 2.º acrescentado pela Lei n. 11.690, de 9-6-2008.

§ 3.º As comunicações ao ofendido deverão ser feitas no endereço por ele indicado, admitindo-se, por opção do ofendido, o uso de meio eletrônico.
•• § 3.º acrescentado pela Lei n. 11.690, de 9-6-2008.

§ 4.º Antes do início da audiência e durante a sua realização, será reservado espaço separado para o ofendido.
•• § 4.º acrescentado pela Lei n. 11.690, de 9-6-2008.

§ 5.º Se o juiz entender necessário, poderá encaminhar o ofendido para atendimento multidisciplinar, especialmente nas áreas psicossocial, de assistência jurídica e de saúde, a expensas do ofensor ou do Estado.
•• § 5.º acrescentado pela Lei n. 11.690, de 9-6-2008.

§ 6.º O juiz tomará as providências necessárias à preservação da intimidade, vida privada, honra e imagem do ofendido, podendo, inclusive, determinar o segredo de justiça em relação aos dados, depoimentos e outras informações constantes dos autos a seu respeito para evitar sua exposição aos meios de comunicação.
•• 6.º acrescentado pela Lei n. 11.690, de 9-6-2008.

Capítulo VI
DAS TESTEMUNHAS

Art. 202. Toda pessoa poderá ser testemunha.

Art. 203. A testemunha fará, sob palavra de honra, a promessa de dizer a verdade do que souber e lhe for perguntado, devendo declarar seu nome, sua idade, seu estado e sua residência, sua profissão, lugar onde exerce sua atividade, se é parente, e em que grau, de alguma das partes, ou quais suas relações com qualquer delas, e relatar o que souber, explicando sempre as razões de sua ciência ou as circunstâncias pelas quais possa avaliar-se de sua credibilidade.

Art. 204. O depoimento será prestado oralmente, não sendo permitido à testemunha trazê-lo por escrito.

Parágrafo único. Não será vedada à testemunha, entretanto, breve consulta a apontamentos.

Art. 205. Se ocorrer dúvida sobre a identidade da testemunha, o juiz procederá à verificação pelos meios ao seu alcance, podendo, entretanto, tomar-lhe o depoimento desde logo.

Art. 206. A testemunha não poderá eximir-se da obrigação de depor. Poderão, entretanto, recusar-se a fazê-lo o ascendente ou descendente, o afim em linha reta, o cônjuge, ainda que desquitado, o irmão e o pai, a mãe, ou o filho adotivo do acusado, salvo quando não for possível, por outro modo, obter-se ou integrar-se a prova do fato e de suas circunstâncias.

•• *Vide* Emenda Constitucional n. 66, de 13-7-2010, que instituiu o divórcio direto.

Art. 207. São proibidas de depor as pessoas que, em razão de função, ministério, ofício ou profissão, devam guardar segredo, salvo se, desobrigadas pela parte interessada, quiserem dar o seu testemunho.

Art. 208. Não se deferirá o compromisso a que alude o art. 203 aos doentes e deficientes mentais e aos menores de 14 (quatorze) anos, nem às pessoas a que se refere o art. 206.

Art. 209. O juiz, quando julgar necessário, poderá ouvir outras testemunhas, além das indicadas pelas partes.

§ 1.º Se ao juiz parecer conveniente, serão ouvidas as pessoas a que as testemunhas se referirem.

§ 2.º Não será computada como testemunha a pessoa que nada souber que interesse à decisão da causa.

Art. 210. As testemunhas serão inquiridas cada uma *de per si*, de modo que umas não saibam nem ouçam os depoimentos das outras, devendo o juiz adverti-las das penas cominadas ao falso testemunho.

•• *Caput* com redação mantida pela Lei n. 11.690, de 9-6-2008.

Parágrafo único. Antes do início da audiência e durante a sua realização, serão reservados espaços separados para a garantia da incomunicabilidade das testemunhas.

•• Parágrafo único acrescentado pela Lei n. 11.690, de 9-6-2008.

Art. 211. Se o juiz, ao pronunciar sentença final, reconhecer que alguma testemunha fez afirmação falsa, calou ou negou a verdade, remeterá cópia do depoimento à autoridade policial para a instauração de inquérito.

Parágrafo único. Tendo o depoimento sido prestado em plenário de julgamento, o juiz, no caso de proferir decisão na audiência (art. 538, § 2.º), o tribunal (art. 561), ou o conselho de sentença, após a votação dos quesitos, poderão fazer apresentar imediatamente a testemunha à autoridade policial.

Art. 212. As perguntas serão formuladas pelas partes diretamente à testemunha, não admitindo o juiz aquelas que puderem induzir a resposta, não tiverem relação com a causa ou importarem na repetição de outra já respondida.

•• *Caput* com redação determinada pela Lei n. 11.690, de 9-6-2008.

Parágrafo único. Sobre os pontos não esclarecidos, o juiz poderá complementar a inquirição.

•• Parágrafo único acrescentado pela Lei n. 11.690, de 9-6-2008.

Art. 213. O juiz não permitirá que a testemunha manifeste suas apreciações pessoais, salvo quando inseparáveis da narrativa do fato.

Art. 214. Antes de iniciado o depoimento, as partes poderão contraditar a testemunha ou arguir circunstâncias ou defeitos, que a tornem suspeita de parcialidade, ou indigna de fé. O juiz fará consignar a contradita ou arguição e a resposta da testemunha, mas só excluirá a testemunha ou não lhe deferirá compromisso nos casos previstos nos arts. 207 e 208.

Art. 215. Na redação do depoimento, o juiz deverá cingir-se, tanto quanto possível, às expressões usadas pelas testemunhas, reproduzindo fielmente as suas frases.

Art. 216. O depoimento da testemunha será reduzido a termo, assinado por ela, pelo juiz e pelas partes. Se a testemunha não souber assinar, ou não puder fazê-lo, pedirá a alguém que o faça por ela, depois de lido na presença de ambos.

Art. 217. Se o juiz verificar que a presença do réu poderá causar humilhação, temor, ou sério constran-

Prova **Arts. 217 a 223**

gimento à testemunha ou ao ofendido, de modo que prejudique a verdade do depoimento, fará a inquirição por videoconferência e, somente na impossibilidade dessa forma, determinará a retirada do réu, prosseguindo na inquirição, com a presença do seu defensor.

•• *Caput* com redação determinada pela Lei n. 11.690, de 9-6-2008.

Parágrafo único. A adoção de qualquer das medidas previstas no *caput* deste artigo deverá constar do termo, assim como os motivos que a determinaram.

•• Parágrafo único acrescentado pela Lei n. 11.690, de 9-6-2008.

Art. 218. Se, regularmente intimada, a testemunha deixar de comparecer sem motivo justificado, o juiz poderá requisitar à autoridade policial a sua apresentação ou determinar seja conduzida por oficial de justiça, que poderá solicitar o auxílio da força pública.

Art. 219. O juiz poderá aplicar à testemunha faltosa a multa prevista no art. 453, sem prejuízo do processo penal por crime de desobediência, e condená-la ao pagamento das custas da diligência.

•• Artigo com redação determinada pela Lei n. 6.416, de 24-5-1977.

Art. 220. As pessoas impossibilitadas, por enfermidade ou por velhice, de comparecer para depor, serão inquiridas onde estiverem.

Art. 221. O Presidente e o Vice-Presidente da República, os senadores e deputados federais, os ministros de Estado, os governadores de Estados e Territórios, os secretários de Estado, os prefeitos do Distrito Federal e dos Municípios, os deputados às Assembleias Legislativas Estaduais, os membros do Poder Judiciário, os ministros e juízes dos Tribunais de Contas da União, dos Estados, do Distrito Federal, bem como os do Tribunal Marítimo serão inquiridos em local, dia e hora previamente ajustados entre eles e o juiz.

•• *Caput* com redação determinada pela Lei n. 3.653, de 4-11-1959.

§ 1.º O Presidente e o Vice-Presidente da República, os presidentes do Senado Federal da Câmara dos Deputados e do Supremo Tribunal Federal poderão optar pela prestação de depoimento por escrito, caso em que as perguntas, formuladas pelas partes e deferidas pelo juiz, lhes serão transmitidas por ofício.

•• § 1.º com redação determinada pela Lei n. 6.416, de 24-5-1977.

§ 2.º Os militares deverão ser requisitados à autoridade superior.

•• § 2.º com redação determinada pela Lei n. 6.416, de 24-5-1977.

§ 3.º Aos funcionários públicos aplicar-se-á o disposto no art. 218, devendo, porém, a expedição do mandado ser imediatamente comunicada ao chefe da repartição em que servirem, com indicação do dia e da hora marcados.

•• § 3.º com redação determinada pela Lei n. 6.416, de 24-5-1977.

Art. 222. A testemunha que morar fora da jurisdição do juiz será inquirida pelo juiz do lugar de sua residência, expedindo-se, para esse fim, carta precatória, com prazo razoável, intimadas as partes.

§ 1.º A expedição da precatória não suspenderá a instrução criminal.

•• A Lei n. 11.900, de 8-1-2009, propôs nova redação para este parágrafo, mas teve o seu texto vetado.

§ 2.º Findo o prazo marcado, poderá realizar-se o julgamento, mas, a todo tempo, a precatória, uma vez devolvida, será junta aos autos.

•• A Lei n. 11.900, de 8-1-2009, propôs nova redação para este parágrafo, mas teve o seu texto vetado.

§ 3.º Na hipótese prevista no *caput* deste artigo, a oitiva de testemunha poderá ser realizada por meio de videoconferência ou outro recurso tecnológico de transmissão de sons e imagens em tempo real, permitida a presença do defensor e podendo ser realizada, inclusive, durante a realização da audiência de instrução e julgamento.

•• § 3.º acrescentado pela Lei n. 11.900, de 8-1-2009.

Art. 222-A. As cartas rogatórias só serão expedidas se demonstrada previamente a sua imprescindibilidade, arcando a parte requerente com os custos de envio.

•• *Caput* acrescentado pela Lei n. 11.900, de 8-1-2009.

•• A Resolução n. 354, de 19-11-2020, do CNJ, dispõe sobre o cumprimento digital de ato processual e de ordem judicial e dá outras providências.

Parágrafo único. Aplica-se às cartas rogatórias o disposto nos §§ 1.º e 2.º do art. 222 deste Código.

•• Parágrafo único acrescentado pela Lei n. 11.900, de 8-1-2009.

Art. 223. Quando a testemunha não conhecer a língua nacional, será nomeado intérprete para traduzir as perguntas e respostas.

Parágrafo único. Tratando-se de mudo, surdo ou surdo-mudo, proceder-se-á na conformidade do art. 192.

Art. 224. As testemunhas comunicarão ao juiz, dentro de 1 (um) ano, qualquer mudança de residência, sujeitando-se, pela simples omissão, às penas do não comparecimento.

Art. 225. Se qualquer testemunha houver de ausentar-se, ou, por enfermidade ou por velhice, inspirar receio de que ao tempo da instrução criminal já não exista, o juiz poderá, de ofício ou a requerimento de qualquer das partes, tomar-lhe antecipadamente o depoimento.

Capítulo VII
DO RECONHECIMENTO DE PESSOAS E COISAS

Art. 226. Quando houver necessidade de fazer-se o reconhecimento de pessoa, proceder-se-á pela seguinte forma:

I – a pessoa que tiver de fazer o reconhecimento será convidada a descrever a pessoa que deva ser reconhecida;

II – a pessoa, cujo reconhecimento se pretender, será colocada, se possível, ao lado de outras que com ela tiverem qualquer semelhança, convidando-se quem tiver de fazer o reconhecimento a apontá-la;

III – se houver razão para recear que a pessoa chamada para o reconhecimento, por efeito de intimidação ou outra influência, não diga a verdade em face da pessoa que deve ser reconhecida, a autoridade providenciará para que esta não veja aquela;

IV – do ato de reconhecimento lavrar-se-á auto pormenorizado, subscrito pela autoridade, pela pessoa chamada para proceder ao reconhecimento e por duas testemunhas presenciais.

Parágrafo único. O disposto no n. III deste artigo não terá aplicação na fase da instrução criminal ou em plenário de julgamento.

Art. 227. No reconhecimento de objeto, proceder-se-á com as cautelas estabelecidas no artigo anterior, no que for aplicável.

Art. 228. Se várias forem as pessoas chamadas a efetuar o reconhecimento de pessoa ou de objeto, cada uma fará a prova em separado, evitando-se qualquer comunicação entre elas.

Capítulo VIII
DA ACAREAÇÃO

Art. 229. A acareação será admitida entre acusados, entre acusado e testemunha, entre testemunhas, entre acusado ou testemunha e a pessoa ofendida, e entre as pessoas ofendidas, sempre que divergirem, em suas declarações, sobre fatos ou circunstâncias relevantes.

Parágrafo único. Os acareados serão reperguntados, para que expliquem os pontos de divergências, reduzindo-se a termo o ato de acareação.

Art. 230. Se ausente alguma testemunha, cujas declarações divirjam das de outra, que esteja presente, a esta se darão a conhecer os pontos da divergência, consignando-se no auto o que explicar ou observar. Se subsistir a discordância, expedir-se-á precatória à autoridade do lugar onde resida a testemunha ausente, transcrevendo-se as declarações desta e as da testemunha presente, nos pontos em que divergirem, bem como o texto do referido auto, a fim de que se complete a diligência, ouvindo-se a testemunha ausente, pela mesma forma estabelecida para a testemunha presente. Esta diligência só se realizará quando não importe demora prejudicial ao processo e o juiz a entenda conveniente.

Capítulo IX
DOS DOCUMENTOS

Art. 231. Salvo os casos expressos em lei, as partes poderão apresentar documentos em qualquer fase do processo.

Art. 232. Consideram-se documentos quaisquer escritos, instrumentos ou papéis, públicos ou particulares.

Parágrafo único. À fotografia do documento, devidamente autenticada, se dará o mesmo valor do original.

Art. 233. As cartas particulares, interceptadas ou obtidas por meios criminosos, não serão admitidas em juízo.

•• *Vide* art. 5.º, XII e LVII, da CF.

Parágrafo único. As cartas poderão ser exibidas em juízo pelo respectivo destinatário, para a defesa de seu direito, ainda que não haja consentimento do signatário.

Art. 234. Se o juiz tiver notícia da existência de documento relativo a ponto relevante da acusação ou da defesa, providenciará, independentemente de requerimento de qualquer das partes, para sua juntada aos autos, se possível.

Art. 235. A letra e firma dos documentos particulares serão submetidas a exame pericial, quando contestada a sua autenticidade.

Art. 236. Os documentos em língua estrangeira, sem prejuízo de sua juntada imediata, serão, se necessário, traduzidos por tradutor público, ou, na falta, por pessoa idônea nomeada pela autoridade.

Art. 237. As públicas-formas só terão valor quando conferidas com o original, em presença da autoridade.

Art. 238. Os documentos originais, juntos a processo findo, quando não exista motivo relevante que justifique a sua conservação nos autos, poderão, mediante requerimento, e ouvido o Ministério Público, ser entregues à parte que os produziu, ficando traslado nos autos.

Capítulo X
DOS INDÍCIOS

Art. 239. Considera-se indício a circunstância conhecida e provada, que, tendo relação com o fato, autorize, por indução, concluir-se a existência de outra ou outras circunstâncias.

Capítulo XI
DA BUSCA E DA APREENSÃO

Art. 240. A busca será domiciliar ou pessoal.

§ 1.º Proceder-se-á à busca domiciliar, quando fundadas razões a autorizarem, para:

a) prender criminosos;

b) apreender coisas achadas ou obtidas por meios criminosos;

c) apreender instrumentos de falsificação ou de contrafação e objetos falsificados ou contrafeitos;

d) apreender armas e munições, instrumentos utilizados na prática de crime ou destinados a fim delituoso;

e) descobrir objetos necessários à prova de infração ou à defesa do réu;

f) apreender cartas, abertas ou não, destinadas ao acusado ou em seu poder, quando haja suspeita de que o conhecimento do seu conteúdo possa ser útil à elucidação do fato;

•• Vide art. 5.º, XII, da CF.

g) apreender pessoas vítimas de crimes;

h) colher qualquer elemento de convicção.

§ 2.º Proceder-se-á à busca pessoal quando houver fundada suspeita de que alguém oculte consigo arma proibida ou objetos mencionados nas letras *b* a *f* e letra *h* do parágrafo anterior.

Art. 241. Quando a própria autoridade policial ou judiciária não a realizar pessoalmente, a busca domiciliar deverá ser precedida da expedição de mandado.

•• Vide art. 5.º, XI, da CF.

Art. 242. A busca poderá ser determinada de ofício ou a requerimento de qualquer das partes.

Art. 243. O mandado de busca deverá:

I – indicar, o mais precisamente possível, a casa em que será realizada a diligência e o nome do respectivo proprietário ou morador; ou, no caso de busca pessoal, o nome da pessoa que terá de sofrê-la ou os sinais que a identifiquem;

II – mencionar o motivo e os fins da diligência;

III – ser subscrito pelo escrivão e assinado pela autoridade que o fizer expedir.

§ 1.º Se houver ordem de prisão, constará do próprio texto do mandado de busca.

§ 2.º Não será permitida a apreensão de documento em poder do defensor do acusado, salvo quando constituir elemento do corpo de delito.

Art. 244. A busca pessoal independerá de mandado, no caso de prisão ou quando houver fundada suspeita de que a pessoa esteja na posse de arma proibida ou de objetos ou papéis que constituam corpo de delito, ou quando a medida for determinada no curso de busca domiciliar.

Art. 245. As buscas domiciliares serão executadas de dia, salvo se o morador consentir que se realizem à noite, e, antes de penetrarem na casa, os executores mostrarão e lerão o mandado ao morador, ou a quem o represente, intimando-o, em seguida, a abrir a porta.

§ 1.º Se a própria autoridade der a busca, declarará previamente sua qualidade e o objeto da diligência.

§ 2.º Em caso de desobediência, será arrombada a porta e forçada a entrada.

§ 3.º Recalcitrando o morador, será permitido o emprego de força contra coisas existentes no interior da casa, para o descobrimento do que se procura.

§ 4.º Observar-se-á o disposto nos §§ 2.º e 3.º, quando ausentes os moradores, devendo, neste caso, ser intimado a assistir à diligência qualquer vizinho, se houver e estiver presente.

§ 5.º Se é determinada a pessoa ou coisa que se vai procurar, o morador será intimado a mostrá-la.

§ 6.º Descoberta a pessoa ou coisa que se procura, será imediatamente apreendida e posta sob custódia da autoridade ou de seus agentes.

§ 7.º Finda a diligência, os executores lavrarão auto circunstanciado, assinando-o com duas testemunhas presenciais, sem prejuízo do disposto no § 4.º.

Art. 246. Aplicar-se-á também o disposto no artigo anterior, quando se tiver de proceder a busca em compartimento habitado ou em aposento ocupado de habitação coletiva ou em compartimento não aberto ao público, onde alguém exercer profissão ou atividade.

Art. 247. Não sendo encontrada a pessoa ou coisa procurada, os motivos da diligência serão comunicados a quem tiver sofrido a busca, se o requerer.

Art. 248. Em casa habitada, a busca será feita de modo que não moleste os moradores mais do que o indispensável para o êxito da diligência.

Art. 249. A busca em mulher será feita por outra mulher, se não importar retardamento ou prejuízo da diligência.

Art. 250. A autoridade ou seus agentes poderão penetrar no território de jurisdição alheia, ainda que de outro Estado, quando, para o fim de apreensão, forem no seguimento de pessoa ou coisa, devendo apresentar-se à competente autoridade local, antes da diligência ou após, conforme a urgência desta.

§ 1.º Entender-se-á que a autoridade ou seus agentes vão em seguimento da pessoa ou coisa, quando:

a) tendo conhecimento direto de sua remoção ou transporte, a seguirem sem interrupção, embora depois a percam de vista;

b) ainda que não a tenham avistado, mas sabendo, por informações fidedignas ou circunstâncias indiciárias, que está sendo removida ou transportada em determinada direção, forem ao seu encalço.

§ 2.º Se as autoridades locais tiverem fundadas razões para duvidar da legitimidade das pessoas que, nas referidas diligências, entrarem pelos seus distritos, ou da legalidade dos mandados que apresentarem, poderão exigir as provas dessa legitimidade, mas de modo que não se frustre a diligência.

Título VIII
DO JUIZ, DO MINISTÉRIO PÚBLICO, DO ACUSADO E DEFENSOR, DOS ASSISTENTES E AUXILIARES DA JUSTIÇA

Capítulo I
DO JUIZ

Art. 251. Ao juiz incumbirá prover à regularidade do processo e manter a ordem no curso dos respectivos atos, podendo, para tal fim, requisitar a força pública.

Art. 252. O juiz não poderá exercer jurisdição no processo em que:

•• *Vide* art. 448, § 2.º, do CPP.

I – tiver funcionado seu cônjuge ou parente, consanguíneo ou afim, em linha reta ou colateral até o terceiro grau, inclusive, como defensor ou advogado, órgão do Ministério Público, autoridade policial, auxiliar da justiça ou perito;

II – ele próprio houver desempenhado qualquer dessas funções ou servido como testemunha;

III – tiver funcionado como juiz de outra instância, pronunciando-se, de fato ou de direito, sobre a questão;

IV – ele próprio ou seu cônjuge ou parente, consanguíneo ou afim em linha reta ou colateral até o terceiro grau, inclusive, for parte ou diretamente interessado no feito.

Art. 253. Nos juízos coletivos, não poderão servir no mesmo processo os juízes que forem entre si parentes, consanguíneos ou afins, em linha reta ou colateral até o terceiro grau, inclusive.

Art. 254. O juiz dar-se-á por suspeito, e, se não o fizer, poderá ser recusado por qualquer das partes:

I – se for amigo íntimo ou inimigo capital de qualquer deles;

II – se ele, seu cônjuge, ascendente ou descendente, estiver respondendo a processo por fato análogo, sobre cujo caráter criminoso haja controvérsia;

III – se ele, seu cônjuge, ou parente, consanguíneo, ou afim, até o terceiro grau, inclusive, sustentar demanda ou responder a processo que tenha de ser julgado por qualquer das partes;

IV – se tiver aconselhado qualquer das partes;
V – se for credor ou devedor, tutor ou curador, de qualquer das partes;
VI – se for sócio, acionista ou administrador de sociedade interessada no processo.

Art. 255. O impedimento ou suspeição decorrente de parentesco por afinidade cessará pela dissolução do casamento que lhe tiver dado causa, salvo sobrevindo descendentes; mas, ainda que dissolvido o casamento sem descendentes, não funcionará como juiz o sogro, o padrasto, o cunhado, o genro ou enteado de quem for parte no processo.

Art. 256. A suspeição não poderá ser declarada nem reconhecida, quando a parte injuriar o juiz ou de propósito der motivo para criá-la.

•• *Vide* art. 565 do CPP.

Capítulo II
DO MINISTÉRIO PÚBLICO

Art. 257. Ao Ministério Público cabe:

•• *Caput* com redação determinada pela Lei n. 11.719, de 20-6-2008.

•• *Vide* art. 564, III, *d*, do CPP.

I – promover, privativamente, a ação penal pública, na forma estabelecida neste Código; e

•• Inciso I acrescentado pela Lei n. 11.719, de 20-6-2008.

•• *Vide* art. 42 do CPP.

II – fiscalizar a execução da lei.

•• Inciso II acrescentado pela Lei n. 11.719, de 20-6-2008.

Art. 258. Os órgãos do Ministério Público não funcionarão nos processos em que o juiz ou qualquer das partes for seu cônjuge, ou parente, consanguíneo ou afim, em linha reta ou colateral, até o terceiro grau, inclusive, e a eles se estendem, no que lhes for aplicável, as prescrições relativas à suspeição e aos impedimentos dos juízes.

Capítulo III
DO ACUSADO E SEU DEFENSOR

Art. 259. A impossibilidade de identificação do acusado com o seu verdadeiro nome ou outros qualificativos não retardará a ação penal, quando certa a identidade física. A qualquer tempo, no curso do processo, do julgamento ou da execução da sentença, se for descoberta a sua qualificação, far-se-á a retificação, por termo, nos autos, sem prejuízo da validade dos atos precedentes.

Art. 260. Se o acusado não atender à intimação para o interrogatório, reconhecimento ou qualquer outro ato que, sem ele, não possa ser realizado, a autoridade poderá mandar conduzi-lo à sua presença.

•• O STF, no julgamento das ADPFs n. 395 e 444, ambas de 14-6-2018 (*DOU* de 22-6-2018), julgou procedente a arguição de descumprimento de preceito fundamental, para pronunciar a não recepção da expressão "para o interrogatório" e declarar a incompatibilidade com a Constituição Federal da condução coercitiva de investigados ou de réus para interrogatório, sob pena de responsabilidade disciplinar, civil e penal do agente ou da autoridade e de ilicitude das provas obtidas, sem prejuízo da responsabilidade civil do Estado.

Parágrafo único. O mandado conterá, além da ordem de condução, os requisitos mencionados no art. 352, no que lhe for aplicável.

Art. 261. Nenhum acusado, ainda que ausente ou foragido, será processado ou julgado sem defensor.

Parágrafo único. A defesa técnica, quando realizada por defensor público ou dativo, será sempre exercida através de manifestação fundamentada.

•• Parágrafo único acrescentado pela Lei n. 10.792, de 1.º-12-2003.

Art. 262. Ao acusado menor dar-se-á curador.

•• Artigo tacitamente revogado pela Lei n. 10.406, de 10-1-2002 (CC).

Art. 263. Se o acusado não o tiver, ser-lhe-á nomeado defensor pelo juiz, ressalvado o seu direito de, a todo tempo, nomear outro de sua confiança, ou a si mesmo defender-se, caso tenha habilitação.

Parágrafo único. O acusado, que não for pobre, será obrigado a pagar os honorários do defensor dativo, arbitrados pelo juiz.

Art. 264. Salvo motivo relevante, os advogados e solicitadores serão obrigados, sob pena de multa de cem a quinhentos mil-réis, a prestar seu patrocínio aos acusados, quando nomeados pelo Juiz.

Art. 265. O defensor não poderá abandonar o processo sem justo motivo, previamente comunicado ao juiz, sob pena de responder por infração disciplinar perante o órgão correicional competente.

•• *Caput* com redação determinada pela Lei n. 14.752, de 12-12-2023.

§ 1.º A audiência poderá ser adiada se, por motivo justificado, o defensor não puder comparecer.

•• § 1.º acrescentado pela Lei n. 11.719, de 20-6-2008.

§ 2.º Incumbe ao defensor provar o impedimento até a abertura da audiência. Não o fazendo, o juiz não determinará o adiamento de ato algum do processo, devendo nomear defensor substituto, ainda que provisoriamente ou só para o efeito do ato.
•• § 2.º acrescentado pela Lei n. 11.719, de 20-6-2008.

§ 3.º Em caso de abandono do processo pelo defensor, o acusado será intimado para constituir novo defensor, se assim o quiser, e, na hipótese de não ser localizado, deverá ser nomeado defensor público ou advogado dativo para a sua defesa.
•• § 3.º acrescentado pela Lei n. 14.752, de 12-12-2023.

Art. 266. A constituição de defensor independerá de instrumento de mandato, se o acusado o indicar por ocasião do interrogatório.
•• *Vide* Súmula 644 do STJ.

Art. 267. Nos termos do art. 252, não funcionarão como defensores os parentes do juiz.

Capítulo IV
DOS ASSISTENTES

Art. 268. Em todos os termos da ação pública, poderá intervir, como assistente do Ministério Público, o ofendido ou seu representante legal, ou, na falta, qualquer das pessoas mencionadas no art. 31.

Art. 269. O assistente será admitido enquanto não passar em julgado a sentença e receberá a causa no estado em que se achar.

Art. 270. O corréu no mesmo processo não poderá intervir como assistente do Ministério Público.

Art. 271. Ao assistente será permitido propor meios de prova, requerer perguntas às testemunhas, aditar o libelo e os articulados, participar do debate oral e arrazoar os recursos interpostos pelo Ministério Público, ou por ele próprio, nos casos dos arts. 584, § 1.º, e 598.
•• A Lei n. 11.689, de 9-6-2008, que alterou o procedimento relativo aos processos da competência do Tribunal do Júri, extinguiu o libelo.

§ 1.º O juiz, ouvido o Ministério Público, decidirá acerca da realização das provas propostas pelo assistente.

§ 2.º O processo prosseguirá independentemente de nova intimação do assistente, quando este, intimado, deixar de comparecer a qualquer dos atos da instrução ou do julgamento, sem motivo de força maior devidamente comprovado.

Art. 272. O Ministério Público será ouvido previamente sobre a admissão do assistente.

Art. 273. Do despacho que admitir, ou não, o assistente, não caberá recurso, devendo, entretanto, constar dos autos o pedido e a decisão.

Capítulo V
DOS FUNCIONÁRIOS DA JUSTIÇA

Art. 274. As prescrições sobre suspeição dos juízes estendem-se aos serventuários e funcionários da justiça, no que lhes for aplicável.

Capítulo VI
DOS PERITOS E INTÉRPRETES

Art. 275. O perito, ainda quando não oficial, estará sujeito à disciplina judiciária.

Art. 276. As partes não intervirão na nomeação do perito.

Art. 277. O perito nomeado pela autoridade será obrigado a aceitar o encargo, sob pena de multa de cem a quinhentos mil-réis, salvo escusa atendível.

Parágrafo único. Incorrerá na mesma multa o perito que, sem justa causa, provada imediatamente:

a) deixar de acudir à intimação ou ao chamado da autoridade;

b) não comparecer no dia e local designados para o exame;

c) não der o laudo, ou concorrer para que a perícia não seja feita, nos prazos estabelecidos.

Art. 278. No caso de não comparecimento do perito, sem justa causa, a autoridade poderá determinar a sua condução.

Art. 279. Não poderão ser peritos:

I – os que estiverem sujeitos à interdição de direito mencionada nos n. I e IV do art. 69 do Código Penal;
•• Referência a dispositivo original do CP. A remissão deve ser feita a seu art. 47, I (proibição do exercício de cargo, função ou atividade pública e mandato eletivo) e II (proibição do exercício de profissão, atividade ou ofício que dependam de habilitação especial, licença ou autorização do poder público).

II – os que tiverem prestado depoimento no processo ou opinado anteriormente sobre o objeto da perícia;

III – os analfabetos e os menores de 21 (vinte e um) anos.
•• O art. 5.º, *caput*, do CC estabelece a maioridade civil aos dezoito anos completos.

Art. 280. É extensivo aos peritos, no que lhes for aplicável, o disposto sobre suspeição dos juízes.

Art. 281. Os intérpretes são, para todos os efeitos, equiparados aos peritos.

TÍTULO IX
DA PRISÃO, DAS MEDIDAS CAUTELARES E DA LIBERDADE PROVISÓRIA

•• Título IX com denominação determinada pela Lei n. 12.403, de 4-5-2011.

Capítulo I
DISPOSIÇÕES GERAIS

Art. 282. As medidas cautelares previstas neste Título deverão ser aplicadas observando-se a:
•• *Caput* com redação determinada pela Lei n. 12.403, de 4-5-2011.

I – necessidade para aplicação da lei penal, para a investigação ou a instrução criminal e, nos casos expressamente previstos, para evitar a prática de infrações penais;
•• Inciso I acrescentado pela Lei n. 12.403, de 4-5-2011.

II – adequação da medida à gravidade do crime, circunstâncias do fato e condições pessoais do indiciado ou acusado.
•• Inciso II acrescentado pela Lei n. 12.403, de 4-5-2011.

§ 1.º As medidas cautelares poderão ser aplicadas isolada ou cumulativamente.
•• § 1.º acrescentado pela Lei n. 12.403, de 4-5-2011.

§ 2.º As medidas cautelares serão decretadas pelo juiz a requerimento das partes ou, quando no curso da investigação criminal, por representação da autoridade policial ou mediante requerimento do Ministério Público.
•• § 2.º com redação determinada pela Lei n. 13.964, de 24-12-2019.

§ 3.º Ressalvados os casos de urgência ou de perigo de ineficácia da medida, o juiz, ao receber o pedido de medida cautelar, determinará a intimação da parte contrária, para se manifestar no prazo de 5 (cinco) dias, acompanhada de cópia do requerimento e das peças necessárias, permanecendo os autos em juízo, e os casos de urgência ou de perigo deverão ser justificados e fundamentados em decisão que contenha elementos do caso concreto que justifiquem essa medida excepcional.
•• § 3.º com redação determinada pela Lei n. 13.964, de 24-12-2019.

§ 4.º No caso de descumprimento de qualquer das obrigações impostas, o juiz, mediante requerimento do Ministério Público, de seu assistente ou do querelante, poderá substituir a medida, impor outra em cumulação, ou, em último caso, decretar a prisão preventiva, nos termos do parágrafo único do art. 312 deste Código.
•• § 4.º com redação determinada pela Lei n. 13.964, de 24-12-2019.
•• *Vide* Súmula 676 do STJ.
• *Vide* art. 350, parágrafo único, do CPP.

§ 5.º O juiz poderá, de ofício ou a pedido das partes, revogar a medida cautelar ou substituí-la quando verificar a falta de motivo para que subsista, bem como voltar a decretá-la, se sobrevierem razões que a justifiquem.
•• § 5.º com redação determinada pela Lei n. 13.964, de 24-12-2019.

§ 6.º A prisão preventiva somente será determinada quando não for cabível a sua substituição por outra medida cautelar, observado o art. 319 deste Código, e o não cabimento da substituição por outra medida cautelar deverá ser justificado de forma fundamentada nos elementos presentes do caso concreto, de forma individualizada.
•• § 6.º com redação determinada pela Lei n. 13.964, de 24-12-2019.

Art. 283. Ninguém poderá ser preso senão em flagrante delito ou por ordem escrita e fundamentada da autoridade judiciária competente, em decorrência de prisão cautelar ou em virtude de condenação criminal transitada em julgado.
•• *Caput* com redação determinada pela Lei n. 13.964, de 24-12-2019.
•• *Vide* art. 2.º, § 4.º, da Lei n. 8.072, de 25-7-1990 (crimes hediondos).
• *Vide* art. 5.º, LXI a LXVI, da CF.
• *Vide* arts. 301 a 310 (prisão em flagrante), e 311 a 316 (prisão preventiva), do CPP.
• *Vide* art. 28 da Lei n. 11.343, de 23-8-2006.
• Abuso de autoridade: vide Lei n. 13.869, de 5-9-2019.

§ 1.º As medidas cautelares previstas neste Título não se aplicam à infração a que não for isolada, cumulativa ou alternativamente cominada pena privativa de liberdade.
•• § 1.º acrescentado pela Lei n. 12.403, de 4-5-2011.

§ 2.º A prisão poderá ser efetuada em qualquer dia e a qualquer hora, respeitadas as restrições relativas à inviolabilidade do domicílio.

•• § 2.º acrescentado pela Lei n. 12.403, de 4-5-2011.

Art. 284. Não será permitido o emprego de força, salvo a indispensável no caso de resistência ou de tentativa de fuga do preso.

•• *Vide* Súmula Vinculante 11, que dispõe sobre o uso de algemas.

Art. 285. A autoridade que ordenar a prisão fará expedir o respectivo mandado.

Parágrafo único. O mandado de prisão:

a) será lavrado pelo escrivão e assinado pela autoridade;

b) designará a pessoa, que tiver de ser presa, por seu nome, alcunha ou sinais característicos;

c) mencionará a infração penal que motivar a prisão;

d) declarará o valor da fiança arbitrada, quando afiançável a infração;

e) será dirigido a quem tiver qualidade para dar-lhe execução.

Art. 286. O mandado será passado em duplicata, e o executor entregará ao preso, logo depois da prisão, um dos exemplares com declaração do dia, hora e lugar da diligência. Da entrega deverá o preso passar recibo no outro exemplar; se recusar, não souber ou não puder escrever, o fato será mencionado em declaração, assinada por duas testemunhas.

Art. 287. Se a infração for inafiançável, a falta de exibição do mandado não obstará a prisão, e o preso, em tal caso, será imediatamente apresentado ao juiz que tiver expedido o mandado, para a realização de audiência de custódia.

•• Artigo com redação determinada pela Lei n. 13.964, de 24-12-2019.

Art. 288. Ninguém será recolhido à prisão, sem que seja exibido o mandado ao respectivo diretor ou carcereiro, a quem será entregue cópia assinada pelo executor ou apresentada a guia expedida pela autoridade competente, devendo ser passado recibo da entrega do preso, com declaração de dia e hora.

Parágrafo único. O recibo poderá ser passado no próprio exemplar do mandado, se este for o documento exibido.

Art. 289. Quando o acusado estiver no território nacional, fora da jurisdição do juiz processante, será deprecada a sua prisão, devendo constar da precatória o inteiro teor do mandado.

•• *Caput* com redação determinada pela Lei n. 12.403, de 4-5-2011.

§ 1.º Havendo urgência, o juiz poderá requisitar a prisão por qualquer meio de comunicação, do qual deverá constar o motivo da prisão, bem como o valor da fiança se arbitrada.

•• § 1.º acrescentado pela Lei n. 12.403, de 4-5-2011.

§ 2.º A autoridade a quem se fizer a requisição tomará as precauções necessárias para averiguar a autenticidade da comunicação.

•• § 2.º acrescentado pela Lei n. 12.403, de 4-5-2011.

§ 3.º O juiz processante deverá providenciar a remoção do preso no prazo máximo de 30 (trinta) dias, contados da efetivação da medida.

•• § 3.º acrescentado pela Lei n. 12.403, de 4-5-2011.

Art. 289-A. O juiz competente providenciará o imediato registro do mandado de prisão em banco de dados mantido pelo Conselho Nacional de Justiça para essa finalidade.

•• *Caput* acrescentado pela Lei n. 12.403, de 4-5-2011.

•• A Resolução n. 137, de 13-7-2011, do CNJ, regulamenta o banco de dados de mandados de prisão, nos termos deste artigo, e dá outras providências.

§ 1.º Qualquer agente policial poderá efetuar a prisão determinada no mandado de prisão registrado no Conselho Nacional de Justiça, ainda que fora da competência territorial do juiz que o expediu.

•• § 1.º acrescentado pela Lei n. 12.403, de 4-5-2011.

§ 2.º Qualquer agente policial poderá efetuar a prisão decretada, ainda que sem registro no Conselho Nacional de Justiça, adotando as precauções necessárias para averiguar a autenticidade do mandado e comunicando ao juiz que a decretou, devendo este providenciar, em seguida, o registro do mandado na forma do *caput* deste artigo.

•• § 2.º acrescentado pela Lei n. 12.403, de 4-5-2011.

§ 3.º A prisão será imediatamente comunicada ao juiz do local de cumprimento da medida o qual providenciará a certidão extraída do registro do Conselho Nacional de Justiça e informará ao juízo que a decretou.

•• § 3.º acrescentado pela Lei n. 12.403, de 4-5-2011.

§ 4.º O preso será informado de seus direitos, nos termos do inciso LXIII do art. 5.º da Constituição Federal e, caso o autuado não informe o nome de seu advogado, será comunicado à Defensoria Pública.

Prisão e Liberdade Provisória   **Arts. 289-A a 295**

•• § 4.º acrescentado pela Lei n. 12.403, de 4-5-2011.

§ 5.º Havendo dúvidas das autoridades locais sobre a legitimidade da pessoa do executor ou sobre a identidade do preso, aplica-se o disposto no § 2.º do art. 290 deste Código.

•• § 5.º acrescentado pela Lei n. 12.403, de 4-5-2011.

§ 6.º O Conselho Nacional de Justiça regulamentará o registro do mandado de prisão a que se refere o *caput* deste artigo.

•• § 6.º acrescentado pela Lei n. 12.403, de 4-5-2011.

Art. 290. Se o réu, sendo perseguido, passar ao território de outro município ou comarca, o executor poderá efetuar-lhe a prisão no lugar onde o alcançar, apresentando-o imediatamente à autoridade local, que, depois de lavrado, se for o caso, o auto de flagrante, providenciará para a remoção do preso.

§ 1.º Entender-se-á que o executor vai em perseguição do réu, quando:

a) tendo-o avistado, for perseguindo-o sem interrupção, embora depois o tenha perdido de vista;

b) sabendo, por indícios ou informações fidedignas, que o réu tenha passado, há pouco tempo, em tal ou qual direção, pelo lugar em que o procure, for no seu encalço.

§ 2.º Quando as autoridades locais tiverem fundadas razões para duvidar da legitimidade da pessoa do executor ou da legalidade do mandado que apresentar, poderão pôr em custódia o réu, até que fique esclarecida a dúvida.

Art. 291. A prisão em virtude de mandado entender-se-á feita desde que o executor, fazendo-se conhecer do réu, lhe apresente o mandado e o intime a acompanhá-lo.

Art. 292. Se houver, ainda que por parte de terceiros, resistência à prisão em flagrante ou à determinada por autoridade competente, o executor e as pessoas que o auxiliarem poderão usar dos meios necessários para defender-se ou para vencer a resistência, do que tudo se lavrará auto subscrito também por duas testemunhas.

Parágrafo único. É vedado o uso de algemas em mulheres grávidas durante os atos médico-hospitalares preparatórios para a realização do parto e durante o trabalho de parto, bem como em mulheres durante o período de puerpério imediato.

•• Parágrafo único acrescentado pela Lei n. 13.434, de 12-4-2017.

Art. 293. Se o executor do mandado verificar, com segurança, que o réu entrou ou se encontra em alguma casa, o morador será intimado a entregá-lo, à vista da ordem de prisão. Se não for obedecido imediatamente, o executor convocará duas testemunhas e, sendo dia, entrará à força na casa, arrombando as portas, se preciso; sendo noite, o executor, depois da intimação ao morador, se não for atendido, fará guardar todas as saídas, tornando a casa incomunicável, e, logo que amanheça, arrombará as portas e efetuará a prisão.

Parágrafo único. O morador que se recusar a entregar o réu oculto em sua casa será levado à presença da autoridade, para que se proceda contra ele como for de direito.

Art. 294. No caso de prisão em flagrante, observar-se-á o disposto no artigo anterior, no que for aplicável.

Art. 295. Serão recolhidos a quartéis ou a prisão especial, à disposição da autoridade competente, quando sujeitos a prisão antes de condenação definitiva:

I – os ministros de Estado;

II – os governadores ou interventores de Estados ou Territórios, o prefeito do Distrito Federal, seus respectivos secretários, os prefeitos municipais, os vereadores e os chefes de Polícia;

•• Inciso II com redação determinada pela Lei n. 3.181, de 11-6-1957.

III – os membros do Parlamento Nacional, do Conselho de Economia Nacional e das Assembleias Legislativas dos Estados;

IV – os cidadãos inscritos no "Livro de Mérito";

V – os oficiais das Forças Armadas e os militares dos Estados, do Distrito Federal e dos Territórios;

•• Inciso V com redação determinada pela Lei n. 10.258, de 11-7-2001.

VI – os magistrados;

VII – os diplomados por qualquer das faculdades superiores da República;

•• O STF, por unanimidade, no julgamento da ADPF n. 334, nas sessões virtuais de 24-3-2023 a 31-3-2023 (*DOU* de 10-4-2023), julgou procedente o pedido formulado, para declarar a não recepção deste inciso VII pela CF.

VIII – os ministros de confissão religiosa;

IX – os ministros do Tribunal de Contas;

Arts. 295 a 304 — Prisão e Liberdade Provisória

X – os cidadãos que já tiverem exercido efetivamente a função de jurado, salvo quando excluídos da lista por motivo de incapacidade para o exercício daquela função;

XI – os delegados de polícia e os guardas-civis dos Estados e Territórios, ativos e inativos.

•• Inciso XI com redação determinada pela Lei n. 5.126, de 29-9-1966.

§ 1.º A prisão especial, prevista neste Código ou em outras leis, consiste exclusivamente no recolhimento em local distinto da prisão comum.

•• § 1.º acrescentado pela Lei n. 10.258, de 11-7-2001.

§ 2.º Não havendo estabelecimento específico para o preso especial, este será recolhido em cela distinta do mesmo estabelecimento.

•• § 2.º acrescentado pela Lei n. 10.258, de 11-7-2001.

§ 3.º A cela especial poderá consistir em alojamento coletivo, atendidos os requisitos de salubridade do ambiente, pela concorrência dos fatores de aeração, insolação e condicionamento térmico adequados à existência humana.

•• § 3.º acrescentado pela Lei n. 10.258, de 11-7-2001.

§ 4.º O preso especial não será transportado juntamente com o preso comum.

•• § 4.º acrescentado pela Lei n. 10.258, de 11-7-2001.

§ 5.º Os demais direitos e deveres do preso especial serão os mesmos do preso comum.

•• § 5.º acrescentado pela Lei n. 10.258, de 11-7-2001.

Art. 296. Os inferiores e praças de pré, onde for possível, serão recolhidos à prisão, em estabelecimentos militares, de acordo com os respectivos regulamentos.

Art. 297. Para o cumprimento de mandado expedido pela autoridade judiciária, a autoridade policial poderá expedir tantos outros quantos necessários às diligências, devendo neles ser fielmente reproduzido o teor do mandado original.

Art. 298. (*Revogado pela Lei n. 12.403, de 4-5-2011.*)

Art. 299. A captura poderá ser requisitada, à vista de mandado judicial, por qualquer meio de comunicação, tomadas pela autoridade, a quem se fizer a requisição, as precauções necessárias para averiguar a autenticidade desta.

•• Artigo com redação determinada pela Lei n. 12.403, de 4-5-2011.

Art. 300. As pessoas presas provisoriamente ficarão separadas das que já estiverem definitivamente condenadas, nos termos da lei de execução penal.

•• *Caput* com redação determinada pela Lei n. 12.403, de 4-5-2011.

Parágrafo único. O militar preso em flagrante delito, após a lavratura dos procedimentos legais, será recolhido a quartel da instituição a que pertencer, onde ficará preso à disposição das autoridades competentes.

•• Parágrafo único acrescentado pela Lei n. 12.403, de 4-5-2011.

Capítulo II
DA PRISÃO EM FLAGRANTE

Art. 301. Qualquer do povo poderá e as autoridades policiais e seus agentes deverão prender quem quer que seja encontrado em flagrante delito.

•• *Vide* art. 53, § 2.º, da CF.

Art. 302. Considera-se em flagrante delito quem:

I – está cometendo a infração penal;

II – acaba de cometê-la;

III – é perseguido, logo após, pela autoridade, pelo ofendido ou por qualquer pessoa, em situação que faça presumir ser autor da infração;

IV – é encontrado, logo depois, com instrumentos, armas, objetos ou papéis que façam presumir ser ele autor da infração.

Art. 303. Nas infrações permanentes, entende-se o agente em flagrante delito enquanto não cessar a permanência.

Art. 304. Apresentado o preso à autoridade competente, ouvirá esta o condutor e colherá, desde logo, sua assinatura, entregando a este cópia do termo e recibo de entrega do preso. Em seguida, procederá à oitiva das testemunhas que o acompanharem e ao interrogatório do acusado sobre a imputação que lhe é feita, colhendo, após cada oitiva suas respectivas assinaturas, lavrando, a autoridade, afinal, o auto.

•• *Caput* com redação determinada pela Lei n. 11.113, de 13-5-2005.

§ 1.º Resultando das respostas fundada a suspeita contra o conduzido, a autoridade mandará recolhê-lo à prisão, exceto no caso de livrar-se solto ou de prestar fiança, e prosseguirá nos atos do inquérito ou processo, se para isso for competente; se não o for, enviará os autos à autoridade que o seja.

Prisão e Liberdade Provisória — Arts. 304 a 310

§ 2.º A falta de testemunhas da infração não impedirá o auto de prisão em flagrante; mas, nesse caso, com o condutor, deverão assiná-lo pelo menos duas pessoas que hajam testemunhado a apresentação do preso à autoridade.

§ 3.º Quando o acusado se recusar a assinar, não souber ou não puder fazê-lo, o auto de prisão em flagrante será assinado por duas testemunhas, que tenham ouvido sua leitura na presença deste.

•• § 3.º com redação determinada pela Lei n. 11.113, de 13-5-2005.

§ 4.º Da lavratura do auto de prisão em flagrante deverá constar a informação sobre a existência de filhos, respectivas idades e se possuem alguma deficiência e o nome e o contato de eventual responsável pelos cuidados dos filhos, indicado pela pessoa presa.

•• § 4.º acrescentado pela Lei n. 13.257, de 8-3-2016.

Art. 305. Na falta ou no impedimento do escrivão, qualquer pessoa designada pela autoridade lavrará o auto, depois de prestado o compromisso legal.

Art. 306. A prisão de qualquer pessoa e o local onde se encontre serão comunicados imediatamente ao juiz competente, ao Ministério Público e à família do preso ou à pessoa por ele indicada.

•• *Caput* com redação determinada pela Lei n. 12.403, de 4-5-2011.

§ 1.º Em até 24 (vinte e quatro) horas após a realização da prisão, será encaminhado ao juiz competente o auto de prisão em flagrante e, caso o autuado não informe o nome de seu advogado, cópia integral para a Defensoria Pública.

•• § 1.º com redação determinada pela Lei n. 12.403, de 4-5-2011.

§ 2.º No mesmo prazo, será entregue ao preso, mediante recibo, a nota de culpa, assinada pela autoridade, com o motivo da prisão, o nome do condutor e os das testemunhas.

•• § 2.º com redação determinada pela Lei n. 12.403, de 4-5-2011.

Art. 307. Quando o fato for praticado em presença da autoridade, ou contra esta, no exercício de suas funções, constarão do auto a narração deste fato, a voz de prisão, as declarações que fizer o preso e os depoimentos das testemunhas, sendo tudo assinado pela autoridade, pelo preso e pelas testemunhas e remetido imediatamente ao juiz a quem couber tomar conhecimento do fato delituoso, se não o for a autoridade que houver presidido o auto.

Art. 308. Não havendo autoridade no lugar em que se tiver efetuado a prisão, o preso será logo apresentado à do lugar mais próximo.

Art. 309. Se o réu se livrar solto, deverá ser posto em liberdade, depois de lavrado o auto de prisão em flagrante.

Art. 310. Após receber o auto de prisão em flagrante, no prazo máximo de até 24 (vinte e quatro) horas após a realização da prisão, o juiz deverá promover audiência de custódia com a presença do acusado, seu advogado constituído ou membro da Defensoria Pública e o membro do Ministério Público, e, nessa audiência, o juiz deverá, fundamentadamente:

•• *Caput* com redação determinada pela Lei n. 13.964, de 24-12-2019.

•• O STF, nas ADIs n. 6.298, 6.299, 6.300 e 6.305, de 24-8-2023 (*DOU* de 4-9-2023), por unanimidade, julgou parcialmente procedentes os pedidos, para atribuir interpretação conforme a este *caput*, alterado pela Lei n. 13.964/2019, "para assentar que o juiz, em caso de urgência e se o meio se revelar idôneo, poderá realizar a audiência de custódia por videoconferência. Por unanimidade, fixou a seguinte regra de transição: quanto às ações penais já instauradas no momento da efetiva implementação do juiz das garantias pelos tribunais, a eficácia da lei não acarretará qualquer modificação do juízo competente".

I – relaxar a prisão ilegal; ou

•• Inciso I acrescentado pela Lei n. 12.403, de 4-5-2011.

II – converter a prisão em flagrante em preventiva, quando presentes os requisitos constantes do art. 312 deste Código, e se revelarem inadequadas ou insuficientes as medidas cautelares diversas da prisão; ou

•• Inciso II acrescentado pela Lei n. 12.403, de 4-5-2011.

•• *Vide* Súmula 676 do STJ.

III – conceder liberdade provisória, com ou sem fiança.

•• Inciso III acrescentado pela Lei n. 12.403, de 4-5-2011.

§ 1.º Se o juiz verificar, pelo auto de prisão em flagrante, que o agente praticou o fato em qualquer das condições constantes dos incisos I, II ou III do *caput* do art. 23 do Decreto-lei n. 2.848, de 7 de dezembro de 1940 (Código Penal), poderá, fundamentadamente, conceder ao acusado liberdade provisória, mediante termo de comparecimento obrigatório a todos os atos processuais, sob pena de revogação.

•• Parágrafo único renumerado pela Lei n. 13.964, de 24-12-2019.

§ 2.º Se o juiz verificar que o agente é reincidente ou que integra organização criminosa armada ou milícia, ou que porta arma de fogo de uso restrito, deverá denegar a liberdade provisória, com ou sem medidas cautelares.

•• § 2.º acrescentado pela Lei n. 13.964, de 24-12-2019.

§ 3.º A autoridade que deu causa, sem motivação idônea, à não realização da audiência de custódia no prazo estabelecido no *caput* deste artigo responderá administrativa, civil e penalmente pela omissão.

•• § 3.º acrescentado pela Lei n. 13.964, de 24-12-2019.

§ 4.º Transcorridas 24 (vinte e quatro) horas após o decurso do prazo estabelecido no *caput* deste artigo, a não realização de audiência de custódia sem motivação idônea ensejará também a ilegalidade da prisão, a ser relaxada pela autoridade competente, sem prejuízo da possibilidade de imediata decretação de prisão preventiva.

•• § 4.º acrescentado pela Lei n. 13.964, de 24-12-2019.

•• O STF, nas ADIs n. 6.298, 6.299, 6.300 e 6.305, de 24-8-2023 (*DOU* de 4-9-2023), por unanimidade, julgou parcialmente procedentes os pedidos, para atribuir interpretação conforme a este § 4.º, incluído pela Lei n. 13.964/2019, "para assentar que a autoridade judiciária deverá avaliar se estão presentes os requisitos para a prorrogação excepcional do prazo ou para sua realização por videoconferência, sem prejuízo da possibilidade de imediata decretação de prisão preventiva. Por unanimidade, fixou a seguinte regra de transição: quanto às ações penais já instauradas no momento da efetiva implementação do juiz das garantias pelos tribunais, a eficácia da lei não acarretará qualquer modificação do juízo competente".

Capítulo III
DA PRISÃO PREVENTIVA

Art. 311. Em qualquer fase da investigação policial ou do processo penal, caberá a prisão preventiva decretada pelo juiz, a requerimento do Ministério Público, do querelante ou do assistente, ou por representação da autoridade policial.

• Artigo com redação determinada pela Lei n. 13.964, de 24-12-2019.
• *Vide* art. 254 do CPPM.
• *Vide* Súmulas 21, 52, 64 e 676 do STJ.

Art. 312. A prisão preventiva poderá ser decretada como garantia da ordem pública, da ordem econô- mica, por conveniência da instrução criminal ou para assegurar a aplicação da lei penal, quando houver prova da existência do crime e indício suficiente de autoria e de perigo gerado pelo estado de liberdade do imputado.

•• *Caput* com redação determinada pela Lei n. 13.964, de 24-12-2019.
•• *Vide* arts. 30 e 31 da Lei n. 7.492, de 16-6-1986 (crimes contra o sistema financeiro).
•• *Vide* art. 1.º, § 6.º, da Lei n. 9.455, de 7-4-1997 (crimes de tortura).
•• *Vide* art. 44, *caput*, da Lei n. 11.343, de 23-8-2006 (drogas).
• *Vide* arts. 321, 324, IV, e 326 do CPP.
• *Vide* art. 255 do CPPM.
• *Vide* art. 4.º da Lei n. 8.137, de 27-12-1990 (crimes contra a ordem tributária).
• *Vide* art. 1.º da Lei n. 8.176, de 8-2-1991 (crimes contra a ordem econômica).

§ 1.º A prisão preventiva também poderá ser decretada em caso de descumprimento de qualquer das obrigações impostas por força de outras medidas cautelares (art. 282, § 4.º).

•• Parágrafo único renumerado pela Lei n. 13.964, de 24-12-2019.

§ 2.º A decisão que decretar a prisão preventiva deve ser motivada e fundamentada em receio de perigo e existência concreta de fatos novos ou contemporâneos que justifiquem a aplicação da medida adotada.

•• § 2.º acrescentado pela Lei n. 13.964, de 24-12-2019.

Art. 313. Nos termos do art. 312 deste Código, será admitida a decretação da prisão preventiva:

•• *Caput* com redação determinada pela Lei n. 12.403, de 4-5-2011.

I – nos crimes dolosos punidos com pena privativa de liberdade máxima superior a 4 (quatro) anos;

•• Inciso I com redação determinada pela Lei n. 12.403, de 4-5-2011.

II – se tiver sido condenado por outro crime doloso, em sentença transitada em julgado, ressalvado o disposto no inciso I do *caput* do art. 64 do Decreto-lei n. 2.848, de 7 de dezembro de 1940 – Código Penal;

•• Inciso II com redação determinada pela Lei n. 12.403, de 4-5-2011.

III – se o crime envolver violência doméstica e familiar contra a mulher, criança, adolescente, idoso,

Prisão e Liberdade Provisória **Arts. 313 a 316**

enfermo ou pessoa com deficiência, para garantir a execução das medidas protetivas de urgência;

• • Inciso III com redação determinada pela Lei n. 12.403, de 4-5-2011.
• • A Lei n. 12.845, de 1.º-8-2013, dispõe sobre o atendimento obrigatório e integral de pessoas em situação de violência sexual.

IV – (Revogado pela Lei n. 12.403, de 4-5-2011.)

§ 1.º Também será admitida a prisão preventiva quando houver dúvida sobre a identidade civil da pessoa ou quando esta não fornecer elementos suficientes para esclarecê-la, devendo o preso ser colocado imediatamente em liberdade após a identificação, salvo se outra hipótese recomendar a manutenção da medida.

• • Parágrafo único renumerado pela Lei n. 13.964, de 24-12-2019.
• Vide Lei n. 12.037, de 1.º-10-2009.

§ 2.º Não será admitida a decretação da prisão preventiva com a finalidade de antecipação de cumprimento de pena ou como decorrência imediata de investigação criminal ou da apresentação ou recebimento de denúncia.

• • § 2.º acrescentado pela Lei n. 13.964, de 24-12-2019.

Art. 314. A prisão preventiva em nenhum caso será decretada se o juiz verificar pelas provas constantes dos autos ter o agente praticado o fato nas condições previstas nos incisos I, II e III do caput do art. 23 do Decreto-lei n. 2.848, de 7 de dezembro de 1940 – Código Penal.

• • Artigo com redação determinada pela Lei n. 12.403, de 4-5-2011.

Art. 315. A decisão que decretar, substituir ou denegar a prisão preventiva será sempre motivada e fundamentada.

• • Caput com redação determinada pela Lei n. 13.964, de 24-12-2019.
• Vide arts. 5.º, LXI, e 93, IX, da CF.
• Vide art. 256 do CPPM.

§ 1.º Na motivação da decretação da prisão preventiva ou de qualquer outra cautelar, o juiz deverá indicar concretamente a existência de fatos novos ou contemporâneos que justifiquem a aplicação da medida adotada.

• • § 1.º acrescentado pela Lei n. 13.964, de 24-12-2019.

§ 2.º Não se considera fundamentada qualquer decisão judicial, seja ela interlocutória, sentença ou acórdão, que:

• • § 2.º, caput, acrescentado pela Lei n. 13.964, de 24-12-2019.

I – limitar-se à indicação, à reprodução ou à paráfrase de ato normativo, sem explicar sua relação com a causa ou a questão decidida;

• • Inciso I acrescentado pela Lei n. 13.964, de 24-12-2019.

II – empregar conceitos jurídicos indeterminados, sem explicar o motivo concreto de sua incidência no caso;

• • Inciso II acrescentado pela Lei n. 13.964, de 24-12-2019.

III – invocar motivos que se prestariam a justificar qualquer outra decisão;

• • Inciso III acrescentado pela Lei n. 13.964, de 24-12-2019.

IV – não enfrentar todos os argumentos deduzidos no processo capazes de, em tese, infirmar a conclusão adotada pelo julgador;

• • Inciso IV acrescentado pela Lei n. 13.964, de 24-12-2019.

V – limitar-se a invocar precedente ou enunciado de súmula, sem identificar seus fundamentos determinantes nem demonstrar que o caso sob julgamento se ajusta àqueles fundamentos;

• • Inciso V acrescentado pela Lei n. 13.964, de 24-12-2019.

VI – deixar de seguir enunciado de súmula, jurisprudência ou precedente invocado pela parte, sem demonstrar a existência de distinção no caso em julgamento ou a superação do entendimento.

• • Inciso VI acrescentado pela Lei n. 13.964, de 24-12-2019.

Art. 316. O juiz poderá, de ofício ou a pedido das partes, revogar a prisão preventiva se, no correr da investigação ou do processo, verificar a falta de motivo para que ela subsista, bem como novamente decretá-la, se sobrevierem razões que a justifiquem.

• • Caput com redação determinada pela Lei n. 13.964, de 24-12-2019.
• • Vide art. 5.º, LXXV, da CF.
• • Vide arts. 647 e s. do CPP.
• Vide art. 259 do CPPM.
• Vide art. 20, parágrafo único, da Lei n. 11.340, de 7-8-2006.

Parágrafo único. Decretada a prisão preventiva, deverá o órgão emissor da decisão revisar a necessidade de sua manutenção a cada 90 (noventa) dias, mediante decisão fundamentada, de ofício, sob pena de tornar a prisão ilegal.

•• Parágrafo único acrescentado pela Lei n. 13.964, de 24-12-2019.

•• O STF, nas ADIs n. 6.581 e 6.582, nas sessões virtuais de 25-2-2022 a 8-3-2022 (*DOU* de 16-3-2022), julgou parcialmente procedente o pedido para "dar interpretação conforme a Constituição Federal, a este parágrafo único, no seguinte sentido: (i) a inobservância da reavaliação prevista no parágrafo único do artigo 316 do Código de Processo Penal (CPP), com a redação dada pela Lei 13.964/2019, após o prazo legal de 90 (noventa) dias, não implica a revogação automática da prisão preventiva, devendo o juízo competente ser instado a reavaliar a legalidade e a atualidade de seus fundamentos; (ii) o art. 316, parágrafo único, do Código de Processo Penal aplica-se até o final dos processos de conhecimento, onde há o encerramento da cognição plena pelo Tribunal de segundo grau, não se aplicando às prisões cautelares decorrentes de sentença condenatória de segunda instância ainda não transitada em julgado; (iii) o artigo 316, parágrafo único, do Código de Processo Penal aplica-se, igualmente, nos processos onde houver previsão de prerrogativa de foro".

Capítulo IV
DA PRISÃO DOMICILIAR

•• Capítulo IV com denominação determinada pela Lei n. 12.403, de 4-5-2011.

•• *Vide* art. 117 da Lei n. 7.210, de 11-7-1984 (LEP).

Art. 317. A prisão domiciliar consiste no recolhimento do indiciado ou acusado em sua residência, só podendo dela ausentar-se com autorização judicial.

•• Artigo com redação determinada pela Lei n. 12.403, de 4-5-2011.

Art. 318. Poderá o juiz substituir a prisão preventiva pela domiciliar quando o agente for:

•• *Caput* com redação determinada pela Lei n. 12.403, de 4-5-2011.

•• A Resolução n. 369, de 19-1-2021, do CNJ estabelece procedimentos e diretrizes para a substituição da privação de liberdade de gestantes, mães, pais e responsáveis por crianças e pessoas com deficiência, nos termos deste artigo.

I – maior de 80 (oitenta) anos;

•• Inciso I acrescentado pela Lei n. 12.403, de 4-5-2011.

II – extremamente debilitado por motivo de doença grave;

•• Inciso II acrescentado pela Lei n. 12.403, de 4-5-2011.

III – imprescindível aos cuidados especiais de pessoa menor de 6 (seis) anos de idade ou com deficiência;

•• Inciso III acrescentado pela Lei n. 12.403, de 4-5-2011.

IV – gestante;

•• Inciso IV com redação determinada pela Lei n. 13.257, de 8-3-2016.

•• A Resolução n. 210, de 5-6-2018, do Conanda, dispõe sobre os direitos das crianças cujas mães, adultas ou adolescentes, estejam em situação de privação de liberdade.

•• A Resolução n. 348, de 13-10-2020, do CNJ, estabelece diretrizes e procedimentos a serem observados pelo Poder Judiciário, no âmbito criminal, com relação ao tratamento da população lésbica, gay, bissexual, transexual, travesti ou intersexo que seja custodiada, acusada, ré, condenada, privada de liberdade, em cumprimento de alternativas penais ou monitorada eletronicamente.

V – mulher com filho de até 12 (doze) anos de idade incompletos;

•• Inciso V acrescentado pela Lei n. 13.257, de 8-3-2016.

•• A Resolução n. 210, de 5-6-2018, do Conanda, dispõe sobre os direitos das crianças cujas mães, adultas ou adolescentes, estejam em situação de privação de liberdade.

•• *Vide* nota ao inciso IV deste artigo.

VI – homem, caso seja o único responsável pelos cuidados do filho de até 12 (doze) anos de idade incompletos.

•• Inciso VI acrescentado pela Lei n. 13.257, de 8-3-2016.

Parágrafo único. Para a substituição, o juiz exigirá prova idônea dos requisitos estabelecidos neste artigo.

•• Parágrafo único acrescentado pela Lei n. 12.403, de 4-5-2011.

Art. 318-A. A prisão preventiva imposta à mulher gestante ou que for mãe ou responsável por crianças ou pessoas com deficiência será substituída por prisão domiciliar, desde que:

•• *Caput* acrescentado pela Lei n. 13.769, de 19-12-2018.

•• A Resolução n. 369, de 19-1-2021, do CNJ, estabelece procedimentos e diretrizes para a substituição da privação de liberdade de gestantes, mães, pais e responsáveis por crianças e pessoas com deficiência, nos termos deste artigo.

Prisão e Liberdade Provisória   Arts. 318-A a 321

I – não tenha cometido crime com violência ou grave ameaça a pessoa;
•• Inciso I acrescentado pela Lei n. 13.769, de 19-12-2018.
II – não tenha cometido o crime contra seu filho ou dependente.
•• Inciso II acrescentado pela Lei n. 13.769, de 19-12-2018.
Art. 318-B. A substituição de que tratam os arts. 318 e 318-A poderá ser efetuada sem prejuízo da aplicação concomitante das medidas alternativas previstas no art. 319.
•• Artigo acrescentado pela Lei n. 13.769, de 19-12-2018.

Capítulo V
DAS OUTRAS MEDIDAS CAUTELARES

•• Capítulo V com denominação determinada pela Lei n. 12.403, de 4-5-2011.

Art. 319. São medidas cautelares diversas da prisão:
•• *Caput* com redação determinada pela Lei n. 12.403, de 4-5-2011.
•• O STF julgou parcialmente procedente, em 11-10-2017, a ADI n. 5.526 (DOU de 19-10-2017) assentando que o Poder Judiciário dispõe de competência para impor, por autoridade própria, as medidas cautelares a que se refere este artigo.
I – comparecimento periódico em juízo, no prazo e nas condições fixadas pelo juiz, para informar e justificar atividades;
•• Inciso I com redação determinada pela Lei n. 12.403, de 4-5-2011.
II – proibição de acesso ou frequência a determinados lugares quando, por circunstâncias relacionadas ao fato, deva o indiciado ou acusado permanecer distante desses locais para evitar o risco de novas infrações;
•• Inciso II com redação determinada pela Lei n. 12.403, de 4-5-2011.
III – proibição de manter contato com pessoa determinada quando, por circunstâncias relacionadas ao fato, deva o indiciado ou acusado dela permanecer distante;
•• Inciso III com redação determinada pela Lei n. 12.403, de 4-5-2011.
IV – proibição de ausentar-se da Comarca quando a permanência seja conveniente ou necessária para a investigação ou instrução;
•• Inciso IV acrescentado pela Lei n. 12.403, de 4-5-2011.

V – recolhimento domiciliar no período noturno e nos dias de folga quando o investigado ou acusado tenha residência e trabalho fixos;
•• Inciso V acrescentado pela Lei n. 12.403, de 4-5-2011.
VI – suspensão do exercício de função pública ou de atividade de natureza econômica ou financeira quando houver justo receio de sua utilização para a prática de infrações penais;
•• Inciso VI acrescentado pela Lei n. 12.403, de 4-5-2011.
VII – internação provisória do acusado nas hipóteses de crimes praticados com violência ou grave ameaça, quando os peritos concluírem ser inimputável ou semi-imputável (art. 26 do Código Penal) e houver risco de reiteração;
•• Inciso VII acrescentado pela Lei n. 12.403, de 4-5-2011.
VIII – fiança, nas infrações que a admitem, para assegurar o comparecimento a atos do processo, evitar a obstrução do seu andamento ou em caso de resistência injustificada à ordem judicial;
•• Inciso VIII acrescentado pela Lei n. 12.403, de 4-5-2011.
IX – monitoração eletrônica.
•• Inciso IX acrescentado pela Lei n. 12.403, de 4-5-2011.
•• *Vide* Decreto n. 7.627, de 24-11-2011, que regulamenta a monitoração eletrônica de pessoas.
§§ 1.º a 3.º (*Revogados pela Lei n. 12.403, de 4-5-2011.*)
§ 4.º A fiança será aplicada de acordo com as disposições do Capítulo VI deste Título, podendo ser cumulada com outras medidas cautelares.
•• § 4.º acrescentado pela Lei n. 12.403, de 4-5-2011.
Art. 320. A proibição de ausentar-se do País será comunicada pelo juiz às autoridades encarregadas de fiscalizar as saídas do território nacional, intimando-se o indiciado ou acusado para entregar o passaporte, no prazo de 24 (vinte e quatro) horas.
•• Artigo com redação determinada pela Lei n. 12.403, de 4-5-2011.

Capítulo VI
DA LIBERDADE PROVISÓRIA, COM OU SEM FIANÇA

Art. 321. Ausentes os requisitos que autorizam a decretação da prisão preventiva, o juiz deverá conceder liberdade provisória, impondo, se for o caso, as medidas cautelares previstas no art. 319 deste Códi-

Arts. 321 a 326 — **Prisão e Liberdade Provisória**

go e observados os critérios constantes do art. 282 deste Código.
- • Artigo com redação determinada pela Lei n. 12.403, de 4-5-2011.
- • Vide art. 5.º, LXVI, da CF.

Art. 322. A autoridade policial somente poderá conceder fiança nos casos de infração cuja pena privativa de liberdade máxima não seja superior a 4 (quatro) anos.
- • Caput com redação determinada pela Lei n. 12.403, de 4-5-2011.

Parágrafo único. Nos demais casos, a fiança será requerida ao juiz, que decidirá em 48 (quarenta e oito) horas.
- • Parágrafo único com redação determinada pela Lei n. 12.403, de 4-5-2011.

Art. 323. Não será concedida fiança:
- • Caput com redação determinada pela Lei n. 12.403, de 4-5-2011.
- • Vide art. 380 do CPP.

I – nos crimes de racismo;
- • Inciso I com redação determinada pela Lei n. 12.403, de 4-5-2011.
- • Vide art. 5.º, XLII, da CF.

II – nos crimes de tortura, tráfico ilícito de entorpecentes e drogas afins, terrorismo e nos definidos como crimes hediondos;
- • Inciso II com redação determinada pela Lei n. 12.403, de 4-5-2011.
- • Vide art. 5.º, XLIII, da CF.
- • Vide art. 2.º, II, da Lei n. 8.072, de 25-7-1990 (crimes hediondos).
- • Vide arts. 1.º, § 6.º, da Lei n. 9.455, de 7-4-1997 (crimes de tortura).
- • Vide art. 44 da Lei n. 11.343, de 23-8-2006 (tráfico de drogas).

III – nos crimes cometidos por grupos armados, civis ou militares, contra a ordem constitucional e o Estado Democrático;
- • Inciso III com redação determinada pela Lei n. 12.403, de 4-5-2011.
- • Vide art. 5.º, XLIV, da CF.

IV e V – (Revogados pela Lei n. 12.403, de 4-5-2011.)

Art. 324. Não será, igualmente, concedida fiança:
- • Caput com redação determinada pela Lei n. 12.403, de 4-5-2011.

I – aos que, no mesmo processo, tiverem quebrado fiança anteriormente concedida ou infringido, sem motivo justo, qualquer das obrigações a que se referem os arts. 327 e 328 deste Código;
- • Inciso I com redação determinada pela Lei n. 12.403, de 4-5-2011.

II – em caso de prisão civil ou militar;
- • Inciso II com redação determinada pela Lei n. 12.403, de 4-5-2011.

III – (Revogado pela Lei n. 12.403, de 4-5-2011.)

IV – quando presentes os motivos que autorizam a decretação da prisão preventiva (art. 312).
- • Inciso IV com redação determinada pela Lei n. 12.403, de 4-5-2011.

Art. 325. O valor da fiança será fixado pela autoridade que a conceder nos seguintes limites:
- • Caput com redação determinada pela Lei n. 12.403, de 4-5-2011.
- • Havia aqui as alíneas a a c, revogadas pela Lei n. 12.403, de 4-5-2011, que modificou a redação deste caput.

I – de 1 (um) a 100 (cem) salários mínimos, quando se tratar de infração cuja pena privativa de liberdade, no grau máximo, não for superior a 4 (quatro) anos;
- • Inciso I acrescentado pela Lei n. 12.403, de 4-5-2011.

II – de 10 (dez) a 200 (duzentos) salários mínimos, quando o máximo da pena privativa de liberdade cominada for superior a 4 (quatro) anos.
- • Inciso II acrescentado pela Lei n. 12.403, de 4-5-2011.

§ 1.º Se assim recomendar a situação econômica do preso, a fiança poderá ser:
- • § 1.º, caput, com redação determinada pela Lei n. 12.403, de 4-5-2011.

I – dispensada, na forma do art. 350 deste Código;
- • Inciso I com redação determinada pela Lei n. 12.403, de 4-5-2011.

II – reduzida até o máximo de 2/3 (dois terços); ou
- • Inciso II com redação determinada pela Lei n. 12.403, de 4-5-2011.

III – aumentada em até 1.000 (mil) vezes.
- • Inciso III acrescentado pela Lei n. 12.403, de 4-5-2011.

§ 2.º (Revogado pela Lei n. 12.403, de 4-5-2011.)

Art. 326. Para determinar o valor da fiança, a autoridade terá em consideração a natureza da infração, as condições pessoais de fortuna e vida pregressa do acusado, as circunstâncias indicativas de sua periculosidade, bem como a importância provável das custas do processo, até final julgamento.

Art. 327. A fiança tomada por termo obrigará o afiançado a comparecer perante a autoridade, todas as vezes que for intimado para atos do inquérito e da instrução criminal e para o julgamento. Quando o réu não comparecer, a fiança será havida como quebrada.

Art. 328. O réu afiançado não poderá, sob pena de quebramento da fiança, mudar de residência, sem prévia permissão da autoridade processante, ou ausentar-se por mais de 8 (oito) dias de sua residência, sem comunicar àquela autoridade o lugar onde será encontrado.

Art. 329. Nos juízos criminais e delegacias de polícia, haverá um livro especial, com termos de abertura e de encerramento, numerado e rubricado em todas as suas folhas pela autoridade, destinado especialmente aos termos de fiança. O termo será lavrado pelo escrivão e assinado pela autoridade e por quem prestar a fiança, e dele extrair-se-á certidão para juntar-se aos autos.

Parágrafo único. O réu e quem prestar a fiança serão pelo escrivão notificados das obrigações e da sanção previstas nos arts. 327 e 328, o que constará dos autos.

Art. 330. A fiança, que será sempre definitiva, consistirá em depósito de dinheiro, pedras, objetos ou metais preciosos, títulos da dívida pública, federal, estadual ou municipal, ou em hipoteca inscrita em primeiro lugar.

§ 1.º A avaliação de imóvel, ou de pedras, objetos ou metais preciosos será feita imediatamente por perito nomeado pela autoridade.

§ 2.º Quando a fiança consistir em caução de títulos da dívida pública, o valor será determinado pela sua cotação em Bolsa, e, sendo nominativos, exigir-se-á prova de que se acham livres de ônus.

Art. 331. O valor em que consistir a fiança será recolhido à repartição arrecadadora federal ou estadual, ou entregue ao depositário público, juntando-se aos autos os respectivos conhecimentos.

Parágrafo único. Nos lugares em que o depósito não se puder fazer de pronto, o valor será entregue ao escrivão ou pessoa abonada, a critério da autoridade, e dentro de 3 (três) dar-se-á ao valor o destino que lhe assina este artigo, o que tudo constará do termo de fiança.

Art. 332. Em caso de prisão em flagrante, será competente para conceder a fiança a autoridade que presidir ao respectivo auto, e, em caso de prisão por mandado, o juiz que o houver expedido, ou a autoridade judiciária ou policial a quem tiver sido requisitada a prisão.

Art. 333. Depois de prestada a fiança, que será concedida independentemente de audiência do Ministério Público, este terá vista do processo a fim de requerer o que julgar conveniente.

Art. 334. A fiança poderá ser prestada enquanto não transitar em julgado a sentença condenatória.

•• Artigo com redação determinada pela Lei n. 12.403, de 4-5-2011.

Art. 335. Recusando ou retardando a autoridade policial a concessão da fiança, o preso, ou alguém por ele, poderá prestá-la, mediante simples petição, perante o juiz competente, que decidirá em 48 (quarenta e oito) horas.

•• Artigo com redação determinada pela Lei n. 12.403, de 4-5-2011.

Art. 336. O dinheiro ou objetos dados como fiança servirão ao pagamento das custas, da indenização do dano, da prestação pecuniária e da multa, se o réu for condenado.

• *Caput* com redação determinada pela Lei n. 12.403, de 4-5-2011.

Parágrafo único. Este dispositivo terá aplicação ainda no caso da prescrição depois da sentença condenatória (art. 110 do Código Penal).

•• Parágrafo único com redação determinada pela Lei n. 12.403, de 4-5-2011.

Art. 337. Se a fiança for declarada sem efeito ou passar em julgado sentença que houver absolvido o acusado ou declarada extinta a ação penal, o valor que a constituir, atualizado, será restituído sem desconto, salvo o disposto no parágrafo único do art. 336 deste Código.

•• Artigo com redação determinada pela Lei n. 12.403, de 4-5-2011.

Art. 338. A fiança que se reconheça não ser cabível na espécie será cassada em qualquer fase do processo.

Art. 339. Será também cassada a fiança quando reconhecida a existência de delito inafiançável, no caso de inovação na classificação do delito.

Art. 340. Será exigido o reforço da fiança:

I – quando a autoridade tomar, por engano, fiança insuficiente;

II – quando houver depreciação material ou perecimento dos bens hipotecados ou caucionados, ou depreciação dos metais ou pedras preciosas;

III – quando for inovada a classificação do delito.

Parágrafo único. A fiança ficará sem efeito e o réu será recolhido à prisão, quando, na conformidade deste artigo, não for reforçada.

Art. 341. Julgar-se-á quebrada a fiança quando o acusado:

•• *Caput* com redação determinada pela Lei n. 12.403, de 4-5-2011.

I – regularmente intimado para ato do processo, deixar de comparecer, sem motivo justo;

•• Inciso I acrescentado pela Lei n. 12.403, de 4-5-2011.

II – deliberadamente praticar ato de obstrução ao andamento do processo;

•• Inciso II acrescentado pela Lei n. 12.403, de 4-5-2011.

III – descumprir medida cautelar imposta cumulativamente com a fiança;

•• Inciso III acrescentado pela Lei n. 12.403, de 4-5-2011.

IV – resistir injustificadamente a ordem judicial;

•• Inciso IV acrescentado pela Lei n. 12.403, de 4-5-2011.

V – praticar nova infração penal dolosa.

•• Inciso V acrescentado pela Lei n. 12.403, de 4-5-2011.

Art. 342. Se vier a ser reformado o julgamento em que se declarou quebrada a fiança, esta subsistirá em todos os seus efeitos.

Art. 343. O quebramento injustificado da fiança importará na perda de metade do seu valor, cabendo ao juiz decidir sobre a imposição de outras medidas cautelares ou, se for o caso, a decretação da prisão preventiva.

•• Artigo com redação determinada pela Lei n. 12.403, de 4-5-2011.

Art. 344. Entender-se-á perdido, na totalidade, o valor da fiança, se, condenado, o acusado não se apresentar para o início do cumprimento da pena definitivamente imposta.

•• Artigo com redação determinada pela Lei n. 12.403, de 4-5-2011.

Art. 345. No caso de perda da fiança, o seu valor, deduzidas as custas e mais encargos a que o acusado estiver obrigado, será recolhido ao fundo penitenciário, na forma da lei.

•• Artigo com redação determinada pela Lei n. 12.403, de 4-5-2011.

Art. 346. No caso de quebramento de fiança, feitas as deduções previstas no art. 345 deste Código, o valor restante será recolhido ao fundo penitenciário, na forma da lei.

•• Artigo com redação determinada pela Lei n. 12.403, de 4-5-2011.

Art. 347. Não ocorrendo a hipótese do art. 345, o saldo será entregue a quem houver prestado a fiança, depois de deduzidos os encargos a que o réu estiver obrigado.

Art. 348. Nos casos em que a fiança tiver sido prestada por meio de hipoteca, a execução será promovida no juízo cível pelo órgão do Ministério Público.

Art. 349. Se a fiança consistir em pedras, objetos ou metais preciosos, o juiz determinará a venda por leiloeiro ou corretor.

Art. 350. Nos casos em que couber fiança, o juiz, verificando a situação econômica do preso, poderá conceder-lhe liberdade provisória, sujeitando-o às obrigações constantes dos arts. 327 e 328 deste Código e a outras medidas cautelares, se for o caso.

•• *Caput* com redação determinada pela Lei n. 12.403, de 4-5-2011.

Parágrafo único. Se o beneficiado descumprir, sem motivo justo, qualquer das obrigações ou medidas impostas, aplicar-se-á o disposto no § 4.º do art. 282 deste Código.

•• Parágrafo único com redação determinada pela Lei n. 12.403, de 4-5-2011.

TÍTULO X
DAS CITAÇÕES E INTIMAÇÕES
Capítulo I
DAS CITAÇÕES

Art. 351. A citação inicial far-se-á por mandado, quando o réu estiver no território sujeito à jurisdição do juiz que a houver ordenado.

Art. 352. O mandado de citação indicará:

I – o nome do juiz;

II – o nome do querelante nas ações iniciadas por queixa;

III – o nome do réu, ou, se for desconhecido, os seus sinais característicos;
IV – a residência do réu, se for conhecida;
V – o fim para que é feita a citação;
VI – o juízo e o lugar, o dia e a hora em que o réu deverá comparecer;
VII – a subscrição do escrivão e a rubrica do juiz.
Art. 353. Quando o réu estiver fora do território da jurisdição do juiz processante, será citado mediante precatória.
Art. 354. A precatória indicará:
I – o juiz deprecado e o juiz deprecante;
II – a sede da jurisdição de um e de outro;
III – o fim para que é feita a citação, com todas as especificações;
IV – o juízo do lugar, o dia e a hora em que o réu deverá comparecer.
Art. 355. A precatória será devolvida ao juiz deprecante, independentemente de traslado, depois de lançado o "cumpra-se" e de feita a citação por mandado do juiz deprecado.
§ 1.º Verificado que o réu se encontra em território sujeito à jurisdição de outro juiz, a este remeterá o juiz deprecado os autos para efetivação da diligência, desde que haja tempo para fazer-se a citação.
§ 2.º Certificado pelo oficial de justiça que o réu se oculta para não ser citado, a precatória será imediatamente devolvida, para o fim previsto no art. 362.
Art. 356. Se houver urgência, a precatória, que conterá em resumo os requisitos enumerados no art. 354, poderá ser expedida por via telegráfica, depois de reconhecida a firma do juiz, o que a estação expedidora mencionará.
Art. 357. São requisitos da citação por mandado:
I – leitura do mandado ao citando pelo oficial e entrega da contrafé, na qual se mencionarão dia e hora da citação;
II – declaração do oficial, na certidão, da entrega da contrafé, e sua aceitação ou recusa.
Art. 358. A citação do militar far-se-á por intermédio do chefe do respectivo serviço.
Art. 359. O dia designado para funcionário público comparecer em juízo, como acusado, será notificado assim a ele como ao chefe de sua repartição.
Art. 360. Se o réu estiver preso, será pessoalmente citado.

•• Artigo com redação determinada pela Lei n. 10.792, de 1.º-12-2003.

Art. 361. Se o réu não for encontrado, será citado por edital, com o prazo de 15 (quinze) dias.
Art. 362. Verificando que o réu se oculta para não ser citado, o oficial de justiça certificará a ocorrência e procederá à citação com hora certa, na forma estabelecida nos arts. 227 a 229 da Lei n. 5.869, de 11 de janeiro de 1973 – Código de Processo Civil.

•• *Caput* com redação determinada pela Lei n. 11.719, de 20-6-2008.
•• A referência é feita ao CPC de 1973. Dispositivos correspondentes no CPC de 2015: arts. 252 a 254.

Parágrafo único. Completada a citação com hora certa, se o acusado não comparecer, ser-lhe-á nomeado defensor dativo.

•• Parágrafo único acrescentado pela Lei n. 11.719, de 20-6-2008.

Art. 363. O processo terá completada a sua formação quando realizada a citação do acusado.

•• *Caput* com redação determinada pela Lei n. 11.719, de 20-6-2008.

I e II – (*Revogados pela Lei n. 11.719, de 20-6-2008.*)
§ 1.º Não sendo encontrado o acusado, será procedida a citação por edital.

•• § 1.º acrescentado pela Lei n. 11.719, de 20-6-2008.

§§ 2.º e 3.º (*Vetados.*)

•• §§ 2.º e 3.º acrescentados pela Lei n. 11.719, de 20-6-2008.

§ 4.º Comparecendo o acusado citado por edital, em qualquer tempo, o processo observará o disposto nos arts. 394 e seguintes deste Código.

•• § 4.º acrescentado pela Lei n. 11.719, de 20-6-2008.

Art. 364. No caso do artigo anterior, n. I, o prazo será fixado pelo juiz entre 15 (quinze) e 90 (noventa) dias, de acordo com as circunstâncias, e, no caso do n. II, o prazo será de 30 (trinta) dias.
Art. 365. O edital de citação indicará:
I – o nome do juiz que a determinar;
II – o nome do réu, ou, se não for conhecido, os seus sinais característicos, bem como sua residência e profissão, se constarem do processo;

•• *Vide* art. 259 do CPP.

III – o fim para que é feita a citação;
IV – o juízo e o dia, a hora e o lugar em que o réu deverá comparecer;

V – o prazo, que será contado do dia da publicação do edital na imprensa, se houver, ou da sua afixação.

Parágrafo único. O edital será afixado à porta do edifício onde funcionar o juízo e será publicado pela imprensa, onde houver, devendo a afixação ser certificada pelo oficial que a tiver feito e a publicação provada por exemplar do jornal ou certidão do escrivão, da qual conste a página do jornal com a data da publicação.

Art. 366. Se o acusado, citado por edital, não comparecer, nem constituir advogado, ficarão suspensos o processo e o curso do prazo prescricional, podendo o juiz determinar a produção antecipada das provas consideradas urgentes e, se for o caso, decretar prisão preventiva, nos termos do disposto no art. 312.

•• A Lei n. 11.719, de 20-6-2008, propôs nova redação para este *caput*, porém teve seu texto vetado.

•• *Vide* art. 2.º, § 2.º, da Lei n. 9.613, de 3-3-1998 ("Lavagem" de Dinheiro).

§§ 1.º e 2.º *(Revogados pela Lei n. 11.719, de 20-6-2008.)*

Art. 367. O processo seguirá sem a presença do acusado que, citado ou intimado pessoalmente para qualquer ato, deixar de comparecer sem motivo justificado, ou, no caso de mudança de residência, não comunicar o novo endereço ao juízo.

•• Artigo com redação determinada pela Lei n. 9.271, de 17-4-1996.

Art. 368. Estando o acusado no estrangeiro, em lugar sabido, será citado mediante carta rogatória, suspendendo-se o curso do prazo de prescrição até o seu cumprimento.

•• Artigo com redação determinada pela Lei n. 9.271, de 17-4-1996.

Art. 369. As citações que houverem de ser feitas em legações estrangeiras serão efetuadas mediante carta rogatória.

•• Artigo com redação determinada pela Lei n. 9.271, de 17-4-1996.

•• *Vide* arts. 783 a 786 do CPP sobre cartas rogatórias.

Capítulo II
DAS INTIMAÇÕES

Art. 370. Nas intimações dos acusados, das testemunhas e demais pessoas que devam tomar conhecimento de qualquer ato, será observado, no que for aplicável, o disposto no Capítulo anterior.

•• *Caput* com redação determinada pela Lei n. 9.271, de 17-4-1996.

§ 1.º A intimação do defensor constituído, do advogado do querelante e do assistente far-se-á por publicação no órgão incumbido da publicidade dos atos judiciais da comarca, incluindo, sob pena de nulidade, o nome do acusado.

•• § 1.º com redação determinada pela Lei n. 9.271, de 17-4-1996.

§ 2.º Caso não haja órgão de publicação dos atos judiciais na comarca, a intimação far-se-á diretamente pelo escrivão, por mandado, ou via postal com comprovante de recebimento, ou por qualquer outro meio idôneo.

•• § 2.º com redação determinada pela Lei n. 9.271, de 17-4-1996.

§ 3.º A intimação pessoal, feita pelo escrivão, dispensará a aplicação a que alude o § 1.º.

•• § 3.º acrescentado pela Lei n. 9.271, de 17-4-1996.

§ 4.º A intimação do Ministério Público e do defensor nomeado será pessoal.

•• § 4.º acrescentado pela Lei n. 9.271, de 17-4-1996.

Art. 371. Será admissível a intimação por despacho na petição em que for requerida, observado o disposto no art. 357.

Art. 372. Adiada, por qualquer motivo, a instrução criminal, o juiz marcará desde logo, na presença das partes e testemunhas, dia e hora para seu prosseguimento, do que se lavrará termo nos autos.

Título XI
DA APLICAÇÃO PROVISÓRIA DE INTERDIÇÕES DE DIREITOS E MEDIDAS DE SEGURANÇA

•• Prejudicados os arts. 373 a 380 do Título XI do CPP, pelo disposto nos arts. 147, 171 e 172 da LEP (Lei n. 7.210, de 11-7-1984).

Art. 373. A aplicação provisória de interdições de direitos poderá ser determinada pelo juiz, de ofício, ou a requerimento do Ministério Público, do querelante, do assistente, do ofendido, ou de seu representante legal, ainda que este não se tenha constituído como assistente:

I – durante a instrução criminal após a apresentação da defesa ou do prazo concedido para esse fim;

II – na sentença de pronúncia;
III – na decisão confirmatória da pronúncia ou na que, em grau de recurso, pronunciar o réu;
IV – na sentença condenatória recorrível.
§ 1.º No caso do n. I, havendo requerimento de aplicação da medida, o réu ou seu defensor será ouvido no prazo de 2 (dois) dias.
§ 2.º Decretada a medida, serão feitas as comunicações necessárias para a sua execução, na forma do disposto no Capítulo III do Título II do Livro IV.
Art. 374. Não caberá recurso do despacho ou da parte da sentença que decretar ou denegar a aplicação provisória de interdições de direitos, mas estas poderão ser substituídas ou revogadas:
I – se aplicadas no curso da instrução criminal, durante esta ou pelas sentenças a que se referem os n. II, III e IV do artigo anterior;
II – se aplicadas na sentença de pronúncia, pela decisão que, em grau de recurso, a confirmar, total ou parcialmente, ou pela sentença condenatória recorrível;
III – se aplicadas na decisão a que se refere o n. III do artigo anterior, pela sentença condenatória recorrível.
Art. 375. O despacho que aplicar, provisoriamente, substituir ou revogar interdição de direito, será fundamentado.
Art. 376. A decisão que impronunciar ou absolver o réu fará cessar a aplicação provisória da interdição anteriormente determinada.
Art. 377. Transitando em julgado a sentença condenatória, serão executadas somente as interdições nela aplicadas ou que derivarem da imposição da pena principal.
Art. 378. A aplicação provisória de medida de segurança obedecerá ao disposto nos artigos anteriores, com as modificações seguintes:
I – o juiz poderá aplicar, provisoriamente, a medida de segurança, de ofício, ou a requerimento do Ministério Público;
II – a aplicação poderá ser determinada ainda no curso do inquérito, mediante representação da autoridade policial;
III – a aplicação provisória de medida de segurança, a substituição ou a revogação da anteriormente aplicada poderão ser determinadas, também, na sentença absolutória;

IV – decretada a medida, atender-se-á ao disposto no Título V do Livro IV, no que for aplicável.
Art. 379. Transitando em julgado a sentença, observar-se-á, quanto à execução das medidas de segurança definitivamente aplicadas, o disposto no Título V do Livro IV.
Art. 380. A aplicação provisória de medida de segurança obstará a concessão de fiança, e tornará sem efeito a anteriormente concedida.

TÍTULO XII
DA SENTENÇA

Art. 381. A sentença conterá:
I – os nomes das partes ou, quando não possível, as indicações necessárias para identificá-las;
II – a exposição sucinta da acusação e da defesa;
III – a indicação dos motivos de fato e de direito em que se fundar a decisão;
IV – a indicação dos artigos de lei aplicados;
V – o dispositivo;
VI – a data e a assinatura do juiz.
Art. 382. Qualquer das partes poderá, no prazo de 2 (dois) dias, pedir ao juiz que declare a sentença, sempre que nela houver obscuridade, ambiguidade, contradição ou omissão.
Art. 383. O juiz, sem modificar a descrição do fato contida na denúncia ou queixa, poderá atribuir-lhe definição jurídica diversa, ainda que, em consequência, tenha de aplicar pena mais grave.

•• *Caput* com redação determinada pela Lei n. 11.719, de 20-6-2008.

§ 1.º Se, em consequência de definição jurídica diversa, houver possibilidade de proposta de suspensão condicional do processo, o juiz procederá de acordo com o disposto na lei.

•• § 1.º acrescentado pela Lei n. 11.719, de 20-6-2008.
•• *Vide* Súmulas 696 e 723 do STF.
•• *Vide* Súmulas 243 e 337 do STJ.

§ 2.º Tratando-se de infração da competência de outro juízo, a este serão encaminhados os autos.

•• § 2.º acrescentado pela Lei n. 11.719, de 20-6-2008.

Art. 384. Encerrada a instrução probatória, se entender cabível nova definição jurídica do fato, em consequência de prova existente nos autos de elemento ou circunstância da infração penal não contida na acusação, o Ministério Público deverá aditar a denúncia ou queixa, no prazo de 5 (cinco) dias, se em virtude desta houver sido instaurado o processo em crime de ação pública, reduzindo-se a termo o aditamento, quando feito oralmente.

•• *Caput* com redação determinada pela Lei n. 11.719, de 20-6-2008.

§ 1.º Não procedendo o órgão do Ministério Público ao aditamento, aplica-se o art. 28 deste Código.

•• § 1.º acrescentado pela Lei n. 11.719, de 20-6-2008.

§ 2.º Ouvido o defensor do acusado no prazo de 5 (cinco) dias e admitido o aditamento, o juiz, a requerimento de qualquer das partes, designará dia e hora para continuação da audiência, com inquirição de testemunhas, novo interrogatório do acusado, realização de debates e julgamento.

•• § 2.º acrescentado pela Lei n. 11.719, de 20-6-2008.

§ 3.º Aplicam-se as disposições dos §§ 1.º e 2.º do art. 383 ao *caput* deste artigo.

•• § 3.º acrescentado pela Lei n. 11.719, de 20-6-2008.

§ 4.º Havendo aditamento, cada parte poderá arrolar até 3 (três) testemunhas, no prazo de 5 (cinco) dias, ficando o juiz, na sentença, adstrito aos termos do aditamento.

•• § 4.º acrescentado pela Lei n. 11.719, de 20-6-2008.

§ 5.º Não recebido o aditamento, o processo prosseguirá.

•• § 5.º acrescentado pela Lei n. 11.719, de 20-6-2008.

Art. 385. Nos crimes de ação pública, o juiz poderá proferir sentença condenatória, ainda que o Ministério Público tenha opinado pela absolvição, bem como reconhecer agravantes, embora nenhuma tenha sido alegada.

Art. 386. O juiz absolverá o réu, mencionando a causa na parte dispositiva, desde que reconheça:

I – estar provada a inexistência do fato;

II – não haver prova da existência do fato;

III – não constituir o fato infração penal;

IV – estar provado que o réu não concorreu para a infração penal;

•• Inciso IV com redação determinada pela Lei n. 11.690, de 9-6-2008.

V – não existir prova de ter o réu concorrido para a infração penal;

•• Inciso V com redação determinada pela Lei n. 11.690, de 9-6-2008.

VI – existirem circunstâncias que excluam o crime ou isentem o réu de pena (arts. 20, 21, 22, 23, 26 e § 1.º do art. 28, todos do Código Penal), ou mesmo se houver fundada dúvida sobre sua existência;

•• Inciso VI com redação determinada pela Lei n. 11.690, de 9-6-2008.

VII – não existir prova suficiente para a condenação.

•• Inciso VII com redação determinada pela Lei n. 11.690, de 9-6-2008.

•• *Vide* art. 5.º, LVI, da CF.

Parágrafo único. Na sentença absolutória, o juiz:

I – mandará, se for o caso, pôr o réu em liberdade;

II – ordenará a cessação das medidas cautelares e provisoriamente aplicadas;

•• Inciso II com redação determinada pela Lei n. 11.690, de 9-6-2008.

III – aplicará medida de segurança, se cabível.

Art. 387. O juiz, ao proferir sentença condenatória:

I – mencionará as circunstâncias agravantes ou atenuantes definidas no Código Penal, e cuja existência reconhecer;

II – mencionará as outras circunstâncias apuradas e tudo o mais que deva ser levado em conta na aplicação da pena, de acordo com o disposto nos arts. 59 e 60 do Decreto-lei n. 2.848, de 7 de dezembro de 1940 – Código Penal;

•• Inciso II com redação determinada pela Lei n. 11.719, de 20-6-2008.

III – aplicará as penas de acordo com essas conclusões;

•• Inciso III com redação determinada pela Lei n. 11.719, de 20-6-2008.

IV – fixará valor mínimo para reparação dos danos causados pela infração, considerando os prejuízos sofridos pelo ofendido;

•• Inciso IV com redação determinada pela Lei n. 11.719, de 20-6-2008.

•• *Vide* arts. 63 e 64 do CPP.

V – atenderá, quanto à aplicação provisória de interdições de direitos e medidas de segurança, ao disposto no Título XI deste Livro;

•• Entendemos prejudicado o disposto neste inciso, pois o citado Título XI deste Livro encontra-se tacitamente revogado pelo advento da Lei n. 7.210, de 11-7-1984.

VI – determinará se a sentença deverá ser publicada na íntegra ou em resumo e designará o jornal em que será feita a publicação (art. 73, § 1.º, do Código Penal).

•• Referência a dispositivo original do CP. A nova Parte Geral não traz correspondente.

§ 1.º O juiz decidirá, fundamentadamente, sobre a manutenção ou, se for o caso, a imposição de prisão preventiva ou de outra medida cautelar, sem prejuízo do conhecimento de apelação que vier a ser interposta.

•• Primitivo parágrafo único renumerado pela Lei n. 12.736, de 30-11-2012.

§ 2.º O tempo de prisão provisória, de prisão administrativa ou de internação, no Brasil ou no estrangeiro, será computado para fins de determinação do regime inicial de pena privativa de liberdade.

•• § 2.º acrescentado pela Lei n. 12.736, de 30-11-2012.
•• Vide art. 5.º, LVII, da CF.

Art. 388. A sentença poderá ser datilografada e neste caso o juiz a rubricará em todas as folhas.

Art. 389. A sentença será publicada em mão do escrivão, que lavrará nos autos o respectivo termo, registrando-a em livro especialmente destinado a esse fim.

Art. 390. O escrivão, dentro de 3 (três) dias após a publicação, e sob pena de suspensão de 5 (cinco) dias, dará conhecimento da sentença ao órgão do Ministério Público.

Art. 391. O querelante ou o assistente será intimado da sentença, pessoalmente ou na pessoa de seu advogado. Se nenhum deles for encontrado no lugar da sede do juízo, a intimação será feita mediante edital com o prazo de 10 (dez) dias, afixado no lugar de costume.

Art. 392. A intimação da sentença será feita:

I – ao réu, pessoalmente, se estiver preso;

II – ao réu, pessoalmente, ou ao defensor por ele constituído, quando se livrar solto, ou, sendo afiançável a infração, tiver prestado fiança;

III – ao defensor constituído pelo réu, se este, afiançável, ou não, a infração, expedido o mandado de prisão, não tiver sido encontrado, e assim o certificar o oficial de justiça;

IV – mediante edital, nos casos do n. II, se o réu e o defensor que houver constituído não forem encontrados, e assim o certificar o oficial de justiça;

V – mediante edital, nos casos do n. III, se o defensor que o réu houver constituído também não for encontrado, e assim o certificar o oficial de justiça;

VI – mediante edital, se o réu, não tendo constituído defensor, não for encontrado, e assim o certificar o oficial de justiça.

§ 1.º O prazo do edital será de 90 (noventa) dias, se tiver sido imposta pena privativa de liberdade por tempo igual ou superior a 1 (um) ano, e de 60 (sessenta) dias, nos outros casos.

§ 2.º O prazo para apelação correrá após o término do fixado no edital, salvo se, no curso deste, for feita a intimação por qualquer das outras formas estabelecidas neste artigo.

Art. 393. (Revogado pela Lei n. 12.403, de 4-5-2011.)

Livro II
DOS PROCESSOS EM ESPÉCIE

Título I
DO PROCESSO COMUM

Capítulo I
DA INSTRUÇÃO CRIMINAL

Art. 394. O procedimento será comum ou especial.
•• *Caput* com redação determinada pela Lei n. 11.719, de 20-6-2008.

§ 1.º O procedimento comum será ordinário, sumário ou sumaríssimo:
•• § 1.º, *caput*, acrescentado pela Lei n. 11.719, de 20-6-2008.

I – ordinário, quando tiver por objeto crime cuja sanção máxima cominada for igual ou superior a 4 (quatro) anos de pena privativa de liberdade;
•• Inciso I acrescentado pela Lei n. 11.719, de 20-6-2008.

II – sumário, quando tiver por objeto crime cuja sanção máxima cominada seja inferior a 4 (quatro) anos de pena privativa de liberdade;
•• Inciso II acrescentado pela Lei n. 11.719, de 20-6-2008.

III – sumaríssimo, para as infrações penais de menor potencial ofensivo, na forma da lei.
•• Inciso III acrescentado pela Lei n. 11.719, de 20-6-2008.
•• *Vide* art. 538 do CPP.
•• *Vide* arts. 61 e 77 a 83 da Lei n. 9.099, de 26-9-1995.
•• *Vide* art. 94 da Lei n. 10.741, de 1.º-10-2003 (Estatuto da Pessoa Idosa).

§ 2.º Aplica-se a todos os processos o procedimento comum, salvo disposições em contrário deste Código ou de lei especial.
•• § 2.º acrescentado pela Lei n. 11.719, de 20-6-2008.

§ 3.º Nos processos de competência do Tribunal do Júri, o procedimento observará as disposições estabelecidas nos arts. 406 a 497 deste Código.
•• § 3.º acrescentado pela Lei n. 11.719, de 20-6-2008.

§ 4.º As disposições dos arts. 395 a 398 deste Código aplicam-se a todos os procedimentos penais de primeiro grau, ainda que não regulados neste Código.
•• § 4.º acrescentado pela Lei n. 11.719, de 20-6-2008.
•• Citado art. 398 deste Código foi revogado pela Lei n. 11.719, de 20-6-2008.

§ 5.º Aplicam-se subsidiariamente aos procedimentos especial, sumário e sumaríssimo as disposições do procedimento ordinário.
•• § 5.º acrescentado pela Lei n. 11.719, de 20-6-2008.

Art. 394-A. Os processos que apurem a prática de crime hediondo ou violência contra a mulher terão prioridade de tramitação em todas as instâncias.
•• *Caput* com redação determinada pela Lei n. 14.994, de 9-10-2024.

§ 1.º Os processos que apurem violência contra a mulher independerão do pagamento de custas, taxas ou despesas processuais, salvo em caso de má-fé.
•• § 1.º acrescentado pela Lei n. 14.994, de 9-10-2024.

§ 2.º As isenções de que trata o § 1.º deste artigo aplicam-se apenas à vítima e, em caso de morte, ao cônjuge, ascendente, descendente ou irmão, quando a estes couber o direito de representação ou de oferecer queixa ou prosseguir com a ação.
•• § 2.º acrescentado pela Lei n. 14.994, de 9-10-2024.

Art. 395. A denúncia ou queixa será rejeitada quando:
•• *Caput* com redação determinada pela Lei n. 11.719, de 20-6-2008.

I – for manifestamente inepta;
•• Inciso I acrescentado pela Lei n. 11.719, de 20-6-2008.

II – faltar pressuposto processual ou condição para o exercício da ação penal; ou
•• Inciso II acrescentado pela Lei n. 11.719, de 20-6-2008.

III – faltar justa causa para o exercício da ação penal.
•• Inciso III acrescentado pela Lei n. 11.719, de 20-6-2008.

Parágrafo único. (*Revogado pela Lei n. 11.719, de 20-6-2008.*)
•• A Lei n. 11.719, de 20-6-2008, acrescentou este parágrafo único, porém com texto revogado.

Art. 396. Nos procedimentos ordinário e sumário, oferecida a denúncia ou queixa, o juiz, se não a rejeitar liminarmente, recebê-la-á e ordenará a citação do acusado para responder à acusação, por escrito, no prazo de 10 (dez) dias.
•• *Caput* com redação determinada pela Lei n. 11.719, de 20-6-2008.

Parágrafo único. No caso de citação por edital, o prazo para a defesa começará a fluir a partir do comparecimento pessoal do acusado ou do defensor constituído.
•• Parágrafo único com redação determinada pela Lei n. 11.719, de 20-6-2008.

Processo Comum — Arts. 396-A a 400-A

Art. 396-A. Na resposta, o acusado poderá arguir preliminares e alegar tudo o que interesse à sua defesa, oferecer documentos e justificações, especificar as provas pretendidas e arrolar testemunhas, qualificando-as e requerendo sua intimação, quando necessário.

•• *Caput* acrescentado pela Lei n. 11.719, de 20-6-2008.

§ 1.º A exceção será processada em apartado, nos termos dos arts. 95 a 112 deste Código.

•• § 1.º acrescentado pela Lei n. 11.719, de 20-6-2008.

§ 2.º Não apresentada a resposta no prazo legal, ou se o acusado, citado, não constituir defensor, o juiz nomeará defensor para oferecê-la, concedendo-lhe vista dos autos por 10 (dez) dias.

•• § 2.º acrescentado pela Lei n. 11.719, de 20-6-2008.

Art. 397. Após o cumprimento do disposto no art. 396-A, e parágrafos, deste Código, o juiz deverá absolver sumariamente o acusado quando verificar:

•• *Caput* com redação determinada pela Lei n. 11.719, de 20-6-2008.

I – a existência manifesta de causa excludente da ilicitude do fato;

•• Inciso I acrescentado pela Lei n. 11.719, de 20-6-2008.

•• Os arts. 23 a 25 do CP dispõem sobre três causas excludentes de ilicitude: estado de necessidade, legítima defesa e estrito cumprimento de dever legal ou exercício regular de direito.

II – a existência manifesta de causa excludente da culpabilidade do agente, salvo inimputabilidade;

•• Inciso II acrescentado pela Lei n. 11.719, de 20-6-2008.

III – que o fato narrado evidentemente não constitui crime; ou

•• Inciso III acrescentado pela Lei n. 11.719, de 20-6-2008.

•• *Vide* art. 5.º, XXXIX, da CF.

IV – extinta a punibilidade do agente.

•• Inciso IV acrescentado pela Lei n. 11.719, de 20-6-2008.

Art. 398. (*Revogado pela Lei n. 11.719, de 20-6-2008.*)

Art. 399. Recebida a denúncia ou queixa, o juiz designará dia e hora para a audiência, ordenando a intimação do acusado, de seu defensor, do Ministério Público e, se for o caso, do querelante e do assistente.

•• *Caput* com redação determinada pela Lei n. 11.719, de 20-6-2008.

§ 1.º O acusado preso será requisitado para comparecer ao interrogatório, devendo o poder público providenciar sua apresentação.

•• § 1.º acrescentado pela Lei n. 11.719, de 20-6-2008.

•• *Vide* arts. 260 e 564, III, e, do CPP.

§ 2.º O juiz que presidiu a instrução deverá proferir a sentença.

•• § 2.º acrescentado pela Lei n. 11.719, de 20-6-2008.

•• *Vide* art. 5.º, LIII, da CF.

Art. 400. Na audiência de instrução e julgamento, a ser realizada no prazo máximo de 60 (sessenta) dias, proceder-se-á à tomada de declarações do ofendido, à inquirição das testemunhas arroladas pela acusação e pela defesa, nesta ordem, ressalvado o disposto no art. 222 deste Código, bem como aos esclarecimentos dos peritos, às acareações e ao reconhecimento de pessoas e coisas, interrogando-se, em seguida, o acusado.

•• *Caput* com redação determinada pela Lei n. 11.719, de 20-6-2008.

•• *Vide* art. 533 do CPP.

§ 1.º As provas serão produzidas numa só audiência, podendo o juiz indeferir as consideradas irrelevantes, impertinentes ou protelatórias.

•• § 1.º acrescentado pela Lei n. 11.719, de 20-6-2008.

§ 2.º Os esclarecimentos dos peritos dependerão de prévio requerimento das partes.

•• § 2.º acrescentado pela Lei n. 11.719, de 20-6-2008.

•• *Vide* art. 278 do CPP.

Art. 400-A. Na audiência de instrução e julgamento, e, em especial, nas que apurem crimes contra a dignidade sexual, todas as partes e os demais sujeitos processuais presentes no ato deverão zelar pela integridade física e psicológica da vítima, sob pena de responsabilização civil, penal e administrativa, cabendo ao juiz garantir o cumprimento do disposto neste artigo, vedadas:

•• *Caput* acrescentado pela Lei n. 14.245, de 22-11-2021.

I – a manifestação sobre circunstâncias ou elementos alheios aos fatos objeto de apuração nos autos;

•• Inciso I acrescentado pela Lei n. 14.245, de 22-11-2021.

•• O STF, na ADPF n. 1.107, no plenário de 23-5-2024 (*DOU* de 4-6-2024), por unanimidade, conheceu da arguição de descumprimento de preceito fundamental e julgou procedentes os pedidos formulados para "i) conferir interpretação conforme à Constituição à expressão elementos alheios aos fatos objeto de apuração posta neste art. 400-A do Código de Processo Penal, para excluir a possibilidade de invocação, pelas partes ou procuradores, de elementos referentes à vivência sexual pregressa da vítima ou ao seu modo de vida em audiência de instrução e julgamento de crimes contra a dignidade sexual e de violência contra a mulher, sob pena de nulidade do ato ou do julgamento, nos termos dos arts. 563 a 573 do Código de Processo Penal; ii) vedar o reconhecimento da nulidade referida no item anterior na hipótese de a defesa invocar o modo de vida da vítima ou a questionar quanto a vivência sexual pregressa com essa finalidade, considerando a impossibilidade do acusado se beneficiar da própria torpeza;".

II – a utilização de linguagem, de informações ou de material que ofendam a dignidade da vítima ou de testemunhas.

•• Inciso II acrescentado pela Lei n. 14.245, de 22-11-2021.

Art. 401. Na instrução poderão ser inquiridas até 8 (oito) testemunhas arroladas pela acusação e 8 (oito) pela defesa.

•• *Caput* com redação determinada pela Lei n. 11.719, de 20-6-2008.

§ 1.º Nesse número não se compreendem as que não prestem compromisso e as referidas.

•• § 1.º acrescentado pela Lei n. 11.719, de 20-6-2008.
•• *Vide* art. 208 do CPP.

§ 2.º A parte poderá desistir da inquirição de qualquer das testemunhas arroladas, ressalvado o disposto no art. 209 deste Código.

•• § 2.º acrescentado pela Lei n. 11.719, de 20-6-2008.

Art. 402. Produzidas as provas, ao final da audiência, o Ministério Público, o querelante e o assistente e, a seguir, o acusado poderão requerer diligências cuja necessidade se origine de circunstâncias ou fatos apurados na instrução.

•• Artigo com redação determinada pela Lei n. 11.719, de 20-6-2008.

Art. 403. Não havendo requerimento de diligências, ou sendo indeferido, serão oferecidas alegações finais orais por 20 (vinte) minutos, respectivamente, pela acusação e pela defesa, prorrogáveis por mais 10 (dez), proferindo o juiz, a seguir, sentença.

•• *Caput* com redação determinada pela Lei n. 11.719, de 20-6-2008.

§ 1.º Havendo mais de um acusado, o tempo previsto para a defesa de cada um será individual.

•• § 1.º acrescentado pela Lei n. 11.719, de 20-6-2008.

§ 2.º Ao assistente do Ministério Público, após a manifestação desse, serão concedidos 10 (dez) minutos, prorrogando-se por igual período o tempo de manifestação da defesa.

•• § 2.º acrescentado pela Lei n. 11.719, de 20-6-2008.

§ 3.º O juiz poderá, considerada a complexidade do caso ou o número de acusados, conceder às partes o prazo de 5 (cinco) dias sucessivamente para a apresentação de memoriais. Nesse caso, terá o prazo de 10 (dez) dias para proferir a sentença.

•• § 3.º acrescentado pela Lei n. 11.719, de 20-6-2008.

Art. 404. Ordenado diligência considerada imprescindível, de ofício ou a requerimento da parte, a audiência será concluída sem as alegações finais.

•• *Caput* com redação determinada pela Lei n. 11.719, de 20-6-2008.

Parágrafo único. Realizada, em seguida, a diligência determinada, as partes apresentarão, no prazo sucessivo de 5 (cinco) dias, suas alegações finais, por memorial, e, no prazo de 10 (dez) dias, o juiz proferirá a sentença.

•• Parágrafo único acrescentado pela Lei n. 11.719, de 20-6-2008.

Art. 405. Do ocorrido em audiência será lavrado termo em livro próprio, assinado pelo juiz e pelas partes, contendo breve resumo dos fatos relevantes nela ocorridos.

•• *Caput* com redação determinada pela Lei n. 11.719, de 20-6-2008.

§ 1.º Sempre que possível, o registro dos depoimentos do investigado, indiciado, ofendido e testemunhas será feito pelos meios ou recursos de gravação magnética, estenotipia, digital ou técnica similar, inclusive audiovisual, destinada a obter maior fidelidade das informações.

•• § 1.º acrescentado pela Lei n. 11.719, de 20-6-2008.

§ 2.º No caso de registro por meio audiovisual, será encaminhado às partes cópia do registro original, sem necessidade de transcrição.

•• § 2.º acrescentado pela Lei n. 11.719, de 20-6-2008.

Capítulo II
DO PROCEDIMENTO RELATIVO AOS PROCESSOS DA COMPETÊNCIA DO TRIBUNAL DO JÚRI

•• Capítulo II com denominação determinada pela Lei n. 11.689, de 9-6-2008.
•• *Vide* art. 5.º, XXXVIII, da CF.
•• *Vide* art. 74, § 1.º, do CPP, sobre a competência do júri.

Seção I
Da Acusação e da Instrução Preliminar

Art. 406. O juiz, ao receber a denúncia ou a queixa, ordenará a citação do acusado para responder a acusação, por escrito, no prazo de 10 (dez) dias.

•• *Caput* com redação determinada pela Lei n. 11.689, de 9-6-2008.

Processo Comum — **Arts. 406 a 412**

§ 1.º O prazo previsto no *caput* deste artigo será contado a partir do efetivo cumprimento do mandado ou do comparecimento, em juízo, do acusado ou de defensor constituído, no caso de citação inválida ou por edital.
• • § 1.º com redação determinada pela Lei n. 11.689, de 9-6-2008.

§ 2.º A acusação deverá arrolar testemunhas, até o máximo de 8 (oito), na denúncia ou na queixa.
• • § 2.º com redação determinada pela Lei n. 11.689, de 9-6-2008.

§ 3.º Na resposta, o acusado poderá arguir preliminares e alegar tudo que interesse a sua defesa, oferecer documentos e justificações, especificar as provas pretendidas e arrolar testemunhas, até o máximo de 8 (oito), qualificando-as e requerendo sua intimação, quando necessário.
• • § 3.º com redação determinada pela Lei n. 11.689, de 9-6-2008.

Art. 407. As exceções serão processadas em apartado, nos termos dos arts. 95 a 112 deste Código.
• • Artigo com redação determinada pela Lei n. 11.689, de 9-6-2008.

Art. 408. Não apresentada a resposta no prazo legal, o juiz nomeará defensor para oferecê-la em até 10 (dez) dias, concedendo-lhe vista dos autos.
• • Artigo com redação determinada pela Lei n. 11.689, de 9-6-2008.

Art. 409. Apresentada a defesa, o juiz ouvirá o Ministério Público ou o querelante sobre preliminares e documentos, em 5 (cinco) dias.
• • Artigo com redação determinada pela Lei n. 11.689, de 9-6-2008.

Art. 410. O juiz determinará a inquirição das testemunhas e a realização das diligências requeridas pelas partes, no prazo máximo de 10 (dez) dias.
• • Artigo com redação determinada pela Lei n. 11.689, de 9-6-2008.

Art. 411. Na audiência de instrução, proceder-se-á à tomada de declarações do ofendido, se possível, à inquirição das testemunhas arroladas pela acusação e pela defesa, nesta ordem, bem como aos esclarecimentos dos peritos, às acareações e ao reconhecimento de pessoas e coisas, interrogando-se, em seguida, o acusado e procedendo-se o debate.
• • *Caput* com redação determinada pela Lei n. 11.689, de 9-6-2008.

§ 1.º Os esclarecimentos dos peritos dependerão de prévio requerimento e de deferimento pelo juiz.

• • § 1.º com redação determinada pela Lei n. 11.689, de 9-6-2008.

§ 2.º As provas serão produzidas em uma só audiência, podendo o juiz indeferir as consideradas irrelevantes, impertinentes ou protelatórias.
• • § 2.º com redação determinada pela Lei n. 11.689, de 9-6-2008.

§ 3.º Encerrada a instrução probatória, observar-se-á, se for o caso, o disposto no art. 384 deste Código.
• • § 3.º com redação determinada pela Lei n. 11.689, de 9-6-2008.

§ 4.º As alegações serão orais, concedendo-se a palavra, respectivamente, à acusação e à defesa, pelo prazo de 20 (vinte) minutos, prorrogáveis por mais 10 (dez).
• • § 4.º com redação determinada pela Lei n. 11.689, de 9-6-2008.

§ 5.º Havendo mais de 1 (um) acusado, o tempo previsto para a acusação e a defesa de cada um deles será individual.
• • § 5.º com redação determinada pela Lei n. 11.689, de 9-6-2008.

§ 6.º Ao assistente do Ministério Público, após a manifestação deste, serão concedidos 10 (dez) minutos, prorrogando-se por igual período o tempo de manifestação da defesa.
• • § 6.º com redação determinada pela Lei n. 11.689, de 9-6-2008.

§ 7.º Nenhum ato será adiado, salvo quando imprescindível à prova faltante, determinando o juiz a condução coercitiva de quem deva comparecer.
• • § 7.º com redação determinada pela Lei n. 11.689, de 9-6-2008.

§ 8.º A testemunha que comparecer será inquirida, independentemente da suspensão da audiência, observada em qualquer caso a ordem estabelecida no *caput* deste artigo.
• • § 8.º com redação determinada pela Lei n. 11.689, de 9-6-2008.

§ 9.º Encerrados os debates, o juiz proferirá a sua decisão, ou o fará em 10 (dez) dias, ordenando que os autos para isso lhe sejam conclusos.
• • § 9.º com redação determinada pela Lei n. 11.689, de 9-6-2008.

Art. 412. O procedimento será concluído no prazo máximo de 90 (noventa) dias.
• Artigo com redação determinada pela Lei n. 11.689, de 9-6-2008.
• • *Vide* art. 5.º, LXXVIII, da CF.

Seção II
Da Pronúncia, da Impronúncia e da Absolvição Sumária

Art. 413. O juiz, fundamentadamente, pronunciará o acusado, se convencido da materialidade do fato e da existência de indícios suficientes de autoria ou de participação.
•• *Caput* com redação determinada pela Lei n. 11.689, de 9-6-2008.

§ 1.º A fundamentação da pronúncia limitar-se-á à indicação da materialidade do fato e da existência de indícios suficientes de autoria ou de participação, devendo o juiz declarar o dispositivo legal em que julgar incurso o acusado e especificar as circunstâncias qualificadoras e as causas de aumento de pena.
•• § 1.º com redação determinada pela Lei n. 11.689, de 9-6-2008.

§ 2.º Se o crime for afiançável, o juiz arbitrará o valor da fiança para a concessão ou manutenção da liberdade provisória.
•• § 2.º com redação determinada pela Lei n. 11.689, de 9-6-2008.

§ 3.º O juiz decidirá, motivadamente, no caso de manutenção, revogação ou substituição da prisão ou medida restritiva de liberdade anteriormente decretada e, tratando-se de acusado solto, sobre a necessidade da decretação da prisão ou imposição de quaisquer das medidas previstas no Título IX do Livro I deste Código.
•• § 3.º com redação determinada pela Lei n. 11.689, de 9-6-2008.
•• *Vide* Súmula 21 do STJ.

Art. 414. Não se convencendo da materialidade do fato ou da existência de indícios suficientes de autoria ou de participação, o juiz, fundamentadamente, impronunciará o acusado.
•• *Caput* com redação determinada pela Lei n. 11.689, de 9-6-2008.

Parágrafo único. Enquanto não ocorrer a extinção da punibilidade, poderá ser formulada nova denúncia ou queixa se houver prova nova.
•• Parágrafo único com redação determinada pela Lei n. 11.689, de 9-6-2008.
•• *Vide* Súmula 524 do STF.

Art. 415. O juiz, fundamentadamente, absolverá desde logo o acusado, quando:
•• *Caput* com redação determinada pela Lei n. 11.689, de 9-6-2008.

I – provada a inexistência do fato;
•• Inciso I com redação determinada pela Lei n. 11.689, de 9-6-2008.

II – provado não ser ele autor ou partícipe do fato;
•• Inciso II com redação determinada pela Lei n. 11.689, de 9-6-2008.

III – o fato não constituir infração penal;
•• Inciso III com redação determinada pela Lei n. 11.689, de 9-6-2008.

IV – demonstrada causa de isenção de pena ou de exclusão do crime.
•• Inciso IV com redação determinada pela Lei n. 11.689, de 9-6-2008.

Parágrafo único. Não se aplica o disposto no inciso IV do *caput* deste artigo ao caso de inimputabilidade prevista no *caput* do art. 26 do Decreto-lei n. 2.848, de 7 de dezembro de 1940 – Código Penal, salvo quando esta for a única tese defensiva.
•• Parágrafo único com redação determinada pela Lei n. 11.689, de 9-6-2008.

Art. 416. Contra a sentença de impronúncia ou de absolvição sumária caberá apelação.
•• Artigo com redação determinada pela Lei n. 11.689, de 9-6-2008.

Art. 417. Se houver indícios de autoria ou de participação de outras pessoas não incluídas na acusação, o juiz, ao pronunciar ou impronunciar o acusado, determinará o retorno dos autos ao Ministério Público, por 15 (quinze) dias, aplicável, no que couber, o art. 80 deste Código.
•• Artigo com redação determinada pela Lei n. 11.689, de 9-6-2008.

Art. 418. O juiz poderá dar ao fato definição jurídica diversa da constante da acusação, embora o acusado fique sujeito a pena mais grave.
•• Artigo com redação determinada pela Lei n. 11.689, de 9-6-2008.

Art. 419. Quando o juiz se convencer, em discordância com a acusação, da existência de crime diverso dos referidos no § 1.º do art. 74 deste Código e não for competente para o julgamento, remeterá os autos ao juiz que o seja.
•• *Caput* com redação determinada pela Lei n. 11.689, de 9-6-2008.

Parágrafo único. Remetidos os autos do processo a outro juiz, à disposição deste ficará o acusado preso.
•• Parágrafo único com redação determinada pela Lei n. 11.689, de 9-6-2008.

Art. 420. A intimação da decisão de pronúncia será feita:

•• *Caput* com redação determinada pela Lei n. 11.689, de 9-6-2008.

I – pessoalmente ao acusado, ao defensor nomeado e ao Ministério Público;

•• Inciso I com redação determinada pela Lei n. 11.689, de 9-6-2008.

II – ao defensor constituído, ao querelante e ao assistente do Ministério Público, na forma do disposto no § 1.º do art. 370 deste Código.

•• Inciso II com redação determinada pela Lei n. 11.689, de 9-6-2008.

Parágrafo único. Será intimado por edital o acusado solto que não for encontrado.

•• Parágrafo único com redação determinada pela Lei n. 11.689, de 9-6-2008.

Art. 421. Preclusa a decisão de pronúncia, os autos serão encaminhados ao juiz-presidente do Tribunal do Júri.

•• *Caput* com redação determinada pela Lei n. 11.689, de 9-6-2008.

§ 1.º Ainda que preclusa a decisão de pronúncia, havendo circunstância superveniente que altere a classificação do crime, o juiz ordenará a remessa dos autos ao Ministério Público.

•• § 1.º com redação determinada pela Lei n. 11.689, de 9-6-2008.

§ 2.º Em seguida, os autos serão conclusos ao juiz para decisão.

•• § 2.º com redação determinada pela Lei n. 11.689, de 9-6-2008.

Seção III
Da Preparação do Processo para Julgamento em Plenário

Art. 422. Ao receber os autos, o presidente do Tribunal do Júri determinará a intimação do órgão do Ministério Público ou do querelante, no caso de queixa, e do defensor, para, no prazo de 5 (cinco) dias, apresentarem rol de testemunhas que irão depor em plenário, até o máximo de 5 (cinco), oportunidade em que poderão juntar documentos e requerer diligência.

•• Artigo com redação determinada pela Lei n. 11.689, de 9-6-2008.

Art. 423. Deliberando sobre os requerimentos de provas a serem produzidas ou exibidas no plenário do júri, e adotadas as providências devidas, o juiz-presidente:

•• *Caput* com redação determinada pela Lei n. 11.689, de 9-6-2008.

I – ordenará as diligências necessárias para sanar qualquer nulidade ou esclarecer fato que interesse ao julgamento da causa;

•• Inciso I com redação determinada pela Lei n. 11.689, de 9-6-2008.

II – fará relatório sucinto do processo, determinando sua inclusão em pauta da reunião do Tribunal do Júri.

•• Inciso II com redação determinada pela Lei n. 11.689, de 9-6-2008.

Art. 424. Quando a lei local de organização judiciária não atribuir ao presidente do Tribunal do Júri o preparo para julgamento, o juiz competente remeter-lhe-á os autos do processo preparado até 5 (cinco) dias antes do sorteio a que se refere o art. 433 deste Código.

•• *Caput* com redação determinada pela Lei n. 11.689, de 9-6-2008.

Parágrafo único. Deverão ser remetidos, também, os processos preparados até o encerramento da reunião, para a realização de julgamento.

•• Parágrafo único com redação determinada pela Lei n. 11.689, de 9-6-2008.

Seção IV
Do Alistamento dos Jurados

Art. 425. Anualmente, serão alistados pelo presidente do Tribunal do Júri de 800 (oitocentos) a 1.500 (um mil e quinhentos) jurados nas comarcas de mais de 1.000.000 (um milhão) de habitantes, de 300 (trezentos) a 700 (setecentos) nas comarcas de mais de 100.000 (cem mil) habitantes e de 80 (oitenta) a 400 (quatrocentos) nas comarcas de menor população.

•• *Caput* com redação determinada pela Lei n. 11.689, de 9-6-2008.

§ 1.º Nas comarcas onde for necessário, poderá ser aumentado o número de jurados e, ainda, organizada lista de suplentes, depositadas as cédulas em urna especial, com as cautelas mencionadas na parte final do § 3.º do art. 426 deste Código.

•• § 1.º com redação determinada pela Lei n. 11.689, de 9-6-2008.

§ 2.º O juiz-presidente requisitará às autoridades locais, associações de classe e de bairro, entidades associativas e culturais, instituições de ensino em geral, universidades, sindicatos, repartições públicas e outros núcleos comunitários a indicação de pessoas que reúnam as condições para exercer a função de jurado.

Arts. 425 a 428 — Processo Comum

•• § 2.º com redação determinada pela Lei n. 11.689, de 9-6-2008.

Art. 426. A lista geral dos jurados, com indicação das respectivas profissões, será publicada pela imprensa até o dia 10 de outubro de cada ano e divulgada em editais afixados à porta do Tribunal do Júri.

•• *Caput* com redação determinada pela Lei n. 11.689, de 9-6-2008.

§ 1.º A lista poderá ser alterada, de ofício ou mediante reclamação de qualquer do povo ao juiz-presidente até o dia 10 de novembro, data de sua publicação definitiva.

•• § 1.º com redação determinada pela Lei n. 11.689, de 9-6-2008.

§ 2.º Juntamente com a lista, serão transcritos os arts. 436 a 446 deste Código.

•• § 2.º com redação determinada pela Lei n. 11.689, de 9-6-2008.

§ 3.º Os nomes e endereços dos alistados, em cartões iguais, após serem verificados na presença do Ministério Público, de advogado indicado pela Seção local da Ordem dos Advogados do Brasil e de defensor indicado pelas Defensorias Públicas competentes, permanecerão guardados em urna fechada a chave, sob a responsabilidade do juiz-presidente.

•• § 3.º com redação determinada pela Lei n. 11.689, de 9-6-2008.

§ 4.º O jurado que tiver integrado o Conselho de Sentença nos 12 (doze) meses que antecederem à publicação da lista geral fica dela excluído.

•• § 4.º com redação determinada pela Lei n. 11.689, de 9-6-2008.

§ 5.º Anualmente, a lista geral de jurados será, obrigatoriamente, completada.

•• § 5.º com redação determinada pela Lei n. 11.689, de 9-6-2008.

Seção V
Do Desaforamento

Art. 427. Se o interesse da ordem pública o reclamar ou houver dúvida sobre a imparcialidade do júri ou a segurança pessoal do acusado, o Tribunal, a requerimento do Ministério Público, do assistente, do querelante ou do acusado ou mediante representação do juiz competente, poderá determinar o desaforamento do julgamento para outra comarca da mesma região, onde não existam aqueles motivos, preferindo-se as mais próximas.

•• *Caput* com redação determinada pela Lei n. 11.689, de 9-6-2008.

§ 1.º O pedido de desaforamento será distribuído imediatamente e terá preferência de julgamento na Câmara ou Turma competente.

•• § 1.º com redação determinada pela Lei n. 11.689, de 9-6-2008.

§ 2.º Sendo relevantes os motivos alegados, o relator poderá determinar, fundamentadamente, a suspensão do julgamento pelo júri.

•• § 2.º com redação determinada pela Lei n. 11.689, de 9-6-2008.

§ 3.º Será ouvido o juiz-presidente, quando a medida não tiver sido por ele solicitada.

•• § 3.º com redação determinada pela Lei n. 11.689, de 9-6-2008.

§ 4.º Na pendência de recurso contra a decisão de pronúncia ou quando efetivado o julgamento, não se admitirá o pedido de desaforamento, salvo, nesta última hipótese, quanto a fato ocorrido durante ou após a realização de julgamento anulado.

•• § 4.º com redação determinada pela Lei n. 11.689, de 9-6-2008.

Art. 428. O desaforamento também poderá ser determinado, em razão do comprovado excesso de serviço, ouvidos o juiz-presidente e a parte contrária, se o julgamento não puder ser realizado no prazo de 6 (seis) meses, contado do trânsito em julgado da decisão de pronúncia.

•• *Caput* com redação determinada pela Lei n. 11.689, de 9-6-2008.

•• *Vide* Súmula 712 do STF.

§ 1.º Para a contagem do prazo referido neste artigo, não se computará o tempo de adiamentos, diligências ou incidentes de interesse da defesa.

•• § 1.º com redação determinada pela Lei n. 11.689, de 9-6-2008.

•• *Vide* Súmula 64 do STJ.

§ 2.º Não havendo excesso de serviço ou existência de processos aguardando julgamento em quantidade que ultrapasse a possibilidade de apreciação pelo Tribunal do Júri, nas reuniões periódicas previstas para o exercício, o acusado poderá requerer ao Tribunal que determine a imediata realização do julgamento.

•• § 2.º com redação determinada pela Lei n. 11.689, de 9-6-2008.

Seção VI
Da Organização da Pauta

Art. 429. Salvo motivo relevante que autorize alteração na ordem dos julgamentos, terão preferência:

I – os acusados presos;

II – dentre os acusados presos, aqueles que estiverem há mais tempo na prisão;

III – em igualdade de condições, os precedentemente pronunciados.

•• *Caput* e incisos com redação determinada pela Lei n. 11.689, de 9-6-2008.

§ 1.º Antes do dia designado para o primeiro julgamento da reunião periódica, será afixada na porta do edifício do Tribunal do Júri a lista dos processos a serem julgados, obedecida a ordem prevista no *caput* deste artigo.

•• § 1.º com redação determinada pela Lei n. 11.689, de 9-6-2008.

§ 2.º O juiz-presidente reservará datas na mesma reunião periódica para a inclusão de processo que tiver o julgamento adiado.

•• § 2.º com redação determinada pela Lei n. 11.689, de 9-6-2008.

Art. 430. O assistente somente será admitido se tiver requerido sua habilitação até 5 (cinco) dias antes da data da sessão na qual pretenda atuar.

•• Artigo com redação determinada pela Lei n. 11.689, de 9-6-2008.

Art. 431. Estando o processo em ordem, o juiz-presidente mandará intimar as partes, o ofendido, se for possível, as testemunhas e os peritos, quando houver requerimento, para a sessão de instrução e julgamento, observando, no que couber, o disposto no art. 420 deste Código.

•• Artigo com redação determinada pela Lei n. 11.689, de 9-6-2008.

Seção VII
Do Sorteio e da Convocação dos Jurados

Art. 432. Em seguida à organização da pauta, o juiz-presidente determinará a intimação do Ministério Público, da Ordem dos Advogados do Brasil e da Defensoria Pública para acompanharem, em dia e hora designados, o sorteio dos jurados que atuarão na reunião periódica.

•• Artigo com redação determinada pela Lei n. 11.689, de 9-6-2008.

Art. 433. O sorteio, presidido pelo juiz, far-se-á a portas abertas, cabendo-lhe retirar as cédulas até completar o número de 25 (vinte e cinco) jurados, para a reunião periódica ou extraordinária.

•• *Caput* com redação determinada pela Lei n. 11.689, de 9-6-2008.

§ 1.º O sorteio será realizado entre o 15.º (décimo quinto) e o 10.º (décimo) dia útil antecedente à instalação da reunião.

•• § 1.º com redação determinada pela Lei n. 11.689, de 9-6-2008.

§ 2.º A audiência de sorteio não será adiada pelo não comparecimento das partes.

•• § 2.º com redação determinada pela Lei n. 11.689, de 9-6-2008.

§ 3.º O jurado não sorteado poderá ter o seu nome novamente incluído para as reuniões futuras.

•• § 3.º com redação determinada pela Lei n. 11.689, de 9-6-2008.

Art. 434. Os jurados sorteados serão convocados pelo correio ou por qualquer outro meio hábil para comparecer no dia e hora designados para a reunião, sob as penas da lei.

•• *Caput* com redação determinada pela Lei n. 11.689, de 9-6-2008.

Parágrafo único. No mesmo expediente de convocação serão transcritos os arts. 436 a 446 deste Código.

•• Parágrafo único com redação determinada pela Lei n. 11.689, de 9-6-2008.

Art. 435. Serão afixados na porta do edifício do Tribunal do Júri a relação dos jurados convocados, os nomes do acusado e dos procuradores das partes, além do dia, hora e local das sessões de instrução e julgamento.

•• Artigo com redação determinada pela Lei n. 11.689, de 9-6-2008.

Seção VIII
Da Função do Jurado

Art. 436. O serviço do júri é obrigatório. O alistamento compreenderá os cidadãos maiores de 18 (dezoito) anos de notória idoneidade.

•• *Caput* com redação determinada pela Lei n. 11.689, de 9-6-2008.

§ 1.º Nenhum cidadão poderá ser excluído dos trabalhos do júri ou deixar de ser alistado em razão de cor ou etnia, raça, credo, sexo, profissão, classe social ou econômica, origem ou grau de instrução.

Arts. 436 a 443 — **Processo Comum**

•• § 1.º com redação determinada pela Lei n. 11.689, de 9-6-2008.

§ 2.º A recusa injustificada ao serviço do júri acarretará multa no valor de 1 (um) a 10 (dez) salários mínimos, a critério do juiz, de acordo com a condição econômica do jurado.

•• § 2.º com redação determinada pela Lei n. 11.689, de 9-6-2008.

Art. 437. Estão isentos do serviço do júri:

•• *Caput* com redação determinada pela Lei n. 11.689, de 9-6-2008.

I – o Presidente da República e os Ministros de Estado;

•• Inciso I com redação determinada pela Lei n. 11.689, de 9-6-2008.

II – os Governadores e seus respectivos Secretários;

•• Inciso II com redação determinada pela Lei n. 11.689, de 9-6-2008.

III – os membros do Congresso Nacional, das Assembleias Legislativas e das Câmaras Distrital e Municipais;

•• Inciso III com redação determinada pela Lei n. 11.689, de 9-6-2008.

IV – os Prefeitos Municipais;

•• Inciso IV com redação determinada pela Lei n. 11.689, de 9-6-2008.

V – os Magistrados e membros do Ministério Público e da Defensoria Pública;

•• Inciso V com redação determinada pela Lei n. 11.689, de 9-6-2008.

VI – os servidores do Poder Judiciário, do Ministério Público e da Defensoria Pública;

•• Inciso VI com redação determinada pela Lei n. 11.689, de 9-6-2008.

VII – as autoridades e os servidores da polícia e da segurança pública;

•• Inciso VII com redação determinada pela Lei n. 11.689, de 9-6-2008.

VIII – os militares em serviço ativo;

•• Inciso VIII com redação determinada pela Lei n. 11.689, de 9-6-2008.

IX – os cidadãos maiores de 70 (setenta) anos que requeiram sua dispensa;

•• Inciso IX com redação determinada pela Lei n. 11.689, de 9-6-2008.

X – aqueles que o requererem, demonstrando justo impedimento.

•• Inciso X com redação determinada pela Lei n. 11.689, de 9-6-2008.

Art. 438. A recusa ao serviço do júri fundada em convicção religiosa, filosófica ou política importará no dever de prestar serviço alternativo, sob pena de suspensão dos direitos políticos, enquanto não prestar o serviço imposto.

•• *Caput* com redação determinada pela Lei n. 11.689, de 9-6-2008.

§ 1.º Entende-se por serviço alternativo o exercício de atividades de caráter administrativo, assistencial, filantrópico ou mesmo produtivo, no Poder Judiciário, na Defensoria Pública, no Ministério Público ou em entidade conveniada para esses fins.

•• § 1.º com redação determinada pela Lei n. 11.689, de 9-6-2008.

§ 2.º O juiz fixará o serviço alternativo atendendo aos princípios da proporcionalidade e da razoabilidade.

•• § 2.º com redação determinada pela Lei n. 11.689, de 9-6-2008.

Art. 439. O exercício efetivo da função de jurado constituirá serviço público relevante e estabelecerá presunção de idoneidade moral.

•• Artigo com redação determinada pela Lei n. 12.403, de 4-5-2011.

Art. 440. Constitui também direito do jurado, na condição do art. 439 deste Código, preferência, em igualdade de condições, nas licitações públicas e no provimento, mediante concurso, de cargo ou função pública, bem como nos casos de promoção funcional ou remoção voluntária.

•• Artigo com redação determinada pela Lei n. 11.689, de 9-6-2008.

Art. 441. Nenhum desconto será feito nos vencimentos ou salário do jurado sorteado que comparecer à sessão do júri.

•• Artigo com redação determinada pela Lei n. 11.689, de 9-6-2008.

•• *Vide* art. 459 do CPP.

Art. 442. Ao jurado que, sem causa legítima, deixar de comparecer no dia marcado para a sessão ou retirar-se antes de ser dispensado pelo presidente será aplicada multa de 1 (um) a 10 (dez) salários mínimos, a critério do juiz, de acordo com a sua condição econômica.

•• Artigo com redação determinada pela Lei n. 11.689, de 9-6-2008.

Art. 443. Somente será aceita escusa fundada em motivo relevante devidamente comprovado e apre-

Processo Comum **Arts. 443 a 452**

sentada, ressalvadas as hipóteses de força maior, até o momento da chamada dos jurados.

•• Artigo com redação determinada pela Lei n. 11.689, de 9-6-2008.

Art. 444. O jurado somente será dispensado por decisão motivada do juiz-presidente, consignada na ata dos trabalhos.

•• Artigo com redação determinada pela Lei n. 11.689, de 9-6-2008.

Art. 445. O jurado, no exercício da função ou a pretexto de exercê-la, será responsável criminalmente nos mesmos termos em que o são os juízes togados.

•• Artigo com redação determinada pela Lei n. 11.689, de 9-6-2008.

Art. 446. Aos suplentes, quando convocados, serão aplicáveis os dispositivos referentes às dispensas, faltas e escusas e à equiparação de responsabilidade penal prevista no art. 445 deste Código.

•• Artigo com redação determinada pela Lei n. 11.689, de 9-6-2008.

Seção IX
Da Composição do Tribunal do Júri e da Formação do Conselho de Sentença

Art. 447. O Tribunal do Júri é composto por 1 (um) juiz togado, seu presidente e por 25 (vinte e cinco) jurados que serão sorteados dentre os alistados, 7 (sete) dos quais constituirão o Conselho de Sentença em cada sessão de julgamento.

•• Artigo com redação determinada pela Lei n. 11.689, de 9-6-2008.

Art. 448. São impedidos de servir no mesmo Conselho:

•• *Caput* com redação determinada pela Lei n. 11.689, de 9-6-2008.

I – marido e mulher;

•• Inciso I com redação determinada pela Lei n. 11.689, de 9-6-2008.

II – ascendente e descendente;

•• Inciso II com redação determinada pela Lei n. 11.689, de 9-6-2008.

III – sogro e genro ou nora;

•• Inciso III com redação determinada pela Lei n. 11.689, de 9-6-2008.

IV – irmãos e cunhados, durante o cunhadio;

•• Inciso IV com redação determinada pela Lei n. 11.689, de 9-6-2008.

V – tio e sobrinho;

•• Inciso V com redação determinada pela Lei n. 11.689, de 9-6-2008.

VI – padrasto, madrasta ou enteado.

•• Inciso VI com redação determinada pela Lei n. 11.689, de 9-6-2008.

§ 1.º O mesmo impedimento ocorrerá em relação às pessoas que mantenham união estável reconhecida como entidade familiar.

•• § 1.º com redação determinada pela Lei n. 11.689, de 9-6-2008.

§ 2.º Aplicar-se-á aos jurados o disposto sobre os impedimentos, a suspeição e as incompatibilidades dos juízes togados.

•• § 2.º com redação determinada pela Lei n. 11.689, de 9-6-2008.

•• *Vide* art. 252 do CPP.

Art. 449. Não poderá servir o jurado que:

•• *Caput* com redação determinada pela Lei n. 11.689, de 9-6-2008.

I – tiver funcionado em julgamento anterior do mesmo processo, independentemente da causa determinante do julgamento posterior;

•• Inciso I com redação determinada pela Lei n. 11.689, de 9-6-2008.

II – no caso do concurso de pessoas, houver integrado o Conselho de Sentença que julgou o outro acusado;

•• Inciso II com redação determinada pela Lei n. 11.689, de 9-6-2008.

III – tiver manifestado prévia disposição para condenar ou absolver o acusado.

•• Inciso III com redação determinada pela Lei n. 11.689, de 9-6-2008.

Art. 450. Dos impedidos entre si por parentesco ou relação de convivência, servirá o que houver sido sorteado em primeiro lugar.

•• Artigo com redação determinada pela Lei n. 11.689, de 9-6-2008.

Art. 451. Os jurados excluídos por impedimento, suspeição ou incompatibilidade serão considerados para a constituição do número legal exigível para a realização da sessão.

•• Artigo com redação determinada pela Lei n. 11.689, de 9-6-2008.

Art. 452. O mesmo Conselho de Sentença poderá conhecer de mais de um processo, no mesmo dia, se as partes o aceitarem, hipótese em que seus integrantes deverão prestar novo compromisso.

•• Artigo com redação determinada pela Lei n. 11.689, de 9-6-2008.

Seção X
Da Reunião e das Sessões do Tribunal do Júri

Art. 453. O Tribunal do Júri reunir-se-á para as sessões de instrução e julgamento nos períodos e na forma estabelecida pela lei local de organização judiciária.

•• Artigo com redação determinada pela Lei n. 11.689, de 9-6-2008.

Art. 454. Até o momento de abertura dos trabalhos da sessão, o juiz-presidente decidirá os casos de isenção e dispensa de jurados e o pedido de adiamento de julgamento, mandando consignar em ata as deliberações.

•• Artigo com redação determinada pela Lei n. 11.689, de 9-6-2008.

Art. 455. Se o Ministério Público não comparecer, o juiz-presidente adiará o julgamento para o primeiro dia desimpedido da mesma reunião, cientificadas as partes e as testemunhas.

•• Caput com redação determinada pela Lei n. 11.689, de 9-6-2008.

Parágrafo único. Se a ausência não for justificada, o fato será imediatamente comunicado ao Procurador-Geral de Justiça com a data designada para a nova sessão.

•• Parágrafo único com redação determinada pela Lei n. 11.689, de 9-6-2008.

Art. 456. Se a falta, sem escusa legítima, for do advogado do acusado, e se outro não for por este constituído, o fato será imediatamente comunicado ao presidente da seccional da Ordem dos Advogados do Brasil, com a data designada para a nova sessão.

•• Caput com redação determinada pela Lei n. 11.689, de 9-6-2008.

§ 1.º Não havendo escusa legítima, o julgamento será adiado somente uma vez, devendo o acusado ser julgado quando chamado novamente.

•• § 1.º com redação determinada pela Lei n. 11.689, de 9-6-2008.

§ 2.º Na hipótese do § 1.º deste artigo, o juiz intimará a Defensoria Pública para o novo julgamento, que será adiado para o primeiro dia desimpedido, observado o prazo mínimo de 10 (dez) dias.

•• § 2.º com redação determinada pela Lei n. 11.689, de 9-6-2008.

Art. 457. O julgamento não será adiado pelo não comparecimento do acusado solto, do assistente ou do advogado do querelante, que tiver sido regularmente intimado.

•• Caput com redação determinada pela Lei n. 11.689, de 9-6-2008.

§ 1.º Os pedidos de adiamento e as justificações de não comparecimento deverão ser, salvo comprovado motivo de força maior, previamente submetidos à apreciação do juiz-presidente do Tribunal do Júri.

•• § 1.º com redação determinada pela Lei n. 11.689, de 9-6-2008.

§ 2.º Se o acusado preso não for conduzido, o julgamento será adiado para o primeiro dia desimpedido da mesma reunião, salvo se houver pedido de dispensa de comparecimento subscrito por ele e seu defensor.

•• § 2.º com redação determinada pela Lei n. 11.689, de 9-6-2008.

Art. 458. Se a testemunha, sem justa causa, deixar de comparecer, o juiz-presidente, sem prejuízo da ação penal pela desobediência, aplicar-lhe-á a multa prevista no § 2.º do art. 436 deste Código.

•• Artigo com redação determinada pela Lei n. 11.689, de 9-6-2008.

Art. 459. Aplicar-se-á às testemunhas a serviço do Tribunal do Júri o disposto no art. 441 deste Código.

•• Artigo com redação determinada pela Lei n. 11.689, de 9-6-2008.

Art. 460. Antes de constituído o Conselho de Sentença, as testemunhas serão recolhidas a lugar onde umas não possam ouvir os depoimentos das outras.

•• Artigo com redação determinada pela Lei n. 11.689, de 9-6-2008.

Art. 461. O julgamento não será adiado se a testemunha deixar de comparecer, salvo se uma das partes tiver requerido a sua intimação por mandado, na oportunidade de que trata o art. 422 deste Código, declarando não prescindir do depoimento e indicando a sua localização.

•• Caput com redação determinada pela Lei n. 11.689, de 9-6-2008.

§ 1.º Se, intimada, a testemunha não comparecer, o juiz-presidente suspenderá os trabalhos e mandará

Processo Comum**Arts. 461 a 469**

conduzi-la ou adiará o julgamento para o primeiro dia desimpedido, ordenando a sua condução.

•• § 1.º com redação determinada pela Lei n. 11.689, de 9-6-2008.

§ 2.º O julgamento será realizado mesmo na hipótese de a testemunha não ser encontrada no local indicado, se assim for certificado por oficial de justiça.

•• § 2.º com redação determinada pela Lei n. 11.689, de 9-6-2008.

Art. 462. Realizadas as diligências referidas nos arts. 454 a 461 deste Código, o juiz-presidente verificará se a urna contém as cédulas dos 25 (vinte e cinco) jurados sorteados, mandando que o escrivão proceda à chamada deles.

•• Artigo com redação determinada pela Lei n. 11.689, de 9-6-2008.

Art. 463. Comparecendo, pelo menos, 15 (quinze) jurados, o juiz-presidente declarará instalados os trabalhos, anunciando o processo que será submetido a julgamento.

•• *Caput* com redação determinada pela Lei n. 11.689, de 9-6-2008.

§ 1.º O oficial de justiça fará o pregão, certificando a diligência nos autos.

•• § 1.º com redação determinada pela Lei n. 11.689, de 9-6-2008.

§ 2.º Os jurados excluídos por impedimento ou suspeição serão computados para a constituição do número legal.

•• § 2.º com redação determinada pela Lei n. 11.689, de 9-6-2008.

Art. 464. Não havendo o número referido no art. 463 deste Código, proceder-se-á ao sorteio de tantos suplentes quantos necessários, e designar-se-á nova data para a sessão do júri.

•• Artigo com redação determinada pela Lei n. 11.689, de 9-6-2008.

Art. 465. Os nomes dos suplentes serão consignados em ata, remetendo-se o expediente de convocação, com observância do disposto nos arts. 434 e 435 deste Código.

•• Artigo com redação determinada pela Lei n. 11.689, de 9-6-2008.

Art. 466. Antes do sorteio dos membros do Conselho de Sentença, o juiz-presidente esclarecerá sobre os impedimentos, a suspeição e as incompatibilidades constantes dos arts. 448 e 449 deste Código.

•• *Caput* com redação determinada pela Lei n. 11.689, de 9-6-2008.

§ 1.º O juiz-presidente também advertirá os jurados de que, uma vez sorteados, não poderão comunicar-se entre si e com outrem, nem manifestar sua opinião sobre o processo, sob pena de exclusão do Conselho e multa, na forma do § 2.º do art. 436 deste Código.

•• § 1.º com redação determinada pela Lei n. 11.689, de 9-6-2008.

§ 2.º A incomunicabilidade será certificada nos autos pelo oficial de justiça.

•• § 2.º com redação determinada pela Lei n. 11.689, de 9-6-2008.

Art. 467. Verificando que se encontram na urna as cédulas relativas aos jurados presentes, o juiz-presidente sorteará 7 (sete) dentre eles para a formação do Conselho de Sentença.

•• Artigo com redação determinada pela Lei n. 11.689, de 9-6-2008.

Art. 468. À medida que as cédulas forem sendo retiradas da urna, o juiz-presidente as lerá, e a defesa e, depois dela, o Ministério Público poderão recusar os jurados sorteados, até 3 (três) cada parte, sem motivar a recusa.

•• *Caput* com redação determinada pela Lei n. 11.689, de 9-6-2008.

Parágrafo único. O jurado recusado imotivadamente por qualquer das partes será excluído daquela sessão de instrução e julgamento, prosseguindo-se o sorteio para a composição do Conselho de Sentença com os jurados remanescentes.

•• Parágrafo único com redação determinada pela Lei n. 11.689, de 9-6-2008.

Art. 469. Se forem 2 (dois) ou mais os acusados, as recusas poderão ser feitas por um só defensor.

•• *Caput* com redação determinada pela Lei n. 11.689, de 9-6-2008.

§ 1.º A separação dos julgamentos somente ocorrerá se, em razão das recusas, não for obtido o número mínimo de 7 (sete) jurados para compor o Conselho de Sentença.

•• § 1.º com redação determinada pela Lei n. 11.689, de 9-6-2008.

§ 2.º Determinada a separação dos julgamentos, será julgado em primeiro lugar o acusado a quem foi atribuída a autoria do fato ou, em caso de coautoria, aplicar-se-á o critério de preferência disposto no art. 429 deste Código.

•• § 2.º com redação determinada pela Lei n. 11.689, de 9-6-2008.

Art. 470. Desacolhida a arguição de impedimento, de suspeição ou de incompatibilidade contra o juiz-presidente do Tribunal do Júri, órgão do Ministério Público, jurado ou qualquer funcionário, o julgamento não será suspenso, devendo, entretanto, constar da ata o seu fundamento e a decisão.

•• Artigo com redação determinada pela Lei n. 11.689, de 9-6-2008.

Art. 471. Se, em consequência do impedimento, suspeição, incompatibilidade, dispensa ou recusa, não houver número para a formação do Conselho, o julgamento será adiado para o primeiro dia desimpedido, após sorteados os suplentes, com observância do disposto no art. 464 deste Código.

•• Artigo com redação determinada pela Lei n. 11.689, de 9-6-2008.

Art. 472. Formado o Conselho de Sentença, o presidente, levantando-se, e, com ele, todos os presentes, fará aos jurados a seguinte exortação:

Em nome da lei, concito-vos a examinar esta causa com imparcialidade e a proferir a vossa decisão de acordo com a vossa consciência e os ditames da justiça.

Os jurados, nominalmente chamados pelo presidente, responderão:

Assim o prometo.

•• *Caput* com redação determinada pela Lei n. 11.689, de 9-6-2008.

Parágrafo único. O jurado, em seguida, receberá cópias da pronúncia ou, se for o caso, das decisões posteriores que julgaram admissível a acusação e do relatório do processo.

•• Parágrafo único com redação determinada pela Lei n. 11.689, de 9-6-2008.

Seção XI
Da Instrução em Plenário

Art. 473. Prestado o compromisso pelos jurados, será iniciada a instrução plenária quando o juiz-presidente, o Ministério Público, o assistente, o querelante e o defensor do acusado tomarão, sucessiva e diretamente, as declarações do ofendido, se possível, e inquirirão as testemunhas arroladas pela acusação.

•• *Caput* com redação determinada pela Lei n. 11.689, de 9-6-2008.

§ 1.º Para a inquirição das testemunhas arroladas pela defesa, o defensor do acusado formulará as perguntas antes do Ministério Público e do assistente, mantidos no mais a ordem e os critérios estabelecidos neste artigo.

•• § 1.º com redação determinada pela Lei n. 11.689, de 9-6-2008.

§ 2.º Os jurados poderão formular perguntas ao ofendido e às testemunhas, por intermédio do juiz-presidente.

•• § 2.º com redação determinada pela Lei n. 11.689, de 9-6-2008.

§ 3.º As partes e os jurados poderão requerer acareações, reconhecimento de pessoas e coisas e esclarecimento dos peritos, bem como a leitura de peças que se refiram, exclusivamente, às provas colhidas por carta precatória e às provas cautelares, antecipadas ou não repetíveis.

•• § 3.º com redação determinada pela Lei n. 11.689, de 9-6-2008.

Art. 474. A seguir será o acusado interrogado, se estiver presente, na forma estabelecida no Capítulo III do Título VII do Livro I deste Código, com as alterações introduzidas nesta Seção.

•• *Caput* com redação determinada pela Lei n. 11.689, de 9-6-2008.

§ 1.º O Ministério Público, o assistente, o querelante e o defensor, nessa ordem, poderão formular, diretamente, perguntas ao acusado.

•• § 1.º com redação determinada pela Lei n. 11.689, de 9-6-2008.

§ 2.º Os jurados formularão perguntas por intermédio do juiz-presidente.

•• § 2.º com redação determinada pela Lei n. 11.689, de 9-6-2008.

§ 3.º Não se permitirá o uso de algemas no acusado durante o período em que permanecer no plenário do júri, salvo se absolutamente necessário à ordem dos trabalhos, à segurança das testemunhas ou à garantia da integridade física dos presentes.

•• § 3.º com redação determinada pela Lei n. 11.689, de 9-6-2008.

Art. 474-A. Durante a instrução em plenário, todas as partes e demais sujeitos processuais presentes no ato deverão respeitar a dignidade da vítima, sob pena de responsabilização civil, penal e administrativa, cabendo ao juiz presidente garantir o cumprimento do disposto neste artigo, vedadas:

•• *Caput* acrescentado pela Lei n. 14.245, de 22-11-2021.

I – a manifestação sobre circunstâncias ou elementos alheios aos fatos objeto de apuração nos autos;

•• Inciso I acrescentado pela Lei n. 14.245, de 22-11-2021.

II – a utilização de linguagem, de informações ou de material que ofendam a dignidade da vítima ou de testemunhas.

•• Inciso II acrescentado pela Lei n. 14.245, de 22-11-2021.

Art. 475. O registro dos depoimentos e do interrogatório será feito pelos meios ou recursos de gravação magnética, eletrônica, estenotipia ou técnica similar, destinada a obter maior fidelidade e celeridade na colheita da prova.

•• *Caput* com redação determinada pela Lei n. 11.689, de 9-6-2008.

Parágrafo único. A transcrição do registro, após feita a degravação, constará dos autos.

•• Parágrafo único com redação determinada pela Lei n. 11.689, de 9-6-2008.

Seção XII
Dos Debates

Art. 476. Encerrada a instrução, será concedida a palavra ao Ministério Público, que fará a acusação, nos limites da pronúncia ou das decisões posteriores que julgaram admissível a acusação, sustentando, se for o caso, a existência de circunstância agravante.

•• *Caput* com redação determinada pela Lei n. 11.689, de 9-6-2008.

§ 1.º O assistente falará depois do Ministério Público.

•• § 1.º com redação determinada pela Lei n. 11.689, de 9-6-2008.

§ 2.º Tratando-se de ação penal de iniciativa privada, falará em primeiro lugar o querelante e, em seguida, o Ministério Público, salvo se este houver retomado a titularidade da ação, na forma do art. 29 deste Código.

•• § 2.º com redação determinada pela Lei n. 11.689, de 9-6-2008.

§ 3.º Finda a acusação, terá a palavra a defesa.

•• § 3.º com redação determinada pela Lei n. 11.689, de 9-6-2008.

§ 4.º A acusação poderá replicar e a defesa treplicar, sendo admitida a reinquirição de testemunha já ouvida em plenário.

•• § 4.º com redação determinada pela Lei n. 11.689, de 9-6-2008.

Art. 477. O tempo destinado à acusação e à defesa será de uma hora e meia para cada, e de uma hora para a réplica e outro tanto para a tréplica.

•• *Caput* com redação determinada pela Lei n. 11.689, de 9-6-2008.

§ 1.º Havendo mais de um acusador ou mais de um defensor, combinarão entre si a distribuição do tempo, que, na falta de acordo, será dividido pelo juiz-presidente, de forma a não exceder o determinado neste artigo.

•• § 1.º com redação determinada pela Lei n. 11.689, de 9-6-2008.

§ 2.º Havendo mais de 1 (um) acusado, o tempo para a acusação e a defesa será acrescido de 1 (uma) hora e elevado ao dobro o da réplica e da tréplica, observado o disposto no § 1.º deste artigo.

•• § 2.º com redação determinada pela Lei n. 11.689, de 9-6-2008.

Art. 478. Durante os debates as partes não poderão, sob pena de nulidade, fazer referências:

•• *Caput* com redação determinada pela Lei n. 11.689, de 9-6-2008.

I – à decisão de pronúncia, às decisões posteriores que julgaram admissível a acusação ou à determinação do uso de algemas como argumento de autoridade que beneficiem ou prejudiquem o acusado;

•• Inciso I com redação determinada pela Lei n. 11.689, de 9-6-2008.

II – ao silêncio do acusado ou à ausência de interrogatório por falta de requerimento, em seu prejuízo.

•• Inciso II com redação determinada pela Lei n. 11.689, de 9-6-2008.

Art. 479. Durante o julgamento não será permitida a leitura de documento ou a exibição de objeto que não tiver sido juntado aos autos com a antecedência mínima de 3 (três) dias úteis, dando-se ciência à outra parte.

•• *Caput* com redação determinada pela Lei n. 11.689, de 9-6-2008.

Parágrafo único. Compreende-se na proibição deste artigo a leitura de jornais ou qualquer outro escrito, bem como a exibição de vídeos, gravações, fotografias, laudos, quadros, croqui ou qualquer outro meio assemelhado, cujo conteúdo versar sobre a matéria de fato submetida à apreciação e julgamento dos jurados.

•• Parágrafo único com redação determinada pela Lei n. 11.689, de 9-6-2008.

Art. 480. A acusação, a defesa e os jurados poderão, a qualquer momento e por intermédio do juiz-presidente, pedir ao orador que indique a folha dos autos onde se encontra a peça por ele lida ou citada, facultando-se, ainda, aos jurados solicitar-lhe, pelo mesmo meio, o esclarecimento de fato por ele alegado.

•• *Caput* com redação determinada pela Lei n. 11.689, de 9-6-2008.

§ 1.º Concluídos os debates, o presidente indagará dos jurados se estão habilitados a julgar ou se necessitam de outros esclarecimentos.

•• § 1.º com redação determinada pela Lei n. 11.689, de 9-6-2008.

§ 2.º Se houver dúvida sobre questão de fato, o presidente prestará esclarecimentos à vista dos autos.

•• § 2.º com redação determinada pela Lei n. 11.689, de 9-6-2008.

§ 3.º Os jurados, nesta fase do procedimento, terão acesso aos autos e aos instrumentos do crime se solicitarem ao juiz-presidente.

•• § 3.º com redação determinada pela Lei n. 11.689, de 9-6-2008.

Art. 481. Se a verificação de qualquer fato, reconhecida como essencial para o julgamento da causa, não puder ser realizada imediatamente, o juiz-presidente dissolverá o Conselho, ordenando a realização das diligências entendidas necessárias.

•• *Caput* com redação determinada pela Lei n. 11.689, de 9-6-2008.

Parágrafo único. Se a diligência consistir na produção de prova pericial, o juiz-presidente, desde logo, nomeará perito e formulará quesitos, facultando às partes também formulá-los e indicar assistentes técnicos, no prazo de 5 (cinco) dias.

•• Parágrafo único com redação determinada pela Lei n. 11.689, de 9-6-2008.

Seção XIII
Do Questionário e sua Votação

Art. 482. O Conselho de Sentença será questionado sobre matéria de fato e se o acusado deve ser absolvido.

•• *Caput* com redação determinada pela Lei n. 11.689, de 9-6-2008.

Parágrafo único. Os quesitos serão redigidos em proposições afirmativas, simples e distintas, de modo que cada um deles possa ser respondido com suficiente clareza e necessária precisão. Na sua elaboração, o presidente levará em conta os termos da pronúncia ou das decisões posteriores que julgaram admissível a acusação, do interrogatório e das alegações das partes.

•• Parágrafo único com redação determinada pela Lei n. 11.689, de 9-6-2008.

Art. 483. Os quesitos serão formulados na seguinte ordem, indagando sobre:

•• *Caput* com redação determinada pela Lei n. 11.689, de 9-6-2008.

I – a materialidade do fato;

•• Inciso I com redação determinada pela Lei n. 11.689, de 9-6-2008.

II – a autoria ou participação;

•• Inciso II com redação determinada pela Lei n. 11.689, de 9-6-2008.

III – se o acusado deve ser absolvido;

•• Inciso III com redação determinada pela Lei n. 11.689, de 9-6-2008.

•• O STF, na ADPF n. 779, de 1.º-8-2023 (*DOU* de 10-8-2023), por unanimidade, julgou integralmente procedente o pedido formulado na presente arguição de descumprimento de preceito fundamental para: "(i) firmar o entendimento de que a tese da legítima defesa da honra é inconstitucional, por contrariar os princípios constitucionais da dignidade da pessoa humana (art. 1.º, III, da CF), da proteção à vida e da igualdade de gênero (art. 5.º, *caput*, da CF); (ii) conferir interpretação conforme à Constituição aos arts. 23, inciso II, e 25, *caput* e parágrafo único, do Código Penal e ao art. 65 do Código de Processo Penal, de modo a excluir a legítima defesa da honra do âmbito do instituto da legítima defesa e, por consequência, (iii) obstar à defesa, à acusação, à autoridade policial e ao juízo que utilizem, direta ou indiretamente, a tese de legítima defesa da honra (ou qualquer argumento que induza à tese) nas fases pré-processual ou processual penais, bem como durante o julgamento perante o tribunal do júri, sob pena de nulidade do ato e do julgamento; (iv) diante da impossibilidade de o acusado beneficiar-se da própria torpeza, fica vedado o reconhecimento da nulidade, na hipótese de a defesa ter-se utilizado da tese com esta finalidade. Por fim, julgou procedente também o pedido sucessivo apresentado pelo requerente, de forma a conferir interpretação conforme à Constituição ao art. 483, III, § 2.º, do Código de Processo Penal, para entender que não fere a soberania dos veredictos do Tribunal do Júri o provimento de apelação que anule a absolvição fundada em quesito genérico, quando, de algum modo, possa implicar a repristinação da odiosa tese da legítima defesa da honra.".

IV – se existe causa de diminuição de pena alegada pela defesa;

•• Inciso IV com redação determinada pela Lei n. 11.689, de 9-6-2008.

V – se existe circunstância qualificadora ou causa de aumento de pena reconhecidas na pronúncia ou em decisões posteriores que julgaram admissível a acusação.

•• Inciso V com redação determinada pela Lei n. 11.689, de 9-6-2008.

§ 1.º A resposta negativa, de mais de 3 (três) jurados, a qualquer dos quesitos referidos nos incisos I e II do *caput* deste artigo encerra a votação e implica a absolvição do acusado.

•• § 1.º com redação determinada pela Lei n. 11.689, de 9-6-2008.

•• *Vide* art. 5.º, XXXVIII, *b*, da CF.

§ 2.º Respondidos afirmativamente por mais de 3 (três) jurados os quesitos relativos aos incisos I e II do *caput* deste artigo será formulado quesito com a seguinte redação:

O jurado absolve o acusado?

•• § 2.º com redação determinada pela Lei n. 11.689, de 9-6-2008.

•• *Vide* art. 5.º, XXXVIII, *b*, da CF.

•• O STF, na ADPF n. 779, de 1.º-8-2023 (*DOU* de 10-8-2023), por unanimidade, julgou integralmente procedente o pedido formulado na presente arguição de descumprimento de preceito fundamental para: "(i) firmar o entendimento de que a tese da legítima defesa da honra é inconstitucional, por contrariar os princípios constitucionais da dignidade da pessoa humana (art. 1.º, III, da CF), da proteção à vida e da igualdade de gênero (art. 5.º, *caput*, da CF); (ii) conferir interpretação conforme à Constituição aos arts. 23, inciso II, e 25, *caput* e parágrafo único, do Código Penal e ao art. 65 do Código de Processo Penal, de modo a excluir a legítima defesa da honra do âmbito do instituto da legítima defesa e, por consequência, (iii) obstar à defesa, à acusação, à autoridade policial e ao juízo que utilizem, direta ou indiretamente, a tese de legítima defesa da honra (ou qualquer argumento que induza à tese) nas fases pré-processual ou processual penais, bem como durante o julgamento perante o tribunal do júri, sob pena de nulidade do ato e do julgamento; (iv) diante da impossibilidade de o acusado beneficiar-se da própria torpeza, fica vedado o reconhecimento da nulidade, na hipótese de a defesa ter-se utilizado da tese com esta finalidade. Por fim, julgou procedente também o pedido sucessivo apresentado pelo requerente, de forma a conferir interpretação conforme à Constituição ao art. 483, III, § 2.º, do Código de Processo Penal, para entender que não fere a soberania dos veredictos do Tribunal do Júri o provimento de apelação que anule a absolvição fundada em quesito genérico, quando, de algum modo, possa implicar a repristinação da odiosa tese da legítima defesa da honra.".

§ 3.º Decidindo os jurados pela condenação, o julgamento prossegue, devendo ser formulados quesitos sobre:

I – causa de diminuição de pena alegada pela defesa;

II – circunstância qualificadora ou causa de aumento de pena, reconhecidas na pronúncia ou em decisões posteriores que julgaram admissível a acusação.

•• § 3.º com redação determinada pela Lei n. 11.689, de 9-6-2008.

§ 4.º Sustentada a desclassificação da infração para outra de competência do juiz singular, será formulado quesito a respeito, para ser respondido após o 2.º (segundo) ou 3.º (terceiro) quesito, conforme o caso.

•• § 4.º com redação determinada pela Lei n. 11.689, de 9-6-2008.

§ 5.º Sustentada a tese de ocorrência do crime na sua forma tentada ou havendo divergência sobre a tipificação do delito, sendo este da competência do Tribunal do Júri, o juiz formulará quesito acerca destas questões, para ser respondido após o segundo quesito.

•• § 5.º com redação determinada pela Lei n. 11.689, de 9-6-2008.

§ 6.º Havendo mais de um crime ou mais de um acusado, os quesitos serão formulados em séries distintas.

•• § 6.º com redação determinada pela Lei n. 11.689, de 9-6-2008.

Art. 484. A seguir, o presidente lerá os quesitos e indagará das partes se têm requerimento ou reclamação a fazer, devendo qualquer deles, bem como a decisão, constar da ata.

•• *Caput* com redação determinada pela Lei n. 11.689, de 9-6-2008.

Parágrafo único. Ainda em plenário, o juiz-presidente explicará aos jurados o significado de cada quesito.

•• Parágrafo único com redação determinada pela Lei n. 11.689, de 9-6-2008.

Art. 485. Não havendo dúvida a ser esclarecida, o juiz-presidente, os jurados, o Ministério Público, o assistente, o querelante, o defensor do acusado, o escrivão e o oficial de justiça dirigir-se-ão à sala especial a fim de ser procedida a votação.

•• *Caput* com redação determinada pela Lei n. 11.689, de 9-6-2008.

§ 1.º Na falta de sala especial, o juiz-presidente determinará que o público se retire, permanecendo somente as pessoas mencionadas no *caput* deste artigo.

•• § 1.º com redação determinada pela Lei n. 11.689, de 9-6-2008.

§ 2.º O juiz-presidente advertirá as partes de que não será permitida qualquer intervenção que possa perturbar a livre manifestação do Conselho e fará retirar da sala quem se portar inconvenientemente.

•• § 2.º com redação determinada pela Lei n. 11.689, de 9-6-2008.

Art. 486. Antes de proceder-se à votação de cada quesito, o juiz-presidente mandará distribuir aos jurados pequenas cédulas, feitas de papel opaco e facilmente dobráveis, contendo 7 (sete) delas a palavra *sim*, 7 (sete) a palavra *não*.

•• Artigo com redação determinada pela Lei n. 11.689, de 9-6-2008.

Art. 487. Para assegurar o sigilo do voto, o oficial de justiça recolherá em urnas separadas as cédulas correspondentes aos votos e as não utilizadas.

•• Artigo com redação determinada pela Lei n. 11.689, de 9-6-2008.

•• *Vide* art. 5.º, XXXVIII, *b*, da CF.

Art. 488. Após a resposta, verificados os votos e as cédulas não utilizadas, o presidente determinará que o escrivão registre no termo a votação de cada quesito, bem como o resultado do julgamento.

•• *Caput* com redação determinada pela Lei n. 11.689, de 9-6-2008.

Parágrafo único. Do termo também constará a conferência das cédulas não utilizadas.

•• Parágrafo único com redação determinada pela Lei n. 11.689, de 9-6-2008.

Art. 489. As decisões do Tribunal do Júri serão tomadas por maioria de votos.

•• Artigo com redação determinada pela Lei n. 11.689, de 9-6-2008.

Art. 490. Se a resposta a qualquer dos quesitos estiver em contradição com outra ou outras já dadas, o presidente, explicando aos jurados em que consiste a contradição, submeterá novamente à votação os quesitos a que se referirem tais respostas.

•• *Caput* com redação determinada pela Lei n. 11.689, de 9-6-2008.

Parágrafo único. Se, pela resposta dada a um dos quesitos, o presidente verificar que ficam prejudicados os seguintes, assim o declarará, dando por finda a votação.

•• Parágrafo único com redação determinada pela Lei n. 11.689, de 9-6-2008.

Art. 491. Encerrada a votação, será o termo a que se refere o art. 488 deste Código assinado pelo presidente, pelos jurados e pelas partes.

•• Artigo com redação determinada pela Lei n. 11.689, de 9-6-2008.

Seção XIV
Da Sentença

Art. 492. Em seguida, o presidente proferirá sentença que:

•• *Caput* com redação determinada pela Lei n. 11.689, de 9-6-2008.

I – no caso de condenação:

•• Inciso I, *caput*, com redação determinada pela Lei n. 11.689, de 9-6-2008.

a) fixará a pena-base;

•• Alínea *a* acrescentada pela Lei n. 11.689, de 9-6-2008.

b) considerará as circunstâncias agravantes ou atenuantes alegadas nos debates;

•• Alínea *b* acrescentada pela Lei n. 11.689, de 9-6-2008.

Processo Comum **Arts. 492 a 494**

c) imporá os aumentos ou diminuições da pena, em atenção às causas admitidas pelo júri;

•• Alínea c acrescentada pela Lei n. 11.689, de 9-6-2008.

d) observará as demais disposições do art. 387 deste Código;

•• Alínea d acrescentada pela Lei n. 11.689, de 9-6-2008.

e) mandará o acusado recolher-se ou recomendá-lo-á à prisão em que se encontra, se presentes os requisitos da prisão preventiva, ou, no caso de condenação a uma pena igual ou superior a 15 (quinze) anos de reclusão, determinará a execução provisória das penas, com expedição do mandado de prisão, se for o caso, sem prejuízo do conhecimento de recursos que vierem a ser interpostos;

•• Alínea e com redação determinada pela Lei n. 13.964, de 24-12-2019.

f) estabelecerá os efeitos genéricos e específicos da condenação;

•• Alínea f acrescentada pela Lei n. 11.689, de 9-6-2008.

II – no caso de absolvição:

•• Inciso II, caput, com redação determinada pela Lei n. 11.689, de 9-6-2008.

a) mandará colocar em liberdade o acusado se por outro motivo não estiver preso;

•• Alínea a com redação determinada pela Lei n. 11.689, de 9-6-2008.

b) revogará as medidas restritivas provisoriamente decretadas;

•• Alínea b com redação determinada pela Lei n. 11.689, de 9-6-2008.

c) imporá, se for o caso, a medida de segurança cabível.

•• Alínea c com redação determinada pela Lei n. 11.689, de 9-6-2008.

§ 1.º Se houver desclassificação da infração para outra, de competência do juiz singular, ao presidente do Tribunal do Júri caberá proferir sentença em seguida, aplicando-se, quando o delito resultante da nova tipificação for considerado pela lei como infração penal de menor potencial ofensivo, o disposto nos arts. 69 e seguintes da Lei n. 9.099, de 26 de setembro de 1995.

•• § 1.º com redação determinada pela Lei n. 11.689, de 9-6-2008.

§ 2.º Em caso de desclassificação, o crime conexo que não seja doloso contra a vida será julgado pelo juiz-presidente do Tribunal do Júri, aplicando-se, no que couber, o disposto no § 1.º deste artigo.

•• § 2.º com redação determinada pela Lei n. 11.689, de 9-6-2008.

§ 3.º O presidente poderá, excepcionalmente, deixar de autorizar a execução provisória das penas de que trata a alínea e do inciso I do *caput* deste artigo, se houver questão substancial cuja resolução pelo tribunal ao qual competir o julgamento possa plausivelmente levar à revisão da condenação.

•• § 3.º acrescentado pela Lei n. 13.964, de 24-12-2019.

§ 4.º A apelação interposta contra decisão condenatória do Tribunal do Júri a uma pena igual ou superior a 15 (quinze) anos de reclusão não terá efeito suspensivo.

•• § 4.º acrescentado pela Lei n. 13.964, de 24-12-2019.

§ 5.º Excepcionalmente, poderá o tribunal atribuir efeito suspensivo à apelação de que trata o § 4.º deste artigo, quando verificado cumulativamente que o recurso:

•• § 5.º, *caput*, acrescentado pela Lei n. 13.964, de 24-12-2019.

I – não tem propósito meramente protelatório; e

•• Inciso I acrescentado pela Lei n. 13.964, de 24-12-2019.

II – levanta questão substancial e que pode resultar em absolvição, anulação da sentença, novo julgamento ou redução da pena para patamar inferior a 15 (quinze) anos de reclusão.

•• Inciso II acrescentado pela Lei n. 13.964, de 24-12-2019.

§ 6.º O pedido de concessão de efeito suspensivo poderá ser feito incidentemente na apelação ou por meio de petição em separado dirigida diretamente ao relator, instruída com cópias da sentença condenatória, das razões da apelação e de prova da tempestividade, das contrarrazões e das demais peças necessárias à compreensão da controvérsia.

•• § 6.º acrescentado pela Lei n. 13.964, de 24-12-2019.

Art. 493. A sentença será lida em plenário pelo presidente antes de encerrada a sessão de instrução e julgamento.

•• Artigo com redação determinada pela Lei n. 11.689, de 9-6-2008.

Seção XV
Da Ata dos Trabalhos

Art. 494. De cada sessão de julgamento o escrivão lavrará ata, assinada pelo presidente e pelas partes.

•• Artigo com redação determinada pela Lei n. 11.689, de 9-6-2008.

Art. 495. A ata descreverá fielmente todas as ocorrências, mencionando obrigatoriamente:

•• *Caput* com redação determinada pela Lei n. 11.689, de 9-6-2008.

I – a data e a hora da instalação dos trabalhos;

•• Inciso I com redação determinada pela Lei n. 11.689, de 9-6-2008.

II – o magistrado que presidiu a sessão e os jurados presentes;

•• Inciso II com redação determinada pela Lei n. 11.689, de 9-6-2008.

III – os jurados que deixaram de comparecer, com escusa ou sem ela, e as sanções aplicadas;

•• Inciso III com redação determinada pela Lei n. 11.689, de 9-6-2008.

IV – o ofício ou requerimento de isenção ou dispensa;

•• Inciso IV com redação determinada pela Lei n. 11.689, de 9-6-2008.

V – o sorteio dos jurados suplentes;

•• Inciso V com redação determinada pela Lei n. 11.689, de 9-6-2008.

VI – o adiamento da sessão, se houver ocorrido, com a indicação do motivo;

•• Inciso VI com redação determinada pela Lei n. 11.689, de 9-6-2008.

VII – a abertura da sessão e a presença do Ministério Público, do querelante e do assistente, se houver, e a do defensor do acusado;

•• Inciso VII com redação determinada pela Lei n. 11.689, de 9-6-2008.

VIII – o pregão e a sanção imposta, no caso de não comparecimento;

•• Inciso VIII com redação determinada pela Lei n. 11.689, de 9-6-2008.

IX – as testemunhas dispensadas de depor;

•• Inciso IX com redação determinada pela Lei n. 11.689, de 9-6-2008.

X – o recolhimento das testemunhas a lugar de onde umas não pudessem ouvir o depoimento das outras;

•• Inciso X com redação determinada pela Lei n. 11.689, de 9-6-2008.

XI – a verificação das cédulas pelo juiz-presidente;

•• Inciso XI com redação determinada pela Lei n. 11.689, de 9-6-2008.

XII – a formação do Conselho de Sentença, com o registro dos nomes dos jurados sorteados e recusas;

•• Inciso XII com redação determinada pela Lei n. 11.689, de 9-6-2008.

XIII – o compromisso e o interrogatório, com simples referência ao termo;

•• Inciso XIII com redação determinada pela Lei n. 11.689, de 9-6-2008.

XIV – os debates e as alegações das partes com os respectivos fundamentos;

•• Inciso XIV com redação determinada pela Lei n. 11.689, de 9-6-2008.

XV – os incidentes;

•• Inciso XV com redação determinada pela Lei n. 11.689, de 9-6-2008.

XVI – o julgamento da causa;

•• Inciso XVI com redação determinada pela Lei n. 11.689, de 9-6-2008.

XVII – a publicidade dos atos da instrução plenária, das diligências e da sentença.

•• Inciso XVII com redação determinada pela Lei n. 11.689, de 9-6-2008.

Art. 496. A falta da ata sujeitará o responsável a sanções administrativa e penal.

•• Artigo com redação determinada pela Lei n. 11.689, de 9-6-2008.

Seção XVI
Das Atribuições do Presidente do Tribunal do Júri

Art. 497. São atribuições do juiz-presidente do Tribunal do Júri, além de outras expressamente referidas neste Código:

•• *Caput* com redação determinada pela Lei n. 11.689, de 9-6-2008.

I – regular a polícia das sessões e prender os desobedientes;

•• Inciso I com redação determinada pela Lei n. 11.689, de 9-6-2008.

II – requisitar o auxílio da força pública, que ficará sob sua exclusiva autoridade;

•• Inciso II com redação determinada pela Lei n. 11.689, de 9-6-2008.

III – dirigir os debates, intervindo em caso de abuso, excesso de linguagem ou mediante requerimento de uma das partes;

•• Inciso III com redação determinada pela Lei n. 11.689, de 9-6-2008.

Processos Especiais   **Arts. 497 a 516**

IV – resolver as questões incidentes que não dependam de pronunciamento do júri;

- • Inciso IV com redação determinada pela Lei n. 11.689, de 9-6-2008.

V – nomear defensor ao acusado, quando considerá--lo indefeso, podendo, neste caso, dissolver o Conselho e designar novo dia para o julgamento, com a nomeação ou a constituição de novo defensor;

- • Inciso V com redação determinada pela Lei n. 11.689, de 9-6-2008.

VI – mandar retirar da sala o acusado que dificultar a realização do julgamento, o qual prosseguirá sem a sua presença;

- • Inciso VI com redação determinada pela Lei n. 11.689, de 9-6-2008.

VII – suspender a sessão pelo tempo indispensável à realização das diligências requeridas ou entendidas necessárias, mantida a incomunicabilidade dos jurados;

- • Inciso VII com redação determinada pela Lei n. 11.689, de 9-6-2008.

VIII – interromper a sessão por tempo razoável, para proferir sentença e para repouso ou refeição dos jurados;

- • Inciso VIII com redação determinada pela Lei n. 11.689, de 9-6-2008.

IX – decidir, de ofício, ouvidos o Ministério Público e a defesa, ou a requerimento de qualquer destes, a arguição de extinção de punibilidade;

- • Inciso IX com redação determinada pela Lei n. 11.689, de 9-6-2008.

X – resolver as questões de direito suscitadas no curso do julgamento;

- • Inciso X com redação determinada pela Lei n. 11.689, de 9-6-2008.

XI – determinar, de ofício ou a requerimento das partes ou de qualquer jurado, as diligências destinadas a sanar nulidade ou a suprir falta que prejudique o esclarecimento da verdade;

- • Inciso XI com redação determinada pela Lei n. 11.689, de 9-6-2008.

XII – regulamentar, durante os debates, a intervenção de uma das partes, quando a outra estiver com a palavra, podendo conceder até 3 (três) minutos para cada aparte requerido, que serão acrescidos ao tempo desta última.

- • Inciso XII com redação determinada pela Lei n. 11.689, de 9-6-2008.

Capítulo III
DO PROCESSO E DO JULGAMENTO DOS CRIMES DA COMPETÊNCIA DO JUIZ SINGULAR

Arts. 498 a 502. (*Revogados pela Lei n. 11.719, de 20-6-2008.*)

TÍTULO II
DOS PROCESSOS ESPECIAIS

Capítulo I
DO PROCESSO E DO JULGAMENTO DOS CRIMES DE FALÊNCIA

Arts. 503 a 512. (*Revogados pela Lei n. 11.101, de 9-2-2005.*)

- • *Vide* arts. 183 a 188 da Lei n. 11.101, de 9-2-2005 – Lei de Falências e Recuperação de Empresas.

Capítulo II
DO PROCESSO E DO JULGAMENTO DOS CRIMES DE RESPONSABILIDADE DOS FUNCIONÁRIOS PÚBLICOS

Art. 513. Nos crimes de responsabilidade dos funcionários públicos, cujo processo e julgamento competirão aos juízes de direito, a queixa ou a denúncia será instruída com documentos ou justificação que façam presumir a existência do delito ou com declaração fundamentada da impossibilidade de apresentação de qualquer dessas provas.

Art. 514. Nos crimes afiançáveis, estando a denúncia ou queixa em devida forma, o juiz mandará autuá-la e ordenará a notificação do acusado, para responder por escrito, dentro do prazo de 15 (quinze) dias.

- • *Vide* Súmula 330 do STJ.

Parágrafo único. Se não for conhecida a residência do acusado, ou este se achar fora da jurisdição do juiz, ser-lhe-á nomeado defensor, a quem caberá apresentar a resposta preliminar.

Art. 515. No caso previsto no artigo anterior, durante o prazo concedido para a resposta, os autos permanecerão em cartório, onde poderão ser examinados pelo acusado ou por seu defensor.

Parágrafo único. A resposta poderá ser instruída com documentos e justificações.

Art. 516. O juiz rejeitará a queixa ou denúncia, em despacho fundamentado, se convencido, pela resposta do acusado ou do seu defensor, da inexistência do crime ou da improcedência da ação.

Art. 517. Recebida a denúncia ou a queixa, será o acusado citado, na forma estabelecida no Capítulo I do Título X do Livro I.

Art. 518. Na instrução criminal e nos demais termos do processo, observar-se-á o disposto nos Capítulos I e III, Título I, deste Livro.

•• Os arts. 498 a 502, que constavam do citado Capítulo III do Título I deste Livro, foram revogados pela Lei n. 11.719, de 20-6-2008.

Capítulo III
DO PROCESSO E DO JULGAMENTO DOS CRIMES DE CALÚNIA E INJÚRIA, DE COMPETÊNCIA DO JUIZ SINGULAR

•• Direito de Resposta: *vide* Lei n. 13.188, de 11-11-2015.

Art. 519. No processo por crime de calúnia ou injúria, para o qual não haja outra forma estabelecida em lei especial, observar-se-á o disposto nos Capítulos I e III, Título I, deste Livro, com as modificações constantes dos artigos seguintes.

Art. 520. Antes de receber a queixa, o juiz oferecerá às partes oportunidade para se reconciliarem, fazendo-as comparecer em juízo e ouvindo-as, separadamente, sem a presença dos seus advogados, não se lavrando termo.

Art. 521. Se depois de ouvir o querelante e o querelado, o juiz achar provável a reconciliação, promoverá entendimento entre eles, na sua presença.

Art. 522. No caso de reconciliação, depois de assinado pelo querelante o termo da desistência, a queixa será arquivada.

Art. 523. Quando for oferecida a exceção da verdade ou da notoriedade do fato imputado, o querelante poderá contestar a exceção no prazo de 2 (dois) dias, podendo ser inquiridas as testemunhas arroladas na queixa, ou outras indicadas naquele prazo, em substituição às primeiras, ou para completar o máximo legal.

Capítulo IV
DO PROCESSO E DO JULGAMENTO DOS CRIMES CONTRA A PROPRIEDADE IMATERIAL

Art. 524. No processo e julgamento dos crimes contra a propriedade imaterial, observar-se-á o disposto nos Capítulos I e III do Título I deste Livro, com as modificações constantes dos artigos seguintes.

Art. 525. No caso de haver o crime deixado vestígio, a queixa ou a denúncia não será recebida se não for instruída com o exame pericial dos objetos que constituam o corpo de delito.

Art. 526. Sem a prova de direito à ação, não será recebida a queixa, nem ordenada qualquer diligência preliminarmente requerida pelo ofendido.

Art. 527. A diligência de busca ou de apreensão será realizada por dois peritos nomeados pelo juiz, que verificarão a existência de fundamento para a apreensão, e quer esta se realize, quer não, o laudo pericial será apresentado dentro de 3 (três) dias após o encerramento da diligência.

Parágrafo único. O requerente da diligência poderá impugnar o laudo contrário à apreensão, e o juiz ordenará que esta se efetue, se reconhecer a improcedência das razões aduzidas pelos peritos.

Art. 528. Encerradas as diligências, os autos serão conclusos ao juiz para homologação do laudo.

Art. 529. Nos crimes de ação privativa do ofendido, não será admitida queixa com fundamento em apreensão e em perícia, se decorrido o prazo de 30 (trinta) dias, após a homologação do laudo.

Parágrafo único. Será dada vista ao Ministério Público dos autos de busca e apreensão requeridas pelo ofendido, se o crime for de ação pública e não tiver sido oferecida queixa no prazo fixado neste artigo.

Art. 530. Se ocorrer prisão em flagrante e o réu não for posto em liberdade, o prazo a que se refere o artigo anterior será de 8 (oito) dias.

Art. 530-A. O disposto nos arts. 524 a 530 será aplicável aos crimes em que se proceda mediante queixa.

•• Artigo acrescentado pela Lei n. 10.695, de 1.º-7-2003.

Art. 530-B. Nos casos das infrações previstas nos §§ 1.º, 2.º e 3.º do art. 184 do Código Penal, a autoridade policial procederá à apreensão dos bens ilicitamente produzidos ou reproduzidos, em sua totalidade, juntamente com os equipamentos, suportes e materiais que possibilitaram a sua existência, desde que estes se destinem precipuamente à prática do ilícito.

•• Artigo acrescentado pela Lei n. 10.695, de 1.º-7-2003.

•• Os dispositivos citados do CP tratam sobre violação de direitos autorais.

Art. 530-C. Na ocasião da apreensão será lavrado termo, assinado por 2 (duas) ou mais testemunhas, com a descrição de todos os bens apreendidos e informações sobre suas origens, o qual deverá integrar o inquérito policial ou o processo.

•• Artigo acrescentado pela Lei n. 10.695, de 1.º-7-2003.

Art. 530-D. Subsequente à apreensão, será realizada, por perito oficial, ou, na falta deste, por pessoa tecnicamente habilitada, perícia sobre todos os bens apreendidos e elaborado o laudo que deverá integrar o inquérito policial ou o processo.

•• Artigo acrescentado pela Lei n. 10.695, de 1.º-7-2003.

Art. 530-E. Os titulares de direito de autor e os que lhe são conexos serão os fiéis depositários de todos os bens apreendidos, devendo colocá-los à disposição do juiz quando do ajuizamento da ação.

•• Artigo acrescentado pela Lei n. 10.695, de 1.º-7-2003.

Art. 530-F. Ressalvada a possibilidade de se preservar o corpo de delito, o juiz poderá determinar, a requerimento da vítima, a destruição da produção ou reprodução apreendida quando não houver impugnação quanto à sua ilicitude ou quando a ação penal não puder ser iniciada por falta de determinação de quem seja o autor do ilícito.

•• Artigo acrescentado pela Lei n. 10.695, de 1.º-7-2003.

Art. 530-G. O juiz, ao prolatar a sentença condenatória, poderá determinar a destruição dos bens ilicitamente produzidos ou reproduzidos e o perdimento dos equipamentos apreendidos, desde que precipuamente destinados à produção e reprodução dos bens, em favor da Fazenda Nacional, que deverá destruí-los ou doá-los aos Estados, Municípios e Distrito Federal, a instituições públicas de ensino e pesquisa ou de assistência social, bem como incorporá-los, por economia ou interesse público, ao patrimônio da União, que não poderão retorná-los aos canais de comércio.

•• Artigo acrescentado pela Lei n. 10.695, de 1.º-7-2003.

Art. 530-H. As associações de titulares de direitos de autor e os que lhes são conexos poderão, em seu próprio nome, funcionar como assistente da acusação nos crimes previstos no art. 184 do Código Penal, quando praticado em detrimento de qualquer de seus associados.

•• Artigo acrescentado pela Lei n. 10.695, de 1.º-7-2003.

Art. 530-I. Nos crimes em que caiba ação penal pública incondicionada ou condicionada, observar-se-ão as normas constantes dos arts. 530-B, 530-C, 530-D, 530-E, 530-F, 530-G e 530-H.

•• Artigo acrescentado pela Lei n. 10.695, de 1.º-7-2003.

Capítulo V
DO PROCESSO SUMÁRIO

Art. 531. Na audiência de instrução e julgamento, a ser realizada no prazo máximo de 30 (trinta) dias, proceder-se-á à tomada de declarações do ofendido, se possível, à inquirição das testemunhas arroladas pela acusação e pela defesa, nesta ordem, ressalvado o disposto no art. 222 deste Código, bem como aos esclarecimentos dos peritos, às acareações e ao reconhecimento de pessoas e coisas, interrogando-se, em seguida, o acusado e procedendo-se, finalmente, ao debate.

•• Artigo com redação determinada pela Lei n. 11.719, de 20-6-2008.

Art. 532. Na instrução, poderão ser inquiridas até 5 (cinco) testemunhas arroladas pela acusação e 5 (cinco) pela defesa.

•• Artigo com redação determinada pela Lei n. 11.719, de 20-6-2008.

Art. 533. Aplica-se ao procedimento sumário o disposto nos parágrafos do art. 400 deste Código.

•• *Caput* com redação determinada pela Lei n. 11.719, de 20-6-2008.

§§ 1.º a 4.º (*Revogados pela Lei n. 11.719, de 20-6-2008.*)

Art. 534. As alegações finais serão orais, concedendo-se a palavra, respectivamente, à acusação e à defesa, pelo prazo de 20 (vinte) minutos, prorrogáveis por mais 10 (dez), proferindo o juiz, a seguir, sentença.

•• *Caput* com redação determinada pela Lei n. 11.719, de 20-6-2008.

§ 1.º Havendo mais de um acusado, o tempo previsto para a defesa de cada um será individual.

•• § 1.º acrescentado pela Lei n. 11.719, de 20-6-2008.

§ 2.º Ao assistente do Ministério Público, após a manifestação deste, serão concedidos 10 (dez) minutos, prorrogando-se por igual período o tempo de manifestação da defesa.

•• § 2.º acrescentado pela Lei n. 11.719, de 20-6-2008.

Art. 535. Nenhum ato será adiado, salvo quando imprescindível a prova faltante, determinando o juiz a condução coercitiva de quem deva comparecer.

•• *Caput* com redação determinada pela Lei n. 11.719, de 20-6-2008.

§§ 1.º e 2.º (*Revogados pela Lei n. 11.719, de 20-6-2008.*)

Art. 536. A testemunha que comparecer será inquirida, independentemente da suspensão da audiência, observada em qualquer caso a ordem estabelecida no art. 531 deste Código.

•• Artigo com redação determinada pela Lei n. 11.719, de 20-6-2008.

Art. 537. (Revogado pela Lei n. 11.719, de 20-6-2008.)

Art. 538. Nas infrações penais de menor potencial ofensivo, quando o juizado especial criminal encaminhar ao juízo comum as peças existentes para a adoção de outro procedimento, observar-se-á o procedimento sumário previsto neste Capítulo.

•• Caput com redação determinada pela Lei n. 11.719, de 20-6-2008.

§§ 1.º a 4.º (Revogados pela Lei n. 11.719, de 20-6-2008.)

Arts. 539 e 540. (Revogados pela Lei n. 11.719, de 20-6-2008.)

Capítulo VI
DO PROCESSO DE RESTAURAÇÃO DE AUTOS EXTRAVIADOS OU DESTRUÍDOS

Art. 541. Os autos originais de processo penal extraviados ou destruídos, em primeira ou segunda instância, serão restaurados.

§ 1.º Se existir e for exibida cópia autêntica ou certidão do processo, será uma ou outra considerada como original.

§ 2.º Na falta de cópia autêntica ou certidão do processo, o juiz mandará, de ofício, ou a requerimento de qualquer das partes, que:

a) o escrivão certifique o estado do processo, segundo a sua lembrança, e reproduza o que houver a respeito em seus protocolos e registros;

b) sejam requisitadas cópias do que constar a respeito no Instituto Médico-Legal, no Instituto de Identificação e Estatística ou em estabelecimentos congêneres, repartições públicas, penitenciárias ou cadeias;

c) as partes sejam citadas pessoalmente, ou, se não forem encontradas, por edital, com o prazo de 10 (dez) dias, para o processo de restauração dos autos.

§ 3.º Proceder-se-á à restauração na primeira instância, ainda que os autos se tenham extraviado na segunda.

Art. 542. No dia designado, as partes serão ouvidas, mencionando-se em termo circunstanciado os pontos em que estiverem acordes e a exibição e a conferência das certidões e mais reproduções do processo apresentadas e conferidas.

Art. 543. O juiz determinará as diligências necessárias para a restauração, observando-se o seguinte:

I – caso ainda não tenha sido proferida a sentença, reinquirir-se-ão as testemunhas, podendo ser substituídas as que tiverem falecido ou se encontrarem em lugar não sabido;

II – os exames periciais, quando possível, serão repetidos, e de preferência pelos mesmos peritos;

III – a prova documental será reproduzida por meio de cópia autêntica ou, quando impossível, por meio de testemunhas;

IV – poderão também ser inquiridas sobre os atos do processo, que deverá ser restaurado, as autoridades, os serventuários, os peritos e mais pessoas que tenham nele funcionado;

V – o Ministério Público e as partes poderão oferecer testemunhas e produzir documentos, para provar o teor do processo extraviado ou destruído.

Art. 544. Realizadas as diligências que, salvo motivo de força maior, deverão concluir-se dentro de 20 (vinte) dias, serão os autos conclusos para julgamento.

Parágrafo único. No curso do processo, e depois de subirem os autos conclusos para sentença, o juiz poderá, dentro em 5 (cinco) dias, requisitar de autoridades ou de repartições todos os esclarecimentos para a restauração.

Art. 545. Os selos e as taxas judiciárias, já pagos nos autos originais, não serão novamente cobrados.

Art. 546. Os causadores de extravio de autos responderão pelas custas, em dobro, sem prejuízo da responsabilidade criminal.

Art. 547. Julgada a restauração, os autos respectivos valerão pelos originais.

Parágrafo único. Se no curso da restauração aparecerem os autos originais, nestes continuará o processo, apensos a eles os autos da restauração.

Art. 548. Até a decisão que julgue restaurados os autos, a sentença condenatória em execução continuará a produzir efeito, desde que conste da respectiva guia arquivada na cadeia ou na penitenciária, onde o réu estiver cumprindo a pena, ou do registro que torne a sua existência inequívoca.

Capítulo VII
DO PROCESSO DE APLICAÇÃO DE MEDIDA DE SEGURANÇA POR FATO NÃO CRIMINOSO

•• Após a Reforma Penal da Parte Geral do CP pela Lei n. 7.209, de 11-7-1984, não se aplica mais a medida de segurança prevista neste Capítulo.

Art. 549. Se a autoridade policial tiver conhecimento de fato que, embora não constituindo infração penal, possa determinar a aplicação de medida de segurança (Código Penal, arts. 14 e 27), deverá proceder a inquérito, a fim de apurá-lo e averiguar todos os elementos que possam interessar à verificação da periculosidade do agente.

•• Referência a dispositivos originais do CP. *Vide* arts. 17 (crime impossível) e 31 (casos de impunibilidade) da nova Parte Geral.

Art. 550. O processo será promovido pelo Ministério Público, mediante requerimento que conterá a exposição sucinta do fato, as suas circunstâncias e todos os elementos em que se fundar o pedido.

Art. 551. O juiz, ao deferir o requerimento, ordenará a intimação do interessado para comparecer em juízo, a fim de ser interrogado.

Art. 552. Após o interrogatório ou dentro do prazo de 2 (dois) dias, o interessado ou seu defensor poderá oferecer alegações.

Parágrafo único. O juiz nomeará defensor ao interessado que não o tiver.

Art. 553. O Ministério Público, ao fazer o requerimento inicial, e a defesa, no prazo estabelecido no artigo anterior, poderão requerer exames, diligências e arrolar até três testemunhas.

Art. 554. Após o prazo de defesa ou a realização dos exames e diligências ordenados pelo juiz, de ofício ou a requerimento das partes, será marcada audiência, em que, inquiridas as testemunhas e produzidas alegações orais pelo órgão do Ministério Público e pelo defensor, dentro de 10 (dez) minutos para cada um, o juiz proferirá sentença.

Parágrafo único. Se o juiz não se julgar habilitado a proferir a decisão, designará, desde logo, outra audiência, que se realizará dentro de 5 (cinco) dias, para publicar a sentença.

Art. 555. Quando, instaurado processo por infração penal, o juiz, absolvendo ou impronunciando o réu, reconhecer a existência de qualquer dos fatos previstos no art. 14 ou no art. 27 do Código Penal, aplicar-lhe-á, se for caso, medida de segurança.

•• Referência a dispositivos originais do CP. Na nova Parte Geral, correspondem aos arts. 17 (crime impossível) e 31 (casos de imputabilidade).

Título III
DOS PROCESSOS DE COMPETÊNCIA DO SUPREMO TRIBUNAL FEDERAL E DOS TRIBUNAIS DE APELAÇÃO

•• Este Título foi revogado pela Lei n. 8.658, de 26-5-1993.

Capítulo I
DA INSTRUÇÃO

Arts. 556 a 560. (*Revogados pela Lei n. 8.658, de 26-5-1993.*)

Capítulo II
DO JULGAMENTO

Arts. 561 e 562. (*Revogados pela Lei n. 8.658, de 26-5-1993.*)

Livro III
DAS NULIDADES E DOS RECURSOS EM GERAL

Título I
DAS NULIDADES

Art. 563. Nenhum ato será declarado nulo, se da nulidade não resultar prejuízo para a acusação ou para a defesa.

Art. 564. A nulidade ocorrerá nos seguintes casos:

I – por incompetência, suspeição ou suborno do juiz;

II – por ilegitimidade de parte;

III – por falta das fórmulas ou dos termos seguintes:

a) a denúncia ou a queixa e a representação e, nos processos de contravenções penais, a portaria ou o auto de prisão em flagrante;

b) o exame do corpo de delito nos crimes que deixam vestígios, ressalvado o disposto no art. 167;

c) a nomeação de defensor ao réu presente, que o não tiver, ou ao ausente, e de curador ao menor de 21 (vinte e um) anos;

•• O art. 5.º, *caput*, do CC estabelece a maioridade civil aos dezoito anos completos.

d) a intervenção do Ministério Público em todos os termos da ação por ele intentada e nos da intentada pela parte ofendida, quando se tratar de crime de ação pública;

e) a citação do réu para ver-se processar, o seu interrogatório, quando presente, e os prazos concedidos à acusação e à defesa;

f) a sentença de pronúncia, o libelo e a entrega da respectiva cópia, com o rol de testemunhas, nos processos perante o Tribunal do Júri;

•• A Lei n. 11.689, de 9-6-2008, que alterou o procedimento relativo aos processos de competência do Tribunal do Júri, extinguiu o libelo.

g) a intimação do réu para a sessão de julgamento, pelo Tribunal do Júri, quando a lei não permitir o julgamento à revelia;

h) a intimação das testemunhas arroladas no libelo e na contrariedade, nos termos estabelecidos pela lei;

i) a presença pelo menos de 15 (quinze) jurados para a constituição do júri;

j) o sorteio dos jurados do conselho de sentença em número legal e sua incomunicabilidade;

k) os quesitos e as respectivas respostas;

l) a acusação e a defesa, na sessão de julgamento;

m) a sentença;

n) o recurso de ofício, nos casos em que a lei o tenha estabelecido;

o) a intimação, nas condições estabelecidas pela lei, para ciência de sentenças e despachos de que caiba recurso;

p) no Supremo Tribunal Federal e nos Tribunais de Apelação, o *quorum* legal para o julgamento;

•• Sobre Tribunais de Apelação, *vide* Nota dos Organizadores.

IV – por omissão de formalidade que constitua elemento essencial do ato;

V – em decorrência de decisão carente de fundamentação.

•• Inciso V acrescentado pela Lei n. 13.964, de 24-12-2019.

Parágrafo único. Ocorrerá ainda a nulidade, por deficiência dos quesitos ou das suas respostas, e contradição entre estas.

•• Parágrafo único acrescentado pela Lei n. 263, de 23-2-1948.

Art. 565. Nenhuma das partes poderá arguir nulidade a que haja dado causa, ou para que tenha concorrido, ou referente a formalidade cuja observância só à parte contrária interesse.

Art. 566. Não será declarada a nulidade de ato processual que não houver influído na apuração da verdade substancial ou na decisão da causa.

Art. 567. A incompetência do juízo anula somente os atos decisórios, devendo o processo, quando for declarada a nulidade, ser remetido ao juiz competente.

Art. 568. A nulidade por ilegitimidade do representante da parte poderá ser a todo tempo sanada, mediante ratificação dos atos processuais.

Art. 569. As omissões da denúncia ou da queixa, da representação, ou, nos processos das contravenções penais, da portaria ou do auto de prisão em flagrante, poderão ser supridas a todo o tempo, antes da sentença final.

Art. 570. A falta ou a nulidade da citação, da intimação ou notificação estará sanada, desde que o interessado compareça, antes de o ato consumar-se, embora declare que o faz para o único fim de argui-la.

Recursos em Geral   **Arts. 570 a 578**

O juiz ordenará, todavia, a suspensão ou o adiamento do ato, quando reconhecer que a irregularidade poderá prejudicar direito da parte.

Art. 571. As nulidades deverão ser arguidas:

I – as da instrução criminal dos processos da competência do júri, nos prazos a que se refere o art. 406;

•• *Vide* art. 411 do CPP.

II – as da instrução criminal dos processos de competência do juiz singular e dos processos especiais, salvo os dos Capítulos V e VII do Título II do Livro II, nos prazos a que se refere o art. 500;

•• *Vide* art. 400 do CPP.

III – as do processo sumário, no prazo a que se refere o art. 537, ou, se verificadas depois desse prazo, logo depois de aberta a audiência e apregoadas as partes;

•• Citado art. 537 do CPP foi revogado pela Lei n. 11.719, de 20-6-2008.

•• *Vide* art. 531 do CPP.

•• *Vide* Lei n. 9.099, de 26-9-1995.

IV – as do processo regulado no Capítulo VII do Título II do Livro II, logo depois de aberta a audiência;

V – as ocorridas posteriormente à pronúncia, logo depois de anunciado o julgamento e apregoadas as partes (art. 447);

•• Com a redação dada ao art. 447 pela Lei n. 11.689, de 9-6-2008, entendemos que a remissão correta seja ao art. 454 do CPP.

VI – as de instrução criminal dos processos de competência do Supremo Tribunal Federal e dos Tribunais de Apelação, nos prazos a que se refere o art. 500;

•• Sobre Tribunal de Apelação, *vide* Nota dos Organizadores.

•• Citado art. 500 do CPP foi revogado pela Lei n. 11.719, de 20-6-2008.

•• *Vide* art. 102 da CF.

•• *Vide* arts. 400 e 610 do CPP.

VII – se verificadas após a decisão da primeira instância, nas razões de recurso ou logo depois de anunciado o julgamento do recurso e apregoadas as partes;

VIII – as do julgamento em plenário, em audiência ou em sessão do tribunal, logo depois de ocorrerem.

Art. 572. As nulidades previstas no art. 564, III, *d* e *e*, segunda parte, *g* e *h*, e IV, considerar-se-ão sanadas:

I – se não forem arguidas, em tempo oportuno, de acordo com o disposto no artigo anterior;

II – se, praticado por outra forma, o ato tiver atingido o seu fim;

III – se a parte, ainda que tacitamente, tiver aceito os seus efeitos.

Art. 573. Os atos, cuja nulidade não tiver sido sanada, na forma dos artigos anteriores, serão renovados ou retificados.

§ 1.º A nulidade de um ato, uma vez declarada, causará a dos atos que dele diretamente dependam ou sejam consequência.

§ 2.º O juiz que pronunciar a nulidade declarará os atos a que ela se estende.

Título II
DOS RECURSOS EM GERAL

Capítulo I
DISPOSIÇÕES GERAIS

Art. 574. Os recursos serão voluntários, excetuando-se os seguintes casos, em que deverão ser interpostos, de ofício, pelo juiz:

I – da sentença que conceder *habeas corpus*;

II – da que absolver desde logo o réu com fundamento na existência de circunstância que exclua o crime ou isente o réu de pena, nos termos do art. 411.

•• O art. 411 foi alterado pela Lei n. 11.689, de 9-6-2008, e não dispõe mais sobre a matéria. Sobre absolvição sumária, *vide* arts. 415 e 416 do CPP.

Art. 575. Não serão prejudicados os recursos que, por erro, falta ou omissão dos funcionários, não tiverem seguimento ou não forem apresentados dentro do prazo.

Art. 576. O Ministério Público não poderá desistir de recurso que haja interposto.

Art. 577. O recurso poderá ser interposto pelo Ministério Público, ou pelo querelante, ou pelo réu, seu procurador ou seu defensor.

Parágrafo único. Não se admitirá, entretanto, recurso da parte que não tiver interesse na reforma ou modificação da decisão.

Art. 578. O recurso será interposto por petição ou por termo nos autos, assinado pelo recorrente ou por seu representante.

§ 1.º Não sabendo ou não podendo o réu assinar o nome, o termo será assinado por alguém, a seu rogo, na presença de duas testemunhas.

§ 2.º A petição de interposição de recurso, com o despacho do juiz, será, até o dia seguinte ao último do prazo, entregue ao escrivão, que certificará no termo da juntada a data da entrega.

§ 3.º Interposto por termo o recurso, o escrivão, sob pena de suspensão por 10 (dez) a 30 (trinta) dias, fará conclusos os autos ao juiz, até o dia seguinte ao último do prazo.

Art. 579. Salvo a hipótese de má-fé, a parte não será prejudicada pela interposição de um recurso por outro.

Parágrafo único. Se o juiz, desde logo, reconhecer a impropriedade do recurso interposto pela parte, mandará processá-lo de acordo com o rito do recurso cabível.

Art. 580. No caso de concurso de agentes (Código Penal, art. 25), a decisão do recurso interposto por um dos réus, se fundado em motivos que não sejam de caráter exclusivamente pessoal, aproveitará aos outros.

•• Referência a dispositivo original do CP. Vide art. 29 da nova Parte Geral do mesmo Código.

Capítulo II
DO RECURSO EM SENTIDO ESTRITO

Art. 581. Caberá recurso, no sentido estrito, da decisão, despacho ou sentença:

•• Vide art. 593, § 4.º, do CPP.

I – que não receber a denúncia ou a queixa;

II – que concluir pela incompetência do juízo;

III – que julgar procedentes as exceções, salvo a de suspeição;

IV – que pronunciar o réu;

•• Inciso IV com redação determinada pela Lei n. 11.689, de 9-6-2008.

V – que conceder, negar, arbitrar, cassar ou julgar inidônea a fiança, indeferir requerimento de prisão preventiva ou revogá-la, conceder liberdade provisória ou relaxar a prisão em flagrante;

•• Inciso V com redação determinada pela Lei n. 7.780, de 22-6-1989.

VI – (Revogado pela Lei n. 11.689, de 9-6-2008.)

VII – que julgar quebrada a fiança ou perdido o seu valor;

VIII – que decretar a prescrição ou julgar, por outro modo, extinta a punibilidade;

IX – que indeferir o pedido de reconhecimento da prescrição ou de outra causa extintiva da punibilidade;

X – que conceder ou negar a ordem de *habeas corpus*;

XI – que conceder, negar ou revogar a suspensão condicional da pena;

XII – que conceder, negar ou revogar livramento condicional;

•• Do livramento condicional: vide arts. 131 a 146 e 197 da Lei n. 7.210, de 11-7-1984.

XIII – que anular o processo da instrução criminal, no todo ou em parte;

XIV – que incluir jurado na lista geral ou desta o excluir;

XV – que denegar a apelação ou a julgar deserta;

XVI – que ordenar a suspensão do processo, em virtude de questão prejudicial;

XVII – que decidir sobre a unificação de penas;

•• Vide arts. 111 e 197 da Lei n. 7.210, de 11-7-1984.

XVIII – que decidir o incidente de falsidade;

XIX – que decretar medida de segurança, depois de transitar a sentença em julgado;

•• Da execução das medidas de segurança: vide arts. 171 a 179 e 197 da Lei n. 7.210, de 11-7-1984.

XX – que impuser medida de segurança por transgressão de outra;

•• Vide nota ao inciso XIX deste artigo.

XXI – que mantiver ou substituir a medida de segurança, nos casos do art. 774;

•• Vide nota ao inciso XIX deste artigo.

XXII – que revogar a medida de segurança;

•• Vide nota ao inciso XIX deste artigo.

XXIII – que deixar de revogar a medida de segurança, nos casos em que a lei admita a revogação;

•• Vide nota ao inciso XIX deste artigo.

XXIV – que converter a multa em detenção ou em prisão simples.

XXV – que recusar homologação à proposta de acordo de não persecução penal, previsto no art. 28-A desta Lei.

•• Inciso XXV acrescentado pela Lei n. 13.964, de 24-12-2019.

Art. 582. Os recursos serão sempre para o Tribunal de Apelação, salvo nos casos dos ns. V, X e XIV.

Recursos em Geral   Arts. 582 a 593

•• Sobre Tribunal de Apelação, vide Nota dos Organizadores.

Parágrafo único. O recurso, no caso do n. XIV, será para o presidente do Tribunal de Apelação.

Art. 583. Subirão nos próprios autos os recursos:
I – quando interpostos de ofício;
II – nos casos do art. 581, I, III, IV, VI, VIII e X;
III – quando o recurso não prejudicar o andamento do processo.

Parágrafo único. O recurso da pronúncia subirá em traslado, quando, havendo dois ou mais réus, qualquer deles se conformar com a decisão ou todos não tiverem sido ainda intimados da pronúncia.

Art. 584. Os recursos terão efeito suspensivo nos casos de perda da fiança, de concessão de livramento condicional e dos ns. XV, XVII e XXIV do art. 581.

§ 1.º Ao recurso interposto de sentença de impronúncia ou no caso do n. VIII do art. 581, aplicar-se-á o disposto nos arts. 596 e 598.

§ 2.º O recurso da pronúncia suspenderá tão somente o julgamento.

§ 3.º O recurso do despacho que julgar quebrada a fiança suspenderá unicamente o efeito de perda da metade do seu valor.

Art. 585. O réu não poderá recorrer da pronúncia senão depois de preso, salvo se prestar fiança, nos casos em que a lei a admitir.

Art. 586. O recurso voluntário poderá ser interposto no prazo de 5 (cinco) dias.

Parágrafo único. No caso do art. 581, XIV, o prazo será de 20 (vinte) dias, contado da data da publicação definitiva da lista de jurados.

Art. 587. Quando o recurso houver de subir por instrumento, a parte indicará, no respectivo termo, ou em requerimento avulso, as peças dos autos de que pretenda traslado.

Parágrafo único. O traslado será extraído, conferido e concertado no prazo de 5 (cinco) dias, e dele constarão sempre a decisão recorrida, a certidão de sua intimação, se por outra forma não for possível verificar-se a oportunidade do recurso, e o termo de interposição.

Art. 588. Dentro de 2 (dois) dias, contados da interposição do recurso, ou do dia em que o escrivão, extraído o traslado, o fizer com vista ao recorrente, este oferecerá as razões e, em seguida, será aberta vista ao recorrido por igual prazo.

Parágrafo único. Se o recorrido for o réu, será intimado do prazo na pessoa do defensor.

Art. 589. Com a resposta do recorrido ou sem ela, será o recurso concluso ao juiz, que, dentro de 2 (dois) dias, reformará ou sustentará o seu despacho, mandando instruir o recurso com os traslados que lhe parecerem necessários.

Parágrafo único. Se o juiz reformar o despacho recorrido, a parte contrária, por simples petição, poderá recorrer da nova decisão, se couber recurso, não sendo mais lícito ao juiz modificá-la. Neste caso, independentemente de novos arrazoados, subirá o recurso nos próprios autos ou em traslado.

Art. 590. Quando for impossível ao escrivão extrair o traslado no prazo da lei, poderá o juiz prorrogá-lo até o dobro.

Art. 591. Os recursos serão apresentados ao juiz ou tribunal *ad quem*, dentro de 5 (cinco) dias da publicação da resposta do juiz *a quo*, ou entregues ao Correio dentro do mesmo prazo.

Art. 592. Publicada a decisão do juiz ou do tribunal *ad quem*, deverão os autos ser devolvidos, dentro de 5 (cinco) dias, ao juiz *a quo*.

Capítulo III
DA APELAÇÃO

Art. 593. Caberá apelação no prazo de 5 (cinco) dias:
I – das sentenças definitivas de condenação ou absolvição proferidas por juiz singular;
II – das decisões definitivas, ou com força de definitivas, proferidas por juiz singular nos casos não previstos no Capítulo anterior;
III – das decisões do Tribunal do Júri, quando:
a) ocorrer nulidade posterior à pronúncia;
b) for a sentença do juiz-presidente contrária à lei expressa ou à decisão dos jurados;
c) houver erro ou injustiça no tocante à aplicação da pena ou da medida de segurança;
d) for a decisão dos jurados manifestamente contrária à prova dos autos.

•• *Caput* com redação determinada pela Lei n. 263, de 23-2-1948.

§ 1.º Se a sentença do juiz-presidente for contrária à lei expressa ou divergir das respostas dos jurados aos quesitos, o tribunal *ad quem* fará a devida retificação.

Arts. 593 a 603 — Recursos em Geral

•• § 1.º com redação determinada pela Lei n. 263, de 23-2-1948.

§ 2.º Interposta a apelação com fundamento no n. III, c, deste artigo, o tribunal *ad quem*, se lhe der provimento, retificará a aplicação da pena ou da medida de segurança.

•• § 2.º com redação determinada pela Lei n. 263, de 23-2-1948.

§ 3.º Se a apelação se fundar no n. III, d, deste artigo, e o tribunal *ad quem* se convencer de que a decisão dos jurados é manifestamente contrária à prova dos autos, dar-lhe-á provimento para sujeitar o réu a novo julgamento; não se admite, porém, pelo mesmo motivo, segunda apelação.

•• § 3.º com redação determinada pela Lei n. 263, de 23-2-1948.

§ 4.º Quando cabível a apelação, não poderá ser usado o recurso em sentido estrito, ainda que somente de parte da decisão se recorra.

•• § 4.º com redação determinada pela Lei n. 263, de 23-2-1948.

Art. 594. (*Revogado pela Lei n. 11.719, de 20-6-2008.*)

Art. 595. (*Revogado pela Lei n. 12.403, de 4-5-2011.*)

Art. 596. A apelação da sentença absolutória não impedirá que o réu seja posto imediatamente em liberdade.

• *Caput* com redação determinada pela Lei n. 5.941, de 22-11-1973.

Parágrafo único. A apelação não suspenderá a execução da medida de segurança aplicada provisoriamente.

•• Parágrafo único com redação determinada pela Lei n. 5.941, de 22-11-1973, e tacitamente revogado pela Reforma Penal de 1984.

Art. 597. A apelação de sentença condenatória terá efeito suspensivo, salvo o disposto no art. 393, a aplicação provisória de interdições de direitos e de medidas de segurança (arts. 374 e 378), e o caso de suspensão condicional de pena.

Art. 598. Nos crimes de competência do Tribunal do Júri, ou do juiz singular, se da sentença não for interposta apelação pelo Ministério Público no prazo legal, o ofendido ou qualquer das pessoas enumeradas no art. 31, ainda que não se tenha habilitado como assistente, poderá interpor apelação, que não terá, porém, efeito suspensivo.

Parágrafo único. O prazo para interposição desse recurso será de 15 (quinze) dias e correrá do dia em que terminar o do Ministério Público.

Art. 599. As apelações poderão ser interpostas quer em relação a todo o julgado, quer em relação a parte dele.

Art. 600. Assinado o termo de apelação, o apelante e, depois dele, o apelado terão o prazo de 8 (oito) dias cada um para oferecer razões, salvo nos processos de contravenção, em que o prazo será de 3 (três) dias.

§ 1.º Se houver assistente, este arrazoará, no prazo de 3 (três) dias, após o Ministério Público.

§ 2.º Se a ação penal for movida pela parte ofendida, o Ministério Público terá vista dos autos, no prazo do parágrafo anterior.

§ 3.º Quando forem dois ou mais os apelantes ou apelados, os prazos serão comuns.

§ 4.º Se o apelante declarar, na petição ou no termo, ao interpor a apelação, que deseja arrazoar na superior instância serão os autos remetidos ao tribunal *ad quem* onde será aberta vista às partes, observados os prazos legais, notificadas as partes pela publicação oficial.

•• § 4.º acrescentado pela Lei n. 4.336, de 1.º-6-1964.

Art. 601. Findos os prazos para razões, os autos serão remetidos à instância superior, com as razões ou sem elas, no prazo de 5 (cinco) dias, salvo no caso do art. 603, segunda parte, em que o prazo será de 30 (trinta) dias.

§ 1.º Se houver mais de um réu, e não houverem todos sido julgados, ou não tiverem todos apelado, caberá ao apelante promover extração do traslado dos autos, o qual deverá ser remetido à instância superior no prazo de 30 (trinta) dias, contado da data da entrega das últimas razões de apelação, ou do vencimento do prazo para a apresentação das do apelado.

§ 2.º As despesas do traslado correrão por conta de quem o solicitar, salvo se o pedido for de réu pobre ou do Ministério Público.

Art. 602. Os autos serão, dentro dos prazos do artigo anterior, apresentados ao tribunal *ad quem* ou entregues ao Correio, sob registro.

Art. 603. A apelação subirá nos autos originais e, a não ser no Distrito Federal e nas comarcas que forem sede de Tribunal de Apelação, ficará em cartório traslado dos termos essenciais do processo referidos no art. 564, III.

Arts. 604 a 606. (*Revogados pela Lei n. 263, de 23-2-1948.*)

Capítulo IV
DO PROTESTO POR NOVO JÚRI

Arts. 607 e 608. (*Revogados pela Lei n. 11.689, de 9-6-2008.*)

Capítulo V
DO PROCESSO E DO JULGAMENTO DOS RECURSOS EM SENTIDO ESTRITO E DAS APELAÇÕES, NOS TRIBUNAIS DE APELAÇÃO

•• Tribunais de Apelação: antiga denominação substituída por Tribunais de Justiça.

Art. 609. Os recursos, apelações e embargos serão julgados pelos Tribunais de Justiça, câmaras ou turmas criminais, de acordo com a competência estabelecida nas leis de organização judiciária.

•• *Caput* com redação determinada pela Lei n. 1.720-B, de 3-11-1952.

Parágrafo único. Quando não for unânime a decisão de segunda instância, desfavorável ao réu, admitem-se embargos infringentes e de nulidade, que poderão ser opostos dentro de 10 (dez) dias, a contar da publicação do acórdão, na forma do art. 613. Se o desacordo for parcial, os embargos serão restritos à matéria objeto de divergência.

•• Parágrafo único com redação determinada pela Lei n. 1.720-B, de 3-11-1952.

Art. 610. Nos recursos em sentido estrito, com exceção do de *habeas corpus*, e nas apelações interpostas das sentenças em processo de contravenção ou de crime a que a lei comine pena de detenção, os autos irão imediatamente com vista ao procurador-geral pelo prazo de 5 (cinco) dias, e, em seguida, passarão, por igual prazo, ao relator, que pedirá designação de dia para o julgamento.

•• Com o advento das Leis n. 9.099, de 26-9-1995, e 10.259, de 12-7-2011, a aplicação deste dispositivo restou prejudicada.

Parágrafo único. Anunciado o julgamento pelo presidente, e apregoadas as partes, com a presença destas ou à sua revelia, o relator fará a exposição do feito e, em seguida, o presidente concederá, pelo prazo de 10 (dez) minutos, a palavra aos advogados ou às partes que a solicitarem e ao procurador-geral, quando o requerer, por igual prazo.

Art. 611. (*Revogado pelo Decreto-lei n. 552, de 25-4-1969.*)

Art. 612. Os recursos de *habeas corpus*, designado o relator, serão julgados na primeira sessão.

Art. 613. As apelações interpostas das sentenças proferidas em processos por crime a que a lei comine pena de reclusão, deverão ser processadas e julgadas pela forma estabelecida no art. 610, com as seguintes modificações:

I – exarado o relatório nos autos, passarão estes ao revisor, que terá igual prazo para o exame do processo e pedirá designação de dia para o julgamento;

II – os prazos serão ampliados ao dobro;

III – o tempo para os debates será de um quarto de hora.

Art. 614. No caso de impossibilidade de observância de qualquer dos prazos marcados nos arts. 610 e 613, os motivos da demora serão declarados nos autos.

Art. 615. O tribunal decidirá por maioria de votos.

§ 1.º Em todos os julgamentos em matéria penal ou processual penal em órgãos colegiados, havendo empate, prevalecerá a decisão mais favorável ao indivíduo imputado, proclamando-se de imediato esse resultado, ainda que, nas hipóteses de vaga aberta a ser preenchida, de impedimento, de suspeição ou de ausência, tenha sido o julgamento tomado sem a totalidade dos integrantes do colegiado.

•• § 1.º com redação determinada pela Lei n. 14.836, de 8-4-2024.

§ 2.º O acórdão será apresentado à conferência na primeira sessão seguinte à do julgamento, ou no prazo de duas sessões, pelo juiz incumbido de lavrá-lo.

Art. 616. No julgamento das apelações poderá o tribunal, câmara ou turma proceder a novo interrogatório do acusado, reinquirir testemunhas ou determinar outras diligências.

Art. 617. O tribunal, câmara ou turma atenderá nas suas decisões ao disposto nos arts. 383, 386 e 387, no que for aplicável, não podendo, porém, ser agravada a pena, quando somente o réu houver apelado da sentença.

Art. 618. Os regimentos dos Tribunais de Apelação estabelecerão as normas complementares para o processo e julgamento dos recursos e apelações.

•• Sobre Tribunais de Apelação, *vide* Nota dos Organizadores.

Capítulo VI
DOS EMBARGOS

Art. 619. Aos acórdãos proferidos pelos Tribunais de Apelação, câmaras ou turmas, poderão ser opostos embargos de declaração, no prazo de 2 (dois) dias contado da sua publicação, quando houver na sentença ambiguidade, obscuridade, contradição ou omissão.

Art. 620. Os embargos de declaração serão deduzidos em requerimento de que constem os pontos em que o acórdão é ambíguo, obscuro, contraditório ou omisso.

§ 1.º O requerimento será apresentado pelo relator e julgado, independentemente de revisão, na primeira sessão.

§ 2.º Se não preenchidas as condições enumeradas neste artigo, o relator indeferirá desde logo o requerimento.

Capítulo VII
DA REVISÃO

Art. 621. A revisão dos processos findos será admitida:

I – quando a sentença condenatória for contrária ao texto expresso da lei penal ou à evidência dos autos;

II – quando a sentença condenatória se fundar em depoimentos, exames ou documentos comprovadamente falsos;

III – quando, após a sentença, se descobrirem novas provas de inocência do condenado ou de circunstância que determine ou autorize diminuição especial da pena.

Art. 622. A revisão poderá ser requerida em qualquer tempo, antes da extinção da pena ou após.

Parágrafo único. Não será admissível a reiteração do pedido, salvo se fundado em novas provas.

Art. 623. A revisão poderá ser pedida pelo próprio réu ou por procurador legalmente habilitado ou, no caso de morte do réu, pelo cônjuge, ascendente, descendente ou irmão.

•• *Vide* arts. 127 e 133 da CF.

Art. 624. As revisões criminais serão processadas e julgadas:

I – pelo Supremo Tribunal Federal, quanto às condenações por ele proferidas;

II – pelo Tribunal Federal de Recursos, Tribunais de Justiça ou de Alçada, nos demais casos.

•• *Caput* e incisos com redação determinada pelo Decreto-lei n. 504, de 18-3-1969.

•• Sobre TFR e Tribunais de Alçada, *vide* Nota dos Organizadores.

§ 1.º No Supremo Tribunal Federal e no Tribunal Federal de Recursos o processo e julgamento obedecerão ao que for estabelecido no respectivo regimento interno.

•• § 1.º com redação determinada pelo Decreto-lei n. 504, de 18-3-1969.

•• Sobre TFR, *vide* Nota dos Organizadores.

§ 2.º Nos Tribunais de Justiça ou de Alçada, o julgamento será efetuado pelas câmaras ou turmas criminais, reunidas em sessão conjunta, quando houver mais de uma, e, no caso contrário, pelo tribunal pleno.

•• § 2.º com redação determinada pelo Decreto-lei n. 504, de 18-3-1969.

•• Sobre Tribunais de Alçada, *vide* Nota dos Organizadores.

§ 3.º Nos tribunais onde houver quatro ou mais câmaras ou turmas criminais, poderão ser constituídos dois ou mais grupos de câmaras ou turmas para o julgamento de revisão, obedecido o que for estabelecido no respectivo regimento interno.

•• § 3.º com redação determinada pelo Decreto-lei n. 504, de 18-3-1969.

Art. 625. O requerimento será distribuído a um relator e a um revisor, devendo funcionar como relator um desembargador que não tenha pronunciado decisão em qualquer fase do processo.

§ 1.º O requerimento será instruído com a certidão de haver passado em julgado a sentença condenatória e com as peças necessárias à comprovação dos fatos arguidos.

§ 2.º O relator poderá determinar que se apensem os autos originais, se daí não advier dificuldade à execução normal da sentença.

§ 3.º Se o relator julgar insuficientemente instruído o pedido e inconveniente ao interesse da justiça que se apensem os autos originais, indeferi-lo-á *in limine*, dando recurso para as câmaras reunidas ou para o tribunal, conforme o caso (art. 624, parágrafo único).

•• Prejudicada a referência ao art. 624, parágrafo único, modificado pelo Decreto-lei n. 504, de 18-3-1969.

§ 4.º Interposto o recurso por petição e independentemente de termo, o relator apresentará o processo em mesa para o julgamento e o relatará, sem tomar parte na discussão.

§ 5.º Se o requerimento não for indeferido *in limine*, abrir-se-á vista dos autos ao procurador-geral, que dará parecer no prazo de 10 (dez) dias. Em seguida, examinados os autos, sucessivamente, em igual prazo, pelo relator e revisor, julgar-se-á o pedido na sessão que o presidente designar.

Art. 626. Julgando procedente a revisão, o tribunal poderá alterar a classificação da infração, absolver o réu, modificar a pena ou anular o processo.

Parágrafo único. De qualquer maneira, não poderá ser agravada a pena imposta pela decisão revista.

Art. 627. A absolvição implicará o restabelecimento de todos os direitos perdidos em virtude da condenação, devendo o tribunal, se for caso, impor a medida de segurança cabível.

Art. 628. Os regimentos internos dos Tribunais de Apelação estabelecerão as normas complementares para o processo e julgamento das revisões criminais.

•• Tribunais de Apelação: antiga denominação substituída por Tribunais de Justiça.

Art. 629. À vista da certidão do acórdão que cassar a sentença condenatória, o juiz mandará juntá-la imediatamente aos autos, para inteiro cumprimento da decisão.

Art. 630. O tribunal, se o interessado o requerer, poderá reconhecer o direito a uma justa indenização pelos prejuízos sofridos.

§ 1.º Por essa indenização, que será liquidada no juízo cível, responderá a União, se a condenação tiver sido proferida pela justiça do Distrito Federal ou de Território, ou o Estado, se o tiver sido pela respectiva justiça.

§ 2.º A indenização não será devida:

a) se o erro ou a injustiça da condenação proceder de ato ou falta imputável ao próprio impetrante, como a confissão ou a ocultação de prova em seu poder;

b) se a acusação houver sido meramente privada.

Art. 631. Quando, no curso da revisão, falecer a pessoa, cuja condenação tiver de ser revista, o presidente do tribunal nomeará curador para a defesa.

Capítulo VIII
DO RECURSO EXTRAORDINÁRIO

Arts. 632 a 636. (*Revogados pela Lei n. 3.396, de 2-6-1958.*)

Art. 637. O recurso extraordinário não tem efeito suspensivo, e uma vez arrazoados pelo recorrido os autos do traslado, os originais baixarão à primeira instância, para a execução da sentença.

Art. 638. O recurso extraordinário e o recurso especial serão processados e julgados no Supremo Tribunal Federal e no Superior Tribunal de Justiça na forma estabelecida por leis especiais, pela lei processual civil e pelos respectivos regimentos internos.

•• Artigo com redação determinada pela Lei n. 13.964, de 24-12-2019.

Capítulo IX
DA CARTA TESTEMUNHÁVEL

Art. 639. Dar-se-á carta testemunhável:

I – da decisão que denegar o recurso;

II – da que, admitindo embora o recurso, obstar à sua expedição e seguimento para o juízo *ad quem*.

Art. 640. A carta testemunhável será requerida ao escrivão, ou ao secretário do tribunal, conforme o caso, nas 48 (quarenta e oito) horas seguintes ao despacho que denegar o recurso, indicando o requerente as peças do processo que deverão ser trasladadas.

Art. 641. O escrivão, ou o secretário do tribunal, dará recibo da petição à parte e, no prazo máximo de 5 (cinco) dias, no caso de recurso no sentido estrito, ou de 60 (sessenta) dias, no caso de recurso extraordinário, fará entrega da carta, devidamente conferida e concertada.

Art. 642. O escrivão, ou o secretário do tribunal, que se negar a dar o recibo, ou deixar de entregar, sob qualquer pretexto, o instrumento, será suspenso por 30 (trinta) dias. O juiz, ou o presidente do Tribunal de Apelação, em face de representação do testemunhante, imporá a pena e mandará que seja extraído o instrumento, sob a mesma sanção, pelo substituto do escrivão ou do secretário do tribunal. Se o testemunhante não for atendido, poderá reclamar ao presidente do tribunal *ad quem*, que avocará os autos, para o efeito do julgamento do recurso e imposição da pena.

Art. 643. Extraído e autuado o instrumento, observar-se-á o disposto nos arts. 588 a 592, no caso de recurso em sentido estrito, ou o processo estabelecido para o recurso extraordinário, se deste se tratar.

Art. 644. O tribunal, câmara ou turma a que competir o julgamento da carta, se desta tomar conhecimento, mandará processar o recurso, ou, se estiver suficientemente instruída, decidirá logo, *de meritis*.

Art. 645. O processo da carta testemunhável na instância superior seguirá o processo do recurso denegado.

Art. 646. A carta testemunhável não terá efeito suspensivo.

Capítulo X
DO *HABEAS CORPUS* E SEU PROCESSO

Art. 647. Dar-se-á *habeas corpus* sempre que alguém sofrer ou se achar na iminência de sofrer violência ou coação ilegal na sua liberdade de ir e vir, salvo nos casos de punição disciplinar.

Art. 647-A. No âmbito de sua competência jurisdicional, qualquer autoridade judicial poderá expedir de ofício ordem de *habeas corpus*, individual ou coletivo, quando, no curso de qualquer processo judicial, verificar que, por violação ao ordenamento jurídico, alguém sofre ou se acha ameaçado de sofrer violência ou coação em sua liberdade de locomoção.

•• *Caput* acrescentado pela Lei n. 14.836, de 8-4-2024.

Parágrafo único. A ordem de *habeas corpus* poderá ser concedida de ofício pelo juiz ou pelo tribunal em processo de competência originária ou recursal, ainda que não conhecidos a ação ou o recurso em que veiculado o pedido de cessação de coação ilegal.

•• Parágrafo único acrescentado pela Lei n. 14.836, de 8-4-2024.

Art. 648. A coação considerar-se-á ilegal:
I – quando não houver justa causa;
II – quando alguém estiver preso por mais tempo do que determina a lei;
III – quando quem ordenar a coação não tiver competência para fazê-lo;
IV – quando houver cessado o motivo que autorizou a coação;
V – quando não for alguém admitido a prestar fiança, nos casos em que a lei a autoriza;
VI – quando o processo for manifestamente nulo;
VII – quando extinta a punibilidade.

Art. 649. O juiz ou o tribunal, dentro dos limites da sua jurisdição, fará passar imediatamente a ordem impetrada, nos casos em que tenha cabimento, seja qual for a autoridade coatora.

Art. 650. Competirá conhecer, originariamente, do pedido de *habeas corpus*:
I – ao Supremo Tribunal Federal, nos casos previstos no art. 101, I, *g*, da Constituição;

•• Refere-se à CF de 1937. Corresponde ao art. 102, I, *i*, da atual CF.

•• *Vide* art. 102, I, *d*, da CF.

II – aos Tribunais de Apelação, sempre que os atos de violência ou coação forem atribuídos aos governadores ou interventores dos Estados ou Territórios e ao prefeito do Distrito Federal, ou a seus secretários, ou aos chefes de Polícia.

•• Sobre Tribunais de Apelação, *vide* Nota dos Organizadores.

§ 1.º A competência do juiz cessará sempre que a violência ou coação provier de autoridade judiciária de igual ou superior jurisdição.

§ 2.º Não cabe o *habeas corpus* contra a prisão administrativa, atual ou iminente, dos responsáveis por dinheiro ou valor pertencente à Fazenda Pública, alcançados ou omissos em fazer o seu recolhimento nos prazos legais, salvo se o pedido for acompanhado de prova de quitação ou de depósito do alcance verificado, ou se a prisão exceder o prazo legal.

•• Sobre prisão administrativa, *vide* art. 5.º, LXI, da CF.

Art. 651. A concessão do *habeas corpus* não obstará, nem porá termo ao processo, desde que este não esteja em conflito com os fundamentos daquela.

Art. 652. Se o *habeas corpus* for concedido em virtude de nulidade do processo, este será renovado.

Art. 653. Ordenada a soltura do paciente em virtude de *habeas corpus*, será condenada nas custas a autoridade que, por má-fé ou evidente abuso de poder, tiver determinado a coação.

Parágrafo único. Neste caso, será remetida ao Ministério Público cópia das peças necessárias para ser promovida a responsabilidade da autoridade.

Art. 654. O *habeas corpus* poderá ser impetrado por qualquer pessoa, em seu favor ou de outrem, bem como pelo Ministério Público.

§ 1.º A petição de *habeas corpus* conterá:
a) o nome da pessoa que sofre ou está ameaçada de sofrer violência ou coação e o de quem exercer a violência, coação ou ameaça;
b) a declaração da espécie de constrangimento ou, em caso de simples ameaça de coação, as razões em que funda o seu temor;

Recursos em Geral   Arts. 654 a 664

c) a assinatura do impetrante, ou de alguém a seu rogo, quando não souber ou não puder escrever, e a designação das respectivas residências.

§ 2.º Os juízes e os tribunais têm competência para expedir de ofício ordem de *habeas corpus*, quando no curso de processo verificarem que alguém sofre ou está na iminência de sofrer coação ilegal.

Art. 655. O carcereiro ou o diretor da prisão, o escrivão, o oficial de justiça ou a autoridade judiciária ou policial que embaraçar ou procrastinar a expedição de ordem de *habeas corpus*, as informações sobre a causa da prisão, a condução e apresentação do paciente, ou a sua soltura, será multado na quantia de duzentos mil-réis a um conto de réis, sem prejuízo das penas em que incorrer. As multas serão impostas pelo juiz do tribunal que julgar o *habeas corpus*, salvo quando se tratar de autoridade judiciária, caso em que caberá ao Supremo Tribunal Federal ou ao Tribunal de Apelação impor as multas.

•• Sobre Tribunal de Apelação, *vide* Nota dos Organizadores.

Art. 656. Recebida a petição de *habeas corpus*, o juiz, se julgar necessário, e estiver preso o paciente, mandará que este lhe seja imediatamente apresentado em dia e hora que designar.

Parágrafo único. Em caso de desobediência, será expedido mandado de prisão contra o detentor, que será processado na forma da lei, e o juiz providenciará para que o paciente seja tirado da prisão e apresentado em juízo.

Art. 657. Se o paciente estiver preso, nenhum motivo escusará a sua apresentação, salvo:

I – grave enfermidade do paciente;

II – não estar ele sob a guarda da pessoa a quem se atribui a detenção;

III – se o comparecimento não tiver sido determinado pelo juiz ou pelo tribunal.

Parágrafo único. O juiz poderá ir ao local em que o paciente se encontrar, se este não puder ser apresentado por motivo de doença.

Art. 658. O detentor declarará à ordem de quem o paciente estiver preso.

Art. 659. Se o juiz ou o tribunal verificar que já cessou a violência ou coação ilegal, julgará prejudicado o pedido.

Art. 660. Efetuadas as diligências, e interrogado o paciente, o juiz decidirá, fundamentadamente, dentro de 24 (vinte e quatro) horas.

§ 1.º Se a decisão for favorável ao paciente, será logo posto em liberdade, salvo se por outro motivo dever ser mantido na prisão.

§ 2.º Se os documentos que instruírem a petição evidenciarem a ilegalidade da coação, o juiz ou o tribunal ordenará que cesse imediatamente o constrangimento.

§ 3.º Se a ilegalidade decorrer do fato de não ter sido o paciente admitido a prestar fiança, o juiz arbitrará o valor desta, que poderá ser prestada perante ele, remetendo, neste caso, à autoridade os respectivos autos, para serem anexados aos do inquérito policial ou aos do processo judicial.

§ 4.º Se a ordem de *habeas corpus* for concedida para evitar ameaça de violência ou coação ilegal, dar-se-á ao paciente salvo-conduto assinado pelo juiz.

§ 5.º Será incontinenti enviada cópia da decisão à autoridade que tiver ordenado a prisão ou tiver o paciente à sua disposição, a fim de juntar-se aos autos do processo.

§ 6.º Quando o paciente estiver preso em lugar que não seja o da sede do juízo ou do tribunal que conceder a ordem, o alvará de soltura será expedido pelo telégrafo, se houver, observadas as formalidades estabelecidas no art. 289, parágrafo único, *in fine*, ou por via postal.

Art. 661. Em caso de competência originária do Tribunal de Apelação, a petição de *habeas corpus* será apresentada ao secretário, que a enviará imediatamente ao presidente do tribunal, ou da câmara criminal, ou da turma, que estiver reunida, ou primeiro tiver de reunir-se.

•• Sobre Tribunal de Apelação, *vide* Nota dos Organizadores.

Art. 662. Se a petição contiver os requisitos do art. 654, § 1.º, o presidente, se necessário, requisitará da autoridade indicada como coatora informações por escrito. Faltando, porém, qualquer daqueles requisitos, o presidente mandará preenchê-lo, logo que lhe for apresentada a petição.

Art. 663. As diligências do artigo anterior não serão ordenadas, se o presidente entender que o *habeas corpus* deva ser indeferido *in limine*. Nesse caso, levará a petição ao tribunal, câmara ou turma, para que delibere a respeito.

Art. 664. Recebidas as informações, ou dispensadas, o *habeas corpus* será julgado na primeira sessão, podendo, entretanto, adiar-se o julgamento para a sessão seguinte.

Parágrafo único. A decisão será tomada por maioria de votos. Havendo empate, se o presidente não tiver tomado parte na votação, proferirá voto de desempate; no caso contrário, prevalecerá a decisão mais favorável ao paciente.

Art. 665. O secretário do tribunal lavrará a ordem que, assinada pelo presidente do tribunal, câmara ou turma, será dirigida, por ofício ou telegrama, ao detentor, ao carcereiro ou autoridade que exercer ou ameaçar exercer o constrangimento.

Parágrafo único. A ordem transmitida por telegrama obedecerá ao disposto no art. 289, parágrafo único, *in fine*.

Art. 666. Os regimentos dos Tribunais de Apelação estabelecerão as normas complementares para o processo e julgamento do pedido de *habeas corpus* de sua competência originária.

•• Tribunais de Apelação: antiga denominação substituída por Tribunais de Justiça. *Vide* Nota dos Organizadores.

Art. 667. No processo e julgamento do *habeas corpus* de competência originária do Supremo Tribunal Federal, bem como nos de recurso das decisões de última ou única instância, denegatórias de *habeas corpus*, observar-se-á, no que lhes for aplicável, o disposto nos artigos anteriores, devendo o regimento interno do tribunal estabelecer as regras complementares.

Livro IV
DA EXECUÇÃO

•• Após o advento da Lei n. 7.210, de 11-7-1984, este Livro IV restou prejudicado. Ao longo do texto remetemos o consulente aos dispositivos que hoje tratam da matéria.

Título I
DISPOSIÇÕES GERAIS

Art. 668. A execução, onde não houver juiz especial, incumbirá ao juiz da sentença, ou, se a decisão for do Tribunal do Júri, ao seu presidente.

•• *Vide* art. 65 da LEP.

Parágrafo único. Se a decisão for de tribunal superior, nos casos de sua competência originária, caberá ao respectivo presidente prover-lhe a execução.

Art. 669. Só depois de passar em julgado, será exequível a sentença, salvo:

•• *Vide* Súmula 643 do STJ.

I – quando condenatória, para o efeito de sujeitar o réu a prisão, ainda no caso de crime afiançável, enquanto não for prestada a fiança;

II – quando absolutória, para o fim de imediata soltura do réu, desde que não proferida em processo por crime a que a lei comine pena de reclusão, no máximo, por tempo igual ou superior a 8 (oito) anos.

Art. 670. No caso de decisão absolutória confirmada ou proferida em grau de apelação, incumbirá ao relator fazer expedir o alvará de soltura, de que dará imediatamente conhecimento ao juiz de primeira instância.

Art. 671. Os incidentes da execução serão resolvidos pelo respectivo juiz.

Art. 672. Computar-se-á na pena privativa da liberdade o tempo:

I – de prisão preventiva no Brasil ou no estrangeiro;

II – de prisão provisória no Brasil ou no estrangeiro;

III – de internação em hospital ou manicômio.

Art. 673. Verificado que o réu, pendente a apelação por ele interposta, já sofreu prisão por tempo igual ao da pena a que foi condenado, o relator do feito mandará pô-lo imediatamente em liberdade, sem prejuízo do julgamento do recurso, salvo se, no caso de crime a que a lei comine pena de reclusão, no máximo, por tempo igual ou superior a 8 (oito) anos, o querelante ou o Ministério Público também houver apelado da sentença condenatória.

Título II
DA EXECUÇÃO DAS PENAS EM ESPÉCIE

Capítulo I
DAS PENAS PRIVATIVAS DE LIBERDADE

•• *Vide* arts. 105 a 146 da Lei n. 7.210, de 11-7-1984.

Art. 674. Transitando em julgado a sentença que impuser pena privativa de liberdade, se o réu já estiver preso, ou vier a ser preso, o juiz ordenará a expedição de carta de guia para o cumprimento da pena.

Parágrafo único. Na hipótese do art. 82, última parte, a expedição da carta de guia será ordenada pelo juiz competente para a soma ou unificação das penas.

Art. 675. No caso de ainda não ter sido expedido mandado de prisão, por tratar-se de infração penal em que o réu se livra solto ou por estar afiançado, o juiz, ou o presidente da câmara ou tribunal, se tiver havido recurso, fará expedir o mandado de prisão, logo que transite em julgado a sentença condenatória.

§ 1.º No caso de reformada pela superior instância, em grau de recurso, a sentença absolutória, estando o réu solto, o presidente da câmara ou do tribunal fará, logo após a sessão de julgamento, remeter ao chefe de Polícia o mandado de prisão do condenado.

§ 2.º Se o réu estiver em prisão especial, deverá, ressalvado o disposto na legislação relativa aos militares, ser expedida ordem para sua imediata remoção para prisão comum, até que se verifique a expedição de carta de guia para o cumprimento da pena.

Art. 676. A carta de guia, extraída pelo escrivão e assinada pelo juiz, que a rubricará em todas as folhas, será remetida ao diretor do estabelecimento em que tenha de ser cumprida a sentença condenatória, e conterá:

I – o nome do réu e a alcunha por que for conhecido;

II – a sua qualificação civil (naturalidade, filiação, idade, estado, profissão), instrução e, se constar, número do registro geral do Instituto de Identificação e Estatística ou de repartição congênere;

III – o teor integral da sentença condenatória e a data da terminação da pena.

Parágrafo único. Expedida carta de guia para cumprimento de uma pena, se o réu estiver cumprindo outra, só depois de terminada a execução desta será aquela executada. Retificar-se-á a carta de guia sempre que sobrevenha modificação quanto ao início da execução ou ao tempo de duração da pena.

Art. 677. Da carta de guia e seus aditamentos se remeterá cópia ao Conselho Penitenciário.

Art. 678. O diretor do estabelecimento, em que o réu tiver de cumprir a pena, passará recibo da carta de guia para juntar-se aos autos do processo.

Art. 679. As cartas de guia serão registradas em livro especial, segundo a ordem cronológica do recebimento, fazendo-se no curso da execução as anotações necessárias.

Art. 680. Computar-se-á no tempo da pena o período em que o condenado, por sentença irrecorrível, permanecer preso em estabelecimento diverso do destinado ao cumprimento dela.

Art. 681. Se impostas cumulativamente penas privativas da liberdade, será executada primeiro a de reclusão, depois a de detenção e por último a de prisão simples.

Art. 682. O sentenciado a que sobrevier doença mental, verificada por perícia médica, será internado em manicômio judiciário, ou, à falta, em outro estabelecimento adequado, onde lhe seja assegurada a custódia.

§ 1.º Em caso de urgência, o diretor do estabelecimento penal poderá determinar a remoção do sentenciado, comunicando imediatamente a providência ao juiz, que, em face da perícia médica, ratificará ou revogará a medida.

§ 2.º Se a internação se prolongar até o término do prazo restante da pena e não houver sido imposta medida de segurança detentiva, o indivíduo terá o destino aconselhado pela sua enfermidade, feita a devida comunicação ao juiz de incapazes.

Art. 683. O diretor da prisão a que o réu tiver sido recolhido provisoriamente ou em cumprimento de pena comunicará imediatamente ao juiz o óbito, a fuga ou a soltura do detido ou sentenciado para que fique constando dos autos.

Parágrafo único. A certidão de óbito acompanhará a comunicação.

Art. 684. A recaptura do réu evadido não depende de prévia ordem judicial e poderá ser efetuada por qualquer pessoa.

Art. 685. Cumprida ou extinta a pena, o condenado será posto, imediatamente, em liberdade, mediante alvará do juiz, no qual se ressalvará a hipótese de dever o condenado continuar na prisão por outro motivo legal.

Parágrafo único. Se tiver sido imposta medida de segurança detentiva, o condenado será removido para estabelecimento adequado (art. 762).

Capítulo II
DAS PENAS PECUNIÁRIAS

•• *Vide* arts. 164 a 170 da Lei n. 7.210, de 11-7-1984.

Art. 686. A pena de multa será paga dentro em 10 (dez) dias após haver transitado em julgado a sentença que a impuser.

Parágrafo único. Se interposto recurso da sentença, esse prazo será contado do dia em que o juiz ordenar o cumprimento da decisão da superior instância.

Art. 687. O juiz poderá, desde que o condenado o requeira:

I – prorrogar o prazo do pagamento da multa até 3 (três) meses, se as circunstâncias justificarem essa prorrogação;

II – permitir, nas mesmas circunstâncias, que o pagamento se faça em parcelas mensais, no prazo que fixar, mediante caução real ou fidejussória, quando necessário.

•• Inciso II com redação determinada pela Lei n. 6.416, de 24-5-1977.

§ 1.º O requerimento, tanto no caso do n. I, como no do n. II, será feito dentro do decêndio concedido para o pagamento da multa.

§ 2.º A permissão para o pagamento em parcelas será revogada, se o juiz verificar que o condenado dela se vale para fraudar a execução da pena. Nesse caso, a caução resolver-se-á em valor monetário, devolvendo-se ao condenado o que exceder à satisfação da multa e das custas processuais.

•• § 2.º com redação determinada pela Lei n. 6.416, de 24-5-1977.

Art. 688. Findo o decêndio ou a prorrogação sem que o condenado efetue o pagamento, ou ocorrendo a hipótese prevista no § 2.º do artigo anterior, observar-se-á o seguinte:

Execução das Penas em Espécie — Arts. 688 a 692

I – possuindo o condenado bens sobre os quais possa recair a execução, será extraída certidão da sentença condenatória, a fim de que o Ministério Público proceda à cobrança judicial;

II – sendo o condenado insolvente, far-se-á a cobrança:

a) mediante desconto de quarta parte de sua remuneração (arts. 29, § 1.º, e 37 do Código Penal), quando cumprir pena privativa da liberdade, cumulativamente imposta com a de multa;

•• Referência a dispositivos originais do CP. A remissão deve ser feita a seus arts. 34, § 1.º (regras do regime fechado), e 50 (pagamento da multa).

b) mediante desconto em seu vencimento ou salário, se, cumprida a pena privativa da liberdade, ou concedido o livramento condicional, a multa não houver sido resgatada;

c) mediante esse desconto, se a multa for a única pena imposta ou no caso de suspensão condicional da pena.

§ 1.º O desconto, nos casos das letras *b* e *c*, será feito mediante ordem ao empregador, à repartição competente ou à administração da entidade paraestatal, e, antes de fixá-lo, o juiz requisitará informações e ordenará diligências, inclusive arbitramento, quando necessário, para observância do art. 37, § 3.º, do Código Penal.

•• Referência a dispositivo original do CP. A remissão deve ser feita a seu art. 50, § 2.º: "O desconto não deve incidir sobre os recursos indispensáveis ao sustento do condenado e de sua família".

§ 2.º Sob pena de desobediência e sem prejuízo da execução a que ficará sujeito, o empregador será intimado a recolher mensalmente, até o dia fixado pelo juiz, a importância correspondente ao desconto, em selo penitenciário, que será inutilizado nos autos pelo juiz.

§ 3.º Se o condenado for funcionário estadual ou municipal ou empregado de entidade paraestatal, a importância do desconto será, semestralmente, recolhida ao Tesouro Nacional, delegacia fiscal ou coletoria federal, como receita do selo penitenciário.

§ 4.º As quantias descontadas em folha de pagamento de funcionário federal constituirão renda do selo penitenciário.

Art. 689. A multa será convertida, à razão de dez mil-réis por dia, em detenção ou prisão simples, no caso de crime ou de contravenção:

I – se o condenado solvente frustrar o pagamento da multa;

II – se não forem pagas pelo condenado solvente as parcelas mensais autorizadas sem garantia.

•• Inciso II com redação determinada pela Lei n. 6.416, de 24-5-1977.

§ 1.º Se o juiz reconhecer desde logo a existência de causa para a conversão, a ela procederá de ofício ou a requerimento do Ministério Público, independentemente de audiência do condenado; caso contrário, depois de ouvir o condenado, se encontrado no lugar da sede do juízo, poderá admitir a apresentação de prova pelas partes, inclusive testemunhal, no prazo de 3 (três) dias.

§ 2.º O juiz, desde que transite em julgado a decisão, ordenará a expedição de mandado de prisão ou aditamento à carta de guia, conforme esteja o condenado solto ou em cumprimento de pena privativa da liberdade.

§ 3.º Na hipótese do inciso II deste artigo, a conversão será feita pelo valor das parcelas não pagas.

•• § 3.º com redação determinada pela Lei n. 6.416, de 24-5-1977.

Art. 690. O juiz tornará sem efeito a conversão, expedindo alvará de soltura ou cassando a ordem de prisão, se o condenado, em qualquer tempo:

I – pagar a multa;

II – prestar caução real ou fidejussória que lhe assegure o pagamento.

Parágrafo único. No caso do n. II, antes de homologada a caução, será ouvido o Ministério Público dentro do prazo de 2 (dois) dias.

Capítulo III
DAS PENAS ACESSÓRIAS

•• As penas acessórias foram extintas pela reforma da Parte Geral do CP em 1984.

Art. 691. O juiz dará à autoridade administrativa competente conhecimento da sentença transitada em julgado, que impuser ou de que resultar a perda da função pública ou a incapacidade temporária para investidura em função pública ou para exercício de profissão ou atividade.

Art. 692. No caso de incapacidade temporária ou permanente para o exercício do pátrio poder, da tutela ou da curatela, o juiz providenciará para que sejam acautelados, no juízo competente, a pessoa e os bens do menor ou do interdito.

•• O CC de 2002 alterou a expressão "pátrio poder" para "poder familiar".

Art. 693. A incapacidade permanente ou temporária para o exercício da autoridade marital ou do pátrio poder será averbada no registro civil.

•• O CC de 2002 alterou a expressão "pátrio poder" para "poder familiar".

Art. 694. As penas acessórias consistentes em interdições de direitos serão comunicadas ao Instituto de Identificação e Estatística ou estabelecimento congênere, figurarão na folha de antecedentes do condenado e serão mencionadas no rol de culpados.

Art. 695. Iniciada a execução das interdições temporárias (art. 72, *a* e *b*, do Código Penal), o juiz, de ofício, a requerimento do Ministério Público ou do condenado, fixará o seu termo final, completando as providências determinadas nos artigos anteriores.

•• Referência a dispositivo original do CP. A nova Parte Geral não traz correspondente.

TÍTULO III
DOS INCIDENTES DA EXECUÇÃO

Capítulo I
DA SUSPENSÃO CONDICIONAL DA PENA

•• *Vide* arts. 156 a 163 da Lei n. 7.210, de 11-7-1984.

Art. 696. O juiz poderá suspender, por tempo não inferior a 2 (dois) nem superior a 6 (seis) anos, a execução das penas de reclusão ou de detenção que não excedam a 2 (dois) anos, ou, por tempo não inferior a 1 (um) nem superior a 3 (três) anos, a execução da pena de prisão simples, desde que o sentenciado:

•• *Caput* com redação determinada pela Lei n. 6.416, de 24-5-1977.

I – não haja sofrido, no País ou no estrangeiro, condenação irrecorrível por outro crime a pena privativa da liberdade, salvo o disposto no parágrafo único do art. 46 do Código Penal;

•• Inciso I com redação determinada pela Lei n. 6.416, de 24-5-1977.

•• Referência a dispositivo original do CP. A remissão deve ser feita a seu art. 64, I: "não prevalece a condenação anterior, se entre a data do cumprimento ou extinção da pena e a infração posterior tiver decorrido período de tempo superior a 5 (cinco) anos, computado o período de prova da suspensão ou do livramento condicional, se não ocorrer revogação".

II – os antecedentes e a personalidade do sentenciado, os motivos e as circunstâncias do crime autorizem a presunção de que não tornará a delinquir.

Parágrafo único. Processado o beneficiário por outro crime ou contravenção, considerar-se-á prorrogado o prazo da suspensão da pena até o julgamento definitivo.

Art. 697. O juiz ou tribunal, na decisão que aplicar pena privativa da liberdade não superior a 2 (dois) anos, deverá pronunciar-se, motivadamente, sobre a suspensão condicional, quer a conceda quer a denegue.

•• Artigo com redação determinada pela Lei n. 6.416, de 24-5-1977.

Art. 698. Concedida a suspensão, o juiz especificará as condições a que fica sujeito o condenado, pelo prazo previsto, começando este a correr da audiência em que se der conhecimento da sentença ao beneficiário e lhe for entregue documento similar ao descrito no art. 724.

•• *Caput* com redação determinada pela Lei n. 6.416, de 24-5-1977.

§ 1.º As condições serão adequadas ao delito e à personalidade do condenado.

•• § 1.º com redação determinada pela Lei n. 6.416, de 24-5-1977.

§ 2.º Poderão ser impostas, além das estabelecidas no art. 767, como normas de conduta e obrigações, as seguintes condições:

I – frequentar curso de habilitação profissional ou de instrução escolar;

II – prestar serviços em favor da comunidade;

III – atender aos encargos de família;

IV – submeter-se a tratamento de desintoxicação.

•• § 2.º com redação determinada pela Lei n. 6.416, de 24-5-1977.

§ 3.º O juiz poderá fixar, a qualquer tempo, de ofício ou a requerimento do Ministério Público, outras condições além das especificadas na sentença e das referidas no parágrafo anterior, desde que as circunstâncias o aconselhem.

Incidentes da Execução — Arts. 698 a 708

•• § 3.º com redação determinada pela Lei n. 6.416, de 24-5-1977.

§ 4.º A fiscalização do cumprimento das condições deverá ser regulada, nos Estados, Territórios e Distrito Federal, por normas supletivas e atribuída a serviço social penitenciário, patronato, conselho de comunidade ou entidades similares, inspecionadas pelo Conselho Penitenciário, pelo Ministério Público ou ambos, devendo o juiz da execução na comarca suprir, por ato, a falta das normas supletivas.

•• § 4.º com redação determinada pela Lei n. 6.416, de 24-5-1977.

§ 5.º O beneficiário deverá comparecer periodicamente à entidade fiscalizadora, para comprovar a observância das condições a que está sujeito, comunicando, também, a sua ocupação, os salários ou proventos de que vive, as economias que conseguiu realizar e as dificuldades materiais ou sociais que enfrenta.

•• § 5.º com redação determinada pela Lei n. 6.416, de 24-5-1977.

§ 6.º A entidade fiscalizadora deverá comunicar imediatamente ao órgão de inspeção, para os fins legais (arts. 730 e 731), qualquer fato capaz de acarretar a revogação do benefício, a prorrogação do prazo ou a modificação das condições.

•• § 6.º com redação determinada pela Lei n. 6.416, de 24-5-1977.

§ 7.º Se for permitido ao beneficiário mudar-se, será feita comunicação ao juiz e à entidade fiscalizadora do local da nova residência, aos quais deverá apresentar-se imediatamente.

•• § 7.º com redação determinada pela Lei n. 6.416, de 24-5-1977.

Art. 699. No caso de condenação pelo Tribunal do Júri, a suspensão condicional da pena competirá ao seu presidente.

Art. 700. A suspensão não compreende a multa, as penas acessórias, os efeitos da condenação nem as custas.

Art. 701. O juiz, ao conceder a suspensão, fixará, tendo em conta as condições econômicas ou profissionais do réu, o prazo para o pagamento, integral ou em prestações, das custas do processo e taxa penitenciária.

Art. 702. Em caso de coautoria, a suspensão poderá ser concedida a uns e negada a outros réus.

Art. 703. O juiz que conceder a suspensão lerá ao réu, em audiência, a sentença respectiva, e o advertirá das consequências de nova infração penal e da transgressão das obrigações impostas.

Art. 704. Quando for concedida a suspensão pela superior instância, a esta caberá estabelecer-lhe as condições, podendo a audiência ser presidida por qualquer membro do tribunal ou câmara, pelo juiz do processo ou por outro designado pelo presidente do tribunal ou câmara.

Art. 705. Se, intimado pessoalmente ou por edital com prazo de 20 (vinte) dias, o réu não comparecer à audiência a que se refere o art. 703, a suspensão ficará sem efeito e será executada imediatamente a pena, salvo prova de justo impedimento, caso em que será marcada nova audiência.

Art. 706. A suspensão também ficará sem efeito se, em virtude de recurso, for aumentada a pena de modo que exclua a concessão do benefício.

•• Artigo com redação determinada pela Lei n. 6.416, de 24-5-1977.

Art. 707. A suspensão será revogada se o beneficiário:

I – é condenado, por sentença irrecorrível, a pena privativa da liberdade;

II – frustra, embora solvente, o pagamento da multa, ou não efetua, sem motivo justificado, a reparação do dano.

•• *Caput* e incisos com redação determinada pela Lei n. 6.416, de 24-5-1977.

Parágrafo único. O juiz poderá revogar a suspensão, se o beneficiário deixa de cumprir qualquer das obrigações constantes da sentença, de observar proibições inerentes à pena acessória, ou é irrecorrivelmente condenado a pena que não seja privativa da liberdade; se não a revogar, deverá advertir o beneficiário, ou exacerbar as condições ou, ainda, prorrogar o período da suspensão até o máximo, se esse limite não foi o fixado.

•• Parágrafo único com redação determinada pela Lei n. 6.416, de 24-5-1977.

Art. 708. Expirado o prazo de suspensão ou a prorrogação, sem que tenha ocorrido motivo de revogação, a pena privativa de liberdade será declarada extinta.

Parágrafo único. O juiz, quando julgar necessário, requisitará, antes do julgamento, nova folha de antecedentes do beneficiário.

Art. 709. A condenação será inscrita, com a nota de suspensão, em livros especiais do Instituto de Identificação e Estatística, ou repartição congênere, averbando-se, mediante comunicação do juiz ou do tribunal, a revogação da suspensão ou a extinção da pena. Em caso de revogação, será feita a averbação definitiva no registro geral.

§ 1.º Nos lugares onde não houver Instituto de Identificação e Estatística ou repartição congênere, o registro e a averbação serão feitos em livro próprio no juízo ou no tribunal.

§ 2.º O registro será secreto, salvo para efeito de informações requisitadas por autoridade judiciária, no caso de novo processo.

§ 3.º Não se aplicará o disposto no § 2.º, quando houver sido imposta ou resultar de condenação pena acessória consistente em interdição de direitos.

Capítulo II
DO LIVRAMENTO CONDICIONAL

•• *Vide* arts. 131 a 146 da Lei n. 7.210, de 11-7-1984.

Art. 710. O livramento condicional poderá ser concedido ao condenado a pena privativa da liberdade igual ou superior a 2 (dois) anos, desde que se verifiquem as condições seguintes:

•• *Caput* com redação determinada pela Lei n. 6.416, de 24-5-1977.

I – cumprimento de mais da metade da pena, ou mais de três quartos, se reincidente o sentenciado;

•• Inciso I com redação determinada pela Lei n. 6.416, de 24-5-1977.

II – ausência ou cessação de periculosidade;

III – bom comportamento durante a vida carcerária;

IV – aptidão para prover à própria subsistência mediante trabalho honesto;

V – reparação do dano causado pela infração, salvo impossibilidade de fazê-lo.

•• Inciso V com redação determinada pela Lei n. 6.416, de 24-5-1977.

Art. 711. As penas que correspondem a infrações diversas podem somar-se, para efeito do livramento.

•• Artigo com redação determinada pela Lei n. 6.416, de 24-5-1977.

Art. 712. O livramento condicional poderá ser cedido mediante requerimento do sentenciado, de seu cônjuge ou de parente em linha reta, ou por proposta do diretor do estabelecimento penal, ou por iniciativa do Conselho Penitenciário.

•• *Caput* com redação determinada pelo Decreto-lei n. 6.109, de 16-12-1943.

Parágrafo único. No caso do artigo anterior, a concessão do livramento competirá ao juiz da execução da pena que o condenado estiver cumprindo.

Art. 713. As condições de admissibilidade, conveniência e oportunidade da concessão do livramento serão verificadas pelo Conselho Penitenciário, a cujo parecer não ficará, entretanto, adstrito o juiz.

Art. 714. O diretor do estabelecimento penal remeterá ao Conselho Penitenciário minucioso relatório sobre:

I – o caráter do sentenciado, revelado pelos seus antecedentes e conduta na prisão;

II – o procedimento do liberando na prisão, sua aplicação ao trabalho e seu trato com os companheiros e funcionários do estabelecimento;

III – suas relações, quer com a família, quer com estranhos;

IV – seu grau de instrução e aptidão profissional, com a indicação dos serviços em que haja sido empregado e da especialização anterior ou adquirida na prisão;

V – sua situação financeira, e seus propósitos quanto ao seu futuro meio de vida, juntando o diretor, quando dada por pessoa idônea, promessa escrita de colocação do liberando, com indicação do serviço e do salário.

Parágrafo único. O relatório será, dentro do prazo de 15 (quinze) dias, remetido ao Conselho, com o prontuário do sentenciado, e, na falta, o Conselho opinará livremente, comunicando à autoridade competente a omissão do diretor da prisão.

Art. 715. Se tiver sido imposta medida de segurança detentiva, o livramento não poderá ser concedido sem que se verifique, mediante exame das condições do sentenciado, a cessação da periculosidade.

Parágrafo único. Consistindo a medida de segurança em internação em casa de custódia e tratamento, proceder-se-á a exame mental do sentenciado.

Art. 716. A petição ou a proposta de livramento será remetida ao juiz ou ao tribunal por ofício do presidente do Conselho Penitenciário, com a cópia do respectivo parecer e do relatório do diretor da prisão.

Incidentes da Execução — Arts. 716 a 725

§ 1.º Para emitir parecer, o Conselho poderá determinar diligências e requisitar os autos do processo.

§ 2.º O juiz ou o tribunal mandará juntar a petição ou a proposta, com o ofício ou documento que a acompanhar, aos autos do processo, e proferirá sua decisão, previamente ouvido o Ministério Público.

Art. 717. Na ausência da condição prevista no art. 710, I, o requerimento será liminarmente indeferido.

•• Artigo com redação determinada pela Lei n. 6.416, de 24-5-1977.

Art. 718. Deferido o pedido, o juiz, ao especificar as condições a que ficará subordinado o livramento, atenderá ao disposto no art. 698, §§ 1.º, 2.º e 5.º.

•• *Caput* com redação determinada pela Lei n. 6.416, de 24-5-1977.

§ 1.º Se for permitido ao liberado residir fora da jurisdição do juiz da execução, remeter-se-á cópia da sentença do livramento à autoridade judiciária do lugar para onde ele se houver transferido, e à entidade de observação cautelar e proteção.

•• § 1.º com redação determinada pela Lei n. 6.416, de 24-5-1977.

§ 2.º O liberado será advertido da obrigação de apresentar-se imediatamente à autoridade judiciária e à entidade de observação cautelar e proteção.

•• § 2.º com redação determinada pela Lei n. 6.416, de 24-5-1977.

Art. 719. O livramento ficará também subordinado à obrigação de pagamento das custas do processo e da taxa penitenciária, salvo caso de insolvência comprovada.

Parágrafo único. O juiz poderá fixar o prazo para o pagamento integral ou em prestações, tendo em consideração as condições econômicas ou profissionais do liberado.

Art. 720. A forma de pagamento da multa, ainda não paga pelo liberando, será determinada de acordo com o disposto no art. 688.

Art. 721. Reformada a sentença denegatória do livramento, os autos baixarão ao juiz da primeira instância, a fim de que determine as condições que devam ser impostas ao liberando.

Art. 722. Concedido o livramento, será expedida carta de guia, com a cópia integral da sentença em duas vias, remetendo-se uma ao diretor do estabelecimento penal e outra ao presidente do Conselho Penitenciário.

Art. 723. A cerimônia do livramento condicional será realizada solenemente, em dia marcado pela autoridade que deva presidi-la, observando-se o seguinte:

I – a sentença será lida ao liberando, na presença dos demais presos, salvo motivo relevante, pelo presidente do Conselho Penitenciário, ou pelo seu representante junto ao estabelecimento penal, ou, na falta, pela autoridade judiciária local;

II – o diretor do estabelecimento penal chamará a atenção do liberando para as condições impostas na sentença de livramento;

III – o preso declarará se aceita as condições.

§ 1.º De tudo, em livro próprio, se lavrará termo, subscrito por quem presidir a cerimônia, e pelo liberando, ou alguém a seu rogo, se não souber ou não puder escrever.

§ 2.º Desse termo, se remeterá cópia ao juiz do processo.

Art. 724. Ao sair da prisão o liberado, ser-lhe-á entregue, além do saldo do seu pecúlio e do que lhe pertencer, uma caderneta que exibirá à autoridade judiciária ou administrativa sempre que lhe for exigido. Essa caderneta conterá:

I – a reprodução da ficha de identidade, ou o retrato do liberado, sua qualificação e sinais característicos;

II – o texto impresso dos artigos do presente capítulo;

III – as condições impostas ao liberado;

IV – a pena acessória a que esteja sujeito.

•• Inciso IV acrescentado pela Lei n. 6.416, de 24-5-1977.

§ 1.º Na falta de caderneta, será entregue ao liberado um salvo-conduto, em que constem as condições do livramento e a pena acessória, podendo substituir-se a ficha de identidade ou o retrato do liberado pela descrição dos sinais que possam identificá-lo.

•• § 1.º acrescentado pela Lei n. 6.416, de 24-5-1977.

§ 2.º Na caderneta e no salvo-conduto deve haver espaço para consignar o cumprimento das condições referidas no art. 718.

•• § 2.º acrescentado pela Lei n. 6.416, de 24-5-1977.

Art. 725. A observação cautelar e proteção realizadas por serviço social penitenciário, patronato, conselho de comunidade ou entidades similares, terá a finalidade de:

•• *Caput* com redação determinada pela Lei n. 6.416, de 24-5-1977.

I – fazer observar o cumprimento da pena acessória, bem como das condições especificadas na sentença concessiva do benefício;

•• Inciso I com redação determinada pela Lei n. 6.416, de 24-5-1977.

II – proteger o beneficiário, orientando-o na execução de suas obrigações e auxiliando-o na obtenção de atividade laborativa.

•• Inciso II com redação determinada pela Lei n. 6.416, de 24-5-1977.

Parágrafo único. As entidades encarregadas de observação cautelar e proteção do liberado apresentarão relatório ao Conselho Penitenciário, para efeito da representação prevista nos arts. 730 e 731.

•• Parágrafo único com redação determinada pela Lei n. 6.416, de 24-5-1977.

Art. 726. Revogar-se-á o livramento condicional, se o liberado vier, por crime ou contravenção, a ser condenado por sentença irrecorrível a pena privativa de liberdade.

Art. 727. O juiz pode, também, revogar o livramento, se o liberado deixar de cumprir qualquer das obrigações constantes da sentença, de observar proibições inerentes à pena acessória ou for irrecorrivelmente condenado, por crime, à pena que não seja privativa da liberdade.

•• *Caput* com redação determinada pela Lei n. 6.416, de 24-5-1977.

Parágrafo único. Se o juiz não revogar o livramento, deverá advertir o liberado ou exacerbar as condições.

•• Parágrafo único com redação determinada pela Lei n. 6.416, de 24-5-1977.

Art. 728. Se a revogação for motivada por infração penal anterior à vigência do livramento, computar-se-á no tempo da pena o período em que esteve solto o liberado, sendo permitida, para a concessão de novo livramento, a soma do tempo das duas penas.

Art. 729. No caso de revogação por outro motivo, não se computará na pena o tempo em que esteve solto o liberado, e tampouco se concederá, em relação à mesma pena, novo livramento.

Art. 730. A revogação do livramento será decretada mediante representação do Conselho Penitenciário, ou a requerimento do Ministério Público, ou de ofício, pelo juiz, que, antes, ouvirá o liberado, podendo ordenar diligências e permitir a produção de prova, no prazo de 5 (cinco) dias.

•• Artigo com redação determinada pela Lei n. 6.416, de 24-5-1977.

Art. 731. O juiz, de ofício, a requerimento do Ministério Público, ou mediante representação do Conselho Penitenciário, poderá modificar as condições ou normas de conduta especificadas na sentença, devendo a respectiva decisão ser lida ao liberado por uma das autoridades ou por um dos funcionários indicados no inciso I do art. 723, observado o disposto nos incisos II e III, e §§ 1.º e 2.º do mesmo artigo.

•• Artigo com redação determinada pela Lei n. 6.416, de 24-5-1977.

Art. 732. Praticada pelo liberado nova infração, o juiz ou o tribunal poderá ordenar a sua prisão, ouvido o Conselho Penitenciário, suspendendo o curso do livramento condicional, cuja revogação ficará, entretanto, dependendo da decisão final no novo processo.

Art. 733. O juiz, de ofício, ou a requerimento do interessado, do Ministério Público, ou do Conselho Penitenciário, julgará extinta a pena privativa de liberdade, se expirar o prazo do livramento sem revogação, ou na hipótese do artigo anterior, for o liberado absolvido por sentença irrecorrível.

Título IV
DA GRAÇA, DO INDULTO, DA ANISTIA E DA REABILITAÇÃO

Capítulo I
DA GRAÇA, DO INDULTO E DA ANISTIA

•• *Vide* arts. 187 a 193 da Lei n. 7.210, de 11-7-1984 (LEP).

Art. 734. A graça poderá ser provocada por petição do condenado, de qualquer pessoa do povo, do Conselho Penitenciário, ou do Ministério Público, ressalvada, entretanto, ao Presidente da República, a faculdade de concedê-la espontaneamente.

Art. 735. A petição de graça, acompanhada dos documentos com que o impetrante a instruir, será remetida ao Ministro da Justiça por intermédio do Conselho Penitenciário.

Art. 736. O Conselho Penitenciário, à vista dos autos do processo, e depois de ouvir o diretor do estabelecimento penal a que estiver recolhido o condenado, fará, em relatório, a narração do fato criminoso, examinará as provas, mencionará qualquer formalidade ou circunstância omitida na petição e exporá os antecedentes do condenado e seu procedimento depois de preso, opinando sobre o mérito do pedido.

Art. 737. Processada no Ministério da Justiça, com os documentos e o relatório do Conselho Penitenciário, a petição subirá a despacho do Presidente da República, a quem serão presentes os autos do processo ou a certidão de qualquer de suas peças, se ele o determinar.

Art. 738. Concedida a graça e junta aos autos cópia do decreto, o juiz declarará extinta a pena ou penas, ou ajustará a execução aos termos do decreto, no caso de redução ou de comutação de pena.

Art. 739. O condenado poderá recusar a comutação da pena.

Art. 740. Os autos da petição de graça serão arquivados no Ministério da Justiça.

Art. 741. Se o réu for beneficiado por indulto, o juiz, de ofício ou a requerimento do interessado, do Ministério Público ou por iniciativa do Conselho Penitenciário, providenciará de acordo com o disposto no art. 738.

Art. 742. Concedida a anistia após transitar em julgado a sentença condenatória, o juiz, de ofício ou a requerimento do interessado, do Ministério Público ou por iniciativa do Conselho Penitenciário, declarará extinta a pena.

Capítulo II
DA REABILITAÇÃO

•• A Lei n. 7.210, de 11-7-1984, não trata da reabilitação. O CP dispõe sobre a matéria nos arts. 93 a 95.

Art. 743. A reabilitação será requerida ao juiz da condenação, após o decurso de 4 (quatro) ou 8 (oito) anos, pelo menos, conforme se trate de condenado ou reincidente, contados do dia em que houver terminado a execução da pena principal ou da medida de segurança detentiva, devendo o requerente indicar as comarcas em que haja residido durante aquele tempo.

•• Mantivemos "condenado ou reincidente" conforme publicação oficial. Entendemos que o correto seria "condenado primário ou reincidente".

Art. 744. O requerimento será instruído com:

I – certidões comprobatórias de não ter o requerente respondido, nem estar respondendo a processo penal, em qualquer das comarcas em que houver residido durante o prazo a que se refere o artigo anterior;

II – atestados de autoridades policiais ou outros documentos que comprovem ter residido nas comarcas indicadas e mantido, efetivamente, bom comportamento;

III – atestados de bom comportamento fornecidos por pessoas a cujo serviço tenha estado;

IV – quaisquer outros documentos que sirvam como prova de sua regeneração;

V – prova de haver ressarcido o dano causado pelo crime ou persistir a impossibilidade de fazê-lo.

Art. 745. O juiz poderá ordenar as diligências necessárias para apreciação do pedido, cercando-as do sigilo possível e, antes da decisão final, ouvirá o Ministério Público.

Art. 746. Da decisão que conceder a reabilitação haverá recurso de ofício.

Art. 747. A reabilitação, depois de sentença irrecorrível, será comunicada ao Instituto de Identificação e Estatística ou repartição congênere.

Art. 748. A condenação ou condenações anteriores não serão mencionadas na folha de antecedentes do reabilitando, nem em certidão extraída dos livros do juízo, salvo quando requisitadas por juiz criminal.

Art. 749. Indeferida a reabilitação, o condenado não poderá renovar o pedido senão após o decurso de 2 (dois) anos, salvo se o indeferimento tiver resultado de falta ou insuficiência de documentos.

Art. 750. A revogação de reabilitação (Código Penal, art. 120) será decretada pelo juiz, de ofício ou a requerimento do Ministério Público.

•• Referência a dispositivo original do CP. A remissão deve ser feita a seu art. 95: "A reabilitação será revogada, de ofício ou a requerimento do Ministério Público, se o reabilitado for condenado, como reincidente, por decisão definitiva, a pena que não seja de multa".

Título V
DA EXECUÇÃO DAS MEDIDAS DE SEGURANÇA

•• Vide arts. 171 a 179 da Lei n. 7.210, de 11-7-1984.

Art. 751. Durante a execução da pena ou durante o tempo em que a ela se furtar o condenado, poderá ser imposta medida de segurança, se:

I – o juiz ou o tribunal, na sentença:

a) omitir sua decretação, nos casos de periculosidade presumida;

b) deixar de aplicá-la ou de excluí-la expressamente;

c) declarar os elementos constantes do processo insuficientes para a imposição ou exclusão da medida e ordenar indagações para a verificação da periculosidade do condenado;

II – tendo sido, expressamente, excluída na sentença a periculosidade do condenado, novos fatos demonstrarem ser ele perigoso.

Art. 752. Poderá ser imposta medida de segurança, depois de transitar em julgado a sentença, ainda quando não iniciada a execução da pena, por motivo diverso de fuga ou ocultação do condenado:

I – no caso da letra *a* do n. I do artigo anterior, bem como no da letra *b*, se tiver sido alegada a periculosidade;

II – no caso da letra *c* do n. I do mesmo artigo.

Art. 753. Ainda depois de transitar em julgado a sentença absolutória, poderá ser imposta a medida de segurança, enquanto não decorrido tempo equivalente ao da sua duração mínima, a indivíduo que a lei presuma perigoso.

Art. 754. A aplicação da medida de segurança, nos casos previstos nos arts. 751 e 752, competirá ao juiz da execução da pena, e, no caso do art. 753, ao juiz da sentença.

Art. 755. A imposição da medida de segurança, nos casos dos arts. 751 a 753, poderá ser decretada de ofício ou a requerimento do Ministério Público.

Parágrafo único. O diretor do estabelecimento penal, que tiver conhecimento de fatos indicativos da periculosidade do condenado a quem não tenha sido imposta medida de segurança, deverá logo comunicá-los ao juiz.

Art. 756. Nos casos do n. I, *a* e *b*, do art. 751, e n. I do art. 752, poderá ser dispensada nova audiência do condenado.

Art. 757. Nos casos do n. I, c, e n. II do art. 751 e n. II do art. 752, o juiz, depois de proceder às diligências que julgar convenientes, ouvirá o Ministério Público e concederá ao condenado o prazo de 3 (três) dias para alegações, devendo a prova requerida ou reputada necessária pelo juiz ser produzida dentro em 10 (dez) dias.

§ 1.º O juiz nomeará defensor ao condenado que o requerer.

§ 2.º Se o réu estiver foragido, o juiz procederá às diligências que julgar convenientes, concedendo o prazo de provas, quando requerido pelo Ministério Público.

§ 3.º Findo o prazo de provas, o juiz proferirá a sentença dentro de 3 (três) dias.

Art. 758. A execução da medida de segurança incumbirá ao juiz da execução da sentença.

Art. 759. No caso do art. 753, o juiz ouvirá o curador já nomeado ou que então nomear, podendo mandar submeter o condenado a exame mental, internando-o, desde logo, em estabelecimento adequado.

Art. 760. Para a verificação da periculosidade, no caso do § 3.º do art. 78 do Código Penal, observar-se-á o disposto no art. 757, no que for aplicável.

•• Referência a dispositivo original do CP, sem correspondência na nova Parte Geral.

Art. 761. Para a providência determinada no art. 84, § 2.º, do Código Penal, se as sentenças forem proferidas por juízes diferentes, será competente o juiz que tiver sentenciado por último ou a autoridade de jurisdição prevalente no caso do art. 82.

•• Referência a dispositivo original do CP, sem correspondência na nova Parte Geral.

Art. 762. A ordem de internação, expedida para executar-se medida de segurança detentiva, conterá:

I – a qualificação do internando;

II – o teor da decisão que tiver imposto a medida de segurança;

III – a data em que terminará o prazo mínimo da internação.

Art. 763. Se estiver solto o internando, expedir-se-á mandado de captura, que será cumprido por oficial de justiça ou por autoridade policial.

Art. 764. O trabalho nos estabelecimentos referidos no art. 88, § 1.º, III, do Código Penal, será educativo e remunerado, de modo que assegure ao internado meios de subsistência, quando cessar a internação.

•• Referência a dispositivo original do CP, sem correspondência na nova Parte Geral.

§ 1.º O trabalho poderá ser praticado ao ar livre.

§ 2.º Nos outros estabelecimentos, o trabalho dependerá das condições pessoais do internado.

Art. 765. A quarta parte do salário caberá ao Estado ou, no Distrito Federal e nos Territórios, à União, e o restante será depositado em nome do internado ou, se este preferir, entregue à sua família.

Art. 766. A internação das mulheres será feita em estabelecimento próprio ou em seção especial.

Art. 767. O juiz fixará as normas de conduta que serão observadas durante a liberdade vigiada.

§ 1.º Serão normas obrigatórias, impostas ao indivíduo sujeito à liberdade vigiada:

a) tomar ocupação, dentro de prazo razoável, se for apto para o trabalho;

b) não mudar do território da jurisdição do juiz, sem prévia autorização deste.

§ 2.º Poderão ser impostas ao indivíduo sujeito à liberdade vigiada, entre outras obrigações, as seguintes:

a) não mudar de habitação sem aviso prévio ao juiz, ou à autoridade incumbida da vigilância;

b) recolher-se cedo à habitação;

c) não trazer consigo armas ofensivas ou instrumentos capazes de ofender;

d) não frequentar casas de bebidas ou de tavolagem, nem certas reuniões, espetáculos ou diversões públicas.

§ 3.º Será entregue ao indivíduo sujeito à liberdade vigiada uma caderneta, de que constarão as obrigações impostas.

Art. 768. As obrigações estabelecidas na sentença serão comunicadas à autoridade policial.

Art. 769. A vigilância será exercida discretamente, de modo que não prejudique o indivíduo a ela sujeito.

Art. 770. Mediante representação da autoridade incumbida da vigilância, a requerimento do Ministério Público ou de ofício, poderá o juiz modificar as normas fixadas ou estabelecer outras.

Art. 771. Para execução do exílio local, o juiz comunicará sua decisão à autoridade policial do lugar ou dos lugares onde o exilado está proibido de permanecer ou de residir.

§ 1.º O infrator da medida será conduzido à presença do juiz que poderá mantê-lo detido até proferir decisão.

§ 2.º Se for reconhecida a transgressão e imposta, consequentemente, a liberdade vigiada, determinará o juiz que a autoridade policial providencie a fim de que o infrator siga imediatamente para o lugar de residência por ele escolhido, e oficiará à autoridade policial desse lugar, observando-se o disposto no art. 768.

Art. 772. A proibição de frequentar determinados lugares será comunicada pelo juiz à autoridade policial, que lhe dará conhecimento de qualquer transgressão.

Art. 773. A medida de fechamento de estabelecimento ou de interdição de associação será comunicada pelo juiz à autoridade policial, para que a execute.

Art. 774. Nos casos do parágrafo único do art. 83 do Código Penal, ou quando a transgressão de uma medida de segurança importar a imposição de outra, observar-se-á o disposto no art. 757, no que for aplicável.

•• Referência a dispositivo original do CP, sem correspondência na nova Parte Geral.

Art. 775. A cessação ou não da periculosidade se verificará ao fim do prazo mínimo de duração da medida de segurança pelo exame das condições da pessoa a que tiver sido imposta, observando-se o seguinte:

I – o diretor do estabelecimento de internação ou a autoridade policial incumbida da vigilância, até 1 (um) mês antes de expirado o prazo de duração mínima da medida, se não for inferior a 1 (um) ano, ou até 15 (quinze) dias nos outros casos, remeterá ao juiz da execução minucioso relatório, que o habilite a resolver sobre a cessação ou permanência da medida;

II – se o indivíduo estiver internado em manicômio judiciário ou em casa de custódia e tratamento, o relatório será acompanhado do laudo de exame pericial feito por 2 (dois) médicos designados pelo diretor do estabelecimento;

III – o diretor do estabelecimento de internação ou a autoridade policial deverá, no relatório, concluir pela conveniência da revogação, ou não, da medida de segurança;

IV – se a medida de segurança for o exílio local ou a proibição de frequentar determinados lugares, o juiz, até 1 (um) mês ou 15 (quinze) dias antes de expirado o prazo mínimo de duração, ordenará as diligências necessárias, para verificar se desapareceram as causas da aplicação da medida;

V – junto aos autos o relatório, ou realizadas as diligências, serão ouvidos sucessivamente o Ministério

Público e o curador ou o defensor, no prazo de 3 (três) dias para cada um;

VI – o juiz nomeará curador ou defensor ao interessado que o não tiver;

VII – o juiz, de ofício, ou a requerimento de qualquer das partes, poderá determinar novas diligências, ainda que já expirado o prazo de duração mínima da medida de segurança;

VIII – ouvidas as partes ou realizadas as diligências a que se refere o número anterior o juiz proferirá a sua decisão, no prazo de 3 (três) dias.

Art. 776. Nos exames sucessivos a que se referem o § 1.º, II, e § 2.º do art. 81 do Código Penal, observar-se-á, no que lhes for aplicável, o disposto no artigo anterior.

•• Referência a dispositivo original do CP. A remissão deve ser feita a seu art. 97, § 2.º (perícia médica).

Art. 777. Em qualquer tempo, ainda durante o prazo mínimo de duração da medida de segurança, poderá o tribunal, câmara ou turma, a requerimento do Ministério Público ou do interessado, seu defensor ou curador, ordenar o exame, para a verificação da cessação da periculosidade.

§ 1.º Designado o relator e ouvido o procurador-geral, se a medida não tiver sido por ele requerida, o pedido será julgado na primeira sessão.

§ 2.º Deferido o pedido, a decisão será imediatamente comunicada ao juiz, que requisitará, marcando prazo, o relatório e o exame a que se referem os n. I e II do art. 775 ou ordenará as diligências mencionadas no n. IV do mesmo artigo, prosseguindo de acordo com o disposto nos outros incisos do citado artigo.

Art. 778. Transitando em julgado a sentença de revogação, o juiz expedirá ordem para a desinternação, quando se tratar de medida detentiva, ou para que cesse a vigilância ou a proibição, nos outros casos.

Art. 779. O confisco dos instrumentos e produtos do crime, no caso previsto no art. 100 do Código Penal, será decretado no despacho de arquivamento do inquérito, na sentença de impronúncia ou na sentença absolutória.

•• Referência a dispositivo original do CP. A nova Parte Geral do mesmo Código não reproduziu seus termos.

Livro V
DAS RELAÇÕES JURISDICIONAIS COM AUTORIDADE ESTRANGEIRA

Título Único

Capítulo I
DISPOSIÇÕES GERAIS

Art. 780. Sem prejuízo de convenções ou tratados, aplicar-se-á o disposto neste Título à homologação de sentenças penais estrangeiras e à expedição e ao cumprimento de cartas rogatórias para citações, inquirições e outras diligências necessárias à instrução de processo penal.

Art. 781. As sentenças estrangeiras não serão homologadas, nem as cartas rogatórias cumpridas, se contrárias à ordem pública e aos bons costumes.

Art. 782. O trânsito, por via diplomática, dos documentos apresentados constituirá prova bastante de sua autenticidade.

Capítulo II
DAS CARTAS ROGATÓRIAS

•• Vide art. 105, I, *i*, da CF.

Art. 783. As cartas rogatórias serão, pelo respectivo juiz, remetidas ao Ministro da Justiça, a fim de ser pedido o seu cumprimento, por via diplomática, às autoridades estrangeiras competentes.

Art. 784. As cartas rogatórias emanadas de autoridades estrangeiras competentes não dependem de homologação e serão atendidas se encaminhadas por via diplomática e desde que o crime, segundo a lei brasileira, não exclua a extradição.

§ 1.º As rogatórias, acompanhadas de tradução em língua nacional, feita por tradutor oficial ou juramentado, serão, após *exequatur* do presidente do Supremo Tribunal Federal, cumpridas pelo juiz criminal do lugar onde as diligências tenham de efetuar-se, observadas as formalidades prescritas neste Código.

§ 2.º A carta rogatória será pelo presidente do Supremo Tribunal Federal remetida ao presidente do Tribunal de Apelação do Estado, do Distrito Federal, ou do Território, a fim de ser encaminhada ao juiz competente.

•• Sobre Tribunal de Apelação, vide Nota dos Organizadores.

§ 3.º Versando sobre crime de ação privada, segundo a lei brasileira, o andamento, após o *exequatur*, dependerá do interessado, a quem incumbirá o pagamento das despesas.

§ 4.º Ficará sempre na secretaria do Supremo Tribunal Federal cópia da carta rogatória.

Art. 785. Concluídas as diligências, a carta rogatória será devolvida ao presidente do Supremo Tribunal Federal, por intermédio do presidente do Tribunal de Apelação, o qual, antes de devolvê-la, mandará completar qualquer diligência ou sanar qualquer nulidade.

• Vide nota ao § 2.º do artigo anterior.

Art. 786. O despacho que conceder o *exequatur* marcará, para o cumprimento da diligência, prazo razoável, que poderá ser excedido, havendo justa causa, ficando esta consignada em ofício dirigido ao presidente do Supremo Tribunal Federal, juntamente com a carta rogatória.

Capítulo III
DA HOMOLOGAÇÃO DAS SENTENÇAS ESTRANGEIRAS

•• Vide arts. 105, I, *i*, e 109, X, da CF.

Art. 787. As sentenças estrangeiras deverão ser previamente homologadas pelo Supremo Tribunal Federal para que produzam os efeitos do art. 7.º do Código Penal.

•• Referência a dispositivo original do CP. A remissão deve ser feita a seu art. 9.º, I e II.

•• Com o advento da Emenda Constitucional n. 45, de 8-12-2004, que alterou o art. 105, I, *i*, da CF, a competência para homologar sentenças estrangeiras passou a ser do STJ.

Art. 788. A sentença penal estrangeira será homologada, quando a aplicação da lei brasileira produzir na espécie as mesmas consequências e concorrerem os seguintes requisitos:

I – estar revestida das formalidades externas necessárias, segundo a legislação do país de origem;

II – haver sido proferida por juiz competente, mediante citação regular, segundo a mesma legislação;

III – ter passado em julgado;

Arts. 788 a 790 — Relações Jurisdicionais com Autoridade Estrangeira

IV – estar devidamente autenticada por cônsul brasileiro;

V – estar acompanhada de tradução, feita por tradutor público.

Art. 789. O procurador-geral da República, sempre que tiver conhecimento da existência de sentença penal estrangeira, emanada de Estado que tenha com o Brasil tratado de extradição e que haja imposto medida de segurança pessoal ou pena acessória que deva ser cumprida no Brasil, pedirá ao Ministro da Justiça providências para a obtenção de elementos que o habilitem a requerer a homologação da sentença.

§ 1.º A homologação de sentença emanada de autoridade judiciária de Estado, que não tiver tratado de extradição com o Brasil, dependerá de requisição do Ministro da Justiça.

§ 2.º Distribuído o requerimento de homologação, o relator mandará citar o interessado para deduzir embargos, dentro de 10 (dez) dias, se residir no Distrito Federal, ou 30 (trinta) dias, no caso contrário.

§ 3.º Se nesse prazo o interessado não deduzir os embargos, ser-lhe-á pelo relator nomeado defensor, o qual dentro de 10 (dez) dias produzirá a defesa.

§ 4.º Os embargos somente poderão fundar-se em dúvida sobre a autenticidade do documento, sobre a inteligência da sentença, ou sobre a falta de qualquer dos requisitos enumerados nos arts. 781 e 788.

§ 5.º Contestados os embargos dentro de 10 (dez) dias, pelo procurador-geral, irá o processo ao relator e ao revisor, observando-se no seu julgamento o Regimento Interno do Supremo Tribunal Federal.

§ 6.º Homologada a sentença, a respectiva carta será remetida ao presidente do Tribunal de Apelação do Distrito Federal, do Estado, ou do Território.

§ 7.º Recebida a carta de sentença, o presidente do Tribunal de Apelação a remeterá ao juiz do lugar de residência do condenado, para a aplicação da medida de segurança ou da pena acessória, observadas as disposições do Título II, Capítulo III, e Título V do Livro IV deste Código.

•• Sobre Tribunal de Apelação, vide Nota dos Organizadores.

•• Vide art. 109, X, da CF.

Art. 790. O interessado na execução de sentença penal estrangeira, para a reparação do dano, restituição e outros efeitos civis, poderá requerer ao Supremo Tribunal Federal a sua homologação, observando-se o que a respeito prescreve o Código de Processo Civil.

Livro VI
DISPOSIÇÕES GERAIS

Art. 791. Em todos os juízos e tribunais do crime, além das audiências e sessões ordinárias, haverá as extraordinárias, de acordo com as necessidades do rápido andamento dos feitos.

Art. 792. As audiências, sessões e os atos processuais serão, em regra, públicos e se realizarão nas sedes dos juízos e tribunais, com assistência dos escrivães, do secretário, do oficial de justiça que servir de porteiro, em dia e hora certos, ou previamente designados.

§ 1.º Se da publicidade da audiência, da sessão ou do ato processual, puder resultar escândalo, inconveniente grave ou perigo de perturbação da ordem, o juiz, ou o tribunal, câmara, ou turma, poderá, de ofício ou a requerimento da parte ou do Ministério Público, determinar que o ato seja realizado a portas fechadas, limitando o número de pessoas que possam estar presentes.

§ 2.º As audiências, as sessões e os atos processuais, em caso de necessidade, poderão realizar-se na residência do juiz, ou em outra casa por ele especialmente designada.

Art. 793. Nas audiências e nas sessões, os advogados, as partes, os escrivães e os espectadores poderão estar sentados. Todos, porém, se levantarão quando se dirigirem aos juízes ou quando estes se levantarem para qualquer ato do processo.

Parágrafo único. Nos atos da instrução criminal, perante os juízes singulares, os advogados poderão requerer sentados.

Art. 794. A polícia das audiências e das sessões compete aos respectivos juízes ou ao presidente do tribunal, câmara, ou turma, que poderão determinar o que for conveniente à manutenção da ordem. Para tal fim, requisitarão força pública, que ficará exclusivamente à sua disposição.

Art. 795. Os espectadores das audiências ou das sessões não poderão manifestar-se.

Parágrafo único. O juiz ou o presidente fará retirar da sala os desobedientes, que, em caso de resistência, serão presos e autuados.

Art. 796. Os atos de instrução ou julgamento prosseguirão com a assistência do defensor, se o réu se portar inconvenientemente.

Art. 797. Excetuadas as sessões de julgamento, que não serão marcadas para domingo ou dia feriado, os demais atos do processo poderão ser praticados em período de férias, em domingos e dias feriados. Todavia, os julgamentos iniciados em dia útil não se interromperão pela superveniência de feriado ou domingo.

Art. 798. Todos os prazos correrão em cartório e serão contínuos e peremptórios, não se interrompendo por férias, domingo ou dia feriado.

•• *Vide* Súmula 310 do STF.

§ 1.º Não se computará no prazo o dia do começo, incluindo-se, porém, o do vencimento.

§ 2.º A terminação dos prazos será certificada nos autos pelo escrivão; será, porém, considerado findo o prazo, ainda que omitida aquela formalidade, se feita a prova do dia em que começou a correr.

§ 3.º O prazo que terminar em domingo ou dia feriado considerar-se-á prorrogado até o dia útil imediato.

§ 4.º Não correrão os prazos, se houver impedimento do juiz, força maior, ou obstáculo judicial oposto pela parte contrária.

§ 5.º Salvo os casos expressos, os prazos correrão:

a) da intimação;

b) da audiência ou sessão em que for proferida a decisão, se a ela estiver presente a parte;

c) do dia em que a parte manifestar nos autos ciência inequívoca da sentença ou despacho.

Art. 798-A. Suspende-se o curso do prazo processual nos dias compreendidos entre 20 de dezembro e 20 de janeiro, inclusive, salvo nos seguintes casos:

•• *Caput* acrescentado pela Lei n. 14.365, de 2-6-2022.

I – que envolvam réus presos, nos processos vinculados a essas prisões;

•• Inciso I acrescentado pela Lei n. 14.365, de 2-6-2022.

II – nos procedimentos regidos pela Lei n. 11.340, de 7 de agosto de 2006 (Lei Maria da Penha);

•• Inciso II acrescentado pela Lei n. 14.365, de 2-6-2022.

III – nas medidas consideradas urgentes, mediante despacho fundamentado do juízo competente.

•• Inciso III acrescentado pela Lei n. 14.365, de 2-6-2022.

Parágrafo único. Durante o período a que se refere o *caput* deste artigo, fica vedada a realização de audiências e de sessões de julgamento, salvo nas hipóteses dos incisos I, II e III do *caput* deste artigo.

•• Parágrafo único acrescentado pela Lei n. 14.365, de 2-6-2022.

Art. 799. O escrivão, sob pena de multa de cinquenta a quinhentos mil-réis e, na reincidência, suspensão até 30 (trinta) dias, executará dentro do prazo de 2 (dois) dias os atos determinados em lei ou ordenados pelo juiz.

Art. 800. Os juízes singulares darão seus despachos e decisões dentro dos prazos seguintes, quando outros não estiverem estabelecidos:

I – de 10 (dez) dias, se a decisão for definitiva, ou interlocutória mista;

II – de 5 (cinco) dias, se for interlocutória simples;

III – de 1 (um) dia, se se tratar de despacho de expediente.

§ 1.º Os prazos para o juiz contar-se-ão do termo de conclusão.

§ 2.º Os prazos do Ministério Público contar-se-ão do termo de vista, salvo para a interposição do recurso (art. 798, § 5.º).

§ 3.º Em qualquer instância, declarando motivo justo, poderá o juiz exceder por igual tempo os prazos a ele fixados neste Código.

§ 4.º O escrivão que não enviar os autos ao juiz ou ao órgão do Ministério Público no dia em que assinar termo de conclusão ou de vista estará sujeito à sanção estabelecida no art. 799.

Art. 801. Findos os respectivos prazos, os juízes e os órgãos do Ministério Público, responsáveis pelo retardamento, perderão tantos dias de vencimentos quantos forem os excedidos.

Na contagem do tempo de serviço, para o efeito de promoção e aposentadoria, a perda será do dobro dos dias excedidos.

Art. 802. O desconto referido no artigo antecedente far-se-á à vista da certidão do escrivão do processo ou do secretário do tribunal, que deverão, de ofício, ou a requerimento de qualquer interessado, remetê-la às repartições encarregadas do pagamento e da contagem do tempo de serviço, sob pena de incorrerem, de pleno direito, na multa de quinhentos mil-réis, imposta por autoridade fiscal.

Art. 803. Salvo nos casos expressos em lei, é proibida a retirada de autos do cartório, ainda que em confiança, sob pena de responsabilidade do escrivão.

Art. 804. A sentença ou o acórdão, que julgar a ação, qualquer incidente ou recurso, condenará nas custas o vencido.

Art. 805. As custas serão contadas e cobradas de acordo com os regulamentos expedidos pela União e pelos Estados.

Art. 806. Salvo o caso do art. 32, nas ações intentadas mediante queixa, nenhum ato ou diligência se realizará, sem que seja depositada em cartório a importância das custas.

§ 1.º Igualmente, nenhum ato requerido no interesse da defesa será realizado, sem o prévio pagamento das custas, salvo se o acusado for pobre.

§ 2.º A falta do pagamento das custas, nos prazos fixados em lei, ou marcados pelo juiz, importará renúncia à diligência requerida ou deserção do recurso interposto.

§ 3.º A falta de qualquer prova ou diligência que deixe de realizar-se em virtude do não pagamento de custas não implicará a nulidade do processo, se a prova de pobreza do acusado só posteriormente foi feita.

Art. 807. O disposto no artigo anterior não obstará à faculdade atribuída ao juiz de determinar de ofício inquirição de testemunhas ou outras diligências.

Art. 808. Na falta ou impedimento do escrivão e seu substituto, servirá pessoa idônea, nomeada pela autoridade, perante quem prestará compromisso, lavrando o respectivo termo.

Art. 809. A estatística judiciária criminal, a cargo do Instituto de Identificação e Estatística ou repartições congêneres, terá por base o *boletim individual*, que é parte integrante dos processos e versará sobre:

I – os crimes e as contravenções praticados durante o trimestre, com especificação da natureza de cada um, meios utilizados e circunstâncias de tempo e lugar;

II – as armas proibidas que tenham sido apreendidas;

III – o número de delinquentes, mencionadas as infrações que praticaram, sua nacionalidade, sexo, idade, filiação, estado civil, prole, residência, meios de vida e condições econômicas, grau de instrução, religião, e condições de saúde física e psíquica;

IV – o número dos casos de codelinquência;
V – a reincidência e os antecedentes judiciários;
VI – as sentenças condenatórias ou absolutórias, bem como as de pronúncia ou de impronúncia;
VII – a natureza das penas impostas;
VIII – a natureza das medidas de segurança aplicadas;
IX – a suspensão condicional da execução da pena, quando concedida;
X – as concessões ou denegações de *habeas corpus*.
§ 1.º Os dados acima enumerados constituem o mínimo exigível, podendo ser acrescidos de outros elementos úteis ao serviço da estatística criminal.
§ 2.º Esses dados serão lançados semestralmente em mapa e remetidos ao Serviço de Estatística Demográfica Moral e Política do Ministério da Justiça.

•• § 2.º com redação determinada pela Lei n. 9.061, de 14-6-1995.

§ 3.º O *boletim individual* a que se refere este artigo é dividido em três partes destacáveis, conforme modelo anexo a este Código, e será adotado nos Estados, no Distrito Federal e nos Territórios. A primeira parte ficará arquivada no cartório policial; a segunda será remetida ao Instituto de Identificação e Estatística, ou repartição congênere; e a terceira acompanhará o processo, e, depois de passar em julgado a sentença definitiva, lançados os dados finais, será enviada ao referido Instituto ou repartição congênere.

Art. 810. Este Código entrará em vigor no dia 1.º de janeiro de 1942.

Art. 811. Revogam-se as disposições em contrário.

Rio de Janeiro, em 3 de outubro de 1941; 120.º da Independência e 53.º da República.

GETÚLIO VARGAS

Legislação Complementar

Legislação Complementar

DECRETO-LEI N. 2.848, DE 7 DE DEZEMBRO DE 1940 (*)

CÓDIGO PENAL

O Presidente da República, usando da atribuição que lhe confere o art. 180 da Constituição, decreta a seguinte Lei:

PARTE GERAL

Título III
DA IMPUTABILIDADE PENAL

Inimputáveis

Art. 26. É isento de pena o agente que, por doença mental ou desenvolvimento mental incompleto ou retardado, era, ao tempo da ação ou da omissão, inteiramente incapaz de entender o caráter ilícito do fato ou de determinar-se de acordo com esse entendimento.

Redução de pena

Parágrafo único. A pena pode ser reduzida de um a dois terços, se o agente, em virtude de perturbação de saúde mental ou por desenvolvimento mental incompleto ou retardado não era inteiramente capaz de entender o caráter ilícito do fato ou de determinar-se de acordo com esse entendimento.

•• Parágrafo único com redação determinada pela Lei n. 7.209, de 11-7-1984.

(*) Publicado no *DOU*, de 31-12-1940, e retificado em 3-1-1941. Os arts. 100 a 106 têm redação determinada pela Lei n. 7.209, de 11-7-1984.

Título V
DAS PENAS

Capítulo I
DAS ESPÉCIES DE PENAS

Seção I
Das Penas Privativas de Liberdade

Reclusão e detenção

Art. 33. A pena de reclusão deve ser cumprida em regime fechado, semiaberto ou aberto. A de detenção, em regime semiaberto, ou aberto, salvo necessidade de transferência a regime fechado.

•• *Caput* com redação determinada pela Lei n. 7.209, de 11-7-1984.
•• *Vide* art. 387, § 2.º, do CPP.

§ 1.º Considera-se:

•• § 1.º com redação determinada pela Lei n. 7.209, de 11-7-1984.

a) regime fechado a execução da pena em estabelecimento de segurança máxima ou média;

•• Alínea *a* com redação determinada pela Lei n. 7.209, de 11-7-1984.
•• *Vide* arts. 87 a 90 da LEP.

b) regime semiaberto a execução da pena em colônia agrícola, industrial ou estabelecimento similar;

•• Alínea *b* com redação determinada pela Lei n. 7.209, de 11-7-1984.
•• *Vide* arts. 91 e 92 da LEP.

c) regime aberto a execução da pena em casa de albergado ou estabelecimento adequado.

•• Alínea *c* com redação determinada pela Lei n. 7.209, de 11-7-1984.
•• *Vide* arts. 93 a 95 da LEP.

§ 2.º As penas privativas de liberdade deverão ser executadas em forma progressiva, segundo o mérito do condenado, observados os seguintes critérios e ressalvadas as hipóteses de transferência a regime mais rigoroso:

•• § 2.º com redação determinada pela Lei n. 7.209, de 11-7-1984.

a) o condenado a pena superior a 8 (oito) anos deverá começar a cumpri-la em regime fechado;

•• Alínea *a* com redação determinada pela Lei n. 7.209, de 11-7-1984.

b) o condenado não reincidente, cuja pena seja superior a 4 (quatro) anos e não exceda a 8 (oito), poderá, desde o princípio, cumpri-la em regime semiaberto;

•• Alínea *b* com redação determinada pela Lei n. 7.209, de 11-7-1984.

c) o condenado não reincidente, cuja pena seja igual ou inferior a 4 (quatro) anos, poderá, desde o início, cumpri-la em regime aberto.

•• Alínea *c* com redação determinada pela Lei n. 7.209, de 11-7-1984.
•• *Vide* Súmula Vinculante 59.

§ 3.º A determinação do regime inicial de cumprimento da pena far-se-á com observância dos critérios previstos no art. 59 deste Código.

•• § 3.º com redação determinada pela Lei n. 7.209, de 11-7-1984.

§ 4.º O condenado por crime contra a administração pública terá a progressão de regime do cumprimento da pena condicionada à reparação do dano que causou, ou à devolução do produto do ilícito praticado, com os acréscimos legais.

•• § 4.º acrescentado pela Lei n. 10.763, de 12-11-2003.

Regras do regime aberto

Art. 36. O regime aberto baseia-se na autodisciplina e senso de responsabilidade do condenado.

•• *Caput* com redação determinada pela Lei n. 7.209, de 11-7-1984.

§ 1.º O condenado deverá, fora do estabelecimento e sem vigilância, trabalhar, frequentar curso ou exercer outra atividade autorizada, permanecendo recolhido durante o período noturno e nos dias de folga.

•• § 1.º com redação determinada pela Lei n. 7.209, de 11-7-1984.

§ 2.º O condenado será transferido do regime aberto, se praticar fato definido como crime doloso, se frustrar os fins da execução ou se, podendo, não pagar a multa cumulativamente aplicada.

•• § 2.º com redação determinada pela Lei n. 7.209, de 11-7-1984.

Seção II
Das Penas Restritivas de Direitos

Penas restritivas de direitos

Art. 43. As penas restritivas de direitos são:

•• *Caput* com redação determinada pela Lei n. 9.714, de 25-11-1998.

I – prestação pecuniária;

•• Inciso I com redação determinada pela Lei n. 9.714, de 25-11-1998.

II – perda de bens e valores;

•• Inciso II com redação determinada pela Lei n. 9.714, de 25-11-1998.

III – (*Vetado.*)

IV – prestação de serviço à comunidade ou a entidades públicas;

•• Inciso IV com redação determinada pela Lei n. 9.714, de 25-11-1998.

V – interdição temporária de direitos;

•• Primitivo inciso II passado a inciso V pela Lei n. 9.714, de 25-11-1998.

VI – limitação de fim de semana.

•• Primitivo inciso III passado a inciso VI pela Lei n. 9.714, de 25-11-1998.

Art. 44. As penas restritivas de direitos são autônomas e substituem as privativas de liberdade, quando:

•• *Caput* com redação determinada pela Lei n. 7.209, de 11-7-1984.
•• *Vide* Súmula Vinculante 59.

I – aplicada pena privativa de liberdade não superior a 4 (quatro) anos e o crime não for cometido com violência ou grave ameaça à pessoa ou, qualquer que seja a pena aplicada, se o crime for culposo;

•• Inciso I com redação determinada pela Lei n. 9.714, de 25-11-1998.

II – o réu não for reincidente em crime doloso;

•• Inciso II com redação determinada pela Lei n. 9.714, de 25-11-1998.

III – a culpabilidade, os antecedentes, a conduta social e a personalidade do condenado, bem como os mo-

Ação Penal   Decreto-lei n. 2.848, de 7-12-1940

tivos e as circunstâncias indicarem que essa substituição seja suficiente.

•• Inciso III com redação determinada pela Lei n. 9.714, de 25-11-1998.

§ 1.º (*Vetado.*)

§ 2.º Na condenação igual ou inferior a 1 (um) ano, a substituição pode ser feita por multa ou por uma pena restritiva de direitos; se superior a 1 (um) ano, a pena privativa de liberdade pode ser substituída por uma pena restritiva de direitos e multa ou por duas restritivas de direitos.

•• § 2.º acrescentado pela Lei n. 9.714, de 25-11-1998.

§ 3.º Se o condenado for reincidente, o juiz poderá aplicar a substituição, desde que, em face de condenação anterior, a medida seja socialmente recomendável e a reincidência não se tenha operado em virtude da prática do mesmo crime.

•• § 3.º acrescentado pela Lei n. 9.714, de 25-11-1998.

§ 4.º A pena restritiva de direitos converte-se em privativa de liberdade quando ocorrer o descumprimento injustificado da restrição imposta. No cálculo da pena privativa de liberdade a executar será deduzido o tempo cumprido da pena restritiva de direitos, respeitado o saldo mínimo de 30 (trinta) dias de detenção ou reclusão.

•• § 4.º acrescentado pela Lei n. 9.714, de 25-11-1998.

§ 5.º Sobrevindo condenação a pena privativa de liberdade, por outro crime, o juiz da execução penal decidirá sobre a conversão, podendo deixar de aplicá-la se for possível ao condenado cumprir a pena substitutiva anterior.

•• § 5.º acrescentado pela Lei n. 9.714, de 25-11-1998.

Conversão das penas restritivas de direitos

Art. 45. Na aplicação da substituição prevista no artigo anterior, proceder-se-á na forma deste e dos arts. 46, 47 e 48.

•• *Caput* com redação determinada pela Lei n. 9.714, de 25-11-1998.

§ 1.º A prestação pecuniária consiste no pagamento em dinheiro à vítima, a seus dependentes ou a entidade pública ou privada com destinação social, de importância fixada pelo juiz, não inferior a 1 (um) salário mínimo nem superior a 360 (trezentos e sessenta) salários mínimos. O valor pago será deduzido do montante de eventual condenação em ação de reparação civil, se coincidentes os beneficiários.

•• § 1.º acrescentado pela Lei n. 9.714, de 25-11-1998.

§ 2.º No caso do parágrafo anterior, se houver aceitação do beneficiário, a prestação pecuniária pode consistir em prestação de outra natureza.

•• § 2.º acrescentado pela Lei n. 9.714, de 25-11-1998.

§ 3.º A perda de bens e valores pertencentes aos condenados dar-se-á, ressalvada a legislação especial, em favor do Fundo Penitenciário Nacional, e seu valor terá como teto – o que for maior – o montante do prejuízo causado ou do provento obtido pelo agente ou por terceiro, em consequência da prática do crime.

•• § 3.º acrescentado pela Lei n. 9.714, de 25-11-1998.

§ 4.º (*Vetado.*)

Prestação de serviços à comunidade ou a entidades públicas

Art. 46. A prestação de serviços à comunidade ou a entidades públicas é aplicável às condenações superiores a 6 (seis) meses de privação da liberdade.

•• *Caput* com redação determinada pela Lei n. 9.714, de 25-11-1998.

§ 1.º A prestação de serviços à comunidade ou a entidades públicas consiste na atribuição de tarefas gratuitas ao condenado.

•• § 1.º acrescentado pela Lei n. 9.714, de 25-11-1998.

§ 2.º A prestação de serviço à comunidade dar-se-á em entidades assistenciais, hospitais, escolas, orfanatos e outros estabelecimentos congêneres, em programas comunitários ou estatais.

•• § 2.º acrescentado pela Lei n. 9.714, de 25-11-1998.

§ 3.º As tarefas a que se refere o § 1.º serão atribuídas conforme as aptidões do condenado, devendo ser cumpridas à razão de 1 (uma) hora de tarefa por dia de condenação, fixadas de modo a não prejudicar a jornada normal de trabalho.

•• § 3.º acrescentado pela Lei n. 9.714, de 25-11-1998.

§ 4.º Se a pena substituída for superior a 1 (um) ano, é facultado ao condenado cumprir a pena substitutiva em menor tempo (art. 55), nunca inferior à metade da pena privativa de liberdade fixada.

•• § 4.º acrescentado pela Lei n. 9.714, de 25-11-1998.

Interdição temporária de direitos

Art. 47. As penas de interdição temporária de direitos são:

•• *Caput* com redação determinada pela Lei n. 7.209, de 11-7-1984.

I – proibição do exercício de cargo, função ou atividade pública, bem como de mandato eletivo;

•• Inciso I com redação determinada pela Lei n. 7.209, de 11-7-1984.

II – proibição do exercício de profissão, atividade ou ofício que dependam de habilitação especial, de licença ou autorização do poder público;

•• Inciso II com redação determinada pela Lei n. 7.209, de 11-7-1984.

III – suspensão de autorização ou de habilitação para dirigir veículo;

•• Inciso III com redação determinada pela Lei n. 7.209, de 11-7-1984.

IV – proibição de frequentar determinados lugares;

•• Inciso IV acrescentado pela Lei n. 9.714, de 25-11-1998.

V – proibição de inscrever-se em concurso, avaliação ou exame públicos.

•• Inciso V acrescentado pela Lei n. 12.550, de 15-12-2011.

Limitação de fim de semana

Art. 48. A limitação de fim de semana consiste na obrigação de permanecer, aos sábados e domingos, por 5 (cinco) horas diárias, em casa de albergado ou outro estabelecimento adequado.

•• *Caput* com redação determinada pela Lei n. 7.209, de 11-7-1984.

•• *Vide* arts. 93 a 95, 151 a 153, 158 e 181 da LEP.

Parágrafo único. Durante a permanência poderão ser ministrados ao condenado cursos e palestras ou atribuídas atividades educativas.

•• Parágrafo único com redação determinada pela Lei n. 7.209, de 11-7-1984.

•• *Vide* art. 152 da LEP.

Seção III
Da Pena de Multa

Pagamento da multa

Art. 50. A multa deve ser paga dentro de 10 (dez) dias depois de transitada em julgado a sentença. A requerimento do condenado e conforme as circunstâncias, o juiz pode permitir que o pagamento se realize em parcelas mensais.

•• Artigo com redação determinada pela Lei n. 7.209, de 11-7-1984.

Conversão da multa e revogação

Art. 51. Transitada em julgado a sentença condenatória, a multa será executada perante o juiz da execução penal e será considerada dívida de valor, aplicáveis as normas relativas à dívida ativa da Fazenda Pública, inclusive no que concerne às causas interruptivas e suspensivas da prescrição.

•• *Caput* com redação determinada pela Lei n. 13.964, de 24-12-2019.

•• O STF, na ADI n. 3.150, acolheu os embargos de declaração, modulando temporalmente os efeitos da decisão, de modo a estabelecer a competência concorrente da Procuradoria da Fazenda Pública quanto às execuções findas ou iniciadas até a data do trânsito em julgado da presente ação direta de inconstitucionalidade. Sessão virtual de 10-4-2020 a 17-4-2020 (*DOU* de 29-4-2020).

•• O STF, na ADI n. 7.032, nas sessões virtuais de 15-3-2024 a 22-3-2024 (*DOU* de 2-4-2024), por unanimidade, deu parcial provimento ao pedido, para conferir a este artigo interpretação no sentido de que, cominada conjuntamente com a pena privativa de liberdade, a pena de multa obsta o reconhecimento da extinção da punibilidade, salvo na situação de comprovada impossibilidade de seu pagamento pelo apenado, ainda que de forma parcelada, acrescentando, ainda, a possibilidade de o juiz de execução extinguir a punibilidade do apenado, no momento oportuno, concluindo essa impossibilidade de pagamento através de elementos comprobatórios constantes dos autos.

Modo de conversão

§ 1.º (*Revogado pela Lei n. 9.268, de 1.º-4-1996.*)

Revogação da conversão

§ 2.º (*Revogado pela Lei n. 9.268, de 1.º-4-1996.*)

Suspensão da execução da multa

Art. 52. É suspensa a execução da pena de multa, se sobrévem ao condenado doença mental.

•• Artigo com redação determinada pela Lei n. 7.209, de 11-7-1984.

Capítulo III
DA APLICAÇÃO DA PENA

Fixação da pena

Art. 59. O juiz, atendendo à culpabilidade, aos antecedentes, à conduta social, à personalidade do agente, aos motivos, às circunstâncias e consequências do crime, bem como ao comportamento da vítima, estabelecerá, conforme seja necessário e suficiente para reprovação e prevenção do crime:

•• *Vide* Súmulas Vinculantes 26 e 59.

•• O STF, na ADPF n. 1.107, no plenário de 23-5-2024 (*DOU* de 4-6-2024), por unanimidade, conheceu da arguição de descumprimento de preceito fundamental e julgou procedentes os pedidos formulados para conferir interpretação conforme a este art. 59 do Código Penal, para "assentar ser vedado ao magistrado, na fixação da pena em crimes sexuais, valorar a vida sexual pregressa da vítima ou seu modo de vida;" e "assentar ser dever do magistrado julgador atuar no sentido de impedir essa prática inconstitucional, sob pena de responsabilização civil, administrativa e penal".

•• *Vide* art. 2.º da Lei n. 8.072, de 25-7-1990.

I – as penas aplicáveis dentre as cominadas;

II – a quantidade de pena aplicável, dentro dos limites previstos;

III – o regime inicial de cumprimento da pena privativa de liberdade;

•• *Vide* art. 33, § 3.º, do CP.

•• *Vide* art. 387, § 2.º, do CPP.

IV – a substituição da pena privativa da liberdade aplicada, por outra espécie de pena, se cabível.

•• *Caput* e incisos com redação determinada pela Lei n. 7.209, de 11-7-1984.

Critérios especiais da pena de multa

Art. 60. Na fixação da pena de multa o juiz deve atender, principalmente, à situação econômica do réu.

•• *Caput* com redação determinada pela Lei n. 7.209, de 11-7-1984.

§ 1.º A multa pode ser aumentada até o triplo, se o juiz considerar que, em virtude da situação econômica do réu, é ineficaz, embora aplicada no máximo.

•• § 1.º com redação determinada pela Lei n. 7.209, de 11-7-1984.

•• *Vide* art. 77 do CDC.

Multa substitutiva

§ 2.º A pena privativa de liberdade aplicada, não superior a 6 (seis) meses, pode ser substituída pela de multa, observados os critérios dos incisos II e III do art. 44 deste Código.

•• § 2.º com redação determinada pela Lei n. 7.209, de 11-7-1984.

Capítulo IV
DA SUSPENSÃO CONDICIONAL DA PENA

Requisitos da suspensão da pena

Art. 77. A execução da pena privativa de liberdade, não superior a 2 (dois) anos, poderá ser suspensa, por 2 (dois) a 4 (quatro) anos, desde que:

I – o condenado não seja reincidente em crime doloso;

II – a culpabilidade, os antecedentes, a conduta social e personalidade do agente, bem como os motivos e as circunstâncias autorizem a concessão do benefício;

III – não seja indicada ou cabível a substituição prevista no art. 44 deste Código.

•• *Caput* e incisos com redação determinada pela Lei n. 7.209, de 11-7-1984.

§ 1.º A condenação anterior a pena de multa não impede a concessão do benefício.

•• § 1.º com redação determinada pela Lei n. 7.209, de 11-7-1984.

§ 2.º A execução da pena privativa de liberdade, não superior a 4 (quatro) anos, poderá ser suspensa, por 4 (quatro) a 6 (seis) anos, desde que o condenado seja maior de 70 (setenta) anos de idade, ou razões de saúde justifiquem a suspensão.

•• § 2.º com redação determinada pela Lei n. 9.714, de 25-11-1998.

Art. 78. Durante o prazo da suspensão, o condenado ficará sujeito à observação e ao cumprimento das condições estabelecidas pelo juiz.

•• *Caput* com redação determinada pela Lei n. 7.209, de 11-7-1984.

§ 1.º No primeiro ano do prazo, deverá o condenado prestar serviços à comunidade (art. 46) ou submeter-se à limitação de fim de semana (art. 48).

•• § 1.º com redação determinada pela Lei n. 7.209, de 11-7-1984.

§ 2.º Se o condenado houver reparado o dano, salvo impossibilidade de fazê-lo, e se as circunstâncias do art. 59 deste Código lhe forem inteiramente favoráveis, o juiz poderá substituir a exigência do parágrafo anterior pelas seguintes condições, aplicadas cumulativamente:

•• § 2.º, *caput*, com redação determinada pela Lei n. 9.268, de 1.º-4-1996.

a) proibição de frequentar determinados lugares;

•• Alínea *a* com redação determinada pela Lei n. 7.209, de 11-7-1984.

b) proibição de ausentar-se da comarca onde reside, sem autorização do juiz;

•• Alínea *b* com redação determinada pela Lei n. 7.209, de 11-7-1984.

c) comparecimento pessoal e obrigatório a juízo, mensalmente, para informar e justificar suas atividades.

•• Alínea *c* com redação determinada pela Lei n. 7.209, de 11-7-1984.

Art. 79. A sentença poderá especificar outras condições a que fica subordinada a suspensão, desde que adequadas ao fato e à situação pessoal do condenado.

•• Artigo com redação determinada pela Lei n. 7.209, de 11-7-1984.

•• *Vide* arts. 158 e 159 da LEP.

Art. 80. A suspensão não se estende às penas restritivas de direitos nem à multa.

•• Artigo com redação determinada pela Lei n. 7.209, de 11-7-1984.

Revogação obrigatória

Art. 81. A suspensão será revogada se, no curso do prazo, o beneficiário:

I – é condenado, em sentença irrecorrível, por crime doloso;

II – frustra, embora solvente, a execução de pena de multa ou não efetua, sem motivo justificado, a reparação do dano;

III – descumpre a condição do § 1.º do art. 78 deste Código.

•• *Caput* e incisos com redação determinada pela Lei n. 7.209, de 11-7-1984.

Revogação facultativa

§ 1.º A suspensão poderá ser revogada se o condenado descumpre qualquer outra condição imposta ou é irrecorrivelmente condenado, por crime culposo ou por contravenção, a pena privativa de liberdade ou restritiva de direitos.

•• § 1.º com redação determinada pela Lei n. 7.209, de 11-7-1984.

Prorrogação do período de prova

§ 2.º Se o beneficiário está sendo processado por outro crime ou contravenção, considera-se prorrogado o prazo da suspensão até o julgamento definitivo.

•• § 2.º com redação determinada pela Lei n. 7.209, de 11-7-1984.

§ 3.º Quando facultativa a revogação, o juiz pode, ao invés de decretá-la, prorrogar o período de prova até o máximo, se este não foi o fixado.

•• § 3.º com redação determinada pela Lei n. 7.209, de 11-7-1984.

Cumprimento das condições

Art. 82. Expirado o prazo sem que tenha havido revogação, considera-se extinta a pena privativa de liberdade.

•• Artigo com redação determinada pela Lei n. 7.209, de 11-7-1984.

Capítulo V
DO LIVRAMENTO CONDICIONAL

Requisitos do livramento condicional

Art. 83. O juiz poderá conceder livramento condicional ao condenado a pena privativa de liberdade igual ou superior a 2 (dois) anos, desde que:

•• *Caput* com redação determinada pela Lei n. 7.209, de 11-7-1984.

I – cumprida mais de um terço da pena se o condenado não for reincidente em crime doloso e tiver bons antecedentes;

•• Inciso I com redação determinada pela Lei n. 7.209, de 11-7-1984.

II – cumprida mais da metade se o condenado for reincidente em crime doloso;

•• Inciso II com redação determinada pela Lei n. 7.209, de 11-7-1984.

III – comprovado:

•• Inciso III, *caput*, com redação determinada pela Lei n. 13.964, de 24-12-2019.

a) bom comportamento durante a execução da pena;

•• Alínea *a* acrescentada pela Lei n. 13.964, de 24-12-2019.

b) não cometimento de falta grave nos últimos 12 (doze) meses;

•• Alínea *b* acrescentada pela Lei n. 13.964, de 24-12-2019.

c) bom desempenho no trabalho que lhe foi atribuído; e

•• Alínea *c* acrescentada pela Lei n. 13.964, de 24-12-2019.

d) aptidão para prover a própria subsistência mediante trabalho honesto.

•• Alínea *d* acrescentada pela Lei n. 13.964, de 24-12-2019.

IV – tenha reparado, salvo efetiva impossibilidade de fazê-lo, o dano causado pela infração;

•• Inciso IV com redação determinada pela Lei n. 7.209, de 11-7-1984.

V – cumpridos mais de dois terços da pena, nos casos de condenação por crime hediondo, prática de tortura, tráfico ilícito de entorpecentes e drogas afins, tráfico de pessoas e terrorismo, se o apenado não for reincidente específico em crimes dessa natureza.

•• Inciso V com redação determinada pela Lei n. 13.344, de 6-10-2016.

Parágrafo único. Para o condenado por crime doloso, cometido com violência ou grave ameaça à pessoa, a concessão do livramento ficará também subordinada à constatação de condições pessoais que façam presumir que o liberado não voltará a delinquir.

•• Parágrafo único com redação determinada pela Lei n. 7.209, de 11-7-1984.

Soma de penas

Art. 84. As penas que correspondem a infrações diversas devem somar-se para efeito do livramento.

•• Artigo com redação determinada pela Lei n. 7.209, de 11-7-1984.

Revogação do Livramento

Art. 86. Revoga-se o livramento, se o liberado vem a ser condenado a pena privativa de liberdade, em sentença irrecorrível:

I – por crime cometido durante a vigência do benefício;

II – por crime anterior, observado o disposto no art. 84 deste Código.

•• *Caput* e incisos com redação determinada pela Lei n. 7.209, de 11-7-1984.

Revogação facultativa

Art. 87. O juiz poderá, também, revogar o livramento, se o liberado deixar de cumprir qualquer das obrigações constantes da sentença, ou for irrecorrivelmente condenado, por crime ou contravenção, a pena que não seja privativa de liberdade.

•• Artigo com redação determinada pela Lei n. 7.209, de 11-7-1984.

Título VI
DAS MEDIDAS DE SEGURANÇA

Imposição da medida de segurança para inimputável

Art. 97. Se o agente for inimputável, o juiz determinará sua internação (art. 26). Se, todavia, o fato previsto como crime for punível com detenção, poderá o juiz submetê-lo a tratamento ambulatorial.

•• *Caput* com redação determinada pela Lei n. 7.209, de 11-7-1984.

Prazo

§ 1.º A internação, ou tratamento ambulatorial, será por tempo indeterminado, perdurando enquanto não for averiguada, mediante perícia médica, a cessação de periculosidade. O prazo mínimo deverá ser de 1 (um) a 3 (três) anos.

•• § 1.º com redação determinada pela Lei n. 7.209, de 11-7-1984.

Perícia médica

§ 2.º A perícia médica realizar-se-á ao termo do prazo mínimo fixado e deverá ser repetida de ano em ano, ou a qualquer tempo, se o determinar o juiz da execução.

•• § 2.º com redação determinada pela Lei n. 7.209, de 11-7-1984.

Desinternação ou liberação condicional

§ 3.º A desinternação, ou a liberação, será sempre condicional devendo ser restabelecida a situação anterior se o agente, antes do decurso de 1 (um) ano, pratica fato indicativo de persistência de sua periculosidade.

•• § 3.º com redação determinada pela Lei n. 7.209, de 11-7-1984.
§ 4.º Em qualquer fase do tratamento ambulatorial, poderá o juiz determinar a internação do agente, se essa providência for necessária para fins curativos.
•• § 4.º com redação determinada pela Lei n. 7.209, de 11-7-1984.

Título VII
DA AÇÃO PENAL

Ação pública e de iniciativa privada
Art. 100. A ação penal é pública, salvo quando a lei expressamente a declara privativa do ofendido.
•• *Vide* art. 184 da Lei n. 11.101, de 9-2-2005.
•• *Vide* Súmula 714 do STF.
§ 1.º A ação pública é promovida pelo Ministério Público, dependendo, quando a lei o exige, de representação do ofendido ou de requisição do Ministro da Justiça.
•• *Vide* arts. 5.º, § 4.º, e 24 a 39 do CPP.
§ 2.º A ação de iniciativa privada é promovida mediante queixa do ofendido ou de quem tenha qualidade para representá-lo.
§ 3.º A ação de iniciativa privada pode intentar-se nos crimes de ação pública, se o Ministério Público não oferece denúncia no prazo legal.
•• *Vide* art. 5.º, LIX, da CF.
§ 4.º No caso de morte do ofendido ou de ter sido declarado ausente por decisão judicial, o direito de oferecer queixa ou de prosseguir na ação passa ao cônjuge, ascendente, descendente ou irmão.

A ação penal no crime complexo
Art. 101. Quando a lei considera como elemento ou circunstâncias do tipo legal fatos que, por si mesmos, constituem crimes, cabe ação pública em relação àquele, desde que, em relação a qualquer destes, se deva proceder por iniciativa do Ministério Público.

Irretratabilidade da representação
Art. 102. A representação será irretratável depois de oferecida a denúncia.

Decadência do direito de queixa ou de representação
Art. 103. Salvo disposição expressa em contrário, o ofendido decai do direito de queixa ou de represen-

tação se não o exerce dentro do prazo de 6 (seis) meses, contado do dia em que veio a saber quem é o autor do crime, ou, no caso do § 3.º do art. 100 deste Código, do dia em que se esgota o prazo para oferecimento da denúncia.

Renúncia expressa ou tácita do direito de queixa
Art. 104. O direito de queixa não pode ser exercido quando renunciado expressa ou tacitamente.
Parágrafo único. Importa renúncia tácita ao direito de queixa a prática de ato incompatível com a vontade de exercê-lo; não a implica, todavia, o fato de receber o ofendido a indenização do dano causado pelo crime.

Perdão do ofendido
Art. 105. O perdão do ofendido, nos crimes em que somente se procede mediante queixa, obsta ao prosseguimento da ação.
Art. 106. O perdão, no processo ou fora dele, expresso ou tácito:
I – se concedido a qualquer dos querelados, a todos aproveita;
II – se concedido por um dos ofendidos, não prejudica o direito dos outros;
III – se o querelado o recusa, não produz efeito.
§ 1.º Perdão tácito é o que resulta da prática de ato incompatível com a vontade de prosseguir na ação.
§ 2.º Não é admissível o perdão depois que passa em julgado a sentença condenatória.

PARTE ESPECIAL

Título X
DOS CRIMES CONTRA A FÉ PÚBLICA

Capítulo III
DA FALSIDADE DOCUMENTAL

Falsidade ideológica
Art. 299. Omitir, em documento público ou particular, declaração que dele devia constar, ou nele inserir

ou fazer inserir declaração falsa ou diversa da que devia ser escrita, com o fim de prejudicar direito, criar obrigação ou alterar a verdade sobre fato juridicamente relevante:
Pena – reclusão, de 1 (um) a 5 (cinco) anos, e multa, se o documento é público, e reclusão de 1 (um) a 3 (três) anos, e multa, se o documento é particular.
Parágrafo único. Se o agente é funcionário público, e comete o crime prevalecendo-se do cargo, ou se a falsificação ou alteração é de assentamento de registro civil, aumenta-se a pena de sexta parte.

•• *Vide* arts. 4.º e 9.º da Lei n. 7.492, de 16-6-1986.

TÍTULO XI
DOS CRIMES CONTRA A ADMINISTRAÇÃO PÚBLICA

Capítulo II
DOS CRIMES PRATICADOS POR PARTICULAR CONTRA A ADMINISTRAÇÃO EM GERAL

Descaminho
•• Rubrica com redação determinada pela Lei n. 13.008, de 26-6-2014.
Art. 334. Iludir, no todo ou em parte, o pagamento de direito ou imposto devido pela entrada, pela saída ou pelo consumo de mercadoria:
Pena – reclusão, de 1 (um) a 4 (quatro) anos.

•• *Caput* com redação determinada pela Lei n. 13.008, de 26-6-2014.

§ 1.º Incorre na mesma pena quem:

•• § 1.º com redação determinada pela Lei n. 13.008, de 26-6-2014.

I – pratica navegação de cabotagem, fora dos casos permitidos em lei;

•• Inciso I acrescentado pela Lei n. 13.008, de 26-6-2014.

II – pratica fato assimilado, em lei especial, ao descaminho;

•• Inciso II acrescentado pela Lei n. 13.008, de 26-6-2014.

III – vende, expõe à venda, mantém em depósito ou, de qualquer forma, utiliza em proveito próprio ou alheio, no exercício de atividade comercial ou industrial, mercadoria de procedência estrangeira que introduziu clandestinamente no País ou importou fraudulentamente ou que sabe ser produto de introdução clandestina no território nacional ou de importação fraudulenta por parte de outrem;

•• Inciso III acrescentado pela Lei n. 13.008, de 26-6-2014.

IV – adquire, recebe ou oculta, em proveito próprio ou alheio, no exercício de atividade comercial ou industrial, mercadoria de procedência estrangeira, desacompanhada de documentação legal ou acompanhada de documentos que sabe serem falsos.

•• Inciso IV acrescentado pela Lei n. 13.008, de 26-6-2014.

§ 2.º Equipara-se às atividades comerciais, para os efeitos deste artigo, qualquer forma de comércio irregular ou clandestino de mercadorias estrangeiras, inclusive o exercido em residências.

•• § 2.º com redação determinada pela Lei n. 13.008, de 26-6-2014.

§ 3.º A pena aplica-se em dobro se o crime de descaminho é praticado em transporte aéreo, marítimo ou fluvial.

•• § 3.º com redação determinada pela Lei n. 13.008, de 26-6-2014.

Contrabando
•• Rubrica acrescentada pela Lei n. 13.008, de 26-6-2014.
Art. 334-A. Importar ou exportar mercadoria proibida:
Pena – reclusão, de 2 (dois) a 5 (cinco) anos.

•• *Caput* acrescentado pela Lei n. 13.008, de 26-6-2014.

§ 1.º Incorre na mesma pena quem:

•• § 1.º acrescentado pela Lei n. 13.008, de 26-6-2014.

I – pratica fato assimilado, em lei especial, a contrabando;

•• Inciso I acrescentado pela Lei n. 13.008, de 26-6-2014.

II – importa ou exporta clandestinamente mercadoria que dependa de registro, análise ou autorização de órgão público competente;

•• Inciso II acrescentado pela Lei n. 13.008, de 26-6-2014.

III – reinsere no território nacional mercadoria brasileira destinada à exportação;

•• Inciso III acrescentado pela Lei n. 13.008, de 26-6-2014.

IV – vende, expõe à venda, mantém em depósito ou, de qualquer forma, utiliza em proveito próprio ou alheio, no exercício de atividade comercial ou industrial, mercadoria proibida pela lei brasileira;

•• Inciso IV acrescentado pela Lei n. 13.008, de 26-6-2014.

V – adquire, recebe ou oculta, em proveito próprio ou alheio, no exercício de atividade comercial ou industrial, mercadoria proibida pela lei brasileira.

•• Inciso V acrescentado pela Lei n. 13.008, de 26-6-2014.

§ 2.º Equipara-se às atividades comerciais, para os efeitos deste artigo, qualquer forma de comércio irregular ou clandestino de mercadorias estrangeiras, inclusive o exercício em residências.

•• § 2.º acrescentado pela Lei n. 13.008, de 26-6-2014.

§ 3.º A pena aplica-se em dobro se o crime de contrabando é praticado em transporte aéreo, marítimo ou fluvial.

•• § 3.º acrescentado pela Lei n. 13.008, de 26-6-2014.

Capítulo II-B
DOS CRIMES EM LICITAÇÕES E CONTRATOS ADMINISTRATIVOS

•• Capítulo acrescentado pela Lei n. 14.133, de 1.º-4-2021.

Contratação direta ilegal
Art. 337-E. Admitir, possibilitar ou dar causa à contratação direta fora das hipóteses previstas em lei:
Pena – reclusão, de 4 (quatro) a 8 (oito) anos, e multa.

•• Artigo acrescentado pela Lei n. 14.133, de 1.º-4-2021.

Frustração do caráter competitivo de licitação
Art. 337-F. Frustrar ou fraudar, com o intuito de obter para si ou para outrem vantagem decorrente da adjudicação do objeto da licitação, o caráter competitivo do processo licitatório:
Pena – reclusão, de 4 (quatro) anos a 8 (oito) anos, e multa.

•• Artigo acrescentado pela Lei n. 14.133, de 1.º-4-2021.

Patrocínio de contratação indevida
Art. 337-G. Patrocinar, direta ou indiretamente, interesse privado perante a Administração Pública, dando causa à instauração de licitação ou à celebração de contrato cuja invalidação vier a ser decretada pelo Poder Judiciário:
Pena – reclusão, de 6 (seis) meses a 3 (três) anos, e multa.

•• Artigo acrescentado pela Lei n. 14.133, de 1.º-4-2021.

Modificação ou pagamento irregular em contrato administrativo
Art. 337-H. Admitir, possibilitar ou dar causa a qualquer modificação ou vantagem, inclusive prorrogação contratual, em favor do contratado, durante a execução dos contratos celebrados com a Administração Pública, sem autorização em lei, no edital da licitação ou nos respectivos instrumentos contratuais, ou, ainda, pagar fatura com preterição da ordem cronológica de sua exigibilidade:
Pena – reclusão, de 4 (quatro) anos a 8 (oito) anos, e multa.

•• Artigo acrescentado pela Lei n. 14.133, de 1.º-4-2021.

Perturbação de processo licitatório
Art. 337-I. Impedir, perturbar ou fraudar a realização de qualquer ato de processo licitatório:
Pena – detenção, de 6 (seis) meses a 3 (três) anos, e multa.

•• Artigo acrescentado pela Lei n. 14.133, de 1.º-4-2021.

Violação de sigilo em licitação
Art. 337-J. Devassar o sigilo de proposta apresentada em processo licitatório ou proporcionar a terceiro o ensejo de devassá-lo:
Pena – detenção, de 2 (dois) anos a 3 (três) anos, e multa.

•• Artigo acrescentado pela Lei n. 14.133, de 1.º-4-2021.

Afastamento de licitante
Art. 337-K. Afastar ou tentar afastar licitante por meio de violência, grave ameaça, fraude ou oferecimento de vantagem de qualquer tipo:
Pena – reclusão, de 3 (três) anos a 5 (cinco) anos, e multa, além da pena correspondente à violência.

•• *Caput* acrescentado pela Lei n. 14.133, de 1.º-4-2021.

Parágrafo único. Incorre na mesma pena quem se abstém ou desiste de licitar em razão de vantagem oferecida.

•• Parágrafo único acrescentado pela Lei n. 14.133, de 1.º-4-2021.

Fraude em licitação ou contrato
Art. 337-L. Fraudar, em prejuízo da Administração Pública, licitação ou contrato dela decorrente, mediante:

•• *Caput* acrescentado pela Lei n. 14.133, de 1.º-4-2021.

I – entrega de mercadoria ou prestação de serviços com qualidade ou em quantidade diversas das previstas no edital ou nos instrumentos contratuais;

•• Inciso I acrescentado pela Lei n. 14.133, de 1.º-4-2021.

II – fornecimento, como verdadeira ou perfeita, de mercadoria falsificada, deteriorada, inservível para consumo ou com prazo de validade vencido;

•• Inciso II acrescentado pela Lei n. 14.133, de 1.º-4-2021.

III – entrega de uma mercadoria por outra;

•• Inciso III acrescentado pela Lei n. 14.133, de 1.º-4-2021.

IV – alteração da substância, qualidade ou quantidade da mercadoria ou do serviço fornecido;

•• Inciso IV acrescentado pela Lei n. 14.133, de 1.º-4-2021.

V – qualquer meio fraudulento que torne injustamente mais onerosa para a Administração Pública a proposta ou a execução do contrato.

•• Inciso V acrescentado pela Lei n. 14.133, de 1.º-4-2021.

Pena – reclusão, de 4 (quatro) anos a 8 (oito) anos, e multa.

•• Pena acrescentada pela Lei n. 14.133, de 1.º-4-2021.

Contratação inidônea

Art. 337-M. Admitir à licitação empresa ou profissional declarado inidôneo:

Pena – reclusão, de 1 (um) ano a 3 (três) anos, e multa.

•• *Caput* acrescentado pela Lei n. 14.133, de 1.º-4-2021.

§ 1.º Celebrar contrato com empresa ou profissional declarado inidôneo:

Pena – reclusão, de 3 (três) anos a 6 (seis) anos, e multa.

•• § 1.º acrescentado pela Lei n. 14.133, de 1.º-4-2021.

§ 2.º Incide na mesma pena do *caput* deste artigo aquele que, declarado inidôneo, venha a participar de licitação e, na mesma pena do § 1.º deste artigo, aquele que, declarado inidôneo, venha a contratar com a Administração Pública.

•• § 2.º acrescentado pela Lei n. 14.133, de 1.º-4-2021.

Impedimento indevido

Art. 337-N. Obstar, impedir ou dificultar injustamente a inscrição de qualquer interessado nos registros cadastrais ou promover indevidamente a alteração, a suspensão ou o cancelamento de registro do inscrito:

Pena – reclusão, de 6 (seis) meses a 2 (dois) anos, e multa.

•• Artigo acrescentado pela Lei n. 14.133, de 1.º-4-2021.

Omissão grave de dado ou de informação por projetista

Art. 337-O. Omitir, modificar ou entregar à Administração Pública levantamento cadastral ou condição de contorno em relevante dissonância com a realidade, em frustração ao caráter competitivo da licitação ou em detrimento da seleção da proposta mais vantajosa para a Administração Pública, em contratação para a elaboração de projeto básico, projeto executivo ou anteprojeto, em diálogo competitivo ou em procedimento de manifestação de interesse.

Pena – reclusão, de 6 (seis) meses a 3 (três) anos, e multa.

•• *Caput* acrescentado pela Lei n. 14.133, de 1.º-4-2021.

§ 1.º Consideram-se condição de contorno as informações e os levantamentos suficientes e necessários para a definição da solução de projeto e dos respectivos preços pelo licitante, incluídos sondagens, topografia, estudos de demanda, condições ambientais e demais elementos ambientais impactantes, considerados requisitos mínimos ou obrigatórios em normas técnicas que orientam a elaboração de projetos.

•• § 1.º acrescentado pela Lei n. 14.133, de 1.º-4-2021.

§ 2.º e o crime é praticado com o fim de obter benefício, direto ou indireto, próprio ou de outrem, aplica-se em dobro a pena prevista no *caput* deste artigo.

•• § 2.º acrescentado pela Lei n. 14.133, de 1.º-4-2021.

Art. 337-P. A pena de multa cominada aos crimes previstos neste Capítulo seguirá a metodologia de cálculo prevista neste Código e não poderá ser inferior a 2% (dois por cento) do valor do contrato licitado ou celebrado com contratação direta.

•• Artigo acrescentado pela Lei n. 14.133, de 1.º-4-2021.

Título XII
DOS CRIMES CONTRA O ESTADO DEMOCRÁTICO DE DIREITO

•• Título XII acrescentado pela Lei n. 14.197, de 1.º-9-2021.

Capítulo I
DOS CRIMES CONTRA A SOBERANIA NACIONAL

•• Capítulo I acrescentado pela Lei n. 14.197, de 1.º-9-2021.

Atentado à soberania
Art. 359-I. Negociar com governo ou grupo estrangeiro, ou seus agentes, com o fim de provocar atos típicos de guerra contra o País ou invadi-lo:
Pena – reclusão, de 3 (três) a 8 (oito) anos.
•• *Caput* acrescentado pela Lei n. 14.197, de 1.º-9-2021.
§ 1.º Aumenta-se a pena de metade até o dobro, se declarada guerra em decorrência das condutas previstas no *caput* deste artigo.
•• § 1.º acrescentado pela Lei n. 14.197, de 1.º-9-2021.
§ 2.º Se o agente participa de operação bélica com o fim de submeter o território nacional, ou parte dele, ao domínio ou à soberania de outro país:
Pena – reclusão, de 4 (quatro) a 12 (doze) anos.
•• § 2.º acrescentado pela Lei n. 14.197, de 1.º-9-2021.

Atentado à integridade nacional
Art. 359-J. Praticar violência ou grave ameaça com a finalidade de desmembrar parte do território nacional para constituir país independente:
Pena – reclusão, de 2 (dois) a 6 (seis) anos, além da pena correspondente à violência.
•• Artigo acrescentado pela Lei n. 14.197, de 1.º-9-2021.

Espionagem
Art. 359-K. Entregar a governo estrangeiro, a seus agentes, ou a organização criminosa estrangeira, em desacordo com determinação legal ou regulamentar, documento ou informação classificados como secretos ou ultrassecretos nos termos da lei, cuja revelação possa colocar em perigo a preservação da ordem constitucional ou a soberania nacional:
Pena – reclusão, de 3 (três) a 12 (doze) anos.
•• *Caput* acrescentado pela Lei n. 14.197, de 1.º-9-2021.
§ 1.º Incorre na mesma pena quem presta auxílio a espião, conhecendo essa circunstância, para subtraí-lo à ação da autoridade pública.
•• § 1.º acrescentado pela Lei n. 14.197, de 1.º-9-2021.
§ 2.º Se o documento, dado ou informação é transmitido ou revelado com violação do dever de sigilo:
Pena – reclusão, de 6 (seis) a 15 (quinze) anos.
•• § 2.º acrescentado pela Lei n. 14.197, de 1.º-9-2021.
§ 3º Facilitar a prática de qualquer dos crimes previstos neste artigo mediante atribuição, fornecimento ou empréstimo de senha, ou de qualquer outra forma de acesso de pessoas não autorizadas a sistemas de informações:
Pena – detenção, de 1 (um) a 4 (quatro) anos.
•• § 3.º acrescentado pela Lei n. 14.197, de 1.º-9-2021.
§ 4.º Não constitui crime a comunicação, a entrega ou a publicação de informações ou de documentos com o fim de expor a prática de crime ou a violação de direitos humanos.
•• § 4.º acrescentado pela Lei n. 14.197, de 1.º-9-2021.

Capítulo II
DOS CRIMES CONTRA AS INSTITUIÇÕES DEMOCRÁTICAS
•• Capítulo II acrescentado pela Lei n. 14.197, de 1.º-9-2021.

Abolição violenta do Estado Democrático de Direito
Art. 359-L. Tentar, com emprego de violência ou grave ameaça, abolir o Estado Democrático de Direito, impedindo ou restringindo o exercício dos poderes constitucionais:
Pena – reclusão, de 4 (quatro) a 8 (oito) anos, além da pena correspondente à violência.
•• Artigo acrescentado pela Lei n. 14.197, de 1.º-9-2021.

Golpe de Estado
Art. 359-M. Tentar depor, por meio de violência ou grave ameaça, o governo legitimamente constituído:
Pena – reclusão, de 4 (quatro) a 12 (doze) anos, além da pena correspondente à violência.
•• Artigo acrescentado pela Lei n. 14.197, de 1.º-9-2021.

Capítulo III
DOS CRIMES CONTRA O FUNCIONAMENTO DAS INSTITUIÇÕES DEMOCRÁTICAS NO PROCESSO ELEITORAL
•• Capítulo III acrescentado pela Lei n. 14.197, de 1.º-9-2021.

Interrupção do processo eleitoral
Art. 359-N. Impedir ou perturbar a eleição ou a aferição de seu resultado, mediante violação indevida de mecanismos de segurança do sistema eletrônico de votação estabelecido pela Justiça Eleitoral:

Pena – reclusão, de 3 (três) a 6 (seis) anos, e multa.
•• Artigo acrescentado pela Lei n. 14.197, de 1.º-9-2021.
(Vetada.)
•• Rubrica acrescentada pela Lei n. 14.197, de 1.º-9-2021.
Art. 359-O. (*Vetado.*)
•• Artigo acrescentado pela Lei n. 14.197, de 1.º-9-2021.

Violência política
Art. 359-P. Restringir, impedir ou dificultar, com emprego de violência física, sexual ou psicológica, o exercício de direitos políticos a qualquer pessoa em razão de seu sexo, raça, cor, etnia, religião ou procedência nacional:
Pena – reclusão, de 3 (três) a 6 (seis) anos, e multa, além da pena correspondente à violência.
•• Artigo acrescentado pela Lei n. 14.197, de 1.º-9-2021.
(Vetada.)
•• Rubrica acrescentada pela Lei n. 14.197, de 1.º-9-2021.
Art. 359-Q. (*Vetado.*)
•• Artigo acrescentado pela Lei n. 14.197, de 1.º-9-2021.

Capítulo IV
DOS CRIMES CONTRA O FUNCIONAMENTO DOS SERVIÇOS ESSENCIAIS
•• Capítulo IV acrescentado pela Lei n. 14.197, de 1.º-9-2021.

Sabotagem
Art. 359-R. Destruir ou inutilizar meios de comunicação ao público, estabelecimentos, instalações ou serviços destinados à defesa nacional, com o fim de abolir o Estado Democrático de Direito:
Pena – reclusão, de 2 (dois) a 8 (oito) anos.
•• Artigo acrescentado pela Lei n. 14.197, de 1.º-9-2021.

Capítulo V
(*VETADO.*)
•• Capítulo V acrescentado pela Lei n. 14.197, de 1.º-9-2021.

Capítulo VI
DISPOSIÇÕES COMUNS
•• Capítulo VI acrescentado pela Lei n. 14.197, de 1.º-9-2021.

Art. 359-T. Não constitui crime previsto neste Título a manifestação crítica aos poderes constitucionais nem a atividade jornalística ou a reivindicação de direitos e garantias constitucionais por meio de passeatas, de reuniões, de greves, de aglomerações ou de qualquer outra forma de manifestação política com propósitos sociais.
•• Artigo acrescentado pela Lei n. 14.197, de 1.º-9-2021.
(Vetada.)
•• Rubrica acrescentada pela Lei n. 14.197, de 1.º-9-2021.
Art. 359-U. (*Vetado.*)
•• Artigo acrescentado pela Lei n. 14.197, de 1.º-9-2021.

DISPOSIÇÕES FINAIS
Art. 361. Este Código entrará em vigor no dia 1.º de janeiro de 1942.
Rio de Janeiro, 7 de dezembro de 1940; 119.º da Independência e 52.º da República.

GETÚLIO VARGAS

LEI N. 1.060, DE 5 DE FEVEREIRO DE 1950 (*)

Estabelece normas para a concessão de assistência judiciária aos necessitados.

O Presidente da República

Faço saber que o Congresso Nacional decreta e eu sanciono a seguinte Lei:

Art. 1.º Os poderes públicos federal e estadual, independentemente da colaboração que possam receber dos Municípios e da Ordem dos Advogados do Brasil – OAB, concederão assistência judiciária aos necessitados, nos termos desta Lei (*Vetado*).

(*) Publicada no *DOU*, de 13-2-1950, e republicada em Suplemento de 8-4-1974. O Decreto n. 6.086, de 19-4-2007, promulga o Acordo sobre o Benefício da Justiça Gratuita e Assistência Jurídica Gratuita entre os Estados-Partes do Mercosul.

•• Artigo com redação determinada pela Lei n. 7.510, de 4-7-1986.

Arts. 2.º a 4.º (*Revogados pela Lei n. 13.105, de 16-3-2015.*)

Art. 5.º O juiz, se não tiver fundadas razões para indeferir o pedido, deverá julgá-lo de plano, motivando ou não o deferimento, dentro do prazo de 72 (setenta e duas) horas.

§ 1.º Deferido o pedido, o juiz determinará que o serviço de assistência judiciária, organizado e mantido pelo Estado, onde houver, indique, no prazo de 2 (dois) dias úteis, o advogado que patrocinará a causa do necessitado.

§ 2.º Se no Estado não houver serviço de assistência judiciária, por ele mantido, caberá a indicação à Ordem dos Advogados, por suas seções estaduais, ou subseções municipais.

§ 3.º Nos municípios em que não existem subseções da Ordem dos Advogados do Brasil, o próprio juiz fará a nomeação do advogado que patrocinará a causa do necessitado.

§ 4.º Será preferido para a defesa da causa o advogado que o interessado indicar e que declare aceitar o encargo.

§ 5.º Nos Estados onde a assistência judiciária seja organizada e por eles mantida, o Defensor Público, ou quem exerça cargo equivalente, será intimado pessoalmente de todos os atos do processo, em ambas as instâncias, contando-se-lhes em dobro todos os prazos.

•• § 5.º acrescentado pela Lei n. 7.871, de 8-11-1989.

Arts. 6.º e 7.º (*Revogados pela Lei n. 13.105, de 16-3-2015.*)

Art. 8.º Ocorrendo as circunstâncias mencionadas no artigo anterior, poderá o juiz, *ex officio*, decretar a revogação dos benefícios, ouvida a parte interessada dentro de 48 (quarenta e oito) horas improrrogáveis.

Art. 9.º Os benefícios da assistência judiciária compreendem todos os atos do processo até a decisão final do litígio, em todas as instâncias.

Art. 10. São individuais e concedidos em cada caso ocorrente os benefícios de assistência judiciária, que se não transmitem ao cessionário de direito e se extinguem pela morte do beneficiário, podendo, entretanto, ser concedidos aos herdeiros que continuarem a demanda, e que necessitarem de tais favores na forma estabelecida nesta Lei.

Arts. 11 e 12. (*Revogados pela Lei n. 13.105, de 16-3-2015.*)

Art. 13. Se o assistido puder atender, em parte, às despesas do processo, o juiz mandará pagar as custas, que serão rateadas entre os que tiverem direito ao seu recebimento.

Art. 14. Os profissionais liberais designados para o desempenho do encargo de defensor ou de perito, conforme o caso, salvo justo motivo previsto em lei ou, na sua omissão, a critério da autoridade judiciária competente, são obrigados ao respectivo cumprimento, sob pena de multa de CR$ 1.000,00 (mil cruzeiros) a CR$ 10.000,00 (dez mil cruzeiros), sujeita ao reajustamento estabelecido na Lei n. 6.205, de 29 de abril de 1975, sem prejuízo da sanção disciplinar cabível.

•• *Caput* com redação determinada pela Lei n. 6.465, de 14-11-1977.

•• A Lei n. 7.209, de 11-7-1984, em seu art. 2.º, cancela, na Parte Especial do CP e em algumas leis especiais, quaisquer referências a valores de multas, substituindo-se a expressão "multa de" por "multa".

§ 1.º Na falta de indicação pela assistência ou pela própria parte, o juiz solicitará a do órgão de classe respectivo.

•• § 1.º com redação determinada pela Lei n. 6.465, de 14-11-1977.

§ 2.º A multa prevista neste artigo reverterá em benefício do profissional que assumir o encargo na causa.

•• § 2.º com redação determinada pela Lei n. 6.465, de 14-11-1977.

Art. 15. São motivos para a recusa do mandato pelo advogado designado ou nomeado:

1.º) estar impedido de exercer a advocacia;

2.º) ser procurador constituído pela parte contrária ou ter com ela relações profissionais de interesse atual;

3.º) ter necessidade de se ausentar da sede do juízo para atender a outro mandato anteriormente outorgado ou para defender interesses próprios inadiáveis;

4.º) já haver manifestado, por escrito, sua opinião contrária ao direito que o necessitado pretende pleitear;

5.º) haver dado à parte contrária parecer escrito sobre a contenda.

Parágrafo único. A recusa será solicitada ao juiz, que, de plano, a concederá, temporária ou definitivamente, ou a denegará.

Art. 16. Se o advogado, ao comparecer em juízo, não exibir o instrumento de mandato outorgado pelo assistido, o juiz determinará que se exarem na ata da audiência os termos da referida outorga.

Parágrafo único. O instrumento de mandato não será exigido, quando a parte for representada em juízo por advogado integrante de entidade de direito público incumbido, na forma da lei, de prestação de assistência judiciária gratuita, ressalvados:

•• Víde Súmula 644 do STJ.

a) os atos previstos no art. 38 do Código de Processo Civil;

•• A referência é feita ao CPC de 1973. Dispositivo correspondente no CPC de 2015: art. 105.

b) o requerimento de abertura de inquérito por crime de ação privada, a proposição de ação penal privada ou o oferecimento de representação por crime de ação pública condicionada.

•• Parágrafo único acrescentado pela Lei n. 6.248, de 8-10-1975.

Art. 17. (Revogado pela Lei n. 13.105, de 16-3-2015.)

Art. 18. Os acadêmicos de direito, a partir da 4.ª série, poderão ser indicados pela assistência judiciária, ou nomeados pelo juiz para auxiliar o patrocínio das causas dos necessitados, ficando sujeitos às mesmas obrigações impostas por esta Lei aos advogados.

Art. 19. Esta Lei entrará em vigor 30 (trinta) dias depois de sua publicação no Diário Oficial da União, revogadas as disposições em contrário.

Rio de Janeiro, 5 de fevereiro de 1950; 129.º da Independência e 62.º da República.

EURICO G. DUTRA

LEI N. 1.079, DE 10 DE ABRIL DE 1950 (*)

Define os crimes de responsabilidade e regula o respectivo processo de julgamento.

O Presidente da República

Faço saber que o Congresso Nacional decreta e eu sanciono a seguinte Lei:

PARTE PRIMEIRA

DO PRESIDENTE DA REPÚBLICA E MINISTROS DE ESTADO

Art. 1.º São crimes de responsabilidade os que esta Lei especifica.

Art. 2.º Os crimes definidos nesta Lei, ainda quando simplesmente tentados, são passíveis da pena de perda do cargo, com inabilitação, até 5 (cinco) anos, para o exercício de qualquer função pública, imposta pelo Senado Federal nos processos contra o Presidente da República ou ministros de Estado, contra os ministros do Supremo Tribunal Federal ou contra o procurador-geral da República.

Art. 3.º A imposição da pena referida no artigo anterior não exclui o processo e julgamento do acusado por crime comum, na justiça ordinária, nos termos das leis de processo penal.

Art. 4.º São crimes de responsabilidade os atos do Presidente da República que atentarem contra a Constituição Federal, e, especialmente, contra:

I – a existência da União;

II – o livre exercício do Poder Legislativo, do Poder Judiciário e dos poderes constitucionais dos Estados;

III – o exercício dos direitos políticos, individuais e sociais;

IV – a segurança interna do País;

V – a probidade na administração;

VI – a lei orçamentária;

(*) Publicada no DOU, de 12-4-1950. Víde Lei n. 7.106, de 28-6-1983, sobre crimes de responsabilidade de governadores e seus secretários. Víde arts. 50, § 2.º, e 85, parágrafo único, da CF.

VII – a guarda e o legal emprego dos dinheiros públicos;
VIII – o cumprimento das decisões judiciárias (Constituição, art. 89).

TÍTULO I

Capítulo I
DOS CRIMES CONTRA A EXISTÊNCIA DA UNIÃO

Art. 5.º São crimes de responsabilidade contra a existência política da União:

1) entreter, direta ou indiretamente, inteligência com governo estrangeiro, provocando-o a fazer guerra ou cometer hostilidade contra a República, prometer-lhe assistência ou favor, ou dar-lhe qualquer auxílio nos preparativos ou planos de guerra contra a República;

2) tentar, diretamente e por fatos, submeter a União ou algum dos Estados ou Territórios a domínio estrangeiro, ou dela separar qualquer Estado ou porção do território nacional;

3) cometer ato de hostilidade contra nação estrangeira, expondo a República ao perigo da guerra, ou comprometendo-lhe a neutralidade;

4) revelar negócios políticos ou militares, que devam ser mantidos secretos a bem da defesa da segurança externa ou dos interesses da Nação;

5) auxiliar, por qualquer modo, nação inimiga a fazer a guerra ou a cometer hostilidade contra a República;

6) celebrar tratados, convenções ou ajustes que comprometam a dignidade da Nação;

7) violar a imunidade dos embaixadores ou ministros estrangeiros acreditados no País;

8) declarar a guerra, salvo os casos de invasão ou agressão estrangeira, ou fazer a paz, sem autorização do Congresso Nacional;

9) não empregar contra o inimigo os meios de defesa de que poderia dispor;

10) permitir o Presidente da República, durante as sessões legislativas e sem autorização do Congresso Nacional, que forças estrangeiras transitem pelo território do País, ou, por motivo de guerra, nele permaneçam temporariamente;

11) violar tratados legitimamente feitos com nações estrangeiras.

Capítulo II
DOS CRIMES CONTRA O LIVRE EXERCÍCIO DOS PODERES CONSTITUCIONAIS

Art. 6.º São crimes de responsabilidade contra o livre exercício dos Poderes Legislativo e Judiciário e dos poderes constitucionais dos Estados:

1) tentar dissolver o Congresso Nacional, impedir a reunião ou tentar impedir por qualquer modo o funcionamento de qualquer de suas Câmaras;

2) usar de violência ou ameaça contra algum representante da Nação para afastá-lo da Câmara a que pertença ou para coagi-lo no modo de exercer o seu mandato bem como conseguir ou tentar conseguir o mesmo objetivo mediante suborno ou outras formas de corrupção;

3) violar as imunidades asseguradas aos membros do Congresso Nacional, das Assembleias Legislativas dos Estados, da Câmara dos Vereadores do Distrito Federal e das Câmaras Municipais;

4) permitir que força estrangeira transite pelo território do País ou nele permaneça quando a isso se oponha o Congresso Nacional;

5) opor-se diretamente e por fatos ao livre exercício do Poder Judiciário, ou obstar, por meios violentos, ao efeito dos seus atos, mandados ou sentenças;

6) usar de violência ou ameaça, para constranger juiz, ou jurado, a proferir ou deixar de proferir despacho, sentença ou voto, ou a fazer ou deixar de fazer ato do seu ofício;

7) praticar contra os poderes estaduais ou municipais ato definido como crime neste artigo;

8) intervir em negócios peculiares aos Estados ou aos Municípios com desobediência às normas constitucionais.

Capítulo III
DOS CRIMES CONTRA O EXERCÍCIO DOS DIREITOS POLÍTICOS, INDIVIDUAIS E SOCIAIS

Art. 7.º São crimes de responsabilidade contra o livre exercício dos direitos políticos, individuais e sociais:

1) impedir por violência, ameaça ou corrupção, o livre exercício do voto;

2) obstar ao livre exercício das funções dos mesários eleitorais;

3) violar o escrutínio de seção eleitoral ou inquinar de nulidade o seu resultado pela subtração, desvio ou inutilização do respectivo material;

4) utilizar o poder federal para impedir a livre execução da lei eleitoral;

5) servir-se das autoridades sob sua subordinação imediata para praticar abuso do poder, ou tolerar que essas autoridades o pratiquem sem repressão sua;

6) subverter ou tentar subverter por meios violentos a ordem política e social;

7) incitar militares à desobediência à lei ou infração à disciplina;

8) provocar animosidade entre as classes armadas ou contra elas, ou delas contra as instituições civis;

9) violar patentemente qualquer direito ou garantia individual constante do art. 141 e bem assim os direitos sociais assegurados no art. 157 da Constituição;

10) tomar ou autorizar, durante o estado de sítio, medidas de repressão que excedam os limites estabelecidos na Constituição.

Capítulo IV
DOS CRIMES CONTRA A SEGURANÇA INTERNA DO PAÍS

Art. 8.º São crimes contra a segurança interna do País:

1) tentar mudar por violência a forma de governo da República;

2) tentar mudar por violência a Constituição Federal ou de algum dos Estados, ou lei da União, de Estado ou Município;

3) decretar o estado de sítio, estando reunido o Congresso Nacional, ou no recesso deste, não havendo comoção interna grave nem fatos que evidenciem estar a mesma a irromper ou não ocorrendo guerra externa;

4) praticar ou concorrer para que se perpetre qualquer dos crimes contra a segurança interna, definidos na legislação penal;

5) não dar as providências de sua competência para impedir ou frustrar a execução desses crimes;

6) ausentar-se do País sem autorização do Congresso Nacional;

7) permitir, de forma expressa ou tácita, a infração de lei federal de ordem pública;

8) deixar de tomar, nos prazos fixados, as providências determinadas por lei ou tratado federal e necessárias à sua execução e cumprimento.

Capítulo V
DOS CRIMES CONTRA A PROBIDADE NA ADMINISTRAÇÃO

Art. 9.º São crimes de responsabilidade contra a probidade na administração:

1) omitir ou retardar dolosamente a publicação das leis e resoluções do Poder Legislativo ou dos atos do Poder Executivo;

2) não prestar ao Congresso Nacional, dentro de 60 (sessenta) dias após a abertura da sessão legislativa, as contas relativas ao exercício anterior;

3) não tornar efetiva a responsabilidade dos seus subordinados, quando manifesta em delitos funcionais ou na prática de atos contrários à Constituição;

4) expedir ordens ou fazer requisição de forma contrária às disposições expressas da Constituição;

5) infringir no provimento dos cargos públicos, as normas legais;

6) usar de violência ou ameaça contra funcionário público para coagi-lo a proceder ilegalmente, bem como utilizar-se de suborno ou de qualquer outra forma de corrupção para o mesmo fim;

7) proceder de modo incompatível com a dignidade, a honra e o decoro do cargo.

Capítulo VI
DOS CRIMES CONTRA A LEI ORÇAMENTÁRIA

Art. 10. São crimes de responsabilidade contra a lei orçamentária:

1) não apresentar ao Congresso Nacional a proposta do orçamento da República dentro dos primeiros dois meses de cada sessão legislativa;

2) exceder ou transportar, sem autorização legal, as verbas do orçamento;

3) realizar o estorno de verbas;

4) infringir, patentemente, e de qualquer modo, dispositivo da lei orçamentária;

5) deixar de ordenar a redução do montante da dívida consolidada, nos prazos estabelecidos em lei, quando o montante ultrapassar o valor resultante da aplicação do limite máximo fixado pelo Senado Federal;

•• Item 5 acrescentado pela Lei n. 10.028, de 19-10-2000.

6) ordenar ou autorizar a abertura de crédito em desacordo com os limites estabelecidos pelo Senado Federal, sem fundamento na lei orçamentária ou na de crédito adicional ou com inobservância de prescrição legal;

•• Item 6 acrescentado pela Lei n. 10.028, de 19-10-2000.

7) deixar de promover ou de ordenar na forma da lei, o cancelamento, a amortização ou a constituição de reserva para anular os efeitos de operação de crédito realizada com inobservância de limite, condição ou montante estabelecido em lei;

•• Item 7 acrescentado pela Lei n. 10.028, de 19-10-2000.

8) deixar de promover ou de ordenar a liquidação integral de operação de crédito por antecipação de receita orçamentária, inclusive os respectivos juros e demais encargos, até o encerramento do exercício financeiro;

•• Item 8 acrescentado pela Lei n. 10.028, de 19-10-2000.

9) ordenar ou autorizar, em desacordo com a lei, a realização de operação de crédito com qualquer um dos demais entes da Federação, inclusive suas entidades da administração indireta, ainda que na forma de novação, refinanciamento ou postergação de dívida contraída anteriormente;

•• Item 9 acrescentado pela Lei n. 10.028, de 19-10-2000.

10) captar recursos a título de antecipação de receita de tributo ou contribuição cujo fato gerador ainda não tenha ocorrido;

•• Item 10 acrescentado pela Lei n. 10.028, de 19-10-2000.

11) ordenar ou autorizar a destinação de recursos provenientes da emissão de títulos para finalidade diversa da prevista na lei que a autorizou;

•• Item 11 acrescentado pela Lei n. 10.028, de 19-10-2000.

12) realizar ou receber transferência voluntária em desacordo com limite ou condição estabelecida em lei.

•• Item 12 acrescentado pela Lei n. 10.028, de 19-10-2000.

Capítulo VII
DOS CRIMES CONTRA A GUARDA E LEGAL EMPREGO DOS DINHEIROS PÚBLICOS

Art. 11. São crimes de responsabilidade contra a guarda e o legal emprego dos dinheiros públicos:

1) ordenar despesas não autorizadas por lei ou sem observância das prescrições legais relativas às mesmas;

2) abrir crédito sem fundamento em lei ou sem as formalidades legais;

3) contrair empréstimo, emitir moeda corrente ou apólices, ou efetuar operação de crédito sem autorização legal;

4) alienar imóveis nacionais ou empenhar rendas públicas sem autorização legal;

5) negligenciar a arrecadação das rendas impostos e taxas, bem como a conservação do patrimônio nacional.

Capítulo VIII
DOS CRIMES CONTRA O CUMPRIMENTO DAS DECISÕES JUDICIÁRIAS

Art. 12. São crimes de responsabilidade contra as decisões judiciárias:

1) impedir, por qualquer meio, o efeito dos atos, mandados ou decisões do Poder Judiciário;

2) recusar o cumprimento das decisões do Poder Judiciário no que depender do exercício das funções do Poder Executivo;

3) deixar de atender a requisição de intervenção federal do Supremo Tribunal Federal ou do Tribunal Superior Eleitoral;

4) impedir ou frustrar pagamento determinado por sentença judiciária.

Título II
DOS MINISTROS DE ESTADO

Art. 13. São crimes de responsabilidade dos ministros de Estado:

1) os atos definidos nesta Lei, quando por eles praticados ou ordenados;

2) os atos previstos nesta Lei que os ministros assinarem com o Presidente da República ou por ordem deste praticarem;

3) a falta de comparecimento sem justificação, perante a Câmara dos Deputados ou o Senado Federal, ou qualquer das suas comissões, quando uma ou outra casa do Congresso os convocar para pessoalmente, prestarem informações acerca de assunto previamente determinado;

Crimes de Responsabilidade   Lei n. 1.079, de 10-4-1950

4) não prestarem dentro em 30 (trinta) dias e sem motivo justo, a qualquer das Câmaras do Congresso Nacional, as informações que ela lhes solicitar por escrito, ou prestarem-nas com falsidade.

PARTE SEGUNDA
PROCESSO E JULGAMENTO

Título Único
DO PRESIDENTE DA REPÚBLICA E MINISTROS DE ESTADO

Capítulo I
DA DENÚNCIA

Art. 14. É permitido a qualquer cidadão denunciar o Presidente da República ou ministro de Estado, por crime de responsabilidade, perante a Câmara dos Deputados.

Art. 15. A denúncia só poderá ser recebida enquanto o denunciado não tiver, por qualquer motivo, deixado definitivamente o cargo.

Art. 16. A denúncia assinada pelo denunciante e com a firma reconhecida, deve ser acompanhada dos documentos que a comprovem, ou da declaração de impossibilidade de apresentá-los, com a indicação do local onde possam ser encontrados. Nos crimes de que haja prova testemunhal, a denúncia deverá conter o rol das testemunhas, em número de 5 (cinco) no mínimo.

Art. 17. No processo de crime de responsabilidade, servirá de escrivão um funcionário da secretaria da Câmara dos Deputados, ou do Senado, conforme se achar o mesmo em uma ou outra casa do Congresso Nacional.

Art. 18. As testemunhas arroladas no processo deverão comparecer para prestar o seu depoimento, e a mesa da Câmara dos Deputados ou do Senado, por ordem de quem serão notificadas, tomará as providências legais que se tornarem necessárias para compeli-las à obediência.

Capítulo II
DA ACUSAÇÃO

Art. 19. Recebida a denúncia, será lida no expediente da sessão seguinte e despachada a uma comissão especial eleita, da qual participem, observada a respectiva proporção, representantes de todos os partidos para opinar sobre a mesma.

•• O STF, na Medida Cautelar na ADPF n. 378, de 17-12-2015, declarou este artigo recepcionado pela CF.

Art. 20. A comissão a que alude o artigo anterior se reunirá dentro de 48 (quarenta e oito) horas e, depois de eleger seu presidente e relator, emitirá parecer, dentro do prazo de 10 (dez) dias, sobre se a denúncia deve ser ou não julgada objeto de deliberação. Dentro desse período poderá a comissão proceder às diligências que julgar necessárias ao esclarecimento da denúncia.

•• O STF, na Medida Cautelar na ADPF n. 378, de 17-12-2015, declarou este artigo recepcionado pela CF.

§ 1.º O parecer da comissão especial será lido no expediente da sessão da Câmara dos Deputados e publicado integralmente no Diário do Congresso Nacional e em avulsos, juntamente com a denúncia, devendo as publicações ser distribuídas a todos os deputados.

§ 2.º Quarenta e oito horas após a publicação oficial do parecer da comissão especial será o mesmo incluído, em primeiro lugar, na ordem do dia da Câmara dos Deputados, para uma discussão única.

Art. 21. Cinco representantes de cada partido poderão falar, durante 1 (uma) hora, sobre o parecer, ressalvado ao relator da comissão especial o direito de responder a cada um.

•• O STF, na Medida Cautelar na ADPF n. 378, de 17-12-2015, declarou este artigo recepcionado pela CF.

Art. 22. Encerrada a discussão do parecer, e submetido o mesmo a votação nominal, será a denúncia, com os documentos que a instruam, arquivada, se não for considerada objeto de deliberação. No caso contrário, será remetida por cópia autêntica ao denunciado, que terá o prazo de 20 (vinte) dias para contestá-la e indicar os meios de prova com que pretenda demonstrar a verdade do alegado.

•• O STF, na Medida Cautelar na ADPF n. 378, de 17-12-2015, declarou não recepcionada pela CF a 2.ª parte deste *caput* ("No caso contrário...").

§ 1.º Findo esse prazo e com ou sem a contestação, a comissão especial determinará as diligências requeridas, ou que julgar convenientes, e realizará as sessões necessárias para a tomada do depoimento das testemunhas de ambas as partes, podendo ouvir o denunciante e o denunciado, que poderá assistir pessoalmente, ou por seu procurador, a todas as audiências e diligências realizadas pela comissão, interrogando e contestando as testemunhas e requerendo a reinquirição ou acareação das mesmas.

•• O STF, na Medida Cautelar na ADPF n. 378, de 17-12-2015, declarou não recepcionado pela CF este § 1.º.

§ 2.º Findas essas diligências, a comissão especial proferirá, no prazo de 10 (dez) dias, parecer sobre a procedência ou improcedência da denúncia.

•• O STF, na Medida Cautelar na ADPF n. 378, de 17-12-2015, declarou não recepcionado pela CF este § 2.º.

§ 3.º Publicado e distribuído esse parecer na forma do § 1.º do art. 20, será o mesmo incluído na ordem do dia da sessão imediata para ser submetido a duas discussões, com o interregno de 48 (quarenta e oito) horas entre uma e outra.

•• O STF, na Medida Cautelar na ADPF n. 378, de 17-12-2015, declarou não recepcionado pela CF este § 3.º.

§ 4.º Nas discussões do parecer sobre a procedência ou improcedência da denúncia, cada representante de partido poderá falar uma só vez e durante 1 (uma) hora, ficando as questões de ordem subordinadas ao disposto no § 2.º do art. 20.

•• O STF, na Medida Cautelar na ADPF n. 378, de 17-12-2015, declarou não recepcionado pela CF este § 4.º.

Art. 23. Encerrada a discussão do parecer, será o mesmo submetido a votação nominal, não sendo permitidas, então, questões de ordem, nem encaminhamento de votação.

§ 1.º Se da aprovação do parecer resultar a procedência da denúncia, considerar-se-á decretada a acusação pela Câmara dos Deputados.

•• O STF, na Medida Cautelar na ADPF n. 378, de 17-12-2015, declarou este § 1.º não recepcionado pela CF.

§ 2.º Decretada a acusação, será o denunciado intimado imediatamente pela mesa da Câmara dos Deputados, por intermédio do 1.º secretário.

§ 3.º Se o denunciado estiver ausente do Distrito Federal, a sua intimação será solicitada pela mesa da Câmara dos Deputados, ao presidente do Tribunal de Justiça do Estado em que ele se encontrar.

§ 4.º A Câmara dos Deputados elegerá uma comissão de 3 (três) membros para acompanhar o julgamento do acusado.

•• O STF, na Medida Cautelar na ADPF n. 378, de 17-12-2015, declarou § 4.º não recepcionado pela CF.

§ 5.º São efeitos imediatos ao decreto da acusação do Presidente da República, ou de ministro de Estado, a suspensão do exercício das funções do acusado e da metade do subsídio ou do vencimento, até sentença final.

•• O STF, na Medida Cautelar na ADPF n. 378, de 17-12-2015, declarou este § 5.º não recepcionado pela CF.

§ 6.º Conforme se trate da acusação de crime comum ou de responsabilidade, o processo será enviado ao Supremo Tribunal Federal ou ao Senado Federal.

Capítulo III
DO JULGAMENTO

Art. 24. Recebido no Senado o decreto de acusação com o processo enviado pela Câmara dos Deputados e apresentado o libelo pela comissão acusadora, remeterá o presidente cópia de tudo ao acusado, que, na mesma ocasião e nos termos dos §§ 2.º e 3.º do art. 23, será notificado para comparecer em dia prefixado perante o Senado.

•• O STF, na Medida Cautelar na ADPF n. 378, de 17-12-2015, declarou este artigo parcialmente recepcionado pela CF, a fim de declarar que "o recebimento da denúncia no processo de *impeachment* ocorrerá apenas após a decisão do Plenário do Senado Federal", e ainda que "a votação nominal deverá ser tomada por maioria simples e presente a maioria absoluta de seus membros".

Parágrafo único. Ao presidente do Supremo Tribunal Federal enviar-se-á o processo em original, com a comunicação do dia designado para o julgamento.

Art. 25. O acusado comparecerá, por si ou pelos seus advogados, podendo, ainda, oferecer novos meios de prova.

Art. 26. No caso de revelia, marcará o presidente novo dia para o julgamento e nomeará para a defesa do acusado um advogado, a quem se facultará o exame de todas as peças de acusação.

Art. 27. No dia aprazado para o julgamento, presentes o acusado, seus advogados, ou o defensor nomeado à sua revelia, e a comissão acusadora, o presidente do Supremo Tribunal Federal, abrindo a sessão, mandará ler o processo preparatório, o libelo e os artigos de defesa; em seguida inquirirá as testemunhas, que deverão depor publicamente e fora da presença umas das outras.

Art. 28. Qualquer membro da comissão acusadora ou do Senado, e bem assim o acusado ou seus advogados, poderão requerer que se façam às testemunhas perguntas que julgarem necessárias.

Parágrafo único. A comissão acusadora, ou o acusado ou seus advogados, poderão contestar ou arguir as testemunhas sem contudo interrompê-las e requerer a acareação.

Art. 29. Realizar-se-á a seguir o debate verbal entre a comissão acusadora e o acusado ou os seus advogados pelo prazo que o presidente fixar e que não poderá exceder de 2 (duas) horas.

Art. 30. Findos os debates orais e retiradas as partes, abrir-se-á discussão sobre o objeto da acusação.

Art. 31. Encerrada a discussão o presidente do Supremo Tribunal Federal fará relatório resumido da denúncia e das provas da acusação e da defesa e submeterá à votação nominal dos senadores o julgamento.

Art. 32. Se o julgamento for absolutório produzirá, desde logo, todos os efeitos a favor do acusado.

Art. 33. No caso de condenação, o Senado por iniciativa do presidente fixará o prazo de inabilitação do condenado para o exercício de qualquer função pública; e no caso de haver crime comum deliberará ainda sobre se o presidente o deverá submeter à justiça ordinária, independentemente da ação de qualquer interessado.

Art. 34. Proferida a sentença condenatória, o acusado estará, *ipso facto*, destituído do cargo.

Art. 35. A resolução do Senado constará de sentença que será lavrada, nos autos do processo, pelo presidente do Supremo Tribunal Federal, assinada pelos senadores que funcionarem como juízes, transcrita na ata da sessão e, dentro desta, publicada no Diário Oficial e no Diário do Congresso Nacional.

Art. 36. Não pode interferir, em nenhuma fase do processo de responsabilidade do Presidente da República ou dos ministros de Estado, o deputado ou senador:

a) que tiver parentesco consanguíneo ou afim, com o acusado, em linha reta; em linha colateral, os irmãos, cunhados, enquanto durar o cunhadio, e os primos coirmãos;

b) que, como testemunha do processo, tiver deposto de ciência própria.

Art. 37. O Congresso Nacional deverá ser convocado, extraordinariamente, pelo terço de uma de suas câmaras, caso a sessão legislativa se encerre sem que se tenha ultimado o julgamento do Presidente da República, ou de ministro de Estado, bem como no caso de ser necessário o início imediato do processo.

Art. 38. No processo e julgamento do Presidente da República e dos ministros de Estado, serão subsidiários desta Lei naquilo em que lhes forem aplicáveis, assim os regimentos internos da Câmara dos Deputados e do Senado Federal, como o Código de Processo Penal.

•• O STF, na Medida Cautelar na ADPF n. 378, de 17-12-2015, estabeleceu, em interpretação conforme à CF deste artigo, que "é possível a aplicação subsidiária dos Regimentos Internos da Câmara e do Senado ao processo de *impeachment*, desde que sejam compatíveis com os preceitos legais e constitucionais pertinentes".

PARTE TERCEIRA

TÍTULO I

Capítulo I
DOS MINISTROS DO SUPREMO TRIBUNAL FEDERAL

Art. 39. São crimes de responsabilidade dos Ministros do Supremo Tribunal Federal:

1) altera, por qualquer forma, exceto por via de recurso, a decisão ou voto já proferido em sessão do Tribunal;

2) proferir julgamento, quando, por lei, seja suspeito na causa;

3) exercer atividade político-partidária;

4) ser patentemente desidioso no cumprimento dos deveres do cargo;

5) proceder de modo incompatível com a honra dignidade e decoro de suas funções.

Art. 39-A. Constituem, também, crimes de responsabilidade do Presidente do Supremo Tribunal Federal ou de seu substituto quando no exercício da Presidência, as condutas previstas no art. 10 desta Lei, quando por eles ordenadas ou praticadas.

•• *Caput* acrescentado pela Lei n. 10.028, de 19-10-2000.

Parágrafo único. O disposto neste artigo aplica-se aos Presidentes, e respectivos substitutos quando no exercício da Presidência, dos Tribunais Superiores, dos Tribunais de Contas, dos Tribunais Regionais Federais, do Trabalho e Eleitorais, dos Tribunais de Justiça e de Alçada dos Estados e do Distrito Federal, e aos Juízes Diretores de Foro ou função equivalente no primeiro grau de jurisdição.

•• Parágrafo único acrescentado pela Lei n. 10.028, de 19-10-2000.

Capítulo II
DO PROCURADOR-GERAL DA REPÚBLICA

Art. 40. São crimes de responsabilidade do procurador-geral da República:

1) emitir parecer, quando, por lei, seja suspeito na causa;

2) recusar-se a prática de ato que lhe incumba;

3) ser patentemente desidioso no cumprimento de suas atribuições;

4) proceder de modo incompatível com a dignidade e o decoro do cargo.

Art. 40-A. Constituem, também, crimes de responsabilidade do Procurador-Geral da República, ou de seu substituto quando no exercício da chefia do Ministério Público da União, as condutas previstas no art. 10 desta Lei, quando por eles ordenadas ou praticadas.

•• *Caput* acrescentado pela Lei n. 10.028, de 19-10-2000.

Parágrafo único. O disposto neste artigo aplica-se:

•• Parágrafo único acrescentado pela Lei n. 10.028, de 19-10-2000.

I – ao Advogado-Geral da União;

•• Inciso I acrescentado pela Lei n. 10.028, de 19-10-2000.

II – aos Procuradores-Gerais do Trabalho, Eleitoral e Militar, aos Procuradores-Gerais de Justiça dos Estados e do Distrito Federal, aos Procuradores-Gerais dos Estados e do Distrito Federal, e aos membros do Ministério Público da União e dos Estados, da Advocacia-Geral da União, das Procuradorias dos Estados e do Distrito Federal, quando no exercício de função de chefia das unidades regionais ou locais das respectivas instituições.

•• Inciso II acrescentado pela Lei n. 10.028, de 19-10-2000.

TÍTULO II
DO PROCESSO E JULGAMENTO

Capítulo I
DA DENÚNCIA

Art. 41. É permitido a todo cidadão denunciar, perante o Senado Federal, os ministros do Supremo Tribunal Federal e o procurador-geral da República, pelos crimes de responsabilidade que cometerem (arts. 39 e 40).

Art. 41-A. Respeitada a prerrogativa de foro que assiste às autoridades a que se referem o parágrafo único do art. 39-A e o inciso II do parágrafo único do art. 40-A, as ações penais contra elas ajuizadas pela prática dos crimes de responsabilidade previstos no art. 10 desta Lei serão processadas e julgadas de acordo com o rito instituído pela Lei n. 8.038, de 28 de maio de 1990, permitido, a todo cidadão, o oferecimento da denúncia.

•• Artigo acrescentado pela Lei n. 10.028, de 19-10-2000.

•• Os arts. 10, 39-A e 40-A desta Lei estabelecem os crimes contra a lei orçamentária, os crimes de responsabilidade dos Ministros do STF, os crimes de responsabilidade do Procurador-Geral da República, do Advogado-Geral da União, dos Procuradores-Gerais do Trabalho, Eleitorais e Militares, dos Procuradores-Gerais de Justiça dos Estados e do Distrito Federal, dos membros do Ministério Público da União e dos Estados, da AGU, das Procuradorias dos Estados e do Distrito Federal, quando no exercício de função de chefia das unidades regionais ou locais das respectivas instituições.

Art. 42. A denúncia só poderá ser recebida se o denunciado não tiver, por qualquer motivo, deixado definitivamente o cargo.

Art. 43. A denúncia, assinada pelo denunciante com a firma reconhecida, deve ser acompanhada dos documentos que a comprovem ou da declaração de impossibilidade de apresentá-los, com a indicação do local onde possam ser encontrados. Nos crimes de que haja prova testemunhal, a denúncia deverá conter o rol das testemunhas, em número de cinco, no mínimo.

Art. 44. Recebida a denúncia pela mesa do Senado, será lida no expediente da sessão seguinte e despachada a uma comissão especial, eleita para opinar sobre a mesma.

Crimes de Responsabilidade   Lei n. 1.079, de 10-4-1950

Art. 45. A comissão a que alude o artigo anterior, reunir-se-á dentro de 48 (quarenta e oito) horas e, depois de eleger o seu presidente e relator, emitirá parecer no prazo de 10 (dez) dias sobre se a denúncia deve ser, ou não, julgada objeto de deliberação. Dentro desse período poderá a comissão proceder às diligências que julgar necessárias.

Art. 46. O parecer da comissão, com a denúncia e os documentos que a instruírem será lido no expediente de sessão do Senado, publicado no Diário do Congresso Nacional e em avulsos, que deverão ser distribuídos entre os senadores, e dado para ordem do dia da sessão seguinte.

Art. 47. O parecer será submetido a uma só discussão, e a votação nominal, considerando-se aprovado se reunir a maioria simples de votos.

Art. 48. Se o Senado resolver que a denúncia não deve constituir objeto de deliberação, serão os papéis arquivados.

Art. 49. Se a denúncia for considerada objeto de deliberação, a mesa remeterá cópia de tudo ao denunciado, para responder à acusação no prazo de 10 (dez) dias.

Art. 50. Se o denunciado estiver fora do Distrito Federal, a cópia lhe será entregue pelo presidente do Tribunal de Justiça do Estado em que se achar. Caso se ache fora do País ou em lugar incerto e não sabido, o que será verificado pelo 1.º secretário do Senado, a intimação far-se-á por edital, publicado no Diário do Congresso Nacional, com a antecedência de 60 (sessenta) dias, aos quais se acrescerá, em comparecendo o denunciado, o prazo do art. 49.

Art. 51. Findo o prazo para a resposta do denunciado, seja esta recebida, ou não, a comissão dará parecer, dentro de 10 (dez) dias, sobre a procedência ou improcedência da acusação.

Art. 52. Perante a comissão, o denunciante e o denunciado poderão comparecer pessoalmente ou por procurador, assistir a todos os atos e diligências por ela praticados, inquirir, reinquirir, contestar testemunhas e requerer a sua acareação. Para esse efeito, a comissão dará aos interessados conhecimento das suas reuniões e das diligências a que deva proceder, com a indicação de lugar, dia e hora.

Art. 53. Findas as diligências, a comissão emitirá sobre elas o seu parecer, que será publicado e distribuído, com todas as peças que o instruírem, e dado para ordem do dia 48 (quarenta e oito) horas, no mínimo, depois da distribuição.

Art. 54. Esse parecer terá uma só discussão e considerar-se-á aprovado se, em votação nominal, reunir a maioria simples dos votos.

Art. 55. Se o Senado entender que não procede a acusação, serão os papéis arquivados. Caso decida o contrário, a mesa dará imediato conhecimento dessa decisão ao Supremo Tribunal Federal, ao Presidente da República, ao denunciante e ao denunciado.

Art. 56. Se o denunciado não estiver no Distrito Federal, a decisão ser-lhe-á comunicada à requisição da mesa, pelo presidente do Tribunal de Justiça do Estado onde se achar. Se estiver fora do País ou em lugar incerto e não sabido, o que será verificado pelo 1.º secretário do Senado, far-se-á a intimação mediante edital pelo Diário do Congresso Nacional, com a antecedência de 60 (sessenta) dias.

Art. 57. A decisão produzirá desde a data da sua intimação os seguintes efeitos contra o denunciado:

a) ficar suspenso do exercício das suas funções até sentença final;

b) ficar sujeito à acusação criminal;

c) perder, até sentença final, um terço dos vencimentos, que lhe será pago no caso de absolvição.

Capítulo II
DA ACUSAÇÃO E DA DEFESA

Art. 58. Intimado o denunciante ou o seu procurador da decisão a que aludem os três últimos artigos, ser-lhe-á dada vista do processo, na secretaria do Senado, para, dentro de 48 (quarenta e oito) horas, oferecer o libelo acusatório e o rol das testemunhas. Em seguida abrir-se-á vista ao denunciado ou ao seu defensor, pelo mesmo prazo para oferecer a contrariedade e o rol das testemunhas.

Art. 59. Decorridos esses prazos, com o libelo e a contrariedade ou sem eles, serão os autos remetidos, em original, ao presidente do Supremo Tribunal Federal, ou ao seu substituto legal, quando seja ele o denunciado, comunicando-se-lhe o dia designado para o julgamento e convidando-o para presidir a sessão.

Art. 60. O denunciante e o acusado serão notificados pela forma estabelecida no art. 56, para assistirem ao julgamento, devendo as testemunhas ser, por um magistrado, intimadas a comparecer à requisição da mesa.

Parágrafo único. Entre a notificação e o julgamento deverá mediar o prazo mínimo de 10 (dez) dias.

Art. 61. No dia e hora marcados para o julgamento, o Senado reunir-se-á, sob a presidência do presidente do Supremo Tribunal Federal ou do seu substituto legal. Verificada a presença de número legal de senadores, será aberta a sessão e feita a chamada das partes, acusador e acusado, que poderão comparecer pessoalmente ou pelos seus procuradores.

Art. 62. A revelia do acusador não importará transferência do julgamento, nem perempção da acusação.

§ 1.º A revelia do acusado determinará o adiamento do julgamento, para o qual o presidente designará novo dia, nomeando um advogado para defender o revel.

§ 2.º Ao defensor nomeado será facultado o exame de todas as peças do processo.

Art. 63. No dia definitivamente aprazado para o julgamento, verificado o número legal de senadores, será aberta a sessão e facultado o ingresso às partes ou aos seus procuradores. Serão juízes todos os senadores presentes, com exceção dos impedidos nos termos do art. 36.

Parágrafo único. O impedimento poderá ser oposto pelo acusador ou pelo acusado e invocado por qualquer senador.

Art. 64. Constituído o Senado em tribunal de julgamento, o presidente mandará ler o processo e, em seguida, inquirirá publicamente as testemunhas, fora da presença umas das outras.

Art. 65. O acusador e o acusado, ou os seus procuradores, poderão reinquirir as testemunhas, contestá-las sem interrompê-las e requerer a sua acareação. Qualquer senador poderá requerer sejam feitas as perguntas que julgar necessárias.

Art. 66. Finda a inquirição, haverá debate oral, facultadas a réplica e a tréplica entre o acusador e o acusado, pelo prazo que o presidente determinar.

Parágrafo único. Ultimado o debate, retirar-se-ão as partes do recinto da sessão e abrir-se-á uma discussão única entre os senadores sobre o objeto da acusação.

Art. 67. Encerrada a discussão, fará o presidente um relatório resumido dos fundamentos da acusação e da defesa, bem como das respectivas provas, submetendo em seguida o caso a julgamento.

Capítulo III
DA SENTENÇA

Art. 68. O julgamento será feito, em votação nominal pelos senadores desimpedidos que responderão "sim" ou "não" à seguinte pergunta enunciada pelo presidente: "Cometeu o acusado F o crime que lhe é imputado e deve ser condenado à perda do seu cargo?".

Parágrafo único. Se a resposta afirmativa obtiver, pelo menos, dois terços dos votos dos senadores presentes, o presidente fará nova consulta ao plenário sobre o tempo, não excedente de 5 (cinco) anos, durante o qual o condenado deverá ficar inabilitado para o exercício de qualquer função pública.

•• Inabilitação: passou para 8 (oito) anos por força do art. 52, parágrafo único, da CF.

Art. 69. De acordo com a decisão do Senado, o presidente lavrará, nos autos, a sentença que será assinada por ele e pelos senadores, que tiverem tomado parte no julgamento, e transcrita na ata.

Art. 70. No caso de condenação, fica o acusado desde logo destituído do seu cargo. Se a sentença for absolutória, produzirá a imediata reabilitação do acusado, que voltará ao exercício do cargo, com direito à parte dos vencimentos de que tenha sido privado.

Art. 71. Da sentença, dar-se-á imediato conhecimento ao Presidente da República, ao Supremo Tribunal Federal e ao acusado.

Art. 72. Se no dia do encerramento do Congresso Nacional não estiver concluído o processo ou julgamento de ministro do Supremo Tribunal Federal ou do procurador-geral da República, deverá ele ser convocado extraordinariamente pelo terço do Senado Federal.

Art. 73. No processo e julgamento de ministro do Supremo Tribunal, ou do procurador-geral da República, serão subsidiários desta Lei, naquilo em que lhes forem aplicáveis, o Regimento Interno do Senado Federal e o Código de Processo Penal.

PARTE QUARTA

Título Único

Capítulo I
DOS GOVERNADORES E SECRETÁRIOS DOS ESTADOS

Art. 74. Constituem crimes de responsabilidade dos governadores dos Estados ou dos seus secretários, quando por eles praticados, os atos definidos como crime nesta Lei.

Capítulo II
DA DENÚNCIA, ACUSAÇÃO E JULGAMENTO

Art. 75. É permitido a todo cidadão denunciar o governador perante a Assembleia Legislativa, por crime de responsabilidade.

Art. 76. A denúncia, assinada pelo denunciante e com a firma reconhecida, deve ser acompanhada dos documentos que a comprovem, ou da declaração de impossibilidade de apresentá-los, com a indicação do local em que possam ser encontrados. Nos crimes de que houver prova testemunhal, conterá o rol das testemunhas, em número de 5 (cinco) pelo menos.

Parágrafo único. Não será recebida a denúncia depois que o governador, por qualquer motivo, houver deixado definitivamente o cargo.

Art. 77. Apresentada a denúncia e julgada objeto de deliberação, se a Assembleia Legislativa, por maioria absoluta, decretar a procedência da acusação, será o governador imediatamente suspenso de suas funções.

Art. 78. O governador será julgado, nos crimes de responsabilidade, pela forma que determinar a Constituição do Estado e não poderá ser condenado, senão à perda do cargo, com inabilitação, até 5 (cinco) anos, para o exercício de qualquer função pública, sem prejuízo da ação da justiça comum.

•• Inabilitação: passou para 8 (oito) anos por força do art. 52, parágrafo único, da CF.

§ 1.º Quando o tribunal de julgamento for de jurisdição mista, serão iguais, pelo número, os representantes dos órgãos que o integrarem, excluído o presidente, que será o presidente do Tribunal de Justiça.

§ 2.º Em qualquer hipótese, só poderá ser decretada a condenação pelo voto de dois terços dos membros de que se compuser o tribunal de julgamento.

§ 3.º Nos Estados, onde as Constituições não determinarem o processo nos crimes de responsabilidade dos governadores, aplicar-se-á o disposto nesta Lei, devendo, porém, o julgamento ser proferido por um tribunal composto de 5 (cinco) membros do Legislativo e de 5 (cinco) desembargadores, sob a presidência do presidente do Tribunal de Justiça local, que terá direito de voto no caso de empate. A escolha desse tribunal será feita – a dos membros do Legislativo, mediante eleição pela Assembleia; a dos desembargadores, mediante sorteio.

§ 4.º Esses atos deverão ser executados dentro em 5 (cinco) dias contados da data em que a Assembleia enviar ao presidente do Tribunal de Justiça os autos do processo, depois de decretada a procedência da acusação.

Art. 79. No processo e julgamento do governador serão subsidiários desta Lei naquilo em que lhe forem aplicáveis, assim o regimento interno da Assembleia Legislativa e do Tribunal de Justiça, como o Código de Processo Penal.

Parágrafo único. Os secretários de Estado, nos crimes conexos com os dos governadores, serão sujeitos ao mesmo processo e julgamento.

DISPOSIÇÕES GERAIS

Art. 80. Nos crimes de responsabilidade do Presidente da República e dos ministros de Estado, a Câmara dos Deputados é tribunal de pronúncia e o Senado Federal, tribunal de julgamento; nos crimes de responsabilidade dos ministros do Supremo Tribunal Federal e do procurador-geral da República, o Senado Federal é, simultaneamente, tribunal de pronúncia e julgamento.

•• O STF, na Medida Cautelar na ADPF n. 378, de 17-12-2015, declarou não recepcionada pela CF a 1.ª parte deste *caput*.

Parágrafo único. O Senado Federal, na apuração e julgamento dos crimes de responsabilidade, funciona sob a presidência do presidente do Supremo Tribunal, e só proferirá sentença condenatória pelo voto de dois terços dos seus membros.

Art. 81. A declaração de procedência da acusação nos crimes de responsabilidade só poderá ser decretada pela maioria absoluta da Câmara que a proferir.

•• O STF, na Medida Cautelar na ADPF n. 378, de 17-12-2015, declarou este artigo recepcionado pela CF.

Art. 82. Não poderá exceder de 120 (cento e vinte) dias, contados da data da declaração da procedência da acusação, o prazo para o processo e julgamento dos crimes definidos nesta Lei.

Art. 83. Esta Lei entrará em vigor na data da sua publicação, revogadas as disposições em contrário.

Rio de Janeiro, 10 de abril de 1950; 129.º da Independência e 62.º da República.

EURICO G. DUTRA

LEI N. 1.408, DE 9 DE AGOSTO DE 1951 (*)

Prorroga vencimento de prazos judiciais e dá outras providências.

O Presidente da República

Faço saber que o Congresso Nacional decreta e eu sanciono a seguinte Lei:

Art. 1.º Sempre que, por motivo de ordem pública, se fizer necessário o fechamento do Foro, de edifícios anexos ou de quaisquer dependências do serviço judiciário ou o respectivo expediente tiver de ser encerrado antes da hora legal, observar-se-á o seguinte:

a) os prazos serão restituídos aos interessados na medida que houverem sido atingidos pela providência tomada;

b) as audiências, que ficarem prejudicadas, serão realizadas em outro dia mediante designação da autoridade competente.

Art. 2.º O fechamento extraordinário do Foro e dos edifícios anexos e as demais medidas, a que se refere o art. 1.º, poderão ser determinados pelo presidente dos Tribunais de Justiça, nas comarcas onde esses tribunais tiverem a sede e pelos juízes de direito nas respectivas comarcas.

Art. 3.º Os prazos judiciais que se iniciarem ou vencerem aos sábados serão prorrogados por 1 (um) dia útil.

•• Artigo com redação determinada pela Lei n. 4.674, de 15-6-1965.

Art. 4.º Se o jornal, que divulgar o expediente oficial do Foro, se publicar à tarde, serão dilatados de 1 (um) dia os prazos que devam correr de sua inserção nessa folha e feitas, na véspera da realização do ato oficial, as publicações que devam ser efetuadas no dia fixado para esse ato.

Art. 5.º Não haverá expediente no Foro e nos ofícios de justiça, no "Dia da Justiça", nos feriados nacionais, na terça-feira de Carnaval, na Sexta-Feira Santa, e nos dias que a lei estadual designar.

Parágrafo único. Os casamentos e ato de registro civil serão realizados em qualquer dia.

Art. 6.º Esta Lei entrará em vigor na data de sua publicação, revogadas as disposições em contrário.

Rio de Janeiro, 9 de agosto de 1951; 130.º da Independência e 63.º da República.

GETÚLIO VARGAS

LEI N. 1.521, DE 26 DE DEZEMBRO DE 1951 (**)

Altera dispositivos da legislação vigente sobre crimes contra a economia popular.

O Presidente da República

Faço saber que o Congresso Nacional decreta e eu sanciono a seguinte Lei:

Art. 1.º Serão punidos, na forma desta Lei, os crimes e as contravenções contra a economia popular. Esta Lei regulará o seu julgamento.

Art. 2.º São crimes desta natureza:

I – recusar individualmente em estabelecimento comercial a prestação de serviços essenciais à subsistência; sonegar mercadoria ou recusar vendê-la a quem esteja em condições de comprar a pronto pagamento;

II – favorecer ou preferir comprador ou freguês em detrimento de outro, ressalvados os sistemas de entrega ao consumo por intermédio de distribuidores ou revendedores;

(*) Publicada no *DOU*, de 13-8-1951.

(**) Publicada no *DOU*, de 27-12-1951. Os valores citados são originais. CDC: Lei n. 8.078, de 11-9-1990.

Crimes contra a Economia Popular — Lei n. 1.521, de 26-12-1951

III – expor à venda ou vender mercadoria ou produto alimentício, cujo fabrico haja desatendido a determinações oficiais, quanto ao peso e composição;

IV – negar ou deixar o fornecedor de serviços essenciais de entregar ao freguês a nota relativa à prestação de serviço, desde que a importância exceda de quinze cruzeiros, e com a indicação do preço, do nome e endereço do estabelecimento, do nome da firma ou responsável, da data e local da transação e do nome e residência do freguês;

V – misturar gêneros e mercadorias de espécies diferentes, expô-los à venda ou vendê-los como puros; misturar gêneros e mercadorias de qualidades desiguais para expô-los à venda ou vendê-los por preço marcado para os de mais alto custo;

VI – transgredir tabelas oficiais de gêneros e mercadorias, ou de serviços essenciais, bem como expor à venda ou oferecer ao público ou vender tais gêneros, mercadorias ou serviços, por preço superior ao tabelado, assim como não manter afixadas, em lugar visível e de fácil leitura, as tabelas de preços aprovadas pelos órgãos competentes;

VII – negar ou deixar o vendedor de fornecer nota ao caderno de venda de gêneros de primeira necessidade, seja à vista ou a prazo, e cuja importância exceda de dez cruzeiros ou de especificar na nota ou caderno – que serão isentos de selo – o preço da mercadoria vendida, o nome e o endereço do estabelecimento, a firma ou o responsável, a data e local da transação e o nome e residência do freguês;

VIII – celebrar ajuste para impor determinado preço de revenda ou exigir do comprador que não compre de outro vendedor;

IX – obter ou tentar obter ganhos ilícitos em detrimento do povo ou de número indeterminado de pessoas mediante especulações ou processos fraudulentos ("bola de neve", "cadeias", "pichardismo" e quaisquer outros equivalentes);

X – violar contrato de venda a prestações, fraudando sorteios ou deixando de entregar a coisa vendida, sem devolução das prestações pagas, ou descontar destas, nas vendas com reserva de domínio, quando o contrato for rescindido por culpa do comprador, quantia maior do que a correspondente à depreciação do objeto;

XI – fraudar pesos ou medidas padronizados em lei ou regulamentos; possuí-los ou detê-los, para efeitos de comércio, sabendo estarem fraudados.

Pena – detenção de 6 (seis) meses a 2 (dois) anos e multa de dois mil a cinquenta mil cruzeiros.

•• A Lei n. 7.209, de 11-7-1984, em seu art. 2.º, cancela, na Parte Especial do CP e em algumas leis especiais, quaisquer referências a valores de multas, substituindo-se a expressão "multa de" por "multa".

Parágrafo único. Na configuração dos crimes previstos nesta Lei, bem como na de qualquer outra de defesa de economia popular, sua guarda e seu emprego considerar-se-ão como de primeira necessidade ou necessários ao consumo do povo, os gêneros, artigos, mercadorias e qualquer outra espécie de coisas ou bens indispensáveis à subsistência do indivíduo em condições higiênicas e ao exercício normal de suas atividades. Estão compreendidos nesta definição os artigos destinados à alimentação, ao vestuário e à iluminação, os terapêuticos ou sanitários, o combustível, a habitação e os materiais de construção.

Art. 3.º São também crimes dessa natureza:

I – destruir ou inutilizar, intencionalmente e sem autorização legal, com o fim de determinar alta de preços, em proveito próprio ou de terceiro, matérias-primas ou produtos necessários ao consumo do povo;

II – abandonar ou fazer abandonar lavoura ou plantações, suspender ou fazer suspender a atividade de fábricas, usinas ou quaisquer estabelecimentos de produção, ou meios de transporte, mediante indenização paga pela desistência da competição;

III – promover ou participar de consórcio, convênio, ajuste, aliança ou fusão de capitais, com o fim de impedir ou dificultar, para o efeito de aumento arbitrário de lucros, a concorrência em matéria de produção, transporte ou comércio;

IV – reter ou açambarcar matérias-primas, meios de produção ou produtos necessários ao consumo do povo, com o fim de dominar o mercado em qualquer ponto do País e provocar a alta dos preços;

V – vender mercadorias abaixo do preço de custo com o fim de impedir a concorrência;

VI – provocar a alta ou baixa de preços de mercadorias, títulos públicos, valores ou salários por meio de

Lei n. 1.521, de 26-12-1951 — Crimes contra a Economia Popular

notícias falsas, operações fictícias ou qualquer outro artifício;

VII – dar indicações ou fazer afirmações falsas em prospectos ou anúncios, para o fim de substituição, compra ou venda de títulos, ações, ou quotas;

VIII – exercer funções de direção, administração ou gerência de mais de uma empresa ou sociedade do mesmo ramo de indústria ou comércio com o fim de impedir ou dificultar a concorrência;

IX – gerir fraudulenta ou temerariamente bancos ou estabelecimentos bancários, ou de capitalização; sociedades de seguros, pecúlios ou pensões vitalícias; sociedades para empréstimos ou financiamento de construções e de vendas de imóveis a prestações, com ou sem sorteio ou preferência por meio de pontos ou quotas; caixas econômicas; caixas Raiffeisen; caixas mútuas, de beneficência, socorros ou empréstimos; caixas de pecúlio, pensão e aposentadoria; caixas construtoras; cooperativas, sociedades de economia coletiva, levando-as à falência ou à insolvência, ou não cumprindo qualquer das cláusulas contratuais com prejuízo dos interessados;

X – fraudar de qualquer modo escriturações, lançamentos, registros, relatórios, pareceres e outras informações devidas a sócios de sociedades civis ou comerciais, em que o capital seja fracionado em ações ou quotas de valor nominativo igual ou inferior a um mil cruzeiros com o fim de sonegar lucros, dividendos, percentagens, rateios ou bonificações, ou de desfalcar ou desviar fundos de reserva ou reservas técnicas.

Pena – detenção de 2 (dois) anos a 10 (dez) anos e multa de vinte mil a cem mil cruzeiros.

Art. 4.º Constitui crime da mesma natureza a usura pecuniária ou real, assim se considerando:

a) cobrar juros, comissões ou descontos percentuais, sobre dívidas em dinheiro, superiores à taxa permitida por lei; cobrar ágio superior à taxa oficial de câmbio, sobre quantia permutada por moeda estrangeira; ou, ainda, emprestar sob penhor que seja privativo de instituição oficial de crédito;

b) obter ou estipular, em qualquer contrato, abusando da premente necessidade, inexperiência ou leviandade de outra parte, lucro patrimonial que exceda o quinto do valor corrente ou justo da prestação feita ou prometida.

Pena – detenção de 6 (seis) meses a 2 (dois) anos e multa de cinco mil a vinte mil cruzeiros.

§ 1.º Nas mesmas penas incorrerão os procuradores, mandatários ou mediadores que interviriem na operação usurária, bem como os cessionários de crédito usurário que, cientes de sua natureza ilícita, o fizerem valer em sucessiva transmissão ou execução judicial.

§ 2.º São circunstâncias agravantes do crime de usura:

I – ser cometido em época de grave crise econômica;

II – ocasionar grave dano individual;

III – dissimular-se a natureza usurária do contrato;

IV – quando cometido:

a) por militar, funcionário público, ministro de culto religioso; por pessoa cuja condição econômico-social seja manifestamente superior à da vítima;

b) em detrimento de operário ou de agricultor; de menor de 18 (dezoito) anos ou de deficiente mental, interditado ou não.

§ 3.º (*Revogado pela Medida Provisória n. 2.172-32, de 23-8-2001.*)

Art. 5.º Nos crimes definidos nesta Lei, haverá suspensão da pena e livramento condicional em todos os casos permitidos pela legislação comum. Será a fiança concedida nos termos da legislação em vigor, devendo ser arbitrada dentro dos limites de cinco mil cruzeiros a cinquenta mil cruzeiros, na hipótese do art. 2.º e dentro dos limites de dez mil cruzeiros a cem mil cruzeiros, nos demais casos reduzida à metade dentro desses limites, quando o infrator for empregado do estabelecimento comercial ou industrial, ou não ocupe cargo ou posto de direção dos negócios.

•• Artigo com redação determinada pela Lei n. 3.290, de 23-10-1957.

Art. 6.º Verificado qualquer crime contra a economia popular ou contra a saúde pública (Capítulo III do Título VIII do Código Penal) e atendendo à gravidade do fato, sua repercussão e efeitos, o juiz, na sentença, declarará a interdição de direito, determinada no art. 69, IV, do Código Penal, de 6 (seis) meses a 1 (um) ano assim como mediante representação da autoridade policial, poderá decretar, dentro de 48 (quarenta e oito) horas, a suspensão provisória, pelo prazo de 15 (quinze) dias, do exercício da profissão ou atividade do infrator.

•• Referência a dispositivo original do CP. *Vide* art. 47, II, da nova Parte Geral do mesmo Código.

Art. 7.º Os juízes recorrerão de ofício sempre que absolverem os acusados em processo por crime contra a economia popular ou contra a saúde pública, ou quando determinarem o arquivamento dos autos do respectivo inquérito policial.

Art. 8.º Nos crimes contra a saúde pública, os exames periciais serão realizados, no Distrito Federal, pelas repartições da Secretaria-Geral de Saúde e Assistência e da Secretaria da Agricultura, Indústria e Comércio da Prefeitura ou pelo Gabinete de Exames Periciais do Departamento de Segurança Pública e nos Estados e Territórios pelos serviços congêneres, valendo qualquer dos laudos como corpo de delito.

Art. 9.º (*Revogado pela Lei n. 6.649, de 16-5-1979.*)

Art. 10. Terá forma sumária, nos termos do Capítulo V, Título II, Livro III, do Código de Processo Penal, o processo das contravenções e dos crimes contra a economia popular, não submetidos ao julgamento pelo júri.

§ 1.º Os atos policiais (inquérito ou processo iniciado por portaria) deverão terminar no prazo de 10 (dez) dias.

§ 2.º O prazo para oferecimento da denúncia será de 2 (dois) dias, esteja ou não o réu preso.

§ 3.º A sentença do juiz será proferida dentro do prazo de 30 (trinta) dias contados do recebimento dos autos da autoridade policial (art. 536 do Código de Processo Penal).

§ 4.º A retardação injustificada, pura e simples, dos prazos indicados nos parágrafos anteriores, importa em crime de prevaricação (art. 319 do Código Penal).

Art. 11. No Distrito Federal, o processo das infrações penais relativas à economia popular caberá, indistintamente, a todas as varas criminais com exceção da 1.ª e 20.ª, observadas as disposições quanto aos crimes da competência do júri de que trata o art. 12.

Arts. 12 a 30. (*Prejudicados estes dispositivos que tratavam do Tribunal do Júri para os crimes contra a economia popular, em face da Emenda Constitucional n. 1, de 17-10-1969.*)

Art. 33. Esta Lei entrará em vigor 60 (sessenta) dias depois de sua publicação, aplicando-se aos processos iniciados na sua vigência.

Art. 34. Revogam-se as disposições em contrário.

Rio de Janeiro, 26 de dezembro de 1951; 130.º da Independência e 63.º da República.

GETÚLIO VARGAS

LEI N. 1.579, DE 18 DE MARÇO DE 1952 (*)

Dispõe sobre as Comissões Parlamentares de Inquérito.

O Presidente da República

Faço saber que o Congresso Nacional decreta e eu sanciono a seguinte Lei:

Art. 1.º As Comissões Parlamentares de Inquérito, criadas na forma do § 3.º do art. 58 da Constituição Federal, terão poderes de investigação próprios das autoridades judiciais, além de outros previstos nos regimentos da Câmara dos Deputados e do Senado Federal, com ampla ação nas pesquisas destinadas a apurar fato determinado e por prazo certo.

•• *Caput* com redação determinada pela Lei n. 13.367, de 5-12-2016.

Parágrafo único. A criação de Comissão Parlamentar de Inquérito dependerá de requerimento de um terço da totalidade dos membros da Câmara dos Deputados e do Senado Federal, em conjunto ou separadamente.

•• Parágrafo único com redação determinada pela Lei n. 13.367, de 5-12-2016.

Art. 2.º No exercício de suas atribuições, poderão as Comissões Parlamentares de Inquérito determinar diligências que reputarem necessárias e requerer a convocação de Ministros de Estado, tomar o depoimento de quaisquer autoridades federais, estaduais ou municipais, ouvir os indiciados, inquirir testemunhas

(*) Publicada no *DOU*, de 21-3-1952. *Vide* Lei n. 10.001, de 4-9-2000, sobre a prioridade nos procedimentos a serem adotados pelo Ministério Público e por outros órgãos a respeito das conclusões das Comissões Parlamentares de Inquérito.

sob compromisso, requisitar da administração pública direta, indireta ou fundacional informações e documentos, e transportar-se aos lugares onde se fizer mister a sua presença.

•• Artigo com redação determinada pela Lei n. 13.367, de 5-12-2016.

Art. 3.º Indiciados e testemunhas serão intimados de acordo com as prescrições estabelecidas na legislação penal.

§ 1.º Em caso de não comparecimento da testemunha sem motivo justificado, a sua intimação será solicitada ao juiz criminal da localidade em que resida ou se encontre, nos termos dos arts. 218 e 219 do Decreto-lei n. 3.689, de 3 de outubro de 1941 – Código de Processo Penal.

•• § 1.º com redação determinada pela Lei n. 13.367, de 5-12-2016.

§ 2.º O depoente poderá fazer-se acompanhar de advogado, ainda que em reunião secreta.

•• § 2.º acrescentado pela Lei n. 10.679, de 23-5-2003.

Art. 3.º-A. Caberá ao presidente da Comissão Parlamentar de Inquérito, por deliberação desta, solicitar, em qualquer fase da investigação, ao juízo criminal competente medida cautelar necessária, quando se verificar a existência de indícios veementes da proveniência ilícita de bens.

•• Artigo acrescentado pela Lei n. 13.367, de 5-12-2016.

Art. 4.º Constitui crime:

I – Impedir, ou tentar impedir, mediante violência, ameaça ou assuadas, o regular funcionamento de Comissão Parlamentar de Inquérito, ou livre exercício das atribuições de qualquer dos seus membros.

Pena – a do art. 329 do Código Penal.

II – Fazer afirmação falsa, ou negar ou calar a verdade como testemunha, perito, tradutor ou intérprete, perante a Comissão Parlamentar de Inquérito.

Pena – a do art. 342 do Código Penal.

Art. 5.º As Comissões Parlamentares de Inquérito apresentarão relatório de seus trabalhos à respectiva Câmara, concluindo por projeto de resolução.

§ 1.º Se forem diversos os fatos, objeto de inquérito, a comissão dirá, em separado, sobre cada um, podendo fazê-lo antes mesmo de finda a investigação dos demais.

§ 2.º A incumbência da Comissão Parlamentar de Inquérito termina com a sessão legislativa em que tiver sido outorgada, salvo deliberação da respectiva Câmara, prorrogando-a dentro da legislatura em curso.

Art. 6.º O processo e a instrução dos inquéritos obedecerão ao que prescreve esta Lei, no que lhes for aplicável, às normas do processo penal.

Art. 6.º-A. A Comissão Parlamentar de Inquérito encaminhará relatório circunstanciado, com suas conclusões, para as devidas providências, entre outros órgãos, ao Ministério Público ou à Advocacia-Geral da União, com cópia da documentação, para que promovam a responsabilidade civil ou criminal por infrações apuradas e adotem outras medidas decorrentes de suas funções institucionais.

•• Artigo acrescentado pela Lei n. 13.367, de 5-12-2016.

Art. 7.º Esta Lei entrará em vigor na data de sua publicação, revogadas as disposições em contrário.

Rio de Janeiro, 18 de março de 1952; 131.º da Independência e 64.º da República.

Getúlio Vargas

LEI N. 4.737, DE 15 DE JULHO DE 1965 (*)

Institui o Código Eleitoral.

O Presidente da República

Faço saber que sanciono a seguinte Lei, aprovada pelo Congresso Nacional, nos termos do art. 4.º, *caput*, do Ato Institucional, de 9 de abril de 1964.

PARTE QUINTA
DISPOSIÇÕES VÁRIAS

Título IV
DISPOSIÇÕES PENAIS

(*) Publicada no *DOU*, de 19-7-1965, e retificada em 30-7-1965. A Lei n. 9.504, de 30-9-1997, dispõe em seu art. 90 que se aplica aos crimes nela definidos o disposto nos arts. 287 e 355 a 364 desta Lei. A Resolução TSE n. 23.363, de 17-11-2011, dispõe sobre a apuração de crimes eleitorais.

Capítulo I
DISPOSIÇÕES PRELIMINARES

Art. 287. Aplicam-se aos fatos incriminados nesta Lei as regras gerais do Código Penal.

Capítulo III
DO PROCESSO DAS INFRAÇÕES

•• A Resolução n. 23.740, de 7-5-2024, do TSE, dispõe sobre a implementação e o funcionamento do juiz eleitoral das garantias na Justiça Eleitoral.

Art. 355. As infrações penais definidas neste Código são de ação pública.

Art. 356. Todo cidadão que tiver conhecimento de infração penal deste Código deverá comunicá-la ao juiz eleitoral da zona onde a mesma se verificou.

§ 1.º Quando a comunicação for verbal, mandará a autoridade judicial reduzi-la a termo, assinado pelo apresentante e por duas testemunhas, e a remeterá ao órgão do Ministério Público local, que procederá na forma deste Código.

§ 2.º Se o Ministério Público julgar necessários maiores esclarecimentos e documentos complementares ou outros elementos de convicção, deverá requisitá-los diretamente de quaisquer autoridades ou funcionários que possam fornecê-los.

Art. 357. Verificada a infração penal, o Ministério Público oferecerá a denúncia dentro do prazo de 10 (dez) dias.

§ 1.º Se o órgão do Ministério Público, ao invés de apresentar a denúncia, requerer o arquivamento da comunicação, o juiz, no caso de considerar improcedentes as razões invocadas, fará remessa da comunicação ao procurador regional, e este oferecerá a denúncia, designará outro promotor para oferecê-la, ou insistirá no pedido de arquivamento, ao qual só então estará o juiz obrigado a atender.

§ 2.º A denúncia conterá a exposição do fato criminoso com todas as suas circunstâncias, a qualificação do acusado ou esclarecimentos pelos quais se possa identificá-lo, a classificação do crime e, quando necessário, o rol das testemunhas.

§ 3.º Se o órgão do Ministério Público não oferecer a denúncia no prazo legal representará contra ele a autoridade judiciária, sem prejuízo da apuração da responsabilidade penal.

§ 4.º Ocorrendo a hipótese prevista no parágrafo anterior o juiz solicitará ao procurador regional a designação de outro promotor, que, no mesmo prazo, oferecerá a denúncia.

§ 5.º Qualquer eleitor poderá provocar a representação contra o órgão do Ministério Público se o juiz, no prazo de 10 (dez) dias, não agir de ofício.

Art. 358. A denúncia será rejeitada quando:

I – o fato narrado evidentemente não constituir crime;

II – já estiver extinta a punibilidade, pela prescrição ou outra causa;

III – for manifesta a ilegitimidade da parte ou faltar condição exigida pela lei para o exercício da ação penal.

Parágrafo único. Nos casos do n. III, a rejeição da denúncia não obstará ao exercício da ação penal, desde que promovida por parte legítima ou satisfeita a condição.

Art. 359. Recebida a denúncia, o juiz designará dia e hora para o depoimento pessoal do acusado, ordenando a citação deste e a notificação do Ministério Público.

•• *Caput* com redação determinada pela Lei n. 10.732, de 5-9-2003.

Parágrafo único. O réu ou seu defensor terá o prazo de 10 (dez) dias para oferecer alegações escritas e arrolar testemunhas.

•• Parágrafo único acrescentado pela Lei n. 10.732, de 5-9-2003.

Art. 360. Ouvidas as testemunhas da acusação e da defesa e praticadas as diligências requeridas pelo Ministério Público e deferidas ou ordenadas pelo juiz, abrir-se-á o prazo de 5 (cinco) dias a cada uma das partes – acusação e defesa – para alegações finais.

Art. 361. Decorrido esse prazo, e conclusos os autos ao juiz dentro de 48 (quarenta e oito) horas, terá o mesmo 10 (dez) dias para proferir a sentença.

Art. 362. Das decisões finais de condenação ou absolvição cabe recurso para o Tribunal Regional, a ser interposto no prazo de 10 (dez) dias.

Art. 363. Se a decisão do Tribunal Regional for condenatória, baixarão imediatamente os autos à instância inferior para a execução da sentença, que será feita no prazo de 5 (cinco) dias, contados da data da vista ao Ministério Público.

Parágrafo único. Se o órgão do Ministério Público deixar de promover a execução da sentença serão aplicadas as normas constantes dos §§ 3.º, 4.º e 5.º do art. 357.

Art. 364. No processo e julgamento dos crimes eleitorais e dos comuns que lhes forem conexos, assim como nos recursos e na execução, que lhes digam respeito, aplicar-se-á, como lei subsidiária ou supletiva, o Código de Processo Penal.

Brasília, 15 de julho de 1965; 144.º da Independência e 77.º da República.

H. Castello Branco

LEI N. 5.249, DE 9 DE FEVEREIRO DE 1967 (*)

Dispõe sobre a ação pública de crimes de responsabilidade.

O Presidente da República

Faço saber que o Congresso Nacional decreta e eu sanciono a seguinte Lei:

Art. 1.º A falta de representação do ofendido, nos casos de abuso previstos na Lei n. 4.898, de 9 de dezembro de 1965, não obsta a iniciativa ou o curso de ação pública.

•• A Lei n. 4.898, de 9-12-1965, foi revogada pela Lei n. 13.869, de 5-9-2019.

Art. 2.º A presente Lei entra em vigor na data de sua publicação.

Art. 3.º Revogam-se as disposições em contrário.

Brasília, 9 de fevereiro de 1967; 146.º da Independência e 79.º da República.

H. Castello Branco

DECRETO-LEI N. 201, DE 27 DE FEVEREIRO DE 1967 (**)

Dispõe sobre a responsabilidade dos prefeitos e vereadores, e dá outras providências.

O Presidente da República, usando da atribuição que lhe confere o § 2.º do art. 9.º do Ato Institucional n. 4, de 7 de dezembro de 1966, decreta:

Art. 1.º São crimes de responsabilidade dos prefeitos municipais, sujeitos ao julgamento do Poder Judiciário, independentemente do pronunciamento da Câmara dos Vereadores:

I – apropriar-se de bens ou rendas públicas, ou desviá-los em proveito próprio ou alheio;

II – utilizar-se, indevidamente, em proveito próprio ou alheio, de bens, rendas ou serviços públicos;

III – desviar, ou aplicar indevidamente, rendas ou verbas públicas;

IV – empregar subvenções, auxílios, empréstimos ou recursos de qualquer natureza, em desacordo com os planos ou programas a que se destinam;

V – ordenar ou efetuar despesas não autorizadas por lei, ou realizá-las em desacordo com as normas financeiras pertinentes;

VI – deixar de prestar contas anuais da administração financeira do Município à Câmara de Vereadores, ou ao órgão que a Constituição do Estado indicar, nos prazos e condições estabelecidos;

VII – deixar de prestar contas, no devido tempo, ao órgão competente, da aplicação de recursos, empréstimos, subvenções ou auxílios internos ou externos, recebidos a qualquer título;

VIII – contrair empréstimos, emitir apólices, ou obrigar o Município por títulos de crédito, sem autorização da Câmara, ou em desacordo com a lei;

IX – conceder empréstimos, auxílios ou subvenções sem autorização da Câmara, ou em desacordo com a lei;

X – alienar ou onerar bens imóveis, ou rendas municipais, sem autorização da Câmara, ou em desacordo com a lei;

XI – adquirir bens, ou realizar serviços e obras, sem concorrência ou coleta de preços, nos casos exigidos em lei;

(*) Publicada no *DOU*, de 10-2-1967.
(**) Publicado no *DOU*, de 27 de fevereiro, e retificado em 14-3-1967.

Crimes de Responsabilidade — Decreto-lei n. 201, de 27-2-1967

XII – antecipar ou inverter a ordem de pagamento a credores do Município, sem vantagem para o Erário;

XIII – nomear, admitir ou designar servidor, contra expressa disposição de lei;

XIV – negar execução a lei federal, estadual ou municipal, ou deixar de cumprir ordem judicial, sem dar o motivo da recusa ou da impossibilidade, por escrito, à autoridade competente;

XV – deixar de fornecer certidões de atos ou contratos municipais, dentro do prazo estabelecido em lei;

XVI – deixar de ordenar a redução do montante da dívida consolidada, nos prazos estabelecidos em lei, quando o montante ultrapassar o valor resultante da aplicação do limite máximo fixado pelo Senado Federal;

•• Inciso XVI acrescentado pela Lei n. 10.028, de 19-10-2000.

XVII – ordenar ou autorizar a abertura de crédito em desacordo com os limites estabelecidos pelo Senado Federal, sem fundamento na lei orçamentária ou na de crédito adicional ou com inobservância de prescrição legal;

•• Inciso XVII acrescentado pela Lei n. 10.028, de 19-10-2000.

XVIII – deixar de promover ou de ordenar, na forma da lei, o cancelamento, a amortização ou a constituição de reserva para anular os efeitos de operação de crédito realizada com inobservância de limite, condição ou montante estabelecido em lei;

•• Inciso XVIII acrescentado pela Lei n. 10.028, de 19-10-2000.

XIX – deixar de promover ou de ordenar a liquidação integral de operação de crédito por antecipação de receita orçamentária, inclusive os respectivos juros e demais encargos, até o encerramento do exercício financeiro;

•• Inciso XIX acrescentado pela Lei n. 10.028, de 19-10-2000.

XX – ordenar ou autorizar, em desacordo com a lei, a realização de operação de crédito com qualquer um dos demais entes da Federação, inclusive suas entidades da administração indireta, ainda que na forma de novação, refinanciamento ou postergação de dívida contraída anteriormente;

•• Inciso XX acrescentado pela Lei n. 10.028, de 19-10-2000.

XXI – captar recursos a título de antecipação de receita de tributo ou contribuição cujo fato gerador ainda não tenha ocorrido;

•• Inciso XXI acrescentado pela Lei n. 10.028, de 19-10-2000.

XXII – ordenar ou autorizar a destinação de recursos provenientes da emissão de títulos para finalidade diversa da prevista na lei que a autorizou;

•• Inciso XXII acrescentado pela Lei n. 10.028, de 19-10-2000.

XXIII – realizar ou receber transferência voluntária em desacordo com limite ou condição estabelecida em lei.

•• Inciso XXIII acrescentado pela Lei n. 10.028, de 19-10-2000.

§ 1.º Os crimes definidos neste artigo são de ação pública, punidos os dos itens I e II, com a pena de reclusão, de 2 (dois) a 12 (doze) anos, e os demais, com a pena de detenção, de 3 (três) meses a 3 (três) anos.

§ 2.º A condenação definitiva em qualquer dos crimes definidos neste artigo, acarreta a perda do cargo e a inabilitação, pelo prazo de 5 (cinco) anos, para o exercício de cargo ou função pública, eletivo ou de nomeação, sem prejuízo da reparação civil do dano causado ao patrimônio público ou particular.

Art. 2.º O processo dos crimes definidos no artigo anterior é o comum do juízo singular, estabelecido pelo Código de Processo Penal, com as seguintes modificações:

I – antes de receber a denúncia, o juiz ordenará a notificação do acusado para apresentar defesa prévia, no prazo de 5 (cinco) dias. Se o acusado não for encontrado para a notificação, ser-lhe-á nomeado defensor, a quem caberá apresentar a defesa, dentro no mesmo prazo;

II – ao receber a denúncia, o juiz manifestar-se-á, obrigatória e motivadamente, sobre a prisão preventiva do acusado, nos casos dos itens I e II do artigo anterior, e sobre o seu afastamento do exercício do cargo durante a instrução criminal, em todos os casos;

III – do despacho, concessivo ou denegatório, de prisão preventiva, ou de afastamento do cargo do acusado, caberá recurso, em sentido estrito, para o tribunal competente, no prazo de 5 (cinco) dias em autos apartados. O recurso do despacho que decretar a prisão preventiva ou o afastamento do cargo terá efeito suspensivo.

§ 1.º Os órgãos federais, estaduais ou municipais, interessados na apuração da responsabilidade do prefeito, podem requerer a abertura de inquérito policial ou a instauração da ação penal pelo Ministério Público, bem como intervir, em qualquer fase do processo, como assistente da acusação.

§ 2.º Se as providências para a abertura do inquérito policial ou instauração da ação penal não forem atendidas pela autoridade policial ou pelo Ministério Público estadual, poderão ser requeridas ao procurador-geral da República.

Art. 9.º O presente Decreto-lei entrará em vigor na data de sua publicação, revogadas as Leis n. 211, de 7 de janeiro de 1948, e 3.528, de 3 de janeiro de 1959, e demais disposições em contrário.

Brasília, 27 de fevereiro de 1967; 146.º da Independência e 79.º da República.

H. Castello Branco

LEI N. 5.256, DE 6 DE ABRIL DE 1967 (*)

Dispõe sobre a prisão especial.

O Presidente da República

Faço saber que o Congresso Nacional decreta e eu sanciono a seguinte Lei:

Art. 1.º Nas localidades em que não houver estabelecimento adequado ao recolhimento dos que tenham direito à prisão especial, o juiz, considerando a gravidade das circunstâncias do crime, ouvido o representante do Ministério Público, poderá autorizar a prisão do réu ou indiciado na própria residência, de onde o mesmo não poderá afastar-se sem prévio consentimento judicial.

Art. 2.º A prisão domiciliar não exonera o réu ou indiciado da obrigação de comparecer aos atos policiais ou judiciais para os quais for convocado, ficando ainda sujeito a outras limitações que o juiz considerar indispensáveis à investigação policial e à instrução criminal.

Art. 3.º Por ato de ofício do juiz, a requerimento do Ministério Público ou da autoridade policial, o beneficiário da prisão domiciliar poderá ser submetido a vigilância policial, exercida sempre com discrição e sem constrangimento para o réu ou indiciado e sua família.

Art. 4.º A violação de qualquer das condições impostas na conformidade da presente Lei implicará na perda do benefício da prisão domiciliar, devendo o réu ou indiciado ser recolhido a estabelecimento penal, onde permanecerá separado dos demais presos.

Parágrafo único. Neste caso, o diretor do estabelecimento poderá aproveitar o réu ou indiciado nas tarefas administrativas da prisão.

Art. 5.º Esta Lei entra em vigor na data de sua publicação.

Art. 6.º Revogam-se as disposições em contrário.

Brasília, 6 de abril de 1967; 146.º da Independência e 79.º da República.

A. Costa e Silva

LEI N. 5.970, DE 11 DE DEZEMBRO DE 1973 (**)

Exclui da aplicação do disposto nos arts. 6.º, I, 64 e 169 do Código de Processo Penal, os casos de acidente de trânsito, e dá outras providências.

O Presidente da República

Faço saber que o Congresso Nacional decreta e eu sanciono a seguinte Lei:

Art. 1.º Em caso de acidente de trânsito, a autoridade ou agente policial que primeiro tomar conhecimento do fato poderá autorizar, independentemente de exame do local, a imediata remoção das pessoas que tenham sofrido lesão, bem como dos veículos nele envolvidos, se estiverem no leito da via pública e prejudicarem o tráfego.

Parágrafo único. Para autorizar a remoção, a autoridade ou agente policial lavrará boletim da ocorrência, nele consignando o fato, as testemunhas que o

---

(*) Publicada no *DOU*, de 7 e retificada em 19-4-1967.

(**) Publicada no *DOU*, de 13-12-1973.

presenciaram e todas as demais circunstâncias necessárias ao esclarecimento da verdade.

Art. 2.º Esta Lei entra em vigor na data de sua publicação, revogadas as disposições em contrário.

Brasília, 11 de dezembro de 1973; 152.º da Independência e 85.º da República.

EMÍLIO G. MÉDICI

LEI N. 7.106, DE 28 DE JUNHO DE 1983 (*)

Define os crimes de responsabilidade do governador do Distrito Federal, dos governadores dos Territórios Federais e de seus respectivos secretários, e dá outras providências.

O Presidente da República

Faço saber que o Congresso Nacional decreta e eu sanciono a seguinte Lei:

Art. 1.º São crimes de responsabilidade do governador do Distrito Federal ou de seus secretários, quando por eles praticados, os definidos na Lei n. 1.079, de 10 de abril de 1950, ou ainda quando simplesmente tentados.

Art. 2.º É facultado a qualquer cidadão denunciar o governador ou secretário do Governo do Distrito Federal perante o Senado Federal.

Art. 3.º Recebida pelo presidente do Senado Federal, a denúncia, devidamente acompanhada dos elementos que a comprovem, ou da declaração de impossibilidade de apresentá-los, mas com a indicação do local em que possam ser encontrados, será remetida à Comissão de Constituição e Justiça e às que devam examinar-lhe o mérito, depois do que o Senado Federal, por maioria absoluta, poderá decretar a procedência da acusação e a consequente suspensão do governador de suas funções.

Art. 4.º Declarada a procedência da acusação e suspensão do governador, a Comissão Especial, constituída por cinco senadores e cinco desembargadores do Tribunal de Justiça, presidida pelo presidente do Tribunal de Justiça do Distrito Federal, no prazo improrrogável de 90 (noventa) dias, concluirá pela condenação, ou não, do governador à perda do cargo, com inabilitação até 5 (cinco) anos para o exercício de qualquer função política, sem prejuízo da ação da justiça comum.

Art. 5.º O governador do Distrito Federal e os secretários do Governo, nos crimes conexos com os daquele, responderão, até 2 (dois) anos após haverem deixado o cargo, pelos atos que, consumados ou tentados, a lei considere crime de responsabilidade praticados no exercício da função pública.

§ 1.º Aplica-se o disposto neste artigo aos dirigentes de autarquias, órgãos e entidades do complexo administrativo do Distrito Federal.

§ 2.º Na hipótese do parágrafo anterior, a denúncia, a acusação e o julgamento se farão de acordo com a norma do processo administrativo, pelo órgão competente.

Art. 6.º As disposições da presente Lei aplicam-se aos governadores e secretários dos Territórios Federais.

Art. 7.º Esta Lei entra em vigor na data de sua publicação.

Art. 8.º Revogam-se as disposições em contrário.

Brasília, em 28 de junho de 1983; 162.º da Independência e 95.º da República.

JOÃO FIGUEIREDO

LEI N. 7.210, DE 11 DE JULHO DE 1984 (**)

Institui a Lei de Execução Penal.

O Presidente da República

Faço saber que o Congresso Nacional decreta e eu sanciono a seguinte Lei:

(*) Publicada no *DOU*, de 29-6-1983. *Vide* Lei n. 1.079, de 10-4-1950, sobre os crimes de responsabilidade. *Vide* art. 105, I, *a*, da CF.

(**) Publicada no *DOU*, de 13-7-1984. A Lei n. 12.714, de 14-9-2012, dispõe sobre o sistema de acompanhamento da execução das penas, da prisão cautelar e da medida de segurança. A Lei n. 12.847, de 2-8-2013, institui o Sistema Nacional de Prevenção e Combate à Tortura.

TÍTULO I
DO OBJETO E DA APLICAÇÃO DA LEI DE EXECUÇÃO PENAL

Art. 1.º A execução penal tem por objetivo efetivar as disposições de sentença ou decisão criminal e proporcionar condições para a harmônica integração social do condenado e do internado.

Art. 2.º A jurisdição penal dos juízes ou tribunais da justiça ordinária, em todo o território nacional, será exercida, no processo de execução, na conformidade desta Lei e do Código de Processo Penal.

Parágrafo único. Esta Lei aplicar-se-á igualmente ao preso provisório e ao condenado pela Justiça Eleitoral ou Militar, quando recolhido a estabelecimento sujeito à jurisdição ordinária.

Art. 3.º Ao condenado e ao internado serão assegurados todos os direitos não atingidos pela sentença ou pela lei.

Parágrafo único. Não haverá qualquer distinção de natureza racial, social, religiosa ou política.

Art. 4.º O Estado deverá recorrer à cooperação da comunidade nas atividades de execução da pena e da medida de segurança.

TÍTULO II
DO CONDENADO E DO INTERNADO

Capítulo I
DA CLASSIFICAÇÃO

Art. 5.º Os condenados serão classificados, segundo os seus antecedentes e personalidade, para orientar a individualização da execução penal.

•• A Resolução Conjunta n. 2, de 26-3-2024, CNPCP/CNLGBTQIA+, estabelece parâmetros para o acolhimento de pessoas LGBTQIA+ em privação de liberdade no Brasil.

Art. 6.º A classificação será feita por Comissão Técnica de Classificação que elaborará o programa individualizador da pena privativa de liberdade adequada ao condenado ou preso provisório.

•• Artigo com redação determinada pela Lei n. 10.792, de 1º-12-2003.

Art. 7.º A Comissão Técnica de Classificação, existente em cada estabelecimento, será presidida pelo diretor e composta, no mínimo, por dois chefes de serviço, um psiquiatra, um psicólogo e um assistente social, quando se tratar de condenado à pena privativa da liberdade.

Parágrafo único. Nos demais casos a Comissão atuará junto ao Juízo da Execução e será integrada por fiscais do Serviço Social.

Art. 8.º O condenado ao cumprimento de pena privativa de liberdade, em regime fechado, será submetido a exame criminológico para a obtenção dos elementos necessários a uma adequada classificação e com vistas à individualização da execução.

Parágrafo único. Ao exame de que trata este artigo poderá ser submetido o condenado ao cumprimento da pena privativa de liberdade em regime semiaberto.

Art. 9.º A Comissão, no exame para a obtenção de dados reveladores da personalidade, observando a ética profissional e tendo sempre presentes peças ou informações do processo, poderá:

I – entrevistar pessoas;

II – requisitar, de repartições ou estabelecimentos privados, dados e informações a respeito do condenado;

III – realizar outras diligências e exames necessários.

Art. 9.º-A. O condenado por crime doloso praticado com violência grave contra a pessoa, bem como por crime contra a vida, contra a liberdade sexual ou por crime sexual contra vulnerável, será submetido, obrigatoriamente, à identificação do perfil genético, mediante extração de DNA (ácido desoxirribonucleico), por técnica adequada e indolor, por ocasião do ingresso no estabelecimento prisional.

•• *Caput* com redação determinada pela Lei n. 13.964, de 24-12-2019, originalmente vetado, todavia promulgado em 30-4-2021.

§ 1.º A identificação do perfil genético será armazenada em banco de dados sigiloso, conforme regulamento a ser expedido pelo Poder Executivo.

•• § 1.º acrescentado pela Lei n. 12.654, de 28-5-2012.

§ 1.º-A. A regulamentação deverá fazer constar garantias mínimas de proteção de dados genéticos, observando as melhores práticas da genética forense.

•• § 1.º-A acrescentado pela Lei n. 13.964, de 24-12-2019.

§ 2.º A autoridade policial, federal ou estadual, poderá requerer ao juiz competente, no caso de inquérito instaurado, o acesso ao banco de dados de identificação de perfil genético.

•• § 2.º acrescentado pela Lei n. 12.654, de 28-5-2012.

§ 3.º Deve ser viabilizado ao titular de dados genéticos o acesso aos seus dados constantes nos bancos de perfis genéticos, bem como a todos os documentos da cadeia de custódia que gerou esse dado, de maneira que possa ser contraditado pela defesa.

•• § 3.º acrescentado pela Lei n. 13.964, de 24-12-2019.

§ 4.º O condenado pelos crimes previstos no *caput* deste artigo que não tiver sido submetido à identificação do perfil genético por ocasião do ingresso no estabelecimento prisional deverá ser submetido ao procedimento durante o cumprimento da pena.

•• § 4.º acrescentado pela Lei n. 13.964, de 24-12-2019.

§ 5.º A amostra biológica coletada só poderá ser utilizada para o único e exclusivo fim de permitir a identificação pelo perfil genético, não estando autorizadas as práticas de fenotipagem genética ou de busca familiar.

•• § 5.º acrescentado pela Lei n. 13.964, de 24-12-2019, originalmente vetado, todavia promulgado em 30-4-2021.

§ 6.º Uma vez identificado o perfil genético, a amostra biológica recolhida nos termos do *caput* deste artigo deverá ser correta e imediatamente descartada, de maneira a impedir a sua utilização para qualquer outro fim.

•• § 6.º acrescentado pela Lei n. 13.964, de 24-12-2019, originalmente vetado, todavia promulgado em 30-4-2021.

§ 7.º A coleta da amostra biológica e a elaboração do respectivo laudo serão realizadas por perito oficial.

•• § 7.º acrescentado pela Lei n. 13.964, de 24-12-2019, originalmente vetado, todavia promulgado em 30-4-2021.

§ 8.º Constitui falta grave a recusa do condenado em submeter-se ao procedimento de identificação do perfil genético.

•• § 8.º acrescentado pela Lei n. 13.964, de 24-12-2019.

Capítulo II
DA ASSISTÊNCIA

Seção I
Disposições Gerais

•• O Decreto n. 11.843, de 21-12-2023, regulamenta a assistência à pessoa egressa de que tratam os arts. 10 e 11 desta seção, e institui a Política Nacional de Atenção à Pessoa Egressa do Sistema Prisional.

Art. 10. A assistência ao preso e ao internado é dever do Estado, objetivando prevenir o crime e orientar o retorno à convivência em sociedade.

Parágrafo único. A assistência estende-se ao egresso.

Art. 11. A assistência será:

I – material;

II – à saúde;

III – jurídica;

IV – educacional;

V – social;

VI – religiosa.

Seção II
Da Assistência Material

Art. 12. A assistência material ao preso e ao internado consistirá no fornecimento de alimentação, vestuário e instalações higiênicas.

•• A Resolução n. 27, de 9-7-2020, do CNDH, dispõe sobre a garantia do direito à alimentação adequada das pessoas privadas de liberdade, em especial em regime fechado no sistema prisional e internos(as) do sistema socioeducativo em todo o território nacional.

Art. 13. O estabelecimento disporá de instalações e serviços que atendam aos presos nas suas necessidades pessoais, além de locais destinados à venda de produtos e objetos permitidos e não fornecidos pela Administração.

Seção III
Da Assistência à Saúde

Art. 14. A assistência à saúde do preso e do internado, de caráter preventivo e curativo, compreenderá atendimento médico, farmacêutico e odontológico.

§ 1.º (*Vetado.*)

§ 2.º Quando o estabelecimento penal não estiver aparelhado para prover a assistência médica necessária, esta será prestada em outro local, mediante autorização da direção do estabelecimento.

§ 3.º Será assegurado acompanhamento médico à mulher, principalmente no pré-natal e no pós-parto, extensivo ao recém-nascido.

•• § 3.º acrescentado pela Lei n. 11.942, de 28-5-2009.

§ 4.º Será assegurado tratamento humanitário à mulher grávida durante os atos médico-hospitalares preparatórios para a realização do parto e durante o trabalho de parto, bem como à mulher no período de puerpério, cabendo ao poder público promover a assistência integral à sua saúde e à do recém-nascido.

•• § 4.º acrescentado pela Lei n. 14.326, de 12-4-2022.

Seção IV
Da Assistência Jurídica

Art. 15. A assistência jurídica é destinada aos presos e aos internados sem recursos financeiros para constituir advogado.

Art. 16. As Unidades da Federação deverão ter serviços de assistência jurídica, integral e gratuita, pela Defensoria Pública, dentro e fora dos estabelecimentos penais.

•• *Caput* com redação determinada pela Lei n. 12.313, de 19-8-2010.

§ 1.º As Unidades da Federação deverão prestar auxílio estrutural, pessoal e material à Defensoria Pública, no exercício de suas funções, dentro e fora dos estabelecimentos penais.

•• § 1.º acrescentado pela Lei n. 12.313, de 19-8-2010.

§ 2.º Em todos os estabelecimentos penais, haverá local apropriado destinado ao atendimento pelo Defensor Público.

•• § 2.º acrescentado pela Lei n. 12.313, de 19-8-2010.

§ 3.º Fora dos estabelecimentos penais, serão implementados Núcleos Especializados da Defensoria Pública para a prestação de assistência jurídica integral e gratuita aos réus, sentenciados em liberdade, egressos e seus familiares, sem recursos financeiros para constituir advogado.

•• § 3.º acrescentado pela Lei n. 12.313, de 19-8-2010.

Seção V
Da Assistência Educacional

Art. 17. A assistência educacional compreenderá a instrução escolar e a formação profissional do preso e do internado.

•• *Vide* arts. 205 e 208 da CF.
•• *Vide* arts. 122, II, 126 e s. desta Lei.
•• *Vide* Súmula 341 do STJ.

Art. 18. O ensino de primeiro grau será obrigatório, integrando-se no sistema escolar da unidade federativa.

Art. 18-A. O ensino médio, regular ou supletivo, com formação geral ou educação profissional de nível médio, será implantado nos presídios, em obediência ao preceito constitucional de sua universalização.

•• *Caput* acrescentado pela Lei n. 13.163, de 9-9-2015.

§ 1.º O ensino ministrado aos presos e presas integrar-se-á ao sistema estadual e municipal de ensino e será mantido, administrativa e financeiramente, com o apoio da União, não só com os recursos destinados à educação, mas pelo sistema estadual de justiça ou administração penitenciária.

•• § 1.º acrescentado pela Lei n. 13.163, de 9-9-2015.

§ 2.º Os sistemas de ensino oferecerão aos presos e às presas cursos supletivos de educação de jovens e adultos.

•• § 2.º acrescentado pela Lei n. 13.163, de 9-9-2015.

§ 3.º A União, os Estados, os Municípios e o Distrito Federal incluirão em seus programas de educação à distância e de utilização de novas tecnologias de ensino, o atendimento aos presos e às presas.

•• § 3.º acrescentado pela Lei n. 13.163, de 9-9-2015.

Art. 19. O ensino profissional será ministrado em nível de iniciação ou de aperfeiçoamento técnico.

•• A Lei n. 13.163, de 9-9-2015, propôs nova redação para esse artigo, todavia teve o seu texto vetado.

Parágrafo único. A mulher condenada terá ensino profissional adequado à sua condição.

Art. 20. As atividades educacionais podem ser objeto de convênio com entidades públicas ou particulares, que instalem escolas ou ofereçam cursos especializados.

Art. 21. Em atendimento às condições locais, dotar-se-á cada estabelecimento de uma biblioteca, para uso de todas as categorias de reclusos, provida de livros instrutivos, recreativos e didáticos.

Art. 21-A. O censo penitenciário deverá apurar:

•• *Caput* acrescentado pela Lei n. 13.163, de 9-9-2015.

I – o nível de escolaridade dos presos e das presas;

•• Inciso I acrescentado pela Lei n. 13.163, de 9-9-2015.

II – a existência de cursos nos níveis fundamental e médio e o número de presos e presas atendidos;

•• Inciso II acrescentado pela Lei n. 13.163, de 9-9-2015.

III – a implementação de cursos profissionais em nível de iniciação ou aperfeiçoamento técnico e o número de presos e presas atendidos;

•• Inciso III acrescentado pela Lei n. 13.163, de 9-9-2015.

IV – a existência de bibliotecas e as condições de seu acervo;

•• Inciso IV acrescentado pela Lei n. 13.163, de 9-9-2015.

V – outros dados relevantes para o aprimoramento educacional de presos e presas.

•• Inciso V acrescentado pela Lei n. 13.163, de 9-9-2015.

Seção VI
Da Assistência Social

Art. 22. A assistência social tem por finalidade amparar o preso e o internado e prepará-los para o retorno à liberdade.

•• A Resolução Conjunta n. 1, de 7-11-2018, do Conselho Nacional de Política Criminal e Penitenciária, qualifica o atendimento socioassistencial às famílias de pessoas encarceradas e egressas do sistema penitenciário no Sistema Único de Assistência Social.

Art. 23. Incumbe ao serviço de assistência social:

I – conhecer os resultados dos diagnósticos e exames;

II – relatar, por escrito, ao diretor do estabelecimento, os problemas e as dificuldades enfrentados pelo assistido;

III – acompanhar o resultado das permissões de saídas e das saídas temporárias;

IV – promover, no estabelecimento, pelos meios disponíveis, a recreação;

V – promover a orientação do assistido, na fase final do cumprimento da pena, e do liberando, de modo a facilitar o seu retorno à liberdade;

VI – providenciar a obtenção de documentos, dos benefícios da previdência social e do seguro por acidente no trabalho;

VII – orientar e amparar, quando necessário, a família do preso, do internado e da vítima.

Seção VII
Da Assistência Religiosa

Art. 24. A assistência religiosa, com liberdade de culto, será prestada aos presos e aos internados, permitindo-se-lhes a participação nos serviços organizados no estabelecimento penal, bem como a posse de livros de instrução religiosa.

§ 1.º No estabelecimento haverá local apropriado para os cultos religiosos.

§ 2.º Nenhum preso ou internado poderá ser obrigado a participar de atividade religiosa.

Seção VIII
Da Assistência ao Egresso

•• O Decreto n. 11.843, de 21-12-2023, regulamenta a assistência à pessoa egressa de que tratam os arts. 25, 26 e 27 desta seção, e institui a Política Nacional de Atenção à Pessoa Egressa do Sistema Prisional.

Art. 25. A assistência ao egresso consiste:

I – na orientação e apoio para reintegrá-lo à vida em liberdade;

II – na concessão, se necessário, de alojamento e alimentação, em estabelecimento adequado, pelo prazo de 2 (dois) meses.

Parágrafo único. O prazo estabelecido no inciso II poderá ser prorrogado uma única vez, comprovado, por declaração do assistente social, o empenho na obtenção de emprego.

Art. 26. Considera-se egresso para os efeitos desta Lei:

•• O Decreto n. 9.450, de 24-7-2018, instituiu a Política Nacional de Trabalho no âmbito do sistema prisional, voltada à ampliação e qualificação da oferta de vagas de trabalho, ao empreendedorismo e à formação profissional das pessoas presas e egressas do sistema prisional.

I – o liberado definitivo, pelo prazo de 1 (um) ano a contar da saída do estabelecimento;

II – o liberado condicional, durante o período de prova.

Art. 27. O serviço de assistência social colaborará com o egresso para a obtenção de trabalho.

Capítulo III
DO TRABALHO

Seção I
Disposições Gerais

Art. 28. O trabalho do condenado, como dever social e condição de dignidade humana, terá finalidade educativa e produtiva.

§ 1.º Aplicam-se à organização e aos métodos de trabalho as precauções relativas à segurança e à higiene.

§ 2.º O trabalho do preso não está sujeito ao regime da Consolidação das Leis do Trabalho.

Art. 29. O trabalho do preso será remunerado, mediante prévia tabela, não podendo ser inferior a três quartos do salário mínimo.

§ 1.º O produto da remuneração pelo trabalho deverá atender:

a) à indenização dos danos causados pelo crime, desde que determinados judicialmente e não reparados por outros meios;

b) à assistência à família;

c) a pequenas despesas pessoais;

d) ao ressarcimento ao Estado das despesas realizadas com a manutenção do condenado, em proporção a ser fixada e sem prejuízo da destinação prevista nas letras anteriores.

§ 2.º Ressalvadas outras aplicações legais, será depositada a parte restante para constituição do pecúlio, em cadernetas de poupança, que será entregue ao condenado quando posto em liberdade.

Art. 30. As tarefas executadas como prestação de serviço à comunidade não serão remuneradas.

Seção II
Do Trabalho Interno

Art. 31. O condenado à pena privativa de liberdade está obrigado ao trabalho na medida de suas aptidões e capacidade.

Parágrafo único. Para o preso provisório, o trabalho não é obrigatório e só poderá ser executado no interior do estabelecimento.

Art. 32. Na atribuição do trabalho deverão ser levadas em conta a habilitação, a condição pessoal e as necessidades futuras do preso, bem como as oportunidades oferecidas pelo mercado.

§ 1.º Deverá ser limitado, tanto quanto possível, o artesanato sem expressão econômica, salvo nas regiões de turismo.

§ 2.º Os maiores de 60 (sessenta) anos poderão solicitar ocupação adequada à sua idade.

§ 3.º Os doentes ou deficientes físicos somente exercerão atividades apropriadas ao seu estado.

Art. 33. A jornada normal de trabalho não será inferior a 6 (seis), nem superior a 8 (oito) horas, com descanso nos domingos e feriados.

Parágrafo único. Poderá ser atribuído horário especial de trabalho aos presos designados para os serviços de conservação e manutenção do estabelecimento penal.

Art. 34. O trabalho poderá ser gerenciado por fundação, ou empresa pública, com autonomia administrativa, e terá por objetivo a formação profissional do condenado.

§ 1.º Nessa hipótese, incumbirá à entidade gerenciadora promover e supervisionar a produção, com critérios e métodos empresariais, encarregar-se de sua comercialização, bem como suportar despesas, inclusive pagamento de remuneração adequada.

•• Primitivo parágrafo único renumerado pela Lei n. 10.792, de 1.º-12-2003.

§ 2.º Os governos federal, estadual e municipal poderão celebrar convênio com a iniciativa privada, para implantação de oficinas de trabalho referentes a setores de apoio dos presídios.

•• § 2.º acrescentado pela Lei n. 10.792, de 1.º-12-2003.

Art. 35. Os órgãos da administração direta ou indireta da União, Estados, Territórios, Distrito Federal e dos Municípios adquirirão, com dispensa de concorrência pública, os bens ou produtos do trabalho prisional, sempre que não for possível ou recomendável realizar-se a venda a particulares.

Parágrafo único. Todas as importâncias arrecadadas com as vendas reverterão em favor da fundação ou empresa pública a que alude o artigo anterior ou, na sua falta, do estabelecimento penal.

Seção III
Do Trabalho Externo

Art. 36. O trabalho externo será admissível para os presos em regime fechado somente em serviço ou obras públicas realizadas por órgãos da administração direta ou indireta, ou entidades privadas, desde que tomadas as cautelas contra a fuga e em favor da disciplina.

•• O Decreto n. 9.450, de 24-7-2018, instituiu a Política Nacional de Trabalho no âmbito do sistema prisional, voltada à ampliação e qualificação da oferta de vagas de trabalho, ao empreendedorismo e à formação profissional das pessoas presas e egressas do sistema prisional.

§ 1.º O limite máximo do número de presos será de 10% (dez por cento) do total de empregados na obra.

§ 2.º Caberá ao órgão da administração, à entidade ou à empresa empreiteira a remuneração desse trabalho.

§ 3.º A prestação de trabalho a entidade privada depende do consentimento expresso do preso.

Art. 37. A prestação de trabalho externo, a ser autorizada pela direção do estabelecimento, dependerá de aptidão, disciplina e responsabilidade, além do cumprimento mínimo de um sexto da pena.

Parágrafo único. Revogar-se-á a autorização de trabalho externo ao preso que vier a praticar fato definido como crime, for punido por falta grave, ou tiver comportamento contrário aos requisitos estabelecidos neste artigo.

Capítulo IV
DOS DEVERES, DOS DIREITOS E DA DISCIPLINA

Seção I
Dos Deveres

Art. 38. Cumpre ao condenado, além das obrigações legais inerentes ao seu estado, submeter-se às normas de execução da pena.

Art. 39. Constituem deveres do condenado:

I – comportamento disciplinado e cumprimento fiel da sentença;

II – obediência ao servidor e respeito a qualquer pessoa com quem deva relacionar-se;

III – urbanidade e respeito no trato com os demais condenados;

IV – conduta oposta aos movimentos individuais ou coletivos de fuga ou de subversão à ordem ou à disciplina;

V – execução do trabalho, das tarefas e das ordens recebidas;

VI – submissão à sanção disciplinar imposta;
VII – indenização à vítima ou aos seus sucessores;
VIII – indenização ao Estado, quando possível, das despesas realizadas com a sua manutenção, mediante desconto proporcional da remuneração do trabalho;
IX – higiene pessoal e asseio da cela ou alojamento;
X – conservação dos objetos de uso pessoal.
Parágrafo único. Aplica-se ao preso provisório, no que couber, o disposto neste artigo.

Seção II
Dos Direitos

•• A Resolução Conjunta n. 2, de 26-3-2024, CNPCP/CNLGBTQIA+, estabelece parâmetros para o acolhimento de pessoas LGBTQIA+ em privação de liberdade no Brasil.

Art. 40. Impõe-se a todas as autoridades o respeito à integridade física e moral dos condenados e dos presos provisórios.

•• A Resolução n. 348, de 13-10-2020, do CNJ, estabelece diretrizes e procedimentos a serem observados pelo Poder Judiciário, no âmbito criminal, com relação ao tratamento da população lésbica, gay, bissexual, transexual, travesti ou intersexo que seja custodiada, acusada, ré, condenada, privada de liberdade, em cumprimento de alternativas penais ou monitorada eletronicamente.

Art. 41. Constituem direitos do preso:

•• A Resolução n. 348, de 13-10-2020, do CNJ, estabelece diretrizes e procedimentos a serem observados pelo Poder Judiciário, no âmbito criminal, com relação ao tratamento da população lésbica, gay, bissexual, transexual, travesti ou intersexo que seja custodiada, acusada, ré, condenada, privada de liberdade, em cumprimento de alternativas penais ou monitorada eletronicamente.

I – alimentação suficiente e vestuário;
II – atribuição de trabalho e sua remuneração;
III – previdência social;
IV – constituição de pecúlio;
V – proporcionalidade na distribuição do tempo para o trabalho, o descanso e a recreação;
VI – exercício das atividades profissionais, intelectuais, artísticas e desportivas anteriores, desde que compatíveis com a execução da pena;
VII – assistência material, à saúde, jurídica, educacional, social e religiosa;
VIII – proteção contra qualquer forma de sensacionalismo;
IX – entrevista pessoal e reservada com o advogado;
X – visita do cônjuge, da companheira, de parentes e amigos em dias determinados;
XI – chamamento nominal;
XII – igualdade de tratamento salvo quanto às exigências da individualização da pena;
XIII – audiência especial com o diretor do estabelecimento;
XIV – representação e petição a qualquer autoridade, em defesa de direito;
XV – contato com o mundo exterior por meio de correspondência escrita, da leitura e de outros meios de informação que não comprometam a moral e os bons costumes;
XVI – atestado de pena a cumprir, emitido anualmente, sob pena da responsabilidade da autoridade judiciária competente.

•• Inciso XVI acrescentado pela Lei n. 10.713, de 13-8-2003.

§ 1.º Os direitos previstos nos incisos V, X e XV poderão ser suspensos ou restringidos mediante ato motivado do juiz da execução penal.

•• § 1.º acrescentado pela Lei n. 14.994, de 9-10-2024.
• *Vide* art. 53, III, desta Lei.

§ 2.º O preso condenado por crime contra a mulher por razões da condição do sexo feminino, nos termos do § 1.º do art. 121-A do Decreto-lei n. 2.848, de 7 de dezembro de 1940 (Código Penal), não poderá usufruir do direito previsto no inciso X em relação à visita íntima ou conjugal.

•• § 2.º acrescentado pela Lei n. 14.994, de 9-10-2024.

Art. 42. Aplica-se ao preso provisório e ao submetido à medida de segurança, no que couber, o disposto nesta Seção.

Art. 43. É garantida a liberdade de contratar médico de confiança pessoal do internado ou do submetido a tratamento ambulatorial, por seus familiares ou dependentes, a fim de orientar e acompanhar o tratamento.

Parágrafo único. As divergências entre o médico oficial e o particular serão resolvidas pelo juiz de execução.

Seção III
Da Disciplina

Subseção I
Disposições gerais

Art. 44. A disciplina consiste na colaboração com a ordem, na obediência às determinações das autoridades e seus agentes e no desempenho do trabalho.

Parágrafo único. Estão sujeitos à disciplina o condenado à pena privativa de liberdade ou restritiva de direitos e o preso provisório.

Art. 45. Não haverá falta nem sanção disciplinar sem expressa e anterior previsão legal ou regulamentar.

§ 1.º As sanções não poderão colocar em perigo a integridade física e moral do condenado.

§ 2.º É vedado o emprego de cela escura.

§ 3.º São vedadas as sanções coletivas.

Art. 46. O condenado ou denunciado, no início da execução da pena ou da prisão, será cientificado das normas disciplinares.

Art. 47. O poder disciplinar, na execução da pena privativa de liberdade, será exercido pela autoridade administrativa conforme as disposições regulamentares.

Art. 48. Na execução das penas restritivas de direitos, o poder disciplinar será exercido pela autoridade administrativa a que estiver sujeito o condenado.

Parágrafo único. Nas faltas graves, a autoridade representará ao juiz da execução para os fins dos arts. 118, I, 125, 127, 181, §§ 1.º, d, e 2.º desta Lei.

Subseção II
Das faltas disciplinares

Art. 49. As faltas disciplinares classificam-se em leves, médias e graves. A legislação local especificará as leves e médias, bem assim as respectivas sanções.

Parágrafo único. Pune-se a tentativa com a sanção correspondente à falta consumada.

Art. 50. Comete falta grave o condenado à pena privativa de liberdade que:

I – incitar ou participar de movimento para subverter a ordem ou a disciplina;

II – fugir;

III – possuir, indevidamente, instrumento capaz de ofender a integridade física de outrem;

IV – provocar acidente de trabalho;

V – descumprir, no regime aberto, as condições impostas;

VI – inobservar os deveres previstos nos incisos II e V do art. 39 desta Lei.

VII – tiver em sua posse, utilizar ou fornecer aparelho telefônico, de rádio ou similar, que permita a comunicação com outros presos ou com o ambiente externo.

•• Inciso VII acrescentado pela Lei n. 11.466, de 28-3-2007.

•• *Vide* Súmulas 660 e 661 do STJ.

VIII – recusar submeter-se ao procedimento de identificação do perfil genético.

•• Inciso VIII acrescentado pela Lei n. 13.964, de 24-12-2019.

Parágrafo único. O disposto neste artigo aplica-se, no que couber, ao preso provisório.

Art. 51. Comete falta grave o condenado à pena restritiva de direitos que:

I – descumprir, injustificadamente, a restrição imposta;

II – retardar, injustificadamente, o cumprimento da obrigação imposta;

III – inobservar os deveres previstos nos incisos II e V do art. 39 desta Lei.

Art. 52. A prática de fato previsto como crime doloso constitui falta grave e, quando ocasionar subversão da ordem ou disciplina internas, sujeitará o preso provisório, ou condenado, nacional ou estrangeiro, sem prejuízo da sanção penal, ao regime disciplinar diferenciado, com as seguintes características:

•• *Caput* com redação determinada pela Lei n. 13.964, de 24-12-2019.

I – duração máxima de até 2 (dois) anos, sem prejuízo de repetição da sanção por nova falta grave de mesma espécie;

•• Inciso I com redação determinada pela Lei n. 13.964, de 24-12-2019.

II – recolhimento em cela individual;

•• Inciso II com redação determinada pela Lei n. 13.964, de 24-12-2019.

III – visitas quinzenais, de 2 (duas) pessoas por vez, a serem realizadas em instalações equipadas para impedir o contato físico e a passagem de objetos, por pessoa da família ou, no caso de terceiro, autorizado judicialmente, com duração de 2 (duas) horas;

•• Inciso III com redação determinada pela Lei n. 13.964, de 24-12-2019.

IV – direito do preso à saída da cela por 2 (duas) horas diárias para banho de sol, em grupos de até 4 (quatro) presos, desde que não haja contato com presos do mesmo grupo criminoso;

•• Inciso IV com redação determinada pela Lei n. 13.964, de 24-12-2019.

V – entrevistas sempre monitoradas, exceto aquelas com seu defensor, em instalações equipadas para impedir o contato físico e a passagem de objetos, salvo expressa autorização judicial em contrário;

•• Inciso V acrescentado pela Lei n. 13.964, de 24-12-2019.

VI – fiscalização do conteúdo da correspondência;

•• Inciso VI acrescentado pela Lei n. 13.964, de 24-12-2019.

VII – participação em audiências judiciais preferencialmente por videoconferência, garantindo-se a participação do defensor no mesmo ambiente do preso.

•• Inciso VII acrescentado pela Lei n. 13.964, de 24-12-2019.

§ 1.º O regime disciplinar diferenciado também será aplicado aos presos provisórios ou condenados, nacionais ou estrangeiros:

•• § 1.º, *caput*, com redação determinada pela Lei n. 13.964, de 24-12-2019.
•• *Vide* Súmula 639 do STJ.

I – que apresentem alto risco para a ordem e a segurança do estabelecimento penal ou da sociedade;

•• Inciso I acrescentado pela Lei n. 13.964, de 24-12-2019.

II – sob os quais recaiam fundadas suspeitas de envolvimento ou participação, a qualquer título, em organização criminosa, associação criminosa ou milícia privada, independentemente da prática de falta grave.

•• Inciso II acrescentado pela Lei n. 13.964, de 24-12-2019.

§ 2.º (*Revogado pela Lei n. 13.964, de 24-12-2019.*)

§ 3.º Existindo indícios de que o preso exerce liderança em organização criminosa, associação criminosa ou milícia privada, ou que tenha atuação criminosa em 2 (dois) ou mais Estados da Federação, o regime disciplinar diferenciado será obrigatoriamente cumprido em estabelecimento prisional federal.

•• § 3.º acrescentado pela Lei n. 13.964, de 24-12-2019.

§ 4.º Na hipótese dos parágrafos anteriores, o regime disciplinar diferenciado poderá ser prorrogado sucessivamente, por períodos de 1 (um) ano, existindo indícios de que o preso:

•• § 4.º, *caput*, acrescentado pela Lei n. 13.964, de 24-12-2019.

I – continua apresentando alto risco para a ordem e a segurança do estabelecimento penal de origem ou da sociedade;

•• Inciso I acrescentado pela Lei n. 13.964, de 24-12-2019.

II – mantém os vínculos com organização criminosa, associação criminosa ou milícia privada, considerados também o perfil criminal e a função desempenhada por ele no grupo criminoso, a operação duradoura do grupo, a superveniência de novos processos criminais e os resultados do tratamento penitenciário.

•• Inciso II acrescentado pela Lei n. 13.964, de 24-12-2019.

§ 5.º Na hipótese prevista no § 3.º deste artigo, o regime disciplinar diferenciado deverá contar com alta segurança interna e externa, principalmente no que diz respeito à necessidade de se evitar contato do preso com membros de sua organização criminosa, associação criminosa ou milícia privada, ou de grupos rivais.

•• § 5.º acrescentado pela Lei n. 13.964, de 24-12-2019.

§ 6.º A visita de que trata o inciso III do *caput* deste artigo será gravada em sistema de áudio ou de áudio e vídeo e, com autorização judicial, fiscalizada por agente penitenciário.

•• § 6.º acrescentado pela Lei n. 13.964, de 24-12-2019.

§ 7.º Após os primeiros 6 (seis) meses de regime disciplinar diferenciado, o preso que não receber a visita de que trata o inciso III do *caput* deste artigo poderá, após prévio agendamento, ter contato telefônico, que será gravado, com uma pessoa da família, 2 (duas) vezes por mês e por 10 (dez) minutos.

•• § 7.º acrescentado pela Lei n. 13.964, de 24-12-2019.

Subseção III
Das sanções e das recompensas

Art. 53. Constituem sanções disciplinares:

I – advertência verbal;

II – repreensão;

III – suspensão ou restrição de direitos (art. 41, parágrafo único);

IV – isolamento na própria cela, ou em local adequado, nos estabelecimentos que possuam alojamento coletivo, observado o disposto no art. 88 desta Lei;

V – inclusão no regime disciplinar diferenciado.

•• Inciso V acrescentado pela Lei n. 10.792, de 1.º-12-2003.

Art. 54. As sanções dos incisos I a IV do art. 53 serão aplicadas por ato motivado do diretor do estabelecimento e a do inciso V, por prévio e fundamentado despacho do juiz competente.

•• *Caput* com redação determinada pela Lei n. 10.792, de 1.º-12-2003.

§ 1.º A autorização para a inclusão do preso em regime disciplinar dependerá de requerimento circunstanciado elaborado pelo diretor do estabelecimento ou outra autoridade administrativa.

•• § 1.º acrescentado pela Lei n. 10.792, de 1.º-12-2003.

§ 2.º A decisão judicial sobre inclusão de preso em regime disciplinar será precedida de manifestação do

Lei n. 7.210, de 11-7-1984 — Execução Penal

Ministério Público e da defesa e prolatada no prazo máximo de quinze dias.
•• § 2.º acrescentado pela Lei n. 10.792, de 1.º-12-2003.

Art. 55. As recompensas têm em vista o bom comportamento reconhecido em favor do condenado, de sua colaboração com a disciplina e de sua dedicação ao trabalho.

Art. 56. São recompensas:
I – o elogio;
II – a concessão de regalias.
Parágrafo único. A legislação local e os regulamentos estabelecerão a natureza e a forma de concessão de regalias.

Subseção IV
Da aplicação das sanções

Art. 57. Na aplicação das sanções disciplinares, levar-se-ão em conta a natureza, os motivos, as circunstâncias e as consequências do fato, bem como a pessoa do faltoso e seu tempo de prisão.
•• *Caput* com redação determinada pela Lei n. 10.792, de 1.º-12-2003.
Parágrafo único. Nas faltas graves, aplicam-se as sanções previstas nos incisos III a V do art. 53 desta Lei.
•• Parágrafo único com redação determinada pela Lei n. 10.792, de 1.º-12-2003.

Art. 58. O isolamento, a suspensão e a restrição de direitos não poderão exceder a trinta dias, ressalvada a hipótese do regime disciplinar diferenciado.
•• *Caput* com redação determinada pela Lei n. 10.792, de 1.º-12-2003.
•• *Vide* Súmula Vinculante 9 do STF.
Parágrafo único. O isolamento será sempre comunicado ao juiz da execução.

Subseção V
Do procedimento disciplinar

Art. 59. Praticada a falta disciplinar, deverá ser instaurado o procedimento para sua apuração, conforme regulamento, assegurado o direito de defesa.
•• *Vide* Súmula 533 do STJ.
Parágrafo único. A decisão será motivada.

Art. 60. A autoridade administrativa poderá decretar o isolamento preventivo do faltoso pelo prazo de até dez dias. A inclusão do preso no regime disciplinar diferenciado, no interesse da disciplina e da averiguação do fato, dependerá de despacho do juiz competente.
•• *Caput* com redação determinada pela Lei n. 10.792, de 1.º-12-2003.
Parágrafo único. O tempo de isolamento ou inclusão preventiva no regime disciplinar diferenciado será computado no período de cumprimento da sanção disciplinar.
•• Parágrafo único com redação determinada pela Lei n. 10.792, de 1.º-12-2003.

TÍTULO III
DOS ÓRGÃOS DA EXECUÇÃO PENAL

Capítulo I
DISPOSIÇÕES GERAIS

Art. 61. São órgãos da execução penal:
I – o Conselho Nacional de Política Criminal e Penitenciária;
II – o Juízo da Execução;
III – o Ministério Público;
IV – o Conselho Penitenciário;
V – os Departamentos Penitenciários;
VI – o Patronato;
VII – o Conselho da Comunidade;
VIII – a Defensoria Pública.
•• Inciso VIII acrescentado pela Lei n. 12.313, de 19-8-2010.

Capítulo II
DO CONSELHO NACIONAL DE POLÍTICA CRIMINAL E PENITENCIÁRIA

Art. 62. O Conselho Nacional de Política Criminal e Penitenciária, com sede na Capital da República, é subordinado ao Ministério da Justiça.

Art. 63. O Conselho Nacional de Política Criminal e Penitenciária será integrado por 13 (treze) membros designados através de ato do Ministério da Justiça, dentre professores e profissionais da área do Direito Penal, Processual Penal, Penitenciário e ciências correlatas, bem como por representantes da comunidade e dos Ministérios da área social.
Parágrafo único. O mandato dos membros do Conselho terá duração de 2 (dois) anos, renovado um terço em cada ano.

Execução Penal — Lei n. 7.210, de 11-7-1984

Art. 64. Ao Conselho Nacional de Política Criminal e Penitenciária, no exercício de suas atividades, em âmbito federal ou estadual, incumbe:

I – propor diretrizes da política criminal quanto a prevenção do delito, administração da justiça criminal e execução das penas e das medidas de segurança;

II – contribuir na elaboração de planos nacionais de desenvolvimento, sugerindo as metas e prioridades da política criminal e penitenciária;

III – promover a avaliação periódica do sistema criminal para a sua adequação às necessidades do País;

IV – estimular e promover a pesquisa criminológica;

V – elaborar programa nacional penitenciário de formação e aperfeiçoamento do servidor;

VI – estabelecer regras sobre a arquitetura e construção de estabelecimentos penais e casas de albergados;

VII – estabelecer os critérios para a elaboração da estatística criminal;

VIII – inspecionar e fiscalizar os estabelecimentos penais, bem assim informar-se, mediante relatórios do Conselho Penitenciário, requisições, visitas ou outros meios, acerca do desenvolvimento da execução penal nos Estados, Territórios e Distrito Federal, propondo às autoridades dela incumbidas as medidas necessárias ao seu aprimoramento;

IX – representar ao juiz da execução ou à autoridade administrativa para instauração de sindicância ou procedimento administrativo, em caso de violação das normas referentes à execução penal;

X – representar à autoridade competente para a interdição, no todo ou em parte, de estabelecimento penal.

Capítulo III
DO JUÍZO DA EXECUÇÃO

Art. 65. A execução penal competirá ao juiz indicado na lei local de organização judiciária e, na sua ausência, ao da sentença.

Art. 66. Compete ao juiz da execução:

I – aplicar aos casos julgados lei posterior que de qualquer modo favorecer o condenado;

II – declarar extinta a punibilidade;

III – decidir sobre:

a) soma ou unificação de penas;

b) progressão ou regressão nos regimes;

c) detração e remição da pena;

d) suspensão condicional da pena;

e) livramento condicional;

f) incidentes da execução;

IV – autorizar saídas temporárias;

V – determinar:

a) a forma de cumprimento da pena restritiva de direitos e fiscalizar sua execução;

b) a conversão da pena restritiva de direitos e de multa em privativa de liberdade;

•• A Lei n. 9.268, de 1.º-4-1996, que altera o art. 51 do CP, extinguiu a conversão da pena de multa em pena privativa de liberdade.

c) a conversão da pena privativa de liberdade em restritiva de direitos;

d) a aplicação da medida de segurança, bem como a substituição da pena por medida de segurança;

e) a revogação da medida de segurança;

f) a desinternação e o restabelecimento da situação anterior;

g) o cumprimento de pena ou medida de segurança em outra comarca;

h) a remoção do condenado na hipótese prevista no § 1.º do art. 86 desta Lei;

i) (Vetada.)

•• Alínea *i* acrescentada pela Lei n. 12.258, de 15-6-2010.

j) a utilização do equipamento de monitoração eletrônica pelo condenado nas hipóteses legais;

•• Alínea *j* acrescentada pela Lei n. 14.843, de 11-4-2024.

VI – zelar pelo correto cumprimento da pena e da medida de segurança;

VII – inspecionar, mensalmente, os estabelecimentos penais, tomando providências para o adequado funcionamento e promovendo, quando for o caso, a apuração de responsabilidade;

VIII – interditar, no todo ou em parte, estabelecimento penal que estiver funcionando em condições inadequadas ou com infringência aos dispositivos desta Lei;

IX – compor e instalar o Conselho da Comunidade;

X – emitir anualmente atestado de pena a cumprir.

•• Inciso X acrescentado pela Lei n. 10.713, de 13-8-2003.

Capítulo IV
DO MINISTÉRIO PÚBLICO

Art. 67. O Ministério Público fiscalizará a execução da pena e da medida de segurança, oficiando no processo executivo e nos incidentes da execução.

Art. 68. Incumbe, ainda, ao Ministério Público:

I – fiscalizar a regularidade formal das guias de recolhimento e de internamento;

II – requerer:

a) todas as providências necessárias ao desenvolvimento do processo executivo;

b) a instauração dos incidentes de excesso ou desvio de execução;

c) a aplicação de medida de segurança, bem como a substituição da pena por medida de segurança;

d) a revogação da medida de segurança;

e) a conversão de penas, a progressão ou regressão nos regimes e a revogação da suspensão condicional da pena e do livramento condicional;

f) a internação, a desinternação e o restabelecimento da situação anterior;

III – interpor recursos de decisões proferidas pela autoridade judiciária, durante a execução.

Parágrafo único. O órgão do Ministério Público visitará mensalmente os estabelecimentos penais, registrando a sua presença em livro próprio.

•• A Resolução n. 277, de 12-12-2023, do CNMP, dispõe sobre as atribuições do Ministério Público na tutela coletiva das políticas públicas de execução penal e na atividade de fiscalização dos estabelecimentos penais.

Capítulo V
DO CONSELHO PENITENCIÁRIO

Art. 69. O Conselho Penitenciário é órgão consultivo e fiscalizador da execução da pena.

§ 1.º O Conselho será integrado por membros nomeados pelo governador do Estado, do Distrito Federal e dos Territórios, dentre professores e profissionais da área de Direito Penal, Processual Penal, Penitenciário e ciências correlatas, bem como por representantes da comunidade. A legislação federal e estadual regulará o seu funcionamento.

§ 2.º O mandato dos membros do Conselho Penitenciário terá a duração de 4 (quatro) anos.

Art. 70. Incumbe ao Conselho Penitenciário:

I – emitir parecer sobre indulto e comutação de pena, excetuada a hipótese de pedido de indulto com base no estado de saúde do preso;

•• Inciso I com redação determinada pela Lei n. 10.792, de 1.º-12-2003.

II – inspecionar os estabelecimentos e serviços penais;

III – apresentar, no primeiro trimestre de cada ano, ao Conselho Nacional de Política Criminal e Penitenciária, relatório dos trabalhos efetuados no exercício anterior;

IV – supervisionar os patronatos, bem como a assistência aos egressos.

Capítulo VI
DOS DEPARTAMENTOS PENITENCIÁRIOS

Seção I
Do Departamento Penitenciário Nacional

Art. 71. O Departamento Penitenciário Nacional, subordinado ao Ministério da Justiça, é órgão executivo da Política Penitenciária Nacional e de apoio administrativo e financeiro do Conselho Nacional de Política Criminal e Penitenciária.

•• O Decreto n. 6.049, de 27-2-2007, aprova o Regulamento Penitenciário Federal.

Art. 72. São atribuições do Departamento Penitenciário Nacional:

I – acompanhar a fiel aplicação das normas de execução penal em todo o território nacional;

II – inspecionar e fiscalizar periodicamente os estabelecimentos e serviços penais;

III – assistir tecnicamente as unidades federativas na implementação dos princípios e regras estabelecidos nesta Lei;

IV – colaborar com as unidades federativas, mediante convênios, na implantação de estabelecimentos e serviços penais;

V – colaborar com as unidades federativas para a realização de cursos de formação de pessoal penitenciário e de ensino profissionalizante do condenado e do internado;

VI – estabelecer, mediante convênios com as unidades federativas, o cadastro nacional das vagas existentes em estabelecimentos locais destinadas ao cumprimento de penas privativas de liberdade aplicadas pela justiça de outra unidade federativa, em especial para presos sujeitos a regime disciplinar;

•• Inciso VI acrescentado pela Lei n. 10.792, de 1.º-12-2003.

VII – acompanhar a execução da pena das mulheres beneficiadas pela progressão especial de que trata o § 3.º do art. 112, monitorando sua integração social e a ocorrência de reincidência, específica ou não, mediante a realização de avaliações periódicas e de estatísticas criminais.

•• Inciso VII acrescentado pela Lei n. 13.769, de 19-12-2018.

§ 1.º Incumbem também ao Departamento a coordenação e supervisão dos estabelecimentos penais e de internamento federais.

•• Anterior parágrafo único renumerado pela Lei n. 13.769, de 19-12-2018.

§ 2.º Os resultados obtidos por meio do monitoramento e das avaliações periódicas previstas no inciso VII do *caput* serão utilizados para, em função da efetividade da progressão especial para a ressocialização das mulheres de que trata o § 3.º do art. 112, avaliar eventual desnecessidade do regime fechado de cumprimento de pena para essas mulheres nos casos de crimes cometidos sem violência ou grave ameaça.

•• § 2.º acrescentado pela Lei n. 13.769, de 19-12-2018.

Seção II
Do Departamento Penitenciário Local

Art. 73. A legislação local poderá criar Departamento Penitenciário ou órgão similar, com as atribuições que estabelecer.

Art. 74. O Departamento Penitenciário local, ou órgão similar, tem por finalidade supervisionar e coordenar os estabelecimentos penais da unidade da Federação a que pertencer.

Parágrafo único. Os órgãos referidos no *caput* realizarão o acompanhamento de que trata o inciso VII do *caput* do art. 72 e encaminharão ao Departamento Penitenciário Nacional os resultados obtidos.

•• Parágrafo único acrescentado pela Lei n. 13.769, de 19-12-2018.

Seção III
Da Direção e do Pessoal dos Estabelecimentos Penais

Art. 75. O ocupante do cargo de diretor de estabelecimento deverá satisfazer os seguintes requisitos:

I – ser portador de diploma de nível superior de Direito, ou Psicologia, ou Ciências Sociais, ou Pedagogia, ou Serviços Sociais;

II – possuir experiência administrativa na área;

III – ter idoneidade moral e reconhecida aptidão para o desempenho da função.

Parágrafo único. O diretor deverá residir no estabelecimento, ou nas proximidades, e dedicará tempo integral à sua função.

Art. 76. O Quadro do Pessoal Penitenciário será organizado em diferentes categorias funcionais, segundo as necessidades do serviço, com especificação de atribuições relativas às funções de direção, chefia e assessoramento do estabelecimento e às demais funções.

Art. 77. A escolha do pessoal administrativo, especializado, de instrução técnica e de vigilância atenderá a vocação, preparação profissional e antecedentes pessoais do candidato.

§ 1.º O ingresso do pessoal penitenciário, bem como a progressão ou a ascensão funcional dependerão de cursos específicos de formação, procedendo-se à reciclagem periódica dos servidores em exercício.

§ 2.º No estabelecimento para mulheres somente se permitirá o trabalho de pessoal do sexo feminino, salvo quando se tratar de pessoal técnico especializado.

Capítulo VII
DO PATRONATO

Art. 78. O Patronato público ou particular destina-se a prestar assistência aos albergados e aos egressos (art. 26).

Art. 79. Incumbe também ao Patronato:

I – orientar os condenados à pena restritiva de direitos;

II – fiscalizar o cumprimento das penas de prestação de serviço à comunidade e de limitação de fim de semana;

III – colaborar na fiscalização do cumprimento das condições da suspensão e do livramento condicional.

Capítulo VIII
DO CONSELHO DA COMUNIDADE

Art. 80. Haverá, em cada comarca, um Conselho da Comunidade composto, no mínimo, por 1 (um) representante de associação comercial ou industrial, 1 (um) advogado indicado pela Seção da Ordem dos Advogados do Brasil, 1 (um) Defensor Público indicado pelo Defensor Público Geral e 1 (um) assistente social escolhido pela Delegacia Seccional do Conselho Nacional de Assistentes Sociais.

•• *Caput* com redação determinada pela Lei n. 12.313, de 19-8-2010.

Parágrafo único. Na falta da representação prevista neste artigo, ficará a critério do juiz da execução a escolha dos integrantes do Conselho.

Art. 81. Incumbe ao Conselho da Comunidade:

I – visitar, pelo menos mensalmente, os estabelecimentos penais existentes na comarca;

II – entrevistar presos;

III – apresentar relatórios mensais ao juiz da execução e ao Conselho Penitenciário;

IV – diligenciar a obtenção de recursos materiais e humanos para melhor assistência ao preso ou internado, em harmonia com a direção do estabelecimento.

Capítulo IX
DA DEFENSORIA PÚBLICA

•• Capítulo IX acrescentado pela Lei n. 12.313, de 19-8-2010.

Art. 81-A. A Defensoria Pública velará pela regular execução da pena e da medida de segurança, oficiando, no processo executivo e nos incidentes da execução, para a defesa dos necessitados em todos os graus e instâncias, de forma individual e coletiva.

•• Artigo acrescentado pela Lei n. 12.313, de 19-8-2010.

Art. 81-B. Incumbe, ainda, à Defensoria Pública:

•• *Caput* acrescentado pela Lei n. 12.313, de 19-8-2010.

I – requerer:

•• Inciso I, *caput*, acrescentado pela Lei n. 12.313, de 19-8-2010.

a) todas as providências necessárias ao desenvolvimento do processo executivo;

•• Alínea *a* acrescentada pela Lei n. 12.313, de 19-8-2010.

b) a aplicação aos casos julgados de lei posterior que de qualquer modo favorecer o condenado;

•• Alínea *b* acrescentada pela Lei n. 12.313, de 19-8-2010.

c) a declaração de extinção da punibilidade;

•• Alínea *c* acrescentada pela Lei n. 12.313, de 19-8-2010.

d) a unificação de penas;

•• Alínea *d* acrescentada pela Lei n. 12.313, de 19-8-2010.

e) a detração e remição da pena;

•• Alínea *e* acrescentada pela Lei n. 12.313, de 19-8-2010.

f) a instauração dos incidentes de excesso ou desvio de execução;

•• Alínea *f* acrescentada pela Lei n. 12.313, de 19-8-2010.

g) a aplicação de medida de segurança e sua revogação, bem como a substituição da pena por medida de segurança;

•• Alínea *g* acrescentada pela Lei n. 12.313, de 19-8-2010.

h) a conversão de penas, a progressão nos regimes, a suspensão condicional da pena, o livramento condicional, a comutação de pena e o indulto;

•• Alínea *h* acrescentada pela Lei n. 12.313, de 19-8-2010.

i) a autorização de saídas temporárias;

•• Alínea *i* acrescentada pela Lei n. 12.313, de 19-8-2010.

j) a internação, a desinternação e o restabelecimento da situação anterior;

•• Alínea *j* acrescentada pela Lei n. 12.313, de 19-8-2010.

k) o cumprimento de pena ou medida de segurança em outra comarca;

•• Alínea *k* acrescentada pela Lei n. 12.313, de 19-8-2010.

l) a remoção do condenado na hipótese prevista no § 1.º do art. 86 desta Lei;

•• Alínea *l* acrescentada pela Lei n. 12.313, de 19-8-2010.

II – requerer a emissão anual do atestado de pena a cumprir;

•• Inciso II acrescentado pela Lei n. 12.313, de 19-8-2010.

III – interpor recursos de decisões proferidas pela autoridade judiciária ou administrativa durante a execução;

•• Inciso III acrescentado pela Lei n. 12.313, de 19-8-2010.

IV – representar ao Juiz da execução ou à autoridade administrativa para instauração de sindicância ou procedimento administrativo em caso de violação das normas referentes à execução penal;

•• Inciso IV acrescentado pela Lei n. 12.313, de 19-8-2010.

V – visitar os estabelecimentos penais, tomando providências para o adequado funcionamento, e requerer, quando for o caso, a apuração de responsabilidade;

•• Inciso V acrescentado pela Lei n. 12.313, de 19-8-2010.

VI – requerer à autoridade competente a interdição, no todo ou em parte, de estabelecimento penal.

•• Inciso VI acrescentado pela Lei n. 12.313, de 19-8-2010.

Parágrafo único. O órgão da Defensoria Pública visitará periodicamente os estabelecimentos penais, registrando a sua presença em livro próprio.

•• Parágrafo único acrescentado pela Lei n. 12.313, de 19-8-2010.

Título IV
DOS ESTABELECIMENTOS PENAIS
Capítulo I
DISPOSIÇÕES GERAIS

Art. 82. Os estabelecimentos penais destinam-se ao condenado, ao submetido à medida de segurança, ao preso provisório e ao egresso.

§ 1.º A mulher e o maior de 60 (sessenta) anos, separadamente, serão recolhidos a estabelecimento próprio e adequado à sua condição pessoal.

•• § 1.º com redação determinada pela Lei n. 9.460, de 4-6-1997.

§ 2.º O mesmo conjunto arquitetônico poderá abrigar estabelecimentos de destinação diversa desde que devidamente isolados.

Art. 83. O estabelecimento penal, conforme a sua natureza, deverá contar em suas dependências com áreas e serviços destinados a dar assistência, educação, trabalho, recreação e prática esportiva.

§ 1.º Haverá instalação destinada a estágio de estudantes universitários.

•• § 1.º acrescentado pela Lei n. 9.046, de 18-5-1995.

§ 2.º Os estabelecimentos penais destinados a mulheres serão dotados de berçário, onde as condenadas possam cuidar de seus filhos, inclusive amamentá-los, no mínimo, até 6 (seis) meses de idade.

•• § 2.º com redação determinada pela Lei n. 11.942, de 28-5-2009.

•• A Resolução n. 210, de 5-6-2018, do Conanda, dispõe sobre os direitos das crianças cujas mães, adultas ou adolescentes, estejam em situação de privação de liberdade.

§ 3.º Os estabelecimentos de que trata o § 2.º deste artigo deverãsaraivalaiso possuir, exclusivamente, agentes do sexo feminino na segurança de suas dependências internas.

•• § 3.º acrescentado pela Lei n. 12.121, de 15-12-2009.

§ 4.º Serão instaladas salas de aulas destinadas a cursos do ensino básico e profissionalizante.

•• § 4.º acrescentado pela Lei n. 12.245, de 24-5-2010.

§ 5.º Haverá instalação destinada à Defensoria Pública.

•• § 5.º acrescentado pela Lei n. 12.313, de 19-8-2010.

Art. 83-A. Poderão ser objeto de execução indireta as atividades materiais acessórias, instrumentais ou complementares desenvolvidas em estabelecimentos penais, e notadamente:

•• *Caput* acrescentado pela Lei n. 13.190, de 19-11-2015.

I – serviços de conservação, limpeza, informática, copeiragem, portaria, recepção, reprografia, telecomunicações, lavanderia e manutenção de prédios, instalações e equipamentos internos e externos;

•• Inciso I acrescentado pela Lei n. 13.190, de 19-11-2015.

II – serviços relacionados à execução de trabalho pelo preso.

•• Inciso II acrescentado pela Lei n. 13.190, de 19-11-2015.

§ 1.º A execução indireta será realizada sob supervisão e fiscalização do poder público.

•• § 1.º acrescentado pela Lei n. 13.190, de 19-11-2015.

§ 2.º Os serviços relacionados neste artigo poderão compreender o fornecimento de materiais, equipamentos, máquinas e profissionais.

•• § 2.º acrescentado pela Lei n. 13.190, de 19-11-2015.

Art. 83-B. São indelegáveis as funções de direção, chefia e coordenação no âmbito do sistema penal, bem como todas as atividades que exijam o exercício do poder de polícia, e notadamente:

•• *Caput* acrescentado pela Lei n. 13.190, de 19-11-2015.

I – classificação de condenados;

•• Inciso I acrescentado pela Lei n. 13.190, de 19-11-2015.

II – aplicação de sanções disciplinares;

•• Inciso II acrescentado pela Lei n. 13.190, de 19-11-2015.

III – controle de rebeliões;

•• Inciso III acrescentado pela Lei n. 13.190, de 19-11-2015.

IV – transporte de presos para órgãos do Poder Judiciário, hospitais e outros locais externos aos estabelecimentos penais.

•• Inciso IV acrescentado pela Lei n. 13.190, de 19-11-2015.

Art. 84. O preso provisório ficará separado do condenado por sentença transitada em julgado.

§ 1.º Os presos provisórios ficarão separados de acordo com os seguintes critérios:

•• § 1.º, *caput*, com redação determinada pela Lei n. 13.167, de 6-10-2015.

I – acusados pela prática de crimes hediondos ou equiparados;

•• Inciso I acrescentado pela Lei n. 13.167, de 6-10-2015.

II – acusados pela prática de crimes cometidos com violência ou grave ameaça à pessoa;

•• Inciso II acrescentado pela Lei n. 13.167, de 6-10-2015.

III – acusados pela prática de outros crimes ou contravenções diversos dos apontados nos incisos I e II.

•• Inciso III acrescentado pela Lei n. 13.167, de 6-10-2015.

§ 2.º O preso que, ao tempo do fato, era funcionário da administração da justiça criminal ficará em dependência separada.

§ 3.º Os presos condenados ficarão separados de acordo com os seguintes critérios:

•• § 3.º acrescentado pela Lei n. 13.167, de 6-10-2015.

I – condenados pela prática de crimes hediondos ou equiparados;

•• Inciso I acrescentado pela Lei n. 13.167, de 6-10-2015.

II – reincidentes condenados pela prática de crimes cometidos com violência ou grave ameaça à pessoa;

•• Inciso II acrescentado pela Lei n. 13.167, de 6-10-2015.

III – primários condenados pela prática de crimes cometidos com violência ou grave ameaça à pessoa;

•• Inciso III acrescentado pela Lei n. 13.167, de 6-10-2015.

IV – demais condenados pela prática de outros crimes ou contravenções em situação diversa das previstas nos incisos I, II e III.

•• Inciso IV acrescentado pela Lei n. 13.167, de 6-10-2015.

§ 4.º O preso que tiver sua integridade física, moral ou psicológica ameaçada pela convivência com os demais presos ficará segregado em local próprio.

•• § 4.º acrescentado pela Lei n. 13.167, de 6-10-2015.

Art. 85. O estabelecimento penal deverá ter lotação compatível com a sua estrutura e finalidade.

Parágrafo único. O Conselho Nacional de Política Criminal e Penitenciária determinará o limite máximo de capacidade do estabelecimento, atendendo à sua natureza e peculiaridades.

Art. 86. As penas privativas de liberdade aplicadas pela justiça de uma unidade federativa podem ser executadas em outra unidade, em estabelecimento local ou da União.

•• *Vide* Súmulas 718 e 719 do STF.

§ 1.º A União Federal poderá construir estabelecimento penal em local distante da condenação para recolher os condenados, quando a medida se justifique no interesse da segurança pública ou do próprio condenado.

•• § 1.º com redação determinada pela Lei n. 10.792, de 1.º-12-2003.

§ 2.º Conforme a natureza do estabelecimento, nele poderão trabalhar os liberados ou egressos que se dediquem a obras públicas ou ao aproveitamento de terras ociosas.

§ 3.º Caberá ao juiz competente, a requerimento da autoridade administrativa definir o estabelecimento prisional adequado para abrigar o preso provisório ou condenado, em atenção ao regime e aos requisitos estabelecidos.

•• § 3.º acrescentado pela Lei n. 10.792, de 1.º-12-2003.

§ 4.º Será transferido para estabelecimento penal distante do local de residência da vítima, ainda que localizado em outra unidade federativa, inclusive da União, o condenado ou preso provisório que, tendo cometido crime de violência doméstica e familiar contra a mulher, ameace ou pratique violência contra a vítima ou seus familiares durante o cumprimento da pena.

•• § 4.º acrescentado pela Lei n. 14.994, de 9-10-2024.

Capítulo II
DA PENITENCIÁRIA

Art. 87. A Penitenciária destina-se ao condenado à pena de reclusão, em regime fechado.

Parágrafo único. A União Federal, os Estados, o Distrito Federal e os Territórios poderão construir Penitenciárias destinadas, exclusivamente, aos presos provisórios e condenados que estejam em regime fechado, sujeitos ao regime disciplinar diferenciado, nos termos do art. 52 desta Lei.

•• Parágrafo único acrescentado pela Lei n. 10.792, de 1.º-12-2003.

Art. 88. O condenado será alojado em cela individual que conterá dormitório, aparelho sanitário e lavatório.

Parágrafo único. São requisitos básicos da unidade celular:

a) salubridade do ambiente pela concorrência dos fatores de aeração, insolação e condicionamento térmico adequado à existência humana;

b) área mínima de 6 m2 (seis metros quadrados).

Art. 89. Além dos requisitos referidos no art. 88, a penitenciária de mulheres será dotada de seção para gestante e parturiente e de creche para abrigar crianças maiores de 6 (seis) meses e menores de 7 (sete) anos, com a finalidade de assistir a criança desamparada cuja responsável estiver presa.

•• *Caput* com redação determinada pela Lei n. 11.942, de 28-5-2009.

Execução Penal   Lei n. 7.210, de 11-7-1984

•• *Vide* art. 208, IV, da CF.
Parágrafo único. São requisitos básicos da seção e da creche referidas neste artigo:
•• Parágrafo único, *caput*, acrescentado pela Lei n. 11.942, de 28-5-2009.
•• A Resolução n. 210, de 5-6-2018, do Conanda, dispõe sobre os direitos das crianças cujas mães, adultas ou adolescentes, estejam em situação de privação de liberdade.
I – atendimento por pessoal qualificado, de acordo com as diretrizes adotadas pela legislação educacional e em unidades autônomas; e
•• Inciso I acrescentado pela Lei n. 11.942, de 28-5-2009.
II – horário de funcionamento que garanta a melhor assistência à criança e à sua responsável.
•• Inciso II acrescentado pela Lei n. 11.942, de 28-5-2009.
Art. 90. A penitenciária de homens será construída em local afastado do centro urbano a distância que não restrinja a visitação.

Capítulo III
DA COLÔNIA AGRÍCOLA, INDUSTRIAL OU SIMILAR

Art. 91. A Colônia Agrícola, Industrial ou similar destina-se ao cumprimento da pena em regime semiaberto.
Art. 92. O condenado poderá ser alojado em compartimento coletivo, observados os requisitos da letra *a* do parágrafo único do art. 88 desta Lei.
Parágrafo único. São também requisitos básicos das dependências coletivas:
a) a seleção adequada dos presos;
b) o limite de capacidade máxima que atenda os objetivos de individualização da pena.

Capítulo IV
DA CASA DO ALBERGADO

Art. 93. A Casa do Albergado destina-se ao cumprimento de pena privativa de liberdade, em regime aberto, e da pena de limitação de fim de semana.
Art. 94. O prédio deverá situar-se em centro urbano, separado dos demais estabelecimentos, e caracterizar-se pela ausência de obstáculos físicos contra a fuga.
Art. 95. Em cada região haverá, pelo menos, uma Casa de Albergado, a qual deverá conter, além dos aposentos para acomodar os presos, local adequado para cursos e palestras.

Parágrafo único. O estabelecimento terá instalações para os serviços de fiscalização e orientação dos condenados.

Capítulo V
DO CENTRO DE OBSERVAÇÃO

Art. 96. No Centro de Observação realizar-se-ão os exames gerais e o criminológico, cujos resultados serão encaminhados à Comissão Técnica de Classificação.
Parágrafo único. No Centro poderão ser realizadas pesquisas criminológicas.
Art. 97. O Centro de Observação será instalado em unidade autônoma ou em anexo a estabelecimento penal.
Art. 98. Os exames poderão ser realizados pela Comissão Técnica de Classificação, na falta do Centro de Observação.

Capítulo VI
DO HOSPITAL DE CUSTÓDIA E TRATAMENTO PSIQUIÁTRICO

Art. 99. O Hospital de Custódia e Tratamento Psiquiátrico destina-se aos inimputáveis e semi-imputáveis referidos no art. 26 e seu parágrafo único do Código Penal.
•• *Vide* art. 26 do CP, que consta neste volume.
Parágrafo único. Aplica-se ao Hospital, no que couber, o disposto no parágrafo único do art. 88 desta Lei.
Art. 100. O exame psiquiátrico e os demais exames necessários ao tratamento são obrigatórios para todos os internados.
Art. 101. O tratamento ambulatorial, previsto no art. 97, segunda parte, do Código Penal, será realizado no Hospital de Custódia e Tratamento Psiquiátrico ou em outro local com dependência médica adequada.
•• *Vide* art. 97 do CP, que consta neste volume.

Capítulo VII
DA CADEIA PÚBLICA

Art. 102. A Cadeia Pública destina-se ao recolhimento de presos provisórios.
Art. 103. Cada comarca terá, pelo menos, uma Cadeia Pública a fim de resguardar o interesse da administração da justiça criminal e a permanência do preso em local próximo ao seu meio social e familiar.
Art. 104. O estabelecimento de que trata este Capítulo será instalado próximo de centro urbano, obser-

vando-se na construção as exigências mínimas referidas no art. 88 e seu parágrafo único desta Lei.

TÍTULO V
DA EXECUÇÃO DAS PENAS EM ESPÉCIE

Capítulo I
DAS PENAS PRIVATIVAS DE LIBERDADE

Seção I
Disposições Gerais

Art. 105. Transitando em julgado a sentença que aplicar pena privativa de liberdade, se o réu estiver ou vier a ser preso, o juiz ordenará a expedição de guia de recolhimento para a execução.

•• *Vide* Súmulas 716 e 717 do STF.

Art. 106. A guia de recolhimento, extraída pelo escrivão, que a rubricará em todas as folhas e a assinará com o juiz, será remetida à autoridade administrativa incumbida da execução e conterá:

I – o nome do condenado;

II – a sua qualificação civil e o número do registro geral no órgão oficial de identificação;

III – o inteiro teor da denúncia e da sentença condenatória, bem como certidão do trânsito em julgado;

IV – a informação sobre os antecedentes e o grau de instrução;

V – a data da terminação da pena;

VI – outras peças do processo reputadas indispensáveis ao adequado tratamento penitenciário.

§ 1.º Ao Ministério Público se dará ciência da guia de recolhimento.

§ 2.º A guia de recolhimento será retificada sempre que sobrevier modificação quanto ao início da execução, ou ao tempo de duração da pena.

§ 3.º Se o condenado, ao tempo do fato, era funcionário da administração da justiça criminal, far-se-á, na guia, menção dessa circunstância, para fins do disposto no § 2.º do art. 84 desta Lei.

Art. 107. Ninguém será recolhido, para cumprimento de pena privativa de liberdade, sem a guia expedida pela autoridade judiciária.

§ 1.º A autoridade administrativa incumbida da execução passará recibo da guia de recolhimento, para juntá-la aos autos do processo, e dará ciência dos seus termos ao condenado.

§ 2.º As guias de recolhimento serão registradas em livro especial, segundo a ordem cronológica do recebimento, e anexadas ao prontuário do condenado, aditando-se, no curso da execução, o cálculo das remições e de outras retificações posteriores.

Art. 108. O condenado a quem sobrevier doença mental será internado em Hospital de Custódia e Tratamento Psiquiátrico.

Art. 109. Cumprida ou extinta a pena, o condenado será posto em liberdade, mediante alvará do juiz, se por outro motivo não estiver preso.

Seção II
Dos Regimes

Art. 110. O juiz, na sentença, estabelecerá o regime no qual o condenado iniciará o cumprimento da pena privativa de liberdade, observado o disposto no art. 33 e seus parágrafos do Código Penal.

•• *Vide* art. 33 do CP, que consta neste volume.

•• *Vide* Súmulas 718 e 719 do STF, e 269 e 440 do STJ.

Art. 111. Quando houver condenação por mais de um crime, no mesmo processo ou em processos distintos, a determinação do regime de cumprimento será feita pelo resultado da soma ou unificação das penas, observada, quando for o caso, a detração ou remição.

•• *Vide* art. 126 desta Lei.

•• *Vide* Súmula 717 do STF.

Parágrafo único. Sobrevindo condenação no curso da execução, somar-se-á pena ao restante da que está sendo cumprida, para determinação do regime.

Art. 112. A pena privativa de liberdade será executada em forma progressiva com a transferência para regime menos rigoroso, a ser determinada pelo juiz, quando o preso tiver cumprido ao menos:

•• *Caput* com redação determinada pela Lei n. 13.964, de 24-12-2019.

I – 16% (dezesseis por cento) da pena, se o apenado for primário e o crime tiver sido cometido sem violência à pessoa ou grave ameaça;

•• Inciso I acrescentado pela Lei n. 13.964, de 24-12-2019.

II – 20% (vinte por cento) da pena, se o apenado for reincidente em crime cometido sem violência à pessoa ou grave ameaça;

•• Inciso II acrescentado pela Lei n. 13.964, de 24-12-2019.

III – 25% (vinte e cinco por cento) da pena, se o apenado for primário e o crime tiver sido cometido com violência à pessoa ou grave ameaça;

•• Inciso III acrescentado pela Lei n. 13.964, de 24-12-2019.

IV – 30% (trinta por cento) da pena, se o apenado for reincidente em crime cometido com violência à pessoa ou grave ameaça;

•• Inciso IV acrescentado pela Lei n. 13.964, de 24-12-2019.

V – 40% (quarenta por cento) da pena, se o apenado for condenado pela prática de crime hediondo ou equiparado, se for primário;

•• Inciso V acrescentado pela Lei n. 13.964, de 24-12-2019.

VI – 50% (cinquenta por cento) da pena, se o apenado for:

•• Inciso VI, *caput*, acrescentado pela Lei n. 13.964, de 24-12-2019.

a) condenado pela prática de crime hediondo ou equiparado, com resultado morte, se for primário, vedado o livramento condicional;

•• Alínea *a* acrescentada pela Lei n. 13.964, de 24-12-2019.

b) condenado por exercer o comando, individual ou coletivo, de organização criminosa estruturada para a prática de crime hediondo ou equiparado; ou

•• Alínea *b* acrescentada pela Lei n. 13.964, de 24-12-2019.

c) condenado pela prática do crime de constituição de milícia privada;

•• Alínea *c* acrescentada pela Lei n. 13.964, de 24-12-2019.

VI-A – 55% (cinquenta e cinco por cento) da pena, se o apenado for condenado pela prática de feminicídio, se for primário, vedado o livramento condicional;

•• Inciso VI-A acrescentado pela Lei n. 14.994, de 9-10-2024.

VII – 60% (sessenta por cento) da pena, se o apenado for reincidente na prática de crime hediondo ou equiparado;

•• Inciso VII acrescentado pela Lei n. 13.964, de 24-12-2019.

VIII – 70% (setenta por cento) da pena, se o apenado for reincidente em crime hediondo ou equiparado com resultado morte, vedado o livramento condicional.

•• Inciso VIII acrescentado pela Lei n. 13.964, de 24-12-2019.

§ 1.º Em todos os casos, o apenado somente terá direito à progressão de regime se ostentar boa conduta carcerária, comprovada pelo diretor do estabelecimento, e pelos resultados do exame criminológico, respeitadas as normas que vedam a progressão.

•• § 1.º com redação determinada pela Lei n. 14.843, de 11-4-2024.

•• A Resolução n. 36, de 4-11-2024, do CNPCP, instituí regras para a realização do exame criminológico para fins de progressão de regime prisional no âmbito de execução penal no país.

§ 2.º A decisão do juiz que determinar a progressão de regime será sempre motivada e precedida de manifestação do Ministério Público e do defensor, procedimento que também será adotado na concessão de livramento condicional, indulto e comutação de penas, respeitados os prazos previstos nas normas vigentes.

•• § 2.º com redação determinada pela Lei n. 13.964, de 24-12-2019.

§ 3.º No caso de mulher gestante ou que for mãe ou responsável por crianças ou pessoas com deficiência, os requisitos para progressão de regime são, cumulativamente:

•• § 3.º, *caput*, acrescentado pela Lei n. 13.769, de 19-12-2018.

I – não ter cometido crime com violência ou grave ameaça a pessoa;

•• Inciso I acrescentado pela Lei n. 13.769, de 19-12-2018.

II – não ter cometido o crime contra seu filho ou dependente;

•• Inciso II acrescentado pela Lei n. 13.769, de 19-12-2018.

III – ter cumprido ao menos 1/8 (um oitavo) da pena no regime anterior;

•• Inciso III acrescentado pela Lei n. 13.769, de 19-12-2018.

IV – ser primária e ter bom comportamento carcerário, comprovado pelo diretor do estabelecimento;

•• Inciso IV acrescentado pela Lei n. 13.769, de 19-12-2018.

V – não ter integrado organização criminosa.

•• Inciso V acrescentado pela Lei n. 13.769, de 19-12-2018.

§ 4.º O cometimento de novo crime doloso ou falta grave implicará a revogação do benefício previsto no § 3.º deste artigo.

•• § 4.º acrescentado pela Lei n. 13.769, de 19-12-2018.

§ 5.º Não se considera hediondo ou equiparado, para os fins deste artigo, o crime de tráfico de drogas previsto no § 4.º do art. 33 da Lei n. 11.343, de 23 de agosto de 2006.

•• § 5.º acrescentado pela Lei n. 13.964, de 24-12-2019.

§ 6.º O cometimento de falta grave durante a execução da pena privativa de liberdade interrompe o prazo para a obtenção da progressão no regime de cumprimento da pena, caso em que o reinício da contagem do requisito objetivo terá como base a pena remanescente.

•• § 6.º acrescentado pela Lei n. 13.964, de 24-12-2019.

§ 7.º O bom comportamento é readquirido após 1 (um) ano da ocorrência do fato, ou antes, após o cumprimento do requisito temporal exigível para a obtenção do direito.

•• § 7.º acrescentado pela Lei n. 13.964, de 24-12-2019, originalmente vetado, todavia promulgado em 30-4-2021.

Art. 113. O ingresso do condenado em regime aberto supõe a aceitação de seu programa e das condições impostas pelo juiz.

Art. 114. Somente poderá ingressar no regime aberto o condenado que:

I – estiver trabalhando ou comprovar a possibilidade de fazê-lo imediatamente;

II – apresentar, pelos seus antecedentes e pelos resultados do exame criminológico, fundados indícios de que irá ajustar-se, com autodisciplina, baixa periculosidade e senso de responsabilidade, ao novo regime.

•• Inciso II com redação determinada pela Lei n. 14.843, de 11-4-2024.

Parágrafo único. Poderão ser dispensadas do trabalho as pessoas referidas no art. 117 desta Lei.

Art. 115. O juiz poderá estabelecer condições especiais para a concessão de regime aberto, entre as quais, a fiscalização por monitoramento eletrônico, sem prejuízo das seguintes condições gerais e obrigatórias:

•• *Caput* com redação determinada pela Lei n. 14.843, de 11-4-2024.

I – permanecer no local que for designado, durante o repouso e nos dias de folga;

II – sair para o trabalho e retornar, nos horários fixados;

III – não se ausentar da cidade onde reside, sem autorização judicial;

IV – comparecer a juízo, para informar e justificar as suas atividades, quando for determinado.

Art. 116. O juiz poderá modificar as condições estabelecidas, de ofício, a requerimento do Ministério Público, da autoridade administrativa ou do condenado, desde que as circunstâncias assim o recomendem.

Art. 117. Somente se admitirá o recolhimento do beneficiário de regime aberto em residência particular quando se tratar de:

I – condenado maior de 70 (setenta) anos;

II – condenado acometido de doença grave;

III – condenada com filho menor ou deficiente físico ou mental;

•• A Resolução n. 210, de 5-6-2018, do Conanda, dispõe sobre os direitos das crianças cujas mães, adultas ou adolescentes, estejam em situação de privação de liberdade.

IV – condenada gestante.

Art. 118. A execução da pena privativa de liberdade ficará sujeita à forma regressiva, com a transferência para qualquer dos regimes mais rigorosos, quando o condenado:

I – praticar fato definido como crime doloso ou falta grave;

II – sofrer condenação, por crime anterior, cuja pena, somada ao restante da pena em execução, torne incabível o regime (art. 111).

§ 1.º O condenado será transferido do regime aberto se, além das hipóteses referidas nos incisos anteriores, frustrar os fins da execução ou não pagar, podendo, a multa cumulativamente imposta.

§ 2.º Nas hipóteses do inciso I e do parágrafo anterior, deverá ser ouvido, previamente, o condenado.

Art. 119. A legislação local poderá estabelecer normas complementares para o cumprimento da pena privativa de liberdade em regime aberto (art. 36, § 1.º, do Código Penal).

•• *Vide* art. 36 do CP, que consta neste volume.

Seção III
Das Autorizações de Saída

Subseção I
Da permissão de saída

Art. 120. Os condenados que cumprem pena em regime fechado ou semiaberto e os presos provisórios poderão obter permissão para sair do estabelecimento, mediante escolta, quando ocorrer um dos seguintes fatos:

I – falecimento ou doença grave do cônjuge, companheira, ascendente, descendente ou irmão;

II – necessidade de tratamento médico (parágrafo único do art. 14).

•• Acreditamos ter havido engano na publicação oficial ao mencionar, neste inciso, o parágrafo único do art. 14, quando, a rigor, deveria fazer referência ao § 2.º.

Parágrafo único. A permissão de saída será concedida pelo diretor do estabelecimento onde se encontra o preso.

Art. 121. A permanência do preso fora do estabelecimento terá duração necessária à finalidade da saída.

Subseção II
Da saída temporária

Art. 122. Os condenados que cumprem pena em regime semiaberto poderão obter autorização para saída temporária do estabelecimento, sem vigilância direta, nos seguintes casos:

I – (*Revogado pela Lei n. 14.843, de 11-4-2024, originalmente vetado, todavia promulgado em 13-6-2024.*)

II – frequência a curso supletivo profissionalizante, bem como de instrução do segundo grau ou superior, na comarca do Juízo da Execução;

•• *Vide* art. 17 desta Lei.

III – (*Revogado pela Lei n. 14.843, de 11-4-2024, originalmente vetado, todavia promulgado em 13-6-2024.*)

§ 1.º A ausência de vigilância direta não impede a utilização de equipamento de monitoração eletrônica pelo condenado, quando assim determinar o juiz da execução.

•• Parágrafo único renumerado pela Lei n. 13.964, de 24-12-2019.

§ 2.º Não terá direito à saída temporária de que trata o *caput* deste artigo ou a trabalho externo sem vigilância direta o condenado que cumpre pena por praticar crime hediondo ou com violência ou grave ameaça contra pessoa.

•• § 2.º com redação determinada pela Lei n. 14.843, de 11-4-2024.

§ 3.º Quando se tratar de frequência a curso profissionalizante ou de instrução de ensino médio ou superior, o tempo de saída será o necessário para o cumprimento das atividades discentes.

•• § 3.º acrescentado pela Lei n. 14.843, de 11-4-2024.

Art. 123. A autorização será concedida por ato motivado do juiz da execução, ouvidos o Ministério Público e a administração penitenciária, e dependerá da satisfação dos seguintes requisitos:

I – comportamento adequado;

II – cumprimento mínimo de um sexto da pena, se o condenado for primário, e um quarto, se reincidente;

III – compatibilidade do benefício com os objetivos da pena.

Art. 124. (*Revogado pela Lei n. 14.843, de 11-4-2024.*)

Art. 125. O benefício será automaticamente revogado quando o condenado praticar fato definido como crime doloso, for punido por falta grave, desatender as condições impostas na autorização ou revelar baixo grau de aproveitamento do curso.

Parágrafo único. A recuperação do direito à saída temporária dependerá da absolvição no processo penal, do cancelamento da punição disciplinar ou da demonstração do merecimento do condenado.

Seção IV
Da Remição

Art. 126. O condenado que cumpre a pena em regime fechado ou semiaberto poderá remir, por trabalho ou por estudo, parte do tempo de execução da pena.

•• *Caput* com redação determinada pela Lei n. 12.433, de 29-6-2011.
•• *Vide* Súmula 562 do STJ.
•• *Vide* art. 17 desta Lei.
•• O Decreto n. 9.450, de 24-7-2018, instituiu a Política Nacional de Trabalho no âmbito do sistema prisional.

§ 1.º A contagem de tempo referida no *caput* será feita à razão de:

•• § 1.º, *caput*, com redação determinada pela Lei n. 12.433, de 29-6-2011.

I – 1 (um) dia de pena a cada 12 (doze) horas de frequência escolar – atividade de ensino fundamental, médio, inclusive profissionalizante, ou superior, ou ainda de requalificação profissional – divididas, no mínimo, em 3 (três) dias;

•• Inciso I acrescentado pela Lei n. 12.433, de 29-6-2011.

II – (um) dia de pena a cada 3 (três) dias de trabalho.

•• Inciso II acrescentado pela Lei n. 12.433, de 29-6-2011.

§ 2.º As atividades de estudo a que se refere o § 1.º deste artigo poderão ser desenvolvidas de forma presencial ou por metodologia de ensino a distância e deverão ser certificadas pelas autoridades educacionais competentes dos cursos frequentados.

•• § 2.º com redação determinada pela Lei n. 12.433, de 29-6-2011.

§ 3.º Para fins de cumulação dos casos de remição, as horas diárias de trabalho e de estudo serão definidas de forma a se compatibilizarem.

•• § 3.º com redação determinada pela Lei n. 12.433, de 29-6-2011.

§ 4.º O preso impossibilitado, por acidente, de prosseguir no trabalho ou nos estudos continuará a beneficiar-se com a remição.

•• § 4.º acrescentado pela Lei n. 12.433, de 29-6-2011.

§ 5.º O tempo a remir em função das horas de estudo será acrescido de 1/3 (um terço) no caso de conclusão do ensino fundamental, médio ou superior durante o cumprimento da pena, desde que certificada pelo órgão competente do sistema de educação.

•• § 5.º acrescentado pela Lei n. 12.433, de 29-6-2011.

§ 6.º O condenado que cumpre pena em regime aberto ou semiaberto e o que usufrui liberdade condicional poderão remir, pela frequência a curso de ensino regular ou de educação profissional, parte do tempo de execução da pena ou do período de prova, observado o disposto no inciso I do § 1.º deste artigo.

•• § 6.º acrescentado pela Lei n. 12.433, de 29-6-2011.

§ 7.º O disposto neste artigo aplica-se às hipóteses de prisão cautelar.

•• § 7.º acrescentado pela Lei n. 12.433, de 29-6-2011.

§ 8.º A remição será declarada pelo juiz da execução, ouvidos o Ministério Público e a defesa.

•• § 8.º acrescentado pela Lei n. 12.433, de 29-6-2011.

Art. 127. Em caso de falta grave, o juiz poderá revogar até 1/3 (um terço) do tempo remido, observado o disposto no art. 57, recomeçando a contagem a partir da data da infração disciplinar.

•• Artigo com redação determinada pela Lei n. 12.433, de 29-6-2011.

Art. 128. O tempo remido será computado como pena cumprida, para todos os efeitos.

•• Artigo com redação determinada pela Lei n. 12.433, de 29-6-2011.

Art. 129. A autoridade administrativa encaminhará mensalmente ao juízo da execução cópia do registro de todos os condenados que estejam trabalhando ou estudando, com informação dos dias de trabalho ou das horas de frequência escolar ou de atividades de ensino de cada um deles.

•• *Caput* com redação determinada pela Lei n. 12.433, de 29-6-2011.

§ 1.º O condenado autorizado a estudar fora do estabelecimento penal deverá comprovar mensalmente, por meio de declaração da respectiva unidade de ensino, a frequência e o aproveitamento escolar.

•• § 1.º acrescentado pela Lei n. 12.433, de 29-6-2011.

§ 2.º Ao condenado dar-se-á a relação de seus dias remidos.

•• § 2.º acrescentado pela Lei n. 12.433, de 29-6-2011.

Art. 130. Constitui o crime do art. 299 do Código Penal declarar ou atestar falsamente prestação de serviço para fim de instruir pedido de remição.

•• *Vide* art. 299 do CP, que consta neste volume.

Seção V
Do Livramento Condicional

Art. 131. O livramento condicional poderá ser concedido pelo juiz da execução, presentes os requisitos do art. 83, incisos e parágrafo único, do Código Penal, ouvidos o Ministério Público e o Conselho Penitenciário.

•• *Vide* art. 83 do CP, que consta neste volume.

Art. 132. Deferido o pedido, o juiz especificará as condições a que fica subordinado o livramento.

§ 1.º Serão sempre impostas ao liberado condicional as obrigações seguintes:

a) obter ocupação lícita, dentro de prazo razoável se for apto para o trabalho;

b) comunicar periodicamente ao juiz sua ocupação;

c) não mudar do território da comarca do Juízo da Execução, sem prévia autorização deste.

§ 2.º Poderão ainda ser impostas ao liberado condicional, entre outras obrigações, as seguintes:

a) não mudar de residência sem comunicação ao juiz e à autoridade incumbida da observação cautelar e de proteção;

b) recolher-se à habitação em hora fixada;

c) não frequentar determinados lugares;

d) (*Vetada*.)

•• Alínea *d* acrescentada pela Lei n. 12.258, de 15-6-2010.

e) utilizar equipamento de monitoração eletrônica.

•• Alínea *e* acrescentada pela Lei n. 14.843, de 11-4-2024.

Art. 133. Se for permitido ao liberado residir fora da comarca do Juízo da Execução, remeter-se-á cópia da sentença do livramento ao juízo do lugar para onde ele se houver transferido e à autoridade incumbida da observação cautelar e de proteção.

Art. 134. O liberado será advertido da obrigação de apresentar-se imediatamente às autoridades referidas no artigo anterior.

Art. 135. Reformada a sentença denegatória do livramento, os autos baixarão ao Juízo da Execução, para as providências cabíveis.

Art. 136. Concedido o benefício, será expedida a carta de livramento com a cópia integral da sentença em duas vias, remetendo-se uma à autoridade administrativa incumbida da execução e outra ao Conselho Penitenciário.

Art. 137. A cerimônia do livramento condicional será realizada solenemente no dia marcado pelo presidente do Conselho Penitenciário, no estabelecimento onde está sendo cumprida a pena, observando-se o seguinte:

I – a sentença será lida ao liberando, na presença dos demais condenados, pelo presidente do Conselho Penitenciário ou membro por ele designado, ou, na falta, pelo juiz;

II – a autoridade administrativa chamará a atenção do liberando para as condições impostas na sentença de livramento;

III – o liberando declarará se aceita as condições.

§ 1.º De tudo, em livro próprio, será lavrado termo subscrito por quem presidir a cerimônia e pelo liberando, ou alguém a seu rogo, se não souber ou não puder escrever.

§ 2.º Cópia desse termo deverá ser remetida ao juiz da execução.

Art. 138. Ao sair o liberado do estabelecimento penal, ser-lhe-á entregue, além do saldo de seu pecúlio e do que lhe pertencer, uma caderneta, que exibirá à autoridade judiciária ou administrativa, sempre que lhe for exigida.

§ 1.º A caderneta conterá:

a) a identificação do liberado;

b) o texto impresso do presente Capítulo;

c) as condições impostas.

§ 2.º Na falta de caderneta, será entregue ao liberado um salvo-conduto, em que constem as condições do livramento, podendo substituir-se a ficha de identificação ou o seu retrato pela descrição dos sinais que possam identificá-lo.

§ 3.º Na caderneta e no salvo-conduto deverá haver espaço para consignar-se o cumprimento das condições referidas no art. 132 desta Lei.

Art. 139. A observação cautelar e a proteção realizadas por serviço social penitenciário, Patronato ou Conselho da Comunidade terão a finalidade de:

I – fazer observar o cumprimento das condições especificadas na sentença concessiva do benefício;

II – proteger o beneficiário, orientando-o na execução de suas obrigações e auxiliando-o na obtenção de atividade laborativa.

Parágrafo único. A entidade encarregada da observação cautelar e da proteção do liberado apresentará relatório ao Conselho Penitenciário, para efeito da representação prevista nos arts. 143 e 144 desta Lei.

Art. 140. A revogação do livramento condicional dar-se-á nas hipóteses previstas nos arts. 86 e 87 do Código Penal.

•• *Vide* arts. 86 e 87 do CP, que constam neste volume.

Parágrafo único. Mantido o livramento condicional, na hipótese da revogação facultativa, o juiz deverá advertir o liberado ou agravar as condições.

Art. 141. Se a revogação for motivada por infração penal anterior à vigência do livramento, computar-se-á como tempo de cumprimento da pena o período de prova, sendo permitida, para a concessão de novo livramento, a soma do tempo das duas penas.

Art. 142. No caso de revogação por outro motivo, não se computará na pena o tempo em que esteve solto o liberado, e tampouco se concederá, em relação à mesma pena, novo livramento.

Art. 143. A revogação será decretada a requerimento do Ministério Público, mediante representação do Conselho Penitenciário, ou de ofício, pelo juiz, ouvido o liberado.

Art. 144. O Juiz, de ofício, a requerimento do Ministério Público, da Defensoria Pública ou mediante representação do Conselho Penitenciário, e ouvido o liberado, poderá modificar as condições especificadas na sentença, devendo o respectivo ato decisório ser lido ao liberado por uma das autoridades ou funcionários indicados no inciso I do *caput* do art. 137 desta Lei, observado o disposto nos incisos II e III e §§ 1.º e 2.º do mesmo artigo.

•• Artigo com redação determinada pela Lei n. 12.313, de 19-8-2010.

Art. 145. Praticada pelo liberado outra infração penal, o juiz poderá ordenar a sua prisão, ouvidos o Conselho Penitenciário e o Ministério Público, suspendendo o curso do livramento condicional, cuja revogação, entretanto, ficará dependendo da decisão final.

•• *Vide* Súmula n. 617 do STJ.

Art. 146. O juiz, de ofício, a requerimento do interessado, do Ministério Público ou mediante representa-

ção do Conselho Penitenciário, julgará extinta a pena privativa de liberdade, se expirar o prazo do livramento sem revogação.
•• *Vide* Súmula 617 do STJ.

Seção VI
Da Monitoração Eletrônica

•• Seção VI acrescentada pela Lei n. 12.258, de 15-6-2010.
•• *Vide* Decreto n. 7.627, de 24-11-2011, que regulamenta a monitoração eletrônica de pessoas.

Art. 146-A. (*Vetado.*)
•• Artigo acrescentado pela Lei n. 12.258, de 15-6-2010.

Art. 146-B. O juiz poderá definir a fiscalização por meio da monitoração eletrônica quando:
•• *Caput* acrescentado pela Lei n. 12.258, de 15-6-2010.

I – (*Vetado.*)
•• Inciso I acrescentado pela Lei n. 12.258, de 15-6-2010.

II – autorizar a saída temporária no regime semiaberto;
•• Inciso II acrescentado pela Lei n. 12.258, de 15-6-2010.

III – (*Vetado.*)
•• Inciso III acrescentado pela Lei n. 12.258, de 15-6-2010.

IV – determinar a prisão domiciliar;
•• Inciso IV acrescentado pela Lei n. 12.258, de 15-6-2010.

V – (*Vetado.*)
•• Inciso V acrescentado pela Lei n. 12.258, de 15-6-2010.

VI – aplicar pena privativa de liberdade a ser cumprida nos regimes aberto ou semiaberto, ou conceder progressão para tais regimes;
•• Inciso VI acrescentado pela Lei n. 14.843, de 11-4-2024.

VII – aplicar pena restritiva de direitos que estabeleça limitação de frequência a lugares específicos;
•• Inciso VII acrescentado pela Lei n. 14.843, de 11-4-2024.

VIII – conceder o livramento condicional.
•• Inciso VIII acrescentado pela Lei n. 14.843, de 11-4-2024.

Parágrafo único. (*Vetado.*)
•• Parágrafo único acrescentado pela Lei n. 12.258, de 15-6-2010.

Art. 146-C. O condenado será instruído acerca dos cuidados que deverá adotar com o equipamento eletrônico e dos seguintes deveres:
•• *Caput* acrescentado pela Lei n. 12.258, de 15-6-2010.

I – receber visitas do servidor responsável pela monitoração eletrônica, responder aos seus contatos e cumprir suas orientações;
•• Inciso I acrescentado pela Lei n. 12.258, de 15-6-2010.

II – abster-se de remover, de violar, de modificar, de danificar de qualquer forma o dispositivo de monitoração eletrônica ou de permitir que outrem o faça;
•• Inciso II acrescentado pela Lei n. 12.258, de 15-6-2010.

III – (*Vetado.*)
•• Inciso III acrescentado pela Lei n. 12.258, de 15-6-2010.

Parágrafo único. A violação comprovada dos deveres previstos neste artigo poderá acarretar, a critério do juiz da execução, ouvidos o Ministério Público e a defesa:
•• Parágrafo único, *caput*, acrescentado pela Lei n. 12.258, de 15-6-2010.

I – a regressão do regime;
•• Inciso I acrescentado pela Lei n. 12.258, de 15-6-2010.

II – a revogação da autorização de saída temporária;
•• Inciso II acrescentado pela Lei n. 12.258, de 15-6-2010.

III a V – (*Vetados.*)
•• Incisos III a V acrescentados pela Lei n. 12.258, de 15-6-2010.

VI – a revogação da prisão domiciliar;
•• Inciso VI acrescentado pela Lei n. 12.258, de 15-6-2010.

VII – advertência, por escrito, para todos os casos em que o juiz da execução decida não aplicar alguma das medidas previstas nos incisos de I a VI deste parágrafo;
•• Inciso VII acrescentado pela Lei n. 12.258, de 15-6-2010.

VIII – a revogação do livramento condicional;
•• Inciso VIII acrescentado pela Lei n. 14.843, de 11-4-2024.

IX – a conversão da pena restritiva de direitos em pena privativa de liberdade.
•• Inciso IX acrescentado pela Lei n. 14.843, de 11-4-2024.

Art. 146-D. A monitoração eletrônica poderá ser revogada:
•• *Caput* acrescentado pela Lei n. 12.258, de 15-6-2010.

I – quando se tornar desnecessária ou inadequada;
•• Inciso I acrescentado pela Lei n. 12.258, de 15-6-2010.

II – se o acusado ou condenado violar os deveres a que estiver sujeito durante a sua vigência ou cometer falta grave.
•• Inciso II acrescentado pela Lei n. 12.258, de 15-6-2010.

Art. 146-E. O condenado por crime contra a mulher por razões da condição do sexo feminino, nos termos do § 1.º do art. 121-A do Decreto-lei n. 2.848, de 7 de dezembro de 1940 (Código Penal), ao usufruir de qualquer benefício em que ocorra a sua saída de estabelecimento penal, será fiscalizado por meio de monitoração eletrônica.

•• Artigo acrescentado pela Lei n. 14.994, de 9-10-2024.

Capítulo II
DAS PENAS RESTRITIVAS DE DIREITO

•• De acordo com a alteração determinada pela Lei n. 9.714, de 25-11-1998, as penas restritivas de direito são: I – prestação pecuniária; II – perda de bens e valores; III – (Vetado); IV – prestação de serviço à comunidade ou a entidades públicas; V – interdição temporária de direitos; e VI – limitação de fim de semana.

Seção I
Disposições Gerais

Art. 147. Transitada em julgado a sentença que aplicou a pena restritiva de direitos, o juiz de execução, de ofício ou a requerimento do Ministério Público, promoverá a execução, podendo, para tanto, requisitar, quando necessário, a colaboração de entidades públicas ou solicitá-la a particulares.

•• Vide Súmula 643 do STJ.

Art. 148. Em qualquer fase da execução, poderá o juiz, motivadamente, alterar a forma de cumprimento das penas de prestação de serviços à comunidade e de limitação de fim de semana, ajustando-as às condições pessoais do condenado e às características do estabelecimento, da entidade ou do programa comunitário ou estatal.

Seção II
Da Prestação de Serviços à Comunidade

Art. 149. Caberá ao juiz da execução:

I – designar a entidade ou programa comunitário ou estatal, devidamente credenciado ou convencionado, junto ao qual o condenado deverá trabalhar gratuitamente, de acordo com as suas aptidões;

II – determinar a intimação do condenado, cientificando-o da entidade, dias e horário em que deverá cumprir a pena;

III – alterar a forma de execução, a fim de ajustá-la às modificações ocorridas na jornada de trabalho.

§ 1.º O trabalho terá a duração de 8 (oito) horas semanais e será realizado aos sábados, domingos e feriados, ou em dias úteis, de modo a não prejudicar a jornada normal de trabalho, nos horários estabelecidos pelo juiz.

§ 2.º A execução terá início a partir da data do primeiro comparecimento.

Art. 150. A entidade beneficiada com a prestação de serviços encaminhará mensalmente, ao juiz da execução, relatório circunstanciado das atividades do condenado, bem como, a qualquer tempo, comunicação sobre ausência ou falta disciplinar.

Seção III
Da Limitação de Fim de Semana

Art. 151. Caberá ao juiz da execução determinar a intimação do condenado, cientificando-o do local, dias e horário em que deverá cumprir a pena.

Parágrafo único. A execução terá início a partir da data do primeiro comparecimento.

Art. 152. Poderão ser ministrados ao condenado, durante o tempo de permanência, cursos e palestras, ou atribuídas atividades educativas.

Parágrafo único. Nos casos de violência doméstica e familiar contra a criança, o adolescente e a mulher e de tratamento cruel ou degradante, ou de uso de formas violentas de educação, correção ou disciplina contra a criança e o adolescente, o juiz poderá determinar o comparecimento obrigatório do agressor a programas de recuperação e reeducação.

•• Parágrafo único com redação determinada pela Lei n. 14.344, de 24-5-2022.

Art. 153. O estabelecimento designado encaminhará, mensalmente, ao juiz da execução, relatório, bem assim comunicará, a qualquer tempo, a ausência ou falta disciplinar do condenado.

Seção IV
Da Interdição Temporária de Direitos

Art. 154. Caberá ao juiz da execução comunicar à autoridade competente a pena aplicada, determinada a intimação do condenado.

§ 1.º Na hipótese de pena de interdição do art. 47, I, do Código Penal, a autoridade deverá, em 24 (vinte e quatro) horas, contadas do recebimento do ofício, baixar ato, a partir do qual a execução terá seu início.

§ 2.º Nas hipóteses do art. 47, II e III, do Código Penal, o Juízo da Execução determinará a apreensão dos documentos, que autorizam o exercício do direito interditado.

•• Vide art. 47 do CP, que consta neste volume.

Art. 155. A autoridade deverá comunicar imediatamente ao juiz da execução o descumprimento da pena.

Parágrafo único. A comunicação prevista neste artigo poderá ser feita por qualquer prejudicado.

Capítulo III
DA SUSPENSÃO CONDICIONAL

Art. 156. O juiz poderá suspender, pelo período de 2 (dois) a 4 (quatro) anos, a execução da pena privativa de liberdade, não superior a 2 (dois) anos, na forma prevista nos arts. 77 a 82 do Código Penal.

•• *Vide* arts. 77 a 82 do CP, que constam neste volume.

Art. 157. O juiz ou tribunal, na sentença que aplicar pena privativa de liberdade, na situação determinada no artigo anterior, deverá pronunciar-se, motivadamente, sobre a suspensão condicional, quer a conceda, quer a denegue.

Art. 158. Concedida a suspensão, o juiz especificará as condições a que fica sujeito o condenado, pelo prazo fixado, começando este a correr da audiência prevista no art. 160 desta Lei.

§ 1.º As condições serão adequadas ao fato e à situação pessoal do condenado, devendo ser incluída entre as mesmas a de prestar serviços à comunidade, ou limitação de fim de semana, salvo hipótese do art. 78, § 2.º, do Código Penal.

§ 2.º O juiz poderá, a qualquer tempo, de ofício, a requerimento do Ministério Público ou mediante proposta do Conselho Penitenciário, modificar as condições e regras estabelecidas na sentença, ouvido o condenado.

§ 3.º A fiscalização do cumprimento das condições, regulada nos Estados, Territórios e Distrito Federal por normas supletivas, será atribuída a serviço social penitenciário, Patronato, Conselho da Comunidade ou instituição beneficiada com a prestação de serviços, inspecionados pelo Conselho Penitenciário, pelo Ministério Público, ou ambos, devendo o juiz da execução suprir, por ato, a falta das normas supletivas.

§ 4.º O beneficiário, ao comparecer periodicamente à entidade fiscalizadora, para comprovar a observância das condições a que está sujeito, comunicará, também, a sua ocupação e os salários ou proventos de que vive.

§ 5.º A entidade fiscalizadora deverá comunicar imediatamente ao órgão de inspeção, para os fins legais, qualquer fato capaz de acarretar a revogação do benefício, a prorrogação do prazo ou a modificação das condições.

§ 6.º Se for permitido ao beneficiário mudar-se, será feita comunicação ao juiz e à entidade fiscalizadora do local da nova residência, aos quais o primeiro deverá apresentar-se imediatamente.

Art. 159. Quando a suspensão condicional da pena for concedida por tribunal, a este caberá estabelecer as condições do benefício.

§ 1.º De igual modo proceder-se-á quando o tribunal modificar as condições estabelecidas na sentença recorrida.

§ 2.º O tribunal, ao conceder a suspensão condicional da pena, poderá, todavia, conferir ao Juízo da Execução a incumbência de estabelecer as condições do benefício, e, em qualquer caso, a de realizar a audiência admonitória.

Art. 160. Transitada em julgado a sentença condenatória, o juiz a lerá ao condenado, em audiência, advertindo-o das consequências de nova infração penal e do descumprimento das condições impostas.

Art. 161. Se, intimado pessoalmente ou por edital com prazo de 20 (vinte) dias, o réu não comparecer injustificadamente à audiência admonitória, a suspensão ficará sem efeito e será executada imediatamente a pena.

Art. 162. A revogação da suspensão condicional da pena e a prorrogação do período de prova dar-se-ão na forma do art. 81 e respectivos parágrafos do Código Penal.

Art. 163. A sentença condenatória será registrada, com a nota de suspensão, em livro especial do juízo a que couber a execução da pena.

§ 1.º Revogada a suspensão ou extinta a pena, será o fato averbado à margem do registro.

§ 2.º O registro e a averbação serão sigilosos, salvo para efeito de informações requisitadas por órgão judiciário ou pelo Ministério Público, para instruir processo penal.

Capítulo IV
DA PENA DE MULTA

Art. 164. Extraída certidão da sentença condenatória com trânsito em julgado, que valerá como título executivo judicial, o Ministério Público requererá, em autos apartados, a citação do condenado para, no prazo de 10 (dez) dias, pagar o valor da multa ou nomear bens à penhora.

§ 1.º Decorrido o prazo sem o pagamento da multa, ou o depósito da respectiva importância, proceder-

-se-á à penhora de tantos bens quantos bastem para garantir a execução.

§ 2.º A nomeação de bens à penhora e a posterior execução seguirão o que dispuser a lei processual civil.

•• O art. 51 do CP, alterado pela Lei n. 9.268, de 1.º-4-1996, dispõe que transitada em julgado a sentença condenatória, a multa será considerada dívida de valor, aplicando-se-lhe as normas da legislação relativa à dívida ativa da Fazenda Pública, inclusive no que concerne às causas interruptivas e suspensivas da prescrição.

Art. 165. Se a penhora recair em bem imóvel, os autos apartados serão remetidos ao juízo cível para prosseguimento.

Art. 166. Recaindo a penhora em outros bens, dar-se-á prosseguimento nos termos do § 2.º do art. 164 desta Lei.

Art. 167. A execução da pena de multa será suspensa quando sobrevier ao condenado doença mental (art. 52 do Código Penal).

•• Vide art. 52 do CP, que consta neste volume.

Art. 168. O juiz poderá determinar que a cobrança da multa se efetue mediante desconto no vencimento ou salário do condenado, nas hipóteses do art. 50, § 1.º, do Código Penal, observando-se o seguinte:

I – o limite máximo do desconto mensal será o da quarta parte da remuneração e o mínimo o de um décimo;

II – o desconto será feito mediante ordem do juiz a quem de direito;

III – o responsável pelo desconto será intimado a recolher mensalmente, até o dia fixado pelo juiz, a importância determinada.

•• Vide art. 50 do CP, que consta neste volume.

Art. 169. Até o término do prazo a que se refere o art. 164 desta Lei, poderá o condenado requerer ao juiz o pagamento da multa em prestações mensais, iguais e sucessivas.

§ 1.º O juiz, antes de decidir, poderá determinar diligências para verificar a real situação econômica do condenado e, ouvido o Ministério Público, fixará o número de prestações.

§ 2.º Se o condenado for impontual ou se melhorar de situação econômica, o juiz, de ofício ou a requerimento do Ministério Público, revogará o benefício executando-se a multa, na forma prevista neste Capítulo, ou prosseguindo-se na execução já iniciada.

Art. 170. Quando a pena de multa for aplicada cumulativamente com pena privativa da liberdade, enquanto esta estiver sendo executada, poderá aquela ser cobrada mediante desconto na remuneração do condenado (art. 168).

§ 1.º Se o condenado cumprir a pena privativa de liberdade ou obtiver livramento condicional, sem haver resgatado a multa, far-se-á a cobrança nos termos deste Capítulo.

§ 2.º Aplicar-se-á o disposto no parágrafo anterior aos casos em que for concedida a suspensão condicional da pena.

Título VI
DA EXECUÇÃO DAS MEDIDAS DE SEGURANÇA

Capítulo I
DISPOSIÇÕES GERAIS

Art. 171. Transitada em julgado a sentença que aplicar medida de segurança, será ordenada a expedição de guia para a execução.

Art. 172. Ninguém será internado em Hospital de Custódia e Tratamento Psiquiátrico, ou submetido a tratamento ambulatorial, para cumprimento de medida de segurança, sem a guia expedida pela autoridade judiciária.

Art. 173. A guia de internamento ou de tratamento ambulatorial, extraída pelo escrivão, que a rubricará em todas as folhas e a subscreverá com o juiz, será remetida à autoridade administrativa incumbida da execução e conterá:

I – a qualificação do agente e o número do registro geral do órgão oficial de identificação;

II – o inteiro teor da denúncia e da sentença que tiver aplicado a medida de segurança, bem como a certidão do trânsito em julgado;

III – a data em que terminará o prazo mínimo de internação, ou do tratamento ambulatorial;

IV – outras peças do processo reputadas indispensáveis ao adequado tratamento ou internamento.

§ 1.º Ao Ministério Público será dada ciência da guia de recolhimento e de sujeição a tratamento.

§ 2.º A guia será retificada sempre que sobrevier modificação quanto ao prazo de execução.

Art. 174. Aplicar-se-á, na execução da medida de segurança, naquilo que couber, o disposto nos arts. 8.º e 9.º desta Lei.

Capítulo II
DA CESSAÇÃO DA PERICULOSIDADE

Art. 175. A cessação da periculosidade será averiguada no fim do prazo mínimo de duração da medida de segurança, pelo exame das condições pessoais do agente, observando-se o seguinte:

I – a autoridade administrativa, até 1 (um) mês antes de expirar o prazo de duração mínima da medida, remeterá ao juiz minucioso relatório que o habilite a resolver sobre a revogação ou permanência da medida;

II – o relatório será instruído com o laudo psiquiátrico;

III – juntado aos autos o relatório ou realizadas as diligências, serão ouvidos, sucessivamente, o Ministério Público e o curador ou defensor, no prazo de 3 (três) dias para cada um;

IV – o juiz nomeará curador ou defensor para o agente que não o tiver;

V – o juiz, de ofício ou a requerimento de qualquer das partes, poderá determinar novas diligências, ainda que expirado o prazo de duração mínima da medida de segurança;

VI – ouvidas as partes ou realizadas as diligências a que se refere o inciso anterior, o juiz proferirá a sua decisão, no prazo de 5 (cinco) dias.

Art. 176. Em qualquer tempo, ainda no decorrer do prazo mínimo de duração da medida de segurança, poderá o juiz da execução, diante de requerimento fundamentado do Ministério Público ou do interessado, seu procurador ou defensor, ordenar o exame para que se verifique a cessação da periculosidade, procedendo-se nos termos do artigo anterior.

Art. 177. Nos exames sucessivos para verificar-se a cessação da periculosidade, observar-se-á, no que lhes for aplicável, o disposto no artigo anterior.

Art. 178. Nas hipóteses de desinternação ou de liberação (art. 97, § 3.º, do Código Penal), aplicar-se-á o disposto nos arts. 132 e 133 desta Lei.

•• *Vide* art. 97 do CP, que consta neste volume.

Art. 179. Transitada em julgado a sentença, o juiz expedirá ordem para a desinternação ou a liberação.

Título VII
DOS INCIDENTES DE EXECUÇÃO

Capítulo I
DAS CONVERSÕES

Art. 180. A pena privativa de liberdade, não superior a 2 (dois) anos, poderá ser convertida em restritiva de direitos, desde que:

I – o condenado a esteja cumprindo em regime aberto;

II – tenha sido cumprido pelo menos um quarto da pena;

III – os antecedentes e a personalidade do condenado indiquem ser a conversão recomendável.

Art. 181. A pena restritiva de direitos será convertida em privativa de liberdade nas hipóteses e na forma do art. 45 e seus incisos do Código Penal.

•• Com o advento da Lei n. 9.714, de 25-11-1998, a referência é ao art. 44, § 4.º, do CP, presente nesta obra.

§ 1.º A pena de prestação de serviços à comunidade será convertida quando o condenado:

a) não for encontrado por estar em lugar incerto e não sabido, ou desatender a intimação por edital;

b) não comparecer, injustificadamente, à entidade ou programa em que deva prestar serviço;

c) recusar-se, injustificadamente, a prestar o serviço que lhe foi imposto;

d) praticar falta grave;

e) sofrer condenação por outro crime à pena privativa de liberdade, cuja execução não tenha sido suspensa.

§ 2.º A pena de limitação de fim de semana será convertida quando o condenado não comparecer ao estabelecimento designado para o cumprimento da pena, recusar-se a exercer a atividade determinada pelo juiz ou se ocorrer qualquer das hipóteses das letras *a, d* e *e* do § 1.º deste artigo.

§ 3.º A pena de interdição temporária de direitos será convertida quando o condenado exercer, injustificadamente, o direito interditado ou se ocorrer qualquer das hipóteses das letras *a* e *e* do § 1.º deste artigo.

Art. 182. (*Revogado pela Lei n. 9.268, de 1.º-4-1996.*)

Art. 183. Quando, no curso da execução da pena privativa de liberdade, sobrevier doença mental ou perturbação da saúde mental, o Juiz, de ofício, a requerimento do Ministério Público, da Defensoria

Pública ou da autoridade administrativa, poderá determinar a substituição da pena por medida de segurança.

•• Artigo com redação determinada pela Lei n. 12.313, de 19-8-2010.

Art. 184. O tratamento ambulatorial poderá ser convertido em internação se o agente revelar incompatibilidade com a medida.

Parágrafo único. Nesta hipótese, o prazo mínimo de internação será de 1 (um) ano.

Capítulo II
DO EXCESSO OU DESVIO

Art. 185. Haverá excesso ou desvio de execução sempre que algum ato for praticado além dos limites fixados na sentença, em normas legais ou regulamentares.

Art. 186. Podem suscitar o incidente de excesso ou desvio de execução:

I – o Ministério Público;

II – o Conselho Penitenciário;

III – o sentenciado;

IV – qualquer dos demais órgãos da execução penal.

Capítulo III
DA ANISTIA E DO INDULTO

Art. 187. Concedida a anistia, o juiz, de ofício, a requerimento do interessado ou do Ministério Público, por proposta da autoridade administrativa ou do Conselho Penitenciário, declarará extinta a punibilidade.

Art. 188. O indulto individual poderá ser provocado por petição do condenado, por iniciativa do Ministério Público, do Conselho Penitenciário, ou da autoridade administrativa.

Art. 189. A petição do indulto, acompanhada dos documentos que a instruírem, será entregue ao Conselho Penitenciário, para a elaboração de parecer e posterior encaminhamento ao Ministério da Justiça.

Art. 190. O Conselho Penitenciário, à vista dos autos do processo e do prontuário, promoverá as diligências que entender necessárias e fará, em relatório, a narração do ilícito penal e dos fundamentos da sentença condenatória, a exposição dos antecedentes do condenado e do procedimento deste depois da prisão, emitindo seu parecer sobre o mérito do pedido e esclarecendo qualquer formalidade ou circunstâncias omitidas na petição.

Art. 191. Processada no Ministério da Justiça com documentos e o relatório do Conselho Penitenciário, a petição será submetida a despacho do Presidente da República, a quem serão presentes os autos do processo ou a certidão de qualquer de suas peças, se ele o determinar.

Art. 192. Concedido o indulto e anexada aos autos cópia do decreto, o juiz declarará extinta a pena ou ajustará a execução aos termos do decreto, no caso de comutação.

Art. 193. Se o sentenciado for beneficiado por indulto coletivo, o juiz, de ofício, a requerimento do interessado, do Ministério Público, ou por iniciativa do Conselho Penitenciário ou da autoridade administrativa, providenciará de acordo com o disposto no artigo anterior.

Título VIII
DO PROCEDIMENTO JUDICIAL

Art. 194. O procedimento correspondente às situações previstas nesta Lei será judicial, desenvolvendo-se perante o Juízo da Execução.

•• *Vide* Súmula 192 do STJ.

Art. 195. O procedimento judicial iniciar-se-á de ofício, a requerimento do Ministério Público, do interessado, de quem o represente, de seu cônjuge, parente ou descendente, mediante proposta do Conselho Penitenciário, ou, ainda, da autoridade administrativa.

Art. 196. A portaria ou petição será autuada ouvindo-se, em 3 (três) dias, o condenado e o Ministério Público, quando não figurem como requerentes da medida.

§ 1.º Sendo desnecessária a produção de prova, o juiz decidirá de plano, em igual prazo.

§ 2.º Entendendo indispensável a realização de prova pericial ou oral, o juiz a ordenará, decidindo após a produção daquela ou na audiência designada.

Art. 197. Das decisões proferidas pelo juiz caberá recurso de agravo, sem efeito suspensivo.

Título IX
DAS DISPOSIÇÕES FINAIS E TRANSITÓRIAS

Art. 198. É defesa ao integrante dos órgãos da execução penal, e ao servidor, a divulgação de ocorrência que perturbe a segurança e a disciplina dos estabelecimentos, bem como exponha o preso a inconveniente notoriedade, durante o cumprimento da pena.

Art. 199. O emprego de algemas será disciplinado por decreto federal.
•• *Vide* arts. 1.º, III, e 5.º, III, X e XLIX da CF.
•• *Vide* Súmula Vinculante 11 do STF.
•• Artigo regulamentado pelo Decreto n. 8.858, de 26-9-2016.

Art. 200. O condenado por crime político não está obrigado ao trabalho.

Art. 201. Na falta de estabelecimento adequado, o cumprimento da prisão civil e da prisão administrativa se efetivará em seção especial da Cadeia Pública.

Art. 202. Cumprida ou extinta a pena, não constarão da folha corrida, atestados ou certidões fornecidas por autoridade policial ou por auxiliares da Justiça, qualquer notícia ou referência à condenação, salvo para instruir processo pela prática de nova infração penal ou outros casos expressos em lei.

Art. 203. No prazo de 6 (seis) meses, a contar da publicação desta Lei, serão editadas as normas complementares ou regulamentares, necessárias à eficácia dos dispositivos não autoaplicáveis.

§ 1.º Dentro do mesmo prazo deverão as unidades federativas, em convênio com o Ministério da Justiça, projetar a adaptação, construção e equipamento de estabelecimentos e serviços penais previstos nesta Lei.

§ 2.º Também, no mesmo prazo, deverá ser providenciada a aquisição ou desapropriação de prédios para instalação de casas de albergados.

§ 3.º O prazo a que se refere o *caput* deste artigo poderá ser ampliado, por ato do Conselho Nacional de Política Criminal e Penitenciária, mediante justificada solicitação, instruída com os projetos de reforma ou de construção de estabelecimentos.

§ 4.º O descumprimento injustificado dos deveres estabelecidos para as unidades federativas implicará na suspensão de qualquer ajuda financeira a elas destinada pela União, para atender às despesas de execução das penas e medidas de segurança.

Art. 204. Esta Lei entra em vigor concomitantemente com a lei de reforma da Parte Geral do Código Penal, revogadas as disposições em contrário, especialmente a Lei n. 3.274, de 2 de outubro de 1957.

Brasília, em 11 de julho de 1984; 163.º da Independência e 96.º da República.

João Figueiredo

LEI N. 7.492, DE 16 DE JUNHO DE 1986 (*)

Define os crimes contra o sistema financeiro nacional e dá outras providências.

O Presidente da República

Faço saber que o Congresso Nacional decreta e eu sanciono a seguinte Lei:

Art. 1.º Considera-se instituição financeira, para efeito desta Lei, a pessoa jurídica de direito público ou privado, que tenha como atividade principal ou acessória, cumulativamente ou não, a captação, intermediação ou aplicação de recursos financeiros (VETADO) de terceiros, em moeda nacional ou estrangeira, ou a custódia, emissão, distribuição, negociação, intermediação ou administração de valores mobiliários.

Parágrafo único. Equipara-se à instituição financeira:

I – a pessoa jurídica que capte ou administre seguros, câmbio, consórcio, capitalização ou qualquer tipo de poupança, ou recursos de terceiros;

I-A – a pessoa jurídica que ofereça serviços referentes a operações com ativos virtuais, inclusive intermediação, negociação ou custódia;
•• Inciso I-A acrescentado pela Lei n. 14.478, de 21-12-2022.

II – a pessoa natural que exerça quaisquer das atividades referidas neste artigo, ainda que de forma eventual.

DOS CRIMES CONTRA O SISTEMA FINANCEIRO NACIONAL

Art. 2.º Imprimir, reproduzir ou, de qualquer modo, fabricar ou pôr em circulação, sem autorização escrita da sociedade emissora, certificado, cautela ou outro documento representativo de título ou valor mobiliário:

Pena – Reclusão, de 2 (dois) a 8 (oito) anos, e multa.

Parágrafo único. Incorre na mesma pena quem imprime, fabrica, divulga, distribui ou faz distribuir

---

(*) Publicada no *DOU*, de 18-6-1986. Prisão temporária por casos de crimes contra o sistema financeiro: Lei n. 7.960, de 21-12-1989.

Crimes contra o Sistema Financeiro — Lei n. 7.492, de 16-6-1986

prospecto ou material de propaganda relativo aos papéis referidos neste artigo.

Art. 3.º Divulgar informação falsa ou prejudicialmente incompleta sobre instituição financeira:

Pena – Reclusão, de 2 (dois) a 6 (seis) anos, e multa.

Art. 4.º Gerir fraudulentamente instituição financeira:

Pena – Reclusão, de 3 (três) a 12 (doze) anos, e multa.

Parágrafo único. Se a gestão é temerária:

Pena – Reclusão, de 2 (dois) a 8 (oito) anos, e multa.

Art. 5.º Apropriar-se, quaisquer das pessoas mencionadas no art. 25 desta Lei, de dinheiro, título, valor ou qualquer outro bem móvel de que tem a posse, ou desviá-lo em proveito próprio ou alheio:

Pena – Reclusão, de 2 (dois) a 6 (seis) anos, e multa.

Parágrafo único. Incorre na mesma pena qualquer das pessoas mencionadas no art. 25 desta Lei, que negociar direito, título ou qualquer outro bem móvel ou imóvel de que tem a posse, sem autorização de quem de direito.

Art. 6.º Induzir ou manter em erro, sócio, investidor ou repartição pública competente, relativamente a operação ou situação financeira, sonegando-lhe informação ou prestando-a falsamente:

Pena – Reclusão, de 2 (dois) a 6 (seis) anos, e multa.

Art. 7.º Emitir, oferecer ou negociar, de qualquer modo, títulos ou valores mobiliários:

I – falsos ou falsificados;

II – sem registro prévio de emissão junto à autoridade competente, em condições divergentes das constantes do registro ou irregularmente registrados;

III – sem lastro ou garantia suficientes, nos termos da legislação;

IV – sem autorização prévia da autoridade competente, quando legalmente exigida.

Pena – Reclusão, de 2 (dois) a 8 (oito) anos, e multa.

Art. 8.º Exigir, em desacordo com a legislação (*vetado*), juro, comissão ou qualquer tipo de remuneração sobre operação de crédito ou de seguro, administração de fundo mútuo ou fiscal ou de consórcio, serviço de corretagem ou distribuição de títulos ou valores mobiliários:

Pena – Reclusão, de 1 (um) a 4 (quatro) anos, e multa.

Art. 9.º Fraudar a fiscalização ou o investidor, inserindo ou fazendo inserir, em documento comprobatório de investimento em títulos ou valores mobiliários, declaração falsa ou diversa da que dele deveria constar:

Pena – Reclusão, de 1 (um) a 5 (cinco) anos, e multa.

Art. 10. Fazer inserir elemento falso ou omitir elemento exigido pela legislação, em demonstrativos contábeis de instituição financeira, seguradora ou instituição integrante do sistema de distribuição de títulos de valores mobiliários:

Pena – Reclusão, de 1 (um) a 5 (cinco) anos, e multa.

Art. 11. Manter ou movimentar recurso ou valor paralelamente à contabilidade exigida pela legislação:

Pena – Reclusão, de 1 (um) a 5 (cinco) anos, e multa.

Art. 12. Deixar, o ex-administrador de instituição financeira, de apresentar, ao interventor, liquidante, ou síndico, nos prazos e condições estabelecidas em lei as informações, declarações ou documentos de sua responsabilidade:

Pena – Reclusão, de 1 (um) a 4 (quatro) anos, e multa.

Art. 13. Desviar (*vetado*) bem alcançado pela indisponibilidade legal resultante de intervenção, liquidação extrajudicial ou da falência de instituição financeira:

Pena – Reclusão, de 2 (dois) a 6 (seis) anos, e multa.

Parágrafo único. Na mesma pena incorre o interventor, o liquidante ou o síndico que se apropriar de bem abrangido pelo *caput* deste artigo, ou desviá-lo em proveito próprio ou alheio.

Art. 14. Apresentar, em liquidação extrajudicial, ou em falência de instituição financeira, declaração de crédito ou reclamação falsa, ou juntar a elas título falso ou simulado:

Pena – Reclusão, de 2 (dois) a 8 (oito) anos, e multa.

Parágrafo único. Na mesma pena incorre o ex-administrador ou falido que reconhecer, como verdadeiro, crédito que não o seja.

Art. 15. Manifestar-se falsamente o interventor, o liquidante ou o síndico (*vetado*) a respeito de assunto relativo a intervenção, liquidação extrajudicial ou falência de instituição financeira:

Pena – Reclusão, de 2 (dois) a 8 (oito) anos, e multa.

Art. 16. Fazer operar, sem a devida autorização, ou com autorização obtida mediante declaração (*vetado*) falsa, instituição financeira, inclusive de distribuição de valores mobiliários ou de câmbio:

Pena – Reclusão, de 1 (um) a 4 (quatro) anos, e multa.

Art. 17. Tomar ou receber crédito, na qualidade de qualquer das pessoas mencionadas no art. 25, ou deferir operações de crédito vedadas, observado o disposto no art. 34 da Lei n. 4.595, de 31 de dezembro de 1964:

•• *Caput* com redação determinada pela Lei n. 13.506, de 13-11-2017.

Pena – Reclusão, de 2 (dois) a 6 (seis) anos, e multa.

Parágrafo único. Incorre na mesma pena quem:

I – em nome próprio, como controlador ou na condição de administrador da sociedade, conceder ou receber adiantamento de honorários, remuneração, salário ou qualquer outro pagamento, nas condições referidas neste artigo;

II – de forma disfarçada, promover a distribuição ou receber lucros de instituição financeira.

Art. 18. Violar sigilo de operação ou de serviço prestado por instituição financeira ou integrante do sistema de distribuição de títulos mobiliários de que tenha conhecimento, em razão de ofício:

Pena – Reclusão, de 1 (um) a 4 (quatro) anos, e multa.

Art. 19. Obter, mediante fraude, financiamento em instituição financeira:

Pena – Reclusão, de 2 (dois) a 6 (seis) anos, e multa.

Parágrafo único. A pena é aumentada de 1/3 (um terço) se o crime é cometido em detrimento de instituição financeira oficial ou por ela credenciada para o repasse de financiamento.

Art. 20. Aplicar, em finalidade diversa da prevista em lei ou contrato, recursos provenientes de financiamento concedido por instituição financeira oficial ou por instituição credenciada para repassá-lo:

Pena – Reclusão, de 2 (dois) a 6 (seis) anos, e multa.

Art. 21. Atribuir-se, ou atribuir a terceiro, falsa identidade, para realização de operação de câmbio:

Pena – Detenção, de 1 (um) a 4 (quatro) anos, e multa.

Parágrafo único. Incorre na mesma pena quem, para o mesmo fim, sonega informação que devia prestar ou presta informação falsa.

Art. 22. Efetuar operação de câmbio não autorizada, com o fim de promover evasão de divisas do País:

Pena – Reclusão, de 2 (dois) a 6 (seis) anos, e multa.

Parágrafo único. Incorre na mesma pena quem, a qualquer título, promove, sem autorização legal, a saída de moeda ou divisa para o exterior, ou nele mantiver depósitos não declarados à repartição federal competente.

Art. 23. Omitir, retardar ou praticar, o funcionário público, contra disposição expressa de lei, ato de ofício necessário ao regular funcionamento do sistema financeiro nacional, bem como a preservação dos interesses e valores da ordem econômico-financeira:

Pena – Reclusão, de 1 (um) a 4 (quatro) anos, e multa.

Art. 24. (*Vetado*.)

DA APLICAÇÃO E DO PROCEDIMENTO CRIMINAL

Art. 25. São penalmente responsáveis, nos termos desta Lei, o controlador e os administradores de instituição financeira, assim considerados os diretores, gerentes (*vetado*).

§ 1.º Equiparam-se aos administradores de instituição financeira (*vetado*) o interventor, o liquidante ou o síndico.

•• Primitivo parágrafo único renumerado pela Lei n. 9.080, de 19-7-1995.

§ 2.º Nos crimes previstos nesta Lei, cometidos em quadrilha ou coautoria, o coautor ou partícipe que através de confissão espontânea revelar à autoridade policial ou judicial toda a trama delituosa terá a sua pena reduzida de 1 (um) a 2/3 (dois terços).

•• § 2.º acrescentado pela Lei n. 9.080, de 19-7-1995.

Art. 26. A ação penal, nos crimes previstos nesta Lei, será promovida pelo Ministério Público Federal, perante a Justiça Federal.

Parágrafo único. Sem prejuízo do disposto no art. 268 do Código de Processo Penal, aprovado pelo Decreto-lei n. 3.689, de 3 de outubro de 1941, será admitida a assistência da Comissão de Valores Mobiliários – CVM, quando o crime tiver sido praticado no âmbito de atividade sujeita à disciplina e à fiscalização dessa Autarquia, e do Banco Central do Brasil quando, fora daquela hipótese, houver sido cometido na órbita de atividade sujeita a sua disciplina e fiscalização.

Art. 27. Quando a denúncia não for intentada no prazo legal, o ofendido poderá representar ao Procurador-Geral da República, para que este a ofereça, designe outro órgão do Ministério Público para oferecê-la ou determine o arquivamento das peças de informação recebidas.

Art. 28. Quando, no exercício de suas atribuições legais, o Banco Central do Brasil ou a Comissão de Valores Mobiliários – CVM, verificar a ocorrência de crime previsto nesta Lei, disso deverá informar ao Ministério Público Federal, enviando-lhe os documentos necessários à comprovação do fato.

Parágrafo único. A conduta de que trata este artigo será observada pelo interventor, liquidante ou síndico que, no curso de intervenção, liquidação extrajudicial ou falência, verificar a ocorrência de crime de que trata esta Lei.

Art. 29. O órgão do Ministério Público Federal, sempre que julgar necessário, poderá requisitar, a qualquer autoridade, informação, documento ou diligência relativa à prova dos crimes previstos nesta Lei.

Parágrafo único. O sigilo dos serviços e operações financeiras não pode ser invocado como óbice ao atendimento da requisição prevista no *caput* deste artigo.

Art. 30. Sem prejuízo do disposto no art. 312 do Código de Processo Penal, aprovado pelo Decreto-lei n. 3.689, de 3 de outubro de 1941, a prisão preventiva do acusado da prática de crime previsto nesta Lei poderá ser decretada em razão da magnitude da lesão causada (*vetado*).

Art. 31. Nos crimes previstos nesta Lei e punidos com pena de reclusão, o réu não poderá prestar fiança, nem apelar antes de ser recolhido à prisão, ainda que primário e de bons antecedentes, se estiver configurada situação que autoriza a prisão preventiva.

Art. 32. (*Vetado.*)

Art. 33. Na fixação da pena de multa relativa aos crimes previstos nesta Lei, o limite a que se refere o § 1.º do art. 49 do Código Penal, aprovado pelo Decreto-lei n. 2.848, de 7 de dezembro de 1940, pode ser estendido até o décuplo, se verificada a situação nele cogitada.

Art. 34. Esta Lei entra em vigor na data de sua publicação.

Art. 35. Revogam-se as disposições em contrário.

Brasília, em 16 de junho de 1986; 165.º da Independência e 98.º da República.

JOSÉ SARNEY

LEI N. 7.716, DE 5 DE JANEIRO DE 1989 (*)

Define os crimes resultantes de preconceitos de raça ou de cor.

O Presidente da República

Faço saber que o Congresso Nacional decreta e eu sanciono a seguinte Lei:

Art. 1.º Serão punidos, na forma desta Lei, os crimes resultantes de discriminação ou preconceito de raça, cor, etnia, religião ou procedência nacional.

•• Artigo com redação determinada pela Lei n. 9.459, de 13-5-1997.

•• O STF, na ADI por Omissão n. 26, de 13-6-2019 (*DOU* de 1.º-7-2019), decidiu "dar interpretação conforme à Constituição, em face dos mandatos constitucionais de incriminação inscritos nos incisos XLI e XLII do art. 5.º da Carta Política, para enquadrar a homofobia e a transfobia, qualquer que seja a forma de sua manifestação, nos diversos tipos penais definidos na Lei n. 7.716/89", e declarou que os efeitos "somente se aplicarão a partir da data" do julgamento.

•• O Decreto n. 10.932, de 10-1-2022, promulga a Convenção Interamericana contra o Racismo, a Discriminação Racial e Formas Correlatas de Intolerância.

Art. 2.º (*Vetado.*)

Art. 2.º-A. Injuriar alguém, ofendendo-lhe a dignidade ou o decoro, em razão de raça, cor, etnia ou procedência nacional.

Pena – reclusão, de 2 (dois) a 5 (cinco) anos, e multa.

•• *Caput* acrescentado pela Lei n. 14.532, de 11-1-2023.

Parágrafo único. A pena é aumentada de metade se o crime for cometido mediante concurso de 2 (duas) ou mais pessoas.

•• Parágrafo único acrescentado pela Lei n. 14.532, de 11-1-2023.

Art. 3.º Impedir ou obstar o acesso de alguém, devidamente habilitado, a qualquer cargo da Administração Direta ou Indireta, bem como das concessionárias de serviços públicos:

(*) Publicada no *DOU*, de 6, e retificada em 9-1-1989.

Pena – reclusão de 2 (dois) a 5 (cinco) anos.
Parágrafo único. Incorre na mesma pena quem, por motivo de discriminação de raça, cor, etnia, religião ou procedência nacional, obstar a promoção funcional.
•• Parágrafo único acrescentado pela Lei n. 12.288, de 20-7-2010.

Art. 4.º Negar ou obstar emprego em empresa privada.
Pena – reclusão de 2 (dois) a 5 (cinco) anos.
§ 1.º Incorre na mesma pena quem, por motivo de discriminação de raça ou de cor ou práticas resultantes do preconceito de descendência ou origem nacional ou étnica:
•• § 1.º, *caput*, acrescentado pela Lei n. 12.288, de 20-7-2010.

I – deixar de conceder os equipamentos necessários ao empregado em igualdade de condições com os demais trabalhadores;
•• Inciso I acrescentado pela Lei n. 12.288, de 20-7-2010.

II – impedir a ascensão funcional do empregado ou obstar outra forma de benefício profissional;
•• Inciso II acrescentado pela Lei n. 12.288, de 20-7-2010.

III – proporcionar ao empregado tratamento diferenciado no ambiente de trabalho, especialmente quanto ao salário.
•• Inciso III acrescentado pela Lei n. 12.288, de 20-7-2010.

§ 2.º Ficará sujeito às penas de multa e de prestação de serviços à comunidade, incluindo atividades de promoção da igualdade racial, quem, em anúncios ou qualquer outra forma de recrutamento de trabalhadores, exigir aspectos de aparência próprios de raça ou etnia para emprego cujas atividades não justifiquem essas exigências.
•• § 2.º acrescentado pela Lei n. 12.288, de 20-7-2010.

Art. 5.º Recusar ou impedir acesso a estabelecimento comercial, negando-se a servir, atender ou receber cliente ou comprador:
Pena – reclusão de 1 (um) a 3 (três) anos.

Art. 6.º Recusar, negar ou impedir a inscrição ou ingresso de aluno em estabelecimento de ensino público ou privado de qualquer grau:
Pena – reclusão de 3 (três) a 5 (cinco) anos.
Parágrafo único. Se o crime for praticado contra menor de 18 (dezoito) anos a pena é agravada de 1/3 (um terço).

Art. 7.º Impedir o acesso ou recusar hospedagem em hotel, pensão, estalagem, ou qualquer estabelecimento similar:
Pena – reclusão de 3 (três) a 5 (cinco) anos.

Art. 8.º Impedir o acesso ou recusar atendimento em restaurantes, bares, confeitarias, ou locais semelhantes abertos ao público:
Pena – reclusão de 1 (um) a 3 (três) anos.

Art. 9.º Impedir o acesso ou recusar atendimento em estabelecimentos esportivos, casas de diversões, ou clubes sociais abertos ao público:
Pena – reclusão de 1 (um) a 3 (três) anos.

Art. 10. Impedir o acesso ou recusar atendimento em salões de cabeleireiros, barbearias, termas ou casas de massagem ou estabelecimentos com as mesmas finalidades:
Pena – reclusão de 1 (um) a 3 (três) anos.

Art. 11. Impedir o acesso às entradas sociais em edifícios públicos ou residenciais e elevadores ou escada de acesso aos mesmos:
Pena – reclusão de 1 (um) a 3 (três) anos.

Art. 12. Impedir o acesso ou uso de transportes públicos, como aviões, navios, barcas, barcos, ônibus, trens, metrô ou qualquer outro meio de transporte concedido:
Pena – reclusão de 1 (um) a 3 (três) anos.

Art. 13. Impedir ou obstar o acesso de alguém ao serviço em qualquer ramo das Forças Armadas:
Pena – reclusão de 2 (dois) a 4 (quatro) anos.

Art. 14. Impedir ou obstar, por qualquer meio ou forma, o casamento ou convivência familiar e social:
Pena – reclusão de 2 (dois) a 4 (quatro) anos.

Art. 15. (*Vetado.*)

Art. 16. Constitui efeito da condenação a perda do cargo ou função pública, para o servidor público, e a suspensão do funcionamento do estabelecimento particular por prazo não superior a 3 (três) meses.

Art. 17. (*Vetado.*)

Art. 18. Os efeitos de que tratam os arts. 16 e 17 desta Lei não são automáticos, devendo ser motivadamente declarados na sentença.

Art. 19. (*Vetado.*)

Art. 20. Praticar, induzir ou incitar a discriminação ou preconceito de raça, cor, etnia, religião ou procedência nacional:

Crimes de Preconceito — Lei n. 7.716, de 5-1-1989

Pena – reclusão de 1 (um) a 3 (três) anos e multa.
•• *Caput* com redação determinada pela Lei n. 9.459, de 13-5-1997.

§ 1.º Fabricar, comercializar, distribuir ou veicular símbolos, emblemas, ornamentos, distintivos, propaganda que utilizem a cruz suástica ou gamada, para fins de divulgação do nazismo:
Pena – reclusão de 2 (dois) a 5 (cinco) anos e multa.
•• § 1.º com redação determinada pela Lei n. 9.459, de 13-5-1997.

§ 2.º e qualquer dos crimes previstos neste artigo for cometido por intermédio dos meios de comunicação social, de publicação em redes sociais, da rede mundial de computadores ou de publicação de qualquer natureza:
•• § 2.º com redação determinada pela Lei n. 14.532, de 11-1-2023.
Pena – reclusão de 2 (dois) a 5 (cinco) anos e multa.
•• Pena com redação determinada pela Lei n. 9.459, de 13-5-1997.

§ 2.º-A. e qualquer dos crimes previstos neste artigo for cometido no contexto de atividades esportivas, religiosas, artísticas ou culturais destinadas ao público:
Pena – reclusão, de 2 (dois) a 5 (cinco) anos, e proibição de frequência, por 3 (três) anos, a locais destinados a práticas esportivas, artísticas ou culturais destinadas ao público, conforme o caso.
•• § 2.º-A acrescentado pela Lei n. 14.532, de 11-1-2023.

§ 2.º-B. Sem prejuízo da pena correspondente à violência, incorre nas mesmas penas previstas no *caput* deste artigo quem obstar, impedir ou empregar violência contra quaisquer manifestações ou práticas religiosas.
•• § 2.º-B acrescentado pela Lei n. 14.532, de 11-1-2023.

§ 3.º No caso do § 2.º deste artigo, o juiz poderá determinar, ouvido o Ministério Público ou a pedido deste, ainda antes do inquérito policial, sob pena de desobediência:
•• § 3.º, *caput*, com redação determinada pela Lei n. 14.532, de 11-1-2023.

I – o recolhimento imediato ou a busca e apreensão dos exemplares do material respectivo;
•• Inciso I com redação determinada pela Lei n. 9.459, de 13-5-1997.

II – a cessação das respectivas transmissões radiofônicas, televisivas, eletrônicas ou da publicação por qualquer meio;
•• Inciso II com redação determinada pela Lei n. 12.735, de 30-11-2012, em vigor 120 dias após a publicação (*DOU* de 3-12-2012).

III – a interdição das respectivas mensagens ou páginas de informação na rede mundial de computadores.
•• Inciso III acrescentado pela Lei n. 12.288, de 20-7-2010.

§ 4.º Na hipótese do § 2.º, constitui efeito de condenação, após o trânsito em julgado da decisão, a destruição do material apreendido.
•• § 4.º com redação determinada pela Lei n. 9.459, de 13-5-1997.

Art. 20-A. Os crimes previstos nesta Lei terão as penas aumentadas de 1/3 (um terço) até a metade, quando ocorrerem em contexto ou com intuito de descontração, diversão ou recreação.
•• Artigo acrescentado pela Lei n. 14.532, de 11-1-2023.

Art. 20-B. Os crimes previstos nos arts. 2.º-A e 20 desta Lei terão as penas aumentadas de 1/3 (um terço) até a metade, quando praticados por funcionário público, conforme definição prevista no Decreto-lei n. 2.848, de 7 de dezembro de 1940 (Código Penal), no exercício de suas funções ou a pretexto de exercê-las.
•• Artigo acrescentado pela Lei n. 14.532, de 11-1-2023.

Art. 20-C. Na interpretação desta Lei, o juiz deve considerar como discriminatória qualquer atitude ou tratamento dado à pessoa ou a grupos minoritários que cause constrangimento, humilhação, vergonha, medo ou exposição indevida, e que usualmente não se dispensaria a outros grupos em razão da cor, etnia, religião ou procedência.
•• Artigo acrescentado pela Lei n. 14.532, de 11-1-2023.

Art. 20-D. Em todos os atos processuais, cíveis e criminais, a vítima dos crimes de racismo deverá estar acompanhada de advogado ou defensor público.
•• Artigo acrescentado pela Lei n. 14.532, de 11-1-2023.

Art. 21. Esta Lei entra em vigor na data de sua publicação.

Art. 22. Revogam-se as disposições em contrário.
Brasília, 5 de janeiro de 1989; 168.º da Independência e 101.º da República.

José Sarney

LEI N. 7.960, DE 21 DE DEZEMBRO DE 1989 (*)

Dispõe sobre prisão temporária.

O Presidente da República

Faço saber que o Congresso Nacional decreta e eu sanciono a seguinte Lei:

Art. 1.º Caberá prisão temporária:

•• O STF, nas ADIs n. 3.360 e 4.109 nas sessões virtuais de 4-2-2022 a 11-2-2022 (*DOU* de 17-2-2022), julgou parcialmente procedente o pedido para "dar interpretação conforme a Constituição Federal a este artigo e fixar o entendimento de que a decretação de prisão temporária autoriza-se quando, cumulativamente: 1) for imprescindível para as investigações do inquérito policial (art. 1.º, I, da Lei n. 7.960/1989) (*periculum libertatis*), constatada a partir de elementos concretos, e não meras conjecturas, vedada a sua utilização como prisão para averiguações, em violação ao direito à não autoincriminação, ou quando fundada no mero fato de o representado não possuir residência fixa (inciso II); 2) houver fundadas razões de autoria ou participação do indiciado nos crimes previstos no art. 1.º, III, Lei 7.960/1989 (*fumus comissi delicti*), vedada a analogia ou a interpretação extensiva do rol previsto no dispositivo; 3) for justificada em fatos novos ou contemporâneos que fundamentem a medida (art. 312, § 2.º, CPP); 4) a medida for adequada à gravidade concreta do crime, às circunstâncias do fato e às condições pessoais do indiciado (art. 282, II, CPP); 5) não for suficiente a imposição de medidas cautelares diversas, previstas nos arts. 319 e 320 do CPP (art. 282, § 6.º, CPP)".

I – quando imprescindível para as investigações do inquérito policial;

II – quando o indiciado não tiver residência fixa ou não fornecer elementos necessários ao esclarecimento de sua identidade;

III – quando houver fundadas razões, de acordo com qualquer prova admitida na legislação penal, de autoria ou participação do indiciado nos seguintes crimes:

a) homicídio doloso (art. 121, *caput*, e seu § 2.º);

b) sequestro ou cárcere privado (art. 148, *caput*, e seus §§ 1.º e 2.º);

c) roubo (art. 157, *caput*, e seus §§ 1.º, 2.º e 3.º);

d) extorsão (art. 158, *caput*, e seus §§ 1.º e 2.º);

e) extorsão mediante sequestro (art. 159, *caput*, e seus §§ 1.º, 2.º e 3.º);

f) estupro (art. 213, *caput*, e sua combinação com o art. 223, *caput*, e parágrafo único);

•• A Lei n. 12.015, de 7-8-2009, alterou a redação do art. 213 e revogou o art. 223 do CP.

g) atentado violento ao pudor (art. 214, *caput*, e sua combinação com o art. 223, *caput*, e parágrafo único);

•• A Lei n. 12.015, de 7-8-2009, revogou os arts. 214 e 223 do CP, passando a matéria a ser tratada pelo art. 213.

h) rapto violento (art. 219, e sua combinação com o art. 223, *caput*, e parágrafo único);

•• Os arts. 219 e 223 do CP foram revogados, respectivamente, pelas Leis n. 11.106, de 28-3-2005, e n. 12.015, de 7-8-2009.

i) epidemia com resultado de morte (art. 267, § 1.º);

j) envenenamento de água potável ou substância alimentícia ou medicinal qualificado pela morte (art. 270, *caput*, combinado com o art. 285);

l) quadrilha ou bando (art. 288), todos do Código Penal;

m) genocídio (arts. 1.º, 2.º e 3.º da Lei n. 2.889, de 1.º de outubro de 1956), em qualquer de suas formas típicas;

n) tráfico de drogas (art. 12 da Lei n. 6.368, de 21 de outubro de 1976);

•• A Lei n. 6.368, de 21-10-1976, foi revogada pela Lei n. 11.343, de 23-8-2006, que dispõe sobre a matéria no art. 33.

o) crimes contra o sistema financeiro (Lei n. 7.492, de 16 de junho de 1986);

p) crimes previstos na Lei de Terrorismo.

•• Alínea *p* acrescentada pela Lei n. 13.260, de 16-3-2016.

Art. 2.º A prisão temporária será decretada pelo Juiz, em face da representação da autoridade policial ou de requerimento do Ministério Público, e terá o prazo de 5 (cinco) dias, prorrogável por igual período em caso de extrema e comprovada necessidade.

§ 1.º Na hipótese de representação da autoridade policial, o Juiz, antes de decidir, ouvirá o Ministério Público.

§ 2.º O despacho que decretar a prisão temporária deverá ser fundamentado e prolatado dentro do

---

(*) Publicada no *DOU*, de 22-12-1989. *Vide* art. 2.º, § 4.º, da Lei n. 8.072, de 25-7-1990 (crimes hediondos).

prazo de 24 (vinte e quatro) horas, contadas a partir do recebimento da representação ou do requerimento.

§ 3.º O Juiz poderá, de ofício, ou a requerimento do Ministério Público e do Advogado, determinar que o preso lhe seja apresentado, solicitar informações e esclarecimentos da autoridade policial e submetê-lo a exame de corpo de delito.

§ 4.º Decretada a prisão temporária, expedir-se-á mandado de prisão, em duas vias, uma das quais será entregue ao indiciado e servirá como nota de culpa.

§ 4.º-A. O mandado de prisão conterá necessariamente o período de duração da prisão temporária estabelecido no *caput* deste artigo, bem como o dia em que o preso deverá ser libertado.

•• § 4.º-A acrescentado pela Lei n. 13.869, de 5-9-2019.

§ 5.º A prisão somente poderá ser executada depois da expedição de mandado judicial.

§ 6.º Efetuada a prisão, a autoridade policial informará o preso dos direitos previstos no art. 5.º da Constituição Federal.

§ 7.º Decorrido o prazo contido no mandado de prisão, a autoridade responsável pela custódia deverá, independentemente de nova ordem da autoridade judicial, pôr imediatamente o preso em liberdade, salvo se já tiver sido comunicada da prorrogação da prisão temporária ou da decretação da prisão preventiva.

•• § 7.º com redação determinada pela Lei n. 13.869, de 5-9-2019.

§ 8.º Inclui-se o dia do cumprimento do mandado de prisão no cômputo do prazo de prisão temporária.

•• § 8.º acrescentado pela Lei n. 13.869, de 5-9-2019.

Art. 3.º Os presos temporários deverão permanecer, obrigatoriamente, separados dos demais detentos.

Art. 4.º O art. 4.º da Lei n. 4.898, de 9 de dezembro de 1965, fica acrescido da alínea *i*, com a seguinte redação:

•• A Lei n. 4.898, de 9-12-1965, foi revogada pela Lei n. 13.869, de 5-9-2019.

Art. 5.º Em todas as comarcas e seções judiciárias haverá um plantão permanente de 24 (vinte e quatro) horas do Poder Judiciário e do Ministério Público para apreciação dos pedidos de prisão temporária.

Art. 6.º Esta Lei entra em vigor na data de sua publicação.

Art. 7.º Revogam-se as disposições em contrário. Brasília, em 21 de dezembro de 1989; 168.º da Independência e 101.º da República.

José Sarney

LEI N. 8.038, DE 28 DE MAIO DE 1990 (*)

Institui normas procedimentais para os processos que especifica, perante o Superior Tribunal de Justiça e o Supremo Tribunal Federal.

O Presidente da República

Faço saber que o Congresso Nacional decreta e eu sanciono a seguinte Lei:

TÍTULO I
PROCESSOS DE COMPETÊNCIA ORIGINÁRIA

Capítulo I
AÇÃO PENAL ORIGINÁRIA

Art. 1.º Nos crimes de ação penal pública, o Ministério Público terá o prazo de 15 (quinze) dias para oferecer denúncia ou pedir arquivamento do inquérito ou das peças informativas.

§ 1.º Diligências complementares poderão ser deferidas pelo relator, com interrupção do prazo deste artigo.

§ 2.º Se o indiciado estiver preso:

a) o prazo para oferecimento da denúncia será de 5 (cinco) dias;

b) as diligências complementares não interromperão o prazo, salvo se o relator, ao deferi-las, determinar o relaxamento da prisão.

§ 3.º Não sendo o caso de arquivamento e tendo o investigado confessado formal e circunstanciadamente a prática de infração penal sem violência ou grave ameaça e com pena mínima inferior a 4 (quatro) anos, o Ministério Público poderá propor acordo de não persecução penal, desde que necessário e suficiente para a reprovação e prevenção do crime, nos termos

---

(*) Publicada no *DOU*, de 29-5-1990.

do art. 28-A do Decreto-lei n. 3.689, de 3 de outubro de 1941 (Código de Processo Penal).

•• § 3.º acrescentado pela Lei n. 13.964, de 24-12-2019.

Art. 2.º O relator, escolhido na forma regimental, será o juiz da instrução, que se realizará segundo o disposto neste capítulo, no Código de Processo Penal, no que for aplicável, e no Regimento Interno do Tribunal.

Parágrafo único. O relator terá as atribuições que a legislação processual confere aos juízes singulares.

Art. 3.º Compete ao relator:

I – determinar o arquivamento do inquérito ou de peças informativas, quando o requerer o Ministério Público, ou submeter o requerimento à decisão competente do Tribunal;

II – decretar a extinção da punibilidade, nos casos previstos em lei;

III – convocar desembargadores de Turmas Criminais dos Tribunais de Justiça ou dos Tribunais Regionais Federais, bem como juízes de varas criminais da Justiça dos Estados e da Justiça Federal, pelo prazo de 6 (seis) meses, prorrogável por igual período, até o máximo de 2 (dois) anos, para a realização do interrogatório e de outros atos da instrução, na sede do tribunal ou no local onde se deva produzir o ato.

•• Inciso III acrescentado pela Lei n. 12.019, de 21-8-2009.

•• A Emenda Regimental n. 36, de 2-12-2009, regulamenta a aplicação no âmbito do STF, do disposto neste inciso.

•• A Resolução n. 3, de 21-2-2014, do STJ, regulamenta a aplicação do disposto neste inciso no âmbito do Superior Tribunal de Justiça.

Art. 4.º Apresentada a denúncia ou a queixa ao Tribunal, far-se-á a notificação do acusado para oferecer resposta no prazo de 15 (quinze) dias.

§ 1.º Com a notificação, serão entregues ao acusado cópia da denúncia ou da queixa, do despacho do relator e dos documentos por este indicados.

§ 2.º Se desconhecido o paradeiro do acusado, ou se este criar dificuldades para que o oficial cumpra a diligência, proceder-se-á a sua notificação por edital, contendo o teor resumido da acusação, para que compareça ao Tribunal, em 5 (cinco) dias, onde terá vista dos autos pelo prazo de 15 (quinze) dias, a fim de apresentar a resposta prevista neste artigo.

Art. 5.º Se, com a resposta, forem apresentados novos documentos, será intimada a parte contrária para sobre eles se manifestar, no prazo de 5 (cinco) dias.

Parágrafo único. Na ação penal de iniciativa privada, será ouvido, em igual prazo, o Ministério Público.

Art. 6.º A seguir, o relator pedirá dia para que o Tribunal delibere sobre o recebimento, a rejeição da denúncia ou da queixa, ou a improcedência da acusação, se a decisão não depender de outras provas.

§ 1.º No julgamento de que trata este artigo, será facultada sustentação oral pelo prazo de 15 (quinze) minutos, primeiro à acusação, depois à defesa.

§ 2.º Encerrados os debates, o Tribunal passará a deliberar, determinando o Presidente as pessoas que poderão permanecer no recinto, observado o disposto no inciso II do art. 12 desta Lei.

Art. 7.º Recebida a denúncia ou a queixa, o relator designará dia e hora para o interrogatório, mandando citar o acusado ou querelado e intimar o órgão do Ministério Público, bem como querelante ou o assistente, se for o caso.

Art. 8.º O prazo para defesa prévia será de 5 (cinco) dias, contado do interrogatório ou da intimação do defensor dativo.

Art. 9.º A instrução obedecerá, no que couber, ao procedimento comum do Código de Processo Penal.

§ 1.º O relator poderá delegar a realização do interrogatório ou de outro ato da instrução ao juiz ou membro de tribunal com competência territorial no local de cumprimento da carta de ordem.

§ 2.º Por expressa determinação do relator, as intimações poderão ser feitas por carta registrada com aviso de recebimento.

Art. 10. Concluída a inquirição de testemunhas, serão intimadas a acusação e a defesa, para requerimento de diligências no prazo de 5 (cinco) dias.

Art. 11. Realizadas as diligências, ou não sendo estas requeridas nem determinadas pelo relator, serão intimadas a acusação e a defesa para, sucessivamente, apresentarem, no prazo de 15 (quinze) dias, alegações escritas.

§ 1.º Será comum o prazo do acusador e do assistente, bem como o dos corréus.

§ 2.º Na ação penal de iniciativa privada, o Ministério Público terá vista, por igual prazo, após as alegações das partes.

§ 3.º O relator poderá, após alegações escritas, determinar de ofício a realização de provas reputadas imprescindíveis para o julgamento da causa.

Art. 12. Finda a instrução, o Tribunal procederá ao julgamento, na forma determinada pelo regimento interno, observando-se o seguinte:

I – a acusação e a defesa terão, sucessivamente, nessa ordem, prazo de uma hora para sustentação oral, assegurado ao assistente um quarto do tempo da acusação;

II – encerrados os debates, o Tribunal passará a proferir o julgamento, podendo o Presidente limitar a presença no recinto às partes e seus advogados, ou somente a estes, se o interesse público exigir.

Capítulo II
RECLAMAÇÃO

Arts. 13 a 18. (*Revogados pela Lei n. 13.105, de 16-3-2015.*)

Capítulo III
INTERVENÇÃO FEDERAL

Art. 19. A requisição de intervenção federal prevista nos incisos II e IV do art. 36 da Constituição Federal será promovida:

I – de ofício, ou mediante pedido de Presidente de Tribunal de Justiça do Estado, ou de Presidente de Tribunal Federal, quando se tratar de prover a execução de ordem ou decisão judicial, com ressalva, conforme a matéria, da competência do Supremo Tribunal Federal ou do Tribunal Superior Eleitoral;

II – de ofício, ou mediante pedido da parte interessada, quando se tratar de prover a execução de ordem ou decisão do Superior Tribunal de Justiça;

III – mediante representação do Procurador-Geral da República, quando se tratar de prover a execução de lei federal.

Art. 20. O Presidente, ao receber o pedido:

I – tomará as providências que lhe parecerem adequadas para remover, administrativamente, a causa do pedido;

II – mandará arquivá-lo, se for manifestamente infundado, cabendo do seu despacho agravo regimental.

Art. 21. Realizada a gestão prevista no inciso I do artigo anterior, solicitadas informações à autoridade estadual e ouvido o Procurador-Geral, o pedido será distribuído a um relator.

Parágrafo único. Tendo em vista o interesse público, poderá ser permitida a presença no recinto às partes e seus advogados, ou somente a estes.

Art. 22. Julgado procedente o pedido, o Presidente do Superior Tribunal de Justiça comunicará, imediatamente, a decisão aos órgãos do poder público interessados e requisitará a intervenção ao Presidente da República.

Capítulo IV
HABEAS CORPUS

Art. 23. Aplicam-se ao *Habeas Corpus* perante o Superior Tribunal de Justiça as normas do Livro III, Título II, Capítulo X do Código de Processo Penal.

Capítulo V
OUTROS PROCEDIMENTOS

Art. 24. Na ação rescisória, nos conflitos de competência, de jurisdição e de atribuições, na revisão criminal e no mandado de segurança, será aplicada a legislação processual em vigor.

Parágrafo único. No mandado de injunção e no *habeas data*, serão observadas, no que couber, as normas do mandado de segurança, enquanto não editada legislação específica.

•• Rito processual do *habeas data*: *vide* Lei n. 9.507, de 12-11-1997.

•• Mandado de injunção individual e coletivo: *vide* Lei n. 13.300, de 23-6-2016.

Art. 25. Salvo quando a causa tiver por fundamento matéria constitucional, compete ao Presidente do Superior Tribunal de Justiça, a requerimento do Procurador-Geral da República ou da pessoa jurídica de direito público interessada, e para evitar grave lesão à ordem, à saúde, à segurança e à economia pública, suspender, em despacho fundamentado, a execução de liminar ou de decisão concessiva de mandado de segurança, proferida, em única ou última instância, pelos tribunais regionais federais ou pelos Tribunais dos Estados e do Distrito Federal.

§ 1.º O Presidente pode ouvir o impetrante, em 5 (cinco) dias, e o Procurador-Geral quando não for o requerente, em igual prazo.

§ 2.º Do despacho que conceder a suspensão caberá agravo regimental.

§ 3.º A suspensão de segurança vigorará enquanto pender o recurso, ficando sem efeito, se a decisão concessiva for mantida pelo Superior Tribunal de Justiça ou transitar em julgado.

TÍTULO II
RECURSOS

Capítulo I
RECURSO EXTRAORDINÁRIO E RECURSO ESPECIAL

Arts. 26 a 29. (*Revogados pela Lei n. 13.105, de 16-3-2015.*)

Capítulo II
RECURSO ORDINÁRIO EM HABEAS CORPUS

Art. 30. O recurso ordinário para o Superior Tribunal de Justiça, das decisões denegatórias de *Habeas Corpus*, proferidas pelos tribunais regionais federais ou pelos Tribunais dos Estados e do Distrito Federal, será interposto no prazo de 5 (cinco) dias, com as razões do pedido de reforma.

Art. 31. Distribuído o recurso, a Secretaria, imediatamente, fará os autos com vista ao Ministério Público, pelo prazo de 2 (dois) dias.

Parágrafo único. Conclusos os autos ao relator, este submeterá o feito a julgamento independentemente de pauta.

Art. 32. Será aplicado, no que couber, ao processo e julgamento do recurso, o disposto com relação ao pedido originário de *Habeas Corpus*.

Capítulo III
RECURSO ORDINÁRIO EM MANDADO DE SEGURANÇA

Art. 33. O recurso ordinário para o Superior Tribunal de Justiça, das decisões denegatórias de mandado de segurança, proferidas em única instância pelos tribunais regionais federais ou pelos Tribunais de Estados e do Distrito Federal, será interposto no prazo de 15 (quinze) dias, com as razões do pedido de reforma.

Art. 34. Serão aplicadas, quanto aos requisitos de admissibilidade e ao procedimento no Tribunal recorrido, as regras do Código de Processo Civil relativas à apelação.

Art. 35. Distribuído o recurso, a Secretaria, imediatamente, fará os autos com vista ao Ministério Público, pelo prazo de 5 (cinco) dias.

Parágrafo único. Conclusos os autos ao relator, este pedirá dia para julgamento.

Capítulo IV
APELAÇÃO CÍVEL E AGRAVO DE INSTRUMENTO

Art. 36. Nas causas em que forem partes, de um lado, Estado estrangeiro ou organismo internacional e, de outro, município ou pessoa domiciliada ou residente no País, caberá:

I – apelação da sentença;

II – agravo de instrumento, das decisões interlocutórias.

Art. 37. Os recursos mencionados no artigo anterior serão interpostos para o Superior Tribunal de Justiça, aplicando-se-lhes, quanto aos requisitos de admissibilidade e ao procedimento, o disposto no Código de Processo Civil.

TÍTULO III
DISPOSIÇÕES GERAIS

Art. 38. (*Revogado pela Lei n. 13.105, de 16-3-2015.*)

Art. 39. Da decisão do Presidente do Tribunal, de Seção, de Turma ou de Relator que causar gravame à parte, caberá agravo para o órgão especial, Seção ou Turma, conforme o caso, no prazo de 5 (cinco) dias.

Art. 40. Haverá revisão, no Superior Tribunal de Justiça, nos seguintes processos:

I – ação rescisória;

II – ação penal originária;

III – revisão criminal.

Art. 41. Em caso de vaga ou afastamento de Ministro do Superior Tribunal de Justiça, por prazo superior a 30 (trinta) dias, poderá ser convocado Juiz de Tribunal Regional Federal ou Desembargador, para substituição, pelo voto da maioria absoluta dos seus membros.

Art. 41-A. A decisão de Turma, no Supremo Tribunal Federal e no Superior Tribunal de Justiça, será tomada pelo voto da maioria absoluta de seus membros.

•• *Caput* com redação determinada pela Lei n. 14.836, de 8-4-2024.

Parágrafo único. Em todos os julgamentos em matéria penal ou processual penal em órgãos colegiados, havendo empate, prevalecerá a decisão mais favorável ao indivíduo imputado, proclamando-se de imediato esse resultado, ainda que, nas hipóteses de vaga aberta a ser preenchida, de impedimento, de suspeição ou de ausência, tenha sido o julgamento tomado sem a totalidade dos integrantes do colegiado

•• Parágrafo único com redação determinada pela Lei n. 14.836, de 8-4-2024.

Art. 41-B. As despesas do porte de remessa e retorno dos autos serão recolhidas mediante documento de arrecadação, de conformidade com instruções e tabela expedidas pelo Supremo Tribunal Federal e pelo Superior Tribunal de Justiça.

Parágrafo único. A secretaria do tribunal local zelará pelo recolhimento das despesas postais.

•• Artigo acrescentado pela Lei n. 9.756, de 17-12-1998.

Art. 43. Esta Lei entra em vigor na data de sua publicação.

Art. 44. Revogam-se as disposições em contrário, especialmente os arts. 541 a 546 do Código de Processo Civil e a Lei n. 3.396, de 2 de junho de 1958.

Brasília, em 28 de maio de 1990; 169.º da Independência e 102.º da República.

FERNANDO COLLOR DE MELLO

LEI N. 8.069, DE 13 DE JULHO DE 1990 (*)

Dispõe sobre o Estatuto da Criança e do Adolescente, e dá outras providências.

O Presidente da República

Faço saber que o Congresso Nacional decreta e eu sanciono a seguinte Lei:

LIVRO I
PARTE GERAL

TÍTULO I
DAS DISPOSIÇÕES PRELIMINARES

Art. 2.º Considera-se criança, para os efeitos desta Lei, a pessoa até doze anos de idade incompletos, e adolescente aquela entre doze e dezoito anos de idade.

(*) Publicada no *DOU*, de 16-7-1990, e retificada em 27-9-1990. A Lei n. 12.852, de 5-8-2013, instituiu o Estatuto da Juventude.

Parágrafo único. Nos casos expressos em lei, aplica-se excepcionalmente este Estatuto às pessoas entre dezoito e vinte e um anos de idade.

LIVRO II
PARTE ESPECIAL

TÍTULO III

Capítulo III
DAS GARANTIAS PROCESSUAIS

Art. 110. Nenhum adolescente será privado de sua liberdade sem o devido processo legal.

Art. 111. São asseguradas ao adolescente, entre outras, as seguintes garantias:

I – pleno e formal conhecimento da atribuição de ato infracional, mediante citação ou meio equivalente;

II – igualdade na relação processual, podendo confrontar-se com vítimas e testemunhas e produzir todas as provas necessárias à sua defesa;

III – defesa técnica por advogado;

IV – assistência judiciária gratuita e integral aos necessitados, na forma da lei;

V – direito de ser ouvido pessoalmente pela autoridade competente;

VI – direito de solicitar a presença de seus pais ou responsável em qualquer fase do procedimento.

Capítulo IV
DAS MEDIDAS SOCIOEDUCATIVAS

•• *Vide* Lei n. 12.594, de 18-1-2012 (SINASE).

Seção I
Disposições Gerais

Art. 112. Verificada a prática de ato infracional, a autoridade competente poderá aplicar ao adolescente as seguintes medidas:

I – advertência;

II – obrigação de reparar o dano;

III – prestação de serviços à comunidade;

IV – liberdade assistida;

V – inserção em regime de semiliberdade;

VI – internação em estabelecimento educacional;

VII – qualquer uma das previstas no art. 101, I a VI.

§ 1.º A medida aplicada ao adolescente levará em conta a sua capacidade de cumpri-la, as circunstâncias e a gravidade da infração.

•• A Resolução n. 524, de 27-9-2023, do CNJ, estabelece procedimentos ao tratamento de adolescentes e jovens indígenas no caso de apreensão, de representação em processo de apuração de ato infracional ou de cumprimento de medida socioeducativa, e dá diretrizes para assegurar os direitos dessa população no âmbito da Justiça da Infância e Juventude ou de juízos que exerçam tal competência.

§ 2.º Em hipótese alguma e sob pretexto algum, será admitida a prestação de trabalho forçado.

§ 3.º Os adolescentes portadores de doença ou deficiência mental receberão tratamento individual e especializado, em local adequado às suas condições.

•• A Resolução n. 487, de 15-2-2023, do CNJ, institui a Política Antimanicomial do Poder Judiciário e estabelece procedimentos e diretrizes para implementar a Convenção Internacional dos Direitos das Pessoas com Deficiência e a Lei n. 10.216, de 6-4-2001, no âmbito do processo penal e da execução das medidas de segurança.

Art. 113. Aplica-se a este Capítulo o disposto nos arts. 99 e 100.

Art. 114. A imposição das medidas previstas nos incisos II a VI do art. 112 pressupõe a existência de provas suficientes da autoria e da materialidade da infração, ressalvada a hipótese de remissão, nos termos do art. 127.

Parágrafo único. A advertência poderá ser aplicada sempre que houver prova da materialidade e indícios suficientes da autoria.

Seção II
Da Advertência

Art. 115. A advertência consistirá em admoestação verbal, que será reduzida a termo e assinada.

Seção III
Da Obrigação de Reparar o Dano

Art. 116. Em se tratando de ato infracional com reflexos patrimoniais, a autoridade poderá determinar, se for o caso, que o adolescente restitua a coisa, promova o ressarcimento do dano, ou, por outra forma, compense o prejuízo da vítima.

Parágrafo único. Havendo manifesta impossibilidade, a medida poderá ser substituída por outra adequada.

Seção IV
Da Prestação de Serviços à Comunidade

Art. 117. A prestação de serviços comunitários consiste na realização de tarefas gratuitas de interesse geral, por período não excedente a 6 (seis) meses, junto a entidades assistenciais, hospitais, escolas e outros estabelecimentos congêneres, bem como em programas comunitários ou governamentais.

Parágrafo único. As tarefas serão atribuídas conforme as aptidões do adolescente, devendo ser cumpridas durante jornada máxima de 8 (oito) horas semanais, aos sábados, domingos e feriados ou em dias úteis, de modo a não prejudicar a frequência à escola ou à jornada normal de trabalho.

Seção V
Da Liberdade Assistida

Art. 118. A liberdade assistida será adotada sempre que se afigurar a medida mais adequada para o fim de acompanhar, auxiliar e orientar o adolescente.

§ 1.º A autoridade designará pessoa capacitada para acompanhar o caso, a qual poderá ser recomendada por entidade ou programa de atendimento.

§ 2.º A liberdade assistida será fixada pelo prazo mínimo de 6 (seis) meses, podendo a qualquer tempo ser prorrogada, revogada ou substituída por outra medida, ouvido o orientador, o Ministério Público e o defensor.

Art. 119. Incumbe ao orientador, com o apoio e a supervisão da autoridade competente, a realização dos seguintes encargos, entre outros:

I – promover socialmente o adolescente e sua família, fornecendo-lhes orientação e inserindo-os, se necessário, em programa oficial ou comunitário de auxílio e assistência social;

II – supervisionar a frequência e o aproveitamento escolar do adolescente, promovendo, inclusive, sua matrícula;

III – diligenciar no sentido da profissionalização do adolescente e de sua inserção no mercado de trabalho;

IV – apresentar relatório do caso.

Seção VI
Do Regime de Semiliberdade

Art. 120. O regime de semiliberdade pode ser determinado desde o início, ou como forma de transição para o meio aberto, possibilitada a realização de atividades externas, independentemente de autorização judicial.

Estatuto da Criança e do Adolescente   **Lei n. 8.069, de 13-7-1990**

§ 1.º É obrigatória a escolarização e a profissionalização, devendo, sempre que possível, ser utilizados os recursos existentes na comunidade.

§ 2.º A medida não comporta prazo determinado, aplicando-se, no que couber, as disposições relativas à internação.

Seção VII
Da Internação

Art. 121. A internação constitui medida privativa da liberdade, sujeita aos princípios de brevidade, excepcionalidade e respeito à condição peculiar de pessoa em desenvolvimento.

§ 1.º Será permitida a realização de atividades externas, a critério da equipe técnica da entidade, salvo expressa determinação judicial em contrário.

§ 2.º A medida não comporta prazo determinado, devendo sua manutenção ser reavaliada, mediante decisão fundamentada, no máximo a cada 6 (seis) meses.

§ 3.º Em nenhuma hipótese o período máximo de internação excederá a 3 (três) anos.

§ 4.º Atingido o limite estabelecido no parágrafo anterior, o adolescente deverá ser liberado, colocado em regime de semiliberdade ou de liberdade assistida.

§ 5.º A liberação será compulsória aos 21 (vinte e um) anos de idade.

§ 6.º Em qualquer hipótese a desinternação será precedida de autorização judicial, ouvido o Ministério Público.

§ 7.º A determinação judicial mencionada no § 1.º poderá ser revista a qualquer tempo pela autoridade judiciária.

•• § 7.º acrescentado pela Lei n. 12.594, de 18-1-2012.

Art. 122. A medida de internação só poderá ser aplicada quando:

I – tratar-se de ato infracional cometido mediante grave ameaça ou violência a pessoa;

II – por reiteração no cometimento de outras infrações graves;

III – por descumprimento reiterado e injustificável da medida anteriormente imposta.

§ 1.º O prazo de internação na hipótese do inciso III deste artigo não poderá ser superior a 3 (três) meses, devendo ser decretada judicialmente após o devido processo legal.

•• § 1.º com redação determinada pela Lei n. 12.594, de 18-1-2012.

§ 2.º Em nenhuma hipótese será aplicada a internação, havendo outra medida adequada.

Art. 123. A internação deverá ser cumprida em entidade exclusiva para adolescentes, em local distinto daquele destinado ao abrigo, obedecida rigorosa separação por critérios de idade, compleição física e gravidade da infração.

Parágrafo único. Durante o período de internação, inclusive provisória, serão obrigatórias atividades pedagógicas.

Art. 124. São direitos do adolescente privado de liberdade, entre outros, os seguintes:

•• A Resolução n. 252, de 16-10-2024, do CONANDA, dispõe sobre as diretrizes nacionais para a segurança e proteção integral de adolescentes e jovens em restrição e privação de liberdade no Sistema Nacional de Atendimento Socioeducativo.

I – entrevistar-se pessoalmente com o representante do Ministério Público;

II – peticionar diretamente a qualquer autoridade;

III – avistar-se reservadamente com seu defensor;

IV – ser informado de sua situação processual, sempre que solicitada;

V – ser tratado com respeito e dignidade;

VI – permanecer internado na mesma localidade ou naquela mais próxima ao domicílio de seus pais ou responsável;

VII – receber visitas, ao menos semanalmente;

VIII – corresponder-se com seus familiares e amigos;

IX – ter acesso aos objetos necessários à higiene e asseio pessoal;

X – habitar alojamento em condições adequadas de higiene e salubridade;

XI – receber escolarização e profissionalização;

XII – realizar atividades culturais, esportivas e de lazer;

XIII – ter acesso aos meios de comunicação social;

XIV – receber assistência religiosa, segundo a sua crença, e desde que assim o deseje;

XV – manter a posse de seus objetos pessoais e dispor de local seguro para guardá-los, recebendo comprovante daqueles porventura depositados em poder da entidade;

XVI – receber, quando de sua desinternação, os documentos pessoais indispensáveis à vida em sociedade.

§ 1.º Em nenhum caso haverá incomunicabilidade.

§ 2.º A autoridade judiciária poderá suspender temporariamente a visita, inclusive de pais ou responsável, se existirem motivos sérios e fundados de sua prejudicialidade aos interesses do adolescente.

Art. 125. É dever do Estado zelar pela integridade física e mental dos internos, cabendo-lhe adotar as medidas adequadas de contenção e segurança.

Capítulo V
DA REMISSÃO

Art. 126. Antes de iniciado o procedimento judicial para apuração de ato infracional, o representante do Ministério Público poderá conceder a remissão, como forma de exclusão do processo, atendendo às circunstâncias e consequências do fato, ao contexto social, bem como à personalidade do adolescente e sua maior ou menor participação no ato infracional.

Parágrafo único. Iniciado o procedimento, a concessão da remissão pela autoridade judiciária importará na suspensão ou extinção do processo.

Art. 127. A remissão não implica necessariamente o reconhecimento ou comprovação da responsabilidade, nem prevalece para efeito de antecedentes, podendo incluir eventualmente a aplicação de qualquer das medidas previstas em lei, exceto a colocação em regime de semiliberdade e a internação.

Art. 128. A medida aplicada por força da remissão poderá ser revista judicialmente, a qualquer tempo, mediante pedido expresso do adolescente ou de seu representante legal, ou do Ministério Público.

TÍTULO IV
DAS MEDIDAS PERTINENTES AOS PAIS OU RESPONSÁVEL

Art. 129. São medidas aplicáveis aos pais ou responsável:

I – encaminhamento a serviços e programas oficiais ou comunitários de proteção, apoio e promoção da família;

•• Inciso I com redação determinada pela Lei n. 13.257, de 8-3-2016.

II – inclusão em programa oficial ou comunitário de auxílio, orientação e tratamento a alcoólatras e toxicômanos;

III – encaminhamento a tratamento psicológico ou psiquiátrico;

IV – encaminhamento a cursos ou programas de orientação;

V – obrigação de matricular o filho ou pupilo e acompanhar sua frequência e aproveitamento escolar;

VI – obrigação de encaminhar a criança ou adolescente a tratamento especializado;

VII – advertência;

VIII – perda da guarda;

IX – destituição da tutela;

X – suspensão ou destituição do poder familiar.

•• A Lei n. 12.010, de 3-8-2009, em seu art. 3.º, determinou a substituição da expressão "pátrio poder", constante no ECA, por "poder familiar".

Parágrafo único. Na aplicação das medidas previstas nos incisos IX e X deste artigo, observar-se-á o disposto nos arts. 23 e 24.

Art. 130. Verificada a hipótese de maus-tratos, opressão ou abuso sexual impostos pelos pais ou responsável, a autoridade judiciária poderá determinar, como medida cautelar, o afastamento do agressor da moradia comum.

Parágrafo único. Da medida cautelar constará, ainda, a fixação provisória dos alimentos de que necessitem a criança ou o adolescente dependentes do agressor.

•• Parágrafo único acrescentado pela Lei n. 12.415, de 9-6-2011.

TÍTULO V
DO CONSELHO TUTELAR

Capítulo I
DISPOSIÇÕES GERAIS

Art. 131. O Conselho Tutelar é órgão permanente e autônomo, não jurisdicional, encarregado pela sociedade de zelar pelo cumprimento dos direitos da criança e do adolescente, definidos nesta Lei.

Art. 132. Em cada Município e em cada Região Administrativa do Distrito Federal haverá, no mínimo, 1 (um) Conselho Tutelar como órgão integrante da administração pública local, composto de 5 (cinco) membros, escolhidos pela população local para mandato de 4 (quatro) anos, permitida recondução por novos processos de escolha.

•• Artigo com redação determinada pela Lei n. 13.824, de 9-5-2019.

Art. 133. Para a candidatura a membro do Conselho Tutelar, serão exigidos os seguintes requisitos:

I – reconhecida idoneidade moral;

Estatuto da Criança e do Adolescente   **Lei n. 8.069, de 13-7-1990**

II – idade superior a 21 (vinte e um) anos;

III – residir no município.

Art. 134. Lei municipal ou distrital disporá sobre o local, dia e horário de funcionamento do Conselho Tutelar, inclusive quanto à remuneração dos respectivos membros, aos quais é assegurado o direito a:

•• *Caput* com redação determinada pela Lei n. 12.696, de 25-7-2012.

I – cobertura previdenciária;

•• Inciso I acrescentado pela Lei n. 12.696, de 25-7-2012.

II – gozo de férias anuais remuneradas, acrescidas de 1/3 (um terço) do valor da remuneração mensal;

•• Inciso II acrescentado pela Lei n. 12.696, de 25-7-2012.

III – licença-maternidade;

•• Inciso III acrescentado pela Lei n. 12.696, de 25-7-2012.

IV – licença-paternidade;

•• Inciso IV acrescentado pela Lei n. 12.696, de 25-7-2012.

V – gratificação natalina.

•• Inciso V acrescentado pela Lei n. 12.696, de 25-7-2012.

Parágrafo único. Constará da lei orçamentária municipal e da do Distrito Federal previsão dos recursos necessários ao funcionamento do Conselho Tutelar e à remuneração e formação continuada dos conselheiros tutelares.

•• Parágrafo único com redação determinada pela Lei n. 12.696, de 25-7-2012.

Art. 135. O exercício efetivo da função de conselheiro tutelar constituirá serviço público relevante e estabelecerá presunção de idoneidade moral.

•• Artigo com redação determinada pela Lei n. 12.696, de 25-7-2012.

Capítulo II
DAS ATRIBUIÇÕES DO CONSELHO

Art. 136. São atribuições do Conselho Tutelar:

I – atender as crianças e adolescentes nas hipóteses previstas nos arts. 98 e 105, aplicando as medidas previstas no art. 101, I a VII;

II – atender e aconselhar os pais ou responsável, aplicando as medidas previstas no art. 129, I a VII;

III – promover a execução de suas decisões, podendo para tanto:

a) requisitar serviços públicos nas áreas de saúde, educação, serviço social, previdência, trabalho e segurança;

b) representar junto à autoridade judiciária nos casos de descumprimento injustificado de suas deliberações;

IV – encaminhar ao Ministério Público notícia de fato que constitua infração administrativa ou penal contra os direitos da criança ou adolescente;

V – encaminhar à autoridade judiciária os casos de sua competência;

VI – providenciar a medida estabelecida pela autoridade judiciária, dentre as previstas no art. 101, de I a VI, para o adolescente autor de ato infracional;

VII – expedir notificações;

VIII – requisitar certidões de nascimento e de óbito de criança ou adolescente quando necessário;

IX – assessorar o Poder Executivo local na elaboração da proposta orçamentária para planos e programas de atendimento dos direitos da criança e do adolescente;

X – representar, em nome da pessoa e da família, contra a violação dos direitos previstos no art. 220, § 3.º, II, da Constituição Federal;

XI – representar ao Ministério Público para efeito das ações de perda ou suspensão do poder familiar, após esgotadas as possibilidades de manutenção da criança ou do adolescente junto à família natural;

•• Inciso XI com redação determinada pela Lei n. 12.010, de 3-8-2009.

XII – promover e incentivar, na comunidade e nos grupos profissionais, ações de divulgação e treinamento para o reconhecimento de sintomas de maus-tratos em crianças e adolescentes;

•• Inciso XII acrescentado pela Lei n. 13.046, de 1.º-12-2014.

XIII – adotar, na esfera de sua competência, ações articuladas e efetivas direcionadas à identificação da agressão, à agilidade no atendimento da criança e do adolescente vítima de violência doméstica e familiar e à responsabilização do agressor;

•• Inciso XIII acrescentado pela Lei n. 14.344, de 24-5-2022.

XIV – atender à criança e ao adolescente vítima ou testemunha de violência doméstica e familiar, ou submetido a tratamento cruel ou degradante ou a formas violentas de educação, correção ou disciplina, a seus familiares e a testemunhas, de forma a prover orientação e aconselhamento acerca de seus direitos e dos encaminhamentos necessários;

•• Inciso XIV acrescentado pela Lei n. 14.344, de 24-5-2022.

XV – representar à autoridade judicial ou policial para requerer o afastamento do agressor do lar, do domicílio ou do local de convivência com a vítima nos casos de violência doméstica e familiar contra a criança e o adolescente;

•• Inciso XV acrescentado pela Lei n. 14.344, de 24-5-2022.

XVI – representar à autoridade judicial para requerer a concessão de medida protetiva de urgência à criança ou ao adolescente vítima ou testemunha de violência doméstica e familiar, bem como a revisão daquelas já concedidas;

•• Inciso XVI acrescentado pela Lei n. 14.344, de 24-5-2022.

XVII – representar ao Ministério Público para requerer a propositura de ação cautelar de antecipação de produção de prova nas causas que envolvam violência contra a criança e o adolescente;

•• Inciso XVII acrescentado pela Lei n. 14.344, de 24-5-2022.

XVIII – tomar as providências cabíveis, na esfera de sua competência, ao receber comunicação da ocorrência de ação ou omissão, praticada em local público ou privado, que constitua violência doméstica e familiar contra a criança e o adolescente;

•• Inciso XVIII acrescentado pela Lei n. 14.344, de 24-5-2022.

XIX – receber e encaminhar, quando for o caso, as informações reveladas por noticiantes ou denunciantes relativas à prática de violência, ao uso de tratamento cruel ou degradante ou de formas violentas de educação, correção ou disciplina contra a criança e o adolescente;

•• Inciso XIX acrescentado pela Lei n. 14.344, de 24-5-2022.

XX – representar à autoridade judicial ou ao Ministério Público para requerer a concessão de medidas cautelares direta ou indiretamente relacionada à eficácia da proteção de noticiante ou denunciante de informações de crimes que envolvam violência doméstica e familiar contra a criança e o adolescente.

•• Inciso XX acrescentado pela Lei n. 14.344, de 24-5-2022.

Parágrafo único. Se, no exercício de suas atribuições, o Conselho Tutelar entender necessário o afastamento do convívio familiar, comunicará incontinenti o fato ao Ministério Público, prestando-lhe informações sobre os motivos de tal entendimento e as providências tomadas para a orientação, o apoio e a promoção social da família.

•• Parágrafo único acrescentado pela Lei n. 12.010, de 3-8-2009.

Art. 137. As decisões do Conselho Tutelar somente poderão ser revistas pela autoridade judiciária a pedido de quem tenha legítimo interesse.

Capítulo III
DA COMPETÊNCIA

Art. 138. Aplica-se ao Conselho Tutelar a regra de competência constante do art. 147.

Capítulo IV
DA ESCOLHA DOS CONSELHEIROS

Art. 139. O processo para a escolha dos membros do Conselho Tutelar será estabelecido em lei municipal e realizado sob a responsabilidade do Conselho Municipal dos Direitos da Criança e do Adolescente, e a fiscalização do Ministério Público.

•• *Caput* com redação determinada pela Lei n. 8.242, de 12-10-1991.
•• A Resolução n. 23.719, de 13-6-2023, do TSE, dispõe sobre a atuação da Justiça Eleitoral nas eleições de membros do Conselho Tutelar em todo o território nacional.

§ 1.º O processo de escolha dos membros do Conselho Tutelar ocorrerá em data unificada em todo o território nacional a cada 4 (quatro) anos, no primeiro domingo do mês de outubro do ano subsequente ao da eleição presidencial.

•• § 1.º acrescentado pela Lei n. 12.696, de 25-7-2012.

§ 2.º A posse dos conselheiros tutelares ocorrerá no dia 10 de janeiro do ano subsequente ao processo de escolha.

•• § 2.º acrescentado pela Lei n. 12.696, de 25-7-2012.

§ 3.º No processo de escolha dos membros do Conselho Tutelar, é vedado ao candidato doar, oferecer, prometer ou entregar ao eleitor bem ou vantagem pessoal de qualquer natureza, inclusive brindes de pequeno valor.

•• § 3.º acrescentado pela Lei n. 12.696, de 25-7-2012.

Capítulo V
DOS IMPEDIMENTOS

Art. 140. São impedidos de servir no mesmo Conselho marido e mulher, ascendentes e descendentes, sogro e genro ou nora, irmãos, cunhados, durante o cunhadio, tio e sobrinho, padrasto ou madrasta e enteado.

Parágrafo único. Estende-se o impedimento do conselheiro, na forma deste artigo, em relação à autoridade judiciária e ao representante do Ministério Público com atuação na Justiça da Infância e da Juventude, em exercício na Comarca, Foro Regional ou Distrital.

TÍTULO VI
DO ACESSO À JUSTIÇA

Capítulo I
DISPOSIÇÕES GERAIS

Art. 141. É garantido o acesso de toda criança ou adolescente à Defensoria Pública, ao Ministério Público e ao Poder Judiciário, por qualquer de seus órgãos.

§ 1.º A assistência judiciária gratuita será prestada aos que dela necessitarem, através de defensor público ou advogado nomeado.

§ 2.º As ações judiciais da competência da Justiça da Infância e da Juventude são isentas de custas e emolumentos, ressalvada a hipótese de litigância de má-fé.

Art. 142. Os menores de 16 (dezesseis) anos serão representados e os maiores de 16 (dezesseis) e menores de 21 (vinte e um) anos assistidos por seus pais, tutores ou curadores, na forma da legislação civil ou processual.

Parágrafo único. A autoridade judiciária dará curador especial à criança ou adolescente, sempre que os interesses destes colidirem com os de seus pais ou responsável, ou quando carecer de representação ou assistência legal ainda que eventual.

Art. 143. É vedada a divulgação de atos judiciais, policiais e administrativos que digam respeito a crianças e adolescentes a que se atribua autoria de ato infracional.

Parágrafo único. Qualquer notícia a respeito do fato não poderá identificar a criança ou adolescente, vedando-se fotografia, referência a nome, apelido, filiação, parentesco, residência e, inclusive, iniciais do nome e sobrenome.

•• Parágrafo único com redação determinada pela Lei n. 10.764, de 12-11-2003.

Art. 144. A expedição de cópia ou certidão de atos a que se refere o artigo anterior somente será deferida pela autoridade judiciária competente, se demonstrado o interesse e justificada a finalidade.

Capítulo II
DA JUSTIÇA DA INFÂNCIA E DA JUVENTUDE

Seção I
Disposições Gerais

Art. 145. Os Estados e o Distrito Federal poderão criar varas especializadas e exclusivas da infância e da juventude, cabendo ao Poder Judiciário estabelecer sua proporcionalidade por número de habitantes, dotá-las de infraestrutura e dispor sobre o atendimento, inclusive em plantões.

Seção II
Do Juiz

Art. 146. A autoridade a que se refere esta Lei é o Juiz da Infância e da Juventude, ou o Juiz que exerce essa função, na forma da Lei de Organização Judiciária local.

Art. 147. A competência será determinada:

I – pelo domicílio dos pais ou responsável;

II – pelo lugar onde se encontre a criança ou adolescente, à falta dos pais ou responsável.

§ 1.º Nos casos de ato infracional, será competente a autoridade do lugar da ação ou omissão, observadas as regras de conexão, continência e prevenção.

§ 2.º A execução das medidas poderá ser delegada à autoridade competente da residência dos pais ou responsável, ou do local onde sediar-se a entidade que abrigar a criança ou adolescente.

§ 3.º Em caso de infração cometida através de transmissão simultânea de rádio ou televisão, que atinja mais de uma comarca, será competente, para aplicação da penalidade, a autoridade judiciária do local da sede estadual da emissora ou rede, tendo a sentença eficácia para todas as transmissoras ou retransmissoras do respectivo Estado.

Art. 148. A Justiça da Infância e da Juventude é competente para:

I – conhecer de representações promovidas pelo Ministério Público, para apuração de ato infracional atribuído a adolescente, aplicando as medidas cabíveis;

II – conceder a remissão, como forma de suspensão ou extinção do processo;

III – conhecer de pedidos de adoção e seus incidentes;

IV – conhecer de ações civis fundadas em interesses individuais, difusos ou coletivos afetos à criança e ao adolescente, observado o disposto no art. 209;

V – conhecer de ações decorrentes de irregularidades em entidades de atendimento, aplicando as medidas cabíveis;

VI – aplicar penalidades administrativas nos casos de infrações contra norma de proteção a criança ou adolescentes;

VII – conhecer de casos encaminhados pelo Conselho Tutelar, aplicando as medidas cabíveis.

Parágrafo único. Quando se tratar de criança ou adolescente nas hipóteses do art. 98, é também competente a Justiça da Infância e da Juventude para o fim de:

a) conhecer de pedidos de guarda e tutela;

b) conhecer de ações de destituição do poder familiar, perda ou modificação da tutela ou guarda;

•• A Lei n. 12.010, de 3-8-2009, em seu art. 3.º, determinou a substituição da expressão "pátrio poder", constante no ECA, por "poder familiar".

c) suprir a capacidade ou o consentimento para o casamento;

d) conhecer de pedidos baseados em discordância paterna ou materna, em relação ao exercício do poder familiar;

•• A Lei n. 12.010, de 3-8-2009, em seu art. 3.º, determinou a substituição da expressão "pátrio poder", constante no ECA, por "poder familiar".

e) conceder a emancipação, nos termos da lei civil, quando faltarem os pais;

f) designar curador especial em casos de apresentação de queixa ou representação, ou de outros procedimentos judiciais ou extrajudiciais em que haja interesses de criança ou adolescente;

g) conhecer de ações de alimentos;

h) determinar o cancelamento, a retificação e o suprimento dos registros de nascimento e óbito.

Art. 149. Compete à autoridade judiciária disciplinar, através de portaria, ou autorizar, mediante alvará:

I – a entrada e permanência de criança ou adolescente, desacompanhado dos pais ou responsável, em:

a) estádio, ginásio e campo desportivo;

b) bailes ou promoções dançantes;

c) boate ou congêneres;

d) casa que explore comercialmente diversões eletrônicas;

e) estúdios cinematográficos, de teatro, rádio e televisão;

II – a participação de criança e adolescente em:

a) espetáculos públicos e seus ensaios;

b) certames de beleza.

§ 1.º Para os fins do disposto neste artigo, a autoridade judiciária levará em conta, dentre outros fatores:

a) os princípios desta Lei;

b) as peculiaridades locais;

c) a existência de instalações adequadas;

d) o tipo de frequência habitual ao local;

e) a adequação do ambiente a eventual participação ou frequência de crianças e adolescentes;

f) a natureza do espetáculo.

§ 2.º As medidas adotadas na conformidade deste artigo deverão ser fundamentadas, caso a caso, vedadas as determinações de caráter geral.

Seção III
Dos Serviços Auxiliares

Art. 150. Cabe ao Poder Judiciário, na elaboração de sua proposta orçamentária, prever recursos para manutenção de equipe interprofissional, destinada a assessorar a Justiça da Infância e da Juventude.

Art. 151. Compete à equipe interprofissional, dentre outras atribuições que lhe forem reservadas pela legislação local, fornecer subsídios por escrito, mediante laudos, ou verbalmente, na audiência, e bem assim desenvolver trabalhos de aconselhamento, orientação, encaminhamento, prevenção e outros, tudo sob a imediata subordinação à autoridade judiciária, assegurada a livre manifestação do ponto de vista técnico.

Parágrafo único. Na ausência ou insuficiência de servidores públicos integrantes do Poder Judiciário responsáveis pela realização dos estudos psicossociais ou de quaisquer outras espécies de avaliações técnicas exigidas por esta Lei ou por determinação judicial, a autoridade judiciária poderá proceder à nomeação de perito, nos termos do art. 156 da Lei n. 13.105, de 16 de março de 2015 (Código de Processo Civil).

•• Parágrafo único acrescentado pela Lei n. 13.509, de 22-11-2017.

Capítulo III
DOS PROCEDIMENTOS

Estatuto da Criança e do Adolescente — Lei n. 8.069, de 13-7-1990

Seção I
Disposições Gerais

Art. 152. Aos procedimentos regulados nesta Lei aplicam-se subsidiariamente as normas gerais previstas na legislação processual pertinente.

§ 1.º É assegurada, sob pena de responsabilidade, prioridade absoluta na tramitação dos processos e procedimentos previstos nesta Lei, assim como na execução dos atos e diligências judiciais a eles referentes.

•• Primitivo parágrafo único renumerado pela Lei n. 13.509, de 22-11-2017.

§ 2.º Os prazos estabelecidos nesta Lei e aplicáveis aos seus procedimentos são contados em dias corridos, excluído o dia do começo e incluído o dia do vencimento, vedado o prazo em dobro para a Fazenda Pública e o Ministério Público.

•• § 2.º acrescentado pela Lei n. 13.509, de 22-11-2017.

Art. 153. Se a medida judicial a ser adotada não corresponder a procedimento previsto nesta ou em outra lei, a autoridade judiciária poderá investigar os fatos e ordenar de ofício as providências necessárias, ouvido o Ministério Público.

Parágrafo único. O disposto neste artigo não se aplica para o fim de afastamento da criança ou do adolescente de sua família de origem e em outros procedimentos necessariamente contenciosos.

•• Parágrafo único acrescentado pela Lei n. 12.010, de 3-8-2009.

Art. 154. Aplica-se às multas o disposto no art. 214.

Seção II
Da Perda e da Suspensão do Pátrio Poder

Art. 155. O procedimento para a perda ou a suspensão do poder familiar terá início por provocação do Ministério Público ou de quem tenha legítimo interesse.

•• A Lei n. 12.010, de 3-8-2009, em seu art. 3.º, determinou a substituição da expressão "pátrio poder", constante no ECA, por "poder familiar".

Art. 156. A petição inicial indicará:

I – a autoridade judiciária a que for dirigida;

II – o nome, o estado civil, a profissão e a residência do requerente e do requerido, dispensada a qualificação em se tratando de pedido formulado por representante do Ministério Público;

III – a exposição sumária do fato e o pedido;

IV – as provas que serão produzidas, oferecendo, desde logo, o rol de testemunhas e documentos.

Art. 157. Havendo motivo grave, poderá a autoridade judiciária, ouvido o Ministério Público, decretar a suspensão do poder familiar, liminar ou incidentalmente, até o julgamento definitivo da causa, ficando a criança ou adolescente confiado a pessoa idônea, mediante termo de responsabilidade.

•• A Lei n. 12.010, de 3-8-2009, em seu art. 3.º, determinou a substituição da expressão "pátrio poder", constante no ECA, por "poder familiar".

§ 1.º Recebida a petição inicial, a autoridade judiciária determinará, concomitantemente ao despacho de citação e independentemente de requerimento do interessado, a realização de estudo social ou perícia por equipe interprofissional ou multidisciplinar para comprovar a presença de uma das causas de suspensão ou destituição do poder familiar, ressalvado o disposto no § 10 do art. 101 desta Lei, e observada a Lei n. 13.431, de 4 de abril de 2017.

•• § 1.º acrescentado pela Lei n. 13.509, de 22-11-2017.

§ 2.º Em sendo os pais oriundos de comunidades indígenas, é ainda obrigatória a intervenção, junto à equipe interprofissional ou multidisciplinar referida no § 1.º deste artigo, de representantes do órgão federal responsável pela política indigenista, observado o disposto no § 6.º do art. 28 desta Lei.

•• § 2.º acrescentado pela Lei n. 13.509, de 22-11-2017.

§ 3.º A concessão da liminar será, preferencialmente, precedida de entrevista da criança ou do adolescente perante equipe multidisciplinar e de oitiva da outra parte, nos termos da Lei n. 13.431, de 4 de abril de 2017.

•• § 3.º acrescentado pela Lei n. 14.340, de 18-5-2022.

§ 4.º Se houver indícios de ato de violação de direitos de criança ou do adolescente, o juiz comunicará o fato ao Ministério Público e encaminhará os documentos pertinentes.

•• § 4.º acrescentado pela Lei n. 14.340, de 18-5-2022.

Art. 158. O requerido será citado para, no prazo de 10 (dez) dias, oferecer resposta escrita, indicando as provas a serem produzidas e oferecendo desde logo o rol de testemunhas e documentos.

§ 1.º A citação será pessoal, salvo se esgotados todos os meios para sua realização.

•• § 1.º acrescentado pela Lei n. 12.962, de 8-4-2014.

§ 2.º O requerido privado de liberdade deverá ser citado pessoalmente.

•• § 2.º acrescentado pela Lei n. 12.962, de 8-4-2014.

§ 3.º Quando, por 2 (duas) vezes, o oficial de justiça houver procurado o citando em seu domicílio ou residência sem o encontrar, deverá, havendo suspeita de ocultação, informar qualquer pessoa da família ou, em sua falta, qualquer vizinho do dia útil em que voltará a fim de efetuar a citação, na hora que designar, nos termos do art. 252 e s. da Lei n. 13.105, de 16 de março de 2015 (Código de Processo Civil).

•• § 3.º acrescentado pela Lei n. 13.509, de 22-11-2017.

§ 4.º Na hipótese de os genitores encontrarem-se em local incerto ou não sabido, serão citados por edital no prazo de 10 (dez) dias, em publicação única, dispensado o envio de ofícios para a localização.

•• § 4.º acrescentado pela Lei n. 13.509, de 22-11-2017.

Art. 159. Se o requerido não tiver possibilidade de constituir advogado, sem prejuízo do próprio sustento e de sua família, poderá requerer, em cartório, que lhe seja nomeado dativo, ao qual incumbirá a apresentação de resposta, contando-se o prazo a partir da intimação do despacho de nomeação.

Parágrafo único. Na hipótese de requerido privado de liberdade, o oficial de justiça deverá perguntar, no momento da citação pessoal, se deseja que lhe seja nomeado defensor.

•• Parágrafo único acrescentado pela Lei n. 12.962, de 8-4-2014.

Art. 160. Sendo necessário, a autoridade judiciária requisitará de qualquer repartição ou órgão público a apresentação de documento que interesse à causa, de ofício ou a requerimento das partes ou do Ministério Público.

Art. 161. Se não for contestado o pedido e tiver sido concluído o estudo social ou a perícia realizada por equipe interprofissional ou multidisciplinar, a autoridade judiciária dará vista dos autos ao Ministério Público, por 5 (cinco) dias, salvo quando este for o requerente, e decidirá em igual prazo.

•• *Caput* com redação determinada pela Lei n. 13.509, de 22-11-2017.

§ 1.º A autoridade judiciária, de ofício ou a requerimento das partes ou do Ministério Público, determinará a oitiva de testemunhas que comprovem a presença de uma das causas de suspensão ou destituição do poder familiar previstas nos arts. 1.637 e 1.638 da Lei n. 10.406, de 10 de janeiro de 2002 (Código Civil), ou no art. 24 desta Lei.

•• § 1.º com redação determinada pela Lei n. 13.509, de 22-11-2017.

§ 2.º (*Revogado pela Lei n. 13.509, de 22-11-2017.*)

§ 3.º Se o pedido importar em modificação de guarda, será obrigatória, desde que possível e razoável, a oitiva da criança ou adolescente, respeitado seu estágio de desenvolvimento e grau de compreensão sobre as implicações da medida.

•• § 3.º acrescentado pela Lei n. 12.010, de 3-8-2009.

§ 4.º É obrigatória a oitiva dos pais sempre que eles forem identificados e estiverem em local conhecido, ressalvados os casos de não comparecimento perante a Justiça quando devidamente citados.

•• § 4.º com redação determinada pela Lei n. 13.509, de 22-11-2017.

§ 5.º Se o pai ou a mãe estiverem privados de liberdade, a autoridade judicial requisitará sua apresentação para a oitiva.

•• § 5.º acrescentado pela Lei n. 12.962, de 8-4-2014.

Art. 162. Apresentada a resposta, a autoridade judiciária dará vista dos autos ao Ministério Público, por 5 (cinco) dias, salvo quando este for o requerente, designando, desde logo, audiência de instrução e julgamento.

§ 1.º (*Revogado pela Lei n. 13.509, de 22-11-2017.*)

§ 2.º Na audiência, presentes as partes e o Ministério Público, serão ouvidas as testemunhas, colhendo-se oralmente o parecer técnico, salvo quando apresentado por escrito, manifestando-se sucessivamente o requerente, o requerido e o Ministério Público, pelo tempo de 20 (vinte) minutos cada um, prorrogável por mais 10 (dez) minutos.

•• § 2.º com redação determinada pela Lei n. 13.509, de 22-11-2017.

§ 3.º A decisão será proferida na audiência, podendo a autoridade judiciária, excepcionalmente, designar data para sua leitura no prazo máximo de 5 (cinco) dias.

•• § 3.º acrescentado pela Lei n. 13.509, de 22-11-2017.

§ 4.º Quando o procedimento de destituição de poder familiar for iniciado pelo Ministério Público, não haverá necessidade de nomeação de curador especial em favor da criança ou adolescente.

Estatuto da Criança e do Adolescente **Lei n. 8.069, de 13-7-1990**

•• § 4.º acrescentado pela Lei n. 13.509, de 22-11-2017.

Art. 163. O prazo máximo para conclusão do procedimento será de 120 (cento e vinte) dias, e caberá ao juiz, no caso de notória inviabilidade de manutenção do poder familiar, dirigir esforços para preparar a criança ou o adolescente com vistas à colocação em família substituta.

•• *Caput* com redação determinada pela Lei n. 13.509, de 22-11-2017.

Parágrafo único. A sentença que decretar a perda ou a suspensão do poder familiar será averbada à margem do registro de nascimento da criança ou do adolescente.

•• Parágrafo único acrescentado pela Lei n. 12.010, de 3-8-2009.

Seção III
Da Destituição da Tutela

Art. 164. Na destituição da tutela, observar-se-á o procedimento para a remoção de tutor previsto na lei processual civil e, no que couber, o disposto na seção anterior.

Seção IV
Da Colocação em Família Substituta

Art. 165. São requisitos para a concessão de pedidos de colocação em família substituta:

I – qualificação completa do requerente e de seu eventual cônjuge, ou companheiro, com expressa anuência deste;

II – indicação de eventual parentesco do requerente e de seu cônjuge, ou companheiro, com a criança ou adolescente, especificando se tem ou não parente vivo;

III – qualificação completa da criança ou adolescente e de seus pais, se conhecidos;

IV – indicação do cartório onde foi inscrito nascimento, anexando, se possível, uma cópia da respectiva certidão;

V – declaração sobre a existência de bens, direitos ou rendimentos relativos à criança ou ao adolescente.

Parágrafo único. Em se tratando de adoção, observar-se-ão também os requisitos específicos.

Art. 166. Se os pais forem falecidos, tiverem sido destituídos ou suspensos do poder familiar, ou houverem aderido expressamente ao pedido de colocação em família substituta, este poderá ser formulado diretamente em cartório, em petição assinada pelos próprios requerentes, dispensada a assistência de advogado.

•• *Caput* com redação determinada pela Lei n. 12.010, de 3-8-2009.

§ 1.º Na hipótese de concordância dos pais, o juiz:

•• § 1.º com redação determinada pela Lei n. 13.509, de 22-11-2017.

I – na presença do Ministério Público, ouvirá as partes, devidamente assistidas por advogado ou por defensor público, para verificar sua concordância com a adoção, no prazo máximo de 10 (dez) dias, contado da data do protocolo da petição ou da entrega da criança em juízo, tomando por termo as declarações; e

•• Inciso I acrescentado pela Lei n. 13.509, de 22-11-2017.

II – declarará a extinção do poder familiar.

•• Inciso II acrescentado pela Lei n. 13.509, de 22-11-2017.

§ 2.º O consentimento dos titulares do poder familiar será precedido de orientações e esclarecimentos prestados pela equipe interprofissional da Justiça da Infância e da Juventude, em especial, no caso de adoção, sobre a irrevogabilidade da medida.

•• § 2.º acrescentado pela Lei n. 12.010, de 3-8-2009.

§ 3.º São garantidos a livre manifestação de vontade dos detentores do poder familiar e o direito ao sigilo das informações.

•• § 3.º com redação determinada pela Lei n. 13.509, de 22-11-2017.

§ 4.º O consentimento prestado por escrito não terá validade se não for ratificado na audiência a que se refere o § 1.º deste artigo.

•• § 4.º com redação determinada pela Lei n. 13.509, de 22-11-2017.

§ 5.º O consentimento é retratável até a data da realização da audiência especificada no § 1.º deste artigo, e os pais podem exercer o arrependimento no prazo de 10 (dez) dias, contado da data de prolação da sentença de extinção do poder familiar.

•• § 5.º com redação determinada pela Lei n. 13.509, de 22-11-2017.

§ 6.º O consentimento somente terá valor se for dado após o nascimento da criança.

•• § 6.º acrescentado pela Lei n. 12.010, de 3-8-2009.

§ 7.º A família natural e a família substituta receberão a devida orientação por intermédio de equipe técnica interprofissional a serviço da Justiça da

Infância e da Juventude, preferencialmente com apoio dos técnicos responsáveis pela execução da política municipal de garantia do direito à convivência familiar.

•• § 7.º com redação determinada pela Lei n. 13.509, de 22-11-2017.

Art. 167. A autoridade judiciária, de ofício ou a requerimento das partes ou do Ministério Público, determinará a realização de estudo social ou, se possível, perícia por equipe interprofissional, decidindo sobre a concessão de guarda provisória, bem como, no caso de adoção, sobre o estágio de convivência.

Parágrafo único. Deferida a concessão da guarda provisória ou do estágio de convivência, a criança ou o adolescente será entregue ao interessado, mediante termo de responsabilidade.

•• Parágrafo único acrescentado pela Lei n. 12.010, de 3-8-2009.

Art. 168. Apresentado o relatório social ou o laudo pericial, e ouvida, sempre que possível, a criança ou o adolescente, dar-se-á vista dos autos ao Ministério Público, pelo prazo de 5 (cinco) dias, decidindo a autoridade judiciária em igual prazo.

Art. 169. Nas hipóteses em que a destituição da tutela, a perda ou a suspensão do poder familiar constituir pressuposto lógico da medida principal de colocação em família substituta, será observado o procedimento contraditório previsto nas Seções II e III deste Capítulo.

•• A Lei n. 12.010, de 3-8-2009, em seu art. 3.º, determinou a substituição da expressão "pátrio poder", constante no ECA, por "poder familiar".

Parágrafo único. A perda ou a modificação da guarda poderá ser decretada nos mesmos autos do procedimento, observado o disposto no art. 35.

Art. 170. Concedida a guarda ou a tutela, observar-se-á o disposto no art. 32, e, quanto à adoção, o contido no art. 47.

Parágrafo único. A colocação de criança ou adolescente sob a guarda de pessoa inscrita em programa de acolhimento familiar será comunicada pela autoridade judiciária à entidade por este responsável no prazo máximo de 5 (cinco) dias.

•• Parágrafo único acrescentado pela Lei n. 12.010, de 3-8-2009.

Seção V
Da Apuração de Ato Infracional
Atribuído a Adolescente

Art. 171. O adolescente apreendido por força de ordem judicial será, desde logo, encaminhado à autoridade judiciária.

Art. 172. O adolescente apreendido em flagrante de ato infracional será, desde logo, encaminhado à autoridade policial competente.

Parágrafo único. Havendo repartição policial especializada para atendimento de adolescente e em se tratando de ato infracional praticado em coautoria com maior, prevalecerá a atribuição da repartição especializada, que, após as providências necessárias e conforme o caso, encaminhará o adulto à repartição policial própria.

Art. 173. Em caso de flagrante de ato infracional cometido mediante violência ou grave ameaça a pessoa, a autoridade policial, sem prejuízo do disposto nos arts. 106, parágrafo único, e 107, deverá:

I – lavrar auto de apreensão, ouvidos as testemunhas e o adolescente;

II – apreender o produto e os instrumentos da infração;

III – requisitar os exames ou perícias necessários à comprovação da materialidade e autoria da infração.

Parágrafo único. Nas demais hipóteses de flagrante, a lavratura do auto poderá ser substituída por boletim de ocorrência circunstanciada.

Art. 174. Comparecendo qualquer dos pais ou responsável, o adolescente será prontamente liberado pela autoridade policial, sob termo de compromisso e responsabilidade de sua apresentação ao representante do Ministério Público, no mesmo dia ou, sendo impossível, no primeiro dia útil imediato, exceto quando, pela gravidade do ato infracional e sua repercussão social, deva o adolescente permanecer sob internação para garantia de sua segurança pessoal ou manutenção da ordem pública.

Art. 175. Em caso de não liberação, a autoridade policial encaminhará, desde logo, o adolescente ao representante do Ministério Público, juntamente com cópia do auto de apreensão ou boletim de ocorrência.

§ 1.º Sendo impossível a apresentação imediata, a autoridade policial encaminhará o adolescente a entidade de atendimento, que fará a apresentação ao representante do Ministério Público no prazo de 24 (vinte e quatro) horas.

Estatuto da Criança e do Adolescente — Lei n. 8.069, de 13-7-1990

§ 2.º Nas localidades onde não houver entidade de atendimento, a apresentação far-se-á pela autoridade policial. À falta de repartição policial especializada, o adolescente aguardará a apresentação em dependência separada da destinada a maiores, não podendo, em qualquer hipótese, exceder o prazo referido no parágrafo anterior.

Art. 176. Sendo o adolescente liberado, a autoridade policial encaminhará imediatamente ao representante do Ministério Público cópia do auto de apreensão ou boletim de ocorrência.

Art. 177. Se, afastada a hipótese de flagrante, houver indícios de participação de adolescente na prática de ato infracional, a autoridade policial encaminhará ao representante do Ministério Público relatório das investigações e demais documentos.

Art. 178. O adolescente a quem se atribua autoria de ato infracional não poderá ser conduzido ou transportado em compartimento fechado de veículo policial, em condições atentatórias à sua dignidade, ou que impliquem risco à sua integridade física ou mental, sob pena de responsabilidade.

Art. 179. Apresentado o adolescente, o representante do Ministério Público, no mesmo dia e à vista do auto de apreensão, boletim de ocorrência ou relatório policial, devidamente autuados pelo cartório judicial e com informação sobre os antecedentes do adolescente, procederá imediata e informalmente à sua oitiva e, em sendo possível, de seus pais ou responsável, vítima e testemunhas.

Parágrafo único. Em caso de não apresentação, o representante do Ministério Público notificará os pais ou responsável para apresentação do adolescente, podendo requisitar o concurso das Polícias Civil e Militar.

Art. 180. Adotadas as providências a que alude o artigo anterior, o representante do Ministério Público poderá:

I – promover o arquivamento dos autos;
II – conceder a remissão;
III – representar à autoridade judiciária para aplicação de medida socioeducativa.

Art. 181. Promovido o arquivamento dos autos ou concedida a remissão pelo representante do Ministério Público, mediante termo fundamentado, que conterá o resumo dos fatos, os autos serão conclusos à autoridade judiciária para homologação.

§ 1.º Homologado o arquivamento ou a remissão, a autoridade judiciária determinará, conforme o caso, o cumprimento da medida.

§ 2.º Discordando, a autoridade judiciária fará remessa dos autos ao Procurador-Geral de Justiça, mediante despacho fundamentado, e este oferecerá representação, designará outro membro do Ministério Público para apresentá-la, ou ratificará o arquivamento ou a remissão, que só então estará a autoridade judiciária obrigada a homologar.

Art. 182. Se, por qualquer razão, o representante do Ministério Público não promover o arquivamento ou conceder a remissão, oferecerá representação à autoridade judiciária, propondo a instauração de procedimento para aplicação da medida socioeducativa que se afigurar a mais adequada.

§ 1.º A representação será oferecida por petição, que conterá o breve resumo dos fatos e a classificação do ato infracional e, quando necessário, o rol de testemunhas, podendo ser deduzida oralmente, em sessão diária instalada pela autoridade judiciária.

§ 2.º A representação independe de prova pré-constituída da autoria e materialidade.

Art. 183. O prazo máximo e improrrogável para a conclusão do procedimento, estando o adolescente internado provisoriamente, será de 45 (quarenta e cinco) dias.

Art. 184. Oferecida a representação, a autoridade judiciária designará audiência de apresentação do adolescente, decidindo, desde logo, sobre a decretação ou manutenção da internação, observado o disposto no art. 108 e parágrafo.

§ 1.º O adolescente e seus pais ou responsável serão cientificados do teor da representação, e notificados a comparecer à audiência, acompanhados de advogado.

§ 2.º Se os pais ou responsável não forem localizados, a autoridade judiciária dará curador especial ao adolescente.

§ 3.º Não sendo localizado o adolescente, a autoridade judiciária expedirá mandado de busca e apreensão, determinando o sobrestamento do feito, até a efetiva apresentação.

§ 4.º Estando o adolescente internado, será requisitada a sua apresentação, sem prejuízo da notificação dos pais ou responsável.

Art. 185. A internação, decretada ou mantida pela autoridade judiciária, não poderá ser cumprida em estabelecimento prisional.

§ 1.º Inexistindo na comarca entidade com as características definidas no art. 123, o adolescente deverá ser imediatamente transferido para a localidade mais próxima.

§ 2.º Sendo impossível a pronta transferência, o adolescente aguardará sua remoção em repartição policial, desde que em seção isolada dos adultos e com instalações apropriadas, não podendo ultrapassar o prazo máximo de 5 (cinco) dias, sob pena de responsabilidade.

Art. 186. Comparecendo o adolescente, seus pais ou responsável, a autoridade judiciária procederá à oitiva dos mesmos, podendo solicitar opinião de profissional qualificado.

§ 1.º Se a autoridade judiciária entender adequada a remissão, ouvirá o representante do Ministério Público, proferindo decisão.

§ 2.º Sendo o fato grave, passível de aplicação de medida de internação ou colocação em regime de semiliberdade, a autoridade judiciária, verificando que o adolescente não possui advogado constituído, nomeará defensor, designando, desde logo, audiência em continuação, podendo determinar a realização de diligências e estudo do caso.

§ 3.º O advogado constituído ou o defensor nomeado, no prazo de 3 (três) dias contado da audiência de apresentação, oferecerá defesa prévia e rol de testemunhas.

§ 4.º Na audiência em continuação, ouvidas as testemunhas arroladas na representação e na defesa prévia, cumpridas as diligências e juntado o relatório da equipe interprofissional, será dada a palavra ao representante do Ministério Público e ao defensor, sucessivamente, pelo tempo de 20 (vinte) minutos para cada um, prorrogável por mais 10 (dez), a critério da autoridade judiciária, que em seguida proferirá decisão.

Art. 187. Se o adolescente, devidamente notificado, não comparecer, injustificadamente, à audiência de apresentação, a autoridade judiciária designará nova data, determinando sua condução coercitiva.

Art. 188. A remissão, como forma de extinção ou suspensão do processo, poderá ser aplicada em qualquer fase do procedimento, antes da sentença.

Art. 189. A autoridade judiciária não aplicará qualquer medida, desde que reconheça na sentença:

I – estar provada a inexistência do fato;

II – não haver prova da existência do fato;

III – não constituir o fato ato infracional;

IV – não existir prova de ter o adolescente concorrido para o ato infracional.

Parágrafo único. Na hipótese deste artigo, estando o adolescente internado, será imediatamente colocado em liberdade.

Art. 190. A intimação da sentença que aplicar medida de internação ou regime de semiliberdade será feita:

I – ao adolescente e ao seu defensor;

II – quando não for encontrado o adolescente, a seus pais ou responsável, sem prejuízo do defensor.

§ 1.º Sendo outra a medida aplicada, a intimação far-se-á unicamente na pessoa do defensor.

§ 2.º Recaindo a intimação na pessoa do adolescente, deverá este manifestar se deseja ou não recorrer da sentença.

Seção V-A
Da Infiltração de Agentes de Polícia para a Investigação de Crimes contra a Dignidade Sexual de Criança e de Adolescente

•• Seção V-A acrescentada pela Lei n. 13.441, de 8-5-2017.

Art. 190-A. A infiltração de agentes de polícia na internet com o fim de investigar os crimes previstos nos arts. 240, 241, 241 A, 241-B, 241-C e 241-D desta Lei e nos arts. 154-A, 217-A, 218, 218-A e 218-B do Decreto-lei n. 2.848, de 7 de dezembro de 1940 (Código Penal), obedecerá às seguintes regras:

•• *Caput* acrescentado pela Lei n. 13.441, de 8-5-2017.

I – será precedida de autorização judicial devidamente circunstanciada e fundamentada, que estabelecerá os limites da infiltração para obtenção de prova, ouvido o Ministério Público;

•• Inciso I acrescentado pela Lei n. 13.441, de 8-5-2017.

II – dar-se-á mediante requerimento do Ministério Público ou representação de delegado de polícia e conterá a demonstração de sua necessidade, o alcance das tarefas dos policiais, os nomes ou apelidos das pessoas investigadas e, quando possível, os dados de conexão ou cadastrais que permitam a identificação dessas pessoas;

Estatuto da Criança e do Adolescente — Lei n. 8.069, de 13-7-1990

•• Inciso II acrescentado pela Lei n. 13.441, de 8-5-2017.

III – não poderá exceder o prazo de 90 (noventa) dias, sem prejuízo de eventuais renovações, desde que o total não exceda a 720 (setecentos e vinte) dias e seja demonstrada sua efetiva necessidade, a critério da autoridade judicial.

•• Inciso III acrescentado pela Lei n. 13.441, de 8-5-2017.

§ 1.º A autoridade judicial e o Ministério Público poderão requisitar relatórios parciais da operação de infiltração antes do término do prazo de que trata o inciso II do § 1.º deste artigo.

•• § 1.º acrescentado pela Lei n. 13.441, de 8-5-2017.

§ 2.º Para efeitos do disposto no inciso I do § 1.º deste artigo, consideram-se:

•• § 2.º, *caput*, acrescentado pela Lei n. 13.441, de 8-5-2017.

I – dados de conexão: informações referentes a hora, data, início, término, duração, endereço de Protocolo de Internet (IP) utilizado e terminal de origem da conexão;

•• Inciso I acrescentado pela Lei n. 13.441, de 8-5-2017.

II – dados cadastrais: informações referentes a nome e endereço de assinante ou de usuário registrado ou autenticado para a conexão a quem endereço de IP, identificação de usuário ou código de acesso tenha sido atribuído no momento da conexão.

•• Inciso II acrescentado pela Lei n. 13.441, de 8-5-2017.

§ 3.º A infiltração de agentes de polícia na internet não será admitida se a prova puder ser obtida por outros meios.

•• § 3.º acrescentado pela Lei n. 13.441, de 8-5-2017.

Art. 190-B. As informações da operação de infiltração serão encaminhadas diretamente ao juiz responsável pela autorização da medida, que zelará por seu sigilo.

•• *Caput* acrescentado pela Lei n. 13.441, de 8-5-2017.

Parágrafo único. Antes da conclusão da operação, o acesso aos autos será reservado ao juiz, ao Ministério Público e ao delegado de polícia responsável pela operação, com o objetivo de garantir o sigilo das investigações.

•• Parágrafo único acrescentado pela Lei n. 13.441, de 8-5-2017.

Art. 190-C. Não comete crime o policial que oculta a sua identidade para, por meio da internet, colher indícios de autoria e materialidade dos crimes previstos nos arts. 240, 241, 241-A, 241-B, 241-C e 241-D desta Lei e nos arts. 154-A, 217-A, 218, 218-A e 218-B do Decreto-lei n. 2.848, de 7 de dezembro de 1940 (Código Penal).

•• *Caput* acrescentado pela Lei n. 13.441, de 8-5-2017.

Parágrafo único. O agente policial infiltrado que deixar de observar a estrita finalidade da investigação responderá pelos excessos praticados.

•• Parágrafo único acrescentado pela Lei n. 13.441, de 8-5-2017.

Art. 190-D. Os órgãos de registro e cadastro público poderão incluir nos bancos de dados próprios, mediante procedimento sigiloso e requisição da autoridade judicial, as informações necessárias à efetividade da identidade fictícia criada.

•• *Caput* acrescentado pela Lei n. 13.441, de 8-5-2017.

Parágrafo único. O procedimento sigiloso de que trata esta Seção será numerado e tombado em livro específico.

•• Parágrafo único acrescentado pela Lei n. 13.441, de 8-5-2017.

Art. 190-E. Concluída a investigação, todos os atos eletrônicos praticados durante a operação deverão ser registrados, gravados, armazenados e encaminhados ao juiz e ao Ministério Público, juntamente com relatório circunstanciado.

•• *Caput* acrescentado pela Lei n. 13.441, de 8-5-2017.

Parágrafo único. Os atos eletrônicos registrados citados no *caput* deste artigo serão reunidos em autos apartados e apensados ao processo criminal juntamente com o inquérito policial, assegurando-se a preservação da identidade do agente policial infiltrado e a intimidade das crianças e dos adolescentes envolvidos.

•• Parágrafo único acrescentado pela Lei n. 13.441, de 8-5-2017.

Seção VI
Da Apuração de Irregularidades em Entidade de Atendimento

Art. 191. O procedimento de apuração de irregularidades em entidade governamental e não governamental terá início mediante portaria da autoridade judiciária ou representação do Ministério Público ou do Conselho Tutelar, onde conste, necessariamente, resumo dos fatos.

Parágrafo único. Havendo motivo grave, poderá a autoridade judiciária, ouvido o Ministério Público, decretar liminarmente o afastamento provisório do dirigente da entidade, mediante decisão fundamentada.

Art. 192. O dirigente da entidade será citado para, no prazo de 10 (dez) dias, oferecer resposta escrita, podendo juntar documentos e indicar as provas a produzir.

Art. 193. Apresentada ou não a resposta, e sendo necessário, a autoridade judiciária designará audiência de instrução e julgamento, intimando as partes.

§ 1.º Salvo manifestação em audiência, as partes e o Ministério Público terão 5 (cinco) dias para oferecer alegações finais, decidindo a autoridade judiciária em igual prazo.

§ 2.º Em se tratando de afastamento provisório ou definitivo de dirigente de entidade governamental, a autoridade judiciária oficiará à autoridade administrativa imediatamente superior ao afastado, marcando prazo para a substituição.

§ 3.º Antes de aplicar qualquer das medidas, a autoridade judiciária poderá fixar prazo para a remoção das irregularidades verificadas. Satisfeitas as exigências, o processo será extinto, sem julgamento de mérito.

§ 4.º A multa e a advertência serão impostas ao dirigente da entidade ou programa de atendimento.

Seção VII
Da Apuração de Infração Administrativa às Normas de Proteção à Criança e ao Adolescente

Art. 194. O procedimento para imposição de penalidade administrativa por infração às normas de proteção à criança e ao adolescente terá início por representação do Ministério Público, ou do Conselho Tutelar, ou auto de infração elaborado por servidor efetivo ou voluntário credenciado, e assinado por 2 (duas) testemunhas, se possível.

§ 1.º No procedimento iniciado com o auto de infração, poderão ser usadas fórmulas impressas, especificando-se a natureza e as circunstâncias da infração.

§ 2.º Sempre que possível, à verificação da infração seguir-se-á a lavratura do auto, certificando-se, em caso contrário, dos motivos do retardamento.

Art. 195. O requerido terá prazo de 10 (dez) dias para apresentação de defesa, contado da data da intimação, que será feita:

I – pelo autuante, no próprio auto, quando este for lavrado na presença do requerido;

II – por oficial de justiça ou funcionário legalmente habilitado, que entregará cópia do auto ou da representação ao requerido, ou a seu representante legal, lavrando certidão;

III – por via postal, com aviso de recebimento, se não for encontrado o requerido ou seu representante legal;

IV – por edital, com prazo de 30 (trinta) dias, se incerto ou não sabido o paradeiro do requerido ou de seu representante legal.

Art. 196. Não sendo apresentada a defesa no prazo legal, a autoridade judiciária dará vista dos autos ao Ministério Público, por 5 (cinco) dias, decidindo em igual prazo.

Art. 197. Apresentada a defesa, a autoridade judiciária procederá na conformidade do artigo anterior, ou, sendo necessário, designará audiência de instrução e julgamento.

Seção VIII
Da Habilitação de Pretendentes à Adoção

•• Seção VIII acrescentada pela Lei n. 12.010, de 3-8-2009.

Art. 197-A. Os postulantes à adoção, domiciliados no Brasil, apresentarão petição inicial na qual conste:

I – qualificação completa;

II – dados familiares;

III – cópias autenticadas de certidão de nascimento ou casamento, ou declaração relativa ao período de união estável;

IV – cópias da cédula de identidade e inscrição no Cadastro de Pessoas Físicas;

V – comprovante de renda e domicílio;

VI – atestados de sanidade física e mental;

VII – certidão de antecedentes criminais;

VIII – certidão negativa de distribuição cível.

•• Artigo acrescentado pela Lei n. 12.010, de 3-8-2009.

Art. 197-B. A autoridade judiciária, no prazo de 48 (quarenta e oito) horas, dará vista dos autos ao Ministério Público, que no prazo de 5 (cinco) dias poderá:

I – apresentar quesitos a serem respondidos pela equipe interprofissional encarregada de elaborar o estudo técnico a que se refere o art. 197-C desta Lei;

II – requerer a designação de audiência para oitiva dos postulantes em juízo e testemunhas;

III – requerer a juntada de documentos complementares e a realização de outras diligências que entender necessárias.

•• Artigo acrescentado pela Lei n. 12.010, de 3-8-2009.

Art. 197-C. Intervirá no feito, obrigatoriamente, equipe interprofissional a serviço da Justiça da Infância e da Juventude, que deverá elaborar estudo psicossocial, que conterá subsídios que permitam aferir a capacidade e o preparo dos postulantes para o exercício de uma paternidade ou maternidade responsável, à luz dos requisitos e princípios desta Lei.

•• *Caput* acrescentado pela Lei n. 12.010, de 3-8-2009.

§ 1.º É obrigatória a participação dos postulantes em programa oferecido pela Justiça da Infância e da Juventude, preferencialmente com apoio dos técnicos responsáveis pela execução da política municipal de garantia do direito à convivência familiar e dos grupos de apoio à adoção devidamente habilitados perante a Justiça da Infância e da Juventude, que inclua preparação psicológica, orientação e estímulo à adoção inter-racial, de crianças ou de adolescentes com deficiência, com doenças crônicas ou com necessidades específicas de saúde, e de grupos de irmãos.

•• § 1.º com redação determinada pela Lei n. 13.509, de 22-11-2017.

§ 2.º Sempre que possível e recomendável, a etapa obrigatória da preparação referida no § 1.º deste artigo incluirá o contato com crianças e adolescentes em regime de acolhimento familiar ou institucional, a ser realizado sob orientação, supervisão e avaliação da equipe técnica da Justiça da Infância e da Juventude e dos grupos de apoio à adoção, com apoio dos técnicos responsáveis pelo programa de acolhimento familiar e institucional e pela execução da política municipal de garantia do direito à convivência familiar.

•• § 2.º com redação determinada pela Lei n. 13.509, de 22-11-2017.

§ 3.º É recomendável que as crianças e os adolescentes acolhidos institucionalmente ou por família acolhedora sejam preparados por equipe interprofissional antes da inclusão em família adotiva.

•• § 3.º acrescentado pela Lei n. 13.509, de 22-11-2017.

Art. 197-D. Certificada nos autos a conclusão da participação no programa referido no art. 197-C desta Lei, a autoridade judiciária, no prazo de 48 (quarenta e oito) horas, decidirá acerca das diligências requeridas pelo Ministério Público e determinará a juntada do estudo psicossocial, designando, conforme o caso, audiência de instrução e julgamento.

•• *Caput* acrescentado pela Lei n. 12.010, de 3-8-2009.

Parágrafo único. Caso não sejam requeridas diligências, ou sendo essas indeferidas, a autoridade judiciária determinará a juntada do estudo psicossocial, abrindo a seguir vista dos autos ao Ministério Público, por 5 (cinco) dias, decidindo em igual prazo.

•• Parágrafo único acrescentado pela Lei n. 12.010, de 3-8-2009.

Art. 197-E. Deferida a habilitação, o postulante será inscrito nos cadastros referidos no art. 50 desta Lei, sendo a sua convocação para a adoção feita de acordo com ordem cronológica de habilitação e conforme a disponibilidade de crianças ou adolescentes adotáveis.

•• *Caput* acrescentado pela Lei n. 12.010, de 3-8-2009.

§ 1.º A ordem cronológica das habilitações somente poderá deixar de ser observada pela autoridade judiciária nas hipóteses previstas no § 13 do art. 50 desta Lei, quando comprovado ser essa a melhor solução no interesse do adotando.

•• § 1.º acrescentado pela Lei n. 12.010, de 3-8-2009.

§ 2.º A habilitação à adoção deverá ser renovada no mínimo trienalmente mediante avaliação por equipe interprofissional.

•• § 2.º com redação determinada pela Lei n. 13.509, de 22-11-2017.

§ 3.º Quando o adotante candidatar-se a uma nova adoção, será dispensável a renovação da habilitação, bastando a avaliação por equipe interprofissional.

•• § 3.º acrescentado pela Lei n. 13.509, de 22-11-2017.

§ 4.º Após 3 (três) recusas injustificadas, pelo habilitado, à adoção de crianças ou adolescentes indicados dentro do perfil escolhido, haverá reavaliação da habilitação concedida.

•• § 4.º acrescentado pela Lei n. 13.509, de 22-11-2017.

§ 5.º A desistência do pretendente em relação à guarda para fins de adoção ou a devolução da criança ou do adolescente depois do trânsito em julgado da sentença de adoção importará na sua exclusão dos cadastros de adoção e na vedação de renovação da habilitação, salvo decisão judicial fundamentada, sem prejuízo das demais sanções previstas na legislação vigente.

•• § 5.º acrescentado pela Lei n. 13.509, de 22-11-2017.

Art. 197-F. O prazo máximo para conclusão da habilitação à adoção será de 120 (cento e vinte) dias,

prorrogável por igual período, mediante decisão fundamentada da autoridade judiciária.
•• Artigo acrescentado pela Lei n. 13.509, de 22-11-2017.

Capítulo IV
DOS RECURSOS

Art. 198. Nos procedimentos afetos à Justiça da Infância e da Juventude, inclusive os relativos à execução das medidas socioeducativas, adotar-se-á o sistema recursal da Lei n. 5.869, de 11 de janeiro de 1973 (Código de Processo Civil), com as seguintes adaptações:
•• *Caput* com redação determinada pela Lei n. 12.594, de 18-1-2012.
•• A Lei n. 5.869, de 11-1-1973 (CPC de 1973), foi revogada pela Lei n. 13.105, de 16-3-2015.

I – os recursos serão interpostos independentemente de preparo;
II – em todos os recursos, salvo nos embargos de declaração, o prazo para o Ministério Público e para a defesa será sempre de 10 (dez) dias;
•• Inciso II com redação determinada pela Lei n. 12.594, de 18-1-2012.

III – os recursos terão preferência de julgamento e dispensarão revisor;
IV a VI – (*Revogados pela Lei n. 12.010, de 3-8-2009.*)
VII – antes de determinar a remessa dos autos à superior instância, no caso de apelação, ou do instrumento, no caso de agravo, a autoridade judiciária proferirá despacho fundamentado, mantendo ou reformando a decisão, no prazo de 5 (cinco) dias;
VIII – mantida a decisão apelada ou agravada, o escrivão remeterá os autos ou o instrumento à superior instância dentro de 24 (vinte e quatro) horas, independentemente de novo pedido do recorrente; se a reformar, a remessa dos autos dependerá de pedido expresso da parte interessada ou do Ministério Público, no prazo de 5 (cinco) dias, contados da intimação.

Art. 199. Contra as decisões proferidas com base no art. 149 caberá recurso de apelação.

Art. 199-A. A sentença que deferir a adoção produz efeito desde logo, embora sujeita a apelação, que será recebida exclusivamente no efeito devolutivo, salvo se se tratar de adoção internacional ou se houver perigo de dano irreparável ou de difícil reparação ao adotando.
•• Artigo acrescentado pela Lei n. 12.010, de 3-8-2009.

Art. 199-B. A sentença que destituir ambos ou qualquer dos genitores do poder familiar fica sujeita a apelação, que deverá ser recebida apenas no efeito devolutivo.
•• Artigo acrescentado pela Lei n. 12.010, de 3-8-2009.

Art. 199-C. Os recursos nos procedimentos de adoção e de destituição de poder familiar, em face da relevância das questões, serão processados com prioridade absoluta, devendo ser imediatamente distribuídos, ficando vedado que aguardem, em qualquer situação, oportuna distribuição, e serão colocados em mesa para julgamento sem revisão e com parecer urgente do Ministério Público.
•• Artigo acrescentado pela Lei n. 12.010, de 3-8-2009.

Art. 199-D. O relator deverá colocar o processo em mesa para julgamento no prazo máximo de 60 (sessenta) dias, contado da sua conclusão.
•• *Caput* acrescentado pela Lei n. 12.010, de 3-8-2009.

Parágrafo único. O Ministério Público será intimado da data do julgamento e poderá na sessão, se entender necessário, apresentar oralmente seu parecer.
•• Parágrafo único acrescentado pela Lei n. 12.010, de 3-8-2009.

Art. 199-E. O Ministério Público poderá requerer a instauração de procedimento para apuração de responsabilidades se constatar o descumprimento das providências e do prazo previstos nos artigos anteriores.
•• Artigo acrescentado pela Lei n. 12.010, de 3-8-2009.

Capítulo V
DO MINISTÉRIO PÚBLICO

Art. 200. As funções do Ministério Público, previstas nesta Lei, serão exercidas nos termos da respectiva Lei Orgânica.

Art. 201. Compete ao Ministério Público:
I – conceder a remissão como forma de exclusão do processo;
II – promover e acompanhar os procedimentos relativos às infrações atribuídas a adolescentes;
III – promover e acompanhar as ações de alimentos e os procedimentos de suspensão e destituição do pátrio poder, nomeação e remoção de tutores, curadores e guardiães, bem como oficiar em todos os demais procedimentos da competência da Justiça da Infância e da Juventude;

Estatuto da Criança e do Adolescente — Lei n. 8.069, de 13-7-1990

IV – promover, de ofício ou por solicitação dos interessados, a especialização e a inscrição de hipoteca legal e a prestação de contas dos tutores, curadores e quaisquer administradores de bens de crianças e adolescentes nas hipóteses do art. 98;

V – promover o inquérito civil e a ação civil pública para a proteção dos interesses individuais, difusos ou coletivos relativos à infância e à adolescência, inclusive os definidos no art. 220, § 3.º, II, da Constituição Federal;

VI – instaurar procedimentos administrativos e, para instruí-los:

a) expedir notificações para colher depoimentos ou esclarecimentos e, em caso de não comparecimento injustificado, requisitar condução coercitiva, inclusive pela polícia civil ou militar;

b) requisitar informações, exames, perícias e documentos de autoridades municipais, estaduais e federais, da administração direta ou indireta, bem como promover inspeções e diligências investigatórias;

c) requisitar informações e documentos a particulares e instituições privadas;

VII – instaurar sindicâncias, requisitar diligências investigatórias e determinar a instauração de inquérito policial, para apuração de ilícitos ou infrações às normas de proteção à infância e à juventude;

VIII – zelar pelo efetivo respeito aos direitos e garantias legais assegurados às crianças e adolescentes, promovendo as medidas judiciais e extrajudiciais cabíveis;

IX – impetrar mandado de segurança, de injunção e *habeas corpus*, em qualquer juízo, instância ou tribunal, na defesa dos interesses sociais e individuais indisponíveis afetos à criança e ao adolescente;

X – representar ao juízo visando à aplicação de penalidade por infrações cometidas contra as normas de proteção à infância e à juventude, sem prejuízo da promoção da responsabilidade civil e penal do infrator, quando cabível;

XI – inspecionar as entidades públicas e particulares de atendimento e os programas de que trata esta Lei, adotando de pronto as medidas administrativas ou judiciais necessárias à remoção de irregularidades porventura verificadas;

XII – requisitar força policial, bem como a colaboração dos serviços médicos, hospitalares, educacionais e de assistência social, públicos ou privados, para o desempenho de suas atribuições;

XIII – intervir, quando não for parte, nas causas cíveis e criminais decorrentes de violência doméstica e familiar contra a criança e o adolescente.

•• Inciso XIII acrescentado pela Lei n. 14.344, de 24-5-2022.

§ 1.º A legitimação do Ministério Público para as ações cíveis previstas neste artigo não impede a de terceiros, nas mesmas hipóteses, segundo dispuserem a Constituição e esta Lei.

§ 2.º As atribuições constantes deste artigo não excluem outras, desde que compatíveis com a finalidade do Ministério Público.

§ 3.º O representante do Ministério Público, no exercício de suas funções, terá livre acesso a todo local onde se encontre criança ou adolescente.

§ 4.º O representante do Ministério Público será responsável pelo uso indevido das informações e documentos que requisitar, nas hipóteses legais de sigilo.

§ 5.º Para o exercício da atribuição de que trata o inciso VIII deste artigo, poderá o representante do Ministério Público:

a) reduzir a termo as declarações do reclamante, instaurando o competente procedimento, sob sua presidência;

b) entender-se diretamente com a pessoa ou autoridade reclamada, em dia, local e horário previamente notificados ou acertados;

c) efetuar recomendações visando à melhoria dos serviços públicos e de relevância pública afetos à criança e ao adolescente, fixando prazo razoável para sua perfeita adequação.

Art. 202. Nos processos e procedimentos em que não for parte, atuará obrigatoriamente o Ministério Público na defesa dos direitos e interesses de que cuida esta Lei, hipótese em que terá vista dos autos depois das partes, podendo juntar documentos e requerer diligências, usando os recursos cabíveis.

Art. 203. A intimação do Ministério Público, em qualquer caso, será feita pessoalmente.

Art. 204. A falta de intervenção do Ministério Público acarreta a nulidade do feito, que será declarada de ofício pelo juiz ou a requerimento de qualquer interessado.

Art. 205. As manifestações processuais do representante do Ministério Público deverão ser fundamentadas.

Capítulo VI
DO ADVOGADO

Art. 206. A criança ou o adolescente, seus pais ou responsável, e qualquer pessoa que tenha legítimo interesse na solução da lide poderão intervir nos procedimentos de que trata esta Lei, através de advogado, o qual será intimado para todos os atos, pessoalmente ou por publicação oficial, respeitado o segredo de justiça.

Parágrafo único. Será prestada assistência judiciária integral e gratuita àqueles que dela necessitarem.

Art. 207. Nenhum adolescente a quem se atribua a prática de ato infracional, ainda que ausente ou foragido, será processado sem defensor.

§ 1.º Se o adolescente não tiver defensor, ser-lhe-á nomeado pelo juiz, ressalvado o direito de, a todo tempo, constituir outro de sua preferência.

§ 2.º A ausência do defensor não determinará o adiamento de nenhum ato do processo, devendo o juiz nomear substituto, ainda que provisoriamente, ou para o só efeito do ato.

§ 3.º Será dispensada a outorga de mandato, quando se tratar de defensor nomeado ou, sendo constituído, tiver sido indicado por ocasião de ato formal com a presença da autoridade judiciária.

Art. 262. Enquanto não instalados os Conselhos Tutelares, as atribuições a eles conferidas serão exercidas pela autoridade judiciária.

Art. 266. Esta Lei entra em vigor 90 (noventa) dias após sua publicação.

Parágrafo único. Durante o período de vacância deverão ser promovidas atividades e campanhas de divulgação e esclarecimentos acerca do disposto nesta Lei.

Art. 267. Revogam-se as Leis n. 4.513, de 1964, e 6.697, de 10 de outubro de 1979 (Código de Menores), e as demais disposições em contrário.

Brasília, em 13 de julho de 1990; 169.º da Independência e 102.º da República.

FERNANDO COLLOR

LEI N. 8.072, DE 25 DE JULHO DE 1990 (*)

Dispõe sobre os crimes hediondos, nos termos do art. 5.º, XLIII, da Constituição Federal, e determina outras providências.

O Presidente da República

Faço saber que o Congresso Nacional decreta e eu sanciono a seguinte Lei:

Art. 1.º São considerados hediondos os seguintes crimes, todos tipificados no Decreto-lei n. 2.848, de 7 de dezembro de 1940 – Código Penal, consumados ou tentados:

•• *Caput* com redação determinada pela Lei n. 8.930, de 6-9-1994.

•• *Vide* art. 9.º-A da Lei n. 7.210, de 11-7-1984 (LEP).

I – homicídio (art. 121), quando praticado em atividade típica de grupo de extermínio, ainda que cometido por 1 (um) só agente, e homicídio qualificado (art. 121, § 2.º, incisos I, II, III, IV, V, VII, VIII e IX);

•• Inciso I com redação determinada pela Lei n. 14.994, de 9-10-2024.

I-A – lesão corporal dolosa de natureza gravíssima (art. 129, § 2.º) e lesão corporal seguida de morte (art. 129, § 3.º), quando praticadas contra autoridade ou agente descrito nos arts. 142 e 144 da Constituição Federal, integrantes do sistema prisional e da Força Nacional de Segurança Pública, no exercício da função ou em decorrência dela, ou contra seu cônjuge, companheiro ou parente consanguíneo até terceiro grau, em razão dessa condição;

•• Inciso I-A acrescentado pela Lei n. 13.142, de 6-7-2015.

I-B – feminicídio (art. 121-A);

•• Inciso I-B acrescentado pela Lei n. 14.994, de 9-10-2024.

II – roubo:

•• Inciso II, *caput*, com redação determinada pela Lei n. 13.964, de 24-12-2019.

a) circunstanciado pela restrição de liberdade da vítima (art. 157, § 2.º, inciso V);

(*) Publicada no *DOU*, de 26-7-1990. A Lei n. 9.677, de 2-7-1998, altera dispositivos do CP, incluindo na classificação dos delitos considerados hediondos crimes contra a saúde pública.

Crimes Hediondos — Lei n. 8.072, de 25-7-1990

•• Alínea *a* acrescentada pela Lei n. 13.964, de 24-12-2019.

b) circunstanciado pelo emprego de arma de fogo (art. 157, § 2.º-A, inciso I) ou pelo emprego de arma de fogo de uso proibido ou restrito (art. 157, § 2.º-B);

•• Alínea *b* acrescentada pela Lei n. 13.964, de 24-12-2019.

c) qualificado pelo resultado lesão corporal grave ou morte (art. 157, § 3.º);

•• Alínea *c* acrescentada pela Lei n. 13.964, de 24-12-2019.

III – extorsão qualificada pela restrição da liberdade da vítima, ocorrência de lesão corporal ou morte (art. 158, § 3.º);

•• Inciso III com redação determinada pela Lei n. 13.964, de 24-12-2019.

IV – extorsão mediante sequestro e na forma qualificada (art. 159, *caput*, e §§ 1.º, 2.º e 3.º);

•• Inciso IV com redação determinada pela Lei n. 8.930, de 6-9-1994.

V – estupro (art. 213, *caput* e §§ 1.º e 2.º);

•• Inciso V com redação determinada pela Lei n. 12.015, de 7-8-2009.

VI – estupro de vulnerável (art. 217-A, *caput* e §§ 1.º, 2.º, 3.º e 4.º);

•• Inciso VI com redação determinada pela Lei n. 12.015, de 7-8-2009.

VII – epidemia com resultado morte (art. 267, § 1.º);

•• Inciso VII com redação determinada pela Lei n. 8.930, de 6-9-1994.

VII-A – (*Vetado*);

•• Inciso VII-A acrescentado pela Lei n. 9.695, de 20-8-1998.

VII-B – falsificação, corrupção, adulteração ou alteração de produto destinado a fins terapêuticos ou medicinais (art. 273, *caput*, e § 1.º, § 1.º-A, § 1.º-B, com a redação dada pela Lei n. 9.677, de 2-7-1998);

•• Inciso VII-B acrescentado pela Lei n. 9.695, de 20-8-1998.

VIII – favorecimento da prostituição ou de outra forma de exploração sexual de criança ou adolescente ou de vulnerável (art. 218-B, *caput*, e §§ 1.º e 2.º).

•• Inciso VIII acrescentado pela Lei n. 12.978, de 21-5-2014.

IX – furto qualificado pelo emprego de explosivo ou de artefato análogo que cause perigo comum (art. 155, § 4.º-A);

•• Inciso IX acrescentado pela Lei n. 13.964, de 24-12-2019.

X – induzimento, instigação ou auxílio a suicídio ou a automutilação realizados por meio da rede de computadores, de rede social ou transmitidos em tempo real (art. 122, *caput* e § 4.º);

•• Inciso X acrescentado pela Lei n. 14.811, de 12-1-2024.

XI – sequestro e cárcere privado cometido contra menor de 18 (dezoito) anos (art. 148, § 1.º, inciso IV);

•• Inciso XI acrescentado pela Lei n. 14.811, de 12-1-2024.

XII – tráfico de pessoas cometido contra criança ou adolescente (art. 149-A, *caput*, incisos I a V, e § 1.º, inciso II).

•• Inciso XII acrescentado pela Lei n. 14.811, de 12-1-2024.

Parágrafo único. Consideram-se também hediondos, tentados ou consumados:

•• Parágrafo único, *caput*, com redação determinada pela Lei n. 13.964, de 24-12-2019.

I – o crime de genocídio, previsto nos arts. 1.º, 2.º e 3.º da Lei n. 2.889, de 1.º de outubro de 1956;

•• Inciso I acrescentado pela Lei n. 13.964, de 24-12-2019.

II – o crime de posse ou porte ilegal de arma de fogo de uso proibido, previsto no art. 16 da Lei n. 10.826, de 22 de dezembro de 2003;

•• Inciso II acrescentado pela Lei n. 13.964, de 24-12-2019.

•• *Vide* Súmula 668 do STJ.

III – o crime de comércio ilegal de armas de fogo, previsto no art. 17 da Lei n. 10.826, de 22 de dezembro de 2003;

•• Inciso III acrescentado pela Lei n. 13.964, de 24-12-2019.

IV – o crime de tráfico internacional de arma de fogo, acessório ou munição, previsto no art. 18 da Lei n. 10.826, de 22 de dezembro de 2003;

•• Inciso IV acrescentado pela Lei n. 13.964, de 24-12-2019.

V – o crime de organização criminosa, quando direcionado à prática de crime hediondo ou equiparado;

•• Inciso V acrescentado pela Lei n. 13.964, de 24-12-2019.

•• *Vide* Lei n. 12.850, de 2-8-2013.

VI – os crimes previstos no Decreto-lei n. 1.001, de 21 de outubro de 1969 (Código Penal Militar), que apresentem identidade com os crimes previstos no art. 1.º desta Lei;

•• Inciso VI acrescentado pela Lei n. 14.688, de 20-9-2023.

VII – os crimes previstos no § 1.º do art. 240 e no art. 241-B da Lei n. 8.069, de 13 de julho de 1990 (Estatuto da Criança e do Adolescente).

•• Inciso VII acrescentado pela Lei n. 14.811, de 12-1-2024.

Art. 2.º Os crimes hediondos, a prática da tortura, o tráfico ilícito de entorpecentes e drogas afins e o terrorismo são insuscetíveis de:

•• *Vide* art. 5.º, XLIII, da CF.

•• *Vide* Lei n. 9.455, de 7-4-1997.

•• *Vide* Lei n. 11.343, de 23-8-2006.

I – anistia, graça e indulto;

II – fiança.

•• Inciso II com redação determinada pela Lei n. 11.464, de 28-3-2007.

§ 1.º A pena por crime previsto neste artigo será cumprida inicialmente em regime fechado.

•• § 1.º com redação determinada pela Lei n. 11.464, de 28-3-2007.

§ 2.º (*Revogado pela Lei n. 13.964, de 24-12-2019.*)

§ 3.º Em caso de sentença condenatória, o juiz decidirá fundamentadamente se o réu poderá apelar em liberdade.

•• Primitivo § 2.º renumerado pela Lei n. 11.464, de 28-3-2007.

• *Vide* art. 594 do CPP.

§ 4.º A prisão temporária, sobre a qual dispõe a Lei n. 7.960, de 21 de dezembro de 1989, nos crimes previstos neste artigo, terá o prazo de 30 (trinta) dias, prorrogável por igual período em caso de extrema e comprovada necessidade.

•• Primitivo § 3.º renumerado pela Lei n. 11.464, de 28-3-2007.

Art. 3.º A União manterá estabelecimentos penais, de segurança máxima, destinados ao cumprimento de penas impostas a condenados de alta periculosidade, cuja permanência em presídios estaduais ponha em risco a ordem ou incolumidade pública.

Art. 8.º Será de 3 (três) a 6 (seis) anos de reclusão a pena prevista no art. 288 do Código Penal, quando se tratar de crimes hediondos, prática da tortura, tráfico ilícito de entorpecentes e drogas afins ou terrorismo.

Parágrafo único. O participante e o associado que denunciar à autoridade o bando ou quadrilha, possibilitando seu desmantelamento, terá a pena reduzida de 1 (um) a 2/3 (dois terços).

Art. 10. O art. 35 da Lei n. 6.368, de 21 de outubro de 1976, passa a vigorar acrescido de parágrafo único, com a seguinte redação:

•• Alteração prejudicada pela revogação da Lei n. 6.368, de 21-10-1976, pela Lei n. 11.343, de 23-8-2006.

Art. 12. Esta Lei entra em vigor na data de sua publicação.

Art. 13. Revogam-se as disposições em contrário.

Brasília, em 25 de julho de 1990; 169.º da Independência e 102.º da República.

Fernando Collor

LEI N. 8.078, DE 11 DE SETEMBRO DE 1990 (*)

Dispõe sobre a proteção do consumidor e dá outras providências.

O Presidente da República

Faço saber que o Congresso Nacional decreta e eu sanciono a seguinte Lei:

TÍTULO I
DOS DIREITOS DO CONSUMIDOR

Capítulo IV
DA QUALIDADE DE PRODUTOS E SERVIÇOS, DA PREVENÇÃO E DA REPARAÇÃO DOS DANOS

Seção IV
Da Decadência e da Prescrição

Art. 26. O direito de reclamar pelos vícios aparentes ou de fácil constatação caduca em:

I – 30 (trinta) dias, tratando-se de fornecimento de serviço e de produto não duráveis;

(*) Publicada no *DOU*, de 12-9-1990, em Suplemento. Retificada no *DOU*, de 10-1-2007. O Decreto n. 2.181, de 20-3-1997, dispõe sobre a organização do SNDC e estabelece as normas gerais de aplicação das sanções administrativas. O Decreto n. 11.034, de 5-4-2022, regulamenta esta Lei para fixar normas sobre o Serviço de Atendimento ao Consumidor.

A Lei n. 12.414, de 9-6-2011, disciplina a formação e consulta a bancos de dados com informações de adimplemento, de pessoas naturais ou jurídicas, para formação de histórico de crédito (cadastro positivo). O Decreto n. 7.962, de 15-3-2013, regulamenta esta Lei para dispor sobre a contratação no comércio eletrônico.

Código do Consumidor   **Lei n. 8.078, de 11-9-1990**

II – 90 (noventa) dias, tratando-se de fornecimento de serviço e de produto duráveis.

§ 1.º Inicia-se a contagem do prazo decadencial a partir da entrega efetiva do produto ou do término da execução dos serviços.

§ 2.º Obstam a decadência:

I – a reclamação comprovadamente formulada pelo consumidor perante o fornecedor de produtos e serviços até a resposta negativa correspondente, que deve ser transmitida de forma inequívoca;

II – (*vetado*);

III – a instauração de inquérito civil, até seu encerramento.

§ 3.º Tratando-se de vício oculto, o prazo decadencial inicia-se no momento em que ficar evidenciado o defeito.

Art. 27. Prescreve em 5 (cinco) anos a pretensão à reparação pelos danos causados por fato do produto ou do serviço prevista na Seção II deste Capítulo, iniciando-se a contagem do prazo a partir do conhecimento do dano e de sua autoria.

Parágrafo único. (*Vetado.*)

Título II
DAS INFRAÇÕES PENAIS

Art. 61. Constituem crimes contra as relações de consumo previstas neste Código, sem prejuízo do disposto no Código Penal e leis especiais, as condutas tipificadas nos artigos seguintes.

Art. 62. (*Vetado.*)

Art. 63. Omitir dizeres ou sinais ostensivos sobre a nocividade ou periculosidade de produtos, nas embalagens, nos invólucros, recipientes ou publicidade:

Pena – Detenção de 6 (seis) meses a 2 (dois) anos e multa.

§ 1.º Incorrerá nas mesmas penas quem deixar de alertar, mediante recomendações escritas ostensivas, sobre a periculosidade do serviço a ser prestado.

§ 2.º Se o crime é culposo:

Pena – Detenção de 1 (um) a 6 (seis) meses ou multa.

Art. 64. Deixar de comunicar à autoridade competente e aos consumidores a nocividade ou periculosidade de produtos cujo conhecimento seja posterior à sua colocação no mercado:

Pena – Detenção de 6 (seis) meses a 2 (dois) anos e multa.

Parágrafo único. Incorrerá nas mesmas penas quem deixar de retirar do mercado, imediatamente quando determinado pela autoridade competente, os produtos nocivos ou perigosos, na forma deste artigo.

Art. 65. Executar serviço de alto grau de periculosidade, contrariando determinação de autoridade competente:

Pena – Detenção de 6 (seis) meses a 2 (dois) anos e multa.

§ 1.º As penas deste artigo são aplicáveis sem prejuízo das correspondentes à lesão corporal e à morte.

•• Parágrafo único renumerado pela Lei n. 13.425, de 30-3-2017.

§ 2.º A prática do disposto no inciso XIV do art. 39 desta Lei também caracteriza o crime previsto no *caput* deste artigo.

•• § 2.º acrescentado pela Lei n. 13.425, de 30-3-2017.

Art. 66. Fazer afirmação falsa ou enganosa, ou omitir informação relevante sobre a natureza, característica, qualidade, quantidade, segurança, desempenho, durabilidade, preço ou garantia de produtos ou serviços:

Pena – Detenção de 3 (três) meses a 1 (um) ano e multa.

§ 1.º Incorrerá nas mesmas penas quem patrocinar a oferta.

§ 2.º Se o crime é culposo:

Pena – Detenção de 1 (um) a 6 (seis) meses ou multa.

Art. 67. Fazer ou promover publicidade que sabe ou deveria saber ser enganosa ou abusiva:

Pena – Detenção de 3 (três) meses a 1 (um) ano e multa.

Parágrafo único. (*Vetado.*)

Art. 68. Fazer ou promover publicidade que sabe ou deveria saber ser capaz de induzir o consumidor a se comportar de forma prejudicial ou perigosa a sua saúde ou segurança:

Pena – Detenção de 6 (seis) meses a 2 (dois) anos e multa.

Parágrafo único. (*Vetado.*)

Art. 69. Deixar de organizar dados fáticos, técnicos e científicos que dão base à publicidade:

Pena – Detenção de 1 (um) a 6 (seis) meses ou multa.

Art. 70. Empregar, na reparação de produtos, peças ou componentes de reposição usados, sem autorização do consumidor:

Pena – Detenção de 3 (três) meses a 1 (um) ano e multa.

Art. 71. Utilizar, na cobrança de dívidas, de ameaça, coação, constrangimento físico ou moral, afirmações falsas, incorretas ou enganosas ou de qualquer outro procedimento que exponha o consumidor, injustificadamente, a ridículo ou interfira com seu trabalho, descanso ou lazer:

Pena – Detenção de 3 (três) meses a 1 (um) ano e multa.

Art. 72. Impedir ou dificultar o acesso do consumidor às informações que sobre ele constem em cadastros, banco de dados, fichas ou registros:

Pena – Detenção de 6 (seis) meses a 1 (um) ano ou multa.

Art. 73. Deixar de corrigir imediatamente informação sobre consumidor constante de cadastro, banco de dados, fichas ou registros que sabe ou deveria saber ser inexata:

Pena – Detenção de 1 (um) a 6 (seis) meses ou multa.

Art. 74. Deixar de entregar ao consumidor o termo de garantia adequadamente preenchido e com especificação clara de seu conteúdo:

Pena – Detenção de 1 (um) a 6 (seis) meses ou multa.

Art. 75. Quem, de qualquer forma, concorrer para os crimes referidos neste Código incide nas penas a esses cominadas na medida de sua culpabilidade, bem como o diretor, administrador ou gerente da pessoa jurídica que promover, permitir ou por qualquer modo aprovar o fornecimento, oferta, exposição à venda ou manutenção em depósito de produtos ou a oferta e prestação de serviços nas condições por ele proibidas.

Art. 76. São circunstâncias agravantes dos crimes tipificados neste Código:

I – serem cometidos em época de grave crise econômica ou por ocasião de calamidade;

II – ocasionarem grave dano individual ou coletivo;

III – dissimular-se a natureza ilícita do procedimento;

IV – quando cometidos:

a) por servidor público, ou por pessoa cuja condição econômico-social seja manifestamente superior à da vítima;

b) em detrimento de operário ou rurícola; de menor de 18 (dezoito) ou maior de 60 (sessenta) anos ou de pessoas portadoras de deficiência mental, interditadas ou não;

V – serem praticados em operações que envolvam alimentos, medicamentos ou quaisquer outros produtos ou serviços essenciais.

Art. 77. A pena pecuniária prevista nesta Secção será fixada em dias-multa, correspondente ao mínimo e ao máximo de dias de duração da pena privativa da liberdade cominada ao crime. Na individualização desta multa, o juiz observará o disposto no art. 60, § 1.º, do Código Penal.

Art. 78. Além das penas privativas de liberdade e de multa, podem ser impostas, cumulativa ou alternadamente, observado o disposto nos arts. 44 a 47, do Código Penal:

I – a interdição temporária de direitos;

II – a publicação em órgãos de comunicação de grande circulação ou audiência, às expensas do condenado, de notícia sobre os fatos e a condenação;

III – a prestação de serviços à comunidade.

Art. 79. O valor da fiança, nas infrações de que trata este Código, será fixado pelo juiz, ou pela autoridade que presidir o inquérito, entre 100 (cem) e 200.000 (duzentas mil) vezes o valor do Bônus do Tesouro Nacional – BTN, ou índice equivalente que venha substituí-lo.

Parágrafo único. Se assim recomendar a situação econômica do indiciado ou réu, a fiança poderá ser:

a) reduzida até a metade de seu valor mínimo;

b) aumentada pelo juiz até 20 (vinte) vezes.

Art. 80. No processo penal atinente aos crimes previstos neste Código, bem como a outros crimes e contravenções que envolvam relações de consumo, poderão intervir, como assistentes do Ministério Público, os legitimados indicados no art. 82, III e IV, aos quais também é facultado propor ação penal subsidiária, se a denúncia não for oferecida no prazo legal.

Título III
DA DEFESA DO CONSUMIDOR EM JUÍZO

•• O Decreto n. 8.573, de 19-11-2015, dispõe sobre o Consumidor.gov.br, sistema alternativo de solução de conflitos de consumo, e dá outras providências.

Capítulo I
DISPOSIÇÕES GERAIS

Art. 81. A defesa dos interesses e direitos dos consumidores e das vítimas poderá ser exercida em juízo individualmente, ou a título coletivo.

Parágrafo único. A defesa coletiva será exercida quando se tratar de:

I – interesses ou direitos difusos, assim entendidos, para efeitos deste Código, os transindividuais, de natureza indivisível, de que sejam titulares pessoas indeterminadas e ligadas por circunstâncias de fato;

II – interesses ou direitos coletivos, assim entendidos, para efeitos deste Código, os transindividuais de natureza indivisível de que seja titular grupo, categoria ou classe de pessoas ligadas entre si ou com a parte contrária por uma relação jurídica base;

III – interesses ou direitos individuais homogêneos, assim entendidos os decorrentes de origem comum.

Art. 82. Para os fins do art. 81, parágrafo único, são legitimados concorrentemente:

•• *Caput* com redação determinada pela Lei n. 9.008, de 21-3-1995.

I – o Ministério Público;

II – a União, os Estados, os Municípios e o Distrito Federal;

III – as entidades e órgãos da administração pública, direta ou indireta, ainda que sem personalidade jurídica, especificamente destinados à defesa dos interesses e direitos protegidos por este Código;

IV – as associações legalmente constituídas há pelo menos 1 (um) ano e que incluam entre seus fins institucionais a defesa dos interesses e direitos protegidos por este Código, dispensada a autorização assemblear.

§ 1.º O requisito da pré-constituição pode ser dispensado pelo juiz, nas ações previstas nos arts. 91 e segs., quando haja manifesto interesse social evidenciado pela dimensão ou característica do dano, ou pela relevância do bem jurídico a ser protegido.

§§ 2.º e **3.º** (*Vetados.*)

Capítulo II
DAS AÇÕES COLETIVAS PARA A DEFESA DE INTERESSES INDIVIDUAIS HOMOGÊNEOS

Art. 91. Os legitimados de que trata o art. 82 poderão propor, em nome próprio e no interesse das vítimas ou seus sucessores, ação civil coletiva de responsabilidade pelos danos individualmente sofridos, de acordo com o disposto nos artigos seguintes.

•• Artigo com redação determinada pela Lei n. 9.008, de 21-3-1995.

Art. 92. O Ministério Público, se não ajuizar a ação, atuará sempre como fiscal da lei.

Parágrafo único. (*Vetado.*)

Art. 93. Ressalvada a competência da Justiça Federal, é competente para a causa a justiça local:

I – no foro do lugar onde ocorreu ou deva ocorrer o dano, quando de âmbito local;

II – no foro da Capital do Estado ou no do Distrito Federal, para os danos de âmbito nacional ou regional, aplicando-se as regras do Código de Processo Civil aos casos de competência concorrente.

Art. 94. Proposta a ação, será publicado edital no órgão oficial, a fim de que os interessados possam intervir no processo como litisconsortes, sem prejuízo de ampla divulgação pelos meios de comunicação social por parte dos órgãos de defesa do consumidor.

Art. 95. Em caso de procedência do pedido, a condenação será genérica, fixando a responsabilidade do réu pelos danos causados.

Art. 96. (*Vetado.*)

Art. 97. A liquidação e a execução de sentença poderão ser promovidas pela vítima e seus sucessores, assim como pelos legitimados de que trata o art. 82.

Parágrafo único. (*Vetado.*)

Art. 98. A execução poderá ser coletiva, sendo promovida pelos legitimados de que trata o art. 82, abrangendo as vítimas cujas indenizações já tiverem sido fixadas em sentença de liquidação, sem prejuízo do ajuizamento de outras execuções.

•• *Caput* com redação determinada pela Lei n. 9.008, de 21-3-1995.

§ 1.º A execução coletiva far-se-á com base em certidão das sentenças de liquidação, da qual deverá constar a ocorrência ou não do trânsito em julgado.

§ 2.º É competente para a execução o juízo:

I – da liquidação da sentença ou da ação condenatória, no caso de execução individual;

II – da ação condenatória, quando coletiva a execução.

Art. 99. Em caso de concurso de créditos decorrentes de condenação prevista na Lei n. 7.347, de 24 de julho de 1985, e de indenizações pelos prejuízos individuais resultantes do mesmo evento danoso, estas terão preferência no pagamento.

Parágrafo único. Para efeito do disposto neste artigo, a destinação da importância recolhida ao Fundo criado pela Lei n. 7.347, de 24 de julho de 1985, ficará sustada enquanto pendentes de decisão de segundo grau as ações de indenização pelos danos individuais, salvo na hipótese de o patrimônio do devedor ser manifestamente suficiente para responder pela integralidade das dívidas.

Art. 100. Decorrido o prazo de 1 (um) ano sem habilitação de interessados em número compatível com a gravidade do dano, poderão os legitimados do art. 82 promover a liquidação e execução da indenização devida.

Parágrafo único. O produto da indenização devida reverterá para o Fundo criado pela Lei n. 7.347, de 24 de julho de 1985.

......

Capítulo IV
DA COISA JULGADA

Art. 103. Nas ações coletivas de que trata este Código, a sentença fará coisa julgada:

I – *erga omnes*, exceto se o pedido for julgado improcedente por insuficiência de provas, hipótese em que qualquer legitimado poderá intentar outra ação, com idêntico fundamento, valendo-se de nova prova, na hipótese do inciso I do parágrafo único do art. 81;

II – *ultra partes*, mas limitadamente ao grupo, categoria ou classe, salvo improcedência por insuficiência de provas, nos termos do inciso anterior, quando se tratar da hipótese prevista no inciso II do parágrafo único do art. 81;

III – *erga omnes*, apenas no caso de procedência do pedido, para beneficiar todas as vítimas e seus sucessores, na hipótese do inciso III do parágrafo único do art. 81.

§ 1.º Os efeitos da coisa julgada previstos nos incisos I e II não prejudicarão interesses e direitos individuais dos integrantes da coletividade, do grupo, categoria ou classe.

§ 2.º Na hipótese prevista no inciso III, em caso de improcedência do pedido, os interessados que não tiverem intervindo no processo como litisconsortes poderão propor ação de indenização a título individual.

§ 3.º Os efeitos da coisa julgada de que cuida o art. 16, combinado com o art. 13 da Lei n. 7.347, de 24 de julho de 1985, não prejudicarão as ações de indenização por danos pessoalmente sofridos, propostas individualmente ou na forma prevista neste Código, mas, se procedente o pedido, beneficiarão as vítimas e seus sucessores, que poderão proceder à liquidação e à execução, nos termos dos arts. 96 a 99.

§ 4.º Aplica-se o disposto no parágrafo anterior à sentença penal condenatória.

Art. 104. As ações coletivas, previstas nos incisos I e II do parágrafo único do art. 81, não induzem litispendência para as ações individuais, mas os efeitos da coisa julgada *erga omnes* ou *ultra partes* a que aludem os incisos II e III do artigo anterior não beneficiarão os autores das ações individuais, se não for requerida sua suspensão no prazo de 30 (trinta) dias, a contar da ciência nos autos do ajuizamento da ação coletiva.

•• Mantivemos a remissão aos incisos I e II do parágrafo único do art. 81, conforme publicação oficial. Entendemos que o correto seria a remissão aos incisos II e III do parágrafo único do art. 81.

......

Art. 119. Revogam-se as disposições em contrário. Brasília, em 11 de setembro de 1990; 169.º da Independência e 102.º da República.

FERNANDO COLLOR

LEI N. 8.257, DE 26 DE NOVEMBRO DE 1991 (*)

Dispõe sobre a expropriação das glebas nas quais se localizem culturas ilegais de plantas psicotrópicas e dá outras providências.

O Presidente da República

Faço saber que o Congresso Nacional decreta e eu sanciono a seguinte Lei:

Art. 1.º As glebas de qualquer região do País onde forem localizadas culturas ilegais de plantas psicotrópicas serão imediatamente expropriadas e especificamente destinadas ao assentamento de colonos, para o cultivo de produtos alimentícios e medicamentosos, sem qualquer indenização ao proprietário e sem

---

(*) Publicada no *DOU*, de 27-11-1991. Regulamentada pelo Decreto n. 577, de 24-6-1992.

prejuízo de outras sanções previstas em lei, conforme o art. 243 da Constituição Federal.

Parágrafo único. Todo e qualquer bem de valor econômico apreendido em decorrência do tráfico ilícito de entorpecentes e drogas afins será confiscado e reverterá em benefício de instituições e pessoal especializado no tratamento e recuperação de viciados e no aparelhamento e custeio de atividades de fiscalização, controle, prevenção e repressão do crime de tráfico dessas substâncias.

Art. 2.º Para efeito desta Lei, plantas psicotrópicas são aquelas que permitem a obtenção de substância entorpecente proscrita, plantas estas elencadas no rol emitido pelo órgão sanitário competente do Ministério da Saúde.

Parágrafo único. A autorização para a cultura de plantas psicotrópicas será concedida pelo órgão competente do Ministério da Saúde, atendendo exclusivamente a finalidades terapêuticas e científicas.

Art. 3.º A cultura das plantas psicotrópicas caracteriza-se pelo preparo da terra destinada à semeadura, ou plantio, ou colheita.

Art. 4.º As glebas referidas nesta Lei, sujeitas à expropriação, são aquelas possuídas a qualquer título.

Parágrafo único. (*Vetado.*)

Art. 5.º (*Vetado.*)

Art. 6.º A ação expropriatória seguirá o procedimento judicial estabelecido nesta Lei.

Art. 7.º Recebida a inicial, o juiz determinará a citação dos expropriados, no prazo de 5 (cinco) dias.

§ 1.º Ao ordenar a citação, o juiz nomeará perito.

§ 2.º Após a investidura, o perito terá 8 (oito) dias de prazo para entregar o laudo em cartório.

Art. 8.º O prazo para contestação e indicação de assistentes técnicos será de 10 (dez) dias, a contar da data da juntada do mandado de citação aos autos.

Art. 9.º O juiz determinará audiência de instrução e julgamento para dentro de 15 (quinze) dias, a contar da data da contestação.

Art. 10. O juiz poderá imitir, liminarmente, a União na posse do imóvel expropriando, garantindo-se o contraditório pela realização de audiência de justificação.

Art. 11. Na audiência de instrução e julgamento cada parte poderá indicar até 5 (cinco) testemunhas.

Art. 12. É vedado o adiamento da audiência, salvo motivo de força maior, devidamente justificado.

Parágrafo único. Se a audiência, pela impossibilidade da produção de toda a prova oral no mesmo dia, tiver que ser postergada, em nenhuma hipótese será ela marcada para data posterior a 3 (três) dias.

Art. 13. Encerrada a instrução, o juiz prolatará a sentença em 5 (cinco) dias.

Art. 14. Da sentença caberá recurso na forma da lei processual.

Art. 15. Transitada em julgado a sentença expropriatória, o imóvel será incorporado ao patrimônio da União.

Parágrafo único. Se a gleba expropriada nos termos desta Lei, após o trânsito em julgado da sentença, não puder ter em 120 (cento e vinte) dias a destinação prevista no art. 1.º, ficará incorporada ao patrimônio da União, reservada, até que sobrevenham as condições necessárias àquela utilização.

Art. 16. (*Vetado.*)

Art. 17. A expropriação de que trata esta Lei prevalecerá sobre direitos reais de garantia, não se admitindo embargos de terceiro, fundados em dívida hipotecária, anticrética ou pignoratícia.

Arts. 18 e 19. (*Vetados.*)

Art. 20. O não cumprimento dos prazos previstos nesta Lei sujeitará o funcionário público responsável ou o perito judicial à multa diária, a ser fixada pelo juiz.

Arts. 21 e 22. (*Vetados.*)

Art. 23. Aplicam-se subsidiariamente as normas do Código de Processo Civil.

Art. 24. Esta Lei entra em vigor na data de sua publicação.

Art. 25. Revogam-se as disposições em contrário.

Brasília, em 26 de novembro de 1991; 170.º da Independência e 103.º da República.

Fernando Collor

LEI N. 8.658, DE 26 DE MAIO DE 1993 (*)

Dispõe sobre a aplicação, nos Tribunais de Justiça e nos Tribunais Regionais Federais, das normas da Lei n. 8.038, de 28 de maio de 1990, sobre ações penais originárias.

(*) Publicada no *DOU*, de 27-5-1993.

O Presidente da Câmara dos Deputados no exercício do cargo de Presidente da República

Faço saber que o Congresso Nacional decreta e eu sanciono a seguinte Lei:

Art. 1.º As normas dos arts. 1.º a 12, inclusive, da Lei n. 8.038, de 28 de maio de 1990, aplicam-se às ações penais de competência originária dos Tribunais de Justiça dos Estados e do Distrito Federal, e dos Tribunais Regionais Federais.

Art. 2.º Esta Lei entra em vigor na data de sua publicação.

Art. 3.º Revogam-se o Título III do Livro II do Decreto-lei n. 3.689, de 3 de outubro de 1941, e demais disposições em contrário.

Brasília, 26 de maio de 1993; 172.º da Independência e 105.º da República.

INOCÊNCIO OLIVEIRA

LEI N. 9.051, DE 18 DE MAIO DE 1995 (*)

Dispõe sobre a expedição de certidões para a defesa de direitos e esclarecimentos de situações.

O Presidente da República

Faço saber que o Congresso Nacional decreta e eu sanciono a seguinte Lei:

Art. 1.º As certidões para a defesa de direitos e esclarecimentos de situações, requeridas aos órgãos da administração centralizada ou autárquica, às empresas públicas, às sociedades de economia mista e às fundações públicas da União, dos Estados, do Distrito Federal e dos Municípios, deverão ser expedidas no prazo improrrogável de 15 (quinze) dias, contado do registro do pedido no órgão expedidor.

Art. 2.º Nos requerimentos que objetivam a obtenção das certidões a que se refere esta Lei, deverão os interessados fazer constar esclarecimentos relativos aos fins e razões do pedido.

Art. 3.º (*Vetado*.)

Art. 4.º Esta Lei entra em vigor na data de sua publicação.

(*) Publicada no *DOU*, de 19-5-1995.

Art. 5.º Revogam-se as disposições em contrário.

Brasília, 18 de maio de 1995; 174.º da Independência e 107.º da República.

FERNANDO HENRIQUE CARDOSO

LEI N. 9.099, DE 26 DE SETEMBRO DE 1995 (**)

Dispõe sobre os Juizados Especiais Cíveis e Criminais e dá outras providências.

O Presidente da República

Faço saber que o Congresso Nacional decreta e eu sanciono a seguinte Lei:

Capítulo I
DISPOSIÇÕES GERAIS

Art. 1.º Os Juizados Especiais Cíveis e Criminais, órgãos da Justiça Ordinária, serão criados pela União, no Distrito Federal e nos Territórios, e pelos Estados, para conciliação, processo, julgamento e execução, nas causas de sua competência.

Art. 2.º O processo orientar-se-á pelos critérios da oralidade, simplicidade, informalidade, economia processual e celeridade, buscando, sempre que possível, a conciliação ou a transação.

Capítulo II
DOS JUIZADOS ESPECIAIS CÍVEIS

Seção I
Da Competência

Art. 3.º O Juizado Especial Cível tem competência para conciliação, processo e julgamento das causas cíveis de menor complexidade, assim consideradas:

I – as causas cujo valor não exceda a 40 (quarenta) vezes o salário mínimo;

•• O Decreto n. 11.864, de 27-12-2023, estabelece que, a partir de 1.º-1-2024, o salário mínimo será de R$ 1.412,00 (mil quatrocentos e doze reais).

(**) Publicada no *DOU*, de 27-9-1995. *Vide* Lei n. 10.259 de 12-7-2001, que dispõe sobre a instituição dos Juizados Especiais Cíveis e Criminais no âmbito da Justiça Federal.

Juizados Especiais   Lei n. 9.099, de 26-9-1995

II – as enumeradas no art. 275, inciso II, do Código de Processo Civil;

•• A referência é feita a dispositivo do CPC de 1973. Sem correspondência no CPC de 2015.

•• O art. 1.063 do CPC de 2015 estabelece que, até a edição de lei específica, os juizados especiais cíveis previstos na Lei n. 9.099, de 26-9-1995, continuam competentes para o processamento e julgamento das causas previstas no art. 275, II, do CPC de 1973. Citado artigo dispunha:

> "Art. 275. Observar-se-á o procedimento sumário:
>
> II – nas causas, qualquer que seja o valor:
>
> *a)* de arrendamento rural e de parceria agrícola;
>
> *b)* de cobrança ao condômino de quaisquer quantias devidas ao condomínio;
>
> *c)* de ressarcimento por danos em prédio urbano ou rústico;
>
> *d)* de ressarcimento por danos causados em acidente de veículo de via terrestre;
>
> *e)* de cobrança de seguro, relativamente aos danos causados em acidente de veículo, ressalvados os casos de processo de execução;
>
> *f)* de cobrança de honorários dos profissionais liberais, ressalvado o disposto em legislação especial;
>
> *g)* que versem sobre revogação de doação;
>
> *h)* nos demais casos previstos em lei.

III – a ação de despejo para uso próprio;

IV – as ações possessórias sobre bens imóveis de valor não excedente ao fixado no inciso I deste artigo.

§ 1.º Compete ao Juizado Especial promover a execução:

I – dos seus julgados;

II – dos títulos executivos extrajudiciais, no valor de até 40 (quarenta) vezes o salário mínimo, observado o disposto no § 1.º do art. 8.º desta Lei.

§ 2.º Ficam excluídas da competência do Juizado Especial as causas de natureza alimentar, falimentar, fiscal e de interesse da Fazenda Pública, e também as relativas a acidentes de trabalho, a resíduos e ao estado e capacidade das pessoas, ainda que de cunho patrimonial.

§ 3.º A opção pelo procedimento previsto nesta Lei importará em renúncia ao crédito excedente ao limite estabelecido neste artigo, excetuada a hipótese de conciliação.

Art. 4.º É competente, para as causas previstas nesta Lei, o Juizado do foro:

I – do domicílio do réu ou, a critério do autor, do local onde aquele exerça atividades profissionais ou econômicas ou mantenha estabelecimento, filial, agência, sucursal ou escritório;

II – do lugar onde a obrigação deva ser satisfeita;

III – do domicílio do autor ou do local do ato ou fato, nas ações para reparação de dano de qualquer natureza.

Parágrafo único. Em qualquer hipótese, poderá a ação ser proposta no foro previsto no inciso I deste artigo.

Seção II
Do Juiz, dos Conciliadores e dos Juízes Leigos

Art. 5.º O juiz dirigirá o processo com liberdade para determinar as provas a serem produzidas, para apreciá-las e para dar especial valor às regras de experiência comum ou técnica.

Art. 6.º O juiz adotará em cada caso a decisão que reputar mais justa e equânime, atendendo aos fins sociais da lei e às exigências do bem comum.

Art. 7.º Os conciliadores e juízes leigos são auxiliares da Justiça, recrutados os primeiros, preferentemente, entre os bacharéis em Direito, e os segundos, entre advogados com mais de 5 (cinco) anos de experiência.

Parágrafo único. Os juízes leigos ficarão impedidos de exercer a advocacia perante os Juizados Especiais, enquanto no desempenho de suas funções.

Seção III
Das Partes

Art. 8.º Não poderão ser partes, no processo instituído por esta Lei, o incapaz, o preso, as pessoas jurídicas de direito público, as empresas públicas da União, a massa falida e o insolvente civil.

§ 1.º Somente serão admitidas a propor ação perante o Juizado Especial:

•• *Caput* com redação determinada pela Lei n. 12.126, de 16-12-2009.

I – as pessoas físicas capazes, excluídos os cessionários de direito de pessoas jurídicas;

•• Inciso I acrescentado pela Lei n. 12.126, de 16-12-2009.

II – as pessoas enquadradas como microempreendedoras individuais, microempresas e empresas de pe-

Lei n. 9.099, de 26-9-1995 — Juizados Especiais

queno porte na forma da Lei Complementar n. 123, de 14 de dezembro de 2006;

•• Inciso II com redação determinada pela Lei Complementar n. 147, de 7-8-2014.

III – as pessoas jurídicas qualificadas como Organização da Sociedade Civil de Interesse Público, nos termos da Lei n. 9.790, de 23 de março de 1999;

•• Inciso III acrescentado pela Lei n. 12.126, de 16-12-2009.

IV – as sociedades de crédito ao microempreendedor, nos termos do art. 1.º da Lei n. 10.194, de 14 de fevereiro de 2001.

•• Inciso IV acrescentado pela Lei n. 12.126, de 16-12-2009.

§ 2.º O maior de 18 (dezoito) anos poderá ser autor, independentemente de assistência, inclusive para fins de conciliação.

Art. 9.º Nas causas de valor até 20 (vinte) salários mínimos, as partes comparecerão pessoalmente, podendo ser assistidas por advogado; nas de valor superior, a assistência é obrigatória.

§ 1.º Sendo facultativa a assistência, se uma das partes comparecer assistida por advogado, ou se o réu for pessoa jurídica ou firma individual, terá a outra parte, se quiser, assistência judiciária prestada por órgão instituído junto ao Juizado Especial, na forma da lei local.

§ 2.º O juiz alertará as partes da conveniência do patrocínio por advogado, quando a causa o recomendar.

§ 3.º O mandato ao advogado poderá ser verbal, salvo quanto aos poderes especiais.

§ 4.º O réu, sendo pessoa jurídica ou titular de firma individual, poderá ser representado por preposto credenciado, munido de carta de preposição com poderes para transigir, sem haver necessidade de vínculo empregatício.

•• § 4.º com redação determinada pela Lei n. 12.137, de 18-12-2009.

Art. 10. Não se admitirá, no processo, qualquer forma de intervenção de terceiro nem de assistência. Admitir-se-á o litisconsórcio.

Art. 11. O Ministério Público intervirá nos casos previstos em lei.

Seção IV
Dos Atos Processuais

Art. 12. Os atos processuais serão públicos e poderão realizar-se em horário noturno, conforme dispuserem as normas de organização judiciária.

Art. 12-A. Na contagem de prazo em dias, estabelecido por lei ou pelo juiz, para a prática de qualquer ato processual, inclusive para a interposição de recursos, computar-se-ão somente os dias úteis.

•• Artigo acrescentado pela Lei n. 13.728, de 31-10-2018.

Art. 13. Os atos processuais serão válidos sempre que preencherem as finalidades para as quais forem realizados, atendidos os critérios indicados no art. 2.º desta Lei.

§ 1.º Não se pronunciará qualquer nulidade sem que tenha havido prejuízo.

§ 2.º A prática de atos processuais em outras comarcas poderá ser solicitada por qualquer meio idôneo de comunicação.

§ 3.º Apenas os atos considerados essenciais serão registrados resumidamente, em notas manuscritas, datilografadas, taquigrafadas ou estenotipadas. Os demais atos poderão ser gravados em fita magnética ou equivalente, que será inutilizada após o trânsito em julgado da decisão.

§ 4.º As normas locais disporão sobre a conservação das peças do processo e demais documentos que o instruem.

Seção V
Do Pedido

Art. 14. O processo instaurar-se-á com a apresentação do pedido, escrito ou oral, à Secretaria do Juizado.

§ 1.º Do pedido constarão, de forma simples e em linguagem acessível:

I – o nome, a qualificação e o endereço das partes;

II – os fatos e os fundamentos, de forma sucinta;

III – o objeto e seu valor.

§ 2.º É lícito formular pedido genérico quando não for possível determinar, desde logo, a extensão da obrigação.

§ 3.º O pedido oral será reduzido a escrito pela Secretaria do Juizado, podendo ser utilizado o sistema de fichas ou formulários impressos.

Art. 15. Os pedidos mencionados no art. 3.º desta Lei poderão ser alternativos ou cumulados; nesta última hipótese, desde que conexos e a soma não ultrapasse o limite fixado naquele dispositivo.

Art. 16. Registrado o pedido, independentemente de distribuição e autuação, a Secretaria do Juizado designará a sessão de conciliação, a realizar-se no prazo de 15 (quinze) dias.

Art. 17. Comparecendo inicialmente ambas as partes, instaurar-se-á, desde logo, a sessão de conciliação, dispensados o registro prévio de pedido e a citação.

Parágrafo único. Havendo pedidos contrapostos, poderá ser dispensada a contestação formal e ambos serão apreciados na mesma sentença.

Seção VI
Das Citações e Intimações

Art. 18. A citação far-se-á:

I – por correspondência, com aviso de recebimento em mão própria;

II – tratando-se de pessoa jurídica ou firma individual, mediante entrega ao encarregado da recepção, que será obrigatoriamente identificado;

III – sendo necessário, por oficial de justiça, independentemente de mandado ou carta precatória.

§ 1.º A citação conterá cópia do pedido inicial, dia e hora para comparecimento do citando e advertência de que, não comparecendo este, considerar-se-ão verdadeiras as alegações iniciais, e será proferido julgamento, de plano.

§ 2.º Não se fará citação por edital.

§ 3.º O comparecimento espontâneo suprirá a falta ou nulidade da citação.

Art. 19. As intimações serão feitas na forma prevista para citação, ou por qualquer outro meio idôneo de comunicação.

§ 1.º Dos atos praticados na audiência, considerar-se-ão desde logo cientes as partes.

§ 2.º As partes comunicarão ao juízo as mudanças de endereço ocorridas no curso do processo, reputando-se eficazes as intimações enviadas ao local anteriormente indicado, na ausência da comunicação.

Seção VII
Da Revelia

Art. 20. Não comparecendo o demandado à sessão de conciliação ou à audiência de instrução e julgamento, reputar-se-ão verdadeiros os fatos alegados no pedido inicial, salvo se o contrário resultar da convicção do juiz.

Seção VIII
Da Conciliação e do Juízo Arbitral

Art. 21. Aberta a sessão, o juiz togado ou leigo esclarecerá às partes presentes sobre as vantagens da conciliação, mostrando-lhes os riscos e as consequências do litígio, especialmente quanto ao disposto no § 3.º do art. 3.º desta Lei.

Art. 22. A conciliação será conduzida pelo juiz togado ou leigo ou por conciliador sob sua orientação.

§ 1.º Obtida a conciliação, esta será reduzida a escrito e homologada pelo Juiz togado mediante sentença com eficácia de título executivo.

** Parágrafo único renumerado pela Lei n. 13.994, de 24-4-2020.

§ 2.º É cabível a conciliação não presencial conduzida pelo Juizado mediante o emprego dos recursos tecnológicos disponíveis de transmissão de sons e imagens em tempo real, devendo o resultado da tentativa de conciliação ser reduzido a escrito com os anexos pertinentes.

•• § 2.º acrescentado pela Lei n. 13.994, de 24-4-2020.

Art. 23. Se o demandado não comparecer ou recusar-se a participar da tentativa de conciliação não presencial, o Juiz togado proferirá sentença.

•• Artigo com redação determinada pela Lei n. 13.994, de 24-4-2020.

Art. 24. Não obtida a conciliação, as partes poderão optar, de comum acordo, pelo juízo arbitral, na forma prevista nesta Lei.

§ 1.º O juízo arbitral considerar-se-á instaurado, independentemente de termo de compromisso, com a escolha do árbitro pelas partes. Se este não estiver presente, o juiz convocá-lo-á e designará, de imediato, a data para a audiência de instrução.

§ 2.º O árbitro será escolhido dentre os juízes leigos.

Art. 25. O árbitro conduzirá o processo com os mesmos critérios do juiz, na forma dos arts. 5.º e 6.º desta Lei, podendo decidir por equidade.

Art. 26. Ao término da instrução, ou nos 5 (cinco) dias subsequentes, o árbitro apresentará o laudo ao juiz togado para homologação por sentença irrecorrível.

Seção IX
Da Instrução e Julgamento

Art. 27. Não instituído o juízo arbitral, proceder-se-á imediatamente à audiência de instrução e julgamento, desde que não resulte prejuízo para a defesa.

Parágrafo único. Não sendo possível sua realização imediata, será a audiência designada para um dos 15 (quinze) dias subsequentes, cientes, desde logo, as partes e testemunhas eventualmente presentes.

Art. 28. Na audiência de instrução e julgamento serão ouvidas as partes, colhida a prova e, em seguida, proferida a sentença.

Art. 29. Serão decididos de plano todos os incidentes que possam interferir no regular prosseguimento da audiência. As demais questões serão decididas na sentença.

Parágrafo único. Sobre os documentos apresentados por uma das partes, manifestar-se-á imediatamente a parte contrária, sem interrupção da audiência.

Seção X
Da Resposta do Réu

Art. 30. A contestação, que será oral ou escrita, conterá toda matéria de defesa, exceto arguição de suspeição ou impedimento do juiz, que se processará na forma da legislação em vigor.

Art. 31. Não se admitirá a reconvenção. É lícito ao réu, na contestação, formular pedido em seu favor, nos limites do art. 3.º desta Lei, desde que fundado nos mesmos fatos que constituem objeto da controvérsia.

Parágrafo único. O autor poderá responder ao pedido do réu na própria audiência ou requerer a designação da nova data, que será desde logo fixada, cientes todos os presentes.

Seção XI
Das Provas

Art. 32. Todos os meios de prova moralmente legítimos, ainda que não especificados em lei, são hábeis para provar a veracidade dos fatos alegados pelas partes.

Art. 33. Todas as provas serão produzidas na audiência de instrução e julgamento, ainda que não requeridas previamente, podendo o juiz limitar ou excluir as que considerar excessivas, impertinentes ou protelatórias.

Art. 34. As testemunhas, até o máximo de 3 (três) para cada parte, comparecerão à audiência de instrução e julgamento levadas pela parte que as tenha arrolado, independentemente de intimação, ou mediante esta, se assim for requerido.

§ 1.º O requerimento para intimação das testemunhas será apresentado à Secretaria no mínimo 5 (cinco) dias antes da audiência de instrução e julgamento.

§ 2.º Não comparecendo a testemunha intimada, o juiz poderá determinar sua imediata condução, valendo-se, se necessário, do concurso da força pública.

Art. 35. Quando a prova do fato exigir, o juiz poderá inquirir técnicos de sua confiança, permitida às partes a apresentação de parecer técnico.

Parágrafo único. No curso da audiência, poderá o juiz, de ofício ou a requerimento das partes, realizar inspeção em pessoas ou coisas, ou determinar que o faça pessoa de sua confiança, que lhe relatará informalmente o verificado.

Art. 36. A prova oral não será reduzida a escrito, devendo a sentença referir, no essencial, os informes trazidos nos depoimentos.

Art. 37. A instrução poderá ser dirigida por juiz leigo, sob a supervisão de juiz togado.

Seção XII
Da Sentença

Art. 38. A sentença mencionará os elementos de convicção do juiz, com breve resumo dos fatos relevantes ocorridos em audiência, dispensado o relatório.

Parágrafo único. Não se admitirá sentença condenatória por quantia ilíquida, ainda que genérico o pedido.

Art. 39. É ineficaz a sentença condenatória na parte que exceder a alçada estabelecida nesta Lei.

Art. 40. O juiz leigo que tiver dirigido a instrução proferirá sua decisão e imediatamente a submeterá ao juiz togado, que poderá homologá-la, proferir outra em substituição ou, antes de se manifestar, determinar a realização de atos probatórios indispensáveis.

Art. 41. Da sentença, excetuada a homologatória de conciliação ou laudo arbitral, caberá recurso para o próprio Juizado.

§ 1.º O recurso será julgado por uma turma composta por 3 (três) juízes togados, em exercício no primeiro grau de jurisdição, reunidos na sede do Juizado.

§ 2.º No recurso, as partes serão obrigatoriamente representadas por advogado.

Art. 42. O recurso será interposto no prazo de 10 (dez) dias, contados da ciência da sentença, por petição escrita, da qual constarão as razões e o pedido do recorrente.

§ 1.º O preparo será feito, independentemente de intimação, nas 48 (quarenta e oito) horas seguintes à interposição, sob pena de deserção.

§ 2.º Após o preparo, a Secretaria intimará o recorrido para oferecer resposta escrita no prazo de 10 (dez) dias.

Art. 43. O recurso terá somente efeito devolutivo, podendo o juiz dar-lhe efeito suspensivo, para evitar dano irreparável para a parte.

Art. 44. As partes poderão requerer a transcrição da gravação da fita magnética a que alude o § 3.º do art. 13 desta Lei, correndo por conta do requerente as despesas respectivas.

Art. 45. As partes serão intimadas da data da sessão de julgamento.

Art. 46. O julgamento em segunda instância constará apenas da ata, com a indicação suficiente do processo, fundamentação sucinta e parte dispositiva. Se a sentença for confirmada pelos próprios fundamentos, a súmula do julgamento servirá de acórdão.

Art. 47. (Vetado.)

Seção XIII
Dos Embargos de Declaração

Art. 48. Caberão embargos de declaração contra sentença ou acórdão nos casos previstos no Código de Processo Civil.

•• *Caput* com redação determinada pela Lei n. 13.105, de 16-3-2015.

• Embargos de Declaração: arts. 1.022 a 1.026 do CPC.

Parágrafo único. Os erros materiais podem ser corrigidos de ofício.

Art. 49. Os embargos de declaração serão interpostos por escrito ou oralmente, no prazo de 5 (cinco) dias, contados da ciência da decisão.

Art. 50. Os embargos de declaração interrompem o prazo para a interposição de recurso.

•• Artigo com redação determinada pela Lei n. 13.105, de 16-3-2015.

Seção XIV
Da Extinção do Processo sem Julgamento do Mérito

Art. 51. Extingue-se o processo, além dos casos previstos em Lei:

I – quando o autor deixar de comparecer a qualquer das audiências do processo;

II – quando inadmissível o procedimento instituído por esta Lei ou seu prosseguimento, após a conciliação;

III – quando for reconhecida a incompetência territorial;

IV – quando sobrevier qualquer dos impedimentos previstos no art. 8.º desta Lei;

V – quando, falecido o autor, a habilitação depender de sentença ou não se der no prazo de 30 (trinta) dias;

VI – quando, falecido o réu, o autor não promover a citação dos sucessores no prazo de 30 (trinta) dias da ciência do fato.

§ 1.º A extinção do processo independerá, em qualquer hipótese, de prévia intimação pessoal das partes.

§ 2.º No caso do inciso I deste artigo, quando comprovar que a ausência decorre de força maior, a parte poderá ser isentada, pelo juiz, do pagamento de custas.

Seção XV
Da Execução

Art. 52. A execução da sentença processar-se-á no próprio Juizado, aplicando-se, no que couber, o disposto no Código de Processo Civil, com as seguintes alterações:

I – as sentenças serão necessariamente líquidas, contendo a conversão em Bônus do Tesouro Nacional – BTN ou índice equivalente;

II – os cálculos de conversão de índices, de honorários, de juros e de outras parcelas serão efetuados por servidor judicial;

III – a intimação da sentença será feita, sempre que possível, na própria audiência em que for proferida. Nessa intimação, o vencido será instado a cumprir a sentença tão logo ocorra seu trânsito em julgado, e advertido dos efeitos do seu descumprimento (inc. V);

IV – não cumprida voluntariamente a sentença transitada em julgado, e tendo havido solicitação do interessado, que poderá ser verbal, proceder-se-á desde logo à execução, dispensada nova citação;

V – nos casos de obrigação de entregar, de fazer, ou de não fazer, o juiz, na sentença ou na fase de execução, cominará multa diária, arbitrada de acordo com as condições econômicas do devedor, para a hipótese de inadimplemento. Não cumprida a obrigação, o credor poderá requerer a elevação do valor da multa ou a transformação da condenação em perdas e danos, que o juiz de imediato arbitrará, seguindo-se a execução por quantia certa, incluída a multa vencida de obrigação de dar, quando evidenciada a malícia do devedor na execução do julgado;

VI – na obrigação de fazer, o juiz pode determinar o cumprimento por outrem, fixado o valor que o devedor deve depositar para as despesas, sob pena de multa diária;

VII – na alienação forçada dos bens, o juiz poderá autorizar o devedor, o credor ou a terceira pessoa idônea a tratar da alienação do bem penhorado, a qual se aperfeiçoará em juízo até a data fixada para a praça ou leilão. Sendo o preço inferior ao da avaliação, as partes serão ouvidas. Se o pagamento não for à vista, será oferecida caução idônea, nos casos de alienação de bem móvel, ou hipotecado o imóvel;

VIII – é dispensada a publicação de editais em jornais, quando se tratar de alienação de bens de pequeno valor;

IX – o devedor poderá oferecer embargos, nos autos da execução, versando sobre:

a) falta ou nulidade da citação no processo, se ele correu à revelia;

b) manifesto excesso de execução;

c) erro de cálculo;

d) causa impeditiva, modificativa ou extintiva da obrigação, superveniente à sentença.

Art. 53. A execução de título executivo extrajudicial, no valor de até 40 (quarenta) salários mínimos, obedecerá ao disposto no Código de Processo Civil, com as modificações introduzidas por esta Lei.

§ 1.º Efetuada a penhora, o devedor será intimado a comparecer à audiência de conciliação, quando poderá oferecer embargos (art. 52, IX), por escrito ou verbalmente.

§ 2.º Na audiência, será buscado o meio mais rápido e eficaz para a solução do litígio, se possível com dispensa da alienação judicial, devendo o conciliador propor, entre outras medidas cabíveis, o pagamento do débito a prazo ou a prestação, a dação em pagamento ou a imediata adjudicação do bem penhorado.

§ 3.º Não apresentados os embargos em audiência, ou julgados improcedentes, qualquer das partes poderá requerer ao juiz a adoção de uma das alternativas do parágrafo anterior.

§ 4.º Não encontrado o devedor ou inexistindo bens penhoráveis, o processo será imediatamente extinto, devolvendo-se os documentos ao autor.

Seção XVI
Das Despesas

Art. 54. O acesso ao Juizado Especial independerá, em primeiro grau de jurisdição, do pagamento de custas, taxas ou despesas.

Parágrafo único. O preparo do recurso, na forma do § 1.º do art. 42 desta Lei, compreenderá todas as despesas processuais, inclusive aquelas dispensadas em primeiro grau de jurisdição, ressalvada a hipótese de assistência judiciária gratuita.

Art. 55. A sentença de primeiro grau não condenará o vencido em custas e honorários de advogado, ressalvados os casos de litigância de má-fé. Em segundo grau, o recorrente, vencido, pagará as custas e honorários de advogado, que serão fixados entre 10% (dez por cento) e 20% (vinte por cento) do valor da condenação ou, não havendo condenação, do valor corrigido da causa.

Parágrafo único. Na execução não serão contadas custas, salvo quando:

I – reconhecida a litigância de má-fé;

•• Da litigância de má-fé no CPC: art. 80.

II – improcedentes os embargos do devedor;

III – tratar-se de execução de sentença que tenha sido objeto de recurso improvido do devedor.

Seção XVII
Disposições Finais

Art. 56. Instituído o Juizado Especial, serão implantadas as curadorias necessárias e o serviço de assistência judiciária.

Art. 57. O acordo extrajudicial, de qualquer natureza ou valor, poderá ser homologado, no juízo competente, independentemente de termo, valendo a sentença como título executivo judicial.

Parágrafo único. Valerá como título extrajudicial o acordo celebrado pelas partes, por instrumento escrito, referendado pelo órgão competente do Ministério Público.

Art. 58. As normas de organização judiciária local poderão estender a conciliação prevista nos arts. 22 e 23 a causas não abrangidas por esta Lei.

Art. 59. Não se admitirá ação rescisória nas causas sujeitas ao procedimento instituído por esta Lei.

Capítulo III
DOS JUIZADOS ESPECIAIS CRIMINAIS

DISPOSIÇÕES GERAIS

•• *Vide* art. 48, § 1.º, da Lei n. 11.343, de 23-8-2006.

Art. 60. O Juizado Especial Criminal, provido por juízes togados ou togados e leigos, tem competência para a conciliação, o julgamento e a execução das infrações penais de menor potencial ofensivo, respeitadas as regras de conexão e continência.

Juizados Especiais — Lei n. 9.099, de 26-9-1995

•• *Caput* com redação determinada pela Lei n. 11.313, de 28-6-2006.

Parágrafo único. Na reunião de processos, perante o juízo comum ou o tribunal do júri, decorrentes da aplicação das regras de conexão e continência, observar-se-ão os institutos da transação penal e da composição dos danos civis.

•• Parágrafo único acrescentado pela Lei n. 11.313, de 28-6-2006.

Art. 61. Consideram-se infrações penais de menor potencial ofensivo, para os efeitos desta Lei, as contravenções penais e os crimes a que a lei comine pena máxima não superior a 2 (dois) anos, cumulada ou não com multa.

•• Artigo com redação determinada pela Lei n. 11.313, de 28-6-2006.

Art. 62. O processo perante o Juizado Especial orientar-se-á pelos critérios da oralidade, simplicidade, informalidade, economia processual e celeridade, objetivando, sempre que possível, a reparação dos danos sofridos pela vítima e a aplicação de pena não privativa de liberdade.

•• Artigo com redação determinada pela Lei n. 13.603, de 9-1-2018.

Seção I
Da Competência e dos Atos Processuais

Art. 63. A competência do Juizado será determinada pelo lugar em que foi praticada a infração penal.

Art. 64. Os atos processuais serão públicos e poderão realizar-se em horário noturno e em qualquer dia da semana, conforme dispuserem as normas de organização judiciária.

Art. 65. Os atos processuais serão válidos sempre que preencherem as finalidades para as quais foram realizados, atendidos os critérios indicados no art. 62 desta Lei.

§ 1.º Não se pronunciará qualquer nulidade sem que tenha havido prejuízo.

§ 2.º A prática de atos processuais em outras comarcas poderá ser solicitada por qualquer meio hábil de comunicação.

§ 3.º Serão objeto de registro escrito exclusivamente os atos havidos por essenciais. Os atos realizados em audiência de instrução e julgamento poderão ser gravados em fita magnética ou equivalente.

Art. 66. A citação será pessoal e far-se-á no próprio Juizado, sempre que possível, ou por mandado.

Parágrafo único. Não encontrado o acusado para ser citado, o juiz encaminhará as peças existentes ao juízo comum para adoção do procedimento previsto em lei.

Art. 67. A intimação far-se-á por correspondência, com aviso de recebimento pessoal ou, tratando-se de pessoa jurídica ou firma individual, mediante entrega ao encarregado da recepção, que será obrigatoriamente identificado, ou, sendo necessário, por oficial de justiça, independentemente de mandado ou carta precatória, ou ainda por qualquer meio idôneo de comunicação.

Parágrafo único. Dos atos praticados em audiência considerar-se-ão desde logo cientes as partes, os interessados e defensores.

Art. 68. Do ato de intimação do autor do fato e do mandado de citação do acusado, constará a necessidade de seu comparecimento acompanhado de advogado, com a advertência de que, na sua falta, ser-lhe-á designado defensor público.

Seção II
Da Fase Preliminar

Art. 69. A autoridade policial que tomar conhecimento da ocorrência lavrará termo circunstanciado e o encaminhará imediatamente ao Juizado, com o autor do fato e a vítima, providenciando-se as requisições dos exames periciais necessários.

Parágrafo único. Ao autor do fato que, após a lavratura do termo, for imediatamente encaminhado ao juizado ou assumir o compromisso de a ele comparecer, não se imporá prisão em flagrante, nem se exigirá fiança. Em caso de violência doméstica, o juiz poderá determinar, como medida de cautela, seu afastamento do lar, domicílio ou local de convivência com a vítima.

•• Parágrafo único com redação determinada pela Lei n. 10.455, de 13-5-2002.

•• *Vide* art. 41 da Lei n. 11.340, de 7-8-2006.

Art. 70. Comparecendo o autor do fato e a vítima, e não sendo possível a realização imediata da audiência preliminar, será designada data próxima, da qual ambos sairão cientes.

Art. 71. Na falta do comparecimento de qualquer dos envolvidos, a Secretaria providenciará sua intimação e, se for o caso, do responsável civil, na forma dos arts. 67 e 68 desta Lei.

Art. 72. Na audiência preliminar, presente o representante do Ministério Público, o autor do fato e a vítima e, se possível, o responsável civil, acompanhados por seus advogados, o juiz esclarecerá sobre a possibilidade da composição dos danos e da aceitação da proposta de aplicação imediata de pena não privativa de liberdade.

Art. 73. A conciliação será conduzida pelo juiz ou por conciliador sob sua orientação.

Parágrafo único. Os conciliadores são auxiliares da Justiça, recrutados, na forma da lei local, preferentemente entre bacharéis em Direito, excluídos os que exerçam funções na administração da Justiça Criminal.

Art. 74. A composição dos danos civis será reduzida a escrito e, homologada pelo juiz mediante sentença irrecorrível, terá eficácia de título a ser executado no juízo civil competente.

Parágrafo único. Tratando-se de ação penal de iniciativa privada ou de ação penal pública condicionada à representação, o acordo homologado acarreta a renúncia ao direito de queixa ou representação.

Art. 75. Não obtida a composição dos danos civis, será dada imediatamente ao ofendido a oportunidade de exercer o direito de representação verbal, que será reduzida a termo.

Parágrafo único. O não oferecimento da representação na audiência preliminar não implica decadência do direito, que poderá ser exercido no prazo previsto em lei.

Art. 76. Havendo representação ou tratando-se de crime de ação penal pública incondicionada, não sendo caso de arquivamento, o Ministério Público poderá propor a aplicação imediata de pena restritiva de direitos ou multas, a ser especificada na proposta.

• *Vide* art. 48, § 5.º, da Lei n. 11.343, de 23-8-2006.
• *Vide* Súmula Vinculante n. 35.

§ 1.º Nas hipóteses de ser a pena de multa a única aplicável, o juiz poderá reduzi-la até a metade.

§ 2.º Não se admitirá a proposta se ficar comprovado:
I – ter sido o autor da infração condenado, pela prática de crime, à pena privativa de liberdade, por sentença definitiva;
II – ter sido o agente beneficiado anteriormente, no prazo de 5 (cinco) anos, pela aplicação de pena restritiva ou multa, nos termos deste artigo;
III – não indicarem os antecedentes, a conduta social e a personalidade do agente, bem como os motivos e as circunstâncias, ser necessária e suficiente a adoção da medida.

§ 3.º Aceita a proposta pelo autor da infração e seu defensor, será submetida à apreciação do juiz.

§ 4.º Acolhendo a proposta do Ministério Público aceita pelo autor da infração, o juiz aplicará a pena restritiva de direitos ou multa, que não importará em reincidência, sendo registrada apenas para impedir novamente o mesmo benefício no prazo de 5 (cinco) anos.

§ 5.º Da sentença prevista no parágrafo anterior caberá a apelação referida no art. 82 desta Lei.

§ 6.º A imposição da sanção de que trata o § 4.º deste artigo não constará de certidão de antecedentes criminais, salvo para os fins previstos no mesmo dispositivo, e não terá efeitos civis, cabendo aos interessados propor ação cabível no juízo cível.

Seção III
Do Procedimento Sumariíssimo

Art. 77. Na ação penal de iniciativa pública, quando não houver aplicação de pena, pela ausência do autor do fato, ou pela não ocorrência da hipótese prevista no art. 76 desta Lei, o Ministério Público oferecerá ao juiz, de imediato, denúncia oral, se não houver necessidade de diligências imprescindíveis.

§ 1.º Para o oferecimento da denúncia, que será elaborada com base no termo de ocorrência referido no art. 69 desta Lei, com dispensa do inquérito policial, prescindir-se-á do exame do corpo de delito quando a materialidade do crime estiver aferida por boletim médico ou prova equivalente.

§ 2.º Se a complexidade ou circunstâncias do caso não permitirem a formulação da denúncia, o Ministério Público poderá requerer ao juiz o encaminhamento das peças existentes, na forma do parágrafo único do art. 66 desta Lei.

§ 3.º Na ação penal de iniciativa do ofendido poderá ser oferecida queixa oral, cabendo ao juiz verificar se a complexidade e as circunstâncias do caso determinam a adoção das providências previstas no parágrafo único do art. 66 desta Lei.

Art. 78. Oferecida a denúncia ou queixa, será reduzida a termo, entregando-se cópia ao acusado, que com ela ficará citado e imediatamente cientificado da designação de dia e hora para a audiência de instrução e julgamento, da qual também tomarão ciência o Ministério Público, o ofendido, o responsável civil e seus advogados.

§ 1.º Se o acusado não estiver presente, será citado na forma dos arts. 66 e 68 desta Lei e cientificado da data da audiência de instrução e julgamento, devendo a ela trazer suas testemunhas ou apresentar requerimento para intimação, no mínimo 5 (cinco) dias antes de sua realização.

§ 2.º Não estando presentes o ofendido e o responsável civil, serão intimados nos termos do art. 67 desta Lei para comparecerem à audiência de instrução e julgamento.

§ 3.º As testemunhas arroladas serão intimadas na forma prevista no art. 67 desta Lei.

Art. 79. No dia e hora designados para a audiência de instrução e julgamento, se na fase preliminar não tiver havido possibilidade de tentativa de conciliação e de oferecimento de proposta pelo Ministério Público, proceder-se-á nos termos dos arts. 72, 73, 74 e 75 desta Lei.

Art. 80. Nenhum ato será adiado, determinando o juiz, quando imprescindível, a condução coercitiva de quem deva comparecer.

Art. 81. Aberta a audiência, será dada a palavra ao defensor para responder à acusação, após o que o juiz receberá, ou não, a denúncia ou queixa; havendo recebimento, serão ouvidas as vítimas e as testemunhas de acusação e defesa, interrogando-se a seguir o acusado, se presente, passando-se imediatamente aos debates orais e à prolação da sentença.

§ 1.º Todas as provas serão produzidas na audiência de instrução e julgamento, podendo o juiz limitar ou excluir as que considerar excessivas, impertinentes ou protelatórias.

§ 1.º-A. Durante a audiência, todas as partes e demais sujeitos processuais presentes no ato deverão respeitar a dignidade da vítima, sob pena de responsabilização civil, penal e administrativa, cabendo ao juiz garantir o cumprimento do disposto neste artigo, vedadas:

•• § 1.º-A, *caput*, acrescentado pela Lei n. 14.245, de 22-11-2021.

I – a manifestação sobre circunstâncias ou elementos alheios aos fatos objeto de apuração nos autos;

•• Inciso I acrescentado pela Lei n. 14.245, de 22-11-2021.

II – a utilização de linguagem, de informações ou de material que ofendam a dignidade da vítima ou de testemunhas.

•• Inciso II acrescentado pela Lei n. 14.245, de 22-11-2021.

§ 2.º De todo o ocorrido na audiência será lavrado termo, assinado pelo juiz e pelas partes, contendo breve resumo dos fatos relevantes ocorridos em audiência e a sentença.

§ 3.º A sentença, dispensado o relatório, mencionará os elementos de convicção do juiz.

Art. 82. Da decisão de rejeição da denúncia ou queixa e da sentença caberá apelação, que poderá ser julgada por turma composta de 3 (três) juízes em exercício no primeiro grau de jurisdição, reunidos na sede do Juizado.

§ 1.º A apelação será interposta no prazo de 10 (dez) dias, contados da ciência da sentença pelo Ministério Público, pelo réu e seu defensor, por petição escrita, da qual constarão as razões e o pedido do recorrente.

§ 2.º O recorrido será intimado para oferecer resposta escrita no prazo de 10 (dez) dias.

§ 3.º As partes poderão requerer a transcrição da gravação da fita magnética a que alude o § 3.º do art. 65 desta Lei.

§ 4.º As partes serão intimadas da data da sessão de julgamento pela imprensa.

§ 5.º Se a sentença for confirmada pelos próprios fundamentos, a súmula do julgamento servirá de acórdão.

Art. 83. Cabem embargos de declaração quando, em sentença ou acórdão, houver obscuridade, contradição ou omissão.

•• *Caput* com redação determinada pela Lei n. 13.105, de 16-3-2015.

§ 1.º Os embargos de declaração serão opostos por escrito ou oralmente, no prazo de 5 (cinco) dias, contados da ciência da decisão.

§ 2.º Os embargos de declaração interrompem o prazo para a interposição de recurso.

•• § 2.º com redação determinada pela Lei n. 13.105, de 16-3-2015.

§ 3.º Os erros materiais podem ser corrigidos de ofício.

Seção IV
Da Execução

Art. 84. Aplicada exclusivamente pena de multa, seu cumprimento far-se-á mediante pagamento na Secretaria do Juizado.

Parágrafo único. Efetuado o pagamento, o juiz declarará extinta a punibilidade, determinando que a condenação não fique constando dos registros criminais, exceto para fins de requisição judicial.

Art. 85. Não efetuado o pagamento de multa, será feita a conversão em pena privativa de liberdade, ou restritiva de direitos, nos termos previstos em lei.

•• Dispõe o *caput* do art. 51 do CP: "Transitada em julgado a sentença condenatória, a multa será considerada dívida de valor, aplicando-se-lhe as normas da legislação relativa à dívida ativa da Fazenda Pública, inclusive no que concerne às causas interruptivas e suspensivas da prescrição".

Art. 86. A execução das penas privativas de liberdade e restritivas de direitos, ou de multa cumulada com estas, será processada perante o órgão competente, nos termos da lei.

Seção V
Das Despesas Processuais

Art. 87. Nos casos de homologação do acordo civil e aplicação de pena restritiva de direitos ou multa (arts. 74 e 76, § 4.º), as despesas processuais serão reduzidas, conforme dispuser lei estadual.

Seção VI
Disposições Finais

Art. 88. Além das hipóteses do Código Penal e da legislação especial, dependerá de representação a ação penal relativa aos crimes de lesões corporais leves e lesões culposas.

Art. 89. Nos crimes em que a pena mínima cominada for igual ou inferior a 1 (um) ano, abrangidas ou não por esta Lei, o Ministério Público, ao oferecer a denúncia, poderá propor a suspensão do processo, por 2 (dois) a 4 (quatro) anos, desde que o acusado não esteja sendo processado ou não tenha sido condenado por outro crime, presentes os demais requisitos que autorizariam a suspensão condicional da pena (art. 77 do Código Penal).

•• *Vide* Súmulas 243, 337, 536 e 667 do STJ.

§ 1.º Aceita a proposta pelo acusado e seu defensor, na presença do juiz, este, recebendo a denúncia, poderá suspender o processo, submetendo o acusado a período de prova, sob as seguintes condições:

I – reparação do dano, salvo impossibilidade de fazê-lo;

II – proibição de frequentar determinados lugares;

III – proibição de ausentar-se da comarca onde reside, sem autorização do juiz;

IV – comparecimento pessoal e obrigatório a juízo, mensalmente, para informar e justificar suas atividades.

§ 2.º O juiz poderá especificar outras condições a que fica subordinada a suspensão, desde que adequadas ao fato e à situação pessoal do acusado.

§ 3.º A suspensão será revogada se, no curso do prazo, o beneficiário vier a ser processado por outro crime ou não efetuar, sem motivo justificado, a reparação do dano.

§ 4.º A suspensão poderá ser revogada se o acusado vier a ser processado, no curso do prazo, por contravenção, ou descumprir qualquer outra condição imposta.

§ 5.º Expirado o prazo sem revogação, o juiz declarará extinta a punibilidade.

§ 6.º Não correrá a prescrição durante o prazo de suspensão do processo.

§ 7.º Se o acusado não aceitar a proposta prevista neste artigo, o processo prosseguirá em seus ulteriores termos.

Art. 90. As disposições desta Lei não se aplicam aos processos penais cuja instrução já estiver iniciada.

•• O STF, na ADI n. 1.719-9, de 18-6-2007 (*DJ* de 3-8-2007), dá interpretação a este artigo conforme a CF, para excluir de sua abrangência as normas de direito penal constantes desta Lei mais favoráveis aos réus.

Art. 90-A. As disposições desta Lei não se aplicam no âmbito da Justiça Militar.

•• Artigo acrescentado pela Lei n. 9.839, de 27-9-1999.

Art. 91. Nos casos em que esta Lei passa a exigir representação para a propositura da ação penal pública, o ofendido ou o seu representante legal será intimado para oferecê-la no prazo de 30 (trinta) dias, sob pena de decadência.

Art. 92. Aplicam-se subsidiariamente as disposições dos Códigos Penal e de Processo Penal, no que não forem incompatíveis com esta Lei.

Capítulo IV
DISPOSIÇÕES FINAIS COMUNS

Art. 93. Lei Estadual disporá sobre o Sistema de Juizados Especiais Cíveis e Criminais, sua organização, composição e competência.

Art. 94. Os serviços de cartório poderão ser prestados, e as audiências realizadas fora da sede da Comarca, em bairros ou cidades a ela pertencentes, ocupando instalações de prédios públicos, de acordo com audiências previamente anunciadas.

Art. 95. Os Estados, Distrito Federal e Territórios criarão e instalarão os Juizados Especiais no prazo de 6 (seis) meses, a contar da vigência desta Lei.

Parágrafo único. No prazo de 6 (seis) meses, contado da publicação desta Lei, serão criados e instalados os Juizados Especiais Itinerantes, que deverão dirimir, prioritariamente, os conflitos existentes nas áreas rurais ou nos locais de menor concentração populacional.

•• Parágrafo único acrescentado pela Lei n. 12.726, de 16-10-2012.
•• A Resolução n. 460, de 6-5-2022, do CNJ, dispõe sobre a instalação, implementação e aperfeiçoamento da Justiça Itinerante, no âmbito dos TRTs, TRFs e Tribunais de Justiça.

Art. 96. Esta Lei entra em vigor no prazo de 60 (sessenta) dias após a sua publicação.

Art. 97. Ficam revogadas a Lei n. 4.611, de 2 de abril de 1965, e a Lei n. 7.244, de 7 de novembro de 1984.
Brasília, 26 de setembro de 1995; 174.º da Independência e 107.º da República.

FERNANDO HENRIQUE CARDOSO

LEI N. 9.279, DE 14 DE MAIO DE 1996 (*)

Regula direitos e obrigações relativos à propriedade industrial.

O Presidente da República
Faço saber que o Congresso Nacional decreta e eu sanciono a seguinte Lei:

TÍTULO V
DOS CRIMES CONTRA A PROPRIEDADE INDUSTRIAL

Capítulo I
DOS CRIMES CONTRA AS PATENTES

Art. 183. Comete crime contra patente de invenção ou de modelo de utilidade quem:
I – fabrica produto que seja objeto de patente de invenção ou de modelo de utilidade, sem autorização do titular; ou

(*) Publicada no *DOU*, de 15-5-1996.

II – usa meio ou processo que seja objeto de patente de invenção, sem autorização do titular.
Pena – detenção, de 3 (três) meses a 1 (um) ano, ou multa.

Art. 184. Comete crime contra patente de invenção ou de modelo de utilidade quem:
I – exporta, vende, expõe ou oferece à venda, tem em estoque, oculta ou recebe, para utilização com fins econômicos, produto fabricado com violação de patente de invenção ou de modelo de utilidade, ou obtido por meio ou processo patenteado; ou
II – importa produto que seja objeto de patente de invenção ou de modelo de utilidade ou obtido por meio ou processo patenteado no País, para os fins previstos no inciso anterior, e que não tenha sido colocado no mercado externo diretamente pelo titular da patente ou com seu consentimento.
Pena – detenção, de 1 (um) a 3 (três) meses, ou multa.

Art. 185. Fornecer componente de um produto patenteado, ou material ou equipamento para realizar um processo patenteado, desde que a aplicação final do componente, material ou equipamento induza, necessariamente, à exploração do objeto da patente.
Pena – detenção, de 1 (um) a 3 (três) meses, ou multa.

Art. 186. Os crimes deste Capítulo caracterizam-se ainda que a violação não atinja todas as reivindicações da patente ou se restrinja à utilização de meios equivalentes ao objeto da patente.

Capítulo II
DOS CRIMES CONTRA OS DESENHOS INDUSTRIAIS

Art. 187. Fabricar, sem autorização do titular, produto que incorpore desenho industrial registrado, ou imitação substancial que possa induzir em erro ou confusão.
Pena – detenção, de 3 (três) meses a 1 (um) ano, ou multa.

Art. 188. Comete crime contra registro de desenho industrial quem:
I – exporta, vende, expõe ou oferece à venda, tem em estoque, oculta ou recebe, para utilização com fins econômicos, objeto que incorpore ilicitamente desenho industrial registrado, ou imitação substancial que possa induzir em erro ou confusão; ou
II – importa produto que incorpore desenho industrial registrado no País, ou imitação substancial que possa induzir em erro ou confusão, para os fins

previstos no inciso anterior, e que não tenha sido colocado no mercado externo diretamente pelo titular ou com seu consentimento.

Pena – detenção, de 1 (um) a 3 (três) meses, ou multa.

Capítulo III
DOS CRIMES CONTRA AS MARCAS

Art. 189. Comete crime contra registro de marca quem:
I – reproduz, sem autorização do titular, no todo ou em parte, marca registrada, ou imita-a de modo que possa induzir confusão; ou
II – altera marca registrada de outrem já aposta em produto colocado no mercado.

Pena – detenção, de 3 (três) meses a 1 (um) ano, ou multa.

Art. 190. Comete crime contra registro de marca quem importa, exporta, vende, oferece ou expõe à venda, oculta ou tem em estoque:
I – produto assinalado com marca ilicitamente reproduzida ou imitada, de outrem, no todo ou em parte; ou
II – produto de sua indústria ou comércio, contido em vasilhame, recipiente ou embalagem que contenha marca legítima de outrem.

Pena – detenção, de 1 (um) a 3 (três) meses, ou multa.

Capítulo IV
DOS CRIMES COMETIDOS POR MEIO DE MARCA, TÍTULO DE ESTABELECIMENTO E SINAL DE PROPAGANDA

Art. 191. Reproduzir ou imitar, de modo que possa induzir em erro ou confusão, armas, brasões ou distintivos oficiais nacionais, estrangeiros ou internacionais, sem a necessária autorização, no todo ou em parte, em marca, título de estabelecimento, nome comercial, insígnia ou sinal de propaganda, ou usar essas reproduções ou imitações com fins econômicos.

Pena – detenção, de 1 (um) a 3 (três) meses, ou multa.
Parágrafo único. Incorre na mesma pena quem vende ou expõe ou oferece à venda produtos assinalados com essas marcas.

Capítulo V
DOS CRIMES CONTRA INDICAÇÕES GEOGRÁFICAS E DEMAIS INDICAÇÕES

Art. 192. Fabricar, importar, exportar, vender, expor ou oferecer à venda ou ter em estoque produto que apresente falsa indicação geográfica.

Pena – detenção, de 1 (um) a 3 (três) meses, ou multa.

Art. 193. Usar, em produto, recipiente, invólucro, cinta, rótulo, fatura, circular, cartaz ou em outro meio de divulgação ou propaganda, termos retificativos, tais como "tipo", "espécie", "gênero", "sistema", "semelhante", "sucedâneo", "idêntico", ou equivalente, não ressalvando a verdadeira procedência do produto.

Pena – detenção, de 1 (um) a 3 (três) meses, ou multa.

Art. 194. Usar marca, nome comercial, título de estabelecimento, insígnia, expressão ou sinal de propaganda ou qualquer outra forma que indique procedência que não a verdadeira, ou vender ou expor à venda produto com esses sinais.

Pena – detenção, de 1 (um) a 3 (três) meses, ou multa.

Capítulo VI
DOS CRIMES DE CONCORRÊNCIA DESLEAL

Art. 195. Comete crime de concorrência desleal quem:
I – publica, por qualquer meio, falsa afirmação, em detrimento de concorrente, com o fim de obter vantagem;
II – presta ou divulga, acerca de concorrente, falsa informação, com o fim de obter vantagem;
III – emprega meio fraudulento, para desviar, em proveito próprio ou alheio, clientela de outrem;
IV – usa expressão ou sinal de propaganda alheios, ou os imita, de modo a criar confusão entre os produtos ou estabelecimentos;
V – usa, indevidamente, nome comercial, título de estabelecimento ou insígnia alheios ou vende, expõe ou oferece à venda ou tem em estoque produto com essas referências;
VI – substitui, pelo seu próprio nome ou razão social, em produto de outrem, o nome ou razão social deste, sem o seu consentimento;
VII – atribui-se, como meio de propaganda, recompensa ou distinção que não obteve;
VIII – vende ou expõe ou oferece à venda, em recipiente ou invólucro de outrem, produto adulterado

ou falsificado, ou dele se utiliza para negociar com produto da mesma espécie, embora não adulterado ou falsificado, se o fato não constitui crime mais grave;

IX – dá ou promete dinheiro ou outra utilidade a empregado de concorrente, para que o empregado, faltando ao dever do emprego, lhe proporcione vantagem;

X – recebe dinheiro ou outra utilidade, ou aceita promessa de paga ou recompensa, para, faltando ao dever de empregado, proporcionar vantagem a concorrente do empregador;

XI – divulga, explora ou utiliza-se, sem autorização, de conhecimentos, informações ou dados confidenciais, utilizáveis na indústria, comércio ou prestação de serviços, excluídos aqueles que sejam de conhecimento público ou que sejam evidentes para um técnico no assunto, a que teve acesso mediante relação contratual ou empregatícia, mesmo após o término do contrato;

XII – divulga, explora ou utiliza-se, sem autorização, de conhecimentos ou informações a que se refere o inciso anterior, obtidos por meios ilícitos ou a que teve acesso mediante fraude; ou

XIII – vende, expõe ou oferece à venda produto, declarando ser objeto de patente depositada, ou concedida, ou de desenho industrial registrado, que não o seja, ou menciona-o, em anúncio ou papel comercial, como depositado ou patenteado, ou registrado, sem o ser;

XIV – divulga, explora ou utiliza-se, sem autorização, de resultados de testes ou outros dados não divulgados, cuja elaboração envolva esforço considerável e que tenham sido apresentados a entidades governamentais como condição para aprovar a comercialização de produtos.

Pena – detenção, de 3 (três) meses a 1 (um) ano, ou multa.

§ 1.º Inclui-se nas hipóteses a que se referem os incisos XI e XII o empregador, sócio ou administrador da empresa, que incorrer nas tipificações estabelecidas nos mencionados dispositivos.

§ 2.º O disposto no inciso XIV não se aplica quanto à divulgação por órgão governamental competente para autorizar a comercialização de produto, quando necessário para proteger o público.

Capítulo VII
DAS DISPOSIÇÕES GERAIS

Art. 196. As penas de detenção previstas nos Capítulos I, II e III deste Título serão aumentadas de um terço à metade se:

I – o agente é ou foi representante, mandatário, preposto, sócio ou empregado do titular da patente ou do registro, ou, ainda, do seu licenciado; ou

II – a marca alterada, reproduzida ou imitada for de alto renome, notoriamente conhecida, de certificação ou coletiva.

Art. 197. As penas de multa previstas neste Título serão fixadas, no mínimo, em 10 (dez) e, no máximo, em 360 (trezentos e sessenta) dias-multa, de acordo com a sistemática do Código Penal.

Parágrafo único. A multa poderá ser aumentada ou reduzida, em até 10 (dez) vezes, em face das condições pessoais do agente e da magnitude da vantagem auferida, independentemente da norma estabelecida no artigo anterior.

Art. 198. Poderão ser apreendidos, de ofício ou a requerimento do interessado, pelas autoridades alfandegárias, no ato de conferência, os produtos assinalados com marcas falsificadas, alteradas ou imitadas ou que apresentem falsa indicação de procedência.

Art. 199. Nos crimes previstos neste Título somente se procede mediante queixa, salvo quanto ao crime do art. 191, em que a ação penal será pública.

Art. 200. A ação penal e as diligências preliminares de busca e apreensão, nos crimes contra a propriedade industrial, regulam-se pelo disposto no Código de Processo Penal, com as modificações constantes dos artigos deste Capítulo.

Art. 201. Na diligência de busca e apreensão, em crime contra patente que tenha por objeto a invenção de processo, o oficial do juízo será acompanhado por perito, que verificará, preliminarmente, a existência do ilícito, podendo o juiz ordenar a apreensão de produtos obtidos pelo contrafator com o emprego do processo patenteado.

Art. 202. Além das diligências preliminares de busca e apreensão, o interessado poderá requerer:

I – apreensão de marca falsificada, alterada ou imitada onde for preparada ou onde quer que seja encontrada, antes de utilizada para fins criminosos; ou

II – destruição de marca falsificada nos volumes ou produtos que a contiverem, antes de serem distribuídos, ainda que fiquem destruídos os envoltórios ou os próprios produtos.

Art. 203. Tratando-se de estabelecimentos industriais ou comerciais legalmente organizados e que estejam funcionando publicamente, as diligências preliminares limitar-se-ão à vistoria e apreensão dos produtos, quando ordenadas pelo juiz, não podendo ser paralisada a sua atividade licitamente exercida.

Art. 204. Realizada a diligência de busca e apreensão, responderá por perdas e danos a parte que a tiver requerido de má-fé, por espírito de emulação, mero capricho ou erro grosseiro.

Art. 205. Poderá constituir matéria de defesa na ação penal a alegação de nulidade da patente ou registro em que a ação se fundar. A absolvição do réu, entretanto, não importará a nulidade da patente ou do registro, que só poderá ser demandada pela ação competente.

Art. 206. Na hipótese de serem reveladas, em juízo, para a defesa dos interesses de qualquer das partes, informações que se caracterizem como confidenciais, sejam segredo de indústria ou de comércio, deverá o juiz determinar que o processo prossiga em segredo de justiça, vedado o uso de tais informações também à outra parte para outras finalidades.

Art. 207. Independentemente da ação criminal, o prejudicado poderá intentar as ações cíveis que considerar cabíveis na forma do Código de Processo Civil.

Art. 208. A indenização será determinada pelos benefícios que o prejudicado teria auferido se a violação não tivesse ocorrido.

Art. 209. Fica ressalvado ao prejudicado o direito de haver perdas e danos em ressarcimento de prejuízos causados por atos de violação de direitos de propriedade industrial e atos de concorrência desleal não previstos nesta Lei, tendentes a prejudicar a reputação ou os negócios alheios, a criar confusão entre estabelecimentos comerciais, industriais ou prestadores de serviço, ou entre os produtos e serviços postos no comércio.

§ 1.º Poderá o juiz, nos autos da própria ação, para evitar dano irreparável ou de difícil reparação, determinar liminarmente a sustação da violação ou de ato que a enseje, antes da citação do réu, mediante, caso julgue necessário, caução em dinheiro ou garantia fidejussória.

§ 2.º Nos casos de reprodução ou de imitação flagrante de marca registrada, o juiz poderá determinar a apreensão de todas as mercadorias, produtos, objetos, embalagens, etiquetas e outros que contenham a marca falsificada ou imitada.

Art. 210. Os lucros cessantes serão determinados pelo critério mais favorável ao prejudicado, dentre os seguintes:

I – os benefícios que o prejudicado teria auferido se a violação não tivesse ocorrido; ou

II – os benefícios que foram auferidos pelo autor da violação do direito; ou

III – a remuneração que o autor da violação teria pago ao titular do direito violado pela concessão de uma licença que lhe permitisse legalmente explorar o bem.

....

Art. 243. Esta Lei entra em vigor na data de sua publicação quanto às matérias disciplinadas nos arts. 230, 231, 232 e 239, e 1 (um) ano após sua publicação quanto aos demais artigos.

Art. 244. Revogam-se a Lei n. 5.772, de 21 de dezembro de 1971, a Lei n. 6.348, de 7 de julho de 1976, os arts. 187 a 196 do Decreto-lei n. 2.848, de 7 de dezembro de 1940, os arts. 169 a 189 do Decreto-lei n. 7.903, de 27 de agosto de 1945, e as demais disposições em contrário.

Brasília, 14 de maio de 1996; 175.º da Independência e 108.º da República.

FERNANDO HENRIQUE CARDOSO

LEI N. 9.296, DE 24 DE JULHO DE 1996 (*)

Regulamenta o inciso XII, parte final, do art. 5.º da Constituição Federal.

O Presidente da República

Faço saber que o Congresso Nacional decreta e eu sanciono a seguinte Lei:

(*) Publicada no *DOU*, de 25-7-1996.

Interceptação Telefônica — Lei n. 9.296, de 24-7-1996

Art. 1.º A interceptação de comunicações telefônicas, de qualquer natureza, para prova em investigação criminal e em instrução processual penal, observará o disposto nesta Lei e dependerá de ordem do juiz competente da ação principal, sob segredo de justiça.

Parágrafo único. O disposto nesta Lei aplica-se à interceptação do fluxo de comunicações em sistemas de informática e telemática.

Art. 2.º Não será admitida a interceptação de comunicações telefônicas quando ocorrer qualquer das seguintes hipóteses:

I – não houver indícios razoáveis da autoria ou participação em infração penal;

II – a prova puder ser feita por outros meios disponíveis;

III – o fato investigado constituir infração penal punida, no máximo, com pena de detenção.

Parágrafo único. Em qualquer hipótese deve ser descrita com clareza a situação objeto da investigação, inclusive com a indicação e qualificação dos investigados, salvo impossibilidade manifesta, devidamente justificada.

Art. 3.º A interceptação das comunicações telefônicas poderá ser determinada pelo juiz, de ofício ou a requerimento:

I – da autoridade policial, na investigação criminal;

II – do representante do Ministério Público, na investigação criminal e na instrução processual penal.

Art. 4.º O pedido de interceptação de comunicação telefônica conterá a demonstração de que a sua realização é necessária à apuração de infração penal, com indicação dos meios a serem empregados.

§ 1.º Excepcionalmente, o juiz poderá admitir que o pedido seja formulado verbalmente, desde que estejam presentes os pressupostos que autorizem a interceptação, caso em que a concessão será condicionada à sua redução a termo.

§ 2.º O juiz, no prazo máximo de 24 (vinte e quatro) horas, decidirá sobre o pedido.

Art. 5.º A decisão será fundamentada, sob pena de nulidade, indicando também a forma de execução da diligência, que não poderá exceder o prazo de 15 (quinze) dias, renovável por igual tempo uma vez comprovada a indispensabilidade do meio de prova.

Art. 6.º Deferido o pedido, a autoridade policial conduzirá os procedimentos de interceptação, dando ciência ao Ministério Público, que poderá acompanhar a sua realização.

§ 1.º No caso de a diligência possibilitar a gravação da comunicação interceptada, será determinada a sua transcrição.

§ 2.º Cumprida a diligência, a autoridade policial encaminhará o resultado da interceptação ao juiz, acompanhado de auto circunstanciado, que deverá conter o resumo das operações realizadas.

§ 3.º Recebidos esses elementos, o juiz determinará a providência do art. 8.º, ciente o Ministério Público.

Art. 7.º Para os procedimentos de interceptação de que trata esta Lei, a autoridade policial poderá requisitar serviços e técnicos especializados às concessionárias de serviço público.

Art. 8.º A interceptação de comunicação telefônica, de qualquer natureza, ocorrerá em autos apartados, apensados aos autos do inquérito policial ou do processo criminal, preservando-se o sigilo das diligências, gravações e transcrições respectivas.

Parágrafo único. A apensação somente poderá ser realizada imediatamente antes do relatório da autoridade, quando se tratar de inquérito policial (Código de Processo Penal, art. 10, § 1.º) ou na conclusão do processo ao juiz para o despacho decorrente do disposto nos arts. 407, 502 ou 538 do Código de Processo Penal.

• Os arts. 407 e 538 do CPP foram alterados pelas Leis n. 11.689/2008 e 11.719/2008, respectivamente. O art. 502 foi revogado pela Lei n. 11.719/2008.

Art. 8.º-A. Para investigação ou instrução criminal, poderá ser autorizada pelo juiz, a requerimento da autoridade policial ou do Ministério Público, a captação ambiental de sinais eletromagnéticos, ópticos ou acústicos, quando:

• *Caput* acrescentado pela Lei n. 13.964, de 24-12-2019.

I – a prova não puder ser feita por outros meios disponíveis e igualmente eficazes; e

• Inciso I acrescentado pela Lei n. 13.964, de 24-12-2019.

II – houver elementos probatórios razoáveis de autoria e participação em infrações criminais cujas penas máximas sejam superiores a 4 (quatro) anos ou em infrações penais conexas.

• Inciso II acrescentado pela Lei n. 13.964, de 24-12-2019.

§ 1.º O requerimento deverá descrever circunstanciadamente o local e a forma de instalação do dispositivo de captação ambiental.

•• § 1.º acrescentado pela Lei n. 13.964, de 24-12-2019.

§ 2.º A instalação do dispositivo de captação ambiental poderá ser realizada, quando necessária, por meio de operação policial disfarçada ou no período noturno, exceto na casa, nos termos do inciso XI do *caput* do art. 5.º da Constituição Federal.

•• § 2.º acrescentado pela Lei n. 13.964, de 24-12-2019, originalmente vetado, todavia promulgado em 30-4-2021.

§ 3.º A captação ambiental não poderá exceder o prazo de 15 (quinze) dias, renovável por decisão judicial por iguais períodos, se comprovada a indispensabilidade do meio de prova e quando presente atividade criminal permanente, habitual ou continuada.

•• § 3.º acrescentado pela Lei n. 13.964, de 24-12-2019.

§ 4.º A captação ambiental feita por um dos interlocutores sem o prévio conhecimento da autoridade policial ou do Ministério Público poderá ser utilizada, em matéria de defesa, quando demonstrada a integridade da gravação.

•• § 4.º acrescentado pela Lei n. 13.964, de 24-12-2019, originalmente vetado, todavia promulgado em 30-4-2021.

§ 5.º Aplicam-se subsidiariamente à captação ambiental as regras previstas na legislação específica para a interceptação telefônica e telemática.

•• § 5.º acrescentado pela Lei n. 13.964, de 24-12-2019.

Art. 9.º A gravação que não interessar à prova será inutilizada por decisão judicial, durante o inquérito, a instrução processual ou após esta, em virtude de requerimento do Ministério Público ou da parte interessada.

Parágrafo único. O incidente de inutilização será assistido pelo Ministério Público, sendo facultada a presença do acusado ou de seu representante legal.

Art. 10. Constitui crime realizar interceptação de comunicações telefônicas, de informática ou telemática, promover escuta ambiental ou quebrar segredo da Justiça, sem autorização judicial ou com objetivos não autorizados em lei:

•• *Caput* com redação determinada pela Lei n. 13.869, de 5-9-2019.

Pena – reclusão, de 2 (dois) a 4 (quatro) anos, e multa.

•• Pena com redação determinada pela Lei n. 13.869, de 5-9-2019.

Parágrafo único. Incorre na mesma pena a autoridade judicial que determina a execução de conduta prevista no *caput* deste artigo com objetivo não autorizado em lei.

•• Parágrafo único acrescentado pela Lei n. 13.869, de 5-9-2019.

Art. 10-A. Realizar captação ambiental de sinais eletromagnéticos, ópticos ou acústicos para investigação ou instrução criminal sem autorização judicial, quando esta for exigida:

•• *Caput* acrescentado pela Lei n. 13.964, de 24-12-2019.

Pena – reclusão, de 2 (dois) a 4 (quatro) anos, e multa.

•• Pena acrescentada pela Lei n. 13.964, de 24-12-2019.

§ 1.º Não há crime se a captação é realizada por um dos interlocutores.

•• § 1.º acrescentado pela Lei n. 13.964, de 24-12-2019.

§ 2.º A pena será aplicada em dobro ao funcionário público que descumprir determinação de sigilo das investigações que envolvam a captação ambiental ou revelar o conteúdo das gravações enquanto mantido o sigilo judicial.

•• § 2.º acrescentado pela Lei n. 13.964, de 24-12-2019.

Art. 11. Esta Lei entra em vigor na data de sua publicação.

Art. 12. Revogam-se as disposições em contrário.

Brasília, 24 de julho de 1996; 175.º da Independência e 108.º da República.

FERNANDO HENRIQUE CARDOSO

LEI N. 9.455, DE 7 DE ABRIL DE 1997 (*)

(*) Publicada no *DOU*, de 8-4-1997. O Decreto n. 40, de 15-2-1991, promulga a Convenção contra a Tortura e outros Tratamentos ou Penas Cruéis, Desumanos ou Degradantes, e o Decreto n. 6.085, de 19-4-2007, promulga o Protocolo facultativo a esta Convenção. A Lei n. 12.847, de 2-8-2013, institui o Sistema Nacional de Prevenção e Combate à Tortura. O Decreto n. 8.154, de 16-12-2013, regulamenta o funcionamento do Sistema Nacional de Prevenção e Combate à Tortura, a composição e o funcionamento do Comitê Nacional de Prevenção e Combate à Tortura e dispõe sobre o Mecanismo Nacional de Prevenção e Combate à Tortura.

Define os crimes de tortura e dá outras providências.

O Presidente da República

Faço saber que o Congresso Nacional decreta e eu sanciono a seguinte Lei:

Art. 1.º Constitui crime de tortura:

I – constranger alguém com emprego de violência ou grave ameaça, causando-lhe sofrimento físico ou mental:

a) com o fim de obter informação, declaração ou confissão da vítima ou de terceira pessoa;

b) para provocar ação ou omissão de natureza criminosa;

c) em razão de discriminação racial ou religiosa;

II – submeter alguém, sob sua guarda, poder ou autoridade, com emprego de violência ou grave ameaça, a intenso sofrimento físico ou mental, como forma de aplicar castigo pessoal ou medida de caráter preventivo.

Pena – reclusão, de 2 (dois) a 8 (oito) anos.

•• Sobre os crimes de abuso de autoridade: *vide* Lei n. 13.869, de 5-9-2019.

§ 1.º Na mesma pena incorre quem submete pessoa presa ou sujeita a medida de segurança a sofrimento físico ou mental, por intermédio da prática de ato não previsto em lei ou não resultante de medida legal.

•• *Vide* art. 45, § 1.º, da LEP.

§ 2.º Aquele que se omite em face dessas condutas, quando tinha o dever de evitá-las ou apurá-las, incorre na pena de detenção de 1 (um) a 4 (quatro) anos.

§ 3.º Se resulta lesão corporal de natureza grave ou gravíssima, a pena é de reclusão de 4 (quatro) a 10 (dez) anos; se resulta morte, a reclusão é de 8 (oito) a 16 (dezesseis) anos.

§ 4.º Aumenta-se a pena de 1/6 (um sexto) até 1/3 (um terço):

I – se o crime é cometido por agente público;

II – se o crime é cometido contra criança, gestante, portador de deficiência, adolescente ou maior de 60 (sessenta) anos;

•• Inciso II com redação determinada pela Lei n. 10.741, de 1.º-10-2003.

III – se o crime é cometido mediante sequestro.

§ 5.º A condenação acarretará a perda do cargo, função ou emprego público e a interdição para seu exercício pelo dobro do prazo da pena aplicada.

§ 6.º O crime de tortura é inafiançável e insuscetível de graça ou anistia.

§ 7.º O condenado por crime previsto nesta Lei, salvo a hipótese do § 2.º, iniciará o cumprimento da pena em regime fechado.

Art. 2.º O disposto nesta Lei aplica-se ainda quando o crime não tenha sido cometido em território nacional, sendo a vítima brasileira ou encontrando-se o agente em local sob jurisdição brasileira.

Art. 3.º Esta Lei entra em vigor na data de sua publicação.

Art. 4.º Revoga-se o art. 233 da Lei n. 8.069, de 13 de julho de 1990 – Estatuto da Criança e do Adolescente.

Brasília, 7 de abril de 1997; 176.º da Independência e 109.º da República.

Fernando Henrique Cardoso

LEI N. 9.503, DE 23 DE SETEMBRO DE 1997 (*)

Institui o Código de Trânsito Brasileiro.

O Presidente da República

Faço saber que o Congresso Nacional decreta e eu sanciono a seguinte Lei:

Capítulo I
DISPOSIÇÕES PRELIMINARES

Art. 1.º O trânsito de qualquer natureza nas vias terrestres do território nacional, abertas à circulação, rege-se por este Código.

§ 1.º Considera-se trânsito a utilização das vias por pessoas, veículos e animais, isolados ou em grupos, conduzidos ou não, para fins de circulação, parada, estacionamento e operação de carga ou descarga.

§ 2.º O trânsito, em condições seguras, é um direito de todos e dever dos órgãos e entidades componentes do Sistema Nacional de Trânsito, a estes cabendo, no âmbito das respectivas competências, adotar as medidas destinadas a assegurar esse direito.

(*) Publicada no *DOU*, de 24-9-1997, e retificada em 25-9-1997. Deixamos de publicar os Anexos desta Lei por não atenderem à proposta desta obra.

§ 3.º Os órgãos e entidades componentes do Sistema Nacional de Trânsito respondem, no âmbito das respectivas competências, objetivamente, por danos causados aos cidadãos em virtude de ação, omissão ou erro na execução e manutenção de programas, projetos e serviços que garantam o exercício do direito do trânsito seguro.

§ 4.º (*Vetado.*)

§ 5.º Os órgãos e entidades de trânsito pertencentes ao Sistema Nacional de Trânsito darão prioridade em suas ações à defesa da vida, nela incluída a preservação da saúde e do meio ambiente.

Capítulo XV
DAS INFRAÇÕES

Art. 165. Dirigir sob a influência de álcool ou de qualquer outra substância psicoativa que determine dependência:

Infração – gravíssima;

Penalidade – multa (dez vezes) e suspensão do direito de dirigir por 12 (doze) meses.

Medida administrativa – recolhimento do documento de habilitação e retenção do veículo, observado o disposto no § 4.º do art. 270 da Lei n. 9.503, de 23 de setembro de 1997 – do Código de Trânsito Brasileiro.

•• Artigo com redação determinada pela Lei n. 12.760, de 20-12-2012.

Parágrafo único. Aplica-se em dobro a multa prevista no *caput* em caso de reincidência no período de até 12 (doze) meses.

•• Parágrafo único com redação determinada pela Lei n. 12.760, de 20-12-2012.

Art. 165-B. Dirigir veículo sem realizar o exame toxicológico previsto no art. 148-A deste Código:

•• *Caput* com redação determinada pela Lei n. 14.599, de 19-6-2023.

Infração – gravíssima;

•• Infração acrescentada pela Lei n. 14.071, de 13-10-2020.

Penalidade – multa (cinco vezes) e, em caso de reincidência no período de até 12 (doze) meses, multa (dez vezes) e suspensão do direito de dirigir.

•• Penalidade com redação determinada pela Lei n. 14.599, de 19-6-2023.

Parágrafo único. No caso de não cumprimento do disposto no § 2.º do art. 148-A deste Código, configurar-se-á a infração quando o condutor dirigir veículo após o trigésimo dia do vencimento do prazo estabelecido.

•• Parágrafo único com redação determinada pela Lei n. 14.599, de 19-6-2023.

Art. 165-C. Dirigir veículo tendo obtido resultado positivo no exame toxicológico previsto no *caput* do art. 148-A deste Código:

•• *Caput* acrescentado pela Lei n. 14.599, de 19-6-2023.

Infração – gravíssima;

•• Infração acrescentada pela Lei n. 14.599, de 19-6-2023.

Penalidade – multa (cinco vezes) e, em caso de reincidência no período de até 12 (doze) meses, multa (dez vezes) e suspensão do direito de dirigir.

•• Penalidade acrescentada pela Lei n. 14.599, de 19-6-2023.

Art. 165-D. Deixar de realizar o exame toxicológico previsto no § 2.º do art. 148-A deste Código, após 30 (trinta) dias do vencimento do prazo estabelecido:

•• *Caput* acrescentado pela Lei n. 14.599, de 19-6-2023, originalmente vetado, todavia promulgado em 16-10-2023.

Infração – gravíssima;

•• Infração acrescentada pela Lei n. 14.599, de 19-6-2023, originalmente vetada, todavia promulgada em 16-10-2023.

Penalidade – multa (cinco vezes).

•• Penalidade acrescentada pela Lei n. 14.599, de 19-6-2023, originalmente vetada, todavia promulgada em 16-10-2023.

Parágrafo único. A competência para aplicação da penalidade de que trata este artigo será do órgão ou entidade executivos de trânsito de registro da Carteira Nacional de Habilitação do infrator.

•• Parágrafo único acrescentado pela Lei n. 14.599, de 19-6-2023, originalmente vetado, todavia promulgado em 16-10-2023.

Capítulo XVI
DAS PENALIDADES

Art. 256. A autoridade de trânsito, na esfera das competências estabelecidas neste Código e dentro de

Código de Trânsito   **Lei n. 9.503, de 23-9-1997**

sua circunscrição, deverá aplicar, às infrações nele previstas, as seguintes penalidades:

I – advertência por escrito;
II – multa;
III – suspensão do direito de dirigir;
IV – (*Revogado pela Lei n. 13.281, de 4-5-2016.*)
V – cassação da Carteira Nacional de Habilitação;
VI – cassação da Permissão para Dirigir;
VII – frequência obrigatória em curso de reciclagem.

§ 1.º A aplicação das penalidades previstas neste Código não elide as punições originárias de ilícitos penais decorrentes de crimes de trânsito, conforme disposições de lei.

§ 2.º (*Vetado.*)

§ 3.º A imposição da penalidade será comunicada aos órgãos ou entidades executivos de trânsito responsáveis pelo licenciamento do veículo e habilitação do condutor.

Capítulo XVII
DAS MEDIDAS ADMINISTRATIVAS

Art. 276. Qualquer concentração de álcool por litro de sangue ou por litro de ar alveolar sujeita o condutor às penalidades previstas no art. 165.

•• *Caput* com redação determinada pela Lei n. 12.760, de 20-12-2012.
•• *Vide* Decreto n. 6.488, de 19-6-2008, que regulamenta este artigo.

Parágrafo único. O CONTRAN disciplinará as margens de tolerância quando a infração for apurada por meio de aparelho de medição, observada a legislação metrológica.

•• Parágrafo único com redação determinada pela Lei n. 12.760, de 20-12-2012.
•• Parágrafo único regulamentado pela Deliberação CONTRAN n. 133, de 21-12-2012.

Art. 277. O condutor de veículo automotor envolvido em sinistro de trânsito ou que for alvo de fiscalização de trânsito poderá ser submetido a teste, exame clínico, perícia ou outro procedimento que, por meios técnicos ou científicos, na forma disciplinada pelo Contran, permita certificar influência de álcool ou outra substância psicoativa que determine dependência.

•• *Caput* com redação determinada pela Lei n. 14.599, de 19-6-2023.

§ 1.º (*Revogado pela Lei n. 12.760, de 20-12-2012.*)

§ 2.º A infração prevista no art. 165 também poderá ser caracterizada mediante imagem, vídeo, constatação de sinais que indiquem, na forma disciplinada pelo CONTRAN, alteração da capacidade psicomotora ou produção de quaisquer outras provas em direito admitidas.

•• § 2.º com redação determinada pela Lei n. 12.760, de 20-12-2012.

§ 3.º Serão aplicadas as penalidades e medidas administrativas estabelecidas no art. 165-A deste Código ao condutor que se recusar a se submeter a qualquer dos procedimentos previstos no *caput* deste artigo.

•• § 3.º com redação determinada pela Lei n. 13.281, de 4-5-2016.

Capítulo XIX
DOS CRIMES DE TRÂNSITO

Seção I
Disposições Gerais

Art. 291. Aos crimes cometidos na direção de veículos automotores, previstos neste Código, aplicam-se as normas gerais do Código Penal e do Código de Processo Penal, se este Capítulo não dispuser de modo diverso, bem como a Lei n. 9.099, de 26 de setembro de 1995, no que couber.

§ 1.º Aplica-se aos crimes de trânsito de lesão corporal culposa o disposto nos arts. 74, 76 e 88 da Lei n. 9.099, de 26 de setembro de 1995, exceto se o agente estiver:

•• § 1.º, *caput*, acrescentado pela Lei n. 11.705, de 19-6-2008.

I – sob a influência de álcool ou qualquer outra substância psicoativa que determine dependência;

•• Inciso I acrescentado pela Lei n. 11.705, de 19-6-2008.

II – participando, em via pública, de corrida, disputa ou competição automobilística, de exibição ou demonstração de perícia em manobra de veículo automotor, não autorizada pela autoridade competente;

•• Inciso II acrescentado pela Lei n. 11.705, de 19-6-2008.

III – transitando em velocidade superior à máxima permitida para a via em 50 km/h (cinquenta quilômetros por hora).

•• Inciso III acrescentado pela Lei n. 11.705, de 19-6-2008.

§ 2.º Nas hipóteses previstas no § 1.º deste artigo, deverá ser instaurado inquérito policial para a investigação da infração penal.

•• § 2.º acrescentado pela Lei n. 11.705, de 19-6-2008.
§ 3.º (Vetado.)
•• § 3.º acrescentado pela Lei n. 13.546, de 19-12-2017.
§ 4.º O juiz fixará a pena-base segundo as diretrizes previstas no art. 59 do Decreto-lei n. 2.848, de 7 de dezembro de 1940 (Código Penal), dando especial atenção à culpabilidade do agente e às circunstâncias e consequências do crime.
•• § 4.º acrescentado pela Lei n. 13.546, de 19-12-2017.
Art. 292. A suspensão ou a proibição de se obter a permissão ou a habilitação para dirigir veículo automotor pode ser imposta isolada ou cumulativamente com outras penalidades.
•• Artigo com redação determinada pela Lei n. 12.971, de 9-5-2014.
Art. 293. A penalidade de suspensão ou de proibição de se obter a permissão ou a habilitação, para dirigir veículo automotor, tem a duração de 2 (dois) meses a 5 (cinco) anos.
§ 1.º Transitada em julgado a sentença condenatória, o réu será intimado a entregar à autoridade judiciária, em 48 (quarenta e oito) horas, a Permissão para Dirigir ou a Carteira de Habilitação.
§ 2.º A penalidade de suspensão ou de proibição de se obter a permissão ou a habilitação para dirigir veículo automotor não se inicia enquanto o sentenciado, por efeito de condenação penal, estiver recolhido a estabelecimento prisional.
Art. 294. Em qualquer fase da investigação ou da ação penal, havendo necessidade para garantia da ordem pública, poderá o juiz, como medida cautelar, de ofício, ou a requerimento do Ministério Público ou ainda mediante representação da autoridade policial, decretar, em decisão motivada, a suspensão da permissão ou da habilitação para dirigir veículo automotor, ou a proibição de sua obtenção.
Parágrafo único. Da decisão que decretar a suspensão ou a medida cautelar, ou da que indeferir o requerimento do Ministério Público, caberá recurso em sentido estrito, sem efeito suspensivo.
Art. 295. A suspensão para dirigir veículo automotor ou a proibição de se obter a permissão ou a habilitação será sempre comunicada pela autoridade judiciária ao Conselho Nacional de Trânsito – CONTRAN, e ao órgão de trânsito do Estado em que o indiciado ou réu for domiciliado ou residente.
Art. 296. Se o réu for reincidente na prática de crime previsto neste Código, o juiz aplicará a penalidade de suspensão da permissão ou habilitação para dirigir veículo automotor, sem prejuízo das demais sanções penais cabíveis.
•• Artigo com redação determinada pela Lei n. 11.705, de 19-6-2008.
Art. 297. A penalidade de multa reparatória consiste no pagamento, mediante depósito judicial em favor da vítima, ou seus sucessores, de quantia calculada com base no disposto no § 1.º do art. 49 do Código Penal, sempre que houver prejuízo material resultante do crime.
§ 1.º A multa reparatória não poderá ser superior ao valor do prejuízo demonstrado no processo.
§ 2.º Aplica-se à multa reparatória o disposto nos arts. 50 a 52 do Código Penal.
§ 3.º Na indenização civil do dano, o valor da multa reparatória será descontado.
Art. 298. São circunstâncias que sempre agravam as penalidades dos crimes de trânsito ter o condutor do veículo cometido a infração:
I – com dano potencial para duas ou mais pessoas ou com grande risco de grave dano patrimonial a terceiros;
II – utilizando o veículo sem placas, com placas falsas ou adulteradas;
III – sem possuir Permissão para Dirigir ou Carteira de Habilitação;
IV – com Permissão para Dirigir ou Carteira de Habilitação de categoria diferente da do veículo;
V – quando a sua profissão ou atividade exigir cuidados especiais com o transporte de passageiros ou de carga;
VI – utilizando veículo em que tenham sido adulterados equipamentos ou características que afetem a sua segurança ou o seu funcionamento de acordo com os limites de velocidade prescritos nas especificações do fabricante;
VII – sobre faixa de trânsito temporária ou permanentemente destinada a pedestres.
Parágrafo único. (Vetado.)
•• Parágrafo único acrescentado pela Lei n. 14.304, de 23-2-2022, em vigor após 180 dias da sua publicação (DOU de 24-2-2022).
Arts. 299 e 300. (Vetados.)
Art. 301. Ao condutor de veículo, nos casos de sinistros de trânsito que resultem em vítima, não se imporá a prisão em flagrante nem se exigirá fiança, se prestar pronto e integral socorro àquela.

•• Artigo com redação determinada pela Lei n. 14.599, de 19-6-2023.

Seção II
Dos Crimes em Espécie

Art. 302. Praticar homicídio culposo na direção de veículo automotor:

Penas – detenção, de 2 (dois) a 4 (quatro) anos, e suspensão ou proibição de se obter a permissão ou a habilitação para dirigir veículo automotor.

§ 1.º No homicídio culposo cometido na direção de veículo automotor, a pena é aumentada de 1/3 (um terço) à metade, se o agente:

•• § 1.º renumerado pela Lei n. 12.971, de 9-5-2014.

I – não possuir Permissão para Dirigir ou Carteira de Habilitação;

•• Inciso I com redação determinada pela Lei n. 12.971, de 9-5-2014.

II – praticá-lo em faixa de pedestres ou na calçada;

•• Inciso II com redação determinada pela Lei n. 12.971, de 9-5-2014.

III – deixar de prestar socorro, quando possível fazê--lo sem risco pessoal, à vítima do sinistro;

•• Inciso III com redação determinada pela Lei n. 14.599, de 19-6-2023.

IV – no exercício de sua profissão ou atividade, estiver conduzindo veículo de transporte de passageiros;

•• Inciso IV com redação determinada pela Lei n. 12.971, de 9-5-2014.

V – (*Revogado pela Lei n. 11.705, de 19-6-2008.*)

§ 2.º (*Revogado pela Lei n. 13.281, de 4-5-2016.*)

§ 3.º Se o agente conduz veículo automotor sob a influência de álcool ou de qualquer outra substância psicoativa que determine dependência:

Penas – reclusão, de cinco a oito anos, e suspensão ou proibição do direito de se obter a permissão ou a habilitação para dirigir veículo automotor.

•• § 3.º acrescentado pela Lei n. 13.546, de 19-12-2017.

Art. 303. Praticar lesão corporal culposa na direção de veículo automotor:

Penas – detenção, de 6 (seis) meses a 2 (dois) anos e suspensão ou proibição de se obter a permissão ou a habilitação para dirigir veículo automotor.

§ 1.º Aumenta-se a pena de 1/3 (um terço) à metade, se ocorrer qualquer das hipóteses do § 1.º do art. 302.

•• Parágrafo único renumerado pela Lei n. 13.546, de 19-12-2017.

•• Lesão corporal culposa no CP: art. 129, § 6.º.

§ 2.º A pena privativa de liberdade é de reclusão de dois a cinco anos, sem prejuízo das outras penas previstas neste artigo, se o agente conduz o veículo com capacidade psicomotora alterada em razão da influência de álcool ou de outra substância psicoativa que determine dependência, e se do crime resultar lesão corporal de natureza grave ou gravíssima.

•• § 2.º acrescentado pela Lei n. 13.546, de 19-12-2017.

Art. 304. Deixar o condutor do veículo, na ocasião do sinistro, de prestar imediato socorro à vítima, ou, não podendo fazê-lo diretamente, por justa causa, deixar de solicitar auxílio da autoridade pública:

•• *Caput* com redação determinada pela Lei n. 14.599, de 19-6-2023.

Penas – detenção, de 6 (seis) meses a 1 (um) ano, ou multa, se o fato não constituir elemento de crime mais grave.

Parágrafo único. Incide nas penas previstas neste artigo o condutor do veículo, ainda que a sua omissão seja suprida por terceiros ou que se trate de vítima com morte instantânea ou com ferimentos leves.

•• Omissão de socorro no CP: art. 135.

Art. 305. Afastar-se o condutor do veículo do local do sinistro, para fugir à responsabilidade penal ou civil que lhe possa ser atribuída:

•• *Caput* com redação determinada pela Lei n. 14.599, de 19-6-2023.

Penas – detenção, de 6 (seis) meses a 1 (um) ano, ou multa.

Art. 306. Conduzir veículo automotor com capacidade psicomotora alterada em razão da influência de álcool ou de outra substância psicoativa que determine dependência:

•• *Caput* com redação determinada pela Lei n. 12.760, de 20-12-2012.

•• *Vide* Decreto n. 6.488, de 19-6-2008, que regulamenta este artigo.

Penas – detenção, de 6 (seis) meses a 3 (três) anos, multa e suspensão ou proibição de se obter a permissão ou a habilitação para dirigir veículo automotor.

•• *Vide* Súmula 664 do STJ.

§ 1.º As condutas previstas no *caput* serão constatadas por:

•• § 1.º, *caput*, acrescentado pela Lei n. 12.760, de 20-12-2012.

I – concentração igual ou superior a 6 decigramas de álcool por litro de sangue ou igual ou superior a 0,3 miligrama de álcool por litro de ar alveolar; ou

•• Inciso I acrescentado pela Lei n. 12.760, de 20-12-2012.
II – sinais que indiquem, na forma disciplinada pelo CONTRAN, alteração da capacidade psicomotora.
•• Inciso II acrescentado pela Lei n. 12.760, de 20-12-2012.
§ 2.º A verificação do disposto neste artigo poderá ser obtida mediante teste de alcoolemia ou toxicológico, exame clínico, perícia, vídeo, prova testemunhal ou outros meios de prova em direito admitidos, observado o direito à contraprova.
•• § 2.º com redação determinada pela Lei n. 12.971, de 9-5-2014.
§ 3.º O CONTRAN disporá sobre a equivalência entre os distintos testes de alcoolemia ou toxicológicos para efeito de caracterização do crime tipificado neste artigo.
•• § 3.º com redação determinada pela Lei n. 12.971, de 9-5-2014.
§ 4.º Poderá ser empregado qualquer aparelho homologado pelo Instituto Nacional de Metrologia, Qualidade e Tecnologia – INMETRO – para se determinar o previsto no *caput*.
•• § 4.º acrescentado pela Lei n. 13.840, de 5-6-2019.
Art. 307. Violar a suspensão ou a proibição de se obter a permissão ou a habilitação para dirigir veículo automotor imposta com fundamento neste Código:
Penas – detenção, de 6 (seis) meses a 1 (um) ano e multa, com nova imposição adicional de idêntico prazo de suspensão ou de proibição.
Parágrafo único. Nas mesmas penas incorre o condenado que deixa de entregar, no prazo estabelecido no § 1.º do art. 293, a Permissão para Dirigir ou a Carteira de Habilitação.
Art. 308. Participar, na direção de veículo automotor, em via pública, de corrida, disputa ou competição automobilística ou ainda de exibição ou demonstração de perícia em manobra de veículo automotor, não autorizada pela autoridade competente, gerando situação de risco à incolumidade pública ou privada:
•• *Caput* com redação determinada pela Lei n. 13.546, de 19-12-2017.
Penas – detenção, de 6 (seis) meses a 3 (três) anos, multa e suspensão ou proibição de se obter a permissão ou a habilitação para dirigir veículo automotor.
•• Penas com redação dada pela Lei n. 12.971, de 9-5-2014.
§ 1.º Se da prática do crime previsto no *caput* resultar lesão corporal de natureza grave, e as circunstâncias demonstrarem que o agente não quis o resultado nem assumiu o risco de produzi-lo, a pena privativa de liberdade é de reclusão, de 3 (três) a 6 (seis) anos, sem prejuízo das outras penas previstas neste artigo.
•• § 1.º acrescentado pela Lei n. 12.971, de 9-5-2014.
§ 2.º Se da prática do crime previsto no *caput* resultar morte, e as circunstâncias demonstrarem que o agente não quis o resultado nem assumiu o risco de produzi-lo, a pena privativa de liberdade é de reclusão de 5 (cinco) a 10 (dez) anos, sem prejuízo das outras penas previstas neste artigo.
•• § 2.º acrescentado pela Lei n. 12.971, de 9-5-2014.
Art. 309. Dirigir veículo automotor, em via pública, sem a devida Permissão para Dirigir ou Habilitação ou, ainda, se cassado o direito de dirigir, gerando perigo de dano:
Penas – detenção, de 6 (seis) meses a 1 (um) ano, ou multa.
•• *Vide* Súmula 720 do STF.
•• *Vide* Súmula 664 do STJ.
Art. 310. Permitir, confiar ou entregar a direção de veículo automotor a pessoa não habilitada, com habilitação cassada ou com o direito de dirigir suspenso, ou, ainda, a quem, por seu estado de saúde, física ou mental, ou por embriaguez, não esteja em condições de conduzi-lo com segurança:
•• *Vide* Súmula 575 do STJ.
Penas – detenção, de 6 (seis) meses a 1 (um) ano, ou multa.
Art. 310-A. (*Vetado*.)
•• Artigo acrescentado pela Lei n. 12.619, de 30-4-2012.
Art. 311. Trafegar em velocidade incompatível com a segurança nas proximidades de escolas, hospitais, estações de embarque e desembarque de passageiros, logradouros estreitos, ou onde haja grande movimentação ou concentração de pessoas, gerando perigo de dano:
Penas – detenção, de 6 (seis) meses a 1 (um) ano, ou multa.
Art. 312. Inovar artificiosamente, em caso de sinistro automobilístico com vítima, na pendência do respectivo procedimento policial preparatório, inquérito policial ou processo penal, o estado de lugar, de coisa ou de pessoa, a fim de induzir a erro o agente policial, o perito ou o juiz:
•• *Caput* com redação determinada pela Lei n. 14.599, de 19-6-2023.

Penas – detenção, de 6 (seis) meses a 1 (um) ano, ou multa.

Parágrafo único. Aplica-se o disposto neste artigo, ainda que não iniciados, quando da inovação, o procedimento preparatório, o inquérito ou o processo aos quais se refere.

Art. 312-A. Para os crimes relacionados nos arts. 302 a 312 deste Código, nas situações em que o juiz aplicar a substituição de pena privativa de liberdade por pena restritiva de direitos, esta deverá ser de prestação de serviço à comunidade ou a entidades públicas, em uma das seguintes atividades:

•• *Caput* acrescentado pela Lei n. 13.281, de 4-5-2016.

I – trabalho, aos fins de semana, em equipes de resgate dos corpos de bombeiros e em outras unidades móveis especializadas no atendimento a vítimas de trânsito;

•• Inciso I acrescentado pela Lei n. 13.281, de 4-5-2016.

II – trabalho em unidades de pronto-socorro de hospitais da rede pública que recebem vítimas de sinistro de trânsito e politraumatizados;

•• Inciso II com redação determinada pela Lei n. 14.599, de 19-6-2023.

III – trabalho em clínicas ou instituições especializadas na recuperação de sinistrados de trânsito;

•• Inciso III com redação determinada pela Lei n. 14.599, de 19-6-2023.

IV – outras atividades relacionadas ao resgate, atendimento e recuperação de vítimas de sinistros de trânsito.

•• Inciso IV com redação determinada pela Lei n. 14.599, de 19-6-2023.

Art. 312-B. Aos crimes previstos no § 3.º do art. 302 e no § 2.º do art. 303 deste Código não se aplica o disposto no inciso I do *caput* do art. 44 do Decreto-lei n. 2.848, de 7 de dezembro de 1940 (Código Penal).

•• Artigo acrescentado pela Lei n. 14.071, de 13-10-2020.

Capítulo XX
DISPOSIÇÕES FINAIS E TRANSITÓRIAS

Art. 329. Os condutores dos veículos de que tratam os arts. 135 e 136, para exercerem suas atividades, deverão apresentar, previamente, certidão negativa do registro de distribuição criminal relativamente aos crimes de homicídio, roubo, estupro e corrupção de menores, renovável a cada 5 (cinco) anos, junto ao órgão responsável pela respectiva concessão ou autorização.

• Os arts. 135 e 136 dispõem sobre veículos de aluguel, destinados ao transporte individual ou coletivo de passageiros de linhas regulares ou empregados, e sobre veículos destinados à condução coletiva de escolares.

Art. 340. Este Código entra em vigor 120 (cento e vinte) dias após a data de sua publicação.

Art. 341. Ficam revogadas as Leis n. 5.108, de 21 de setembro de 1966, 5.693, de 16 de agosto de 1971, 5.820, de 10 de novembro de 1972, 6.124, de 25 de outubro de 1974, 6.308, de 15 de dezembro de 1975, 6.369, de 27 de outubro de 1976, 6.731, de 4 de dezembro de 1979, 7.031, de 20 de setembro de 1982, 7.052, de 2 de dezembro de 1982, 8.102, de 10 de dezembro de 1990, os arts. 1.º a 6.º e 11 do Decreto-lei n. 237, de 28 de fevereiro de 1967, e os Decretos-leis n. 584, de 16 de maio de 1969, 912, de 2 de outubro de 1969, e 2.448, de 21 de julho de 1988.

Brasília, 23 de setembro de 1997; 176.º da Independência e 109.º da República.

FERNANDO HENRIQUE CARDOSO

LEI N. 9.613, DE 3 DE MARÇO DE 1998 (*)

Dispõe sobre os crimes de "lavagem" ou ocultação de bens, direitos e valores; a prevenção da utilização do sistema financeiro para os ilícitos previstos nesta Lei; cria o Conselho de Controle de Atividades Financeiras – Coaf, e dá outras providências.

O Presidente da República

Faço saber que o Congresso Nacional decreta e eu sanciono a seguinte Lei:

(*) Publicada no *DOU*, de 4-3-1998. O Decreto n. 9.663, de 1.º-1-2019, aprova o estatuto do Coaf. A Resolução n. 131, de 20-8-2021, do BCB, regulamenta os parâmetros para a aplicação das penalidades administrativas previstas nesta Lei.

•• A Circular n. 3.858, de 14-11-2017, regulamenta os parâmetros para a aplicação das penalidades administrativas previstas nesta Lei.

Capítulo I
DOS CRIMES DE "LAVAGEM" OU OCULTAÇÃO DE BENS, DIREITOS E VALORES

• A Carta-Circular n. 4.001, de 29-1-2020, do Banco Central do Brasil, divulga relação de operações e situações que podem configurar indícios de ocorrência dos crimes previstos nesta Lei, passíveis de comunicação ao COAF.
• A Circular n. 612, de 18-8-2020, da SUSEP, dispõe sobre a política, os procedimentos e os controles internos destinados especificamente à prevenção e combate aos crimes de "lavagem" ou ocultação de bens, direitos e valores, ou aos crimes que com eles possam relacionar-se, bem como à prevenção e coibição do financiamento do terrorismo.

Art. 1.º Ocultar ou dissimular a natureza, origem, localização, disposição, movimentação ou propriedade de bens, direitos ou valores provenientes, direta ou indiretamente, de infração penal.

•• *Caput* com redação determinada pela Lei n. 12.683, de 9-7-2012.

I a VIII – (*Revogados pela Lei n. 12.683, de 9-7-2012.*)

Pena: reclusão, de 3 (três) a 10 (dez) anos, e multa.

§ 1.º Incorre na mesma pena quem, para ocultar ou dissimular a utilização de bens, direitos ou valores provenientes de infração penal:

•• § 1.º, *caput*, com redação determinada pela Lei n. 12.683, de 9-7-2012.

I – os converte em ativos lícitos;

II – os adquire, recebe, troca, negocia, dá ou recebe em garantia, guarda, tem em depósito, movimenta ou transfere;

III – importa ou exporta bens com valores não correspondentes aos verdadeiros.

§ 2.º Incorre, ainda, na mesma pena quem:

•• § 2.º, *caput*, com redação determinada pela Lei n. 12.683, de 9-7-2012.

I – utiliza, na atividade econômica ou financeira, bens, direitos ou valores provenientes de infração penal;

•• Inciso I com redação determinada pela Lei n. 12.683, de 9-7-2012.

II – participa de grupo, associação ou escritório tendo conhecimento de que sua atividade principal ou secundária é dirigida à prática de crimes previstos nesta Lei.

§ 3.º A tentativa é punida nos termos do parágrafo único do art. 14 do Código Penal.

§ 4.º A pena será aumentada de 1/3 (um terço) a 2/3 (dois terços) se os crimes definidos nesta Lei forem cometidos de forma reiterada, por intermédio de organização criminosa ou por meio da utilização de ativo virtual.

•• § 4.º com redação determinada pela Lei n. 14.478, de 21-12-2022.

§ 5.º A pena poderá ser reduzida de um a dois terços e ser cumprida em regime aberto ou semiaberto, facultando-se ao juiz deixar de aplicá-la ou substituí-la, a qualquer tempo, por pena restritiva de direitos, se o autor, coautor ou partícipe colaborar espontaneamente com as autoridades, prestando esclarecimentos que conduzam à apuração das infrações penais, à identificação dos autores, coautores e partícipes, ou à localização dos bens, direitos ou valores objeto do crime.

•• § 5.º com redação determinada pela Lei n. 12.683, de 9-7-2012.

§ 6.º Para a apuração do crime de que trata este artigo, admite-se a utilização da ação controlada e da infiltração de agentes.

•• § 6.º acrescentado pela Lei n. 13.964, de 24-12-2019.

Capítulo II
DISPOSIÇÕES PROCESSUAIS ESPECIAIS

Art. 2.º O processo e julgamento dos crimes previstos nesta Lei:

I – obedecem às disposições relativas ao procedimento comum dos crimes punidos com reclusão, da competência do juiz singular;

II – independem do processo e julgamento das infrações penais antecedentes, ainda que praticados em outro país, cabendo ao juiz competente para os crimes previstos nesta Lei a decisão sobre a unidade de processo e julgamento;

•• Inciso II com redação determinada pela Lei n. 12.683, de 9-7-2012.

III – são da competência da Justiça Federal:

"Lavagem" de Dinheiro — Lei n. 9.613, de 3-3-1998

a) quando praticados contra o sistema financeiro e a ordem econômico-financeira, ou em detrimento de bens, serviços ou interesses da União, ou de suas entidades autárquicas ou empresas públicas;

b) quando a infração penal antecedente for de competência da Justiça Federal.

•• Alínea b com redação determinada pela Lei n. 12.683, de 9-7-2012.

§ 1.º A denúncia será instruída com indícios suficientes da existência da infração penal antecedente, sendo puníveis os fatos previstos nesta Lei, ainda que desconhecido ou isento de pena o autor, ou extinta a punibilidade da infração penal antecedente.

•• § 1.º com redação determinada pela Lei n. 12.683, de 9-7-2012.

§ 2.º No processo por crime previsto nesta Lei, não se aplica o disposto no art. 366 do Decreto-lei n. 3.689, de 3 de outubro de 1941 (Código de Processo Penal), devendo o acusado que não comparecer nem constituir advogado ser citado por edital, prosseguindo o feito até o julgamento, com a nomeação de defensor dativo.

•• § 2.º com redação determinada pela Lei n. 12.683, de 9-7-2012.

Art. 3.º (Revogado pela Lei n. 12.683, de 9-7-2012.)

Art. 4.º O juiz, de ofício, a requerimento do Ministério Público ou mediante representação do delegado de polícia, ouvido o Ministério Público em 24 (vinte e quatro) horas, havendo indícios suficientes de infração penal, poderá decretar medidas assecuratórias de bens, direitos ou valores do investigado ou acusado, ou existentes em nome de interpostas pessoas, que sejam instrumento, produto ou proveito dos crimes previstos nesta Lei ou das infrações penais antecedentes.

•• Caput com redação determinada pela Lei n. 12.683, de 9-7-2012.

§ 1.º Proceder-se-á à alienação antecipada para preservação do valor dos bens sempre que estiverem sujeitos a qualquer grau de deterioração ou depreciação, ou quando houver dificuldade para sua manutenção.

•• § 1.º com redação determinada pela Lei n. 12.683, de 9-7-2012.

§ 2.º O juiz determinará a liberação total ou parcial dos bens, direitos e valores quando comprovada a licitude de sua origem, mantendo-se a constrição dos bens, direitos e valores necessários e suficientes à reparação dos danos e ao pagamento de prestações pecuniárias, multas e custas decorrentes da infração penal.

•• § 2.º com redação determinada pela Lei n. 12.683, de 9-7-2012.

§ 3.º Nenhum pedido de liberação será conhecido sem o comparecimento pessoal do acusado ou de interposta pessoa a que se refere o caput deste artigo, podendo o juiz determinar a prática de atos necessários à conservação de bens, direitos ou valores, sem prejuízo do disposto no § 1.º.

•• § 3.º com redação determinada pela Lei n. 12.683, de 9-7-2012.

§ 4.º Poderão ser decretadas medidas assecuratórias sobre bens, direitos ou valores para reparação do dano decorrente da infração penal antecedente ou da prevista nesta Lei ou para pagamento de prestação pecuniária, multa e custas.

•• § 4.º com redação determinada pela Lei n. 12.683, de 9-7-2012.

Art. 4.º-A. A alienação antecipada para preservação de valor de bens sob constrição será decretada pelo juiz, de ofício, a requerimento do Ministério Público ou por solicitação da parte interessada, mediante petição autônoma, que será autuada em apartado e cujos autos terão tramitação em separado em relação ao processo principal.

•• Caput acrescentado pela Lei n. 12.683, de 9-7-2012.

§ 1.º O requerimento de alienação deverá conter a relação de todos os demais bens, com a descrição e a especificação de cada um deles, e informações sobre quem os detém e local onde se encontram.

•• § 1.º acrescentado pela Lei n. 12.683, de 9-7-2012.

§ 2.º O juiz determinará a avaliação dos bens, nos autos apartados, e intimará o Ministério Público.

•• § 2.º acrescentado pela Lei n. 12.683, de 9-7-2012.

§ 3.º Feita a avaliação e dirimidas eventuais divergências sobre o respectivo laudo, o juiz, por sentença, homologará o valor atribuído aos bens e determinará sejam alienados em leilão ou pregão, preferencialmente eletrônico, por valor não inferior a 75% (setenta e cinco por cento) da avaliação.

•• § 3.º acrescentado pela Lei n. 12.683, de 9-7-2012.

§ 4.º Realizado o leilão, a quantia apurada será depositada em conta judicial remunerada, adotando-se a seguinte disciplina:

•• § 4.º, caput, acrescentado pela Lei n. 12.683, de 9-7-2012.

I – nos processos de competência da Justiça Federal e da Justiça do Distrito Federal:

•• Inciso I, *caput*, acrescentado pela Lei n. 12.683, de 9-7-2012.

a) os depósitos serão efetuados na Caixa Econômica Federal ou em instituição financeira pública, mediante documento adequado para essa finalidade;

•• Alínea *a* acrescentada pela Lei n. 12.683, de 9-7-2012.

b) os depósitos serão repassados pela Caixa Econômica Federal ou por outra instituição financeira pública para a Conta Única do Tesouro Nacional, independentemente de qualquer formalidade, no prazo de 24 (vinte e quatro) horas; e

•• Alínea *b* acrescentada pela Lei n. 12.683, de 9-7-2012.

c) os valores devolvidos pela Caixa Econômica Federal ou por instituição financeira pública serão debitados à Conta Única do Tesouro Nacional, em subconta de restituição;

•• Alínea *c* acrescentada pela Lei n. 12.683, de 9-7-2012.

II – nos processos de competência da Justiça dos Estados:

•• Inciso II, *caput*, acrescentado pela Lei n. 12.683, de 9-7-2012.

a) os depósitos serão efetuados em instituição financeira designada em lei, preferencialmente pública, de cada Estado ou, na sua ausência, em instituição financeira pública da União;

•• Alínea *a* acrescentada pela Lei n. 12.683, de 9-7-2012.

b) os depósitos serão repassados para a conta única de cada Estado, na forma da respectiva legislação.

•• Alínea *b* acrescentada pela Lei n. 12.683, de 9-7-2012.

§ 5.º Mediante ordem da autoridade judicial, o valor do depósito, após o trânsito em julgado da sentença proferida na ação penal, será:

•• § 5.º, *caput*, acrescentado pela Lei n. 12.683, de 9-7-2012.

I – em caso de sentença condenatória, nos processos de competência da Justiça Federal e da Justiça do Distrito Federal, incorporado definitivamente ao patrimônio da União, e, nos processos de competência da Justiça Estadual, incorporado ao patrimônio do Estado respectivo;

•• Inciso I acrescentado pela Lei n. 12.683, de 9-7-2012.

II – em caso de sentença absolutória extintiva de punibilidade, colocado à disposição do réu pela instituição financeira, acrescido da remuneração da conta judicial.

•• Inciso II acrescentado pela Lei n. 12.683, de 9-7-2012.

§ 6.º A instituição financeira depositária manterá controle dos valores depositados ou devolvidos.

•• § 6.º acrescentado pela Lei n. 12.683, de 9-7-2012.

§ 7.º Serão deduzidos da quantia apurada no leilão todos os tributos e multas incidentes sobre o bem alienado, sem prejuízo de iniciativas que, no âmbito da competência de cada ente da Federação, venham a desonerar bens sob constrição judicial daqueles ônus.

•• § 7.º acrescentado pela Lei n. 12.683, de 9-7-2012.

§ 8.º Feito o depósito a que se refere o § 4.º deste artigo, os autos da alienação serão apensados aos do processo principal.

•• § 8.º acrescentado pela Lei n. 12.683, de 9-7-2012.

§ 9.º Terão apenas efeito devolutivo os recursos interpostos contra as decisões proferidas no curso do procedimento previsto neste artigo.

•• § 9.º acrescentado pela Lei n. 12.683, de 9-7-2012.

§ 10. Sobrevindo o trânsito em julgado de sentença penal condenatória, o juiz decretará, em favor, conforme o caso, da União ou do Estado:

•• § 10, *caput*, acrescentado pela Lei n. 12.683, de 9-7-2012.

I – a perda dos valores depositados na conta remunerada e da fiança;

•• Inciso I acrescentado pela Lei n. 12.683, de 9-7-2012.

II – a perda dos bens não alienados antecipadamente e daqueles aos quais não foi dada destinação prévia;

•• Inciso II acrescentado pela Lei n. 12.683, de 9-7-2012.

III – a perda dos bens não reclamados no prazo de 90 (noventa) dias após o trânsito em julgado da sentença condenatória, ressalvado o direito de lesado ou terceiro de boa-fé.

•• Inciso III acrescentado pela Lei n. 12.683, de 9-7-2012.

§ 11. Os bens a que se referem os incisos II e III do § 10 deste artigo serão adjudicados ou levados a leilão, depositando-se o saldo na conta única do respectivo ente.

•• § 11 acrescentado pela Lei n. 12.683, de 9-7-2012.

§ 12. O juiz determinará ao registro público competente que emita documento de habilitação à circulação e utilização dos bens colocados sob o uso e custódia das entidades a que se refere o *caput* deste artigo.

•• § 12 acrescentado pela Lei n. 12.683, de 9-7-2012.

§ 13. Os recursos decorrentes da alienação antecipada de bens, direitos e valores oriundos do crime de tráfico ilícito de drogas e que tenham sido objeto de dissimulação e ocultação nos termos desta Lei permanecem submetidos à disciplina definida em lei específica.

•• § 13 acrescentado pela Lei n. 12.683, de 9-7-2012.

Art. 4.º-B. A ordem de prisão de pessoas ou as medidas assecuratórias de bens, direitos ou valores poderão ser suspensas pelo juiz, ouvido o Ministério Público, quando a sua execução imediata puder comprometer as investigações.

•• Artigo acrescentado pela Lei n. 12.683, de 9-7-2012.

Art. 5.º Quando as circunstâncias o aconselharem, o juiz, ouvido o Ministério Público, nomeará pessoa física ou jurídica qualificada para a administração dos bens, direitos ou valores sujeitos a medidas assecuratórias, mediante termo de compromisso.

•• Artigo com redação determinada pela Lei n. 12.683, de 9-7-2012.

Art. 6.º A pessoa responsável pela administração dos bens:

•• *Caput* com redação determinada pela Lei n. 12.683, de 9-7-2012.

I – fará jus a uma remuneração, fixada pelo juiz, que será satisfeita com o produto dos bens objeto da administração;

II – prestará, por determinação judicial, informações periódicas da situação dos bens sob sua administração, bem como explicações e detalhamentos sobre investimentos e reinvestimentos realizados.

Parágrafo único. Os atos relativos à administração dos bens sujeitos a medidas assecuratórias serão levados ao conhecimento do Ministério Público, que requererá o que entender cabível.

•• Parágrafo único com redação determinada pela Lei n. 12.683, de 9-7-2012.

Capítulo III
DOS EFEITOS DA CONDENAÇÃO

Art. 7.º São efeitos da condenação, além dos previstos no Código Penal:

I – a perda, em favor da União – e dos Estados, nos casos de competência da Justiça Estadual –, de todos os bens, direitos e valores relacionados, direta ou indiretamente, à prática dos crimes previstos nesta Lei, inclusive aqueles utilizados para prestar a fiança, ressalvado o direito do lesado ou de terceiro de boa-fé;

•• Inciso I com redação determinada pela Lei n. 12.683, de 9-7-2012.

•• O STF, na ADPF n. 569, nas sessões virtuais de 10-5-2024 a 17-5-2024 (*DOU* de 22-5-2024), por unanimidade, conheceu parcialmente da presente arguição e, na parte conhecida, confirmou a medida cautelar concedida e julgou parcialmente procedente o pedido formulado na inicial para, conferindo interpretação conforme a este inciso I, assentar que, não havendo previsão legal específica acerca da destinação de receitas derivadas provenientes de sistemas normativos de responsabilização pessoal, a qual vincula os órgãos jurisdicionais no emprego de tais recursos, tais ingressos, como aqueles originados de acordos de colaboração premiada, devem observar os estritos termos do art. 91 do Código Penal, sendo destinados, à míngua de lesados e de terceiros de boa-fé, à União para sujeitarem-se à apropriação somente após o devido processo orçamentário constitucional, vedando-se sua distribuição de maneira diversa, seja por determinação ou acordo firmado pelo Ministério Público, seja por ordem judicial, excetuadas as previsões legais específicas.

•• A Resolução n. 587, de 30-9-2019, do CJF, dispõe sobre a destinação de valores em procedimento penal, a título de reparação de danos a pessoas jurídicas de direito público, de perdimento de instrumentos, de produto ou de proveito de crime, de valores relacionados à lavagem de dinheiro, de valores não reclamados, de confisco em decorrência do tráfico de drogas e da exploração do trabalho escravo, ou de qualquer outra forma de perdimento ou de confisco, e de reparação de danos a pessoas naturais e jurídicas de direito privado, no âmbito da Justiça Federal.

II – a interdição do exercício de cargo ou função pública de qualquer natureza e de diretor, de membro de conselho de administração ou de gerência das pessoas jurídicas referidas no art. 9.º, pelo dobro do tempo da pena privativa de liberdade aplicada.

§ 1.º A União e os Estados, no âmbito de suas competências, regulamentarão a forma de destinação dos bens, direitos e valores cuja perda houver sido declarada, assegurada, quanto aos processos de competência da Justiça Federal, a sua utilização pelos órgãos federais encarregados da prevenção, do combate, da ação penal e do julgamento dos crimes previstos nesta Lei, e, quanto aos processos de competência da Justiça Estadual, a preferência dos órgãos locais com idêntica função.

•• § 1.º acrescentado pela Lei n. 12.683, de 9-7-2012.

•• O STF, na ADPF n. 569, nas sessões virtuais de 10-5-2024 a 17-5-2024 (*DOU* de 22-5-2024), por unanimidade, conheceu parcialmente da presente arguição e, na parte conhecida, confirmou a medida cautelar concedida e julgou parcialmente procedente o pedido formulado na inicial para, conferindo interpretação conforme a este § 1.º, assentar que, não havendo previsão legal específica acerca da destinação de receitas derivadas provenientes de sistemas normativos de responsabilização pessoal, a qual vincula os órgãos jurisdicionais no emprego de tais recursos, tais ingressos, como aqueles originados de acordos de colaboração premiada, devem observar os estritos termos do art. 91 do Código Penal, sendo destinados, à míngua de lesados e de terceiros de boa-fé, à União para sujeitarem-se à apropriação somente após o devido processo orçamentário constitucional, vedando-se sua distribuição de maneira diversa, seja por determinação ou acordo firmado pelo Ministério Público, seja por ordem judicial, excetuadas as previsões legais específicas.

•• *Vide* nota ao *caput* deste artigo.

•• O Decreto n. 11.008, de 25-3-2022, regulamenta este § 1.º para estabelecer a destinação de bens, direitos e valores cuja perda tenha sido declarada em processos de competência da justiça federal nos crimes de "lavagem" ou ocultação de bens, direitos e valores.

§ 2.º Os instrumentos do crime sem valor econômico cuja perda em favor da União ou do Estado for decretada serão inutilizados ou doados a museu criminal ou a entidade pública, se houver interesse na sua conservação.

•• § 2.º acrescentado pela Lei n. 12.683, de 9-7-2012.

Capítulo IV
DOS BENS, DIREITOS OU VALORES ORIUNDOS DE CRIMES PRATICADOS NO ESTRANGEIRO

Art. 8.º O juiz determinará, na hipótese de existência de tratado ou convenção internacional e por solicitação de autoridade estrangeira competente, medidas assecuratórias sobre bens, direitos ou valores oriundos de crimes descritos no art. 1.º praticados no estrangeiro.

•• *Caput* com redação determinada pela Lei n. 12.683, de 9-7-2012.

§ 1.º Aplica-se o disposto neste artigo, independentemente de tratado ou convenção internacional, quando o governo do país da autoridade solicitante prometer reciprocidade ao Brasil.

§ 2.º Na falta de tratado ou convenção, os bens, direitos ou valores privados sujeitos a medidas assecuratórias por solicitação de autoridade estrangeira competente ou os recursos provenientes da sua alienação serão repartidos entre o Estado requerente e o Brasil, na proporção de metade, ressalvado o direito do lesado ou de terceiro de boa-fé.

•• § 2.º com redação determinada pela Lei n. 12.683, de 9-7-2012.

Capítulo V
DAS PESSOAS SUJEITAS AO MECANISMO DE CONTROLE

•• Capítulo com redação determinada pela Lei n. 12.683, de 9-7-2012.

• A Instrução Normativa n. 76, de 9-3-2020, do DREI, dispõe sobre a política, os procedimentos e os controles a serem adotados no âmbito das Juntas Comerciais para o cumprimento das disposições da Lei n. 9.613, de 3-3-1998, relativas à prevenção de atividades de lavagem de dinheiro, ou a ela relacionadas, e financiamento do terrorismo; e da Lei n. 13.810, de 8-3-2019, relativas ao cumprimento de determinações do Conselho de Segurança das Nações Unidas acerca da indisponibilidade de ativos.

• A Instrução Normativa n. 34, de 28-10-2020, da PREVIC, dispõe sobre a política, os procedimentos e os controles internos a serem adotados pelas entidades fechadas de previdência complementar visando a prevenção da utilização do regime para a prática dos crimes de "lavagem" ou ocultação de bens, direitos e valores, de que trata a Lei n. 9.613, de 3-3-1998, e de financiamento do terrorismo, previsto na Lei n. 13.260, de 16-3-2016, observando também aos dispositivos da Lei n. 13.709, de 14-8-2018, Lei Geral de Proteção de Dados.

Art. 9.º Sujeitam-se às obrigações referidas nos arts. 10 e 11 as pessoas físicas e jurídicas que tenham, em caráter permanente ou eventual, como atividade principal ou acessória, cumulativamente ou não:

•• *Caput* com redação determinada pela Lei n. 12.683, de 9-7-2012.

•• *Vide* art. 12-A, § 2.º, desta Lei.

•• *Vide* nota ao art. 14, § 1.º, desta Lei.

•• A Lei n. 13.810, de 8-3-2019, disciplina a indisponibilidade de ativos de pessoas naturais e jurídicas e de entidades e a designação nacional de pessoas investigadas ou acusadas de terrorismo, de seu financiamento ou de atos a ele correlacionados.

•• A Resolução n. 40, de 22-11-2021, do COAF, dispõe sobre os procedimentos a serem observados, em relação a pessoas expostas politicamente, por aqueles que se sujeitam à supervisão do Conselho de Controle de Atividades Financeiras – COAF.

I – a captação, intermediação e aplicação de recursos financeiros de terceiros, em moeda nacional ou estrangeira;
II – a compra e venda de moeda estrangeira ou ouro como ativo financeiro ou instrumento cambial;
III – a custódia, emissão, distribuição, liquidação, negociação, intermediação ou administração de títulos ou valores mobiliários.
Parágrafo único. Sujeitam-se às mesmas obrigações:
I – as bolsas de valores, as bolsas de mercadorias ou futuros e os sistemas de negociação do mercado de balcão organizado;
•• Inciso I com redação determinada pela Lei n. 12.683, de 9-7-2012.

II – as seguradoras, as corretoras de seguros e as entidades de previdência complementar ou de capitalização;
III – as administradoras de cartões de credenciamento ou cartões de crédito, bem como as administradoras de consórcios para aquisição de bens ou serviços;
IV – as administradoras ou empresas que se utilizem de cartão ou qualquer outro meio eletrônico, magnético ou equivalente, que permita a transferência de fundos;
V – as empresas de arrendamento mercantil (*leasing*), as empresas de fomento comercial (*factoring*) e as Empresas Simples de Crédito (ESC);
•• Inciso V com redação determinada pela Lei Complementar n. 167, de 24-4-2019.

VI – as sociedades que, mediante sorteio, método assemelhado, exploração de loterias, inclusive de apostas de quota fixa, ou outras sistemáticas de captação de apostas com pagamento de prêmios, realizem distribuição de dinheiro, de bens móveis, de bens imóveis e de outras mercadorias ou serviços, bem como concedam descontos na sua aquisição ou contratação;
•• Inciso VI com redação determinada pela Lei n. 14.183, de 14-7-2021.

VII – as filiais ou representações de entes estrangeiros que exerçam no Brasil qualquer das atividades listadas neste artigo, ainda que de forma eventual;
VIII – as demais entidades cujo funcionamento dependa de autorização de órgão regulador dos mercados financeiro, de câmbio, de capitais e de seguros;
IX – as pessoas físicas ou jurídicas, nacionais ou estrangeiras, que operem no Brasil como agentes, dirigentes, procuradoras, comissionárias ou por qualquer forma representem interesses de ente estrangeiro que exerça qualquer das atividades referidas neste artigo;
X – as pessoas físicas ou jurídicas que exerçam atividades de promoção imobiliária ou compra e venda de imóveis;
•• Inciso X com redação determinada pela Lei n. 12.683, de 9-7-2012.

XI – as pessoas físicas ou jurídicas que comercializem joias, pedras e metais preciosos, objetos de arte e antiguidades;
XII – as pessoas físicas ou jurídicas que comercializem bens de luxo ou de alto valor, intermedeiem a sua comercialização ou exerçam atividades que envolvam grande volume de recursos em espécie;
•• Inciso XII com redação determinada pela Lei n. 12.683, de 9-7-2012.

XIII – as juntas comerciais e os registros públicos;
•• Inciso XIII acrescentado pela Lei n. 12.683, de 9-7-2012.

XIV – as pessoas físicas ou jurídicas que prestem, mesmo que eventualmente, serviços de assessoria, consultoria, contadoria, auditoria, aconselhamento ou assistência, de qualquer natureza, em operações:
•• Inciso XIV, *caput*, acrescentado pela Lei n. 12.683, de 9-7-2012.

a) de compra e venda de imóveis, estabelecimentos comerciais ou industriais ou participações societárias de qualquer natureza;
•• Alínea *a* acrescentada pela Lei n. 12.683, de 9-7-2012.

b) de gestão de fundos, valores mobiliários ou outros ativos;
•• Alínea *b* acrescentada pela Lei n. 12.683, de 9-7-2012.

c) de abertura ou gestão de contas bancárias, de poupança, investimento ou de valores mobiliários;
•• Alínea *c* acrescentada pela Lei n. 12.683, de 9-7-2012.

d) de criação, exploração ou gestão de sociedades de qualquer natureza, fundações, fundos fiduciários ou estruturas análogas;
•• Alínea *d* acrescentada pela Lei n. 12.683, de 9-7-2012.

e) financeiras, societárias ou imobiliárias; e
•• Alínea *e* acrescentada pela Lei n. 12.683, de 9-7-2012.

f) de alienação ou aquisição de direitos sobre contratos relacionados a atividades desportivas ou artísticas profissionais;
•• Alínea *f* acrescentada pela Lei n. 12.683, de 9-7-2012.

XV – pessoas físicas ou jurídicas que atuem na promoção, intermediação, comercialização, agenciamento ou negociação de direitos de transferência de atletas, artistas ou feiras, exposições ou eventos similares;

•• Inciso XV acrescentado pela Lei n. 12.683, de 9-7-2012.

XVI – as empresas de transporte e guarda de valores;

•• Inciso XVI acrescentado pela Lei n. 12.683, de 9-7-2012.

XVII – as pessoas físicas ou jurídicas que comercializem bens de alto valor de origem rural ou animal ou intermedeiem a sua comercialização; e

•• Inciso XVII acrescentado pela Lei n. 12.683, de 9-7-2012.

XVIII – as dependências no exterior das entidades mencionadas neste artigo, por meio de sua matriz no Brasil, relativamente a residentes no País;

•• Inciso XVIII acrescentado pela Lei n. 12.683, de 9-7-2012.

XIX – as prestadoras de serviços de ativos virtuais.

•• Inciso XIX acrescentado pela Lei n. 14.478, de 21-12-2022.

Capítulo VII
DA COMUNICAÇÃO DE OPERAÇÕES FINANCEIRAS

•• A Instrução Normativa n. 196, de 29-3-2021, da Polícia Federal, normatiza o procedimento de comunicação de operações de transporte ou guarda de bens, valores ou numerário suspeitos ou que contenham indícios de crimes de lavagem de dinheiro ou de financiamento ao terrorismo efetuadas por empresas de transporte de valores.

Art. 11. As pessoas referidas no art. 9.º:

I – dispensarão especial atenção às operações que, nos termos de instruções emanadas das autoridades competentes, possam constituir-se em sérios indícios dos crimes previstos nesta Lei, ou com eles relacionar-se;

Capítulo VIII
DA RESPONSABILIDADE ADMINISTRATIVA

Art. 12. Às pessoas referidas no art. 9.º, bem como aos administradores das pessoas jurídicas, que deixem de cumprir as obrigações previstas nos arts. 10 e 11 serão aplicadas, cumulativamente ou não, pelas autoridades competentes, as seguintes sanções:

•• A Resolução n. 131, de 20-8-2021, do BCB, regulamenta os parâmetros para a aplicação das penalidades administrativas previstas neste artigo.

I – advertência;

II – multa pecuniária variável não superior:

•• Inciso II, caput, com redação determinada pela Lei n. 12.683, de 9-7-2012.

a) ao dobro do valor da operação;

•• Alínea a acrescentada pela Lei n. 12.683, de 9-7-2012.

b) ao dobro do lucro real obtido ou que presumivelmente seria obtido pela realização da operação; ou

•• Alínea b acrescentada pela Lei n. 12.683, de 9-7-2012.

c) ao valor de R$ 20.000.000,00 (vinte milhões de reais);

•• Alínea c acrescentada pela Lei n. 12.683, de 9-7-2012.

III – inabilitação temporária, pelo prazo de até 10 (dez) anos, para o exercício do cargo de administrador das pessoas jurídicas referidas no art. 9.º;

IV – cassação ou suspensão da autorização para o exercício de atividade, operação ou funcionamento.

•• Inciso IV com redação determinada pela Lei n. 12.683, de 9-7-2012.

§ 1.º A pena de advertência será aplicada por irregularidade no cumprimento das instruções referidas nos incisos I e II do art. 10.

§ 2.º A multa será aplicada sempre que as pessoas referidas no art. 9.º, por culpa ou dolo:

•• § 2.º, caput, com redação determinada pela Lei n. 12.683, de 9-7-2012.

I – deixarem de sanar as irregularidades objeto de advertência, no prazo assinalado pela autoridade competente;

II – não cumprirem o disposto nos incisos I a IV do art. 10;

•• Inciso II com redação determinada pela Lei n. 12.683, de 9-7-2012.

III – deixarem de atender, no prazo estabelecido, a requisição formulada nos termos do inciso V do art. 10;

•• Inciso III com redação determinada pela Lei n. 12.683, de 9-7-2012.

IV – descumprirem a vedação ou deixarem de fazer a comunicação a que se refere o art. 11.

§ 3.º A inabilitação temporária será aplicada quando forem verificadas infrações graves quanto ao cumprimento das obrigações constantes desta Lei ou quando ocorrer reincidência específica, devidamente caracterizada em transgressões anteriormente punidas com multa.

§ 4.º A cassação da autorização será aplicada nos casos de reincidência específica de infrações anteriormente punidas com a pena prevista no inciso III do *caput* deste artigo.

Art. 12-A. Ato do Poder Executivo federal regulamentará a disciplina e o funcionamento do Cadastro Nacional de Pessoas Expostas Politicamente (CNPEP), disponibilizado pelo Portal da Transparência.

•• *Caput* acrescentado pela Lei n. 14.478, de 21-12-2022.

§ 1.º Os órgãos e as entidades de quaisquer Poderes da União, dos Estados, do Distrito Federal e dos Municípios deverão encaminhar ao gestor CNPEP, na forma e na periodicidade definidas no regulamento de que trata o *caput* deste artigo, informações atualizadas sobre seus integrantes ou ex-integrantes classificados como pessoas expostas politicamente (PEPs) na legislação e regulação vigentes.

•• § 1.º acrescentado pela Lei n. 14.478, de 21-12-2022.

§ 2.º As pessoas referidas no art. 9.º desta Lei incluirão consulta ao CNPEP entre seus procedimentos para cumprimento das obrigações previstas nos arts. 10 e 11 desta Lei, sem prejuízo de outras diligências exigidas na forma da legislação.

•• § 2.º acrescentado pela Lei n. 14.478, de 21-12-2022.

§ 3.º O órgão gestor do CNPEP indicará em transparência ativa, pela internet, órgãos e entidades que deixem de cumprir a obrigação prevista no § 1.º deste artigo.

•• § 3.º acrescentado pela Lei n. 14.478, de 21-12-2022.

Art. 13. (*Revogado pela Lei n. 13.974, de 7-1-2020.*)

Capítulo IX
DO CONSELHO DE CONTROLE DE ATIVIDADES FINANCEIRAS

•• *Vide* Lei n. 13.974, de 7-1-2020.

Art. 14. É criado, no âmbito do Ministério da Fazenda, o Conselho de Controle de Atividades Financeiras – Coaf, com a finalidade de disciplinar, aplicar penas administrativas, receber, examinar e identificar as ocorrências suspeitas de atividades ilícitas previstas nesta Lei, sem prejuízo da competência de outros órgãos e entidades.

§ 1.º As instruções referidas no art. 10 destinadas às pessoas mencionadas no art. 9.º, para as quais não exista órgão próprio fiscalizador ou regulador, serão expedidas pelo Coaf, competindo-lhe, para esses casos, a definição das pessoas abrangidas e a aplicação das sanções enumeradas no art. 12.

•• A Resolução n. 31, de 7-6-2019, do Coaf, estabelece, na forma deste § 1.º, orientações a serem observadas pelas pessoas físicas e jurídicas que exercem as atividades listadas no art. 9.º desta Lei.

•• A Resolução n. 40, de 22-11-2021, do COAF, dispõe sobre os procedimentos a serem observados, em relação a pessoas expostas politicamente, por aqueles que se sujeitam à supervisão do Conselho de Controle de Atividades Financeiras - COAF.

§ 2.º O Coaf deverá, ainda, coordenar e propor mecanismos de cooperação e de troca de informações que viabilizem ações rápidas e eficientes no combate à ocultação ou dissimulação de bens, direitos e valores.

§ 3.º O Coaf poderá requerer aos órgãos da Administração Pública as informações cadastrais bancárias e financeiras de pessoas envolvidas em atividades suspeitas.

•• § 3.º acrescentado pela Lei n. 10.701, de 9-7-2003.

Art. 15. O Coaf comunicará às autoridades competentes para a instauração dos procedimentos cabíveis, quando concluir pela existência de crimes previstos nesta Lei, e de fundados indícios de sua prática, ou de qualquer outro ilícito.

Arts. 16 e 17. (*Revogados pela Lei n. 13.974, de 7-1-2020.*)

Capítulo X
DISPOSIÇÕES GERAIS

•• Capítulo acrescentado pela Lei n. 12.683, de 9-7-2012.

Art. 17-A. Aplicam-se, subsidiariamente, as disposições do Decreto-lei n. 3.689, de 3 de outubro de 1941 (Código de Processo Penal), no que não forem incompatíveis com esta Lei.

•• Artigo acrescentado pela Lei n. 12.683, de 9-7-2012.

Art. 17-B. A autoridade policial e o Ministério Público terão acesso, exclusivamente, aos dados cadastrais do investigado que informam qualificação pessoal, filiação e endereço, independentemente de autorização judicial, mantidos pela Justiça Eleitoral, pelas empresas telefônicas, pelas instituições financeiras, pelos provedores de internet e pelas administradoras de cartão de crédito.

•• Artigo acrescentado pela Lei n. 12.683, de 9-7-2012.

•• O STF, na ADI n. 4.906, no plenário de 11-9-2024, por maioria, conheceu em parte da ação direta e, nessa extensão, julgou improcedente o pedido formulado, nos termos da tese de julgamento assim formulada: "É constitucional norma que permite o acesso, por autoridades policiais e pelo Ministério Público, a dados cadastrais de pessoas investigadas independentemente de autorização judicial, excluído do âmbito de incidência da norma a possibilidade de requisição de qualquer outro dado cadastral além daqueles referentes à qualificação pessoal, filiação e endereço (art. 5.º, X e LXXIX, da CF)".

Art. 17-C. Os encaminhamentos das instituições financeiras e tributárias em resposta às ordens judiciais de quebra ou transferência de sigilo deverão ser, sempre que determinado, em meio informático, e apresentados em arquivos que possibilitem a migração de informações para os autos do processo sem redigitação.

•• Artigo acrescentado pela Lei n. 12.683, de 9-7-2012.

Art. 17-D. Em caso de indiciamento de servidor público, este será afastado, sem prejuízo de remuneração e demais direitos previstos em lei, até que o juiz competente autorize, em decisão fundamentada, o seu retorno.

•• Artigo acrescentado pela Lei n. 12.683, de 9-7-2012.

•• O STF, na ADI n. 4.911, nas sessões virtuais de 13-11-2020 a 20-11-2020 (*DOU* de 2-12-2020), declarou a inconstitucionalidade do art. 17-D da Lei n. 9.613/98, com a redação dada pela Lei n. 12.683/2012.

Art. 17-E. A Secretaria da Receita Federal do Brasil conservará os dados fiscais dos contribuintes pelo prazo mínimo de 5 (cinco) anos, contado a partir do início do exercício seguinte ao da declaração de renda respectiva ou ao do pagamento do tributo.

•• Artigo acrescentado pela Lei n. 12.683, de 9-7-2012.

Art. 18. Esta Lei entra em vigor na data de sua publicação.

Brasília, 3 de março de 1998; 177.º da Independência e 110.º da República.

FERNANDO HENRIQUE CARDOSO

LEI N. 9.800, DE 26 DE MAIO DE 1999 (*)

Permite às partes a utilização de sistema de transmissão de dados para a prática de atos processuais.

(*) Publicada no *DOU*, de 27-5-1999. *Vide* Lei n. 11.419, de 19-12-2006, que dispõe sobre a informatização do processo judicial.

O Presidente da República

Faço saber que o Congresso Nacional decreta e eu sanciono a seguinte Lei:

Art. 1.º É permitida às partes a utilização de sistema de transmissão de dados e imagens tipo fac-símile ou outro similar, para a prática de atos processuais que dependam de petição escrita.

Art. 2.º A utilização de sistema de transmissão de dados e imagens não prejudica o cumprimento dos prazos, devendo os originais ser entregues em juízo ou encaminhados por meio de protocolo integrado judicial nacional, necessariamente, em até 5 (cinco) dias contados da data de seu término.

•• *Caput* com redação determinada pela Lei n. 14.318, de 29-3-2022.

Parágrafo único. Nos atos não sujeitos a prazo, os originais deverão ser entregues em juízo ou encaminhados por meio de protocolo integrado judicial nacional, necessariamente, em até 5 (cinco) dias contados da data de recepção do material.

•• Parágrafo único com redação determinada pela Lei n. 14.318, de 29-3-2022.

Art. 3.º Os juízes poderão praticar atos de sua competência à vista de transmissões efetuadas na forma desta Lei, sem prejuízo do disposto no artigo anterior.

Art. 4.º Quem fizer uso de sistema de transmissão torna-se responsável pela qualidade e fidelidade do material transmitido, e por sua entrega ao órgão judiciário.

Parágrafo único. Sem prejuízo de outras sanções, o usuário do sistema será considerado litigante de má--fé se não houver perfeita concordância entre o original remetido pelo fac-símile e o original entregue em juízo.

Art. 5.º O disposto nesta Lei não obriga a que os órgãos judiciários disponham de equipamentos para recepção.

Art. 6.º Esta Lei entra em vigor 30 (trinta) dias após a data de sua publicação.

Brasília, 26 de maio de 1999; 178.º da Independência e 111.º da República.

FERNANDO HENRIQUE CARDOSO

LEI N. 9.807, DE 13 DE JULHO DE 1999 (*)

Estabelece normas para a organização e a manutenção de programas especiais de proteção a vítimas e a testemunhas ameaçadas, institui o Programa Federal de Assistência a Vítimas e a Testemunhas Ameaçadas e dispõe sobre a proteção de acusados ou condenados que tenham voluntariamente prestado efetiva colaboração à investigação policial e ao processo criminal.

O Presidente da República

Faço saber que o Congresso Nacional decreta e eu sanciono a seguinte Lei:

Capítulo I
DA PROTEÇÃO ESPECIAL A VÍTIMAS E A TESTEMUNHAS

Art. 1.º As medidas de proteção requeridas por vítimas ou por testemunhas de crimes que estejam coagidas ou expostas a grave ameaça em razão de colaborarem com a investigação ou processo criminal serão prestadas pela União, pelos Estados e pelo Distrito Federal, no âmbito das respectivas competências, na forma de programas especiais organizados com base nas disposições desta Lei.

§ 1.º A União, os Estados e o Distrito Federal poderão celebrar convênios, acordos, ajustes ou termos de parceria entre si ou com entidades não governamentais objetivando a realização dos programas.

§ 2.º A supervisão e a fiscalização dos convênios, acordos, ajustes e termos de parceria de interesse da União ficarão a cargo do órgão do Ministério da Justiça com atribuições para a execução da política de direitos humanos.

Art. 2.º A proteção concedida pelos programas e as medidas dela decorrentes levarão em conta a gravidade da coação ou da ameaça à integridade física ou psicológica, a dificuldade de preveni-las ou reprimi-las pelos meios convencionais e a sua importância para a produção da prova.

§ 1.º A proteção poderá ser dirigida ou estendida ao cônjuge ou companheiro, ascendentes, descendentes e dependentes que tenham convivência habitual com a vítima ou testemunha, conforme o especificamente necessário em cada caso.

§ 2.º Estão excluídos da proteção os indivíduos cuja personalidade ou conduta seja incompatível com as restrições de comportamento exigidas pelo programa, os condenados que estejam cumprindo pena e os indiciados ou acusados sob prisão cautelar em qualquer de suas modalidades. Tal exclusão não trará prejuízo a eventual prestação de medidas de preservação da integridade física desses indivíduos por parte dos órgãos de segurança pública.

§ 3.º O ingresso no programa, as restrições de segurança e demais medidas por ele adotadas terão sempre a anuência da pessoa protegida, ou de seu representante legal.

§ 4.º Após ingressar no programa, o protegido ficará obrigado ao cumprimento das normas por ele prescritas.

§ 5.º As medidas e providências relacionadas com os programas serão adotadas, executadas e mantidas em sigilo pelos protegidos e pelos agentes envolvidos em sua execução.

Art. 3.º Toda admissão no programa ou exclusão dele será precedida de consulta ao Ministério Público sobre o disposto no art. 2.º e deverá ser subsequentemente comunicada à autoridade policial ou ao juiz competente.

Art. 4.º Cada programa será dirigido por um conselho deliberativo em cuja composição haverá representantes do Ministério Público, do Poder Judiciário e de órgãos públicos e privados relacionados com a segurança pública e a defesa dos direitos humanos.

§ 1.º A execução das atividades necessárias ao programa ficará a cargo de um dos órgãos representados no conselho deliberativo, devendo os agentes dela incumbidos ter formação e capacitação profissional compatíveis com suas tarefas.

§ 2.º Os órgãos policiais prestarão a colaboração e o apoio necessários à execução de cada programa.

Art. 5.º A solicitação objetivando ingresso no programa poderá ser encaminhada ao órgão executor:

I – pelo interessado;

II – por representante do Ministério Público;

III – pela autoridade policial que conduza a investigação criminal;

(*) Publicada no *DOU*, de 14-7-1999.

IV – pelo juiz competente para a instrução do processo criminal;
V – por órgãos públicos e entidades com atribuições de defesa dos direitos humanos.

§ 1.º A solicitação será instruída com a qualificação da pessoa a ser protegida e com informações sobre a sua vida pregressa, o fato delituoso e a coação ou ameaça que a motiva.

§ 2.º Para fins de instrução do pedido, o órgão executor poderá solicitar, com a aquiescência do interessado:

I – documentos ou informações comprobatórios de sua identidade, estado civil, situação profissional, patrimônio e grau de instrução, e da pendência de obrigações civis, administrativas, fiscais, financeiras ou penais;

II – exames ou pareceres técnicos sobre a sua personalidade, estado físico ou psicológico.

§ 3.º Em caso de urgência e levando em consideração a procedência, gravidade e a iminência da coação ou ameaça, a vítima ou testemunha poderá ser colocada provisoriamente sob a custódia de órgão policial, pelo órgão executor, no aguardo de decisão do conselho deliberativo, com comunicação imediata a seus membros e ao Ministério Público.

Art. 6.º O conselho deliberativo decidirá sobre:

I – o ingresso do protegido no programa ou a sua exclusão;

II – as providências necessárias ao cumprimento do programa.

Parágrafo único. As deliberações do conselho serão tomadas por maioria absoluta de seus membros e sua execução ficará sujeita à disponibilidade orçamentária.

Art. 7.º Os programas compreendem, dentre outras, as seguintes medidas, aplicáveis isolada ou cumulativamente em benefício da pessoa protegida, segundo a gravidade e as circunstâncias de cada caso:

I – segurança na residência, incluindo o controle de telecomunicações;

II – escolta e segurança nos deslocamentos da residência, inclusive para fins de trabalho ou para a prestação de depoimentos;

III – transferência de residência ou acomodação provisória em local compatível com a proteção;

IV – preservação da identidade, imagem e dados pessoais;

V – ajuda financeira mensal para prover as despesas necessárias à subsistência individual ou familiar, no caso de a pessoa protegida estar impossibilitada de desenvolver trabalho regular ou de inexistência de qualquer fonte de renda;

VI – suspensão temporária das atividades funcionais, sem prejuízo dos respectivos vencimentos ou vantagens, quando servidor público ou militar;

VII – apoio e assistência social, médica e psicológica;

VIII – sigilo em relação aos atos praticados em virtude da proteção concedida;

IX – apoio do órgão executor do programa para o cumprimento de obrigações civis e administrativas que exijam o comparecimento pessoal.

Parágrafo único. A ajuda financeira mensal terá um teto fixado pelo conselho deliberativo no início de cada exercício financeiro.

Art. 8.º Quando entender necessário, poderá o conselho deliberativo solicitar ao Ministério Público que requeira ao juiz a concessão de medidas cautelares direta ou indiretamente relacionadas com a eficácia da proteção.

Art. 9.º Em casos excepcionais e considerando as características e gravidade da coação ou ameaça, poderá o conselho deliberativo encaminhar requerimento da pessoa protegida ao juiz competente para registros públicos objetivando a alteração de nome completo.

§ 1.º A alteração de nome completo poderá estender-se às pessoas mencionadas no § 1.º do art. 2.º desta Lei, inclusive aos filhos menores, e será precedida das providências necessárias ao resguardo de direitos de terceiros.

§ 2.º O requerimento será sempre fundamentado e o juiz ouvirá previamente o Ministério Público, determinando, em seguida, que o procedimento tenha rito sumaríssimo e corra em segredo de justiça.

§ 3.º Concedida a alteração pretendida, o juiz determinará na sentença, observando o sigilo indispensável à proteção do interessado:

I – a averbação no registro original de nascimento da menção de que houve alteração de nome completo em conformidade com o estabelecido nesta Lei, com expressa referência à sentença autorizatória e ao juiz que a exarou e sem a aposição do nome alterado;

II – a determinação aos órgãos competentes para o fornecimento dos documentos decorrentes da alteração;

III – a remessa da sentença ao órgão nacional competente para o registro único de identificação civil, cujo procedimento obedecerá às necessárias restrições de sigilo.

§ 4.º O conselho deliberativo, resguardado o sigilo das informações, manterá controle sobre a localização do protegido cujo nome tenha sido alterado.

§ 5.º Cessada a coação ou ameaça que deu causa à alteração, ficará facultado ao protegido solicitar ao juiz competente o retorno à situação anterior, com a alteração para o nome original, em petição que será encaminhada pelo conselho deliberativo e terá manifestação prévia do Ministério Público.

Art. 10. A exclusão da pessoa protegida de programa de proteção a vítimas e a testemunhas poderá ocorrer a qualquer tempo:

I – por solicitação do próprio interessado;

II – por decisão do conselho deliberativo, em consequência de:

a) cessação dos motivos que ensejaram a proteção;

b) conduta incompatível do protegido.

Art. 11. A proteção oferecida pelo programa terá a duração máxima de 2 (dois) anos.

Parágrafo único. Em circunstâncias excepcionais, perdurando os motivos que autorizam a admissão, a permanência poderá ser prorrogada.

Art. 12. Fica instituído, no âmbito do órgão do Ministério da Justiça com atribuições para a execução da política de direitos humanos, o Programa Federal de Assistência a Vítimas e a Testemunhas Ameaçadas, a ser regulamentado por decreto do Poder Executivo.

•• Artigo regulamentado pelo Decreto n. 3.518, de 20-6-2000.

Capítulo II
DA PROTEÇÃO AOS RÉUS COLABORADORES

Art. 13. Poderá o juiz, de ofício ou a requerimento das partes, conceder o perdão judicial e a consequente extinção da punibilidade ao acusado que, sendo primário, tenha colaborado efetiva e voluntariamente com a investigação e o processo criminal, desde que dessa colaboração tenha resultado:

I – a identificação dos demais coautores ou partícipes da ação criminosa;

II – a localização da vítima com a sua integridade física preservada;

III – a recuperação total ou parcial do produto do crime.

Parágrafo único. A concessão do perdão judicial levará em conta a personalidade do beneficiado e a natureza, circunstâncias, gravidade e repercussão social do fato criminoso.

Art. 14. O indiciado ou acusado que colaborar voluntariamente com a investigação policial e o processo criminal na identificação dos demais coautores ou partícipes do crime, na localização da vítima com vida e na recuperação total ou parcial do produto do crime, no caso de condenação, terá pena reduzida de 1 (um) a 2/3 (dois terços).

•• Vide arts. 4.º e s. da Lei n. 12.850, de 2-8-2013.

Art. 15. Serão aplicadas em benefício do colaborador, na prisão ou fora dela, medidas especiais de segurança e proteção a sua integridade física, considerando ameaça ou coação eventual ou efetiva.

§ 1.º Estando sob prisão temporária, preventiva ou em decorrência de flagrante delito, o colaborador será custodiado em dependência separada dos demais presos.

§ 2.º Durante a instrução criminal, poderá o juiz competente determinar em favor do colaborador qualquer das medidas previstas no art. 8.º desta Lei.

§ 3.º No caso de cumprimento da pena em regime fechado, poderá o juiz criminal determinar medidas especiais que proporcionem a segurança do colaborador em relação aos demais apenados.

DISPOSIÇÕES GERAIS

Art. 19. A União poderá utilizar estabelecimentos especialmente destinados ao cumprimento de pena de condenados que tenham prévia e voluntariamente prestado a colaboração de que trata esta Lei.

Parágrafo único. Para fins de utilização desses estabelecimentos, poderá a União celebrar convênios com os Estados e o Distrito Federal.

Art. 19-A. Terão prioridade na tramitação o inquérito e o processo criminal em que figure indiciado, acusado, vítima ou réu colaboradores, vítima ou testemunha protegidas pelos programas de que trata esta Lei.

•• Caput acrescentado pela Lei n. 12.483, de 8-9-2011.

Parágrafo único. Qualquer que seja o rito processual criminal, o juiz, após a citação, tomará antecipadamente o depoimento das pessoas incluídas nos programas de proteção previstos nesta Lei, devendo justificar a eventual impossibilidade de fazê-lo no caso concreto ou o possível prejuízo que a oitiva antecipada traria para a instrução criminal.

•• Parágrafo único acrescentado pela Lei n. 12.483, de 8-9-2011.
Art. 20. As despesas decorrentes da aplicação desta Lei, pela União, correrão à conta de dotação consignada no orçamento.
Art. 21. Esta Lei entra em vigor na data de sua publicação.
Brasília, 13 de julho de 1999; 178.º da Independência e 111.º da República.

FERNANDO HENRIQUE CARDOSO

LEI N. 9.868, DE 10 DE NOVEMBRO DE 1999 (*)

Dispõe sobre o processo e julgamento da ação direta de inconstitucionalidade e da ação declaratória de constitucionalidade perante o Supremo Tribunal Federal.

O Presidente da República
Faço saber que o Congresso Nacional decreta e eu sanciono a seguinte Lei:

Capítulo I
DA AÇÃO DIRETA DE INCONSTITUCIONALIDADE E DA AÇÃO DECLARATÓRIA DE CONSTITUCIONALIDADE

Art. 1.º Esta Lei dispõe sobre o processo e julgamento da ação direta de inconstitucionalidade e da ação declaratória de constitucionalidade perante o Supremo Tribunal Federal.

Capítulo II
DA AÇÃO DIRETA DE INCONSTITUCIONALIDADE

Seção I
Da Admissibilidade e do Procedimento da Ação Direta de Inconstitucionalidade

Art. 2.º Podem propor a ação direta de inconstitucionalidade:

(*) Publicada no *DOU*, de 11-11-1999. *Vide* Lei n. 9.882, de 3-12-1999, e arts. 102 e 103 da CF.

•• *Vide* art. 103 da CF.
I – o Presidente da República;
II – a Mesa do Senado Federal;
III – a Mesa da Câmara dos Deputados;
IV – a Mesa de Assembleia Legislativa ou a Mesa da Câmara Legislativa do Distrito Federal;
V – o Governador de Estado ou o Governador do Distrito Federal;
VI – o Procurador-Geral da República;
VII – o Conselho Federal da Ordem dos Advogados do Brasil;
VIII – partido político com representação no Congresso Nacional;
IX – confederação sindical ou entidade de classe de âmbito nacional.
Parágrafo único. (*Vetado.*)
Art. 3.º A petição indicará:
I – o dispositivo da lei ou do ato normativo impugnado e os fundamentos jurídicos do pedido em relação a cada uma das impugnações;
II – o pedido, com suas especificações.
Parágrafo único. A petição inicial, acompanhada de instrumento de procuração, quando subscrita por advogado, será apresentada em duas vias, devendo conter cópias da lei ou do ato normativo impugnado e dos documentos necessários para comprovar a impugnação.
Art. 4.º A petição inicial inepta, não fundamentada e a manifestamente improcedente serão liminarmente indeferidas pelo relator.
Parágrafo único. Cabe agravo da decisão que indeferir a petição inicial.
Art. 5.º Proposta a ação direta, não se admitirá desistência.
Parágrafo único. (*Vetado.*)
Art. 6.º O relator pedirá informações aos órgãos ou às autoridades das quais emanou a lei ou o ato normativo impugnado.
Parágrafo único. As informações serão prestadas no prazo de 30 (trinta) dias contado do recebimento do pedido.
Art. 7.º Não se admitirá intervenção de terceiros no processo de ação direta de inconstitucionalidade.
§ 1.º (*Vetado.*)
§ 2.º O relator, considerando a relevância da matéria e a representatividade dos postulantes, poderá, por despacho irrecorrível, admitir, observado o prazo fi-

ADI e ADC   Lei n. 9.868, de 10-11-1999

xado no parágrafo anterior, a manifestação de outros órgãos ou entidades.

Art. 8.º Decorrido o prazo das informações, serão ouvidos, sucessivamente, o Advogado-Geral da União e o Procurador-Geral da República, que deverão manifestar-se, cada qual, no prazo de 15 (quinze) dias.

Art. 9.º Vencidos os prazos do artigo anterior, o relator lançará o relatório, com cópia a todos os Ministros, e pedirá dia para julgamento.

§ 1.º Em caso de necessidade de esclarecimento de matéria ou circunstância de fato ou de notória insuficiência das informações existentes nos autos, poderá o relator requisitar informações adicionais, designar perito ou comissão de peritos para que emita parecer sobre a questão, ou fixar data para, em audiência pública, ouvir depoimentos de pessoas com experiência e autoridade na matéria.

§ 2.º O relator poderá, ainda, solicitar informações aos Tribunais Superiores, aos Tribunais federais e aos Tribunais estaduais acerca da aplicação da norma impugnada no âmbito de sua jurisdição.

§ 3.º As informações, perícias e audiências a que se referem os parágrafos anteriores serão realizadas no prazo de 30 (trinta) dias, contado da solicitação do relator.

Seção II
Da Medida Cautelar em Ação Direta de Inconstitucionalidade

•• *Vide* art. 102, I, *p*, da CF.

Art. 10. Salvo no período de recesso, a medida cautelar na ação direta será concedida por decisão da maioria absoluta dos membros do Tribunal, observado o disposto no art. 22, após a audiência dos órgãos ou autoridades dos quais emanou a lei ou ato normativo impugnado, que deverão pronunciar-se no prazo de 5 (cinco) dias.

§ 1.º O relator, julgando indispensável, ouvirá o Advogado-Geral da União e o Procurador-Geral da República, no prazo de 3 (três) dias.

§ 2.º No julgamento do pedido de medida cautelar, será facultada sustentação oral aos representantes judiciais do requerente e das autoridades ou órgãos responsáveis pela expedição do ato, na forma estabelecida no Regimento do Tribunal.

§ 3.º Em caso de excepcional urgência, o Tribunal poderá deferir a medida cautelar sem a audiência dos órgãos ou das autoridades das quais emanou a lei ou o ato normativo impugnado.

Art. 11. Concedida a medida cautelar, o Supremo Tribunal Federal fará publicar em seção especial do *Diário Oficial da União* e do *Diário da Justiça da União* a parte dispositiva da decisão, no prazo de 10 (dez) dias, devendo solicitar as informações à autoridade da qual tiver emanado o ato, observando-se, no que couber, o procedimento estabelecido na Seção I deste Capítulo.

§ 1.º A medida cautelar, dotada de eficácia contra todos, será concedida com efeito *ex nunc*, salvo se o Tribunal entender que deva conceder-lhe eficácia retroativa.

§ 2.º A concessão da medida cautelar torna aplicável a legislação anterior acaso existente, salvo expressa manifestação em sentido contrário.

Art. 12. Havendo pedido de medida cautelar, o relator, em face da relevância da matéria e de seu especial significado para a ordem social e a segurança jurídica, poderá, após a prestação das informações, no prazo de 10 (dez) dias, e a manifestação do Advogado-Geral da União e do Procurador-Geral da República, sucessivamente, no prazo de 5 (cinco) dias, submeter o processo diretamente ao Tribunal, que terá a faculdade de julgar definitivamente a ação.

Capítulo II-A
DA AÇÃO DIRETA DE INCONSTITUCIONALIDADE POR OMISSÃO

•• Capítulo II-A acrescentado pela Lei n. 12.063, de 27-10-2009.

Seção I
Da Admissibilidade e do Procedimento da Ação Direta de Inconstitucionalidade por Omissão

•• Seção I acrescentada pela Lei n. 12.063, de 27-10-2009.

Art. 12-A. Podem propor a ação direta de inconstitucionalidade por omissão os legitimados à propositura da ação direta de inconstitucionalidade e da ação declaratória de constitucionalidade.

•• Artigo acrescentado pela Lei n. 12.063, de 27-10-2009.

Art. 12-B. A petição indicará:

•• *Caput* acrescentado pela Lei n. 12.063, de 27-10-2009.

I – a omissão inconstitucional total ou parcial quanto ao cumprimento de dever constitucional de legislar ou quanto à adoção de providência de índole administrativa;

•• Inciso I acrescentado pela Lei n. 12.063, de 27-10-2009.

II – o pedido, com suas especificações.

•• Inciso II acrescentado pela Lei n. 12.063, de 27-10-2009.

Parágrafo único. A petição inicial, acompanhada de instrumento de procuração, se for o caso, será apresentada em 2 (duas) vias, devendo conter cópias dos documentos necessários para comprovar a alegação de omissão.

•• Parágrafo único acrescentado pela Lei n. 12.063, de 27-10-2009.

Art. 12-C. A petição inicial inepta, não fundamentada, e a manifestamente improcedente serão liminarmente indeferidas pelo relator.

•• *Caput* acrescentado pela Lei n. 12.063, de 27-10-2009.

Parágrafo único. Cabe agravo da decisão que indeferir a petição inicial.

•• Parágrafo único acrescentado pela Lei n. 12.063, de 27-10-2009.

Art. 12-D. Proposta a ação direta de inconstitucionalidade por omissão, não se admitirá desistência.

•• Artigo acrescentado pela Lei n. 12.063, de 27-10-2009.

Art. 12-E. Aplicam-se ao procedimento da ação direta de inconstitucionalidade por omissão, no que couber, as disposições constantes da Seção I do Capítulo II desta Lei.

•• *Caput* acrescentado pela Lei n. 12.063, de 27-10-2009.

§ 1.º Os demais titulares referidos no art. 2.º desta Lei poderão manifestar-se, por escrito, sobre o objeto da ação e pedir a juntada de documentos reputados úteis para o exame da matéria, no prazo das informações, bem como apresentar memoriais.

•• § 1.º acrescentado pela Lei n. 12.063, de 27-10-2009.

§ 2.º O relator poderá solicitar a manifestação do Advogado-Geral da União, que deverá ser encaminhada no prazo de 15 (quinze) dias.

•• § 2.º acrescentado pela Lei n. 12.063, de 27-10-2009.

§ 3.º O Procurador-Geral da República, nas ações em que não for autor, terá vista do processo, por 15 (quinze) dias, após o decurso do prazo para informações.

•• § 3.º acrescentado pela Lei n. 12.063, de 27-10-2009.

Seção II
Da Medida Cautelar em
Ação Direta de Inconstitucionalidade
por Omissão

•• Seção II acrescentada pela Lei n. 12.063, de 27-10-2009.

Art. 12-F. Em caso de excepcional urgência e relevância da matéria, o Tribunal, por decisão da maioria absoluta de seus membros, observado o disposto no art. 22, poderá conceder medida cautelar, após a audiência dos órgãos ou autoridades responsáveis pela omissão inconstitucional, que deverão pronunciar-se no prazo de 5 (cinco) dias.

•• *Caput* acrescentado pela Lei n. 12.063, de 27-10-2009.

§ 1.º A medida cautelar poderá consistir na suspensão da aplicação da lei ou do ato normativo questionado, no caso de omissão parcial, bem como na suspensão de processos judiciais ou de procedimentos administrativos, ou ainda em outra providência a ser fixada pelo Tribunal.

•• § 1.º acrescentado pela Lei n. 12.063, de 27-10-2009.

§ 2.º O relator, julgando indispensável, ouvirá o Procurador-Geral da República, no prazo de 3 (três) dias.

•• § 2.º acrescentado pela Lei n. 12.063, de 27-10-2009.

§ 3.º No julgamento do pedido de medida cautelar, será facultada sustentação oral aos representantes judiciais do requerente e das autoridades ou órgãos responsáveis pela omissão inconstitucional, na forma estabelecida no Regimento do Tribunal.

•• § 3.º acrescentado pela Lei n. 12.063, de 27-10-2009.

Art. 12-G. Concedida a medida cautelar, o Supremo Tribunal Federal fará publicar, em seção especial do *Diário Oficial da União* e do *Diário da Justiça da União*, a parte dispositiva da decisão no prazo de 10 (dez) dias, devendo solicitar as informações à autoridade ou ao órgão responsável pela omissão inconstitucional, observando-se, no que couber, o procedimento estabelecido na Seção I do Capítulo II desta Lei.

•• Artigo acrescentado pela Lei n. 12.063, de 27-10-2009.

Seção III
Da Decisão na Ação Direta de
Inconstitucionalidade por Omissão

•• Seção III acrescentada pela Lei n. 12.063, de 27-10-2009.

Art. 12-H. Declarada a inconstitucionalidade por omissão, com observância do disposto no art. 22, será dada ciência ao Poder competente para a adoção das providências necessárias.

•• *Caput* acrescentado pela Lei n. 12.063, de 27-10-2009.

§ 1.º Em caso de omissão imputável a órgão administrativo, as providências deverão ser adotadas no prazo de 30 (trinta) dias, ou em prazo razoável a ser estipulado excepcionalmente pelo Tribunal, tendo em vista as circunstâncias específicas do caso e o interesse público envolvido.

•• § 1.º acrescentado pela Lei n. 12.063, de 27-10-2009.

ADI e ADC — Lei n. 9.868, de 10-11-1999

§ 2.º Aplica-se à decisão da ação direta de inconstitucionalidade por omissão, no que couber, o disposto no Capítulo IV desta Lei.

•• § 2.º acrescentado pela Lei n. 12.063, de 27-10-2009.

Capítulo III
DA AÇÃO DECLARATÓRIA DE CONSTITUCIONALIDADE

Seção I
Da Admissibilidade e do Procedimento da Ação Declaratória de Constitucionalidade

Art. 13. Podem propor a ação declaratória de constitucionalidade de lei ou ato normativo federal:

•• Vide art. 103 da CF, que apresenta os legitimados para propor ADI ou ADC.

I – o Presidente da República;
II – a Mesa da Câmara dos Deputados;
III – a Mesa do Senado Federal;
IV – o Procurador-Geral da República.

Art. 14. A petição inicial indicará:
I – o dispositivo da lei ou do ato normativo questionado e os fundamentos jurídicos do pedido;
II – o pedido, com suas especificações;
III – a existência de controvérsia judicial relevante sobre a aplicação da disposição objeto da ação declaratória.

Parágrafo único. A petição inicial, acompanhada de instrumento de procuração, quando subscrita por advogado, será apresentada em duas vias, devendo conter cópias do ato normativo questionado e dos documentos necessários para comprovar a procedência do pedido de declaração de constitucionalidade.

Art. 15. A petição inicial inepta, não fundamentada e a manifestamente improcedente serão liminarmente indeferidas pelo relator.

Parágrafo único. Cabe agravo da decisão que indeferir a petição inicial.

Art. 16. Proposta a ação declaratória, não se admitirá desistência.

Art. 17. (Vetado.)

Art. 18. Não se admitirá intervenção de terceiros no processo da ação declaratória de constitucionalidade.

§§ 1.º e 2.º (Vetados.)

Art. 19. Decorrido o prazo do artigo anterior, será aberta vista ao Procurador-Geral da República, que deverá pronunciar-se no prazo de 15 (quinze) dias.

Art. 20. Vencido o prazo do artigo anterior, o relator lançará o relatório, com cópia a todos os Ministros, e pedirá dia para julgamento.

§ 1.º Em caso de necessidade de esclarecimento de matéria ou circunstância de fato ou de notória insuficiência das informações existentes nos autos, poderá o relator requisitar informações adicionais, designar perito ou comissão de peritos para que emita parecer sobre a questão ou fixar data para, em audiência pública, ouvir depoimentos de pessoas com experiência e autoridade na matéria.

§ 2.º O relator poderá solicitar, ainda, informações aos Tribunais Superiores, aos Tribunais federais e aos Tribunais estaduais acerca da aplicação da norma questionada no âmbito de sua jurisdição.

§ 3.º As informações, perícias e audiências a que se referem os parágrafos anteriores serão realizadas no prazo de 30 (trinta) dias, contado da solicitação do relator.

Seção II
Da Medida Cautelar em Ação Declaratória de Constitucionalidade

Art. 21. O Supremo Tribunal Federal, por decisão da maioria absoluta de seus membros, poderá deferir pedido de medida cautelar na ação declaratória de constitucionalidade, consistente na determinação de que os juízes e os Tribunais suspendam o julgamento dos processos que envolvam a aplicação da lei ou do ato normativo objeto da ação até seu julgamento definitivo.

Parágrafo único. Concedida a medida cautelar, o Supremo Tribunal Federal fará publicar em seção especial do *Diário Oficial da União* a parte dispositiva da decisão, no prazo de 10 (dez) dias, devendo o Tribunal proceder ao julgamento da ação no prazo de 180 (cento e oitenta) dias, sob pena de perda de sua eficácia.

Capítulo IV
DA DECISÃO NA AÇÃO DIRETA DE INCONSTITUCIONALIDADE E NA AÇÃO DECLARATÓRIA DE CONSTITUCIONALIDADE

Art. 22. A decisão sobre a constitucionalidade ou a inconstitucionalidade da lei ou do ato normativo somente será tomada se presentes na sessão pelo menos oito Ministros.

Art. 23. Efetuado o julgamento, proclamar-se-á a constitucionalidade ou a inconstitucionalidade da disposição ou da norma impugnada se num ou noutro sentido se tiverem manifestado pelo menos seis Ministros, quer se trate de ação direta de inconstitucionalidade ou de ação declaratória de constitucionalidade.

Parágrafo único. Se não for alcançada a maioria necessária à declaração de constitucionalidade ou de inconstitucionalidade, estando ausentes Ministros em número que possa influir no julgamento, este será suspenso a fim de aguardar-se o comparecimento dos Ministros ausentes, até que se atinja o número necessário para prolação da decisão num ou noutro sentido.

Art. 24. Proclamada a constitucionalidade, julgar-se-á improcedente a ação direta ou procedente eventual ação declaratória; e, proclamada a inconstitucionalidade, julgar-se-á procedente a ação direta ou improcedente eventual ação declaratória.

Art. 25. Julgada a ação, far-se-á a comunicação à autoridade ou ao órgão responsável pela expedição do ato.

Art. 26. A decisão que declara a constitucionalidade ou a inconstitucionalidade da lei ou do ato normativo em ação direta ou em ação declaratória é irrecorrível, ressalvada a interposição de embargos declaratórios, não podendo, igualmente, ser objeto de ação rescisória.

Art. 27. Ao declarar a inconstitucionalidade de lei ou ato normativo, e tendo em vista razões de segurança jurídica ou de excepcional interesse social, poderá o Supremo Tribunal Federal, por maioria de dois terços de seus membros, restringir os efeitos daquela declaração ou decidir que ela só tenha eficácia a partir de seu trânsito em julgado ou de outro momento que venha a ser fixado.

Art. 28. Dentro do prazo de 10 (dez) dias após o trânsito em julgado da decisão, o Supremo Tribunal Federal fará publicar em seção especial do *Diário da Justiça* e do *Diário Oficial da União* a parte dispositiva do acórdão.

Parágrafo único. A declaração de constitucionalidade ou de inconstitucionalidade, inclusive a interpretação conforme a Constituição e a declaração parcial de inconstitucionalidade sem redução de texto, têm eficácia contra todos e efeito vinculante em relação aos órgãos do Poder Judiciário e à Administração Pública federal, estadual e municipal.

Art. 31. Esta Lei entra em vigor na data de sua publicação.

Brasília, 10 de novembro de 1999; 178.º da Independência e 111.º da República.

FERNANDO HENRIQUE CARDOSO

LEI N. 9.882, DE 3 DE DEZEMBRO DE 1999 (*)

Dispõe sobre o processo e julgamento da arguição de descumprimento de preceito fundamental, nos termos do § 1.º do art. 102 da Constituição Federal.

O Presidente da República

Faço saber que o Congresso Nacional decreta e eu sanciono a seguinte Lei:

Art. 1.º A arguição prevista no § 1.º do art. 102 da Constituição Federal será proposta perante o Supremo Tribunal Federal, e terá por objeto evitar ou reparar lesão a preceito fundamental, resultante de ato do Poder Público.

Parágrafo único. Caberá também arguição de descumprimento de preceito fundamental:

I – quando for relevante o fundamento da controvérsia constitucional sobre lei ou ato normativo federal, estadual ou municipal, incluídos os anteriores à Constituição;

•• O STF, em 5-12-2001, concedeu liminar na ADI n. 2.231, para excluir da aplicação deste inciso controvérsia constitucional concretamente já posta em juízo.

II – (*Vetado.*)

Art. 2.º Podem propor arguição de descumprimento de preceito fundamental:

I – os legitimados para a ação direta de inconstitucionalidade;

II – (*Vetado.*)

§ 1.º Na hipótese do inciso II, faculta-se ao interessado, mediante representação, solicitar a propositura de arguição de descumprimento de preceito fundamental ao Procurador-Geral da República, que, examinando os fundamentos jurídicos do pedido, decidirá do cabimento do seu ingresso em juízo.

§ 2.º (*Vetado.*)

Art. 3.º A petição inicial deverá conter:

I – a indicação do preceito fundamental que se considera violado;

(*) Publicada no *DOU*, de 6-12-1999.

ADPF — Lei n. 9.882, de 3-12-1999

II – a indicação do ato questionado;
III – a prova da violação do preceito fundamental;
IV – o pedido, com suas especificações;
V – se for o caso, a comprovação da existência de controvérsia judicial relevante sobre a aplicação do preceito fundamental que se considera violado.
Parágrafo único. A petição inicial, acompanhada de instrumento de mandato, se for o caso, será apresentada em 2 (duas) vias, devendo conter cópias do ato questionado e dos documentos necessários para comprovar a impugnação.
Art. 4.º A petição inicial será indeferida liminarmente, pelo relator, quando não for o caso de arguição de descumprimento de preceito fundamental, faltar algum dos requisitos prescritos nesta Lei ou for inepta.
§ 1.º Não será admitida arguição de descumprimento de preceito fundamental quando houver qualquer outro meio eficaz de sanar a lesividade.
§ 2.º Da decisão de indeferimento da petição inicial caberá agravo, no prazo de 5 (cinco) dias.
Art. 5.º O Supremo Tribunal Federal, por decisão da maioria absoluta de seus membros, poderá deferir pedido de medida liminar na arguição de descumprimento de preceito fundamental.
§ 1.º Em caso de extrema urgência ou perigo de lesão grave, ou ainda, em período de recesso, poderá o relator conceder a liminar, *ad referendum* do Tribunal Pleno.
§ 2.º O relator poderá ouvir os órgãos ou autoridades responsáveis pelo ato questionado, bem como o Advogado-Geral da União ou o Procurador-Geral da República, no prazo comum de 5 (cinco) dias.
§ 3.º A liminar poderá consistir na determinação de que juízes e tribunais suspendam o andamento de processo ou os efeitos de decisões judiciais, ou de qualquer outra medida que apresente relação com a matéria objeto da arguição de descumprimento de preceito fundamental, salvo se decorrentes da coisa julgada.

•• O STF, em 5-12-2001, concedeu liminar na ADI n. 2.231, para suspender este parágrafo.

§ 4.º (*Vetado.*)
Art. 6.º Apreciado o pedido de liminar, o relator solicitará as informações às autoridades responsáveis pela prática do ato questionado, no prazo de 10 (dez) dias.

§ 1.º Se entender necessário, poderá o relator ouvir as partes nos processos que ensejaram a arguição, requisitar informações adicionais, designar perito ou comissão de peritos para que emita parecer sobre a questão, ou ainda, fixar data para declarações, em audiência pública, de pessoas com experiência e autoridade na matéria.
§ 2.º Poderão ser autorizadas, a critério do relator, sustentação oral e juntada de memoriais, por requerimento dos interessados no processo.
Art. 7.º Decorrido o prazo das informações, o relator lançará o relatório, com cópia a todos os ministros, e pedirá dia para julgamento.
Parágrafo único. O Ministério Público, nas arguições que não houver formulado, terá vista do processo, por 5 (cinco) dias, após o decurso do prazo para informações.
Art. 8.º A decisão sobre a arguição de descumprimento de preceito fundamental somente será tomada se presentes na sessão pelo menos 2/3 (dois terços) dos Ministros.
§§ 1.º e 2.º (*Vetados.*)
Art. 9.º (*Vetado.*)
Art. 10. Julgada a ação, far-se-á comunicação às autoridades ou órgãos responsáveis pela prática dos atos questionados, fixando-se as condições e o modo de interpretação e aplicação do preceito fundamental.
§ 1.º O presidente do Tribunal determinará o imediato cumprimento da decisão, lavrando-se o acórdão posteriormente.
§ 2.º Dentro do prazo de 10 (dez) dias contado a partir do trânsito em julgado da decisão, sua parte dispositiva será publicada em seção especial do *Diário da Justiça* e do *Diário Oficial da União*.
§ 3.º A decisão terá eficácia contra todos e efeito vinculante relativamente aos demais órgãos do Poder Público.
Art. 11. Ao declarar a inconstitucionalidade de lei ou ato normativo, no processo de arguição de descumprimento de preceito fundamental, e tendo em vista razões de segurança jurídica ou de excepcional interesse social, poderá o Supremo Tribunal Federal, por maioria de 2/3 (dois terços) de seus membros, restringir os efeitos daquela declaração ou decidir que ela só tenha eficácia a partir de seu trânsito em julgado ou de outro momento que venha a ser fixado.

Art. 12. A decisão que julgar procedente ou improcedente o pedido em arguição de descumprimento de preceito fundamental é irrecorrível, não podendo ser objeto de ação rescisória.

Art. 13. Caberá reclamação contra o descumprimento da decisão proferida pelo Supremo Tribunal Federal, na forma do seu Regimento Interno.

Art. 14. Esta Lei entra em vigor na data de sua publicação.

Brasília, 3 de dezembro de 1999; 178.º da Independência e 111.º da República.

FERNANDO HENRIQUE CARDOSO

LEI N. 10.001, DE 4 DE SETEMBRO DE 2000 (*)

Dispõe sobre a prioridade nos procedimentos a serem adotados pelo Ministério Público e por outros órgãos a respeito das conclusões das Comissões Parlamentares de Inquérito.

O Presidente da República

Faço saber que o Congresso Nacional decreta e eu sanciono a seguinte Lei:

Art. 1.º Os Presidentes da Câmara dos Deputados, do Senado Federal ou do Congresso Nacional encaminharão o relatório da Comissão Parlamentar de Inquérito respectiva, e a resolução que o aprovar, aos chefes do Ministério Público da União ou dos Estados, ou ainda às autoridades administrativas ou judiciais com poder de decisão, conforme o caso, para a prática de atos de sua competência.

Art. 2.º A autoridade a quem for encaminhada a resolução informará ao remetente, no prazo de 30 (trinta) dias, as providências adotadas ou a justificativa pela omissão.

•• O STF, na ADI n. 5.351, nas sessões virtuais de 11-6-2021 a 18-6-2021 (*DOU* de 29-6-2021), por maioria, julgou parcialmente procedente o pedido formulado na ação direta para declarar a inconstitucionalidade das expressões "no prazo de trinta dias" e "ou a justificativa pela omissão" posta neste artigo.

Parágrafo único. A autoridade que presidir processo ou procedimento, administrativo ou judicial, instaurado em decorrência de conclusões de Comissão Parlamentar de Inquérito, comunicará, semestralmente, a fase em que se encontra, até à sua conclusão.

Art. 3.º O processo ou procedimento referido no art. 2.º terá prioridade sobre qualquer outro, exceto sobre aquele relativo a pedido de *habeas corpus*, *habeas data* e mandado de segurança.

Art. 4.º O descumprimento das normas desta Lei sujeita a autoridade a sanções administrativas, civis e penais.

Art. 5.º Esta Lei entra em vigor na data de sua publicação.

Brasília, 4 de setembro de 2000; 179.º da Independência e 112.º da República.

FERNANDO HENRIQUE CARDOSO

LEI N. 10.259, DE 12 DE JULHO DE 2001 (**)

Dispõe sobre a instituição dos Juizados Especiais Cíveis e Criminais no âmbito da Justiça Federal.

O Presidente da República:

Faço saber que o Congresso Nacional decreta e eu sanciono a seguinte Lei:

Art. 1.º São instituídos os Juizados Especiais Cíveis e Criminais da Justiça Federal, aos quais se aplica, no que não conflitar com esta Lei, o disposto na Lei n. 9.099, de 26 de setembro de 1995.

Art. 2.º Compete ao Juizado Especial Federal Criminal processar e julgar os feitos de competência da Justiça Federal relativos às infrações de menor potencial ofensivo, respeitadas as regras de conexão e continência.

•• *Caput* com redação determinada pela Lei n. 11.313, de 28-6-2006.

•• *Vide* art. 61 da Lei n. 9.099, de 26-9-1995.

(*) Publicada no *DOU*, de 5-9-2000. *Vide* Lei n. 1.579, de 18-3-1952.

(**) Publicada no *DOU*, de 13-7-2001. *Vide* Lei n. 9.099, de 26-9-1995, que dispõe sobre os Juizados Especiais Cíveis e Criminais no âmbito da Justiça Estadual.

Parágrafo único. Na reunião de processos, perante o juízo comum ou o tribunal do júri, decorrente da aplicação das regras de conexão e continência, observar-se-ão os institutos da transação penal e da composição dos danos civis.

•• Parágrafo único com redação determinada pela Lei n. 11.313, de 28-6-2006.

Art. 3.º Compete ao Juizado Especial Federal Cível processar, conciliar e julgar causas de competência da Justiça Federal até o valor de sessenta salários mínimos, bem como executar as suas sentenças.

•• O Decreto n. 11.864, de 27-12-2023, estabelece que, a partir de 1.º-1-2024, o salário mínimo será de R$ 1.412,00 (mil quatrocentos e doze reais).

§ 1.º Não se incluem na competência do Juizado Especial Cível as causas:

I – referidas no art. 109, II, III e XI, da Constituição Federal, as ações de mandado de segurança, de desapropriação, de divisão e demarcação, populares, execuções fiscais e por improbidade administrativa e as demandas sobre direitos ou interesses difusos, coletivos ou individuais homogêneos;

II – sobre bens imóveis da União, autarquias e fundações públicas federais;

III – para a anulação ou cancelamento de ato administrativo federal, salvo o de natureza previdenciária e o de lançamento fiscal;

IV – que tenham como objeto a impugnação da pena de demissão imposta a servidores públicos civis ou de sanções disciplinares aplicadas a militares.

§ 2.º Quando a pretensão versar sobre obrigações vincendas, para fins de competência do Juizado Especial, a soma de doze parcelas não poderá exceder o valor referido no art. 3.º, *caput*.

§ 3.º No foro onde estiver instalada Vara do Juizado Especial, a sua competência é absoluta.

Art. 4.º O Juiz poderá, de ofício ou a requerimento das partes, deferir medidas cautelares no curso do processo, para evitar dano de difícil reparação.

Art. 5.º Exceto nos casos do art. 4.º, somente será admitido recurso de sentença definitiva.

Art. 6.º Podem ser partes no Juizado Especial Federal Cível:

I – como autores, as pessoas físicas e as microempresas e empresas de pequeno porte, assim definidas na Lei n. 9.317, de 5 de dezembro de 1996;

•• O art. 74 da Lei Complementar n. 123, de 14-12-2006, que instituiu o Estatuto Nacional da Microempresa e da Empresa de Pequeno Porte e revoga a Lei n. 9.317, de 5-12-1996, dispõe: "Art. 74. Aplica-se às microempresas e às empresas de pequeno porte de que trata esta Lei Complementar o disposto no § 1.º do art. 8.º da Lei n. 9.099, de 26-9-1995, e no inciso I do *caput* do art. 6.º da Lei n. 10.259, de 12-7-2001, os quais, assim como as pessoas físicas capazes, passam a ser admitidas como proponentes de ação perante o Juizado Especial, excluídos os cessionários de direito de pessoas jurídicas".

II – como rés, a União, autarquias, fundações e empresas públicas federais.

Art. 7.º As citações e intimações da União serão feitas na forma prevista nos arts. 35 a 38 da Lei Complementar n. 73, de 10 de fevereiro de 1993.

Parágrafo único. A citação das autarquias, fundações e empresas públicas será feita na pessoa do representante máximo da entidade, no local onde proposta a causa, quando ali instalado seu escritório ou representação; se não, na sede da entidade.

Art. 8.º As partes serão intimadas da sentença, quando não proferida esta na audiência em que estiver presente seu representante, por ARMP (aviso de recebimento em mão própria).

§ 1.º As demais intimações das partes serão feitas na pessoa dos advogados ou dos Procuradores que oficiem nos respectivos autos, pessoalmente ou por via postal.

§ 2.º Os tribunais poderão organizar serviço de intimação das partes e de recepção de petições por meio eletrônico.

Art. 9.º Não haverá prazo diferenciado para a prática de qualquer ato processual pelas pessoas jurídicas de direito público, inclusive a interposição de recursos, devendo a citação para audiência de conciliação ser efetuada com antecedência mínima de trinta dias.

Art. 10. As partes poderão designar, por escrito, representantes para a causa, advogado ou não.

•• O STF, na ADI n. 3.168-6, de 8-6-2006 (*DOU* de 17-8-2007), afasta a inconstitucionalidade deste dispositivo, "desde que excluídos os feitos criminais e respeitado o teto estabelecido no art. 3.º, e sem prejuízo da aplicação subsidiária integral dos parágrafos do art. 9.º da Lei n. 9.099, de 26-9-1995".

Parágrafo único. Os representantes judiciais da União, autarquias, fundações e empresas públicas federais, bem como os indicados na forma do *caput*, ficam autorizados a conciliar, transigir ou desistir, nos processos da competência dos Juizados Especiais Federais.

•• Artigo regulamentado pelo Decreto n. 4.250, de 27-5-2002.

Art. 11. A entidade pública ré deverá fornecer ao Juizado a documentação de que disponha para o esclarecimento da causa, apresentando-a até a instalação da audiência de conciliação.

Parágrafo único. Para a audiência de composição dos danos resultantes de ilícito criminal (arts. 71, 72 e 74 da Lei n. 9.099, de 26 de setembro de 1995), o representante da entidade que comparecer terá poderes para acordar, desistir ou transigir, na forma do art. 10.

Art. 12. Para efetuar o exame técnico necessário à conciliação ou ao julgamento da causa, o Juiz nomeará pessoa habilitada, que apresentará o laudo até cinco dias antes da audiência, independentemente de intimação das partes.

§ 1.º Os honorários do técnico serão antecipados à conta de verba orçamentária do respectivo Tribunal e, quando vencida na causa a entidade pública, seu valor será incluído na ordem de pagamento a ser feita em favor do Tribunal.

§ 2.º Nas ações previdenciárias e relativas à assistência social, havendo designação de exame, serão as partes intimadas para, em dez dias, apresentar quesitos e indicar assistentes.

Art. 13. Nas causas de que trata esta Lei, não haverá reexame necessário.

Art. 14. Caberá pedido de uniformização de interpretação de lei federal quando houver divergência entre decisões sobre questões de direito material proferidas por Turmas Recursais na interpretação da lei.

§ 1.º O pedido fundado em divergência entre Turmas da mesma Região será julgado em reunião conjunta das Turmas em conflito, sob a presidência do Juiz Coordenador.

§ 2.º O pedido fundado em divergência entre decisões de turmas de diferentes regiões ou da proferida em contrariedade a súmula ou jurisprudência dominante do STJ será julgado por Turma de Uniformização, integrada por juízes de Turmas Recursais, sob a presidência do Coordenador da Justiça Federal.

§ 3.º A reunião de juízes domiciliados em cidades diversas será feita pela via eletrônica.

• A Portaria Conjunta n. 202, de 30-4-2020, da Corregedoria-Geral da Justiça Federal e da Presidência da Turma Nacional de Uniformização dos Juizados Especiais Federais, dispõe sobre o julgamento de processos judiciais em sessões em ambiente eletrônico.

§ 4.º Quando a orientação acolhida pela Turma de Uniformização, em questões de direito material, contrariar súmula ou jurisprudência dominante no Superior Tribunal de Justiça – STJ, a parte interessada poderá provocar a manifestação deste, que dirimirá a divergência.

§ 5.º No caso do § 4.º, presente a plausibilidade do direito invocado e havendo fundado receio de dano de difícil reparação, poderá o relator conceder, de ofício ou a requerimento do interessado, medida liminar determinando a suspensão dos processos nos quais a controvérsia esteja estabelecida.

§ 6.º Eventuais pedidos de uniformização idênticos, recebidos subsequentemente em quaisquer Turmas Recursais, ficarão retidos nos autos, aguardando-se pronunciamento do Superior Tribunal de Justiça.

§ 7.º Se necessário, o relator pedirá informações ao Presidente da Turma Recursal ou Coordenador da Turma de Uniformização e ouvirá o Ministério Público, no prazo de cinco dias. Eventuais interessados, ainda que não sejam partes no processo, poderão se manifestar, no prazo de trinta dias.

§ 8.º Decorridos os prazos referidos no § 7.º, o relator incluirá o pedido em pauta na Seção, com preferência sobre todos os demais feitos, ressalvados os processos com réus presos, os *habeas corpus* e os mandados de segurança.

§ 9.º Publicado o acórdão respectivo, os pedidos retidos referidos no § 6.º serão apreciados pelas Turmas Recursais, que poderão exercer juízo de retratação ou declará-los prejudicados, se veicularem tese não acolhida pelo Superior Tribunal de Justiça.

§ 10. Os Tribunais Regionais, o Superior Tribunal de Justiça e o Supremo Tribunal Federal, no âmbito de suas competências, expedirão normas regulamentando a composição dos órgãos e os procedimentos a serem adotados para o processamento e o julgamento do pedido de uniformização e do recurso extraordinário.

Art. 15. O recurso extraordinário, para os efeitos desta Lei, será processado e julgado segundo o estabelecido nos §§ 4.º a 9.º do art. 14, além da observância das normas do Regimento.

Juizados Especiais — Lei n. 10.259, de 12-7-2001

Art. 16. O cumprimento do acordo ou da sentença, com trânsito em julgado, que imponham obrigação de fazer, não fazer ou entrega de coisa certa, será efetuado mediante ofício do Juiz à autoridade citada para a causa, com cópia da sentença ou do acordo.

Art. 17. Tratando-se de obrigação de pagar quantia certa, após o trânsito em julgado da decisão, o pagamento será efetuado no prazo de sessenta dias, contados da entrega da requisição, por ordem do Juiz, à autoridade citada para a causa, na agência mais próxima da Caixa Econômica Federal ou do Banco do Brasil, independentemente de precatório.

§ 1.º Para os efeitos do § 3.º do art. 100 da Constituição Federal, as obrigações ali definidas como de pequeno valor, a serem pagas independentemente de precatório, terão como limite o mesmo valor estabelecido nesta Lei para a competência do Juizado Especial Federal Cível (art. 3.º, *caput*).

§ 2.º Desatendida a requisição judicial, o Juiz determinará o sequestro do numerário suficiente ao cumprimento da decisão.

§ 3.º São vedados o fracionamento, repartição ou quebra do valor da execução, de modo que o pagamento se faça, em parte, na forma estabelecida no § 1.º deste artigo, e, em parte, mediante expedição de precatório, e a expedição de precatório complementar ou suplementar do valor pago.

§ 4.º Se o valor da execução ultrapassar o estabelecido no § 1.º, o pagamento far-se-á, sempre, por meio do precatório, sendo facultado à parte exequente a renúncia ao crédito do valor excedente, para que possa optar pelo pagamento do saldo sem o precatório, da forma lá prevista.

Art. 18. Os Juizados Especiais serão instalados por decisão do Tribunal Regional Federal. O Juiz presidente do Juizado designará os conciliadores pelo período de dois anos, admitida a recondução. O exercício dessas funções será gratuito, assegurados os direitos e prerrogativas do jurado (art. 437 do Código de Processo Penal).

•• Com o advento da Reforma do CPP pela Lei n. 11.689, de 9-6-2008, o disposto no art. 437 passou a ser tratado pelo art. 439.

Parágrafo único. Serão instalados Juizados Especiais Adjuntos nas localidades cujo movimento forense não justifique a existência de Juizado Especial, cabendo ao Tribunal designar a Vara onde funcionará.

Art. 19. No prazo de seis meses, a contar da publicação desta Lei, deverão ser instalados os Juizados Especiais nas capitais dos Estados e no Distrito Federal.

Parágrafo único. Na capital dos Estados, no Distrito Federal e em outras cidades onde for necessário, neste último caso, por decisão do Tribunal Regional Federal, serão instalados Juizados com competência exclusiva para ações previdenciárias.

Art. 20. Onde não houver Vara Federal, a causa poderá ser proposta no Juizado Especial Federal mais próximo do foro definido no art. 4.º da Lei n. 9.099, de 26 de setembro de 1995, vedada a aplicação desta Lei no juízo estadual.

Art. 21. As Turmas Recursais serão instituídas por decisão do Tribunal Regional Federal, que definirá sua composição e área de competência, podendo abranger mais de uma seção.

§§ 1.º e 2.º (*Revogados pela Lei n. 12.665, de 13-6-2012.*)

Art. 22. Os Juizados Especiais serão coordenados por Juiz do respectivo Tribunal Regional, escolhido por seus pares, com mandato de dois anos.

Parágrafo único. O Juiz Federal, quando o exigirem as circunstâncias, poderá determinar o funcionamento do Juizado Especial em caráter itinerante, mediante autorização prévia do Tribunal Regional Federal, com antecedência de dez dias.

•• A Resolução n. 460, de 6-5-2022, do CNJ, dispõe sobre a instalação, implementação e aperfeiçoamento da Justiça Itinerante, no âmbito dos TRTs, TRFs e Tribunais de Justiça.

Art. 23. O Conselho da Justiça Federal poderá limitar, por até três anos, contados a partir da publicação desta Lei, a competência dos Juizados Especiais Cíveis, atendendo à necessidade da organização dos serviços judiciários ou administrativos.

Art. 24. O Centro de Estudos Judiciários do Conselho da Justiça Federal e as Escolas de Magistratura dos Tribunais Regionais Federais criarão programas de informática necessários para subsidiar a instrução das causas submetidas aos Juizados e promoverão cursos de aperfeiçoamento destinados aos seus magistrados e servidores.

Art. 25. Não serão remetidas aos Juizados Especiais as demandas ajuizadas até a data de sua instalação.

Art. 26. Competirá aos Tribunais Regionais Federais prestar o suporte administrativo necessário ao funcionamento dos Juizados Especiais.

Art. 27. Esta Lei entra em vigor seis meses após a data de sua publicação.

Brasília, 12 de julho de 2001; 180.º da Independência e 113.º da República.

Fernando Henrique Cardoso

LEI N. 10.446, DE 8 DE MAIO DE 2002 (*)

Dispõe sobre infrações penais de repercussão interestadual ou internacional que exigem repressão uniforme, para os fins do disposto no inciso I do § 1.º do art. 144 da Constituição.

O Presidente da República

Faço saber que o Congresso Nacional decreta e eu sanciono a seguinte Lei:

Art. 1.º Na forma do inciso I do § 1.º do art. 144 da Constituição, quando houver repercussão interestadual ou internacional que exija repressão uniforme, poderá o Departamento de Polícia Federal do Ministério da Justiça, sem prejuízo da responsabilidade dos órgãos de segurança pública arrolados no art. 144 da Constituição Federal, em especial das Polícias Militares e Civis dos Estados, proceder à investigação, dentre outras, das seguintes infrações penais:

I – sequestro, cárcere privado e extorsão mediante sequestro (arts. 148 e 159 do Código Penal), se o agente foi impelido por motivação política ou quando praticado em razão da função pública exercida pela vítima;

II – formação de cartel (incisos I, *a*, II, III e VII do art. 4.º da Lei n. 8.137, de 27 de dezembro de 1990); e

•• A alínea *a*, bem como os incisos III e VII do art. 4.º da Lei n. 8.137, de 27-12-1990, mencionados neste inciso, encontram-se revogados pela Lei n. 12.529, de 30-11-2011.

III – relativas à violação a direitos humanos, que a República Federativa do Brasil se comprometeu a reprimir em decorrência de tratados internacionais de que seja parte; e

IV – furto, roubo ou receptação de cargas, inclusive dos produtos controlados a que se refere o Decreto n. 24.602, de 6 de julho de 1934, especialmente pólvoras, explosivos e artigos pirotécnicos, transportadas em operação interestadual ou internacional, quando houver indícios da atuação de quadrilha ou bando em mais de (1) um Estado da Federação;

•• Inciso IV com redação determinada pela Lei n. 14.967, de 9-9-2024.

•• A Lei n. 14.967, de 9-9-2024, instituiu o Estatuto da Segurança Privada e da Segurança das Instituições Financeiras.

V – falsificação, corrupção, adulteração ou alteração de produto destinado a fins terapêuticos ou medicinais e venda, inclusive pela internet, depósito ou distribuição do produto falsificado, corrompido, adulterado ou alterado (art. 273 do Decreto-lei n. 2.848, de 7 de dezembro de 1940 – Código Penal);

•• Inciso V acrescentado pela Lei n. 12.894, de 17-12-2013.

VI – furto, roubo ou dano contra instituições financeiras, incluindo agências bancárias ou caixas eletrônicos, quando houver indícios da atuação de associação criminosa em mais de um Estado da Federação;

•• Inciso VI acrescentado pela Lei n. 13.124, de 21-5-2015.

VII – quaisquer crimes praticados por meio da rede mundial de computadores que difundam conteúdo misógino, definidos como aqueles que propagam o ódio ou a aversão às mulheres;

•• Inciso VII acrescentado pela Lei n. 13.642, de 3-4-2018.

VIII – furto, roubo ou dano contra empresas de serviços de segurança privada especializadas em transporte de valores.

•• Inciso VIII acrescentado pela Lei n. 14.967, de 9-9-2024.

•• A Lei n. 14.967, de 9-9-2024, instituiu o Estatuto da Segurança Privada e da Segurança das Instituições Financeiras.

Parágrafo único. Atendidos os pressupostos do *caput*, o Departamento de Polícia Federal procederá à apuração de outros casos, desde que tal providência seja autorizada ou determinada pelo Ministro de Estado da Justiça.

Art. 2.º Esta Lei entra em vigor na data de sua publicação.

Brasília, 8 de maio de 2002; 181.º da Independência e 114.º da República.

Fernando Henrique Cardoso

(*) Publicada no *DOU*, de 9-5-2002.

DECRETO N. 4.388, DE 25 DE SETEMBRO DE 2002 (*)

Promulga o Estatuto de Roma do Tribunal Penal Internacional.

O Presidente da República, no uso da atribuição que lhe confere o art. 84, VIII, da Constituição,

Considerando que o Congresso Nacional aprovou o texto do Estatuto de Roma do Tribunal Penal Internacional, por meio do Decreto Legislativo n. 112, de 6 de junho de 2002;

Considerando que o mencionado Ato Internacional entrou em vigor internacional em 1.º de julho de 2002, e passou a vigorar, para o Brasil, em 1.º de setembro de 2002, nos termos de seu art. 126; decreta:

Art. 1.º O Estatuto de Roma do Tribunal Penal Internacional, apenso por cópia ao presente Decreto, será executado e cumprido tão inteiramente como nele se contém.

Art. 2.º São sujeitos à aprovação do Congresso Nacional quaisquer atos que possam resultar em revisão do referido Acordo, assim como quaisquer ajustes complementares que, nos termos do art. 49, I, da Constituição, acarretem encargos ou compromissos gravosos ao patrimônio nacional.

Art. 3.º Este Decreto entra em vigor na data de sua publicação.

Brasília, 25 de setembro de 2002; 181.º da Independência e 114.º da República.

FERNANDO HENRIQUE CARDOSO

Estatuto de Roma do Tribunal Penal Internacional

Capítulo I
CRIAÇÃO DO TRIBUNAL

Artigo 1.º
O Tribunal

É criado, pelo presente instrumento, um Tribunal Penal Internacional ("o Tribunal"). O Tribunal será uma instituição permanente, com jurisdição sobre as pessoas responsáveis pelos crimes de maior gravidade com alcance internacional, de acordo com o presente Estatuto, e será complementar às jurisdições penais nacionais. A competência e o funcionamento do Tribunal reger-se-ão pelo presente Estatuto.

Artigo 2.º
Relação do Tribunal com as Nações Unidas

A relação entre o Tribunal e as Nações Unidas será estabelecida através de um acordo a ser aprovado pela Assembleia dos Estados-Partes no presente Estatuto e, em seguida, concluído pelo Presidente do Tribunal em nome deste.

Artigo 3.º
Sede do Tribunal

1. A sede do Tribunal será na Haia, Países Baixos ("o Estado anfitrião").

2. O Tribunal estabelecerá um acordo de sede com o Estado anfitrião, a ser aprovado pela Assembleia dos Estados-Partes e em seguida concluído pelo Presidente do Tribunal em nome deste.

3. Sempre que entender conveniente, o Tribunal poderá funcionar em outro local, nos termos do presente Estatuto.

Artigo 4.º
Regime Jurídico e Poderes do Tribunal

1. O Tribunal terá personalidade jurídica internacional. Possuirá, igualmente, a capacidade jurídica necessária ao desempenho das suas funções e à prossecução dos seus objetivos.

2. O Tribunal poderá exercer os seus poderes e funções nos termos do presente Estatuto, no território de qualquer Estado-Parte e, por acordo especial, no território de qualquer outro Estado.

Capítulo II
COMPETÊNCIA, ADMISSIBILIDADE E DIREITO APLICÁVEL

Artigo 5.º
Crimes da Competência do Tribunal

1. A competência do Tribunal restringir-se-á aos crimes mais graves, que afetam a comunidade internacional no seu conjunto. Nos termos do presente Estatuto, o Tribunal terá competência para julgar os seguintes crimes:

(*) Publicado no *DOU*, de 26-9-2002.

a) O crime de genocídio;
b) Crimes contra a humanidade;
c) Crimes de guerra;
d) O crime de agressão.

2. O Tribunal poderá exercer a sua competência em relação ao crime de agressão desde que, nos termos dos arts. 121 e 123, seja aprovada uma disposição em que se defina o crime e se enunciem as condições em que o Tribunal terá competência relativamente a este crime. Tal disposição deve ser compatível com as disposições pertinentes da Carta das Nações Unidas.

Artigo 6.º
Crime de Genocídio

Para os efeitos do presente Estatuto, entende-se por "genocídio", qualquer um dos atos que a seguir se enumeram, praticado com intenção de destruir, no todo ou em parte, um grupo nacional, étnico, racial ou religioso, enquanto tal:

a) Homicídio de membros do grupo;
b) Ofensas graves à integridade física ou mental de membros do grupo;
c) Sujeição intencional do grupo a condições de vida com vista a provocar a sua destruição física, total ou parcial;
d) Imposição de medidas destinadas a impedir nascimentos no seio do grupo;
e) Transferência, à força, de crianças do grupo para outro grupo.

Artigo 7.º
Crimes contra a Humanidade

1. Para os efeitos do presente Estatuto, entende-se por "crime contra a humanidade", qualquer um dos atos seguintes, quando cometido no quadro de um ataque, generalizado ou sistemático, contra qualquer população civil, havendo conhecimento desse ataque:

a) Homicídio;
b) Extermínio;
c) Escravidão;
d) Deportação ou transferência forçada de uma população;
e) Prisão ou outra forma de privação da liberdade física grave, em violação das normas fundamentais de direito internacional;
f) Tortura;
g) Agressão sexual, escravatura sexual, prostituição forçada, gravidez forçada, esterilização forçada ou qualquer outra forma de violência no campo sexual de gravidade comparável;
h) Perseguição de um grupo ou coletividade que possa ser identificado, por motivos políticos, raciais, nacionais, étnicos, culturais, religiosos ou de gênero, tal como definido no parágrafo 3.º, ou em função de outros critérios universalmente reconhecidos como inaceitáveis no direito internacional, relacionados com qualquer ato referido neste parágrafo ou com qualquer crime da competência do Tribunal;
i) Desaparecimento forçado de pessoas;
j) Crime de *apartheid*;
k) Outros atos desumanos de caráter semelhante, que causem intencionalmente grande sofrimento, ou afetem gravemente a integridade física ou a saúde física ou mental.

2. Para efeitos do parágrafo 1.º:

a) Por "ataque contra uma população civil" entende-se qualquer conduta que envolva a prática múltipla de atos referidos no parágrafo 1.º contra uma população civil, de acordo com a política de um Estado ou de uma organização de praticar esses atos ou tendo em vista a prossecução dessa política;
b) O "extermínio" compreende a sujeição intencional a condições de vida, tais como a privação do acesso a alimentos ou medicamentos, com vista a causar a destruição de uma parte da população;
c) Por "escravidão" entende-se o exercício, relativamente a uma pessoa, de um poder ou de um conjunto de poderes que traduzam um direito de propriedade sobre uma pessoa, incluindo o exercício desse poder no âmbito do tráfico de pessoas, em particular mulheres e crianças;
d) Por "deportação ou transferência à força de uma população" entende-se o deslocamento forçado de pessoas, através da expulsão ou outro ato coercivo, da zona em que se encontram legalmente, sem qualquer motivo reconhecido no direito internacional;
e) Por "tortura" entende-se o ato por meio do qual uma dor ou sofrimentos agudos, físicos ou mentais, são intencionalmente causados a uma pessoa que esteja sob a custódia ou o controle do acusado; este termo não compreende a dor ou os sofrimentos resultantes unicamente de sanções legais, inerentes a essas sanções ou por elas ocasionadas;
f) Por "gravidez à força" entende-se a privação ilegal de liberdade de uma mulher que foi engravidada à força, com o propósito de alterar a composição étnica

de uma população ou de cometer outras violações graves do direito internacional. Esta definição não pode, de modo algum, ser interpretada como afetando as disposições de direito interno relativas à gravidez;

g) Por "perseguição" entende-se a privação intencional e grave de direitos fundamentais em violação do direito internacional, por motivos relacionados com a identidade do grupo ou da coletividade em causa;

h) Por "crime de *apartheid*" entende-se qualquer ato desumano análogo aos referidos no parágrafo 1.º, praticado no contexto de um regime institucionalizado de opressão e domínio sistemático de um grupo racial sobre um ou outros grupos nacionais e com a intenção de manter esse regime;

i) Por "desaparecimento forçado de pessoas" entende-se a detenção, a prisão ou o sequestro de pessoas por um Estado ou uma organização política ou com a autorização, o apoio ou a concordância destes, seguidos de recusa a reconhecer tal estado de privação de liberdade ou a prestar qualquer informação sobre a situação ou localização dessas pessoas, com o propósito de lhes negar a proteção da lei por um prolongado período de tempo.

3. Para efeitos do presente Estatuto, entende-se o termo "gênero" abrange os sexos masculino e feminino, dentro do contexto da sociedade, não lhe devendo ser atribuído qualquer outro significado.

Artigo 8.º
Crimes de Guerra

1. O Tribunal terá competência para julgar os crimes de guerra, em particular quando cometidos como parte integrante de um plano ou de uma política ou como parte de uma prática em larga escala desse tipo de crimes.

2. Para os efeitos do presente Estatuto, entende-se por "crimes de guerra":

a) As violações graves às Convenções de Genebra, de 12 de Agosto de 1949, a saber, qualquer um dos seguintes atos, dirigidos contra pessoas ou bens protegidos nos termos da Convenção de Genebra que for pertinente:

i) Homicídio doloso;

ii) Tortura ou outros tratamentos desumanos, incluindo as experiências biológicas;

iii) O ato de causar intencionalmente grande sofrimento ou ofensas graves à integridade física ou à saúde;

iv) Destruição ou a apropriação de bens em larga escala, quando não justificadas por quaisquer necessidades militares e executadas de forma ilegal e arbitrária;

v) O ato de compelir um prisioneiro de guerra ou outra pessoa sob proteção a servir nas forças armadas de uma potência inimiga;

vi) Privação intencional de um prisioneiro de guerra ou de outra pessoa sob proteção do seu direito a um julgamento justo e imparcial;

vii) Deportação ou transferência ilegais, ou a privação ilegal de liberdade;

viii) Tomada de reféns;

b) Outras violações graves das leis e costumes aplicáveis em conflitos armados internacionais no âmbito do direito internacional, a saber, qualquer um dos seguintes atos:

i) Dirigir intencionalmente ataques à população civil em geral ou civis que não participem diretamente nas hostilidades;

ii) Dirigir intencionalmente ataques a bens civis, ou seja bens que não sejam objetivos militares;

iii) Dirigir intencionalmente ataques ao pessoal, instalações, material, unidades ou veículos que participem numa missão de manutenção da paz ou de assistência humanitária, de acordo com a Carta das Nações Unidas, sempre que estes tenham direito à proteção conferida aos civis ou aos bens civis pelo direito internacional aplicável aos conflitos armados;

iv) Lançar intencionalmente um ataque, sabendo que o mesmo causará perdas acidentais de vidas humanas ou ferimentos na população civil, danos em bens de caráter civil ou prejuízos extensos, duradouros e graves no meio ambiente que se revelem claramente excessivos em relação à vantagem militar global concreta e direta que se previa;

v) Atacar ou bombardear, por qualquer meio, cidades, vilarejos, habitações ou edifícios que não estejam defendidos e que não sejam objetivos militares;

vi) Matar ou ferir um combatente que tenha deposto armas ou que, não tendo mais meios para se defender, se tenha incondicionalmente rendido;

vii) Utilizar indevidamente uma bandeira de trégua, a bandeira nacional, as insígnias militares ou o uniforme do inimigo ou das Nações Unidas, assim como os emblemas distintivos das Convenções de Genebra, causando deste modo a morte ou ferimentos graves;

viii) A transferência, direta ou indireta, por uma potência ocupante de parte da sua população civil para o território que ocupa ou a deportação ou transferência da totalidade ou de parte da população do território ocupado, dentro ou para fora desse território;

ix) Dirigir intencionalmente ataques a edifícios consagrados ao culto religioso, à educação, às artes, às ciências ou à beneficência, monumentos históricos, hospitais e lugares onde se agrupem doentes e feridos, sempre que não se trate de objetivos militares;

x) Submeter pessoas que se encontrem sob o domínio de uma parte beligerante a mutilações físicas ou a qualquer tipo de experiências médicas ou científicas que não sejam motivadas por um tratamento médico, dentário ou hospitalar, nem sejam efetuadas no interesse dessas pessoas, e que causem a morte ou coloquem seriamente em perigo a sua saúde;

xi) Matar ou ferir à traição pessoas pertencentes à nação ou ao exército inimigo;

xii) Declarar que não será dado quartel;

xiii) Destruir ou apreender bens do inimigo, a menos que tais destruições ou apreensões sejam imperativamente determinadas pelas necessidades da guerra;

xiv) Declarar abolidos, suspensos ou não admissíveis em tribunal os direitos e ações dos nacionais da parte inimiga;

xv) Obrigar os nacionais da parte inimiga a participar em operações bélicas dirigidas contra o seu próprio país, ainda que eles tenham estado ao serviço daquela parte beligerante antes do início da guerra;

xvi) Saquear uma cidade ou uma localidade, mesmo quando tomada de assalto;

xvii) Utilizar veneno ou armas envenenadas;

xviii) Utilizar gases asfixiantes, tóxicos ou outros gases ou qualquer líquido, material ou dispositivo análogo;

xix) Utilizar balas que se expandem ou achatam facilmente no interior do corpo humano, tais como balas de revestimento duro que não cobre totalmente o interior ou possui incisões;

xx) Utilizar armas, projéteis; materiais e métodos de combate que, pela sua própria natureza, causem ferimentos supérfluos ou sofrimentos desnecessários ou que surtam efeitos indiscriminados, em violação do direito internacional aplicável aos conflitos armados, na medida em que tais armas, projéteis, materiais e métodos de combate sejam objeto de uma proibição geral e estejam incluídos em um anexo ao presente Estatuto, em virtude de uma alteração aprovada em conformidade com o disposto nos arts. 121 e 123;

xxi) Ultrajar a dignidade da pessoa, em particular por meio de tratamentos humilhantes e degradantes;

xxii) Cometer atos de violação, escravidão sexual, prostituição forçada, gravidez à força, tal como definida na alínea f do parágrafo 2.º do art. 7.º, esterilização à força e qualquer outra forma de violência sexual que constitua também um desrespeito grave às Convenções de Genebra;

xxiii) Utilizar a presença de civis ou de outras pessoas protegidas para evitar que determinados pontos, zonas ou forças militares sejam alvo de operações militares;

xxiv) Dirigir intencionalmente ataques a edifícios, material, unidades e veículos sanitários, assim como o pessoal que esteja usando os emblemas distintivos das Convenções de Genebra, em conformidade com o direito internacional;

xxv) Provocar deliberadamente a inanição da população civil como método de guerra, privando-a dos bens indispensáveis à sua sobrevivência, impedindo, inclusive, o envio de socorros, tal como previsto nas Convenções de Genebra;

xxvi) Recrutar ou alistar menores de 15 anos nas forças armadas nacionais ou utilizá-los para participar ativamente nas hostilidades;

c) Em caso de conflito armado que não seja de índole internacional, as violações graves do art. 3.º comum às quatro Convenções de Genebra, de 12 de Agosto de 1949, a saber, qualquer um dos atos que a seguir se indicam, cometidos contra pessoas que não participem diretamente nas hostilidades, incluindo os membros das forças armadas que tenham deposto armas e os que tenham ficado impedidos de continuar a combater devido a doença, lesões, prisão ou qualquer outro motivo:

i) Atos de violência contra a vida e contra a pessoa, em particular o homicídio sob todas as suas formas, as mutilações, os tratamentos cruéis e a tortura;

ii) Ultrajes à dignidade da pessoa, em particular por meio de tratamentos humilhantes e degradantes;

iii) A tomada de reféns;

iv) As condenações proferidas e as execuções efetuadas sem julgamento prévio por um tribunal regularmente constituído e que ofereça todas as garantias judiciais geralmente reconhecidas como indispensáveis;

d) A alínea c do parágrafo 2.º do presente artigo aplica-se aos conflitos armados que não tenham caráter internacional e, por conseguinte, não se aplica a situações de distúrbio e de tensão internas, tais como motins, atos de violência esporádicos ou isolados ou outros de caráter semelhante;

e) As outras violações graves das leis e costumes aplicáveis aos conflitos armados que não têm caráter internacional, no quadro do direito internacional, a saber qualquer um dos seguintes atos:

i) Dirigir intencionalmente ataques à população civil em geral ou civis que não participem diretamente nas hostilidades;

ii) Dirigir intencionalmente ataques a edifícios, material, unidades e veículos sanitários, bem como ao pessoal que esteja usando os emblemas distintivos das Convenções de Genebra, em conformidade com o direito internacional;

iii) Dirigir intencionalmente ataques ao pessoal, instalações, material, unidades ou veículos que participem numa missão de manutenção da paz ou de assistência humanitária, de acordo com a Carta das Nações Unidas, sempre que estes tenham direito à proteção conferida pelo direito internacional dos conflitos armados aos civis e aos bens civis;

iv) Atacar intencionalmente edifícios consagrados ao culto religioso, à educação, às artes, às ciências ou à beneficência, monumentos históricos, hospitais e lugares onde se agrupem doentes e feridos, sempre que não se trate de objetivos militares;

v) Saquear um aglomerado populacional ou um local, mesmo quando tomado de assalto;

vi) Cometer atos de agressão sexual, escravidão sexual, prostituição forçada, gravidez à força, tal como definida na alínea f do parágrafo 2.º do art. 7.º; esterilização à força ou qualquer outra forma de violência sexual que constitua uma violação grave do art. 3.º comum às quatro Convenções de Genebra;

vii) Recrutar ou alistar menores de 15 anos nas forças armadas nacionais ou em grupos, ou utilizá-los para participar ativamente nas hostilidades;

viii) Ordenar a deslocação da população civil por razões relacionadas com o conflito, salvo se assim o exigirem a segurança dos civis em questão ou razões militares imperiosas;

ix) Matar ou ferir à traição um combatente de uma parte beligerante;

x) Declarar que não será dado quartel;

xi) Submeter pessoas que se encontrem sob o domínio de outra parte beligerante a mutilações físicas ou a qualquer tipo de experiências médicas ou científicas que não sejam motivadas por um tratamento médico, dentário ou hospitalar nem sejam efetuadas no interesse dessa pessoa, e que causem a morte ou ponham seriamente a sua saúde em perigo;

xii) Destruir ou apreender bens do inimigo, a menos que as necessidades da guerra assim o exijam;

f) A alínea e do parágrafo 2.º do presente artigo aplicar-se-á aos conflitos armados que não tenham caráter internacional e, por conseguinte, não se aplicará a situações de distúrbio e de tensão internas, tais como motins, atos de violência esporádicos ou isolados ou outros de caráter semelhante; aplicar-se-á, ainda, a conflitos armados que tenham lugar no território de um Estado, quando exista um conflito armado prolongado entre as autoridades governamentais e grupos armados organizados ou entre estes grupos.

3. O disposto nas alíneas c e e do parágrafo 2.º, em nada afetará a responsabilidade que incumbe a todo o Governo de manter e de restabelecer a ordem pública no Estado, e de defender a unidade e a integridade territorial do Estado por qualquer meio legítimo.

Artigo 9.º
Elementos Constitutivos dos Crimes

1. Os elementos constitutivos dos crimes que auxiliarão o Tribunal a interpretar e a aplicar os arts. 6.º, 7.º e 8.º do presente Estatuto, deverão ser adotados por uma maioria de dois terços dos membros da Assembleia dos Estados-Partes.

2. As alterações aos elementos constitutivos dos crimes poderão ser propostas por:

a) Qualquer Estado-Parte;

b) Os juízes, através de deliberação tomada por maioria absoluta;

c) O Procurador.

As referidas alterações entram em vigor depois de aprovadas por uma maioria de dois terços dos membros da Assembleia dos Estados-Partes.

3. Os elementos constitutivos dos crimes e respectivas alterações deverão ser compatíveis com as disposições contidas no presente Estatuto.

Artigo 10

Nada no presente capítulo deverá ser interpretado como limitando ou afetando, de alguma maneira, as normas existentes ou em desenvolvimento de direito internacional com fins distintos dos do presente Estatuto.

Artigo 11
Competência *Ratione Temporis*

1. O Tribunal só terá competência relativamente aos crimes cometidos após a entrada em vigor do presente Estatuto.

2. Se um Estado se tornar Parte no presente Estatuto depois da sua entrada em vigor, o Tribunal só poderá exercer a sua competência em relação a crimes cometidos depois da entrada em vigor do presente Estatuto relativamente a esse Estado, a menos que este tenha feito uma declaração nos termos do parágrafo 3.º do art. 12.

Artigo 12
Condições Prévias ao Exercício da Jurisdição

1. O Estado que se torne Parte no presente Estatuto, aceitará a jurisdição do Tribunal relativamente aos crimes a que se refere o art. 5.º.

2. Nos casos referidos nos parágrafos *a* ou *c* do art. 13, o Tribunal poderá exercer a sua jurisdição se um ou mais Estados a seguir identificados forem Partes no presente Estatuto ou aceitarem a competência do Tribunal de acordo com o disposto no parágrafo 3.º:

a) Estado em cujo território tenha tido lugar a conduta em causa, ou, se o crime tiver sido cometido a bordo de um navio ou de uma aeronave, o Estado de matrícula do navio ou aeronave;

b) Estado de que seja nacional a pessoa a quem é imputado um crime.

3. Se a aceitação da competência do Tribunal por um Estado que não seja Parte no presente Estatuto for necessária nos termos do parágrafo 2.º, pode o referido Estado, mediante declaração depositada junto do Secretário, consentir em que o Tribunal exerça a sua competência em relação ao crime em questão. O Estado que tiver aceito a competência do Tribunal colaborará com este, sem qualquer demora ou exceção, de acordo com o disposto no Capítulo IX.

Artigo 13
Exercício da Jurisdição

O Tribunal poderá exercer a sua jurisdição em relação a qualquer um dos crimes a que se refere o art. 5.º, de acordo com o disposto no presente Estatuto, se:

a) Um Estado-Parte denunciar ao Procurador, nos termos do art. 14, qualquer situação em que haja indícios de ter ocorrido a prática de um ou vários desses crimes;

b) O Conselho de Segurança, agindo nos termos do Capítulo VII da Carta das Nações Unidas, denunciar ao Procurador qualquer situação em que haja indícios de ter ocorrido a prática de um ou vários desses crimes; ou

c) O Procurador tiver dado início a um inquérito sobre tal crime, nos termos do disposto no art. 15.

Artigo 14
Denúncia por um Estado-Parte

1. Qualquer Estado-Parte poderá denunciar ao Procurador uma situação em que haja indícios de ter ocorrido a prática de um ou vários crimes da competência do Tribunal e solicitar ao Procurador que a investigue, com vista a determinar se uma ou mais pessoas identificadas deverão ser acusadas da prática desses crimes.

2. O Estado que proceder à denúncia deverá, tanto quanto possível, especificar as circunstâncias relevantes do caso e anexar toda a documentação de que disponha.

Artigo 15
Procurador

1. O Procurador poderá, por sua própria iniciativa, abrir um inquérito com base em informações sobre a prática de crimes da competência do Tribunal.

2. O Procurador apreciará a seriedade da informação recebida. Para tal, poderá recolher informações suplementares junto aos Estados, aos órgãos da Organização das Nações Unidas, às Organizações Intergovernamentais ou Não Governamentais ou outras fontes fidedignas que considere apropriadas, bem como recolher depoimentos escritos ou orais na sede do Tribunal.

3. Se concluir que existe fundamento suficiente para abrir um inquérito, o Procurador apresentará um pedido de autorização nesse sentido ao Juízo de Instrução, acompanhado da documentação de apoio que tiver reunido. As vítimas poderão apresentar representações no Juízo de Instrução, de acordo com o Regulamento Processual.

4. Se, após examinar o pedido e a documentação que o acompanha, o Juízo de Instrução considerar que há fundamento suficiente para abrir um Inquérito e que o caso parece caber na jurisdição do Tribunal, autorizará a abertura do inquérito, sem prejuízo das decisões que o Tribunal vier a tomar posteriormente em matéria de competência e de admissibilidade.

5. A recusa do Juízo de Instrução em autorizar a abertura do inquérito não impedirá o Procurador de formular ulteriormente outro pedido com base em novos fatos ou provas respeitantes à mesma situação.

6. Se, depois da análise preliminar a que se referem os parágrafos 1.º e 2.º, o Procurador concluir que a informação apresentada não constitui fundamento suficiente para um inquérito, o Procurador informará quem a tiver apresentado de tal entendimento. Tal não impede que o Procurador examine, à luz de novos fatos ou provas, qualquer outra informação que lhe venha a ser comunicada sobre o mesmo caso.

Artigo 16
Adiamento do Inquérito e do Procedimento Criminal

Nenhum inquérito ou procedimento crime poderá ter início ou prosseguir os seus termos, com base no presente Estatuto, por um período de doze meses a contar da data em que o Conselho de Segurança assim o tiver solicitado em resolução aprovada nos termos do disposto no Capítulo VII da Carta das Nações Unidas; o pedido poderá ser renovado pelo Conselho de Segurança nas mesmas condições.

Artigo 17
Questões Relativas à Admissibilidade

1. Tendo em consideração o décimo parágrafo do preâmbulo e o art. 1.º, o Tribunal decidirá sobre a não admissibilidade de um caso se:

a) O caso for objeto de inquérito ou de procedimento criminal por parte de um Estado que tenha jurisdição sobre o mesmo, salvo se este não tiver vontade de levar a cabo o inquérito ou o procedimento ou, não tenha capacidade para o fazer;

b) O caso tiver sido objeto de inquérito por um Estado com jurisdição sobre ele e tal Estado tenha decidido não dar seguimento ao procedimento criminal contra a pessoa em causa, a menos que esta decisão resulte do fato de esse Estado não ter vontade de proceder criminalmente ou da sua incapacidade real para o fazer;

c) A pessoa em causa já tiver sido julgada pela conduta a que se refere a denúncia, e não puder ser julgada pelo Tribunal em virtude do disposto no parágrafo 3.º do art. 20;

d) O caso não for suficientemente grave para justificar a ulterior intervenção do Tribunal.

2. A fim de determinar se há ou não vontade de agir num determinado caso, o Tribunal, tendo em consideração as garantias de um processo equitativo reconhecidas pelo direito internacional, verificará a existência de uma ou mais das seguintes circunstâncias:

a) O processo ter sido instaurado ou estar pendente ou a decisão ter sido proferida no Estado com o propósito de subtrair a pessoa em causa à sua responsabilidade criminal por crimes da competência do Tribunal, nos termos do disposto no art. 5.º;

b) Ter havido demora injustificada no processamento, a qual, dadas as circunstâncias, se mostra incompatível com a intenção de fazer responder a pessoa em causa perante a justiça;

c) O processo não ter sido ou não estar sendo conduzido de maneira independente ou imparcial, e ter estado ou estar sendo conduzido de uma maneira que, dadas as circunstâncias, seja incompatível com a intenção de levar a pessoa em causa perante a justiça;

3. A fim de determinar se há incapacidade de agir num determinado caso, o Tribunal verificará se o Estado, por colapso total ou substancial da respectiva administração da justiça ou por indisponibilidade desta, não estará em condições de fazer comparecer o acusado, de reunir os meios de prova e depoimentos necessários ou não estará, por outros motivos, em condições de concluir o processo.

Artigo 18
Decisões Preliminares sobre Admissibilidade

1. Se uma situação for denunciada ao Tribunal nos termos do art. 13, parágrafo *a*, e o Procurador determinar que existem fundamentos para abrir um inquérito ou der início a um inquérito de acordo com os arts. 13, parágrafo *c* e 15, deverá notificar todos os Estados-Partes e os Estados que, de acordo com a informação disponível, teriam jurisdição sobre esses crimes. O Procurador poderá proceder à notificação a título confidencial e, sempre que o considere necessário com vista a proteger pessoas, impedir a destruição de provas ou a fuga de pessoas, poderá limitar o âmbito da informação a transmitir aos Estados.

2. No prazo de um mês após a recepção da referida notificação, qualquer Estado poderá informar o Tribunal de que está procedendo, ou já procedeu, a um inquérito sobre nacionais seus ou outras pessoas sob a sua jurisdição, por atos que possam constituir crimes a que se refere o art. 5.º e digam respeito à informação constante na respectiva notificação. A pedido desse Estado, o Procurador transferirá para ele o inquérito sobre essas pessoas, a menos que, a pedido do Procurador, o Juízo de Instrução decida autorizar o inquérito.

3. A transferência do inquérito poderá ser reexaminada pelo Procurador seis meses após a data em que tiver sido decidida ou, a todo o momento, quando tenha ocorrido uma alteração significativa de circunstâncias, decorrente da falta de vontade ou da incapacidade efetiva do Estado de levar a cabo o inquérito.

4. O Estado interessado ou o Procurador poderão interpor recurso para o Juízo de Recursos da decisão proferida por um Juízo de Instrução, tal como previsto no art. 82. Este recurso poderá seguir uma forma sumária.

5. Se o Procurador transferir o inquérito, nos termos do parágrafo 2.º, poderá solicitar ao Estado interessado que o informe periodicamente do andamento do mesmo e de qualquer outro procedimento subsequente. Os Estados-Partes responderão a estes pedidos sem atrasos injustificados.

6. O Procurador poderá, enquanto aguardar uma decisão a proferir no Juízo de Instrução, ou a todo o momento se tiver transferido o inquérito nos termos do presente artigo, solicitar ao tribunal de instrução, a título excepcional, que o autorize a efetuar as investigações que considere necessárias para preservar elementos de prova, quando exista uma oportunidade única de obter provas relevantes ou um risco significativo de que essas provas possam não estar disponíveis numa fase ulterior.

7. O Estado que tenha recorrido de uma decisão do Juízo de Instrução nos termos do presente artigo poderá impugnar a admissibilidade de um caso nos termos do art. 19, invocando fatos novos relevantes ou uma alteração significativa de circunstâncias.

Artigo 19
Impugnação da Jurisdição do Tribunal ou da Admissibilidade do Caso

1. O Tribunal deverá certificar-se de que detém jurisdição sobre todos os casos que lhe sejam submetidos. O Tribunal poderá pronunciar-se de ofício sobre a admissibilidade do caso em conformidade com o art. 17.

2. Poderão impugnar a admissibilidade do caso, por um dos motivos referidos no art. 17, ou impugnar a jurisdição do Tribunal:

a) O acusado ou a pessoa contra a qual tenha sido emitido um mandado ou ordem de detenção ou de comparecimento, nos termos do art. 58;

b) Um Estado que detenha o poder de jurisdição sobre um caso, pelo fato de o estar investigando ou julgando, ou por já o ter feito antes; ou

c) Um Estado cuja aceitação da competência do Tribunal seja exigida, de acordo com o art. 12.

3. O Procurador poderá solicitar ao Tribunal que se pronuncie sobre questões de jurisdição ou admissibilidade. Nas ações relativas à jurisdição ou admissibilidade, aqueles que tiverem denunciado um caso ao abrigo do art. 13, bem como as vítimas, poderão também apresentar as suas observações ao Tribunal.

4. A admissibilidade de um caso ou a jurisdição do Tribunal só poderão ser impugnadas uma única vez por qualquer pessoa ou Estado a que se faz referência no parágrafo 2.º. A impugnação deverá ser feita antes do julgamento ou no seu início. Em circunstâncias excepcionais, o Tribunal poderá autorizar que a impugnação se faça mais de uma vez ou depois do início do julgamento. As impugnações à admissibilidade de um caso feitas no início do julgamento, ou posteriormente com a autorização do Tribunal, só poderão fundamentar-se no disposto no parágrafo 1.º, c do art. 17.

5. Os Estados a que se referem as alíneas *b* e *c* do parágrafo 2.º do presente artigo deverão deduzir impugnação logo que possível.

6. Antes da confirmação da acusação, a impugnação da admissibilidade de um caso ou da jurisdição do Tribunal será submetida ao Juízo de Instrução e, após confirmação, ao Juízo de Julgamento em Primeira Instância. Das decisões relativas à jurisdição ou admissibilidade caberá recurso para o Juízo de Recursos, de acordo com o art. 82.

7. Se a impugnação for feita pelo Estado referido nas alíneas *b* e *c* do parágrafo 2.º, o Procurador suspenderá o inquérito até que o Tribunal decida em conformidade com o art. 17.

8. Enquanto aguardar uma decisão, o Procurador poderá solicitar ao Tribunal autorização para:

a) Proceder às investigações necessárias previstas no parágrafo 6.º do art. 18;

b) Recolher declarações ou o depoimento de uma testemunha ou completar o recolhimento e o exame das provas que tenha iniciado antes da impugnação; e

c) Impedir, em colaboração com os Estados interessados, a fuga de pessoas em relação às quais já tenha solicitado um mandado de detenção, nos termos do art. 58.

9. A impugnação não afetará a validade de nenhum ato realizado pelo Procurador, nem de nenhuma decisão ou mandado anteriormente emitido pelo Tribunal.

10. Se o Tribunal tiver declarado que um caso não é admissível, de acordo com o art. 17, o Procurador poderá pedir a revisão dessa decisão, após o ter certificado de que surgiram novos fatos que invalidam os motivos pelos quais o caso havia sido considerado inadmissível nos termos do art. 17.

11. Se o Procurador, tendo em consideração as questões referidas no art. 17, decidir transferir um inquérito, poderá pedir ao Estado em questão que o mantenha informado do seguimento do processo. Esta informação deverá, se esse Estado o solicitar, ser mantida confidencial. Se o Procurador decidir, posteriormente, abrir um inquérito, comunicará a sua decisão ao Estado para o qual foi transferido o processo.

Artigo 20
Ne Bis in Idem

1. Salvo disposição contrária do presente Estatuto, nenhuma pessoa poderá ser julgada pelo Tribunal por atos constitutivos de crimes pelos quais este já a tenha condenado ou absolvido.

2. Nenhuma pessoa poderá ser julgada por outro tribunal por um crime mencionado no art. 5.º, relativamente ao qual já tenha sido condenada ou absolvida pelo Tribunal.

3. O Tribunal não poderá julgar uma pessoa que já tenha sido julgada por outro tribunal, por atos também punidos pelos arts. 6.º, 7.º ou 8.º, a menos que o processo nesse outro tribunal:

a) Tenha tido por objetivo subtrair o acusado à sua responsabilidade criminal por crimes da competência do Tribunal; ou

b) Não tenha sido conduzido de forma independente ou imparcial, em conformidade com as garantias de um processo equitativo reconhecidas pelo direito internacional, ou tenha sido conduzido de uma maneira que, no caso concreto, se revele incompatível com a intenção de submeter a pessoa à ação da justiça.

Artigo 21
Direito Aplicável

1. O Tribunal aplicará:

a) Em primeiro lugar, o presente Estatuto, os Elementos Constitutivos do Crime e o Regulamento Processual;

b) Em segundo lugar, se for o caso, os tratados e os princípios e normas de direito internacional aplicáveis, incluindo os princípios estabelecidos no direito internacional dos conflitos armados;

c) Na falta destes, os princípios gerais do direito que o Tribunal retire do direito interno dos diferentes sistemas jurídicos existentes, incluindo, se for o caso, o direito interno dos Estados que exerceriam normalmente a sua jurisdição relativamente ao crime, sempre que esses princípios não sejam incompatíveis com o presente Estatuto, com o direito internacional, nem com as normas e padrões internacionalmente reconhecidos.

2. O Tribunal poderá aplicar princípios e normas de direito tal como já tenham sido por si interpretados em decisões anteriores.

3. A aplicação e interpretação do direito, nos termos do presente artigo, deverá ser compatível com os direitos humanos internacionalmente reconhecidos, sem discriminação alguma baseada em motivos tais como o gênero, definido no parágrafo 3.º do art. 7.º, a idade, a raça, a cor, a religião ou o credo, a opinião política ou outra, a origem nacional, étnica ou social, a situação econômica, o nascimento ou outra condição.

Capítulo III
PRINCÍPIOS GERAIS DE DIREITO PENAL

Artigo 22
Nullum Crimen Sine Lege

1. Nenhuma pessoa será considerada criminalmente responsável, nos termos do presente Estatuto, a menos que a sua conduta constitua, no momento em que tiver lugar, um crime da competência do Tribunal.

2. A previsão de um crime será estabelecida de forma precisa e não será permitido o recurso à analogia. Em caso de ambiguidade, será interpretada a favor da pessoa objeto de inquérito, acusada ou condenada.

3. O disposto no presente artigo em nada afetará a tipificação de uma conduta como crime nos termos do direito internacional, independentemente do presente Estatuto.

Artigo 23
Nulla Poena Sine Lege

Qualquer pessoa condenada pelo Tribunal só poderá ser punida em conformidade com as disposições do presente Estatuto.

Artigo 24
Não Retroatividade *Ratione Personae*

1. Nenhuma pessoa será considerada criminalmente responsável, de acordo com o presente Estatuto, por uma conduta anterior à entrada em vigor do presente Estatuto.

2. Se o direito aplicável a um caso for modificado antes de proferida sentença definitiva, aplicar-se-á o direito mais favorável à pessoa objeto de inquérito, acusada ou condenada.

Artigo 25
Responsabilidade Criminal Individual

1. De acordo com o presente Estatuto, o Tribunal será competente para julgar as pessoas físicas.

2. Quem cometer um crime da competência do Tribunal será considerado individualmente responsável e poderá ser punido de acordo com o presente Estatuto.

3. Nos termos do presente Estatuto, será considerado criminalmente responsável e poderá ser punido pela prática de um crime da competência do Tribunal quem:

a) Cometer esse crime individualmente ou em conjunto ou por intermédio de outrem, quer essa pessoa seja, ou não, criminalmente responsável;

b) Ordenar, solicitar ou instigar à prática desse crime, sob forma consumada ou sob a forma de tentativa;

c) Com o propósito de facilitar a prática desse crime, for cúmplice ou encobridor, ou colaborar de algum modo na prática ou na tentativa de prática do crime, nomeadamente pelo fornecimento dos meios para a sua prática;

d) Contribuir de alguma outra forma para a prática ou tentativa de prática do crime por um grupo de pessoas que tenha um objetivo comum. Esta contribuição deverá ser intencional e ocorrer, conforme o caso:

i) Com o propósito de levar a cabo a atividade ou o objetivo criminal do grupo, quando um ou outro impliquem a prática de um crime da competência do Tribunal; ou

ii) Com o conhecimento da intenção do grupo de cometer o crime;

e) No caso de crime de genocídio, incitar, direta e publicamente, à sua prática;

f) Tentar cometer o crime mediante atos que contribuam substancialmente para a sua execução, ainda que não se venha a consumar devido a circunstâncias alheias à sua vontade. Porém, quem desistir da prática do crime, ou impedir de outra forma que este se consuma, não poderá ser punido em conformidade com o presente Estatuto pela tentativa, se renunciar total e voluntariamente ao propósito delituoso.

4. O disposto no presente Estatuto sobre a responsabilidade criminal das pessoas físicas em nada afetará a responsabilidade do Estado, de acordo com o direito internacional.

Artigo 26
Exclusão da Jurisdição Relativamente a Menores de 18 Anos

O Tribunal não terá jurisdição sobre pessoas que, à data da alegada prática do crime, não tenham ainda completado 18 anos de idade.

Artigo 27
Irrelevância da Qualidade Oficial

1. O presente Estatuto será aplicável de forma igual a todas as pessoas sem distinção alguma baseada na qualidade oficial. Em particular, a qualidade oficial de Chefe de Estado ou de Governo, de membro de Governo ou do Parlamento, de representante eleito ou de funcionário público, em caso algum eximirá a pessoa em causa de responsabilidade criminal nos termos do presente Estatuto, nem constituirá de *per se* motivo de redução da pena.

2. As imunidades ou normas de procedimento especiais decorrentes da qualidade oficial de uma pessoa; nos termos do direito interno ou do direito internacional, não deverão obstar a que o Tribunal exerça a sua jurisdição sobre essa pessoa.

Artigo 28
Responsabilidade dos Chefes Militares e Outros Superiores Hierárquicos

Além de outras fontes de responsabilidade criminal previstas no presente Estatuto, por crimes da competência do Tribunal:

a) O chefe militar, ou a pessoa que atue efetivamente como chefe militar, será criminalmente responsável por crimes da competência do Tribunal que tenham sido cometidos por forças sob o seu comando e controle efetivos ou sob a sua autoridade e controle efetivos, conforme o caso, pelo fato de não exercer um controle apropriado sobre essas forças quando:

i) Esse chefe militar ou essa pessoa tinha conhecimento ou, em virtude das circunstâncias do momento, deveria ter tido conhecimento de que essas forças estavam a cometer ou preparavam-se para cometer esses crimes; e

ii) Esse chefe militar ou essa pessoa não tenha adotado todas as medidas necessárias e adequadas ao seu alcance para prevenir ou reprimir a sua prática, ou para levar o assunto ao conhecimento das autoridades competentes, para efeitos de inquérito e procedimento criminal;

b) Nas relações entre superiores hierárquicos e subordinados, não referidos na alínea *a*, o superior hierárquico será criminalmente responsável pelos crimes da competência do Tribunal que tiverem sido cometidos por subordinados sob a sua autoridade e controle efetivos, pelo fato de não ter exercido um controle apropriado sobre esses subordinados, quando:

a) O superior hierárquico teve conhecimento ou deliberadamente não levou em consideração a informação que indicava claramente que os subordinados estavam a cometer ou se preparavam para cometer esses crimes;

b) Esses crimes estavam relacionados com atividades sob a sua responsabilidade e controle efetivos; e

c) O superior hierárquico não adotou todas as medidas necessárias e adequadas ao seu alcance para prevenir ou reprimir a sua prática ou para levar o assunto ao conhecimento das autoridades competentes, para efeitos de inquérito e procedimento criminal.

Artigo 29
Imprescritibilidade

Os crimes da competência do Tribunal não prescrevem.

Artigo 30
Elementos Psicológicos

1. Salvo disposição em contrário, nenhuma pessoa poderá ser criminalmente responsável e punida por um crime da competência do Tribunal, a menos que atue com vontade de o cometer e conhecimento dos seus elementos materiais.

2. Para os efeitos do presente artigo, entende-se que atua intencionalmente quem:

a) Relativamente a uma conduta, se propuser adotá-la;

b) Relativamente a um efeito do crime, se propuser causá-lo ou estiver ciente de que ele terá lugar em uma ordem normal dos acontecimentos.

3. Nos termos do presente artigo, entende-se por "conhecimento" a consciência de que existe uma circunstância ou de que um efeito irá ter lugar, em uma ordem normal dos acontecimentos. As expressões "ter conhecimento" e "com conhecimento" deverão ser entendidas em conformidade.

Artigo 31
Causas de Exclusão da Responsabilidade Criminal

Sem prejuízo de outros fundamentos para a exclusão de responsabilidade criminal previstos no presente Estatuto, não será considerada criminalmente responsável a pessoa que, no momento da prática de determinada conduta:

a) Sofrer de enfermidade ou deficiência mental que a prive da capacidade para avaliar a ilicitude ou a natureza da sua conduta, ou da capacidade para controlar essa conduta a fim de não violar a lei;

b) Estiver em estado de intoxicação que a prive da capacidade para avaliar a ilicitude ou a natureza da sua conduta, ou da capacidade para controlar essa conduta a fim de não transgredir a lei, a menos que se tenha intoxicado voluntariamente em circunstâncias que lhe permitiam ter conhecimento de que, em consequência da intoxicação, poderia incorrer numa conduta tipificada como crime da competência do Tribunal, ou, de que haveria o risco de tal suceder;

c) Agir em defesa própria ou de terceiro com razoabilidade ou, em caso de crimes de guerra, em defesa de um bem que seja essencial para a sua sobrevivência ou de terceiro ou de um bem que seja essencial à realização de uma missão militar, contra o uso iminente e ilegal da força, de forma proporcional ao grau de perigo para si, para terceiro ou para os bens protegidos. O fato de participar em uma força que realize uma operação de defesa não será causa bastante de exclusão de responsabilidade criminal, nos termos desta alínea;

d) Tiver incorrido numa conduta que presumivelmente constitui crime da competência do Tribunal, em consequência de coação decorrente de uma ameaça iminente de morte ou ofensas corporais graves para si ou para outrem, e em que se veja compelida a atuar de forma necessária e razoável para evitar essa ameaça, desde que não tenha a intenção de causar um dano maior que aquele que se propunha evitar. Essa ameaça tanto poderá:

i) Ter sido feita por outras pessoas; ou

ii) Ser constituída por outras circunstâncias alheias à sua vontade.

2. O Tribunal determinará se os fundamentos de exclusão da responsabilidade criminal previstos no presente Estatuto serão aplicáveis no caso em apreço.

3. No julgamento, o Tribunal poderá levar em consideração outros fundamentos de exclusão da responsabilidade criminal; distintos dos referidos no parágrafo 1.º, sempre que esses fundamentos resultem do direito aplicável em conformidade com o art. 21. O processo de exame de um fundamento de exclusão deste tipo será definido no Regulamento Processual.

•• A numeração deste artigo está de acordo com a publicação no *DOU*.

Artigo 32
Erro de Fato ou Erro de Direito

1. O erro de fato só excluirá a responsabilidade criminal se eliminar o dolo requerido pelo crime.

2. O erro de direito sobre se determinado tipo de conduta constitui crime da competência do Tribunal não será considerado fundamento de exclusão de responsabilidade criminal. No entanto, o erro de direito poderá ser considerado fundamento de exclusão de responsabilidade criminal se eliminar o dolo requerido pelo crime ou se decorrer do art. 33 do presente Estatuto.

Artigo 33
Decisão Hierárquica e Disposições Legais

1. Quem tiver cometido um crime da competência do Tribunal, em cumprimento de uma decisão emanada de um Governo ou de um superior hierárquico, quer seja militar ou civil, não será isento de responsabilidade criminal, a menos que:

a) Estivesse obrigado por lei a obedecer a decisões emanadas do Governo ou superior hierárquico em questão;

b) Não tivesse conhecimento de que a decisão era ilegal; e

c) A decisão não fosse manifestamente ilegal.

2. Para os efeitos do presente artigo, qualquer decisão de cometer genocídio ou crimes contra a humanidade será considerada como manifestamente ilegal.

Capítulo IV
COMPOSIÇÃO E ADMINISTRAÇÃO DO TRIBUNAL

Artigo 34
Órgãos do Tribunal

O Tribunal será composto pelos seguintes órgãos:

a) A Presidência;
b) Uma Seção de Recursos, uma Seção de Julgamento em Primeira Instância e uma Seção de Instrução;
c) O Gabinete do Procurador;
d) A Secretaria.

Artigo 35
Exercício das Funções de Juiz

1. Os juízes serão eleitos membros do Tribunal para exercer funções em regime de exclusividade e deverão estar disponíveis para desempenhar o respectivo cargo desde o início do seu mandato.
2. Os juízes que comporão a Presidência desempenharão as suas funções em regime de exclusividade desde a sua eleição.
3. A Presidência poderá, em função do volume de trabalho do Tribunal, e após consulta dos seus membros, decidir periodicamente em que medida é que será necessário que os restantes juízes desempenhem as suas funções em regime de exclusividade. Estas decisões não prejudicarão o disposto no art. 40.
4. Os ajustes de ordem financeira relativos aos juízes que não tenham de exercer os respectivos cargos em regime de exclusividade serão adotadas em conformidade com o disposto no art. 49.

Artigo 36
Qualificações, Candidatura e Eleição dos Juízes

1. Sob reserva do disposto no parágrafo 2.º, o Tribunal será composto por 18 juízes.
2. a) A Presidência, agindo em nome do Tribunal, poderá propor o aumento do número de juízes referido no parágrafo 1.º fundamentando as razões pelas quais considera necessária e apropriada tal medida. O Secretário comunicará imediatamente a proposta a todos os Estados-Partes;
b) A proposta será seguidamente apreciada em sessão da Assembleia dos Estados-Partes convocada nos termos do art. 112 e deverá ser considerada adotada se for aprovada na sessão por maioria de dois terços dos membros da Assembleia dos Estados-Partes; a proposta entrará em vigor na data fixada pela Assembleia dos Estados-Partes;
c) i) Logo que seja aprovada a proposta de aumento do número de juízes, de acordo com o disposto na alínea b, a eleição dos juízes adicionais terá lugar no período seguinte de sessões da Assembleia dos Estados-Partes, nos termos dos parágrafos 3.º a 8.º do presente artigo e do parágrafo 2.º do art. 37;
ii) Após a aprovação e a entrada em vigor de uma proposta de aumento do número de juízes, de acordo com o disposto nas alíneas b e c i, a Presidência poderá, a qualquer momento, se o volume de trabalho do Tribunal assim o justificar, propor que o número de juízes seja reduzido, mas nunca para um número inferior ao fixado no parágrafo 1.º. A proposta será apreciada de acordo com o procedimento definido nas alíneas a e b. Caso a proposta seja aprovada, o número de juízes será progressivamente reduzido, à medida que expirem os mandatos e até que se alcance o número previsto.
3. a) Os juízes serão eleitos dentre pessoas de elevada idoneidade moral, imparcialidade e integridade, que reúnam os requisitos para o exercício das mais altas funções judiciais nos seus respectivos países;
b) Os candidatos a juízes deverão possuir:
i) Reconhecida competência em direito penal e direito processual penal e a necessária experiência em processos penais na qualidade de juiz, procurador, advogado ou outra função semelhante; ou
ii) Reconhecida competência em matérias relevantes de direito internacional, tais como o direito internacional humanitário e os direitos humanos, assim como vasta experiência em profissões jurídicas com relevância para a função judicial do Tribunal;
c) Os candidatos a juízes deverão possuir um excelente conhecimento e serem fluentes em, pelo menos, uma das línguas de trabalho do Tribunal.
4. a) Qualquer Estado-Parte no presente Estatuto poderá propor candidatos às eleições para juiz do Tribunal mediante:
i) O procedimento previsto para propor candidatos aos mais altos cargos judiciais do país; ou
ii) O procedimento previsto no Estatuto da Corte Internacional de Justiça para propor candidatos a esse Tribunal.
As propostas de candidatura deverão ser acompanhadas de uma exposição detalhada comprovativa de que o candidato possui os requisitos enunciados no parágrafo 3.º;
b) Qualquer Estado-Parte poderá apresentar uma candidatura de uma pessoa que não tenha necessa-

riamente a sua nacionalidade, mas que seja nacional de um Estado-Parte;

c) A Assembleia dos Estados-Partes poderá decidir constituir, se apropriado, uma Comissão consultiva para o exame das candidaturas, neste caso, a Assembleia dos Estados-Partes determinará a composição e o mandato da Comissão.

5. Para efeitos da eleição, serão estabelecidas duas listas de candidatos:

A lista A, com os nomes dos candidatos que reúnam os requisitos enunciados na alínea b i do parágrafo 3.º; e

A lista B, com os nomes dos candidatos que reúnam os requisitos enunciados na alínea b ii do parágrafo 3.º.

O candidato que reúna os requisitos constantes de ambas as listas, poderá escolher em qual delas deseja figurar. Na primeira eleição de membros do Tribunal, pelo menos nove juízes serão eleitos entre os candidatos da lista A e pelo menos cinco entre os candidatos da lista B. As eleições subsequentes serão organizadas por forma a que se mantenha no Tribunal uma proporção equivalente de juízes de ambas as listas.

6. a) Os juízes serão eleitos por escrutínio secreto, em sessão da Assembleia dos Estados-Partes convocada para esse efeito, nos termos do art. 112. Sob reserva do disposto no parágrafo 7.º, serão eleitos os 18 candidatos que obtenham o maior número de votos e uma maioria de dois terços dos Estados-Partes presentes e votantes;

b) No caso em que da primeira votação não resulte eleito um número suficiente de juízes, proceder-se-á a nova votação, de acordo com os procedimentos estabelecidos na alínea a, até provimento dos lugares restantes.

7. O Tribunal não poderá ter mais de um juiz nacional do mesmo Estado. Para este efeito, a pessoa que for considerada nacional de mais de um Estado será considerada nacional do Estado onde exerce habitualmente os seus direitos civis e políticos.

8. a) Na seleção dos juízes, os Estados-Partes ponderarão sobre a necessidade de assegurar que a composição do Tribunal inclua:

i) A representação dos principais sistemas jurídicos do mundo;

ii) Uma representação geográfica equitativa; e

iii) Uma representação justa de juízes do sexo feminino e do sexo masculino;

b) Os Estados-Partes levarão igualmente em consideração a necessidade de assegurar a presença de juízes especializados em determinadas matérias incluindo, entre outras, a violência contra mulheres ou crianças.

9. a) Salvo o disposto na alínea b, os juízes serão eleitos por um mandato de nove anos e não poderão ser reeleitos, salvo o disposto na alínea c e no parágrafo 2.º do art. 37;

b) Na primeira eleição, um terço dos juízes eleitos será selecionado por sorteio para exercer um mandato de três anos; outro terço será selecionado, também por sorteio, para exercer um mandato de seis anos; e os restantes exercerão um mandato de nove anos;

c) Um juiz selecionado para exercer um mandato de três anos, em conformidade com a alínea b, poderá ser reeleito para um mandato completo.

10. Não obstante o disposto no parágrafo 9.º, um juiz afeto a um Juízo de Julgamento em Primeira Instância ou de Recurso, em conformidade com o art. 39, permanecerá em funções até à conclusão do julgamento ou do recurso dos casos que tiver a seu cargo.

Artigo 37
Vagas

1. Caso ocorra uma vaga, realizar-se-á uma eleição para o seu provimento, de acordo com o art. 36.

2. O juiz eleito para prover uma vaga, concluirá o mandato do seu antecessor e, se esse período for igual ou inferior a três anos, poderá ser reeleito para um mandato completo, nos termos do art. 36.

Artigo 38
A Presidência

1. O Presidente, o Primeiro Vice-Presidente e o Segundo Vice-Presidente serão eleitos por maioria absoluta dos juízes. Cada um desempenhará o respectivo cargo por um período de três anos ou até ao termo do seu mandato como juiz, conforme o que expirar em primeiro lugar. Poderão ser reeleitos uma única vez.

2. O Primeiro Vice-Presidente substituirá o Presidente em caso de impossibilidade ou recusa deste. O Segundo Vice-Presidente substituirá o Presidente em caso de impedimento ou recusa deste ou do Primeiro Vice-Presidente.

3. O Presidente, o Primeiro Vice-Presidente e o Segundo Vice-Presidente constituirão a Presidência, que ficará encarregada:

a) Da adequada administração do Tribunal, com exceção do Gabinete do Procurador; e

b) Das restantes funções que lhe forem conferidas de acordo com o presente Estatuto.

4. Embora eximindo-se da sua responsabilidade nos termos do parágrafo 3.º *a*, a Presidência atuará em coordenação com o Gabinete do Procurador e deverá obter a aprovação deste em todos os assuntos de interesse comum.

Artigo 39
Juízes

1. Após a eleição dos juízes e logo que possível, o Tribunal deverá organizar-se nas seções referidas no art. 34, *b*. A Seção de Recursos será composta pelo Presidente e quatro juízes, a Seção de Julgamento em Primeira Instância por, pelo menos, seis juízes e a Seção de Instrução por, pelo menos, seis juízes. Os juízes serão adstritos às Seções de acordo com a natureza das funções que corresponderem a cada um e com as respectivas qualificações e experiência, por forma a que cada Seção disponha de um conjunto adequado de especialistas em direito penal e processual penal e em direito internacional. A Seção de Julgamento em Primeira Instância e a Seção de Instrução serão predominantemente compostas por juízes com experiência em processo penal.

2. *a)* As funções judiciais do Tribunal serão desempenhadas em cada Seção pelos juízos.

b) i) O Juízo de Recursos será composto por todos os juízes da Seção de Recursos;

ii) As funções do Juízo de Julgamento em Primeira Instância serão desempenhadas por três juízes da Seção de Julgamento em Primeira Instância;

iii) As funções do Juízo de Instrução serão desempenhadas por três juízes da Seção de Instrução ou por um só juiz da referida Seção, em conformidade com o presente Estatuto e com o Regulamento Processual;

c) Nada no presente número obstará a que se constituam simultaneamente mais de um Juízo de Julgamento em Primeira Instância ou Juízo de Instrução, sempre que a gestão eficiente do trabalho do Tribunal assim o exigir.

3. *a)* Os juízes adstritos às Seções de Julgamento em Primeira Instância e de Instrução desempenharão o cargo nessas Seções por um período de três anos ou, decorrido esse período, até à conclusão dos casos que lhes tenham sido cometidos pela respectiva Seção;

b) Os juízes adstritos à Seção de Recursos desempenharão o cargo nessa Seção durante todo o seu mandato.

4. Os juízes adstritos à Seção de Recursos desempenharão o cargo unicamente nessa Seção. Nada no presente artigo obstará a que sejam adstritos temporariamente juízes da Seção de Julgamento em Primeira Instância à Seção de Instrução, ou inversamente, se a Presidência entender que a gestão eficiente do trabalho do Tribunal assim o exige; porém, o juiz que tenha participado na fase instrutória não poderá, em caso algum, fazer parte do Juízo de Julgamento em Primeira Instância encarregado do caso.

Artigo 40
Independência dos Juízes

1. Os juízes serão independentes no desempenho das suas funções.

2. Os juízes não desenvolverão qualquer atividade que possa ser incompatível com o exercício das suas funções judiciais ou prejudicar a confiança na sua independência.

3. Os juízes que devam desempenhar os seus cargos em regime de exclusividade na sede do Tribunal não poderão ter qualquer outra ocupação de natureza profissional.

4. As questões relativas à aplicação dos parágrafos 2.º e 3.º serão decididas por maioria absoluta dos juízes. Nenhum juiz participará na decisão de uma questão que lhe diga respeito.

Artigo 41
Impedimento e Desqualificação de Juízes

1. A Presidência poderá, a pedido de um juiz, declarar seu impedimento para o exercício de alguma das funções que lhe confere o presente Estatuto, em conformidade com o Regulamento Processual.

2. *a)* Nenhum juiz pode participar num caso em que, por qualquer motivo, seja posta em dúvida a sua imparcialidade. Será desqualificado, em conformidade com o disposto neste número, entre outras razões, se tiver intervindo anteriormente, a qualquer título, em um caso submetido ao Tribunal ou em um procedimento criminal conexo em nível nacional que envolva a pessoa objeto de inquérito ou procedimento criminal. Pode ser igualmente desqualificado por qualquer outro dos motivos definidos no Regulamento Processual;

b) O Procurador ou a pessoa objeto de inquérito ou procedimento criminal poderá solicitar a desqualificação de um juiz em virtude do disposto no presente número;

c) As questões relativas à desqualificação de juízes serão decididas por maioria absoluta dos juízes. O juiz cuja desqualificação for solicitada, poderá pronunciar-se sobre a questão, mas não poderá tomar parte na decisão.

Artigo 42
O Gabinete do Procurador

1. O Gabinete do Procurador atuará de forma independente, enquanto órgão autônomo do Tribunal. Competir-lhe-á recolher comunicações e qualquer outro tipo de informação, devidamente fundamentada, sobre crimes da competência do Tribunal, a fim de os examinar e investigar e de exercer a ação penal junto ao Tribunal. Os membros do Gabinete do Procurador não solicitarão nem cumprirão ordens de fontes externas ao Tribunal.

2. O Gabinete do Procurador será presidido pelo Procurador, que terá plena autoridade para dirigir e administrar o Gabinete do Procurador, incluindo o pessoal, as instalações e outros recursos. O Procurador será coadjuvado por um ou mais Procuradores-Adjuntos, que poderão desempenhar qualquer uma das funções que incumbam àquele, em conformidade com o disposto no presente Estatuto. O Procurador e os Procuradores-Adjuntos terão nacionalidades diferentes e desempenharão o respectivo cargo em regime de exclusividade.

3. O Procurador e os Procuradores-Adjuntos deverão ter elevada idoneidade moral, elevado nível de competência e vasta experiência prática em matéria de processo penal. Deverão possuir um excelente conhecimento e serem fluentes em, pelo menos, uma das línguas de trabalho do Tribunal.

4. O Procurador será eleito por escrutínio secreto e por maioria absoluta de votos dos membros da Assembleia dos Estados-Partes. Os Procuradores-Adjuntos serão eleitos da mesma forma, de entre uma lista de candidatos apresentada pelo Procurador. O Procurador proporá três candidatos para cada cargo de Procurador-Adjunto a prover. A menos que, ao tempo da eleição, seja fixado um período mais curto, o Procurador e os Procuradores-Adjuntos exercerão os respectivos cargos por um período de nove anos e não poderão ser reeleitos.

5. O Procurador e os Procuradores-Adjuntos não deverão desenvolver qualquer atividade que possa interferir com o exercício das suas funções ou afetar a confiança na sua independência e não poderão desempenhar qualquer outra função de caráter profissional.

6. A Presidência poderá, a pedido do Procurador ou de um Procurador-Adjunto, escusá-lo de intervir num determinado caso.

7. O Procurador e os Procuradores-Adjuntos não poderão participar em qualquer processo em que, por qualquer motivo, a sua imparcialidade possa ser posta em causa. Serão recusados, em conformidade com o disposto no presente número, entre outras razões, se tiverem intervindo anteriormente, a qualquer título, num caso submetido ao Tribunal ou num procedimento crime conexo em nível nacional, que envolva a pessoa objeto de inquérito ou procedimento criminal.

8. As questões relativas à recusa do Procurador ou de um Procurador-Adjunto serão decididas pelo Juízo de Recursos.

a) A pessoa objeto de inquérito ou procedimento criminal poderá solicitar, a todo o momento, a recusa do Procurador ou de um Procurador-Adjunto, pelos motivos previstos no presente artigo;

b) O Procurador ou o Procurador-Adjunto, segundo o caso, poderão pronunciar-se sobre a questão.

9. O Procurador nomeará assessores jurídicos especializados em determinadas áreas incluindo, entre outras, as da violência sexual ou violência por motivos relacionados com a pertença a um determinado gênero e da violência contra as crianças.

Artigo 43
A Secretaria

1. A Secretaria será responsável pelos aspectos não judiciais da administração e do funcionamento do Tribunal, sem prejuízo das funções e atribuições do Procurador definidas no art. 42.

2. A Secretaria será dirigida pelo Secretário, principal responsável administrativo do Tribunal. O Secretário exercerá as suas funções na dependência do Presidente do Tribunal.

3. O Secretário e o Secretário-Adjunto deverão ser pessoas de elevada idoneidade moral e possuir um elevado nível de competência e um excelente conhecimento e domínio de, pelo menos, uma das línguas de trabalho do Tribunal.

4. Os juízes elegerão o Secretário em escrutínio secreto, por maioria absoluta, tendo em consideração as recomendações da Assembleia dos Estados-Partes. Se necessário, elegerão um Secretário-Adjunto, por recomendação do Secretário e pela mesma forma.

5. O Secretário será eleito por um período de cinco anos para exercer funções em regime de exclusividade e só poderá ser reeleito uma vez. O Secretário-Adjunto será eleito por um período de cinco anos, ou por um período mais curto se assim o decidirem os juízes por deliberação tomada por maioria absoluta, e exercerá as suas funções de acordo com as exigências de serviço.

6. O Secretário criará, no âmbito da Secretaria, uma Unidade de Apoio às Vítimas e Testemunhas. Esta Unidade, em conjunto com o Gabinete do Procurador, adotará medidas de proteção e dispositivos de segurança e prestará assessoria e outro tipo de assistência às testemunhas e vítimas que compareçam perante o Tribunal e a outras pessoas ameaçadas em virtude do testemunho prestado por aquelas. A Unidade incluirá pessoal especializado para atender as vítimas de traumas, nomeadamente os relacionados com crimes de violência sexual.

Artigo 44
O Pessoal

1. O Procurador e o Secretário nomearão o pessoal qualificado necessário aos respectivos serviços, nomeadamente, no caso do Procurador, o pessoal encarregado de efetuar diligências no âmbito do inquérito.

2. No tocante ao recrutamento de pessoal, o Procurador e o Secretário assegurarão os mais altos padrões de eficiência, competência e integridade, tendo em consideração, *mutatis mutandis*, os critérios estabelecidos no parágrafo 8.º do art. 36.

3. O Secretário, com o acordo da Presidência e do Procurador, proporá o Estatuto do Pessoal, que fixará as condições de nomeação, remuneração e cessação de funções do pessoal do Tribunal. O Estatuto do Pessoal será aprovado pela Assembleia dos Estados-Partes.

4. O Tribunal poderá, em circunstâncias excepcionais, recorrer aos serviços de pessoal colocado à sua disposição, a título gratuito, pelos Estados-Partes, organizações intergovernamentais e organizações não governamentais, com vista a colaborar com qualquer um dos órgãos do Tribunal. O Procurador poderá anuir a tal eventualidade em nome do Gabinete do Procurador. A utilização do pessoal disponibilizado a título gratuito ficará sujeita às diretivas estabelecidas pela Assembleia dos Estados-Partes.

Artigo 45
Compromisso Solene

Antes de assumir as funções previstas no presente Estatuto, os juízes, o Procurador, os Procuradores-Adjuntos, o Secretário e o Secretário-Adjunto declararão solenemente, em sessão pública, que exercerão as suas funções imparcial e conscienciosamente.

Artigo 46
Cessação de Funções

1. Um Juiz, o Procurador, um Procurador-Adjunto, o Secretário ou o Secretário-Adjunto cessará as respectivas funções, por decisão adotada de acordo com o disposto no parágrafo 2.º, nos casos em que:

a) Se conclua que a pessoa em causa incorreu em falta grave ou incumprimento grave das funções conferidas pelo presente Estatuto, de acordo com o previsto no Regulamento Processual; ou

b) A pessoa em causa se encontre impossibilitada de desempenhar as funções definidas no presente Estatuto.

2. A decisão relativa à cessação de funções de um juiz, do Procurador ou de um Procurador-Adjunto, de acordo com o parágrafo 1.º, será adotada pela Assembleia dos Estados-Partes em escrutínio secreto:

a) No caso de um juiz, por maioria de dois terços dos Estados-Partes, com base em recomendação adotada por maioria de dois terços dos restantes juízes;

b) No caso do Procurador, por maioria absoluta dos Estados-Partes;
c) No caso de um Procurador-Adjunto, por maioria absoluta dos Estados-Partes, com base na recomendação do Procurador.
3. A decisão relativa à cessação de funções do Secretário ou do Secretário-Adjunto, será adotada por maioria absoluta de votos dos juízes.
4. Os juízes, o Procurador, os Procuradores-Adjuntos, o Secretário ou o Secretário-Adjunto, cuja conduta ou idoneidade para o exercício das funções inerentes ao cargo em conformidade com o presente Estatuto tiver sido contestada ao abrigo do presente artigo, terão plena possibilidade de apresentar e obter meios de prova e produzir alegações de acordo com o Regulamento Processual; não poderão, no entanto, participar, de qualquer outra forma, na apreciação do caso.

Artigo 47
Medidas Disciplinares

Os juízes, o Procurador, os Procuradores-Adjuntos, o Secretário ou o Secretário-Adjunto que tiverem cometido uma falta menos grave que a prevista no parágrafo 1.º do art. 46 incorrerão em responsabilidade disciplinar nos termos do Regulamento Processual.

Artigo 48
Privilégios e Imunidades

1. O Tribunal gozará, no território dos Estados-Partes, dos privilégios e imunidades que se mostrem necessários ao cumprimento das suas funções.
2. Os juízes, o Procurador, os Procuradores-Adjuntos e o Secretário gozarão, no exercício das suas funções ou em relação a estas, dos mesmos privilégios e imunidades reconhecidos aos chefes das missões diplomáticas, continuando a usufruir de absoluta imunidade judicial relativamente às suas declarações, orais ou escritas, e aos atos que pratiquem no desempenho de funções oficiais após o termo do respectivo mandato.
3. O Secretário-Adjunto, o pessoal do Gabinete do Procurador e o pessoal da Secretaria gozarão dos mesmos privilégios e imunidades e das facilidades necessárias ao cumprimento das respectivas funções, nos termos do acordo sobre os privilégios e imunidades do Tribunal.

4. Os advogados, peritos, testemunhas e outras pessoas, cuja presença seja requerida na sede do Tribunal, beneficiarão do tratamento que se mostre necessário ao funcionamento adequado deste, nos termos do acordo sobre os privilégios e imunidades do Tribunal.
5. Os privilégios e imunidades poderão ser levantados:
a) No caso de um juiz ou do Procurador, por decisão adotada por maioria absoluta dos juízes;
b) No caso do Secretário, pela Presidência;
c) No caso dos Procuradores-Adjuntos e do pessoal do Gabinete do Procurador, pelo Procurador;
d) No caso do Secretário-Adjunto e do pessoal da Secretaria, pelo Secretário.

Artigo 49
Vencimentos, Subsídios e Despesas

Os juízes, o Procurador, os Procuradores-Adjuntos, o Secretário e o Secretário-Adjunto auferirão os vencimentos e terão direito aos subsídios e ao reembolso de despesas que forem estabelecidos em Assembleia dos Estados-Partes. Estes vencimentos e subsídios não serão reduzidos no decurso do mandato.

Artigo 50
Línguas Oficiais e Línguas de Trabalho

1. As línguas árabe, chinesa, espanhola, francesa, inglesa e russa serão as línguas oficiais do Tribunal. As sentenças proferidas pelo Tribunal, bem como outras decisões sobre questões fundamentais submetidas ao Tribunal, serão publicadas nas línguas oficiais. A Presidência, de acordo com os critérios definidos no Regulamento Processual, determinará quais as decisões que poderão ser consideradas como decisões sobre questões fundamentais, para os efeitos do presente parágrafo.
2. As línguas francesa e inglesa serão as línguas de trabalho do Tribunal. O Regulamento Processual definirá os casos em que outras línguas oficiais poderão ser usadas como línguas de trabalho.
3. A pedido de qualquer Parte ou qualquer Estado que tenha sido admitido a intervir num processo, o Tribunal autorizará o uso de uma língua que não seja a francesa ou a inglesa, sempre que considere que ta. autorização se justifica.

Artigo 51
Regulamento Processual

1. O Regulamento Processual entrará em vigor mediante a sua aprovação por uma maioria de dois terços dos votos dos membros da Assembleia dos Estados-Partes.

2. Poderão propor alterações ao Regulamento Processual:

a) Qualquer Estado-Parte;

b) Os juízes, por maioria absoluta; ou

c) O Procurador.

Estas alterações entrarão em vigor mediante a aprovação por uma maioria de dois terços dos votos dos membros da Assembleia dos Estados-Partes.

3. Após a aprovação do Regulamento Processual, em casos urgentes em que a situação concreta suscitada em Tribunal não se encontre prevista no Regulamento Processual, os juízes poderão, por maioria de dois terços, estabelecer normas provisórias a serem aplicadas até que a Assembleia dos Estados-Partes as aprove, altere ou rejeite na sessão ordinária ou extraordinária seguinte.

4. O Regulamento Processual, e respectivas alterações, bem como quaisquer normas provisórias, deverão estar em consonância com o presente Estatuto. As alterações ao Regulamento Processual, assim como as normas provisórias aprovadas em conformidade com o parágrafo 3.º, não serão aplicadas com caráter retroativo em detrimento de qualquer pessoa que seja objeto de inquérito ou de procedimento criminal, ou que tenha sido condenada.

5. Em caso de conflito entre as disposições do Estatuto e as do Regulamento Processual, o Estatuto prevalecerá.

Artigo 52
Regimento do Tribunal

1. De acordo com o presente Estatuto e com o Regulamento Processual, os juízes aprovarão, por maioria absoluta, o Regimento necessário ao normal funcionamento do Tribunal.

2. O Procurador e o Secretário serão consultados sobre a elaboração do Regimento ou sobre qualquer alteração que lhe seja introduzida.

3. O Regimento do Tribunal e qualquer alteração posterior entrarão em vigor mediante a sua aprovação, salvo decisão em contrário dos juízes. Imediatamente após a adoção, serão circulados pelos Estados-Partes para observações e continuarão em vigor se, dentro de seis meses, não forem formuladas objeções pela maioria dos Estados-Partes.

Capítulo V
INQUÉRITO E PROCEDIMENTO CRIMINAL

Artigo 53
Abertura do Inquérito

1. O Procurador, após examinar a informação de que dispõe, abrirá um inquérito, a menos que considere que, nos termos do presente Estatuto, não existe fundamento razoável para proceder ao mesmo. Na sua decisão, o Procurador terá em conta se:

a) A informação de que dispõe constitui fundamento razoável para crer que foi, ou está sendo, cometido um crime da competência do Tribunal;

b) O caso é ou seria admissível nos termos do art. 17; e

c) Tendo em consideração a gravidade do crime e os interesses das vítimas, não existirão, contudo, razões substanciais para crer que o inquérito não serve os interesses da justiça.

Se decidir que não há motivo razoável para abrir um inquérito e se esta decisão se basear unicamente no disposto na alínea c, o Procurador informará o Juízo de Instrução.

2. Se, concluído o inquérito, o Procurador chegar à conclusão de que não há fundamento suficiente para proceder criminalmente, na medida em que:

a) Não existam elementos suficientes, de fato ou de direito, para requerer a emissão de um mandado de detenção ou notificação para comparência, de acordo com o artigo 58;

b) O caso seja inadmissível, de acordo com o art. 17; ou

c) O procedimento não serviria o interesse da justiça, consideradas todas as circunstâncias, tais como a gravidade do crime, os interesses das vítimas e a idade ou o estado de saúde do presumível autor e o grau de participação no alegado crime, comunicará a sua decisão, devidamente fundamentada, ao Juízo de Instrução e ao Estado que lhe submeteu o caso, de acordo com o artigo 14, ou ao Conselho de Segurança, se se tratar de um caso previsto no parágrafo b do art. 13.

3. a) A pedido do Estado que tiver submetido o caso, nos termos do artigo 14, ou do Conselho de Segurança, nos termos do parágrafo b do artigo 13, o Juízo de Instrução poderá examinar a decisão do Procurador de não proceder criminalmente em conformidade com os parágrafos 1.º ou 2.º e solicitar-lhe que reconsidere essa decisão;

b) Além disso, o Juízo de Instrução poderá, oficiosamente, examinar a decisão do Procurador de não proceder criminalmente, se essa decisão se basear unicamente no disposto no parágrafo 1.º, c, e no parágrafo 2.º, c. Nesse caso, a decisão do Procurador só produzirá efeitos se confirmada pelo Juízo de Instrução.

4. O Procurador poderá, a todo o momento, reconsiderar a sua decisão de abrir um inquérito ou proceder criminalmente, com base em novos fatos ou novas informações.

Artigo 54
Funções e Poderes do Procurador em Matéria de Inquérito

1. O Procurador deverá:

a) A fim de estabelecer a verdade dos fatos, alargar o inquérito a todos os fatos e provas pertinentes para a determinação da responsabilidade criminal, em conformidade com o presente Estatuto e, para esse efeito, investigar, de igual modo, as circunstâncias que interessam quer à acusação, quer à defesa;

b) Adotar as medidas adequadas para assegurar a eficácia do inquérito e do procedimento criminal relativamente aos crimes da jurisdição do Tribunal e, na sua atuação, o Procurador terá em conta os interesses e a situação pessoal das vítimas e testemunhas, incluindo a idade, o gênero tal como definido no parágrafo 3.º do art. 7.º, e o estado de saúde; terá igualmente em conta a natureza do crime, em particular quando envolva violência sexual, violência por motivos relacionados com a pertença a um determinado gênero e violência contra as crianças; e

c) Respeitar plenamente os direitos conferidos às pessoas pelo presente Estatuto.

2. O Procurador poderá realizar investigações no âmbito de um inquérito no território de um Estado:

a) De acordo com o disposto na Parte IX; ou

b) Mediante autorização do Juízo de Instrução, dada nos termos do parágrafo 3.º, d, do art. 57.

3. O Procurador poderá:

a) Reunir e examinar provas;

b) Convocar e interrogar pessoas objeto de inquérito e convocar e tomar o depoimento de vítimas e testemunhas;

c) Procurar obter a cooperação de qualquer Estado ou organização intergovernamental ou instrumento intergovernamental, de acordo com a respectiva competência e/ou mandato;

d) Celebrar acordos ou convênios compatíveis com o presente Estatuto, que se mostrem necessários para facilitar a cooperação de um Estado, de uma organização intergovernamental ou de uma pessoa;

e) Concordar em não divulgar, em qualquer fase do processo, documentos ou informação que tiver obtido, com a condição de preservar o seu caráter confidencial e com o objetivo único de obter novas provas, a menos que quem tiver facilitado a informação consinta na sua divulgação; e

f) Adotar ou requerer que se adotem as medidas necessárias para assegurar o caráter confidencial da informação, a proteção de pessoas ou a preservação da prova.

Artigo 55
Direitos das Pessoas no Decurso do Inquérito

1. No decurso de um inquérito aberto nos termos do presente Estatuto:

a) Nenhuma pessoa poderá ser obrigada a depor contra si própria ou a declarar-se culpada;

b) Nenhuma pessoa poderá ser submetida a qualquer forma de coação, intimidação ou ameaça, tortura ou outras formas de penas ou tratamentos cruéis, desumanos ou degradantes; e

c) Qualquer pessoa que for interrogada numa língua que não compreenda ou não fale fluentemente, será assistida, gratuitamente, por um intérprete competente e disporá das traduções que são necessárias às exigências de equidade;

d) Nenhuma pessoa poderá ser presa ou detida arbitrariamente, nem ser privada da sua liberdade, salvo pelos motivos previstos no presente Estatuto e em conformidade com os procedimentos nele estabelecidos.

2. Sempre que existam motivos para crer que uma pessoa cometeu um crime da competência do Tribunal e que deve ser interrogada pelo Procurador ou pelas autoridades nacionais, em virtude de um pedido feito em conformidade com o disposto na Parte IX do presente Estatuto, essa pessoa será informada, antes do interrogatório, de que goza ainda dos seguintes direitos:

a) A ser informada antes de ser interrogada de que existem indícios de que cometeu um crime da competência do Tribunal;

b) A guardar silêncio, sem que tal seja tido em consideração para efeitos de determinação da sua culpa ou inocência;

c) A ser assistida por um advogado da sua escolha ou, se não o tiver, a solicitar que lhe seja designado um defensor dativo, em todas as situações em que o interesse da justiça assim o exija e sem qualquer encargo se não possuir meios suficientes para lhe pagar; e

d) A ser interrogada na presença do seu advogado, a menos que tenha renunciado voluntariamente ao direito de ser assistida por um advogado.

Artigo 56
Intervenção do Juízo de Instrução em Caso de Oportunidade Única de Proceder a um Inquérito

1. *a)* Sempre que considere que um inquérito oferece uma oportunidade única de recolher depoimentos ou declarações de uma testemunha ou de examinar, reunir ou verificar provas, o Procurador comunicará esse fato ao Juízo de Instrução;

b) Nesse caso, o Juízo de Instrução, a pedido do Procurador, poderá adotar as medidas que entender necessárias para assegurar a eficácia e a integridade do processo e, em particular, para proteger os direitos de defesa;

c) Salvo decisão em contrário do Juízo de Instrução, o Procurador transmitirá a informação relevante à pessoa que tenha sido detida, ou que tenha comparecido na sequência de notificação emitida no âmbito do inquérito a que se refere a alínea a, para que possa ser ouvida sobre a matéria em causa.

2. As medidas a que se faz referência na alínea *b* do parágrafo 1.º poderão consistir em:

a) Fazer recomendações ou proferir despachos sobre o procedimento a seguir;

b) Ordenar que seja lavrado o processo;

c) Nomear um perito;

d) Autorizar o advogado de defesa do detido, ou de quem tiver comparecido no Tribunal na sequência de notificação, a participar no processo ou, no caso dessa detenção ou comparecimento não se ter ainda verificado ou não tiver ainda sido designado advogado, a nomear outro defensor que se encarregará dos interesses da defesa e os representará;

e) Encarregar um dos seus membros ou, se necessário, outro juiz disponível da Seção de Instrução ou da Seção de Julgamento em Primeira Instância, de formular recomendações ou proferir despachos sobre o recolhimento e a preservação de meios de prova e a inquirição de pessoas;

f) Adotar todas as medidas necessárias para reunir ou preservar meios de prova.

3. *a)* Se o Procurador não tiver solicitado as medidas previstas no presente artigo mas o Juízo de Instrução considerar que tais medidas serão necessárias para preservar meios de prova que lhe pareçam essenciais para a defesa no julgamento, o Juízo consultará o Procurador a fim de saber se existem motivos poderosos para este não requerer as referidas medidas. Se, após consulta, o Juízo concluir que a omissão de requerimento de tais medidas é injustificada, poderá adotar essas medidas de ofício.

b) O Procurador poderá recorrer da decisão do Juízo de Instrução de ofício, nos termos do presente número. O recurso seguirá uma forma sumária.

4. A admissibilidade dos meios de prova preservados ou recolhidos para efeitos do processo ou o respectivo registro, em conformidade com o presente artigo, reger-se-ão, em julgamento, pelo disposto no artigo 69, e terão os valor que lhes for atribuído pelo Juízo de Julgamento em Primeira Instância.

Artigo 57
Funções e Poderes do Juízo de Instrução

1. Salvo disposição em contrário contida no presente Estatuto, o Juízo de Instrução exercerá as suas funções em conformidade com o presente artigo.

2. *a)* Para os despachos do Juízo de Instrução proferidos ao abrigo dos arts. 15, 18, 19, 54, parágrafo 2.º, 61, parágrafo 7.º, e 72, deve concorrer maioria de votos dos juízes que o compõem;

b) Em todos os outros casos, um único juiz do Juízo de Instrução poderá exercer as funções definidas no presente Estatuto, salvo disposição em contrário contida no Regulamento Processual ou decisão em contrário do Juízo de Instrução tomada por maioria de votos.

3. Independentemente das outras funções conferidas pelo presente Estatuto, o Juízo de Instrução poderá:

a) A pedido do Procurador, proferir os despachos e emitir os mandados que se revelem necessários para um inquérito;

b) A pedido de qualquer pessoa que tenha sido detida ou tenha comparecido na sequência de notificação expedida nos termos do art. 58, proferir despachos, incluindo medidas tais como as indicadas no art. 56, ou procurar obter, nos termos do disposto na Parte IX, a cooperação necessária para auxiliar essa pessoa a preparar a sua defesa;

c) Sempre que necessário, assegurar a proteção e o respeito pela privacidade de vítimas e testemunhas, a preservação da prova, a proteção de pessoas detidas ou que tenham comparecido na sequência de notificação para comparecimento, assim como a proteção de informação que afete a segurança nacional;

d) Autorizar o Procurador a adotar medidas específicas no âmbito de um inquérito, no território de um Estado-Parte sem ter obtido a cooperação deste nos termos do disposto na Parte IX, caso o Juízo de Instrução determine que, tendo em consideração, na medida do possível, a posição do referido Estado, este último não está manifestamente em condições de satisfazer um pedido de cooperação face à incapacidade de todas as autoridades ou órgãos do seu sistema judiciário com competência para dar seguimento a um pedido de cooperação formulado nos termos do disposto na Parte IX;

e) Quando tiver emitido um mandado de detenção ou uma notificação para comparecimento nos termos do artigo 58, e levando em consideração o valor das provas e os direitos das partes em questão, em conformidade com o disposto no presente Estatuto e no Regulamento Processual, procurar obter a cooperação dos Estados, nos termos do parágrafo 1.º, *k* do artigo 93, para adoção de medidas cautelares que visem à apreensão, em particular no interesse superior das vítimas.

Artigo 58
Mandado de Detenção e Notificação para Comparecimento do Juízo de Instrução

1. A todo o momento após a abertura do inquérito, o Juízo de Instrução poderá, a pedido do Procurador, emitir um mandado de detenção contra uma pessoa se, após examinar o pedido e as provas ou outras informações submetidas pelo Procurador, considerar que:

a) Existem motivos suficientes para crer que essa pessoa cometeu um crime da competência do Tribunal; e

b) A detenção dessa pessoa se mostra necessária para:

i) Garantir o seu comparecimento em tribunal;

ii) Garantir que não obstruirá, nem porá em perigo, o inquérito ou a ação do Tribunal; ou

iii) Se for o caso, impedir que a pessoa continue a cometer esse crime ou um crime conexo que seja da competência do Tribunal e tenha a sua origem nas mesmas circunstâncias.

2. Do requerimento do Procurador deverão constar os seguintes elementos:

a) O nome da pessoa em causa e qualquer outro elemento útil de identificação;

b) A referência precisa do crime da competência do Tribunal que a pessoa tenha presumivelmente cometido;

c) Uma descrição sucinta dos fatos que alegadamente constituem o crime;

d) Um resumo das provas e de qualquer outra informação que constitua motivo suficiente para crer que a pessoa cometeu o crime; e

e) Os motivos pelos quais o Procurador considere necessário proceder à detenção daquela pessoa.

3. Do mandado de detenção deverão constar os seguintes elementos:

a) O nome da pessoa em causa e qualquer outro elemento útil de identificação;

b) A referência precisa do crime da competência do Tribunal que justifique o pedido de detenção; e

c) Uma descrição sucinta dos fatos que alegadamente constituem o crime.

4. O mandado de detenção manter-se-á válido até decisão em contrário do Tribunal.

5. Com base no mandado de detenção, o Tribunal poderá solicitar a prisão preventiva ou a detenção e entrega da pessoa em conformidade com o disposto na Parte IX do presente Estatuto.

6. O Procurador poderá solicitar ao Juízo de Instrução que altere o mandado de detenção no sentido de requalificar os crimes aí indicados ou de adicionar outros. O Juízo de Instrução alterará o mandado de detenção se considerar que existem motivos suficientes para crer que a pessoa cometeu quer os crimes na forma que se indica nessa requalificação, quer os novos crimes.

7. O Procurador poderá solicitar ao Juízo de Instrução que, em vez de um mandado de detenção, emita uma notificação para comparecimento. Se o Juízo considerar que existem motivos suficientes para crer que a pessoa cometeu o crime que lhe é imputado e que uma notificação para comparecimento será suficiente para garantir a sua presença efetiva em tribunal, emitirá uma notificação para que a pessoa compareça, com ou sem a imposição de medidas restritivas de liberdade (distintas da detenção) se previstas no direito interno. Da notificação para comparecimento deverão constar os seguintes elementos:

a) O nome da pessoa em causa e qualquer outro elemento útil de identificação;
b) A data de comparecimento;
c) A referência precisa ao crime da competência do Tribunal que a pessoa alegadamente tenha cometido; e
d) Uma descrição sucinta dos fatos que alegadamente constituem o crime.

Esta notificação será diretamente feita à pessoa em causa.

Artigo 59
Procedimento de Detenção no Estado da Detenção

1. O Estado-Parte que receber um pedido de prisão preventiva ou de detenção e entrega, adotará imediatamente as medidas necessárias para proceder à detenção, em conformidade com o respectivo direito interno e com o disposto na Parte IX.

2. O detido será imediatamente levado à presença da autoridade judiciária competente do Estado da detenção que determinará se, de acordo com a legislação desse Estado:

a) O mandado de detenção é aplicável à pessoa em causa;
b) A detenção foi executada de acordo com a lei;
c) Os direitos do detido foram respeitados.

3. O detido terá direito a solicitar à autoridade competente do Estado da detenção autorização para aguardar a sua entrega em liberdade.

4. Ao decidir sobre o pedido, a autoridade competente do Estado da detenção determinará se, em face da gravidade dos crimes imputados, se verificam circunstâncias urgentes e excepcionais que justifiquem a liberdade provisória e se existem as garantias necessárias para que o Estado de detenção possa cumprir a sua obrigação de entregar a pessoa ao Tribunal. Essa autoridade não terá competência para examinar se o mandado de detenção foi regularmente emitido, nos termos das alíneas *a* e *b* do parágrafo 1.º do art. 58.

5. O pedido de liberdade provisória será notificado ao Juízo de Instrução, o qual fará recomendações à autoridade competente do Estado da detenção. Antes de tomar uma decisão, a autoridade competente do Estado da detenção terá em conta essas recomendações, incluindo as relativas a medidas adequadas para impedir a fuga da pessoa.

6. Se a liberdade provisória for concedida, o Juízo de Instrução poderá solicitar informações periódicas sobre a situação de liberdade provisória.

7. Uma vez que o Estado da detenção tenha ordenado a entrega, o detido será colocado, o mais rapidamente possível, à disposição do Tribunal.

Artigo 60
Início da Fase Instrutória

1. Logo que uma pessoa seja entregue ao Tribunal ou nele compareça voluntariamente em cumprimento de uma notificação para comparecimento, o Juízo de Instrução deverá assegurar-se de que essa pessoa foi informada dos crimes que lhe são imputados e dos direitos que o presente Estatuto lhe confere, incluindo o direito de solicitar autorização para aguardar o julgamento em liberdade.

2. A pessoa objeto de um mandado de detenção poderá solicitar autorização para aguardar julgamento em liberdade. Se o Juízo de Instrução considerar verificadas as condições enunciadas no parágrafo 1.º do artigo 58, a detenção será mantida. Caso contrário, a pessoa será posta em liberdade, com ou sem condições.

3. O Juízo de Instrução reexaminará periodicamente a sua decisão quanto à liberdade provisória ou à detenção, podendo fazê-lo a todo o momento, a pedido do Procurador ou do interessado. Ao tempo da revisão, o Juízo poderá modificar a sua decisão quanto à detenção, à liberdade provisória ou às condições desta, se considerar que a alteração das circunstâncias o justifica.

4. O Juízo de Instrução certificar-se-á de que a detenção não será prolongada por período não razoável devido a demora injustificada por parte do Procurador. Caso se produza a referida demora, o Tribunal considerará a possibilidade de pôr o interessado em liberdade, com ou sem condições.

5. Se necessário, o Juízo de Instrução poderá emitir um mandado de detenção para garantir o comparecimento de uma pessoa que tenha sido posta em liberdade.

Artigo 61
Apreciação da Acusação Antes
do Julgamento

1. Salvo o disposto no parágrafo 2.º, e em um prazo razoável após a entrega da pessoa ao Tribunal ou ao seu comparecimento voluntário perante este, o Juízo de Instrução realizará uma audiência para apreciar os fatos constantes da acusação com base nos quais o Procurador pretende requerer o julgamento. A audiência ocorrerá lugar na presença do Procurador e do acusado, assim como do defensor deste.

2. O Juízo de Instrução, de ofício ou a pedido do Procurador, poderá realizar a audiência na ausência do acusado, a fim de apreciar os fatos constantes da acusação com base nos quais o Procurador pretende requerer o julgamento, se o acusado:

a) Tiver renunciado ao seu direito a estar presente; ou

b) Tiver fugido ou não for possível encontrá-lo, tendo sido tomadas todas as medidas razoáveis para assegurar o seu comparecimento em Tribunal e para o informar dos fatos constantes da acusação e da realização de uma audiência para apreciação dos mesmos.

Neste caso, o acusado será representado por um defensor, se o Juízo de Instrução decidir que tal servirá os interesses da justiça.

3. Num prazo razoável antes da audiência, o acusado:

a) Receberá uma cópia do documento especificando os fatos constantes da acusação com base nos quais o Procurador pretende requerer o julgamento; e

b) Será informado das provas que o Procurador pretende apresentar em audiência.

O Juízo de Instrução poderá proferir despacho sobre a divulgação de informação para efeitos da audiência.

4. Antes da audiência, o Procurador poderá reabrir o inquérito e alterar ou retirar parte dos fatos constantes da acusação. O acusado será notificado de qualquer alteração ou retirada em tempo razoável, antes da realização da audiência. No caso de retirada de parte dos fatos constantes da acusação, o Procurador informará o Juízo de Instrução dos motivos da mesma.

5. Na audiência, o Procurador produzirá provas satisfatórias dos fatos constantes da acusação, nos quais baseou a sua convicção de que o acusado cometeu o crime que lhe é imputado. O Procurador poderá basear-se em provas documentais ou um resumo das provas, não sendo obrigado a chamar as testemunhas que irão depor no julgamento.

6. Na audiência, o acusado poderá:

a) Contestar as acusações;

b) Impugnar as provas apresentadas pelo Procurador; e

c) Apresentar provas.

7. Com base nos fatos apreciados durante a audiência, o Juízo de Instrução decidirá se existem provas suficientes de que o acusado cometeu os crimes que lhe são imputados. De acordo com essa decisão, o Juízo de Instrução:

a) Declarará procedente a acusação na parte relativamente à qual considerou terem sido reunidas provas suficientes e remeterá o acusado para o Juízo de Julgamento em Primeira Instância, a fim de aí ser julgado pelos fatos confirmados;

b) Não declarará procedente a acusação na parte relativamente à qual considerou não terem sido reunidas provas suficientes;

c) Adiará a audiência e solicitará ao Procurador que considere a possibilidade de:

i) Apresentar novas provas ou efetuar novo inquérito relativamente a um determinado fato constante da acusação; ou

ii) Modificar parte da acusação, se as provas reunidas parecerem indicar que um crime distinto, da competência do Tribunal, foi cometido.

8. A declaração de não procedência relativamente a parte de uma acusação, proferida pelo Juízo de Instrução, não obstará a que o Procurador solicite novamente a sua apreciação, na condição de apresentar provas adicionais.

9. Tendo os fatos constantes da acusação sido declarados procedentes, e antes do início do julgamento, o Procurador poderá, mediante autorização do Juízo de Instrução e notificação prévia do acusado, alterar alguns fatos constantes da acusação. Se o Procurador pretender acrescentar novos fatos ou substituí-los por outros de natureza mais grave, deverá, nos termos do presente artigo, requerer uma audiência para a respectiva apreciação. Após o início do julgamento, o Procurador poderá retirar a acusação, com autorização do Juízo de Instrução.

10. Qualquer mandado emitido deixará de ser válido relativamente aos fatos constantes da acusação que tenham sido declarados não procedentes pelo Juízo de Instrução ou que tenham sido retirados pelo Procurador.

11. Tendo a acusação sido declarada procedente nos termos do presente artigo, a Presidência designará um Juízo de Julgamento em Primeira Instância que, sob reserva do disposto no parágrafo 9.º do presente artigo e no parágrafo 4.º do art. 64, se encarregará da fase seguinte do processo e poderá exercer as funções do Juízo de Instrução que se mostrem pertinentes e apropriadas nessa fase do processo.

Capítulo VI
O JULGAMENTO

Artigo 62
Local do Julgamento

Salvo decisão em contrário, o julgamento terá lugar na sede do Tribunal.

Artigo 63
Presença do Acusado em Julgamento

1. O acusado estará presente durante o julgamento.

2. Se o acusado, presente em tribunal, perturbar persistentemente a audiência, o Juízo de Julgamento em Primeira Instância poderá ordenar a sua remoção da sala e providenciar para que acompanhe o processo e dê instruções ao seu defensor a partir do exterior da mesma, utilizando, se necessário, meios técnicos de comunicação. Estas medidas só serão adotadas em circunstâncias excepcionais e pelo período estritamente necessário, após se terem esgotado outras possibilidades razoáveis.

Artigo 64
Funções e Poderes do Juízo de Julgamento em Primeira Instância

1. As funções e poderes do Juízo de Julgamento em Primeira Instância, enunciadas no presente artigo, deverão ser exercidas em conformidade com o presente Estatuto e o Regulamento Processual.

2. O Juízo de Julgamento em Primeira Instância zelará para que o julgamento seja conduzido de maneira equitativa e célere, com total respeito dos direitos do acusado e tendo em devida conta a proteção das vítimas e testemunhas.

3. O Juízo de Julgamento em Primeira Instância a que seja submetido um caso nos termos do presente Estatuto:

a) Consultará as partes e adotará as medidas necessárias para que o processo se desenrole de maneira equitativa e célere;

b) Determinará qual a língua, ou quais as línguas, a utilizar no julgamento; e

c) Sob reserva de qualquer outra disposição pertinente do presente Estatuto, providenciará pela revelação de quaisquer documentos ou da informação que não tenha sido divulgada anteriormente, com suficiente antecedência relativamente ao início do julgamento, a fim de permitir a sua preparação adequada para o julgamento.

4. O Juízo de Julgamento em Primeira Instância poderá, se mostrar necessário para o seu funcionamento eficaz e imparcial, remeter questões preliminares ao Juízo de Instrução ou, se necessário, a um outro juiz disponível da Seção de Instrução.

5. Mediante notificação às partes, o Juízo de Julgamento em Primeira Instância poderá, conforme se lhe afigure mais adequado, ordenar que as acusações contra mais de um acusado sejam deduzidas conjunta ou separadamente.

6. No desempenho das suas funções, antes ou no decurso de um julgamento, o Juízo de Julgamento em Primeira Instância poderá, se necessário:

a) Exercer qualquer uma das funções do Juízo de Instrução consignadas no parágrafo 11 do art. 61;

b) Ordenar a comparência e a audição de testemunhas e a apresentação de documentos e outras provas, obtendo para tal, se necessário, o auxílio de outros Estados, conforme previsto no presente Estatuto;

c) Adotar medidas para a proteção da informação confidencial;

d) Ordenar a apresentação de provas adicionais às reunidas antes do julgamento ou às apresentadas no decurso do julgamento pelas partes;

e) Adotar medidas para a proteção do acusado, testemunhas e vítimas; e

f) Decidir sobre qualquer outra questão pertinente.

7. A audiência de julgamento será pública. No entanto, o Juízo de Julgamento em Primeira Instância poderá decidir que determinadas diligências se efetuem à porta fechada, em conformidade com os objetivos enunciados no art. 68 ou com vista a proteger informação de caráter confidencial ou restrita que venha a ser apresentada como prova.

8. *a)* No início da audiência de julgamento, o Juízo de Julgamento em Primeira Instância ordenará a leitura ao acusado, dos fatos constantes da acusação previamente confirmados pelo Juízo de Instrução. O Juízo de Julgamento em Primeira Instância deverá certificar-se de que o acusado compreende a natureza dos fatos que lhe são imputados e dar-lhe a oportunidade de os confessar, de acordo com o disposto no art. 65, ou de se declarar inocente;

b) Durante o julgamento, o juiz presidente poderá dar instruções sobre a condução da audiência, nomeadamente para assegurar que esta se desenrole de maneira equitativa e imparcial. Salvo qualquer orientação do juiz presidente, as partes poderão apresentar provas em conformidade com as disposições do presente Estatuto.

9. O Juízo de Julgamento em Primeira Instância poderá, inclusive, de ofício ou a pedido de uma das partes, a saber:

a) Decidir sobre a admissibilidade ou pertinência das provas; e

b) Tomar todas as medidas necessárias para manter a ordem na audiência.

10. O Juízo de Julgamento em Primeira Instância providenciará para que o Secretário proceda a um registro completo da audiência de julgamento onde sejam fielmente relatadas todas as diligências efetuadas, registro que deverá manter e preservar.

Artigo 65
Procedimento em Caso de Confissão

1. Se o acusado confessar nos termos do parágrafo 8.º, *a*, do art. 64, o Juízo de Julgamento em Primeira Instância apurará:

a) Se o acusado compreende a natureza e as consequências da sua confissão;

b) Se essa confissão foi feita livremente, após devida consulta ao seu advogado de defesa; e

c) Se a confissão é corroborada pelos fatos que resultam:

i) Da acusação deduzida pelo Procurador e aceita pelo acusado;

ii) De quaisquer meios de prova que confirmam os fatos constantes da acusação deduzida pelo Procurador e aceita pelo acusado; e

iii) De quaisquer outros meios de prova, tais como depoimentos de testemunhas, apresentados pelo Procurador ou pelo acusado.

2. Se o Juízo de Julgamento em Primeira Instância estimar que estão reunidas as condições referidas no parágrafo 1.º, considerará que a confissão, juntamente com quaisquer provas adicionais produzidas, constitui um reconhecimento de todos os elementos essenciais constitutivos do crime pelo qual o acusado se declarou culpado e poderá condená-lo por esse crime.

3. Se o Juízo de Julgamento em Primeira Instância estimar que não estão reunidas as condições referidas no parágrafo 1.º, considerará a confissão como não tendo tido lugar e, nesse caso, ordenará que o julgamento prossiga de acordo com o procedimento comum estipulado no presente Estatuto, podendo transmitir o processo a outro Juízo de Julgamento em Primeira Instância.

4. Se o Juízo de Julgamento em Primeira Instância considerar necessária, no interesse da justiça, e em particular no interesse das vítimas, uma explanação mais detalhada dos fatos integrantes do caso, poderá:

a) Solicitar ao Procurador que apresente provas adicionais, incluindo depoimentos de testemunhas; ou

b) Ordenar que o processo prossiga de acordo com o procedimento comum estipulado no presente Estatuto, caso em que considerará a confissão como não tendo tido lugar e poderá transmitir o processo a outro Juízo de Julgamento em Primeira Instância.

5. Quaisquer consultas entre o Procurador e a defesa, no que diz respeito à alteração dos fatos constantes da acusação, à confissão ou à pena a ser imposta, não vincularão o Tribunal.

Artigo 66
Presunção de Inocência

1. Toda a pessoa se presume inocente até prova da sua culpa perante o Tribunal, de acordo com o direito aplicável.

2. Incumbe ao Procurador o ônus da prova da culpa do acusado.

3. Para proferir sentença condenatória, o Tribunal deve estar convencido de que o acusado é culpado, além de qualquer dúvida razoável.

Artigo 67
Direitos do Acusado

1. Durante a apreciação de quaisquer fatos constantes da acusação, o acusado tem direito a ser ouvido em audiência pública, levando em conta o disposto no presente Estatuto, a uma audiência conduzida de forma equitativa e imparcial e às seguintes garantias mínimas, em situação de plena igualdade:

a) A ser informado, sem demora e de forma detalhada, numa língua que compreenda e fale fluentemente, da natureza, motivo e conteúdo dos fatos que lhe são imputados;

b) A dispor de tempo e de meios adequados para a preparação da sua defesa e a comunicar-se livre e confidencialmente com um defensor da sua escolha;

c) A ser julgado sem atrasos indevidos;

d) Salvo o disposto no parágrafo 2.º do art. 63, o acusado terá direito a estar presente na audiência de julgamento e a defender-se a si próprio ou a ser assistido por um defensor da sua escolha; se não o tiver, a ser informado do direito de o tribunal lhe nomear um defensor sempre que o interesse da justiça o exija, sendo tal assistência gratuita se o acusado carecer de meios suficientes para remunerar o defensor assim nomeado;

e) A inquirir ou a fazer inquirir as testemunhas de acusação e a obter o comparecimento das testemunhas de defesa e a inquirição destas nas mesmas condições que as testemunhas de acusação. O acusado terá também direito a apresentar defesa e a oferecer qualquer outra prova admissível, de acordo com o presente Estatuto;

f) A ser assistido gratuitamente por um intérprete competente e a serem-lhe facultadas as traduções necessárias que a equidade exija, se não compreender perfeitamente ou não falar a língua utilizada em qualquer ato processual ou documento produzido em tribunal;

g) A não ser obrigado a depor contra si próprio, nem a declarar-se culpado, e a guardar silêncio, sem que este seja levado em conta na determinação da sua culpa ou inocência;

h) A prestar declarações não ajuramentadas, oralmente ou por escrito, em sua defesa; e

i) A que não lhe seja imposta quer a inversão do ônus da prova, quer a impugnação.

2. Além de qualquer outra revelação de informação prevista no presente Estatuto, o Procurador comunicará à defesa, logo que possível, as provas que tenha em seu poder ou sob o seu controle e que, no seu entender, revelem ou tendam a revelar a inocência do acusado, ou a atenuar a sua culpa, ou que possam afetar a credibilidade das provas de acusação. Em caso de dúvida relativamente à aplicação do presente número, cabe ao Tribunal decidir.

Artigo 68
Proteção das Vítimas e das Testemunhas e sua Participação no Processo

1. O Tribunal adotará as medidas adequadas para garantir a segurança, o bem-estar físico e psicológico, a dignidade e a vida privada das vítimas e testemunhas. Para tal, o Tribunal levará em conta todos os fatores pertinentes, incluindo a idade, o gênero tal como definido no parágrafo 3.º do art. 7.º, e o estado de saúde, assim como a natureza do crime, em particular, mas não apenas quando este envolva elementos de agressão sexual, de violência relacionada com a pertença a um determinado gênero ou de violência contra crianças. O Procurador adotará estas medidas, nomeadamente durante o inquérito e o procedimento criminal. Tais medidas não poderão prejudicar nem ser incompatíveis com os direitos do acusado ou com a realização de um julgamento equitativo e imparcial.

2. Enquanto excepção ao princípio do caráter público das audiências estabelecido no art. 67, qualquer um dos Juízos que compõem o Tribunal poderá, a fim de proteger as vítimas e as testemunhas ou o acusado, decretar que um ato processual se realize, no todo ou em parte, à porta fechada ou permitir a produção de prova por meios eletrônicos ou outros meios especiais. Estas medidas aplicar-se-ão, nomeadamente, no caso de uma vítima de violência sexual ou de um menor que seja vítima ou testemunha, salvo decisão em contrário adotada pelo Tribunal, ponderadas todas as circunstâncias, particularmente a opinião da vítima ou da testemunha.

3. Se os interesses pessoais das vítimas forem afetados, o Tribunal permitir-lhes-á que expressem as suas opiniões e preocupações em fase processual que entenda apropriada e por forma a não prejudicar os direitos do acusado nem a ser incompatível com estes ou com a realização de um julgamento equitativo e imparcial. Os representantes legais das vítimas poderão apresentar as referidas opiniões e preocupações quando o Tribunal o considerar oportuno e em conformidade com o Regulamento Processual.

4. A Unidade de Apoio às Vítimas e Testemunhas poderá aconselhar o Procurador e o Tribunal relativamente a medidas adequadas de proteção, mecanismos de segurança, assessoria e assistência a que se faz referência no parágrafo 6.º do art. 43.

5. Quando a divulgação de provas ou de informação, de acordo com o presente Estatuto, representar um grave perigo para a segurança de uma testemunha ou da sua família, o Procurador poderá, para efeitos de qualquer diligência anterior ao julgamento, não apresentar as referidas provas ou informação, mas antes um resumo das mesmas. As medidas desta natureza deverão ser postas em prática de uma forma que não seja prejudicial aos direitos do acusado ou incompatível com estes e com a realização de um julgamento equitativo e imparcial.

6. Qualquer Estado poderá solicitar que sejam tomadas as medidas necessárias para assegurar a proteção dos seus funcionários ou agentes, bem como a proteção de toda a informação de caráter confidencial ou restrito.

Artigo 69
Prova

1. Em conformidade com o Regulamento Processual e antes de depor, qualquer testemunha se comprometerá a fazer o seu depoimento com verdade.

2. A prova testemunhal deverá ser prestada pela própria pessoa no decurso do julgamento, salvo quando se apliquem as medidas estabelecidas no artigo 68 ou no Regulamento Processual. De igual modo, o Tribunal poderá permitir que uma testemunha preste declarações oralmente ou por meio de gravação em vídeo ou áudio, ou que sejam apresentados documentos ou transcrições escritas, nos termos do presente Estatuto e de acordo com o Regulamento Processual. Estas medidas não poderão prejudicar os direitos do acusado, nem ser incompatíveis com eles.

3. As partes poderão apresentar provas que interessem ao caso, nos termos do art. 64. O Tribunal será competente para solicitar de ofício a produção de todas as provas que entender necessárias para determinar a veracidade dos fatos.

4. O Tribunal poderá decidir sobre a relevância ou admissibilidade de qualquer prova, tendo em conta, entre outras coisas, o seu valor probatório e qualquer prejuízo que possa acarretar para a realização de um julgamento equitativo ou para a avaliação equitativa dos depoimentos de uma testemunha, em conformidade com o Regulamento Processual.

5. O Tribunal respeitará e atenderá aos privilégios de confidencialidade estabelecidos no Regulamento Processual.

6. O Tribunal não exigirá prova dos fatos do domínio público, mas poderá fazê-los constar dos autos.

7. Não serão admissíveis as provas obtidas com violação do presente Estatuto ou das normas de direitos humanos internacionalmente reconhecidas quando:

a) Essa violação suscite sérias dúvidas sobre a fiabilidade das provas; ou

b) A sua admissão atente contra a integridade do processo ou resulte em grave prejuízo deste.

8. O Tribunal, ao decidir sobre a relevância ou admissibilidade das provas apresentadas por um Estado, não poderá pronunciar-se sobre a aplicação do direito interno desse Estado.

Artigo 70
Infrações contra a Administração da Justiça

1. O Tribunal terá competência para conhecer das seguintes infrações contra a sua administração da justiça, quando cometidas intencionalmente:

a) Prestação de falso testemunho, quando há a obrigação de dizer a verdade, de acordo com o parágrafo 1.º do art. 69;

b) Apresentação de provas, tendo a parte conhecimento de que são falsas ou que foram falsificadas;

c) Suborno de uma testemunha, impedimento ou interferência no seu comparecimento ou depoimento, represálias contra uma testemunha por esta ter prestado depoimento, destruição ou alteração de provas ou interferência nas diligências de obtenção de prova;

d) Entrave, intimidação ou corrupção de um funcionário do Tribunal, com a finalidade de o obrigar ou o induzir a não cumprir as suas funções ou a fazê-lo de maneira indevida;

e) Represálias contra um funcionário do Tribunal, em virtude das funções que ele ou outro funcionário tenham desempenhado; e

f) Solicitação ou aceitação de suborno na qualidade de funcionário do Tribunal, e em relação com o desempenho das respectivas funções oficiais.

2. O Regulamento Processual estabelecerá os princípios e procedimentos que regularão o exercício da competência do Tribunal relativamente às infrações a que se faz referência no presente artigo. As condições de cooperação internacional com o Tribunal, relativamente ao procedimento que adote de acordo com o presente artigo, reger-se-ão pelo direito interno do Estado requerido.

3. Em caso de decisão condenatória, o Tribunal poderá impor uma pena de prisão não superior a cinco anos, ou de multa, de acordo com o Regulamento Processual, ou ambas.

4. *a)* Cada Estado-Parte tornará extensivas as normas penais de direito interno que punem as infrações contra a realização da justiça às infrações contra a administração da justiça a que se faz referência no presente artigo, e que sejam cometidas no seu território ou por um dos seus nacionais;

b) A pedido do Tribunal, qualquer Estado-Parte submeterá, sempre que o entender necessário, o caso à apreciação das suas autoridades competentes para fins de procedimento criminal. Essas autoridades conhecerão do caso com diligência e acionarão os meios necessários para a sua eficaz condução.

Artigo 71
Sanções por Desrespeito ao Tribunal

1. Em caso de atitudes de desrespeito ao Tribunal, tal como perturbar a audiência ou recusar-se deliberadamente a cumprir as suas instruções, o Tribunal poderá impor sanções administrativas que não impliquem privação de liberdade, como, por exemplo, a expulsão temporária ou permanente da sala de audiências, a multa ou outra medida similar prevista no Regulamento Processual.

2. O processo de imposição das medidas a que se refere o número anterior reger-se-á pelo Regulamento Processual.

Artigo 72
Proteção de Informação Relativa à Segurança Nacional

1. O presente artigo aplicar-se-á a todos os casos em que a divulgação de informação ou de documentos de um Estado possa, no entender deste, afetar os interesses da sua segurança nacional. Tais casos incluem os abrangidos pelas disposições constantes dos parágrafos 2.º e 3.º do art. 56, parágrafo 3.º do art. 61, parágrafo 3.º do art. 64, parágrafo 2.º do art. 67, parágrafo 6.º do art. 68, parágrafo 6.º do art. 87 e do art. 93, assim como o que se apresentem em qualquer outra fase do processo em que uma tal divulgação possa estar em causa.

2. O presente artigo aplicar-se-á igualmente aos casos em que uma pessoa a quem tenha sido solicitada a prestação de informação ou provas, se tenha recusado a apresentá-las ou tenha entregue a questão ao Estado, invocando que tal divulgação afetaria os interesses da segurança nacional do Estado, e o Estado em causa confirme que, no seu entender, essa divulgação afetaria os interesses da sua segurança nacional.

3. Nada no presente artigo afetará os requisitos de confidencialidade a que se referem as alíneas *e* e *f* do parágrafo 3.º do art. 54, nem a aplicação do art. 73.

4. Se um Estado tiver conhecimento de que informações ou documentos do Estado estão a ser, ou poderão vir a ser, divulgados em qualquer fase do processo, e considerar que essa divulgação afetaria os seus interesses de segurança nacional, tal Estado terá o direito de intervir com vista a ver alcançada a resolução desta questão em conformidade com o presente artigo.

5. O Estado que considere que a divulgação de determinada informação poderá afetar os seus interesses de segurança nacional adotará, em conjunto com o Procurador, a defesa, o Juízo de Instrução ou o Juízo de Julgamento em Primeira Instância, conforme o caso, todas as medidas razoavelmente possíveis para encontrar uma solução através da concertação. Estas medidas poderão incluir:

a) A alteração ou o esclarecimento dos motivos do pedido;

b) Uma decisão do Tribunal relativa à relevância das informações ou dos elementos de prova solicitados, ou uma decisão sobre se as provas, ainda que relevantes, não poderiam ser ou ter sido obtidas junto de fonte distinta do Estado requerido;

c) A obtenção da informação ou de provas de fonte distinta ou em uma forma diferente; ou

d) Um acordo sobre as condições em que a assistência poderá ser prestada, incluindo, entre outras, a disponibilização de resumos ou exposições, restrições à divulgação, recurso ao procedimento à porta fechada ou à revelia de uma das partes, ou aplicação de outras medidas de proteção permitidas pelo Estatuto ou pelo Regulamento Processual.

6. Realizadas todas as diligências razoavelmente possíveis com vista a resolver a questão por meio de concertação, e se o Estado considerar não haver meios nem condições para que as informações ou os documentos possam ser fornecidos ou revelados sem prejuízo dos seus interesses de segurança nacional, notificará o Procurador ou o Tribunal nesse sentido, indicando as razões precisas que fundamentaram a sua decisão, a menos que a descrição específica dessas razões prejudique, necessariamente, os interesses de segurança nacional do Estado.

7. Posteriormente, se decidir que a prova é relevante e necessária para a determinação da culpa ou inocência do acusado, o Tribunal poderá adotar as seguintes medidas:

a) Quando a divulgação da informação ou do documento for solicitada no âmbito de um pedido de cooperação, nos termos da Parte IX do presente Estatuto ou nas circunstâncias a que se refere o parágrafo 2.º do presente artigo, e o Estado invocar o motivo de recusa estatuído no parágrafo 4.º do art. 93:

i) O Tribunal poderá, antes de chegar a qualquer uma das conclusões a que se refere o ponto ii da alínea *a* do parágrafo 7.º, solicitar consultas suplementares com o fim de ouvir o Estado, incluindo, se for caso disso, a sua realização à porta fechada ou à revelia de uma das partes;

ii) Se o Tribunal concluir que, ao invocar o motivo de recusa estatuído no parágrafo 4.º do art. 93, dadas as circunstâncias do caso, o Estado requerido não está a atuar de harmonia com as obrigações impostas pelo presente Estatuto, poderá remeter a questão nos termos do parágrafo 7.º do art. 87, especificando as razões da sua conclusão; e

iii) O Tribunal poderá tirar as conclusões, que entender apropriadas, em razão das circunstâncias, ao julgar o acusado, quanto à existência ou inexistência de um fato; ou

b) Em todas as restantes circunstâncias:

i) Ordenar a revelação; ou

ii) Se não ordenar a revelação, inferir, no julgamento do acusado, quanto à existência ou inexistência de um fato, conforme se mostrar apropriado.

Artigo 73
Informação ou Documentos Disponibilizados por Terceiros

Se um Estado-Parte receber um pedido do Tribunal para que lhe forneça uma informação ou um documento que esteja sob sua custódia, posse ou controle, e que lhe tenha sido comunicado a título confidencial por um Estado, uma organização intergovernamental ou uma organização internacional, tal Estado-Parte deverá obter o consentimento do seu autor para a divulgação dessa informação ou documento. Se o autor for um Estado-Parte, este poderá consentir em divulgar a referida informação ou documento ou comprometer-se a resolver a questão com o Tribunal, salvaguardando-se o disposto no art. 72. Se o autor não for um Estado-Parte e não consentir em divulgar a informação ou o documento, o Estado requerido comunicará ao Tribunal que não lhe será possível fornecer a informação ou o documento em causa, devido à obrigação previamente assumida com o respectivo autor de preservar o seu caráter confidencial.

Artigo 74
Requisitos para a Decisão

1. Todos os juízes do Juízo de Julgamento em Primeira Instância estarão presentes em cada uma das fases do julgamento e nas deliberações. A Presidência poderá designar, conforme o caso, um ou vários juízes substitutos, em função das disponibilidades, para estarem presentes em todas as fases do julgamento, bem como para substituírem qualquer membro do Juízo de Julgamento em Primeira Instância que se encontre impossibilitado de continuar a participar no julgamento.

2. O Juízo de Julgamento em Primeira Instância fundamentará a sua decisão com base na apreciação das provas e do processo no seu conjunto. A decisão não exorbitará dos fatos e circunstâncias descritos na acusação ou nas alterações que lhe tenham sido feitas. O Tribunal fundamentará a sua decisão exclusivamente nas provas produzidas ou examinadas em audiência de julgamento.

3. Os juízes procurarão tomar uma decisão por unanimidade e, não sendo possível, por maioria.

4. As deliberações do Juízo de Julgamento em Primeira Instância serão e permanecerão secretas.

5. A decisão será proferida por escrito e conterá uma exposição completa e fundamentada da apreciação das provas e as conclusões do Juízo de Julgamento em Primeira Instância. Será proferida uma só decisão pelo Juízo de Julgamento em Primeira Instância. Se não houver unanimidade, a decisão do Juízo de Julgamento em Primeira Instância conterá as opiniões tanto da maioria como da minoria dos juízes. A leitura da decisão ou de uma sua súmula far-se-á em audiência pública.

Artigo 75
Reparação em Favor das Vítimas

1. O Tribunal estabelecerá princípios aplicáveis às formas de reparação, tais como a restituição, a indenização ou a reabilitação, que hajam de ser atribuídas às vítimas ou aos titulares desse direito. Nesta base, o Tribunal poderá, de ofício ou por requerimento, em circunstâncias excepcionais, determinar a extensão e o nível dos danos, da perda ou do prejuízo causados às vítimas ou aos titulares do direito à reparação, com a indicação dos princípios nos quais fundamentou a sua decisão.

2. O Tribunal poderá lavrar despacho contra a pessoa condenada, no qual determinará a reparação adequada a ser atribuída às vítimas ou aos titulares de tal direito. Esta reparação poderá, nomeadamente, assumir a forma de restituição, indenização ou reabilitação. Se for caso disso, o Tribunal poderá ordenar que a indenização atribuída a título de reparação seja paga por intermédio do Fundo previsto no art. 79.

3. Antes de lavrar qualquer despacho ao abrigo do presente artigo, o Tribunal poderá solicitar e levar em consideração as pretensões formuladas pela pessoa condenada, pelas vítimas, por outras pessoas interessadas ou por outros Estados interessados, bem como as observações formuladas em nome dessas pessoas ou desses Estados.

4. Ao exercer os poderes conferidos pelo presente artigo, o Tribunal poderá, após a condenação por crime que seja da sua competência, determinar se, para fins de aplicação dos despachos que lavrar ao abrigo do presente artigo, será necessário tomar quaisquer medidas em conformidade com o parágrafo 1.º do art. 93.

5. Os Estados-Partes observarão as decisões proferidas nos termos deste artigo como se as disposições do art. 109 se aplicassem ao presente artigo.

6. Nada no presente artigo será interpretado como prejudicando os direitos reconhecidos às vítimas pelo direito interno ou internacional.

Artigo 76
Aplicação da Pena

1. Em caso de condenação, o Juízo de Julgamento em Primeira Instância determinará a pena a aplicar tendo em conta os elementos de prova e as exposições relevantes produzidos no decurso do julgamento.

2. Salvo nos casos em que seja aplicado o art. 65 e antes de concluído o julgamento, o Juízo de Julgamento em Primeira Instância poderá, oficiosamente, e deverá, a requerimento do Procurador ou do acusado, convocar uma audiência suplementar, a fim de conhecer de quaisquer novos elementos de prova ou exposições relevantes para a determinação da pena, de harmonia com o Regulamento Processual.

3. Sempre que o parágrafo 2.º for aplicável, as pretensões previstas no art. 75 serão ouvidas pelo Juízo de Julgamento em Primeira Instância no decorrer da audiência suplementar referida no parágrafo 2.º e, se necessário, no decorrer de qualquer nova audiência.

4. A sentença será proferida em audiência pública e, sempre que possível, na presença do acusado.

Capítulo VII
AS PENAS

Artigo 77
Penas Aplicáveis

1. Sem prejuízo do disposto no art. 110, o Tribunal pode impor à pessoa condenada por um dos crimes previstos no art. 5.º do presente Estatuto uma das seguintes penas:

a) Pena de prisão por um número determinado de anos, até ao limite máximo de 30 anos; ou

b) Pena de prisão perpétua, se o elevado grau de ilicitude do fato e as condições pessoais do condenado o justificarem.

•• *Vide* art. 5.º, XLVII, *b*, da CF.

2. Além da pena de prisão, o Tribunal poderá aplicar:

a) Uma multa, de acordo com os critérios previstos no Regulamento Processual;

b) A perda de produtos, bens e haveres provenientes, direta ou indiretamente, do crime, sem prejuízo dos direitos de terceiros que tenham agido de boa-fé.

Artigo 78
Determinação da Pena

1. Na determinação da pena, o Tribunal atenderá, em harmonia com o Regulamento Processual, a fatores tais como a gravidade do crime e as condições pessoais do condenado.

2. O Tribunal descontará, na pena de prisão que vier a aplicar, o período durante o qual o acusado esteve sob detenção por ordem daquele. O Tribunal poderá ainda descontar qualquer outro período de detenção que tenha sido cumprido em razão de uma conduta constitutiva do crime.

3. Se uma pessoa for condenada pela prática de vários crimes, o Tribunal aplicará penas de prisão parcelares relativamente a cada um dos crimes e uma pena única, na qual será especificada a duração total da pena de prisão. Esta duração não poderá ser inferior à da pena parcelar mais elevada e não poderá ser superior a 30 anos de prisão ou ir além da pena de prisão perpétua prevista no art. 77, parágrafo 1.º, *b*.

Artigo 79
Fundo em Favor das Vítimas

1. Por decisão da Assembleia dos Estados-Partes, será criado um Fundo a favor das vítimas de crimes da competência do Tribunal, bem como das respectivas famílias.

2. O Tribunal poderá ordenar que o produto das multas e quaisquer outros bens declarados perdidos revertam para o Fundo.

3. O Fundo será gerido em harmonia com os critérios a serem adotados pela Assembleia dos Estados-Partes.

Artigo 80
Não Interferência no Regime de Aplicação de Penas Nacionais e nos Direitos Internos

Nada no presente Capítulo prejudicará a aplicação, pelos Estados, das penas previstas nos respectivos direitos internos, ou a aplicação da legislação de Estados que não preveja as penas referidas neste capítulo.

Capítulo VIII
RECURSO E REVISÃO

Artigo 81
Recurso da Sentença Condenatória ou Absolutória ou da Pena

1. A sentença proferida nos termos do art. 74 é recorrível em conformidade com o disposto no Regulamento Processual nos seguintes termos:

a) O Procurador poderá interpor recurso com base num dos seguintes fundamentos:

i) Vício processual;

ii) Erro de fato; ou

iii) Erro de direito;

b) O condenado ou o Procurador, no interesse daquele; poderá interpor recurso com base num dos seguintes fundamentos:

i) Vício processual;

ii) Erro de fato;

iii) Erro de direito; ou

iv) Qualquer outro motivo suscetível de afetar a equidade ou a regularidade do processo ou da sentença.

2. *a)* O Procurador ou o condenado poderá, em conformidade com o Regulamento Processual, interpor recurso da pena decretada invocando desproporção entre esta e o crime;

b) Se, ao conhecer de recurso interposto da pena decretada, o Tribunal considerar que há fundamentos suscetíveis de justificar a anulação, no todo ou em parte, da sentença condenatória, poderá convidar o Procurador e o condenado a motivarem a sua posição nos termos da alínea *a* ou *b* do parágrafo 1.º do art. 81, após o que poderá pronunciar-se sobre a sentença condenatória nos termos do art. 83;

c) O mesmo procedimento será aplicado sempre que o Tribunal, ao conhecer de recurso interposto unicamente da sentença condenatória, considerar haver fundamentos comprovativos de uma redução da pena nos termos da alínea *a* do parágrafo 2.º.

3. *a)* Salvo decisão em contrário do Juízo de Julgamento em Primeira Instância, o condenado permanecerá sob prisão preventiva durante a tramitação do recurso;

b) Se o período de prisão preventiva ultrapassar a duração da pena decretada, o condenado será posto em liberdade; todavia, se o Procurador também interpuser recurso, a libertação ficará sujeita às condições enunciadas na alínea *c infra*;

c) Em caso de absolvição, o acusado será imediatamente posto em liberdade, sem prejuízo das seguintes condições:

i) Em circunstâncias excepcionais e tendo em conta, nomeadamente, o risco de fuga, a gravidade da infração e as probabilidades de o recurso ser julgado procedente, o Juízo de Julgamento em Primeira Instância poderá, a requerimento do Procurador, ordenar que o acusado seja mantido em regime de prisão preventiva durante a tramitação do recurso;

ii) A decisão proferida pelo juízo de julgamento em primeira instância nos termos da subalínea i, será recorrível em harmonia com o Regulamento Processual.

4. Sem prejuízo do disposto nas alíneas *a* e *b* do parágrafo 3.º, a execução da sentença condenatória ou da pena ficará suspensa pelo período fixado para a interposição do recurso, bem como durante a fase de tramitação do recurso.

Artigo 82
Recurso de Outras Decisões

1. Em conformidade com o Regulamento Processual, qualquer uma das Partes poderá recorrer das seguintes decisões:

a) Decisão sobre a competência ou a admissibilidade do caso;

b) Decisão que autorize ou recuse a libertação da pessoa objeto de inquérito ou de procedimento criminal;

c) Decisão do Juízo de Instrução de agir por iniciativa própria, nos termos do parágrafo 3.º do art. 56;

d) Decisão relativa a uma questão suscetível de afetar significativamente a tramitação equitativa e célere do processo ou o resultado do julgamento, e cuja resolução imediata pelo Juízo de Instrução ou do Juízo de Julgamento em Primeira Instância, acelerar a marcha do processo.

2. Quer o Estado interessado quer o Procurador poderão recorrer da decisão proferida pelo Juízo de Instrução, mediante autorização deste, nos termos do art. 57, parágrafo 3.º, *d*. Este recurso adotará uma forma sumária.

3. O recurso só terá efeito suspensivo se o Juízo de Recursos assim o ordenar, mediante requerimento, em conformidade com o Regulamento Processual.

4. O representante legal das vítimas, o condenado ou o proprietário de boa-fé de bens que hajam sido afetados por um despacho proferido ao abrigo do art. 75 poderá recorrer de tal despacho, em conformidade com o Regulamento Processual.

Artigo 83
Processo Sujeito a Recurso

1. Para os fins do procedimento referido no art. 81 e no presente artigo, o Juízo de Recursos terá todos os poderes conferidos ao Juízo de Julgamento em Primeira Instância.

2. Se o Juízo de Recursos concluir que o processo sujeito a recurso padece de vícios tais que afetem a regularidade da decisão ou da sentença, ou que a decisão ou a sentença recorridas estão materialmente afetadas por erros de fato ou de direito, ou vício processual, ela poderá:

a) Anular ou modificar a decisão ou a pena; ou

b) Ordenar um novo julgamento perante um outro Juízo de Julgamento em Primeira Instância.

Para os fins mencionados, poderá o Juízo de Recursos reenviar uma questão de fato para o Juízo de Julgamento em Primeira Instância à qual foi submetida originariamente, a fim de que esta decida a questão e lhe apresente um relatório, ou pedir, ela própria, elementos de prova para decidir. Tendo o recurso da decisão ou da pena sido interposto somente pelo condenado, ou pelo Procurador no interesse daquele, não poderão aquelas ser modificadas em prejuízo do condenado.

3. Se, ao conhecer, do recurso de uma pena, o Juízo de Recursos considerar que a pena é desproporcionada relativamente ao crime, poderá modificá-la nos termos do Capítulo VII.

4. O acórdão do Juízo de Recursos será tirado por maioria dos juízes e proferido em audiência pública. O acórdão será sempre fundamentado. Não havendo unanimidade, deverá conter as opiniões da parte maioria e da minoria de juízes; contudo, qualquer juiz poderá exprimir uma opinião separada ou discordante sobre uma questão de direito.

5. O Juízo de Recursos poderá emitir o seu acórdão na ausência da pessoa absolvida ou condenada.

Artigo 84
Revisão da Sentença Condenatória ou da Pena

1. O condenado ou, se este tiver falecido, o cônjuge sobrevivo, os filhos, os pais ou qualquer pessoa que, em vida do condenado, dele tenha recebido incumbência expressa, por escrito, nesse sentido, ou o Procurador no seu interesse, poderá submeter ao Juízo de Recursos um requerimento solicitando a revisão da sentença condenatória ou da pena pelos seguintes motivos:

a) A descoberta de novos elementos de prova:

i) De que não dispunha ao tempo do julgamento, sem que essa circunstância pudesse ser imputada, no todo ou em parte, ao requerente; e

ii) De tal forma importantes que, se tivessem ficado provados no julgamento, teriam provavelmente conduzido a um veredicto diferente;

b) A descoberta de elementos de prova, apreciados no julgamento e decisivos para a determinação da culpa, eram falsos ou tinham sido objeto de contrafação ou falsificação;

c) Um ou vários dos juízes que interviaram na sentença condenatória ou confirmaram a acusação hajam praticado atos de conduta reprovável ou de incumprimento dos respectivos deveres de tal forma graves que justifiquem a sua cessação de funções nos termos do art. 46.

2. O Juízo de Recursos rejeitará o pedido se o considerar manifestamente infundado. Caso contrário, poderá o Juízo, se julgar oportuno:

a) Convocar de novo o Juízo de Julgamento em Primeira Instância que proferiu a sentença inicial;

b) Constituir um novo Juízo de Julgamento em Primeira Instância; ou

c) Manter a sua competência para conhecer da causa, a fim de determinar se, após a audição das partes nos termos do Regulamento Processual, haverá lugar à revisão da sentença.

Artigo 85
Indenização do Detido ou Condenado

1. Quem tiver sido objeto de detenção ou prisão ilegal terá direito a reparação.

2. Sempre que uma decisão final seja posteriormente anulada em razão de fatos novos ou recentemente descobertos que apontem inequivocamente para um erro judiciário, a pessoa que tiver cumprido pena em resultado de tal sentença condenatória será indenizada, em conformidade com a lei, a menos que fique provado que a não revelação, em tempo útil, do fato desconhecido lhe seja imputável, no todo ou em parte.

3. Em circunstâncias excepcionais e em face de fatos que conclusivamente demonstrem a existência de erro judiciário grave e manifesto, o Tribunal poderá, no uso do seu poder discricionário, atribuir uma indenização, de acordo com os critérios enunciados no Regulamento Processual, à pessoa que, em virtude de sentença absolutória ou de extinção da instância por tal motivo, haja sido posta em liberdade.

Capítulo IX
COOPERAÇÃO INTERNACIONAL E AUXÍLIO JUDICIÁRIO

Artigo 86
Obrigação Geral de Cooperar

Os Estados-Partes deverão, em conformidade com o disposto no presente Estatuto, cooperar plenamente com o Tribunal no inquérito e no procedimento contra crimes da competência deste.

Artigo 87
Pedidos de Cooperação: Disposições Gerais

1. *a)* O Tribunal estará habilitado a dirigir pedidos de cooperação aos Estados-Partes. Estes pedidos serão transmitidos pela via diplomática ou por qualquer outra via apropriada escolhida pelo Estado-Parte no momento da ratificação, aceitação, aprovação ou adesão ao presente Estatuto.

Qualquer Estado-Parte poderá alterar posteriormente a escolha feita nos termos do Regulamento Processual.

b) Se for caso disso, e sem prejuízo do disposto na alínea a, os pedidos poderão ser igualmente transmitidos pela Organização Internacional de Polícia Criminal (INTERPOL) ou por qualquer outra organização regional competente.

2. Os pedidos de cooperação e os documentos comprovativos que os instruam serão redigidos na língua oficial do Estado requerido ou acompanhados de uma tradução nessa língua, ou numa das línguas de trabalho do Tribunal ou acompanhados de uma tradução numa dessas línguas, de acordo com a escolha feita pelo Estado requerido no momento da ratificação, aceitação, aprovação ou adesão ao presente Estatuto.

Qualquer alteração posterior será feita de harmonia com o Regulamento Processual.

3. O Estado requerido manterá a confidencialidade dos pedidos de cooperação e dos documentos comprovativos que os instruam, salvo quando a sua revelação for necessária para a execução do pedido.

4. Relativamente aos pedidos de auxílio formulados ao abrigo do presente Capítulo, o Tribunal poderá, nomeadamente em matéria de proteção da informação, tomar as medidas necessárias à garantia da segurança e do bem-estar físico ou psicológico das vítimas, das potenciais testemunhas e dos seus familiares. O Tribunal poderá solicitar que as informações fornecidas ao abrigo do presente Capítulo sejam comunicadas e tratadas por forma a que a segurança e o bem-estar físico ou psicológico das vítimas, das potenciais testemunhas e dos seus familiares sejam devidamente preservados.

5. a) O Tribunal poderá convidar qualquer Estado que não seja Parte no presente Estatuto a prestar auxílio ao abrigo do presente Capítulo com base num convênio *ad hoc*, num acordo celebrado com esse Estado ou por qualquer outro modo apropriado.

b) Se, após a celebração de um convênio ad hoc ou de um acordo com o Tribunal, um Estado que não seja Parte no presente Estatuto se recusar a cooperar nos termos de tal convênio ou acordo, o Tribunal dará conhecimento desse fato à Assembleia dos Estados-Partes ou ao Conselho de Segurança, quando tiver sido este a referenciar o fato ao Tribunal.

6. O Tribunal poderá solicitar informações ou documentos a qualquer organização intergovernamental. Poderá igualmente requerer outras formas de cooperação e auxílio a serem acordadas com tal organização e que estejam em conformidade com a sua competência ou o seu mandato.

7. Se, contrariamente ao disposto no presente Estatuto, um Estado-Parte recusar um pedido de cooperação formulado pelo Tribunal, impedindo-o assim de exercer os seus poderes e funções nos termos do presente Estatuto, o Tribunal poderá elaborar um relatório e remeter a questão à Assembleia dos Estados-Partes ou ao Conselho de Segurança, quando tiver sido este a submeter o fato ao Tribunal.

Artigo 88
Procedimentos Previstos no Direito Interno

Os Estados-Partes deverão assegurar-se de que o seu direito interno prevê procedimentos que permitam responder a todas as formas de cooperação especificadas neste Capítulo.

Artigo 89
Entrega de Pessoas ao Tribunal

1. O Tribunal poderá dirigir um pedido de detenção e entrega de uma pessoa, instruído com os documentos comprovativos referidos no art. 91, a qualquer Estado em cujo território essa pessoa se possa encontrar, e solicitar a cooperação desse Estado na detenção e entrega da pessoa em causa. Os Estados-Partes darão satisfação aos pedidos de detenção e de entrega em conformidade com o presente Capítulo e com os procedimentos previstos nos respectivos direitos internos.

2. Sempre que a pessoa cuja entrega é solicitada impugnar a sua entrega perante um tribunal nacional com base no princípio *ne bis in idem* previsto no art. 20, o Estado requerido consultará, de imediato, o Tribunal para determinar se houve uma decisão relevante sobre a admissibilidade. Se o caso for considerado admissível, o Estado requerido dará seguimento ao pedido. Se estiver pendente decisão sobre a admissibilidade, o Estado requerido poderá diferir a execução do pedido até que o Tribunal se pronuncie.

3. a) Os Estados-Partes autorizarão, de acordo com os procedimentos previstos na respectiva legislação nacional, o trânsito, pelo seu território, de uma pessoa entregue ao Tribunal por um outro Estado, salvo quando o trânsito por esse Estado impedir ou retardar a entrega.

b) Um pedido de trânsito formulado pelo Tribunal será transmitido em conformidade com o art. 87. Do pedido de trânsito constarão:

i) A identificação da pessoa transportada;

ii) Um resumo dos fatos e da respectiva qualificação jurídica;

iii) O mandado de detenção e entrega.

c) A pessoa transportada será mantida sob custódia no decurso do trânsito.

d) Nenhuma autorização será necessária se a pessoa for transportada por via aérea e não esteja prevista qualquer aterrissagem no território do Estado de trânsito.

e) Se ocorrer, uma aterrissagem imprevista no território do Estado de trânsito, poderá este exigir ao Tribunal a apresentação de um pedido de trânsito nos termos previstos na alínea b. O Estado de trânsito manterá a pessoa sob detenção até a recepção do pedido de trânsito e a efetivação do trânsito. Todavia, a detenção ao abrigo da presente alínea não poderá prolongar-se para além das 96 horas subsequentes à aterrissagem imprevista se o pedido não for recebido dentro desse prazo.

4. Se a pessoa reclamada for objeto de procedimento criminal ou estiver cumprindo uma pena no Estado requerido por crime diverso do que motivou o pedido de entrega ao Tribunal, este Estado consultará o Tribunal após ter decidido anuir ao pedido.

Artigo 90
Pedidos Concorrentes

1. Um Estado-Parte que, nos termos do art. 89, receba um pedido de entrega de uma pessoa formulado pelo Tribunal, e receba igualmente, de qualquer outro Estado, um pedido de extradição relativo à mesma pessoa, pelos mesmos fatos que motivaram o pedido de entrega por parte do Tribunal, deverá notificar o Tribunal e o Estado requerente de tal fato.

2. Se o Estado requerente for um Estado-Parte, o Estado requerido dará prioridade ao pedido do Tribunal:

a) Se o Tribunal tiver decidido, nos termos do art. 18 ou 19, da admissibilidade do caso a que respeita o pedido de entrega, e tal determinação tiver levado em conta o inquérito ou o procedimento criminal conduzido pelo Estado requerente relativamente ao pedido de extradição por este formulado; ou

b) Se o Tribunal tiver tomado a decisão referida na alínea a em conformidade com a notificação feita pelo Estado requerido, em aplicação do parágrafo 1.º.

3. Se o Tribunal não tiver tomado uma decisão nos termos da alínea a do parágrafo 2.º, o Estado requerido poderá, se assim o entender, estando pendente a determinação do Tribunal nos termos da alínea b do parágrafo 2.º, dar seguimento ao pedido de extradição formulado pelo Estado requerente sem, contudo, extraditar a pessoa até que o Tribunal decida sobre a admissibilidade do caso. A decisão do Tribunal seguirá a forma sumária.

4. Se o Estado requerente não for Parte no presente Estatuto, o Estado requerido, desde que não esteja obrigado por uma norma internacional a extraditar o acusado para o Estado requerente, dará prioridade ao pedido de entrega formulado pelo Tribunal, no caso de este se ter decidido pela admissibilidade do caso.

5. Quando um caso previsto no parágrafo 4.º não tiver sido declarado admissível pelo Tribunal, o Estado requerido poderá, se assim o entender, dar seguimento ao pedido de extradição formulado pelo Estado requerente.

6. Relativamente aos casos em que o disposto no parágrafo 4.º seja aplicável, mas o Estado requerido se veja obrigado, por força de uma norma internacional, a extraditar a pessoa para o Estado requerente que não seja Parte no presente Estatuto, o Estado requerido decidirá se procederá à entrega da pessoa em causa ao Tribunal ou se a extraditará para o Estado requerente. Na sua decisão, o Estado requerido terá em conta todos os fatores relevantes, incluindo, entre outros:

a) A ordem cronológica dos pedidos;

b) Os interesses do Estado requerente, incluindo, se relevante, se o crime foi cometido no seu território bem como a nacionalidade das vítimas e da pessoa reclamada; e

c) A possibilidade de o Estado requerente vir a proceder posteriormente à entrega da pessoa ao Tribunal.

7. Se um Estado-Parte receber um pedido de entrega de uma pessoa formulado pelo Tribunal e um pedido de extradição formulado por um outro Estado-Parte relativamente à mesma pessoa, por fatos diferentes dos que constituem o crime objeto do pedido de entrega:

a) O Estado requerido dará prioridade ao pedido do Tribunal, se não estiver obrigado por uma norma internacional a extraditar a pessoa para o Estado requerente;

b) O Estado requerido terá de decidir se entrega a pessoa ao Tribunal ou a extradita para o Estado requerente, se estiver obrigado por uma norma internacional a extraditar a pessoa para o Estado requerente. Na sua decisão, o Estado requerido considerará todos os fatores relevantes, incluindo, entre outros, os constantes do parágrafo 6.°; todavia, deverá dar especial atenção à natureza e à gravidade dos fatos em causa.

8. Se, em conformidade com a notificação prevista no presente artigo, o Tribunal se tiver pronunciado pela inadmissibilidade do caso e, posteriormente, a extradição para o Estado requerente for recusada, o Estado requerido notificará o Tribunal dessa decisão.

Artigo 91
Conteúdo do Pedido de Detenção e de Entrega

1. O pedido de detenção e de entrega será formulado por escrito. Em caso de urgência, o pedido poderá ser feito através de qualquer outro meio de que fique registro escrito, devendo, no entanto, ser confirmado através dos canais previstos na alínea *a* do parágrafo 1.° do art. 87.

2. O pedido de detenção e entrega de uma pessoa relativamente à qual o Juízo de Instrução tiver emitido um mandado de detenção ao abrigo do artigo 58, deverá conter ou ser acompanhado dos seguintes documentos:

a) Uma descrição da pessoa procurada, contendo informação suficiente que permita a sua identificação, bem como informação sobre a sua provável localização;

b) Uma cópia do mandado de detenção; e

c) Os documentos, declarações e informações necessários para satisfazer os requisitos do processo de entrega pelo Estado requerido; contudo, tais requisitos não deverão ser mais rigorosos do que os que devem ser observados em caso de um pedido de extradição em conformidade com tratados ou convênios celebrados entre o Estado requerido e outros Estados, devendo, se possível, ser menos rigorosos face à natureza específica de que se reveste o Tribunal.

3. Se o pedido respeitar à detenção e à entrega de uma pessoa já condenada, deverá conter ou ser acompanhado dos seguintes documentos:

a) Uma cópia do mandado de detenção dessa pessoa;

b) Uma cópia da sentença condenatória;

c) Elementos que demonstrem que a pessoa procurada é a mesma a que se refere a sentença condenatória; e

d) Se a pessoa já tiver sido condenada, uma cópia da sentença e, em caso de pena de prisão, a indicação do período que já tiver cumprido, bem como o período que ainda lhe falte cumprir.

4. Mediante requerimento do Tribunal, um Estado-Parte manterá, no que respeite a questões genéricas ou a uma questão específica, consultas com o Tribunal sobre quaisquer requisitos previstos no seu direito interno que possam ser aplicados nos termos da alínea c do parágrafo 2.°. No decurso de tais consultas, o Estado-Parte informará o Tribunal dos requisitos específicos constantes do seu direito interno.

Artigo 92
Prisão Preventiva

1. Em caso de urgência, o Tribunal poderá solicitar a prisão preventiva da pessoa procurada até à apresentação do pedido de entrega e os documentos de apoio referidos no art. 91.

2. O pedido de prisão preventiva será transmitido por qualquer meio de que fique registro escrito e conterá:

a) Uma descrição da pessoa procurada, contendo informação suficiente que permita a sua identificação, bem como informação sobre a sua provável localização;

b) Uma exposição sucinta dos crimes pelos quais a pessoa é procurada, bem como dos fatos alegadamente constitutivos de tais crimes incluindo, se possível, a data e o local da sua prática;

c) Uma declaração que certifique a existência de um mandado de detenção ou de uma decisão condenatória contra a pessoa procurada; e

d) Uma declaração de que o pedido de entrega relativo à pessoa procurada será enviado posteriormente.

3. Qualquer pessoa mantida sob prisão preventiva poderá ser posta em liberdade se o Estado requerido não tiver recebido, em conformidade com o artigo 91, o pedido de entrega e os respectivos documentos no prazo fixado pelo Regulamento Processual. Todavia, essa pessoa poderá consentir na sua entrega antes do termo do período se a legislação do Estado requerido o permitir. Nesse caso, o Estado requerido procede à entrega da pessoa reclamada ao Tribunal, o mais rapidamente possível.

4. O fato de a pessoa reclamada ter sido posta em liberdade em conformidade com o parágrafo 3.º não obstará a que seja de novo detida e entregue se o pedido de entrega e os documentos em apoio, vierem a ser apresentados posteriormente.

Artigo 93
Outras Formas de Cooperação

1. Em conformidade com o disposto no presente Capítulo e nos termos dos procedimentos previstos nos respectivos direitos internos, os Estados-Partes darão seguimento aos pedidos formulados pelo Tribunal para concessão de auxílio, no âmbito de inquéritos ou procedimentos criminais, no que se refere a:

a) Identificar uma pessoa e o local onde se encontra, ou localizar objetos;

b) Reunir elementos de prova, incluindo os depoimentos prestados sob juramento, bem como produzir elementos de prova, incluindo perícias e relatórios de que o Tribunal necessita;

c) Interrogar qualquer pessoa que seja objeto de inquérito ou de procedimento criminal;

d) Notificar documentos, nomeadamente documentos judiciários;

e) Facilitar o comparecimento voluntário, perante o Tribunal, de pessoas que deponham na qualidade de testemunhas ou de peritos;

f) Proceder à transferência temporária de pessoas, em conformidade com o parágrafo 7.º;

g) Realizar inspeções, nomeadamente a exumação e o exame de cadáveres enterrados em fossas comuns;

h) Realizar buscas e apreensões;

i) Transmitir registros e documentos, nomeadamente registros e documentos oficiais;

j) Proteger vítimas e testemunhas, bem como preservar elementos de prova;

k) Identificar, localizar e congelar ou apreender o produto de crimes, bens, haveres e instrumentos ligados aos crimes, com vista à sua eventual declaração de perda, sem prejuízo dos direitos de terceiros de boa-fé; e

l) Prestar qualquer outra forma de auxílio não proibida pela legislação do Estado requerido, destinada a facilitar o inquérito e o julgamento por crimes da competência do Tribunal.

2. O Tribunal tem poderes para garantir à testemunha ou ao perito que perante ele comparece de que não serão perseguidos, detidos ou sujeitos a qualquer outra restrição da sua liberdade pessoal, por fato ou omissão anteriores à sua saída do território do Estado requerido.

3. Se a execução de uma determinada medida de auxílio constante de um pedido apresentado ao abrigo do parágrafo 1.º não for permitida no Estado requerido em virtude de um princípio jurídico fundamental de aplicação geral, o Estado em causa iniciará sem demora consultas com o Tribunal com vista à solução dessa questão. No decurso das consultas, serão consideradas outras formas de auxílio, bem como as condições da sua realização. Se, concluídas as consultas, a questão não estiver resolvida, o Tribunal alterará o conteúdo do pedido conforme se mostrar necessário.

4. Nos termos do disposto no art. 72, um Estado-Parte só poderá recusar, no todo ou em parte, um pedido de auxílio formulado pelo Tribunal se tal pedido se reportar unicamente à produção de documentos ou à divulgação de elementos de prova que atentem contra a sua segurança nacional.

5. Antes de denegar o pedido de auxílio previsto na alínea *l* do parágrafo 1.º, o Estado requerido considerará se o auxílio poderá ser concedido sob determinadas condições ou se o poderá sê-lo em data ulterior ou sob uma outra forma, com a ressalva de que, se o Tribunal ou o Procurador aceitarem tais condições, deverão observá-la.

6. O Estado requerido que recusar um pedido de auxílio comunicará, sem demora, os motivos ao Tribunal ou ao Procurador.

7. *a)* O Tribunal poderá pedir a transferência temporária de uma pessoa detida para fins de identificação ou para obter um depoimento ou outra forma de auxílio. A transferência realizar-se-á sempre que:

i) A pessoa der o seu consentimento, livremente e com conhecimento de causa; e

ii) O Estado requerido concordar com a transferência, sem prejuízo das condições que esse Estado e o Tribunal possam acordar;

b) A pessoa transferida permanecerá detida. Esgotado o fim que determinou a transferência, o Tribunal reenviá-la-á imediatamente para o Estado requerido.

8. *a)* O Tribunal garantirá a confidencialidade dos documentos e das informações recolhidas, exceto se necessários para o inquérito e os procedimentos descritos no pedido;

b) O Estado requerido poderá, se necessário, comunicar os documentos ou as informações ao Procurador a título confidencial. O Procurador só poderá utilizá-los para recolher novos elementos de prova;

c) O Estado requerido poderá, de ofício ou a pedido do Procurador, autorizar a divulgação posterior de tais documentos ou informações; os quais poderão ser utilizados como meios de prova, nos termos do disposto nos Capítulos V e VI e no Regulamento Processual.

9. *a)* i) Se um Estado-Parte receber pedidos concorrentes formulados pelo Tribunal e por um outro Estado, no âmbito de uma obrigação internacional, e cujo objeto não seja nem a entrega nem a extradição, esforçar-se-á, mediante consultas com o Tribunal e esse outro Estado, por dar satisfação a ambos os pedidos adiando ou estabelecendo determinadas condições a um ou outro pedido, se necessário.

ii) Não sendo possível, os pedidos concorrentes observarão os princípios fixados no art. 90.

b) Todavia, sempre que o pedido formulado pelo Tribunal respeitar a informações, bens ou pessoas que estejam sob o controle de um Estado terceiro ou de uma organização internacional ao abrigo de um acordo internacional, os Estados requeridos informarão o Tribunal em conformidade, este dirigirá o seu pedido ao Estado terceiro ou à organização internacional.

10. *a)* Mediante pedido, o Tribunal cooperará com um Estado-Parte e prestar-lhe-á auxílio na condução de um inquérito ou julgamento relacionado com fatos que constituam um crime da jurisdição do Tribunal ou que constituam um crime grave à luz do direito interno do Estado requerente.

***b)* i)** O auxílio previsto na alínea *a* deve compreender, a saber:

a. a transmissão de depoimentos, documentos e outros elementos de prova recolhidos no decurso do inquérito ou do julgamento conduzidos pelo Tribunal; e

b. o interrogatório de qualquer pessoa detida por ordem do Tribunal;

ii) no caso previsto na alínea *b*, i, a;

a. a transmissão dos documentos e de outros elementos de prova obtidos com o auxílio de um Estado necessita do consentimento desse Estado;

b. a transmissão de depoimentos, documentos ou outros elementos de prova fornecidos quer por uma testemunha, quer por um perito, será feita em conformidade com o disposto no art. 68;

c. o Tribunal poderá, em conformidade com as condições enunciadas neste número, deferir um pedido de auxílio formulado por um Estado que não seja parte no presente Estatuto.

Artigo 94
Suspensão da Execução de um Pedido Relativamente a um Inquérito ou a Procedimento Criminal em Curso

1. Se a imediata execução de um pedido prejudicar o desenrolar de um inquérito ou de um procedimento criminal relativos a um caso diferente daquele a que se reporta o pedido, o Estado requerido poderá suspender a execução do pedido por tempo determinado, acordado com o Tribunal. Contudo, a suspensão não deve prolongar-se além do necessário para que o inquérito ou o procedimento criminal em causa sejam efetuados no Estado requerido. Este, antes de decidir suspender a execução do pedido, verificará se o auxílio não poderá ser concedido de imediato sob determinadas condições.

2. Se for decidida a suspensão de execução do pedido em conformidade com o parágrafo 1.º, o Procurador poderá, no entanto, solicitar que sejam adotadas medidas para preservar os elementos de prova, nos termos da alínea *j* do parágrafo 1.º do art. 93.

Artigo 95
Suspensão da Execução de um Pedido por Impugnação de Admissibilidade

Se o Tribunal estiver apreciando uma impugnação de admissibilidade, de acordo com os arts. 18 ou 19, o

Estado requerido poderá suspender a execução de um pedido formulado ao abrigo do presente Capítulo enquanto aguarda que o Tribunal se pronuncie, a menos que o Tribunal tenha especificamente ordenado que o Procurador continue a reunir elementos de prova, nos termos dos arts. 18 ou 19.

Artigo 96
Conteúdo do Pedido sob Outras Formas de Cooperação Previstas no Artigo 93

1. Todo o pedido relativo a outras formas de cooperação previstas no artigo 93 será formulado por escrito. Em caso de urgência, o pedido poderá ser feito por qualquer meio que permita manter um registro escrito, desde que seja confirmado através dos canais indicados na alínea *a* do parágrafo 1.º do art. 87.

2. O pedido deverá conter, ou ser instruído com, os seguintes documentos:

a) Um resumo do objeto do pedido, bem como da natureza do auxílio solicitado, incluindo os fundamentos jurídicos e os motivos do pedido;

b) Informações tão completas quanto possível sobre a pessoa ou o lugar a identificar ou a localizar, por forma a que o auxílio solicitado possa ser prestado;

c) Uma exposição sucinta dos fatos essenciais que fundamentam o pedido;

d) A exposição dos motivos e a explicação pormenorizada dos procedimentos ou das condições a respeitar;

e) Toda a informação que o Estado requerido possa exigir de acordo com o seu direito interno para dar seguimento ao pedido; e

f) Toda a informação útil para que o auxílio possa ser concedido.

3. A requerimento do Tribunal, um Estado-Parte manterá, no que respeita a questões genéricas ou a uma questão específica, consultas com o Tribunal sobre as disposições aplicáveis do seu direito interno, susceptíveis de serem aplicadas em conformidade com a alínea *e* do parágrafo 2.º. No decurso de tais consultas, o Estado-Parte informará o Tribunal das disposições específicas constantes do seu direito interno.

4. O presente artigo aplicar-se-á, se for caso disso, a qualquer pedido de auxílio dirigido ao Tribunal.

Artigo 97
Consultas

Sempre que, ao abrigo do presente Capítulo, um Estado-Parte receba um pedido e verifique que este suscita dificuldades que possam obviar à sua execução ou impedi-la, o Estado em causa iniciará, sem demora, as consultas com o Tribunal com vista à solução desta questão. Tais dificuldades podem revestir as seguintes formas:

a) Informações insuficientes para dar seguimento ao pedido;

b) No caso de um pedido de entrega, o paradeiro da pessoa reclamada continuar desconhecido a despeito de todos os esforços ou a investigação realizada permitiu determinar que a pessoa que se encontra no Estado Requerido não é manifestamente a pessoa identificada no mandado; ou

c) O Estado requerido ver-se-ia compelido, para cumprimento do pedido na sua forma atual, a violar uma obrigação constante de um tratado anteriormente celebrado com outro Estado.

Artigo 98
Cooperação Relativa à Renúncia, à Imunidade e ao Consentimento na Entrega

1. O Tribunal pode não dar seguimento a um pedido de entrega ou de auxílio por força do qual o Estado requerido devesse atuar de forma incompatível com as obrigações que lhe incumbem à luz do direito internacional em matéria de imunidade dos Estados ou de imunidade diplomática de pessoa ou de bens de um Estado terceiro, a menos que obtenha, previamente a cooperação desse Estado terceiro com vista ao levantamento da imunidade.

2. O Tribunal pode não dar seguimento à execução de um pedido de entrega por força do qual o Estado requerido devesse atuar de forma incompatível com as obrigações que lhe incumbem em virtude de acordos internacionais à luz dos quais o consentimento do Estado de envio é necessário para que uma pessoa pertencente a esse Estado seja entregue ao Tribunal, a menos que o Tribunal consiga, previamente, obter a cooperação do Estado de envio para consentir na entrega.

Artigo 99
Execução dos Pedidos Apresentados ao Abrigo dos Artigos 93 e 96

1. Os pedidos de auxílio serão executados de harmonia com os procedimentos previstos na legislação interna do Estado requerido e, a menos que o seu direito interno o proíba, na forma especificada no pedido, aplicando qualquer procedimento nele indicado ou autorizando as pessoas nele indicadas a estarem presentes e a participarem na execução do pedido.

2. Em caso de pedido urgente, os documentos e os elementos de prova produzidos na resposta serão, a requerimento do Tribunal, enviados com urgência.

3. As respostas do Estado requerido serão transmitidas na sua língua e forma originais.

4. Sem prejuízo dos demais artigos do presente Capítulo, sempre que for necessário para a execução com sucesso de um pedido, e não haja que recorrer a medidas coercitivas, nomeadamente quando se trate de ouvir ou levar uma pessoa a depor de sua livre vontade, mesmo sem a presença das autoridades do Estado-Parte requerido se tal for determinante para a execução do pedido, ou quando se trate de examinar, sem proceder a alterações, um lugar público ou um outro local público, o Procurador poderá dar cumprimento ao pedido diretamente no território de um Estado, de acordo com as seguintes modalidades:

a) Quando o Estado requerido for o Estado em cujo território haja indícios de ter sido cometido o crime e existir uma decisão sobre a admissibilidade tal como previsto nos arts. 18 e 19, o Procurador poderá executar diretamente o pedido, depois de ter levado a cabo consultas tão amplas quanto possível com o Estado requerido;

b) Em outros casos, o Procurador poderá executar o pedido após consultas com o Estado-Parte requerido e tendo em conta as condições ou as preocupações razoáveis que esse Estado tenha eventualmente argumentado. Sempre que o Estado requerido verificar que a execução de um pedido nos termos da presente alínea suscita dificuldades, consultará de imediato o Tribunal para resolver a questão.

5. As disposições que autorizam a pessoa ouvida ou interrogada pelo Tribunal ao abrigo do art. 72, a invocar as restrições previstas para impedir a divulgação de informações confidenciais relacionadas com a segurança nacional, aplicar-se-ão de igual modo à execução dos pedidos de auxílio referidos no presente artigo.

Artigo 100
Despesas

1. As despesas ordinárias decorrentes da execução dos pedidos no território do Estado requerido serão por este suportadas, com exceção das seguintes, que correrão a cargo do Tribunal:

a) As despesas relacionadas com as viagens e a proteção das testemunhas e dos peritos ou com a transferência de detidos ao abrigo do artigo 93;

b) As despesas de tradução, de interpretação e de transcrição;

c) As despesas de deslocação e de estada dos juízes, do Procurador, dos Procuradores-adjuntos, do Secretário, do Secretário-Adjunto e dos membros do pessoal de todos os órgãos do Tribunal;

d) Os custos das perícias ou dos relatórios periciais solicitados pelo Tribunal;

e) As despesas decorrentes do transporte das pessoas entregues ao Tribunal pelo Estado de detenção; e

f) Após consulta, quaisquer despesas extraordinárias decorrentes da execução de um pedido.

2. O disposto no parágrafo 1.º aplicar-se-á, sempre que necessário, aos pedidos dirigidos pelos Estados-Partes ao Tribunal. Neste caso, o Tribunal tomará a seu cargo as despesas ordinárias decorrentes da execução.

Artigo 101
Regra da Especialidade

1. Nenhuma pessoa entregue ao Tribunal nos termos do presente Estatuto poderá ser perseguida, condenada ou detida por condutas anteriores à sua entrega, salvo quando estas constituam crimes que tenham fundamentado a sua entrega.

2. O Tribunal poderá solicitar uma derrogação dos requisitos estabelecidos no parágrafo 1.º ao Estado que lhe tenha entregue uma pessoa e, se necessário, facultar-lhe-á, em conformidade com o art. 91, informações complementares. Os Estados-Partes estarão habilitados a conceder uma derrogação ao Tribunal e deverão envidar esforços nesse sentido.

Artigo 102
Termos Usados

Para os fins do presente Estatuto:

a) Por "entrega", entende-se a entrega de uma pessoa por um Estado ao Tribunal nos termos do presente Estatuto;

b) Por "extradição", entende-se a entrega de uma pessoa por um Estado a outro Estado conforme previsto em um tratado, em uma convenção ou no direito interno.

Capítulo X
EXECUÇÃO DA PENA

Artigo 103
Função dos Estados na Execução das Penas Privativas de Liberdade

1. *a)* As penas privativas de liberdade serão cumpridas num Estado indicado pelo Tribunal a partir de uma lista de Estados que lhe tenham manifestado a sua disponibilidade para receber pessoas condenadas;

b) Ao declarar a sua disponibilidade para receber pessoas condenadas, um Estado poderá formular condições acordadas com o Tribunal e em conformidade com o presente Capítulo;

c) O Estado indicado no âmbito de um determinado caso dará prontamente a conhecer se aceita ou não a indicação do Tribunal.

2. *a)* O Estado da execução informará o Tribunal de qualquer circunstância, incluindo o cumprimento de quaisquer condições acordadas nos termos do parágrafo 1.º, que possam afetar materialmente as condições ou a duração da detenção. O Tribunal será informado com, pelo menos, 45 dias de antecedência sobre qualquer circunstância dessa natureza, conhecida ou previsível. Durante este período, o Estado da execução não tomará qualquer medida que possa ser contrária às suas obrigações ao abrigo do art. 110;

b) Se o Tribunal não puder aceitar as circunstâncias referidas na alínea *a*, deverá informar o Estado da execução e proceder em harmonia com o parágrafo 1.º do art. 104.

3. Sempre que exercer o seu poder de indicação em conformidade com o parágrafo 1.º, o Tribunal levará em consideração:

a) O princípio segundo o qual os Estados-Partes devem partilhar da responsabilidade na execução das penas privativas de liberdade, em conformidade com os princípios de distribuição equitativa estabelecidos no Regulamento Processual;

b) A aplicação de normas convencionais do direito internacional amplamente aceitas, que regulam o tratamento dos reclusos;

c) A opinião da pessoa condenada; e

d) A nacionalidade da pessoa condenada;

e) Outros fatores relativos às circunstâncias do crime, às condições pessoais da pessoa condenada ou à execução efetiva da pena, adequadas à indicação do Estado da execução.

4. Se nenhum Estado for designado nos termos do parágrafo 1.º, a pena privativa de liberdade será cumprida num estabelecimento prisional designado pelo Estado anfitrião, em conformidade com as condições estipuladas no acordo que determinou o local da sede previsto no parágrafo 2.º do art. 3.º. Neste caso, as despesas relacionadas com a execução da pena ficarão a cargo do Tribunal.

Artigo 104
Alteração da Indicação do Estado da Execução

1. O Tribunal poderá, a qualquer momento, decidir transferir um condenado para uma prisão de um outro Estado.

2. A pessoa condenada pelo Tribunal poderá, a qualquer momento, solicitar-lhe que a transfira do Estado encarregado da execução.

Artigo 105
Execução da Pena

1. Sem prejuízo das condições que um Estado haja estabelecido nos termos do art. 103, parágrafo 1.º, *b*, a pena privativa de liberdade é vinculativa para os Estados-Partes, não podendo estes modificá-la em caso algum.

2. Será da exclusiva competência do Tribunal pronunciar-se sobre qualquer pedido de revisão ou recurso. O Estado da execução não obstará a que o condenado apresente um tal pedido.

Artigo 106
Controle da Execução da Pena e das Condições de Detenção

1. A execução de uma pena privativa de liberdade será submetida ao controle do Tribunal e observará as regras convencionais internacionais amplamente aceitas em matéria de tratamento dos reclusos.

2. As condições de detenção serão reguladas pela legislação do Estado da execução e observarão as regras convencionais internacionais amplamente aceitas em matéria de tratamento dos reclusos. Em caso algum devem ser menos ou mais favoráveis do que as aplicáveis aos reclusos condenados no Estado da execução por infrações análogas.
3. As comunicações entre o condenado e o Tribunal serão livres e terão caráter confidencial.

Artigo 107
Transferência do Condenado depois de Cumprida a Pena

1. Cumprida a pena, a pessoa que não seja nacional do Estado da execução poderá, de acordo com a legislação desse mesmo Estado, ser transferida para um outro Estado obrigado a aceitá-la ou ainda para um outro Estado que aceite acolhê-la tendo em conta a vontade expressa pela pessoa em ser transferida para esse Estado; a menos que o Estado da execução autorize essa pessoa a permanecer no seu território.
2. As despesas relativas à transferência do condenado para um outro Estado nos termos do parágrafo 1.º serão suportadas pelo Tribunal se nenhum Estado as tomar a seu cargo.
3. Sem prejuízo do disposto no art. 108, o Estado da execução poderá igualmente, em harmonia com o seu direito interno, extraditar ou entregar por qualquer outro modo a pessoa a um Estado que tenha solicitado a sua extradição ou a sua entrega para fins de julgamento ou de cumprimento de uma pena.

Artigo 108
Restrições ao Procedimento Criminal ou à Condenação por Outras Infrações

1. A pessoa condenada que esteja detida no Estado da execução não poderá ser objeto de procedimento criminal, condenação ou extradição para um Estado terceiro em virtude de uma conduta anterior à sua transferência para o Estado da execução, a menos que o Tribunal tenha dado a sua aprovação a tal procedimento, condenação ou extradição, a pedido do Estado da execução.
2. Ouvido o condenado, o Tribunal pronunciar-se-á sobre a questão.
3. O parágrafo 1.º deixará de ser aplicável se o condenado permanecer voluntariamente no território do Estado da execução por um período superior a 30 dias após o cumprimento integral da pena proferida pelo Tribunal, ou se regressar ao território desse Estado após dele ter saído.

Artigo 109
Execução das Penas de Multa e das Medidas de Perda

1. Os Estados-Partes aplicarão as penas de multa, bem como as medidas de perda ordenadas pelo Tribunal ao abrigo do Capítulo VII, sem prejuízo dos direitos de terceiros de boa-fé e em conformidade com os procedimentos previstos no respectivo direito interno.
2. Sempre que um Estado-Parte não possa tornar efetiva a declaração de perda, deverá tomar medidas para recuperar o valor do produto, dos bens ou dos haveres cuja perda tenha sido declarada pelo Tribunal, sem prejuízo dos direitos de terceiros de boa-fé.
3. Os bens, ou o produto da venda de bens imóveis ou, se for caso disso, da venda de outros bens, obtidos por um Estado-Parte por força da execução de uma decisão do Tribunal, serão transferidos para o Tribunal.

Artigo 110
Reexame pelo Tribunal da Questão de Redução de Pena

1. O Estado da execução não poderá libertar o recluso antes de cumprida a totalidade da pena proferida pelo Tribunal.
2. Somente o Tribunal terá a faculdade de decidir sobre qualquer redução da pena e, ouvido o condenado, pronunciar-se-á a tal respeito.
3. Quando a pessoa já tiver cumprido dois terços da pena, ou 25 anos de prisão em caso de pena de prisão perpétua, o Tribunal reexaminará a pena para determinar se haverá lugar a sua redução. Tal reexame só será efetuado transcorrido o período acima referido.
4. No reexame a que se refere o parágrafo 3.º, o Tribunal poderá reduzir a pena se constatar que se verificam uma ou várias das condições seguintes:

a) A pessoa tiver manifestado, desde o início e de forma contínua, a sua vontade em cooperar com o Tribunal no inquérito e no procedimento;
b) A pessoa tiver, voluntariamente, facilitado a execução das decisões e despachos do Tribunal em outros casos, nomeadamente ajudando-o a localizar bens

sobre os quais recaíam decisões de perda, de multa ou de reparação que poderão ser usados em benefício das vítimas; ou

c) Outros fatores que conduzam a uma clara e significativa alteração das circunstâncias suficiente para justificar a redução da pena, conforme previsto no Regulamento Processual;

5. Se, no reexame inicial a que se refere o parágrafo 3.º, o Tribunal considerar não haver motivo para redução da pena, ele reexaminará subsequentemente a questão da redução da pena com a periodicidade e nos termos previstos no Regulamento Processual.

Artigo 111
Evasão

Se um condenado se evadir do seu local de detenção e fugir do território do Estado da execução, este poderá, depois de ter consultado o Tribunal, pedir ao Estado no qual se encontra localizado o condenado que o entregue em conformidade com os acordos bilaterais ou multilaterais em vigor, ou requerer ao Tribunal que solicite a entrega dessa pessoa ao abrigo do Capítulo IX. O Tribunal poderá, ao solicitar a entrega da pessoa, determinar que esta seja entregue ao Estado no qual se encontrava a cumprir a sua pena, ou a outro Estado por ele indicado.

Capítulo XI
ASSEMBLEIA DOS ESTADOS-PARTES

Artigo 112
Assembleia dos Estados-Partes

1. É constituída, pelo presente instrumento, uma Assembleia dos Estados-Partes. Cada um dos Estados-Partes nela disporá de um representante, que poderá ser coadjuvado por substitutos e assessores. Outros Estados signatários do Estatuto ou da Ata Final poderão participar nos trabalhos da Assembleia na qualidade de observadores.

2. A Assembleia:

a) Examinará e adotará, se adequado, as recomendações da Comissão Preparatória;

b) Promoverá junto à Presidência, ao Procurador e ao Secretário as linhas orientadoras gerais no que toca à administração do Tribunal;

c) Examinará os relatórios e as atividades da Mesa estabelecidos nos termos do parágrafo 3.º e tomará as medidas apropriadas;

d) Examinará e aprovará o orçamento do Tribunal;

e) Decidirá, se for caso disso, alterar o número de juízes nos termos do artigo 36;

f) Examinará, em harmonia com os parágrafos 5.º e 7.º do art. 87, qualquer questão relativa à não cooperação dos Estados;

g) Desempenhará qualquer outra função compatível com as disposições do presente Estatuto ou do Regulamento Processual;

3. *a)* A Assembleia será dotada de uma Mesa composta por um presidente, dois vice-presidentes e 18 membros por ela eleitos por períodos de três anos;

b) A Mesa terá um caráter representativo, atendendo nomeadamente ao princípio da distribuição geográfica equitativa e à necessidade de assegurar uma representação adequada dos principais sistemas jurídicos do mundo;

c) A Mesa reunir-se-á as vezes que forem necessárias, mas, pelo menos, uma vez por ano. Assistirá a Assembleia no desempenho das suas funções.

4. A Assembleia poderá criar outros órgãos subsidiários que julgue necessários, nomeadamente um mecanismo de controle independente que proceda a inspeções, avaliações e inquéritos em ordem a melhorar a eficiência e economia da administração do Tribunal.

5. O Presidente do Tribunal, o Procurador e o Secretário ou os respectivos representantes poderão participar, sempre que julguem oportuno, nas reuniões da Assembleia e da Mesa.

6. A Assembleia reunir-se-á na sede do Tribunal ou na sede da Organização das Nações Unidas uma vez por ano e, sempre que as circunstâncias o exigirem, reunir-se-á em sessão extraordinária. A menos que o presente Estatuto estabeleça em contrário, as sessões extraordinárias são convocadas pela Mesa, de ofício ou a pedido de um terço dos Estados-Partes.

7. Cada um dos Estados-Partes disporá de um voto. Todos os esforços deverão ser envidados para que as decisões da Assembleia e da Mesa sejam adotadas por consenso. Se tal não for possível, e a menos que o Estatuto estabeleça em contrário:

a) As decisões sobre as questões de fundo serão tomadas por maioria de dois terços dos membros presentes e votantes, sob a condição que a maioria absoluta dos Estados-Partes constitua *quorum* para o escrutínio;

b) As decisões sobre as questões de procedimento serão tomadas por maioria simples dos Estados--Partes presentes e votantes.

8. O Estado-Parte em atraso no pagamento da sua contribuição financeira para as despesas do Tribunal não poderá votar nem na Assembleia nem na Mesa se o total das suas contribuições em atraso igualar ou exceder a soma das contribuições correspondentes aos dois anos anteriores completos por ele devidos. A Assembleia Geral poderá, no entanto, autorizar o Estado em causa a votar na Assembleia ou na Mesa se ficar provado que a falta de pagamento é devida a circunstâncias alheias ao controle do Estado-Parte.

9. A Assembleia adotará o seu próprio Regimento.

10. As línguas oficiais e de trabalho da Assembleia dos Estados-Partes serão as línguas oficiais e de trabalho da Assembleia Geral da Organização das Nações Unidas.

Capítulo XII
FINANCIAMENTO

Artigo 113
Regulamento Financeiro

Salvo disposição expressa em contrário, todas as questões financeiras atinentes ao Tribunal e às reuniões da Assembleia dos Estados-Partes, incluindo a sua Mesa e os seus órgãos subsidiários, serão reguladas pelo presente Estatuto, pelo Regulamento Financeiro e pelas normas de gestão financeira adotados pela Assembleia dos Estados-Partes.

Artigo 114
Pagamento de Despesas

As despesas do Tribunal e da Assembleia dos Estados--Partes, incluindo a sua Mesa e os seus órgãos subsidiários, serão pagas pelos fundos do Tribunal.

Artigo 115
Fundos do Tribunal e da Assembleia dos Estados-Partes

As despesas do Tribunal e da Assembleia dos Estados--Partes, incluindo a sua Mesa e os seus órgãos subsidiários, inscritas no orçamento aprovado pela Assembleia dos Estados-Partes, serão financiadas:

a) Pelas quotas dos Estados-Partes;

b) Pelos fundos provenientes da Organização das Nações Unidas, sujeitos à aprovação da Assembleia Geral, nomeadamente no que diz respeito às despesas relativas a questões remetidas para o Tribunal pelo Conselho de Segurança.

Artigo 116
Contribuições Voluntárias

Sem prejuízo do art. 115, o Tribunal poderá receber e utilizar, a título de fundos adicionais, as contribuições voluntárias dos Governos, das organizações internacionais, dos particulares, das empresas e demais entidades, de acordo com os critérios estabelecidos pela Assembleia dos Estados-Partes nesta matéria.

Artigo 117
Cálculo das Quotas

As quotas dos Estados-Partes serão calculadas em conformidade com uma tabela de quotas que tenha sido acordada, com base na tabela adotada pela Organização das Nações Unidas para o seu orçamento ordinário, e adaptada de harmonia com os princípios nos quais se baseia tal tabela.

Artigo 118
Verificação Anual de Contas

Os relatórios, livros e contas do Tribunal, incluindo os balanços financeiros anuais, serão verificados anualmente por um revisor de contas independente.

Capítulo XIII
CLÁUSULAS FINAIS

Artigo 119
Resolução de Diferendos

1. Qualquer diferendo relativo às funções judiciais do Tribunal será resolvido por decisão do Tribunal.

2. Quaisquer diferendos entre dois ou mais Estados--Partes relativos à interpretação ou à aplicação do presente Estatuto, que não forem resolvidos pela via negocial num período de três meses após o seu início, serão submetidos à Assembleia dos Estados-Partes. A Assembleia poderá procurar resolver o diferendo ou fazer recomendações relativas a outros métodos de resolução, incluindo a submissão do diferendo à Corte Internacional de Justiça, em conformidade com o Estatuto dessa Corte.

Artigo 120
Reservas

Não são admitidas reservas a este Estatuto.

Artigo 121
Alterações

1. Expirado o período de sete anos após a entrada em vigor do presente Estatuto, qualquer Estado-Parte poderá propor alterações ao Estatuto. O texto das propostas de alterações será submetido ao Secretário--Geral da Organização das Nações Unidas, que o comunicará sem demora a todos os Estados-Partes.

2. Decorridos pelo menos três meses após a data desta notificação, a Assembleia dos Estados-Partes decidirá na reunião seguinte, por maioria dos seus membros presentes e votantes, se deverá examinar a proposta. A Assembleia poderá tratar desta proposta, ou convocar uma Conferência de Revisão se a questão suscitada o justificar.

3. A adoção de uma alteração numa reunião da Assembleia dos Estados-Partes ou numa Conferência de Revisão exigirá a maioria de dois terços dos Estados--Partes, quando não for possível chegar a um consenso.

4. Sem prejuízo do disposto no parágrafo 5.º, qualquer alteração entrará em vigor, para todos os Estados--Partes, um ano depois que sete oitavos de entre eles tenham depositado os respectivos instrumentos de ratificação ou de aceitação junto do Secretário-Geral da Organização das Nações Unidas.

5. Qualquer alteração aos arts. 5.º, 6.º, 7.º e 8.º do presente Estatuto entrará em vigor, para todos os Estados-Partes que a tenham aceitado, um ano após o depósito dos seus instrumentos de ratificação ou de aceitação. O Tribunal não exercerá a sua competência relativamente a um crime abrangido pela alteração sempre que este tiver sido cometido por nacionais de um Estado-Parte que não tenha aceitado a alteração, ou no território desse Estado-Parte.

6. Se uma alteração tiver sido aceita por sete oitavos dos Estados-Partes nos termos do parágrafo 4.º, qualquer Estado-Parte que não a tenha aceito poderá retirar-se do Estatuto com efeito imediato, não obstante o disposto no parágrafo 1.º do art. 127, mas sem prejuízo do disposto no parágrafo 2.º do art. 127, mediante notificação da sua retirada o mais tardar um ano após a entrada em vigor desta alteração.

7. O Secretário-Geral da Organização das Nações Unidas comunicará a todos os Estados-Partes quaisquer alterações que tenham sido adotadas em reunião da Assembleia dos Estados-Partes ou numa Conferência de Revisão.

Artigo 122
Alteração de Disposições de Caráter Institucional

1. Não obstante o art. 121, parágrafo 1.º, qualquer Estado-Parte poderá, em qualquer momento, propor alterações às disposições do Estatuto, de caráter exclusivamente institucional, a saber, arts. 35, 36, parágrafos 8.º e 9.º, arts. 37, 38, 39, parágrafos 1.º (as primeiras duas frases), 2.º e 4.º, art. 42, parágrafos 4.º a 9.º, art. 43, parágrafos 2.º e 3.º e arts. 44, 46, 47 e 49. O texto de qualquer proposta será submetido ao Secretário-Geral da Organização das Nações Unidas ou a qualquer outra pessoa designada pela Assembleia dos Estados-Partes, que o comunicará sem demora a todos os Estados-Partes e aos outros participantes na Assembleia.

2. As alterações apresentadas nos termos deste artigo, sobre as quais não seja possível chegar a um consenso, serão adotadas pela Assembleia dos Estados--Partes ou por uma Conferência de Revisão, por uma maioria de dois terços dos Estados-Partes. Tais alterações entrarão em vigor, para todos os Estados--Partes, seis meses após a sua adoção pela Assembleia ou, conforme o caso, pela Conferência de Revisão.

Artigo 123
Revisão do Estatuto

1. Sete anos após a entrada em vigor do presente Estatuto, o Secretário-Geral da Organização das Nações Unidas convocará uma Conferência de Revisão para examinar qualquer alteração ao presente Estatuto. A revisão poderá incidir nomeadamente, mas não exclusivamente, sobre a lista de crimes que figura no art. 5.º. A Conferência estará aberta aos participantes na Assembleia dos Estados-Partes, nas mesmas condições.

2. A todo o momento ulterior, a requerimento de um Estado-Parte e para os fins enunciados no parágrafo 1.º, o Secretário-Geral da Organização das Nações Unidas, mediante aprovação da maioria dos Estados--Partes, convocará uma Conferência de Revisão.

3. A adoção e a entrada em vigor de qualquer alteração ao Estatuto examinada numa Conferência de Revisão serão reguladas pelas disposições do art. 121, parágrafos 3.º a 7.º.

Artigo 124
Disposição Transitória

Não obstante o disposto nos parágrafos 1.º e 2.º do art. 12, um Estado que se torne Parte no presente Estatuto, poderá declarar que, durante um período de sete anos a contar da data da entrada em vigor do Estatuto no seu território, não aceitará a competência do Tribunal relativamente à categoria de crimes referidos no art. 8.º, quando haja indícios de que um crime tenha sido praticado por nacionais seus ou no seu território. A declaração formulada ao abrigo deste artigo poderá ser retirada a qualquer momento. O disposto neste artigo será reexaminado na Conferência de Revisão a convocar em conformidade com o parágrafo 1.º do art. 123.

Artigo 125
Assinatura, Ratificação, Aceitação, Aprovação ou Adesão

1. O presente Estatuto estará aberto à assinatura de todos os Estados na sede da Organização das Nações Unidas para a Alimentação e a Agricultura, em Roma, a 17 de Julho de 1998, continuando aberto à assinatura no Ministério dos Negócios Estrangeiros de Itália, em Roma, até 17 de Outubro de 1998. Após esta data, o Estatuto continuará aberto na sede da Organização das Nações Unidas, em Nova Iorque, até 31 de Dezembro de 2000.

2. O presente Estatuto ficará sujeito a ratificação, aceitação ou aprovação dos Estados signatários. Os instrumentos de ratificação, aceitação ou aprovação serão depositados junto do Secretário-Geral da Organização das Nações Unidas.

3. O presente Estatuto ficará aberto à adesão de qualquer Estado. Os instrumentos de adesão serão depositados junto do Secretário-Geral da Organização das Nações Unidas.

Artigo 126
Entrada em Vigor

1. O presente Estatuto entrará em vigor no primeiro dia do mês seguinte ao termo de um período de 60 dias após a data do depósito do sexagésimo instrumento de ratificação, de aceitação, de aprovação ou de adesão junto do Secretário-Geral da Organização das Nações Unidas.

2. Em relação ao Estado que ratifique, aceite ou aprove o Estatuto, ou a ele adira após o depósito do sexagésimo instrumento de ratificação, de aceitação, de aprovação ou de adesão, o Estatuto entrará em vigor no primeiro dia do mês seguinte ao termo de um período de 60 dias após a data do depósito do respectivo instrumento de ratificação, de aceitação, de aprovação ou de adesão.

Artigo 127
Retirada

1. Qualquer Estado-Parte poderá, mediante notificação escrita e dirigida ao Secretário-Geral da Organização das Nações Unidas, retirar-se do presente Estatuto. A retirada produzirá efeitos um ano após a data de recepção da notificação, salvo se esta indicar uma data ulterior.

2. A retirada não isentará o Estado das obrigações que lhe incumbem em virtude do presente Estatuto enquanto Parte do mesmo, incluindo as obrigações financeiras que tiver assumido, não afetando também a cooperação com o Tribunal no âmbito de inquéritos e de procedimentos criminais relativamente aos quais o Estado tinha o dever de cooperar e que se iniciaram antes da data em que a retirada começou a produzir efeitos; a retirada em nada afetará a prossecução da apreciação das causas que o Tribunal já tivesse começado a apreciar antes da data em que a retirada começou a produzir efeitos.

Artigo 128
Textos Autênticos

O original do presente Estatuto, cujos textos em árabe, chinês, espanhol, francês, inglês e russo fazem igualmente fé, será depositado junto do Secretário-Geral das Nações Unidas, que enviará cópia autenticada a todos os Estados.

Em fé do que, os abaixo assinados, devidamente autorizados pelos respectivos Governos, assinaram o presente Estatuto.

Feito em Roma, aos dezessete dias do mês de julho de mil novecentos e noventa e oito.

LEI N. 10.741, DE 1.º DE OUTUBRO DE 2003 (*)

Dispõe sobre o Estatuto da Pessoa-Idosa e dá outras providências.

•• Ementa com redação determinada pela Lei n. 14.423, de 22-7-2022.

O Presidente da República

Faço saber que o Congresso Nacional decreta e eu sanciono a seguinte Lei:

TÍTULO I
DISPOSIÇÕES PRELIMINARES

Art. 1.º É instituído o Estatuto da Pessoa Idosa, destinado a regular os direitos assegurados às pessoas com idade igual ou superior a 60 (sessenta) anos.

•• Artigo com redação determinada pela Lei n. 14.423, de 22-7-2022.

Art. 2.º A pessoa idosa goza de todos os direitos fundamentais inerentes à pessoa humana, sem prejuízo da proteção integral de que trata esta Lei, assegurando-se-lhe, por lei ou por outros meios, todas as oportunidades e facilidades, para preservação de sua saúde física e mental e seu aperfeiçoamento moral, intelectual, espiritual e social, em condições de liberdade e dignidade.

•• Artigo com redação determinada pela Lei n. 14.423, de 22-7-2022.

Art. 3.º É obrigação da família, da comunidade, da sociedade e do poder público assegurar à pessoa idosa, com absoluta prioridade, a efetivação do direito à vida, à saúde, à alimentação, à educação, à cultura, ao esporte, ao lazer, ao trabalho, à cidadania, à liberdade, à dignidade, ao respeito e à convivência familiar e comunitária.

•• *Caput* com redação determinada pela Lei n. 14.423, de 22-7-2022.

§ 1.º A garantia de prioridade compreende:

•• Parágrafo único, *caput*, renumerado pela Lei n. 13.466, de 12-7-2017.

I – atendimento preferencial imediato e individualizado junto aos órgãos públicos e privados prestadores de serviços à população;

II – preferência na formulação e na execução de políticas sociais públicas específicas;

III – destinação privilegiada de recursos públicos nas áreas relacionadas com a proteção à pessoa idosa;

•• Inciso III com redação determinada pela Lei n. 14.423, de 22-7-2022.

IV – viabilização de formas alternativas de participação, ocupação e convívio da pessoa idosa com as demais gerações;

•• Inciso IV com redação determinada pela Lei n. 14.423, de 22-7-2022.

V – priorização do atendimento da pessoa idosa por sua própria família, em detrimento do atendimento asilar, exceto dos que não a possuam ou careçam de condições de manutenção da própria sobrevivência;

•• Inciso V com redação determinada pela Lei n. 14.423, de 22-7-2022.

VI – capacitação e reciclagem dos recursos humanos nas áreas de geriatria e gerontologia e na prestação de serviços às pessoas idosas;

•• Inciso VI com redação determinada pela Lei n. 14.423, de 22-7-2022.

VII – estabelecimento de mecanismos que favoreçam a divulgação de informações de caráter educativo sobre os aspectos biopsicossociais de envelhecimento;

VIII – garantia de acesso à rede de serviços de saúde e de assistência social locais;

IX – prioridade no recebimento da restituição do Imposto de Renda.

•• Inciso IX acrescentado pela Lei n. 11.765, de 5-8-2008.

§ 2.º Entre as pessoas idosas, é assegurada prioridade especial aos maiores de 80 (oitenta) anos, atendendo-se suas necessidades sempre preferencialmente em relação às demais pessoas idosas.

•• § 2.º com redação determinada pela Lei n. 14.423, de 22-7-2022.

Art. 4.º Nenhuma pessoa idosa será objeto de qualquer tipo de negligência, discriminação, violência, crueldade ou opressão, e todo atentado aos seus direitos, por ação ou omissão, será punido na forma da lei.

•• *Caput* com redação determinada pela Lei n. 14.423, de 22-7-2022.

§ 1.º É dever de todos prevenir a ameaça ou violação aos direitos da pessoa idosa.

•• § 1.º com redação determinada pela Lei n. 14.423, de 22-7-2022.

(*) Publicada no *DOU*, de 3-10-2003.

§ 2.º As obrigações previstas nesta Lei não excluem da prevenção outras decorrentes dos princípios por ela adotados.

Art. 5.º A inobservância das normas de prevenção importará em responsabilidade à pessoa física ou jurídica nos termos da lei.

Art. 6.º Todo cidadão tem o dever de comunicar à autoridade competente qualquer forma de violação a esta Lei que tenha testemunhado ou de que tenha conhecimento.

Art. 7.º Os Conselhos Nacional, Estaduais, do Distrito Federal e Municipais da Pessoa Idosa, previstos na Lei n. 8.842, de 4 de janeiro de 1994, zelarão pelo cumprimento dos direitos da pessoa idosa, definidos nesta Lei.

•• Artigo com redação determinada pela Lei n. 14.423, de 22-7-2022.

•• O Decreto n. 11.483, de 6-4-2023, dispõe sobre o Conselho Nacional dos Direitos da Pessoa Idosa - CNDPI.

Título II
DOS DIREITOS FUNDAMENTAIS

Capítulo IV
DO DIREITO À SAÚDE

Art. 19. Os casos de suspeita ou confirmação de violência praticada contra pessoas idosas serão objeto de notificação compulsória pelos serviços de saúde públicos e privados à autoridade sanitária, bem como serão obrigatoriamente comunicados por eles a quaisquer dos seguintes órgãos:

•• *Caput* com redação determinada pela Lei n. 14.423, de 22-7-2022.

I – autoridade policial;
II – Ministério Público;

§ 1.º Para os efeitos desta Lei, considera-se violência contra a pessoa idosa qualquer ação ou omissão praticada em local público ou privado que lhe cause morte, dano ou sofrimento físico ou psicológico.

•• § 1.º com redação determinada pela Lei n. 14.423, de 22-7-2022.

Título III
DAS MEDIDAS DE PROTEÇÃO

Capítulo I
DAS DISPOSIÇÕES GERAIS

Art. 43. As medidas de proteção à pessoa idosa são aplicáveis sempre que os direitos reconhecidos nesta Lei forem ameaçados ou violados:

•• *Caput* com redação determinada pela Lei n. 14.423, de 22-7-2022.

I – por ação ou omissão da sociedade ou do Estado;
II – por falta, omissão ou abuso da família, curador ou entidade de atendimento;
III – em razão de sua condição pessoal.

Capítulo II
DAS MEDIDAS ESPECÍFICAS DE PROTEÇÃO

Art. 44. As medidas de proteção à pessoa idosa previstas nesta Lei poderão ser aplicadas, isolada ou cumulativamente, e levarão em conta os fins sociais a que se destinam e o fortalecimento dos vínculos familiares e comunitários.

•• Artigo com redação determinada pela Lei n. 14.423, de 22-7-2022.

Art. 45. Verificada qualquer das hipóteses previstas no art. 43, o Ministério Público ou o Poder Judiciário, a requerimento daquele, poderá determinar, dentre outras, as seguintes medidas:

I – encaminhamento à família ou curador, mediante termo de responsabilidade;
II – orientação, apoio e acompanhamento temporários;
III – requisição para tratamento de sua saúde, em regime ambulatorial, hospitalar ou domiciliar;
IV – inclusão em programa oficial ou comunitário de auxílio, orientação e tratamento a usuários dependentes de drogas lícitas ou ilícitas, à própria pessoa idosa ou à pessoa de sua convivência que lhe cause perturbação;

•• Inciso IV com redação determinada pela Lei n. 14.423, de 22-7-2022.

V – abrigo em entidade;
VI – abrigo temporário.

Título IV
DA POLÍTICA DE ATENDIMENTO À PESSOA IDOSA

•• Título IV com redação determinada pela Lei n. 14.423, de 22-7-2022.

Capítulo II
DAS ENTIDADES DE ATENDIMENTO À PESSOA IDOSA

•• Capítulo II com redação determinada pela Lei n. 14.423, de 22-7-2022.

Art. 49. As entidades que desenvolvam programas de institucionalização de longa permanência adotarão os seguintes princípios:

I – preservação dos vínculos familiares;

II – atendimento personalizado e em pequenos grupos;

III – manutenção da pessoa idosa na mesma instituição, salvo em caso de força maior;

•• Inciso III com redação determinada pela Lei n. 14.423, de 22-7-2022.

IV – participação da pessoa idosa nas atividades comunitárias, de caráter interno e externo;

•• Inciso IV com redação determinada pela Lei n. 14.423, de 22-7-2022.

V – observância dos direitos e garantias das pessoas idosas;

•• Inciso V com redação determinada pela Lei n. 14.423, de 22-7-2022.

VI – preservação da identidade da pessoa idosa e oferecimento de ambiente de respeito e dignidade.

•• Inciso VI com redação determinada pela Lei n. 14.423, de 22-7-2022.

Parágrafo único. O dirigente de instituição prestadora de atendimento à pessoa idosa responderá civil e criminalmente pelos atos que praticar em detrimento da pessoa idosa, sem prejuízo das sanções administrativas.

•• Parágrafo único com redação determinada pela Lei n. 14.423, de 22-7-2022.

Art. 50. Constituem obrigações das entidades de atendimento:

I – celebrar contrato escrito de prestação de serviço com a pessoa idosa, especificando o tipo de atendimento, as obrigações da entidade e prestações decorrentes do contrato, com os respectivos preços, se for o caso;

•• Inciso I com redação determinada pela Lei n. 14.423, de 22-7-2022.

II – observar os direitos e as garantias de que são titulares as pessoas idosas;

•• Inciso II com redação determinada pela Lei n. 14.423, de 22-7-2022.

III – fornecer vestuário adequado, se for pública, e alimentação suficiente;

IV – oferecer instalações físicas em condições adequadas de habitabilidade;

V – oferecer atendimento personalizado;

VI – diligenciar no sentido da preservação dos vínculos familiares;

VII – oferecer acomodações apropriadas para recebimento de visitas;

VIII – proporcionar cuidados à saúde, conforme a necessidade da pessoa idosa;

•• Inciso VIII com redação determinada pela Lei n. 14.423, de 22-7-2022.

IX – promover atividades educacionais, esportivas, culturais e de lazer;

X – propiciar assistência religiosa àqueles que desejarem, de acordo com suas crenças;

XI – proceder a estudo social e pessoal de cada caso;

XII – comunicar à autoridade competente de saúde toda ocorrência de pessoa idosa com doenças infectocontagiosas;

•• Inciso XII com redação determinada pela Lei n. 14.423, de 22-7-2022.

XIII – providenciar ou solicitar que o Ministério Público requisite os documentos necessários ao exercício da cidadania àqueles que não os tiverem, na forma da lei;

XIV – fornecer comprovante de depósito dos bens móveis que receberem das pessoas idosas;

•• Inciso XIV com redação determinada pela Lei n. 14.423, de 22-7-2022.

XV – manter arquivo de anotações no qual constem data e circunstâncias do atendimento, nome da pessoa idosa, responsável, parentes, endereços, cidade, relação de seus pertences, bem como o valor de contribuições, e suas alterações, se houver, e demais dados que possibilitem sua identificação e a individualização do atendimento;

•• Inciso XV com redação determinada pela Lei n. 14.423, de 22-7-2022.

XVI – comunicar ao Ministério Público, para as providências cabíveis, a situação de abandono moral ou material por parte dos familiares;

XVII – manter no quadro de pessoal profissionais com formação específica.

Art. 51. As instituições filantrópicas ou sem fins lucrativos prestadoras de serviço às pessoas idosas terão direito à assistência judiciária gratuita.

•• Artigo com redação determinada pela Lei n. 14.423, de 22-7-2022.

Capítulo III
DA FISCALIZAÇÃO DAS ENTIDADES DE ATENDIMENTO

Art. 52. As entidades governamentais e não governamentais de atendimento à pessoa idosa serão fiscalizadas pelos Conselhos da Pessoa Idosa, Ministério Público, Vigilância Sanitária e outros previstos em lei.

•• Artigo com redação determinada pela Lei n. 14.423, de 22-7-2022.

Art. 54. Será dada publicidade das prestações de contas dos recursos públicos e privados recebidos pelas entidades de atendimento.

Art. 55. As entidades de atendimento que descumprirem as determinações desta Lei ficarão sujeitas, sem prejuízo da responsabilidade civil e criminal de seus dirigentes ou prepostos, às seguintes penalidades, observado o devido processo legal:

I – as entidades governamentais:

a) advertência;

b) afastamento provisório de seus dirigentes;

c) afastamento definitivo de seus dirigentes;

d) fechamento de unidade ou interdição de programa;

II – as entidades não governamentais:

a) advertência;

b) multa;

c) suspensão parcial ou total do repasse de verbas públicas;

d) interdição de unidade ou suspensão de programa;

e) proibição de atendimento a pessoas idosas a bem do interesse público.

•• Alínea e com redação determinada pela Lei n. 14.423, de 22-7-2022.

§ 1.º Havendo danos às pessoas idosas abrigadas ou qualquer tipo de fraude em relação ao programa, caberá o afastamento provisório dos dirigentes ou a interdição da unidade e a suspensão do programa.

•• § 1.º com redação determinada pela Lei n. 14.423, de 22-7-2022.

§ 2.º A suspensão parcial ou total do repasse de verbas públicas ocorrerá quando verificada a má aplicação ou desvio de finalidade dos recursos.

§ 3.º Na ocorrência de infração por entidade de atendimento que coloque em risco os direitos assegurados nesta Lei, será o fato comunicado ao Ministério Público, para as providências cabíveis, inclusive para promover a suspensão das atividades ou dissolução da entidade, com a proibição de atendimento a pessoas idosas a bem do interesse público, sem prejuízo das providências a serem tomadas pela Vigilância Sanitária.

•• § 3.º com redação determinada pela Lei n. 14.423, de 22-7-2022.

§ 4.º Na aplicação das penalidades, serão consideradas a natureza e a gravidade da infração cometida, os danos que dela provierem para a pessoa idosa, as circunstâncias agravantes ou atenuantes e os antecedentes da entidade.

•• § 4.º com redação determinada pela Lei n. 14.423, de 22-7-2022.

Capítulo IV
DAS INFRAÇÕES ADMINISTRATIVAS

Art. 56. Deixar a entidade de atendimento de cumprir as determinações do art. 50 desta Lei:

Pena – multa de R$ 500,00 (quinhentos reais) a R$ 3.000,00 (três mil reais), se o fato não for caracterizado como crime, podendo haver a interdição do estabelecimento até que sejam cumpridas as exigências legais.

Parágrafo único. No caso de interdição do estabelecimento de longa permanência, as pessoas idosas abrigadas serão transferidas para outra instituição, a expensas do estabelecimento interditado, enquanto durar a interdição.

•• Parágrafo único com redação determinada pela Lei n. 14.423, de 22-7-2022.

Art. 57. Deixar o profissional de saúde ou o responsável por estabelecimento de saúde ou instituição de longa permanência de comunicar à autoridade competente os casos de crimes contra pessoa idosa de que tiver conhecimento:

•• *Caput* com redação determinada pela Lei n. 14.423, de 22-7-2022.

Pena – multa de R$ 500,00 (quinhentos reais) a R$ 3.000,00 (três mil reais), aplicada em dobro no caso de reincidência.

Art. 58. Deixar de cumprir as determinações desta Lei sobre a prioridade no atendimento à pessoa idosa:

•• *Caput* com redação determinada pela Lei n. 14.423, de 22-7-2022.

Pena – multa de R$ 500,00 (quinhentos reais) a R$ 1.000,00 (mil reais) e multa civil a ser estipulada pelo juiz, conforme o dano sofrido pela pessoa idosa.

•• Pena com redação determinada pela Lei n. 14.423, de 22-7-2022.

Capítulo V
DA APURAÇÃO ADMINISTRATIVA DE INFRAÇÃO ÀS NORMAS DE PROTEÇÃO À PESSOA IDOSA

•• Capítulo V com redação determinada pela Lei n. 14.423, de 22-7-2022.

Art. 59. Os valores monetários expressos no Capítulo IV serão atualizados anualmente, na forma da lei.

Art. 60. O procedimento para a imposição de penalidade administrativa por infração às normas de proteção à pessoa idosa terá início com requisição do Ministério Público ou auto de infração elaborado por servidor efetivo e assinado, se possível, por 2 (duas) testemunhas.

•• *Caput* com redação determinada pela Lei n. 14.423, de 22-7-2022.

§ 1.º No procedimento iniciado com o auto de infração poderão ser usadas fórmulas impressas, especificando-se a natureza e as circunstâncias da infração.

§ 2.º Sempre que possível, à verificação da infração seguir-se-á a lavratura do auto, ou este será lavrado dentro de 24 (vinte e quatro) horas, por motivo justificado.

Art. 61. O autuado terá prazo de 10 (dez) dias para a apresentação da defesa, contado da data da intimação, que será feita:

I – pelo autuante, no instrumento de autuação, quando for lavrado na presença do infrator;

II – por via postal, com aviso de recebimento.

Art. 62. Havendo risco para a vida ou à saúde da pessoa idosa, a autoridade competente aplicará à entidade de atendimento as sanções regulamentares, sem prejuízo da iniciativa e das providências que vierem a ser adotadas pelo Ministério Público ou pelas demais instituições legitimadas para a fiscalização.

•• Artigo com redação determinada pela Lei n. 14.423, de 22-7-2022.

Art. 63. Nos casos em que não houver risco para a vida ou a saúde da pessoa idosa abrigada, a autoridade competente aplicará à entidade de atendimento as sanções regulamentares, sem prejuízo da iniciativa e das providências que vierem a ser adotadas pelo Ministério Público ou pelas demais instituições legitimadas para a fiscalização.

Capítulo VI
DA APURAÇÃO JUDICIAL DE IRREGULARIDADES EM ENTIDADE DE ATENDIMENTO

Art. 64. Aplicam-se, subsidiariamente, ao procedimento administrativo de que trata este Capítulo as disposições das Leis n. 6.437, de 20 de agosto de 1977, e 9.784, de 29 de janeiro de 1999.

Art. 65. O procedimento de apuração de irregularidade em entidade governamental e não governamental de atendimento à pessoa idosa terá início mediante petição fundamentada de pessoa interessada ou iniciativa do Ministério Público.

•• Artigo com redação determinada pela Lei n. 14.423, de 22-7-2022.

Art. 66. Havendo motivo grave, poderá a autoridade judiciária, ouvido o Ministério Público, decretar liminarmente o afastamento provisório do dirigente da entidade ou outras medidas que julgar adequadas, para evitar lesão aos direitos da pessoa idosa, mediante decisão fundamentada.

•• Artigo com redação determinada pela Lei n. 14.423, de 22-7-2022.

Art. 67. O dirigente da entidade será citado para, no prazo de 10 (dez) dias, oferecer resposta escrita, podendo juntar documentos e indicar as provas a produzir.

Art. 68. Apresentada a defesa, o juiz procederá na conformidade do art. 69 ou, se necessário, designará audiência de instrução e julgamento, deliberando sobre a necessidade de produção de outras provas.

§ 1.º Salvo manifestação em audiência, as partes e o Ministério Público terão 5 (cinco) dias para oferecer alegações finais, decidindo a autoridade judiciária em igual prazo.

§ 2.º Em se tratando de afastamento provisório ou definitivo de dirigente de entidade governamental, a autoridade judiciária oficiará a autoridade administrativa imediatamente superior ao afastado, fixando-lhe prazo de 24 (vinte e quatro) horas para proceder à substituição.

§ 3.º Antes de aplicar qualquer das medidas, a autoridade judiciária poderá fixar prazo para a remoção das irregularidades verificadas. Satisfeitas as exigências, o processo será extinto, sem julgamento do mérito.

§ 4.º A multa e a advertência serão impostas ao dirigente da entidade ou ao responsável pelo programa de atendimento.

TÍTULO V
DO ACESSO À JUSTIÇA

Capítulo I
DISPOSIÇÕES GERAIS

Art. 69. Aplica-se, subsidiariamente, às disposições deste Capítulo, o procedimento sumário previsto no Código de Processo Civil, naquilo que não contrarie os prazos previstos nesta Lei.

Art. 70. O poder público poderá criar varas especializadas e exclusivas da pessoa idosa.

•• Artigo com redação determinada pela Lei n. 14.423, de 22-7-2022.

Art. 71. É assegurada prioridade na tramitação dos processos e procedimentos e na execução dos atos e diligências judiciais em que figure como parte ou interveniente pessoa com idade igual ou superior a 60 (sessenta) anos, em qualquer instância.

§ 1.º O interessado na obtenção da prioridade a que alude este artigo, fazendo prova de sua idade, requererá o benefício à autoridade judiciária competente para decidir o feito, que determinará as providências a serem cumpridas, anotando-se essa circunstância em local visível nos autos do processo.

§ 2.º A prioridade não cessará com a morte do beneficiado, estendendo-se em favor do cônjuge supérstite, companheiro ou companheira, com união estável, maior de 60 (sessenta) anos.

§ 3.º A prioridade se estende aos processos e procedimentos na Administração Pública, empresas prestadoras de serviços públicos e instituições financeiras, ao atendimento preferencial junto à Defensoria Pública da União, dos Estados e do Distrito Federal em relação aos Serviços de Assistência Judiciária.

§ 4.º Para o atendimento prioritário, será garantido à pessoa idosa o fácil acesso aos assentos e caixas, identificados com a destinação a pessoas idosas em local visível e caracteres legíveis.

•• § 4.º com redação determinada pela Lei n. 14.423, de 22-7-2022.

§ 5.º Dentre os processos de pessoas idosas, dar-se-á prioridade especial aos das maiores de 80 (oitenta) anos.

•• § 5.º com redação determinada pela Lei n. 14.423, de 22-7-2022.

Capítulo II
DO MINISTÉRIO PÚBLICO

Art. 73. As funções do Ministério Público, previstas nesta Lei, serão exercidas nos termos da respectiva Lei Orgânica.

Art. 74. Compete ao Ministério Público:

I – instaurar o inquérito civil e a ação civil pública para a proteção dos direitos e interesses difusos ou coletivos, individuais indisponíveis e individuais homogêneos da pessoa idosa;

•• Inciso I com redação determinada pela Lei n. 14.423, de 22-7-2022.

II – promover e acompanhar as ações de alimentos, de interdição total ou parcial, de designação de curador especial, em circunstâncias que justifiquem a medida e oficiar em todos os feitos em que se discutam os direitos das pessoas idosas em condições de risco;

•• Inciso II com redação determinada pela Lei n. 14.423, de 22-7-2022.

III – atuar como substituto processual da pessoa idosa em situação de risco, conforme o disposto no art. 43 desta Lei;

•• Inciso III com redação determinada pela Lei n. 14.423, de 22-7-2022.

IV – promover a revogação de instrumento procuratório da pessoa idosa, nas hipóteses previstas no art. 43 desta Lei, quando necessário ou o interesse público justificar;

•• Inciso IV com redação determinada pela Lei n. 14.423, de 22-7-2022.

V – instaurar procedimento administrativo e, para instruí-lo:

a) expedir notificações, colher depoimentos ou esclarecimentos e, em caso de não comparecimento injustificado da pessoa notificada, requisitar condução coercitiva, inclusive pela Polícia Civil ou Militar;

b) requisitar informações, exames, perícias e documentos de autoridades municipais, estaduais e federais, da administração direta e indireta, bem como promover inspeções e diligências investigatórias;

c) requisitar informações e documentos particulares de instituições privadas;

VI – instaurar sindicâncias, requisitar diligências investigatórias e a instauração de inquérito policial, para a apuração de ilícitos ou infrações às normas de proteção à pessoa idosa;

•• Inciso VI com redação determinada pela Lei n. 14.423, de 22-7-2022.

VII – zelar pelo efetivo respeito aos direitos e garantias legais assegurados à pessoa idosa, promovendo as medidas judiciais e extrajudiciais cabíveis;

•• Inciso VII com redação determinada pela Lei n. 14.423, de 22-7-2022.

VIII – inspecionar as entidades públicas e particulares de atendimento e os programas de que trata esta Lei, adotando de pronto as medidas administrativas ou judiciais necessárias à remoção de irregularidades porventura verificadas;

IX – requisitar força policial, bem como a colaboração dos serviços de saúde, educacionais e de assistência social, públicos, para o desempenho de suas atribuições;

X – referendar transações envolvendo interesses e direitos das pessoas idosas previstos nesta Lei.

•• Inciso X com redação determinada pela Lei n. 14.423, de 22-7-2022.

§ 1.º A legitimação do Ministério Público para as ações cíveis previstas neste artigo não impede a de terceiros, nas mesmas hipóteses, segundo dispuser a lei.

§ 2.º As atribuições constantes deste artigo não excluem outras, desde que compatíveis com a finalidade e atribuições do Ministério Público.

§ 3.º O representante do Ministério Público, no exercício de suas funções, terá livre acesso a toda entidade de atendimento à pessoa idosa.

•• § 3.º com redação determinada pela Lei n. 14.423, de 22-7-2022.

Art. 75. Nos processos e procedimentos em que não for parte, atuará obrigatoriamente o Ministério Público na defesa dos direitos e interesses de que cuida esta Lei, hipóteses em que terá vista dos autos depois das partes, podendo juntar documentos, requerer diligências e produção de outras provas, usando os recursos cabíveis.

Art. 76. A intimação do Ministério Público, em qualquer caso, será feita pessoalmente.

Art. 77. A falta de intervenção do Ministério Público acarreta a nulidade do feito, que será declarada de ofício pelo juiz ou a requerimento de qualquer interessado.

Capítulo III
DA PROTEÇÃO JUDICIAL DOS INTERESSES DIFUSOS, COLETIVOS E INDIVIDUAIS INDISPONÍVEIS OU HOMOGÊNEOS

•• A Lei n. 10.259, de 12-7-2001, que instituiu os Juizados Especiais Cíveis e Criminais no âmbito da Justiça Federal, dispõe em seu art. 3.º, § 1.º, I, que não se incluem na competência desses Juizados as demandas sobre direitos ou interesses difusos, coletivos ou individuais homogêneos.

Art. 78. As manifestações processuais do representante do Ministério Público deverão ser fundamentadas.

Art. 79. Regem-se pelas disposições desta Lei as ações de responsabilidade por ofensa aos direitos assegurados à pessoa idosa, referentes à omissão ou ao oferecimento insatisfatório de:

•• *Caput* com redação determinada pela Lei n. 14.423, de 22-7-2022.

I – acesso às ações e serviços de saúde;

II – atendimento especializado à pessoa idosa com deficiência ou com limitação incapacitante;

•• Inciso II com redação determinada pela Lei n. 14.423, de 22-7-2022.

III – atendimento especializado à pessoa idosa com doença infectocontagiosa;

•• Inciso III com redação determinada pela Lei n. 14.423, de 22-7-2022.

IV – serviço de assistência social visando ao amparo da pessoa idosa.

•• Inciso IV com redação determinada pela Lei n. 14.423, de 22-7-2022.

Parágrafo único. As hipóteses previstas neste artigo não excluem da proteção judicial outros interesses difusos, coletivos, individuais indisponíveis ou homogêneos, próprios da pessoa idosa, protegidos em lei.

•• Parágrafo único com redação determinada pela Lei n. 14.423, de 22-7-2022.

Art. 80. As ações previstas neste Capítulo serão propostas no foro do domicílio da pessoa idosa, cujo juízo terá competência absoluta para processar a causa, ressalvadas as competências da Justiça Federal e a competência originária dos Tribunais Superiores.

•• Artigo com redação determinada pela Lei n. 14.423, de 22-7-2022.

Art. 81. Para as ações cíveis fundadas em interesses difusos, coletivos, individuais indisponíveis ou homogêneos, consideram-se legitimados, concorrentemente:

I – o Ministério Público;

II – a União, os Estados, o Distrito Federal e os Municípios;

III – a Ordem dos Advogados do Brasil;

IV – as associações legalmente constituídas há pelo menos 1 (um) ano e que incluam entre os fins institucionais a defesa dos interesses e direitos da pessoa idosa, dispensada a autorização da assembleia, se houver prévia autorização estatutária.

§ 1.º Admitir-se-á litisconsórcio facultativo entre os Ministérios Públicos da União e dos Estados na defesa dos interesses e direitos de que cuida esta Lei.

§ 2.º Em caso de desistência ou abandono da ação por associação legitimada, o Ministério Público ou outro legitimado deverá assumir a titularidade ativa.

Art. 82. Para defesa dos interesses e direitos protegidos por esta Lei, são admissíveis todas as espécies de ação pertinentes.

Parágrafo único. Contra atos ilegais ou abusivos de autoridade pública ou agente de pessoa jurídica no exercício de atribuições de Poder Público, que lesem direito líquido e certo previsto nesta Lei, caberá ação mandamental, que se regerá pelas normas da lei do mandado de segurança.

Art. 83. Na ação que tenha por objeto o cumprimento de obrigação de fazer ou não fazer, o juiz concederá a tutela específica da obrigação ou determinará providências que assegurem o resultado prático equivalente ao adimplemento.

§ 1.º Sendo relevante o fundamento da demanda e havendo justificado receio de ineficácia do provimento final, é lícito ao juiz conceder a tutela liminarmente ou após justificação prévia, na forma do art. 273 do Código de Processo Civil.

•• A referência é feita ao CPC de 1973. Sobre Tutela Provisória, arts. 294 a 311 do CPC de 2015.

§ 2.º O juiz poderá, na hipótese do § 1.º ou na sentença, impor multa diária ao réu, independentemente do pedido do autor, se for suficiente ou compatível com a obrigação, fixando prazo razoável para o cumprimento do preceito.

§ 3.º A multa só será exigível do réu após o trânsito em julgado da sentença favorável ao autor, mas será devida desde o dia em que se houver configurado.

Art. 84. Os valores das multas previstas nesta Lei reverterão ao Fundo da Pessoa Idosa, onde houver, ou na falta deste, ao Fundo Municipal de Assistência Social, ficando vinculados ao atendimento à pessoa idosa.

•• *Caput* com redação determinada pela Lei n. 14.423, de 22-7-2022.

Parágrafo único. As multas não recolhidas até 30 (trinta) dias após o trânsito em julgado da decisão serão exigidas por meio de execução promovida pelo Ministério Público, nos mesmos autos, facultada igual iniciativa aos demais legitimados em caso de inércia daquele.

Art. 85. O juiz poderá conferir efeito suspensivo aos recursos, para evitar dano irreparável à parte.

Art. 86. Transitada em julgado a sentença que impuser condenação ao Poder Público, o juiz determinará a remessa de peças à autoridade competente, para apuração da responsabilidade civil e administrativa do agente a que se atribua a ação ou omissão.

Art. 87. Decorridos 60 (sessenta) dias do trânsito em julgado da sentença condenatória favorável à pessoa idosa sem que o autor lhe promova a execução, deverá fazê-lo o Ministério Público, facultada igual iniciativa aos demais legitimados, como assistentes ou assumindo o polo ativo, em caso de inércia desse órgão.

•• Artigo com redação determinada pela Lei n. 14.423, de 22-7-2022.

Art. 88. Nas ações de que trata este Capítulo, não haverá adiantamento de custas, emolumentos, honorários periciais e quaisquer outras despesas.

Parágrafo único. Não se imporá sucumbência ao Ministério Público.

Art. 89. Qualquer pessoa poderá, e o servidor deverá, provocar a iniciativa do Ministério Público, prestando-lhe informações sobre os fatos que constituam objeto de ação civil e indicando-lhe os elementos de convicção.

Art. 90. Os agentes públicos em geral, os juízes e tribunais, no exercício de suas funções, quando tiverem conhecimento de fatos que possam configurar crime de ação pública contra a pessoa idosa ou ensejar a propositura de ação para sua defesa, devem encaminhar as peças pertinentes ao Ministério Público, para as providências cabíveis.

•• Artigo com redação determinada pela Lei n. 14.423, de 22-7-2022.

Art. 91. Para instruir a petição inicial, o interessado poderá requerer às autoridades competentes as certidões e informações que julgar necessárias, que serão fornecidas no prazo de 10 (dez) dias.

Art. 92. O Ministério Público poderá instaurar sob sua presidência, inquérito civil, ou requisitar, de qualquer pessoa, organismo público ou particular, certidões, informações, exames ou perícias, no prazo que assinalar, o qual não poderá ser inferior a 10 (dez) dias.

§ 1.º Se o órgão do Ministério Público, esgotadas todas as diligências, se convencer da inexistência de fundamento para a propositura da ação civil ou de peças informativas, determinará o seu arquivamento, fazendo-o fundamentadamente.

§ 2.º Os autos do inquérito civil ou as peças de informação arquivados serão remetidos, sob pena de se incorrer em falta grave, no prazo de 3 (três) dias, ao Conselho Superior do Ministério Público ou à Câmara de Coordenação e Revisão do Ministério Público.

§ 3.º Até que seja homologado ou rejeitado o arquivamento, pelo Conselho Superior do Ministério Público ou por Câmara de Coordenação e Revisão do Ministério Público, as associações legitimadas poderão apresentar razões escritas ou documentos, que serão juntados ou anexados às peças de informação.

§ 4.º Deixando o Conselho Superior ou a Câmara de Coordenação e Revisão do Ministério Público de homologar a promoção de arquivamento, será designado outro membro do Ministério Público para o ajuizamento da ação.

TÍTULO VI
DOS CRIMES

Capítulo I
DISPOSIÇÕES GERAIS

Art. 94. Aos crimes previstos nesta Lei, cuja pena máxima privativa de liberdade não ultrapasse 4 (quatro) anos, aplica-se o procedimento previsto na Lei n. 9.099, de 26 de setembro de 1995, e, subsidiariamente, no que couber, as disposições do Código Penal e do Código de Processo Penal.

•• O STF, em 16-6-2010, julgou parcialmente procedente a ADI n. 3.096 (*DOU* de 27-9-2010), para dar interpretação conforme a CF, com redução de texto, para suprimir a expressão "do Código Penal e", no sentido de aplicar-se apenas o procedimento sumaríssimo previsto na Lei n. 9.099/95, e não outros benefícios ali previstos.

•• Citado diploma consta deste volume.

Capítulo II
DOS CRIMES EM ESPÉCIE

Art. 95. Os crimes definidos nesta Lei são de ação penal pública incondicionada, não se lhes aplicando os arts. 181 e 182 do Código Penal.

Art. 101. Deixar de cumprir, retardar ou frustrar, sem justo motivo, a execução de ordem judicial expedida nas ações em que for parte ou interveniente a pessoa idosa:

•• *Caput* com redação determinada pela Lei n. 14.423, de 22-7-2022.

Pena – detenção de 6 (seis) meses a 1 (um) ano e multa.

TÍTULO VII
DISPOSIÇÕES FINAIS E TRANSITÓRIAS

Art. 109. Impedir ou embaraçar ato do representante do Ministério Público ou de qualquer outro agente fiscalizador:

Pena – reclusão de 6 (seis) meses a 1 (um) ano e multa.

Art. 112. O inciso II do § 4.º do art. 1.º da Lei n. 9.455, de 7 de abril de 1997, passa a vigorar com a seguinte redação:

•• Alteração já processada no diploma modificado.

Art. 113. O inciso III do art. 18 da Lei n. 6.368, de 21 de outubro de 1976, passa a vigorar com a seguinte redação:

•• Alteração prejudicada em face da revogação do diploma modificado.

Art. 118. Esta Lei entra em vigor decorridos 90 (noventa) dias da sua publicação, ressalvado o disposto no *caput* do art. 36, que vigorará a partir de 1.º de janeiro de 2004.

Brasília, 1.º de outubro de 2003; 182.º da Independência e 115.º da República.

LUIZ INÁCIO LULA DA SILVA

LEI N. 10.792, DE 1.º DE DEZEMBRO DE 2003 (*)

Altera a Lei n. 7.210, de 11 de junho de 1984 – Lei de Execução Penal e o Decreto-lei n. 3.689, de 3 de outubro de 1941 – Código de Processo Penal e dá outras providências.

O Presidente da República

Faço saber que o Congresso Nacional decreta e eu sanciono a seguinte Lei:

(*) Publicada no *DOU*, de 2-12-2003. Redação conforme publicação oficial – a data correta da Lei n. 7.210 é 11-7-1984.

Art. 1.º A Lei n. 7.210, de 11 de junho de 1984 – Lei de Execução Penal, passa a vigorar com as seguintes alterações:

•• Alterações já processadas no diploma modificado.

Art. 2.º O Decreto-lei n. 3.689, de 3 de outubro de 1941 – Código de Processo Penal, passa a vigorar com as seguintes alterações:

•• Alterações já processadas no diploma modificado.

Art. 3.º Os estabelecimentos penitenciários disporão de aparelho detector de metais, aos quais devem se submeter todos que queiram ter acesso ao referido estabelecimento, ainda que exerçam qualquer cargo ou função pública.

Art. 4.º Os estabelecimentos penitenciários, especialmente os destinados ao regime disciplinar diferenciado, disporão, dentre outros equipamentos de segurança, de bloqueadores de telecomunicação para telefones celulares, radiotransmissores e outros meios, definidos no art. 60, § 1.º, da Lei n. 9.472, de 16 de julho de 1997.

Art. 5.º Nos termos do disposto no inciso I do art. 24 da Constituição da República, observados os arts. 44 a 60 da Lei n. 7.210, de 11 de junho de 1984, os Estados e o Distrito Federal poderão regulamentar o regime disciplinar diferenciado, em especial para:

I – estabelecer o sistema de rodízio entre os agentes penitenciários que entrem em contato direto com os presos provisórios e condenados;

II – assegurar o sigilo sobre a identidade e demais dados pessoais dos agentes penitenciários lotados nos estabelecimentos penais de segurança máxima;

III – restringir o acesso dos presos provisórios e condenados aos meios de comunicação de informação;

IV – disciplinar o cadastramento e agendamento prévio das entrevistas dos presos provisórios ou condenados com seus advogados, regularmente constituídos nos autos da ação penal ou processo de execução criminal, conforme o caso;

V – elaborar programa de atendimento diferenciado aos presos provisórios e condenados, visando a sua reintegração ao regime comum e recompensando-lhes o bom comportamento durante o período de sanção disciplinar.

Art. 6.º No caso de motim, o Diretor do Estabelecimento Prisional poderá determinar a transferência do preso, comunicando-a ao juiz competente no prazo de até vinte e quatro horas.

Art. 7.º A União definirá os padrões mínimos do presídio destinado ao cumprimento de regime disciplinar.

Art. 8.º A União priorizará, quando da construção de presídios federais, os estabelecimentos que se destinem a abrigar presos provisórios ou condenados sujeitos a regime disciplinar diferenciado.

Art. 9.º Esta Lei entra em vigor na data de sua publicação.

Art. 10. Revoga-se o art. 194 do Decreto-lei n. 3.689, de 3 de outubro de 1941.

Brasília, 1.º de dezembro de 2003; 182.º da Independência e 115.º da República.

Luiz Inácio Lula da Silva

LEI N. 10.826, DE 22 DE DEZEMBRO DE 2003 (*)

Dispõe sobre registro, posse e comercialização de armas de fogo e munição, sobre o Sistema Nacional de Armas – Sinarm, define crimes e dá outras providências.

O Presidente da República

Faço saber que o Congresso Nacional decreta e eu sanciono a seguinte Lei:

Capítulo I
DO SISTEMA NACIONAL DE ARMAS

Art. 1.º O Sistema Nacional de Armas – Sinarm, instituído no Ministério da Justiça, no âmbito da Polícia Federal, tem circunscrição em todo o território nacional.

•• A Instrução Normativa n. 201, de 9-7-2021, da Polícia Federal, estabelece os procedimentos relativos ao Sistema Nacional de Armas e à aquisição, registro, posse, porte, cadastro e comercialização de armas de fogo e munições.

Art. 2.º Ao Sinarm compete:

I – identificar as características e a propriedade de armas de fogo, mediante cadastro;

(*) Publicada no *DOU*, de 23-12-2003. Regulamentada pelos Decretos n. 9.847, de 25-6-2019, e 11.615, de 21-7-2023.

II – cadastrar as armas de fogo produzidas, importadas e vendidas no País;

III – cadastrar as autorizações de porte de arma de fogo e as renovações expedidas pela Polícia Federal;

IV – cadastrar as transferências de propriedade, extravio, furto, roubo e outras ocorrências suscetíveis de alterar os dados cadastrais, inclusive as decorrentes de fechamento de empresas de segurança privada e de transporte de valores;

V – identificar as modificações que alterem as características ou o funcionamento de arma de fogo;

VI – integrar no cadastro os acervos policiais já existentes;

VII – cadastrar as apreensões de armas de fogo, inclusive as vinculadas a procedimentos policiais e judiciais;

VIII – cadastrar os armeiros em atividade no País, bem como conceder licença para exercer a atividade;

IX – cadastrar mediante registro os produtores, atacadistas, varejistas, exportadores e importadores autorizados de armas de fogo, acessórios e munições;

X – cadastrar a identificação do cano da arma, as características das impressões de raiamento e de microestriamento de projétil disparado, conforme marcação e testes obrigatoriamente realizados pelo fabricante;

XI – informar às Secretarias de Segurança Pública dos Estados e do Distrito Federal os registros e autorizações de porte de armas de fogo nos respectivos territórios, bem como manter o cadastro atualizado para consulta.

Parágrafo único. As disposições deste artigo não alcançam as armas de fogo das Forças Armadas e Auxiliares, bem como as demais que constem dos seus registros próprios.

Capítulo II
DO REGISTRO

Art. 3.º É obrigatório o registro de arma de fogo no órgão competente.

Parágrafo único. As armas de fogo de uso restrito serão registradas no Comando do Exército, na forma do regulamento desta Lei.

Art. 4.º Para adquirir arma de fogo de uso permitido o interessado deverá, além de declarar a efetiva necessidade, atender aos seguintes requisitos:

Estatuto do Desarmamento   **Lei n. 10.826, de 22-12-2003**

•• O STF, na ADI n. 6.119, nas sessões virtuais de 23-6-2023 a 30-6-2023 (*DOU* de 12-7-2023), conheceu parcialmente da ação e a julgou parcialmente procedente, para conferir interpretação conforme à Constituição a este artigo, fixando a orientação hermenêutica de que a posse de armas de fogo só pode ser autorizada às pessoas que demonstrem concretamente, por razões profissionais ou pessoais, possuírem efetiva necessidade.

I – comprovação de idoneidade, com a apresentação de certidões negativas de antecedentes criminais fornecidas pela Justiça Federal, Estadual, Militar e Eleitoral e de não estar respondendo a inquérito policial ou a processo criminal, que poderão ser fornecidas por meios eletrônicos;

•• Inciso I com redação determinada pela Lei n. 11.706, de 19-6-2008

II – apresentação de documento comprobatório de ocupação lícita e de residência certa;

III – comprovação de capacidade técnica e de aptidão psicológica para o manuseio de arma de fogo, atestadas na forma disposta no regulamento desta Lei.

§ 1.º O Sinarm expedirá autorização de compra de arma de fogo após atendidos os requisitos anteriormente estabelecidos, em nome do requerente e para a arma indicada, sendo intransferível esta autorização.

§ 2.º A aquisição de munição somente poderá ser feita no calibre correspondente à arma registrada e na quantidade estabelecida no regulamento desta Lei.

•• § 2.º com redação determinada pela Lei n. 11.706, de 19-6-2008.

•• O STF, nas ADIs n. 6.139 e 6.466, nas sessões virtuais de 23-6-2023 a 30-6-2023 (*DOU* de 12-7-2023), por maioria, julgou procedente o pedido, para dar interpretação conforme à Constituição a este § 2.º, "para se fixar a tese de que a limitação dos quantitativos de munições adquiríveis se vincula àquilo que, de forma diligente e proporcional, garanta apenas o necessário à segurança dos cidadãos".

§ 3.º A empresa que comercializar arma de fogo em território nacional é obrigada a comunicar a venda à autoridade competente, como também a manter banco de dados com todas as características da arma e cópia dos documentos previstos neste artigo.

§ 4.º A empresa que comercializa armas de fogo, acessórios e munições responde legalmente por essas mercadorias, ficando registradas como de sua propriedade enquanto não forem vendidas.

§ 5.º A comercialização de armas de fogo, acessórios e munições entre pessoas físicas somente será efetivada mediante autorização do Sinarm.

§ 6.º A expedição da autorização a que se refere o § 1.º será concedida, ou recusada com a devida fundamentação, no prazo de 30 (trinta) dias úteis, a contar da data do requerimento do interessado.

§ 7.º O registro precário a que se refere o § 4.º prescinde do cumprimento dos requisitos dos incisos I, II e III deste artigo.

§ 8.º Estará dispensado das exigências constantes do inciso III do *caput* deste artigo, na forma do regulamento, o interessado em adquirir arma de fogo de uso permitido que comprove estar autorizado a portar arma com as mesmas características daquela a ser adquirida.

•• § 8.º acrescentado pela Lei n. 11.706, de 19-6-2008.

Art. 5.º O certificado de Registro de Arma de Fogo, com validade em todo o território nacional, autoriza o seu proprietário a manter a arma de fogo exclusivamente no interior de sua residência ou domicílio, ou dependência desses, ou, ainda, no seu local de trabalho, desde que seja ele o titular ou o responsável legal pelo estabelecimento ou empresa.

•• *Caput* com redação determinada pela Lei n. 10.884, de 17-6-2004.

•• *Vide* § 5.º deste artigo.

§ 1.º O certificado de registro de arma de fogo será expedido pela Polícia Federal e será precedido de autorização do Sinarm.

§ 2.º Os requisitos de que tratam os incisos I, II e III do art. 4.º deverão ser comprovados periodicamente, em período não inferior a 3 (três) anos, na conformidade do estabelecido no regulamento desta Lei, para a renovação do Certificado de Registro de Arma de Fogo.

§ 3.º O proprietário de arma de fogo com certificados de registro de propriedade expedido por órgão estadual ou do Distrito Federal até a data da publicação desta Lei que não optar pela entrega espontânea prevista no art. 32 desta Lei deverá renová-lo mediante o pertinente registro federal, até o dia 31 de dezembro de 2008, ante a apresentação de documento de identificação pessoal e comprovante de residência fixa, ficando dispensado do pagamento de taxas e do cumprimento das demais exigências constantes dos incisos I a III do *caput* do art. 4.º desta Lei.

•• § 3.º com redação determinada pela Lei n. 11.706, de 19-6-2008.

•• A Lei n. 11.922, de 13-4-2009, prorrogou para 31-12-2009 o prazo de que trata este parágrafo.

§ 4.º Para fins do cumprimento do disposto no § 3.º deste artigo, o proprietário de arma de fogo poderá obter, no Departamento de Polícia Federal, certificado de registro provisório, expedido na rede mundial de computadores – internet, na forma do regulamento e obedecidos os procedimentos a seguir:

•• § 4.º, *caput*, acrescentado pela Lei n. 11.706, de 19-6-2008.

I – emissão de certificado de registro provisório pela internet, com validade inicial de 90 (noventa) dias; e

•• Inciso I acrescentado pela Lei n. 11.706, de 19-6-2008.

II – revalidação pela unidade do Departamento de Polícia Federal do certificado de registro provisório pelo prazo que estimar como necessário para a emissão definitiva do certificado de registro de propriedade.

•• Inciso II acrescentado pela Lei n. 11.706, de 19-6-2008.

§ 5.º Aos residentes em área rural, para os fins do disposto no *caput* deste artigo, considera-se residência ou domicílio toda a extensão do respectivo imóvel rural.

•• § 5.º acrescentado pela Lei n. 13.870, de 17-9-2019.

Capítulo III
DO PORTE

Art. 6.º É proibido o porte de arma de fogo em todo o território nacional, salvo para os casos previstos em legislação própria e para:

I – os integrantes das Forças Armadas;

II – os integrantes de órgãos referidos nos incisos I, II, III, IV e V do *caput* do art. 144 da Constituição Federal e os da Força Nacional de Segurança Pública (FNSP);

•• Inciso II com redação determinada pela Lei n. 13.500, de 26-10-2017.

III – os integrantes das guardas municipais das capitais dos Estados e dos Municípios com mais de 500.000 (quinhentos mil) habitantes, nas condições estabelecidas no regulamento desta Lei;

•• A Lei n. 13.022, de 8-8-2014, dispõe sobre o Estatuto Geral das Guardas Municipais.

•• O STF, nas ADIs n. 5.538 e 5.948, nas sessões virtuais de 19-2-2021 a 26-2-2021 (*DOU* de 11-3-2021), julgou parcialmente procedente o pedido para declarar a inconstitucionalidade desse inciso III, a fim de invalidar as expressões "das capitais dos Estados" e "com mais de 500.000 (quinhentos mil) habitantes".

IV – os integrantes das guardas municipais dos Municípios com mais de 50.000 (cinquenta mil) e menos de 500.000 (quinhentos mil) habitantes, quando em serviço;

•• Inciso IV com redação determinada pela Lei n. 10.867, de 12-5-2004.

•• A Lei n. 13.022, de 8-8-2014, dispõe sobre o Estatuto Geral das Guardas Municipais.

•• O STF, nas ADIs n. 5.538 e 5.948, nas sessões virtuais de 19-2-2021 a 26-2-2021 (*DOU* de 11-3-2021), julgou parcialmente procedente o pedido para declarar a inconstitucionalidade desse inciso IV.

V – os agentes operacionais da Agência Brasileira de Inteligência e os agentes do Departamento de Segurança do Gabinete de Segurança Institucional da Presidência da República;

VI – os integrantes dos órgãos policiais referidos no art. 51e no art. 52, XIII, da Constituição Federal;

VII – os integrantes do quadro efetivo dos agentes e guardas prisionais, os integrantes das escoltas de presos e as guardas portuárias;

VIII – as empresas de segurança privada e de transporte de valores constituídas, nos termos desta Lei;

IX – para os integrantes das entidades de desporto legalmente constituídas, cujas atividades esportivas demandem o uso de armas de fogo, na forma do regulamento desta Lei, observando-se, no que couber, a legislação ambiental;

X – integrantes das Carreiras de Auditoria da Receita Federal do Brasil e de Auditoria-Fiscal do Trabalho, cargos de Auditor-Fiscal e Analista Tributário;

•• Inciso X com redação determinada pela Lei n. 11.501, de 11-7-2007.

XI – os tribunais do Poder Judiciário descritos no art. 92 da Constituição Federal e os Ministérios Públicos da União e dos Estados, para uso exclusivo de servidores de seus quadros pessoais que efetivamente estejam no exercício de funções de segurança, na forma de regulamento a ser emitido pelo Conselho Nacional de Justiça – CNJ e pelo Conselho Nacional do Ministério Público – CNMP.

•• Inciso XI acrescentado pela Lei n. 12.694, de 24-7-2012.

•• A Resolução n. 467, de 28-6-2022, do CNJ, regulamenta no âmbito do Poder Judiciário o disposto neste inciso.

§ 1.º As pessoas previstas nos incisos I, II, III, V e VI do *caput* deste artigo terão direito a portar arma de fogo de propriedade particular ou fornecida pela

Estatuto do Desarmamento — **Lei n. 10.826, de 22-12-2003**

respectiva corporação ou instituição, mesmo fora de serviço, nos termos do regulamento desta Lei, com validade em âmbito nacional para aquelas constantes dos incisos I, II, V e VI.

•• § 1.º com redação determinada pela Lei n. 11.706, de 19-6-2008.

•• A Lei n. 12.865, de 9-10-2013, propôs nova redação para este § 1.º, porém teve seu texto vetado.

§ 1.º-A. (*Revogado pela Lei n. 11.706, de 19-6-2008.*)

§ 1.º-B. Os integrantes do quadro efetivo de agentes e guardas prisionais poderão portar arma de fogo de propriedade particular ou fornecida pela respectiva corporação ou instituição, mesmo fora de serviço, desde que estejam:

•• § 1.º-B, *caput*, acrescentado pela Lei n. 12.993, de 17-6-2014.

•• A Portaria n. 34, de 15-1-2016, do Ministério da Justiça, dispõe sobre regras e procedimentos para a emissão pelo Departamento Penitenciário Nacional de autorização de porte de arma de fogo para os integrantes da carreira de agente penitenciário federal.

I – submetidos a regime de dedicação exclusiva;

•• Inciso I acrescentado pela Lei n. 12.993, de 17-6-2014.

II – sujeitos à formação funcional, nos termos do regulamento; e

•• Inciso II acrescentado pela Lei n. 12.993, de 17-6-2014.

III – subordinados a mecanismos de fiscalização e de controle interno.

•• Inciso III acrescentado pela Lei n. 12.993, de 17-6-2014.

§ 1.º-C. (*Vetado.*)

•• A Lei n. 12.993, de 17-6-2014, propôs o acréscimo deste parágrafo, todavia teve seu texto vetado.

§ 2.º A autorização para o porte de arma de fogo aos integrantes das instituições descritas nos incisos V, VI, VII e X do *caput* deste artigo está condicionada à comprovação do requisito a que se refere o inciso III do *caput* do art. 4.º desta Lei nas condições estabelecidas no regulamento desta Lei.

•• § 2.º com redação determinada pela Lei n. 11.706, de 19-6-2008.

§ 3.º A autorização para o porte de arma de fogo das guardas municipais está condicionada à formação funcional de seus integrantes em estabelecimentos de ensino de atividade policial, à existência de mecanismos de fiscalização e de controle interno, nas condições estabelecidas no regulamento desta Lei, observada a supervisão do Ministério da Justiça.

•• § 3.º com redação determinada pela Lei n. 10.884, de 17-6-2004.

§ 4.º Os integrantes das Forças Armadas, das polícias federais e estaduais e do Distrito Federal, bem como os militares dos Estados e do Distrito Federal, ao exercerem o direito descrito no art. 4.º, ficam dispensados do cumprimento do disposto nos incisos I, II e III do mesmo artigo, na forma do regulamento desta Lei.

§ 5.º Aos residentes em áreas rurais, maiores de 25 (vinte e cinco) anos que comprovem depender do emprego de arma de fogo para prover sua subsistência alimentar familiar será concedido pela Polícia Federal o porte de arma de fogo, na categoria caçador para subsistência, de uma arma de uso permitido, de tiro simples, com 1 (um) ou 2 (dois) canos, de alma lisa e de calibre igual ou inferior a 16 (dezesseis), desde que o interessado comprove a efetiva necessidade em requerimento ao qual deverão ser anexados os seguintes documentos:

•• § 5.º, *caput*, com redação determinada pela Lei n. 11.706, de 19-6-2008.

I – documento de identificação pessoal;

•• Inciso I acrescentado pela Lei n. 11.706, de 19-6-2008.

II – comprovante de residência em área rural; e

•• Inciso II acrescentado pela Lei n. 11.706, de 19-6-2008.

III – atestado de bons antecedentes.

•• Inciso III acrescentado pela Lei n. 11.706, de 19-6-2008.

§ 6.º O caçador para subsistência que der outro uso à sua arma de fogo, independentemente de outras tipificações penais, responderá, conforme o caso, por porte ilegal ou por disparo de arma de fogo de uso permitido.

•• § 6.º com redação determinada pela Lei n. 11.706, de 19-6-2008.

§ 7.º Aos integrantes das guardas municipais dos Municípios que integram regiões metropolitanas será autorizado porte de arma de fogo, quando em serviço.

•• § 7.º acrescentado pela Lei n. 11.706, de 19-6-2008

•• A Lei n. 13.022, de 8-8-2014, dispõe sobre o Estatuto Geral das Guardas Municipais.

Art. 7.º As armas de fogo utilizadas pelos profissionais de segurança privada dos prestadores de serviços de segurança privada e das empresas e dos condomínios edilícios possuidores de serviços orgânicos de segurança privada, constituídas na forma da lei, serão de propriedade, responsabilidade e guarda das respectivas empresas, somente podendo ser utilizadas quando em serviço, devendo essas observarem as condições de uso e de armazenagem estabelecidas pelo órgão competente, sendo o certificado de registro e a autorização de porte expedidos pela Polícia Federal em nome da empresa.

•• *Caput* com redação determinada pela Lei n. 14.967, de 9-9-2024.

•• A Lei n. 14.967, de 9-9-2024, instituiu o Estatuto da Segurança Privada e da Segurança das Instituições Financeiras.

§ 1.º O proprietário ou diretor responsável de empresa de segurança privada e de transporte de valores responderá pelo crime previsto no parágrafo único do art. 13 desta Lei, sem prejuízo das demais sanções administrativas e civis, se deixar de registrar ocorrência policial e de comunicar à Polícia Federal perda, furto, roubo ou outras formas de extravio de armas de fogo, acessórios e munições que estejam sob sua guarda, nas primeiras 24 (vinte e quatro) horas depois de ocorrido o fato.

§ 2.º A empresa de segurança e de transporte de valores deverá apresentar documentação comprobatória do preenchimento dos requisitos constantes do art. 4.º desta Lei quanto aos empregados que portarão arma de fogo.

§ 3.º A listagem dos empregados das empresas referidas neste artigo deverá ser atualizada semestralmente junto ao Sinarm.

Art. 7.º-A. As armas de fogo utilizadas pelos servidores das instituições descritas no inciso XI do art. 6.º serão de propriedade, responsabilidade e guarda das respectivas instituições, somente podendo ser utilizadas quando em serviço, devendo estas observar as condições de uso e de armazenagem estabelecidas pelo órgão competente, sendo o certificado de registro e a autorização de porte expedidos pela Polícia Federal em nome da instituição.

•• *Caput* acrescentado pela Lei n. 12.694, de 24-7-2012.

•• A Resolução n. 467, de 28-6-2022, do CNJ, regulamenta no âmbito do Poder Judiciário o disposto neste inciso.

§ 1.º A autorização para o porte de arma de fogo de que trata este artigo independe do pagamento de taxa.

•• § 1.º acrescentado pela Lei n. 12.694, de 24-7-2012.

§ 2.º O presidente do tribunal ou o chefe do Ministério Público designará os servidores de seus quadros pessoais no exercício de funções de segurança que poderão portar arma de fogo, respeitado o limite máximo de 50% (cinquenta por cento) do número de servidores que exerçam funções de segurança.

•• § 2.º acrescentado pela Lei n. 12.694, de 24-7-2012.

•• O STF, na ADI n. 5.157, nas sessões virtuais de 29-11-2024 a 6-12-2024 (*DOU* de 12-12-2024), por unanimidade, conheceu da presente ação direta e julgou procedentes os pedidos, para declarar a inconstitucionalidade da expressão "respeitado o limite máximo de 50% (cinquenta por cento) do número de servidores que exerçam funções de segurança", constante neste § 2.º.

§ 3.º O porte de arma pelos servidores das instituições de que trata este artigo fica condicionado à apresentação de documentação comprobatória do preenchimento dos requisitos constantes do art. 4.º desta Lei, bem como à formação funcional em estabelecimentos de ensino de atividade policial e à existência de mecanismos de fiscalização e de controle interno, nas condições estabelecidas no regulamento desta Lei.

•• § 3.º acrescentado pela Lei n. 12.694, de 24-7-2012.

§ 4.º A listagem dos servidores das instituições de que trata este artigo deverá ser atualizada semestralmente no Sinarm.

•• § 4.º acrescentado pela Lei n. 12.694, de 24-7-2012.

§ 5.º As instituições de que trata este artigo são obrigadas a registrar ocorrência policial e a comunicar à Polícia Federal eventual perda, furto, roubo ou outras formas de extravio de armas de fogo, acessórios e munições que estejam sob sua guarda, nas primeiras 24 (vinte e quatro) horas depois de ocorrido o fato.

•• § 5.º acrescentado pela Lei n. 12.694, de 24-7-2012.

Art. 8.º As armas de fogo utilizadas em entidades desportivas legalmente constituídas devem obedecer às condições de uso e de armazenagem estabelecidas pelo órgão competente, respondendo o possuidor ou o autorizado a portar a arma pela sua guarda na forma do regulamento desta Lei.

Art. 9.º Compete ao Ministério da Justiça a autorização do porte de arma para os responsáveis pela segurança de cidadãos estrangeiros em visita ou sediados no Brasil e, ao Comando do Exército, nos termos do regulamento desta Lei, o registro e a concessão de porte de trânsito de arma de fogo para colecionadores, atiradores e caçadores e de representantes estrangeiros em competição internacional oficial de tiro realizada no território nacional.

Art. 10. A autorização para o porte de arma de fogo de uso permitido, em todo o território nacional, é de competência da Polícia Federal e somente será concedida após autorização do Sinarm.

§ 1.º A autorização prevista neste artigo poderá ser concedida com eficácia temporária e territorial limi-

Estatuto do Desarmamento — Lei n. 10.826, de 22-12-2003

tada, nos termos de atos regulamentares, e deverá ser o requerente:

I – demonstrar a sua efetiva necessidade por exercício de atividade profissional de risco ou de ameaça à sua integridade física;

•• O STF, na ADI n. 6.139, nas sessões virtuais de 23-6-2023 a 30-6-2023 (*DOU* de 12-7-2023), por maioria, julgou procedente o pedido, para dar interpretação conforme à Constituição a este inciso I, "para fixar a tese hermenêutica de que a atividade regulamentar do Poder Executivo não pode criar presunções de efetiva necessidade outras que aquelas já disciplinadas em lei".

II – atender às exigências previstas no art. 4.º desta Lei;

III – apresentar documentação de propriedade de arma de fogo, bem como o seu devido registro no órgão competente.

§ 2.º A autorização de porte de arma de fogo, prevista neste artigo, perderá automaticamente sua eficácia caso o portador dela seja detido ou abordado em estado de embriaguez ou sob efeito de substâncias químicas ou alucinógenas.

Art. 11. Fica instituída a cobrança de taxas, nos valores constantes do Anexo desta Lei, pela prestação de serviços relativos:

I – ao registro de arma de fogo;

II – à renovação de registro de arma de fogo;

III – à expedição de segunda via de registro de arma de fogo;

IV – à expedição de porte federal de arma de fogo;

V – à renovação de porte de arma de fogo;

VI – à expedição de segunda via de porte federal de arma de fogo.

§ 1.º Os valores arrecadados destinam-se ao custeio e à manutenção das atividades do Sinarm, da Polícia Federal e do Comando do Exército, no âmbito de suas respectivas responsabilidades.

§ 2.º São isentas do pagamento das taxas previstas neste artigo as pessoas e as instituições a que se referem os incisos I a VII e X e o § 5.º do art. 6.º desta Lei.

•• § 2.º com redação determinada pela Lei n. 11.706, de 19-6-2008.

Art. 11-A. O Ministério da Justiça disciplinará a forma e as condições do credenciamento de profissionais pela Polícia Federal para comprovação da aptidão psicológica e da capacidade técnica para o manuseio de arma de fogo.

•• *Caput* acrescentado pela Lei n. 11.706, de 19-6-2008.

§ 1.º Na comprovação da aptidão psicológica, o valor cobrado pelo psicólogo não poderá exceder ao valor médio dos honorários profissionais para realização de avaliação psicológica constante do item 1.16 da tabela do Conselho Federal de Psicologia.

•• § 1.º acrescentado pela Lei n. 11.706, de 19-6-2008.

§ 2.º Na comprovação da capacidade técnica, o valor cobrado pelo instrutor de armamento e tiro não poderá exceder R$ 80,00 (oitenta reais), acrescido do custo da munição.

•• § 2.º acrescentado pela Lei n. 11.706, de 19-6-2008.

§ 3.º A cobrança de valores superiores aos previstos nos §§ 1.º e 2.º deste artigo implicará o descredenciamento do profissional pela Polícia Federal.

•• § 3.º acrescentado pela Lei n. 11.706, de 19-6-2008.

Capítulo IV
DOS CRIMES E DAS PENAS

Posse irregular de arma de fogo de uso permitido

Art. 12. Possuir ou manter sob sua guarda arma de fogo, acessório ou munição, de uso permitido, em desacordo com determinação legal ou regulamentar, no interior de sua residência ou dependência desta, ou, ainda no seu local de trabalho, desde que seja o titular ou o responsável legal do estabelecimento ou empresa:

Pena – detenção, de 1 (um) a 3 (três) anos, e multa.

Omissão de cautela

Art. 13. Deixar de observar as cautelas necessárias para impedir que menor de 18 (dezoito) anos ou pessoa portadora de deficiência mental se apodere de arma de fogo que esteja sob sua posse ou que seja de sua propriedade:

Pena – detenção, de 1 (um) a 2 (dois) anos, e multa.

Parágrafo único. Nas mesmas penas incorrem o proprietário ou diretor responsável de empresa de segurança e transporte de valores que deixarem de registrar ocorrência policial e de comunicar à Polícia Federal perda, furto, roubo ou outras formas de extravio de arma de fogo, acessório ou munição que estejam sob sua guarda, nas primeiras 24 (vinte e quatro) horas depois de ocorrido o fato.

Porte ilegal de arma de fogo de uso permitido

Art. 14. Portar, deter, adquirir, fornecer, receber, ter em depósito, transportar, ceder, ainda que gratuitamente, emprestar, remeter, empregar, manter sob guarda ou ocultar arma de fogo, acessório ou munição, de uso permitido, sem autorização e em desacordo com determinação legal ou regulamentar:

Pena – reclusão, de 2 (dois) a 4 (quatro) anos, e multa.

Parágrafo único. O crime previsto neste artigo é inafiançável, salvo quando a arma de fogo estiver registrada em nome do agente.

•• O STF, no julgamento da ADI n. 3.112-1, de 2-5-2007 (DOU de 10-5-2007), declarou a inconstitucionalidade deste parágrafo único.

Disparo de arma de fogo

Art. 15. Disparar arma de fogo ou acionar munição em lugar habitado ou em suas adjacências, em via pública ou em direção a ela, desde que essa conduta não tenha como finalidade a prática de outro crime:

Pena – reclusão, de 2 (dois) a 4 (quatro) anos, e multa.

Parágrafo único. O crime previsto neste artigo é inafiançável.

•• O STF, no julgamento da ADI n. 3.112-1, de 2-5-2007 (DOU de 10-5-2007), declarou a inconstitucionalidade deste parágrafo único.

Posse ou porte ilegal de arma de fogo de uso restrito

Art. 16. Possuir, deter, portar, adquirir, fornecer, receber, ter em depósito, transportar, ceder, ainda que gratuitamente, emprestar, remeter, empregar, manter sob sua guarda ou ocultar arma de fogo, acessório ou munição de uso restrito, sem autorização e em desacordo com determinação legal ou regulamentar:

•• *Caput* com redação determinada pela Lei n. 13.964, de 24-12-2019.

Pena – reclusão, de 3 (três) a 6 (seis) anos, e multa.

§ 1.º Nas mesmas penas incorre quem:

•• Parágrafo único renumerado pela Lei n. 13.964, de 24-12-2019.

I – suprimir ou alterar marca, numeração ou qualquer sinal de identificação de arma de fogo ou artefato;

II – modificar as características de arma de fogo, de forma a torná-la equivalente a arma de fogo de uso proibido ou restrito ou para fins de dificultar ou de qualquer modo induzir a erro autoridade policial, perito ou juiz;

III – possuir, deter, fabricar ou empregar artefato explosivo ou incendiário, sem autorização ou em desacordo com determinação legal ou regulamentar;

IV – portar, possuir, adquirir, transportar ou fornecer arma de fogo com numeração, marca ou qualquer outro sinal de identificação raspado, suprimido ou adulterado;

•• *Vide* Súmula 668 do STJ.

V – vender, entregar ou fornecer, ainda que gratuitamente, arma de fogo, acessório, munição ou explosivo a criança ou adolescente; e

VI – produzir, recarregar ou reciclar, sem autorização legal, ou adulterar, de qualquer forma, munição ou explosivo.

§ 2.º Se as condutas descritas no *caput* e no § 1.º deste artigo envolverem arma de fogo de uso proibido, a pena é de reclusão, de 4 (quatro) a 12 (doze) anos.

•• § 2.º acrescentado pela Lei n. 13.964, de 24-12-2019.

Comércio ilegal de arma de fogo

Art. 17. Adquirir, alugar, receber, transportar, conduzir, ocultar, ter em depósito, desmontar, montar, remontar, adulterar, vender, expor à venda, ou de qualquer forma utilizar, em proveito próprio ou alheio, no exercício de atividade comercial ou industrial, arma de fogo, acessório ou munição, sem autorização ou em desacordo com determinação legal ou regulamentar:

Pena – reclusão, de 6 (seis) a 12 (doze) anos, e multa.

•• Pena com redação determinada pela Lei n. 13.964, de 24-12-2019.

§ 1.º Equipara-se à atividade comercial ou industrial, para efeito deste artigo, qualquer forma de prestação de serviços, fabricação ou comércio irregular ou clandestino, inclusive o exercido em residência.

•• Parágrafo único renumerado pela Lei n. 13.964, de 24-12-2019.

§ 2.º Incorre na mesma pena quem vende ou entrega arma de fogo, acessório ou munição, sem autorização ou em desacordo com a determinação legal ou regulamentar, a agente policial disfarçado, quando presentes elementos probatórios razoáveis de conduta criminal preexistente.

•• § 2.º acrescentado pela Lei n. 13.964, de 24-12-2019.

Tráfico internacional de arma de fogo

Art. 18. Importar, exportar, favorecer a entrada ou saída do território nacional, a qualquer título, de arma de fogo, acessório ou munição, sem autorização da autoridade competente:

Pena – reclusão, de 8 (oito) a 16 (dezesseis) anos, e multa.

•• Pena com redação determinada pela Lei n. 13.964, de 24-12-2019.

Parágrafo único. Incorre na mesma pena quem vende ou entrega arma de fogo, acessório ou munição, em operação de importação, sem autorização da autoridade competente, a agente policial disfarçado, quando presentes elementos probatórios razoáveis de conduta criminal preexistente.

•• Parágrafo único acrescentado pela Lei n. 13.964, de 24-12-2019.

Art. 19. Nos crimes previstos nos arts. 17 e 18, a pena é aumentada da metade se a arma de fogo, acessório ou munição forem de uso proibido ou restrito.

Art. 20. Nos crimes previstos nos arts. 14, 15, 16, 17 e 18, a pena é aumentada da metade se:

•• *Caput* com redação determinada pela Lei n. 13.964, de 24-12-2019.

I – forem praticados por integrante dos órgãos e empresas referidas nos arts. 6.º, 7.º e 8.º desta Lei; ou

•• Inciso I acrescentado pela Lei n. 13.964, de 24-12-2019.

II – o agente for reincidente específico em crimes dessa natureza.

•• Inciso II acrescentado pela Lei n. 13.964, de 24-12-2019.

Art. 21. Os crimes previstos nos arts. 16, 17 e 18 são insuscetíveis de liberdade provisória.

•• O STF, no julgamento da ADI n. 3.112-1, de 2-5-2007 (*DOU* de 10-5-2007), declarou a inconstitucionalidade deste artigo.

Capítulo V
DISPOSIÇÕES GERAIS

Art. 22. O Ministério da Justiça poderá celebrar convênios com os Estados e o Distrito Federal para o cumprimento do disposto nesta Lei.

Art. 23. A classificação legal, técnica e geral bem como a definição das armas de fogo e demais produtos controlados, de usos proibidos, restritos, permitidos ou obsoletos e de valor histórico serão disciplinadas em ato do chefe do Poder Executivo Federal, mediante proposta do Comando do Exército.

•• *Caput* com redação determinada pela Lei n. 11.706, de 19-6-2008.

§ 1.º Todas as munições comercializadas no País deverão estar acondicionadas em embalagens com sistema de código de barras, gravado na caixa, visando possibilitar a identificação do fabricante e do adquirente, entre outras informações definidas pelo regulamento desta Lei.

•• A Portaria n. 214, de 15-9-2021, do COLOG, em vigor em 180 dias da data de sua publicação (*DOU* de 16-9-2021), aprova as Normas Reguladoras dos procedimentos para identificação, marcação das munições e suas embalagens no âmbito do Sistema de Fiscalização de Produtos Controlados.

§ 2.º Para os órgãos referidos no art. 6.º, somente serão expedidas autorizações de compra de munição com identificação do lote e do adquirente no culote dos projéteis, na forma do regulamento desta Lei.

•• A Portaria n. 214, de 15-9-2021, do COLOG, em vigor em 180 dias da data de sua publicação (*DOU* de 16-9-2021), aprova as Normas Reguladoras dos procedimentos para identificação, marcação das munições e suas embalagens no âmbito do Sistema de Fiscalização de Produtos Controlados.

§ 3.º As armas de fogo fabricadas a partir de 1 (um) ano da data da publicação desta Lei conterão dispositivo intrínseco de segurança e de identificação, gravado no corpo da arma, definido pelo regulamento desta Lei, exclusive para os órgãos previstos no art. 6.º.

•• A Portaria n. 213, de 15-9-2021, do COLOG, aprova as Normas Reguladoras dos dispositivos de segurança e dos procedimentos para identificação e marcação de armas de fogo e suas peças, fabricadas no país, exportadas e importadas.

§ 4.º As instituições de ensino policial, as guardas municipais referidas no inciso III do *caput* do art. 6.º e no seu § 7.º e as escolas de formação de profissionais de segurança privada poderão adquirir insumos e máquinas de recarga de munição para o fim exclusivo de suprimento de suas atividades, mediante autorização concedida nos termos do regulamento.

•• § 4.º com redação determinada pela Lei n. 14.967, de 9-9-2024.

•• A Lei n. 14.967, de 9-9-2024, instituiu o Estatuto da Segurança Privada e da Segurança das Instituições Financeiras.

Art. 24. Excetuadas as atribuições a que se refere o art. 2.º desta Lei, compete ao Comando do Exército autorizar e fiscalizar a produção, exportação, importação, desembaraço alfandegário e o comércio de armas de fogo e demais produtos controlados, inclusive o registro e o porte de trânsito de arma de fogo de colecionadores, atiradores e caçadores.

Art. 25. As armas de fogo apreendidas, após a elaboração do laudo pericial e sua juntada aos autos, quando não mais interessarem à persecução penal serão encaminhadas pelo juiz competente ao Comando do Exército, no prazo de até 48 (quarenta e oito) horas, para destruição ou doação aos órgãos de segurança pública ou às Forças Armadas, na forma do regulamento desta Lei.

•• *Caput* com redação determinada pela Lei n. 13.886, de 17-10-2019.

§ 1.º As armas de fogo encaminhadas ao Comando do Exército que receberem parecer favorável à doação, obedecidos o padrão e a dotação de cada Força Armada ou órgão de segurança pública, atendidos os critérios de prioridade estabelecidos pelo Ministério da Justiça e ouvido o Comando do Exército, serão arroladas em relatório reservado trimestral a ser encaminhado àquelas instituições, abrindo-se-lhes prazo para manifestação de interesse.

•• § 1.º acrescentado pela Lei n. 11.706, de 19-6-2008.

§ 1.º-A. As armas de fogo e munições apreendidas em decorrência do tráfico de drogas de abuso, ou de qualquer forma utilizadas em atividades ilícitas de produção ou comercialização de drogas abusivas, ou, ainda, que tenham sido adquiridas com recursos provenientes do tráfico de drogas de abuso, perdidas em favor da União e encaminhadas para o Comando do Exército, devem ser, após perícia ou vistoria que atestem seu bom estado, destinadas com prioridade para os órgãos de segurança pública e o sistema penitenciário da unidade da federação responsável pela apreensão.

•• § 1.º-A acrescentado pela Lei n. 13.886, de 17-10-2019.

§ 2.º O Comando do Exército encaminhará a relação das armas a serem doadas ao juiz competente, que determinará o seu perdimento em favor da instituição beneficiada.

•• § 2.º acrescentado pela Lei n. 11.706, de 19-6-2008.

§ 3.º O transporte das armas de fogo doadas será de responsabilidade da instituição beneficiada, que procederá ao seu cadastramento no Sinarm ou no Sigma.

•• § 3.º acrescentado pela Lei n. 11.706, de 19-6-2008.

§ 4.º (*Vetado*.)

•• § 4.º acrescentado pela Lei n. 11.706, de 19-6-2008.

§ 5.º O Poder Judiciário instituirá instrumentos para o encaminhamento ao Sinarm ou ao Sigma, conforme se trate de arma de uso permitido ou de uso restrito, semestralmente, da relação de armas acauteladas em juízo, mencionando suas características e o local onde se encontram.

•• § 5.º acrescentado pela Lei n. 11.706, de 19-6-2008.

Art. 26. São vedadas a fabricação, a venda, a comercialização e a importação de brinquedos, réplicas e simulacros de armas de fogo, que com estas se possam confundir.

•• Artigo regulamentado pela Portaria n. 2, de 26-2-2010, do Ministério da Defesa.

Parágrafo único. Excetuam-se da proibição as réplicas e os simulacros destinados à instrução, ao adestramento, ou à coleção de usuário autorizado, nas condições fixadas pelo Comando do Exército.

Art. 27. Caberá ao Comando do Exército autorizar, excepcionalmente, a aquisição de armas de fogo de uso restrito.

•• O STF, na ADI n. 6.139, nas sessões virtuais de 23-6-2023 a 30-6-2023 (*DOU* de 12-7-2023), por maioria, julgou procedente o pedido, para dar interpretação conforme à Constituição a este artigo, "a fim de fixar a tese hermenêutica de que aquisição de armas de fogo de uso restrito só pode ser autorizada no interesse da própria segurança pública ou da defesa nacional, não em razão do interesse pessoal do requerente".

Parágrafo único. O disposto neste artigo não se aplica às aquisições dos Comandos Militares.

Art. 28. É vedado ao menor de 25 (vinte e cinco) anos adquirir arma de fogo, ressalvados os integrantes das entidades constantes dos incisos I, II, III, V, VI, VII e X do *caput* do art. 6.º desta Lei.

•• Artigo com redação determinada pela Lei n. 11.706, de 19-6-2008.

Art. 29. As autorizações de porte de armas de fogo já concedidas expirar-se-ão 90 (noventa) dias após a publicação desta Lei.

•• A Lei n. 10.884, de 17-6-2004, determina que o termo inicial do prazo previsto neste artigo passa a fluir a partir da data de publicação do Decreto que o regulamentar, não ultrapassando, para ter efeito, a data limite de 23-6-2004.

Parágrafo único. O detentor de autorização com prazo de validade superior a 90 (noventa) dias poderá renová-la, perante a Polícia Federal, nas condições dos

Estatuto do Desarmamento — Lei n. 10.826, de 22-12-2003

arts. 4.º, 6.º e 10 desta Lei, no prazo de 90 (noventa) dias após sua publicação, sem ônus para o requerente.

Art. 30. Os possuidores e proprietários de arma de fogo de uso permitido ainda não registrada deverão solicitar seu registro até o dia 31 de dezembro de 2008, mediante apresentação de documento de identificação pessoal e comprovante de residência fixa, acompanhados de nota fiscal de compra ou comprovação da origem lícita da posse, pelos meios de prova admitidos em direito, ou declaração firmada na qual constem as características da arma e a sua condição de proprietário, ficando este dispensado do pagamento de taxas e do cumprimento das demais exigências constantes dos incisos I a III do *caput* do art. 4.º desta Lei.

•• *Caput* com redação determinada pela Lei n. 11.706, de 19-6-2008.

•• A Lei n. 11.922, de 13-4-2009, prorrogou para 31-12-2009 o prazo de que trata este artigo.

Parágrafo único. Para fins do cumprimento do disposto no *caput* deste artigo, o proprietário de arma de fogo poderá obter, no Departamento de Polícia Federal, certificado de registro provisório, expedido na forma do § 4.º do art. 5.º desta Lei.

•• Parágrafo único acrescentado pela Lei n. 11.706, de 19-6-2008.

Art. 31. Os possuidores e proprietários de armas de fogo adquiridas regularmente poderão, a qualquer tempo, entregá-las à Polícia Federal, mediante recibo e indenização, nos termos do regulamento desta Lei.

Art. 32. Os possuidores e proprietários de arma de fogo poderão entregá-la, espontaneamente, mediante recibo, e, presumindo-se de boa-fé, serão indenizados, na forma do regulamento, ficando extinta a punibilidade de eventual posse irregular da referida arma.

•• *Caput* com redação determinada pela Lei n. 11.706, de 19-6-2008.

Parágrafo único. (*Revogado pela Lei n. 11.706, de 19-6-2008.*)

Art. 33. Será aplicada multa de R$ 100.000,00 (cem mil reais) a R$ 300.000,00 (trezentos mil reais), conforme especificar o regulamento desta Lei:

I – à empresa de transporte aéreo, rodoviário, ferroviário, marítimo, fluvial ou lacustre que deliberadamente, por qualquer meio, faça, promova, facilite ou permita o transporte de arma ou munição sem a devida autorização ou com inobservância das normas de segurança;

II – à empresa de produção ou comércio de armamentos que realize publicidade para venda, estimulando o uso indiscriminado de armas de fogo, exceto nas publicações especializadas.

Art. 34. Os promotores de eventos em locais fechados, com aglomeração superior a 1.000 (um mil) pessoas, adotarão, sob pena de responsabilidade, as providências necessárias para evitar o ingresso de pessoas armadas, ressalvados os eventos garantidos pelo inciso VI do art. 5.º da Constituição Federal.

Parágrafo único. As empresas responsáveis pela prestação dos serviços de transporte internacional e interestadual de passageiros adotarão as providências necessárias para evitar o embarque de passageiros armados.

Art. 34-A. Os dados relacionados à coleta de registros balísticos serão armazenados no Banco Nacional de Perfis Balísticos.

•• *Caput* acrescentado pela Lei n. 13.964, de 24-12-2019.

•• O Decreto n. 10.711, de 2-6-2021, instituiu o Banco Nacional de Perfis Balísticos, o Sistema Nacional de Análise Balística e o Comitê Gestor do Sistema Nacional de Análise Balística.

§ 1.º O Banco Nacional de Perfis Balísticos tem como objetivo cadastrar armas de fogo e armazenar características de classe e individualizadoras de projéteis e de estojos de munição deflagrados por arma de fogo.

•• § 1.º acrescentado pela Lei n. 13.964, de 24-12-2019.

§ 2.º O Banco Nacional de Perfis Balísticos será constituído pelos registros de elementos de munição deflagrados por armas de fogo relacionados a crimes, para subsidiar ações destinadas às apurações criminais federais, estaduais e distritais.

•• § 2.º acrescentado pela Lei n. 13.964, de 24-12-2019.

§ 3.º O Banco Nacional de Perfis Balísticos será gerido pela unidade oficial de perícia criminal.

•• § 3.º acrescentado pela Lei n. 13.964, de 24-12-2019.

§ 4.º Os dados constantes do Banco Nacional de Perfis Balísticos terão caráter sigiloso, e aquele que permitir ou promover sua utilização para fins diversos dos previstos nesta Lei ou em decisão judicial responderá civil, penal e administrativamente.

•• § 4.º acrescentado pela Lei n. 13.964, de 24-12-2019.

§ 5.º É vedada a comercialização, total ou parcial, da base de dados do Banco Nacional de Perfis Balísticos.

•• § 5.º acrescentado pela Lei n. 13.964, de 24-12-2019.

§ 6.º A formação, a gestão e o acesso ao Banco Nacional de Perfis Balísticos serão regulamentados em ato do Poder Executivo federal.

•• § 6.º acrescentado pela Lei n. 13.964, de 24-12-2019.

Capítulo VI
DISPOSIÇÕES FINAIS

Art. 35. É proibida a comercialização de arma de fogo e munição em todo o território nacional, salvo para as entidades previstas no art. 6.º desta Lei.

§ 1.º Este dispositivo, para entrar em vigor, dependerá de aprovação mediante referendo popular, a ser realizado em outubro de 2005.

•• O Decreto Legislativo n. 780, de 7-7-2005, autorizou a realização do referendo previsto neste parágrafo que consistiu na seguinte questão: "o comércio de armas de fogo e munição deve ser proibido no Brasil?". A resposta vencedora a esta questão foi NÃO, devidamente proclamada pelo TSE.

§ 2.º Em caso de aprovação do referendo popular, o disposto neste artigo entrará em vigor na data de publicação de seu resultado pelo Tribunal Superior Eleitoral.

Art. 36. É revogada a Lei n. 9.437, de 20 de fevereiro de 1997.

Art. 37. Esta Lei entra em vigor na data de sua publicação.

Brasília, 22 de dezembro de 2003; 182.º da Independência e 115.º da República.

LUIZ INÁCIO LULA DA SILVA

ANEXO
TABELA DE TAXAS

ATO ADMINISTRATIVO	R$
I – Registro de arma de fogo:	
– até 31 de dezembro de 2008	Gratuito (art. 30)
– a partir de 1.º de janeiro de 2009	60,00
II – Renovação do certificado de registro de arma de fogo:	
– até 31 de dezembro de 2008	Gratuito (art. 5.º, § 3.º)
– a partir de 1.º de janeiro de 2009	60,00
III – Registro de arma de fogo para empresa de segurança privada e de transporte de valores	60,00
IV – Renovação do certificado de registro de arma de fogo para empresa de segurança privada e de transporte de valores:	
– até 30 de junho de 2008	30,00
– de 1.º de julho de 2008 a 31 de outubro de 2008	45,00
– a partir de 1.º de novembro de 2008	60,00
V – Expedição de porte de arma de fogo	1.000,00
VI – Renovação de porte de arma de fogo	1.000,00
VII – Expedição de segunda via de certificado de registro de arma de fogo	60,00
VIII – Expedição de segunda via de porte de arma de fogo	60,00

•• Anexo com redação determinada pela Lei n. 11.706, de 19-6-2008.

LEI N. 11.101, DE 9 DE FEVEREIRO DE 2005 (*)

Regula a recuperação judicial, a extrajudicial e a falência do empresário e da sociedade empresária.

O Presidente da República

Faço saber que o Congresso Nacional decreta e eu sanciono a seguinte Lei:

Capítulo I
DISPOSIÇÕES PRELIMINARES

Art. 1.º Esta Lei disciplina a recuperação judicial, a recuperação extrajudicial e a falência do empresário e da sociedade empresária, doravante referidos simplesmente como devedor.

Art. 2.º Esta Lei não se aplica a:

I – empresa pública e sociedade de economia mista;

II – instituição financeira pública ou privada, cooperativa de crédito, consórcio, entidade de previdência complementar, sociedade operadora de plano de assistência à saúde, sociedade seguradora, sociedade de capitalização e outras entidades legalmente equiparadas às anteriores.

Art. 3.º É competente para homologar o plano de recuperação extrajudicial, deferir a recuperação judicial ou decretar a falência o juízo do local do principal estabelecimento do devedor ou da filial de empresa que tenha sede fora do Brasil.

Art. 4.º (*Vetado.*)

Capítulo II
DISPOSIÇÕES COMUNS À RECUPERAÇÃO JUDICIAL E À FALÊNCIA

Seção III
Do Administrador Judicial e do Comitê de Credores

Art. 22. Ao administrador judicial compete, sob a fiscalização do juiz e do Comitê, além de outros deveres que esta Lei lhe impõe:

(*) Publicada no *DOU*, de 9-2-2005, Edição Extra.

III – na falência:

e) apresentar, no prazo de 40 (quarenta) dias, contado da assinatura do termo de compromisso, prorrogável por igual período, relatório sobre as causas e circunstâncias que conduziram à situação de falência, no qual apontará a responsabilidade civil e penal dos envolvidos, observado o disposto no art. 186 desta Lei;

§ 4.º Se o relatório de que trata a alínea *e* do inciso III do *caput* deste artigo apontar responsabilidade penal de qualquer dos envolvidos, o Ministério Público será intimado para tomar conhecimento de seu teor.

Capítulo III
DA RECUPERAÇÃO JUDICIAL

Seção I
Disposições Gerais

Art. 47. A recuperação judicial tem por objetivo viabilizar a superação da situação de crise econômico-financeira do devedor, a fim de permitir a manutenção da fonte produtora, do emprego dos trabalhadores e dos interesses dos credores, promovendo, assim, a preservação da empresa, sua função social e o estímulo à atividade econômica.

Art. 48. Poderá requerer recuperação judicial o devedor que, no momento do pedido, exerça regularmente suas atividades há mais de 2 (dois) anos e que atenda aos seguintes requisitos, cumulativamente:

I – não ser falido e, se o foi, estejam declaradas extintas, por sentença transitada em julgado, as responsabilidades daí decorrentes;

II – não ter, há menos de 5 (cinco) anos, obtido concessão de recuperação judicial;

III – não ter, há menos de 5 (cinco) anos, obtido concessão de recuperação judicial com base no plano especial de que trata a Seção V deste Capítulo;

•• Inciso III com redação determinada pela Lei Complementar n. 147, de 7-8-2014.

IV – não ter sido condenado ou não ter, como administrador ou sócio controlador, pessoa condenada por qualquer dos crimes previstos nesta Lei.

§ 1.º A recuperação judicial também poderá ser requerida pelo cônjuge sobrevivente, herdeiros do devedor, inventariante ou sócio remanescente.

•• § 1.º renumerado pela Lei n. 12.873, de 24-10-2013.

§ 2.º No caso de exercício de atividade rural por pessoa jurídica, admite-se a comprovação do prazo estabelecido no *caput* deste artigo por meio da Escrituração Contábil Fiscal (ECF), ou por meio de obrigação legal de registros contábeis que venha a substituir a ECF, entregue tempestivamente.

•• § 2.º com redação determinada pela Lei n. 14.112, de 24-12-2020.

§ 3.º Para a comprovação do prazo estabelecido no *caput* deste artigo, o cálculo do período de exercício de atividade rural por pessoa física é feito com base no Livro Caixa Digital do Produtor Rural (LCDPR), ou por meio de obrigação legal de registros contábeis que venha a substituir o LCDPR, e pela Declaração do Imposto sobre a Renda da Pessoa Física (DIRPF) e balanço patrimonial, todos entregues tempestivamente.

•• § 3.º acrescentado pela Lei n. 14.112, de 24-12-2020.

§ 4.º Para efeito do disposto no § 3.º deste artigo, no que diz respeito ao período em que não for exigível a entrega do LCDPR, admitir-se-á a entrega do livro-caixa utilizado para a elaboração da DIRPF.

•• § 4.º acrescentado pela Lei n. 14.112, de 24-12-2020.

§ 5.º Para os fins de atendimento ao disposto nos §§ 2.º e 3.º deste artigo, as informações contábeis relativas a receitas, a bens, a despesas, a custos e a dívidas deverão estar organizadas de acordo com a legislação e com o padrão contábil da legislação correlata vigente, bem como guardar obediência ao regime de competência e de elaboração de balanço patrimonial por contador habilitado.

•• § 5.º acrescentado pela Lei n. 14.112, de 24-12-2020.

Capítulo V
DA FALÊNCIA

Seção I
Disposições Gerais

Art. 75. A falência, ao promover o afastamento do devedor de suas atividades, visa a:

•• *Caput* com redação determinada pela Lei n. 14.112, de 24-12-2020.

I – preservar e a otimizar a utilização produtiva dos bens, dos ativos e dos recursos produtivos, inclusive os intangíveis, da empresa;

•• Inciso I acrescentado pela Lei n. 14.112, de 24-12-2020.

II – permitir a liquidação célere das empresas inviáveis, com vistas à realocação eficiente de recursos na economia; e

•• Inciso II acrescentado pela Lei n. 14.112, de 24-12-2020.

III – fomentar o empreendedorismo, inclusive por meio da viabilização do retorno célere do empreendedor falido à atividade econômica.

•• Inciso III acrescentado pela Lei n. 14.112, de 24-12-2020.

§ 1.º O processo de falência atenderá aos princípios da celeridade e da economia processual, sem prejuízo do contraditório, da ampla defesa e dos demais princípios previstos na Lei n. 13.105, de 16 de março de 2015 (Código de Processo Civil).

•• § 1.º acrescentado pela Lei n. 14.112, de 24-12-2020.

§ 2.º A falência é mecanismo de preservação de benefícios econômicos e sociais decorrentes da atividade empresarial, por meio da liquidação imediata do devedor e da rápida realocação útil de ativos na economia.

•• § 2.º acrescentado pela Lei n. 14.112, de 24-12-2020.

Art. 79. Os processos de falência e os seus incidentes preferem a todos os outros na ordem dos feitos, em qualquer instância.

Seção IV
Do Procedimento para a
Decretação da Falência

Art. 99. A sentença que decretar a falência do devedor, dentre outras determinações:

VII – determinará as diligências necessárias para salvaguardar os interesses das partes envolvidas, podendo ordenar a prisão preventiva do falido ou de seus administradores quando requerida com fundamento em provas da prática de crime definido nesta Lei;

XIII – ordenará a intimação eletrônica, nos termos da legislação vigente e respeitadas as prerrogativas funcionais, respectivamente, do Ministério Público e das Fazendas Públicas federal e de todos os Estados, Distrito Federal e Municípios em que o devedor tiver estabelecimento, para que tomem conhecimento da falência.

•• Inciso XIII com redação determinada pela Lei n. 14.112, de 24-12-2020.

§ 1.º O juiz ordenará a publicação de edital eletrônico com a íntegra da decisão que decreta a falência e a relação de credores apresentada pelo falido.

•• § 1.º acrescentado pela Lei n. 14.112, de 24-12-2020.

§ 2.º A intimação eletrônica das pessoas jurídicas de direito público integrantes da administração pública indireta dos entes federativos referidos no inciso XIII do *caput* deste artigo será direcionada:

•• § 2.º, *caput*, acrescentado pela Lei n. 14.112, de 24-12-2020.

I – no âmbito federal, à Procuradoria-Geral Federal e à Procuradoria-Geral do Banco Central do Brasil;

•• Inciso I acrescentado pela Lei n. 14.112, de 24-12-2020.

II – no âmbito dos Estados e do Distrito Federal, à respectiva Procuradoria-Geral, à qual competirá dar ciência a eventual órgão de representação judicial específico das entidades interessadas; e

•• Inciso II acrescentado pela Lei n. 14.112, de 24-12-2020.

III – no âmbito dos Municípios, à respectiva Procuradoria-Geral ou, se inexistir, ao gabinete do Prefeito, à qual competirá dar ciência a eventual órgão de representação judicial específico das entidades interessadas.

•• Inciso III acrescentado pela Lei n. 14.112, de 24-12-2020.

§ 3.º Após decretada a quebra ou convolada a recuperação judicial em falência, o administrador deverá, no prazo de até 60 (sessenta) dias, contado do termo de nomeação, apresentar, para apreciação do juiz, plano detalhado de realização dos ativos, inclusive com a estimativa de tempo não superior a 180 (cento e oitenta) dias a partir da juntada de cada auto de arrecadação, na forma do inciso III do *caput* do art. 22 desta Lei.

•• § 3.º acrescentado pela Lei n. 14.112, de 24-12-2020.

Art. 101. Quem por dolo requerer a falência de outrem será condenado, na sentença que julgar improcedente o pedido, a indenizar o devedor, apurando-se as perdas e danos em liquidação de sentença.

§ 1.º Havendo mais de 1 (um) autor do pedido de falência, serão solidariamente responsáveis aqueles que se conduziram na forma prevista no *caput* deste artigo.

§ 2.º Por ação própria, o terceiro prejudicado também pode reclamar indenização dos responsáveis.

Seção V
Da Inabilitação Empresarial, dos Direitos e Deveres do Falido

Art. 102. O falido fica inabilitado para exercer qualquer atividade empresarial a partir da decretação da falência e até a sentença que extingue suas obrigações, respeitado o disposto no § 1.º do art. 181 desta Lei.

Parágrafo único. Findo o período de inabilitação, o falido poderá requerer ao juiz da falência que proceda à respectiva anotação em seu registro.

Art. 103. Desde a decretação da falência ou do sequestro, o devedor perde o direito de administrar os seus bens ou deles dispor.

Parágrafo único. O falido poderá, contudo, fiscalizar a administração da falência, requerer as providências necessárias para a conservação dos seus direitos ou dos bens arrecadados e intervir nos processos em que a massa falida seja parte ou interessada, requerendo o que for de direito e interpondo os recursos cabíveis.

Art. 104. A decretação da falência impõe ao falido os seguintes deveres:

III – não se ausentar do lugar onde se processa a falência sem motivo justo e comunicação expressa ao juiz, e sem deixar procurador bastante, sob as penas cominadas na lei;

V – entregar ao administrador judicial, para arrecadação, todos os bens, papéis, documentos e senhas de acesso a sistemas contábeis, financeiros e bancários, bem como indicar aqueles que porventura estejam em poder de terceiros;

•• Inciso V com redação determinada pela Lei n. 14.112, de 24-12-2020.

VI – prestar as informações reclamadas pelo juiz, administrador judicial, credor ou Ministério Público sobre circunstâncias e fatos que interessem à falência;

Parágrafo único. Faltando ao cumprimento de quaisquer dos deveres que esta Lei lhe impõe, após intimado pelo juiz a fazê-lo, responderá o falido por crime de desobediência.

Seção XII
Do Encerramento da Falência e da Extinção das Obrigações do Falido

Art. 154. Concluída a realização de todo o ativo, e distribuído o produto entre os credores, o administrador judicial apresentará suas contas ao juiz no prazo de 30 (trinta) dias.

§ 3.º Decorrido o prazo do aviso e realizadas as diligências necessárias à apuração dos fatos, o juiz intimará o Ministério Público para manifestar-se no prazo de 5 (cinco) dias, findo o qual o administrador judicial será ouvido se houver impugnação ou parecer contrário do Ministério Público.

Art. 155. Julgadas as contas do administrador judicial, ele apresentará o relatório final da falência no prazo de 10 (dez) dias, indicando o valor do ativo e o do produto de sua realização, o valor do passivo e os pagamentos feitos aos credores, e especificará justificadamente as responsabilidades com que continuará o falido.

Art. 156. Apresentado o relatório final, o juiz encerrará a falência por sentença e ordenará a intimação eletrônica às Fazendas Públicas federal e de todos os Estados, Distrito Federal e Municípios em que o devedor tiver estabelecimento e determinará a baixa da falida no Cadastro Nacional da Pessoa Jurídica (CNPJ), expedido pela Secretaria Especial da Receita Federal do Brasil.

•• *Caput* com redação determinada pela Lei n. 14.112, de 24-12-2020.

Parágrafo único. A sentença de encerramento será publicada por edital e dela caberá apelação.

Art. 157. *(Revogado pela Lei n. 14.112, de 24-12-2020.)*

Art. 158. Extingue as obrigações do falido:

I – o pagamento de todos os créditos;

II – o pagamento, após realizado todo o ativo, de mais de 25% (vinte e cinco por cento) dos créditos quirografários, facultado ao falido o depósito da quantia necessária para atingir a referida porcentagem se para isso não tiver sido suficiente a integral liquidação do ativo;

•• Inciso II com redação determinada pela Lei n. 14.112, de 24-12-2020.

III e IV – *(Revogados pela Lei n. 14.112, de 24-12-2020)*;

V – o decurso do prazo de 3 (três) anos, contado da decretação da falência, ressalvada a utilização dos bens arrecadados anteriormente, que serão destinados à liquidação para a satisfação dos credores habilitados ou com pedido de reserva realizado;

•• Inciso V acrescentado pela Lei n. 14.112, de 24-12-2020.

•• *Vide* art. 5.º, § 1.º, IV, da Lei n. 14.112, de 24-12-2020.

VI – o encerramento da falência nos termos dos arts. 114-A ou 156 desta Lei.

•• Inciso VI acrescentado pela Lei n. 14.112, de 24-12-2020.

•• *Vide* art. 5.º, § 5.º, da Lei n. 14.112, de 24-12-2020.

Art. 159. Configurada qualquer das hipóteses do art. 158 desta Lei, o falido poderá requerer ao juízo da falência que suas obrigações sejam declaradas extintas por sentença.

§ 1.º A secretaria do juízo fará publicar imediatamente informação sobre a apresentação do requerimento a que se refere este artigo, e, no prazo comum de 5 (cinco) dias, qualquer credor, o administrador judicial e o Ministério Público poderão manifestar-se exclusivamente para apontar inconsistências formais e objetivas.

•• § 1.º com redação determinada pela Lei n. 14.112, de 24-12-2020.

§ 2.º *(Revogado pela Lei n. 14.112, de 24-12-2020.)*

§ 3.º Findo o prazo, o juiz, em 15 (quinze) dias, proferirá sentença que declare extintas todas as obrigações do falido, inclusive as de natureza trabalhista.

•• § 3.º com redação determinada pela Lei n. 14.112, de 24-12-2020.

§ 4.º A sentença que declarar extintas as obrigações será comunicada a todas as pessoas e entidades informadas da decretação da falência.

§ 5.º Da sentença cabe apelação.

§ 6.º Após o trânsito em julgado, os autos serão apensados aos da falência.

Art. 159-A. A sentença que declarar extintas as obrigações do falido, nos termos do art. 159 desta Lei, somente poderá ser rescindida por ação rescisória, na forma prevista na Lei n. 13.105, de 16 de março de 2015 (Código de Processo Civil), a pedido de qualquer credor, caso se verifique que o falido tenha sonegado bens, direitos ou rendimentos de qualquer espécie anteriores à data do requerimento a que se refere o art. 159 desta Lei.

•• *Caput* acrescentado pela Lei n. 14.112, de 24-12-2020.

Parágrafo único. O direito à rescisão de que trata o *caput* deste artigo extinguir-se-á no prazo de 2 (dois) anos, contado da data do trânsito em julgado da sentença de que trata o art. 159 desta Lei.

•• Parágrafo único acrescentado pela Lei n. 14.112, de 24-12-2020.

Art. 160. Verificada a prescrição ou extintas as obrigações nos termos desta Lei, o sócio de responsabilidade ilimitada também poderá requerer que seja declarada por sentença a extinção de suas obrigações na falência.

Capítulo VII
DISPOSIÇÕES PENAIS

Seção II
Disposições Comuns

Art. 179. Na falência, na recuperação judicial e na recuperação extrajudicial de sociedades, os seus sócios, diretores, gerentes, administradores e conselheiros, de fato ou de direito, bem como o administrador judicial, equiparam-se ao devedor ou falido para todos os efeitos penais decorrentes desta Lei, na medida de sua culpabilidade.

Art. 180. A sentença que decreta a falência, concede a recuperação judicial ou concede a recuperação extrajudicial de que trata o art. 163 desta Lei é condição objetiva de punibilidade das infrações penais descritas nesta Lei.

Art. 181. São efeitos da condenação por crime previsto nesta Lei:

I – a inabilitação para o exercício de atividade empresarial;

II – o impedimento para o exercício de cargo ou função em conselho de administração, diretoria ou gerência das sociedades sujeitas a esta Lei;

III – a impossibilidade de gerir empresa por mandato ou por gestão de negócio.

§ 1.º Os efeitos de que trata este artigo não são automáticos, devendo ser motivadamente declarados na sentença, e perdurarão até 5 (cinco) anos após a extinção da punibilidade, podendo, contudo, cessar antes pela reabilitação penal.

§ 2.º Transitada em julgado a sentença penal condenatória, será notificado o Registro Público de Empresas para que tome as medidas necessárias para impedir novo registro em nome dos inabilitados.

Art. 182. A prescrição dos crimes previstos nesta Lei reger-se-á pelas disposições do Decreto-lei n. 2.848, de 7 de dezembro de 1940 – Código Penal, começando a correr do dia da decretação da falência, da concessão da recuperação judicial ou da homologação do plano de recuperação extrajudicial.

Parágrafo único. A decretação da falência do devedor interrompe a prescrição cuja contagem tenha iniciado com a concessão da recuperação judicial ou com a homologação do plano de recuperação extrajudicial.

Seção III
Do Procedimento Penal

Art. 183. Compete ao juiz criminal da jurisdição onde tenha sido decretada a falência, concedida a recuperação judicial ou homologado o plano de recuperação extrajudicial, conhecer da ação penal pelos crimes previstos nesta Lei.

Art. 184. Os crimes previstos nesta Lei são de ação penal pública incondicionada.

Parágrafo único. Decorrido o prazo a que se refere o art. 187, § 1.º, sem que o representante do Ministério Público ofereça denúncia, qualquer credor habilitado ou o administrador judicial poderá oferecer ação penal privada subsidiária da pública, observado o prazo decadencial de 6 (seis) meses.

Art. 185. Recebida a denúncia ou a queixa, observar-se-á o rito previsto nos arts. 531 a 540 do Decreto-lei n. 3.689, de 3 de outubro de 1941 – Código de Processo Penal.

Art. 186. No relatório previsto na alínea *e* do inciso III do *caput* do art. 22 desta Lei, o administrador judicial apresentará ao juiz da falência exposição circunstanciada, considerando as causas da falência, o procedimento do devedor, antes e depois da sentença, e outras informações detalhadas a respeito da conduta do devedor e de outros responsáveis, se houver, por atos que possam constituir crime relacionado com a recuperação judicial ou com a falência, ou outro delito conexo a estes.

Parágrafo único. A exposição circunstanciada será instruída com laudo do contador encarregado do exame da escrituração do devedor.

Art. 187. Intimado da sentença que decreta a falência ou concede a recuperação judicial, o Ministério Público, verificando a ocorrência de qualquer crime previsto nesta Lei, promoverá imediatamente a competente ação penal ou, se entender necessário, requisitará a abertura de inquérito policial.

§ 1.º O prazo para oferecimento da denúncia regula-se pelo art. 46 do Decreto-lei n. 3.689, de 3 de outubro de 1941 – Código de Processo Penal, salvo se o Ministério Público, estando o réu solto ou afiançado, decidir aguardar a apresentação da exposição circunstanciada de que trata o art. 186 desta Lei, devendo, em seguida, oferecer a denúncia em 15 (quinze) dias.

§ 2.º Em qualquer fase processual, surgindo indícios da prática dos crimes previstos nesta Lei, o juiz da falência ou da recuperação judicial ou da recuperação extrajudicial cientificará o Ministério Público.

Art. 188. Aplicam-se subsidiariamente as disposições do Código de Processo Penal, no que não forem incompatíveis com esta Lei.

Capítulo VIII
DISPOSIÇÕES FINAIS E TRANSITÓRIAS

Art. 190. Todas as vezes que esta Lei se referir a devedor ou falido, compreender-se-á que a disposição também se aplica aos sócios ilimitadamente responsáveis.

Art. 191. Ressalvadas as disposições específicas desta Lei, as publicações ordenadas serão feitas em sítio eletrônico próprio, na internet, dedicado à recuperação judicial e à falência, e as intimações serão realizadas por notificação direta por meio de dispositivos móveis previamente cadastrados e autorizados pelo interessado.

•• Caput com redação determinada pela Lei n. 14.112, de 24-12-2020.

Parágrafo único. As publicações ordenadas nesta Lei conterão a epígrafe "recuperação judicial de", "recuperação extrajudicial de" ou "falência de".

Art. 192. Esta Lei não se aplica aos processos de falência ou de concordata ajuizados anteriormente ao início de sua vigência, que serão concluídos nos termos do Decreto-lei n. 7.661, de 21 de junho de 1945.

§ 1.º Fica vedada a concessão de concordata suspensiva nos processos de falência em curso, podendo ser promovida a alienação dos bens da massa falida assim que concluída sua arrecadação, independentemente da formação do quadro-geral de credores e da conclusão do inquérito judicial.

....

§ 4.º Esta Lei aplica-se às falências decretadas em sua vigência resultantes de convolação de concordatas ou de pedidos de falência anteriores, às quais se aplica, até a decretação, o Decreto-lei n. 7.661, de 21 de junho de 1945, observado, na decisão que decretar a falência, o disposto no art. 99 desta Lei.

....

Art. 197. Enquanto não forem aprovadas as respectivas leis específicas, esta Lei aplica-se subsidiariamente, no que couber, aos regimes previstos no Decreto-lei n. 73, de 21 de novembro de 1966, na Lei n. 6.024, de 13 de março de 1974, no Decreto-lei n. 2.321, de 25 de fevereiro de 1987, e na Lei n. 9.514, de 20 de novembro de 1997.

Art. 198. Os devedores proibidos de requerer concordata nos termos da legislação específica em vigor na data da publicação desta Lei ficam proibidos de requerer recuperação judicial ou extrajudicial nos termos desta Lei.

....

Art. 200. Ressalvado o disposto no art. 192 desta Lei, ficam revogados o Decreto-lei n. 7.661, de 21 de junho de 1945, e os arts. 503 a 512 do Decreto-lei n. 3.689, de 3 de outubro de 1941 – Código de Processo Penal.

Art. 201. Esta Lei entra em vigor 120 (cento e vinte) dias após sua publicação.

Brasília, 9 de fevereiro de 2005; 184.º da Independência e 117.º da República.

LUIZ INÁCIO LULA DA SILVA

LEI N. 11.340, DE 7 DE AGOSTO DE 2006 (*)

Cria mecanismos para coibir a violência doméstica e familiar contra a mulher, nos termos do § 8.º do art. 226 da Constituição Federal, da Convenção sobre a Eliminação de Todas as Formas de Discriminação contra as Mulheres e da Convenção Interamericana para Prevenir, Punir e Erradicar a Violência contra a Mulher; dispõe sobre a criação dos Juizados de Violência Doméstica e Familiar contra a Mulher; altera o Código de Processo Penal, o Código Penal e a Lei de Execução Penal; e dá outras providências.

O Presidente da República

Faço saber que o Congresso Nacional decreta e eu sanciono a seguinte Lei:

TÍTULO I
DISPOSIÇÕES PRELIMINARES

Art. 1.º Esta Lei cria mecanismos para coibir e prevenir a violência doméstica e familiar contra a mulher, nos termos do § 8.º do art. 226 da Constituição Federal, da Convenção sobre a Eliminação de Todas as Formas de Violência contra a Mulher, da Convenção Interamericana para Prevenir, Punir e Erradicar a Violência contra a Mulher e de outros tratados internacionais ratificados pela República Federativa do Brasil; dispõe sobre a criação dos Juizados de Violência Doméstica e Familiar contra a Mulher; e estabelece medidas de assistência e proteção às mulheres em situação de violência doméstica e familiar.

•• O STF, na ADC n. 19, de 9-2-2012, declarou a constitucionalidade deste artigo.

•• *Vide* Súmula 542 do STJ.

(*) Publicada no *DOU*, de 8-8-2006. O ex-presidente Luiz Inácio Lula da Silva batizou esta norma como "Lei Maria da Penha", em homenagem à biofarmacêutica Maria da Penha Maia, símbolo da luta contra a violência doméstica no Brasil. O Decreto n. 9.586, de 27-11-2018, instituiu o Sistema Nacional de Políticas para as Mulheres e o Plano Nacional de Combate à Violência Doméstica.

•• A Lei n. 14.149, de 5-5-2021, instituiu o Formulário Nacional de Avaliação de Risco, a ser aplicado à mulher vítima de violência doméstica e familiar.

•• A Lei n. 14.786, de 28-12-2023, cria o protocolo "Não é Não", para prevenção ao constrangimento e à violência contra a mulher e para proteção à vítima.

•• A Lei n. 14.540, de 3-4-2023, instituiu o Programa de Prevenção e Enfrentamento ao Assédio Sexual e demais Crimes contra a Dignidade Sexual e à Violência Sexual no âmbito da administração pública, direta e indireta, federal, estadual, distrital e municipal.

Art. 2.º Toda mulher, independentemente de classe, raça, etnia, orientação sexual, renda, cultura, nível educacional, idade e religião, goza dos direitos fundamentais inerentes à pessoa humana, sendo-lhe asseguradas as oportunidades e facilidades para viver sem violência, preservar sua saúde física e mental e seu aperfeiçoamento moral, intelectual e social.

Art. 3.º Serão asseguradas às mulheres as condições para o exercício efetivo dos direitos à vida, à segurança, à saúde, à alimentação, à educação, à cultura, à moradia, ao acesso à justiça, ao esporte, ao lazer, ao trabalho, à cidadania, à liberdade, à dignidade, ao respeito e à convivência familiar e comunitária.

§ 1.º O poder público desenvolverá políticas que visem garantir os direitos humanos das mulheres no âmbito das relações domésticas e familiares no sentido de resguardá-las de toda forma de negligência, discriminação, exploração, violência, crueldade e opressão.

§ 2.º Cabe à família, à sociedade e ao poder público criar as condições necessárias para o efetivo exercício dos direitos enunciados no *caput*.

Art. 4.º Na interpretação desta Lei, serão considerados os fins sociais a que ela se destina e, especialmente, as condições peculiares das mulheres em situação de violência doméstica e familiar.

TÍTULO II
DA VIOLÊNCIA DOMÉSTICA E FAMILIAR CONTRA A MULHER

Capítulo I
DISPOSIÇÕES GERAIS

Art. 5.º Para os efeitos desta Lei, configura violência doméstica e familiar contra a mulher qualquer ação ou omissão baseada no gênero que lhe cause morte, lesão, sofrimento físico, sexual ou psicológico e dano moral ou patrimonial:

•• *Vide* Súmula 600 do STJ.

I – no âmbito da unidade doméstica, compreendida como o espaço de convívio permanente de pessoas, com ou sem vínculo familiar, inclusive as esporadicamente agregadas;

II – no âmbito da família, compreendida como a comunidade formada por indivíduos que são ou se consideram aparentados, unidos por laços naturais, por afinidade ou por vontade expressa;

III – em qualquer relação íntima de afeto, na qual o agressor conviva ou tenha convivido com a ofendida, independentemente de coabitação.

Parágrafo único. As relações pessoais enunciadas neste artigo independem de orientação sexual.

Art. 6.º A violência doméstica e familiar contra a mulher constitui uma das formas de violação dos direitos humanos.

Capítulo II
DAS FORMAS DE VIOLÊNCIA DOMÉSTICA E FAMILIAR CONTRA A MULHER

Art. 7.º São formas de violência doméstica e familiar contra a mulher, entre outras:

I – a violência física, entendida como qualquer conduta que ofenda sua integridade ou saúde corporal;

II – a violência psicológica, entendida como qualquer conduta que lhe cause dano emocional e diminuição da autoestima ou que lhe prejudique e perturbe o pleno desenvolvimento ou que vise degradar ou controlar suas ações, comportamentos, crenças e decisões, mediante ameaça, constrangimento, humilhação, manipulação, isolamento, vigilância constante, perseguição contumaz, insulto, chantagem, violação de sua intimidade, ridicularização, exploração e limitação do direito de ir e vir ou qualquer outro meio que lhe cause prejuízo à saúde psicológica e à autodeterminação;

•• Inciso II com redação determinada pela Lei n. 13.772, de 19-12-2018.

III – a violência sexual, entendida como qualquer conduta que a constranja a presenciar, a manter ou a participar de relação sexual não desejada, mediante intimidação, ameaça, coação ou uso da força; que a induza a comercializar ou a utilizar, de qualquer modo, a sua sexualidade, que a impeça de usar qualquer método contraceptivo ou que a force ao matrimônio, à gravidez, ao aborto ou à prostituição, mediante coação, chantagem, suborno ou manipulação; ou que limite ou anule o exercício de seus direitos sexuais e reprodutivos;

•• A Lei n. 12.845, de 1.º-8-2013, dispõe sobre o atendimento obrigatório e integral de pessoas em situação de violência sexual.

IV – a violência patrimonial, entendida como qualquer conduta que configure retenção, subtração, destruição parcial ou total de seus objetos, instrumentos de trabalho, documentos pessoais, bens, valores e direitos ou recursos econômicos, incluindo os destinados a satisfazer suas necessidades;

V – a violência moral, entendida como qualquer conduta que configure calúnia, difamação ou injúria.

TÍTULO III
DA ASSISTÊNCIA À MULHER EM SITUAÇÃO DE VIOLÊNCIA DOMÉSTICA E FAMILIAR

Capítulo I
DAS MEDIDAS INTEGRADAS DE PREVENÇÃO

Art. 8.º A política pública que visa coibir a violência doméstica e familiar contra a mulher far-se-á por meio de um conjunto articulado de ações da União, dos Estados, do Distrito Federal e dos Municípios e de ações não governamentais, tendo por diretrizes:

•• *Vide* Lei n. 14.188, de 28-7-2021, que define o programa de cooperação Sinal Vermelho contra a Violência Doméstica.

I – a integração operacional do Poder Judiciário, do Ministério Público e da Defensoria Pública com as áreas de segurança pública, assistência social, saúde, educação, trabalho e habitação;

II – a promoção de estudos e pesquisas, estatísticas e outras informações relevantes, com a perspectiva de gênero e de raça ou etnia, concernentes às causas, às consequências e à frequência da violência doméstica e familiar contra a mulher, para a sistematização de dados, a serem unificados nacionalmente, e a avaliação periódica dos resultados das medidas adotadas;

•• A Lei n. 14.232, de 28-10-2021, institui a Política Nacional de Dados e Informações relacionadas à Violência contra as Mulheres – PNAINFO.

III – o respeito, nos meios de comunicação social, dos valores éticos e sociais da pessoa e da família, de forma a coibir os papéis estereotipados que legitimem ou exacerbem a violência doméstica e familiar, de acordo com o estabelecido no inciso III do art. 1.º, no inciso IV do art. 3.º e no inciso IV do art. 221 da Constituição Federal;

IV – a implementação de atendimento policial especializado para as mulheres, em particular nas Delegacias de Atendimento à Mulher;

•• A Lei n. 14.541, de 3-4-2023, dispõe sobre a criação e o funcionamento ininterrupto de Delegacias Especializadas de Atendimento à Mulher.

V – a promoção e a realização de campanhas educativas de prevenção da violência doméstica e familiar contra a mulher, voltadas ao público escolar e à sociedade em geral, e a difusão desta Lei e dos instrumentos de proteção aos direitos humanos das mulheres;

VI – a celebração de convênios, protocolos, ajustes, termos ou outros instrumentos de promoção de parceria entre órgãos governamentais ou entre estes e entidades não governamentais, tendo por objetivo a implementação de programas de erradicação da violência doméstica e familiar contra a mulher;

VII – a capacitação permanente das Polícias Civil e Militar, da Guarda Municipal, do Corpo de Bombeiros e dos profissionais pertencentes aos órgãos e às áreas enunciados no inciso I quanto às questões de gênero e de raça ou etnia;

VIII – a promoção de programas educacionais que disseminem valores éticos de irrestrito respeito à dignidade da pessoa humana com a perspectiva de gênero e de raça ou etnia;

IX – o destaque, nos currículos escolares de todos os níveis de ensino, para os conteúdos relativos aos direitos humanos, à equidade de gênero e de raça ou etnia e ao problema da violência doméstica e familiar contra a mulher.

Capítulo II
DA ASSISTÊNCIA À MULHER EM SITUAÇÃO DE VIOLÊNCIA DOMÉSTICA E FAMILIAR

Art. 9.º A assistência à mulher em situação de violência doméstica e familiar será prestada em caráter prioritário no Sistema Único de Saúde (SUS) e no Sistema Único de Segurança Pública (Susp), de forma articulada e conforme os princípios e as diretrizes previstos na Lei n. 8.742, de 7 de dezembro de 1993 (Lei Orgânica da Assistência Social), e em outras normas e políticas públicas de proteção, e emergencialmente, quando for o caso.

•• *Caput* com redação determinada pela Lei n. 14.887, de 12-6-2024.

§ 1.º O juiz determinará, por prazo certo, a inclusão da mulher em situação de violência doméstica e familiar no cadastro de programas assistenciais do governo federal, estadual e municipal.

§ 2.º O juiz assegurará à mulher em situação de violência doméstica e familiar, para preservar sua integridade física e psicológica:

I – acesso prioritário à remoção quando servidora pública, integrante da administração direta ou indireta;

II – manutenção do vínculo trabalhista, quando necessário o afastamento do local de trabalho, por até seis meses;

III – encaminhamento à assistência judiciária, quando for o caso, inclusive para eventual ajuizamento da ação de separação judicial, de divórcio, de anulação de casamento ou de dissolução de união estável perante o juízo competente.

•• Inciso III acrescentado pela Lei n. 13.894, de 29-10-2019.

§ 3.º A assistência à mulher em situação de violência doméstica e familiar compreenderá o acesso aos benefícios decorrentes do desenvolvimento científico e tecnológico, incluindo os serviços de contracepção de emergência, a profilaxia das Doenças Sexualmente Transmissíveis (DST) e da Síndrome da Imunodeficiência Adquirida (AIDS) e outros procedimentos médicos necessários e cabíveis nos casos de violência sexual.

•• A Lei n. 12.845, de 1.º-8-2013, dispõe sobre o atendimento obrigatório e integral de pessoas em situação de violência sexual.

§ 4.º Aquele que, por ação ou omissão, causar lesão, violência física, sexual ou psicológica e dano moral ou patrimonial a mulher fica obrigado a ressarcir todos os danos causados, inclusive ressarcir ao Sistema Único de Saúde (SUS), de acordo com a tabela SUS, os custos relativos aos serviços de saúde prestados para o total tratamento das vítimas em situação de violência doméstica e familiar, recolhidos os recursos assim arrecadados ao Fundo de Saúde do ente federado responsável pelas unidades de saúde que prestarem os serviços.

•• § 4.º acrescentado pela Lei n. 13.871, de 17-9-2019.

§ 5.º Os dispositivos de segurança destinados ao uso em caso de perigo iminente e disponibilizados para o monitoramento das vítimas de violência doméstica ou familiar amparadas por medidas protetivas terão seus custos ressarcidos pelo agressor.

•• § 5.º acrescentado pela Lei n. 13.871, de 17-9-2019.

§ 6.º O ressarcimento de que tratam os §§ 4.º e 5.º deste artigo não poderá importar ônus de qualquer natureza ao patrimônio da mulher e dos seus dependentes, nem configurar atenuante ou ensejar possibilidade de substituição da pena aplicada.

•• § 6.º acrescentado pela Lei n. 13.871, de 17-9-2019.

§ 7.º A mulher em situação de violência doméstica e familiar tem prioridade para matricular seus dependentes em instituição de educação básica mais próxima de seu domicílio, ou transferi-los para essa instituição, mediante a apresentação dos documentos comprobatórios do registro da ocorrência policial ou do processo de violência doméstica e familiar em curso.

•• § 7.º acrescentado pela Lei n. 13.882, de 8-10-2019.

§ 8.º Serão sigilosos os dados da ofendida e de seus dependentes matriculados ou transferidos conforme o disposto no § 7.º deste artigo, e o acesso às informações será reservado ao juiz, ao Ministério Público e aos órgãos competentes do poder público.

•• § 8.º acrescentado pela Lei n. 13.882, de 8-10-2019.

Capítulo III
DO ATENDIMENTO PELA AUTORIDADE POLICIAL

Art. 10. Na hipótese da iminência ou da prática de violência doméstica e familiar contra a mulher, a autoridade policial que tomar conhecimento da ocorrência adotará, de imediato, as providências legais cabíveis.

Parágrafo único. Aplica-se o disposto no *caput* deste artigo ao descumprimento de medida protetiva de urgência deferida.

Art. 10-A. É direito da mulher em situação de violência doméstica e familiar o atendimento policial e pericial especializado, ininterrupto e prestado por servidores – preferencialmente do sexo feminino – previamente capacitados.

•• *Caput* acrescentado pela Lei n. 13.505, de 8-11-2017.

§ 1.º A inquirição de mulher em situação de violência doméstica e familiar ou de testemunha de violência doméstica, quando se tratar de crime contra a mulher, obedecerá às seguintes diretrizes:

•• § 1.º, *caput*, acrescentado pela Lei n. 13.505, de 8-11-2017.

I – salvaguarda da integridade física, psíquica e emocional da depoente, considerada a sua condição peculiar de pessoa em situação de violência doméstica e familiar;

•• Inciso I acrescentado pela Lei n. 13.505, de 8-11-2017.

II – garantia de que, em nenhuma hipótese, a mulher em situação de violência doméstica e familiar, familiares e testemunhas terão contato direto com investigados ou suspeitos e pessoas a eles relacionadas;

•• Inciso II acrescentado pela Lei n. 13.505, de 8-11-2017.

III – não revitimização da depoente, evitando sucessivas inquirições sobre o mesmo fato nos âmbitos criminal, cível e administrativo, bem como questionamentos sobre a vida privada.

•• Inciso III acrescentado pela Lei n. 13.505, de 8-11-2017.

§ 2.º Na inquirição de mulher em situação de violência doméstica e familiar ou de testemunha de delitos de que trata esta Lei, adotar-se-á, preferencialmente, o seguinte procedimento:

•• § 2.º, *caput*, acrescentado pela Lei n. 13.505, de 8-11-2017.

I – a inquirição será feita em recinto especialmente projetado para esse fim, o qual conterá os equipamentos próprios e adequados à idade da mulher em situação de violência doméstica e familiar ou testemunha e ao tipo e à gravidade da violência sofrida;

•• Inciso I acrescentado pela Lei n. 13.505, de 8-11-2017

II – quando for o caso, a inquirição será intermediada por profissional especializado em violência doméstica e familiar designado pela autoridade judiciária ou policial;

Violência Doméstica   **Lei n. 11.340, de 7-8-2006**

•• Inciso II acrescentado pela Lei n. 13.505, de 8-11-2017.

III – o depoimento será registrado em meio eletrônico ou magnético, devendo a degravação e a mídia integrar o inquérito.

•• Inciso III acrescentado pela Lei n. 13.505, de 8-11-2017.

Art. 11. No atendimento à mulher em situação de violência doméstica e familiar, a autoridade policial deverá, entre outras providências:

I – garantir proteção policial, quando necessário, comunicando de imediato ao Ministério Público e ao Poder Judiciário;

II – encaminhar a ofendida ao hospital ou posto de saúde e ao Instituto Médico-Legal;

III – fornecer transporte para a ofendida e seus dependentes para abrigo ou local seguro, quando houver risco de vida;

IV – se necessário, acompanhar a ofendida para assegurar a retirada de seus pertences do local da ocorrência ou do domicílio familiar;

V – informar à ofendida os direitos a ela conferidos nesta Lei e os serviços disponíveis, inclusive os de assistência judiciária para o eventual ajuizamento perante o juízo competente da ação de separação judicial, de divórcio, de anulação de casamento ou de dissolução de união estável.

•• Inciso V com redação determinada pela Lei n. 13.894, de 29-10-2019.

Art. 12. Em todos os casos de violência doméstica e familiar contra a mulher, feito o registro da ocorrência, deverá a autoridade policial adotar, de imediato, os seguintes procedimentos, sem prejuízo daqueles previstos no Código de Processo Penal:

I – ouvir a ofendida, lavrar o boletim de ocorrência e tomar a representação a termo, se apresentada;

•• O STF julgou procedente a ADI n. 4.424, de 9-2-2012 (*DOU* de 17-2-2012), dando interpretação conforme a este artigo, para "assentar a natureza incondicionada da ação penal em caso de crime de lesão, pouco importando a extensão desta, praticado contra a mulher no ambiente doméstico."

II – colher todas as provas que servirem para o esclarecimento do fato e de suas circunstâncias;

III – remeter, no prazo de 48 (quarenta e oito) horas, expediente apartado ao juiz com o pedido da ofendida, para a concessão de medidas protetivas de urgência;

IV – determinar que se proceda ao exame de corpo de delito da ofendida e requisitar outros exames periciais necessários;

V – ouvir o agressor e as testemunhas;

VI – ordenar a identificação do agressor e fazer juntar aos autos sua folha de antecedentes criminais, indicando a existência de mandado de prisão ou registro de outras ocorrências policiais contra ele;

VI-A – verificar se o agressor possui registro de porte ou posse de arma de fogo e, na hipótese de existência, juntar aos autos essa informação, bem como notificar a ocorrência à instituição responsável pela concessão do registro ou da emissão do porte, nos termos da Lei n. 10.826, de 22 de dezembro de 2003 (Estatuto do Desarmamento);

•• Inciso VI-A acrescentado pela Lei n. 13.880, de 8-10-2019.

VII – remeter, no prazo legal, os autos do inquérito policial ao juiz e ao Ministério Público.

§ 1.º O pedido da ofendida será tomado a termo pela autoridade policial e deverá conter:

I – qualificação da ofendida e do agressor;

II – nome e idade dos dependentes;

III – descrição sucinta do fato e das medidas protetivas solicitadas pela ofendida.

IV – informação sobre a condição de a ofendida ser pessoa com deficiência e se da violência sofrida resultou deficiência ou agravamento de deficiência preexistente.

•• Inciso IV acrescentado pela Lei n. 13.836, de 4-6-2019.

§ 2.º A autoridade policial deverá anexar ao documento referido no § 1.º o boletim de ocorrência e cópia de todos os documentos disponíveis em posse da ofendida.

§ 3.º Serão admitidos como meios de prova os laudos ou prontuários médicos fornecidos por hospitais e postos de saúde.

Art. 12-A. Os Estados e o Distrito Federal, na formulação de suas políticas e planos de atendimento à mulher em situação de violência doméstica e familiar, darão prioridade, no âmbito da Polícia Civil, à criação de Delegacias Especializadas de Atendimento à Mulher (Deams), de Núcleos Investigativos de Feminicídio e de equipes especializadas para o atendimento e a investigação das violências graves contra a mulher.

•• Artigo acrescentado pela Lei n. 13.505, de 8-11-2017.

•• A Lei n. 14.541, de 3-4-2023, dispõe sobre a criação e o funcionamento ininterrupto de Delegacias Especializadas de Atendimento à Mulher.

Art. 12-B. (*Vetado.*)

•• *Caput* acrescentado pela Lei n. 13.505, de 8-11-2017.

§§ 1.º e 2.º (*Vetados.*)

•• §§ 1.º e 2.º acrescentados pela Lei n. 13.505, de 8-11-2017.

§ 3.º A autoridade policial poderá requisitar os serviços públicos necessários à defesa da mulher em situação de violência doméstica e familiar e de seus dependentes.

•• § 3.º acrescentado pela Lei n. 13.505, de 8-11-2017.

Art. 12-C. Verificada a existência de risco atual ou iminente à vida ou à integridade física ou psicológica da mulher em situação de violência doméstica e familiar, ou de seus dependentes, o agressor será imediatamente afastado do lar, domicílio ou local de convivência com a ofendida:

•• *Caput* com redação determinada pela Lei n. 14.188, de 28-7-2021.

I – pela autoridade judicial;

•• Inciso I acrescentado pela Lei n. 13.827, de 13-5-2019.

II – pelo delegado de polícia, quando o Município não for sede de comarca; ou

•• Inciso II acrescentado pela Lei n. 13.827, de 13-5-2019.

III – pelo policial, quando o Município não for sede de comarca e não houver delegado disponível no momento da denúncia.

•• Inciso III acrescentado pela Lei n. 13.827, de 13-5-2019.

§ 1.º Nas hipóteses dos incisos II e III do *caput* deste artigo, o juiz será comunicado no prazo máximo de 24 (vinte e quatro) horas e decidirá, em igual prazo, sobre a manutenção ou a revogação da medida aplicada, devendo dar ciência ao Ministério Público concomitantemente.

•• § 1.º acrescentado pela Lei n. 13.827, de 13-5-2019.

§ 2.º Nos casos de risco à integridade física da ofendida ou à efetividade da medida protetiva de urgência, não será concedida liberdade provisória ao preso.

•• § 2.º acrescentado pela Lei n. 13.827, de 13-5-2019.

Título IV
DOS PROCEDIMENTOS

Capítulo I
DISPOSIÇÕES GERAIS

Art. 13. Ao processo, ao julgamento e à execução das causas cíveis e criminais decorrentes da prática de violência doméstica e familiar contra a mulher aplicar-se-ão as normas dos Códigos de Processo Penal e Processo Civil e da legislação específica relativa à criança, ao adolescente e ao idoso que não conflitarem com o estabelecido nesta Lei.

Art. 14. Os Juizados de Violência Doméstica e Familiar contra a Mulher, órgãos da Justiça Ordinária com competência cível e criminal, poderão ser criados pela União, no Distrito Federal e nos Territórios, e pelos Estados, para o processo, o julgamento e a execução das causas decorrentes da prática de violência doméstica e familiar contra a mulher.

Parágrafo único. Os atos processuais poderão realizar-se em horário noturno, conforme dispuserem as normas de organização judiciária.

Art. 14-A. A ofendida tem a opção de propor ação de divórcio ou de dissolução de união estável no Juizado de Violência Doméstica e Familiar contra a Mulher.

•• *Caput* acrescentado pela Lei n. 13.894, de 29-10-2019, originalmente vetado, porém publicado em 11-12-2019.

§ 1.º Exclui-se da competência dos Juizados de Violência Doméstica e Familiar contra a mulher a pretensão relacionada à partilha de bens.

•• § 1.º acrescentado pela Lei n. 13.894, de 29-10-2019, originalmente vetado, porém publicado em 11-12-2019.

§ 2.º Iniciada a situação de violência doméstica e familiar após o ajuizamento da ação de divórcio ou de dissolução de união estável, a ação terá preferência no juízo onde estiver.

•• § 2.º acrescentado pela Lei n. 13.894, de 29-10-2019, originalmente vetado, porém publicado em 11-12-2019.

Art. 15. É competente, por opção da ofendida, para os processos cíveis regidos por esta Lei, o Juizado:

I – do seu domicílio ou de sua residência;

II – do lugar do fato em que se baseou a demanda;

III – do domicílio do agressor.

Art. 16. Nas ações penais públicas condicionadas à representação da ofendida de que trata esta Lei, só será admitida a renúncia à representação perante o juiz, em audiência especialmente designada com tal finalidade, antes do recebimento da denúncia e ouvido o Ministério Público.

•• O STF julgou procedente a ADI n. 4.424, de 9-2-2012 (*DOU* de 17-2-2012), dando interpretação conforme a este artigo, para "assentar a natureza incondicionada da ação penal em caso de crime de lesão, pouco importando a extensão desta, praticado contra a mulher no ambiente doméstico."

•• O STF, na ADI n. 7.267, nas sessões virtuais de 11-8-2023 a 21-8-2023 (*DOU* de 4-9-2023), por unanimidade, julgou parcialmente procedente a presente ação direta, para dar interpretação conforme à Constituição a este artigo, "de modo a reconhecer a inconstitucionalidade da designação, de ofício, da audiência nele prevista, assim como da inconstitucionalidade do reconhecimento de que eventual não comparecimento da vítima de violência doméstica implique 'retratação tácita' ou 'renúncia tácita ao direito de representação'".

Art. 17. É vedada a aplicação, nos casos de violência doméstica e familiar contra a mulher, de penas de cesta básica ou outras de prestação pecuniária, bem como a substituição de pena que implique o pagamento isolado de multa.

Art. 17-A. O nome da ofendida ficará sob sigilo nos processos em que se apuram crimes praticados no contexto de violência doméstica e familiar contra a mulher.

•• *Caput* acrescentado pela Lei n. 14.857, de 21-5-2024.

Parágrafo único. O sigilo referido no *caput* deste artigo não abrange o nome do autor do fato, tampouco os demais dados do processo.

•• Parágrafo único acrescentado pela Lei n. 14.857, de 21-5-2024.

Capítulo II
DAS MEDIDAS PROTETIVAS DE URGÊNCIA

Seção I
Disposições Gerais

Art. 18. Recebido o expediente com o pedido da ofendida, caberá ao juiz, no prazo de 48 (quarenta e oito) horas:

I – conhecer do expediente e do pedido e decidir sobre as medidas protetivas de urgência;

II – determinar o encaminhamento da ofendida ao órgão de assistência judiciária, quando for o caso, inclusive para o ajuizamento da ação de separação judicial, de divórcio, de anulação de casamento ou de dissolução de união estável perante o juízo competente;

•• Inciso II com redação determinada pela Lei n. 13.894, de 29-10-2019.

III – comunicar ao Ministério Público para que adote as providências cabíveis;

IV – determinar a apreensão imediata de arma de fogo sob a posse do agressor.

•• Inciso IV acrescentado pela Lei n. 13.880, de 8-10-2019.

Art. 19. As medidas protetivas de urgência poderão ser concedidas pelo juiz, a requerimento do Ministério Público ou a pedido da ofendida.

§ 1.º As medidas protetivas de urgência poderão ser concedidas de imediato, independentemente de audiência das partes e de manifestação do Ministério Público, devendo este ser prontamente comunicado.

§ 2.º As medidas protetivas de urgência serão aplicadas isolada ou cumulativamente, e poderão ser substituídas a qualquer tempo por outras de maior eficácia, sempre que os direitos reconhecidos nesta Lei forem ameaçados ou violados.

§ 3.º Poderá o juiz, a requerimento do Ministério Público ou a pedido da ofendida, conceder novas medidas protetivas de urgência ou rever aquelas já concedidas, se entender necessário à proteção da ofendida, de seus familiares e de seu patrimônio, ouvido o Ministério Público.

§ 4.º As medidas protetivas de urgência serão concedidas em juízo de cognição sumária a partir do depoimento da ofendida perante a autoridade policial ou da apresentação de suas alegações escritas e poderão ser indeferidas no caso de avaliação pela autoridade de inexistência de risco à integridade física, psicológica, sexual, patrimonial ou moral da ofendida ou de seus dependentes.

•• § 4.º acrescentado pela Lei n. 14.550, de 19-4-2023.

§ 5.º As medidas protetivas de urgência serão concedidas independentemente da tipificação penal da violência, do ajuizamento de ação penal ou cível, da existência de inquérito policial ou do registro de boletim de ocorrência.

•• § 5.º acrescentado pela Lei n. 14.550, de 19-4-2023.

§ 6.º As medidas protetivas de urgência vigorarão enquanto persistir risco à integridade física, psicológica, sexual, patrimonial ou moral da ofendida ou de seus dependentes.

•• § 6.º acrescentado pela Lei n. 14.550, de 19-4-2023.

Art. 20. Em qualquer fase do inquérito policial ou da instrução criminal, caberá a prisão preventiva do agressor, decretada pelo juiz, de ofício, a requerimento do Ministério Público ou mediante representação da autoridade policial.

•• *Vide* Súmula 676 do STJ.

Parágrafo único. O juiz poderá revogar a prisão preventiva se, no curso do processo, verificar a falta de motivo para que subsista, bem como de novo decretá-la, se sobrevierem razões que a justifiquem.

Art. 21. A ofendida deverá ser notificada dos atos processuais relativos ao agressor, especialmente dos pertinentes ao ingresso e à saída da prisão, sem prejuízo da intimação do advogado constituído ou do defensor público.

- A Resolução n. 346, de 8-10-2020, do CNJ, dispõe sobre o prazo para cumprimento, por oficiais de justiça, de mandados referentes a medidas protetivas de urgência, bem como sobre a forma de comunicação à vítima dos atos processuais relativos ao agressor, especialmente dos pertinentes ao ingresso e à saída da prisão.

Parágrafo único. A ofendida não poderá entregar intimação ou notificação ao agressor.

Seção II
Das Medidas Protetivas de Urgência
que Obrigam o Agressor

Art. 22. Constatada a prática de violência doméstica e familiar contra a mulher, nos termos desta Lei, o juiz poderá aplicar, de imediato, ao agressor, em conjunto ou separadamente, as seguintes medidas protetivas de urgência, entre outras:

I – suspensão da posse ou restrição do porte de armas, com comunicação ao órgão competente, nos termos da Lei n. 10.826, de 22 de dezembro de 2003;

II – afastamento do lar, domicílio ou local de convivência com a ofendida;

III – proibição de determinadas condutas, entre as quais:

a) aproximação da ofendida, de seus familiares e das testemunhas, fixando o limite mínimo de distância entre estes e o agressor;

b) contato com a ofendida, seus familiares e testemunhas por qualquer meio de comunicação;

c) frequentação de determinados lugares a fim de preservar a integridade física e psicológica da ofendida;

IV – restrição ou suspensão de visitas aos dependentes menores, ouvida a equipe de atendimento multidisciplinar ou serviço similar;

V – prestação de alimentos provisionais ou provisórios;

VI – comparecimento do agressor a programas de recuperação e reeducação; e

•• Inciso VI acrescentado pela Lei n. 13.984, de 3-4-2020.

VII – acompanhamento psicossocial do agressor, por meio de atendimento individual e/ou em grupo de apoio.

•• Inciso VII acrescentado pela Lei n. 13.984, de 3-4-2020.

§ 1.º As medidas referidas neste artigo não impedem a aplicação de outras previstas na legislação em vigor, sempre que a segurança da ofendida ou as circunstâncias o exigirem, devendo a providência ser comunicada ao Ministério Público.

§ 2.º Na hipótese de aplicação do inciso I, encontrando-se o agressor nas condições mencionadas no *caput* e incisos do art. 6.º da Lei n. 10.826, de 22 de dezembro de 2003, o juiz comunicará ao respectivo órgão, corporação ou instituição as medidas protetivas de urgência concedidas e determinará a restrição do porte de armas, ficando o superior imediato do agressor responsável pelo cumprimento da determinação judicial, sob pena de incorrer nos crimes de prevaricação ou de desobediência, conforme o caso.

§ 3.º Para garantir a efetividade das medidas protetivas de urgência, poderá o juiz requisitar, a qualquer momento, auxílio da força policial.

§ 4.º Aplica-se às hipóteses previstas neste artigo, no que couber, o disposto no *caput* e nos §§ 5.º e 6.º do art. 461 da Lei n. 5.869, de 11 de janeiro de 1973 (Código de Processo Civil).

•• A referência é feita ao CPC de 1973. Dispositivo correspondente no CPC de 2015: arts. 497, *caput*, 536, *caput* e § 1.º, e 537, *caput*, § 1.º e inciso I.

Seção III
Das Medidas Protetivas de Urgência à Ofendida

Art. 23. Poderá o juiz, quando necessário, sem prejuízo de outras medidas:

I – encaminhar a ofendida e seus dependentes a programa oficial ou comunitário de proteção ou de atendimento;

II – determinar a recondução da ofendida e a de seus dependentes ao respectivo domicílio, após afastamento do agressor;

III – determinar o afastamento da ofendida do lar, sem prejuízo dos direitos relativos a bens, guarda dos filhos e alimentos;

IV – determinar a separação de corpos;

Violência Doméstica — Lei n. 11.340, de 7-8-2006

V – determinar a matrícula dos dependentes da ofendida em instituição de educação básica mais próxima do seu domicílio, ou a transferência deles para essa instituição, independentemente da existência de vaga;

•• Inciso V acrescentado pela Lei n. 13.882, de 8-10-2019.

VI – conceder à ofendida auxílio-aluguel, com valor fixado em função de sua situação de vulnerabilidade social e econômica, por período não superior a 6 (seis) meses.

•• Inciso VI acrescentado pela Lei n. 14.674, de 14-9-2023.

Art. 24. Para a proteção patrimonial dos bens da sociedade conjugal ou daqueles de propriedade particular da mulher, o juiz poderá determinar, liminarmente, as seguintes medidas, entre outras:

I – restituição de bens indevidamente subtraídos pelo agressor à ofendida;

II – proibição temporária para a celebração de atos e contratos de compra, venda e locação de propriedade em comum, salvo expressa autorização judicial;

III – suspensão das procurações conferidas pela ofendida ao agressor;

IV – prestação de caução provisória, mediante depósito judicial, por perdas e danos materiais decorrentes da prática de violência doméstica e familiar contra a ofendida.

Parágrafo único. Deverá o juiz oficiar ao cartório competente para os fins previstos nos incisos II e III deste artigo.

Seção IV
Do Crime de Descumprimento de Medidas Protetivas de Urgência

•• Seção IV acrescentada pela Lei n. 13.641, de 3-4-2018.

Descumprimento de Medidas Protetivas de Urgência

•• Rubrica acrescentada pela Lei n. 13.641, de 3-4-2018.

Art. 24-A. Descumprir decisão judicial que defere medidas protetivas de urgência previstas nesta Lei:

•• *Caput* acrescentado pela Lei n. 13.641, de 3-4-2018.

Pena – reclusão, de 2 (dois) a 5 (cinco) anos, e multa.

•• Pena com redação determinada pela Lei n. 14.994, de 9-10-2024.

§ 1.º A configuração do crime independe da competência civil ou criminal do juiz que deferiu as medidas.

•• § 1.º acrescentado pela Lei n. 13.641, de 3-4-2018.

§ 2.º Na hipótese de prisão em flagrante, apenas a autoridade judicial poderá conceder fiança.

•• § 2.º acrescentado pela Lei n. 13.641, de 3-4-2018.

§ 3.º O disposto neste artigo não exclui a aplicação de outras sanções cabíveis.

•• § 3.º acrescentado pela Lei n. 13.641, de 3-4-2018.

Capítulo III
DA ATUAÇÃO DO MINISTÉRIO PÚBLICO

Art. 25. O Ministério Público intervirá, quando não for parte, nas causas cíveis e criminais decorrentes da violência doméstica e familiar contra a mulher.

Art. 26. Caberá ao Ministério Público, sem prejuízo de outras atribuições, nos casos de violência doméstica e familiar contra a mulher, quando necessário:

I – requisitar força policial e serviços públicos de saúde, de educação, de assistência social e de segurança, entre outros;

II – fiscalizar os estabelecimentos públicos e particulares de atendimento à mulher em situação de violência doméstica e familiar, e adotar, de imediato, as medidas administrativas ou judiciais cabíveis no tocante a quaisquer irregularidades constatadas;

III – cadastrar os casos de violência doméstica e familiar contra a mulher.

Capítulo IV
DA ASSISTÊNCIA JUDICIÁRIA

Art. 27. Em todos os atos processuais, cíveis e criminais, a mulher em situação de violência doméstica e familiar deverá estar acompanhada de advogado, ressalvado o previsto no art. 19 desta Lei.

Art. 28. É garantido a toda mulher em situação de violência doméstica e familiar o acesso aos serviços de Defensoria Pública ou de Assistência Judiciária Gratuita, nos termos da lei, em sede policial e judicial, mediante atendimento específico e humanizado.

TÍTULO V
DA EQUIPE DE ATENDIMENTO MULTIDISCIPLINAR

Art. 29. Os Juizados de Violência Doméstica e Familiar contra a Mulher que vierem a ser criados poderão contar com uma equipe de atendimento multidisciplinar, a ser integrada por profissionais especializados nas áreas psicossocial, jurídica e de saúde.

Art. 30. Compete à equipe de atendimento multidisciplinar, entre outras atribuições que lhe forem reservadas pela legislação local, fornecer subsídios por escrito ao juiz, ao Ministério Público e à Defensoria Pública, mediante laudos ou verbalmente em audiência, e desenvolver trabalhos de orientação, encaminhamento, prevenção e outras medidas, voltados para a ofendida, o agressor e os familiares, com especial atenção às crianças e aos adolescentes.

Art. 31. Quando a complexidade do caso exigir avaliação mais aprofundada, o juiz poderá determinar a manifestação de profissional especializado, mediante a indicação da equipe de atendimento multidisciplinar.

Art. 32. O Poder Judiciário, na elaboração de sua proposta orçamentária, poderá prever recursos para a criação e manutenção da equipe de atendimento multidisciplinar, nos termos da Lei de Diretrizes Orçamentárias.

Título VI
DISPOSIÇÕES TRANSITÓRIAS

Art. 33. Enquanto não estruturados os Juizados de Violência Doméstica e Familiar contra a Mulher, as varas criminais acumularão as competências cível e criminal para conhecer e julgar as causas decorrentes da prática de violência doméstica e familiar contra a mulher, observadas as previsões do Título IV desta Lei, subsidiada pela legislação processual pertinente.

•• O STF, na ADC n. 19, de 9-2-2012, declarou a constitucionalidade deste artigo.

Parágrafo único. Será garantido o direito de preferência, nas varas criminais, para o processo e o julgamento das causas referidas no *caput*.

Título VII
DISPOSIÇÕES FINAIS

Art. 34. A instituição dos Juizados de Violência Doméstica e Familiar contra a Mulher poderá ser acompanhada pela implantação das curadorias necessárias e do serviço de assistência judiciária.

Art. 35. A União, o Distrito Federal, os Estados e os Municípios poderão criar e promover, no limite das respectivas competências:

I – centros de atendimento integral e multidisciplinar para mulheres e respectivos dependentes em situação de violência doméstica e familiar;

II – casas-abrigos para mulheres e respectivos dependentes menores em situação de violência doméstica e familiar;

III – delegacias, núcleos de defensoria pública, serviços de saúde e centros de perícia médico-legal especializados no atendimento à mulher em situação de violência doméstica e familiar;

IV – programas e campanhas de enfrentamento da violência doméstica e familiar;

V – centros de educação e de reabilitação para os agressores.

Art. 36. A União, os Estados, o Distrito Federal e os Municípios promoverão a adaptação de seus órgãos e de seus programas às diretrizes e aos princípios desta Lei.

Art. 37. A defesa dos interesses e direitos transindividuais previstos nesta Lei poderá ser exercida, concorrentemente, pelo Ministério Público e por associação de atuação na área, regularmente constituída há pelo menos um ano, nos termos da legislação civil.

Parágrafo único. O requisito da pré-constituição poderá ser dispensado pelo juiz quando entender que não há outra entidade com representatividade adequada para o ajuizamento da demanda coletiva.

Art. 38. As estatísticas sobre a violência doméstica e familiar contra a mulher serão incluídas nas bases de dados dos órgãos oficiais do Sistema de Justiça e Segurança a fim de subsidiar o sistema nacional de dados e informações relativo às mulheres.

•• A Lei n. 14.232, de 28-10-2021, instituiu a Política Nacional de Dados e Informações relacionadas à Violência contra as Mulheres – PNAINFO.

Parágrafo único. As Secretarias de Segurança Pública dos Estados e do Distrito Federal poderão remeter suas informações criminais para a base de dados do Ministério da Justiça.

Art. 38-A. O juiz competente providenciará o registro da medida protetiva de urgência.

•• *Caput* acrescentado pela Lei n. 13.827, de 13-5-2019.

Parágrafo único. As medidas protetivas de urgência serão, após sua concessão, imediatamente registradas em banco de dados mantido e regulamentado pelo Conselho Nacional de Justiça, garantido o acesso instantâneo do Ministério Público, da Defensoria Pública e dos órgãos de segurança pública e de assistência social, com vistas à fiscalização e à efetividade das medidas protetivas.

•• Parágrafo único com redação determinada pela Lei n. 14.310, de 8-3-2022, em vigor após 90 dias da sua publicação (*DOU* de 9-3-2022).

- A Resolução n. 342, de 9-9-2020, do CNJ, institui e regulamenta o Banco Nacional de Medidas Protetivas de Urgência – BNMPU.

Art. 39. A União, os Estados, o Distrito Federal e os Municípios, no limite de suas competências e nos termos das respectivas leis de diretrizes orçamentárias, poderão estabelecer dotações orçamentárias específicas, em cada exercício financeiro, para a implementação das medidas estabelecidas nesta Lei.

Art. 40. As obrigações previstas nesta Lei não excluem outras decorrentes dos princípios por ela adotados.

Art. 40-A. Esta Lei será aplicada a todas as situações previstas no seu art. 5.º, independentemente da causa ou da motivação dos atos de violência e da condição do ofensor ou da ofendida.

•• Artigo acrescentado pela Lei n. 14.550, de 19-4-2023.

Art. 41. Aos crimes praticados com violência doméstica e familiar contra a mulher, independentemente da pena prevista, não se aplica a Lei n. 9.099, de 26 de setembro de 1995.

•• O STF, na ADC n. 19, de 9-2-2012, declarou a constitucionalidade deste artigo.

•• *Vide* Súmula 536 do STJ.

Art. 42. O art. 313 do Decreto-lei n. 3.689, de 3 de outubro de 1941 (Código de Processo Penal), passa a vigorar acrescido do seguinte inciso IV:

•• Alteração já processada no diploma modificado.

Art. 43. A alínea *f* do inciso II do art. 61 do Decreto-lei n. 2.848, de 7 de dezembro de 1940 (Código Penal), passa a vigorar com a seguinte redação:

"Art. 61. ....

II – ....

- Dispõem o *caput* e o inciso II do art. 61 do CP: "Circunstâncias agravantes – são circunstâncias que sempre agravam a pena, quando não constituem ou qualificam o crime: ... II – ter o agente cometido o crime:...".

f) com abuso de autoridade ou prevalecendo-se de relações domésticas, de coabitação ou de hospitalidade, ou com violência contra a mulher na forma da lei específica;

...."

Art. 44. O art. 129 do Decreto-lei n. 2.848, de 7 de dezembro de 1940 (Código Penal), passa a vigorar com as seguintes alterações:

"Art. 129. ....

- O dispositivo acima dispõe sobre lesão corporal.

§ 9.º Se a lesão for praticada contra ascendente, descendente, irmão, cônjuge ou companheiro, ou com quem conviva ou tenha convivido, ou, ainda, prevalecendo-se o agente das relações domésticas, de coabitação ou de hospitalidade:

Pena – detenção, de 3 (três) meses a 3 (três) anos.

....

§ 11. Na hipótese do § 9.º deste artigo, a pena será aumentada de um terço se o crime for cometido contra pessoa portadora de deficiência".

Art. 45. O art. 152 da Lei n. 7.210, de 11 de julho de 1984 (Lei de Execução Penal), passa a vigorar com a seguinte redação:

•• Alteração já processada no diploma modificado.

Art. 46. Esta Lei entra em vigor 45 (quarenta e cinco) dias após sua publicação.

Brasília, 7 de agosto de 2006; 185.º da Independência e 118.º da República.

Luiz Inácio Lula da Silva

LEI N. 11.343, DE 23 DE AGOSTO DE 2006 (*)

Institui o Sistema Nacional de Políticas Públicas sobre Drogas – Sisnad; prescreve medidas para prevenção do uso indevido, atenção e reinserção social de usuários e dependen-

---

(*) Publicada no *DOU*, de 24-12-2006. Regulamentada pelo Decreto n. 5.912, de 27-9-2006. O Decreto n. 154, de 26-6-1991 (Convenção de Viena), promulga a Convenção Contra o Tráfico Ilícito de Entorpecentes e Substâncias Psicotrópicas. A Resolução n. 1, de 19-8-2015, do Conad, regulamenta, no âmbito do Sisnad, as entidades que realizam o acolhimento de pessoas, em caráter voluntário, com problemas associados ao uso nocivo ou dependência de substância psicoativa, caracterizadas como comunidades terapêuticas.

tes de drogas; estabelece normas para repressão à produção não autorizada e ao tráfico ilícito de drogas; define crimes e dá outras providências.

O Presidente da República

Faço saber que o Congresso Nacional decreta e eu sanciono a seguinte Lei:

TÍTULO I
DISPOSIÇÕES PRELIMINARES

Art. 1.º Esta Lei institui o Sistema Nacional de Políticas Públicas sobre Drogas – Sisnad; prescreve medidas para prevenção do uso indevido, atenção e reinserção social de usuários e dependentes de drogas; estabelece normas para repressão à produção não autorizada e ao tráfico ilícito de drogas e define crimes.

Parágrafo único. Para fins desta Lei, consideram-se como drogas as substâncias ou os produtos capazes de causar dependência, assim especificados em lei ou relacionados em listas atualizadas periodicamente pelo Poder Executivo da União.

•• A Portaria n. 344, de 12-5-1998, do Ministério da Saúde, aprova o Regulamento Técnico sobre substâncias e medicamentos sujeitos a controle especial.

Art. 2.º Ficam proibidas, em todo o território nacional, as drogas, bem como o plantio, a cultura, a colheita e a exploração de vegetais e substratos dos quais possam ser extraídas ou produzidas drogas, ressalvada a hipótese de autorização legal ou regulamentar, bem como o que estabelece a Convenção de Viena, das Nações Unidas, sobre Substâncias Psicotrópicas, de 1971, a respeito de plantas de uso estritamente ritualístico-religioso.

•• O Decreto n. 79.388, de 14-3-1977, promulga a Convenção sobre Substâncias Psicotrópicas.

Parágrafo único. Pode a União autorizar o plantio, a cultura e a colheita dos vegetais referidos no *caput* deste artigo, exclusivamente para fins medicinais ou científicos, em local e prazo predeterminados, mediante fiscalização, respeitadas as ressalvas supramencionadas.

TÍTULO II
DO SISTEMA NACIONAL DE POLÍTICAS PÚBLICAS SOBRE DROGAS

•• *Vide* Decreto n. 5.912, de 27-9-2006.

Art. 3.º O Sisnad tem a finalidade de articular, integrar, organizar e coordenar as atividades relacionadas com:

I – a prevenção do uso indevido, a atenção e a reinserção social de usuários e dependentes de drogas;

II – a repressão da produção não autorizada e do tráfico ilícito de drogas.

§ 1.º Entende-se por Sisnad o conjunto ordenado de princípios, regras, critérios e recursos materiais e humanos que envolvem as políticas, planos, programas, ações e projetos sobre drogas, incluindo-se nele, por adesão, os Sistemas de Políticas Públicas sobre Drogas dos Estados, Distrito Federal e Municípios.

•• § 1.º acrescentado pela Lei n. 13.840, de 5-6-2019.

§ 2.º O Sisnad atuará em articulação com o Sistema Único de Saúde – SUS, e com o Sistema Único de Assistência Social – SUAS.

•• § 2.º acrescentado pela Lei n. 13.840, de 5-6-2019.

Capítulo I
DOS PRINCÍPIOS E DOS OBJETIVOS DO SISTEMA NACIONAL DE POLÍTICAS PÚBLICAS SOBRE DROGAS

Art. 4.º São princípios do Sisnad:

I – o respeito aos direitos fundamentais da pessoa humana, especialmente quanto à sua autonomia e à sua liberdade;

II – o respeito à diversidade e às especificidades populacionais existentes;

III – a promoção dos valores éticos, culturais e de cidadania do povo brasileiro, reconhecendo-os como fatores de proteção para o uso indevido de drogas e outros comportamentos correlacionados;

IV – a promoção de consensos nacionais, de ampla participação social, para o estabelecimento dos fundamentos e estratégias do Sisnad;

V – a promoção da responsabilidade compartilhada entre Estado e Sociedade, reconhecendo a importância da participação social nas atividades do Sisnad;

VI – o reconhecimento da intersetorialidade dos fatores correlacionados com o uso indevido de drogas, com a sua produção não autorizada e o seu tráfico ilícito;

VII – a integração das estratégias nacionais e internacionais de prevenção do uso indevido, atenção e reinserção social de usuários e dependentes de drogas e de repressão à sua produção não autorizada e ao seu tráfico ilícito;

VIII – a articulação com os órgãos do Ministério Público e dos Poderes Legislativo e Judiciário visando à cooperação mútua nas atividades do Sisnad;

IX – a adoção de abordagem multidisciplinar que reconheça a interdependência e a natureza complementar das atividades de prevenção do uso indevido, atenção e reinserção social de usuários e dependentes de drogas, repressão da produção não autorizada e do tráfico ilícito de drogas;

X – a observância do equilíbrio entre as atividades de prevenção do uso indevido, atenção e reinserção social de usuários e dependentes de drogas e de repressão à sua produção não autorizada e ao seu tráfico ilícito, visando a garantir a estabilidade e o bem-estar social;

XI – a observância às orientações e normas emanadas do Conselho Nacional Antidrogas – Conad.

Art. 5.º O Sisnad tem os seguintes objetivos:

I – contribuir para a inclusão social do cidadão, visando a torná-lo menos vulnerável a assumir comportamentos de risco para o uso indevido de drogas, seu tráfico ilícito e outros comportamentos correlacionados;

II – promover a construção e a socialização do conhecimento sobre drogas no país;

III – promover a integração entre as políticas de prevenção do uso indevido, atenção e reinserção social de usuários e dependentes de drogas e de repressão à sua produção não autorizada e ao tráfico ilícito e as políticas públicas setoriais dos órgãos do Poder Executivo da União, Distrito Federal, Estados e Municípios;

IV – assegurar as condições para a coordenação, a integração e a articulação das atividades de que trata o art. 3.º desta Lei.

Capítulo II
DO SISTEMA NACIONAL DE POLÍTICAS PÚBLICAS SOBRE DROGAS

•• Capítulo II com redação determinada pela Lei n. 13.840, de 5-6-2019.

Seção I
Da Composição do Sistema Nacional de Políticas Públicas sobre Drogas

•• Seção I acrescentada pela Lei n. 13.840, de 5-6-2019.

Art. 6.º (*Vetado.*)

Art. 7.º A organização do Sisnad assegura a orientação central e a execução descentralizada das atividades realizadas em seu âmbito, nas esferas federal, distrital, estadual e municipal e se constitui matéria definida no regulamento desta Lei.

Art. 7.º-A. (*Vetado.*)

•• Artigo acrescentado pela Lei n. 13.840, de 5-6-2019.

Art. 8.º (*Vetado.*)

Seção II
Das Competências

•• Seção II acrescentada pela Lei n. 13.840, de 5-6-2019.

Art. 8.º-A. Compete à União:

• *Caput* acrescentado pela Lei n. 13.840, de 5-6-2019.

I – formular e coordenar a execução da Política Nacional sobre Drogas;

•• Inciso I acrescentado pela Lei n. 13.840, de 5-6-2019.

II – elaborar o Plano Nacional de Políticas sobre Drogas, em parceria com Estados, Distrito Federal, Municípios e a sociedade;

•• Inciso II acrescentado pela Lei n. 13.840, de 5-6-2019.

III – coordenar o Sisnad;

•• Inciso III acrescentado pela Lei n. 13.840, de 5-6-2019.

IV – estabelecer diretrizes sobre a organização e funcionamento do Sisnad e suas normas de referência;

•• Inciso IV acrescentado pela Lei n. 13.840, de 5-6-2019.

V – elaborar objetivos, ações estratégicas, metas, prioridades, indicadores e definir formas de financiamento e gestão das políticas sobre drogas;

•• Inciso V acrescentado pela Lei n. 13.840, de 5-6-2019.

VI – (*Vetado.*)

•• Inciso VI acrescentado pela Lei n. 13.840, de 5-6-2019.

VII – (*Vetado.*)

•• Inciso VII acrescentado pela Lei n. 13.840, de 5-6-2019.

VIII – promover a integração das políticas sobre drogas com os Estados, o Distrito Federal e os Municípios;

•• Inciso VIII acrescentado pela Lei n. 13.840, de 5-6-2019.

IX – financiar, com Estados, Distrito Federal e Municípios, a execução das políticas sobre drogas, observadas as obrigações dos integrantes do Sisnad;

•• Inciso IX acrescentado pela Lei n. 13.840, de 5-6-2019.

X – estabelecer formas de colaboração com Estados, Distrito Federal e Municípios para a execução das políticas sobre drogas;

•• Inciso X acrescentado pela Lei n. 13.840, de 5-6-2019.

XI – garantir publicidade de dados e informações sobre repasses de recursos para financiamento das políticas sobre drogas;

•• Inciso XI acrescentado pela Lei n. 13.840, de 5-6-2019.

XII – sistematizar e divulgar os dados estatísticos nacionais de prevenção, tratamento, acolhimento, reinserção social e econômica e repressão ao tráfico ilícito de drogas;

•• Inciso XII acrescentado pela Lei n. 13.840, de 5-6-2019.

XIII – adotar medidas de enfrentamento aos crimes transfronteiriços; e

•• Inciso XIII acrescentado pela Lei n. 13.840, de 5-6-2019.

XIV – estabelecer uma política nacional de controle de fronteiras, visando a coibir o ingresso de drogas no País.

•• Inciso XIV acrescentado pela Lei n. 13.840, de 5-6-2019.

Arts. 8.º-B e 8.º-C. (*Vetados.*)

•• Artigos acrescentados pela Lei n. 13.840, de 5-6-2019.

Capítulo II-A
DA FORMULAÇÃO DAS POLÍTICAS SOBRE DROGAS

•• Capítulo II-A acrescentado pela Lei n. 13.840, de 5-6-2019.

Seção I
Do Plano Nacional de Políticas sobre Drogas

•• Seção I acrescentada pela Lei n. 13.840, de 5-6-2019.

Art. 8.º-D. São objetivos do Plano Nacional de Políticas sobre Drogas, dentre outros:

•• *Caput* acrescentado pela Lei n. 13.840, de 5-6-2019.

I – promover a interdisciplinaridade e integração dos programas, ações, atividades e projetos dos órgãos e entidades públicas e privadas nas áreas de saúde, educação, trabalho, assistência social, previdência social, habitação, cultura, desporto e lazer, visando à prevenção do uso de drogas, atenção e reinserção social dos usuários ou dependentes de drogas;

•• Inciso I acrescentado pela Lei n. 13.840, de 5-6-2019.

II – viabilizar a ampla participação social na formulação, implementação e avaliação das políticas sobre drogas;

•• Inciso II acrescentado pela Lei n. 13.840, de 5-6-2019.

III – priorizar programas, ações, atividades e projetos articulados com os estabelecimentos de ensino, com a sociedade e com a família para a prevenção do uso de drogas;

•• Inciso III acrescentado pela Lei n. 13.840, de 5-6-2019.

IV – ampliar as alternativas de inserção social e econômica do usuário ou dependente de drogas, promovendo programas que priorizem a melhoria de sua escolarização e a qualificação profissional;

•• Inciso IV acrescentado pela Lei n. 13.840, de 5-6-2019.

V – promover o acesso do usuário ou dependente de drogas a todos os serviços públicos;

•• Inciso V acrescentado pela Lei n. 13.840, de 5-6-2019.

VI – estabelecer diretrizes para garantir a efetividade dos programas, ações e projetos das políticas sobre drogas;

•• Inciso VI acrescentado pela Lei n. 13.840, de 5-6-2019.

VII – fomentar a criação de serviço de atendimento telefônico com orientações e informações para apoio aos usuários ou dependentes de drogas;

•• Inciso VII acrescentado pela Lei n. 13.840, de 5-6-2019.

VIII – articular programas, ações e projetos de incentivo ao emprego, renda e capacitação para o trabalho, com objetivo de promover a inserção profissional da pessoa que haja cumprido o plano individual de atendimento nas fases de tratamento ou acolhimento;

•• Inciso VIII acrescentado pela Lei n. 13.840, de 5-6-2019.

IX – promover formas coletivas de organização para o trabalho, redes de economia solidária e o cooperativismo, como forma de promover autonomia ao usuário ou dependente de drogas egresso de tratamento ou acolhimento, observando-se as especificidades regionais;

•• Inciso IX acrescentado pela Lei n. 13.840, de 5-6-2019.

X – propor a formulação de políticas públicas que conduzam à efetivação das diretrizes e princípios previstos no art. 22;

•• Inciso X acrescentado pela Lei n. 13.840, de 5-6-2019.

Drogas   **Lei n. 11.343, de 23-8-2006**

XI – articular as instâncias de saúde, assistência social e de justiça no enfrentamento ao abuso de drogas; e
- • Inciso XI acrescentado pela Lei n. 13.840, de 5-6-2019.

XII – promover estudos e avaliação dos resultados das políticas sobre drogas.
- • Inciso XII acrescentado pela Lei n. 13.840, de 5-6-2019.

§ 1.º O plano de que trata o *caput* terá duração de 5 (cinco) anos a contar de sua aprovação.
- • § 1.º acrescentado pela Lei n. 13.840, de 5-6-2019.

§ 2.º O poder público deverá dar a mais ampla divulgação ao conteúdo do Plano Nacional de Políticas sobre Drogas.
- • § 2.º acrescentado pela Lei n. 13.840, de 5-6-2019.

Seção II
Dos Conselhos de Políticas sobre Drogas
- • Seção II acrescentada pela Lei n. 13.840, de 5-6-2019.

Art. 8.º-E. Os conselhos de políticas sobre drogas, constituídos por Estados, Distrito Federal e Municípios, terão os seguintes objetivos:
- • *Caput* acrescentado pela Lei n. 13.840, de 5-6-2019.

I – auxiliar na elaboração de políticas sobre drogas;
- • Inciso I acrescentado pela Lei n. 13.840, de 5-6-2019.

II – colaborar com os órgãos governamentais no planejamento e na execução das políticas sobre drogas, visando à efetividade das políticas sobre drogas;
- • Inciso II acrescentado pela Lei n. 13.840, de 5-6-2019.

III – propor a celebração de instrumentos de cooperação, visando à elaboração de programas, ações, atividades e projetos voltados à prevenção, tratamento, acolhimento, reinserção social e econômica e repressão ao tráfico ilícito de drogas;
- • Inciso III acrescentado pela Lei n. 13.840, de 5-6-2019.

IV – promover a realização de estudos, com o objetivo de subsidiar o planejamento das políticas sobre drogas;
- • Inciso IV acrescentado pela Lei n. 13.840, de 5-6-2019.

V – propor políticas públicas que permitam a integração e a participação do usuário ou dependente de drogas no processo social, econômico, político e cultural no respectivo ente federado; e
- • Inciso V acrescentado pela Lei n. 13.840, de 5-6-2019.

VI – desenvolver outras atividades relacionadas às políticas sobre drogas em consonância com o Sisnad e com os respectivos planos.
- • Inciso VI acrescentado pela Lei n. 13.840, de 5-6-2019.

Seção III
Dos Membros dos Conselhos de Políticas sobre Drogas
- • Seção III acrescentada pela Lei n. 13.840, de 5-6-2019.

Art. 8.º-F. (*Vetado.*)
- • Artigo acrescentado pela Lei n. 13.840, de 5-6-2019.

Capítulo III
(*VETADO.*)

Arts. 9.º a 14. (*Vetados.*)

Capítulo IV
DO ACOMPANHAMENTO E DA AVALIAÇÃO DAS POLÍTICAS SOBRE DROGAS
- • Capítulo IV com redação determinada pela Lei n. 13.840, de 5-6-2019.

Art. 15. (*Vetado.*)

Art. 16. As instituições com atuação nas áreas da atenção à saúde e da assistência social que atendam usuários ou dependentes de drogas devem comunicar ao órgão competente do respectivo sistema municipal de saúde os casos atendidos e os óbitos ocorridos, preservando a identidade das pessoas, conforme orientações emanadas da União.

Art. 17. Os dados estatísticos nacionais de repressão ao tráfico ilícito de drogas integrarão sistema de informações do Poder Executivo.
- • A Lei n. 13.840, de 5-6-2019, propôs nova redação para este artigo, porém teve seu texto vetado.

TÍTULO III
DAS ATIVIDADES DE PREVENÇÃO DO USO INDEVIDO, ATENÇÃO E REINSERÇÃO SOCIAL DE USUÁRIOS E DEPENDENTES DE DROGAS

Capítulo I
DA PREVENÇÃO

Seção I
Das Diretrizes
- • Seção I acrescentada pela Lei n. 13.840, de 5-6-2019.

Art. 18. Constituem atividades de prevenção do uso indevido de drogas, para efeito desta Lei, aquelas direcionadas para a redução dos fatores de vulnerabilidade e risco e para a promoção e o fortalecimento dos fatores de proteção.

Art. 19. As atividades de prevenção do uso indevido de drogas devem observar os seguintes princípios e diretrizes:

I – o reconhecimento do uso indevido de drogas como fator de interferência na qualidade de vida do indivíduo e na sua relação com a comunidade à qual pertence;

II – a adoção de conceitos objetivos e de fundamentação científica como forma de orientar as ações dos serviços públicos comunitários e privados e de evitar preconceitos e estigmatização das pessoas e dos serviços que as atendam;

III – o fortalecimento da autonomia e da responsabilidade individual em relação ao uso indevido de drogas;

IV – o compartilhamento de responsabilidades e a colaboração mútua com as instituições do setor privado e com os diversos segmentos sociais, incluindo usuários e dependentes de drogas e respectivos familiares, por meio do estabelecimento de parcerias;

V – a adoção de estratégias preventivas diferenciadas e adequadas às especificidades socioculturais das diversas populações, bem como das diferentes drogas utilizadas;

VI – o reconhecimento do "não uso", do "retardamento do uso" e da redução de riscos como resultados desejáveis das atividades de natureza preventiva, quando da definição dos objetivos a serem alcançados;

VII – o tratamento especial dirigido às parcelas mais vulneráveis da população, levando em consideração as suas necessidades específicas;

VIII – a articulação entre os serviços e organizações que atuam em atividades de prevenção do uso indevido de drogas e a rede de atenção a usuários e dependentes de drogas e respectivos familiares;

IX – o investimento em alternativas esportivas, culturais, artísticas, profissionais, entre outras, como forma de inclusão social e de melhoria da qualidade de vida;

X – o estabelecimento de políticas de formação continuada na área da prevenção do uso indevido de drogas para profissionais de educação nos 3 (três) níveis de ensino;

XI – a implantação de projetos pedagógicos de prevenção do uso indevido de drogas, nas instituições de ensino público e privado, alinhados às Diretrizes Curriculares Nacionais e aos conhecimentos relacionados a drogas;

XII – a observância das orientações e normas emanadas do Conad;

XIII – o alinhamento às diretrizes dos órgãos de controle social de políticas setoriais específicas.

Parágrafo único. As atividades de prevenção do uso indevido de drogas dirigidas à criança e ao adolescente deverão estar em consonância com as diretrizes emanadas pelo Conselho Nacional dos Direitos da Criança e do Adolescente - Conanda.

Seção II
Da Semana Nacional de Políticas Sobre Drogas

•• Seção II acrescentada pela Lei n. 13.840, de 5-6-2019.

Art. 19-A. Fica instituída a Semana Nacional de Políticas sobre Drogas, comemorada anualmente, na quarta semana de junho.

•• Caput acrescentado pela Lei n. 13.840, de 5-6-2019.

§ 1.º No período de que trata o caput, serão intensificadas as ações de:

•• § 1.º, caput, acrescentado pela Lei n. 13.840, de 5-6-2019.

I – difusão de informações sobre os problemas decorrentes do uso de drogas;

•• Inciso I acrescentado pela Lei n. 13.840, de 5-6-2019.

II – promoção de eventos para o debate público sobre as políticas sobre drogas;

•• Inciso II acrescentado pela Lei n. 13.840, de 5-6-2019.

III – difusão de boas práticas de prevenção, tratamento, acolhimento e reinserção social e econômica de usuários de drogas;

•• Inciso III acrescentado pela Lei n. 13.840, de 5-6-2019.

IV – divulgação de iniciativas, ações e campanhas de prevenção do uso indevido de drogas;

•• Inciso IV acrescentado pela Lei n. 13.840, de 5-6-2019.

V – mobilização da comunidade para a participação nas ações de prevenção e enfrentamento às drogas;

•• Inciso V acrescentado pela Lei n. 13.840, de 5-6-2019.

VI – mobilização dos sistemas de ensino previstos na Lei n. 9.394, de 20 de dezembro de 1996 - Lei de

Drogas — Lei n. 11.343, de 23-8-2006

Diretrizes e Bases da Educação Nacional, na realização de atividades de prevenção ao uso de drogas.

•• Inciso VI acrescentado pela Lei n. 13.840, de 5-6-2019.

Capítulo II
DAS ATIVIDADES DE PREVENÇÃO, TRATAMENTO, ACOLHIMENTO E DE REINSERÇÃO SOCIAL E ECONÔMICA DE USUÁRIOS OU DEPENDENTES DE DROGAS

•• Capítulo II com redação determinada pela Lei n. 13.840, de 5-6-2019.

Seção I
Disposições Gerais

•• Seção I acrescentada pela Lei n. 13.840, de 5-6-2019.

Art. 20. Constituem atividades de atenção ao usuário e dependente de drogas e respectivos familiares, para efeito desta Lei, aquelas que visem à melhoria da qualidade de vida e à redução dos riscos e dos danos associados ao uso de drogas.

Art. 21. Constituem atividades de reinserção social do usuário ou do dependente de drogas e respectivos familiares, para efeito desta Lei, aquelas direcionadas para sua integração ou reintegração em redes sociais.

Art. 22. As atividades de atenção e as de reinserção social do usuário e do dependente de drogas e respectivos familiares devem observar os seguintes princípios e diretrizes:

I – respeito ao usuário e ao dependente de drogas, independentemente de quaisquer condições, observados os direitos fundamentais da pessoa humana, os princípios e diretrizes do Sistema Único de Saúde e da Política Nacional de Assistência Social;

II – a adoção de estratégias diferenciadas de atenção e reinserção social do usuário e do dependente de drogas e respectivos familiares que considerem as suas peculiaridades socioculturais;

III – definição de projeto terapêutico individualizado, orientado para a inclusão social e para a redução de riscos e de danos sociais e à saúde;

IV – atenção ao usuário ou dependente de drogas e aos respectivos familiares, sempre que possível, de forma multidisciplinar e por equipes multiprofissionais;

V – observância das orientações e normas emanadas do Conad;

VI – o alinhamento às diretrizes dos órgãos de controle social de políticas setoriais específicas;

VII – estímulo à capacitação técnica e profissional;

•• Inciso VII acrescentado pela Lei n. 13.840, de 5-6-2019.

VIII – efetivação de políticas de reinserção social voltadas à educação continuada e ao trabalho;

•• Inciso VIII acrescentado pela Lei n. 13.840, de 5-6-2019.

IX – observância do plano individual de atendimento na forma do art. 23-B desta Lei;

•• Inciso IX acrescentado pela Lei n. 13.840, de 5-6-2019.

X – orientação adequada ao usuário ou dependente de drogas quanto às consequências lesivas do uso de drogas, ainda que ocasional.

•• Inciso X acrescentado pela Lei n. 13.840, de 5-6-2019.

Seção II
Da Educação na Reinserção Social e Econômica

•• Seção II acrescentada pela Lei n. 13.840, de 5-6-2019.

Art. 22-A. As pessoas atendidas por órgãos integrantes do Sisnad terão atendimento nos programas de educação profissional e tecnológica, educação de jovens e adultos e alfabetização.

•• Artigo acrescentado pela Lei n. 13.840, de 5-6-2019.

Seção III
Do Trabalho na Reinserção Social e Econômica

•• Seção III acrescentada pela Lei n. 13.840, de 5-6-2019.

Art. 22-B. (*Vetado.*)

•• Artigo acrescentado pela Lei n. 13.840, de 5-6-2019.

Seção IV
Do Tratamento do Usuário ou Dependente de Drogas

•• Seção IV acrescentada pela Lei n. 13.840, de 5-6-2019.

Art. 23. As redes dos serviços de saúde da União, dos Estados, do Distrito Federal, dos Municípios desenvolverão programas de atenção ao usuário e ao dependente de drogas, respeitadas as diretrizes do Ministério da Saúde e os princípios explicitados no art. 22 desta Lei, obrigatória a previsão orçamentária adequada.

Art. 23-A. O tratamento do usuário ou dependente de drogas deverá ser ordenado em uma rede de atenção à saúde, com prioridade para as modalidades de tratamento ambulatorial, incluindo excepcionalmente formas de internação em unidades de saúde e hospitais gerais nos termos de normas dispostas pela União e articuladas com os serviços de assistência social e em etapas que permitam:

•• *Caput* acrescentado pela Lei n. 13.840, de 5-6-2019.

•• A Portaria n. 690, de 25-10-2021, do Ministério de Estado da Cidadania, estabelece o Modelo de Plano Individual de Atendimento de Adolescentes – PIA e o Fluxograma de Acolhimento de adolescentes com problemas decorrentes do uso, abuso ou dependência do álcool e outras drogas em comunidades terapêuticas, em conformidade com a Resolução n. 3, de 24 de julho de 2020, e com o disposto neste artigo.

I – articular a atenção com ações preventivas que atinjam toda a população;

•• Inciso I acrescentado pela Lei n. 13.840, de 5-6-2019.

II – orientar-se por protocolos técnicos predefinidos, baseados em evidências científicas, oferecendo atendimento individualizado ao usuário ou dependente de drogas com abordagem preventiva e, sempre que indicado, ambulatorial;

•• Inciso II acrescentado pela Lei n. 13.840, de 5-6-2019.

III – preparar para a reinserção social e econômica, respeitando as habilidades e projetos individuais por meio de programas que articulem educação, capacitação para o trabalho, esporte, cultura e acompanhamento individualizado; e

•• Inciso III acrescentado pela Lei n. 13.840, de 5-6-2019.

IV – acompanhar os resultados pelo SUS, Suas e Sisnad, de forma articulada.

•• Inciso IV acrescentado pela Lei n. 13.840, de 5-6-2019.

§ 1.º Caberá à União dispor sobre os protocolos técnicos de tratamento, em âmbito nacional.

•• § 1.º acrescentado pela Lei n. 13.840, de 5-6-2019.

§ 2.º A internação de dependentes de drogas somente será realizada em unidades de saúde ou hospitais gerais, dotados de equipes multidisciplinares e deverá ser obrigatoriamente autorizada por médico devidamente registrado no Conselho Regional de Medicina – CRM do Estado onde se localize o estabelecimento no qual se dará a internação.

•• § 2.º acrescentado pela Lei n. 13.840, de 5-6-2019.

§ 3.º São considerados 2 (dois) tipos de internação:

•• § 3.º, *caput*, acrescentado pela Lei n. 13.840, de 5-6-2019.

I – internação voluntária: aquela que se dá com o consentimento do dependente de drogas;

•• Inciso I acrescentado pela Lei n. 13.840, de 5-6-2019.

II – internação involuntária: aquela que se dá, sem o consentimento do dependente, a pedido de familiar ou do responsável legal ou, na absoluta falta deste, de servidor público da área de saúde, da assistência social ou dos órgãos públicos integrantes do Sisnad, com exceção de servidores da área de segurança pública, que constate a existência de motivos que justifiquem a medida.

•• Inciso II acrescentado pela Lei n. 13.840, de 5-6-2019.

§ 4.º A internação voluntária:

•• § 4.º, *caput*, acrescentado pela Lei n. 13.840, de 5-6-2019.

I – deverá ser precedida de declaração escrita da pessoa solicitante de que optou por este regime de tratamento;

•• Inciso I acrescentado pela Lei n. 13.840, de 5-6-2019.

II – seu término dar-se-á por determinação do médico responsável ou por solicitação escrita da pessoa que deseja interromper o tratamento.

•• Inciso II acrescentado pela Lei n. 13.840, de 5-6-2019.

§ 5.º A internação involuntária:

•• § 5.º, *caput*, acrescentado pela Lei n. 13.840, de 5-6-2019.

I – deve ser realizada após a formalização da decisão por médico responsável;

•• Inciso I acrescentado pela Lei n. 13.840, de 5-6-2019.

II – será indicada depois da avaliação sobre o tipo de droga utilizada, o padrão de uso e na hipótese comprovada da impossibilidade de utilização de outras alternativas terapêuticas previstas na rede de atenção à saúde;

•• Inciso II acrescentado pela Lei n. 13.840, de 5-6-2019.

III – perdurará apenas pelo tempo necessário à desintoxicação, no prazo máximo de 90 (noventa) dias, tendo seu término determinado pelo médico responsável;

•• Inciso III acrescentado pela Lei n. 13.840, de 5-6-2019.

IV – a família ou o representante legal poderá, a qualquer tempo, requerer ao médico a interrupção do tratamento.

•• Inciso IV acrescentado pela Lei n. 13.840, de 5-6-2019.

§ 6.º A internação, em qualquer de suas modalidades, só será indicada quando os recursos extra-hospitalares se mostrarem insuficientes.

•• § 6.º acrescentado pela Lei n. 13.840, de 5-6-2019.

§ 7.º Todas as internações e altas de que trata esta Lei deverão ser informadas, em, no máximo, de 72 (setenta e duas) horas, ao Ministério Público, à Defensoria Pública e a outros órgãos de fiscalização, por meio de sistema informatizado único, na forma do regulamento desta Lei.

•• § 7.º acrescentado pela Lei n. 13.840, de 5-6-2019.

§ 8.º É garantido o sigilo das informações disponíveis no sistema referido no § 7.º e o acesso será permitido apenas às pessoas autorizadas a conhecê-las, sob pena de responsabilidade.

•• § 8.º acrescentado pela Lei n. 13.840, de 5-6-2019.

§ 9.º É vedada a realização de qualquer modalidade de internação nas comunidades terapêuticas acolhedoras.

•• § 9.º acrescentado pela Lei n. 13.840, de 5-6-2019.

§ 10. O planejamento e a execução do projeto terapêutico individual deverão observar, no que couber, o previsto na Lei n. 10.216, de 6 de abril de 2001, que dispõe sobre a proteção e os direitos das pessoas portadoras de transtornos mentais e redireciona o modelo assistencial em saúde mental.

•• § 10 acrescentado pela Lei n. 13.840, de 5-6-2019.

Seção V
Do Plano Individual de Atendimento

•• Seção V acrescentada pela Lei n. 13.840, de 5-6-2019.

Art. 23-B. O atendimento ao usuário ou dependente de drogas na rede de atenção à saúde dependerá de:

•• *Caput* acrescentado pela Lei n. 13.840, de 5-6-2019.

•• A Portaria n. 690, de 25-10-2021, do Ministério de Estado da Cidadania, estabelece o Modelo de Plano Individual de Atendimento de Adolescentes – PIA e o Fluxograma de Acolhimento de adolescentes com problemas decorrentes do uso, abuso ou dependência do álcool e outras drogas em comunidades terapêuticas, em conformidade com a Resolução n. 3, de 24 de julho de 2020, e com o disposto neste artigo.

I – avaliação prévia por equipe técnica multidisciplinar e multissetorial; e

•• Inciso I acrescentado pela Lei n. 13.840, de 5-6-2019.

II – elaboração de um Plano Individual de Atendimento – PIA.

•• Inciso II acrescentado pela Lei n. 13.840, de 5-6-2019.

§ 1.º A avaliação prévia da equipe técnica subsidiará a elaboração e execução do projeto terapêutico individual a ser adotado, levantando no mínimo:

•• § 1.º, *caput*, acrescentado pela Lei n. 13.840, de 5-6-2019.

I – o tipo de droga e o padrão de seu uso; e

•• Inciso I acrescentado pela Lei n. 13.840, de 5-6-2019.

II – o risco à saúde física e mental do usuário ou dependente de drogas ou das pessoas com as quais convive.

•• Inciso II acrescentado pela Lei n. 13.840, de 5-6-2019.

§ 2.º (*Vetado*.)

•• § 2.º acrescentado pela Lei n. 13.840, de 5-6-2019.

§ 3.º O PIA deverá contemplar a participação dos familiares ou responsáveis, os quais têm o dever de contribuir com o processo, sendo esses, no caso de crianças e adolescentes, passíveis de responsabilização civil, administrativa e criminal, nos termos da Lei n. 8.069, de 13 de julho de 1990 – Estatuto da Criança e do Adolescente.

•• § 3.º acrescentado pela Lei n. 13.840, de 5-6-2019.

§ 4.º O PIA será inicialmente elaborado sob a responsabilidade da equipe técnica do primeiro projeto terapêutico que atender o usuário ou dependente de drogas e será atualizado ao longo das diversas fases do atendimento.

•• § 4.º acrescentado pela Lei n. 13.840, de 5-6-2019.

§ 5.º Constarão do plano individual, no mínimo:

•• § 5.º, *caput*, acrescentado pela Lei n. 13.840, de 5-6-2019.

I – os resultados da avaliação multidisciplinar;

•• Inciso I acrescentado pela Lei n. 13.840, de 5-6-2019.

II – os objetivos declarados pelo atendido;

•• Inciso II acrescentado pela Lei n. 13.840, de 5-6-2019.

III – a previsão de suas atividades de integração social ou capacitação profissional;

•• Inciso III acrescentado pela Lei n. 13.840, de 5-6-2019.

IV – atividades de integração e apoio à família;

•• Inciso IV acrescentado pela Lei n. 13.840, de 5-6-2019.

V – formas de participação da família para efetivo cumprimento do plano individual;

•• Inciso V acrescentado pela Lei n. 13.840, de 5-6-2019.

VI – designação do projeto terapêutico mais adequado para o cumprimento do previsto no plano; e

•• Inciso VI acrescentado pela Lei n. 13.840, de 5-6-2019.

VII – as medidas específicas de atenção à saúde do atendido.

•• Inciso VII acrescentado pela Lei n. 13.840, de 5-6-2019.

§ 6.º O PIA será elaborado no prazo de até 30 (trinta) dias da data do ingresso no atendimento.

•• § 6.º acrescentado pela Lei n. 13.840, de 5-6-2019.

§ 7.º As informações produzidas na avaliação e as registradas no plano individual de atendimento são consideradas sigilosas.

•• § 7.º acrescentado pela Lei n. 13.840, de 5-6-2019.

Art. 24. A União, os Estados, o Distrito Federal e os Municípios poderão conceder benefícios às instituições privadas que desenvolverem programas de reinserção no mercado de trabalho, do usuário e do dependente de drogas encaminhados por órgão oficial.

Art. 25. As instituições da sociedade civil, sem fins lucrativos, com atuação nas áreas da atenção à saúde e da assistência social, que atendam usuários ou dependentes de drogas poderão receber recursos do Funad, condicionados à sua disponibilidade orçamentária e financeira.

Art. 26. O usuário e o dependente de drogas que, em razão da prática de infração penal, estiverem cumprindo pena privativa de liberdade ou submetidos a medida de segurança, têm garantidos os serviços de atenção à sua saúde, definidos pelo respectivo sistema penitenciário.

Seção VI
Do Acolhimento em Comunidade
Terapêutica Acolhedora

•• Seção VI acrescentada pela Lei n. 13.840, de 5-6-2019.

Art. 26-A. O acolhimento do usuário ou dependente de drogas na comunidade terapêutica acolhedora caracteriza-se por:

•• *Caput* acrescentado pela Lei n. 13.840, de 5-6-2019.

•• A Resolução n. 3, de 24-7-2020, do CONAD, regulamenta, no âmbito do Sistema Nacional de Políticas Públicas sobre Drogas – Sisnad, o acolhimento de adolescentes com problemas decorrentes do uso, abuso ou dependência do álcool e outras drogas em comunidades terapêuticas.

•• A Portaria n. 690, de 25-10-2021, do Ministério de Estado da Cidadania, estabelece o Modelo de Plano Individual de Atendimento de Adolescentes – PIA e o Fluxograma de Acolhimento de adolescentes com problemas decorrentes do uso, abuso ou dependência do álcool e outras drogas em comunidades terapêuticas, em conformidade com a Resolução n. 3, de 24 de julho de 2020, e com o disposto neste artigo.

•• A Portaria n. 700, de 25-10-2021, do Ministério de Estado da Cidadania, regulamenta a fiscalização das Comunidades Terapêuticas que realizam o acolhimento de adolescentes com problemas decorrentes do uso, abuso ou dependência do álcool e outras drogas, no âmbito da Secretaria Nacional de Cuidados e Prevenção às Drogas – SENAPRED.

I – oferta de projetos terapêuticos ao usuário ou dependente de drogas que visam à abstinência;

•• Inciso I acrescentado pela Lei n. 13.840, de 5-6-2019.

II – adesão e permanência voluntária, formalizadas por escrito, entendida como uma etapa transitória para a reinserção social e econômica do usuário ou dependente de drogas;

•• Inciso II acrescentado pela Lei n. 13.840, de 5-6-2019.

III – ambiente residencial, propício à formação de vínculos, com a convivência entre os pares, atividades práticas de valor educativo e a promoção do desenvolvimento pessoal, vocacionada para acolhimento ao usuário ou dependente de drogas em vulnerabilidade social;

•• Inciso III acrescentado pela Lei n. 13.840, de 5-6-2019.

IV – avaliação médica prévia;

•• Inciso IV acrescentado pela Lei n. 13.840, de 5-6-2019.

V – elaboração de plano individual de atendimento na forma do art. 23-B desta Lei; e

•• Inciso V acrescentado pela Lei n. 13.840, de 5-6-2019.

VI – vedação de isolamento físico do usuário ou dependente de drogas.

•• Inciso VI acrescentado pela Lei n. 13.840, de 5-6-2019.

§ 1.º Não são elegíveis para o acolhimento as pessoas com comprometimentos biológicos e psicológicos de natureza grave que mereçam atenção médico-hospitalar contínua ou de emergência, caso em que deverão ser encaminhadas à rede de saúde.

•• § 1.º acrescentado pela Lei n. 13.840, de 5-6-2019.

§§ 2.º a 5.º (*Vetados.*)

•• §§ 2.º a 5.º acrescentados pela Lei n. 13.840, de 5-6-2019.

Capítulo III
DOS CRIMES E DAS PENAS

Art. 27. As penas previstas neste Capítulo poderão ser aplicadas isolada ou cumulativamente, bem como substituídas a qualquer tempo, ouvidos o Ministério Público e o defensor.

Art. 28. Quem adquirir, guardar, tiver em depósito, transportar ou trouxer consigo, para consumo pessoal, drogas sem autorização ou em desacordo com determinação legal ou regulamentar será submetido às seguintes penas:

•• *Vide* Súmula 630 do STJ.

I – advertência sobre os efeitos das drogas;

II – prestação de serviços à comunidade;

III – medida educativa de comparecimento a programa ou curso educativo.

§ 1.º Às mesmas medidas submete-se quem, para seu consumo pessoal, semeia, cultiva ou colhe plantas destinadas à preparação de pequena quantidade de substância ou produto capaz de causar dependência física ou psíquica.

§ 2.º Para determinar se a droga destinava-se a consumo pessoal, o juiz atenderá à natureza e à quantidade da substância apreendida, ao local e às condições em que se desenvolveu a ação, às circunstâncias sociais e pessoais, bem como à conduta e aos antecedentes do agente.

§ 3.º As penas previstas nos incisos II e III do *caput* deste artigo serão aplicadas pelo prazo máximo de 5 (cinco) meses.

§ 4.º Em caso de reincidência, as penas previstas nos incisos II e III do *caput* deste artigo serão aplicadas pelo prazo máximo de 10 (dez) meses.

§ 5.º A prestação de serviços à comunidade será cumprida em programas comunitários, entidades educacionais ou assistenciais, hospitais, estabelecimentos congêneres, públicos ou privados sem fins lucrativos, que se ocupem, preferencialmente, da prevenção do consumo ou da recuperação de usuários e dependentes de drogas.

§ 6.º Para garantia do cumprimento das medidas educativas a que se refere o *caput*, nos incisos I, II e III, a que injustificadamente se recuse o agente, poderá o juiz submetê-lo, sucessivamente a:

I – admoestação verbal;

II – multa.

§ 7.º O juiz determinará ao Poder Público que coloque à disposição do infrator, gratuitamente, estabelecimento de saúde, preferencialmente ambulatorial, para tratamento especializado.

Art. 29. Na imposição da medida educativa a que se refere o inciso II do § 6.º do art. 28, o juiz, atendendo à reprovabilidade da conduta, fixará o número de dias-multa, em quantidade nunca inferior a 40 (quarenta) nem superior a 100 (cem), atribuindo depois a cada um, segundo a capacidade econômica do agente, o valor de um trinta avos até 3 (três) vezes o valor do maior salário mínimo.

Parágrafo único. Os valores decorrentes da imposição da multa a que se refere o § 6.º do art. 28 serão creditados à conta do Fundo Nacional Antidrogas.

Art. 30. Prescrevem em 2 (dois) anos a imposição e a execução das penas, observado, no tocante à interrupção do prazo, o disposto nos arts. 107 e seguintes do Código Penal.

TÍTULO IV
DA REPRESSÃO À PRODUÇÃO NÃO AUTORIZADA E AO TRÁFICO ILÍCITO DE DROGAS

Capítulo I
DISPOSIÇÕES GERAIS

Art. 31. É indispensável a licença prévia da autoridade competente para produzir, extrair, fabricar, transformar, preparar, possuir, manter em depósito, importar, exportar, reexportar, remeter, transportar, expor, oferecer, vender, comprar, trocar, ceder ou adquirir, para qualquer fim, drogas ou matéria-prima destinada à sua preparação, observadas as demais exigências legais.

Art. 32. As plantações ilícitas serão imediatamente destruídas pelo delegado de polícia na forma do art. 50-A, que recolherá quantidade suficiente para exame pericial, de tudo lavrando auto de levantamento das condições encontradas, com a delimitação do local, asseguradas as medidas necessárias para a preservação da prova.

•• *Caput* com redação determinada pela Lei n. 12.961, de 4-4-2014.

§§ 1.º e 2.º *(Revogados pela Lei n. 12.961, de 4-4-2014.)*

§ 3.º Em caso de ser utilizada a queimada para destruir a plantação, observar-se-á, além das cautelas necessárias à proteção ao meio ambiente, o disposto no Decreto n. 2.661, de 8 de julho de 1998, no que couber, dispensada a autorização prévia do órgão próprio do Sistema Nacional do Meio Ambiente – Sisnama.

Lei n. 11.343, de 23-8-2006 Drogas

§ 4.º As glebas cultivadas com plantações ilícitas serão expropriadas, conforme o disposto no art. 243 da Constituição Federal, de acordo com a legislação em vigor.

•• *Vide* Lei n. 8.257, de 26-11-1991, que dispõe sobre a expropriação das glebas nas quais se localizam culturas ilegais de plantas psicotrópicas.

Capítulo II
DOS CRIMES

Art. 33. Importar, exportar, remeter, preparar, produzir, fabricar, adquirir, vender, expor à venda, oferecer, ter em depósito, transportar, trazer consigo, guardar, prescrever, ministrar, entregar a consumo ou fornecer drogas, ainda que gratuitamente, sem autorização ou em desacordo com determinação legal ou regulamentar:

Pena – reclusão de 5 (cinco) a 15 (quinze) anos e pagamento de 500 (quinhentos) a 1.500 (mil e quinhentos) dias-multa.

•• A Lei n. 13.840, de 5-6-2019, propôs nova redação para este artigo, porém teve seu texto vetado.

•• *Vide* art. 40 desta Lei (causas de aumento da pena).

•• *Vide* Súmula 630 do STJ.

§ 1.º Nas mesmas penas incorre quem:

I – importa, exporta, remete, produz, fabrica, adquire, vende, expõe à venda, oferece, fornece, tem em depósito, transporta, traz consigo ou guarda, ainda que gratuitamente, sem autorização ou em desacordo com determinação legal ou regulamentar, matéria-prima, insumo ou produto químico destinado à preparação de drogas;

II – semeia, cultiva ou faz a colheita, sem autorização ou em desacordo com determinação legal ou regulamentar, de plantas que se constituam em matéria-prima para a preparação de drogas;

III – utiliza local ou bem de qualquer natureza de que tem a propriedade, posse, administração, guarda ou vigilância, ou consente que outrem dele se utilize, ainda que gratuitamente, sem autorização ou em desacordo com determinação legal ou regulamentar, para o tráfico ilícito de drogas.

IV – vende ou entrega drogas ou matéria-prima, insumo ou produto químico destinado à preparação de drogas, sem autorização ou em desacordo com a determinação legal ou regulamentar, a agente policial disfarçado, quando presentes elementos probatórios razoáveis de conduta criminal preexistente.

•• Inciso IV acrescentado pela Lei n. 13.964, de 24-12-2019.

§ 2.º Induzir, instigar ou auxiliar alguém ao uso indevido de droga:

Pena – detenção, de 1 (um) a 3 (três) anos, e multa de 100 (cem) a 300 (trezentos) dias-multa.

•• O STF julgou procedente, em 23-11-2011, a ADI n. 4.274 (*DOU* de 2-12-2011), dando a este § 2.º interpretação conforme a CF, "para dele excluir qualquer significado que enseje a proibição de manifestações e debates públicos acerca da descriminalização ou legalização do uso de drogas ou de qualquer substância que leve o ser humano ao entorpecimento episódico, ou então viciado, das suas faculdades psicofísicas".

§ 3.º Oferecer droga, eventualmente e sem objetivo de lucro, a pessoa de seu relacionamento, para juntos a consumirem:

Pena – detenção, de 6 (seis) meses a 1 (um) ano, e pagamento de 700 (setecentos) a 1.500 (mil e quinhentos) dias-multa, sem prejuízo das penas previstas no art. 28.

§ 4.º Nos delitos definidos no *caput* e no § 1.º deste artigo, as penas poderão ser reduzidas de um sexto a dois terços, vedada a conversão em penas restritivas de direitos, desde que o agente seja primário, de bons antecedentes, não se dedique às atividades criminosas nem integre organização criminosa.

•• A Resolução n. 5, de 15-2-2012, do Senado Federal, suspende a execução da expressão "vedada a conversão em penas restritivas de direitos" deste parágrafo.

•• *Vide* Súmula Vinculante 59.

•• *Vide* Súmulas 501 e 512 do STJ.

Art. 34. Fabricar, adquirir, utilizar, transportar, oferecer, vender, distribuir, entregar a qualquer título, possuir, guardar ou fornecer, ainda que gratuitamente, maquinário, aparelho, instrumento ou qualquer objeto destinado à fabricação, preparação, produção ou transformação de drogas, sem autorização ou em desacordo com determinação legal ou regulamentar:

Pena – reclusão, de 3 (três) a 10 (dez) anos, e pagamento de 1.200 (mil e duzentos) a 2.000 (dois mil) dias-multa.

•• *Vide* art. 40 desta Lei (causas de aumento da pena).

Art. 35. Associarem-se duas ou mais pessoas para o fim de praticar, reiteradamente ou não, qualquer dos crimes previstos nos arts. 33, *caput* e § 1.º, e 34 desta Lei:

Pena – reclusão, de 3 (três) a 10 (dez) anos, e pagamento de 700 (setecentos) a 1.200 (mil e duzentos) dias-multa.

•• Vide art. 40 desta Lei (causas de aumento da pena).

Parágrafo único. Nas mesmas penas do *caput* deste artigo incorre quem se associa para a prática reiterada do crime definido no art. 36 desta Lei.

Art. 36. Financiar ou custear a prática de qualquer dos crimes previstos nos arts. 33, *caput* e § 1.º, e 34 desta Lei:

Pena – reclusão, de 8 (oito) a 20 (vinte) anos, e pagamento de 1.500 (mil e quinhentos) a 4.000 (quatro mil) dias-multa.

•• Vide art. 40 desta Lei (causas de aumento da pena).

Art. 37. Colaborar, como informante, com grupo, organização ou associação destinados à prática de qualquer dos crimes previstos nos arts. 33, *caput* e § 1.º, e 34 desta Lei:

Pena – reclusão, de 2 (dois) a 6 (seis) anos, e pagamento de 300 (trezentos) a 700 (setecentos) dias-multa.

•• Vide art. 40 desta Lei (causas de aumento da pena).

Art. 38. Prescrever ou ministrar, culposamente, drogas, sem que delas necessite o paciente, ou fazê-lo em doses excessivas ou em desacordo com determinação legal ou regulamentar:

Pena – detenção, de 6 (seis) meses a 2 (dois) anos, e pagamento de 50 (cinquenta) a 200 (duzentos) dias-multa.

Parágrafo único. O juiz comunicará a condenação ao Conselho Federal da categoria profissional a que pertença o agente.

Art. 39. Conduzir embarcação ou aeronave após o consumo de drogas, expondo a dano potencial a incolumidade de outrem:

•• Vide arts. 291 e 306 da Lei n. 9.503, de 23-9-1997.

Pena – detenção, de 6 (seis) meses a 3 (três) anos, além da apreensão do veículo, cassação da habilitação respectiva ou proibição de obtê-la, pelo mesmo prazo da pena privativa de liberdade aplicada, e pagamento de 200 (duzentos) a 400 (quatrocentos) dias-multa.

Parágrafo único. As penas de prisão e multa, aplicadas cumulativamente com as demais, serão de 4 (quatro) a 6 (seis) anos e de 400 (quatrocentos) a 600 (seiscentos) dias-multa, se o veículo referido no *caput* deste artigo for de transporte coletivo de passageiros.

Art. 40. As penas previstas nos arts. 33 a 37 desta Lei são aumentadas de um sexto a dois terços, se:

I – a natureza, a procedência da substância ou do produto apreendido e as circunstâncias do fato evidenciarem a transnacionalidade do delito;

II – o agente praticar o crime prevalecendo-se de função pública ou no desempenho de missão de educação, poder familiar, guarda ou vigilância;

III – a infração tiver sido cometida nas dependências ou imediações de estabelecimentos prisionais, de ensino ou hospitalares, de sedes de entidades estudantis, sociais, culturais, recreativas, esportivas, ou beneficentes, de locais de trabalho coletivo, de recintos onde se realizem espetáculos ou diversões de qualquer natureza, de serviços de tratamento de dependentes de drogas ou de reinserção social, de unidades militares ou policiais ou em transportes públicos;

IV – o crime tiver sido praticado com violência, grave ameaça, emprego de arma de fogo, ou qualquer processo de intimidação difusa ou coletiva;

V – caracterizado o tráfico entre Estados da Federação ou entre estes e o Distrito Federal;

VI – sua prática envolver ou visar a atingir criança ou adolescente ou a quem tenha, por qualquer motivo, diminuída ou suprimida a capacidade de entendimento e determinação;

VII – o agente financiar ou custear a prática do crime.

Art. 41. O indiciado ou acusado que colaborar voluntariamente com a investigação policial e o processo criminal na identificação dos demais coautores ou partícipes do crime e na recuperação total ou parcial do produto do crime, no caso de condenação, terá pena reduzida de um terço a dois terços.

Art. 42. O juiz, na fixação das penas, considerará, com preponderância sobre o previsto no art. 59 do Código Penal, a natureza e a quantidade da substância ou do produto, a personalidade e a conduta social do agente.

Art. 43. Na fixação da multa a que se referem os arts. 33 a 39 desta Lei, o juiz, atendendo ao que dispõe o art. 42 desta Lei, determinará o número de dias-multa, atribuindo a cada um, segundo as condições econômicas dos acusados, valor não inferior a um trinta avos nem superior a 5 (cinco) vezes o maior salário mínimo.

Parágrafo único. As multas, que em caso de concurso de crimes serão impostas sempre cumulativamente, podem ser aumentadas até o décuplo se, em virtude da situação econômica do acusado, considerá-las o juiz ineficazes, ainda que aplicadas no máximo.

Art. 44. Os crimes previstos nos arts. 33, *caput* e § 1.º, e 34 a 37 desta Lei são inafiançáveis e insuscetíveis de *sursis*, graça, indulto, anistia e liberdade provisória, vedada a conversão de suas penas em restritivas de direitos.

•• *Vide* 1.ª nota ao art. 33, § 4.º, desta Lei.
•• *Vide* art. 5.º, XLIII, da CF.
• *Vide* art. 2.º da Lei n. 8.072, de 25-7-1990.

Parágrafo único. Nos crimes previstos no *caput* deste artigo, dar-se-á o livramento condicional após o cumprimento de dois terços da pena, vedada sua concessão ao reincidente específico.

Art. 45. É isento de pena o agente que, em razão da dependência, ou sob o efeito, proveniente de caso fortuito ou força maior, de droga, era, ao tempo da ação ou da omissão, qualquer que tenha sido a infração penal praticada, inteiramente incapaz de entender o caráter ilícito do fato ou de determinar-se de acordo com esse entendimento.

Parágrafo único. Quando absolver o agente, reconhecendo, por força pericial, que este apresentava, à época do fato previsto neste artigo, as condições referidas no *caput* deste artigo, poderá determinar o juiz, na sentença, o seu encaminhamento para tratamento médico adequado.

Art. 46. As penas podem ser reduzidas de um terço a dois terços se, por força das circunstâncias previstas no art. 45 desta Lei, o agente não possuía, ao tempo da ação ou da omissão, a plena capacidade de entender o caráter ilícito do fato ou de determinar-se de acordo com esse entendimento.

Art. 47. Na sentença condenatória, o juiz, com base em avaliação que ateste a necessidade de encaminhamento do agente para tratamento, realizada por profissional de saúde com competência específica na forma da lei, determinará que a tal se proceda, observado o disposto no art. 26 desta Lei.

Capítulo III
DO PROCEDIMENTO PENAL

Art. 48. O procedimento relativo aos processos por crimes definidos neste Título rege-se pelo disposto neste Capítulo, aplicando-se, subsidiariamente, as disposições do Código de Processo Penal e da Lei de Execução Penal.

§ 1.º O agente de qualquer das condutas previstas no art. 28 desta Lei, salvo se houver concurso com os crimes previstos nos arts. 33 a 37 desta Lei, será processado e julgado na forma dos arts. 60 e seguintes da Lei n. 9.099, de 26 de setembro de 1995, que dispõe sobre os Juizados Especiais Criminais.

§ 2.º Tratando-se da conduta prevista no art. 28 desta Lei, não se imporá prisão em flagrante, devendo o autor do fato ser imediatamente encaminhado ao juízo competente ou, na falta deste, assumir o compromisso de a ele comparecer, lavrando-se termo circunstanciado e providenciando-se as requisições dos exames e perícias necessários.

§ 3.º Se ausente a autoridade judicial, as providências previstas no § 2.º deste artigo serão tomadas de imediato pela autoridade policial, no local em que se encontrar, vedada a detenção do agente.

§ 4.º Concluídos os procedimentos de que trata o § 2.º deste artigo, o agente será submetido a exame de corpo de delito, se o requerer ou se a autoridade de polícia judiciária entender conveniente, e em seguida liberado.

§ 5.º Para os fins do disposto no art. 76 da Lei n. 9.099, de 1995, que dispõe sobre os Juizados Especiais Criminais, o Ministério Público poderá propor a aplicação imediata de pena prevista no art. 28 desta Lei, a ser especificada na proposta.

Art. 49. Tratando-se de condutas tipificadas nos arts. 33, *caput* e § 1.º, e 34 a 37 desta Lei, o juiz, sempre que as circunstâncias o recomendem, empregará os instrumentos protetivos de colaboradores e testemunhas previstos na Lei n. 9.807, de 13 de julho de 1999.

Seção I
Da Investigação

Art. 50. Ocorrendo prisão em flagrante, a autoridade de polícia judiciária fará, imediatamente, comunicação ao juiz competente, remetendo-lhe cópia do auto lavrado, do qual será dada vista ao órgão do Ministério Público, em 24 (vinte e quatro) horas.

•• A Lei n. 13.840, de 5-6-2019, propôs nova redação para este artigo, porém teve seu texto vetado.

§ 1.º Para efeito da lavratura do auto de prisão em flagrante e estabelecimento da materialidade do delito, é suficiente o laudo de constatação da natureza e quantidade da droga, firmado por perito oficial ou, na falta deste, por pessoa idônea.

§ 2.º O perito que subscrever o laudo a que se refere o § 1.º deste artigo não ficará impedido de participar da elaboração do laudo definitivo.

§ 3.º Recebida cópia do auto de prisão em flagrante, o juiz, no prazo de 10 (dez) dias, certificará a regularidade formal do laudo de constatação e determinará a destruição das drogas apreendidas, guardando-se amostra necessária à realização do laudo definitivo.

•• § 3.º acrescentado pela Lei n. 12.961, de 4-4-2014.

§ 4.º A destruição das drogas será executada pelo delegado de polícia competente no prazo de 15 (quinze) dias na presença do Ministério Público e da autoridade sanitária.

•• § 4.º acrescentado pela Lei n. 12.961, de 4-4-2014.

§ 5.º O local será vistoriado antes e depois de efetivada a destruição das drogas referida no § 3.º, sendo lavrado auto circunstanciado pelo delegado de polícia, certificando-se neste a destruição total delas.

•• § 5.º acrescentado pela Lei n. 12.961, de 4-4-2014.

Art. 50-A. A destruição das drogas apreendidas sem a ocorrência de prisão em flagrante será feita por incineração, no prazo máximo de 30 (trinta) dias contados da data da apreensão, guardando-se amostra necessária à realização do laudo definitivo.

•• Artigo com redação determinada pela Lei n. 13.840, de 5-6-2019.

Art. 51. O inquérito policial será concluído no prazo de 30 (trinta) dias, se o indiciado estiver preso, e de 90 (noventa) dias, quando solto.

Parágrafo único. Os prazos a que se refere este artigo podem ser duplicados pelo juiz, ouvido o Ministério Público, mediante pedido justificado da autoridade de polícia judiciária.

Art. 52. Findos os prazos a que se refere o art. 51 desta Lei, a autoridade de polícia judiciária, remetendo os autos do inquérito ao juízo:

I – relatará sumariamente as circunstâncias do fato, justificando as razões que a levaram à classificação do delito, indicando a quantidade e natureza da substância ou do produto apreendido, o local e as condições em que se desenvolveu a ação criminosa, as circunstâncias da prisão, a conduta, a qualificação e os antecedentes do agente; ou

II – requererá sua devolução para a realização de diligências necessárias.

Parágrafo único. A remessa dos autos far-se-á sem prejuízo de diligências complementares:

I – necessárias ou úteis à plena elucidação do fato, cujo resultado deverá ser encaminhado ao juízo competente até 3 (três) dias antes da audiência de instrução e julgamento;

II – necessárias ou úteis à indicação dos bens, direitos e valores de que seja titular o agente, ou que figurem em seu nome, cujo resultado deverá ser encaminhado ao juízo competente até 3 (três) dias antes da audiência de instrução e julgamento.

Art. 53. Em qualquer fase da persecução criminal relativa aos crimes previstos nesta Lei, são permitidos, além dos previstos em lei, mediante autorização judicial e ouvido o Ministério Público, os seguintes procedimentos investigatórios:

•• Vide arts. 10 e s. da Lei n. 12.850, de 2-8-2013.

I – a infiltração por agentes de polícia, em tarefas de investigação, constituída pelos órgãos especializados pertinentes;

II – a não atuação policial sobre os portadores de drogas, seus precursores químicos ou outros produtos utilizados em sua produção, que se encontrem no território brasileiro, com a finalidade de identificar e responsabilizar maior número de integrantes de operações de tráfico e distribuição, sem prejuízo da ação penal cabível.

Parágrafo único. Na hipótese do inciso II deste artigo, a autorização será concedida desde que sejam conhecidos o itinerário provável e a identificação dos agentes do delito ou de colaboradores.

Seção II
Da Instrução Criminal

Art. 54. Recebidos em juízo os autos do inquérito policial, de Comissão Parlamentar de Inquérito ou peças de informação, dar-se-á vista ao Ministério Público para, no prazo de 10 (dez) dias, adotar uma das seguintes providências:

I – requerer o arquivamento;

II – requisitar as diligências que entender necessárias;

III – oferecer denúncia, arrolar até 5 (cinco) testemunhas e requerer as demais provas que entender pertinentes.

Art. 55. Oferecida a denúncia, o juiz ordenará a notificação do acusado para oferecer defesa prévia, por escrito, no prazo de 10 (dez) dias.

§ 1.º Na resposta, consistente em defesa preliminar e exceções, o acusado poderá arguir preliminares e invocar todas as razões de defesa, oferecer documentos e justificações, especificar as provas que pretende produzir e, até o número de 5 (cinco), arrolar testemunhas.

§ 2.º As exceções serão processadas em apartado, nos termos dos arts. 95 a 113 do Decreto-lei n. 3.689, de 3 de outubro de 1941 – Código de Processo Penal.

§ 3.º Se a resposta não for apresentada no prazo, o juiz nomeará defensor para oferecê-la em 10 (dez) dias, concedendo-lhe vista dos autos no ato de nomeação.

§ 4.º Apresentada a defesa, o juiz decidirá em 5 (cinco) dias.

§ 5.º Se entender imprescindível, o juiz, no prazo máximo de 10 (dez) dias, determinará a apresentação do preso, realização de diligências, exames e perícias.

Art. 56. Recebida a denúncia, o juiz designará dia e hora para a audiência de instrução e julgamento, ordenará a citação pessoal do acusado, a intimação do Ministério Público, do assistente, se for o caso, e requisitará os laudos periciais.

§ 1.º Tratando-se de condutas tipificadas como infração do disposto nos arts. 33, *caput* e § 1.º, e 34 a 37 desta Lei, o juiz, ao receber a denúncia, poderá decretar o afastamento cautelar do denunciado de suas atividades, se for funcionário público, comunicando ao órgão respectivo.

§ 2.º A audiência a que se refere o *caput* deste artigo será realizada dentro dos 30 (trinta) dias seguintes ao recebimento da denúncia, salvo se determinada a realização de avaliação para atestar dependência de drogas, quando se realizará em 90 (noventa) dias.

Art. 57. Na audiência de instrução e julgamento, após o interrogatório do acusado e a inquirição das testemunhas, será dada a palavra, sucessivamente, ao representante do Ministério Público e ao defensor do acusado, para sustentação oral, pelo prazo de 20 (vinte) minutos para cada um, prorrogável por mais 10 (dez), a critério do juiz.

Parágrafo único. Após proceder ao interrogatório, o juiz indagará das partes se restou algum fato para ser esclarecido, formulando as perguntas correspondentes se o entender pertinente e relevante.

Art. 58. Encerrados os debates, proferirá o juiz sentença de imediato, ou o fará em 10 (dez) dias, ordenando que os autos para isso lhe sejam conclusos.

§§ 1.º e 2.º *(Revogados pela Lei n. 12.961, de 4-4-2014.)*

Art. 59. Nos crimes previstos nos arts. 33, *caput* e § 1.º, e 34 a 37 desta Lei, o réu não poderá apelar sem recolher-se à prisão, salvo se for primário e de bons antecedentes, assim reconhecido na sentença condenatória.

•• *Vide* art. 2.º, § 2.º, da Lei n. 8.072, de 25-7-1990.

Capítulo IV
DA APREENSÃO, ARRECADAÇÃO E DESTINAÇÃO DE BENS DO ACUSADO

• A Resolução n. 558, de 6-5-2024, do CNJ, dispõe sobre as diretrizes para a gestão e destinação de valores e bens oriundos de pena de multa, de perda de bens e valores, inclusive por alienação antecipada de bens apreendidos, sequestrados ou arrestados, de condenações a prestações pecuniárias em procedimentos criminais, de colaboração premiada, acordos de leniência e acordos de cooperação internacional.

Art. 60. O juiz, a requerimento do Ministério Público ou do assistente de acusação, ou mediante representação da autoridade de polícia judiciária, poderá decretar, no curso do inquérito ou da ação penal, a apreensão e outras medidas assecuratórias nos casos em que haja suspeita de que os bens, direitos ou valores sejam produto do crime ou constituam proveito dos crimes previstos nesta Lei, procedendo-se na forma dos arts. 125 e seguintes do Decreto-lei n. 3.689, de 3 de outubro de 1941 – Código de Processo Penal.

•• *Caput* com redação determinada pela Lei n. 13.840, de 5-6-2019.

§§ 1.º e 2.º *(Revogados pela Lei n. 13.840, de 5-6-2019.)*

§ 3.º Na hipótese do art. 366 do Decreto-lei n. 3.689, de 3 de outubro de 1941 – Código de Processo Penal, o juiz poderá determinar a prática de atos necessários à conservação dos bens, direitos ou valores.

•• § 3.º com redação determinada pela Lei n. 13.840, de 5-6-2019.

§ 4.º A ordem de apreensão ou sequestro de bens, direitos ou valores poderá ser suspensa pelo juiz, ouvido o Ministério Público, quando a sua execução imediata puder comprometer as investigações.

•• § 4.º com redação determinada pela Lei n. 13.840, de 5-6-2019.

§ 5.º Decretadas quaisquer das medidas previstas no *caput* deste artigo, o juiz facultará ao acusado que, no prazo de 5 (cinco) dias, apresente provas, ou requeira a produção delas, acerca da origem lícita do

Drogas   **Lei n. 11.343, de 23-8-2006**

bem ou do valor objeto da decisão, exceto no caso de veículo apreendido em transporte de droga ilícita.

•• § 5.º acrescentado pela Lei n. 14.322, de 6-4-2022.

§ 6.º Provada a origem lícita do bem ou do valor, o juiz decidirá por sua liberação, exceto no caso de veículo apreendido em transporte de droga ilícita, cuja destinação observará o disposto nos arts. 61 e 62 desta Lei, ressalvado o direito de terceiro de boa-fé.

•• § 6.º acrescentado pela Lei n. 14.322, de 6-4-2022.

Art. 60-A. Se as medidas assecuratórias de que trata o art. 60 desta Lei recaírem sobre moeda estrangeira, títulos, valores mobiliários ou cheques emitidos como ordem de pagamento, será determinada, imediatamente, a sua conversão em moeda nacional.

•• *Caput* acrescentado pela Lei n. 13.886, de 17-10-2019.

§ 1.º A moeda estrangeira apreendida em espécie deve ser encaminhada a instituição financeira, ou equiparada, para alienação na forma prevista pelo Conselho Monetário Nacional.

•• § 1.º acrescentado pela Lei n. 13.886, de 17-10-2019.

•• A Resolução n. 4.808, de 30-4-2020, do BCB, dispõe sobre a alienação de moeda estrangeira de que trata este § 1.º.

§ 2.º Na hipótese de impossibilidade da alienação a que se refere o § 1.º deste artigo, a moeda estrangeira será custodiada pela instituição financeira até decisão sobre o seu destino.

•• § 2.º acrescentado pela Lei n. 13.886, de 17-10-2019.

§ 3.º Após a decisão sobre o destino da moeda estrangeira a que se refere o § 2.º deste artigo, caso seja verificada a inexistência de valor de mercado, seus espécimes poderão ser destruídos ou doados à representação diplomática do país de origem.

•• § 3.º acrescentado pela Lei n. 13.886, de 17-10-2019.

§ 4.º Os valores relativos às apreensões feitas antes da data de entrada em vigor da Medida Provisória n. 885, de 17 de junho de 2019, e que estejam custodiados nas dependências do Banco Central do Brasil devem ser transferidos à Caixa Econômica Federal, no prazo de 360 (trezentos e sessenta) dias, para que se proceda à alienação ou custódia, de acordo com o previsto nesta Lei.

•• § 4.º acrescentado pela Lei n. 13.886, de 17-10-2019.

Art. 61. A apreensão de veículos, embarcações, aeronaves e quaisquer outros meios de transporte e dos maquinários, utensílios, instrumentos e objetos de qualquer natureza utilizados para a prática, habitual ou não, dos crimes definidos nesta Lei será imediatamente comunicada pela autoridade de polícia judiciária responsável pela investigação ao juízo competente.

•• *Caput* com redação determinada pela Lei n. 14.322, de 6-4-2022.

§ 1.º O juiz, no prazo de 30 (trinta) dias contado da comunicação de que trata o *caput*, determinará a alienação dos bens apreendidos, exceturadas as armas, que serão recolhidas na forma da legislação específica.

•• Anterior parágrafo único com redação determinada pela Lei n. 13.840, de 5-6-2019.

§ 2.º A alienação será realizada em autos apartados, dos quais constará a exposição sucinta do nexo de instrumentalidade entre o delito e os bens apreendidos, a descrição e especificação dos objetos, as informações sobre quem os tiver sob custódia e o local em que se encontrem.

•• § 2.º acrescentado pela Lei n. 13.840, de 5-6-2019.

§ 3.º O juiz determinará a avaliação dos bens apreendidos, que será realizada por oficial de justiça, no prazo de 5 (cinco) dias a contar da autuação, ou, caso sejam necessários conhecimentos especializados, por avaliador nomeado pelo juiz, em prazo não superior a 10 (dez) dias.

•• § 3.º acrescentado pela Lei n. 13.840, de 5-6-2019.

§ 4.º Feita a avaliação, o juiz intimará o órgão gestor do Funad, o Ministério Público e o interessado para se manifestarem no prazo de 5 (cinco) dias e, dirimidas eventuais divergências, homologará o valor atribuído aos bens.

•• § 4.º acrescentado pela Lei n. 13.840, de 5-6-2019.

§ 5.º (*Vetado.*)

•• § 5.º acrescentado pela Lei n. 13.840, de 5-6-2019.

§§ 6.º a 8.º (*Revogados pela Lei n. 13.886, de 17-10-2019.*)

§ 9.º O Ministério Público deve fiscalizar o cumprimento da regra estipulada no § 1.º deste artigo.

•• § 9.º acrescentado pela Lei n. 13.886, de 17-10-2019.

§ 10. Aplica-se a todos os tipos de bens confiscados a regra estabelecida no § 1.º deste artigo.

•• § 10 acrescentado pela Lei n. 13.886, de 17-10-2019.

§ 11. Os bens móveis e imóveis devem ser vendidos por meio de hasta pública, preferencialmente por meio eletrônico, assegurada a venda pelo maior lance, por preço não inferior a 50% (cinquenta por cento) do valor da avaliação judicial.

•• § 11 acrescentado pela Lei n. 13.886, de 17-10-2019.

§ 12. O juiz ordenará às secretarias de fazenda e aos órgãos de registro e controle que efetuem as averbações necessárias, tão logo tenha conhecimento da apreensão.

•• § 12 acrescentado pela Lei n. 13.886, de 17-10-2019.

§ 13. Na alienação de veículos, embarcações ou aeronaves, a autoridade de trânsito ou o órgão congênere competente para o registro, bem como as secretarias de fazenda, devem proceder à regularização dos bens no prazo de 30 (trinta) dias, ficando o arrematante isento do pagamento de multas, encargos e tributos anteriores, sem prejuízo de execução fiscal em relação ao antigo proprietário.

•• § 13 acrescentado pela Lei n. 13.886, de 17-10-2019.

§ 14. Eventuais multas, encargos ou tributos pendentes de pagamento não podem ser cobrados do arrematante ou do órgão público alienante como condição para regularização dos bens.

•• § 14 acrescentado pela Lei n. 13.886, de 17-10-2019.

§ 15. Na hipótese de que trata o § 13 deste artigo, a autoridade de trânsito ou o órgão congênere competente para o registro poderá emitir novos identificadores dos bens.

•• § 15 acrescentado pela Lei n. 13.886, de 17-10-2019.

Art. 62. Comprovado o interesse público na utilização de quaisquer dos bens de que trata o art. 61, os órgãos de polícia judiciária, militar e rodoviária poderão deles fazer uso, sob sua responsabilidade e com o objetivo de sua conservação, mediante autorização judicial, ouvido o Ministério Público e garantida a prévia avaliação dos respectivos bens.

•• *Caput* com redação determinada pela Lei n. 13.840, de 5-6-2019.

§ 1.º (*Revogado pela Lei n. 13.886, de 17-10-2019.*)

§ 1.º-A. O juízo deve cientificar o órgão gestor do Funad para que, em 10 (dez) dias, avalie a existência do interesse público mencionado no *caput* deste artigo e indique o órgão que deve receber o bem.

•• § 1.º-A acrescentado pela Lei n. 13.886, de 17-10-2019.

§ 1.º-B. Têm prioridade, para os fins do § 1.º-A deste artigo, os órgãos de segurança pública que participaram das ações de investigação ou repressão ao crime que deu causa à medida.

•• § 1.º-B acrescentado pela Lei n. 13.886, de 17-10-2019.

§ 2.º A autorização judicial de uso de bens deverá conter a descrição do bem e a respectiva avaliação e indicar o órgão responsável por sua utilização.

•• § 2.º com redação determinada pela Lei n. 13.840, de 5-6-2019.

§ 3.º O órgão responsável pela utilização do bem deverá enviar ao juiz periodicamente, ou a qualquer momento quando por este solicitado, informações sobre seu estado de conservação.

•• § 3.º com redação determinada pela Lei n. 13.840, de 5-6-2019.

§ 4.º Quando a autorização judicial recair sobre veículos, embarcações ou aeronaves, o juiz ordenará à autoridade ou ao órgão de registro e controle a expedição de certificado provisório de registro e licenciamento em favor do órgão ao qual tenha deferido o uso ou custódia, ficando este livre do pagamento de multas, encargos e tributos anteriores à decisão de utilização do bem até o trânsito em julgado da decisão que decretar o seu perdimento em favor da União.

•• § 4.º com redação determinada pela Lei n. 13.840, de 5-6-2019.

§ 5.º Na hipótese de levantamento, se houver indicação de que os bens utilizados na forma deste artigo sofreram depreciação superior àquela esperada em razão do transcurso do tempo e do uso, poderá o interessado requerer nova avaliação judicial.

•• § 5.º com redação determinada pela Lei n. 13.840, de 5-6-2019.

§ 6.º Constatada a depreciação de que trata o § 5.º, o ente federado ou a entidade que utilizou o bem indenizará o detentor ou proprietário dos bens.

•• § 6.º com redação determinada pela Lei n. 13.840, de 5-6-2019.

§§ 7.º a 11. (*Revogados pela Lei n. 13.840, de 5-6-2019.*)

Art. 62-A. O depósito, em dinheiro, de valores referentes ao produto da alienação ou a numerários apreendidos ou que tenham sido convertidos deve ser efetuado na Caixa Econômica Federal, por meio de documento de arrecadação destinado a essa finalidade.

•• *Caput* acrescentado pela Lei n. 13.886, de 17-10-2019.

Drogas   **Lei n. 11.343, de 23-8-2006**

§ 1.º Os depósitos a que se refere o *caput* deste artigo devem ser transferidos, pela Caixa Econômica Federal, para a conta única do Tesouro Nacional, independentemente de qualquer formalidade, no prazo de 24 (vinte e quatro) horas, contado do momento da realização do depósito, onde ficarão à disposição do Funad.

•• § 1.º acrescentado pela Lei n. 13.886, de 17-10-2019.

§ 2.º (*Revogado pela Lei n. 14.973, de 16-9-2024.*)

§ 3.º Na hipótese de decretação do seu perdimento em favor da União, o valor do depósito será transformado em pagamento definitivo, respeitados os direitos de eventuais lesados e de terceiros de boa-fé.

•• § 3.º acrescentado pela Lei n. 13.886, de 17-10-2019.

§ 4.º Os valores devolvidos pela Caixa Econômica Federal, por decisão judicial, devem ser efetuados como anulação de receita do Funad no exercício em que ocorrer a devolução.

•• § 4.º acrescentado pela Lei n. 13.886, de 17-10-2019.

§ 5.º A Caixa Econômica Federal deve manter o controle dos valores depositados ou devolvidos.

•• § 5.º acrescentado pela Lei n. 13.886, de 17-10-2019.

Art. 63. Ao proferir a sentença, o juiz decidirá sobre:

•• *Caput* com redação determinada pela Lei n. 13.840, de 5-6-2019.

•• A Resolução n. 587, de 30-9-2019, do CJF, dispõe sobre a destinação de valores em procedimento penal, a título de reparação de danos a pessoas jurídicas de direito público, de perdimento de instrumentos, de produto ou de proveito de crime, de valores relacionados à lavagem de dinheiro, de valores não reclamados, de confisco em decorrência do tráfico de drogas e da exploração do trabalho escravo, ou de qualquer outra forma de perdimento ou de confisco, e de reparação de danos a pessoas naturais e jurídicas de direito privado, no âmbito da Justiça Federal.

I – o perdimento do produto, bem, direito ou valor apreendido ou objeto de medidas assecuratórias; e

•• Inciso I acrescentado pela Lei n. 13.840, de 5-6-2019.

II – o levantamento dos valores depositados em conta remunerada e a liberação dos bens utilizados nos termos do art. 62.

•• Inciso II acrescentado pela Lei n. 13.840, de 5-6-2019.

§ 1.º Os bens, direitos ou valores apreendidos em decorrência dos crimes tipificados nesta Lei ou objeto de medidas assecuratórias, após decretado seu perdimento em favor da União, serão revertidos diretamente ao Funad.

•• § 1.º com redação determinada pela Lei n. 13.840, de 5-6-2019.

•• *Vide* nota ao *caput* deste artigo.

§ 2.º O juiz remeterá ao órgão gestor do Funad relação dos bens, direitos e valores declarados perdidos, indicando o local em que se encontram e a entidade ou o órgão em cujo poder estejam, para os fins de sua destinação nos termos da legislação vigente.

•• § 2.º com redação determinada pela Lei n. 13.840, de 5-6-2019.

§ 3.º (*Revogado pela Lei n. 13.886, de 17-10-2019.*)

§ 4.º Transitada em julgado a sentença condenatória, o juiz do processo, de ofício ou a requerimento do Ministério Público, remeterá à Senad relação dos bens, direitos e valores declarados perdidos em favor da União, indicando, quanto aos bens, o local em que se encontram e a entidade ou o órgão em cujo poder estejam, para os fins de sua destinação nos termos da legislação vigente.

•• A Lei n. 13.840, de 5-6-2019, propôs nova redação para este § 4.º, porém teve seu texto vetado.

§ 4.º-A. Antes de encaminhar os bens ao órgão gestor do Funad, o juiz deve:

•• § 4.º-A, *caput*, acrescentado pela Lei n. 13.886, de 17-10-2019.

I – ordenar às secretarias de fazenda e aos órgãos de registro e controle que efetuem as averbações necessárias, caso não tenham sido realizadas quando da apreensão; e

•• Inciso I acrescentado pela Lei n. 13.886, de 17-10-2019.

II – determinar, no caso de imóveis, o registro de propriedade em favor da União no cartório de registro de imóveis competente, nos termos do *caput* e do parágrafo único do art. 243 da Constituição Federal, afastada a responsabilidade de terceiros prevista no inciso VI do *caput* do art. 134 da Lei n. 5.172, de 25 de outubro de 1966 (Código Tributário Nacional), bem como determinar à Secretaria de Coordenação e Governança do Patrimônio da União a incorporação e entrega do imóvel, tornando-o livre e desembaraçado de quaisquer ônus para sua destinação.

•• Inciso II acrescentado pela Lei n. 13.886, de 17-10-2019.

§ 5.º (*Vetado.*)

•• § 5.º acrescentado pela Lei n. 13.840, de 5-6-2019.

§ 6.º Na hipótese do inciso II do *caput*, decorridos 360 (trezentos e sessenta) dias do trânsito em julgado e do conhecimento da sentença pelo interessado, os bens apreendidos, os que tenham sido objeto de medidas assecuratórias ou os valores depositados que não forem reclamados serão revertidos ao Funad.

•• § 6.º acrescentado pela Lei n. 13.840, de 5-6-2019.

Art. 63-A. Nenhum pedido de restituição será conhecido sem o comparecimento pessoal do acusado, podendo o juiz determinar a prática de atos necessários à conservação de bens, direitos ou valores.

•• Artigo acrescentado pela Lei n. 13.840, de 5-6-2019.

Art. 63-B. O juiz determinará a liberação total ou parcial dos bens, direitos e objeto de medidas assecuratórias quando comprovada a licitude de sua origem, mantendo-se a constrição dos bens, direitos e valores necessários e suficientes à reparação dos danos e ao pagamento de prestações pecuniárias, multas e custas decorrentes da infração penal.

•• Artigo acrescentado pela Lei n. 13.840, de 5-6-2019.

Art. 63-C. Compete à Senad, do Ministério da Justiça e Segurança Pública, proceder à destinação dos bens apreendidos e não leiloados em caráter cautelar, cujo perdimento seja decretado em favor da União, por meio das seguintes modalidades:

•• *Caput* acrescentado pela Lei n. 13.886, de 17-10-2019.

I – alienação, mediante:

•• Inciso I, *caput*, acrescentado pela Lei n. 13.886, de 17-10-2019.

a) licitação;

•• Alínea *a* acrescentada pela Lei n. 13.886, de 17-10-2019.

b) doação com encargo a entidades ou órgãos públicos, bem como a comunidades terapêuticas acolhedoras que contribuam para o alcance das finalidades do Funad; ou

•• Alínea *b* acrescentada pela Lei n. 13.886, de 17-10-2019.

c) venda direta, observado o disposto no inciso II do *caput* do art. 24 da Lei n. 8.666, de 21 de junho de 1993;

•• Alínea *c* acrescentada pela Lei n. 13.886, de 17-10-2019.

II – incorporação ao patrimônio de órgão da administração pública, observadas as finalidades do Funad;

•• Inciso II acrescentado pela Lei n. 13.886, de 17-10-2019.

III – destruição; ou

•• Inciso III acrescentado pela Lei n. 13.886, de 17-10-2019.

IV – inutilização.

•• Inciso IV acrescentado pela Lei n. 13.886, de 17-10-2019.

§ 1.º A alienação por meio de licitação deve ser realizada na modalidade leilão, para bens móveis e imóveis, independentemente do valor de avaliação, isolado ou global, de bem ou de lotes, assegurada a venda pelo maior lance, por preço não inferior a 50% (cinquenta por cento) do valor da avaliação.

•• § 1.º acrescentado pela Lei n. 13.886, de 17-10-2019.

§ 2.º O edital do leilão a que se refere o § 1.º deste artigo será amplamente divulgado em jornais de grande circulação e em sítios eletrônicos oficiais, principalmente no Município em que será realizado, dispensada a publicação em diário oficial.

•• § 2.º acrescentado pela Lei n. 13.886, de 17-10-2019.

§ 3.º Nas alienações realizadas por meio de sistema eletrônico da administração pública, a publicidade dada pelo sistema substituirá a publicação em diário oficial e em jornais de grande circulação.

•• § 3.º acrescentado pela Lei n. 13.886, de 17-10-2019.

§ 4.º Na alienação de imóveis, o arrematante fica livre do pagamento de encargos e tributos anteriores, sem prejuízo de execução fiscal em relação ao antigo proprietário.

•• § 4.º acrescentado pela Lei n. 13.886, de 17-10-2019.

§ 5.º Na alienação de veículos, embarcações ou aeronaves deverão ser observadas as disposições dos §§ 13 e 15 do art. 61 desta Lei.

•• § 5.º acrescentado pela Lei n. 13.886, de 17-10-2019.

§ 6.º Aplica-se às alienações de que trata este artigo a proibição relativa à cobrança de multas, encargos ou tributos prevista no § 14 do art. 61 desta Lei.

•• § 6.º acrescentado pela Lei n. 13.886, de 17-10-2019.

§ 7.º A Senad, do Ministério da Justiça e Segurança Pública, pode celebrar convênios ou instrumentos congêneres com órgãos e entidades da União, dos Estados, do Distrito Federal ou dos Municípios, bem como com comunidades terapêuticas acolhedoras, a fim de dar imediato cumprimento ao estabelecido neste artigo.

•• § 7.º acrescentado pela Lei n. 13.886, de 17-10-2019.

Drogas   **Lei n. 11.343, de 23-8-2006**

§ 8.º Observados os procedimentos licitatórios previstos em lei, fica autorizada a contratação da iniciativa privada para a execução das ações de avaliação, de administração e de alienação dos bens a que se refere esta Lei.

•• § 8.º acrescentado pela Lei n. 13.886, de 17-10-2019.

Art. 63-D. Compete ao Ministério da Justiça e Segurança Pública regulamentar os procedimentos relativos à administração, à preservação e à destinação dos recursos provenientes de delitos e atos ilícitos e estabelecer os valores abaixo dos quais se deve proceder à sua destruição ou inutilização.

•• Artigo acrescentado pela Lei n. 13.886, de 17-10-2019.

•• Artigo regulamentado pela Portaria n. 124, de 28-11-2022, do Ministério da Justiça e Segurança Pública.

Art. 63-E. O produto da alienação dos bens apreendidos ou confiscados será revertido integralmente ao Funad, nos termos do parágrafo único do art. 243 da Constituição Federal, vedada a sub-rogação sobre o valor da arrematação para saldar eventuais multas, encargos ou tributos pendentes de pagamento.

•• *Caput* acrescentado pela Lei n. 13.886, de 17-10-2019.

Parágrafo único. O disposto no *caput* deste artigo não prejudica o ajuizamento de execução fiscal em relação aos antigos devedores.

•• Parágrafo único acrescentado pela Lei n. 13.886, de 17-10-2019.

Art. 63-F. Na hipótese de condenação por infrações às quais esta Lei comine pena máxima superior a 6 (seis) anos de reclusão, poderá ser decretada a perda, como produto ou proveito do crime, dos bens correspondentes à diferença entre o valor do patrimônio do condenado e aquele compatível com o seu rendimento lícito.

•• *Caput* acrescentado pela Lei n. 13.886, de 17-10-2019.

§ 1.º A decretação da perda prevista no *caput* deste artigo fica condicionada à existência de elementos probatórios que indiquem conduta criminosa habitual, reiterada ou profissional do condenado ou sua vinculação a organização criminosa.

•• § 1.º acrescentado pela Lei n. 13.886, de 17-10-2019.

§ 2.º Para efeito da perda prevista no *caput* deste artigo, entende-se por patrimônio do condenado todos os bens:

•• § 2.º, *caput*, acrescentado pela Lei n. 13.886, de 17-10-2019.

I – de sua titularidade, ou sobre os quais tenha domínio e benefício direto ou indireto, na data da infração penal, ou recebidos posteriormente; e

•• Inciso I acrescentado pela Lei n. 13.886, de 17-10-2019.

II – transferidos a terceiros a título gratuito ou mediante contraprestação irrisória, a partir do início da atividade criminal.

•• Inciso II acrescentado pela Lei n. 13.886, de 17-10-2019.

§ 3.º O condenado poderá demonstrar a inexistência da incompatibilidade ou a procedência lícita do patrimônio.

•• § 3.º acrescentado pela Lei n. 13.886, de 17-10-2019.

Art. 64. A União, por intermédio da Senad, poderá firmar convênio com os Estados, com o Distrito Federal e com organismos orientados para a prevenção do uso indevido de drogas, a atenção e a reinserção social de usuários ou dependentes e a atuação na repressão à produção não autorizada e ao tráfico ilícito de drogas, com vistas na liberação de equipamentos e de recursos por ela arrecadados, para a implantação e execução de programas relacionados à questão das drogas.

•• A Lei n. 13.840, de 5-6-2019, propôs nova redação para este artigo, porém teve seu texto vetado.

TÍTULO V
DA COOPERAÇÃO INTERNACIONAL

Art. 65. De conformidade com os princípios da não intervenção em assuntos internos, da igualdade jurídica e do respeito à integridade territorial dos Estados e às leis e aos regulamentos nacionais em vigor, e observado o espírito das Convenções das Nações Unidas e outros instrumentos jurídicos internacionais relacionados à questão das drogas, de que o Brasil é parte, o governo brasileiro prestará, quando solicitado, cooperação a outros países e organismos internacionais e, quando necessário, deles solicitará a colaboração, nas áreas de:

I – intercâmbio de informações sobre legislações, experiências, projetos e programas voltados para atividades de prevenção do uso indevido, de atenção e de reinserção social de usuários e dependentes de drogas;

II – intercâmbio de inteligência policial sobre produção e tráfico de drogas e delitos conexos, em especial o tráfico de armas, a lavagem de dinheiro e o desvio de precursores químicos;

III – intercâmbio de informações policiais e judiciais sobre produtores e traficantes de drogas e seus precursores químicos.

TÍTULO V-A
DO FINANCIAMENTO DAS POLÍTICAS SOBRE DROGAS

•• Título V-A acrescentado pela Lei n. 13.840, de 5-6-2019.

Art. 65-A. (*Vetado.*)

•• Artigo acrescentado pela Lei n. 13.840, de 5-6-2019.

TÍTULO VI
DISPOSIÇÕES FINAIS E TRANSITÓRIAS

Art. 66. Para fins do disposto no parágrafo único do art. 1.º desta Lei, até que seja atualizada a terminologia da lista mencionada no preceito, denominam-se drogas substâncias entorpecentes, psicotrópicas, precursoras e outras sob controle especial, da Portaria SVS/MS n. 344, de 12 de maio de 1998.

•• Portaria SVS/MS n. 344, de 12-5-1998: Regulamento Técnico sobre Substâncias e Medicamentos sujeitos a Controle Especial.

Art. 67. A liberação dos recursos previstos na Lei n. 7.560, de 19 de dezembro de 1986, em favor de Estados e do Distrito Federal, dependerá de sua adesão e respeito às diretrizes básicas contidas nos convênios firmados e do fornecimento de dados necessários à atualização do sistema previsto no art. 17 desta Lei, pelas respectivas polícias judiciárias.

Art. 67-A. Os gestores e entidades que recebam recursos públicos para execução das políticas sobre drogas deverão garantir o acesso às suas instalações, à documentação e a todos os elementos necessários à efetiva fiscalização pelos órgãos competentes.

•• Artigo acrescentado pela Lei n. 13.840, de 5-6-2019.

Art. 68. A União, os Estados, o Distrito Federal e os Municípios poderão criar estímulos fiscais e outros, destinados às pessoas físicas e jurídicas que colaborem na prevenção do uso indevido de drogas, atenção e reinserção social de usuários e dependentes e na repressão da produção não autorizada e do tráfico ilícito de drogas.

Art. 69. No caso de falência ou liquidação extrajudicial de empresas ou estabelecimentos hospitalares, de pesquisa, de ensino, ou congêneres, assim como nos serviços de saúde que produzirem, venderem, adquirirem, consumirem, prescreverem ou fornecerem drogas ou de qualquer outro em que existam essas substâncias ou produtos, incumbe ao juízo perante o qual tramite o feito:

I – determinar, imediatamente à ciência da falência ou liquidação, sejam lacradas suas instalações;

II – ordenar à autoridade sanitária competente a urgente adoção das medidas necessárias ao recebimento e guarda, em depósito, das drogas arrecadadas;

III – dar ciência ao órgão do Ministério Público, para acompanhar o feito.

§ 1.º Da licitação para alienação de substâncias ou produtos não proscritos referidos no inciso II do *caput* deste artigo, só podem participar pessoas jurídicas regularmente habilitadas na área de saúde ou de pesquisa científica que comprovem a destinação lícita a ser dada ao produto a ser arrematado.

§ 2.º Ressalvada a hipótese de que trata o § 3.º deste artigo, o produto não arrematado será, ato contínuo à hasta pública, destruído pela autoridade sanitária, na presença dos Conselhos Estaduais sobre Drogas e do Ministério Público.

§ 3.º Figurando entre o praceado e não arrematadas especialidades farmacêuticas em condições de emprego terapêutico, ficarão elas depositadas sob a guarda do Ministério da Saúde, que as destinará à rede pública de saúde.

Art. 70. O processo e o julgamento dos crimes previstos nos arts. 33 a 37 desta Lei, se caracterizado ilícito transnacional, são da competência da Justiça Federal.

Parágrafo único. Os crimes praticados nos Municípios que não sejam sede de vara federal serão processados e julgados na vara federal da circunscrição respectiva.

Art. 71. (*Vetado.*)

Art. 72. Encerrado o processo criminal ou arquivado o inquérito policial, o juiz, de ofício, mediante representação da autoridade de polícia judiciária, ou a requerimento do Ministério Público, determinará a destruição das amostras guardadas para contraprova, certificando nos autos.

•• Artigo com redação determinada pela Lei n. 13.840, de 5-6-2019.

Art. 73. A União poderá estabelecer convênios com os Estados e o com o Distrito Federal, visando à prevenção e repressão do tráfico ilícito e do uso indevido de drogas, e com os Municípios, com o objetivo de prevenir o uso indevido delas e de possibilitar a atenção e reinserção social de usuários e dependentes de drogas.

•• Artigo com redação determinada pela Lei n. 12.219, de 31-3-2010.

Art. 74. Esta Lei entra em vigor 45 (quarenta e cinco) dias após a sua publicação.

Art. 75. Revogam-se a Lei n. 6.368, de 21 de outubro de 1976, e a Lei n. 10.409, de 11 de janeiro de 2002. Brasília, 23 de agosto de 2006; 185.º da Independência e 118.º da República.

Luiz Inácio Lula da Silva

DECRETO N. 5.912, DE 27 DE SETEMBRO DE 2006 (*)

Regulamenta a Lei n. 11.343, de 23 de agosto de 2006, que trata das políticas públicas sobre drogas e da instituição do Sistema Nacional de Políticas Públicas sobre Drogas – SISNAD, e dá outras providências.

O Presidente da República, no uso das atribuições que lhe confere o art. 84, incisos IV e VI, alínea *a*, da Constituição, e tendo em vista o disposto na Lei n. 11.343, de 23 de agosto de 2006, decreta:

Capítulo I
DA FINALIDADE E DA ORGANIZAÇÃO DO SISNAD

Art. 1.º O Sistema Nacional de Políticas Públicas sobre Drogas – SISNAD, instituído pela Lei n. 11.343, de 23 de agosto de 2006, tem por finalidade articular, integrar, organizar e coordenar as atividades relacionadas com:

I – a prevenção do uso indevido, atenção e reinserção social de usuários e dependentes de drogas; e

(*) Publicado no *DOU*, de 28-9-2006.

II – a repressão da produção não autorizada e do tráfico ilícito de drogas.

Art. 2.º Integram o SISNAD:

I – o Conselho Nacional Antidrogas – CONAD, órgão normativo e de deliberação coletiva do sistema, vinculado ao Ministério da Justiça;

•• Inciso I com redação determinada pelo Decreto n. 7.426, de 7-1-2011.

II – a Secretaria Nacional Antidrogas – SENAD, na qualidade de secretaria-executiva do colegiado;

III – o conjunto de órgãos e entidades públicos que exerçam atividades de que tratam os incisos I e II do art. 1.º:

a) do Poder Executivo federal;

b) dos Estados, dos Municípios e do Distrito Federal, mediante ajustes específicos; e

IV – as organizações, instituições ou entidades da sociedade civil que atuam nas áreas de atenção à saúde e da assistência social e atendam usuários ou dependentes de drogas e respectivos familiares, mediante ajustes específicos.

Art. 3.º A organização do SISNAD assegura a orientação central e a execução descentralizada das atividades realizadas em seu âmbito, nas esferas federal e, mediante ajustes específicos, estadual, municipal e do Distrito Federal, dispondo para tanto do Observatório Brasileiro de Informações sobre Drogas, unidade administrativa da Estrutura Regimental aprovada pelo Decreto n. 5.772, de 8 de maio de 2006.

Capítulo II
DA COMPETÊNCIA E DA COMPOSIÇÃO DO CONAD

•• *Vide* Decreto n. 11.480, de 6-4-2023, que dispõe sobre o Conselho Nacional de Políticas sobre Drogas.

Arts. 4.º a 12. (*Revogados pelo Decreto n. 9.926, de 19-7-2019.*)

Capítulo III
DAS ATRIBUIÇÕES DO PRESIDENTE DO CONAD

•• *Vide* Decreto n. 11.480, de 6-4-2023, que dispõe sobre o Conselho Nacional de Políticas sobre Drogas.

Art. 13. (*Revogado pelo Decreto n. 9.926, de 19-7-2019.*)

Capítulo IV
DAS COMPETÊNCIAS ESPECÍFICAS DOS ÓRGÃOS E ENTIDADES QUE COMPÕEM O SISNAD

Art. 14. Para o cumprimento do disposto neste Decreto, são competências específicas dos órgãos e entidades que compõem o SISNAD:

I – do Ministério da Saúde:

a) publicar listas atualizadas periodicamente das substâncias ou produtos capazes de causar dependência;

b) baixar instruções de caráter geral ou específico sobre limitação, fiscalização e controle da produção, do comércio e do uso das drogas;

c) autorizar o plantio, a cultura e a colheita dos vegetais dos quais possam ser extraídas ou produzidas drogas, exclusivamente para fins medicinais ou científicos, em local e prazo predeterminados, mediante fiscalização, ressalvadas as hipóteses de autorização legal ou regulamentar;

d) assegurar a emissão da indispensável licença prévia, pela autoridade sanitária competente, para produzir, extrair, fabricar, transformar, preparar, possuir, manter em depósito, importar, exportar, reexportar, remeter, transportar, expor, oferecer, vender, comprar, trocar, ceder ou adquirir, para qualquer fim, drogas ou matéria-prima destinada à sua preparação, observadas as demais exigências legais;

e) disciplinar a política de atenção aos usuários e dependentes de drogas, bem como aos seus familiares, junto à rede do Sistema Único de Saúde – SUS;

f) disciplinar as atividades que visem à redução de danos e riscos sociais e à saúde;

g) disciplinar serviços públicos e privados que desenvolvam ações de atenção às pessoas que façam uso ou sejam dependentes de drogas e seus familiares;

h) gerir, em articulação com a SENAD, o banco de dados das instituições de atenção à saúde e de assistência social que atendam usuários ou dependentes de drogas;

II – do Ministério da Educação:

a) propor e implementar, em articulação com o Ministério da Saúde, a Secretaria Especial dos Direitos Humanos da Presidência da República e a SENAD, políticas de formação continuada para os profissionais de educação nos três níveis de ensino que abordem a prevenção ao uso indevido de drogas;

b) apoiar os dirigentes das instituições de ensino público e privado na elaboração de projetos pedagógicos alinhados às Diretrizes Curriculares Nacionais e aos princípios de prevenção do uso indevido de drogas, de atenção e reinserção social de usuários e dependentes, bem como seus familiares;

III – do Ministério da Justiça:

•• Inciso III, *caput*, com redação determinada pelo Decreto n. 7.426, de 7-1-2011.

a) articular e coordenar as atividades de repressão da produção não autorizada e do tráfico ilícito de drogas;

•• Alínea *a* com redação determinada pelo Decreto n. 7.426, de 7-1-2011.

b) propor a atualização da política nacional sobre drogas na esfera de sua competência;

•• Alínea *b* com redação determinada pelo Decreto n. 7.426, de 7-1-2011.

c) instituir e gerenciar o sistema nacional de dados estatísticos de repressão ao tráfico ilícito de drogas;

•• Alínea *c* com redação determinada pelo Decreto n. 7.426, de 7-1-2011.

d) (*Revogada pelo Decreto n. 7.434, de 21-1-2011.*)

e) articular e coordenar as atividades de prevenção do uso indevido, a atenção e a reinserção social de usuários e dependentes de drogas;

•• Alínea *e* acrescentada pelo Decreto n. 7.426, de 7-1-2011.

f) (*Revogada pelo Decreto n. 7.434, de 21-1-2011.*)

g) gerir o FUNAD e o Observatório Brasileiro de Informações sobre Drogas;

•• Alínea *g* acrescentada pelo Decreto n. 7.426, de 7-1-2011.

IV – (*Revogado pelo Decreto n. 7.426, de 7-1-2011.*)

V – dos órgãos formuladores de políticas sociais, identificar e regulamentar rede nacional das instituições da sociedade civil, sem fins lucrativos, que atendam usuários ou dependentes de drogas e respectivos familiares.

Parágrafo único. As competências específicas dos Ministérios e órgãos de que trata este artigo se estendem, quando for o caso, aos órgãos e entidades que lhes sejam vinculados.

Art. 15. No âmbito de suas respectivas competências, os órgãos e entidades de que trata o art. 2.º atentarão para:

I – o alinhamento das suas respectivas políticas públicas setoriais ao disposto nos princípios e objetivos do SISNAD, de que tratam os arts. 4.º e 5.º da Lei n. 11.343, de 2006;
II – as orientações e normas emanadas do CONAD; e
III – a colaboração nas atividades de prevenção do uso indevido, atenção e reinserção social de usuários e dependentes de drogas.

Capítulo V
DA GESTÃO DAS INFORMAÇÕES

Art. 16. O Observatório Brasileiro de Informações sobre Drogas reunirá e centralizará informações e conhecimentos atualizados sobre drogas, incluindo dados de estudos, pesquisas e levantamentos nacionais, produzindo e divulgando informações, fundamentadas cientificamente, que contribuam para o desenvolvimento de novos conhecimentos aplicados às atividades de prevenção do uso indevido, de atenção e de reinserção social de usuários e dependentes de drogas e para a criação de modelos de intervenção baseados nas necessidades específicas das diferentes populações-alvo, respeitadas suas características socioculturais.

§ 1.º Respeitado o caráter sigiloso das informações, fará parte do banco de dados central de que trata este artigo base de dados atualizada das instituições de atenção à saúde ou de assistência social que atendam usuários ou dependentes de drogas, bem como das de ensino e pesquisa que participem de tais atividades.

§ 2.º Os órgãos e entidades da administração pública federal prestarão as informações de que necessitar o Observatório Brasileiro de Informações sobre Drogas, obrigando-se a atender tempestivamente às requisições da SENAD.

Art. 17. Será estabelecido mecanismo de intercâmbio de informações com os Estados, os Municípios e o Distrito Federal, com o objetivo de se evitar duplicidade de ações no apoio às atividades de que trata este Decreto, executadas nas respectivas unidades federadas.

Art. 18. As instituições com atuação nas áreas da atenção à saúde e da assistência social que atendam usuários ou dependentes de drogas devem comunicar ao órgão competente do respectivo sistema municipal de saúde os casos atendidos e os óbitos ocorridos, preservando a identidade das pessoas, conforme orientações emanadas do CONAD.

Capítulo VI
DAS DISPOSIÇÕES FINAIS

Art. 19. (*Revogado pelo Decreto n. 9.926, de 19-7-2019.*)

Art. 20. As despesas com viagem de conselheiros poderão correr à conta do FUNAD, em conformidade com o disposto no art. 5.º da Lei n. 7.560, de 19 de dezembro de 1986, sem prejuízo da assunção de tais despesas pelos respectivos órgãos e entidades que representem.

Art. 21. Este Decreto entra em vigor em 8 de outubro de 2006, data de início da vigência da Lei n. 11.343, de 2006.

Art. 22. Ficam revogados os Decretos n. 3.696, de 21 de dezembro de 2000, e 4.513, de 13 de dezembro de 2002.

Brasília, 27 de setembro de 2006; 185.º da Independência e 118.º da República.

LUIZ INÁCIO LULA DA SILVA

LEI N. 11.417, DE 19 DE DEZEMBRO DE 2006 (*)

> *Regulamenta o art. 103-A da Constituição Federal e altera a Lei n. 9.784, de 29 de janeiro de 1999, disciplinando a edição, a revisão e o cancelamento de enunciado de súmula vinculante pelo Supremo Tribunal Federal, e dá outras providências.*

O Presidente da República:

Faço saber que o Congresso Nacional decreta e eu sanciono a seguinte Lei:

Art. 1.º Esta Lei disciplina a edição, a revisão e o cancelamento de enunciado de súmula vinculante pelo Supremo Tribunal Federal e dá outras providências.

Art. 2.º O Supremo Tribunal Federal poderá, de ofício ou por provocação, após reiteradas decisões sobre

---
(*) Publicada no *DOU*, de 20-12-2006.

matéria constitucional, editar enunciado de súmula que, a partir de sua publicação na imprensa oficial, terá efeito vinculante em relação aos demais órgãos do Poder Judiciário e à administração pública direta e indireta, nas esferas federal, estadual e municipal, bem como proceder à sua revisão ou cancelamento, na forma prevista nesta Lei.

§ 1.º O enunciado da súmula terá por objeto a validade, a interpretação e a eficácia de normas determinadas, acerca das quais haja, entre órgãos judiciários ou entre esses e a administração pública, controvérsia atual que acarrete grave insegurança jurídica e relevante multiplicação de processos sobre idêntica questão.

§ 2.º O Procurador-Geral da República, nas propostas que não houver formulado, manifestar-se-á previamente à edição, revisão ou cancelamento de enunciado de súmula vinculante.

§ 3.º A edição, a revisão e o cancelamento de enunciado de súmula com efeito vinculante dependerão de decisão tomada por 2/3 (dois terços) dos membros do Supremo Tribunal Federal, em sessão plenária.

§ 4.º No prazo de 10 (dez) dias após a sessão em que editar, rever ou cancelar enunciado de súmula com efeito vinculante, o Supremo Tribunal Federal fará publicar, em seção especial do *Diário da Justiça* e do *Diário Oficial da União*, o enunciado respectivo.

Art. 3.º São legitimados a propor a edição, a revisão ou o cancelamento de enunciado de súmula vinculante:

I – o Presidente da República;

II – a Mesa do Senado Federal;

III – a Mesa da Câmara dos Deputados;

IV – o Procurador-Geral da República;

V – o Conselho Federal da Ordem dos Advogados do Brasil;

VI – o Defensor Público-Geral da União;

VII – partido político com representação no Congresso Nacional;

VIII – confederação sindical ou entidade de classe de âmbito nacional;

IX – a Mesa de Assembleia Legislativa ou da Câmara Legislativa do Distrito Federal;

X – o Governador de Estado ou do Distrito Federal;

XI – os Tribunais Superiores, os Tribunais de Justiça de Estados ou do Distrito Federal e Territórios, os Tribunais Regionais Federais, os Tribunais Regionais do Trabalho, os Tribunais Regionais Eleitorais e os Tribunais Militares.

§ 1.º O Município poderá propor, incidentalmente ao curso de processo em que seja parte, a edição, a revisão ou o cancelamento de enunciado de súmula vinculante, o que não autoriza a suspensão do processo.

§ 2.º No procedimento de edição, revisão ou cancelamento de enunciado da súmula vinculante, o relator poderá admitir, por decisão irrecorrível, a manifestação de terceiros na questão, nos termos do Regimento Interno do Supremo Tribunal Federal.

Art. 4.º A súmula com efeito vinculante tem eficácia imediata, mas o Supremo Tribunal Federal, por decisão de 2/3 (dois terços) dos seus membros, poderá restringir os efeitos vinculantes ou decidir que só tenha eficácia a partir de outro momento, tendo em vista razões de segurança jurídica ou de excepcional interesse público.

Art. 5.º Revogada ou modificada a lei em que se fundou a edição de enunciado de súmula vinculante, o Supremo Tribunal Federal, de ofício ou por provocação, procederá à sua revisão ou cancelamento, conforme o caso.

Art. 6.º A proposta de edição, revisão ou cancelamento de enunciado de súmula vinculante não autoriza a suspensão dos processos em que se discuta a mesma questão.

Art. 7.º Da decisão judicial ou do ato administrativo que contrariar enunciado de súmula vinculante, negar-lhe vigência ou aplicá-lo indevidamente caberá reclamação ao Supremo Tribunal Federal, sem prejuízo dos recursos ou outros meios admissíveis de impugnação.

§ 1.º Contra omissão ou ato da administração pública, o uso da reclamação só será admitido após esgotamento das vias administrativas.

§ 2.º Ao julgar procedente a reclamação, o Supremo Tribunal Federal anulará o ato administrativo ou cassará a decisão judicial impugnada, determinando que outra seja proferida com ou sem aplicação da súmula, conforme o caso.

Art. 10. O procedimento de edição, revisão ou cancelamento de enunciado de súmula com efeito vinculante obedecerá, subsidiariamente, ao disposto no Regimento Interno do Supremo Tribunal Federal.

Art. 11. Esta Lei entra em vigor 3 (três) meses após a sua publicação.

Brasília, 19 de dezembro de 2006; 185.º da Independência e 118.º da República.

LUIZ INÁCIO LULA DA SILVA

LEI N. 11.419, DE 19 DE DEZEMBRO DE 2006 (*)

Dispõe sobre a informatização do processo judicial; altera a Lei n. 5.869, de 11 de janeiro de 1973 – Código de Processo Civil; e dá outras providências.

O Presidente da República:

Faço saber que o Congresso Nacional decreta e eu sanciono a seguinte Lei:

Capítulo I
DA INFORMATIZAÇÃO DO PROCESSO JUDICIAL

Art. 1.º O uso de meio eletrônico na tramitação de processos judiciais, comunicação de atos e transmissão de peças processuais será admitido nos termos desta Lei.

§ 1.º Aplica-se o disposto nesta Lei, indistintamente, aos processos civil, penal e trabalhista, bem como aos juizados especiais, em qualquer grau de jurisdição.

§ 2.º Para o disposto nesta Lei, considera-se:

I – meio eletrônico qualquer forma de armazenamento ou tráfego de documentos e arquivos digitais;

II – transmissão eletrônica toda forma de comunicação a distância com a utilização de redes de comunicação, preferencialmente a rede mundial de computadores;

III – assinatura eletrônica as seguintes formas de identificação inequívoca do signatário:

a) assinatura digital baseada em certificado digital emitido por Autoridade Certificadora credenciada, na forma de lei específica;

(*) Publicada no *DOU*, de 20-12-2006.

b) mediante cadastro de usuário no Poder Judiciário, conforme disciplinado pelos órgãos respectivos.

Art. 2.º O envio de petições, de recursos e a prática de atos processuais em geral por meio eletrônico serão admitidos mediante uso de assinatura eletrônica, na forma do art. 1.º desta Lei, sendo obrigatório o credenciamento prévio no Poder Judiciário, conforme disciplinado pelos órgãos respectivos.

§ 1.º O credenciamento no Poder Judiciário será realizado mediante procedimento no qual esteja assegurada a adequada identificação presencial do interessado.

§ 2.º Ao credenciado será atribuído registro e meio de acesso ao sistema, de modo a preservar o sigilo, a identificação e a autenticidade de suas comunicações.

§ 3.º Os órgãos do Poder Judiciário poderão criar um cadastro único para o credenciamento previsto neste artigo.

Art. 3.º Consideram-se realizados os atos processuais por meio eletrônico no dia e hora do seu envio ao sistema do Poder Judiciário, do que deverá ser fornecido protocolo eletrônico.

Parágrafo único. Quando a petição eletrônica for enviada para atender prazo processual, serão consideradas tempestivas as transmitidas até as 24 (vinte e quatro) horas do seu último dia.

Capítulo II
DA COMUNICAÇÃO ELETRÔNICA DOS ATOS PROCESSUAIS

Art. 4.º Os tribunais poderão criar *Diário da Justiça* eletrônico, disponibilizado em sítio da rede mundial de computadores, para publicação de atos judiciais e administrativos próprios e dos órgãos a eles subordinados, bem como comunicações em geral.

§ 1.º O sítio e o conteúdo das publicações de que trata este artigo deverão ser assinados digitalmente com base em certificado emitido por Autoridade Certificadora credenciada na forma da lei específica.

§ 2.º A publicação eletrônica na forma deste artigo substitui qualquer outro meio e publicação oficial, para quaisquer efeitos legais, à exceção dos casos que, por lei, exigem intimação ou vista pessoal.

§ 3.º Considera-se como data da publicação o primeiro dia útil seguinte ao da disponibilização da informação no *Diário da Justiça* eletrônico.

§ 4.º Os prazos processuais terão início no primeiro dia útil que seguir ao considerado como data da publicação.

§ 5.º A criação do *Diário da Justiça* eletrônico deverá ser acompanhada de ampla divulgação, e o ato administrativo correspondente será publicado durante 30 (trinta) dias no diário oficial em uso.

Art. 5.º As intimações serão feitas por meio eletrônico em portal próprio aos que se cadastrarem na forma do art. 2.º desta Lei, dispensando-se a publicação no órgão oficial, inclusive eletrônico.

§ 1.º Considerar-se-á realizada a intimação no dia em que o intimado efetivar a consulta eletrônica ao teor da intimação, certificando-se nos autos a sua realização.

§ 2.º Na hipótese do § 1.º deste artigo, nos casos em que a consulta se dê em dia não útil, a intimação será considerada como realizada no primeiro dia útil seguinte.

§ 3.º A consulta referida nos §§ 1.º e 2.º deste artigo deverá ser feita em até 10 (dez) dias corridos contados da data do envio da intimação, sob pena de considerar-se a intimação automaticamente realizada na data do término desse prazo.

§ 4.º Em caráter informativo, poderá ser efetivada remessa de correspondência eletrônica, comunicando o envio da intimação e a abertura automática do prazo processual nos termos do § 3.º deste artigo, aos que manifestarem interesse por esse serviço.

§ 5.º Nos casos urgentes em que a intimação feita na forma deste artigo possa causar prejuízo a quaisquer das partes ou nos casos em que for evidenciada qualquer tentativa de burla ao sistema, o ato processual deverá ser realizado por outro meio que atinja a sua finalidade, conforme determinado pelo juiz.

§ 6.º As intimações feitas na forma deste artigo, inclusive da Fazenda Pública, serão consideradas pessoais para todos os efeitos legais.

Art. 6.º Observadas as formas e as cautelas do art. 5.º desta Lei, as citações, inclusive da Fazenda Pública, excetuadas as dos Direitos Processuais Criminal e Infracional, poderão ser feitas por meio eletrônico, desde que a íntegra dos autos seja acessível ao citando.

Art. 7.º As cartas precatórias, rogatórias, de ordem e, de um modo geral, todas as comunicações oficiais que transitem entre órgãos do Poder Judiciário, bem como entre os deste e os dos demais Poderes, serão feitas preferencialmente por meio eletrônico.

Capítulo III
DO PROCESSO ELETRÔNICO

Art. 8.º Os órgãos do Poder Judiciário poderão desenvolver sistemas eletrônicos de processamento de ações judiciais por meio de autos total ou parcialmente digitais, utilizando, preferencialmente, a rede mundial de computadores e acesso por meio de redes internas e externas.

Parágrafo único. Todos os atos processuais do processo eletrônico serão assinados eletronicamente na forma estabelecida nesta Lei.

Art. 9.º No processo eletrônico, todas as citações, intimações e notificações, inclusive da Fazenda Pública, serão feitas por meio eletrônico, na forma desta Lei.

§ 1.º As citações, intimações, notificações e remessas que viabilizem o acesso à íntegra do processo correspondente serão consideradas vista pessoal do interessado para todos os efeitos legais.

§ 2.º Quando, por motivo técnico, for inviável o uso do meio eletrônico para a realização de citação, intimação ou notificação, esses atos processuais poderão ser praticados segundo as regras ordinárias, digitalizando-se o documento físico, que deverá ser posteriormente destruído.

Art. 10. A distribuição da petição inicial e a juntada da contestação, dos recursos e das petições em geral, todos em formato digital, nos autos de processo eletrônico, podem ser feitas diretamente pelos advogados públicos e privados, sem necessidade da intervenção do cartório ou secretaria judicial, situação em que a autuação deverá se dar de forma automática, fornecendo-se recibo eletrônico de protocolo.

§ 1.º Quando o ato processual tiver que ser praticado em determinado prazo, por meio de petição eletrônica, serão considerados tempestivos se efetivados até as 24 (vinte e quatro) horas do último dia.

§ 2.º No caso do § 1.º deste artigo, se o Sistema do Poder Judiciário se tornar indisponível por motivo técnico, o prazo fica automaticamente prorrogado para o primeiro dia útil seguinte à resolução do problema.

§ 3.º Os órgãos do Poder Judiciário deverão manter equipamentos de digitalização e de acesso à rede mundial de computadores à disposição dos interessados para distribuição de peças processuais.

Art. 11. Os documentos produzidos eletronicamente e juntados aos processos eletrônicos com garantia da origem e de seu signatário, na forma estabelecida nesta Lei, serão considerados originais para todos os efeitos legais.

§ 1.º Os extratos digitais e os documentos digitalizados e juntados aos autos pelos órgãos da Justiça e seus auxiliares, pelo Ministério Público e seus auxiliares, pelas procuradorias, pelas autoridades policiais, pelas repartições públicas em geral e por advogados públicos e privados têm a mesma força probante dos originais, ressalvada a alegação motivada e fundamentada de adulteração antes ou durante o processo de digitalização.

§ 2.º A arguição de falsidade do documento original será processada eletronicamente na forma da lei processual em vigor.

§ 3.º Os originais dos documentos digitalizados, mencionados no § 2.º deste artigo, deverão ser preservados pelo seu detentor até o trânsito em julgado da sentença ou, quando admitida, até o final do prazo para interposição de ação rescisória.

§ 4.º (Vetado.)

§ 5.º Os documentos cuja digitalização seja tecnicamente inviável devido ao grande volume ou por motivo de ilegibilidade deverão ser apresentados ao cartório ou secretaria ou encaminhados por meio de protocolo integrado judicial nacional no prazo de 10 (dez) dias contado do envio de petição eletrônica comunicando o fato, os quais serão devolvidos à parte após o trânsito em julgado.

•• § 5.º com redação determinada pela Lei n. 14.318, de 29-3-2022.

§ 6.º Os documentos digitalizados juntados em processo eletrônico estarão disponíveis para acesso por meio da rede externa pelas respectivas partes processuais, pelos advogados, independentemente de procuração nos autos, pelos membros do Ministério Público e pelos magistrados, sem prejuízo da possibilidade de visualização nas secretarias dos órgãos julgadores, à exceção daqueles que tramitarem em segredo de justiça.

•• § 6.º com redação determinada pela Lei n. 13.793, de 3-1-2019.

§ 7.º Os sistemas de informações pertinentes a processos eletrônicos devem possibilitar que advogados, procuradores e membros do Ministério Público cadastrados, mas não vinculados a processo previamente identificado, acessem automaticamente todos os atos e documentos processuais armazenados em meio eletrônico, desde que demonstrado interesse para fins apenas de registro, salvo nos casos de processos em segredo de justiça.

•• § 7.º acrescentado pela Lei n. 13.793, de 3-1-2019.

Art. 12. A conservação dos autos do processo poderá ser efetuada total ou parcialmente por meio eletrônico.

§ 1.º Os autos dos processos eletrônicos deverão ser protegidos por meio de sistemas de segurança de acesso e armazenados em meio que garanta a preservação e integridade dos dados, sendo dispensada a formação de autos suplementares.

§ 2.º Os autos de processos eletrônicos que tiverem de ser remetidos a outro juízo ou instância superior que não disponham de sistema compatível deverão ser impressos em papel, autuados na forma dos arts. 166 a 168 da Lei n. 5.869, de 11 de janeiro de 1973 – Código de Processo Civil, ainda que de natureza criminal ou trabalhista, ou pertinentes a juizado especial.

•• A referência é feita ao CPC de 1973. Dispositivos correspondentes no CPC de 2015 dispõem:

"Art. 206. Ao receber a petição inicial de processo, o escrivão ou o chefe de secretaria a autuará, mencionando o juízo, a natureza do processo, o número de seu registro, os nomes das partes e a data de seu início, e procederá do mesmo modo em relação aos volumes em formação.

Art. 207. O escrivão ou o chefe de secretaria numerará e rubricará todas as folhas dos autos.

Parágrafo único. À parte, ao procurador, ao membro do Ministério Público, ao defensor público e aos auxiliares da justiça é facultado rubricar as folhas correspondentes aos atos em que intervierem.

Art. 208. Os termos de juntada, vista, conclusão e outros semelhantes constarão de notas datadas e rubricadas pelo escrivão ou pelo chefe de secretaria".

§ 3.º No caso do § 2.º deste artigo, o escrivão ou o chefe de secretaria certificará os autores ou a origem dos documentos produzidos nos autos, acrescentando, ressalvada a hipótese de existir segredo de justiça, a forma pela qual o banco de dados poderá ser acessado para aferir a autenticidade das peças e das respectivas assinaturas digitais.

§ 4.º Feita a autuação na forma estabelecida no § 2.º deste artigo, o processo seguirá a tramitação legalmente estabelecida para os processos físicos.

§ 5.º A digitalização de autos em mídia não digital, em tramitação ou já arquivados, será precedida de publicação de editais de intimações ou da intimação pessoal das partes e de seus procuradores, para que, no prazo preclusivo de 30 (trinta) dias, se manifestem sobre o desejo de manterem pessoalmente a guarda de algum dos documentos originais.

Art. 13. O magistrado poderá determinar que sejam realizados por meio eletrônico a exibição e o envio de dados e de documentos necessários à instrução do processo.

§ 1.º Consideram-se cadastros públicos, para os efeitos deste artigo, dentre outros existentes ou que venham a ser criados, ainda que mantidos por concessionárias de serviço público ou empresas privadas, os que contenham informações indispensáveis ao exercício da função judicante.

§ 2.º O acesso de que trata este artigo dar-se-á por qualquer meio tecnológico disponível, preferentemente o de menor custo, considerada sua eficiência.

§ 3.º (*Vetado.*)

Capítulo IV
DISPOSIÇÕES GERAIS E FINAIS

Art. 14. Os sistemas a serem desenvolvidos pelos órgãos do Poder Judiciário deverão usar, preferencialmente, programas com código aberto, acessíveis ininterruptamente por meio da rede mundial de computadores, priorizando-se a sua padronização.

Parágrafo único. Os sistemas devem buscar identificar os casos de ocorrência de prevenção, litispendência e coisa julgada.

Art. 15. Salvo impossibilidade que comprometa o acesso à justiça, a parte deverá informar, ao distribuir a petição inicial de qualquer ação judicial, o número no cadastro de pessoas físicas ou jurídicas, conforme o caso, perante a Secretaria da Receita Federal.

Parágrafo único. Da mesma forma, as peças de acusação criminais deverão ser instruídas pelos membros do Ministério Público ou pelas autoridades policiais com os números de registros dos acusados no Instituto Nacional de Identificação do Ministério da Justiça, se houver.

Art. 16. Os livros cartorários e demais repositórios dos órgãos do Poder Judiciário poderão ser gerados e armazenados em meio totalmente eletrônico.

Art. 17. (*Vetado.*)

Art. 18. Os órgãos do Poder Judiciário regulamentarão esta Lei, no que couber, no âmbito de suas respectivas competências.

Art. 19. Ficam convalidados os atos processuais praticados por meio eletrônico até a data de publicação desta Lei, desde que tenham atingido sua finalidade e não tenha havido prejuízo para as partes.

Art. 21. (*Vetado.*)

Art. 22. Esta Lei entra em vigor 90 (noventa) dias depois de sua publicação.

Brasília, 19 de dezembro de 2006; 185.º da Independência e 118.º da República.

Luiz Inácio Lula da Silva

LEI N. 11.473, DE 10 DE MAIO DE 2007 (*)

Dispõe sobre cooperação federativa no âmbito da segurança pública e revoga a Lei n. 10.277, de 10 de setembro de 2001.

O Presidente da República

Faço saber que o Congresso Nacional decreta e eu sanciono a seguinte Lei:

Art. 1.º A União poderá firmar convênio com os Estados e o Distrito Federal para executar atividades e serviços imprescindíveis à preservação da ordem pública e da incolumidade das pessoas e do patrimônio.

Art. 3.º Consideram-se atividades e serviços imprescindíveis à preservação da ordem pública e da incolumidade das pessoas e do patrimônio, para os fins desta Lei:

(*) Publicada no *DOU*, de 11-5-2007.

I – o policiamento ostensivo;

•• A Portaria n. 178, de 4-2-2010, do Ministério da Justiça, regulamenta a aplicação deste inciso.

II – o cumprimento de mandados de prisão;
III – o cumprimento de alvarás de soltura;
IV – a guarda, a vigilância e a custódia de presos;
V – os serviços técnico-periciais, qualquer que seja sua modalidade;
VI – o registro e a investigação de ocorrências policiais;

•• Inciso VI com redação determinada pela Lei n. 13.500, de 26-10-2017.

VII – as atividades relacionadas à segurança dos grandes eventos.

•• Inciso VII acrescentado pela Lei n. 13.173, de 21-10-2015.

VIII – as atividades de inteligência de segurança pública;

•• Inciso VIII acrescentado pela Lei n. 13.500, de 26-10-2017.

IX – a coordenação de ações e operações integradas de segurança pública;

•• Inciso IX com redação determinada pela Lei n. 13.756, de 12-12-2018.

X – o auxílio na ocorrência de catástrofes ou desastres coletivos, inclusive para reconhecimento de vitimados; e

•• Inciso X com redação determinada pela Lei n. 13.756, de 12-12-2018.

XI – o apoio às atividades de conservação e policiamento ambiental.

•• Inciso XI acrescentado pela Lei n. 13.756, de 12-12-2018.

§ 1.º (*Revogado pela Lei n. 13.844, de 18-6-2019.*)
§ 2.º A cooperação federativa no âmbito do Ministério da Segurança Pública também ocorrerá para fins de desenvolvimento de atividades de apoio administrativo e de projetos na área de segurança pública.

•• § 2.º acrescentado pela Lei n. 13.756, de 12-12-2018.

Art. 4.º Os ajustes celebrados na forma do art. 1.º desta Lei deverão conter, essencialmente:

I – identificação do objeto;
II – identificação de metas;
III – definição das etapas ou fases de execução;
IV – plano de aplicação dos recursos financeiros;

V – cronograma de desembolso;
VI – previsão de início e fim da execução do objeto; e
VII – especificação do aporte de recursos, quando for o caso.

Parágrafo único. A União, por intermédio do Ministério da Justiça, poderá colocar à disposição dos Estados e do Distrito Federal, em caráter emergencial e provisório, servidores públicos federais, ocupantes de cargos congêneres e de formação técnica compatível, para execução do convênio de cooperação federativa de que trata esta Lei, sem ônus.

....

Art. 10. Esta Lei entra em vigor na data de sua publicação.
Art. 11. Fica revogada a Lei n. 10.277, de 10 de setembro de 2001.

Brasília, 10 de maio de 2007; 186.º da Independência e 119.º da República.

Luiz Inácio Lula da Silva

LEI N. 11.636, DE 28 DE DEZEMBRO DE 2007 (*)

Dispõe sobre as custas judiciais devidas no âmbito do Superior Tribunal de Justiça.

O Presidente da República

Faço saber que o Congresso Nacional decreta e eu sanciono a seguinte Lei:

Art. 1.º Esta Lei dispõe sobre a incidência e a cobrança das custas devidas à União que tenham como fato gerador a prestação de serviços públicos de natureza forense, no âmbito do Superior Tribunal de Justiça, nos processos de competência originária ou recursal.

Art. 2.º Os valores e as hipóteses de incidência das custas são os constantes do Anexo desta Lei.

Parágrafo único. Os valores das custas judiciais do Superior Tribunal de Justiça constantes das Tabelas

---

(*) Publicada no *DOU*, de 28-12-2007 – Edição Extra.

do Anexo desta Lei serão corrigidos anualmente pela variação do Índice Nacional de Preços ao Consumidor Amplo – IPCA, do IBGE, observado o disposto no art. 15 desta Lei.

Art. 3.º As custas previstas nesta Lei não excluem as despesas estabelecidas em legislação processual específica, inclusive o porte de remessa e retorno dos autos.

Art. 4.º O pagamento das custas deverá ser feito em bancos oficiais, mediante preenchimento de guia de recolhimento de receita da União, de conformidade com as normas estabelecidas pela Secretaria da Receita Federal do Ministério da Fazenda e por resolução do presidente do Superior Tribunal de Justiça.

Art. 5.º Exceto em caso de isenção legal, nenhum feito será distribuído sem o respectivo preparo, nem se praticarão nele atos processuais, salvo os que forem ordenados de ofício pelo relator.

Parágrafo único. O preparo compreende todos os atos do processo, inclusive a baixa dos autos.

Art. 6.º Quando autor e réu recorrerem, cada recurso estará sujeito a preparo integral e distinto, composto de custas e porte de remessa e retorno.

§ 1.º Se houver litisconsortes necessários, bastará que um dos recursos seja preparado para que todos sejam julgados, ainda que não coincidam suas pretensões.

§ 2.º Para efeito do disposto no § 1.º deste artigo, o assistente é equiparado ao litisconsorte.

§ 3.º O terceiro prejudicado que recorrer fará o preparo do seu recurso, independentemente do preparo dos recursos que, porventura, tenham sido interpostos pelo autor ou pelo réu.

Art. 7.º Não são devidas custas nos processos de *habeas data*, *habeas corpus* e recursos em *habeas corpus*, e nos demais processos criminais, salvo a ação penal privada.

Art. 8.º Não haverá restituição das custas quando se declinar da competência do Superior Tribunal de Justiça para outros órgãos jurisdicionais.

Art. 9.º Quando se tratar de feitos de competência originária, o comprovante do recolhimento das custas deverá ser apresentado na unidade competente do Superior Tribunal de Justiça, no ato de protocolo.

Art. 10. Quando se tratar de recurso, o recolhimento do preparo, composto de custas e porte de remessa e retorno, será feito no tribunal de origem, perante as suas secretarias e no prazo da sua interposição.

Parágrafo único. Nenhum recurso subirá ao Superior Tribunal de Justiça, salvo caso de isenção, sem a juntada aos autos do comprovante de recolhimento do preparo.

Art. 11. O abandono ou desistência do feito, ou a existência de transação que lhe ponha termo, em qualquer fase do processo, não dispensa a parte do pagamento das custas nem lhe dá o direito à restituição.

Art. 12. Extinto o processo, se a parte responsável pelo pagamento das custas ou porte de remessa e retorno, devidamente intimada, não o fizer dentro de 15 (quinze) dias, o responsável pela unidade administrativa competente do órgão julgador a que estiver afeto o processo encaminhará os elementos necessários ao relator e este à Procuradoria-Geral da Fazenda Nacional, para sua inscrição como dívida ativa da União.

Art. 13. A assistência judiciária, perante o Superior Tribunal de Justiça, será requerida ao presidente antes da distribuição, e, nos demais casos, ao relator.

Parágrafo único. Prevalecerá no Superior Tribunal de Justiça a assistência judiciária já concedida em outra instância.

Art. 14. O regimento interno do Superior Tribunal de Justiça disporá sobre os atos complementares necessários ao cumprimento desta Lei.

Art. 15. Esta Lei entra em vigor na data de sua publicação, produzindo efeitos respeitando-se o disposto nas alíneas *b* e *c* do inciso III do *caput* do art. 150 da Constituição Federal.

Brasília, 28 de dezembro de 2007; 186.º da Independência e 119.º da República.

Luiz Inácio Lula da Silva

ANEXO
TABELA DE CUSTAS JUDICIAIS DO SUPERIOR TRIBUNAL DE JUSTIÇA

•• A Instrução Normativa n. 1, de 15-1-2024, do STJ, atualiza os valores previstos neste Anexo.

Custas Judiciais — Lei n. 11.636, de 28-12-2007

TABELA A

RECURSOS INTERPOSTOS EM INSTÂNCIA INFERIOR

RECURSO	VALOR (em R$)
I – Recurso em Mandado de Segurança	100,00
II – Recurso Especial	100,00
III – Apelação Cível (art. 105, inciso II, alínea c da Constituição Federal)	200,00

TABELA B

FEITOS DE COMPETÊNCIA ORIGINÁRIA

FEITO	VALOR (em R$)
I – Ação Penal	100,00
II – Ação Rescisória	200,00
III – Comunicação	50,00
IV – Conflito de Competência	50,00
V – Conflito de Atribuições	50,00
VI – Exceção de Impedimento	50,00
VII – Exceção de Suspeição	50,00
VIII – Exceção da Verdade	50,00
IX – Inquérito	50,00
X – Interpelação Judicial	50,00
XI – Intervenção Federal	50,00
XII – Mandado de Injunção	50,00
XIII – Mandado de Segurança:	
a) um impetrante	100,00
b) mais de um impetrante (cada excedente)	50,00
XIV – Medida Cautelar	200,00
XV – Petição	200,00
XVI – Reclamação	50,00
XVII – Representação	50,00
XVIII – Revisão Criminal	200,00
XIX – Suspensão de Liminar e de Sentença	200,00
XX – Suspensão de Segurança	100,00
XXI – Embargos de Divergência	50,00
XXII – Ação de Improbidade Administrativa	50,00
XXIII – Homologação de Sentença Estrangeira	100,00

LEI N. 11.705, DE 19 DE JUNHO DE 2008 (*)

Altera a Lei n. 9.503, de 23 de setembro de 1997, que instituiu o Código de Trânsito Brasileiro, e a Lei n. 9.294, de 15 de julho de 1996, que dispõe sobre as restrições ao uso e à propaganda de produtos fumígeros, bebidas alcoólicas, medicamentos, terapias e defensivos agrícolas, nos termos do § 4.º do art. 220 da Constituição Federal, para inibir o consumo de bebida alcoólica por condutor de veículo automotor, e dá outras providências.

O Presidente da República

Faço saber que o Congresso Nacional decreta e eu sanciono a seguinte Lei:

Art. 1.º Esta Lei altera dispositivos da Lei n. 9.503, de 23 de setembro de 1997, que instituiu o Código de Trânsito Brasileiro, com a finalidade de estabelecer alcoolemia 0 (zero) e de impor penalidades mais severas para o condutor que dirigir sob a influência do álcool, e da Lei n. 9.294, de 15 de julho de 1996, que dispõe sobre as restrições ao uso e à propaganda de produtos fumígeros, bebidas alcoólicas, medicamentos, terapias e defensivos agrícolas, nos termos do § 4.º do art. 220 da Constituição Federal, para obrigar os estabelecimentos comerciais em que se vendem ou oferecem bebidas alcoólicas a estampar, no recinto, aviso de que constitui crime dirigir sob a influência de álcool.

Art. 2.º São vedados, na faixa de domínio de rodovia federal ou em terrenos contíguos à faixa de domínio com acesso direto à rodovia, a venda varejista ou o oferecimento de bebidas alcoólicas para consumo no local.

(*) Publicada no *DOU*, de 20-6-2008. Regulamentada, no ponto que restringe a comercialização de bebidas alcoólicas em rodovias federais, pelo Decreto n. 6.489, de 19-6-2008. Onde constou *fumígero* acreditamos seja *fumígeno*, porém mantivemos a redação original da publicação oficial.

§ 1.º A violação do disposto no *caput* deste artigo implica multa de R$ 1.500,00 (um mil e quinhentos reais).

§ 2.º Em caso de reincidência, dentro do prazo de 12 (doze) meses, a multa será aplicada em dobro, e suspensa a autorização de acesso à rodovia, pelo prazo de até 1 (um) ano.

§ 3.º Não se aplica o disposto neste artigo em área urbana, de acordo com a delimitação dada pela legislação de cada município ou do Distrito Federal.

Art. 3.º Ressalvado o disposto no § 3.º do art. 2.º desta Lei, o estabelecimento comercial situado na faixa de domínio de rodovia federal ou em terreno contíguo à faixa de domínio com acesso direto à rodovia, que inclua entre suas atividades a venda varejista ou o fornecimento de bebidas ou alimentos, deverá afixar, em local de ampla visibilidade, aviso da vedação de que trata o art. 2.º desta Lei.

Parágrafo único. O descumprimento do disposto no *caput* deste artigo implica multa de R$ 300,00 (trezentos reais).

Art. 4.º Competem à Polícia Rodoviária Federal a fiscalização e a aplicação das multas previstas nos arts. 2.º e 3.º desta Lei.

§ 1.º A União poderá firmar convênios com Estados, Municípios e com o Distrito Federal, a fim de que estes também possam exercer a fiscalização e aplicar as multas de que tratam os arts. 2.º e 3.º desta Lei.

§ 2.º Configurada a reincidência, a Polícia Rodoviária Federal ou ente conveniado comunicará o fato ao Departamento Nacional de Infraestrutura de Transportes – DNIT ou, quando se tratar de rodovia concedida, à Agência Nacional de Transportes Terrestres – ANTT, para a aplicação da penalidade de suspensão da autorização de acesso à rodovia.

Art. 5.º A Lei n. 9.503, de 23 de setembro de 1997, passa a vigorar com as seguintes modificações:

•• Alterações já processadas no diploma modificado.

Art. 6.º Consideram-se bebidas alcoólicas, para efeitos desta Lei, as bebidas potáveis que contenham álcool em sua composição, com grau de concentração igual ou superior a meio grau *Gay-Lussac*.

Art. 8.º Esta Lei entra em vigor na data de sua publicação.

Art. 9.º Fica revogado o inciso V do parágrafo único do art. 302 da Lei n. 9.503, de 23 de setembro de 1997.
Brasília, 16 de junho de 2008; 187.º da Independência e 120.º da República.

Luiz Inácio Lula da Silva

DECRETO N. 6.488, DE 19 DE JUNHO DE 2008 (*)

> *Regulamenta os arts. 276 e 306 da Lei n. 9.503, de 23 de setembro de 1997 – Código de Trânsito Brasileiro, disciplinando a margem de tolerância de álcool no sangue e a equivalência entre os distintos testes de alcoolemia para efeitos de crime de trânsito.*

O Presidente da República, no uso da atribuição que lhe confere o art. 84, inciso IV, da Constituição, e tendo em vista o disposto nos arts. 276 e 306 da Lei n. 9.503, de 23 de setembro de 1997 – Código de Trânsito Brasileiro, decreta:

Art. 1.º Qualquer concentração de álcool por litro de sangue sujeita o condutor às penalidades administrativas do art. 165 da Lei n. 9.503, de 23 de setembro de 1997 – Código de Trânsito Brasileiro, por dirigir sob a influência de álcool.

§ 1.º As margens de tolerância de álcool no sangue para casos específicos serão definidas em resolução do Conselho Nacional de Trânsito – CONTRAN, nos termos de proposta formulada pelo Ministro de Estado da Saúde.

§ 2.º Enquanto não editado o ato de que trata o § 1.º, a margem de tolerância será de duas decigramas por litro de sangue para todos os casos.

§ 3.º Na hipótese do § 2.º, caso a aferição da quantidade de álcool no sangue seja feito por meio de teste em aparelho de ar alveolar pulmonar (etilômetro), a margem de tolerância será de um décimo de miligrama por litro de ar expelido dos pulmões.

Art. 2.º Para os fins criminais de que trata o art. 306 da Lei n. 9.503, de 1997 – Código de Trânsito Brasileiro, a equivalência entre os distintos testes de alcoolemia é a seguinte:

I – exame de sangue: concentração igual ou superior a seis decigramas de álcool por litro de sangue; ou

II – teste em aparelho de ar alveolar pulmonar (etilômetro): concentração de álcool igual ou superior a três décimos de miligrama por litro de ar expelido dos pulmões.

Art. 3.º Este Decreto entra em vigor na data de sua publicação.
Brasília, 19 de junho de 2008; 187.º da Independência e 120.º da República.

Luiz Inácio Lula da Silva

LEI N. 12.016, DE 7 DE AGOSTO DE 2009 (**)

> *Disciplina o mandado de segurança individual e coletivo e dá outras providências.*

O Presidente da República
Faço saber que o Congresso Nacional decreta e eu sanciono a seguinte Lei:

Art. 1.º Conceder-se-á mandado de segurança para proteger direito líquido e certo, não amparado por *habeas corpus* ou *habeas data*, sempre que, ilegalmente ou com abuso de poder, qualquer pessoa física ou jurídica sofrer violação ou houver justo receio de sofrê-la por parte de autoridade, seja de que categoria for e sejam quais forem as funções que exerça.

§ 1.º Equiparam-se às autoridades, para os efeitos desta Lei, os representantes ou órgãos de partidos políticos e os administradores de entidades autárquicas, bem como os dirigentes de pessoas jurídicas ou as pessoas naturais no exercício de atribuições do poder público, somente no que disser respeito a essas atribuições.

§ 2.º Não cabe mandado de segurança contra os atos de gestão comercial praticados pelos administradores

---

(*) Publicado no *DOU*, de 20-6-2008.

(**) Publicada no *DOU*, de 10-8-2009.

de empresas públicas, de sociedade de economia mista e de concessionárias de serviço público.

§ 3.º Quando o direito ameaçado ou violado couber a várias pessoas, qualquer delas poderá requerer o mandado de segurança.

Art. 2.º Considerar-se-á federal a autoridade coatora se as consequências de ordem patrimonial do ato contra o qual se requer o mandado houverem de ser suportadas pela União ou entidade por ela controlada.

Art. 3.º O titular de direito líquido e certo decorrente de direito, em condições idênticas, de terceiro poderá impetrar mandado de segurança a favor do direito originário, se o seu titular não o fizer, no prazo de 30 (trinta) dias, quando notificado judicialmente.

Parágrafo único. O exercício do direito previsto no *caput* deste artigo submete-se ao prazo fixado no art. 23 desta Lei, contado da notificação.

Art. 4.º Em caso de urgência, é permitido, observados os requisitos legais, impetrar mandado de segurança por telegrama, radiograma, fax ou outro meio eletrônico de autenticidade comprovada.

§ 1.º Poderá o juiz, em caso de urgência, notificar a autoridade por telegrama, radiograma ou outro meio que assegure a autenticidade do documento e a imediata ciência pela autoridade.

§ 2.º O texto original da petição deverá ser apresentado nos 5 (cinco) dias úteis seguintes.

§ 3.º Para os fins deste artigo, em se tratando de documento eletrônico, serão observadas as regras da Infraestrutura de Chaves Públicas Brasileira – ICP-Brasil.

Art. 5.º Não se concederá mandado de segurança quando se tratar:

I – de ato do qual caiba recurso administrativo com efeito suspensivo, independentemente de caução;

II – de decisão judicial da qual caiba recurso com efeito suspensivo;

III – de decisão judicial transitada em julgado.

Parágrafo único. (*Vetado.*)

Art. 6.º A petição inicial, que deverá preencher os requisitos estabelecidos pela lei processual, será apresentada em 2 (duas) vias com os documentos que instruírem a primeira reproduzidos na segunda e indicará, além da autoridade coatora, a pessoa jurídica que esta integra, à qual se acha vinculada ou da qual exerce atribuições.

§ 1.º No caso em que o documento necessário à prova do alegado se ache em repartição ou estabelecimento público ou em poder de autoridade que se recuse a fornecê-lo por certidão ou de terceiro, o juiz ordenará, preliminarmente, por ofício, a exibição desse documento em original ou em cópia autêntica e marcará, para o cumprimento da ordem, o prazo de 10 (dez) dias. O escrivão extrairá cópias do documento para juntá-las à segunda via da petição.

§ 2.º Se a autoridade que tiver procedido dessa maneira for a própria coatora, a ordem far-se-á no próprio instrumento da notificação.

§ 3.º Considera-se autoridade coatora aquela que tenha praticado o ato impugnado ou da qual emane a ordem para a sua prática.

•• *Vide* Súmula 628 do STJ.

§ 4.º (*Vetado.*)

§ 5.º Denega-se o mandado de segurança nos casos previstos pelo art. 267 da Lei n. 5.869, de 11 de janeiro de 1973 – Código de Processo Civil.

•• Citado art. 267 do CPC de 1973 tratava da extinção do processo sem resolução de mérito. Dispositivo correspondente no CPC de 2015: art. 485.

§ 6.º O pedido de mandado de segurança poderá ser renovado dentro do prazo decadencial, se a decisão denegatória não lhe houver apreciado o mérito.

Art. 7.º Ao despachar a inicial, o juiz ordenará:

I – que se notifique o coator do conteúdo da petição inicial, enviando-lhe a segunda via apresentada com as cópias dos documentos, a fim de que, no prazo de 10 (dez) dias, preste as informações;

II – que se dê ciência do feito ao órgão de representação judicial da pessoa jurídica interessada, enviando-lhe cópia da inicial sem documentos, para que, querendo, ingresse no feito;

III – que se suspenda o ato que deu motivo ao pedido, quando houver fundamento relevante e do ato impugnado puder resultar a ineficácia da medida, caso seja finalmente deferida, sendo facultado exigir do impetrante caução, fiança ou depósito, com o objetivo de assegurar o ressarcimento à pessoa jurídica.

§ 1.º Da decisão do juiz de primeiro grau que conceder ou denegar a liminar caberá agravo de instru-

Mandado de Segurança   Lei n. 12.016, de 7-8-2009

mento, observado o disposto na Lei n. 5.869, de 11 de janeiro de 1973 – Código de Processo Civil.

- Sobre agravo de instrumento no CPC de 2015, arts. 1.015 a 1.020.

§ 2.º Não será concedida medida liminar que tenha por objeto a compensação de créditos tributários, a entrega de mercadorias e bens provenientes do exterior, a reclassificação ou equiparação de servidores públicos e a concessão de aumento ou a extensão de vantagens ou pagamento de qualquer natureza.

•• O STF, na ADI n. 4.296, na sessão virtual de 9-6-2021 (*DOU* de 28-6-2021), por maioria, julgou parcialmente procedente o pedido para declarar a inconstitucionalidade desse § 2.º.

§ 3.º Os efeitos da medida liminar, salvo se revogada ou cassada, persistirão até a prolação da sentença.

§ 4.º Deferida a medida liminar, o processo terá prioridade para julgamento.

§ 5.º As vedações relacionadas com a concessão de liminares previstas neste artigo se estendem à tutela antecipada a que se referem os arts. 273 e 461 da Lei n. 5.869, de 11 de janeiro de 1973 – Código de Processo Civil.

•• A referência é feita ao CPC de 1973. Sobre tutela provisória, arts. 294 a 311 do CPC de 2015.

Art. 8.º Será decretada a perempção ou caducidade da medida liminar *ex officio* ou a requerimento do Ministério Público quando, concedida a medida, o impetrante criar obstáculo ao normal andamento do processo ou deixar de promover, por mais de 3 (três) dias úteis, os atos e as diligências que lhe cumprirem.

Art. 9.º As autoridades administrativas, no prazo de 48 (quarenta e oito) horas da notificação da medida liminar, remeterão ao Ministério ou órgão a que se acham subordinadas e ao Advogado-Geral da União ou a quem tiver a representação judicial da União, do Estado, do Município ou da entidade apontada como coatora cópia autenticada do mandado notificatório, assim como indicações e elementos outros necessários às providências a serem tomadas para a eventual suspensão da medida e defesa do ato apontado como ilegal ou abusivo de poder.

Art. 10. A inicial será desde logo indeferida, por decisão motivada, quando não for o caso de mandado de segurança ou lhe faltar algum dos requisitos legais ou quando decorrido o prazo legal para a impetração.

§ 1.º Do indeferimento da inicial pelo juiz de primeiro grau caberá apelação e, quando a competência para o julgamento do mandado de segurança couber originariamente a um dos tribunais, do ato do relator caberá agravo para o órgão competente do tribunal que integre.

§ 2.º O ingresso de litisconsorte ativo não será admitido após o despacho da petição inicial.

Art. 11. Feitas as notificações, o serventuário em cujo cartório corra o feito juntará aos autos cópia autêntica dos ofícios endereçados ao coator e ao órgão de representação judicial da pessoa jurídica interessada, bem como a prova da entrega a estes ou da sua recusa em aceitá-los ou dar recibo e, no caso do art. 4.º desta Lei, a comprovação da remessa.

Art. 12. Findo o prazo a que se refere o inciso I do *caput* do art. 7.º desta Lei, o juiz ouvirá o representante do Ministério Público, que opinará, dentro do prazo improrrogável de 10 (dez) dias.

Parágrafo único. Com ou sem o parecer do Ministério Público, os autos serão conclusos ao juiz, para a decisão, a qual deverá ser necessariamente proferida em 30 (trinta) dias.

Art. 13. Concedido o mandado, o juiz transmitirá em ofício, por intermédio do oficial do juízo, ou pelo correio, mediante correspondência com aviso de recebimento, o inteiro teor da sentença à autoridade coatora e à pessoa jurídica interessada.

Parágrafo único. Em caso de urgência, poderá o juiz observar o disposto no art. 4.º desta Lei.

Art. 14. Da sentença, denegando ou concedendo o mandado, cabe apelação.

§ 1.º Concedida a segurança, a sentença estará sujeita obrigatoriamente ao duplo grau de jurisdição.

§ 2.º Estende-se à autoridade coatora o direito de recorrer.

§ 3.º A sentença que conceder o mandado de segurança pode ser executada provisoriamente, salvo nos casos em que for vedada a concessão da medida liminar.

§ 4.º O pagamento de vencimentos e vantagens pecuniárias asseguradas em sentença concessiva de mandado de segurança a servidor público da administração direta ou autárquica federal, estadual e municipal somente será efetuado relativamente às prestações que se vencerem a contar da data do ajuizamento da inicial.

Art. 15. Quando, a requerimento de pessoa jurídica de direito público interessada ou do Ministério Público e para evitar grave lesão à ordem, à saúde, à segurança e à economia públicas, o presidente do tribunal ao qual couber o conhecimento do respectivo recurso suspender, em decisão fundamentada, a execução da liminar e da sentença, dessa decisão caberá agravo, sem efeito suspensivo, no prazo de 5 (cinco) dias, que será levado a julgamento na sessão seguinte à sua interposição.

§ 1.º Indeferido o pedido de suspensão ou provido o agravo a que se refere o *caput* deste artigo, caberá novo pedido de suspensão ao presidente do tribunal competente para conhecer de eventual recurso especial ou extraordinário.

§ 2.º É cabível também o pedido de suspensão a que se refere o § 1.º deste artigo, quando negado provimento a agravo de instrumento interposto contra a liminar a que se refere este artigo.

§ 3.º A interposição de agravo de instrumento contra liminar concedida nas ações movidas contra o poder público e seus agentes não prejudica nem condiciona o julgamento do pedido de suspensão a que se refere este artigo.

§ 4.º O presidente do tribunal poderá conferir ao pedido efeito suspensivo liminar se constatar, em juízo prévio, a plausibilidade do direito invocado e a urgência na concessão da medida.

§ 5.º As liminares cujo objeto seja idêntico poderão ser suspensas em uma única decisão, podendo o presidente do tribunal estender os efeitos da suspensão a liminares supervenientes, mediante simples aditamento do pedido original.

Art. 16. Nos casos de competência originária dos tribunais, caberá ao relator a instrução do processo, sendo assegurada a defesa oral na sessão do julgamento do mérito ou do pedido liminar.

•• *Caput* com redação determinada pela Lei n. 13.676, de 11-6-2018.

Parágrafo único. Da decisão do relator que conceder ou denegar a medida liminar caberá agravo ao órgão competente do tribunal que integre.

Art. 17. Nas decisões proferidas em mandado de segurança e nos respectivos recursos, quando não publicado, no prazo de 30 (trinta) dias, contado da data do julgamento, o acórdão será substituído pelas respectivas notas taquigráficas, independentemente de revisão.

Art. 18. Das decisões em mandado de segurança proferidas em única instância pelos tribunais cabe recurso especial e extraordinário, nos casos legalmente previstos, e recurso ordinário, quando a ordem for denegada.

Art. 19. A sentença ou o acórdão que denegar mandado de segurança, sem decidir o mérito, não impedirá que o requerente, por ação própria, pleiteie os seus direitos e os respectivos efeitos patrimoniais.

Art. 20. Os processos de mandado de segurança e os respectivos recursos terão prioridade sobre todos os atos judiciais, salvo *habeas corpus*.

§ 1.º Na instância superior, deverão ser levados a julgamento na primeira sessão que se seguir à data em que forem conclusos ao relator.

§ 2.º O prazo para a conclusão dos autos não poderá exceder de 5 (cinco) dias.

Art. 21. O mandado de segurança coletivo pode ser impetrado por partido político com representação no Congresso Nacional, na defesa de seus interesses legítimos relativos a seus integrantes ou à finalidade partidária, ou por organização sindical, entidade de classe ou associação legalmente constituída e em funcionamento há, pelo menos, 1 (um) ano, em defesa de direitos líquidos e certos da totalidade, ou de parte, dos seus membros ou associados, na forma dos seus estatutos e desde que pertinentes às suas finalidades, dispensada, para tanto, autorização especial.

Parágrafo único. Os direitos protegidos pelo mandado de segurança coletivo podem ser:

I – coletivos, assim entendidos, para efeito desta Lei, os transindividuais, de natureza indivisível, de que seja titular grupo ou categoria de pessoas ligadas entre si ou com a parte contrária por uma relação jurídica básica;

II – individuais homogêneos, assim entendidos, para efeito desta Lei, os decorrentes de origem comum e da atividade ou situação específica da totalidade ou de parte dos associados ou membros do impetrante.

Art. 22. No mandado de segurança coletivo, a sentença fará coisa julgada limitadamente aos membros do grupo ou categoria substituídos pelo impetrante.

§ 1.º O mandado de segurança coletivo não induz litispendência para as ações individuais, mas os efeitos da coisa julgada não beneficiarão o impetrante a título individual se não requerer a desistência de seu mandado de segurança no prazo de 30 (trinta) dias a contar da ciência comprovada da impetração da segurança coletiva.

§ 2.º No mandado de segurança coletivo, a liminar só poderá ser concedida após a audiência do representante judicial da pessoa jurídica de direito público, que deverá se pronunciar no prazo de 72 (setenta e duas) horas.

•• O STF, na ADI n. 4.296, na sessão virtual de 9-6-2021 (*DOU* de 28-6-2021), por maioria, julgou parcialmente procedente o pedido para declarar a inconstitucionalidade desse § 2.º.

Art. 23. O direito de requerer mandado de segurança extinguir-se-á decorridos 120 (cento e vinte) dias, contados da ciência, pelo interessado, do ato impugnado.

Art. 24. Aplicam-se ao mandado de segurança os arts. 46 a 49 da Lei n. 5.869, de 11 de janeiro de 1973 – Código de Processo Civil.

•• A referência é feita ao CPC de 1973. Sobre litisconsórcio, arts. 113 a 118 do CPC de 2015.

Art. 25. Não cabem, no processo de mandado de segurança, a interposição de embargos infringentes e a condenação ao pagamento dos honorários advocatícios, sem prejuízo da aplicação de sanções no caso de litigância de má-fé.

Art. 26. Constitui crime de desobediência, nos termos do art. 330 do Decreto-lei n. 2.848, de 7 de dezembro de 1940, o não cumprimento das decisões proferidas em mandado de segurança, sem prejuízo das sanções administrativas e da aplicação da Lei n. 1.079, de 10 de abril de 1950, quando cabíveis.

Art. 27. Os regimentos dos tribunais e, no que couber, as leis de organização judiciária deverão ser adaptados às disposições desta Lei no prazo de 180 (cento e oitenta) dias, contado da sua publicação.

Art. 28. Esta Lei entra em vigor na data de sua publicação.

Art. 29. Revogam-se as Leis n. 1.533, de 31 de dezembro de 1951, 4.166, de 4 de dezembro de 1962, 4.348, de 26 de junho de 1964, 5.021, de 9 de junho de 1966; o art. 3.º da Lei n. 6.014, de 27 de dezembro de 1973, o art. 1.º da Lei n. 6.071, de 3 de julho de 1974, o art. 12 da Lei n. 6.978, de 19 de janeiro de 1982, e o art. 2.º da Lei n. 9.259, de 9 de janeiro de 1996.

Brasília, 7 de agosto de 2009; 188.º da Independência e 121.º da República.

LUIZ INÁCIO LULA DA SILVA

LEI N. 12.037, DE 1.º DE OUTUBRO DE 2009 (*)

Dispõe sobre a identificação criminal do civilmente identificado, regulamentando o art. 5.º, inciso LVIII, da Constituição Federal.

O Vice-Presidente da República, no exercício do cargo de Presidente da República

Faço saber que o Congresso Nacional decreta e eu sanciono a seguinte Lei:

Art. 1.º O civilmente identificado não será submetido a identificação criminal, salvo nos casos previstos nesta Lei.

Art. 2.º A identificação civil é atestada por qualquer dos seguintes documentos:

•• *Vide* art. 5.º, LVIII, da CF.

I – carteira de identidade;

II – carteira de trabalho;

III – carteira profissional;

IV – passaporte;

V – carteira de identificação funcional;

VI – outro documento público que permita a identificação do indiciado.

Parágrafo único. Para as finalidades desta Lei, equiparam-se aos documentos de identificação civis os documentos de identificação militares.

Art. 3.º Embora apresentado documento de identificação, poderá ocorrer identificação criminal quando:

I – o documento apresentar rasura ou tiver indício de falsificação;

II – o documento apresentado for insuficiente para identificar cabalmente o indiciado;

III – o indiciado portar documentos de identidade distintos, com informações conflitantes entre si;

IV – a identificação criminal for essencial às investigações policiais, segundo despacho da autoridade judiciária competente, que decidirá de ofício ou mediante representação da autoridade policial, do Ministério Público ou da defesa;

(*) Publicada no *DOU*, de 2-10-2009.

V – constar de registros policiais o uso de outros nomes ou diferentes qualificações;

VI – o estado de conservação ou a distância temporal ou da localidade da expedição do documento apresentado impossibilite a completa identificação dos caracteres essenciais.

Parágrafo único. As cópias dos documentos apresentados deverão ser juntadas aos autos do inquérito, ou outra forma de investigação, ainda que consideradas insuficientes para identificar o indiciado.

Art. 4.º Quando houver necessidade de identificação criminal, a autoridade encarregada tomará as providências necessárias para evitar o constrangimento do identificado.

Art. 5.º A identificação criminal incluirá o processo datiloscópico e o fotográfico, que serão juntados aos autos da comunicação da prisão em flagrante, ou do inquérito policial ou outra forma de investigação.

Parágrafo único. Na hipótese do inciso IV do art. 3.º, a identificação criminal poderá incluir a coleta de material biológico para a obtenção do perfil genético.

•• Parágrafo único acrescentado pela Lei n. 12.654, de 28-5-2012.

•• *Vide* art. 9.º-A, da LEP.

Art. 5.º-A. Os dados relacionados à coleta do perfil genético deverão ser armazenados em banco de dados de perfis genéticos, gerenciado por unidade oficial de perícia criminal.

•• *Caput* acrescentado pela Lei n. 12.654, de 28-5-2012.

§ 1.º As informações genéticas contidas nos bancos de dados de perfis genéticos não poderão revelar traços somáticos ou comportamentais das pessoas, exceto determinação genética de gênero, consoante as normas constitucionais e internacionais sobre direitos humanos, genoma humano e dados genéticos.

•• § 1.º acrescentado pela Lei n. 12.654, de 28-5-2012.

§ 2.º Os dados constantes dos bancos de dados de perfis genéticos terão caráter sigiloso, respondendo civil, penal e administrativamente aquele que permitir ou promover sua utilização para fins diversos dos previstos nesta Lei ou em decisão judicial.

•• § 2.º acrescentado pela Lei n. 12.654, de 28-5-2012.

§ 3.º As informações obtidas a partir da coincidência de perfis genéticos deverão ser consignadas em laudo pericial firmado por perito oficial devidamente habilitado.

•• § 3.º acrescentado pela Lei n. 12.654, de 28-5-2012.

Art. 6.º É vedado mencionar a identificação criminal do indiciado em atestados de antecedentes ou em informações não destinadas ao juízo criminal, antes do trânsito em julgado da sentença condenatória.

Art. 7.º No caso de não oferecimento da denúncia, ou sua rejeição, ou absolvição, é facultado ao indiciado ou ao réu, após o arquivamento definitivo do inquérito, ou trânsito em julgado da sentença, requerer a retirada da identificação fotográfica do inquérito ou processo, desde que apresente provas de sua identificação civil.

Art. 7.º-A. A exclusão dos perfis genéticos dos bancos de dados ocorrerá:

•• *Caput* com redação determinada pela Lei n. 13.964, de 24-12-2019.

I – no caso de absolvição do acusado; ou

•• Inciso I acrescentado pela Lei n. 13.964, de 24-12-2019.

II – no caso de condenação do acusado, mediante requerimento, após decorridos 20 (vinte) anos do cumprimento da pena.

•• Inciso II acrescentado pela Lei n. 13.964, de 24-12-2019.

Art. 7.º-B. A identificação do perfil genético será armazenada em banco de dados sigiloso, conforme regulamento a ser expedido pelo Poder Executivo.

•• Artigo acrescentado pela Lei n. 12.654, de 28-5-2012.

Art. 7.º-C. Fica autorizada a criação, no Ministério da Justiça e Segurança Pública, do Banco Nacional Multibiométrico e de Impressões Digitais.

•• *Caput* acrescentado pela Lei n. 13.964, de 24-12-2019.

§ 1.º A formação, a gestão e o acesso ao Banco Nacional Multibiométrico e de Impressões Digitais serão regulamentados em ato do Poder Executivo federal.

•• § 1.º acrescentado pela Lei n. 13.964, de 24-12-2019.

§ 2.º O Banco Nacional Multibiométrico e de Impressões Digitais tem como objetivo armazenar dados de registros biométricos, de impressões digitais e, quando possível, de íris, face e voz, para subsidiar investigações criminais federais, estaduais ou distritais.

•• § 2.º acrescentado pela Lei n. 13.964, de 24-12-2019.

§ 3.º O Banco Nacional Multibiométrico e de Impressões Digitais será integrado pelos registros biométricos, de impressões digitais, de íris, face e voz colhidos em investigações criminais ou por ocasião da identificação criminal.

•• § 3.º acrescentado pela Lei n. 13.964, de 24-12-2019.

§ 4.º Poderão ser colhidos os registros biométricos, de impressões digitais, de íris, face e voz dos presos provisórios ou definitivos quando não tiverem sido extraídos por ocasião da identificação criminal.

•• § 4.º acrescentado pela Lei n. 13.964, de 24-12-2019.

§ 5.º Poderão integrar o Banco Nacional Multibiométrico e de Impressões Digitais, ou com ele interoperar, os dados de registros constantes em quaisquer bancos de dados geridos por órgãos dos Poderes Executivo, Legislativo e Judiciário das esferas federal, estadual e distrital, inclusive pelo Tribunal Superior Eleitoral e pelos Institutos de Identificação Civil.

•• § 5.º acrescentado pela Lei n. 13.964, de 24-12-2019.

§ 6.º No caso de bancos de dados de identificação de natureza civil, administrativa ou eleitoral, a integração ou o compartilhamento dos registros do Banco Nacional Multibiométrico e de Impressões Digitais será limitado às impressões digitais e às informações necessárias para identificação do seu titular.

•• § 6.º acrescentado pela Lei n. 13.964, de 24-12-2019.

§ 7.º A integração ou a interoperação dos dados de registros multibiométricos constantes de outros bancos de dados com o Banco Nacional Multibiométrico e de Impressões Digitais ocorrerá por meio de acordo ou convênio com a unidade gestora.

•• § 7.º acrescentado pela Lei n. 13.964, de 24-12-2019.

§ 8.º Os dados constantes do Banco Nacional Multibiométrico e de Impressões Digitais terão caráter sigiloso, e aquele que permitir ou promover sua utilização para fins diversos dos previstos nesta Lei ou em decisão judicial responderá civil, penal e administrativamente.

•• § 8.º acrescentado pela Lei n. 13.964, de 24-12-2019.

§ 9.º As informações obtidas a partir da coincidência de registros biométricos relacionados a crimes deverão ser consignadas em laudo pericial firmado por perito oficial habilitado.

•• § 9.º acrescentado pela Lei n. 13.964, de 24-12-2019.

§ 10. É vedada a comercialização, total ou parcial, da base de dados do Banco Nacional Multibiométrico e de Impressões Digitais.

•• § 10 acrescentado pela Lei n. 13.964, de 24-12-2019.

§ 11. A autoridade policial e o Ministério Público poderão requerer ao juiz competente, no caso de inquérito ou ação penal instaurados, o acesso ao Banco Nacional Multibiométrico e de Impressões Digitais.

•• § 11 acrescentado pela Lei n. 13.964, de 24-12-2019.

Art. 8.º Esta Lei entra em vigor na data de sua publicação.

Art. 9.º Revoga-se a Lei n. 10.054, de 7 de dezembro de 2000.

Brasília, 1.º de outubro de 2009; 188.º da Independência e 121.º da República.

José Alencar Gomes da Silva

DECRETO N. 7.627, DE 24 DE NOVEMBRO DE 2011 (*)

Regulamenta a monitoração eletrônica de pessoas prevista no Decreto-lei n. 3.689, de 3 de outubro de 1941 – Código de Processo Penal, e na Lei n. 7.210, de 11 de julho de 1984 – Lei de Execução Penal.

A Presidenta da República, no uso da atribuição que lhe confere o art. 84, inciso IV, da Constituição, e tendo em vista o disposto no inciso IX do art. 319 no Decreto-lei n. 3.689, de 3 de outubro de 1941 – Código de Processo Penal, e nos arts. 146-B, 146-C e 146-D da Lei n. 7.210, de 11 de julho de 1984 – Lei de Execução Penal, decreta:

Art. 1.º Este Decreto regulamenta a monitoração eletrônica de pessoas prevista no inciso IX do art. 319 do Decreto-lei n. 3.689, de 3 de outubro de 1941 – Código de Processo Penal, e nos arts. 146-B, 146-C e 146-D da Lei n. 7.210, de 11 de julho de 1984 – Lei de Execução Penal.

Art. 2.º Considera-se monitoração eletrônica a vigilância telemática posicional à distância de pessoas presas sob medida cautelar ou condenadas por sentença transitada em julgado, executada por meios técnicos que permitam indicar a sua localização.

(*) Publicado no *DOU*, de 25-11-2011.

Art. 3.º A pessoa monitorada deverá receber documento no qual constem, de forma clara e expressa, seus direitos e os deveres a que estará sujeita, o período de vigilância e os procedimentos a serem observados durante a monitoração.

Art. 4.º A responsabilidade pela administração, execução e controle da monitoração eletrônica caberá aos órgãos de gestão penitenciária, cabendo-lhes ainda:

I – verificar o cumprimento dos deveres legais e das condições especificadas na decisão judicial que autorizar a monitoração eletrônica;

II – encaminhar relatório circunstanciado sobre a pessoa monitorada ao juiz competente na periodicidade estabelecida ou, a qualquer momento, quando por este determinado ou quando as circunstâncias assim o exigirem;

III – adequar e manter programas e equipes multiprofissionais de acompanhamento e apoio à pessoa monitorada condenada;

IV – orientar a pessoa monitorada no cumprimento de suas obrigações e auxiliá-la na reintegração social, se for o caso; e

V – comunicar, imediatamente, ao juiz competente sobre fato que possa dar causa à revogação da medida ou modificação de suas condições.

Parágrafo único. A elaboração e o envio de relatório circunstanciado poderão ser feitos por meio eletrônico certificado digitalmente pelo órgão competente.

Art. 5.º O equipamento de monitoração eletrônica deverá ser utilizado de modo a respeitar a integridade física, moral e social da pessoa monitorada.

Art. 6.º O sistema de monitoramento será estruturado de modo a preservar o sigilo dos dados e das informações da pessoa monitorada.

Art. 7.º O acesso aos dados e informações da pessoa monitorada ficará restrito aos servidores expressamente autorizados que tenham necessidade de conhecê-los em virtude de suas atribuições.

Art. 8.º Este Decreto entra em vigor na data de sua publicação.

Brasília, 24 de novembro de 2011; 190.º da Independência e 123.º da República.

DILMA ROUSSEFF

LEI N. 12.594, DE 18 DE JANEIRO DE 2012 (*)

Institui o Sistema Nacional de Atendimento Socioeducativo (Sinase), regulamenta a execução das medidas socioeducativas destinadas a adolescente que pratique ato infracional; e altera as Leis n. 8.069, de 13 de julho de 1990 (Estatuto da Criança e do Adolescente); 7.560, de 19 de dezembro de 1986, 7.998, de 11 de janeiro de 1990, 5.537, de 21 de novembro de 1968, 8.315, de 23 de dezembro de 1991, 8.706, de 14 de setembro de 1993, os Decretos-leis n. 4.048, de 22 de janeiro de 1942, 8.621, de 10 de janeiro de 1946, e a Consolidação das Leis do Trabalho (CLT), aprovada pelo Decreto-lei n. 5.452, de 1.º de maio de 1943.

A Presidenta da República

Faço saber que o Congresso Nacional decreta e eu sanciono a seguinte Lei:

TÍTULO I
DO SISTEMA NACIONAL DE ATENDIMENTO SOCIOEDUCATIVO (SINASE)

Capítulo I
DISPOSIÇÕES GERAIS

Art. 1.º Esta Lei institui o Sistema Nacional de Atendimento Socioeducativo (Sinase) e regulamenta a execução das medidas destinadas a adolescente que pratique ato infracional.

§ 1.º Entende-se por Sinase o conjunto ordenado de princípios, regras e critérios que envolvem a execução de medidas socioeducativas, incluindo-se nele, por adesão, os sistemas estaduais, distrital e municipais, bem como todos os planos, políticas e programas

---

(*) Publicada no *DOU*, de 19-1-2012.

específicos de atendimento a adolescente em conflito com a lei.

§ 2.º Entendem-se por medidas socioeducativas as previstas no art. 112 da Lei n. 8.069, de 13 de julho de 1990 (Estatuto da Criança e do Adolescente), as quais têm por objetivos:

I – a responsabilização do adolescente quanto às consequências lesivas do ato infracional, sempre que possível incentivando a sua reparação;

II – a integração social do adolescente e a garantia de seus direitos individuais e sociais, por meio do cumprimento de seu plano individual de atendimento; e

III – a desaprovação da conduta infracional, efetivando as disposições da sentença como parâmetro máximo de privação de liberdade ou restrição de direitos, observados os limites previstos em lei.

§ 3.º Entendem-se por programa de atendimento a organização e o funcionamento, por unidade, das condições necessárias para o cumprimento das medidas socioeducativas.

§ 4.º Entende-se por unidade a base física necessária para a organização e o funcionamento de programa de atendimento.

§ 5.º Entendem-se por entidade de atendimento a pessoa jurídica de direito público ou privado que instala e mantém a unidade e os recursos humanos e materiais necessários ao desenvolvimento de programas de atendimento.

•• A Resolução n. 524, de 27-9-2023, do CNJ, estabelece procedimentos para o tratamento de adolescentes e jovens indígenas no caso de apreensão, de representação em processo de apuração de ato infracional ou de cumprimento de medida socioeducativa, e dá diretrizes para assegurar os direitos dessa população no âmbito da Justiça da Infância e Juventude ou de juízos que exerçam tal competência.

•• A Resolução n. 252, de 16-10-2024, do CONANDA, dispõe sobre as diretrizes nacionais para a segurança e proteção integral de adolescentes e jovens em restrição e privação de liberdade no Sistema Nacional de Atendimento Socioeducativo.

I – legalidade, não podendo o adolescente receber tratamento mais gravoso do que o conferido ao adulto;

II – excepcionalidade da intervenção judicial e da imposição de medidas, favorecendo-se meios de autocomposição de conflitos;

III – prioridade a práticas ou medidas que sejam restaurativas e, sempre que possível, atendam às necessidades das vítimas;

IV – proporcionalidade em relação à ofensa cometida;

V – brevidade da medida em resposta ao ato cometido, em especial o respeito ao que dispõe o art. 122 da Lei n. 8.069, de 13 de julho de 1990 (Estatuto da Criança e do Adolescente);

VI – individualização, considerando-se a idade, capacidades e circunstâncias pessoais do adolescente;

VII – mínima intervenção, restrita ao necessário para a realização dos objetivos da medida;

VIII – não discriminação do adolescente, notadamente em razão de etnia, gênero, nacionalidade, classe social, orientação religiosa, política ou sexual, ou associação ou pertencimento a qualquer minoria ou *status*; e

IX – fortalecimento dos vínculos familiares e comunitários no processo socioeducativo.

Capítulo II
DOS PROCEDIMENTOS

Art. 36. A competência para jurisdicionar a execução das medidas socioeducativas segue o determinado pelo art. 146 da Lei n. 8.069, de 13 de julho de 1990 (Estatuto da Criança e do Adolescente).

Art. 37. A defesa e o Ministério Público intervirão, sob pena de nulidade, no procedimento judicial de execução de medida socioeducativa, asseguradas aos seus membros as prerrogativas previstas na Lei n. 8.069, de 13 de julho de 1990 (Estatuto da Criança e do Adolescente), podendo requerer as providências necessárias para adequar a execução aos ditames legais e regulamentares.

Art. 38. As medidas de proteção, de advertência e de reparação do dano, quando aplicadas de forma isolada, serão executadas nos próprios autos do processo de conhecimento, respeitado o disposto nos arts. 143 e 144 da Lei n. 8.069, de 13 de julho de 1990 (Estatuto da Criança e do Adolescente).

Título II
DA EXECUÇÃO DAS MEDIDAS SOCIOEDUCATIVAS

Capítulo I
DISPOSIÇÕES GERAIS

Art. 35. A execução das medidas socioeducativas reger-se-á pelos seguintes princípios:

Art. 39. Para aplicação das medidas socioeducativas de prestação de serviços à comunidade, liberdade assistida, semiliberdade ou internação, será constituído processo de execução para cada adolescente, respeitado o disposto nos arts. 143 e 144 da Lei n. 8.069, de 13 de julho de 1990 (Estatuto da Criança e do Adolescente), e com autuação das seguintes peças:

I – documentos de caráter pessoal do adolescente existentes no processo de conhecimento, especialmente os que comprovem sua idade; e

II – as indicadas pela autoridade judiciária, sempre que houver necessidade e, obrigatoriamente:

a) cópia da representação;

b) cópia da certidão de antecedentes;

c) cópia da sentença ou acórdão; e

d) cópia de estudos técnicos realizados durante a fase de conhecimento.

Parágrafo único. Procedimento idêntico será observado na hipótese de medida aplicada em sede de remissão, como forma de suspensão do processo.

Art. 40. Autuadas as peças, a autoridade judiciária encaminhará, imediatamente, cópia integral do expediente ao órgão gestor do atendimento socioeducativo, solicitando designação do programa ou da unidade de cumprimento da medida.

Art. 41. A autoridade judiciária dará vistas da proposta de plano individual de que trata o art. 53 desta Lei ao defensor e ao Ministério Público pelo prazo sucessivo de 3 (três) dias, contados do recebimento da proposta encaminhada pela direção do programa de atendimento.

§ 1.º O defensor e o Ministério Público poderão requerer, e o Juiz da Execução poderá determinar, de ofício, a realização de qualquer avaliação ou perícia que entenderem necessárias para complementação do plano individual.

§ 2.º A impugnação ou complementação do plano individual, requerida pelo defensor ou pelo Ministério Público, deverá ser fundamentada, podendo a autoridade judiciária indeferi-la, se entender insuficiente a motivação.

§ 3.º Admitida a impugnação, ou se entender que o plano é inadequado, a autoridade judiciária designará, se necessário, audiência da qual cientificará o defensor, o Ministério Público, a direção do programa de atendimento, o adolescente e seus pais ou responsável.

§ 4.º A impugnação não suspenderá a execução do plano individual, salvo determinação judicial em contrário.

§ 5.º Findo o prazo sem impugnação, considerar-se-á o plano individual homologado.

Art. 42. As medidas socioeducativas de liberdade assistida, de semiliberdade e de internação deverão ser reavaliadas no máximo a cada 6 (seis) meses, podendo a autoridade judiciária, se necessário, designar audiência, no prazo máximo de 10 (dez) dias, cientificando o defensor, o Ministério Público, a direção do programa de atendimento, o adolescente e seus pais ou responsável.

§ 1.º A audiência será instruída com o relatório da equipe técnica do programa de atendimento sobre a evolução do plano de que trata o art. 52 desta Lei e com qualquer outro parecer técnico requerido pelas partes e deferido pela autoridade judiciária.

§ 2.º A gravidade do ato infracional, os antecedentes e o tempo de duração da medida não são fatores que, por si, justifiquem a não substituição da medida por outra menos grave.

§ 3.º Considera-se mais grave a internação, em relação a todas as demais medidas, e mais grave a semiliberdade, em relação às medidas de meio aberto.

Art. 43. A reavaliação da manutenção, da substituição ou da suspensão das medidas de meio aberto ou de privação da liberdade e do respectivo plano individual pode ser solicitada a qualquer tempo, a pedido da direção do programa de atendimento, do defensor, do Ministério Público, do adolescente, de seus pais ou responsável.

§ 1.º Justifica o pedido de reavaliação, entre outros motivos:

I – o desempenho adequado do adolescente com base no seu plano de atendimento individual, antes do prazo da reavaliação obrigatória;

II – a inadaptação do adolescente ao programa e o reiterado descumprimento das atividades do plano individual; e

III – a necessidade de modificação das atividades do plano individual que importem em maior restrição da liberdade do adolescente.

§ 2.º A autoridade judiciária poderá indeferir o pedido, de pronto, se entender insuficiente a motivação.

§ 3.º Admitido o processamento do pedido, a autoridade judiciária, se necessário, designará audiência, observando o princípio do § 1.º do art. 42 desta Lei.

§ 4.º A substituição por medida mais gravosa somente ocorrerá em situações excepcionais, após o devido processo legal, inclusive na hipótese do inciso III do art. 122 da Lei n. 8.069, de 13 de julho de 1990 (Estatuto da Criança e do Adolescente), e deve ser:

I – fundamentada em parecer técnico;

II – precedida de prévia audiência, e nos termos do § 1.º do art. 42 desta Lei.

Art. 44. Na hipótese de substituição da medida ou modificação das atividades do plano individual, a autoridade judiciária remeterá o inteiro teor da decisão à direção do programa de atendimento, assim como as peças que entender relevantes à nova situação jurídica do adolescente.

Parágrafo único. No caso de a substituição da medida importar em vinculação do adolescente a outro programa de atendimento, o plano individual e o histórico do cumprimento da medida deverão acompanhar a transferência.

Art. 45. Se, no transcurso da execução, sobrevier sentença de aplicação de nova medida, a autoridade judiciária procederá à unificação, ouvidos, previamente, o Ministério Público e o defensor, no prazo de 3 (três) dias sucessivos, decidindo-se em igual prazo.

§ 1.º É vedado à autoridade judiciária determinar reinício de cumprimento de medida socioeducativa, ou deixar de considerar os prazos máximos, e de liberação compulsória previstos na Lei n. 8.069, de 13 de julho de 1990 (Estatuto da Criança e do Adolescente), excetuada a hipótese de medida aplicada por ato infracional praticado durante a execução.

•• *Vide* arts. 117 e 121, §§ 3.º e 5.º, da Lei n. 8.069, de 13-7-1990 (ECA).

§ 2.º É vedado à autoridade judiciária aplicar nova medida de internação, por atos infracionais praticados anteriormente, a adolescente que já tenha concluído cumprimento de medida socioeducativa dessa natureza, ou que tenha sido transferido para cumprimento de medida menos rigorosa, sendo tais atos absorvidos por aqueles aos quais se impôs a medida socioeducativa extrema.

Art. 46. A medida socioeducativa será declarada extinta:

I – pela morte do adolescente;

II – pela realização de sua finalidade;

III – pela aplicação de pena privativa de liberdade, a ser cumprida em regime fechado ou semiaberto, em execução provisória ou definitiva;

IV – pela condição de doença grave, que torne o adolescente incapaz de submeter-se ao cumprimento da medida; e

V – nas demais hipóteses previstas em lei.

§ 1.º No caso de o maior de 18 (dezoito) anos, em cumprimento de medida socioeducativa, responder a processo-crime, caberá à autoridade judiciária decidir sobre eventual extinção da execução, cientificando da decisão o juízo criminal competente.

§ 2.º Em qualquer caso, o tempo de prisão cautelar não convertida em pena privativa de liberdade deve ser descontado do prazo de cumprimento da medida socioeducativa.

Art. 47. O mandado de busca e apreensão do adolescente terá vigência máxima de 6 (seis) meses, a contar da data da expedição, podendo, se necessário, ser renovado, fundamentadamente.

Art. 48. O defensor, o Ministério Público, o adolescente e seus pais ou responsável poderão postular revisão judicial de qualquer sanção disciplinar aplicada, podendo a autoridade judiciária suspender a execução da sanção até decisão final do incidente.

§ 1.º Postulada a revisão após ouvida a autoridade colegiada que aplicou a sanção e havendo provas a produzir em audiência, procederá o magistrado na forma do § 1.º do art. 42 desta Lei.

§ 2.º É vedada a aplicação de sanção disciplinar de isolamento a adolescente interno, exceto seja essa imprescindível para garantia da segurança de outros internos ou do próprio adolescente a quem seja imposta a sanção, sendo necessária ainda comunicação ao defensor, ao Ministério Público e à autoridade judiciária em até 24 (vinte e quatro) horas.

Capítulo III
DOS DIREITOS INDIVIDUAIS

Art. 49. São direitos do adolescente submetido ao cumprimento de medida socioeducativa, sem prejuízo de outros previstos em lei:

I – ser acompanhado por seus pais ou responsável e por seu defensor, em qualquer fase do procedimento administrativo ou judicial;

II – ser incluído em programa de meio aberto quando inexistir vaga para o cumprimento de medida de privação da liberdade, exceto no casos de ato infracional cometido mediante grave ameaça ou violência à pessoa, quando o adolescente deverá ser internado em Unidade mais próxima de seu local de residência;

III – ser respeitado em sua personalidade, intimidade, liberdade de pensamento e religião e em todos os direitos não expressamente limitados na sentença;

IV – peticionar, por escrito ou verbalmente, diretamente a qualquer autoridade ou órgão público, devendo, obrigatoriamente, ser respondido em até 15 (quinze) dias;

V – ser informado, inclusive por escrito, das normas de organização e funcionamento do programa de atendimento e também das previsões de natureza disciplinar;

VI – receber, sempre que solicitar, informações sobre a evolução de seu plano individual, participando, obrigatoriamente, de sua elaboração e, se for o caso, reavaliação;

VII – receber assistência integral à sua saúde, conforme o disposto no art. 60 desta Lei; e

VIII – ter atendimento garantido em creche e pré-escola aos filhos de 0 (zero) a 5 (cinco) anos.

§ 1.º As garantias processuais destinadas a adolescente autor de ato infracional previstas na Lei n. 8.069, de 13 de julho de 1990 (Estatuto da Criança e do Adolescente), aplicam-se integralmente na execução das medidas socioeducativas, inclusive no âmbito administrativo.

§ 2.º A oferta irregular de programas de atendimento socioeducativo em meio aberto não poderá ser invocada como motivo para aplicação ou manutenção de medida de privação da liberdade.

Art. 50. Sem prejuízo do disposto no § 1.º do art. 121 da Lei n. 8.069, de 13 de julho de 1990 (Estatuto da Criança e do Adolescente), a direção do programa de execução de medida de privação da liberdade poderá autorizar a saída, monitorada, do adolescente nos casos de tratamento médico, doença grave ou falecimento, devidamente comprovados, de pai, mãe, filho, cônjuge, companheiro ou irmão, com imediata comunicação ao juízo competente.

Art. 51. A decisão judicial relativa à execução de medida socioeducativa será proferida após manifestação do defensor e do Ministério Público.

Capítulo V
DA ATENÇÃO INTEGRAL À SAÚDE DE ADOLESCENTE EM CUMPRIMENTO DE MEDIDA SOCIOEDUCATIVA

Seção II
Do Atendimento a Adolescente com Transtorno Mental e com Dependência de Álcool e de Substância Psicoativa

Art 64. O adolescente em cumprimento de medida socioeducativa que apresente indícios de transtorno mental, de deficiência mental, ou associadas, deverá ser avaliado por equipe técnica multidisciplinar e multissetorial.

§ 4.º Excepcionalmente, o juiz poderá suspender a execução da medida socioeducativa, ouvidos o defensor e o Ministério Público, com vistas a incluir o adolescente em programa de atenção integral à saúde mental que melhor atenda aos objetivos terapêuticos estabelecidos para o seu caso específico.

§ 5.º Suspensa a execução da medida socioeducativa, o juiz designará o responsável por acompanhar e informar sobre a evolução do atendimento ao adolescente.

§ 6.º A suspensão da execução da medida socioeducativa será avaliada, no mínimo, a cada 6 (seis) meses.

Art. 65. Enquanto não cessada a jurisdição da Infância e Juventude, a autoridade judiciária, nas hipóteses tratadas no art. 64, poderá remeter cópia dos autos ao Ministério Público para eventual propositura de interdição e outras providências pertinentes.

Capítulo VII
DOS REGIMES DISCIPLINARES

Art. 71. Todas as entidades de atendimento socioeducativo deverão, em seus respectivos regimentos, realizar a previsão de regime disciplinar que obedeça aos seguintes princípios:

I – tipificação explícita das infrações como leves, médias e graves e determinação das correspondentes sanções;

II – exigência da instauração formal de processo disciplinar para a aplicação de qualquer sanção, garantidos a ampla defesa e o contraditório;

III – obrigatoriedade de audiência do socioeducando nos casos em que seja necessária a instauração de processo disciplinar;

IV – sanção de duração determinada;

V – enumeração das causas ou circunstâncias que eximam, atenuem ou agravem a sanção a ser imposta ao socioeducando, bem como os requisitos para a extinção dessa;

VI – enumeração explícita das garantias de defesa;

VII – garantia de solicitação e rito de apreciação dos recursos cabíveis; e

VIII – apuração da falta disciplinar por comissão composta por, no mínimo, 3 (três) integrantes, sendo 1 (um), obrigatoriamente, oriundo da equipe técnica.

Art. 72. O regime disciplinar é independente da responsabilidade civil ou penal que advenha do ato cometido.

Art. 73. Nenhum socioeducando poderá desempenhar função ou tarefa de apuração disciplinar ou aplicação de sanção nas entidades de atendimento socioeducativo.

Art. 74. Não será aplicada sanção disciplinar sem expressa e anterior previsão legal ou regulamentar e o devido processo administrativo.

Art. 75. Não será aplicada sanção disciplinar ao socioeducando que tenha praticado a falta:

I – por coação irresistível ou por motivo de força maior;

II – em legítima defesa, própria ou de outrem.

TÍTULO III
DISPOSIÇÕES FINAIS E TRANSITÓRIAS

Art. 90. Esta Lei entra em vigor após decorridos 90 (noventa) dias de sua publicação oficial.

Brasília, 18 de janeiro de 2012; 191.º da Independência e 124.º da República.

DILMA ROUSSEFF

LEI N. 12.694, DE 24 DE JULHO DE 2012 (*)

Dispõe sobre o processo e o julgamento colegiado em primeiro grau de jurisdição de crimes praticados por organizações criminosas; altera o Decreto-lei n. 2.848, de 7 de dezembro de 1940 – Código Penal, o Decreto-lei n. 3.689, de 3 de outubro de 1941 – Código de Processo Penal, e as Leis n. 9.503, de 23 de setembro de 1997 – Código de Trânsito Brasileiro, e 10.826, de 22 de dezembro de 2003; e dá outras providências.

A Presidenta da República

Faço saber que o Congresso Nacional decreta e eu sanciono a seguinte Lei:

Art. 1.º Em processos ou procedimentos que tenham por objeto crimes praticados por organizações criminosas, o juiz poderá decidir pela formação de colegiado para a prática de qualquer ato processual, especialmente:

I – decretação de prisão ou de medidas assecuratórias;

II – concessão de liberdade provisória ou revogação de prisão;

III – sentença;

IV – progressão ou regressão de regime de cumprimento de pena;

V – concessão de liberdade condicional;

VI – transferência de preso para estabelecimento prisional de segurança máxima; e

VII – inclusão do preso no regime disciplinar diferenciado.

•• *Vide* art. 52 da Lei n. 7.210, de 11-7-1984 (LEP).

§ 1.º O juiz poderá instaurar o colegiado, indicando os motivos e as circunstâncias que acarretam risco à sua integridade física em decisão fundamentada, da qual será dado conhecimento ao órgão correicional.

§ 2.º O colegiado será formado pelo juiz do processo e por 2 (dois) outros juízes escolhidos por sorteio eletrônico dentre aqueles de competência criminal em exercício no primeiro grau de jurisdição.

§ 3.º A competência do colegiado limita-se ao ato para o qual foi convocado.

§ 4.º As reuniões poderão ser sigilosas sempre que houver risco de que a publicidade resulte em prejuízo à eficácia da decisão judicial.

§ 5.º A reunião do colegiado composto por juízes domiciliados em cidades diversas poderá ser feita pela via eletrônica.

§ 6.º As decisões do colegiado, devidamente fundamentadas e firmadas, sem exceção, por todos os seus integrantes, serão publicadas sem qualquer referência a voto divergente de qualquer membro.

(*) Publicada no *DOU*, de 25-7-2012. *Vide* Lei n. 12.850, de 2-8-2013, que define organização criminosa e dispõe sobre a investigação criminal, os meios de obtenção da prova, infrações penais correlatas e o procedimento criminal.

§ 7.º Os tribunais, no âmbito de suas competências, expedirão normas regulamentando a composição do colegiado e os procedimentos a serem adotados para o seu funcionamento.

Art. 1.º-A. Os Tribunais de Justiça e os Tribunais Regionais Federais poderão instalar, nas comarcas sedes de Circunscrição ou Seção Judiciária, mediante resolução, Varas Criminais Colegiadas com competência para o processo e julgamento:

•• *Caput* acrescentado pela Lei n. 13.964, de 24-12-2019.

I – de crimes de pertinência a organizações criminosas armadas ou que tenham armas à disposição;

•• Inciso I acrescentado pela Lei n. 13.964, de 24-12-2019.

II – do crime do art. 288-A do Decreto-lei n. 2.848, de 7 de dezembro de 1940 (Código Penal); e

•• Inciso II acrescentado pela Lei n. 13.964, de 24-12-2019.

III – das infrações penais conexas aos crimes a que se referem os incisos I e II do *caput* deste artigo.

•• Inciso III acrescentado pela Lei n. 13.964, de 24-12-2019.

§ 1.º As Varas Criminais Colegiadas terão competência para todos os atos jurisdicionais no decorrer da investigação, da ação penal e da execução da pena, inclusive a transferência do preso para estabelecimento prisional de segurança máxima ou para regime disciplinar diferenciado.

•• § 1.º acrescentado pela Lei n. 13.964, de 24-12-2019.

§ 2.º Ao receber, segundo as regras normais de distribuição, processos ou procedimentos que tenham por objeto os crimes mencionados no *caput* deste artigo, o juiz deverá declinar da competência e remeter os autos, em qualquer fase em que se encontrem, à Vara Criminal Colegiada de sua Circunscrição ou Seção Judiciária.

•• § 2.º acrescentado pela Lei n. 13.964, de 24-12-2019.

§ 3.º Feita a remessa mencionada no § 2.º deste artigo, a Vara Criminal Colegiada terá competência para todos os atos processuais posteriores, incluindo os da fase de execução.

•• § 3.º acrescentado pela Lei n. 13.964, de 24-12-2019.

Art. 2.º Para os efeitos desta Lei, considera-se organização criminosa a associação, de 3 (três) ou mais pessoas, estruturalmente ordenada e caracterizada pela divisão de tarefas, ainda que informalmente, com objetivo de obter, direta ou indiretamente, vantagem de qualquer natureza, mediante a prática de crimes cuja pena máxima seja igual ou superior a 4 (quatro) anos ou que sejam de caráter transnacional.

Art. 3.º Os tribunais, no âmbito de suas competências, são autorizados a tomar medidas para reforçar a segurança dos prédios da Justiça, especialmente:

I – controle de acesso, com identificação, aos seus prédios, especialmente aqueles com varas criminais, ou às áreas dos prédios com varas criminais;

II – instalação de câmeras de vigilância nos seus prédios, especialmente nas varas criminais e áreas adjacentes;

III – instalação de aparelhos detectores de metais, aos quais se devem submeter todos que queiram ter acesso aos seus prédios, especialmente às varas criminais ou às respectivas salas de audiência, ainda que exerçam qualquer cargo ou função pública, ressalvados os integrantes de missão policial, a escolta de presos e os agentes ou inspetores de segurança próprios.

....

Art. 5.º O Decreto-lei n. 3.689, de 3 de outubro de 1941 – Código de Processo Penal, passa a vigorar acrescido do seguinte art. 144-A:

•• Alteração já processada no diploma modificado.

....

Art. 7.º O art. 6.º da Lei n. 10.826, de 22 de dezembro de 2003, passa a vigorar acrescido do seguinte inciso XI:

•• Alteração já processada no diploma modificado.

Art. 8.º A Lei n. 10.826, de 22 de dezembro de 2003, passa a vigorar acrescida do seguinte art. 7.º-A:

•• Alteração já processada no diploma modificado.

Art. 9.º Diante de situação de risco, decorrente do exercício da função, das autoridades judiciais ou membros do Ministério Público e de seus familiares, o fato será comunicado à polícia judiciária, que avaliará a necessidade, o alcance e os parâmetros da proteção pessoal.

•• O STF, na ADI n. 5.157, nas sessões virtuais de 29-11-2024 a 6-12-2024 (*DOU* de 12-12-2024), por unanimidade, conheceu da presente ação direta e julgou procedentes os pedidos, para declarar a inconstitucionalidade da expressão "que avaliará a necessidade, o alcance e os parâmetros da proteção pessoal", constante no *caput* deste artigo.

§ 1.º A proteção pessoal será prestada de acordo com a avaliação realizada pela polícia judiciária e após a comunicação à autoridade judicial ou ao membro do Ministério Público, conforme o caso:

•• O STF, na ADI n. 5.157, nas sessões virtuais de 29-11-2024 a 6-12-2024 (*DOU* de 12-12-2024), por unanimidade, conheceu da presente ação direta e julgou procedentes os pedidos, para declarar a inconstitucionalidade da expressão "de acordo com a avaliação realizada pela polícia judiciária", constante neste § 1.º.

I – pela própria polícia judiciária;

II – pelos órgãos de segurança institucional;

III – por outras forças policiais;

IV – de forma conjunta pelos citados nos incisos I, II e III.

§ 2.º Será prestada proteção pessoal imediata nos casos urgentes, sem prejuízo da adequação da medida, segundo a avaliação a que se referem o *caput* e o § 1.º deste artigo.

•• O STF, na ADI n. 5.157, nas sessões virtuais de 29-11-2024 a 6-12-2024 (*DOU* de 12-12-2024), por unanimidade, conheceu da presente ação direta e julgou procedentes os pedidos, para declarar a inconstitucionalidade da expressão "segundo a avaliação a que se referem o *caput* e o § 1º deste artigo", constante neste § 2.º.

§ 3.º A prestação de proteção pessoal será comunicada ao Conselho Nacional de Justiça ou ao Conselho Nacional do Ministério Público, conforme o caso.

§ 4.º Verificado o descumprimento dos procedimentos de segurança definidos pela polícia judiciária, esta encaminhará relatório ao Conselho Nacional de Justiça – CNJ ou ao Conselho Nacional do Ministério Público – CNMP.

•• O STF, na ADI n. 5.157, nas sessões virtuais de 29-11-2024 a 6-12-2024 (*DOU* de 12-12-2024), por unanimidade, conheceu da presente ação direta e julgou procedentes os pedidos, para declarar a inconstitucionalidade da expressão "definidos pela polícia judiciária", constante neste § 4.º.

Art. 10. Esta Lei entra em vigor após decorridos 90 (noventa) dias de sua publicação oficial.

Brasília, 24 de julho de 2012; 191.º da Independência e 124.º da República.

DILMA ROUSSEFF

DECRETO N. 7.950, DE 12 DE MARÇO DE 2013 (*)

Institui o Banco Nacional de Perfis Genéticos e a Rede Integrada de Bancos de Perfis Genéticos.

(*) Publicado no *DOU*, de 13-3-2013.

A Presidenta da República, no uso das atribuições que lhe confere o art. 84, *caput*, incisos IV e VI, alínea *a*, da Constituição, e tendo em vista o disposto na Lei n. 12.654, de 28 de maio de 2012, decreta:

Art. 1.º Ficam instituídos, no âmbito do Ministério da Justiça e Segurança Pública, o Banco Nacional de Perfis Genéticos e a Rede Integrada de Bancos de Perfis Genéticos.

•• *Caput* com redação determinada pelo Decreto n. 9.817, de 3-6-2019.

§ 1.º O Banco Nacional de Perfis Genéticos tem como objetivo armazenar dados de perfis genéticos coletados para subsidiar ações destinadas à apuração de crimes.

•• *Vide* art. 5.º-A da Lei n. 12.037, de 1.º-10-2009.

§ 2.º A Rede Integrada de Bancos de Perfis Genéticos tem como objetivo permitir o compartilhamento e a comparação de perfis genéticos constantes dos bancos de perfis genéticos da União, dos Estados e do Distrito Federal.

§ 3.º A adesão dos Estados e do Distrito Federal à Rede Integrada ocorrerá por meio de acordo de cooperação técnica celebrado entre a unidade federativa e o Ministério da Justiça e Segurança Pública.

•• § 3.º com redação determinada pelo Decreto n. 9.817, de 3-6-2019.

§ 4.º O Banco Nacional de Perfis Genéticos será instituído na unidade de perícia oficial do Ministério da Justiça e Segurança Pública e será administrado por perito criminal federal habilitado e com experiência comprovada em genética, designado pelo Ministro de Estado da Justiça e Segurança Pública.

•• § 4.º com redação determinada pelo Decreto n. 9.817, de 3-6-2019.

Art. 2.º A Rede Integrada de Bancos de Perfis Genéticos contará com um Comitê Gestor, com a finalidade de promover a coordenação das ações dos órgãos gerenciadores de banco de dados de perfis genéticos e a integração dos dados nos âmbitos da União, dos Estados e do Distrito Federal, que será composto por representantes titulares e suplentes, indicados da seguinte forma:

I – cinco representantes do Ministério da Justiça e Segurança Pública;

•• Inciso I com redação determinada pelo Decreto n. 9.817, de 3-6-2019.

II – um representante do Ministério da Mulher, da Família e dos Direitos Humanos; e

•• Inciso II com redação determinada pelo Decreto n. 9.817, de 3-6-2019.

III – cinco representantes dos Estados ou do Distrito Federal, sendo um representante de cada região geográfica.

§ 1.º O Comitê Gestor será coordenado por membro indicado nos termos do inciso I do *caput*, que ocupará a função de administrador do Banco Nacional de Perfis Genéticos.

§ 2.º Os representantes referidos nos incisos II e III do *caput* e seus suplentes serão indicados pelo dirigente máximo de seus respectivos órgãos.

§ 3.º Serão indicados peritos oficiais de natureza criminal, administradores dos respectivos bancos de perfis genéticos, aprovados pelas unidades federativas das regiões signatárias do acordo de cooperação, para a representação a que se refere o inciso III do *caput*.

•• § 3.º com redação determinada pelo Decreto n. 9.817, de 3-6-2019.

§ 4.º Na ausência de entendimento entre as unidades da região geográfica, será adotado o revezamento entre os Estados e o Distrito Federal, por ordem alfabética, na forma do regimento interno do Comitê Gestor.

§ 5.º Serão convidados para participar das reuniões, sem direito a voto, um representante de cada um dos seguintes órgãos:

I – do Ministério Público;
II – da Defensoria Pública;
III – da Ordem dos Advogados do Brasil; e
IV – da Comissão Nacional de Ética em Pesquisa.

§ 6.º Compete ao Ministro de Estado da Justiça e Segurança Pública designar os membros do Comitê Gestor.

•• § 6.º com redação determinada pelo Decreto n. 9.817, de 3-6-2019.

§ 7.º As deliberações do Comitê Gestor serão adotadas por maioria absoluta, admitido o voto do coordenador somente com a finalidade de desempate.

§ 8.º O mandato dos membros do Comitê Gestor será de dois anos, permitida uma única recondução por igual período.

Art. 3.º O Comitê Gestor poderá convidar especialistas e representantes de outros órgãos e entidades, públicas e privadas, para acompanhar as reuniões ou participar de suas atividades.

Art. 4.º A participação no Comitê Gestor será considerada prestação de serviço público relevante, não remunerada.

Art. 5.º Compete ao Comitê Gestor:

I – promover a padronização de procedimentos e técnicas de coleta, de análise de material genético, e de inclusão, armazenamento e manutenção dos perfis genéticos nos bancos de dados que compõem a Rede Integrada de Perfis Genéticos;

II – definir medidas e padrões que assegurem o respeito aos direitos e garantias individuais nos procedimentos de coleta, de análise e de inclusão, armazenamento e manutenção dos perfis genéticos nos bancos de dados;

•• Direitos e garantias individuais: *vide* art. 5.º da CF.

III – definir medidas de segurança para garantir a confiabilidade e o sigilo dos dados;

•• *Vide* art. 9.º-A, § 1.º, da Lei n. 7.210, de 11-7-1984.

IV – definir os requisitos técnicos para a realização das auditorias no Banco Nacional de Perfis Genéticos e na Rede Integrada de Banco de Perfis Genéticos; e;

V – elaborar seu regimento interno, que será aprovado por maioria absoluta de seus membros.

•• Inciso V com redação determinada pelo Decreto n. 9.817, de 3-6-2019.

Art. 6.º Compete ao Ministério da Justiça e Segurança Pública adotar as providências necessárias:

•• *Caput* com redação determinada pelo Decreto n. 9.817, de 3-6-2019.

I – à preservação do sigilo da identificação e dos dados de perfis genéticos administrados no seu âmbito; e

II – à inclusão, no convênio celebrado com as unidades federadas, de cláusulas que atendam ao disposto no inciso I do *caput*.

Art. 7.º O perfil genético do identificado criminalmente será excluído do banco de dados no término do prazo estabelecido em lei para prescrição do delito, ou em data anterior definida em decisão judicial.

Art. 8.º O Banco Nacional de Perfis Genéticos poderá ser utilizado para a identificação de pessoas desaparecidas.

Parágrafo único. A comparação de amostras e perfis genéticos doados voluntariamente por parentes consanguíneos de pessoas desaparecidas serão utilizadas exclusivamente para a identificação da pessoa desaparecida, sendo vedado seu uso para outras finalidades.

Art. 9.º Compete ao Ministério da Justiça e Segurança Pública auditar periodicamente o Banco Nacional

Identificação de Perfis Genéticos — Decreto n. 7.950, de 12-3-2013

de Perfis Genéticos e a Rede Integrada de Bancos de Perfis Genéticos para averiguar se suas atividades estão em conformidade com este Decreto, nos termos do disposto no acordo de cooperação técnica de que trata o § 3.º do art. 1.º, observados os requisitos técnicos previstos no inciso IV do *caput* do art. 5.º.

•• *Caput* com redação determinada pelo Decreto n. 9.817, de 3-6-2019.

Parágrafo único. Participarão da auditoria especialistas vinculados a instituições científicas ou de ensino superior sem fins lucrativos.

Art. 10. A Secretaria-Executiva do Comitê Gestor será exercida pelo Ministério da Justiça e Segurança Pública.

•• *Caput* com redação determinada pelo Decreto n. 9.817, de 3-6-2019.

Art. 10-A. O Comitê Gestor se reunirá, em caráter ordinário, bimestralmente e, em caráter extraordinário, quando convocado pelo coordenador ou por solicitação de, no mínimo, três membros.

•• *Caput* acrescentado pelo Decreto n. 9.817, de 3-6-2019.

§ 1.º As reuniões ordinárias serão convocadas com a antecedência mínima de vinte e cinco dias e as extraordinárias com a antecedência mínima de sete dias.

•• § 1.º acrescentado pelo Decreto n. 9.817, de 3-6-2019.

§ 2.º Os representantes que não puderem comparecer pessoalmente poderão participar por meio de videoconferência.

•• § 2.º acrescentado pelo Decreto n. 9.817, de 3-6-2019.

§ 3.º A convocação das reuniões ordinárias e extraordinárias será encaminhada a cada um dos membros do colegiado, titular e suplente, e conterá dia, hora e local da reunião, pauta e documentação pertinente.

•• § 3.º acrescentado pelo Decreto n. 9.817, de 3-6-2019.

§ 4.º O quórum de reunião e de deliberação será de maioria absoluta.

•• § 4.º acrescentado pelo Decreto n. 9.817, de 3-6-2019.

Art. 10-B. O Comitê Gestor contará com duas comissões de caráter permanente, com a finalidade de subsidiá-lo em temas específicos:

•• *Caput* acrescentado pelo Decreto n. 9.817, de 3-6-2019.

I – Comissão de Interpretação e Estatística; e

•• Inciso I acrescentado pelo Decreto n. 9.817, de 3-6-2019.

II – Comissão de Qualidade.

•• Inciso II acrescentado pelo Decreto n. 9.817, de 3-6-2019.

§ 1.º As comissões serão formadas por até sete membros, dentre os quais haverá um coordenador.

•• § 1.º acrescentado pelo Decreto n. 9.817, de 3-6-2019.

§ 2.º O Coordenador do Comitê Gestor disporá sobre a composição e o funcionamento das Comissões, observado o regimento interno, e designará os coordenadores e os membros das Comissões.

•• § 2.º acrescentado pelo Decreto n. 9.817, de 3-6-2019.

§ 3.º Os membros das Comissões que não puderem comparecer pessoalmente poderão participar por meio de videoconferência.

•• § 3.º acrescentado pelo Decreto n. 9.817, de 3-6-2019.

Art. 10-C. O Comitê Gestor poderá instituir grupos de trabalho com a finalidade de assessorá-lo em temas específicos.

•• Artigo acrescentado pelo Decreto n. 9.817, de 3-6-2019.

Art. 10-D. Os grupos de trabalho:

•• *Caput* acrescentado pelo Decreto n. 9.817, de 3-6-2019.

I – serão compostos na forma de ato do Comitê Gestor;

•• Inciso I acrescentado pelo Decreto n. 9.817, de 3-6-2019.

II – não poderão ter mais de seis membros;

•• Inciso II acrescentado pelo Decreto n. 9.817, de 3-6-2019.

III – terão caráter temporário e duração não superior a um ano; e

•• Inciso III acrescentado pelo Decreto n. 9.817, de 3-6-2019.

IV – estão limitados a três operando simultaneamente.

•• Inciso IV acrescentado pelo Decreto n. 9.817, de 3-6-2019.

Art. 10-E. O Comitê Gestor apresentará relatórios semestrais, os quais serão submetidos ao Ministério da Justiça e Segurança Pública para publicação em sítio eletrônico.

•• Artigo acrescentado pelo Decreto n. 9.817, de 3-6-2019.

Art. 10-F. A participação nas comissões e nos subcolegiados será considerada prestação de serviço público relevante, não remunerada.

•• Artigo acrescentado pelo Decreto n. 9.817, de 3-6-2019.

Art. 11. Este Decreto entra em vigor na data de sua publicação.

Brasília, 12 de março de 2013; 192.º da Independência e 125.º da República.

DILMA ROUSSEFF

LEI N. 12.830, DE 20 DE JUNHO DE 2013 (*)

Dispõe sobre a investigação criminal conduzida pelo delegado de polícia.

A Presidenta da República

Faço saber que o Congresso Nacional decreta e eu sanciono a seguinte Lei:

Art. 1.º Esta Lei dispõe sobre a investigação criminal conduzida pelo delegado de polícia.

Art. 2.º As funções de polícia judiciária e a apuração de infrações penais exercidas pelo delegado de polícia são de natureza jurídica, essenciais e exclusivas de Estado.

§ 1.º Ao delegado de polícia, na qualidade de autoridade policial, cabe a condução da investigação criminal por meio de inquérito policial ou outro procedimento previsto em lei, que tem como objetivo a apuração das circunstâncias, da materialidade e da autoria das infrações penais.

•• *Vide* arts. 5.º, § 5.º, 6.º, *caput*, e 13, *caput*, do CPP.

§ 2.º Durante a investigação criminal, cabe ao delegado de polícia a requisição de perícia, informações, documentos e dados que interessem à apuração dos fatos.

§ 3.º (*Vetado.*)

§ 4.º O inquérito policial ou outro procedimento previsto em lei em curso somente poderá ser avocado ou redistribuído por superior hierárquico, mediante despacho fundamentado, por motivo de interesse público ou nas hipóteses de inobservância dos procedimentos previstos em regulamento da corporação que prejudique a eficácia da investigação.

§ 5.º A remoção do delegado de polícia dar-se-á somente por ato fundamentado.

(*) Publicada no *DOU*, de 21-6-2013.

§ 6.º O indiciamento, privativo do delegado de polícia, dar-se-á por ato fundamentado, mediante análise técnico-jurídica do fato, que deverá indicar a autoria, materialidade e suas circunstâncias.

Art. 3.º O cargo de delegado de polícia é privativo de bacharel em Direito, devendo-lhe ser dispensado o mesmo tratamento protocolar que recebem os magistrados, os membros da Defensoria Pública e do Ministério Público e os advogados.

Art. 4.º Esta Lei entra em vigor na data de sua publicação.

Brasília, 20 de junho de 2013; 192.º da Independência e 125.º da República.

DILMA ROUSSEFF

LEI N. 12.850, DE 2 DE AGOSTO DE 2013 (**)

Define organização criminosa e dispõe sobre a investigação criminal, os meios de obtenção da prova, infrações penais correlatas e o procedimento criminal; altera o Decreto-lei n. 2.848, de 7 de dezembro de 1940 (Código Penal); revoga a Lei n. 9.034, de 3 de maio de 1995; e dá outras providências.

A Presidenta da República

Faço saber que o Congresso Nacional decreta e eu sanciono a seguinte Lei:

Capítulo I
DA ORGANIZAÇÃO CRIMINOSA

•• *Vide* Lei n. 12.694, de 24-7-2012, que dispõe sobre o processo e o julgamento colegiado em primeiro grau

---
(**) Publicada no *DOU*, de 5-8-2013. O Decreto n. 5.015, de 12-3-2004, promulga a Convenção das Nações Unidas contra o Crime Organizado Transnacional. Os Decretos n. 5.016 e 5.017, de 12-3-2004, promulgam, respectivamente, os Protocolos Adicionais à Convenção das Nações Unidas contra o Crime de Tráfico de Migrantes por Via Terrestre, Marítima e Aérea, e à Prevenção, Repressão e Punição do Tráfico de Pessoas, em especial mulheres e crianças.

de jurisdição de crimes praticados por organizações criminosas.

Art. 1.º Esta Lei define organização criminosa e dispõe sobre a investigação criminal, os meios de obtenção da prova, infrações penais correlatas e o procedimento criminal a ser aplicado.

§ 1.º Considera-se organização criminosa a associação de 4 (quatro) ou mais pessoas estruturalmente ordenada e caracterizada pela divisão de tarefas, ainda que informalmente, com objetivo de obter, direta ou indiretamente, vantagem de qualquer natureza, mediante a prática de infrações penais cujas penas máximas sejam superiores a 4 (quatro) anos, ou que sejam de caráter transnacional.

§ 2.º Esta Lei se aplica também:

I – às infrações penais previstas em tratado ou convenção internacional quando, iniciada a execução no País, o resultado tenha ou devesse ter ocorrido no estrangeiro, ou reciprocamente;

II – às organizações terroristas, entendidas como aquelas voltadas para a prática dos atos de terrorismo legalmente definidos.

•• Inciso II com redação determinada pela Lei n. 13.260, de 16-3-2016.

•• Vide Lei n. 13.260, de 16-3-2016, que dispõe sobre o conceito de organização terrorista.

Art. 2.º Promover, constituir, financiar ou integrar, pessoalmente ou por interposta pessoa, organização criminosa:

Pena – reclusão, de 3 (três) a 8 (oito) anos, e multa, sem prejuízo das penas correspondentes às demais infrações penais praticadas.

§ 1.º Nas mesmas penas incorre quem impede ou, de qualquer forma, embaraça a investigação de infração penal que envolva organização criminosa.

§ 2.º As penas aumentam-se até a metade se na atuação da organização criminosa houver emprego de arma de fogo.

§ 3.º A pena é agravada para quem exerce o comando, individual ou coletivo, da organização criminosa, ainda que não pratique pessoalmente atos de execução.

§ 4.º A pena é aumentada de 1/6 (um sexto) a 2/3 (dois terços):

– se há participação de criança ou adolescente;

II – se há concurso de funcionário público, valendo-se a organização criminosa dessa condição para a prática de infração penal;

III – se o produto ou proveito da infração penal destinar-se, no todo ou em parte, ao exterior;

IV – se a organização criminosa mantém conexão com outras organizações criminosas independentes;

V – se as circunstâncias do fato evidenciarem a transnacionalidade da organização.

§ 5.º Se houver indícios suficientes de que o funcionário público integra organização criminosa, poderá o juiz determinar seu afastamento cautelar do cargo, emprego ou função, sem prejuízo da remuneração, quando a medida se fizer necessária à investigação ou instrução processual.

§ 6.º A condenação com trânsito em julgado acarretará ao funcionário público a perda do cargo, função, emprego ou mandato eletivo e a interdição para o exercício de função ou cargo público pelo prazo de 8 (oito) anos subsequentes ao cumprimento da pena.

§ 7.º Se houver indícios de participação de policial nos crimes de que trata esta Lei, a Corregedoria de Polícia instaurará inquérito policial e comunicará ao Ministério Público, que designará membro para acompanhar o feito até a sua conclusão.

§ 8.º As lideranças de organizações criminosas armadas ou que tenham armas à disposição deverão iniciar o cumprimento da pena em estabelecimentos penais de segurança máxima.

•• § 8.º acrescentado pela Lei n. 13.964, de 24-12-2019.

§ 9.º O condenado expressamente em sentença por integrar organização criminosa ou por crime praticado por meio de organização criminosa não poderá progredir de regime de cumprimento de pena ou obter livramento condicional ou outros benefícios prisionais se houver elementos probatórios que indiquem a manutenção do vínculo associativo.

•• § 9.º acrescentado pela Lei n. 13.964, de 24-12-2019.

Capítulo II
DA INVESTIGAÇÃO E DOS MEIOS DE OBTENÇÃO DA PROVA

Art. 3.º Em qualquer fase da persecução penal, serão permitidos, sem prejuízo de outros já previstos em lei, os seguintes meios de obtenção da prova:

I – colaboração premiada;

Lei n. 12.850, de 2-8-2013 — Crime Organizado

II – captação ambiental de sinais eletromagnéticos, ópticos ou acústicos;
III – ação controlada;
IV – acesso a registros de ligações telefônicas e telemáticas, a dados cadastrais constantes de bancos de dados públicos ou privados e a informações eleitorais ou comerciais;
V – interceptação de comunicações telefônicas e telemáticas, nos termos da legislação específica;
VI – afastamento dos sigilos financeiro, bancário e fiscal, nos termos da legislação específica;
VII – infiltração, por policiais, em atividade de investigação, na forma do art. 11;
VIII – cooperação entre instituições e órgãos federais, distritais, estaduais e municipais na busca de provas e informações de interesse da investigação ou da instrução criminal.

§ 1.º Havendo necessidade justificada de manter sigilo sobre a capacidade investigatória, poderá ser dispensada licitação para contratação de serviços técnicos especializados, aquisição ou locação de equipamentos destinados à polícia judiciária para o rastreamento e obtenção de provas previstas nos incisos II e V.

•• § 1.º acrescentado pela Lei n. 13.097, de 19-1-2015.

§ 2.º No caso do § 1.º, fica dispensada a publicação de que trata o parágrafo único do art. 61 da Lei n. 8.666, de 21 de junho de 1993, devendo ser comunicado o órgão de controle interno da realização da contratação.

•• § 2.º acrescentado pela Lei n. 13.097, de 19-1-2015.

Seção I
Da Colaboração Premiada

• *Vide* art. 8.º, parágrafo único, da Lei n. 8.072, de 25-7-1990.
• *Vide* art. 14 da Lei n. 9.807, de 13-7-1999.
• *Vide* art. 49 da Lei n. 11.343, de 23-8-2006.

Art. 3.º-A. O acordo de colaboração premiada é negócio jurídico processual e meio de obtenção de prova, que pressupõe utilidade e interesse públicos.

•• Artigo acrescentado pela Lei n. 13.964, de 24-12-2019.

Art. 3.º-B. O recebimento da proposta para formalização de acordo de colaboração demarca o início das negociações e constitui também marco de confidencialidade, configurando violação de sigilo e quebra da confiança e da boa-fé a divulgação de tais tratativas iniciais ou de documento que as formalize, até o levantamento de sigilo por decisão judicial.

•• *Caput* acrescentado pela Lei n. 13.964, de 24-12-2019.

§ 1.º A proposta de acordo de colaboração premiada poderá ser sumariamente indeferida, com a devida justificativa, cientificando-se o interessado.

•• § 1.º acrescentado pela Lei n. 13.964, de 24-12-2019.

§ 2.º Caso não haja indeferimento sumário, as partes deverão firmar Termo de Confidencialidade para prosseguimento das tratativas, o que vinculará os órgãos envolvidos na negociação e impedirá o indeferimento posterior sem justa causa.

•• § 2.º acrescentado pela Lei n. 13.964, de 24-12-2019.

§ 3.º O recebimento de proposta de colaboração para análise ou o Termo de Confidencialidade não implica, por si só, a suspensão da investigação, ressalvado acordo em contrário quanto à propositura de medidas processuais penais cautelares e assecuratórias, bem como medidas processuais cíveis admitidas pela legislação processual civil em vigor.

•• § 3.º acrescentado pela Lei n. 13.964, de 24-12-2019.

§ 4.º O acordo de colaboração premiada poderá ser precedido de instrução, quando houver necessidade de identificação ou complementação de seu objeto, dos fatos narrados, sua definição jurídica, relevância, utilidade e interesse público.

•• § 4.º acrescentado pela Lei n. 13.964, de 24-12-2019.

§ 5.º Os termos de recebimento de proposta de colaboração e de confidencialidade serão elaborados pelo celebrante e assinados por ele, pelo colaborador e pelo advogado ou defensor público com poderes específicos.

•• § 5.º acrescentado pela Lei n. 13.964, de 24-12-2019.

§ 6.º Na hipótese de não ser celebrado o acordo por iniciativa do celebrante, esse não poderá se valer de nenhuma das informações ou provas apresentadas pelo colaborador, de boa-fé, para qualquer outra finalidade.

•• § 6.º acrescentado pela Lei n. 13.964, de 24-12-2019.

Art. 3.º-C. A proposta de colaboração premiada deve estar instruída com procuração do interessado com poderes específicos para iniciar o procedimento de colaboração e suas tratativas, ou firmada pessoalmente pela parte que pretende a colaboração e se advogado ou defensor público.

•• Artigo acrescentado pela Lei n. 13.964, de 24-12-201

§ 1.º Nenhuma tratativa sobre colaboração premiada deve ser realizada sem a presença de advogado constituído ou defensor público.

•• § 1.º acrescentado pela Lei n. 13.964, de 24-12-2019.

§ 2.º Em caso de eventual conflito de interesses, ou de colaborador hipossuficiente, o celebrante deverá solicitar a presença de outro advogado ou a participação de defensor público.

•• § 2.º acrescentado pela Lei n. 13.964, de 24-12-2019.

§ 3.º No acordo de colaboração premiada, o colaborador deve narrar todos os fatos ilícitos para os quais concorreu e que tenham relação direta com os fatos investigados.

•• § 3.º acrescentado pela Lei n. 13.964, de 24-12-2019.

§ 4.º Incumbe à defesa instruir a proposta de colaboração e os anexos com os fatos adequadamente descritos, com todas as suas circunstâncias, indicando as provas e os elementos de corroboração.

•• § 4.º acrescentado pela Lei n. 13.964, de 24-12-2019.

Art. 4.º O juiz poderá, a requerimento das partes, conceder o perdão judicial, reduzir em até 2/3 (dois terços) a pena privativa de liberdade ou substituí-la por restritiva de direitos daquele que tenha colaborado efetiva e voluntariamente com a investigação e com o processo criminal, desde que dessa colaboração advenha um ou mais dos seguintes resultados:

I – a identificação dos demais coautores e partícipes da organização criminosa e das infrações penais por eles praticadas;

II – a revelação da estrutura hierárquica e da divisão de tarefas da organização criminosa;

III – a prevenção de infrações penais decorrentes das atividades da organização criminosa;

IV – a recuperação total ou parcial do produto ou do proveito das infrações penais praticadas pela organização criminosa;

•• O STF, na ADPF n. 569, nas sessões virtuais de 10-5-2024 a 17-5-2024 (*DOU* de 22-5-2024), por unanimidade, conheceu parcialmente da presente arguição e, na parte conhecida, confirmou a medida cautelar concedida e julgou parcialmente procedente o pedido formulado na inicial para, conferindo interpretação conforme a este inciso IV, assentar que, não havendo previsão legal específica acerca da destinação de receitas derivadas provenientes de sistemas normativos de responsabilização pessoal, a qual vincula os órgãos jurisdicionais no emprego de tais recursos, tais ingressos, como aqueles originados de acordos de colaboração premiada, devem observar os estritos termos do art. 91 do Código Penal, sendo destinados, à mingua de lesados e de terceiros de boa-fé, à União para sujeitarem-se à apropriação somente após o devido processo orçamentário constitucional, vedando-se sua distribuição de maneira diversa, seja por determinação ou acordo firmado pelo Ministério Público, seja por ordem judicial, excetuadas as previsões legais específicas.

V – a localização de eventual vítima com a sua integridade física preservada.

§ 1.º Em qualquer caso, a concessão do benefício levará em conta a personalidade do colaborador, a natureza, as circunstâncias, a gravidade e a repercussão social do fato criminoso e a eficácia da colaboração.

§ 2.º Considerando a relevância da colaboração prestada, o Ministério Público, a qualquer tempo, e o delegado de polícia, nos autos do inquérito policial, com a manifestação do Ministério Público, poderão requerer ou representar ao juiz pela concessão de perdão judicial ao colaborador, ainda que esse benefício não tenha sido previsto na proposta inicial, aplicando-se, no que couber, o art. 28 do Decreto-lei n. 3.689, de 3 de outubro de 1941 (Código de Processo Penal).

§ 3.º O prazo para oferecimento da denúncia ou do processo, relativos ao colaborador, poderá ser suspenso por até 6 (seis) meses, prorrogáveis por igual período, até que sejam cumpridas as medidas de colaboração, suspendendo-se o respectivo prazo prescricional.

§ 4.º Nas mesmas hipóteses do *caput* deste artigo, o Ministério Público poderá deixar de oferecer denúncia se a proposta de acordo de colaboração referir-se a infração de cuja existência não tenha prévio conhecimento e o colaborador:

•• § 4.º, *caput*, com redação determinada pela Lei n. 13.964, de 24-12-2019.

I – não for o líder da organização criminosa;

II – for o primeiro a prestar efetiva colaboração nos termos deste artigo.

§ 4.º-A. Considera-se existente o conhecimento prévio da infração quando o Ministério Público ou a autoridade policial competente tenha instaurado inquérito ou procedimento investigatório para apuração dos fatos apresentados pelo colaborador.

•• § 4.º-A acrescentado pela Lei n. 13.964, de 24-12-2019.

§ 5.º Se a colaboração for posterior à sentença, a pena poderá ser reduzida até a metade ou será admitida a progressão de regime ainda que ausentes os requisitos objetivos.

§ 6.º O juiz não participará das negociações realizadas entre as partes para a formalização do acordo de colaboração, que ocorrerá entre o delegado de polícia, o investigado e o defensor, com a manifestação do Ministério Público, ou, conforme o caso, entre o Ministério Público e o investigado ou acusado e seu defensor.

§ 7.º Realizado o acordo na forma do § 6.º deste artigo, serão remetidos ao juiz, para análise, o respectivo termo, as declarações do colaborador e cópia da investigação, devendo o juiz ouvir sigilosamente o colaborador, acompanhado de seu defensor, oportunidade em que analisará os seguintes aspectos na homologação:

•• § 7.º, *caput*, com redação determinada pela Lei n. 13.964, de 24-12-2019.

I – regularidade e legalidade;

•• Inciso I acrescentado pela Lei n. 13.964, de 24-12-2019.

II – adequação dos benefícios pactuados àqueles previstos no *caput* e nos §§ 4.º e 5.º deste artigo, sendo nulas as cláusulas que violem o critério de definição do regime inicial de cumprimento de pena do art. 33 do Decreto-lei n. 2.848, de 7 de dezembro de 1940 (Código Penal), as regras de cada um dos regimes previstos no Código Penal e na Lei n. 7.210, de 11 de julho de 1984 (Lei de Execução Penal) e os requisitos de progressão de regime não abrangidos pelo § 5.º deste artigo;

•• Inciso II acrescentado pela Lei n. 13.964, de 24-12-2019.

III – adequação dos resultados da colaboração aos resultados mínimos exigidos nos incisos I, II, III, IV e V do *caput* deste artigo;

•• Inciso III acrescentado pela Lei n. 13.964, de 24-12-2019.

IV – voluntariedade da manifestação de vontade, especialmente nos casos em que o colaborador está ou esteve sob efeito de medidas cautelares.

•• Inciso IV acrescentado pela Lei n. 13.964, de 24-12-2019.

§ 7.º-A. O juiz ou o tribunal deve proceder à análise fundamentada do mérito da denúncia, do perdão judicial e das primeiras etapas de aplicação da pena, nos termos do Decreto-lei n. 2.848, de 7 de dezembro de 1940 (Código Penal) e do Decreto-lei n. 3.689, de 3 de outubro de 1941 (Código de Processo Penal), antes de conceder os benefícios pactuados, exceto quando o acordo prever o não oferecimento da denúncia na forma dos §§ 4.º e 4.º-A deste artigo ou já tiver sido proferida sentença.

•• § 7.º-A acrescentado pela Lei n. 13.964, de 24-12-2019.

§ 7.º-B. São nulas de pleno direito as previsões de renúncia ao direito de impugnar a decisão homologatória.

•• § 7.º-B acrescentado pela Lei n. 13.964, de 24-12-2019.

§ 8.º O juiz poderá recusar a homologação da proposta que não atender aos requisitos legais, devolvendo-a às partes para as adequações necessárias.

•• § 8.º com redação determinada pela Lei n. 13.964, de 24-12-2019.

§ 9.º Depois de homologado o acordo, o colaborador poderá, sempre acompanhado pelo seu defensor, ser ouvido pelo membro do Ministério Público ou pelo delegado de polícia responsável pelas investigações.

§ 10. As partes podem retratar-se da proposta, caso em que as provas autoincriminatórias produzidas pelo colaborador não poderão ser utilizadas exclusivamente em seu desfavor.

§ 10-A. Em todas as fases do processo, deve-se garantir ao réu delatado a oportunidade de manifestar-se após o decurso do prazo concedido ao réu que o delatou.

•• § 10-A acrescentado pela Lei n. 13.964, de 24-12-2019.

§ 11. A sentença apreciará os termos do acordo homologado e sua eficácia.

§ 12. Ainda que beneficiado por perdão judicial ou não denunciado, o colaborador poderá ser ouvido em juízo a requerimento das partes ou por iniciativa da autoridade judicial.

§ 13. O registro das tratativas e dos atos de colaboração deverá se dar pelos meios ou recursos de gravação magnética, estenotipia, digital ou técnica similar, inclusive audiovisual, destinados a obter maior fidelidade das informações, garantindo-se a disponibilização de cópia do material ao colaborador.

•• § 13 com redação determinada pela Lei n. 13.964, de 24-12-2019.

§ 14. Nos depoimentos que prestar, o colaborador renunciará, na presença de seu defensor, ao direito ao silêncio e estará sujeito ao compromisso legal de dizer a verdade.

•• O STF, nas sessões virtuais de 10-11-2023 a 20-11-2023 (*DOU* de 1.º-12-2023), julgou improcedente a ADI n. 5.567, contudo conferiu interpretação conforme à Constituição a este § 14, a fim de declarar que "o termo 'renúncia' deve ser interpretado não como forma de esgotamento da garantia do direito ao silêncio, que é irrenunciável e inalienável, mas sim como forma de 'livre exercício do direito ao silêncio e da má autoincriminação pelos colaboradores, em relação aos fatos ilícitos que constituem o objeto dos negócios jurídicos', haja vista que o acordo de colaboração premiada é ato voluntário, firmado na presença da defesa técnica (que deverá orientar o investigado acerca das consequências do negócio jurídico) e que possibilita grandes vantagens ao acusado".

§ 15. Em todos os atos de negociação, confirmação e execução da colaboração, o colaborador deverá estar assistido por defensor.

§ 16. Nenhuma das seguintes medidas será decretada ou proferida com fundamento apenas nas declarações do colaborador:

•• § 16, *caput*, com redação determinada pela Lei n. 13.964, de 24-12-2019.

I – medidas cautelares reais ou pessoais;

•• Inciso I acrescentado pela Lei n. 13.964, de 24-12-2019.

II – recebimento de denúncia ou queixa-crime;

•• Inciso II acrescentado pela Lei n. 13.964, de 24-12-2019.

III – sentença condenatória.

•• Inciso III acrescentado pela Lei n. 13.964, de 24-12-2019.

§ 17. O acordo homologado poderá ser rescindido em caso de omissão dolosa sobre os fatos objeto da colaboração.

•• § 17 acrescentado pela Lei n. 13.964, de 24-12-2019.

§ 18. O acordo de colaboração premiada pressupõe que o colaborador cesse o envolvimento em conduta ilícita relacionada ao objeto da colaboração, sob pena de rescisão.

•• § 18 acrescentado pela Lei n. 13.964, de 24-12-2019.

Art. 5.º São direitos do colaborador:

I – usufruir das medidas de proteção previstas na legislação específica;

II – ter nome, qualificação, imagem e demais informações pessoais preservados;

III – ser conduzido, em juízo, separadamente dos demais coautores e partícipes;

IV – participar das audiências sem contato visual com os outros acusados;

V – não ter sua identidade revelada pelos meios de comunicação, nem ser fotografado ou filmado, sem sua prévia autorização por escrito;

VI – cumprir pena ou prisão cautelar em estabelecimento penal diverso dos demais corréus ou condenados.

•• Inciso VI com redação determinada pela Lei n. 13.964, de 24-12-2019.

Art. 6.º O termo de acordo da colaboração premiada deverá ser feito por escrito e conter:

I – o relato da colaboração e seus possíveis resultados;

II – as condições da proposta do Ministério Público ou do delegado de polícia;

III – a declaração de aceitação do colaborador e de seu defensor;

IV – as assinaturas do representante do Ministério Público ou do delegado de polícia, do colaborador e de seu defensor;

V – a especificação das medidas de proteção ao colaborador e à sua família, quando necessário.

Art. 7.º O pedido de homologação do acordo será sigilosamente distribuído, contendo apenas informações que não possam identificar o colaborador e o seu objeto.

§ 1.º As informações pormenorizadas da colaboração serão dirigidas diretamente ao juiz a que recair a distribuição, que decidirá no prazo de 48 (quarenta e oito) horas.

§ 2.º O acesso aos autos será restrito ao juiz, ao Ministério Público e ao delegado de polícia, como forma de garantir o êxito das investigações, assegurando-se ao defensor, no interesse do representado, amplo acesso aos elementos de prova que digam respeito ao exercício do direito de defesa, devidamente precedido de autorização judicial, ressalvados os referentes às diligências em andamento.

§ 3.º O acordo de colaboração premiada e os depoimentos do colaborador serão mantidos em sigilo até o recebimento da denúncia ou da queixa-crime, sendo vedado ao magistrado decidir por sua publicidade em qualquer hipótese.

•• § 3.º com redação determinada pela Lei n. 13.964, de 24-12-2019.

Seção II
Da Ação Controlada

Art. 8.º Consiste a ação controlada em retardar a intervenção policial ou administrativa relativa à ação praticada por organização criminosa ou a ela vinculada, desde que mantida sob observação e acompanhamento para que a medida legal se concretize no momento mais eficaz à formação de provas e obtenção de informações.

§ 1.º O retardamento da intervenção policial ou administrativa será previamente comunicado ao juiz competente que, se for o caso, estabelecerá os seus limites e comunicará ao Ministério Público.

§ 2.º A comunicação será sigilosamente distribuída de forma a não conter informações que possam indicar a operação a ser efetuada.

§ 3.º Até o encerramento da diligência, o acesso aos autos será restrito ao juiz, ao Ministério Público e ao delegado de polícia, como forma de garantir o êxito das investigações.

§ 4.º Ao término da diligência, elaborar-se-á auto circunstanciado acerca da ação controlada.

Art. 9.º Se a ação controlada envolver transposição de fronteiras, o retardamento da intervenção policial ou administrativa somente poderá ocorrer com a cooperação das autoridades dos países que figurem como provável itinerário ou destino do investigado, de modo a reduzir os riscos de fuga e extravio do produto, objeto, instrumento ou proveito do crime.

Seção III
Da Infiltração de Agentes

Art. 10. A infiltração de agentes de polícia em tarefas de investigação, representada pelo delegado de polícia ou requerida pelo Ministério Público, após manifestação técnica do delegado de polícia quando solicitada no curso do inquérito policial, será precedida de circunstanciada, motivada e sigilosa autorização judicial, que estabelecerá seus limites.

§ 1.º Na hipótese de representação do delegado de polícia, o juiz competente, antes de decidir, ouvirá o Ministério Público.

§ 2.º Será admitida a infiltração se houver indícios de infração penal de que trata o art. 1.º e se a prova não puder ser produzida por outros meios disponíveis.

§ 3.º A infiltração será autorizada pelo prazo de até 6 (seis) meses, sem prejuízo de eventuais renovações, desde que comprovada sua necessidade.

§ 4.º Findo o prazo previsto no § 3.º, o relatório circunstanciado será apresentado ao juiz competente, que imediatamente cientificará o Ministério Público.

§ 5.º No curso do inquérito policial, o delegado de polícia poderá determinar aos seus agentes, e o Ministério Público poderá requisitar, a qualquer tempo, relatório da atividade de infiltração.

Art. 10-A. Será admitida a ação de agentes de polícia infiltrados virtuais, obedecidos os requisitos do *caput* do art. 10, na internet, com o fim de investigar os crimes previstos nesta Lei e a eles conexos, praticados por organizações criminosas, desde que demonstrada sua necessidade e indicados o alcance das tarefas dos policiais, os nomes ou apelidos das pessoas investigadas e, quando possível, os dados de conexão ou cadastrais que permitam a identificação dessas pessoas.

•• *Caput* acrescentado pela Lei n. 13.964, de 24-12-2019.

§ 1.º Para efeitos do disposto nesta Lei, consideram-se:

•• § 1.º, *caput*, acrescentado pela Lei n. 13.964, de 24-12-2019.

I – dados de conexão: informações referentes a hora, data, início, término, duração, endereço de Protocolo de Internet (IP) utilizado e terminal de origem da conexão;

•• Inciso I acrescentado pela Lei n. 13.964, de 24-12-2019.

II – dados cadastrais: informações referentes a nome e endereço de assinante ou de usuário registrado ou autenticado para a conexão a quem endereço de IP, identificação de usuário ou código de acesso tenha sido atribuído no momento da conexão.

•• Inciso II acrescentado pela Lei n. 13.964, de 24-12-2019.

§ 2.º Na hipótese de representação do delegado de polícia, o juiz competente, antes de decidir, ouvirá o Ministério Público.

•• § 2.º acrescentado pela Lei n. 13.964, de 24-12-2019.

§ 3.º Será admitida a infiltração se houver indícios de infração penal de que trata o art. 1.º desta Lei e se as provas não puderem ser produzidas por outros meios disponíveis.

•• § 3.º acrescentado pela Lei n. 13.964, de 24-12-2019.

§ 4.º A infiltração será autorizada pelo prazo de até 6 (seis) meses, sem prejuízo de eventuais renovações, mediante ordem judicial fundamentada e desde que o total não exceda a 720 (setecentos e vinte) dias e seja comprovada sua necessidade.

•• § 4.º acrescentado pela Lei n. 13.964, de 24-12-2019.

§ 5.º Findo o prazo previsto no § 4.º deste artigo, o relatório circunstanciado, juntamente com todos os atos eletrônicos praticados durante a operação, deverão ser registrados, gravados, armazenados e apresentados ao juiz competente, que imediatamente cientificará o Ministério Público.

•• § 5.º acrescentado pela Lei n. 13.964, de 24-12-2019

§ 6.º No curso do inquérito policial, o delegado de polícia poderá determinar aos seus agentes, e o Ministério Público e o juiz competente poderão requisitar a qualquer tempo, relatório da atividade de infiltração

•• § 6.º acrescentado pela Lei n. 13.964, de 24-12-2019

§ 7.º É nula a prova obtida sem a observância do disposto neste artigo.

•• § 7.º acrescentado pela Lei n. 13.964, de 24-12-2019.

Art. 10-B. As informações da operação de infiltração serão encaminhadas diretamente ao juiz res ponsável pela autorização da medida, que zelará por seu sigilo.

•• *Caput* acrescentado pela Lei n. 13.964, de 24-12-2019.

Parágrafo único. Antes da conclusão da operação, o acesso aos autos será reservado ao juiz, ao Ministério Público e ao delegado de polícia responsável pela operação, com o objetivo de garantir o sigilo das investigações.

•• Parágrafo único acrescentado pela Lei n. 13.964, de 24-12-2019.

Art. 10-C. Não comete crime o policial que oculta a sua identidade para, por meio da internet, colher indícios de autoria e materialidade dos crimes previstos no art. 1.º desta Lei.

•• *Caput* acrescentado pela Lei n. 13.964, de 24-12-2019.

Parágrafo único. O agente policial infiltrado que deixar de observar a estrita finalidade da investigação responderá pelos excessos praticados.

•• Parágrafo único acrescentado pela Lei n. 13.964, de 24-12-2019.

Art. 10-D. Concluída a investigação, todos os atos eletrônicos praticados durante a operação deverão ser registrados, gravados, armazenados e encaminhados ao juiz e ao Ministério Público, juntamente com relatório circunstanciado.

•• *Caput* acrescentado pela Lei n. 13.964, de 24-12-2019.

Parágrafo único. Os atos eletrônicos registrados citados no *caput* deste artigo serão reunidos em autos apartados e apensados ao processo criminal juntamente com o inquérito policial, assegurando-se a preservação da identidade do agente policial infiltrado e a intimidade dos envolvidos.

•• Parágrafo único acrescentado pela Lei n. 13.964, de 24-12-2019.

Art. 11. O requerimento do Ministério Público ou a representação do delegado de polícia para a infiltração de agentes conterão a demonstração da necessidade da medida, o alcance das tarefas dos agentes e, quando possível, os nomes ou apelidos das pessoas investigadas e o local da infiltração.

Parágrafo único. Os órgãos de registro e cadastro público poderão incluir nos bancos de dados próprios, mediante procedimento sigiloso e requisição da autoridade judicial, as informações necessárias à efetividade da identidade fictícia criada, nos casos de infiltração de agentes na internet.

•• Parágrafo único acrescentado pela Lei n. 13.964, de 24-12-2019.

Art. 12. O pedido de infiltração será sigilosamente distribuído, de forma a não conter informações que possam indicar a operação a ser efetivada ou identificar o agente que será infiltrado.

§ 1.º As informações quanto à necessidade da operação de infiltração serão dirigidas diretamente ao juiz competente, que decidirá no prazo de 24 (vinte e quatro) horas, após manifestação do Ministério Público na hipótese de representação do delegado de polícia, devendo-se adotar as medidas necessárias para o êxito das investigações e a segurança do agente infiltrado.

§ 2.º Os autos contendo as informações da operação de infiltração acompanharão a denúncia do Ministério Público, quando serão disponibilizados à defesa, assegurando-se a preservação da identidade do agente.

§ 3.º Havendo indícios seguros de que o agente infiltrado sofre risco iminente, a operação será sustada mediante requisição do Ministério Público ou pelo delegado de polícia, dando-se imediata ciência ao Ministério Público e à autoridade judicial.

Art. 13. O agente que não guardar, em sua atuação, a devida proporcionalidade com a finalidade da investigação, responderá pelos excessos praticados.

Parágrafo único. Não é punível, no âmbito da infiltração, a prática de crime pelo agente infiltrado no curso da investigação, quando inexigível conduta diversa.

Art. 14. São direitos do agente:

I – recusar ou fazer cessar a atuação infiltrada;

II – ter sua identidade alterada, aplicando-se, no que couber, o disposto no art. 9.º da Lei n. 9.807, de 13 de julho de 1999, bem como usufruir das medidas de proteção a testemunhas;

III – ter seu nome, sua qualificação, sua imagem, sua voz e demais informações pessoais preservadas durante a investigação e o processo criminal, salvo se houver decisão judicial em contrário;

IV – não ter sua identidade revelada, nem ser fotografado ou filmado pelos meios de comunicação, sem sua prévia autorização por escrito.

Seção IV
Do Acesso a Registros, Dados Cadastrais, Documentos e Informações

Art. 15. O delegado de polícia e o Ministério Público terão acesso, independentemente de autorização judicial, apenas aos dados cadastrais do investigado que informem exclusivamente a qualificação pessoal, a filiação e o endereço mantidos pela Justiça Eleitoral, empresas telefônicas, instituições financeiras, provedores de internet e administradoras de cartão de crédito.

Art. 16. As empresas de transporte possibilitarão, pelo prazo de 5 (cinco) anos, acesso direto e permanente do juiz, do Ministério Público ou do delegado de polícia aos bancos de dados de reservas e registro de viagens.

Art. 17. As concessionárias de telefonia fixa ou móvel manterão, pelo prazo de 5 (cinco) anos, à disposição das autoridades mencionadas no art. 15, registros de identificação dos números dos terminais de origem e de destino das ligações telefônicas internacionais, interurbanas e locais.

Seção V
Dos Crimes Ocorridos na Investigação e na Obtenção da Prova

Art. 18. Revelar a identidade, fotografar ou filmar o colaborador, sem sua prévia autorização por escrito:
Pena – reclusão, de 1 (um) a 3 (três) anos, e multa.

Art. 19. Imputar falsamente, sob pretexto de colaboração com a Justiça, a prática de infração penal a pessoa que sabe ser inocente, ou revelar informações sobre a estrutura de organização criminosa que sabe inverídicas:
Pena – reclusão, de 1 (um) a 4 (quatro) anos, e multa.

Art. 20. Descumprir determinação de sigilo das investigações que envolvam a ação controlada e a infiltração de agentes:
Pena – reclusão, de 1 (um) a 4 (quatro) anos, e multa.

Art. 21. Recusar ou omitir dados cadastrais, registros, documentos e informações requisitadas pelo juiz, Ministério Público ou delegado de polícia, no curso de investigação ou do processo:
Pena – reclusão, de 6 (seis) meses a 2 (dois) anos, e multa.

Parágrafo único. Na mesma pena incorre quem, de forma indevida, se apossa, propala, divulga ou faz uso dos dados cadastrais de que trata esta Lei.

Capítulo III
DISPOSIÇÕES FINAIS

Art. 22. Os crimes previstos nesta Lei e as infrações penais conexas serão apurados mediante procedimento ordinário previsto no Decreto-lei n. 3.689, de 3 de outubro de 1941 (Código de Processo Penal), observado o disposto no parágrafo único deste artigo.

Parágrafo único. A instrução criminal deverá ser encerrada em prazo razoável, o qual não poderá exceder a 120 (cento e vinte) dias quando o réu estiver preso, prorrogáveis em até igual período, por decisão fundamentada, devidamente motivada pela complexidade da causa ou por fato procrastinatório atribuível ao réu.

Art. 23. O sigilo da investigação poderá ser decretado pela autoridade judicial competente, para garantia da celeridade e da eficácia das diligências investigatórias, assegurando-se ao defensor, no interesse do representado, amplo acesso aos elementos de prova que digam respeito ao exercício do direito de defesa, devidamente precedido de autorização judicial, ressalvados os referentes às diligências em andamento.

Parágrafo único. Determinado o depoimento do investigado, seu defensor terá assegurada a prévia vista dos autos, ainda que classificados como sigilosos, no prazo mínimo de 3 (três) dias que antecedem ao ato, podendo ser ampliado, a critério da autoridade responsável pela investigação.

...

Art. 26. Revoga-se a Lei n. 9.034, de 3 de maio de 1995.

Art. 27. Esta Lei entra em vigor após decorridos 45 (quarenta e cinco) dias de sua publicação oficial.

Brasília, 2 de agosto de 2013; 192.º da Independência e 125.º da República.

DILMA ROUSSEFF

LEI N. 13.188, DE 11 DE NOVEMBRO DE 2015 (*)

Dispõe sobre o direito de resposta ou retificação do ofendido em matéria divulgada, publicada ou transmitida por veículo de comunicação social.

A Presidenta da República

Faço saber que o Congresso Nacional decreta e eu sanciono a seguinte Lei:

(*) Publicada no *DOU*, de 12-11-2015.

Direito de Resposta — Lei n. 13.188, de 11-11-2015

Art. 1.º Esta Lei disciplina o exercício do direito de resposta ou retificação do ofendido em matéria divulgada, publicada ou transmitida por veículo de comunicação social.

•• Vide art. 5.º, V, IX e X, da CF.

Art. 2.º Ao ofendido em matéria divulgada, publicada ou transmitida por veículo de comunicação social é assegurado o direito de resposta ou retificação, gratuito e proporcional ao agravo.

•• Vide art. 5.º, V, IX e X, da CF.

§ 1.º Para os efeitos desta Lei, considera-se matéria qualquer reportagem, nota ou notícia divulgada por veículo de comunicação social, independentemente do meio ou da plataforma de distribuição, publicação ou transmissão que utilize, cujo conteúdo atente, ainda que por equívoco de informação, contra a honra, a intimidade, a reputação, o conceito, o nome, a marca ou a imagem de pessoa física ou jurídica identificada ou passível de identificação.

§ 2.º São excluídos da definição de matéria estabelecida no § 1.º deste artigo os comentários realizados por usuários da internet nas páginas eletrônicas dos veículos de comunicação social.

§ 3.º A retratação ou retificação espontânea, ainda que a elas sejam conferidos os mesmos destaque, publicidade, periodicidade e dimensão do agravo, não impedem o exercício do direito de resposta pelo ofendido nem prejudicam a ação de reparação por dano moral.

•• O STF, por maioria, julgou as ADIs n. 5.415, 5.418 e 5.436, na sessão virtual de 11-3-2021 (*DOU* de 25-3-2021), para declarar a constitucionalidade deste § 3.º.

Art. 3.º O direito de resposta ou retificação deve ser exercido no prazo decadencial de 60 (sessenta) dias, contado da data de cada divulgação, publicação ou transmissão da matéria ofensiva, mediante correspondência com aviso de recebimento encaminhada diretamente ao veículo de comunicação social ou, inexistindo pessoa jurídica constituída, a quem por ele responda, independentemente de quem seja o responsável intelectual pelo agravo.

§ 1.º O direito de resposta ou retificação poderá ser exercido, de forma individualizada, em face de todos os veículos de comunicação social que tenham divulgado, publicado, republicado, transmitido ou retransmitido o agravo original.

§ 2.º O direito de resposta ou retificação poderá ser exercido, também, conforme o caso:

I – pelo representante legal do ofendido incapaz ou da pessoa jurídica;

II – pelo cônjuge, descendente, ascendente ou irmão do ofendido que esteja ausente do País ou tenha falecido depois do agravo, mas antes de decorrido o prazo de decadência do direito de resposta ou retificação.

§ 3.º No caso de divulgação, publicação ou transmissão continuada e ininterrupta da mesma matéria ofensiva, o prazo será contado da data em que se iniciou o agravo.

Art. 4.º A resposta ou retificação atenderá, quanto à forma e à duração, ao seguinte:

I – praticado o agravo em mídia escrita ou na internet, terá a resposta ou retificação o destaque, a publicidade, a periodicidade e a dimensão da matéria que a ensejou;

II – praticado o agravo em mídia televisiva, terá a resposta ou retificação o destaque, a publicidade, a periodicidade e a duração da matéria que a ensejou;

III – praticado o agravo em mídia radiofônica, terá a resposta ou retificação o destaque, a publicidade, a periodicidade e a duração da matéria que a ensejou.

§ 1.º Se o agravo tiver sido divulgado, publicado, republicado, transmitido ou retransmitido em mídia escrita ou em cadeia de rádio ou televisão para mais de um Município ou Estado, será conferido proporcional alcance à divulgação da resposta ou retificação.

§ 2.º O ofendido poderá requerer que a resposta ou retificação seja divulgada, publicada ou transmitida nos mesmos espaço, dia da semana e horário do agravo.

§ 3.º A resposta ou retificação cuja divulgação, publicação ou transmissão não obedeça ao disposto nesta Lei é considerada inexistente.

§ 4.º Na delimitação do agravo, deverá ser considerado o contexto da informação ou matéria que gerou a ofensa.

Art. 5.º Se o veículo de comunicação social ou quem por ele responda não divulgar, publicar ou transmitir a resposta ou retificação no prazo de 7 (sete) dias, contado do recebimento do respectivo pedido, na forma do art. 3.º, restará caracterizado o interesse jurídico para a propositura de ação judicial.

§ 1.º É competente para conhecer do feito o juízo do domicílio do ofendido ou, se este assim o preferir, aquele do lugar onde o agravo tenha apresentado maior repercussão.

•• O STF, por maioria, julgou as ADIs n. 5.415, 5.418 e 5.436, na sessão virtual de 11-3-2021 (*DOU* de 25-3-2021), para declarar a constitucionalidade deste § 1.º.

§ 2.º A ação de rito especial de que trata esta Lei será instruída com as provas do agravo e do pedido de resposta ou retificação não atendido, bem como com o texto da resposta ou retificação a ser divulgado, publicado ou transmitido, sob pena de inépcia da inicial, e processada no prazo máximo de 30 (trinta) dias, vedados:

•• O STF, por maioria, julgou as ADIs n. 5.415, 5.418 e 5.436, na sessão virtual de 11-3-2021 (*DOU* de 25-3-2021), para declarar a constitucionalidade deste § 2.º.

I – a cumulação de pedidos;
II – a reconvenção;
III – o litisconsórcio, a assistência e a intervenção de terceiros.

§ 3.º (*Vetado.*)

Art. 6.º Recebido o pedido de resposta ou retificação, o juiz, dentro de 24 (vinte e quatro) horas, mandará citar o responsável pelo veículo de comunicação social para que:

•• O STF, por maioria, julgou as ADIs n. 5.415, 5.418 e 5.436, na sessão virtual de 11-3-2021 (*DOU* de 25-3-2021), para declarar a constitucionalidade deste artigo.

I – em igual prazo, apresente as razões pelas quais não o divulgou, publicou ou transmitiu;
II – no prazo de 3 (três) dias, ofereça contestação.

Parágrafo único. O agravo consistente em injúria não admitirá a prova da verdade.

•• O art. 140 do CP define o crime de injúria.

Art. 7.º O juiz, nas 24 (vinte e quatro) horas seguintes à citação, tenha ou não se manifestado o responsável pelo veículo de comunicação, conhecerá do pedido e, havendo prova capaz de convencer sobre a verossimilhança da alegação ou justificado receio de ineficácia do provimento final, fixará desde logo as condições e a data para a veiculação, em prazo não superior a 10 (dez) dias, da resposta ou retificação.

•• *Vide* arts. 519 a 523 do CPP.
•• O STF, por maioria, julgou as ADIs n. 5.415, 5.418 e 5.436, na sessão virtual de 11-3-2021 (*DOU* de 25-3-2021), para declarar a constitucionalidade deste artigo.

§ 1.º Se o agravo tiver sido divulgado ou publicado por veículo de mídia impressa cuja circulação seja periódica, a resposta ou retificação será divulgada na edição seguinte à da ofensa ou, ainda, excepcionalmente, em edição extraordinária, apenas nos casos em que o prazo entre a ofensa e a próxima edição indique desproporcionalidade entre a ofensa e a resposta ou retificação.

§ 2.º A medida antecipatória a que se refere o *caput* deste artigo poderá ser reconsiderada ou modificada a qualquer momento, em decisão fundamentada.

§ 3.º O juiz poderá, a qualquer tempo, impor multa diária ao réu, independentemente de pedido do autor, bem como modificar-lhe o valor ou a periodicidade, caso verifique que se tornou insuficiente ou excessiva.

§ 4.º Para a efetivação da tutela específica de que trata esta Lei, poderá o juiz, de ofício ou mediante requerimento, adotar as medidas cabíveis para o cumprimento da decisão.

Art. 8.º Não será admitida a divulgação, publicação ou transmissão de resposta ou retificação que não tenha relação com as informações contidas na matéria a que pretende responder nem se enquadre no § 1.º do art. 2.º desta Lei.

Art. 9.º O juiz prolatará a sentença no prazo máximo de 30 (trinta) dias, contado do ajuizamento da ação, salvo na hipótese de conversão do pedido em reparação por perdas e danos.

Parágrafo único. As ações judiciais destinadas a garantir a efetividade do direito de resposta ou retificação previsto nesta Lei processam-se durante as férias forenses e não se suspendem pela superveniência delas.

Art. 10. Das decisões proferidas nos processos submetidos ao rito especial estabelecido nesta Lei, poderá ser concedido efeito suspensivo pelo tribunal competente, desde que constatadas, em juízo colegiado prévio, a plausibilidade do direito invocado e a urgência na concessão da medida.

•• O STF, por maioria, julgou as ADIs n. 5.415, 5.418 5.436, na sessão virtual de 11-3-2021 (*DOU* de 25-3-2021), para declarar a inconstitucionalidade d expressão "em juízo colegiado prévio", deste artigo, conferir interpretação conforme ao dispositivo, n sentido de permitir ao magistrado integrante do tribunal respectivo decidir monocraticamente sobre a concessão de efeito suspensivo a recurso interposto em face de decisão proferida segundo o rito especial do direito de resposta, em conformidade com a liminar anteriormente concedida.

Art. 11. A gratuidade da resposta ou retificação divulgada pelo veículo de comunicação, em caso de ação temerária, não abrange as custas processuais nem exime o autor do ônus da sucumbência.

Parágrafo único. Incluem-se entre os ônus da sucumbência os custos com a divulgação, publicação ou transmissão da resposta ou retificação, caso a decisão judicial favorável ao autor seja reformada em definitivo.

Art. 12. Os pedidos de reparação ou indenização por danos morais, materiais ou à imagem serão deduzidos em ação própria, salvo se o autor, desistindo expressamente da tutela específica de que trata esta Lei, os requerer, caso em que o processo seguirá pelo rito ordinário.

§ 1.º O ajuizamento de ação cível ou penal contra o veículo de comunicação ou seu responsável com fundamento na divulgação, publicação ou transmissão ofensiva não prejudica o exercício administrativo ou judicial do direito de resposta ou retificação previsto nesta Lei.

§ 2.º A reparação ou indenização dar-se-á sem prejuízo da multa a que se refere o § 3.º do art. 7.º.

Art. 14. Esta Lei entra em vigor na data de sua publicação.

Brasília, 11 de novembro de 2015; 194.º da Independência e 127.º da República.

DILMA ROUSSEFF

LEI N. 13.260, DE 16 DE MARÇO DE 2016 (*)

Regulamenta o disposto no inciso XLIII do art. 5.º da Constituição Federal, disciplinando o terrorismo, tratando de disposições investigatórias e processuais e reformulando o conceito de organização terrorista; e altera as Leis n. 7.960, de 21 de dezembro de 1989, e 12.850, de 2 de agosto de 2013.

A Presidenta da República

Faço saber que o Congresso Nacional decreta e eu sanciono a seguinte Lei:

Art. 1.º Esta Lei regulamenta o disposto no inciso XLIII do art. 5.º da Constituição Federal, disciplinando o terrorismo, tratando de disposições investigatórias e processuais e reformulando o conceito de organização terrorista.

•• *Vide* Lei n. 12.850, de 2-8-2013, que dispõe sobre organização criminosa.

Art. 2.º O terrorismo consiste na prática por um ou mais indivíduos dos atos previstos neste artigo, por razões de xenofobia, discriminação ou preconceito de raça, cor, etnia e religião, quando cometidos com a finalidade de provocar terror social ou generalizado, expondo a perigo pessoa, patrimônio, a paz pública ou a incolumidade pública.

§ 1.º São atos de terrorismo:

I – usar ou ameaçar usar, transportar, guardar, portar ou trazer consigo explosivos, gases tóxicos, venenos, conteúdos biológicos, químicos, nucleares ou outros meios capazes de causar danos ou promover destruição em massa;

II e III – (*Vetados.*)

IV – sabotar o funcionamento ou apoderar-se, com violência, grave ameaça a pessoa ou servindo-se de mecanismos cibernéticos, do controle total ou parcial, ainda que de modo temporário, de meio de comunicação ou de transporte, de portos, aeroportos, estações ferroviárias ou rodoviárias, hospitais, casas de saúde, escolas, estádios esportivos, instalações públicas ou locais onde funcionem serviços públicos essenciais, instalações de geração ou transmissão de energia, instalações militares, instalações de exploração, refino e processamento de petróleo e gás e instituições bancárias e sua rede de atendimento;

V – atentar contra a vida ou a integridade física de pessoa:

Pena – reclusão, de doze a trinta anos, além das sanções correspondentes à ameaça ou à violência.

(*) Publicada no *DOU*, de 17-3-2016 – Edição Extra.

Lei n. 13.260, de 16-3-2016   Antiterrorismo

§ 2.º O disposto neste artigo não se aplica à conduta individual ou coletiva de pessoas em manifestações políticas, movimentos sociais, sindicais, religiosos, de classe ou de categoria profissional, direcionados por propósitos sociais ou reivindicatórios, visando a contestar, criticar, protestar ou apoiar, com o objetivo de defender direitos, garantias e liberdades constitucionais, sem prejuízo da tipificação penal contida em lei.

Art. 3.º Promover, constituir, integrar ou prestar auxílio, pessoalmente ou por interposta pessoa, a organização terrorista:

Pena – reclusão, de cinco a oito anos, e multa.

§§ 1.º e 2.º (*Vetados.*)

Art. 4.º (*Vetado.*)

Art. 5.º Realizar atos preparatórios de terrorismo com o propósito inequívoco de consumar tal delito:

Pena – a correspondente ao delito consumado, diminuída de um quarto até a metade.

§ 1.º Incorre nas mesmas penas o agente que, com o propósito de praticar atos de terrorismo:

I – recrutar, organizar, transportar ou municiar indivíduos que viajem para país distinto daquele de sua residência ou nacionalidade; ou

II – fornecer ou receber treinamento em país distinto daquele de sua residência ou nacionalidade.

§ 2.º Nas hipóteses do § 1.º, quando a conduta não envolver treinamento ou viagem para país distinto daquele de sua residência ou nacionalidade, a pena será a correspondente ao delito consumado, diminuída de metade a dois terços.

Art. 6.º Receber, prover, oferecer, obter, guardar, manter em depósito, solicitar, investir, de qualquer modo, direta ou indiretamente, recursos, ativos, bens, direitos, valores ou serviços de qualquer natureza, para o planejamento, a preparação ou a execução dos crimes previstos nesta Lei:

Pena – reclusão, de quinze a trinta anos.

Parágrafo único. Incorre na mesma pena quem oferecer ou receber, obtiver, guardar, mantiver em depósito, solicitar, investir ou de qualquer modo contribuir para a obtenção de ativo, bem ou recurso financeiro, com a finalidade de financiar, total ou parcialmente, pessoa, grupo de pessoas, associação, entidade, organização criminosa que tenha como atividade principal ou secundária, mesmo em caráter eventual, a prática dos crimes previstos nesta Lei.

•• A Instrução Normativa n. 34, de 28-10-2020, da PREVIC, dispõe sobre a política, os procedimentos e os controles internos a serem adotados pelas entidades fechadas de previdência complementar visando à prevenção da utilização do regime para a prática dos crimes de "lavagem" ou ocultação de bens, direitos e valores, de que trata a Lei n. 9.613, de 3-3-1998, e de financiamento do terrorismo, previsto na Lei n. 13.260, de 16-3-2016, observando também aos dispositivos da Lei n. 13.709, de 14-8-2018, Lei Geral de Proteção de Dados.

Art. 7.º Salvo quando for elementar da prática de qualquer crime previsto nesta Lei, se de algum deles resultar lesão corporal grave, aumenta-se a pena de um terço, se resultar morte, aumenta-se a pena da metade.

Arts. 8.º e 9.º (*Vetados.*)

Art. 10. Mesmo antes de iniciada a execução do crime de terrorismo, na hipótese do art. 5.º desta Lei, aplicam-se as disposições do art. 15 do Decreto-lei n. 2.848, de 7 de dezembro de 1940 – Código Penal.

•• O art. 15 do CP, que trata da desistência voluntária e do arrependimento eficaz, dispõe: "O agente que, voluntariamente, desiste de prosseguir na execução ou impede que o resultado se produza, só responde pelos atos já praticados".

Art. 11. Para todos os efeitos legais, considera-se que os crimes previstos nesta Lei são praticados contra o interesse da União, cabendo à Polícia Federal a investigação criminal, em sede de inquérito policial, e à Justiça Federal o seu processamento e julgamento, nos termos do inciso IV do art. 109 da Constituição Federal.

Parágrafo único. (*Vetado.*)

Art. 12. O juiz, de ofício, a requerimento do Ministério Público ou mediante representação do delegado de polícia, ouvido o Ministério Público em vinte e quatro horas, havendo indícios suficientes de crime previsto nesta Lei, poderá decretar, no curso da investigação ou da ação penal, medidas assecuratórias de bens, direitos ou valores do investigado ou acusado, ou existentes em nome de interpostas pessoas, que sejam instrumento, produto ou proveito dos crimes previstos nesta Lei.

§ 1.º Proceder-se-á à alienação antecipada para preservação do valor dos bens sempre que estiverem sujeitos a qualquer grau de deterioração ou depreciação, ou quando houver dificuldade para sua manutenção.

Mandados de Injunção Individual e Coletivo **Lei n. 13.300, de 23-6-2016**

§ 2.º O juiz determinará a liberação, total ou parcial, dos bens, direitos e valores quando comprovada a licitude de sua origem e destinação, mantendo-se a constrição dos bens, direitos e valores necessários e suficientes à reparação dos danos e ao pagamento de prestações pecuniárias, multas e custas decorrentes da infração penal.

§ 3.º Nenhum pedido de liberação será conhecido sem o comparecimento pessoal do acusado ou de interposta pessoa a que se refere o *caput* deste artigo, podendo o juiz determinar a prática de atos necessários à conservação dos bens, direitos ou valores, sem prejuízo do disposto no § 1.º.

§ 4.º Poderão ser decretadas medidas assecuratórias sobre bens, direitos ou valores para reparação do dano decorrente da infração penal antecedente ou da prevista nesta Lei ou para pagamento de prestação pecuniária, multa e custas.

Art. 13. Quando as circunstâncias o aconselharem, o juiz, ouvido o Ministério Público, nomeará pessoa física ou jurídica qualificada para a administração dos bens, direitos ou valores sujeitos a medidas assecuratórias, mediante termo de compromisso.

Art. 14. A pessoa responsável pela administração dos bens:

I – fará jus a uma remuneração, fixada pelo juiz, que será satisfeita preferencialmente com o produto dos bens objeto da administração;

II – prestará, por determinação judicial, informações periódicas da situação dos bens sob sua administração, bem como explicações e detalhamentos sobre investimentos e reinvestimentos realizados.

Parágrafo único. Os atos relativos à administração dos bens serão levados ao conhecimento do Ministério Público, que requererá o que entender cabível.

Art. 15. O juiz determinará, na hipótese de existência de tratado ou convenção internacional e por solicitação de autoridade estrangeira competente, medidas assecuratórias sobre bens, direitos ou valores oriundos de crimes descritos nesta Lei praticados no estrangeiro.

§ 1.º Aplica-se o disposto neste artigo, independentemente de tratado ou convenção internacional, quando houver reciprocidade do governo do país da autoridade solicitante.

§ 2.º Na falta de tratado ou convenção, os bens, direitos ou valores sujeitos a medidas assecuratórias por solicitação de autoridade estrangeira competente ou os recursos provenientes da sua alienação serão repartidos entre o Estado requerente e o Brasil, na proporção de metade, ressalvado o direito do lesado ou de terceiro de boa-fé.

Art. 16. Aplicam-se as disposições da Lei n. 12.850, de 2 de agosto de 2013, para a investigação, processo e julgamento dos crimes previstos nesta Lei.

Art. 17. Aplicam-se as disposições da Lei n. 8.072, de 25 de julho de 1990, aos crimes previstos nesta Lei.

Art. 18. O inciso III do art. 1.º da Lei n. 7.960, de 21 de dezembro de 1989, passa a vigorar acrescido da seguinte alínea *p*:

•• Alteração já processada no diploma modificado.

Art. 19. O art. 1.º da Lei n. 12.850, de 2 de agosto de 2013, passa a vigorar com a seguinte alteração:

•• Alteração já processada no diploma modificado.

Art. 20. Esta Lei entra em vigor na data de sua publicação.

Brasília, 16 de março de 2016; 195.º da Independência e 128.º da República.

DILMA ROUSSEFF

LEI N. 13.300, DE 23 DE JUNHO DE 2016 (*)

Disciplina o processo e o julgamento dos mandados de injunção individual e coletivo e dá outras providências.

O Vice-Presidente da República, no exercício do cargo de Presidente da República

Faço saber que o Congresso Nacional decreta e eu sanciono a seguinte Lei:

Art. 1.º Esta Lei disciplina o processo e o julgamento dos mandados de injunção individual e coletivo, nos termos do inciso LXXI do art. 5.º da Constituição Federal.

Art. 2.º Conceder-se-á mandado de injunção sempre que a falta total ou parcial de norma regulamentadora torne inviável o exercício dos direitos e liberda-

(*) Publicada no *DOU*, de 24-6-2016.

des constitucionais e das prerrogativas inerentes à nacionalidade, à soberania e à cidadania.

Parágrafo único. Considera-se parcial a regulamentação quando forem insuficientes as normas editadas pelo órgão legislador competente.

Art. 3.º São legitimados para o mandado de injunção, como impetrantes, as pessoas naturais ou jurídicas que se afirmam titulares dos direitos, das liberdades ou das prerrogativas referidos no art. 2.º e, como impetrado, o Poder, o órgão ou a autoridade com atribuição para editar a norma regulamentadora.

Art. 4.º A petição inicial deverá preencher os requisitos estabelecidos pela lei processual e indicará, além do órgão impetrado, a pessoa jurídica que ele integra ou aquela a que está vinculado.

•• Os arts. 319 a 331 do CPC dispõem sobre petição inicial.

§ 1.º Quando não for transmitida por meio eletrônico, a petição inicial e os documentos que a instruem serão acompanhados de tantas vias quantos forem os impetrados.

§ 2.º Quando o documento necessário à prova do alegado encontrar-se em repartição ou estabelecimento público, em poder de autoridade ou de terceiro, havendo recusa em fornecê-lo por certidão, no original, ou em cópia autêntica, será ordenada, a pedido do impetrante, a exibição do documento no prazo de 10 (dez) dias, devendo, nesse caso, ser juntada cópia à segunda via da petição.

§ 3.º Se a recusa em fornecer o documento for do impetrado, a ordem será feita no próprio instrumento da notificação.

Art. 5.º Recebida a petição inicial, será ordenada:

I – a notificação do impetrado sobre o conteúdo da petição inicial, devendo-lhe ser enviada a segunda via apresentada com as cópias dos documentos, a fim de que, no prazo de 10 (dez) dias, preste informações;

II – a ciência do ajuizamento da ação ao órgão de representação judicial da pessoa jurídica interessada, devendo-lhe ser enviada cópia da petição inicial, para que, querendo, ingresse no feito.

Art. 6.º A petição inicial será desde logo indeferida quando a impetração for manifestamente incabível ou manifestamente improcedente.

•• Os arts. 330 e 331 do CPC tratam sobre o indeferimento da petição inicial.

Parágrafo único. Da decisão de relator que indeferir a petição inicial, caberá agravo, em 5 (cinco) dias, para o órgão colegiado competente para o julgamento da impetração.

Art. 7.º Findo o prazo para apresentação das informações, será ouvido o Ministério Público, que opinará em 10 (dez) dias, após o que, com ou sem parecer, os autos serão conclusos para decisão.

Art. 8.º Reconhecido o estado de mora legislativa, será deferida a injunção para:

I – determinar prazo razoável para que o impetrado promova a edição da norma regulamentadora;

II – estabelecer as condições em que se dará o exercício dos direitos, das liberdades ou das prerrogativas reclamados ou, se for o caso, as condições em que poderá o interessado promover ação própria visando a exercê-los, caso não seja suprida a mora legislativa no prazo determinado.

Parágrafo único. Será dispensada a determinação a que se refere o inciso I do *caput* quando comprovado que o impetrado deixou de atender, em mandado de injunção anterior, ao prazo estabelecido para a edição da norma.

Art. 9.º A decisão terá eficácia subjetiva limitada às partes e produzirá efeitos até o advento da norma regulamentadora.

§ 1.º Poderá ser conferida eficácia *ultra partes* ou *erga omnes* à decisão, quando isso for inerente ou indispensável ao exercício do direito, da liberdade ou da prerrogativa objeto da impetração.

•• *Vide* art. 13, *caput*, desta lei.

§ 2.º Transitada em julgado a decisão, seus efeitos poderão ser estendidos aos casos análogos por decisão monocrática do relator.

§ 3.º O indeferimento do pedido por insuficiência de prova não impede a renovação da impetração fundada em outros elementos probatórios.

Art. 10. Sem prejuízo dos efeitos já produzidos, a decisão poderá ser revista, a pedido de qualquer interessado, quando sobrevierem relevantes modificações das circunstâncias de fato ou de direito.

Parágrafo único. A ação de revisão observará, no qu couber, o procedimento estabelecido nesta Lei.

Art. 11. A norma regulamentadora superveniente produzirá efeitos *ex nunc* em relação aos beneficiado por decisão transitada em julgado, salvo se a aplicação da norma editada lhes for mais favorável.

Parágrafo único. Estará prejudicada a impetração se a norma regulamentadora for editada antes da decisão, caso em que o processo será extinto sem resolução de mérito.

Art. 12. O mandado de injunção coletivo pode ser promovido:

I – pelo Ministério Público, quando a tutela requerida for especialmente relevante para a defesa da ordem jurídica, do regime democrático ou dos interesses sociais ou individuais indisponíveis;

•• *Vide* art. 129 da CF.

II – por partido político com representação no Congresso Nacional, para assegurar o exercício de direitos, liberdades e prerrogativas de seus integrantes ou relacionados com a finalidade partidária;

III – por organização sindical, entidade de classe ou associação legalmente constituída e em funcionamento há pelo menos 1 (um) ano, para assegurar o exercício de direitos, liberdades e prerrogativas em favor da totalidade ou de parte de seus membros ou associados, na forma de seus estatutos e desde que pertinentes a suas finalidades, dispensada, para tanto, autorização especial;

IV – pela Defensoria Pública, quando a tutela requerida for especialmente relevante para a promoção dos direitos humanos e a defesa dos direitos individuais e coletivos dos necessitados, na forma do inciso LXXIV do art. 5.º da Constituição Federal.

Parágrafo único. Os direitos, as liberdades e as prerrogativas protegidos por mandado de injunção coletivo são os pertencentes, indistintamente, a uma coletividade indeterminada de pessoas ou determinada por grupo, classe ou categoria.

Art. 13. No mandado de injunção coletivo, a sentença fará coisa julgada limitadamente às pessoas integrantes da coletividade, do grupo, da classe ou da categoria substituídos pelo impetrante, sem prejuízo do disposto nos §§ 1.º e 2.º do art. 9.º.

Parágrafo único. O mandado de injunção coletivo não induz litispendência em relação aos individuais, mas os efeitos da coisa julgada não beneficiarão o impetrante que não requerer a desistência da demanda individual no prazo de 30 (trinta) dias a contar da ciência comprovada da impetração coletiva.

Art. 14. Aplicam-se subsidiariamente ao mandado de injunção as normas do mandado de segurança, disciplinado pela Lei n. 12.016, de 7 de agosto de 2009, e do Código de Processo Civil, instituído pela Lei n. 5.869, de 11 de janeiro de 1973, e pela Lei n. 13.105, de 16 de março de 2015, observado o disposto em seus arts. 1.045 e 1.046.

Art. 15. Esta Lei entra em vigor na data de sua publicação.

Brasília, 23 de junho de 2016; 195.º da Independência e 128.º da República.

MICHEL TEMER

DECRETO N. 8.858, DE 26 DE SETEMBRO DE 2016 (*)

Regulamenta o disposto no art. 199 da Lei n. 7.210, de 11 de julho de 1984 – Lei de Execução Penal.

O Presidente da República, no uso da atribuição que lhe confere o art. 84, *caput*, inciso IV, da Constituição, e tendo em vista o disposto no art. 199 da Lei n. 7.210, de 11 de julho de 1984 – Lei de Execução Penal, decreta:

Art. 1.º O emprego de algemas observará o disposto neste Decreto e terá como diretrizes:

I – o inciso III do *caput* do art. 1.º e o inciso III do *caput* do art. 5.º da Constituição, que dispõem sobre a proteção e a promoção da dignidade da pessoa humana e sobre a proibição de submissão ao tratamento desumano e degradante;

II – a Resolução n. 2.010/16, de 22 de julho de 2010, das Nações Unidas sobre o tratamento de mulheres presas e medidas não privativas de liberdade para mulheres infratoras (Regras de Bangkok); e

III – o Pacto de San José da Costa Rica, que determina o tratamento humanitário dos presos e, em especial, das mulheres em condição de vulnerabilidade.

Art. 2.º É permitido o emprego de algemas apenas em casos de resistência e de fundado receio de fuga ou de perigo à integridade física própria ou alheia, causado pelo preso ou por terceiros, justificada a sua excepcionalidade por escrito.

(*) Publicado no *DOU*, de 27-9-2016.

Art. 3.º É vedado emprego de algemas em mulheres presas em qualquer unidade do sistema penitenciário nacional durante o trabalho de parto, no trajeto da parturiente entre a unidade prisional e a unidade hospitalar e após o parto, durante o período em que se encontrar hospitalizada.

Art. 4.º Este Decreto entra em vigor na data de sua publicação.

Brasília, 26 de setembro de 2016; 195.º da Independência e 128.º da República.

MICHEL TEMER

LEI N. 13.344, DE 6 DE OUTUBRO DE 2016 (*)

Dispõe sobre prevenção e repressão ao tráfico interno e internacional de pessoas e sobre medidas de atenção às vítimas; altera a Lei n. 6.815, de 19 de agosto de 1980, o Decreto-lei n. 3.689, de 3 de outubro de 1941 (Código de Processo Penal), e o Decreto-lei n. 2.848, de 7 de dezembro de 1940 (Código Penal); e revoga dispositivos do Decreto-lei n. 2.848, de 7 de dezembro de 1940 (Código Penal).

O Presidente da República

Faço saber que o Congresso Nacional decreta e eu sanciono a seguinte Lei:

Art. 1.º Esta Lei dispõe sobre o tráfico de pessoas cometido no território nacional contra vítima brasileira ou estrangeira e no exterior contra vítima brasileira.

Parágrafo único. O enfrentamento ao tráfico de pessoas compreende a prevenção e a repressão desse delito, bem como a atenção às suas vítimas.

Capítulo I
DOS PRINCÍPIOS E DAS DIRETRIZES

Art. 2.º O enfrentamento ao tráfico de pessoas atenderá aos seguintes princípios:

(*) Publicada no *DOU*, de 7-10-2016.

I – respeito à dignidade da pessoa humana;

II – promoção e garantia da cidadania e dos direitos humanos;

III – universalidade, indivisibilidade e interdependência;

IV – não discriminação por motivo de gênero, orientação sexual, origem étnica ou social, procedência, nacionalidade, atuação profissional, raça, religião, faixa etária, situação migratória ou outro *status*;

V – transversalidade das dimensões de gênero, orientação sexual, origem étnica ou social, procedência, raça e faixa etária nas políticas públicas;

VI – atenção integral às vítimas diretas e indiretas, independentemente de nacionalidade e de colaboração em investigações ou processos judiciais;

VII – proteção integral da criança e do adolescente.

Art. 3.º O enfrentamento ao tráfico de pessoas atenderá às seguintes diretrizes:

I – fortalecimento do pacto federativo, por meio da atuação conjunta e articulada das esferas de governo no âmbito das respectivas competências;

II – articulação com organizações governamentais e não governamentais nacionais e estrangeiras;

III – incentivo à participação da sociedade em instâncias de controle social e das entidades de classe ou profissionais na discussão das políticas sobre tráfico de pessoas;

IV – estruturação da rede de enfrentamento ao tráfico de pessoas, envolvendo todas as esferas de governo e organizações da sociedade civil;

V – fortalecimento da atuação em áreas ou regiões de maior incidência do delito, como as de fronteira, portos, aeroportos, rodovias e estações rodoviárias e ferroviárias;

VI – estímulo à cooperação internacional;

VII – incentivo à realização de estudos e pesquisas e ao seu compartilhamento;

VIII – preservação do sigilo dos procedimentos administrativos e judiciais, nos termos da lei;

IX – gestão integrada para coordenação da política e dos planos nacionais de enfrentamento ao tráfico de pessoas.

Capítulo II
DA PREVENÇÃO AO TRÁFICO DE PESSOAS

Art. 4.º A prevenção ao tráfico de pessoas dar-se-á por meio:

I – da implementação de medidas intersetoriais e integradas nas áreas de saúde, educação, trabalho, segurança pública, justiça, turismo, assistência social, desenvolvimento rural, esportes, comunicação, cultura e direitos humanos;

II – de campanhas socioeducativas e de conscientização, considerando as diferentes realidades e linguagens;

III – de incentivo à mobilização e à participação da sociedade civil; e

IV – de incentivo a projetos de prevenção ao tráfico de pessoas.

Capítulo III
DA REPRESSÃO AO TRÁFICO DE PESSOAS

Art. 5.º A repressão ao tráfico de pessoas dar-se-á por meio:

I – da cooperação entre órgãos do sistema de justiça e segurança, nacionais e estrangeiros;

II – da integração de políticas e ações de repressão aos crimes correlatos e da responsabilização dos seus autores;

III – da formação de equipes conjuntas de investigação.

Capítulo IV
DA PROTEÇÃO E DA ASSISTÊNCIA ÀS VÍTIMAS

Art. 6.º A proteção e o atendimento à vítima direta ou indireta do tráfico de pessoas compreendem:

I – assistência jurídica, social, de trabalho e emprego e de saúde;

II – acolhimento e abrigo provisório;

III – atenção às suas necessidades específicas, especialmente em relação a questões de gênero, orientação sexual, origem étnica ou social, procedência, nacionalidade, raça, religião, faixa etária, situação migratória, atuação profissional, diversidade cultural, linguagem, laços sociais e familiares ou outro *status*;

IV – preservação da intimidade e da identidade;

V – prevenção à revitimização no atendimento e nos procedimentos investigatórios e judiciais;

VI – atendimento humanizado;

VII – informação sobre procedimentos administrativos e judiciais.

§ 1.º A atenção às vítimas dar-se-á com a interrupção da situação de exploração ou violência, a sua reinserção social, a garantia de facilitação do acesso à educação, à cultura, à formação profissional e ao trabalho e, no caso de crianças e adolescentes, a busca de sua reinserção familiar e comunitária.

§ 2.º No exterior, a assistência imediata a vítimas brasileiras estará a cargo da rede consular brasileira e será prestada independentemente de sua situação migratória, ocupação ou outro *status*.

§ 3.º A assistência à saúde prevista no inciso I deste artigo deve compreender os aspectos de recuperação física e psicológica da vítima.

Capítulo V
DISPOSIÇÕES PROCESSUAIS

Art. 8.º O juiz, de ofício, a requerimento do Ministério Público ou mediante representação do delegado de polícia, ouvido o Ministério Público, havendo indícios suficientes de infração penal, poderá decretar medidas assecuratórias relacionadas a bens, direitos ou valores pertencentes ao investigado ou acusado, ou existentes em nome de interpostas pessoas, que sejam instrumento, produto ou proveito do crime de tráfico de pessoas, procedendo-se na forma dos arts. 125 a 144-A do Decreto-lei n. 3.689, de 3 de outubro de 1941 (Código de Processo Penal).

§ 1.º Proceder-se-á à alienação antecipada para preservação do valor dos bens sempre que estiverem sujeitos a qualquer grau de deterioração ou depreciação, ou quando houver dificuldade para sua manutenção.

§ 2.º O juiz determinará a liberação total ou parcial dos bens, direitos e valores quando comprovada a licitude de sua origem, mantendo-se a constrição dos bens, direitos e valores necessários e suficientes à reparação dos danos e ao pagamento de prestações pecuniárias, multas e custas decorrentes da infração penal.

§ 3.º Nenhum pedido de liberação será conhecido sem o comparecimento pessoal do acusado ou investigado, ou de interposta pessoa a que se refere o *caput*, podendo o juiz determinar a prática de atos necessários à conservação de bens, direitos ou valores, sem prejuízo do disposto no § 1.º.

§ 4.º Ao proferir a sentença de mérito, o juiz decidirá sobre o perdimento do produto, bem ou valor apreendido, sequestrado ou declarado indisponível.

Art. 9.º Aplica-se subsidiariamente, no que couber, o disposto na Lei n. 12.850, de 2 de agosto de 2013.

Art. 10. O Poder Público é autorizado a criar sistema de informações visando à coleta e à gestão de dados que orientem o enfrentamento ao tráfico de pessoas.

Art. 11. O Decreto-lei n. 3.689, de 3 de outubro de 1941 (Código de Processo Penal), passa a vigorar acrescido dos seguintes arts. 13-A e 13-B:

•• Alterações já processadas no diploma modificado.

Art. 12. O inciso V do art. 83 do Decreto-lei n. 2.848, de 7 de dezembro de 1940 (Código Penal), passa a vigorar com a seguinte redação:

•• Alteração já processada no diploma modificado.

Capítulo VI
DAS CAMPANHAS RELACIONADAS AO ENFRENTAMENTO AO TRÁFICO DE PESSOAS

Art. 14. É instituído o Dia Nacional de Enfrentamento ao Tráfico de Pessoas, a ser comemorado, anualmente, em 30 de julho.

Art. 15. Serão adotadas campanhas nacionais de enfrentamento ao tráfico de pessoas, a serem divulgadas em veículos de comunicação, visando à conscientização da sociedade sobre todas as modalidades de tráfico de pessoas.

Capítulo VII
DISPOSIÇÕES FINAIS

Art. 16. Revogam-se os arts. 231 e 231-A do Decreto-lei n. 2.848, de 7 de dezembro de 1940 (Código Penal).

Art. 17. Esta Lei entra em vigor após decorridos 45 (quarenta e cinco) dias de sua publicação oficial.

Brasília, 6 de outubro de 2016; 195.º da Independência e 128.º da República.

MICHEL TEMER

LEI N. 13.445, DE 24 DE MAIO DE 2017 (*)

Institui a Lei de Migração.

O Presidente da República

Faço saber que o Congresso Nacional decreta e eu sanciono a seguinte Lei:

....

Seção IV
Da Expulsão

Art. 54. A expulsão consiste em medida administrativa de retirada compulsória de migrante ou visitante do território nacional, conjugada com o impedimento de reingresso por prazo determinado.

§ 1.º Poderá dar causa à expulsão a condenação com sentença transitada em julgado relativa à prática de:

I – crime de genocídio, crime contra a humanidade, crime de guerra ou crime de agressão, nos termos definidos pelo Estatuto de Roma do Tribunal Penal Internacional, de 1998, promulgado pelo Decreto n. 4.388, de 25 de setembro de 2002; ou

II – crime comum doloso passível de pena privativa de liberdade, consideradas a gravidade e as possibilidades de ressocialização em território nacional.

§ 2.º Caberá à autoridade competente resolver sobre a expulsão, a duração do impedimento de reingresso e a suspensão ou a revogação dos efeitos da expulsão, observado o disposto nesta Lei.

§ 3.º O processamento da expulsão em caso de crime comum não prejudicará a progressão de regime, o cumprimento da pena, a suspensão condicional do processo, a comutação da pena ou a concessão de pena alternativa, de indulto coletivo ou individual, de anistia ou de quaisquer benefícios concedidos em igualdade de condições ao nacional brasileiro.

§ 4.º O prazo de vigência da medida de impedimento vinculada aos efeitos da expulsão será proporcional ao prazo total da pena aplicada e nunca será superior ao dobro de seu tempo.

(*) Publicada no *DOU*, de 25-5-2017. Deixamos de publicar a Tabela de Taxas e Emolumentos Consulares anexa a esta Lei, por não atender a proposta da obra. O Decreto n. 9.199, de 20-11-2017, regulamenta esta Lei.

Art. 55. Não se procederá à expulsão quando:

I – a medida configurar extradição inadmitida pela legislação brasileira;

II – o expulsando:

a) tiver filho brasileiro que esteja sob sua guarda ou dependência econômica ou socioafetiva ou tiver pessoa brasileira sob sua tutela;

b) tiver cônjuge ou companheiro residente no Brasil, sem discriminação alguma, reconhecido judicial ou legalmente;

c) tiver ingressado no Brasil até os 12 (doze) anos de idade, residindo desde então no País;

d) for pessoa com mais de 70 (setenta) anos que resida no País há mais de 10 (dez) anos, considerados a gravidade e o fundamento da expulsão; ou

e) (vetada.)

Art. 56. Regulamento definirá procedimentos para apresentação e processamento de pedidos de suspensão e de revogação dos efeitos das medidas de expulsão e de impedimento de ingresso e permanência em território nacional.

Art. 57. Regulamento disporá sobre condições especiais de autorização de residência para viabilizar medidas de ressocialização a migrante e a visitante em cumprimento de penas aplicadas ou executadas em território nacional.

Art. 58. No processo de expulsão serão garantidos o contraditório e a ampla defesa.

•• Vide art. 5.º, LV, da CF.

§ 1.º A Defensoria Pública da União será notificada da instauração de processo de expulsão, se não houver defensor constituído.

§ 2.º Caberá pedido de reconsideração da decisão sobre a expulsão no prazo de 10 (dez) dias, a contar da notificação pessoal do expulsando.

Art. 59. Será considerada regular a situação migratória do expulsando cujo processo esteja pendente de decisão, nas condições previstas no art. 55.

Art. 60. A existência de processo de expulsão não impede a saída voluntária do expulsando do País.

Seção V
Das Vedações

Art. 61. Não se procederá à repatriação, à deportação ou à expulsão coletivas.

Parágrafo único. Entende-se por repatriação, deportação ou expulsão coletiva aquela que não individualiza a situação migratória irregular de cada pessoa.

Art. 62. Não se procederá à repatriação, à deportação ou à expulsão de nenhum indivíduo quando subsistirem razões para acreditar que a medida poderá colocar em risco a vida ou a integridade pessoal.

Capítulo VIII
DAS MEDIDAS DE COOPERAÇÃO

Seção I
Da Extradição

Art. 81. A extradição é a medida de cooperação internacional entre o Estado brasileiro e outro Estado pela qual se concede ou solicita a entrega de pessoa sobre quem recaia condenação criminal definitiva ou para fins de instrução de processo penal em curso.

§ 1.º A extradição será requerida por via diplomática ou pelas autoridades centrais designadas para esse fim.

§ 2.º A extradição e sua rotina de comunicação serão realizadas pelo órgão competente do Poder Executivo em coordenação com as autoridades judiciárias e policiais competentes.

Art. 82. Não se concederá a extradição quando:

•• Vide art. 5.º, LI, da CF.

I – o indivíduo cuja extradição é solicitada ao Brasil for brasileiro nato;

II – o fato que motivar o pedido não for considerado crime no Brasil ou no Estado requerente;

III – o Brasil for competente, segundo suas leis, para julgar o crime imputado ao extraditando;

IV – a lei brasileira impuser ao crime pena de prisão inferior a 2 (dois) anos;

V – o extraditando estiver respondendo a processo ou já houver sido condenado ou absolvido no Brasil pelo mesmo fato em que se fundar o pedido;

VI – a punibilidade estiver extinta pela prescrição, segundo a lei brasileira ou a do Estado requerente;

VII – o fato constituir crime político ou de opinião;

VIII – o extraditando tiver de responder, no Estado requerente, perante tribunal ou juízo de exceção; ou

IX – o extraditando for beneficiário de refúgio, nos termos da Lei n. 9.474, de 22 de julho de 1997, ou de asilo territorial.

§ 1.º A previsão constante do inciso VII do *caput* não impedirá a extradição quando o fato constituir, principalmente, infração à lei penal comum ou quando o crime comum, conexo ao delito político, constituir o fato principal.

§ 2.º Caberá à autoridade judiciária competente a apreciação do caráter da infração.

§ 3.º Para determinação da incidência do disposto no inciso I, será observada, nos casos de aquisição de outra nacionalidade por naturalização, a anterioridade do fato gerador da extradição.

§ 4.º O Supremo Tribunal Federal poderá deixar de considerar crime político o atentado contra chefe de Estado ou quaisquer autoridades, bem como crime contra a humanidade, crime de guerra, crime de genocídio e terrorismo.

§ 5.º Admite-se a extradição de brasileiro naturalizado, nas hipóteses previstas na Constituição Federal.

Art. 83. São condições para concessão da extradição:

I – ter sido o crime cometido no território do Estado requerente ou serem aplicáveis ao extraditando as leis penais desse Estado; e

II – estar o extraditando respondendo a processo investigatório ou a processo penal ou ter sido condenado pelas autoridades judiciárias do Estado requerente a pena privativa de liberdade.

Art. 84. Em caso de urgência, o Estado interessado na extradição poderá, previamente ou conjuntamente com a formalização do pedido extradicional, requerer, por via diplomática ou por meio de autoridade central do Poder Executivo, prisão cautelar com o objetivo de assegurar a executoriedade da medida de extradição que, após exame da presença dos pressupostos formais de admissibilidade exigidos nesta Lei ou em tratado, deverá representar à autoridade judicial competente, ouvido previamente o Ministério Público Federal.

§ 1.º O pedido de prisão cautelar deverá conter informação sobre o crime cometido e deverá ser fundamentado, podendo ser apresentado por correio, fax, mensagem eletrônica ou qualquer outro meio que assegure a comunicação por escrito.

§ 2.º O pedido de prisão cautelar poderá ser transmitido à autoridade competente para extradição no Brasil por meio de canal estabelecido com o ponto focal da Organização Internacional de Polícia Criminal (Interpol) no País, devidamente instruído com a documentação comprobatória da existência de ordem de prisão proferida por Estado estrangeiro, e, em caso de ausência de tratado, com a promessa de reciprocidade recebida por via diplomática.

§ 3.º Efetivada a prisão do extraditando, o pedido de extradição será encaminhado à autoridade judiciária competente.

§ 4.º Na ausência de disposição específica em tratado, o Estado estrangeiro deverá formalizar o pedido de extradição no prazo de 60 (sessenta) dias, contado da data em que tiver sido cientificado da prisão do extraditando.

§ 5.º Caso o pedido de extradição não seja apresentado no prazo previsto no § 4.º, o extraditando deverá ser posto em liberdade, não se admitindo novo pedido de prisão cautelar pelo mesmo fato sem que a extradição tenha sido devidamente requerida.

§ 6.º A prisão cautelar poderá ser prorrogada até o julgamento final da autoridade judiciária competente quanto à legalidade do pedido de extradição.

Art. 85. Quando mais de um Estado requerer a extradição da mesma pessoa, pelo mesmo fato, terá preferência o pedido daquele em cujo território a infração foi cometida.

§ 1.º Em caso de crimes diversos, terá preferência, sucessivamente:

I – o Estado requerente em cujo território tenha sido cometido o crime mais grave, segundo a lei brasileira;

II – o Estado que em primeiro lugar tenha pedido a entrega do extraditando, se a gravidade dos crimes for idêntica;

III – o Estado de origem, ou, em sua falta, o domiciliar do extraditando, se os pedidos forem simultâneos.

§ 2.º Nos casos não previstos nesta Lei, o órgão competente do Poder Executivo decidirá sobre a preferência do pedido, priorizando o Estado requerente que mantiver tratado de extradição com o Brasil.

§ 3.º Havendo tratado com algum dos Estados requerentes, prevalecerão suas normas no que diz respeito à preferência de que trata este artigo.

Art. 86. O Supremo Tribunal Federal, ouvido o Ministério Público, poderá autorizar prisão albergue ou domiciliar ou determinar que o extraditando responda ao processo de extradição em liberdade, com retenção do documento de viagem ou outras medidas cautelares necessárias, até o julgamento da extradição ou a entrega do extraditando, se pertinente, considerando a situação administrativa migratória, os antecedentes do extraditando e as circunstâncias do caso.

Art. 87. O extraditando poderá entregar-se voluntariamente ao Estado requerente, desde que o declare expressamente, esteja assistido por advogado e seja advertido de que tem direito ao processo judicial de extradição e à proteção que tal direito encerra, caso em que o pedido será decidido pelo Supremo Tribunal Federal.

Art. 88. Todo pedido que possa originar processo de extradição em face de Estado estrangeiro deverá ser encaminhado ao órgão competente do Poder Executivo diretamente pelo órgão do Poder Judiciário responsável pela decisão ou pelo processo penal que a fundamenta.

§ 1.º Compete ao órgão do Poder Executivo o papel de orientação, de informação e de avaliação dos elementos formais de admissibilidade dos processos preparatórios para encaminhamento ao Estado requerido.

§ 2.º Compete aos órgãos do sistema de Justiça vinculados ao processo penal gerador de pedido de extradição a apresentação de todos os documentos, manifestações e demais elementos necessários para o processamento do pedido, inclusive suas traduções oficiais.

§ 3.º O pedido deverá ser instruído com cópia autêntica ou com o original da sentença condenatória ou da decisão penal proferida, conterá indicações precisas sobre o local, a data, a natureza e as circunstâncias do fato criminoso e a identidade do extraditando e será acompanhado de cópia dos textos legais sobre o crime, a competência, a pena e a prescrição.

§ 4.º O encaminhamento do pedido de extradição ao órgão competente do Poder Executivo confere autenticidade aos documentos.

Art. 89. O pedido de extradição originado de Estado estrangeiro será recebido pelo órgão competente do Poder Executivo e, após exame da presença dos pressupostos formais de admissibilidade exigidos nesta Lei ou em tratado, encaminhado à autoridade judiciária competente.

Parágrafo único. Não preenchidos os pressupostos referidos no *caput*, o pedido será arquivado mediante decisão fundamentada, sem prejuízo da possibilidade de renovação do pedido, devidamente instruído, uma vez superado o óbice apontado.

Art. 90. Nenhuma extradição será concedida sem prévio pronunciamento do Supremo Tribunal Federal sobre sua legalidade e procedência, não cabendo recurso da decisão.

Art. 91. Ao receber o pedido, o relator designará dia e hora para o interrogatório do extraditando e, conforme o caso, nomear-lhe-á curador ou advogado, se não o tiver.

§ 1.º A defesa, a ser apresentada no prazo de 10 (dez) dias contado da data do interrogatório, versará sobre a identidade da pessoa reclamada, defeito de forma de documento apresentado ou ilegalidade da extradição.

§ 2.º Não estando o processo devidamente instruído, o Tribunal, a requerimento do órgão do Ministério Público Federal correspondente, poderá converter o julgamento em diligência para suprir a falta.

§ 3.º Para suprir a falta referida no § 2.º, o Ministério Público Federal terá prazo improrrogável de 60 (sessenta) dias, após o qual o pedido será julgado independentemente da diligência.

§ 4.º O prazo referido no § 3.º será contado da data de notificação à missão diplomática do Estado requerente.

Art. 92. Julgada procedente a extradição e autorizada a entrega pelo órgão competente do Poder Executivo, será o ato comunicado por via diplomática ao Estado requerente, que, no prazo de 60 (sessenta) dias da comunicação, deverá retirar o extraditando do território nacional.

Art. 93. Se o Estado requerente não retirar o extraditando do território nacional no prazo previsto no art. 92, será ele posto em liberdade, sem prejuízo de outras medidas aplicáveis.

Art. 94. Negada a extradição em fase judicial, não se admitirá novo pedido baseado no mesmo fato.

Art. 95. Quando o extraditando estiver sendo processado ou tiver sido condenado, no Brasil, por crime punível com pena privativa de liberdade, a extradição será executada somente depois da conclusão do processo ou do cumprimento da pena, ressalvadas as hipóteses de liberação antecipada pelo Poder Judiciário e de determinação da transferência da pessoa condenada.

§ 1.º A entrega do extraditando será igualmente adiada se a efetivação da medida puser em risco sua vida em virtude de enfermidade grave comprovada por laudo médico oficial.

§ 2.º Quando o extraditando estiver sendo processado ou tiver sido condenado, no Brasil, por infração de menor potencial ofensivo, a entrega poderá ser imediatamente efetivada.

Art. 96. Não será efetivada a entrega do extraditando sem que o Estado requerente assuma o compromisso de:

I – não submeter o extraditando a prisão ou processo por fato anterior ao pedido de extradição;

II – computar o tempo da prisão que, no Brasil, foi imposta por força da extradição;

III – comutar a pena corporal, perpétua ou de morte em pena privativa de liberdade, respeitado o limite máximo de cumprimento de 30 (trinta) anos;

IV – não entregar o extraditando, sem consentimento do Brasil, a outro Estado que o reclame;

V – não considerar qualquer motivo político para agravar a pena; e

VI – não submeter o extraditando a tortura ou a outros tratamentos ou penas cruéis, desumanos ou degradantes.

Art. 97. A entrega do extraditando, de acordo com as leis brasileiras e respeitado o direito de terceiro, será feita com os objetos e instrumentos do crime encontrados em seu poder.

Parágrafo único. Os objetos e instrumentos referidos neste artigo poderão ser entregues independentemente da entrega do extraditando.

Art. 98. O extraditando que, depois de entregue ao Estado requerente, escapar à ação da Justiça e homiziar-se no Brasil, ou por ele transitar, será detido mediante pedido feito diretamente por via diplomática ou pela Interpol e novamente entregue, sem outras formalidades.

Art. 99. Salvo motivo de ordem pública, poderá ser permitido, pelo órgão competente do Poder Executivo, o trânsito no território nacional de pessoa extraditada por Estado estrangeiro, bem como o da respectiva guarda, mediante apresentação de documento comprobatório de concessão da medida.

Seção II
Da Transferência de Execução da Pena

Art. 100. Nas hipóteses em que couber solicitação de extradição executória, a autoridade competente poderá solicitar ou autorizar a transferência de execução da pena, desde que observado o princípio do *non bis in idem*.

Parágrafo único. Sem prejuízo do disposto no Decreto-lei n. 2.848, de 7 de dezembro de 1940 (Código Penal), a transferência de execução da pena será possível quando preenchidos os seguintes requisitos:

I – o condenado em território estrangeiro for nacional ou tiver residência habitual ou vínculo pessoal no Brasil;

II – a sentença tiver transitado em julgado;

III – a duração da condenação a cumprir ou que restar para cumprir for de, pelo menos, 1 (um) ano, na data de apresentação do pedido ao Estado da condenação;

IV – o fato que originou a condenação constituir infração penal perante a lei de ambas as partes; e

V – houver tratado ou promessa de reciprocidade.

Art. 101. O pedido de transferência de execução da pena de Estado estrangeiro será requerido por via diplomática ou por via de autoridades centrais.

§ 1.º O pedido será recebido pelo órgão competente do Poder Executivo e, após exame da presença dos pressupostos formais de admissibilidade exigidos nesta Lei ou em tratado, encaminhado ao Superior Tribunal de Justiça para decisão quanto à homologação.

§ 2.º Não preenchidos os pressupostos referidos no § 1.º, o pedido será arquivado mediante decisão fundamentada, sem prejuízo da possibilidade de renovação do pedido, devidamente instruído, uma vez superado o óbice apontado.

Art. 102. A forma do pedido de transferência de execução da pena e seu processamento serão definidos em regulamento.

Parágrafo único. Nos casos previstos nesta Seção, a execução penal será de competência da Justiça Federal.

Seção III
Da Transferência de Pessoa Condenada

•• O Decreto n. 12.056, de 13-6-2024, promulga a Convenção relativa à Transferência de Pessoas Condenadas, firmada pela República Federativa do Brasil, em Estrasburgo, em 21 de março de 1983.

Art. 103. A transferência de pessoa condenada poderá ser concedida quando o pedido se fundamentar em tratado ou houver promessa de reciprocidade.

Lei de Migração — Lei n. 13.445, de 24-5-2017

§ 1.º O condenado no território nacional poderá ser transferido para seu país de nacionalidade ou país em que tiver residência habitual ou vínculo pessoal, desde que expresse interesse nesse sentido, a fim de cumprir pena a ele imposta pelo Estado brasileiro por sentença transitada em julgado.

§ 2.º A transferência de pessoa condenada no Brasil pode ser concedida juntamente com a aplicação de medida de impedimento de reingresso em território nacional, na forma de regulamento.

Art. 104. A transferência de pessoa condenada será possível quando preenchidos os seguintes requisitos:

I – o condenado no território de uma das partes for nacional ou tiver residência habitual ou vínculo pessoal no território da outra parte que justifique a transferência;

II – a sentença tiver transitado em julgado;

III – a duração da condenação a cumprir ou que restar para cumprir for de, pelo menos, 1 (um) ano, na data de apresentação do pedido ao Estado da condenação;

IV – o fato que originou a condenação constituir infração penal perante a lei de ambos os Estados;

V – houver manifestação de vontade do condenado ou, quando for o caso, de seu representante; e

VI – houver concordância de ambos os Estados.

Art. 105. A forma do pedido de transferência de pessoa condenada e seu processamento serão definidos em regulamento.

§ 1.º Nos casos previstos nesta Seção, a execução penal será de competência da Justiça Federal.

§ 2.º Não se procederá à transferência quando inadmitida a extradição.

§ 3.º (Vetado.)

Capítulo IX
DAS INFRAÇÕES E DAS PENALIDADES ADMINISTRATIVAS

Art. 106. Regulamento disporá sobre o procedimento de apuração das infrações administrativas e seu processamento e sobre a fixação e a atualização das multas, em observância ao disposto nesta Lei.

Art. 107. As infrações administrativas previstas neste Capítulo serão apuradas em processo administrativo próprio, assegurados o contraditório e a ampla defesa e observadas as disposições desta Lei.

§ 1.º O cometimento simultâneo de duas ou mais infrações importará cumulação das sanções cabíveis, respeitados os limites estabelecidos nos incisos V e VI do art. 108.

§ 2.º A multa atribuída por dia de atraso ou por excesso de permanência poderá ser convertida em redução equivalente do período de autorização de estada para o visto de visita, em caso de nova entrada no País.

Art. 108. O valor das multas tratadas neste Capítulo considerará:

I – as hipóteses individualizadas nesta Lei;

II – a condição econômica do infrator, a reincidência e a gravidade da infração;

III – a atualização periódica conforme estabelecido em regulamento;

IV – o valor mínimo individualizável de R$ 100,00 (cem reais);

V – o valor mínimo de R$ 100,00 (cem reais) e o máximo de R$ 10.000,00 (dez mil reais) para infrações cometidas por pessoa física;

VI – o valor mínimo de R$ 1.000,00 (mil reais) e o máximo de R$ 1.000.000,00 (um milhão de reais) para infrações cometidas por pessoa jurídica, por ato infracional.

Art. 109. Constitui infração, sujeitando o infrator às seguintes sanções:

I – entrar em território nacional sem estar autorizado:

Sanção: deportação, caso não saia do País ou não regularize a situação migratória no prazo fixado;

II – permanecer em território nacional depois de esgotado o prazo legal da documentação migratória:

Sanção: multa por dia de excesso e deportação, caso não saia do País ou não regularize a situação migratória no prazo fixado;

III – deixar de se registrar, dentro do prazo de 90 (noventa) dias do ingresso no País, quando for obrigatória a identificação civil:

Sanção: multa;

IV – deixar o imigrante de se registrar, para efeito de autorização de residência, dentro do prazo de 30 (trinta) dias, quando orientado a fazê-lo pelo órgão competente:

Sanção: multa por dia de atraso;

V – transportar para o Brasil pessoa que esteja sem documentação migratória regular:

Sanção: multa por pessoa transportada;

VI – deixar a empresa transportadora de atender a compromisso de manutenção da estada ou de promoção da saída do território nacional de quem tenha sido autorizado a ingresso condicional no Brasil por não possuir a devida documentação migratória:

Sanção: multa;

VII – furtar-se ao controle migratório, na entrada ou saída do território nacional:

Sanção: multa.

Art. 110. As penalidades aplicadas serão objeto de pedido de reconsideração e de recurso, nos termos de regulamento.

Parágrafo único. Serão respeitados o contraditório, a ampla defesa e a garantia de recurso, assim como a situação de hipossuficiência do migrante ou do visitante.

Capítulo X
DISPOSIÇÕES FINAIS E TRANSITÓRIAS

Art. 125. Esta Lei entra em vigor após decorridos 180 (cento e oitenta) dias de sua publicação oficial.

Brasília, 24 de maio de 2017; 196.º da Independência e 129.º da República.

Michel Temer

DECRETO N. 9.847, DE 25 DE JUNHO DE 2019 (*)

Regulamenta a Lei n. 10.826, de 22 de dezembro de 2003, para dispor sobre a aquisição, o cadastro, o registro, o porte e a comercialização de armas de fogo e de munição e sobre o Sistema Nacional de Armas e o Sistema de Gerenciamento Militar de Armas.

O Presidente da República, no uso da atribuição que lhe confere o art. 84, *caput*, inciso IV, da Constituição, e tendo em vista o disposto na Lei n. 10.826, de 22 de dezembro de 2003, decreta:

(*) Publicado no *DOU*, de 25-6-2019 – Edição Extra. *Vide* Decreto n. 11.615, de 21-7-2023.

Capítulo I
DISPOSIÇÕES GERAIS

Art. 1.º (*Revogado pelo Decreto n. 11.366, de 1.º-1-2023.*)

Art. 2.º Para fins do disposto neste Decreto, adotam-se as definições e classificações constantes do Anexo I ao Decreto n. 10.030, de 30 de setembro de 2019, e considera-se, ainda:

•• *Caput* com redação determinada pelo Decreto n. 10.630, de 12-2-2021.

I – registros precários – dados referentes ao estoque de armas de fogo, acessórios e munições das empresas autorizadas a comercializá-los; e

•• Inciso I com redação determinada pelo Decreto n. 10.630, de 12-2-2021.

•• O STF, na ADI n. 6.134 e nas ADPFs n. 581 e 586, nas sessões virtuais de 23-6-2023 a 30-6-2023 (*DOU* de 12-7-2023, republicada em 19-2-2024), converteu o referendo em julgamento final de mérito e julgou parcialmente procedente o pedido, para declarar a inconstitucionalidade deste inciso I.

II – registros próprios – aqueles realizados por órgãos, instituições e corporações em documentos oficiais de caráter permanente.

•• Inciso II com redação determinada pelo Decreto n. 10.630, de 12-2-2021.

•• O STF, na ADI n. 6.134 e nas ADPFs n. 581 e 586, nas sessões virtuais de 23-6-2023 a 30-6-2023 (*DOU* de 12-7-2023, republicada em 19-2-2024), converteu o referendo em julgamento final de mérito e julgou parcialmente procedente o pedido, para declarar a inconstitucionalidade deste inciso II.

III a XIV – (*Revogados pelo Decreto n. 10.630, de 12-2-2021.*)

§ 1.º Fica proibida a produção de réplicas e simulacros que possam ser confundidos com arma de fogo, nos termos do disposto no art. 26 da Lei n. 10.826, de 2003, que não sejam classificados como arma de pressão nem destinados à instrução, ao adestramento, ou à coleção de usuário autorizado.

•• O STF, na ADI n. 6.134 e nas ADPFs n. 581 e 586, nas sessões virtuais de 23-6-2023 a 30-6-2023 (*DOU* de 12-7-2023, republicada em 19-2-2024), converteu o referendo em julgamento final de mérito e julgou parcialmente procedente o pedido, para declarar a inconstitucionalidade deste § 1.º.

§ 2.º O Comando do Exército estabelecerá os parâmetros de aferição e a listagem dos calibres nominais que se enquadrem nos limites estabelecidos nos incisos I, II e IV do parágrafo único do art. 3.º do Anexo I do Decreto n. 10.030, de 2019, no prazo de sessenta dias, contado da data de publicação deste Decreto.

•• § 2.º com redação determinada pelo Decreto n. 10.630, de 12-2-2021.

•• A Portaria Conjunta n. 2, de 6-11-2023, do Comando do Exército e da Polícia Federal, dispõe sobre os parâmetros de aferição e listagem de calibres nominais de armas de fogo e das munições de uso permitido e restrito de que trata este § 2.º.

§ 3.º Ato conjunto do Ministro de Estado da Defesa e do Ministro de Estado da Justiça e Segurança Pública estabelecerá as quantidades de munições passíveis de aquisição pelas pessoas físicas autorizadas a adquirir ou portar arma de fogo e pelos integrantes dos órgãos e das instituições a que se referem os incisos I a VII e X do *caput* do art. 6.º da Lei n. 10.826, de 2003, observada a legislação, no prazo de sessenta dias, contado da data de publicação do Decreto n. 10.030, de 30 de setembro de 2019.

•• § 3.º acrescentado pelo Decreto n. 10.030, de 30-9-2019.

•• O STF, na ADI n. 6.466, nas sessões virtuais de 23-6-2023 a 30-6-2023 (*DOU* de 12-7-2023), por maioria, julgou procedente o pedido, para dar interpretação conforme à Constituição a este § 3.º, "fixando a tese de que os limites quantitativos de munições adquiríveis se limitam àquilo que, de forma diligente e proporcional, garanta apenas o necessário à segurança dos cidadãos".

Capítulo II
DOS SISTEMAS DE CONTROLE DE ARMAS DE FOGO

Seção I
Do Sistema Nacional de Armas

Art. 3.º (*Revogado pelo Decreto n. 11.615, de 21-7-2023.*)

Seção II
Do Sistema de Gerenciamento Militar de Armas

Art. 4.º O Sigma, instituído no âmbito do Comando do Exército do Ministério da Defesa, manterá cadastro nacional das armas de fogo importadas, produzidas e comercializadas no País que não estejam previstas no art. 3.º.

§ 1.º O Comando do Exército manterá o registro de proprietários de armas de fogo de competência do Sigma.

§ 2.º Serão cadastradas no Sigma as armas de fogo:
I – institucionais, constantes de registros próprios:
a) das Forças Armadas;
b) das polícias militares e dos corpos de bombeiros militares dos Estados e do Distrito Federal;
c) (*Revogada pelo Decreto n. 11.615, de 21-7-2023.*)
d) do Gabinete de Segurança Institucional da Presidência da República;
II – dos integrantes:
a) das Forças Armadas;
b) das polícias militares e dos corpos de bombeiros militares dos Estados e do Distrito Federal;
c) (*Revogada pelo Decreto n. 11.615, de 21-7-2023.*)
d) do Gabinete de Segurança Institucional da Presidência da República;
III – obsoletas;
IV – das representações diplomáticas; e
V – importadas ou adquiridas no País com a finalidade de servir como instrumento para a realização de testes e avaliações técnicas.

§ 3.º O disposto no § 2.º aplica-se às armas de fogo de uso permitido.

§ 4.º Serão, ainda, cadastradas no Sigma as informações relativas às importações e às exportações de armas de fogo, munições e demais produtos controlados.

§ 5.º Os processos de autorização para aquisição, registro e cadastro de armas de fogo no Sigma tramitarão de maneira descentralizada, na forma estabelecida em ato do Comandante do Exército.

Seção III
Do Cadastro e da Gestão dos Sistemas

Art. 5.º O Sinarm e o Sigma conterão, no mínimo, as seguintes informações, para fins de cadastro e de registro das armas de fogo, conforme o caso:
I – relativas à arma de fogo:
a) o número do cadastro no Sinarm ou no Sigma, conforme o caso;
b) a identificação do produtor e do vendedor;
c) o número e a data da nota fiscal de venda;
d) a espécie, a marca e o modelo;
e) o calibre e a capacidade dos cartuchos;
f) a forma de funcionamento;
g) a quantidade de canos e o comprimento;
h) o tipo de alma, lisa ou raiada;

i) a quantidade de raias e o sentido delas;
j) o número de série gravado no cano da arma de fogo; e
k) a identificação do cano da arma de fogo, as características das impressões de raiamento e de microestriamento do projétil disparado; e

II – relativas ao proprietário:
a) o nome, a filiação, a data e o local de nascimento;
b) o domicílio e o endereço residencial;
c) o endereço da empresa ou do órgão em que trabalhe;
d) a profissão;
e) o número da cédula de identidade, a data de expedição, o órgão e o ente federativo expedidor; e
f) o número de inscrição no Cadastro de Pessoas Físicas – CPF ou no Cadastro Nacional da Pessoa Jurídica – CNPJ.

§§ 1.º a 6.º *(Revogados pelo Decreto n. 11.615, de 21-7-2023.)*

Art. 6.º *(Revogado pelo Decreto n. 11.615, de 21-7-2023.)*

Art. 7.º O Comando do Exército fornecerá à Polícia Federal as informações necessárias ao cadastramento dos produtores, atacadistas, varejistas, exportadores e importadores autorizados de arma de fogo, acessórios e munições do País.

Art. 8.º Os dados do Sinarm e do Sigma serão compartilhados entre si e com o Sistema Nacional de Informações de Segurança Pública – Sinesp.

Parágrafo único. Ato conjunto do Diretor-Geral da Polícia Federal e do Comandante do Exército estabelecerá as regras para interoperabilidade e compartilhamento dos dados existentes no Sinarm e no Sigma, no prazo de um ano, contado da data de entrada em vigor deste Decreto.

•• A Portaria Conjunta n. 1, de 9-3-2023, da SENASP, dispõe sobre os critérios de interoperabilidade e estabelece procedimentos para o compartilhamento de dados e informações entre o Sistema Nacional de Informações de Segurança Pública, Prisionais, de Rastreabilidade de Armas e Munições, de Material Genético, de Digitais e de Drogas – Sinesp e o Sistema de Gerenciamento Militar de Armas – Sigma.

Arts. 9.º a 11. *(Revogados pelo Decreto n. 11.615, de 21-7-2023.)*

Arts. 12 a 15. *(Revogados pelo Decreto n. 11.366, de 1.º-1-2023.)*

Art. 16. *(Revogado pelo Decreto n. 11.615, de 21-7-2023.)*

Art. 17. *(Revogado pelo Decreto n. 11.366, de 1.º-1-2023.)*

Art. 18. *(Revogado pelo Decreto n. 10.630, de 12-2-2021.)*

Arts. 19 e 20. *(Revogados pelo Decreto n. 11.615, de 21-7-2023.)*

Art. 21. *(Revogado pelo Decreto n. 11.366, de 1.º-1-2023.)*

Arts. 22 a 24-A. *(Revogados pelo Decreto n. 11.615, de 21-7-2023.)*

Art. 25. A autorização para o porte de arma de fogo previsto em legislação própria, na forma prevista no *caput* do art. 6.º da Lei n. 10.826, de 2003, fica condicionada ao atendimento dos requisitos previstos no inciso III do *caput* do art. 4.º da referida Lei.

Arts. 26 a 29-D. *(Revogados pelo Decreto n. 11.615, de 21-7-2023.)*

Art. 30. Os integrantes das Forças Armadas e os servidores dos órgãos, instituições e corporações mencionados nos incisos II, V, VI e VII do *caput* do art. 6.º da Lei n. 10.826, de 2003, transferidos para a reserva remunerada ou aposentados, para conservarem a autorização de porte de arma de fogo de sua propriedade deverão submeter-se, a cada dez anos, aos testes de avaliação psicológica a que faz menção o inciso III do *caput* do art. 4.º da Lei n. 10.826, de 2003.

§ 1.º O cumprimento dos requisitos a que se refere o *caput* será atestado pelos órgãos, instituições e corporações de vinculação.

§ 2.º Não se aplicam aos integrantes da reserva não remunerada das Forças Armadas e Auxiliares as prerrogativas mencionadas no *caput*.

Art. 31. A entrada de arma de fogo e munição no País, como bagagem de atletas, destinadas ao uso em competições internacionais será autorizada pelo Comando do Exército.

§ 1.º O porte de trânsito das armas a serem utilizadas por delegações estrangeiras em competição oficial de tiro no País será expedido pelo Comando do Exército.

§ 2.º Os responsáveis pelas delegações estrangeiras e brasileiras em competição oficial de tiro no País e os seus integrantes transportarão as suas armas desmuniciadas.

Desarmamento – Regulamento   Decreto n. 9.847, de 25-6-2019

Art. 32. *(Revogado pelo Decreto n. 11.615, de 21-7-2023.)*

Art. 33. A classificação legal, técnica e geral, a definição das armas de fogo e a dos demais produtos controlados são aquelas constantes do Decreto n. 10.030, de 2019, e de sua legislação complementar.

•• Artigo com redação determinada pelo Decreto n. 10.630, de 12-2-2021.

Capítulo III
DA IMPORTAÇÃO E DA EXPORTAÇÃO

Art. 34. O Comando do Exército autorizará previamente a aquisição e a importação de armas de fogo de uso restrito, munições de uso restrito e demais produtos controlados de uso restrito, para os seguintes órgãos, instituições e corporações:

•• *Caput* com redação determinada pelo Decreto n. 10.030, de 30-9-2019.

•• A Portaria Conjunta n. 1, de 29-11-2024, do Comando do Exército, dispõe sobre a aquisição de armas de fogo de uso restrito, de suas respectivas munições e de acessórios para armas de fogo por integrantes das instituições públicas de que trata este artigo, e a transferência de armas de fogo entre o Sistema de Gerenciamento Militar de Armas e o Sistema Nacional de Armas.

I – a Polícia Federal;

II – a Polícia Rodoviária Federal;

III – o Gabinete de Segurança Institucional da Presidência da República;

IV – a Agência Brasileira de Inteligência;

V – os órgãos do sistema penitenciário federal, estadual e distrital;

•• Inciso V com redação determinada pelo Decreto n. 10.630, de 12-2-2021.

VI – a Força Nacional de Segurança Pública, por meio da Secretaria Nacional de Segurança Pública;

VII – os órgãos policiais da Câmara dos Deputados e do Senado Federal a que se referem, respectivamente, o inciso IV do *caput* do art. 51 e o inciso XIII do *caput* do art. 52 da Constituição;

VIII – as polícias civis e os órgãos oficiais de perícia criminal dos Estados e do Distrito Federal;

•• Inciso VIII com redação determinada pelo Decreto n. 11.615, de 21-7-2023.

IX – as polícias militares dos Estados e do Distrito Federal;

X – os corpos de bombeiros militares dos Estados e do Distrito Federal;

•• Inciso X com redação determinada pelo Decreto n. 10.630, de 12-2-2021.

XI – as guardas municipais;

•• Inciso XI com redação determinada pelo Decreto n. 10.630, de 12-2-2021.

XII – os tribunais e o Ministério Público; e

•• Inciso XII acrescentado pelo Decreto n. 10.630, de 12-2-2021.

XIII – a Secretaria da Receita Federal do Brasil do Ministério da Economia.

•• Inciso XIII acrescentado pelo Decreto n. 10.630, de 12-2-2021.

§ 1.º Ato do Comandante do Exército disporá sobre os procedimentos relativos à comunicação prévia a que se refere o *caput* e sobre as informações que dela devam constar.

§ 1.º-A. Para a concessão da autorização a que se refere o *caput*, os órgãos, as instituições e as corporações comunicarão previamente ao Comando do Exército o quantitativo de armas e munições de uso restrito que pretendem adquirir.

•• § 1.º-A acrescentado pelo Decreto n. 10.030, de 30-9-2019.

§ 2.º Serão, ainda, autorizadas a adquirir e importar armas de fogo, munições, acessórios e demais produtos controlados:

•• § 2.º, *caput*, com redação determinada pelo Decreto n. 10.030, de 30-9-2019.

I – os integrantes das instituições a que se referem os incisos I a XIII do *caput*;

•• Inciso I com redação determinada pelo Decreto n. 10.630, de 12-2-2021.

•• O STF, na ADI n. 6.134 e nas ADPFs n. 581 e 586, ao resolver questão de ordem para correção de erro material, nas sessões virtuais de 1-12-2023 a 11-12-2023 (*DOU* de 19-2-2024), determinou a republicação do dispositivo do acórdão e da decisão de julgamento, excluindo este inciso I dos dispositivos declarados inconstitucionais.

II – pessoas naturais autorizadas a adquirir arma de fogo, munições ou acessórios, de uso permitido ou restrito, conforme o caso, nos termos do disposto no art. 12, nos limites da autorização obtida;

•• O STF, na ADI n. 6.134 e nas ADPFs n. 581 e 586, nas sessões virtuais de 23-6-2023 a 30-6-2023 (*DOU* de 12-7-2023, republicada em 19-2-2024), converteu o referendo em julgamento final de mérito e julgou parcialmente procedente o pedido, para declarar a inconstitucionalidade deste inciso II.

III – pessoas jurídicas credenciadas no Comando do Exército para comercializar armas de fogo, munições e produtos controlados; e

•• O STF, na ADI n. 6.134 e nas ADPFs n. 581 e 586, nas sessões virtuais de 23-6-2023 a 30-6-2023 (*DOU* de 12-7-2023, republicada em 19-2-2024), converteu o referendo em julgamento final de mérito e julgou parcialmente procedente o pedido, e ao resolver questão de ordem para correção de erro material, nas sessões virtuais de 11-12-2023 a 15-12-2023 (*DOU* de 19-2-2024), determinou a republicação do dispositivo do acórdão e da decisão de julgamento, declarando a inconstitucionalidade deste inciso III.

IV – os integrantes das Forças Armadas.

§ 3.º Ato do Comandante do Exército disporá sobre as condições para a importação de armas de fogo, munições, acessórios e demais produtos controlados a que se refere o § 2.º, no prazo de trinta dias, contado da data de publicação do Decreto n. 10.030, de 30 de setembro de 2019.

•• § 3.º com redação determinada pelo Decreto n. 10.030, de 30-9-2019.

§ 4.º O disposto nesse artigo não se aplica aos comandos militares.

§ 5.º A autorização de que trata o *caput* poderá ser concedida pelo Comando do Exército após avaliação e aprovação de planejamento estratégico, com duração de, no máximo, quatro anos, para a aquisição de armas, munições e produtos controlados de uso restrito pelos órgãos, pelas instituições e pelas corporações de que trata o *caput*.

•• § 5.º com redação determinada pelo Decreto n. 10.630, de 12-2-2021.

§ 5.º-A. A autorização de que trata o *caput* poderá, excepcionalmente, ser concedida antes da aprovação do planejamento estratégico de que trata o § 5.º, em consideração aos argumentos apresentados pela instituição demandante.

•• § 5.º-A acrescentado pelo Decreto n. 10.630, de 12-2-2021.

§ 5.º-B. Na ausência de manifestação do Comando do Exército no prazo de sessenta dias úteis, contado da data do recebimento do processo, a autorização de que trata o *caput* será considerada tacitamente concedida.

•• § 5.º-B acrescentado pelo Decreto n. 10.630, de 12-2-2021.

§ 5.º-C. Na hipótese de serem verificadas irregularidades ou a falta de documentos nos planejamentos estratégicos, o prazo de que trata o § 5.º-B ficará suspenso até a correção do processo.

•• § 5.º-C acrescentado pelo Decreto n. 10.630, de 12-2-2021.

§ 6.º A aquisição de armas de fogo e munições de uso permitido pelos órgãos, pelas instituições e pelas corporações a que se refere o *caput* será comunicada ao Comando do Exército.

•• § 6.º acrescentado pelo Decreto n. 10.030, de 30-9-2019.

Art. 35. Compete ao Comando do Exército:

I – autorizar e fiscalizar a produção, a exportação, a importação, o desembaraço alfandegário e o comércio de armas, munições e demais produtos controlados no território nacional;

II – manter banco de dados atualizado com as informações acerca das armas de fogo, acessórios e munições importados; e

III – editar normas:

•• A Portaria n. 213, de 15-9-2021, do COLOG, em vigor em 180 dias da sua publicação (*DOU* de 16-9-2021), aprova as Normas Reguladoras dos dispositivos de segurança e dos procedimentos para identificação e marcação de armas de fogo e suas peças, fabricadas no país, exportadas e importadas.

•• A Portaria n. 214, de 15-9-2021, do COLOG, em vigor em 180 dias da data de sua publicação (*DOU* de 16-9-2021), aprova as Normas Reguladoras dos procedimentos para identificação, marcação das munições e suas embalagens no âmbito do Sistema de Fiscalização de Produtos Controlados.

a) para dispor sobre a forma de acondicionamento das munições em embalagens com sistema de rastreamento;

b) para dispor sobre a definição dos dispositivos de segurança e de identificação de que trata o § 3.º do art. 23 da Lei n. 10.826, de 2003;

c) para que, na comercialização de munições para os órgãos referidos no art. 6.º da Lei n. 10.826, de 2003, estas contenham gravação na base dos estojos que permita identificar o fabricante, o lote de venda e o adquirente; e

d) para o controle da produção, da importação, do comércio, da utilização de simulacros de armas de fogo, nos termos do disposto no parágrafo único do art. 26 da Lei n. 10.826, de 2003.

Desarmamento – Regulamento   **Decreto n. 9.847, de 25-6-2019**

Parágrafo único. Para fins do disposto no inciso III do *caput*, o Comando do Exército ouvirá previamente o Ministério da Justiça e Segurança Pública.

Art. 36. Concedida a autorização a que se refere o art. 34, a importação de armas de fogo, munições e demais produtos controlados pelas instituições e pelos órgãos a que se referem o inciso I ao inciso XI do *caput* do art. 34 ficará sujeita ao regime de licenciamento automático da mercadoria.

Art. 37. A importação de armas de fogo, munições e demais produtos controlados pelas pessoas a que se refere o § 2.º do art. 34 ficará sujeita ao regime de licenciamento não automático prévio ao embarque da mercadoria no exterior.

§ 1.º O Comando do Exército expedirá o Certificado Internacional de Importação após a comunicação a que se refere o § 1.º do art. 34.

§ 2.º O Certificado Internacional de Importação a que se refere o § 1.º terá validade até o término do processo de importação.

Art. 38. As instituições, os órgãos e as pessoas de que trata o art. 34, quando interessadas na importação de armas de fogo, munições e demais produtos controlados, deverão preencher a Licença de Importação no Sistema Integrado de Comércio Exterior – Siscomex.

§ 1.º O desembaraço aduaneiro das mercadorias ocorrerá após o cumprimento do disposto no *caput*.

§ 2.º A Licença de Importação a que se refere o *caput* terá validade até o término do processo de importação.

Art. 39. As importações realizadas pelas Forças Armadas serão comunicadas ao Ministério da Defesa.

Art. 40. A Secretaria Especial da Receita Federal do Brasil do Ministério da Economia e o Comando do Exército fornecerão à Polícia Federal as informações relativas às importações de que trata este Capítulo e que devam constar do Sinarm.

Art. 41. Fica autorizada a entrada temporária no País, por prazo determinado, de armas de fogo, munições e acessórios para fins de demonstração, exposição, conserto, mostruário ou testes, por meio de comunicação do interessado, de seus representantes legais ou das representações diplomáticas do país de origem ao Comando do Exército.

§ 1.º A importação sob o regime de admissão temporária será autorizada por meio do Certificado Internacional de Importação.

§ 2.º Terminado o evento que motivou a importação, o material deverá retornar ao seu país de origem e não poderá ser doado ou vendido no território nacional, exceto se a doação for destinada aos museus dos órgãos e das instituições a que se referem o inciso I ao inciso XI do *caput* do art. 34.

§ 3.º A Secretaria Especial da Receita Federal do Brasil do Ministério da Economia fiscalizará a entrada e a saída do País dos produtos a que se refere este artigo.

Art. 42. Fica vedada a importação de armas de fogo completas e suas partes essenciais, armações, culatras, ferrolhos e canos, e de munições e seus insumos para recarga, do tipo pólvora ou outra carga propulsora e espoletas, por meio do serviço postal e similares.

•• Artigo com redação determinada pelo Decreto n. 10.630, de 12-2-2021.

Art. 43. O Comando do Exército autorizará a exportação de armas, munições e demais produtos controlados, nos termos estabelecidos em legislação específica para exportação de produtos de defesa e no disposto no art. 24 da Lei n. 10.826, de 2003.

Art. 44. O desembaraço aduaneiro de armas de fogo, munições e demais produtos controlados será feito pela Secretaria Especial da Receita Federal do Brasil do Ministério da Economia, após autorização do Comando do Exército.

§ 1.º O desembaraço aduaneiro de que trata o *caput* incluirá:

I – as operações de importação e de exportação, sob qualquer regime;

II – a internação de mercadoria em entrepostos aduaneiros;

III – a nacionalização de mercadoria entrepostada;

IV – a entrada e a saída do País de armas de fogo e de munição de atletas brasileiros e estrangeiros inscritos em competições nacionais ou internacionais;

V – a entrada e a saída do País de armas de fogo e de munição trazidas por agentes de segurança de dignitários estrangeiros em visita ao País;

VI – a entrada e a saída de armas de fogo e de munição de órgãos de segurança estrangeiros, para participação em operações, exercícios e instruções de natureza oficial; e

VII – as armas de fogo, as munições, as suas partes e as suas peças, trazidas como bagagem acompanhada ou desacompanhada.

§ 2.º O desembaraço aduaneiro de armas de fogo e de munição ficará condicionado ao cumprimento das normas específicas sobre marcação estabelecidas pelo Comando do Exército.

Capítulo IV
DISPOSIÇÕES FINAIS

Arts. 45 a 57-A. *(Revogados pelo Decreto n. 11.615, de 21-7-2023.)*

Art. 59. *(Revogado pelo Decreto n. 11.366, de 1.º-1-2023.)*

Art. 60. Ficam revogados:
I – os seguintes dispositivos do Anexo ao Decreto n. 3.665, de 20 de novembro de 2000:
a) o art. 183; e
b) o art. 190;
II – o art. 34-A do Decreto n. 9.607, de 2018;
III – o Decreto n. 9.785, de 7 de maio de 2019;
IV – o Decreto n. 9.797, de 21 de maio de 2019; e
V – o Decreto n. 9.844, de 25 de junho de 2019.
Art. 61. Este Decreto entra em vigor na data de sua publicação.

Brasília, 25 de junho de 2019; 198.º da Independência e 131.º da República.

JAIR MESSIAS BOLSONARO

LEI N. 13.869, DE 5 DE SETEMBRO DE 2019 (*)

Dispõe sobre os crimes de abuso de autoridade; altera a Lei n. 7.960, de 21 de dezembro de 1989, a Lei n. 9.296, de 24 de julho de 1996, a Lei n. 8.069, de 13 de julho de 1990, e a Lei n. 8.906, de 4 de julho de 1994; e revoga a Lei n. 4.898, de 9 de dezembro de 1965, e dispositivos do Decreto-lei n. 2.848, de 7 de dezembro de 1940 (Código Penal).

O Presidente da República

(*) Publicada no *DOU*, de 5-9-2019 – Edição Extra. Retificada em 18-9-2019.

Faço saber que o Congresso Nacional decreta e eu sanciono a seguinte Lei:

Capítulo I
DISPOSIÇÕES GERAIS

Art. 1.º Esta Lei define os crimes de abuso de autoridade, cometidos por agente público, servidor ou não, que, no exercício de suas funções ou a pretexto de exercê-las, abuse do poder que lhe tenha sido atribuído.
§ 1.º As condutas descritas nesta Lei constituem crime de abuso de autoridade quando praticadas pelo agente com a finalidade específica de prejudicar outrem ou beneficiar a si mesmo ou a terceiro, ou, ainda, por mero capricho ou satisfação pessoal.
§ 2.º A divergência na interpretação de lei ou na avaliação de fatos e provas não configura abuso de autoridade.

Capítulo II
DOS SUJEITOS DO CRIME

Art. 2.º É sujeito ativo do crime de abuso de autoridade qualquer agente público, servidor ou não, da administração direta, indireta ou fundacional de qualquer dos Poderes da União, dos Estados, do Distrito Federal, dos Municípios e de Territórios, compreendendo, mas não se limitando a:
I – servidores públicos e militares ou pessoas a eles equiparadas;
II – membros do Poder Legislativo;
III – membros do Poder Executivo;
IV – membros do Poder Judiciário;
V – membros do Ministério Público;
VI – membros dos tribunais ou conselhos de contas.
Parágrafo único. Reputa-se agente público, para os efeitos desta Lei, todo aquele que exerce, ainda que transitoriamente ou sem remuneração, por eleição, nomeação, designação, contratação ou qualquer outra forma de investidura ou vínculo, mandato, cargo, emprego ou função em órgão ou entidade abrangidos pelo *caput* deste artigo.

Capítulo III
DA AÇÃO PENAL

Art. 3.º Os crimes previstos nesta Lei são de ação penal pública incondicionada.
§ 1.º Será admitida ação privada se a ação penal pública não for intentada no prazo legal, cabendo ao

Ministério Público aditar a queixa, repudiá-la e oferecer denúncia substitutiva, intervir em todos os termos do processo, fornecer elementos de prova, interpor recurso e, a todo tempo, no caso de negligência do querelante, retomar a ação como parte principal.

§ 2.º A ação privada subsidiária será exercida no prazo de 6 (seis) meses, contado da data em que se esgotar o prazo para oferecimento da denúncia.

•• Artigo originalmente vetado, todavia promulgado em 27-9-2019.

Capítulo IV
DOS EFEITOS DA CONDENAÇÃO E DAS PENAS RESTRITIVAS DE DIREITOS

Seção I
Dos Efeitos da Condenação

Art. 4.º São efeitos da condenação:

I – tornar certa a obrigação de indenizar o dano causado pelo crime, devendo o juiz, a requerimento do ofendido, fixar na sentença o valor mínimo para reparação dos danos causados pela infração, considerando os prejuízos por ele sofridos;

II – a inabilitação para o exercício de cargo, mandato ou função pública, pelo período de 1 (um) a 5 (cinco) anos;

III – a perda do cargo, do mandato ou da função pública.

Parágrafo único. Os efeitos previstos nos incisos II e III do caput deste artigo são condicionados à ocorrência de reincidência em crime de abuso de autoridade e não são automáticos, devendo ser declarados motivadamente na sentença.

Seção II
Das Penas Restritivas de Direitos

Art. 5.º As penas restritivas de direitos substitutivas das privativas de liberdade previstas nesta Lei são:

I – prestação de serviços à comunidade ou a entidades públicas;

II – suspensão do exercício do cargo, da função ou do mandato, pelo prazo de 1 (um) a 6 (seis) meses, com a perda dos vencimentos e das vantagens;

III – (Vetado.)

Parágrafo único. As penas restritivas de direitos podem ser aplicadas autônoma ou cumulativamente.

Capítulo V
DAS SANÇÕES DE NATUREZA CIVIL E ADMINISTRATIVA

Art. 6.º As penas previstas nesta Lei serão aplicadas independentemente das sanções de natureza civil ou administrativa cabíveis.

Parágrafo único. As notícias de crimes previstos nesta Lei que descreverem falta funcional serão informadas à autoridade competente com vistas à apuração.

Art. 7.º As responsabilidades civil e administrativa são independentes da criminal, não se podendo mais questionar sobre a existência ou a autoria do fato quando essas questões tenham sido decididas no juízo criminal.

Art. 8.º Faz coisa julgada em âmbito cível, assim como no administrativo-disciplinar, a sentença penal que reconhecer ter sido o ato praticado em estado de necessidade, em legítima defesa, em estrito cumprimento de dever legal ou no exercício regular de direito.

Capítulo VI
DOS CRIMES E DAS PENAS

Art. 9.º Decretar medida de privação da liberdade em manifesta desconformidade com as hipóteses legais:

Pena – detenção, de 1 (um) a 4 (quatro) anos, e multa.

Parágrafo único. Incorre na mesma pena a autoridade judiciária que, dentro de prazo razoável, deixar de:

I – relaxar a prisão manifestamente ilegal;

II – substituir a prisão preventiva por medida cautelar diversa ou de conceder liberdade provisória, quando manifestamente cabível;

III – deferir liminar ou ordem de habeas corpus, quando manifestamente cabível.

•• Artigo originalmente vetado, todavia promulgado em 27-9-2019.

Art. 10. Decretar a condução coercitiva de testemunha ou investigado manifestamente descabida ou sem prévia intimação de comparecimento ao juízo:

Pena – detenção, de 1 (um) a 4 (quatro) anos, e multa.

Art. 11. (Vetado.)

Art. 12. Deixar injustificadamente de comunicar prisão em flagrante à autoridade judiciária no prazo legal:
Pena – detenção, de 6 (seis) meses a 2 (dois) anos, e multa.
Parágrafo único. Incorre na mesma pena quem:
I – deixa de comunicar, imediatamente, a execução de prisão temporária ou preventiva à autoridade judiciária que a decretou;
II – deixa de comunicar, imediatamente, a prisão de qualquer pessoa e o local onde se encontra à sua família ou à pessoa por ela indicada;
III – deixa de entregar ao preso, no prazo de 24 (vinte e quatro) horas, a nota de culpa, assinada pela autoridade, com o motivo da prisão e os nomes do condutor e das testemunhas;
IV – prolonga a execução de pena privativa de liberdade, de prisão temporária, de prisão preventiva, de medida de segurança ou de internação, deixando, sem motivo justo e excepcionalíssimo, de executar o alvará de soltura imediatamente após recebido ou de promover a soltura do preso quando esgotado o prazo judicial ou legal.

Art. 13. Constranger o preso ou o detento, mediante violência, grave ameaça ou redução de sua capacidade de resistência, a:
I – exibir-se ou ter seu corpo ou parte dele exibido à curiosidade pública;
II – submeter-se a situação vexatória ou a constrangimento não autorizado em lei;
III – produzir prova contra si mesmo ou contra terceiro:
- • Inciso III originalmente vetado, todavia promulgado em 27-9-2019.

Pena – detenção, de 1 (um) a 4 (quatro) anos, e multa, sem prejuízo da pena cominada à violência.

Art. 14. (*Vetado.*)

Art. 15. Constranger a depor, sob ameaça de prisão, pessoa que, em razão de função, ministério, ofício ou profissão, deva guardar segredo ou resguardar sigilo:
- • O Provimento n. 201, de 27-10-2020, da OAB, dispõe sobre a participação da OAB no cumprimento do disposto neste art. 15.

Pena – detenção, de 1 (um) a 4 (quatro) anos, e multa.
Parágrafo único. Incorre na mesma pena quem prossegue com o interrogatório:

I – de pessoa que tenha decidido exercer o direito ao silêncio; ou
II – de pessoa que tenha optado por ser assistida por advogado ou defensor público, sem a presença de seu patrono.
- • Parágrafo único originalmente vetado, todavia promulgado em 27-9-2019.

Violência Institucional
- • Rubrica acrescentada pela Lei n. 14.321, de 31-3-2022.

Art. 15-A. Submeter a vítima de infração penal ou a testemunha de crimes violentos a procedimentos desnecessários, repetitivos ou invasivos, que a leve a reviver, sem estrita necessidade:
- • *Caput* acrescentado pela Lei n. 14.321, de 31-3-2022.

I – a situação de violência; ou
- • Inciso I acrescentado pela Lei n. 14.321, de 31-3-2022.

II – outras situações potencialmente geradoras de sofrimento ou estigmatização:
- • Inciso II acrescentado pela Lei n. 14.321, de 31-3-2022.

Pena – detenção, de 3 (três) meses a 1 (um) ano, e multa.
- • Pena acrescentada pela Lei n. 14.321, de 31-3-2022.

§ 1.º Se o agente público permitir que terceiro intimide a vítima de crimes violentos, gerando indevida revitimização, aplica-se a pena aumentada de 2/3 (dois terços).
- • § 1.º acrescentado pela Lei n. 14.321, de 31-3-2022.

§ 2.º Se o agente público intimidar a vítima de crimes violentos, gerando indevida revitimização, aplica-se a pena em dobro.
- • § 2.º acrescentado pela Lei n. 14.321, de 31-3-2022.

Art. 16. Deixar de identificar-se ou identificar-se falsamente ao preso por ocasião de sua captura ou quando deva fazê-lo durante sua detenção ou prisão:
Pena – detenção, de 6 (seis) meses a 2 (dois) anos, e multa.
Parágrafo único. Incorre na mesma pena quem, como responsável por interrogatório em sede de procedimento investigativo de infração penal, deixa de identificar-se ao preso ou atribui a si mesmo falsa identidade, cargo ou função.
- • Artigo originalmente vetado, todavia promulgado em 27-9-2019.

Art. 17. (*Vetado.*)

Abuso de Autoridade — Lei n. 13.869, de 5-9-2019

Art. 18. Submeter o preso a interrogatório policial durante o período de repouso noturno, salvo se capturado em flagrante delito ou se ele, devidamente assistido, consentir em prestar declarações:
Pena – detenção, de 6 (seis) meses a 2 (dois) anos, e multa.

Art. 19. Impedir ou retardar, injustificadamente, o envio de pleito de preso à autoridade judiciária competente para a apreciação da legalidade de sua prisão ou das circunstâncias de sua custódia:
Pena – detenção, de 1 (um) a 4 (quatro) anos, e multa.
Parágrafo único. Incorre na mesma pena o magistrado que, ciente do impedimento ou da demora, deixa de tomar as providências tendentes a saná-lo ou, não sendo competente para decidir sobre a prisão, deixa de enviar o pedido à autoridade judiciária que o seja.

Art. 20. Impedir, sem justa causa, a entrevista pessoal e reservada do preso com seu advogado:

•• O Provimento n. 201, de 27-10-2020, da OAB, dispõe sobre a participação da OAB no cumprimento do disposto neste art. 20.

Pena – detenção, de 6 (seis) meses a 2 (dois) anos, e multa.
Parágrafo único. Incorre na mesma pena quem impede o preso, o réu solto ou o investigado de entrevistar-se pessoal e reservadamente com seu advogado ou defensor, por prazo razoável, antes de audiência judicial, e de sentar-se ao seu lado e com ele comunicar-se durante a audiência, salvo no curso de interrogatório ou no caso de audiência realizada por videoconferência.

•• Artigo originalmente vetado, todavia promulgado em 27-9-2019.

Art. 21. Manter presos de ambos os sexos na mesma cela ou espaço de confinamento:
Pena – detenção, de 1 (um) a 4 (quatro) anos, e multa.
Parágrafo único. Incorre na mesma pena quem mantém, na mesma cela, criança ou adolescente na companhia de maior de idade ou em ambiente inadequado, observado o disposto na Lei n. 8.069, de 13 de julho de 1990 (Estatuto da Criança e do Adolescente).

Art. 22. Invadir ou adentrar, clandestina ou astuciosamente, ou à revelia da vontade do ocupante, imóvel alheio ou suas dependências, ou nele permanecer nas mesmas condições, sem determinação judicial ou fora das condições estabelecidas em lei:
Pena – detenção, de 1 (um) a 4 (quatro) anos, e multa.
§ 1.º Incorre na mesma pena, na forma prevista no *caput* deste artigo, quem:
I – coage alguém, mediante violência ou grave ameaça, a franquear-lhe o acesso a imóvel ou suas dependências;
II – (*Vetado.*)
III – cumpre mandado de busca e apreensão domiciliar após as 21h (vinte e uma horas) ou antes das 5h (cinco horas).
§ 2.º Não haverá crime se o ingresso for para prestar socorro, ou quando houver fundados indícios que indiquem a necessidade do ingresso em razão de situação de flagrante delito ou de desastre.

Art. 23. Inovar artificiosamente, no curso de diligência, de investigação ou de processo, o estado de lugar, de coisa ou de pessoa, com o fim de eximir-se de responsabilidade ou de responsabilizar criminalmente alguém ou agravar-lhe a responsabilidade:
Pena – detenção, de 1 (um) a 4 (quatro) anos, e multa.
Parágrafo único. Incorre na mesma pena quem pratica a conduta com o intuito de:
I – eximir-se de responsabilidade civil ou administrativa por excesso praticado no curso de diligência;
II – omitir dados ou informações ou divulgar dados ou informações incompletos para desviar o curso da investigação, da diligência ou do processo.

Art. 24. Constranger, sob violência ou grave ameaça, funcionário ou empregado de instituição hospitalar pública ou privada a admitir para tratamento pessoa cujo óbito já tenha ocorrido, com o fim de alterar local ou momento de crime, prejudicando sua apuração:
Pena – detenção, de 1 (um) a 4 (quatro) anos, e multa, além da pena correspondente à violência.

Art. 25. Proceder à obtenção de prova, em procedimento de investigação ou fiscalização, por meio manifestamente ilícito:
Pena – detenção, de 1 (um) a 4 (quatro) anos, e multa.
Parágrafo único. Incorre na mesma pena quem faz uso de prova, em desfavor do investigado ou fiscalizado, com prévio conhecimento de sua ilicitude.

Art. 26. (*Vetado.*)
Art. 27. Requisitar instauração ou instaurar procedimento investigatório de infração penal ou administrativa, em desfavor de alguém, à falta de qualquer indício da prática de crime, de ilícito funcional ou de infração administrativa:
Pena – detenção, de 6 (seis) meses a 2 (dois) anos, e multa.
Parágrafo único. Não há crime quando se tratar de sindicância ou investigação preliminar sumária, devidamente justificada.
Art. 28. Divulgar gravação ou trecho de gravação sem relação com a prova que se pretenda produzir, expondo a intimidade ou a vida privada ou ferindo a honra ou a imagem do investigado ou do acusado:
Pena – detenção, de 1 (um) a 4 (quatro) anos, e multa.
Art. 29. Prestar informação falsa sobre procedimento judicial, policial, fiscal ou administrativo com o fim de prejudicar interesse de investigado:
Pena – detenção, de 6 (seis) meses a 2 (dois) anos, e multa.
Parágrafo único. (*Vetado.*)
Art. 30. Dar início ou proceder à persecução penal, civil ou administrativa sem justa causa fundamentada ou contra quem sabe inocente:
Pena – detenção, de 1 (um) a 4 (quatro) anos, e multa.
•• Artigo originalmente vetado, todavia promulgado em 27-9-2019.
Art. 31. Estender injustificadamente a investigação, procrastinando-a em prejuízo do investigado ou fiscalizado:
Pena – detenção, de 6 (seis) meses a 2 (dois) anos, e multa.
Parágrafo único. Incorre na mesma pena quem, inexistindo prazo para execução ou conclusão de procedimento, o estende de forma imotivada, procrastinando-o em prejuízo do investigado ou do fiscalizado.
Art. 32. Negar ao interessado, seu defensor ou advogado acesso aos autos de investigação preliminar, ao termo circunstanciado, ao inquérito ou a qualquer outro procedimento investigatório de infração penal, civil ou administrativa, assim como impedir a obtenção de cópias, ressalvado o acesso a peças relativas a diligências em curso, ou que indiquem a realização de diligências futuras, cujo sigilo seja imprescindível:

•• O Provimento n. 201, de 27-10-2020, da OAB, dispõe sobre a participação da OAB no cumprimento do disposto neste art. 32.
Pena – detenção, de 6 (seis) meses a 2 (dois) anos, e multa.
•• Artigo originalmente vetado, todavia promulgado em 27-9-2019.
Art. 33. Exigir informação ou cumprimento de obrigação, inclusive o dever de fazer ou de não fazer, sem expresso amparo legal:
Pena – detenção, de 6 (seis) meses a 2 (dois) anos, e multa.
Parágrafo único. Incorre na mesma pena quem se utiliza de cargo ou função pública ou invoca a condição de agente público para se eximir de obrigação legal ou para obter vantagem ou privilégio indevido.
Art. 34. (*Vetado.*)
Art. 35. (*Vetado.*)
Art. 36. Decretar, em processo judicial, a indisponibilidade de ativos financeiros em quantia que extrapole exacerbadamente o valor estimado para a satisfação da dívida da parte e, ante a demonstração, pela parte, da excessividade da medida, deixar de corrigi-la:
Pena – detenção, de 1 (um) a 4 (quatro) anos, e multa.
Art. 37. Demorar demasiada e injustificadamente no exame de processo de que tenha requerido vista em órgão colegiado, com o intuito de procrastinar seu andamento ou retardar o julgamento:
•• O Provimento n. 201, de 27-10-2020, da OAB, dispõe sobre a participação da OAB no cumprimento do disposto neste art. 37.
Pena – detenção, de 6 (seis) meses a 2 (dois) anos, e multa.
Art. 38. Antecipar o responsável pelas investigações, por meio de comunicação, inclusive rede social, atribuição de culpa, antes de concluídas as apurações e formalizada a acusação:
Pena – detenção, de 6 (seis) meses a 2 (dois) anos, e multa.
•• Artigo originalmente vetado, todavia promulgado em 27-9-2019.

Capítulo VII
DO PROCEDIMENTO

Art. 39. Aplicam-se ao processo e ao julgamento dos delitos previstos nesta Lei, no que couber, as disposições do Decreto-lei n. 3.689, de 3 de outubro de 1941 (Código de Processo Penal), e da Lei n. 9.099, de 26 de setembro de 1995.

Capítulo VIII
DISPOSIÇÕES FINAIS

Art. 40. O art. 2.º da Lei n. 7.960, de 21 de dezembro de 1989, passa a vigorar com a seguinte redação:

•• Alteração já processada no texto do diploma modificado.

Art. 41. O art. 10 da Lei n. 9.296, de 24 de julho de 1996, passa a vigorar com a seguinte redação:

•• Alteração já processada no texto do diploma modificado.

Art. 44. Revogam-se a Lei n. 4.898, de 9 de dezembro de 1965, e o § 2.º do art. 150 e o art. 350, ambos do Decreto-lei n. 2.848, de 7 de dezembro de 1940 (Código Penal).

Art. 45. Esta Lei entra em vigor após decorridos 120 (cento e vinte) dias de sua publicação oficial.

Brasília, 5 de setembro de 2019; 198.º da Independência e 131.º da República.

JAIR MESSIAS BOLSONARO

LEI N. 13.974, DE 7 DE JANEIRO DE 2020 (*)

Dispõe sobre o Conselho de Controle de Atividades Financeiras (Coaf), de que trata o art. 14 da Lei n. 9.613, de 3 de março de 1998.

O Presidente da República

Faço saber que o Congresso Nacional decreta e eu sanciono a seguinte Lei:

Art. 1.º Esta Lei reestrutura o Conselho de Controle de Atividades Financeiras (Coaf), de que trata o art. 14 da Lei n. 9.613, de 3 de março de 1998.

•• A Portaria n. 9, de 12-7-2021, do COAF, dispõe sobre a Política de Segurança da Informação e Comunicação – Posic do Conselho de Controle de Atividades Financeiras.

(*) Publicada no *DOU*, de 8-1-2020.

Art. 2.º O Coaf dispõe de autonomia técnica e operacional, atua em todo o território nacional e vincula-se administrativamente ao Banco Central do Brasil.

Art. 3.º Compete ao Coaf, em todo o território nacional, sem prejuízo das atribuições estabelecidas na legislação em vigor:

I – produzir e gerir informações de inteligência financeira para a prevenção e o combate à lavagem de dinheiro;

II – promover a interlocução institucional com órgãos e entidades nacionais, estrangeiros e internacionais que tenham conexão com suas atividades.

Art. 4.º A estrutura organizacional do Coaf compreende:

I – Presidência;

II – Plenário; e

III – Quadro Técnico.

§ 1.º O Plenário é composto do Presidente do Coaf e de 12 (doze) servidores ocupantes de cargo efetivos, de reputação ilibada e reconhecidos conhecimentos em matéria de prevenção e combate à lavagem de dinheiro, escolhidos dentre integrantes dos quadros de pessoal dos seguintes órgãos e entidades:

I – Banco Central do Brasil;

II – Comissão de Valores Mobiliários;

III – Superintendência de Seguros Privados;

IV – Procuradoria-Geral da Fazenda Nacional;

V – Secretaria Especial da Receita Federal do Brasil;

VI – Agência Brasileira de Inteligência;

VII – Ministério das Relações Exteriores;

VIII – Ministério da Justiça e Segurança Pública;

IX – Polícia Federal;

X – Superintendência Nacional de Previdência Complementar;

XI – Controladoria-Geral da União;

XII – Advocacia-Geral da União.

§ 2.º Compete ao Plenário, sem prejuízo de outras atribuições previstas no Regimento Interno do Coaf:

I – decidir sobre as orientações e as diretrizes estratégicas de atuação propostas pelo Presidente do Coaf;

II – decidir sobre infrações e aplicar as penalidades administrativas previstas no art. 12 da Lei n. 9.613, de 3 de março de 1998, em relação a pessoas físicas e pessoas jurídicas abrangidas pelo disposto no art.

Lei n. 13.974, de 7-1-2020   COAF

9.º da Lei n. 9.613, de 3 de março de 1998, para as quais não exista órgão próprio fiscalizador ou regulador;

III – convidar especialistas em matéria correlacionada à atuação do Coaf, oriundos de órgãos e entidades públicas ou de entes privados, com o intuito de contribuir para o aperfeiçoamento de seus processos de gestão e inovação tecnológica, observada pelo convidado a preservação do sigilo de informações de caráter reservado às quais tenha acesso.

§ 3.º A participação dos membros do Plenário em suas sessões deliberativas será considerada prestação de serviço público relevante não remunerado.

§ 4.º O Quadro Técnico compreende o Gabinete da Presidência, a Secretaria-Executiva e as Diretorias Especializadas definidas no Regimento Interno do Coaf.

§ 5.º Compete ao Presidente do Banco Central do Brasil escolher e nomear o Presidente do Coaf e os membros do Plenário.

§ 6.º Compete ao Presidente do Coaf escolher e nomear, observadas as exigências de qualificação profissional e formação acadêmica previstas em ato do Poder Executivo:

I – o Secretário-Executivo e os titulares das Diretorias Especializadas referidas no § 4.º deste artigo;

II – os servidores, os militares e os empregados públicos cedidos ao Coaf ou por ele requisitados;

III – os ocupantes de cargos em comissão e funções de confiança.

Art. 5.º A organização e o funcionamento do Coaf, incluídas a sua estrutura e as competências e as atribuições no âmbito da Presidência, do Plenário e do Quadro Técnico, serão definidos em seu Regimento Interno, aprovado pela Diretoria Colegiada do Banco Central do Brasil.

Art. 6.º O processo administrativo sancionador no âmbito do Coaf será disciplinado pela Diretoria Colegiada do Banco Central do Brasil, à qual incumbe dispor, entre outros aspectos, sobre o rito, os prazos e os critérios para gradação das penalidades previstas na Lei n. 9.613, de 3 de março de 1998, assegurados o contraditório e a ampla defesa.

§ 1.º Caberá recurso das decisões do Plenário relacionadas ao processo administrativo de que trata o *caput* deste artigo ao Conselho de Recursos do Sistema Financeiro Nacional.

§ 2.º O disposto na Lei n. 9.784, de 29 de janeiro de 1999, aplica-se subsidiariamente aos processos administrativos sancionadores instituídos no âmbito do Coaf.

•• A Lei n. 9.784, de 29-1-1999, disciplina o processo administrativo federal.

Art. 7.º É aplicável ao Coaf o disposto no art. 2.º da Lei n. 9.007, de 17 de março de 1995.

Parágrafo único. É vedada a redistribuição para os quadros de pessoal do Banco Central do Brasil de servidor oriundo de outros órgãos e entidades, em razão do exercício no Coaf.

Art. 8.º Aos integrantes da estrutura do Coaf é vedado:

I – participar, na forma de controlador, administrador, gerente preposto ou mandatário, de pessoas jurídicas com atividades relacionadas ao *caput* e no parágrafo único do art. 9.º da Lei n. 9.613, de 3 de março de 1998;

II – emitir parecer sobre matéria de sua especialização, fora de suas atribuições funcionais, ainda que em tese, ou atuar como consultor das pessoas jurídicas a que se refere o inciso I do *caput* deste artigo;

III – manifestar, em qualquer meio de comunicação, opinião sobre processo pendente de julgamento no Coaf;

IV – fornecer ou divulgar informações conhecidas ou obtidas em decorrência do exercício de suas funções a pessoas que não disponham de autorização legal ou judicial para acessá-las.

§ 1.º À infração decorrente do descumprimento do inciso IV do *caput* deste artigo aplica-se o disposto no art. 10 da Lei Complementar n. 105, de 10 de janeiro de 2001.

§ 2.º O Presidente do Coaf adotará as diligências necessárias para apuração de responsabilidade dos servidores e demais pessoas que possam ter contribuído para o descumprimento do disposto no *caput* deste artigo e encaminhará relatório circunstanciado à autoridade policial ou ao Ministério Público para adoção das medidas cabíveis.

§ 3.º As providências previstas no § 2.º deste artigo serão adotadas pelo Presidente do Banco Central do Brasil caso haja indícios de autoria ou de participação do Presidente do Coaf.

Art. 9.º Constituem Dívida Ativa do Banco Central do Brasil os créditos decorrentes da atuação do Coaf inscritos a partir de 20 de agosto de 2019.

§ 1.º Continuam integrando a Dívida Ativa da União as multas pecuniárias e seus acréscimos legais relativos à ação fiscalizadora do Coaf nela inscritos até 19 de agosto de 2019.

§ 2.º Compete aos titulares do cargo de Procurador do Banco Central do Brasil o exercício das atribuições previstas no art. 4.º da Lei n. 9.650, de 27 de maio de 1998, em relação ao Coaf.

Art. 10. Ficam mantidos os cargos em comissão e as funções de confiança integrantes da estrutura do Coaf em 19 de agosto de 2019.

Art. 11. Ficam mantidos os efeitos dos atos de cessão, requisição e movimentação de pessoal destinado ao Coaf editados até 19 de agosto de 2019.

Art. 12. O Ministério da Economia e o Ministério da Justiça e Segurança Pública prestarão, até 31 de dezembro de 2020, o apoio técnico e administrativo necessário para o funcionamento e a operação do Coaf.

Art. 13. Ato conjunto do Ministério da Economia, do Ministério da Justiça e Segurança Pública e do Banco Central do Brasil disporá sobre a transferência progressiva de processos e contratos administrativos.

Art. 14. Ficam revogados os arts. 13, 16 e 17 da Lei n. 9.613, de 3 de março de 1998.

Art. 15. Esta Lei entra em vigor na data de sua publicação.

Brasília, 7 de janeiro de 2020; 199.º da Independência e 132.º da República.

JAIR MESSIAS BOLSONARO

LEI N. 14.022, DE 7 DE JULHO DE 2020 (*)

Altera a Lei n. 13.979, de 6 de fevereiro de 2020, e dispõe sobre medidas de enfrentamento à violência doméstica e familiar contra a mulher e de enfrentamento à violência contra crianças, adolescentes, pessoas idosas e pessoas com deficiência durante a emergência de saúde pública de importância internacional decorrente do coronavírus responsável pelo surto de 2019.

O Presidente da República

Faço saber que o Congresso Nacional decreta e eu sanciono a seguinte Lei:

Art. 1.º Esta Lei dispõe sobre medidas de enfrentamento à violência doméstica e familiar contra a mulher e de enfrentamento à violência contra crianças, adolescentes, pessoas idosas e pessoas com deficiência durante a emergência de saúde pública de importância internacional decorrente do coronavírus responsável pelo surto de 2019.

Art. 3.º O poder público deverá adotar as medidas necessárias para garantir a manutenção do atendimento presencial de mulheres, idosos, crianças ou adolescentes em situação de violência, com a adaptação dos procedimentos estabelecidos na Lei n. 11.340, de 7 de agosto de 2006 (Lei Maria da Penha), às circunstâncias emergenciais do período de calamidade sanitária decorrente da pandemia da Covid-19.

§ 1.º A adaptação dos procedimentos disposta no *caput* deste artigo deverá assegurar a continuidade do funcionamento habitual dos órgãos do poder público descritos na Lei n. 11.340, de 7 de agosto de 2006 (Lei Maria da Penha), no âmbito de sua competência, com o objetivo de garantir a manutenção dos mecanismos de prevenção e repressão à violência doméstica e familiar contra a mulher e à violência contra idosos, crianças ou adolescentes.

§ 2.º Se, por razões de segurança sanitária, não for possível manter o atendimento presencial a todas as demandas relacionadas à violência doméstica e familiar contra a mulher e à violência contra idosos, crianças ou adolescentes, o poder público deverá, obrigatoriamente, garantir o atendimento presencial para situações que possam envolver, efetiva ou potencialmente, os ilícitos previstos:

I – no Decreto-lei n. 2.848, de 7 de dezembro de 1940 (Código Penal), na modalidade consumada ou tentada:

a) feminicídio, disposto no inciso VI do § 2.º do art. 121;

•• Feminicídio: art. 121-A do CP.

(*) Publicada no *DOU*, de 8-7-2020.

b) lesão corporal de natureza grave, disposto no § 1.º do art. 129;

c) lesão corporal dolosa de natureza gravíssima, disposto no § 2.º do art. 129;

d) lesão corporal seguida de morte, disposto no § 3.º do art. 129;

e) ameaça praticada com uso de arma de fogo, disposto no art. 147;

f) estupro, disposto no art. 213;

g) estupro de vulnerável, disposto no *caput* e nos §§ 1.º, 2.º, 3.º e 4.º do art. 217-A;

h) corrupção de menores, disposto no art. 218;

i) satisfação de lascívia mediante presença de criança ou adolescente, disposto no art. 218-A;

II – na Lei n. 11.340, de 7 de agosto de 2006 (Lei Maria da Penha), o crime de descumprimento de medidas protetivas de urgência, disposto no art. 24-A;

III – na Lei n. 8.069, de 13 de julho de 1990 (Estatuto da Criança e do Adolescente);

IV – na Lei n. 10.741, de 1.º de outubro de 2003 (Estatuto do Idoso).

§ 3.º Conforme dispõe o art. 158 do Decreto-lei n. 3.689, de 3 de outubro de 1941 (Código de Processo Penal), mesmo durante a vigência da Lei n. 13.979, de 6 de fevereiro de 2020, ou do estado de emergência de caráter humanitário e sanitário em território nacional, deverá ser garantida a realização prioritária do exame de corpo de delito quando se tratar de crime que envolva:

I – violência doméstica e familiar contra a mulher;

II – violência contra criança, adolescente, idoso ou pessoa com deficiência.

§ 4.º Nos casos de crimes de natureza sexual, se houver a adoção de medidas pelo poder público que restrinjam a circulação de pessoas, os órgãos de segurança deverão estabelecer equipes móveis para realização do exame de corpo de delito no local em que se encontrar a vítima.

Art. 4.º Os órgãos de segurança pública deverão disponibilizar canais de comunicação que garantam interação simultânea, inclusive com possibilidade de compartilhamento de documentos, desde que gratuitos e passíveis de utilização em dispositivos eletrônicos, como celulares e computadores, para atendimento virtual de situações que envolvam violência contra a mulher, o idoso, a criança ou o adolescente, facultado aos órgãos integrantes do Sistema de Justiça – Poder Judiciário, Ministério Público e Defensoria Pública, e aos demais órgãos do Poder Executivo, a adoção dessa medida.

§ 1.º A disponibilização de canais de atendimento virtuais não exclui a obrigação do poder público de manter o atendimento presencial de mulheres em situação de violência doméstica e familiar e de casos de suspeita ou confirmação de violência praticada contra idosos, crianças ou adolescentes.

§ 2.º Nos casos de violência doméstica e familiar, a ofendida poderá solicitar quaisquer medidas protetivas de urgência à autoridade competente por meio dos dispositivos de comunicação de atendimento *online*.

§ 3.º Na hipótese em que as circunstâncias do fato justifiquem a medida prevista neste artigo, a autoridade competente poderá conceder qualquer uma das medidas protetivas de urgência previstas nos arts. 12-B, 12-C, 22, 23 e 24 da Lei n. 11.340, de 7 de agosto de 2006 (Lei Maria da Penha), de forma eletrônica, e poderá considerar provas coletadas eletronicamente ou por audiovisual, em momento anterior à lavratura do boletim de ocorrência e a colheita de provas que exija a presença física da ofendida, facultado ao Poder Judiciário intimar a ofendida e o ofensor da decisão judicial por meio eletrônico.

§ 4.º Na hipótese prevista no § 3.º deste artigo, após a concessão da medida de urgência, a autoridade competente, independentemente da autorização da ofendida, deverá:

I – se for autoridade judicial, comunicar à unidade de polícia judiciária competente para que proceda à abertura de investigação criminal para apuração dos fatos;

II – se for delegado de polícia, comunicar imediatamente ao Ministério Público e ao Poder Judiciário da medida concedida e instaurar imediatamente inquérito policial, determinando todas as diligências cabíveis para a averiguação dos fatos;

III – se for policial, comunicar imediatamente ao Ministério Público, ao Poder Judiciário e à unidade de polícia judiciária competente da medida concedida, realizar o registro de boletim de ocorrência e encaminhar os autos imediatamente à autoridade policial competente para a adoção das medidas cabíveis.

Art. 5.º As medidas protetivas deferidas em favor da mulher serão automaticamente prorrogadas e vigorarão durante a vigência da Lei n. 13.979, de 6 de fevereiro de 2020, ou durante a declaração de estado de emergência de caráter humanitário e sanitário em território nacional, sem prejuízo do disposto no art. 19 e seguintes da Lei n. 11.340, de 7 de agosto de 2006 (Lei Maria da Penha).

Parágrafo único. O juiz competente providenciará a intimação do ofensor, que poderá ser realizada por meios eletrônicos, cientificando-o da prorrogação da medida protetiva.

Art. 6.º As denúncias de violência recebidas na esfera federal pela Central de Atendimento à Mulher – Ligue 180 e pelo serviço de proteção de crianças e adolescentes com foco em violência sexual – Disque 100 devem ser repassadas, com as informações de urgência, para os órgãos competentes.

Parágrafo único. O prazo máximo para o envio das informações referidas no *caput* deste artigo é de 48 (quarenta e oito) horas, salvo impedimento técnico.

Art. 7.º Em todos os casos, a autoridade de segurança pública deve assegurar o atendimento ágil a todas as demandas apresentadas e que signifiquem risco de vida e a integridade da mulher, do idoso, da criança e do adolescente, com atuação focada na proteção integral, nos termos da Lei n. 8.069, de 13 de julho de 1990 (Estatuto da Criança e do Adolescente) e da Lei n. 10.741, de 1.º de outubro de 2003 (Estatuto do Idoso).

Art. 8.º O poder público promoverá campanha informativa sobre prevenção à violência e acesso a mecanismos de denúncia durante a vigência da Lei n. 13.979, de 6 de fevereiro de 2020, ou durante a vigência do estado de emergência de caráter humanitário e sanitário.

Art. 9.º Esta Lei entra em vigor na data de sua publicação.

Brasília, 7 de julho de 2020; 199.º da Independência e 132.º da República.

JAIR MESSIAS BOLSONARO

LEI N. 14.188, DE 28 DE JULHO DE 2021 (*)

Define o programa de cooperação Sinal Vermelho contra a Violência Doméstica como uma das medidas de enfrentamento da violência doméstica e familiar contra a mulher previstas na Lei n. 11.340, de 7 de agosto de 2006 (Lei Maria da Penha), e no Decreto-lei n. 2.848, de 7 de dezembro de 1940 (Código Penal), em todo o território nacional; e altera o Decreto-lei n. 2.848, de 7 de dezembro de 1940 (Código Penal), para modificar a modalidade da pena da lesão corporal simples cometida contra a mulher por razões da condição do sexo feminino e para criar o tipo penal de violência psicológica contra a mulher.

O Presidente da República

Faço saber que o Congresso Nacional decreta e eu sanciono a seguinte Lei:

Art. 1.º Esta Lei define o programa de cooperação Sinal Vermelho contra a Violência Doméstica como uma das medidas de enfrentamento da violência doméstica e familiar contra a mulher previstas na Lei n. 11.340, de 7 de agosto de 2006 (Lei Maria da Penha), e no Decreto-lei n. 2.848, de 7 de dezembro de 1940 (Código Penal), altera a modalidade da pena da lesão corporal simples cometida contra a mulher por razões da condição do sexo feminino e cria o tipo penal de violência psicológica contra a mulher.

•• *Vide* arts. 129, § 13, e 147-B do CP.

Art. 2.º Fica autorizada a integração entre o Poder Executivo, o Poder Judiciário, o Ministério Público, a Defensoria Pública, os órgãos de segurança pública e as entidades privadas, para a promoção e a realização do programa Sinal Vermelho contra a Violência Doméstica como medida de ajuda à mulher vítima de

(*) Publicada no *DOU*, de 29-7-2021.

violência doméstica e familiar, conforme os incisos I, V e VII do *caput* do art. 8.º da Lei n. 11.340, de 7 de agosto de 2006.

Parágrafo único. Os órgãos mencionados no *caput* deste artigo deverão estabelecer um canal de comunicação imediata com as entidades privadas de todo o País participantes do programa, a fim de viabilizar assistência e segurança à vítima, a partir do momento em que houver sido efetuada a denúncia por meio do código "sinal em formato de X", preferencialmente feito na mão e na cor vermelha.

Art. 3.º A identificação do código referido no parágrafo único do art. 2.º desta Lei poderá ser feita pela vítima pessoalmente em repartições públicas e entidades privadas de todo o País e, para isso, deverão ser realizadas campanha informativa e capacitação permanente dos profissionais pertencentes ao programa, conforme dispõe o inciso VII do *caput* do art. 8.º da Lei n. 11.340, de 7 de agosto de 2006 (Lei Maria da Penha), para encaminhamento da vítima ao atendimento especializado na localidade.

Art. 4.º O Decreto-lei n. 2.848, de 7 de dezembro de 1940 (Código Penal), passa a vigorar com as seguintes alterações:

•• Alterações já processadas no diploma modificado.

Art. 5.º O *caput* do art. 12-C da Lei n. 11.340, de 7 de agosto de 2006 (Lei Maria da Penha), passa a vigorar com a seguinte redação:

•• Alteração já processada no diploma modificado.

Art. 6.º Esta Lei entra em vigor na data de sua publicação.

Brasília, 28 de julho de 2021; 200.º o da Independência e 133.º da República.

JAIR MESSIAS BOLSONARO

LEI N. 14.344, DE 24 DE MAIO DE 2022 (*)

Cria mecanismos para a prevenção e o enfrentamento da violência doméstica e familiar contra a criança e o adolescente, nos termos do § 8.º do art. 226 e do § 4.º do art. 227 da Constituição Federal e das disposições específicas previstas em tratados, convenções ou acordos internacionais de que o Brasil seja parte; altera o Decreto-lei n. 2.848, de 7 de dezembro de 1940 (Código Penal), e as Leis n. 7.210, de 11 de julho de 1984 (Lei de Execução Penal), 8.069, de 13 de julho de 1990 (Estatuto da Criança e do Adolescente), 8.072, de 25 de julho de 1990 (Lei de Crimes Hediondos), e 13.431, de 4 de abril de 2017, que estabelece o sistema de garantia de direitos da criança e do adolescente vítima ou testemunha de violência; e dá outras providências.

O Presidente da República

Faço saber que o Congresso Nacional decreta e eu sanciono a seguinte Lei:

Art. 1.º Esta Lei cria mecanismos para a prevenção e o enfrentamento da violência doméstica e familiar contra a criança e o adolescente, nos termos do § 8.º do art. 226 e do § 4.º do art. 227 da Constituição Federal e das disposições específicas previstas em tratados, convenções e acordos internacionais ratificados pela República Federativa do Brasil, e altera o Decreto-lei n. 2.848, de 7 de dezembro de 1940 (Código Penal), e as Leis ns. 7.210, de 11 de julho de 1984 (Lei de Execução Penal), 8.069, de 13 de julho de 1990 (Estatuto da Criança e do Adolescente), 8.072, de 25 de julho de 1990 (Lei de Crimes Hediondos), e 13.431, de 4 de abril de 2017, que estabelece o sistema de garantia de direitos da criança e do adolescente vítima ou testemunha de violência.

•• A Resolução n. 287, de 12-3-2024, do CNMP, dispõe sobre a atuação integrada do Ministério Público para a efetiva defesa e proteção das crianças e adolescentes vítimas ou testemunhas de violência.

Capítulo I
DA VIOLÊNCIA DOMÉSTICA E FAMILIAR CONTRA A CRIANÇA E O ADOLESCENTE

Art. 2.º Configura violência doméstica e familiar contra a criança e o adolescente qualquer ação ou omissão que lhe cause morte, lesão, sofrimento físico sexual, psicológico ou dano patrimonial:

(*) Publicada no *DOU*, de 25-5-2022.

I – no âmbito do domicílio ou da residência da criança e do adolescente, compreendida como o espaço de convívio permanente de pessoas, com ou sem vínculo familiar, inclusive as esporadicamente agregadas;

II – no âmbito da família, compreendida como a comunidade formada por indivíduos que compõem a família natural, ampliada ou substituta, por laços naturais, por afinidade ou por vontade expressa;

III – em qualquer relação doméstica e familiar na qual o agressor conviva ou tenha convivido com a vítima, independentemente de coabitação.

Parágrafo único. Para a caracterização da violência prevista no *caput* deste artigo, deverão ser observadas as definições estabelecidas na Lei n. 13.431, de 4 de abril de 2017.

Art. 3.º A violência doméstica e familiar contra a criança e o adolescente constitui uma das formas de violação dos direitos humanos.

Art. 4.º As estatísticas sobre a violência doméstica e familiar contra a criança e o adolescente serão incluídas nas bases de dados dos órgãos oficiais do Sistema de Garantia dos Direitos da Criança e do Adolescente, do Sistema Único de Saúde, do Sistema Único de Assistência Social e do Sistema de Justiça e Segurança, de forma integrada, a fim de subsidiar o sistema nacional de dados e informações relativo às crianças e aos adolescentes.

§ 1.º Por meio da descentralização político-administrativa que prevê o Sistema de Garantia dos Direitos da Criança e do Adolescente, os entes federados poderão remeter suas informações para a base de dados do Ministério da Justiça e Segurança Pública e do Ministério da Mulher, da Família e dos Direitos Humanos.

§ 2.º Os serviços deverão compartilhar entre si, de forma integrada, as informações coletadas das vítimas, dos membros da família e de outros sujeitos de sua rede afetiva, por meio de relatórios, em conformidade com o fluxo estabelecido, preservado o sigilo das informações.

§ 3.º O compartilhamento completo do registro de informações será realizado por meio de encaminhamento ao serviço, ao programa ou ao equipamento do sistema de garantia de direitos da criança e do adolescente vítima ou testemunha de violência, que colherá, em seguida, a criança ou o adolescente vítima ou testemunha de violência.

§ 4.º O compartilhamento de informações de que trata o § 3.º deste artigo deverá zelar pelo sigilo dos dados pessoais da criança e do adolescente vítima ou testemunha de violência.

§ 5.º Será adotado modelo de registro de informações para compartilhamento do sistema de garantia de direitos da criança e do adolescente vítima ou testemunha de violência, que conterá, no mínimo:

I – os dados pessoais da criança ou do adolescente;

II – a descrição do atendimento;

III – o relato espontâneo da criança ou do adolescente, quando houver;

IV – os encaminhamentos efetuados.

Art. 5.º O Sistema de Garantia dos Direitos da Criança e do Adolescente intervirá nas situações de violência contra a criança e o adolescente com a finalidade de:

I – mapear as ocorrências das formas de violência e suas particularidades no território nacional;

II – prevenir os atos de violência contra a criança e o adolescente;

III – fazer cessar a violência quando esta ocorrer;

IV – prevenir a reiteração da violência já ocorrida;

V – promover o atendimento da criança e do adolescente para minimizar as sequelas da violência sofrida; e

VI – promover a reparação integral dos direitos da criança e do adolescente;

VII – promover a parentalidade positiva e o direito ao brincar como estratégias de prevenção à violência doméstica contra a criança e o adolescente.

•• Inciso VII acrescentado pela Lei n. 14.826, de 20-3-2024.

Capítulo II
DA ASSISTÊNCIA À CRIANÇA E AO ADOLESCENTE EM SITUAÇÃO DE VIOLÊNCIA DOMÉSTICA E FAMILIAR

Art. 6.º A assistência à criança e ao adolescente em situação de violência doméstica e familiar será prestada de forma articulada e conforme os princípios e as diretrizes previstos nas Leis ns. 8.069, de 13 de julho de 1990 (Estatuto da Criança e do Adolescente), e 8.742, de 7 de dezembro de 1993, no Sistema Único de Saúde, no Sistema Único de Segurança Pública, entre outras normas e políticas públicas de proteção, e emergencialmente, quando for o caso.

Art. 7.º A União, o Distrito Federal, os Estados e os Municípios poderão criar e promover, para a criança e o adolescente em situação de violência doméstica e familiar, no limite das respectivas competências e de acordo com o art. 88 da Lei n. 8.069, de 13 de julho de 1990 (Estatuto da Criança e do Adolescente):

I – centros de atendimento integral e multidisciplinar;

II – espaços para acolhimento familiar e institucional e programas de apadrinhamento;

III – delegacias, núcleos de defensoria pública, serviços de saúde e centros de perícia médico-legal especializados;

IV – programas e campanhas de enfrentamento da violência doméstica e familiar;

V – centros de educação e de reabilitação para os agressores.

Art. 8.º O Sistema de Garantia dos Direitos da Criança e do Adolescente, juntamente com os sistemas de justiça, de saúde, de segurança pública e de assistência social, os Conselhos Tutelares e a comunidade escolar, poderão, na esfera de sua competência, adotar ações articuladas e efetivas direcionadas à identificação da agressão, à agilidade no atendimento da criança e do adolescente vítima de violência doméstica e familiar e à responsabilização do agressor.

Art. 9.º Os Estados e o Distrito Federal, na formulação de suas políticas e planos de atendimento à criança e ao adolescente em situação de violência doméstica e familiar, darão prioridade, no âmbito da Polícia Civil, à criação de Delegacias Especializadas de Proteção à Criança e ao Adolescente.

Art. 10. A União, os Estados, o Distrito Federal e os Municípios poderão estabelecer dotações orçamentárias específicas, em cada exercício financeiro, para a implementação das medidas estabelecidas nesta Lei.

Capítulo III
DO ATENDIMENTO PELA AUTORIDADE POLICIAL

Art. 11. Na hipótese de ocorrência de ação ou omissão que implique a ameaça ou a prática de violência doméstica e familiar contra a criança e o adolescente, a autoridade policial que tomar conhecimento da ocorrência adotará, de imediato, as providências legais cabíveis.

Parágrafo único. Aplica-se o disposto no *caput* deste artigo ao descumprimento de medida protetiva de urgência deferida.

Art. 12. O depoimento da criança e do adolescente vítima ou testemunha de violência doméstica e familiar será colhido nos termos da Lei n. 13.431, de 4 de abril de 2017, observadas as disposições da Lei n. 8.069, de 13 de julho de 1990 (Estatuto da Criança e do Adolescente).

Art. 13. No atendimento à criança e ao adolescente em situação de violência doméstica e familiar, a autoridade policial deverá, entre outras providências:

I – encaminhar a vítima ao Sistema Único de Saúde e ao Instituto Médico-Legal imediatamente;

II – encaminhar a vítima, os familiares e as testemunhas, caso sejam crianças ou adolescentes, ao Conselho Tutelar para os encaminhamentos necessários, inclusive para a adoção das medidas protetivas adequadas;

III – garantir proteção policial, quando necessário, comunicados de imediato o Ministério Público e o Poder Judiciário;

IV – fornecer transporte para a vítima e, quando necessário, para seu responsável ou acompanhante, para serviço de acolhimento existente ou local seguro, quando houver risco à vida.

Art. 14. Verificada a ocorrência de ação ou omissão que implique a ameaça ou a prática de violência doméstica e familiar, com a existência de risco atual ou iminente à vida ou à integridade física da criança e do adolescente, ou de seus familiares, o agressor será imediatamente afastado do lar, do domicílio ou do local de convivência com a vítima:

I – pela autoridade judicial;

II – pelo delegado de polícia, quando o Município não for sede de comarca;

III – pelo policial, quando o Município não for sede de comarca e não houver delegado disponível no momento da denúncia.

§ 1.º O Conselho Tutelar poderá representar às autoridades referidas nos incisos I, II e III do *caput* deste artigo para requerer o afastamento do agressor do lar, do domicílio ou do local de convivência com a vítima.

§ 2.º Nas hipóteses previstas nos incisos II e III do *caput* deste artigo, o juiz será comunicado no prazo máximo de 24 (vinte e quatro) horas e decidirá, em igual prazo, sobre a manutenção ou a revogação da medida aplicada, bem como dará ciência ao Ministério Público concomitantemente.

§ 3.º Nos casos de risco à integridade física da vítima ou à efetividade da medida protetiva de urgência, não será concedida liberdade provisória ao preso.

Capítulo IV
DOS PROCEDIMENTOS

Seção I
Das Medidas Protetivas de Urgência

Art. 15. Recebido o expediente com o pedido em favor de criança e de adolescente em situação de violência doméstica e familiar, caberá ao juiz, no prazo de 24 (vinte e quatro) horas:

I – conhecer do expediente e do pedido e decidir sobre as medidas protetivas de urgência;

II – determinar o encaminhamento do responsável pela criança ou pelo adolescente ao órgão de assistência judiciária, quando for o caso;

III – comunicar ao Ministério Público para que adote as providências cabíveis;

IV – determinar a apreensão imediata de arma de fogo sob a posse do agressor.

Art. 16. As medidas protetivas de urgência poderão ser concedidas pelo juiz, a requerimento do Ministério Público, da autoridade policial, do Conselho Tutelar ou a pedido da pessoa que atue em favor da criança e do adolescente.

§ 1.º As medidas protetivas de urgência poderão ser concedidas de imediato, independentemente de audiência das partes e de manifestação do Ministério Público, o qual deverá ser prontamente comunicado.

§ 2.º As medidas protetivas de urgência serão aplicadas isolada ou cumulativamente e poderão ser substituídas a qualquer tempo por outras de maior eficácia, sempre que os direitos reconhecidos nesta Lei forem ameaçados ou violados.

§ 3.º Poderá o juiz, a requerimento do Ministério Público ou do Conselho Tutelar, ou a pedido da vítima ou de quem esteja atuando em seu favor, conceder novas medidas protetivas de urgência ou rever aquelas já concedidas, se entender necessário à proteção da vítima, de seus familiares e de seu patrimônio, ouvido o Ministério Público.

Art. 17. Em qualquer fase do inquérito policial ou da instrução criminal, caberá a prisão preventiva do agressor, decretada pelo juiz, a requerimento do Ministério Público ou mediante representação da autoridade policial.

Parágrafo único. O juiz poderá revogar a prisão preventiva se, no curso do processo, verificar a falta de motivo para que subsista, bem como decretá-la novamente, se sobrevierem razões que a justifiquem.

Art. 18. O responsável legal pela criança ou pelo adolescente vítima ou testemunha de violência doméstica e familiar, desde que não seja o autor das agressões, deverá ser notificado dos atos processuais relativos ao agressor, especialmente dos pertinentes ao ingresso e à saída da prisão, sem prejuízo da intimação do advogado constituído ou do defensor público.

Art. 19. O juiz competente providenciará o registro da medida protetiva de urgência.

Parágrafo único. As medidas protetivas de urgência serão, após sua concessão, imediatamente registradas em banco de dados mantido e regulamentado pelo Conselho Nacional de Justiça, garantido o acesso instantâneo do Ministério Público, da Defensoria Pública, dos órgãos de segurança pública e de assistência social e dos integrantes do Sistema de Garantia dos Direitos da Criança e do Adolescente, com vistas à fiscalização e à efetividade das medidas protetivas.

Seção II
Das Medidas Protetivas de Urgência que Obrigam o Agressor

Art. 20. Constatada a prática de violência doméstica e familiar contra a criança e o adolescente nos termos desta Lei, o juiz poderá determinar ao agressor, de imediato, em conjunto ou separadamente, a aplicação das seguintes medidas protetivas de urgência, entre outras:

I – a suspensão da posse ou a restrição do porte de armas, com comunicação ao órgão competente, nos termos da Lei n. 10.826, de 22 de dezembro de 2003;

II – o afastamento do lar, do domicílio ou do local de convivência com a vítima;

III – a proibição de aproximação da vítima, de seus familiares, das testemunhas e de noticiantes ou denunciantes, com a fixação do limite mínimo de distância entre estes e o agressor;

IV – a vedação de contato com a vítima, com seus familiares, com testemunhas e com noticiantes ou denunciantes, por qualquer meio de comunicação;

V – a proibição de frequentação de determinados lugares a fim de preservar a integridade física e psicológica da criança ou do adolescente, respeitadas as disposições da Lei n. 8.069, de 13 de julho de 1990 (Estatuto da Criança e do Adolescente);

VI – a restrição ou a suspensão de visitas à criança ou ao adolescente;

VII – a prestação de alimentos provisionais ou provisórios;

VIII – o comparecimento a programas de recuperação e reeducação;

IX – o acompanhamento psicossocial, por meio de atendimento individual e/ou em grupo de apoio.

§ 1.º As medidas referidas neste artigo não impedem a aplicação de outras previstas na legislação em vigor, sempre que a segurança da vítima ou as circunstâncias o exigirem, e todas as medidas devem ser comunicadas ao Ministério Público.

§ 2.º Na hipótese de aplicação da medida prevista no inciso I do *caput* deste artigo, encontrando-se o agressor nas condições referidas no art. 6.º da Lei n. 10.826, de 22 de dezembro de 2003, o juiz comunicará ao respectivo órgão, corporação ou instituição as medidas protetivas de urgência concedidas e determinará a restrição do porte de armas, e o superior imediato do agressor ficará responsável pelo cumprimento da determinação judicial, sob pena de incorrer nos crimes de prevaricação ou de desobediência, conforme o caso.

§ 3.º Para garantir a efetividade das medidas protetivas de urgência, poderá o juiz requisitar, a qualquer momento, auxílio da força policial.

Seção III
Das Medidas Protetivas de Urgência à Vítima

Art. 21. Poderá o juiz, quando necessário, sem prejuízo de outras medidas, determinar:

I – a proibição do contato, por qualquer meio, entre a criança ou o adolescente vítima ou testemunha de violência e o agressor;

II – o afastamento do agressor da residência ou do local de convivência ou de coabitação;

III – a prisão preventiva do agressor, quando houver suficientes indícios de ameaça à criança ou ao adolescente vítima ou testemunha de violência;

IV – a inclusão da vítima e de sua família natural, ampliada ou substituta nos atendimentos a que têm direito nos órgãos de assistência social;

V – a inclusão da criança ou do adolescente, de familiar ou do noticiante ou denunciante em programa de proteção a vítimas ou a testemunhas;

VI – no caso da impossibilidade de afastamento do lar do agressor ou de prisão, a remessa do caso para o juízo competente, a fim de avaliar a necessidade de acolhimento familiar, institucional ou colação em família substituta;

VII – a realização da matrícula da criança ou do adolescente em instituição de educação mais próxima de seu domicílio ou do local de trabalho de seu responsável legal, ou sua transferência para instituição congênere, independentemente da existência de vaga.

§ 1.º A autoridade policial poderá requisitar e o Conselho Tutelar requerer ao Ministério Público a propositura de ação cautelar de antecipação de produção de prova nas causas que envolvam violência contra a criança e o adolescente, observadas as disposições da Lei n. 13.431, de 4 de abril de 2017.

•• O STF, na ADI n. 7.192, nas sessões virtuais de 10-5-2024 a 17-5-2024 (*DOU* de 22-5-2024), por unanimidade, julgou parcialmente procedente a ação direta de inconstitucionalidade, para conferir interpretação conforme a este § 1.º, e assentar que o Delegado pode solicitar ao Ministério Público a propositura de ação cautelar de antecipação de produção de prova nas causas que envolvam violência contra a criança e o adolescente, cabendo ao membro desta última instituição avaliar se entende ser o caso de atuação, nos limites de sua independência funcional e observados os deveres que lhe são inerentes.

§ 2.º O juiz poderá determinar a adoção de outras medidas cautelares previstas na legislação em vigor sempre que as circunstâncias o exigirem, com vistas à manutenção da integridade ou da segurança da criança ou do adolescente, de seus familiares e do noticiante ou denunciante.

Capítulo V
DO MINISTÉRIO PÚBLICO

Art. 22. Caberá ao Ministério Público, sem prejuízo de outras atribuições, nos casos de violência doméstica e familiar contra a criança e o adolescente, quando necessário:

I – registrar em seu sistema de dados os casos de violência doméstica e familiar contra a criança e o adolescente;

•• A Resolução n. 298, de 10-9-2024, do CNMP, institui o Cadastro Nacional de Casos de Violência contra Criança e Adolescente.

II – requisitar força policial e serviços públicos de saúde, de educação, de assistência social e de segurança, entre outros;

III – fiscalizar os estabelecimentos públicos e particulares de atendimento à criança e ao adolescente em situação de violência doméstica e familiar e adotar, de imediato, as medidas administrativas ou judiciais cabíveis no tocante a quaisquer irregularidades constatadas.

Capítulo VI
DA PROTEÇÃO AO NOTICIANTE OU DENUNCIANTE DE VIOLÊNCIA DOMÉSTICA E FAMILIAR

Art. 23. Qualquer pessoa que tenha conhecimento ou presencie ação ou omissão, praticada em local público ou privado, que constitua violência doméstica e familiar contra a criança e o adolescente tem o dever de comunicar o fato imediatamente ao serviço de recebimento e monitoramento de denúncias, ao Disque 100 da Ouvidoria Nacional de Direitos Humanos do Ministério da Mulher, da Família e dos Direitos Humanos, ao Conselho Tutelar ou à autoridade policial, os quais, por sua vez, tomarão as providências cabíveis.

Art. 24. O poder público garantirá meios e estabelecerá medidas e ações para a proteção e a compensação da pessoa que noticiar informações ou denunciar a prática de violência, de tratamento cruel ou degradante ou de formas violentas de educação, correção ou disciplina contra a criança e o adolescente.

§ 1.º A União, os Estados, o Distrito Federal e os Municípios poderão estabelecer programas de proteção e compensação das vítimas, das testemunhas e dos noticiantes ou denunciantes das condutas previstas no *caput* deste artigo.

§ 2.º O noticiante ou denunciante poderá requerer que a revelação das informações de que tenha conhecimento seja feita perante a autoridade policial, o Conselho Tutelar, o Ministério Público ou o juiz, caso em que a autoridade competente solicitará sua presença, designando data e hora para audiência especial com esse fim.

§ 3.º O noticiante ou denunciante poderá condicionar a revelação de informações de que tenha conhecimento à execução das medidas de proteção necessárias para assegurar sua integridade física e psicológica, e caberá à autoridade competente requerer e deferir a adoção das medidas necessárias.

§ 4.º Ninguém será submetido à retaliação, a represália, a discriminação ou a punição pelo fato ou sob o fundamento de ter reportado ou denunciado as condutas descritas no *caput* deste artigo.

§ 5.º O noticiante ou denunciante que, na iminência de revelar as informações de que tenha conhecimento, ou após tê-lo feito, ou que, no curso de investigação, de procedimento ou de processo instaurado a partir de revelação realizada, seja coagido ou exposto a grave ameaça, poderá requerer a execução das medidas de proteção previstas na Lei n. 9.807, de 13 de julho de 1999, que lhe sejam aplicáveis.

§ 6.º O Ministério Público manifestar-se-á sobre a necessidade e a utilidade das medidas de proteção formuladas pelo noticiante ou denunciante e requererá ao juiz competente o deferimento das que entender apropriadas.

§ 7.º Para a adoção das medidas de proteção, considerar-se-á, entre outros aspectos, a gravidade da coação ou da ameaça à integridade física ou psicológica, a dificuldade de preveni-las ou de reprimi-las pelos meios convencionais e a sua importância para a produção de provas.

§ 8.º Em caso de urgência e levando em consideração a procedência, a gravidade e a iminência da coação ou ameaça, o juiz competente, de ofício ou a requerimento do Ministério Público, determinará que o noticiante ou denunciante seja colocado provisoriamente sob a proteção de órgão de segurança pública, até que o conselho deliberativo decida sobre sua inclusão no programa de proteção.

§ 9.º Quando entender necessário, o juiz competente, de ofício, a requerimento do Ministério Público, da autoridade policial, do Conselho Tutelar ou por solicitação do órgão deliberativo concederá as medidas cautelares direta ou indiretamente relacionadas à eficácia da proteção.

Capítulo VII
DOS CRIMES

Art. 25. Descumprir decisão judicial que defere medida protetiva de urgência prevista nesta Lei:

Pena – detenção, de 3 (três) meses a 2 (dois) anos.

§ 1.º A configuração do crime independe da competência civil ou criminal do juiz que deferiu a medida.

§ 2.º Na hipótese de prisão em flagrante, apenas a autoridade judicial poderá conceder fiança.

§ 3.º O disposto neste artigo não exclui a aplicação de outras sanções cabíveis.

Art. 26. Deixar de comunicar à autoridade pública a prática de violência, de tratamento cruel ou degradante ou de formas violentas de educação, correção ou disciplina contra criança ou adolescente ou o abandono de incapaz:

Pena – detenção, de 6 (seis) meses a 3 (três) anos.

§ 1.º A pena é aumentada de metade, se da omissão resulta lesão corporal de natureza grave, e triplicada, se resulta morte.

§ 2.º Aplica-se a pena em dobro se o crime é praticado por ascendente, parente consanguíneo até terceiro grau, responsável legal, tutor, guardião, padrasto ou madrasta da vítima.

Capítulo VIII
DISPOSIÇÕES FINAIS

Art. 27. Fica instituído, em todo o território nacional, o dia 3 de maio de cada ano como Dia Nacional de Combate à Violência Doméstica e Familiar contra a Criança e o Adolescente, em homenagem ao menino Henry Borel.

....

Art. 30. O parágrafo único do art. 152 da Lei n. 7.210, de 11 de julho de 1984 (Lei de Execução Penal), passa a vigorar com a seguinte redação:

•• Alteração já processada no diploma modificado.

....

Art. 32. O inciso I do *caput* do art. 1.º da Lei n. 8.072, de 25 de julho de 1990 (Lei de Crimes Hediondos), passa a vigorar com a seguinte redação:

•• Alteração já processada no diploma modificado.

Art. 33. Aos procedimentos regulados nesta Lei aplicam-se subsidiariamente, no que couber, as disposições das Leis n. 8.069, de 13 de julho de 1990 (Estatuto da Criança e do Adolescente), 11.340, de 7 de agosto de 2006 (Lei Maria da Penha), e 13.431, de 4 de abril de 2017.

Art. 34. Esta Lei entra em vigor após decorridos 45 (quarenta e cinco) dias de sua publicação oficial.

Brasília, 24 de maio de 2022; 201.º da Independência e 134.º da República.

JAIR MESSIAS BOLSONARO

LEI N. 14.478, DE 21 DE DEZEMBRO DE 2022 (*)

Dispõe sobre diretrizes a serem observadas na prestação de serviços de ativos virtuais e na regulamentação das prestadoras de serviços de ativos virtuais; altera o Decreto-Lei n. 2.848, de 7 de dezembro de 1940 (Código Penal), para prever o crime de fraude com a utilização de ativos virtuais, valores mobiliários ou ativos financeiros; e altera a Lei n. 7.492, de 16 de junho de 1986, que define crimes contra o sistema financeiro nacional, e a Lei n. 9.613, de 3 de março de 1998, que dispõe sobre lavagem de dinheiro, para incluir as prestadoras de serviços de ativos virtuais no rol de suas disposições.

O Presidente da República

Faço saber que o Congresso Nacional decreta e eu sanciono a seguinte Lei:

Art. 1.º Esta Lei dispõe sobre diretrizes a serem observadas na prestação de serviços de ativos virtuais e na regulamentação das prestadoras de serviços de ativos virtuais.

Parágrafo único. O disposto nesta Lei não se aplica aos ativos representativos de valores mobiliários sujeitos ao regime da Lei n. 6.385, de 7 de dezembro de 1976, e não altera nenhuma competência da Comissão de Valores Mobiliários.

Art. 2.º As prestadoras de serviços de ativos virtuais somente poderão funcionar no País mediante prévia autorização de órgão ou entidade da Administração Pública federal.

•• *Vide* art. 9.º desta Lei.

Parágrafo único. Ato do órgão ou da entidade da Administração Pública federal a que se refere o *caput* estabelecerá as hipóteses e os parâmetros em que a autorização de que trata o *caput* deste artigo poderá ser concedida mediante procedimento simplificado.

Art. 3.º Para os efeitos desta Lei, considera-se ativo virtual a representação digital de valor que pode ser negociada ou transferida por meios eletrônicos e utilizada para realização de pagamentos ou com propósito de investimento, não incluídos:

I – moeda nacional e moedas estrangeiras;

II – moeda eletrônica, nos termos da Lei n. 12.865, de 9 de outubro de 2013;

(*) Publicada no *DOU*, de 22-12-2022. O Decreto n. 11.563, de 13-6-2023, regulamenta esta Lei, para estabelecer competências ao Banco Central do Brasil.

Serviços de Ativos Virtuais   Lei n. 14.478, de 21-12-2022

- A Lei n. 12.865, de 9-10-2013, dispõe, entre outras coisas, sobre os arranjos de pagamento e as instituições de pagamento integrantes do Sistema de Pagamentos Brasileiro (SPB).

III – instrumentos que provejam ao seu titular acesso a produtos ou serviços especificados ou a benefício proveniente desses produtos ou serviços, a exemplo de pontos e recompensas de programas de fidelidade; e

IV – representações de ativos cuja emissão, escrituração, negociação ou liquidação esteja prevista em lei ou regulamento, a exemplo de valores mobiliários e de ativos financeiros.

Parágrafo único. Competirá a órgão ou entidade da Administração Pública federal definido em ato do Poder Executivo estabelecer quais serão os ativos financeiros regulados, para fins desta Lei.

Art. 4.º A prestação de serviço de ativos virtuais deve observar as seguintes diretrizes, segundo parâmetros a serem estabelecidos pelo órgão ou pela entidade da Administração Pública federal definido em ato do Poder Executivo:

I – livre iniciativa e livre concorrência;

II – boas práticas de governança, transparência nas operações e abordagem baseada em riscos;

III – segurança da informação e proteção de dados pessoais;

- *Vide* Lei n. 13.709, de 14-8-2018 (Lei Geral de Proteção de Dados Pessoais).

IV – proteção e defesa de consumidores e usuários;

- *Vide* Lei n. 8.078, de 11-9-1990 (Código de Proteção e Defesa do Consumidor).

V – proteção à poupança popular;

VI – solidez e eficiência das operações; e

VII – prevenção à lavagem de dinheiro e ao financiamento do terrorismo e da proliferação de armas de destruição em massa, em alinhamento com os padrões internacionais.

- *Vide* Lei n. 9.613, de 3-3-1998, que dispõe sobre os crimes de "lavagem" de dinheiro.

Art. 5.º Considera-se prestadora de serviços de ativos virtuais a pessoa jurídica que executa, em nome de terceiros, pelo menos um dos serviços de ativos virtuais, entendidos como:

I – troca entre ativos virtuais e moeda nacional ou moeda estrangeira;

II – troca entre um ou mais ativos virtuais;

III – transferência de ativos virtuais;

IV – custódia ou administração de ativos virtuais ou de instrumentos que possibilitem controle sobre ativos virtuais; ou

V – participação em serviços financeiros e prestação de serviços relacionados à oferta por um emissor ou venda de ativos virtuais.

Parágrafo único. O órgão ou a entidade da Administração Pública federal indicado em ato do Poder Executivo poderá autorizar a realização de outros serviços que estejam, direta ou indiretamente, relacionados à atividade da prestadora de serviços de ativos virtuais de que trata o *caput* deste artigo.

Art. 6.º Ato do Poder Executivo atribuirá a um ou mais órgãos ou entidades da Administração Pública federal a disciplina do funcionamento e a supervisão da prestadora de serviços de ativos virtuais.

Art. 7.º Compete ao órgão ou à entidade reguladora indicada em ato do Poder Executivo Federal:

I – autorizar funcionamento, transferência de controle, fusão, cisão e incorporação da prestadora de serviços de ativos virtuais;

II – estabelecer condições para o exercício de cargos em órgãos estatutários e contratuais em prestadora de serviços de ativos virtuais e autorizar a posse e o exercício de pessoas para cargos de administração;

III – supervisionar a prestadora de serviços de ativos virtuais e aplicar as disposições da Lei n. 13.506, de 13 de novembro de 2017, em caso de descumprimento desta Lei ou de sua regulamentação;

- *Vide* Lei n. 13.506, de 13-11-2017, que dispõe sobre o processo administrativo sancionador na esfera de atuação do Banco Central e da CVM.

IV – cancelar, de ofício ou a pedido, as autorizações de que tratam os incisos I e II deste *caput*; e

V – dispor sobre as hipóteses em que as atividades ou operações de que trata o art. 5.º desta Lei serão incluídas no mercado de câmbio ou em que deverão submeter-se à regulamentação de capitais brasileiros no exterior e capitais estrangeiros no País.

Parágrafo único. O órgão ou a entidade da Administração Pública federal de que trata o *caput* definirá as hipóteses que poderão provocar o cancelamento previsto no inciso IV do *caput* deste artigo e o respectivo procedimento.

Art. 8.º As instituições autorizadas a funcionar pelo Banco Central do Brasil poderão prestar exclusivamente o serviço de ativos virtuais ou cumulá-lo com outras atividades, na forma da regulamentação a ser editada por órgão ou entidade da Administração Pública federal indicada em ato do Poder Executivo federal.

Art. 9.º O órgão ou a entidade da Administração Pública federal de que trata o *caput* do art. 2.º desta Lei estabelecerá condições e prazos, não inferiores a 6 (seis) meses, para adequação das prestadoras de serviços de ativos virtuais que estiverem em atividade às disposições desta Lei e às normas por ele estabelecidas.

Art. 10. O Decreto-Lei n. 2.848, de 7 de dezembro de 1940 (Código Penal), passa a vigorar acrescido do seguinte art. 171-A:

•• Alteração já processada no diploma modificado.

Art. 11. O parágrafo único do art. 1.º da Lei n. 7.492, de 16 de junho de 1986, passa a vigorar com as seguintes alterações:

•• Alteração já processada no diploma modificado.

Art. 12. A Lei n. 9.613, de 3 de março de 1998, passa a vigorar com as seguintes alterações:

•• Alterações já processadas no diploma modificado.

Art. 13. Aplicam-se às operações conduzidas no mercado de ativos virtuais, no que couber, as disposições da Lei n. 8.078, de 11 de setembro de 1990 (Código de Defesa do Consumidor).

Art. 14. Esta Lei entra em vigor após decorridos 180 (cento e oitenta) dias de sua publicação oficial.

Brasília, 21 de dezembro de 2022; 201.º da Independência e 134.º da República.

JAIR MESSIAS BOLSONARO

DECRETO N. 11.480, DE 6 DE ABRIL DE 2023 (*)

Dispõe sobre o Conselho Nacional de Políticas sobre Drogas.

O Presidente da República, no uso das atribuições que lhe confere o art. 84, *caput*, incisos IV e VI, alínea *a*, da Constituição, e tendo em vista o disposto na Lei n. 11.343, de 23 de agosto de 2006, decreta:

Art. 1.º Este Decreto dispõe sobre o Conselho Nacional de Políticas sobre Drogas – Conad, órgão superior permanente do Sistema Nacional de Políticas Públicas sobre Drogas – Sisnad.

(*) Publicado no *DOU*, de 6-4-2023.

Art. 2.º Compete ao Conad:

I – discutir e aprovar o Plano Nacional de Políticas sobre Drogas;

II – acompanhar e avaliar a gestão dos recursos do Fundo Nacional Antidrogas, por meio de solicitação de informações e elaborar recomendações aos protocolos de destinação dos bens e valores do referido Fundo;

III – acompanhar e avaliar o cumprimento das diretrizes nacionais das políticas públicas sobre drogas e promover sua integração às políticas de proteção ao Estado Democrático de Direito e aos direitos humanos e ao combate e superação do racismo e de outras formas de discriminação;

IV – acompanhar e avaliar as ações de cooperação internacional firmadas pelo Governo da República Federativa do Brasil sobre drogas;

V – identificar e difundir boas práticas sobre drogas para as três esferas de governo;

VI – articular com os conselhos estaduais, distrital e municipais de políticas sobre drogas;

VII – articular com os conselhos participativos da administração pública federal para o monitoramento conjunto de políticas públicas e o fortalecimento da participação social; e

VIII – acompanhar e se manifestar sobre proposições legislativas referentes à política sobre drogas e ao funcionamento do próprio conselho.

§ 1.º Os órgãos e as entidades da administração pública federal prestarão as informações solicitadas pelo Conad ou por sua Secretaria-Executiva.

§ 2.º As ações e as metas do Plano Nacional de Políticas sobre Drogas observarão a competência legal de cada órgão e dependerão de avaliação de viabilidade técnica e orçamentária da administração pública federal.

Art. 3.º O Conad será composto por:

I – Ministro de Estado da Justiça e da Segurança Pública, que o presidirá;

II – Secretário Nacional de Políticas sobre Drogas e Gestão de Ativos do Ministério da Justiça e da Segurança Pública;

III – um representante dos seguintes órgãos e entidades:

a) Ministério da Defesa;

b) Ministério do Desenvolvimento e Assistência Social, Família e Combate à Fome;

c) Ministério dos Direitos Humanos e da Cidadania;

d) Ministério da Educação;
e) Ministério da Igualdade Racial;
f) Ministério das Mulheres;
g) Ministério dos Povos Indígenas;
h) Ministério das Relações Exteriores;
i) Ministério da Saúde;
j) Secretaria Nacional de Segurança Pública do Ministério da Justiça e da Segurança Pública;
k) Agência Nacional de Vigilância Sanitária;
l) Conselho de Controle de Atividades Financeiras; e
m) Departamento de Polícia Federal;
IV – um representante de conselho estadual ou distrital sobre drogas;
V – um representante dos seguintes conselhos profissionais e entidade:
a) Conselho Federal de Assistência Social;
b) Conselho Federal de Medicina;
c) Conselho Federal da Ordem dos Advogados do Brasil;
d) Conselho Federal de Psicologia; e
e) Sociedade Brasileira para o Progresso da Ciência;
VI – dez representantes de organizações da sociedade civil.

§ 1.º Cada membro do Conad terá um suplente, que o substituirá em suas ausências e seus impedimentos.

§ 2.º O Ministro de Estado da Justiça e Segurança Pública será substituído na presidência do Conad pelo Secretário Nacional de Políticas sobre Drogas e Gestão de Ativos do Ministério da Justiça e Segurança Pública em suas ausências e impedimentos.

§ 3.º Os representantes dos órgãos e entidades de que trata o inciso III do caput e seus suplentes serão indicados pelas autoridades máximas de seus órgãos ou entidades e designados em ato do Ministro de Estado da Justiça e Segurança Pública.

§ 4.º O representante dos conselhos de que trata o inciso IV do caput será escolhido por meio de eleição entre todos os conselhos estaduais e distrital de políticas sobre drogas, organizada pela Secretaria-Executiva do Conad, para mandato de dois anos, e designados em ato do Ministro de Estado da Justiça e Segurança Pública.

§ 5.º Os representantes das entidades de que trata o inciso V do caput e seus suplentes serão indicados pelas autoridades máximas das entidades que representam, para mandato de dois anos, e designados em ato do Ministro de Estado da Justiça e Segurança Pública.

§ 6.º Os representantes das organizações da sociedade civil de que trata o inciso VI do caput e seus suplentes serão eleitos por meio de processo participativo, organizado pela Secretaria-Executiva do Conad, para mandato de dois anos, e designados em ato do Ministro de Estado da Justiça e Segurança Pública.

§ 7.º Poderão participar das reuniões do Conad, mediante deliberação do Plenário e a convite do Presidente, sem direito a voto:
I – representantes do Poder Judiciário, do Ministério Público, da Defensoria Pública e do Poder Legislativo, em caráter permanente; e
II – nos grupos de trabalho do Conad, pessoas físicas e entidades com notória atuação na área de política sobre drogas.

Art. 4.º Os representantes de que tratam os incisos V e VI do caput do art. 3.º poderão perder o mandato, antes do prazo de dois anos, nas seguintes hipóteses:
I – renúncia; ou
II – ausência imotivada em duas reuniões consecutivas do Conad.

Parágrafo único. O procedimento de substituição de representante na hipótese de perda do mandato será definido pelo Regimento Interno do Conad.

Art. 5.º As organizações da sociedade civil de que trata o inciso VI do caput do art. 3.º deverão ter abrangência nacional e desenvolver relevantes atividades relacionadas às políticas sobre drogas.

§ 1.º O processo eleitoral participativo a que se refere o § 6.º do art. 3.º garantirá a diversidade nas representações individuais e na natureza das organizações e entidades que compõem o Conad.

§ 2.º A eleição de que trata o § 6.º do art. 3.º será realizada no prazo de sessenta dias, contado da data de publicação deste Decreto.

Art. 6.º O Conad se reunirá, em caráter ordinário, semestralmente e, em caráter extraordinário, mediante convocação de seu Presidente ou requerimento de, ao menos, a metade de seus membros.

§ 1.º O quórum de reunião do Conad será de maioria absoluta de seus membros e o quórum de deliberação será de:

I – maioria absoluta para a aprovação do Regimento Interno e do Plano Nacional de Políticas sobre Drogas; e

II – maioria simples nas demais hipóteses.

§ 2.º Na hipótese de empate, além do voto ordinário, o Presidente do Conad terá o voto de qualidade.

Art. 7.º A Secretaria-Executiva do Conad será exercida pela Secretaria Nacional de Políticas sobre Drogas e Gestão de Ativos do Ministério da Justiça e Segurança Pública, competindo-lhe:

I – propor ao Plenário o Plano Nacional de Políticas sobre Drogas, ou sua reformulação;

II – apoiar o Plenário no acompanhamento das políticas públicas sobre drogas;

III – elaborar a proposta de regimento interno do Conad;

IV – decidir, em caráter excepcional, pela realização de reunião por videoconferência, sem prejuízo dos direitos à voz e ao voto dos representantes; e

V – prestar o apoio administrativo necessário para a consecução dos objetivos do Conad e de seus eventuais grupos de trabalho.

Art. 8.º À Comissão Interfederativa Permanente, órgão de apoio ao Conad, compete:

I – apresentar diagnósticos sobre o contexto e situação local e regional em relação à política de drogas;

II – sugerir ao Conad:

a) medidas de acompanhamento da Política Nacional sobre Drogas nos Estados, Distrito Federal e Municípios; e

b) boas práticas para as três esferas de governo sobre a temática das drogas; e

III – sugerir métodos de aperfeiçoamento para a articulação federativa sobre drogas.

§ 1.º A Comissão Interfederativa Permanente terá a seguinte composição:

I – um representante da Secretaria Nacional de Políticas sobre Drogas e Gestão de Ativos do Ministério da Justiça e Segurança Pública, que a coordenará; e

II – um representante de cada conselho estadual e um representante do conselho distrital responsáveis pela política sobre drogas.

§ 2.º As reuniões da Comissão Interfederativa Permanente serão convocadas pelo Coordenador e ocorrerão presencialmente ou por meio de videoconferência, semestralmente, em caráter preparatório às reuniões ordinárias do Conad.

Art. 9.º O Conad poderá instituir grupos de trabalho com objetivo específico, observada, em suas composições, a paridade entre representantes da administração pública federal e da sociedade civil.

Art. 10. As reuniões do Conad serão realizadas na cidade de Brasília.

Parágrafo único. O Plenário do Conad poderá deliberar pela realização de reunião em local distinto do previsto no *caput*, em caráter excepcional.

Art. 11. O Ministério da Justiça e Segurança Pública disponibilizará os meios necessários ao funcionamento do Plenário e da Secretaria-Executiva do Conad.

Art. 12. A participação no Conad, na Comissão Interfederativa Permanente e nos grupos de trabalho será considerada prestação de serviço público relevante, não remunerada.

Art. 13. Fica revogado o Decreto n. 9.926, de 19 de julho de 2019.

Art. 14. Este Decreto entra em vigor na data de sua publicação.

Brasília, 6 de abril de 2023; 202.º da Independência e 135.º da República.

LUIZ INÁCIO LULA DA SILVA

DECRETO N. 11.615, DE 21 DE JULHO DE 2023 (*)

Regulamenta a Lei n. 10.826, de 22 de dezembro de 2003, para estabelecer regras e procedimentos relativos à aquisição, ao registro, à posse, ao porte, ao cadastro e à comercialização nacional de armas de fogo, munições e acessórios, disciplinar as atividades de caça excepcional, de caça de subsistência, de tiro desportivo e de colecionamento de armas de fogo, munições e acessórios, disciplinar o funcionamento das entidades de tiro desportivo e dispor sobre a estruturação do Sistema Nacional de Armas - Sinarm.

(*) Publicado no *DOU*, de 21-7-2023.

Desarmamento — Decreto n. 11.615, de 21-7-2023

O Presidente da República, no uso da atribuição que lhe confere o art. 84, *caput*, inciso IV, da Constituição, e tendo em vista o disposto na Lei n. 10.826, de 22 de dezembro de 2003, decreta:

Capítulo I
DISPOSIÇÕES GERAIS

Objeto e âmbito de aplicação

Art. 1.º Este Decreto regulamenta a Lei n. 10.826, de 22 de dezembro de 2003, para:

I – estabelecer regras e procedimentos relativos à aquisição, ao registro, à posse, ao porte, ao cadastro e à comercialização nacional de armas de fogo, munições e acessórios;

II – disciplinar as atividades de caça excepcional, de caça de subsistência, de tiro desportivo e de colecionamento de armas de fogo, munições e acessórios;

III – disciplinar o funcionamento das entidades de tiro desportivo; e

IV – dispor sobre a estruturação do Sistema Nacional de Armas – Sinarm.

Definições

Art. 2.º Para fins do disposto neste Decreto, considera-se:

I – *airsoft* – desporto individual ou coletivo, praticado ao ar livre ou em ambiente fechado, de forma coordenada, em que se utilizam marcadores de esferas de pressão leve com finalidade exclusivamente esportiva ou recreativa;

II – arma de fogo obsoleta – arma de fogo que não se presta mais ao uso efetivo em caráter permanente, em razão de sua munição e seus elementos de munição não serem mais produzidos ou sua produção ou seu modelo ser muito antigo, fora de uso, caracterizada como relíquia, peça de coleção inerte ou de uso em atividades folclóricas;

III – arma de fogo de porte – arma de fogo de dimensão e peso reduzidos que pode ser disparada pelo atirador com apenas uma de suas mãos, como pistola, revólver e garrucha;

IV – arma de fogo portátil – arma de fogo cujo peso e cujas dimensões permitem que seja transportada por apenas um indivíduo, mas não conduzida em um coldre, que exige, em situações normais, ambas as mãos para a realização eficiente do disparo;

V – arma de fogo não portátil – arma de fogo que, devido à sua dimensão e ao seu peso:

a) precisa ser transportada por mais de uma pessoa, com a utilização de veículo, automotor ou não; ou

b) seja fixada em estrutura permanente;

VI – arma de fogo curta – arma de fogo de uso pessoal, de porte e de emprego manual;

VII – arma de fogo longa – arma de fogo cujo peso e cuja dimensão permitem que seja transportada por apenas uma pessoa, mas não conduzida em um coldre, e que exige, em situações normais, ambas as mãos com apoio no ombro para a realização eficiente do disparo;

VIII – arma de fogo desmuniciada – arma de fogo sem munição no tambor, no caso de revólver, ou sem carregador e sem munição na câmara de explosão, no caso de arma semiautomática ou automática;

IX – arma de fogo semiautomática – arma de fogo que realiza automaticamente todas as operações de funcionamento, com exceção dos disparos, cujas ocorrências dependem individualmente de novo acionamento do gatilho;

X – arma de fogo automática – arma de fogo cujo carregamento, disparo e demais operações de funcionamento ocorrem continuamente, enquanto o gatilho estiver acionado;

XI – arma de fogo de repetição – arma de fogo que demanda que o atirador, após realizar cada disparo por meio de acionamento do gatilho, empregue sua força física sobre um componente do mecanismo do armamento para concretizar as operações prévias e necessárias ao disparo seguinte, a fim de torná-la pronta para realizá-lo;

XII – arma de fogo raiada – arma de fogo de cano com sulcos helicoidais, responsáveis pela giroestabilização do projétil durante o percurso até o alvo;

XIII – arma de fogo institucional – arma de fogo de propriedade, responsabilidade e guarda das instituições e dos órgãos públicos, gravada com brasão, excluída a arma de fogo particular brasonada;

XIV – arma de fogo histórica – arma de fogo assim declarada pelo Instituto do Patrimônio Histórico e Artístico Nacional - Iphan:

a) marcada com brasão ou símbolo pátrio, nacional ou estrangeiro;

b) colonial;

c) utilizada em guerra, combate ou batalha;

d) que pertenceu a personalidade ou esteve em evento histórico; ou

e) que, pela aparência e pela composição das partes integrantes, possa ser considerada rara e única e possa fazer parte do patrimônio histórico e cultural;

XV – arma de fogo de acervo de coleção – arma de fogo assim declarada pelo Iphan, fabricada há quarenta anos ou mais, cujo conjunto ressalta a evolução tecnológica de suas características e de seu modelo, vedada a realização de tiro, exceto para a realização de eventos específicos previamente autorizados ou de testes eventualmente necessários à sua manutenção ou ao seu reparo;

XVI – armeiro – profissional registrado pela Polícia Federal, habilitado para o reparo ou a manutenção de arma de fogo, cujo local de trabalho possua instalações adequadas para a guarda do armamento, de equipamentos para conserto do armamento e para teste de disparo de armas de fogo;

XVII – atirador desportivo – pessoa física registrada pelo Comando do Exército por meio do Certificado de Registro – CR, filiada a entidade de tiro desportivo e federação ou confederação que pratique habitualmente o tiro como modalidade de desporto de rendimento ou de desporto de formação, com emprego de arma de fogo ou ar comprimido;

XVIII – caçador excepcional – pessoa física registrada pelo Comando do Exército por meio do CR, titular de registro de arma de fogo vinculada à atividade de caça excepcional para manejo de fauna exógena invasora;

XIX – caçador de subsistência – pessoa física registrada pela Polícia Federal, titular de registro de arma de fogo vinculada à atividade de caça de subsistência, destinada ao provimento de recursos alimentares indispensáveis à sobrevivência dos povos indígenas e dos povos e das comunidades tradicionais, entre outros, respeitadas as espécies protegidas, constantes da lista oficial de espécies editada pelo órgão competente;

XX – cadastro de arma de fogo – inclusão de arma de fogo de produção nacional ou importada no Sinarm ou no Sistema de Gerenciamento Militar de Armas – Sigma, com a descrição de suas características, propriedade, autorizações e ocorrências;

XXI – Certificado de Registro – CR – documento hábil que autoriza as pessoas físicas ou jurídicas a utilização industrial, armazenagem, comércio, exportação, importação, transporte, manutenção, recuperação e manuseio de produtos controlados pelo Comando do Exército;

XXII – Certificado de Registro de Pessoa Física – CRPF – documento comprobatório do ato administrativo de cadastro da pessoa física, concedido pela Polícia Federal, com autorização pessoal e intransferível para aquisição e utilização de arma de fogo, munições e acessórios;

XXIII – Certificado de Registro de Pessoa Jurídica – CRPJ – documento comprobatório do ato administrativo de cadastro da pessoa jurídica, concedido pela Polícia Federal, com autorização para a aquisição, o uso e a estocagem de armas de fogo, para a constituição de empresa de segurança privada vinculado às finalidades e às atividades legais declaradas;

XXIV – Certificado de Registro de Arma de Fogo – CRAF – documento comprobatório do ato administrativo de cadastro de arma de fogo, com o número do referido cadastro, vinculado à identificação do proprietário e à finalidade legal que motivou a aquisição da arma de fogo, concedido pela Polícia Federal ou pelo Comando do Exército, conforme o caso;

XXV – colecionador – pessoa física ou pessoa jurídica, registrada pelo Comando do Exército por meio do CR, que se comprometa a manter, em segurança, armas de fogo de variados tipos, marcas, modelos, calibres e procedências, suas munições e seus acessórios, armamento pesado e viaturas militares de variados tipos, modelos e procedências, seu armamento, seus equipamentos e seus acessórios, de modo a contribuir para a preservação do patrimônio histórico nacional ou estrangeiro;

XXVI – entidades de tiro desportivo – os clubes, as associações, as escolas de formação, as federações, as ligas e as confederações formalmente constituídas que promovam, em favor de seus membros, a atividade de instrução de tiro, de tiro desportivo ou de caça, conforme a sua finalidade social, registradas perante o Comando do Exército;

XXVII – guia de tráfego – documento que confere autorização para o tráfego de armas desmuniciadas, suas munições e seus acessórios no território nacional, necessário ao porte de trânsito correspondente, previsto no art. 24 da Lei n. 10.826, de 2003;

Desarmamento   **Decreto n. 11.615, de 21-7-2023**

XXVIII – instrutor de armamento e tiro – profissional registrado pela Polícia Federal, habilitado e selecionado, por meio de distribuição aleatória, para a capacitação técnica no manuseio de arma de fogo perante entidades de tiro;

XXIX – insumos para carregar ou recarregar munição – materiais utilizados para carregar cartuchos, incluídos o estojo, a espoleta, a pólvora ou outro tipo de carga propulsora, o projétil e a bucha utilizados em armas de fogo;

XXX – marcadores – dispositivos assemelhados ou não a armas de fogo, destinados exclusivamente à prática esportiva, cujo princípio de funcionamento implica o emprego exclusivo de gases comprimidos, com ou sem molas, para impulsão do projétil, os quais podem estar previamente armazenados em um reservatório ou ser produzidos por ação de um mecanismo, tal como um êmbolo solidário a uma mola;

XXXI – *paintball* – desporto individual ou coletivo, praticado ao ar livre ou em ambiente fechado, de forma coordenada, em que se utilizam marcadores de cápsulas de tinta com finalidade exclusivamente esportiva;

XXXII – porte de arma de fogo para defesa pessoal – autorização excepcional, mediante concessão e registro na Polícia Federal, de circulação com a arma de fogo, de maneira velada, para defesa pessoal;

XXXIII – porte de arma de fogo funcional – autorização para porte de arma para fins de defesa pessoal, concedida pela Polícia Federal ou pelo órgão de vinculação do agente público, nas hipóteses em que a lei assegura esse direito a integrante de categorias profissionais do serviço público;

XXXIV – porte de trânsito – autorização concedida pelo Comando do Exército, mediante emissão da guia de tráfego, aos colecionadores, aos atiradores, aos caçadores e aos representantes estrangeiros em competição internacional oficial de tiro realizada no território nacional, para transitar com armas de fogo registradas em seus acervos, desmuniciadas, em trajeto preestabelecido, por período predeterminado e de acordo com a finalidade declarada no registro correspondente; e

XXXV – posse de arma de fogo – autorização concedida pela Polícia Federal ao proprietário de arma de fogo, mediante comprovação de efetiva necessidade, para mantê-la sob a sua guarda, exclusivamente no interior de sua residência ou de seu domicílio, ou dependência desses, ou, ainda, de seu local de trabalho, desde que seja o proprietário ou responsável legal pelo estabelecimento ou pela empresa.

Capítulo II
DO SISTEMA DE REGULAÇÃO DE ARMAS DE FOGO, MUNIÇÕES E ACESSÓRIOS

Finalidade do Sinarm

Art. 3.º O Sinarm, instituído no âmbito da Polícia Federal, com circunscrição no território nacional, tem por finalidade:

I – manter cadastro geral, integrado e permanente:

a) das armas de fogo importadas, produzidas e comercializadas no País, com a identificação de suas características, de suas propriedades e de modificações que alterem as suas características ou o seu funcionamento;

b) das autorizações de porte de arma de fogo e das renovações expedidas pela Polícia Federal;

c) das transferências de propriedade, dos extravios, dos furtos, dos roubos e de outras ocorrências suscetíveis de alterar os dados cadastrais, inclusive as decorrentes de fechamento de empresas de segurança privada e de transporte de valores;

d) das apreensões de armas de fogo, inclusive as vinculadas a procedimentos policiais e judiciais;

e) dos armeiros em atividade no País e das respectivas licenças para o exercício da atividade profissional;

f) dos produtores, dos atacadistas, dos varejistas, dos exportadores e dos importadores registrados no Comando do Exército e por este autorizados a produzir ou comercializar armas de fogo, munições e acessórios; e

g) da identificação do cano da arma e das características das impressões de raiamento e de microestriamento de projétil disparado, conforme marcação e testes de realização obrigatória pelo fabricante;

II – informar às Secretarias de Segurança Pública dos Estados e do Distrito Federal:

a) as concessões, as suspensões e as cassações de CRAF, de CRPF e de CRPJ; e

b) as autorizações de porte de arma de fogo nos respectivos territórios; e

III – manter os seus cadastros atualizados, em articulação com o Sistema Nacional de Informações de Segurança Pública, Prisionais, de Rastreabilidade de Armas e Munições, de Material Genético, de Digitais e de Drogas – Sinesp, instituído pela Lei n. 13.675, de 11 de junho de 2018.

§ 1.º As armas de fogo das Forças Armadas, das polícias militares e dos corpos de bombeiros militares dos Estados e do Distrito Federal e do Gabinete de Segurança Institucional da Presidência da República, bem como as demais que constem dos seus registros próprios, serão cadastradas no Sigma, nos termos do disposto no parágrafo único do art. 2.º da Lei n. 10.826, de 2003.

§ 2.º A transferência de arma de fogo particular cadastrada no Sigma será autorizada pelo órgão da Força Armada, da Força Auxiliar ou do Gabinete de Segurança Institucional da Presidência da República que houver realizado o seu registro, observado o quantitativo estabelecido neste Decreto ou em norma complementar.

§ 3.º O disposto nos § 1.º e § 2.º ocorrerá sem prejuízo da integração e da interoperabilidade entre o Sigma e o Sinarm, de modo a permitir o compartilhamento de informações entre ambas as plataformas de gerenciamento de armas de fogo.

§ 4.º Os dados registrados no Sinarm e no Sigma serão:

I – fornecidos aos órgãos de investigação, quando necessários em procedimentos investigativos; e

II – compartilhados de forma direta e por meio eletrônico com o Sinesp, assegurado o sigilo dos dados.

§ 5.º A Força Armada, a Força Auxiliar ou o Gabinete de Segurança Institucional da Presidência da República deverá providenciar a atualização dos dados cadastrais do Sigma, quando autorizar a transferência de arma de fogo a que se refere o § 2.º.

Competências

Art. 4.º Compete à Polícia Federal:

I – definir, padronizar, sistematizar, normatizar e fiscalizar os seguintes procedimentos e as seguintes atividades:

a) registro de armas de fogo e cadastro de munições e acessórios, exceto as armas, as munições e os acessórios das instituições a que se refere o § 1.º do art. 3.º;

b) concessão de porte de arma de fogo pessoal e de suas renovações;

c) transferência de propriedade, registro de perda, de furto, de roubo, de extravio e de outras ocorrências relativas às armas de fogo, às munições e aos acessórios suscetíveis de alterar os dados cadastrais, inclusive as decorrentes do encerramento das atividades de empresas de segurança privada e de transporte de valores;

d) atividade de armeiro e seu vínculo com as entidades de tiro;

e) instrução em armamento e tiro e comprovação de capacidade técnica e aptidão psicológica; e

f) concessão e emissão da guia de tráfego;

II – assegurar a publicação periódica das informações sobre armas de fogo, munições e acessórios registrados e comercializados no País;

III – estabelecer as quantidades de armas de fogo, de munições, de insumos e de acessórios passíveis de aquisição pelas pessoas físicas e jurídicas autorizadas a adquirir ou portar arma de fogo, vinculadas ao Sinarm, observados os limites estabelecidos neste Decreto;

IV – cadastrar as apreensões de armas de fogo, por meio eletrônico, inclusive as vinculadas a procedimentos policiais e judiciais;

V – cadastrar no Sinarm:

a) imagens que permitam a identificação e a confrontação de projéteis e estojos com as respectivas armas, abrangidas todas as armas de fogo produzidas, importadas ou vendidas no País;

b) imagens de projéteis e estojos encontrados em locais de crimes ou de armas apreendidas;

VI – recolher e gerenciar o procedimento de entrega voluntária de armas de fogo por qualquer pessoa;

VII – estabelecer as normas e os parâmetros técnicos necessários à integração, à interoperabilidade e à acessibilidade entre o Sigma e o Sinarm;

VIII – disponibilizar, por meio de plataforma eletrônica, às Secretarias de Segurança Pública dos Estados e do Distrito Federal, informações sobre concessões, suspensões e cassações de CRAF, CRPF, CRPJ e autorizações de porte de arma de fogo nos respectivos territórios e manter o seu registro atualizado para consulta; e

IX – disciplinar, em articulação com o os órgãos competentes, os parâmetros técnicos necessários ao oferecimento de serviços públicos digitais simples e intuitivos, caracterizados pela interoperabilidade e pela integração, consolidados em plataforma única, nos termos do disposto na Estratégia de Governo Digital.

§ 1.º Os atos normativos necessários ao cumprimento do disposto neste artigo serão editados pelo Diretor-Geral da Polícia Federal, observadas as competências dos demais órgãos.

§ 2.º A Polícia Federal poderá firmar convênios e acordos de cooperação técnica com:

I – o Comando do Exército e os órgãos de segurança pública dos entes federativos, com a finalidade de promover parcerias nas atividades de fiscalização e de entrega voluntária de armas, munições e acessórios; e

II – o Conselho Nacional de Justiça e o Conselho Nacional do Ministério Público, com a finalidade de disciplinar aspectos relativos ao porte de armas de fogo dos membros do Poder Judiciário e do Ministério Público.

Art. 5.º O Comando do Exército, por intermédio do Ministério da Defesa, apresentará proposta ao Presidente da República para tratar da:

I – classificação legal, técnica e geral dos produtos controlados; e

II – proposta de definição e de classificação legal, técnica e geral das armas de fogo, das munições, dos componentes e dos acessórios de uso proibido, restrito ou permitido ou obsoletos e de valor histórico, mediante referenda do Ministério da Justiça e Segurança Pública.

Art. 6.º No prazo de sessenta dias, contado da data de publicação deste Decreto, o Ministério da Justiça e da Segurança Pública e o Ministério da Defesa celebrarão acordo de cooperação para estabelecer os termos da migração da competência para a Polícia Federal.

§ 1.º O acordo de cooperação estabelecerá a forma como ocorrerá a migração de competência das atribuições relativas à autorização e ao registro das atividades de caça excepcional, tiro desportivo e colecionamento, do porte de trânsito, do controle e da fiscalização de armas, munições e acessórios de colecionadores, atiradores desportivos e caçadores excepcionais, previstas no art. 24 da Lei n. 10.826, de 2003.

§ 2.º Poderão ser estabelecidos outros acordos de cooperação entre os órgãos envolvidos para viabilizar as atribuições previstas neste Decreto.

Cadastramento no Sinarm

Art. 7.º Serão cadastrados no Sinarm:

I – os armeiros em atividade no País e as suas licenças para o exercício da atividade profissional;

II – os produtores, os atacadistas, os varejistas, os exportadores e os importadores autorizados de armas de fogo, acessórios e munições;

III – os instrutores de armamento e tiro credenciados para a aplicação de teste de capacidade técnica, ainda que digam respeito à arma de fogo de uso restrito;

IV – os psicólogos credenciados para a aplicação do exame de aptidão psicológica a que se refere o inciso III do *caput* do art. 4.º da Lei n. 10.826, de 2003;

V – os caçadores de subsistência; e

VI – as ocorrências de extravio, de furto, de roubo, de recuperação e de apreensão de armas de fogo de uso permitido ou restrito.

§ 1.º Serão cadastradas no Sinarm as armas de fogo:

I – importadas, produzidas e comercializadas no País, de uso permitido ou restrito, exceto aquelas pertencentes às Forças Armadas, às polícias militares e aos corpos de bombeiros militares dos Estados e do Distrito Federal, e ao Gabinete de Segurança Institucional da Presidência da República, e as demais que constem dos seus registros próprios;

II – apreendidas, ainda que não constem dos cadastros do Sinarm ou do Sigma, incluídas aquelas vinculadas a procedimentos policiais e judiciais;

III – institucionais, observado o disposto no inciso I, constantes de cadastros próprios:

a) da Polícia Federal;

b) da Polícia Rodoviária Federal;

c) da Força Nacional de Segurança Pública;

d) das polícias penais;

e) dos órgãos dos sistemas penitenciários federal, estaduais ou distrital;

f) das polícias civis e dos órgãos oficiais de perícia criminal dos Estados e do Distrito Federal;

g) da Agência Brasileira de Inteligência;

h) dos órgãos policiais da Câmara dos Deputados e do Senado Federal, a que se referem, respectivamente, o inciso IV do *caput* do art. 51 e o inciso XIII do *caput* do art. 52 da Constituição;

i) das guardas municipais, nos termos do disposto nas leis municipais que as instituíram;

j) dos órgãos públicos aos quais sejam vinculados os integrantes das escoltas de presos dos Estados e das guardas portuárias;

k) dos órgãos do Poder Judiciário, para uso exclusivo de servidores de seus quadros de pessoal que efetivamente estejam no exercício de funções de segurança, na forma prevista em regulamento editado pelo Conselho Nacional de Justiça;

l) dos órgãos dos Ministérios Públicos da União, dos Estados e do Distrito Federal e Territórios, para uso exclusivo de servidores de seus quadros de pessoal que efetivamente estejam no exercício de funções de segurança, na forma prevista em regulamento editado pelo Conselho Nacional do Ministério Público;

m) da Secretaria Especial da Receita Federal do Brasil do Ministério da Fazenda, adquiridas para uso dos integrantes da Carreira de Auditoria da Receita Federal do Brasil, composta pelos cargos de Auditor-Fiscal e de Analista-Tributário;

n) do órgão ao qual se vincula a Carreira de Auditoria-Fiscal do Trabalho, adquiridas para uso de seus integrantes;

o) do Poder Judiciário e do Ministério Público, adquiridas para uso de seus membros; e

p) dos órgãos públicos cujos servidores tenham autorização, concedida por legislação específica, para portar arma de fogo em serviço e que não tenham sido mencionados nas alíneas *a* a *o*;

IV – de uso pessoal dos integrantes:

a) da Polícia Federal;

b) da Polícia Rodoviária Federal;

c) das polícias penais;

d) dos órgãos dos sistemas penitenciários federal, estaduais ou distrital;

e) das polícias civis e dos órgãos oficiais de perícia criminal dos Estados e do Distrito Federal;

f) dos órgãos policiais da Câmara dos Deputados e do Senado Federal, a que se referem, respectivamente, o inciso IV do *caput* do art. 51 e o inciso XIII do *caput* do art. 52 da Constituição;

g) das guardas municipais;

h) da Agência Brasileira de Inteligência;

i) dos quadros efetivos dos agentes e guardas prisionais, das escoltas de presos dos Estados e das guardas portuárias;

j) dos quadros efetivos dos órgãos do Poder Judiciário que efetivamente estejam no exercício de funções de segurança, na forma prevista em regulamento editado pelo Conselho Nacional de Justiça;

k) dos quadros efetivos dos órgãos dos Ministérios Públicos da União, dos Estados e do Distrito Federal e Territórios que efetivamente estejam no exercício de funções de segurança, na forma prevista em regulamento editado pelo Conselho Nacional do Ministério Público;

l) dos quadros efetivos da Carreira de Auditoria da Receita Federal do Brasil, composta pelos cargos de Auditor-Fiscal e Analista-Tributário, e da Carreira de Auditoria-Fiscal do Trabalho;

m) dos membros do Poder Judiciário e do Ministério Público;

n) das empresas de segurança privada e de transporte de valores; e

o) dos quadros efetivos dos órgãos públicos cujos servidores tenham autorização, concedida por legislação específica, para portar arma de fogo em serviço e que não tenham sido mencionados nas alíneas *a* a *m*;

V – dos instrutores de armamento e tiro credenciados pela Polícia Federal, inclusive aquelas já cadastradas no Sigma; e

VI – adquiridas por pessoa autorizada nos termos do disposto no § 1.º do art. 4.º da Lei n. 10.826, de 2003.

§ 2.º Até que seja implementada a interoperabilidade entre Sinarm e Sigma, todas as informações dos registros das armas de fogo de caçadores excepcionais, atiradores desportivos e colecionadores deverão ser repassadas ao Sinarm.

§ 3.º O cadastramento de armas de fogo adulteradas, sem numeração ou com numeração raspada será feito no Sinarm com as características que permitam a sua identificação.

§ 4.º As ocorrências de extravio, furto, roubo, recuperação e apreensão de armas de fogo serão imediatamente comunicadas à Polícia Federal pela autoridade competente.

§ 5.º A Polícia Federal poderá firmar instrumentos de cooperação com os órgãos de segurança pública dos

Estados e do Distrito Federal para possibilitar a integração de seus sistemas correlatos ao Sinarm.

§ 6.º As especificações e os procedimentos para o cadastro das armas de fogo de que trata este artigo serão estabelecidos em ato do Diretor-Geral da Polícia Federal.

§ 7.º Caso a comunicação a que se refere o § 4.º não tenha sido adotada na fase de investigação preliminar e exista processo criminal em andamento, a autoridade judicial responsável poderá determinar a pesquisa no Sinarm e no Sigma, quanto à existência de arma de fogo de propriedade do réu, e, em caso positivo, poderá informar ao órgão de cadastro da arma para fins de adoção das providências cabíveis.

§ 8.º Sem prejuízo do disposto neste artigo, as unidades de criminalística da União, dos Estados e do Distrito Federal responsáveis por realizar perícia em armas de fogo apreendidas encaminharão, trimestralmente, arquivo eletrônico com a relação das armas de fogo periciadas para cadastro e eventuais correções no Sinarm, na forma estabelecida em ato do Diretor-Geral da Polícia Federal.

§ 9.º Na hipótese de estarem relacionados a integrantes da Agência Brasileira de Inteligência, o cadastro e o registro das armas de fogo, das munições e dos acessórios no Sinarm estarão restritos ao número da matrícula funcional, no que se refere à qualificação pessoal, inclusive nas operações de compra e venda e nas ocorrências de extravio, furto, roubo ou recuperação de arma de fogo ou de seus documentos.

Serviço eletrônico único para comunicação de ocorrências

Art. 8.º A Polícia Federal disponibilizará serviço eletrônico único para comunicação de ocorrências sobre:

I – disparo de arma de fogo ou porte ostensivo;

II – indivíduo que se encontre em estado de embriaguez ou sob efeito de substâncias químicas ou alucinógenas e porte arma de fogo;

III – violência doméstica ou no trânsito em que o envolvido porte ou efetue disparo com arma de fogo; ou

IV – omissão de cautela por proprietário de arma de fogo.

§ 1.º As ocorrências a que se refere o *caput* serão imediatamente encaminhadas à Polícia Federal, para a instauração de procedimento de cassação do CRAF, nos termos do disposto no art. 28.

§ 2.º As ocorrências que envolverem integrantes das Forças Armadas, das Forças Auxiliares ou do Gabinete de Segurança Institucional da Presidência da República serão comunicadas pela Polícia Federal ao órgão a que estiver vinculado o envolvido, para instauração de procedimento de suspensão ou cassação do CRAF.

Acessibilidade dos dados

Art. 9.º Dados sobre controle de armas de fogo, de munições e de acessórios serão disponibilizados sistematicamente, com vistas à formulação e à orientação de políticas públicas.

Art. 10. Para fins do disposto no art. 9.º, a Polícia Federal e o Comando do Exército disponibilizarão plataforma de acesso único a todos os serviços e documentos eletrônicos relacionados com os sistemas administrados pelos seus respectivos órgãos operacionais, além de consulta pública de ocorrências sobre extravio, furto ou roubo de armas de fogo.

Capítulo III
DAS ARMAS DE FOGO

Seção I
Das Armas e das Munições de Uso Permitido,
Restrito ou Proibido

Armas e munições de uso permitido

Art. 11. São de uso permitido as armas de fogo e munições cujo uso seja autorizado a pessoas físicas e a pessoas jurídicas, especificadas em ato conjunto do Comando do Exército e da Polícia Federal, incluídas:

•• A Portaria Conjunta n. 2, de 6-11-2023, do Comando do Exército e da Polícia Federal, dispõe sobre os parâmetros de aferição e listagem de calibres nominais de armas de fogo e das munições de uso permitido e restrito.

I – armas de fogo de porte, de repetição ou semiautomáticas, cuja munição comum tenha, na saída do cano de prova, energia de até trezentas libras-pé ou quatrocentos e sete joules, e suas munições;

II – armas de fogo portáteis, longas, de alma raiada, de repetição, cuja munição comum não atinja, na saída do cano de prova, energia cinética superior a mil e duzentas libras-pé ou mil seiscentos e vinte joules; e

III – armas de fogo portáteis, longas, de alma lisa, de repetição, de calibre doze ou inferior.

Parágrafo único. É permitido o uso de armas de pressão por ação de gás comprimido ou por ação de mola, com calibre igual ou inferior a seis milímetros, e das que lançam esferas de plástico com tinta, como os lançadores de *paintball*.

Armas e munições de uso restrito

Art. 12. São de uso restrito as armas de fogo e munições especificadas em ato conjunto do Comando do Exército e da Polícia Federal, incluídas:

•• A Portaria Conjunta n. 2, de 6-11-2023, do Comando do Exército e da Polícia Federal, dispõe sobre os parâmetros de aferição e listagem de calibres nominais de armas de fogo e das munições de uso permitido e restrito.

I – armas de fogo automáticas, independentemente do tipo ou calibre;

II – armas de pressão por gás comprimido ou por ação de mola, com calibre superior a seis milímetros, que disparem projéteis de qualquer natureza, exceto as que lancem esferas de plástico com tinta, como os lançadores de *paintball*;

III – armas de fogo de porte, cuja munição comum tenha, na saída do cano de prova, energia superior a trezentos libras-pé ou quatrocentos e sete joules, e suas munições;

IV – armas de fogo portáteis, longas, de alma raiada, cuja munição comum tenha, na saída do cano de prova, energia superior a mil e duzentos libras-pé ou mil seiscentos e vinte joules, e suas munições;

V – armas de fogo portáteis, longas, de alma lisa:

a) de calibre superior a doze; e

b) semiautomáticas de qualquer calibre; e

VI – armas de fogo não portáteis.

Art. 13. É vedada a comercialização de armas de fogo de uso restrito e de suas munições, ressalvadas as aquisições:

I – por instituições públicas, no interesse da segurança pública ou da defesa nacional;

II – pelos integrantes das instituições a que se refere o inciso I;

III – pelos atiradores de nível 3, na forma prevista no § 3.º do art. 37; e

IV – pelos caçadores excepcionais, na forma prevista no inciso III do *caput* do art. 39.

Armas e munições de uso proibido

Art. 14. São de uso proibido:

I – as armas de fogo classificadas como de uso proibido em acordos ou tratados internacionais dos quais a República Federativa do Brasil seja signatária;

II – os brinquedos, as réplicas e os simulacros de armas de fogo que com estas possam se confundir, exceto as classificadas como armas de pressão e as réplicas e os simulacros destinados à instrução, ao adestramento ou à coleção de usuário autorizado, nas condições estabelecidas pela Polícia Federal;

III – as armas de fogo dissimuladas, com aparência de objetos inofensivos; e

IV – as munições:

a) classificadas como de uso proibido em acordos ou tratados internacionais dos quais a República Federativa do Brasil seja signatária; ou

b) incendiárias ou químicas.

Seção II
Da Aquisição, do Registro e da
Posse de Arma de Fogo

Aquisição de armas de fogo

Art. 15. A aquisição de arma de fogo de uso permitido dependerá de autorização prévia da Polícia Federal e o interessado deverá:

I – ter, no mínimo, vinte e cinco anos de idade;

II – apresentar documentação de identificação pessoal;

III – comprovar a efetiva necessidade da posse ou do porte de arma de fogo;

IV – comprovar idoneidade e inexistência de inquérito policial ou processo criminal, por meio de certidões de antecedentes criminais das Justiças Federal, Estadual ou Distrital, Militar e Eleitoral;

V – apresentar documento comprobatório de ocupação lícita e de residência certa;

VI – comprovar capacidade técnica para o manuseio de arma de fogo, na forma prevista no § 5.º;

VII – comprovar aptidão psicológica para o manuseio de arma de fogo, atestada em laudo conclusivo fornecido por psicólogo do quadro da Polícia Federal ou por esta credenciado; e

VIII – apresentar declaração de que a sua residência possui cofre ou lugar seguro, com tranca, para armazenamento das armas de fogo desmuniciadas de que seja proprietário, e de que adotará as medidas necessárias para impedir que menor de dezoito anos de idade ou pessoa civilmente incapaz se apodere de arma de fogo sob sua posse ou de sua propriedade, observado o disposto no art. 13 da Lei n. 10.826, de 2003.

§ 1.º O disposto no *caput* e no § 3.º aplica-se aos caçadores excepcionais, atiradores desportivos e colecionadores.

§ 2.º O interessado poderá adquirir até duas armas de fogo para defesa pessoal, desde que comprove a efetiva necessidade de que trata o inciso III do *caput* para cada aquisição, e até cinquenta munições por arma, por ano.

§ 3.º A comprovação da efetiva necessidade de que trata o inciso III do *caput* não é presumida e deverá demonstrar os fatos e as circunstâncias concretas justificadoras do pedido, como as atividades exercidas e os critérios pessoais, especialmente os que demonstrem indícios de riscos potenciais à vida, à incolumidade ou à integridade física, própria ou de terceiros.

§ 4.º Para comprovação da idoneidade de que trata o inciso IV do *caput*, serão apresentadas certidões negativas específicas, referentes aos locais de domicílio dos últimos cinco anos do interessado, em que constem os seguintes registros:

I – ações penais com sentença condenatória transitada em julgado;

II – execuções penais; e

III – procedimentos investigatórios e processos criminais em trâmite.

§ 5.º O comprovante de capacitação técnica a que se refere o inciso VI do *caput* será expedido por instrutor de armamento credenciado na Polícia Federal e atestará:

I – conhecimento da conceituação e das normas de segurança pertinentes à arma de fogo;

II – conhecimento básico dos componentes e das partes da arma de fogo; e

III – habilidade de uso da arma de fogo demonstrada, pelo interessado, em avaliação realizada por instrutor de armamento e tiro credenciado pela Polícia Federal.

§ 6.º Após a apresentação dos documentos a que se referem os incisos III a VIII do *caput*, na hipótese de manifestação favorável, será expedida, pela Polícia Federal, em nome do interessado, a autorização para a aquisição da arma de fogo indicada.

§ 7.º O indeferimento do pedido será comunicado ao interessado em documento próprio, com fundamento, exemplificativamente:

I – na inobservância aos requisitos previstos no *caput*;

II – na instrução do pedido, pelo interessado, com declarações ou documentos falsos;

III – na manutenção de vínculo, pelo interessado, com grupos criminosos; ou

IV – na atuação como pessoa interposta de quem não preencha os requisitos previstos no *caput*.

§ 8.º A autorização para aquisição de arma de fogo é intransferível.

§ 9.º Fica dispensada da comprovação dos requisitos a que se referem os incisos VI e VII do *caput* o interessado em adquirir arma de fogo que:

I – comprove possuir autorização válida de porte de arma de fogo de mesmo calibre da arma a ser adquirida; e

II – tenha se submetido à avaliação psicológica em período não superior a um ano, contado da data do pedido de aquisição.

§ 10. Após a aquisição, o interessado requererá à Polícia Federal a expedição do CRAF, sem o qual a arma de fogo não poderá ser entregue ao adquirente.

Art. 16. A aquisição e o registro de arma de fogo dos integrantes das Forças Armadas, das Forças Auxiliares e do Gabinete de Segurança Institucional da Presidência da República serão de competência de cada órgão e o cadastro do armamento será realizado pelo Sigma.

Comercialização nacional de armas de fogo

Art. 17. A comercialização nacional de armas de fogo de porte e portáteis, de munições e de acessórios por estabelecimento empresarial dependerá de autorização prévia do Comando do Exército, mediante a concessão de Certificado de Registro, conforme previsto no Regulamento de Produtos Controlados.

§ 1.º As empresas autorizadas na forma prevista no *caput* encaminharão ao Comando do Exército e à Polícia Federal as informações sobre vendas e a atualização da quantidade de mercadorias disponíveis em estoque, para fins de cadastro e registro da arma de fogo, da munição ou do acessório no Sigma e no Sinarm, no prazo de quarenta e oito horas, contado da data da efetivação da venda.

§ 2.º Os adquirentes comunicarão a aquisição de armas de fogo, munições ou acessórios à Polícia Federal e ao Comando do Exército, para fins de registro da arma de fogo, da munição ou do acessório no Sigma e no Sinarm, no prazo de sete dias úteis, contado da data de aquisição, com as seguintes informações:

I – identificação do produtor, do importador ou do comerciante de quem as armas de fogo, as munições ou os acessórios tenham sido adquiridos; e

II – endereço em que serão armazenados as armas de fogo, as munições e os acessórios adquiridos.

§ 3.º Na hipótese de estarem relacionados a integrantes da Agência Brasileira de Inteligência, o cadastro e o registro das armas de fogo, das munições e dos acessórios no Sinarm estarão restritos ao número da matrícula funcional, no que se refere à qualificação pessoal, inclusive nas operações de compra e venda e nas ocorrências de extravio, furto, roubo ou recuperação de arma de fogo ou de seus documentos.

§ 4.º É proibida a venda de armas de fogo adulteradas, sem numeração ou com numeração raspada.

§ 5.º A concessão do CRPJ possibilita a aquisição, o uso e a estocagem de armas de fogo e a constituição de empresa prestadora de serviços relacionados a armas de fogo, de acordo com regulamentação e procedimentos específicos estabelecidos em ato do Diretor-Geral da Polícia Federal.

§ 6.º As mercadorias disponíveis em estoque são de responsabilidade do estabelecimento comercial e serão registradas, de forma precária, como de sua propriedade, enquanto não forem vendidas.

§ 7.º Os estabelecimentos a que se refere o *caput* manterão à disposição do Comando do Exército e da Polícia Federal a relação dos estoques e das vendas efetuadas mensalmente nos últimos cinco anos.

Aquisição de armas de fogo para caça excepcional, tiro desportivo ou colecionamento

Art. 18. A aquisição de arma de fogo para a prática de caça excepcional, de tiro desportivo ou de colecionamento observará os requisitos estabelecidos neste Decreto e dependerá da apresentação de CR pelo interessado.

§ 1.º O CRAF resultante da aquisição de que trata o *caput* vinculará o uso da arma de fogo exclusivamente à prática da atividade à qual foi apostilada no CR, conforme apresentado ao Comando do Exército como requisito para a expedição da autorização de aquisição.

§ 2.º A aquisição de arma de fogo por museu dependerá da apresentação prévia de CR, nos termos do disposto no § 3.º do art. 31.

Aquisição de armas de fogo por empresas de segurança privada

Art. 19. As empresas de segurança privada poderão adquirir, para uso dos vigilantes em serviço, nos termos do disposto no *caput* do art. 22 da Lei n. 7.102, de 20 de junho de 1983, armas de fogo da espécie pistola, desde que se enquadrem no conceito de armas de fogo de uso permitido.

§ 1.º A aquisição de armas de fogo nos termos do disposto no *caput* dependerá da concessão prévia de CRPJ e obedecerá aos procedimentos e requisitos estabelecidos em ato do Diretor-Geral da Polícia Federal.

§ 2.º O requisito de idoneidade previsto no inciso I do *caput* do art. 4.º da Lei n. 10.826, de 2003, será comprovado anualmente pelos proprietários das empresas de segurança privada, sob pena de cassação da autorização para funcionamento do serviço e dos CRAF a eles vinculados.

Renovação de Certificado de Registro de Pessoa Física e de Certificado de Registro de Pessoa Jurídica

Art. 20. O titular de CR, CRPF ou CRPJ fica obrigado a informar qualquer alteração em seus dados cadastrais no prazo de quinze dias, contado da data da alteração, sob pena de suspensão do registro, inclusive de CRAF eventualmente vinculado.

Parágrafo único. Independentemente da obrigação prevista no *caput*, a Polícia Federal ou o Comando do Exército solicitará aos titulares de CR, CRPJ ou CRPF a confirmação anual de seus dados cadastrais.

Art. 21. Na hipótese de mudança de domicílio ou outra situação que implique o transporte da arma de fogo, o proprietário deverá solicitar à Polícia Federal ou ao Comando do Exército guia de tráfego para as armas de fogo cadastradas no Sinarm ou no Sigma, respectivamente, na forma estabelecida em ato conjunto do Diretor-Geral da Polícia Federal e do Comandante do Exército.

Parágrafo único. A guia de tráfego não autoriza o porte da arma, mas apenas o seu transporte, desmuniciada e acondicionada de maneira a não ser feito uso, e somente no percurso nela autorizado.

Transferência da propriedade de armas de fogo entre particulares

Art. 22. A transferência de propriedade de arma de fogo de uso permitido, cadastrada no Sinarm, e de arma de fogo de uso permitido e restrito, cadastrada no Sigma, por quaisquer das formas em direito admitidas, estará sujeita à autorização prévia da Polícia Federal ou do Comando do Exército, respectivamente, aplicado o disposto no art. 15 ao interessado na aquisição.

§ 1.º A solicitação de autorização para transferência de arma de fogo será instruída com a comprovação do interesse do proprietário na alienação a terceiro.

§ 2.º A entrega da arma de fogo de uso permitido registrada no Sinarm pelo alienante ao adquirente somente poderá ser efetivada após a autorização da Polícia Federal.

§ 3.º A entrega da arma de fogo de uso permitido ou restrito registrada no Sigma pelo alienante ao adquirente somente poderá ser efetivada após a autorização do Comando do Exército.

Validade do Certificado de Registro de Arma de Fogo

Art. 23. O CRAF tem validade no território nacional e autoriza o seu proprietário a manter a arma de fogo exclusivamente no interior de sua residência ou dependências desta, ou, ainda, de seu local de trabalho, desde que seja ele o titular ou responsável legal pelo estabelecimento ou pela empresa.

Parágrafo único. Para fins do disposto no *caput*, considera-se:

I – interior da residência ou dependências desta – toda a extensão da área particular registrada do imóvel, edificada ou não, em que resida o titular do registro, inclusive quando se tratar de imóvel rural;

II – interior do local de trabalho – toda a extensão da área particular registrada do imóvel, edificada ou não, em que esteja instalada a pessoa jurídica, registrada como sua sede ou filial;

III – titular do estabelecimento ou da empresa – aquele indicado em seu instrumento de constituição; e

IV – responsável legal pelo estabelecimento ou pela empresa – aquele designado em contrato individual de trabalho, com poderes de gerência.

Art. 24. O CRAF terá o seguinte prazo de validade:

I – três anos para CRAF concedido a colecionador, atirador desportivo ou caçador excepcional;

II – cinco anos para CRAF concedido para fins de posse de arma de fogo ou de caça de subsistência;

III – cinco anos para CRAF concedido a empresa de segurança privada; e

IV – prazo indeterminado para o CRAF dos integrantes da ativa das instituições a que se refere o inciso IV do § 1.º do art. 7.º.

§ 1.º Para fins de manutenção do CRAF, a avaliação psicológica para o manuseio de arma de fogo deverá ser realizada, a cada três anos:

I – pelas empresas e pelas instituições a que se referem os incisos III e IV do *caput*, em relação a seus funcionários e integrantes, respectivamente; e

II – pelos aposentados das carreiras a que se refere o inciso IV do § 1.º do art. 7.º, nas hipóteses em que a lei lhes garanta o direito ao porte de arma.

§ 2.º Ressalvado o disposto no inciso I do *caput*, a validade do CRAF das armas cadastradas e exclusivamente vinculadas ao Sigma será regulamentada pelo Comando do Exército, observado o prazo mínimo de três anos para a sua renovação prevista no § 2.º do art. 5.º da Lei n. 10.826, de 2003.

Renovação do Certificado de Registro de Arma de Fogo

Art. 25. O titular do CRAF iniciará o procedimento de renovação da validade do Certificado antes da expiração do prazo estabelecido no *caput* do art. 24.

§ 1.º No procedimento de renovação da validade, o interessado deverá cumprir os requisitos estabelecidos nos incisos III a VII do *caput* do art. 15.

§ 2.º A inobservância ao disposto no *caput* poderá acarretar a cassação do CRAF.

§ 3.º É proibida a renovação do CRAF de armas de fogo adulteradas, sem numeração ou com numeração raspada.

Art. 26. Na hipótese de o CRAF não ser renovado antes da expiração do prazo estabelecido no *caput* do art. 24, o proprietário da arma de fogo será notificado, por meio eletrônico, para, no prazo de sessenta dias:

I – entregar a arma de fogo à Polícia Federal, mediante indenização, nos termos do disposto em regulamentação a ser editada pela autoridade competente e respeitadas as disponibilidades orçamentárias;
II – efetivar a sua transferência para terceiro, observados os requisitos legais; ou
III – proceder à renovação do registro.

§ 1.º Em caso de inércia do proprietário após a notificação, será instaurado procedimento de cassação do CRAF, com a consequente e imediata apreensão das armas de fogo, dos acessórios e das munições, sob pena de incorrer nos crimes previstos nos art. 12 e art. 14 da Lei n. 10.826, de 2003, conforme o caso.

§ 2.º Na hipótese prevista no § 1.º, o proprietário de arma de fogo não poderá:
I – comprar novas armas ou munições enquanto perdurar a situação de irregularidade; e
II – obter a emissão ou a renovação de passaporte.

Art. 27. A renovação do CRAF das armas exclusivamente vinculadas ao Sigma será disciplinada pelo Comando do Exército, observadas as disposições deste Decreto para as atividades de caça excepcional, tiro desportivo e colecionamento.

Cassação do Certificado de Registro de Arma de Fogo

Art. 28. O procedimento de cassação do CRAF será instaurado de ofício, ou mediante denúncia, quando houver indícios de perda superveniente de quaisquer dos requisitos previstos nos incisos III a VIII do *caput* do art. 15.

§ 1.º Instaurado o procedimento de cassação, a autoridade competente poderá suspender administrativa e cautelarmente o CRPF ou CRPJ e os CRAF a ele associados e a autorização para o porte de arma de fogo de uso permitido, com imediata apreensão administrativa da arma de fogo, dos acessórios e das munições.

§ 2.º São elementos que demonstram a perda do requisito de idoneidade, entre outros, a existência de mandado de prisão cautelar ou definitiva, o indiciamento em inquérito policial pela prática de crime e o recebimento de denúncia ou de queixa pelo juiz.

§ 3.º O disposto no § 2.º aplica-se a todas as armas de fogo de propriedade do indiciado ou acusado.

§ 4.º Na hipótese prevista no § 2.º, a apreensão da arma de fogo é de responsabilidade da polícia judiciária competente para a investigação do crime motivador da cassação.

§ 5.º Nos casos de ação penal ou de inquérito policial que envolva violência doméstica e familiar contra a mulher, a arma será apreendida imediatamente pela autoridade competente, nos termos do disposto no inciso IV do *caput* do art. 18 da Lei n. 11.340, de 7 de agosto de 2006.

§ 6.º Na hipótese de cassação do CRAF, o proprietário será notificado para, no prazo de quinze dias e sob pena de incorrer nos crimes previstos nos art. 12 e art. 14 da Lei n. 10.826, de 2003, manifestar-se sobre o interesse:
I – na entrega da arma de fogo à Polícia Federal, mediante indenização, nos termos do disposto em regulamentação a ser editada pela autoridade competente e respeitadas as disponibilidades orçamentárias; ou
II – na transferência da arma de fogo para terceiro, observados os requisitos legais.

§ 7.º O procedimento de cassação do CRAF será disciplinado em ato conjunto do Diretor-Geral da Polícia Federal e do Comandante do Exército.

Falecimento ou interdição do titular do Certificado de Registro de Arma de Fogo

Art. 29. Na hipótese de falecimento ou de interdição do proprietário de arma de fogo, o administrador da herança ou o curador, conforme o caso, providenciará:
I – a transferência da propriedade da arma, por meio de alvará judicial ou de autorização firmada pelos herdeiros maiores de idade e capazes, observado o disposto no art. 15; ou
II – a entrega da arma de fogo à Polícia Federal, mediante indenização, nos termos do disposto em regulamentação a ser editada pela autoridade competente e respeitadas as disponibilidades orçamentárias.

§ 1.º O administrador da herança ou o curador comunicará à Polícia Federal ou ao Comando do Exército, conforme o caso, a morte ou a interdição do proprietário da arma de fogo, no prazo de noventa dias, contado da data do falecimento ou da interdição.

§ 2.º Na hipótese prevista no inciso I do *caput*, a arma de fogo permanecerá sob a guarda e sob a responsabilidade do administrador da herança ou do curador, depositada em local seguro, até a expedição do CRAF e a entrega ao novo proprietário.

§ 3.º A inobservância ao disposto nos § 1.º e § 2.º implicará a apreensão da arma de fogo pela autoridade competente, sem prejuízo das sanções penais cabíveis.

Seção III
Da Caça Excepcional, do Tiro Desportivo e do Colecionamento de Armas de Fogo

Subseção I
Disposições gerais

Art. 30. Os caçadores excepcionais, os atiradores desportivos e os colecionadores constituem grupos específicos, diferenciados em função da finalidade para a qual necessitam do acesso à arma de fogo, regulados nos termos deste Decreto e das normas complementares editadas pelo Comando do Exército.

Art. 31. A prática das atividades de caça excepcional, de tiro desportivo e de colecionamento de armas de fogo dependerá da concessão prévia de CR pelo Comando do Exército, vinculado à finalidade pretendida pelo interessado.

§ 1.º O interessado que pretenda praticar mais de uma das atividades a que se refere o *caput* poderá requerer o correspondente apostilamento do CR, atendidos os requisitos específicos de cada modalidade.

§ 2.º A arma de fogo adquirida pelo praticante de uma das atividades a que se refere o *caput* somente poderá ser empregada nos termos do respectivo apostilamento autorizado.

§ 3.º A atividade de colecionamento exercida por museu dependerá de prévia concessão de CR pelo Comando do Exército, sem prejuízo das demais obrigações previstas em normas específicas.

Art. 32. Ficam vedadas:

I – a concessão de CRAF e de CR a menor de vinte e cinco anos de idade para as atividades de colecionamento e de caça excepcional; e

II – a prática de tiro desportivo para menores de quatorze anos de idade.

Subseção II
Do porte de trânsito

Art. 33. O porte de trânsito será concedido pelo Comando do Exército, mediante emissão da guia de tráfego, a:

I – caçadores excepcionais;
II – atiradores desportivos;
III – colecionadores; e
IV – representantes estrangeiros em competição internacional oficial de tiro realizada no território nacional.

§ 1.º O porte de trânsito autoriza o trânsito com armas de fogo registradas nos acervos das pessoas a que se refere o *caput*, desmuniciadas, acompanhadas da munição acondicionada em recipiente próprio.

§ 2.º O porte de trânsito terá validade em trajeto preestabelecido, por período predeterminado, e de acordo com a finalidade declarada no registro correspondente, na forma estabelecida pelo Comando do Exército.

§ 3.º A guia de tráfego será emitida por meio de plataforma de serviço digital do Comando do Exército.

Subseção III
Do tiro desportivo

Disposições gerais

Art. 34. A prática de tiro desportivo com emprego de arma de fogo, como modalidade de desporto de rendimento ou de desporto de formação, nos termos do disposto na Lei n. 9.615, de 24 de março de 1998, e na Lei n. 14.597, de 14 de junho de 2023, ocorrerá exclusivamente em entidades de tiro desportivo e será permitida aos maiores de dezoito anos de idade, por meio da concessão do CR, de acordo com o disposto neste Decreto e em normas complementares editadas pelo Comando do Exército.

§ 1.º Poderá ser concedido extraordinariamente o CR para a prática de tiro desportivo aos maiores de quatorze anos e menores de dezoito anos de idade, desde que:

I – sejam autorizados judicialmente, após avaliação individual e comprovação da aptidão psicológica;

II – limitem-se à prática de tiro desportivo em locais previamente autorizados pela Polícia Federal e estejam acompanhados de responsável legal; e

III – utilizem exclusivamente armas da entidade de tiro desportivo ou do responsável legal.

§ 2.º A prática de tiro desportivo poderá ser feita com utilização de arma de fogo e munição:

I – da entidade de tiro desportivo, por pessoas com idade entre dezoito e vinte e cinco anos; e

II – da entidade de tiro desportivo ou própria, por pessoas com idade superior a vinte e cinco anos.

§ 3.º A prática de tiro desportivo com *airsoft* ou *paintball* é permitida aos maiores de quatorze anos de idade, independentemente de concessão de CR, de acordo com o disposto neste Decreto e em normas complementares editadas pelo Comando do Exército.

§ 4.º As entidades de tiro desportivo que ofereçam a prática na modalidade *airsoft* ou *paintball* deverão requerer o correspondente apostilamento no CR.

§ 5.º A autorização para recarga de munição, de acordo com regulamentação e procedimentos específicos estabelecidos pelo Comando do Exército, poderá ser realizada por órgãos de segurança pública, para fins de treinamento, e por entidades de tiro desportivo.

§ 6.º É proibida a prática de tiro recreativo com armas de fogo em entidades de tiro desportivo por pessoas não registradas como atiradores por meio de CR concedido pelo Comando do Exército.

§ 7.º As munições originais e recarregadas fornecidas pelas entidades de tiro desportivo serão para uso exclusivo nas dependências da agremiação em treinamentos, cursos, instruções, aulas, provas, competições e testes de capacidade técnica para o manuseio de arma de fogo.

§ 8.º As entidades de tiro desportivo poderão adquirir unidades de munição para armas de uso permitido para fornecimento aos seus membros, associados, integrantes ou clientes, com vistas à realização de treinamentos, cursos, instruções, aulas, provas, competições e testes de capacidade técnica para o manuseio de arma de fogo, observado o limite mensal de um doze avos dos limites previstos no inciso I do *caput* do art. 37 por aluno mensalmente matriculado.

§ 9.º O Comando do Exército poderá conceder às entidades de tiro desportivo, por ato motivado, autorização para aquisição de munições para armas de fogo de uso permitido em quantidades superiores àquelas previstas no § 8.º, desde que comprovada a necessidade, observado o disposto em norma própria.

§ 10. A concessão do CR de que trata o *caput* ficará condicionada à observância ao disposto nos incisos IV a VII do *caput* do art. 15.

Concessão de Certificado de Registro de Pessoa Física a atirador desportivo

Art. 35. Para a concessão do CR pelo Comando do Exército, o interessado deverá estar filiado a entidade de tiro desportivo e comprometer-se a comprovar, no mínimo, por calibre registrado:

I – oito treinamentos ou competições em clube de tiro, em eventos distintos, a cada doze meses, para o atirador de nível 1;

II – doze treinamentos em clube de tiro e quatro competições, das quais duas de âmbito estadual, distrital, regional ou nacional, a cada doze meses, para o atirador de nível 2; e

III – vinte treinamentos em clube de tiro e seis competições, das quais duas de âmbito nacional ou internacional, no período de doze meses, para o atirador de nível 3.

Parágrafo único. Além dos requisitos previstos no *caput*, a progressão de nível dependerá da permanência do atirador desportivo pelo prazo de doze meses em cada nível.

Limites para aquisição de armas de fogo e munições

Art. 36. Para fins de aquisição de armas de fogo, ficam estabelecidos os seguintes limites:

I – atirador de nível 1 - até quatro armas de fogo de uso permitido;

II – atirador de nível 2 - até oito armas de fogo de uso permitido; e

III – atirador de nível 3 - até dezesseis armas de fogo, das quais até quatro poderão ser de uso restrito e as demais serão de uso permitido.

Art. 37. O atirador desportivo poderá adquirir, no período de doze meses, as seguintes quantidades de munições e insumos para uso exclusivo no tiro desportivo:

I – atirador de nível 1:

a) até quatro mil cartuchos por atirador; e

b) até oito mil cartuchos por arma .22 (ponto vinte e dois) LR ou SHORT;

II – atirador de nível 2:

a) até dez mil cartuchos por atirador; e

b) até dezesseis mil cartuchos por arma .22 (ponto vinte e dois) LR ou SR; e

III – atirador de nível 3:

a) até vinte mil cartuchos por atirador; e

b) até trinta e dois mil cartuchos por arma .22 (ponto vinte e dois) LR ou SR.

§ 1.º As munições corresponderão às armas apostiladas no CR do atirador desportivo.

§ 2.º No requerimento utilizado pelo atirador desportivo para informar que utiliza a arma da entidade de tiro ou de outro atirador desportivo, será registrado o número de cadastro da arma de fogo e anexada a declaração de seu proprietário.

§ 3.º O Comando do Exército poderá autorizar, em caráter excepcional, a aquisição de até quatro armas de fogo de uso restrito e de até seis mil unidades dos respectivos cartuchos por ano, para atiradores de nível 3, nos limites estritamente necessários ao desporto.

§ 4.º A autorização excepcional prevista no § 3.º não se aplica às armas de que trata o inciso I do *caput* do art. 12.

§ 5.º Para os atiradores de nível 3, mediante comprovação de necessidade associada ao treinamento ou à participação em competições, o Comando do Exército poderá autorizar, motivadamente, a aquisição de armas de uso permitido e de suas munições em quantidade superior aos limites estabelecidos no art. 36 e neste artigo.

Concessão de Certificado de Registro de Pessoa Jurídica a entidades de tiro desportivo

Art. 38. Na concessão de CR às entidades de tiro desportivo, o Comando do Exército observará os seguintes requisitos de segurança pública:

I – distância do interessado superior a um quilômetro em relação a estabelecimentos de ensino, públicos ou privados;

II – cumprimento das condições de uso e de armazenagem das armas de fogo utilizadas no estabelecimento; e

III – funcionamento entre as seis horas e as vinte e duas horas.

§ 1.º As entidades de tiro desportivo que, na data de publicação deste Decreto, estiverem em desconformidade com o disposto nos incisos I e II do *caput* deverão adequar-se no prazo de dezoito meses.

§ 2.º O Comandante do Exército disciplinará:

I – o procedimento de registro e fiscalização das entidades de tiro desportivo;

II – as condições de uso e de armazenagem das armas de fogo; e

III – os demais requisitos de segurança de que trata o *caput*.

Subseção IV
Da caça excepcional de fauna exógena e da caça de subsistência

Caça excepcional

Art. 39. A caça excepcional possui finalidade exclusiva de controle de fauna invasora em locais onde o abate se mostre imprescindível para proteger lavouras, pomares e rebanhos da ação predatória ou destruidora de animais e somente será autorizada pelo Comando do Exército mediante a apresentação de:

I – documento comprobatório da necessidade de abate de fauna invasora, expedido pelo Instituto Brasileiro do Meio Ambiente e dos Recursos Naturais Renováveis - Ibama, que indique:

a) a espécie exógena;

b) o perímetro abrangido;

c) a autorização dos proprietários dos imóveis localizados no perímetro a que se refere a alínea *b*;

d) as pessoas físicas interessadas em executar a caça excepcional; e

e) o prazo certo para o encerramento da atividade;

II – CR apostilado para a atividade de caça excepcional, autorizada nos termos do disposto no inciso I; e

III – especificação da arma de fogo apropriada para o abate da espécie invasora e do quantitativo de munição necessário à execução do manejo, observados os seguintes limites:

a) até seis armas de fogo, das quais duas poderão ser de uso restrito, sendo estas autorizadas pelo Comando do Exército; e

b) até quinhentas munições por ano, por arma.

Parágrafo único. Esgotado o prazo a que se refere a alínea *e* do inciso I do *caput*, e inexistindo outro apostilamento de igual natureza no CR, ocorrerá a perda superveniente de requisito essencial à aquisição de arma de fogo, nos termos do disposto no art. 28.

Caça de subsistência

Art. 40. Aos maiores de vinte e cinco anos de idade, residentes em áreas rurais, que comprovem depender do emprego de arma de fogo para prover sua subsistência alimentar familiar será concedido pela Polícia Federal o porte, na categoria caçador para subsistência, de uma arma de uso permitido, de tiro simples, com um ou dois canos, de alma lisa e de calibre igual ou inferior a dezesseis, desde que o interessado comprove a efetiva necessidade em requerimento, ao qual serão anexados os seguintes documentos:

I – documento de identificação pessoal;

II – comprovante de residência em área rural; e

III – atestado de bons antecedentes.

§ 1.º O caçador para subsistência que der uso diferente do autorizado à sua arma de fogo, independentemente de outras tipificações penais, responderá, conforme o caso, por porte ilegal ou por disparo de arma de fogo de uso permitido.

§ 2.º Ato do Diretor-Geral da Polícia Federal disciplinará as eventuais hipóteses de mitigação das exigências de documentos a que se refere o *caput*, exclusivamente para os indígenas, os quilombolas e os membros das comunidades tradicionais.

Subseção V
Do colecionamento de armas de fogo

Disposições gerais

Art. 41. A prática da atividade de colecionamento de armas de fogo será permitida aos maiores de vinte e cinco anos de idade e dependerá da concessão prévia de CR, nos termos do disposto em regulamentação do Comando do Exército.

§ 1.º É vedado o colecionamento de armas de fogo:

I – automáticas de qualquer calibre ou longas semiautomáticas de calibre de uso restrito cujo primeiro lote de fabricação tenha menos de setenta anos;

II – de mesmo tipo, marca, modelo e calibre que as usadas nas Forças Armadas;

III – químicas, biológicas e nucleares de qualquer tipo ou modalidade;

IV – explosivas, exceto se desmuniciadas e inertes, que serão consideradas como munição para colecionamento; e

V – acopladas com silenciador ou supressor de ruídos.

§ 2.º A atividade de colecionamento poderá ser exercida por pessoa jurídica qualificada como museu, na forma prevista em ato conjunto do Presidente do Instituto Brasileiro de Museus – Ibram e do Comandante do Exército, e dependerá da expedição prévia de CR, nos termos do disposto no § 3.º do art. 31.

Limites para aquisição de armas

Art. 42. Para fins de colecionamento, são permitidas a posse e a propriedade de armas não enquadradas no disposto no art. 41, desde que sejam uma de cada tipo, marca, modelo, variante, calibre e procedência.

Parágrafo único. O disposto no *caput* não se aplica aos museus.

Art. 43. Para cada modelo de arma da coleção, poderão ser colecionadas as munições correspondentes, desde que estejam inertes, com cápsula deflagrada e sem carga de projeção.

Art. 44. Nas coleções exclusivamente de munições, somente poderá ser colecionado um exemplar ativo, com as mesmas características e inscrições originais.

Parágrafo único. No caso do colecionamento de munições de armamento pesado, somente será permitido um exemplar por tipo de munição, o qual estará com todos os seus componentes inertes.

Art. 45. A aquisição de armamento de uso restrito, de viatura blindada e de outros materiais de emprego militar, para fins de colecionamento, e a destinação desse tipo de produto, pertencentes a acervo de colecionador, serão autorizadas pelo Comando do Exército.

Seção IV
Do Porte de Arma de Fogo

Subseção I
Do porte de arma de fogo para defesa pessoal

Disposições gerais

Art. 46. O porte de arma de fogo de uso permitido, vinculado à prévia expedição de CRAF e ao cadastro nas plataformas de gerenciamento de armas do Sinarm, será expedido pela Polícia Federal, no território nacional, em caráter excepcional, desde que atendidos os requisitos previstos no § 1.º do art. 10 da Lei n. 10.826, de 2003.

Parágrafo único. Caberá ao Diretor-Geral da Polícia Federal estabelecer os procedimentos relativos à concessão e à renovação do porte de arma de fogo.

Características do porte de arma

Art. 47. O porte de arma de fogo é documento obrigatório para a condução da arma e conterá os seguintes dados:

I – abrangência territorial;

II – eficácia temporal;

III – características da arma;

IV – número do cadastro da arma no Sinarm;

V – identificação do proprietário da arma; e

VI – assinatura, cargo e função da autoridade concedente.

Art. 48. O porte de arma de fogo é pessoal, intransferível e revogável a qualquer tempo e será válido apenas em relação à arma nele especificada, mediante a apresentação do documento de identificação do portador.

Expedição do porte de arma

Art. 49. Para portar a arma de fogo adquirida nos termos do disposto neste Decreto, o proprietário deverá solicitar a expedição do documento de porte, que observará o disposto no art. 47.

Art. 50. O titular do porte de arma de fogo deverá comunicar imediatamente:

I – a mudança de domicílio ao órgão expedidor do porte de arma de fogo; e

II – o extravio, o furto ou o roubo da arma de fogo à unidade policial mais próxima do ocorrido e à Polícia Federal.

Parágrafo único. A inobservância ao disposto neste artigo implicará a suspensão do porte de arma de fogo pelo prazo estabelecido pela autoridade concedente.

Art. 51. O titular de porte de arma de fogo para defesa pessoal concedido nos termos do disposto no art. 10 da Lei n. 10.826, de 2003, não poderá conduzi-la ostensivamente ou com ela adentrar ou permanecer em locais públicos, como igrejas, escolas, estádios desportivos, clubes, agências bancárias ou outros locais onde haja aglomeração de pessoas em decorrência de eventos de qualquer natureza.

§ 1.º A inobservância ao disposto neste artigo implicará a cassação do porte de arma de fogo e a apreensão da arma pela autoridade competente, que adotará as medidas legais pertinentes.

§ 2.º O disposto no § 1.º aplica-se na hipótese de o titular do porte de arma de fogo portar o armamento em estado de embriaguez ou sob o efeito de drogas ou de medicamentos que provoquem alteração do desempenho intelectual ou motor.

Porte de arma para integrantes de missões diplomáticas estrangeiras

Art. 52. Observado o princípio da reciprocidade decorrente de convenções internacionais de que a República Federativa do Brasil seja signatária, poderá ser autorizado pela Polícia Federal o porte de arma de fogo a diplomatas de missões diplomáticas e consulares acreditadas perante o Governo brasileiro e a agentes de segurança de dignitários estrangeiros durante a permanência no País, independentemente dos requisitos estabelecidos neste Decreto.

Subseção II
Do porte de arma de fogo funcional

Regras específicas para concessão de porte de arma de fogo funcional

Art. 53. O porte de arma em razão do desempenho de funções institucionais será deferido aos integrantes das instituições a que se referem os incisos I a VII, X e XI do *caput* do art. 6.º da Lei n. 10.826, de 2003.

§ 1.º O porte de arma de fogo é deferido aos militares das Forças Armadas, aos policiais federais, estaduais e distritais, civis e militares, aos peritos oficiais de natureza criminal, nos termos do disposto no art. 2.º da Lei n. 12.030, de 17 de setembro de 2009, aos militares dos corpos de bombeiros e aos policiais da Câmara dos Deputados e do Senado Federal, em razão do desempenho de suas funções institucionais.

§ 2.º O porte de arma de fogo é garantido às praças das Forças Armadas com estabilidade de que trata a alínea *a* do inciso IV do *caput* do art. 50 da Lei n. 6.880, de 9 de dezembro de 1980.

§ 3.º A autorização do porte de arma de fogo para as praças sem estabilidade assegurada será regulamentada em ato do Comandante da Força correspondente.

§ 4.º Atos dos Comandantes das Forças Armadas disporão sobre as hipóteses excepcionais de suspensão e de cassação e os demais procedimentos relativos ao porte de arma de fogo de que trata este artigo.

§ 5.º Atos dos Comandantes-Gerais das corporações disporão sobre o porte de arma de fogo dos policiais militares e dos militares dos corpos de bombeiros.

§ 6.º Ato do Ministro de Estado da Defesa, do Ministro de Estado Chefe do Gabinete de Segurança Institucional da Presidência da República e dos Secretários de Segurança Pública dos Estados e do Distrito Federal disciplinará:

I – a emissão do documento comprobatório da autorização de porte de arma para a defesa pessoal dos integrantes dos respectivos órgãos; e

II – as hipóteses de suspensão cautelar e definitiva da autorização de porte de arma.

Art. 54. A autorização para o porte de arma de fogo previsto em legislação própria, na forma prevista no *caput* do art. 6.º da Lei n. 10.826, de 2003, fica condicionada ao atendimento dos requisitos previstos no *caput* e no inciso III do art. 4.º da referida Lei.

§ 1.º O porte de arma de fogo de que tratam a Lei Complementar n. 35, de 14 de março de 1979, a Lei Complementar n. 75, de 20 de maio de 1993, e a Lei n. 8.625, de 12 de fevereiro de 1993, para os membros do Poder Judiciário e do Ministério Público, será regulamentado, respectivamente, pelo Conselho Nacional de Justiça e pelo Conselho Nacional do Ministério Público.

§ 2.º O porte de arma de fogo para os servidores dos quadros de pessoal do Poder Judiciário e do Ministério Público que efetivamente estejam no exercício de funções de segurança será regulamentado pelo Conselho Nacional de Justiça e pelo Conselho Nacional do Ministério Público, observado o disposto no art. 7.º-A da Lei n. 10.826, de 2003.

Art. 55. Os órgãos, as instituições e as corporações a que se referem os incisos I, II, III, V, VI, VII e X do *caput* do art. 6.º da Lei n. 10.826, de 2003, estabelecerão, em normas próprias, os procedimentos relativos às condições para a utilização das armas de fogo de sua propriedade, ainda que fora de serviço.

§ 1.º As instituições a que se refere o inciso IV do *caput* do art. 6.º da Lei n. 10.826, de 2003, estabelecerão, em normas próprias, os procedimentos relativos às condições para a utilização, em serviço, das armas de fogo de sua propriedade.

§ 2.º Os órgãos, as instituições e as corporações, ao definir os procedimentos a que se refere o *caput*, estabelecerão as normas gerais de uso de arma de fogo de sua propriedade, fora do serviço, em locais onde haja aglomeração de pessoas, em decorrência de evento de qualquer natureza, como no interior de igrejas, escolas, estádios desportivos e clubes, públicos e privados.

§ 3.º Os órgãos e as instituições que tenham os portes de arma de seus agentes públicos ou políticos estabelecidos em lei própria, na forma prevista no *caput* do art. 6.º da Lei n. 10.826, de 2003, encaminharão à Polícia Federal a relação das pessoas autorizadas a portar arma de fogo, exceto os integrantes das Forças Armadas, das Forças Auxiliares e do Gabinete de Segurança Institucional da Presidência da República, em razão de serem registrados no Sigma junto ao Comando do Exército.

§ 4.º Não será concedida a autorização para o porte de arma de fogo a integrantes de órgãos, instituições e corporações não autorizados a portar arma de fogo fora de serviço, exceto se comprovarem o risco à sua integridade física, observado o disposto no art. 11 da Lei n. 10.826, de 2003.

§ 5.º O porte de que tratam os incisos V, VI e X do *caput* do art. 6.º da Lei n. 10.826, de 2003, e aquele previsto em lei própria, na forma prevista no *caput* do referido artigo, serão concedidos, exclusivamente, para defesa pessoal, vedado aos seus titulares o porte ostensivo da arma de fogo.

§ 6.º A vedação estabelecida no § 5.º não se aplica aos servidores designados para execução da atividade de fiscalizatória do Ibama e do Instituto Chico Mendes de Conservação da Biodiversidade – Instituto Chico Mendes.

Art. 56. As armas de fogo particulares e as institucionais não brasonadas deverão ser conduzidas com o seu respectivo CRAF ou com o termo de cautela decorrente de autorização judicial para uso.

Concessão de porte de arma de fogo funcional a integrantes das guardas municipais

Art. 57. A Polícia Federal, diretamente ou por meio de convênio com os órgãos de segurança pública dos Estados, do Distrito Federal e dos Municípios, nos termos do disposto no § 3.º do art. 6.º da Lei n. 10.826, de 2003, e observada a supervisão do Ministério da Justiça e Segurança Pública:

I – estabelecerá o currículo da disciplina de armamento e tiro dos cursos de formação das guardas municipais;

II – concederá porte de arma de fogo funcional aos integrantes das guardas municipais, com prazo de validade de dez anos, contado da data de emissão do porte, nos limites territoriais do Estado em que exercerem a função; e

III – fiscalizará os cursos de formação para assegurar o cumprimento do currículo da disciplina, a que se refere o inciso I.

Parágrafo único. Os guardas municipais autorizados a portar arma de fogo, nos termos do disposto no inciso II do *caput*, poderão portá-la nos deslocamentos para suas residências, mesmo quando localizadas em Município situado em Estado limítrofe.

Art. 58. A formação de guardas municipais poderá ocorrer somente em:

I – estabelecimento de ensino de atividade policial;

II – órgão municipal para formação, treinamento e aperfeiçoamento de integrantes da guarda municipal;

III – órgão de formação criado e mantido por Municípios consorciados para treinamento e aperfeiçoamento dos integrantes da guarda municipal; ou

IV – órgão estadual centralizado e conveniado a seus Municípios, para formação e aperfeiçoamento de guardas municipais, no qual seja assegurada a participação dos Municípios conveniados no conselho gestor.

Art. 59. O porte de arma de fogo aos integrantes das instituições de que tratam os incisos III e IV do *caput* do art. 6.º da Lei n. 10.826, de 2003, será concedido somente mediante comprovação de treinamento técnico de, no mínimo:

I – sessenta horas, para armas de fogo de repetição, na hipótese de a instituição possuir este tipo de armamento em sua dotação;

II – cem horas, para arma de fogo semiautomática; e

III – sessenta horas, para arma de fogo automática, na hipótese de a instituição possuir este tipo de armamento em sua dotação.

§ 1.º O treinamento de que trata o *caput* destinará, no mínimo, sessenta e cinco por cento de sua carga horária ao conteúdo prático.

§ 2.º O curso de formação dos profissionais das guardas municipais de que trata o art. 58 conterá técnicas de tiro defensivo e de defesa pessoal.

§ 3.º Os profissionais das guardas municipais com porte de arma de fogo serão submetidos a estágio de qualificação profissional de, no mínimo, oitenta horas anuais.

Art. 60. A Polícia Federal somente poderá conceder porte de arma de fogo, nos termos do disposto no § 3.º do art. 6.º da Lei n. 10.826, de 2003, às guardas municipais dos Municípios que tenham instituído:

I – corregedoria própria e independente para a apuração de infrações disciplinares atribuídas aos servidores integrantes da guarda municipal; e

II – ouvidoria, como órgão permanente, autônomo e independente, com competência para fiscalizar, investigar, auditar e propor políticas de qualificação das atividades desenvolvidas pelos integrantes das guardas municipais.

Seção V
Dos Psicólogos e dos Instrutores de Armamento e Tiro

Disposições gerais

Art. 61. A Polícia Federal disciplinará a forma e as condições de credenciamento de profissionais para comprovação da aptidão psicológica e da capacidade técnica para o manuseio de arma de fogo.

Suspensão cautelar do Certificado de Registro de Arma de Fogo e do porte de armas

Art. 62. O CRAF e a autorização para porte de arma de fogo de uso permitido poderão ser suspensos administrativa e cautelarmente, a qualquer tempo, por ato fundamentado da autoridade competente, em razão de sinais exteriores da perda da aptidão psicológica para manuseio de arma de fogo.

§ 1.º Na hipótese prevista no *caput*, haverá a imediata apreensão administrativa da arma de fogo, dos acessórios e da munição, independentemente da existência de laudo de aptidão psicológica válido, e o interessado, caso tenha interesse em recorrer da decisão, deverá submeter-se, previamente e às suas expensas, a exame perante junta composta por três psicólogos credenciados pela Polícia Federal.

§ 2.º Declarada sua inaptidão psicológica, o proprietário será notificado para:

I – manifestar-se sobre o interesse na percepção de indenização, caso a arma de fogo tenha sido administrativa e cautelarmente apreendida;

II – entregar a arma de fogo à Polícia Federal, mediante indenização, nos termos do disposto em regulamentação a ser editada pela autoridade competente e respeitadas as disponibilidades orçamentárias; ou

III – providenciar a sua transferência para terceiro, observados os requisitos legais.

§ 3.º A cobrança de valores pela prestação de serviços diferentes do previsto no art. 11-A da Lei n. 10.826, de 2003, implicará o descredenciamento do profissional pela Polícia Federal.

§ 4.º O disposto nos § 1.º a § 3.º não se aplica aos agentes públicos e políticos com autorização de porte de arma por prerrogativa de função.

§ 5.º Na hipótese prevista no § 4.º, compete ao titular de cada órgão ou entidade pública disciplinar as medidas a serem observadas em decorrência da suspensão cautelar da autorização de posse e porte de arma de fogo.

Art. 63. Compete às instituições mencionadas no inciso III do § 1.º do art. 7.º recolherem administrativa e cautelarmente as armas de fogo institucionais e particulares do seu servidor, membro ou funcionário que apresentar sinais exteriores de falta de condição psicológica para o manuseio de arma de fogo e submetê-lo a junta médica oficial para verificação de sua higidez mental.

§ 1.º Na hipótese de empresas de segurança privada, é dever do administrador ou responsável legal proceder ao recolhimento cautelar imediato das armas de fogo utilizadas em serviço sob o porte do empregado que apresentar sinais exteriores de falta de condição psicológica para o manuseio de arma de fogo.

§ 2.º Após a adoção das providências previstas no § 1.º, caberá ao administrador ou representante legal da empresa encaminhar o empregado para avaliação médica credenciada, mediante condições previstas em ato a ser editado pelo Diretor-Geral da Polícia Federal.

Art. 64. A autoridade competente para determinar o recolhimento cautelar de que tratam os art. 62 e art. 63 será administrativamente responsabilizada em caso de negligência.

Procedimento de seleção aleatório

Art. 65. A seleção do psicólogo e do instrutor de armamento e tiro credenciados pela Polícia Federal, para fins de comprovação da aptidão psicológica e da capacidade técnica para o manuseio de arma de fogo, será feita eletronicamente de forma alternada e aleatória.

§ 1.º Para assegurar a aleatoriedade e a alternatividade previstas no *caput*, a seleção eletrônica poderá abarcar mais de um Município, conforme seja suficiente e necessário à consecução da finalidade da medida.

§ 2.º Os resultados dos exames para comprovação da aptidão psicológica e da capacidade técnica para o manuseio de arma de fogo serão inseridos no sistema competente pelos respectivos profissionais credenciados pela Polícia Federal.

§ 3.º A Polícia Federal poderá fiscalizar, presencial ou remotamente, a aplicação dos exames para comprovação da aptidão psicológica e da capacidade técnica para o manuseio de arma de fogo e caberá ao profissional credenciado disponibilizar os recursos tecnológicos mínimos necessários para viabilizar a fiscalização remota, conforme regulamentação da Polícia Federal.

§ 4.º O instrutor de armamento e tiro credenciado pela Polícia Federal poderá utilizar as armas registradas em seu nome, no Sinarm ou no Sigma, para aplicação dos testes de tiro para comprovação da capacidade técnica para o manuseio de arma de fogo.

Capítulo IV
DISPOSIÇÕES FINAIS E TRANSITÓRIAS

Art. 66. As armas de fogo apreendidas, após a finalização dos procedimentos relativos à elaboração do laudo pericial e quando não mais interessarem à persecução penal, serão encaminhadas pelo juízo competente ao Comando do Exército, no prazo de quarenta e oito horas, para doação aos órgãos de que trata o art. 144 da Constituição ou às Forças Armadas ou para destruição, quando inservíveis.

§ 1.º O Comando do Exército indicará, no relatório reservado trimestral de que trata o § 1.º do art. 25 da Lei n. 10.826, de 2003, as armas, as munições e os acessórios passíveis de doação.

§ 2.º Os órgãos de segurança pública ou as Forças Armadas manifestarão interesse pelas armas de fogo apreendidas, ao Comando do Exército, no prazo de trinta dias, contado da data do recebimento do relatório reservado trimestral.

§ 3.º Os órgãos de segurança pública ou as Forças Armadas que efetivaram a apreensão terão preferência na doação das armas.

§ 4.º O Comando do Exército se manifestará favoravelmente à doação de que trata este artigo, no prazo de trinta dias, contado da data de recebimento da comunicação do juízo, na hipótese de serem atendidos os critérios de priorização estabelecidos pelo Ministério da Justiça e Segurança Pública, nos termos do disposto no § 1.º do art. 25 da Lei n. 10.826, de 2003, especialmente:

I – a comprovação da necessidade de destinação do armamento; e

II – a adequação das armas de fogo ao padrão de cada instituição.

§ 5.º Os critérios de priorização a que se refere o § 4.º deverão ser atendidos inclusive pelos órgãos de segurança pública ou pelas Forças Armadas responsáveis pela apreensão.

§ 6.º Cumpridos os requisitos de que trata o § 4.º e observada a regra de preferência do órgão apreensor, o Comando do Exército encaminhará, no prazo de trinta dias, a relação das armas de fogo a serem doadas, ao juízo competente, que determinará o seu perdimento em favor do órgão ou da Força Armada beneficiária.

§ 7.º As armas de fogo de valor histórico ou obsoletas poderão ser objeto de doação a museus das Forças Armadas ou de instituições policiais indicados pelo Comando do Exército.

§ 8.º Serão destruídas as armas não doadas por falta de interesse das Forças Armadas ou dos órgãos de que trata o art. 144 da Constituição.

§ 9.º As munições e os acessórios apreendidos, após a finalização dos procedimentos relativos à elaboração do laudo pericial e quando não mais interessarem à persecução penal, serão encaminhados pelo juízo competente ao Comando do Exército, no prazo de quarenta e oito horas, para doação aos órgãos de segurança pública ou às Forças Armadas ou para destruição, quando imservíveis.

§ 10. A munição doada às Forças Armadas ou aos órgãos de que trata o art. 144 da Constituição deverá ser utilizada apenas em treinamento ou em perícias conduzidas pelos institutos de criminalística.

§ 11. O órgão de segurança pública ou as Forças Armadas responsáveis pela apreensão das munições serão o destinatário da doação, desde que manifestem interesse, no prazo de trinta dias, contado da data do recebimento do relatório reservado trimestral.

§ 12. Na hipótese de não haver interesse por parte do órgão ou das Forças Armadas responsáveis pela apreensão, as munições serão destinadas ao primeiro órgão que manifestar interesse na doação.

§ 13. Compete ao órgão de segurança pública beneficiário da doação das munições periciá-las para atestar a sua validade e encaminhá-las ao Comando do Exército para destruição, na hipótese de ser constatado que são imservíveis.

§ 14. As armas de fogo, as munições e os acessórios apreendidos que forem de propriedade das instituições públicas a que se referem o § 1.º do art. 3.º e o inciso III do § 1.º do art. 7.º serão devolvidas ao órgão após a realização de perícia, exceto se determinada pelo juízo competente a sua retenção até o final do processo.

Art. 67. As armas de fogo e as munições apreendidas em decorrência do tráfico de drogas, utilizadas em atividades ilícitas de produção ou comercialização de drogas, ou que tenham sido adquiridas com recursos provenientes do tráfico de drogas, perdidas em favor da União e encaminhadas para o Comando do Exército, serão destinadas à doação, após perícia ou vistoria que ateste seu bom estado, observado o seguinte critério de prioridade:

I – órgão de segurança pública responsável pela apreensão;

II – demais órgãos de segurança pública ou do sistema penitenciário do ente federativo responsável pela apreensão; e

III – órgãos de segurança pública ou do sistema penitenciário dos demais entes federativos.

§ 1.º O pedido do ente federativo deverá ser feito no prazo de vinte dias, contado da data do recebimento do relatório reservado trimestral, observado o critério de prioridade de que trata o *caput*.

§ 2.º O pedido de doação previsto neste artigo deverá atender aos critérios de priorização estabelecidos pelo Ministério da Justiça e Segurança Pública, nos termos do disposto no § 4.º do art. 66.

Art. 68. As armas de fogo apreendidas poderão ser devolvidas pela autoridade competente aos seus proprietários, na hipótese de serem cumpridos os requisitos de que trata o art. 4.º da Lei n. 10.826, de 2003.

Art. 69. As solicitações dos órgãos de segurança pública de informações relativas ao cadastro de armas de fogo, munições e demais produtos controlados junto ao Sinarm e ao Sigma serão encaminhadas diretamente à Polícia Federal ou ao Comando do Exército, conforme o caso.

Art. 70. O valor da indenização de que tratam os art. 31 e art. 32 da Lei n. 10.826, de 2003, e o procedimento para o respectivo pagamento serão estabelecidos em ato do Ministro de Estado da Justiça e Segurança Pública, respeitadas as disponibilidades orçamentárias.

Art. 71. Os recursos financeiros necessários ao cumprimento do disposto nos art. 31 e art. 32 da Lei n. 10.826, de 2003, serão custeados por dotação orçamentária específica consignada ao Ministério da Justiça e Segurança Pública.

Art. 72. Será presumida a boa-fé dos possuidores e dos proprietários de armas de fogo que as entregarem espontaneamente à Polícia Federal ou aos postos de recolhimento credenciados, nos termos do disposto no art. 32 da Lei n. 10.826, de 2003.

Art. 73. A entrega de arma de fogo de que tratam os art. 31 e art. 32 da Lei n. 10.826, de 2003, de acessórios ou de munições será feita na Polícia Federal ou em órgãos e entidades credenciados pelo Ministério da Justiça e Segurança Pública.

§ 1.º Para o transporte da arma de fogo até o local de entrega, será exigida guia de tráfego, expedida pela Polícia Federal ou por órgão por ela credenciado, que conterá as especificações mínimas estabelecidas pelo Ministério da Justiça e Segurança Pública.

§ 2.º A guia de tráfego de que trata o § 1.º poderá ser expedida pela internet, na forma estabelecida em ato do Diretor-Geral da Polícia Federal.

§ 3.º A guia de tráfego de que trata o § 1.º autorizará somente o transporte da arma, devidamente desmuniciada e acondicionada de maneira que seu uso não possa ser imediato, limitado ao percurso nela autorizado.

§ 4.º O transporte da arma de fogo sem a guia de tráfego, ou o transporte realizado com a guia, mas sem a observância ao que nela estiver estabelecido, sujeitará o infrator às sanções penais cabíveis.

Art. 74. O disposto nos art. 31 e art. 32 da Lei n. 10.826, de 2003, não se aplica às empresas de segurança privada e de transporte de valores.

Art. 75. Será aplicada pelo órgão competente pela fiscalização multa de:

I – R$ 100.000,00 (cem mil reais):

a) à empresa de transporte aéreo, rodoviário, ferroviário, marítimo, fluvial ou lacustre que permita o transporte de arma de fogo, munição ou acessórios sem a devida autorização ou com inobservância às normas de segurança; e

b) à empresa de produção ou de comercialização de armas de fogo que realize publicidade para estimular a venda e o uso indiscriminado de armas de fogo, acessórios e munições, exceto nas publicações especializadas;

II – R$ 200.000,00 (duzentos mil reais), sem prejuízo das sanções penais cabíveis:

a) à empresa de transporte aéreo, rodoviário, ferroviário, marítimo, fluvial ou lacustre que deliberadamente, por qualquer meio, realize, promova ou facilite o transporte de arma de fogo ou de munição sem a devida autorização ou com inobservância às normas de segurança; e

b) à empresa de produção ou de comercialização de armas de fogo que reincidir na conduta de que trata a alínea *b* do inciso I; e

III – R$ 300.000,00 (trezentos mil reais), sem prejuízo das sanções penais cabíveis, à empresa que reincidir na conduta de que tratam a alínea *a* do inciso I e as alíneas *a* e *b* do inciso II.

Parágrafo único. Na hipótese prevista no inciso II do *caput*, equiparam-se às empresas de produção ou comércio de armamentos:

I – as empresas de serviço de instrução de tiro e as entidades de tiro desportivo; e

II – as plataformas de redes sociais e de intermediação de vendas que descumpram o dever de cuidado em relação à publicidade de armamentos e seus acessórios, na forma estabelecida em ato do Diretor-Geral da Polícia Federal.

Art. 76. A empresa de segurança e de transporte de valores ficará sujeita às penalidades de que trata o art. 23 da Lei n. 7.102, de 1983, na hipótese de não apresentar, nos termos do disposto nos § 2.º e § 3.º do art. 7.º da Lei n. 10.826, de 2003:

I – a documentação comprobatória do cumprimento dos requisitos estabelecidos no art. 4.º da Lei n. 10.826, de 2003, quanto aos empregados que portarão arma de fogo; e

II – semestralmente, ao Sinarm, a listagem atualizada de seus empregados.

Art. 77. Os recursos arrecadados em razão das taxas e das sanções pecuniárias de caráter administrativo previstas neste Decreto serão aplicados nos termos do disposto no § 1.º do art. 11 da Lei n. 10.826, de 2003.

Art. 78. As receitas destinadas ao Sinarm serão recolhidas ao Banco do Brasil S.A., na conta Fundo para Aparelhamento e Operacionalização das Atividades-Fim da Polícia Federal, e serão alocadas para o reaparelhamento, a manutenção e o custeio das atividades de controle e fiscalização da circulação de armas de fogo e de repressão ao seu tráfico ilícito, de competência da Polícia Federal.

Art. 79. O proprietário que, até a data de entrada em vigor deste Decreto, tiver adquirido arma de fogo considerada restrita nos termos do disposto neste Decreto, poderá com ela permanecer e adquirir a munição correspondente.

§ 1.º É vedada a destinação da arma de fogo restrita para atividade diversa daquela declarada por ocasião da aquisição.

§ 2.º A arma de fogo com autorização de aquisição ou de importação, concedida pelo Comando do Exército a colecionadores, atiradores desportivos e caçadores excepcionais, até a data de entrada em vigor deste Decreto, inclusive aquelas autorizadas anteriormente pelo Decreto n. 11.366, de 1.º de janeiro de 2023, poderá ser registrada no Sigma, no prazo de noventa dias, contado da data de publicação deste Decreto.

Art. 80. O prazo de validade estabelecido nos incisos I e III do caput do art. 24 aplica-se a todos os CRAF vigentes se, na data de sua entrada em vigor, já houver transcorrido menos da metade do tempo estabelecido no ato da concessão ou da renovação.

Parágrafo único. Na hipótese de CRAF anteriormente concedido para colecionador, atirador desportivo ou caçador excepcional, incidirá o prazo de validade estabelecido no inciso I do caput do art. 24, contado da data de publicação deste Decreto.

Art. 81. Ato do Ministro de Estado da Justiça e Segurança Pública disporá sobre programa de recompra especial destinado à aquisição de armas de fogo que se tornarem restritas após a publicação deste Decreto.

Art. 82. O Decreto n. 9.847, de 25 de junho de 2019, passa a vigorar com as seguintes alterações:

•• Alterações já processadas no diploma modificado.

Art. 83. Ficam revogados:

I – o inciso VIII do caput do art. 34-B do Decreto n. 9.607, de 12 de dezembro de 2018;

II – os seguintes dispositivos do Decreto n. 9.847, de 2019:

a) o art. 3.º;

b) a alínea c do inciso I e a alínea c do inciso II do § 2.º do art. 4.º;

c) os § 1.º a § 6.º do art. 5.º;

d) o art. 6.º;

e) os art. 9.º a art. 11;

f) o art. 16;

g) os art. 19 e art. 20;

h) os art. 22 a art. 24-A;

i) os art. 26 a art. 29-D;

j) o art. 32; e

k) os art. 45 a art. 57-A;

III – o Decreto n. 9.981, de 20 de agosto de 2019;

IV – os seguintes dispositivos do Decreto n. 10.030, de 30 de setembro de 2019:

a) o art. 2.º;

b) o art. 5.º, na parte em que altera os seguintes dispositivos do Decreto n. 9.847, de 2019:

1. os art. 2.º e art. 3.º; e

2. os art. 29-A a art. 29-D; e

c) os art. 41 a art. 57 do Anexo I;

V – o art. 1.º do Decreto n. 10.627, de 12 de fevereiro de 2021, na parte em que altera os seguintes dispositivos do Anexo I ao Decreto n. 10.030, de 2019:

a) os art. 44 e art. 45; e

b) os art. 51 a art. 57;

VI – o art. 1.º do Decreto n. 10.630, de 12 de fevereiro de 2021, na parte em que altera os seguintes dispositivos do Decreto n. 9.847, de 2019:

a) o art. 3.º;

b) o art. 16;

c) o art. 24-A;
d) o art. 27;
e) o art. 29;
f) o art. 29-C;
g) os art. 45 a art. 45-B; e
h) o art. 57-A;

VII – o Decreto n. 11.035, de 6 de abril de 2022;

VIII – o Decreto n. 11.366, de 2023; e

IX – o Decreto n. 11.455, de 28 de março de 2023.

Art. 84. Este Decreto entra em vigor na data de sua publicação.

Brasília, 21 de julho de 2023; 202.º da Independência e 135.º da República.

LUIZ INÁCIO LULA DA SILVA

Súmulas do Supremo Tribunal Federal (*)

•• *As Súmulas aqui constantes, até a de n. 611, foram promulgadas antes da CF de 1988, que mudou a competência do STF.*

1. É vedada a expulsão de estrangeiro casado com brasileira, ou que tenha filho brasileiro dependente da economia paterna.(*)

101. O mandado de segurança não substitui a ação popular.

145. Não há crime, quando a preparação do flagrante pela polícia torna impossível a sua consumação.

146. A prescrição da ação penal regula-se pela pena concretizada na sentença, quando não há recurso da acusação.

147. A prescrição de crime falimentar começa a correr da data em que deveria estar encerrada a falência, ou do trânsito em julgado da sentença que a encerrar ou que julgar cumprida a concordata.

155. É relativa a nulidade do processo criminal por falta de intimação da expedição de precatória para inquirição de testemunha.

156. É absoluta a nulidade do julgamento, pelo júri, por falta de quesito obrigatório.

160. É nula a decisão do tribunal que acolhe, contra o réu, nulidade não arguida no recurso da acusação, ressalvados os casos de recurso de ofício.

162. É absoluta a nulidade do julgamento pelo júri, quando os quesitos da defesa não precedem aos das circunstâncias agravantes.

206. É nulo o julgamento ulterior pelo júri com a participação de jurado que funcionou em julgamento anterior do mesmo processo.

208. O assistente do Ministério Público não pode recorrer, extraordinariamente, de decisão concessiva de *habeas corpus*.

210. O assistente do Ministério Público pode recorrer, inclusive extraordinariamente, na ação penal, nos casos dos arts. 584, § 1.º, e 598 do Código de Processo Penal.

245. A imunidade parlamentar não se estende ao corréu sem essa prerrogativa.

246. Comprovado não ter havido fraude, não se configura o crime de emissão de cheque sem fundos.

248. É competente originariamente o STF, para mandado de segurança contra ato do TCU.

266. Não cabe mandado de segurança contra lei em tese.

267. Não cabe mandado de segurança contra ato judicial passível de recurso ou correição.

268. Não cabe mandado de segurança contra decisão judicial com trânsito em julgado.

269. O mandado de segurança não é substitutivo de ação de cobrança.

271. Concessão de mandado de segurança não produz efeitos patrimoniais em relação a período pretérito, os quais devem ser reclamados administrativamente ou pela via judicial própria.

272. Não se admite como ordinário recurso extraordinário de decisão denegatória de mandado de segurança.

279. Para simples reexame de prova não cabe recurso extraordinário.

280. Por ofensa a direito local não cabe recurso extraordinário.

281. É inadmissível o recurso extraordinário quando couber, na justiça de origem, recurso ordinário da decisão impugnada.

282. É inadmissível o recurso extraordinário quando não ventilada, na decisão recorrida, a questão federal suscitada.

---

*) De acordo com o art. 8.º da Emenda Constitucional n. 45, de 8-12-2004 (Reforma do Judiciário), as atuais súmulas do STF somente produzirão efeito vinculante após sua confirmação por dois terços de seus integrantes e publicação na imprensa oficial.

283. É inadmissível o recurso extraordinário quando a decisão recorrida assenta em mais de um fundamento suficiente e o recurso não abrange todos eles.

284. É inadmissível o recurso extraordinário, quando a deficiência na sua fundamentação não permitir a exata compreensão da controvérsia.

286. Não se conhece do recurso extraordinário fundado em divergência jurisprudencial, quando a orientação do plenário do Supremo Tribunal Federal já se firmou no mesmo sentido da decisão recorrida.

287. Nega-se provimento ao agravo quando a deficiência na sua fundamentação, ou na do recurso extraordinário, não permitir a exata compreensão da controvérsia.

288. Nega-se provimento a agravo para subida de recurso extraordinário quando faltar no traslado o despacho agravado, a decisão recorrida, a petição de recurso extraordinário ou qualquer peça essencial à compreensão da controvérsia.

289. O provimento do agravo por uma das Turmas do STF, ainda que sem ressalva, não prejudica a questão do cabimento do recurso extraordinário.

293. São inadmissíveis embargos infringentes contra decisão em matéria constitucional submetida ao plenário dos tribunais.

294. São inadmissíveis embargos infringentes contra decisão do STF em mandado de segurança.

298. O legislador ordinário só pode sujeitar civis à Justiça Militar, em tempo de paz, nos crimes contra a segurança externa do País ou as instituições militares.

299. O recurso ordinário e o extraordinário interpostos no mesmo processo de mandado de segurança, ou de *habeas corpus*, serão julgados conjuntamente pelo tribunal pleno.

304. Decisão denegatória de mandado de segurança, não fazendo coisa julgada contra o impetrante, não impede o uso da ação própria.

310. Quando a intimação tiver lugar na sexta-feira, ou a publicação com efeito de intimação for feita nesse dia, o prazo judicial terá início na segunda-feira imediata, salvo se não houver expediente, caso em que começará no primeiro dia útil que se seguir.

319. O prazo do recurso ordinário para o Supremo Tribunal Federal, em *habeas corpus* ou mandado de segurança, é de 5 (cinco) dias.

320. A apelação despachada pelo juiz no prazo legal, não fica prejudicada pela demora da juntada por culpa do cartório.

322. Não terá seguimento pedido ou recurso dirigido ao Supremo Tribunal Federal, quando manifestamente incabível, ou apresentado fora do prazo, ou quando for evidente a incompetência do tribunal.

330. O STF não é competente para conhecer de mandado de segurança contra atos dos tribunais de justiça dos Estados.

344. Sentença de primeira instância, concessiva de *habeas corpus*, em caso de crime praticado em detrimento de bens, serviços ou interesses da União, está sujeita a recurso *ex officio*.

351. É nula a citação por edital de réu preso na mesma unidade da Federação em que o juiz exerce a sua jurisdição.

352. Não é nulo o processo penal por falta de nomeação de curador ao réu menor que teve a assistência de defensor dativo.

356. O ponto omisso da decisão, sobre o qual não foram opostos embargos declaratórios, não pode ser objeto de recurso extraordinário, por faltar o requisito do prequestionamento.

361. No processo penal, é nulo o exame realizado por um só perito, considerando-se impedido o que tiver funcionado, anteriormente, na diligência de apreensão.

•• *Vide* art. 159 do CPP.

366. Não é nula a citação por edital que indica o dispositivo da lei penal, embora não transcreva a denúncia ou queixa, ou não resuma os fatos em que se baseia.

367. Concede-se liberdade ao extraditando que não for retirado do País no prazo do art. 16 do Decreto-lei n. 394, de 28 de abril de 1938.

369. Julgados do mesmo tribunal não servem para fundamentar o recurso extraordinário por divergência jurisprudencial.

392. O prazo para recorrer de acórdão concessivo de segurança conta-se da publicação oficial de suas conclusões, e não da anterior ciência à autoridade para cumprimento da decisão.

393. Para requerer revisão criminal o condenado não é obrigado a recolher-se à prisão.

395. Não se conhece do recurso de *habeas corpus* cujo objeto seja resolver sobre o ônus das custas, por não estar mais em causa a liberdade de locomoção.

396. Para a ação penal por ofensa à honra, sendo admissível a exceção de verdade quanto ao desempenho de função pública, prevalece a competência especial por prerrogativa de função, ainda que já tenha cessado o exercício funcional do ofendido.

397. O poder de polícia da Câmara dos Deputados e do Senado Federal, em caso de crime cometido nas suas dependências, compreende, consoante o regimento, a prisão em flagrante do acusado e a realização do inquérito.

399. Não cabe recurso extraordinário por violação de lei federal, quando a ofensa alegada for a regimento de tribunal.

400. Decisão que deu razoável interpretação à lei, ainda que não seja a melhor, não autoriza recurso extraordinário pela letra *a* do art. 101, III, da Constituição Federal.
- • Refere-se à CF de 1946. *Vide* art. 102, III, da CF de 1988.

405. Denegado o mandado de segurança pela sentença, ou no julgamento do agravo dela interposto, fica sem efeito a liminar concedida, retroagindo os efeitos da decisão contrária.

422. A absolvição criminal não prejudica a medida de segurança, quando couber, ainda que importe privação da liberdade.

423. Não transita em julgado a sentença por haver omitido o recurso *ex officio*, que se considera interposto *ex lege*.

428. Não fica prejudicada a apelação entregue em cartório no prazo legal, embora despachada tardiamente.

429. A existência de recurso administrativo com efeito suspensivo não impede o uso do mandado de segurança contra omissão da autoridade.

430. Pedido de reconsideração na via administrativa não interrompe o prazo para o mandado de segurança.

431. É nulo o julgamento de recurso criminal, na segunda instância, sem prévia intimação ou publicação da pauta, salvo em *habeas corpus*.

448. O prazo para o assistente recorrer, supletivamente, começa a correr imediatamente após o transcurso do prazo do Ministério Público.
- •• O Tribunal Pleno, no julgamento do HC 50.417 (*RTJ* 68/604), por maioria de votos, resolvendo questão de ordem, decidiu pela revisão preliminar da redação desta Súmula.

450. São devidos honorários de advogado sempre que vencedor o beneficiário de Justiça gratuita.

451. A competência especial por prerrogativa de função não se estende ao crime cometido após a cessação definitiva do exercício funcional.

453. Não se aplicam à segunda instância o art. 384 e parágrafo único do Código de Processo Penal, que possibilitam dar nova definição jurídica ao fato delituoso, em virtude de circunstância elementar não contida explícita ou implicitamente na denúncia ou queixa.
- •• O art. 384 do CPP foi alterado pela Lei n. 11.719, de 20-6-2008.

455. Da decisão que se seguir ao julgamento de constitucionalidade pelo tribunal pleno, são inadmissíveis embargos infringentes quanto à matéria constitucional.

456. O Supremo Tribunal Federal, conhecendo do recurso extraordinário, julgará a causa aplicando o direito à espécie.

474. Não há direito líquido e certo amparado pelo mandado de segurança, quando se escuda em lei cujos efeitos foram anulados por outra, declarada constitucional pelo STF.

491. É indenizável o acidente que cause a morte de filho menor, ainda que não exerça trabalho remunerado.

497. Quando se tratar de crime continuado, a prescrição regula-se pela pena imposta na sentença, não se computando o acréscimo decorrente da continuação.

498. Compete à Justiça dos Estados, em ambas as instâncias, o processo e o julgamento dos crimes contra a economia popular.

510. Praticado o ato por autoridade no exercício de competência delegada, contra ela cabe o mandado de segurança ou a medida judicial.

512. Não cabe condenação em honorários de advogado na ação de mandado de segurança.

520. Não exige a lei que, para requerer o exame a que se refere o art. 777, do Código de Processo Penal, tenha o sentenciado cumprido mais de metade do prazo da medida de segurança imposta.

521. O foro competente para o processo e o julgamento dos crimes de estelionato, sob a modalidade da emissão dolosa de cheque sem provisão de fundos, é o do local onde se deu a recusa do pagamento pelo sacado.

522. Salvo ocorrência de tráfico para o Exterior, quando, então, a competência será da Justiça Federal, compete à Justiça dos Estados o processo e julgamento dos crimes relativos a entorpecentes.

523. No processo penal, a falta da defesa constitui nulidade absoluta, mas a sua deficiência só o anulará se houver prova de prejuízo para o réu.

524. Arquivado o inquérito policial, por despacho do juiz, a requerimento do promotor de justiça, não pode a ação penal ser iniciada sem novas provas.

525. A medida de segurança não será aplicada em segunda instância, quando só o réu tenha recorrido.

526. Subsiste à competência do Supremo Tribunal Federal, para conhecer e julgar a apelação, nos crimes de Lei de Segurança Nacional, se houve sentença antes da vigência do Ato Institucional n. 2.

528. Se a decisão contiver partes autônomas, a admissão parcial, pelo presidente do tribunal *a quo*, de recurso extraordinário que sobre qualquer delas se manifestar, não limitará a apreciação de todas pelo Supremo Tribunal Federal, independentemente de interposição de agravo de instrumento.

554. O pagamento de cheque emitido sem provisão de fundos, após o recebimento da denúncia, não obsta o prosseguimento da ação penal.

560. A extinção de punibilidade pelo pagamento do tributo devido estende-se ao crime de contrabando ou descaminho, por força do art. 18, § 2.º, do Decreto-lei n. 157/67

•• O Decreto-lei n. 157, de 10-2-1967, concede estímulos fiscais à capitalização das empresas reforça os incentivos à compra de ações e facilita o pagamento de débitos fiscais.

562. Na indenização de danos materiais decorrentes de ato ilícito cabe a atualização de seu valor, utilizando-se, para esse fim dentre outros critérios, os índices de correção monetária.

564. A ausência de fundamentação do despacho de recebimento de denúncia por crime falimentar enseja nulidade processual salvo se já houver sentença condenatória

592. Nos crimes falimentares, aplicam-se as causas interruptivas da prescrição previstas no Código Penal.

594. Os direitos de queixa e de representação podem ser exercidos, independentemente, pelo ofendido ou por seu representante legal.

597. Não cabem embargos infringentes de acórdão que, em mandado de segurança, decidiu por maioria de votos a apelação.

602. Nas causas criminais, o prazo de interposição de recurso extraordinário é de 10 (dez) dias.

603. A competência para o processo e julgamento de latrocínio é do juiz singular e não do Tribunal do Júri.

606. Não cabe *habeas corpus* originário para o tribunal pleno de decisão de turma, ou do plenário, proferida em *habeas corpus* ou no respectivo recurso.

608. No crime de estupro, praticado mediante violência real, a ação penal é pública incondicionada.

609. É pública incondicionada a ação penal por crime de sonegação fiscal.

611. Transitada em julgado a sentença condenatória, compete ao juízo das execuções a aplicação de lei mais benigna.

622. Não cabe agravo regimental contra decisão do relator que concede ou indefere liminar em mandado de segurança.

624. Não compete ao Supremo Tribunal Federal conhecer originariamente de mandado de segurança contra atos de outros tribunais.

625. Controvérsia sobre matéria de direito não impede concessão de mandado de segurança.

(*)

626. A suspensão da liminar em mandado de segurança, salvo determinação em contrá-

---

(*) As Súmulas seguintes foram promulgadas após a CF de 1988.

rio da decisão que a deferir, vigorará até o trânsito em julgado da decisão definitiva de concessão da segurança ou, havendo recurso, até a sua manutenção pelo Supremo Tribunal Federal, desde que o objeto da liminar deferida coincida, total ou parcialmente, com o da impetração.

629. A impetração de mandado de segurança coletivo por entidade de classe em favor dos associados independe da autorização destes.

630. A entidade de classe tem legitimação para o mandado de segurança ainda quando a pretensão veiculada interesse apenas a uma parte da respectiva categoria.

631. Extingue-se o processo de mandado de segurança se o impetrante não promove, no prazo assinado, a citação do litisconsorte passivo necessário.

632. É constitucional lei que fixa o prazo de decadência para a impetração de mandado de segurança.

639. Aplica-se a Súmula 288 quando não constarem do traslado do agravo de instrumento as cópias das peças necessárias à verificação da tempestividade do recurso extraordinário não admitido pela decisão agravada.

640. É cabível recurso extraordinário contra decisão proferida por juiz de primeiro grau nas causas de alçada, ou por turma recursal de juizado especial cível e criminal.

654. A garantia da irretroatividade da lei, prevista no art. 5.º, XXXVI, da Constituição da República, não é invocável pela entidade estatal que a tenha editado.

655. A exceção prevista no art. 100, *caput*, da Constituição, em favor dos créditos de natureza alimentícia, não dispensa a expedição de precatório, limitando-se a isentá-los da observância da ordem cronológica dos precatórios decorrentes de condenações de outra natureza.

690. Compete ao Supremo Tribunal Federal o julgamento de *habeas corpus* contra decisão de turma recursal de juizados especiais criminais.

•• Súmula declarada superada pelo Tribunal Pleno, no julgamento do HC 86.834 (*DJ* de 9-3-2007).

691. Não compete ao Supremo Tribunal Federal conhecer de *habeas corpus* impetrado contra decisão do Relator que, em *habeas corpus* requerido a tribunal superior, indefere a liminar.

692. Não se conhece de *habeas corpus* contra omissão de relator de extradição, se fundado em fato ou direito estrangeiro cuja prova não constava dos autos, nem foi ele provocado a respeito.

693. Não cabe *habeas corpus* contra decisão condenatória a pena de multa, ou relativo a processo em curso por infração penal a que a pena pecuniária seja a única cominada.

694. Não cabe *habeas corpus* contra a imposição da pena de exclusão de militar ou de perda de patente ou de função pública.

695. Não cabe *habeas corpus* quando já extinta a pena privativa de liberdade.

696. Reunidos os pressupostos legais permissivos da suspensão condicional do processo, mas se recusando o Promotor de Justiça a propô-la, o Juiz, dissentindo, remeterá a questão ao Procurador-Geral, aplicando-se por analogia o art. 28 do Código de Processo Penal.

697. A proibição de liberdade provisória nos processos por crimes hediondos não veda o relaxamento da prisão processual por excesso de prazo.

•• Súmula prejudicada pela Lei n. 11.464, de 28-3-2007, que alterou a redação da Lei n. 8.072, de 25-7-1990, suprimindo a proibição da liberdade provisória nos crimes hediondos.

698. Não se estende aos demais crimes hediondos a admissibilidade de progressão no regime de execução da pena aplicada ao crime de tortura.

•• Súmula prejudicada pela Lei n. 11.464, de 28-3-2007, que alterou a redação da Lei n. 8.072, de 25-7-1990, permitindo a progressão de regime nos crimes hediondos.

699. O prazo para interposição de agravo, em processo penal, é de cinco dias, de acordo com a Lei n. 8.038/90, não se aplicando o disposto a respeito nas alterações da Lei n. 8.950/94 ao Código de Processo Civil.

700. É de cinco dias o prazo para interposição de agravo contra decisão do juiz da execução penal.

701. No mandado de segurança impetrado pelo Ministério Público contra decisão proferida em processo penal, é obrigatória a citação do réu como litisconsorte passivo.

702. A competência do Tribunal de Justiça para julgar Prefeitos restringe-se aos crimes de competência da Justiça comum estadual; nos demais casos, a competência originária caberá ao respectivo tribunal de segundo grau.

703. A extinção do mandato do Prefeito não impede a instauração de processo pela prática dos crimes previstos no art. 1.º do Decreto-lei n. 201/67.

704. Não viola as garantias do juiz natural, da ampla defesa e do devido processo legal a atração por continência ou conexão do processo do corréu ao foro por prerrogativa de função de um dos denunciados.

705. A renúncia do réu ao direito de apelação, manifestada sem a assistência do defensor, não impede o conhecimento da apelação por este interposta.

706. É relativa a nulidade decorrente da inobservância da competência penal por prevenção.

707. Constitui nulidade a falta de intimação do denunciado para oferecer contrarrazões ao recurso interposto da rejeição da denúncia, não a suprindo a nomeação de defensor dativo.

708. É nulo o julgamento da apelação se, após a manifestação nos autos da renúncia do único defensor, o réu não foi previamente intimado para constituir outro.

709. Salvo quando nula a decisão de primeiro grau, o acórdão que provê o recurso contra a rejeição da denúncia vale, desde logo, pelo recebimento dela.

710. No processo penal, contam-se os prazos da data da intimação, e não da juntada aos autos do mandado ou da carta precatória ou de ordem.

711. A lei penal mais grave aplica-se ao crime continuado ou ao crime permanente, se a sua vigência é anterior à cessação da continuidade ou da permanência.

712. É nula a decisão que determina o desaforamento de processo da competência do Júri sem audiência da defesa.

713. O efeito devolutivo da apelação contra decisões do Júri é adstrito aos fundamentos da sua interposição.

714. É concorrente a legitimidade do ofendido, mediante queixa, e do Ministério Público, condicionada à representação do ofendido, para a ação penal por crime contra a honra de servidor público em razão do exercício de suas funções.

715. A pena unificada para atender ao limite de trinta anos de cumprimento, determinado pelo art. 75 do Código Penal, não é considerada para a concessão de outros benefícios, como o livramento condicional ou regime mais favorável de execução.

716. Admite-se a progressão de regime de cumprimento de pena ou a aplicação imediata de regime menos severo nela determinada, antes do trânsito em julgado da sentença condenatória.

717. Não impede a progressão de regime de execução da pena, fixada em sentença não transitada em julgado, o fato de o réu se encontrar em prisão especial.

718. A opinião do julgador sobre a gravidade em abstrato do crime não constitui motivação idônea para a imposição de regime mais severo do que o permitido segundo a pena aplicada.

719. A imposição do regime de cumprimento mais severo do que a pena aplicada permitir exige motivação idônea.

720. O art. 309 do Código de Trânsito Brasileiro, que reclama decorra do fato perigo de dano, derrogou o art. 32 da Lei das Contravenções Penais no tocante à direção sem habilitação em vias terrestres.

721. A competência constitucional do Tribunal do Júri prevalece sobre o foro por prerrogativa de função estabelecido exclusivamente pela Constituição estadual.

722. São da competência legislativa da União a definição dos crimes de responsabilidade e o estabelecimento das respectivas normas de processo e julgamento.

723. Não se admite a suspensão condicional do processo por crime continuado, se a soma da pena mínima da infração mais grave com o aumento mínimo de um sexto for superior a um ano.

727. Não pode o magistrado deixar de encaminhar ao Supremo Tribunal Federal o agravo de instrumento interposto de decisão que não admite recurso extraordinário, ainda que referente a causa instaurada no âmbito dos juizados especiais.

731. Para fim da competência originária do Supremo Tribunal Federal, é de interesse geral da magistratura a questão de saber se, em face da LOMAN, os juízes têm direito à licença-prêmio.

734. Não cabe reclamação quando já houver transitado em julgado o ato judicial que se alega tinha desrespeitado decisão do Supremo Tribunal Federal.

735. Não cabe recurso extraordinário contra acórdão que defere medida liminar.

Súmulas Vinculantes (*)

1. Ofende a garantia constitucional do ato jurídico perfeito a decisão que, sem ponderar as circunstâncias do caso concreto, desconsidera a validez e a eficácia de acordo constante de termo de adesão instituído pela Lei Complementar n. 110/2001.(*)
2. É inconstitucional a lei ou ato normativo estadual ou distrital que disponha sobre sistemas de consórcios e sorteios, inclusive bingos e loterias.
3. Nos processos perante o Tribunal de Contas da União asseguram-se o contraditório e a ampla defesa quando da decisão puder resultar anulação ou revogação de ato administrativo que beneficie o interessado, excetuada a apreciação da legalidade do ato de concessão inicial de aposentadoria, reforma e pensão.
4. Salvo nos casos previstos na Constituição, o salário mínimo não pode ser usado como indexador de base de cálculo de vantagem de servidor público ou de empregado, nem ser substituído por decisão judicial.
5. A falta de defesa técnica por advogado no processo administrativo disciplinar não ofende a Constituição.
6. Não viola a Constituição o estabelecimento de remuneração inferior ao salário mínimo para as praças prestadoras de serviço militar inicial.
7. A norma do § 3.º do art. 192 da Constituição, revogada pela Emenda Constitucional n. 40/2003, que limitava a taxa de juros reais a 12% ao ano, tinha sua aplicação condicionada à edição de lei complementar.
8. São inconstitucionais o parágrafo único do art. 5.º do Decreto-lei n. 1.569/1977 e os arts. 45 e 46 da Lei n. 8.212/1991, que tratam de prescrição e decadência de crédito tributário.
9. O disposto no art. 127 da Lei n. 7.210/1984 (Lei de Execução Penal) foi recebido pela ordem constitucional vigente, e não se lhe aplica o limite temporal previsto no *caput* do art. 58.
10. Viola a cláusula de reserva de plenário (CF, art. 97) a decisão de órgão fracionário de Tribunal que, embora não declare expressamente a inconstitucionalidade de lei ou ato normativo do poder público, afasta sua incidência, no todo ou em parte.
11. Só é lícito o uso de algemas em casos de resistência e de fundado receio de fuga ou de perigo à integridade física própria ou alheia, por parte do preso ou de terceiros, justificada a excepcionalidade por escrito, sob pena de responsabilidade disciplinar, civil e penal do agente ou da autoridade e de nulidade da prisão ou do ato processual a que se refere, sem prejuízo da responsabilidade civil do Estado.
    •• *Vide* art. 199 da LEP.
    •• *Vide* Decreto n. 8.858, de 26-9-2016.
12. A cobrança de taxa de matrícula nas universidades públicas viola o disposto no art. 206, IV, da Constituição Federal.
13. A nomeação de cônjuge, companheiro ou parente em linha reta, colateral ou por afinidade, até o terceiro grau, inclusive, da autoridade nomeante ou de servidor da mesma pessoa jurídica investido em cargo de direção, chefia ou assessoramento, para o exercício de cargo em comissão ou de confiança ou, ainda, de função gratificada na administração pública direta e indireta em qualquer dos Poderes da União, dos

---

(*) As súmulas vinculantes estão previstas no art. 103-A da CF, acrescentado pela Emenda Constitucional n. 45, de 2004 (Reforma do Judiciário), e regulamentado pela Lei n. 11.417, de 19-12-2006.

Estados, do Distrito Federal e dos Municípios, compreendido o ajuste mediante designações recíprocas, viola a Constituição Federal.

14. É direito do defensor, no interesse do representado, ter acesso amplo aos elementos de prova que, já documentados em procedimento investigatório realizado por órgão com competência de polícia judiciária, digam respeito ao exercício do direito de defesa.

15. O cálculo de gratificações e outras vantagens do servidor público não incide sobre o abono utilizado para se atingir o salário mínimo.

16. Os arts. 7.º, IV, e 39, § 3.º (redação da EC n. 19/98), da Constituição, referem-se ao total da remuneração percebida pelo servidor público.

17. Durante o período previsto no § 1.º do art. 100 da Constituição, não incidem juros de mora sobre os precatórios que nele sejam pagos.

18. A dissolução da sociedade ou do vínculo conjugal, no curso do mandato, não afasta a inelegibilidade prevista no § 7.º do art. 14 da Constituição Federal.

19. A taxa cobrada exclusivamente em razão dos serviços públicos de coleta, remoção e tratamento ou destinação de lixo ou resíduos provenientes de imóveis, não viola o art. 145, II, da Constituição Federal.

20. A Gratificação de Desempenho de Atividade Técnico-Administrativa – GDATA, instituída pela Lei n. 10.404/2002, deve ser deferida aos inativos nos valores correspondentes a 37,5 (trinta e sete vírgula cinco) pontos no período de fevereiro a maio de 2002 e, nos termos do artigo 5.º, parágrafo único, da Lei n. 10.404/2002, no período de junho de 2002 até a conclusão dos efeitos do último ciclo de avaliação a que se refere o art. 1.º da Medida Provisória n. 198/2004, a partir da qual passa a ser de 60 (sessenta) pontos.

21. É inconstitucional a exigência de depósito ou arrolamento prévios de dinheiro ou bens para admissibilidade de recurso administrativo.

22. A Justiça do Trabalho é competente para processar e julgar as ações de indenização por danos morais e patrimoniais decorrentes de acidente de trabalho propostas por empregado contra empregador, inclusive aquelas que ainda não possuíam sentença de mérito em primeiro grau quando da promulgação da Emenda Constitucional n. 45/04.

23. A Justiça do Trabalho é competente para processar e julgar ação possessória ajuizada em decorrência do exercício do direito de greve pelos trabalhadores da iniciativa privada.

24. Não se tipifica crime material contra a ordem tributária, previsto no art. 1.º, incisos I a IV, da Lei n. 8.137/90, antes do lançamento definitivo do tributo.

25. É ilícita a prisão civil de depositário infiel, qualquer que seja a modalidade do depósito.

•• *Vide* art. 5.º, LXVII e § 2.º, da CF.

26. Para efeito de progressão de regime no cumprimento de pena por crime hediondo, ou equiparado, o juízo da execução observará a inconstitucionalidade do art. 2.º da Lei n. 8.072, de 25 de julho de 1990, sem prejuízo de avaliar se o condenado preenche, ou não, os requisitos objetivos e subjetivos do benefício, podendo determinar, para tal fim, de modo fundamentado, a realização de exame criminológico.

27. Compete à Justiça estadual julgar causas entre consumidor e concessionária de serviço público de telefonia, quando a ANATEL não seja litisconsorte passiva necessária, assistente, nem oponente.

28. É inconstitucional a exigência de depósito prévio como requisito de admissibilidade de ação judicial na qual se pretenda discutir a exigibilidade de crédito tributário.

29. É constitucional a adoção, no cálculo do valor de taxa, de um ou mais elementos da base de cálculo própria de determinado imposto, desde que não haja integral identidade entre uma base e outra.

30. (Até a data de fechamento desta edição o STF mantinha suspensa a publicação da Súmula Vinculante n. 30.)

31. É inconstitucional a incidência do Imposto sobre Serviços de Qualquer Natureza – ISS sobre operações de locação de bens móveis.

32. O ICMS não incide sobre alienação de salvados de sinistro pelas seguradoras.

33. Aplicam-se ao servidor público, no que couber, as regras do regime geral da previdência social sobre aposentadoria especial de que trata o art. 40, § 4.º, inciso III, da Constituição Federal, até a edição de lei complementar específica.

34. A Gratificação de Desempenho de Atividade de Seguridade Social e do Trabalho – GDASST, instituída pela Lei 10.483/2002, deve ser estendida aos inativos no valor correspondente a 60 (sessenta) pontos, desde o advento da Medida Provisória 198/2004, convertida na Lei 10.971/2004, quando tais inativos façam jus à paridade constitucional (EC 20/1998, 41/2003 e 47/2005).

35. A homologação da transação penal prevista no artigo 76 da Lei 9.099/1995 não faz coisa julgada material e, descumpridas suas cláusulas, retoma-se a situação anterior, possibilitando-se ao Ministério Público a continuidade da persecução penal mediante oferecimento de denúncia ou requisição de inquérito policial.

36. Compete à Justiça Federal comum processar e julgar civil denunciado pelos crimes de falsificação e de uso de documento falso quando se tratar de falsificação da Caderneta de Inscrição e Registro (CIR) ou de Carteira de Habilitação de Amador (CHA), ainda que expedidas pela Marinha do Brasil.

37. Não cabe ao Poder Judiciário, que não tem função legislativa, aumentar vencimentos de servidores públicos sob o fundamento de isonomia.

•• A Súmula 339 do STF dispõe: "Não cabe ao Poder Judiciário, que não tem função legislativa, aumentar vencimentos de servidores públicos, sob fundamento de isonomia."

38. É competente o Município para fixar o horário de funcionamento de estabelecimento comercial.
  • *Vide* art. 30, I, da CF.

39. Compete privativamente à União legislar sobre vencimentos dos membros das polícias civil e militar e do corpo de bombeiros militar do Distrito Federal.
  •• *Vide* art. 21, XIV, da CF.

40. A contribuição confederativa de que trata o art. 8.º, IV, da Constituição Federal, só é exigível dos filiados ao sindicato respectivo.

41. O serviço de iluminação pública não pode ser remunerado mediante taxa.
  • *Vide* art. 145, II, da CF.

42. É inconstitucional a vinculação do reajuste de vencimentos de servidores estaduais ou municipais a índices federais de correção monetária.
  •• *Vide* arts. 30, I, e 37, XIII, da CF.

43. É inconstitucional toda modalidade de provimento que propicie ao servidor investir-se, sem prévia aprovação em concurso público destinado ao seu provimento, em cargo que não integra a carreira na qual anteriormente investido.
  •• *Vide* art. 37, II, da CF.

44. Só por lei se pode sujeitar a exame psicotécnico a habilitação de candidato a cargo público.
  •• *Vide* arts. 5.º, II, e 37, I, da CF.

45. A competência constitucional do Tribunal do Júri prevalece sobre o foro por prerrogativa de função estabelecido exclusivamente pela constituição estadual.
  •• *Vide* arts. 5.º, XXXVIII, *d*, e 125, § 1.º, da CF.

46. A definição dos crimes de responsabilidade e o estabelecimento das respectivas normas de processo e julgamento são da competência legislativa privativa da União.
  •• *Vide* arts. 22, I, e 85, parágrafo único, da CF.

47. Os honorários advocatícios incluídos na condenação ou destacados do montante

principal devido ao credor consubstanciam verba de natureza alimentar cuja satisfação ocorrerá com a expedição de precatório ou requisição de pequeno valor, observada ordem especial restrita aos créditos dessa natureza.
- • *Vide* art. 100, § 1.º, da CF.

48. Na entrada de mercadoria importada do exterior, é legítima a cobrança do ICMS por ocasião do desembaraço aduaneiro.
- • *Vide* art. 155, § 2.º, IX, *a*, da CF.

49. Ofende o princípio da livre concorrência lei municipal que impede a instalação de estabelecimentos comerciais do mesmo ramo em determinada área.
- • *Vide* arts. 170, IV, V, parágrafo único, e 173, § 4.º, da CF.

50. Norma legal que altera o prazo de recolhimento de obrigação tributária não se sujeita ao princípio da anterioridade.
- • *Vide* art. 195, § 6.º, da CF.

51. O reajuste de 28,86%, concedido aos servidores militares pelas Leis n. 8.622/93 e 8.627/93, estende-se aos servidores civis do poder executivo, observadas as eventuais compensações decorrentes dos reajustes diferenciados concedidos pelos mesmos diplomas legais.

52. Ainda quando alugado a terceiros, permanece imune ao IPTU o imóvel pertencente a qualquer das entidades referidas pelo art. 150, VI, c, da Constituição Federal, desde que o valor dos aluguéis seja aplicado nas atividades para as quais tais entidades foram constituídas.

53. A competência da Justiça do Trabalho prevista no art. 114, VIII, da Constituição Federal alcança a execução de ofício das contribuições previdenciárias relativas ao objeto da condenação constante das sentenças que proferir e acordos por ela homologados.

54. A medida provisória não apreciada pelo Congresso Nacional podia, até a Emenda Constitucional 32/2001, ser reeditada dentro do seu prazo de eficácia de trinta dias, mantidos os efeitos de lei desde a primeira edição.

55. O direito ao auxílio-alimentação não se estende aos servidores inativos.

56. A falta de estabelecimento penal adequado não autoriza a manutenção do condenado em regime prisional mais gravoso, devendo-se observar, nessa hipótese, os parâmetros fixados no RE 641.320/RS.
- • *Vide* arts. 1.º, III, e 5.º, XLVI, da CF.

57. A imunidade tributária constante do art. 150, VI, "d", da CF/88 aplica-se à importação e comercialização, no mercado interno, do livro eletrônico (e-book) e dos suportes exclusivamente utilizados para fixá-lo, como os leitores de livros eletrônicos (e-readers), ainda que possuam funcionalidades acessórias.

58. Inexiste direito a crédito presumido de IPI relativamente à entrada de insumos isentos, sujeitos à alíquota zero ou não tributáveis, o que não contraria o princípio da não cumulatividade.

59. É impositiva a fixação do regime aberto e a substituição da pena privativa de liberdade por restritiva de direitos quando reconhecida a figura do tráfico privilegiado (art. 33, § 4.º, da Lei n. 11.343/2006) e ausentes vetores negativos na primeira fase da dosimetria (art. 59 do CP), observados os requisitos do art. 33, § 2.º, alínea c, e do art. 44, ambos do Código Penal.

60. O pedido e a análise administrativos de fármacos na rede pública de saúde, a judicialização do caso, bem ainda seus desdobramentos (administrativos e jurisdicionais), devem observar os termos dos 3 (três) acordos interfederativos (e seus fluxos) homologados pelo Supremo Tribunal Federal, em governança judicial colaborativa, no tema 1.234 da sistemática da repercussão geral (RE 1.366.243).
- • *Vide* arts . 23, II, 109, I, 196, 197 e 198, I, da CF.

61. A concessão judicial de medicamento registrado na ANVISA, mas não incorporado às listas de dispensação do Sistema Único de Saúde, deve observar as teses firmadas no julgamento do Tema 6 da Repercussão Geral (RE 566.471).
- • *Vide* arts. 6.º e 196 da CF.

Súmulas do Superior Tribunal de Justiça

3. Compete ao Tribunal Regional Federal dirimir conflito de competência verificado, na respectiva região, entre Juiz Federal e Juiz Estadual investido de jurisdição federal.

6. Compete à Justiça Comum Estadual processar e julgar delito decorrente de acidente de trânsito envolvendo viatura de Polícia Militar, salvo se autor e vítima forem policiais militares em situação de atividade.

7. A pretensão de simples reexame de prova não enseja recurso especial.

9. A exigência da prisão provisória, para apelar, não ofende a garantia constitucional da presunção de inocência.
  •• *Vide* Súmula 347 do STJ.

17. Quando o falso se exaure no estelionato, sem mais potencialidade lesiva, é por este absorvido.

18. A sentença concessiva do perdão judicial é declaratória da extinção da punibilidade, não subsistindo qualquer efeito condenatório.

21. Pronunciado o réu, fica superada a alegação do constrangimento ilegal da prisão por excesso de prazo na instrução.

22. Não há conflito de competência entre o Tribunal de Justiça e Tribunal de Alçada do mesmo Estado-membro.
  •• O art. 4.º da Emenda Constitucional n. 45, de 8-12-2004, estabelece a extinção dos Tribunais de Alçada, passando seus membros a integrar os Tribunais de Justiça dos respectivos Estados.

33. A incompetência relativa não pode ser declarada de ofício.

37. São cumuláveis as indenizações por dano material e dano moral oriundos do mesmo fato.

38. Compete à Justiça Estadual Comum, na vigência da Constituição de 1988, o processo por contravenção penal, ainda que praticada em detrimento de bens, serviços ou interesse da União ou de suas entidades.

40. Para obtenção dos benefícios de saída temporária e trabalho externo, considera-se o tempo de cumprimento da pena no regime fechado.

41. O Superior Tribunal de Justiça não tem competência para processar e julgar, originariamente, mandado de segurança contra ato de outros tribunais ou dos respectivos órgãos.

42. Compete à Justiça Comum Estadual processar e julgar as causas cíveis em que é parte sociedade de economia mista e os crimes praticados em seu detrimento.

47. Compete à Justiça Militar processar e julgar crime cometido por militar contra civil, com emprego de arma pertencente à corporação, mesmo não estando em serviço.

48. Compete ao juízo do local da obtenção da vantagem ilícita processar e julgar crime de estelionato cometido mediante falsificação de cheque.

52. Encerrada a instrução criminal, fica superada a alegação de constrangimento por excesso de prazo.

53. Compete à Justiça Comum Estadual processar e julgar civil acusado de prática de crime contra instituições militares estaduais.

59. Não há conflito de competência se já existe sentença com trânsito em julgado, proferida por um dos juízos conflitantes.

62. Compete à Justiça Estadual processar e julgar o crime de falsa anotação na Carteira de Trabalho e Previdência Social, atribuído à empresa privada.

64. Não constitui constrangimento ilegal o excesso de prazo na instrução, provocado pela defesa.

73. A utilização de papel-moeda grosseiramente falsificado configura, em tese, o crime de estelionato, da competência da Justiça Estadual.

74. Para efeitos penais, o reconhecimento da menoridade do réu requer prova por documento hábil.

75. Compete à Justiça Comum Estadual processar e julgar o policial militar por crime de promover ou facilitar a fuga de preso de estabelecimento penal.

78. Compete à Justiça Militar processar e julgar policial de corporação estadual, ainda que o delito tenha sido praticado em outra unidade federativa.

81. Não se concede fiança quando, em concurso material, a soma das penas mínimas cominadas for superior a dois anos de reclusão.

83. Não se conhece do recurso especial pela divergência quando a orientação do Tribunal se firmou no mesmo sentido da decisão recorrida.

86. Cabe recurso especial contra acórdão proferido no julgamento de agravo de instrumento.

90. Compete à Justiça Estadual Militar processar e julgar o policial militar pela prática do crime militar, e à Comum pela prática do crime comum simultâneo àquele.

99. O Ministério Público tem legitimidade para recorrer no processo em que oficiou como fiscal da lei, ainda que não haja recurso da parte.

104. Compete à Justiça Estadual o processo e julgamento dos crimes de falsificação e uso de documento falso relativo a estabelecimento particular de ensino.

105. Na ação de mandado de segurança não se admite condenação em honorários advocatícios.

107. Compete à Justiça Comum Estadual processar e julgar crime de estelionato praticado mediante falsificação das guias de recolhimento das contribuições previdenciárias, quando não ocorrente lesão à autarquia federal.

122. Compete à Justiça Federal o processo e julgamento unificado dos crimes conexos de competência federal e estadual, não se aplicando a regra do art. 78, II, *a*, do Código de Processo Penal.

123. A decisão que admite, ou não, o recurso especial deve ser fundamentada, com o exame dos seus pressupostos gerais e constitucionais.

126. É inadmissível recurso especial, quando o acórdão recorrido assenta em fundamentos constitucional e infraconstitucional, qualquer deles suficiente, por si só, para mantê-lo, e a parte vencida não manifesta recurso extraordinário.

140. Compete à Justiça Comum Estadual processar e julgar crime em que o indígena figure como autor ou vítima.

147. Compete à Justiça Federal processar e julgar os crimes praticados contra funcionário público federal, quando relacionados com o exercício da função.

151. A competência para o processo e julgamento por crime de contrabando ou descaminho define-se pela prevenção do Juízo Federal do lugar da apreensão dos bens.

158. Não se presta a justificar embargos de divergência o dissídio com acórdão de Turma ou Seção que não mais tenha competência para matéria neles versada.

164. O prefeito municipal, após a extinção do mandato, continua sujeito a processo por crime previsto no art. 1.º do Decreto-lei n. 201, de 27 de fevereiro de 1967.

165. Compete à Justiça Federal processar e julgar crime de falso testemunho cometido no processo trabalhista.

Súmulas do STJ

169. São inadmissíveis embargos infringentes no processo de mandado de segurança.

171. Cominadas cumulativamente, em lei especial, penas privativa de liberdade e pecuniária, é defeso a substituição da prisão por multa.

172. Compete à Justiça Comum processar e julgar militar por crime de abuso de autoridade, ainda que praticado em serviço.

177. O Superior Tribunal de Justiça é incompetente para processar e julgar, originariamente, mandado de segurança contra ato de órgão colegiado presidido por Ministro de Estado.

186. Nas indenizações por ato ilícito, os juros compostos somente são devidos por aquele que praticou o crime.

187. É deserto o recurso interposto para o Superior Tribunal de Justiça, quando o recorrente não recolhe, na origem, a importância das despesas de remessa e retorno dos autos.

191. A pronúncia é causa interruptiva da prescrição, ainda que o Tribunal do Júri venha a desclassificar o crime.

192. Compete ao Juízo das Execuções Penais do Estado a execução das penas impostas a sentenciados pela Justiça Federal, Militar ou Eleitoral, quando recolhidos a estabelecimentos sujeitos à administração estadual.

200. O Juízo Federal competente para processar e julgar acusado de crime de uso de passaporte falso é o do lugar onde o delito se consumou.

201. Os honorários advocatícios não podem ser fixados em salários mínimos.

202. A impetração de segurança por terceiro, contra ato judicial, não se condiciona à interposição de recurso.

203. Não cabe recurso especial contra decisão proferida por órgão de segundo grau dos Juizados Especiais.

•• Súmula com redação determinada pela Corte Especial do STJ, em sessão extraordinária de 23-5-2002.

206. A existência de vara privativa, instituída por lei estadual, não altera a competência territorial resultante das leis de processo.

207. É inadmissível recurso especial quando cabíveis embargos infringentes contra o acórdão proferido no tribunal de origem.

208. Compete à Justiça Federal processar e julgar prefeito municipal por desvio de verba sujeita a prestação de contas perante órgão federal.

209. Compete à Justiça Estadual processar e julgar prefeito por desvio de verba transferida e incorporada ao patrimônio municipal.

211. Inadmissível recurso especial quanto à questão que, a despeito da oposição de embargos declaratórios, não foi apreciada pelo tribunal *a quo*.

212. (*Cancelada.*)

213. O mandado de segurança constitui ação adequada para a declaração do direito à compensação tributária.

216. A tempestividade de recurso interposto no Superior Tribunal de Justiça é aferida pelo registro no protocolo da Secretaria e não pela data da entrega na agência do correio.

220. A reincidência não influi no prazo da prescrição da pretensão punitiva.

224. Excluído do feito o ente federal, cuja presença levara o Juiz Estadual a declinar da competência, deve o Juiz Federal restituir os autos e não suscitar conflito.

231. A incidência da circunstância atenuante não pode conduzir à redução da pena abaixo do mínimo legal.

234. A participação de membro do Ministério Público na fase investigatória criminal não acarreta o seu impedimento ou suspeição para o oferecimento da denúncia.

235. A conexão não determina a reunião dos processos, se um deles já foi julgado.

241. A reincidência penal não pode ser considerada como circunstância agravante e, simultaneamente, como circunstância judicial.

243. O benefício da suspensão do processo não é aplicável em relação às infrações penais cometidas em concurso material, concurso formal ou continuidade delitiva, quando a pena mínima cominada, seja pelo somatório, seja pela incidência da majorante, ultrapassar o limite de um (01) ano.

244. Compete ao foro local da recusa processar e julgar o crime de estelionato mediante cheque sem provisão de fundos.

265. É necessária a oitiva do menor infrator antes de decretar-se a regressão da medida socioeducativa.

267. A interposição de recurso, sem efeito suspensivo, contra decisão condenatória não obsta a expedição de mandado de prisão.

269. É admissível a adoção do regime prisional semiaberto aos reincidentes condenados a pena igual ou inferior a 4 (quatro) anos se favoráveis as circunstâncias judiciais.

273. Intimada a defesa da expedição da carta precatória, torna-se desnecessária intimação da data da audiência no juízo deprecado.

316. Cabem embargos de divergência contra acórdão que, em agravo regimental, decide de recurso especial.

329. O Ministério Público tem legitimidade para propor ação civil pública em defesa do patrimônio público.

330. É desnecessária a resposta preliminar de que trata o artigo 514 do Código de Processo Penal, na ação penal instruída por inquérito policial.

333. Cabe mandado de segurança contra ato praticado em licitação promovida por sociedade de economia mista ou empresa pública.

337. É cabível a suspensão condicional do processo na desclassificação do crime e na procedência parcial da pretensão punitiva.

338. A prescrição penal é aplicável nas medidas socioeducativas.

341. A frequência a curso de ensino formal é causa de remição de parte do tempo de execução de pena sob regime fechado ou semiaberto.

342. No procedimento para aplicação de medida socioeducativa, é nula a desistência de outras provas em face da confissão do adolescente.

347. O conhecimento de recurso de apelação do réu independe de sua prisão.

348. (*Cancelada pela Corte Especial, na sessão de 17-3-2010.*)

367. A competência estabelecida pela EC n. 45/2004 não alcança os processos já sentenciados.

374. Compete à Justiça Eleitoral processar e julgar a ação para anular débito decorrente de multa eleitoral.

376. Compete a turma recursal processar e julgar o mandado de segurança contra ato de juizado especial.

390. Nas decisões por maioria, em reexame necessário, não se admitem embargos infringentes.

415. O período de suspensão do prazo prescricional é regulado pelo máximo da pena cominada.

428. Compete ao Tribunal Regional Federal decidir os conflitos de competência entre juizado especial federal e juízo federal da mesma seção judiciária.

429. A citação postal, quando autorizada por lei, exige o aviso de recebimento.

434. O pagamento da multa por infração de trânsito não inibe a discussão judicial do débito.

438. É inadmissível a extinção da punibilidade pela prescrição da pretensão punitiva com fundamento em pena hipotética, independentemente da existência ou sorte do processo penal.

439. Admite-se o exame criminológico pelas peculiaridades do caso, desde que em decisão motivada.

440. Fixada a pena-base no mínimo legal, é vedado o estabelecimento de regime prisional mais gravoso do que o cabível em razão da sanção imposta, com base apenas na gravidade abstrata do delito.

441. A falta grave não interrompe o prazo para obtenção de livramento condicional.
 •• *Vide* Súmula 535 do STJ.

442. É inadmissível aplicar, no furto qualificado, pelo concurso de agentes, a majorante do roubo.

443. O aumento na terceira fase de aplicação da pena no crime de roubo circunstanciado exige fundamentação concreta, não sendo suficiente para a sua exasperação a mera indicação do número de majorantes.

444. É vedada a utilização de inquéritos policiais e ações penais em curso para agravar a pena-base.

455. A decisão que determina a produção antecipada de provas com base no art. 366 do CPP deve ser concretamente fundamentada, não a justificando unicamente o mero decurso do tempo.

460. É incabível o mandado de segurança para convalidar a compensação tributária realizada pelo contribuinte.

471. Os condenados por crimes hediondos ou assemelhados cometidos antes da vigência da Lei n. 11.464/2007 sujeitam-se ao disposto no art. 112 da Lei n. 7.210/1984 (Lei de Execução Penal) para a progressão de regime prisional.

481. Faz jus ao benefício da justiça gratuita a pessoa jurídica com ou sem fins lucrativos que demonstrar sua impossibilidade de arcar com os encargos processuais.

491. É inadmissível a chamada progressão *per saltum* de regime prisional.

492. O ato infracional análogo ao tráfico de drogas, por si só, não conduz obrigatoriamente à imposição de medida socioeducativa de internação do adolescente.

493. É inadmissível a fixação de pena substitutiva (art. 44 do CP) como condição especial ao regime aberto.

501. É cabível a aplicação retroativa da Lei n. 11.343/2006, desde que o resultado da incidência das suas disposições, na íntegra, seja mais favorável ao réu do que o advindo da aplicação da Lei n. 6.368/1976, sendo vedada a combinação de leis.

511. É possível o reconhecimento do privilégio previsto no § 2.º do art. 155 do CP nos casos de crime de furto qualificado, se estiverem presentes a primariedade do agente, o pequeno valor da coisa e a qualificadora for de ordem objetiva.

513. A *abolitio criminis* temporária prevista na Lei n. 10.826/2003 aplica-se ao crime de posse de arma de fogo de uso permitido com numeração, marca ou qualquer outro sinal de identificação raspado, suprimido ou adulterado, praticado somente até 23-10-2005.

517. São devidos honorários advocatícios no cumprimento de sentença, haja ou não impugnação, depois de escoado o prazo para pagamento voluntário, que se inicia após a intimação do advogado da parte executada.

518. Para fins do art. 105, III, *a*, da Constituição Federal, não é cabível recurso especial fundado em alegada violação de enunciado de súmula.

519. Na hipótese de rejeição da impugnação ao cumprimento de sentença, não são cabíveis honorários advocatícios.

520. O benefício de saída temporária no âmbito da execução penal é ato jurisdicional insuscetível de delegação à autoridade administrativa do estabelecimento prisional.

521. A legitimidade para a execução fiscal de multa pendente de pagamento imposta em sentença condenatória é exclusiva da Procuradoria da Fazenda Pública.

522. A conduta de atribuir-se falsa identidade perante autoridade policial é típica, ainda que em situação de alegada autodefesa.

526. O reconhecimento de falta grave decorrente do cometimento de fato definido como crime doloso no cumprimento da pena prescinde do trânsito em julgado de sentença penal condenatória no processo penal instaurado para apuração do fato.

- •• *Vide* arts. 52, *caput*, e 118, I, da Lei n. 7.210, de 11-7-1984 (LEP).

527. O tempo de duração da medida de segurança não deve ultrapassar o limite máximo da pena abstratamente cominada ao delito praticado.

- • *Vide* arts. 5.º, XLVII, *b*, e LXXV, da CF.

528. (*Cancelada.*)

533. Para o reconhecimento da prática de falta disciplinar no âmbito da execução penal, é imprescindível a instauração de procedimento administrativo pelo diretor do estabelecimento prisional, assegurado o direito de defesa, a ser realizado por advogado constituído ou defensor público nomeado.

- •• *Vide* art. 5.º, XXXV, da CF.
- •• *Vide* arts. 15, 16, 47, 48, 53, 57, 59 e 118 da Lei n. 7.210, de 11-7-1984 (LEP).

534. A prática de falta grave interrompe a contagem do prazo para a progressão de regime de cumprimento de pena, o qual se reinicia a partir do cometimento dessa infração.

- •• *Vide* arts. 50, 51, 53, 57, parágrafo único, 112, 118 e 127 da Lei n. 7.210, de 11-7-1984 (LEP).

535. A prática de falta grave não interrompe o prazo para fim de comutação de pena ou indulto.

- •• *Vide* arts. 112, 127 e 142 da Lei n. 7.210, de 11-7-1984 (LEP).
- •• *Vide* Súmula 441 do STJ.

536. A suspensão condicional do processo e a transação penal não se aplicam na hipótese de delitos sujeitos ao rito da Lei Maria da Penha.

- •• *Vide* art. 226, § 8.º, da CF.
- •• *Vide* arts. 76 e 89 da Lei n. 9.099, de 26-9-1995.
- •• *Vide* art. 41 da Lei n. 11.340, de 7-8-2006.

542. A ação penal relativa ao crime de lesão corporal resultante de violência doméstica contra a mulher é pública incondicionada.

- •• *Vide* Lei n. 11.340, de 7-8-2006.

545. Quando a confissão for utilizada para a formação do convencimento do julgador, o réu fará jus à atenuante prevista no art. 65, III, *d*, do Código Penal.

- •• *Vide* Súmula 630 do STJ.

546. A competência para processar e julgar o crime de uso de documento falso é firmada em razão da entidade ou órgão ao qual foi apresentado o documento público, não importando a qualificação do órgão expedidor.

- •• *Vide* art. 109, IV, da CF.

562. É possível a remição de parte do tempo de execução da pena quando o condenado, em regime fechado ou semiaberto, desempenha atividade laborativa, ainda que extramuros.

- •• *Vide* art. 126 da Lei n. 7.210, de 11-7-1984.

567. Sistema de vigilância realizado por monitoramento eletrônico ou por existência de segurança no interior de estabelecimento comercial, por si só, não torna impossível a configuração do crime de furto.

568. O relator, monocraticamente e no Superior Tribunal de Justiça, poderá dar ou negar provimento ao recurso quando houver entendimento dominante acerca do tema.

- •• *Vide* art. 105, III, *a* e *c*, da CF.

575. Constitui crime a conduta de permitir, confiar ou entregar a direção de veículo automotor a pessoa que não seja habilitada, ou que se encontre em qualquer das situações previstas no art. 310 do CTB, independentemente da ocorrência de lesão ou de perigo de dano concreto na condução do veículo.

582. Consuma-se o crime de roubo com a inversão da posse do bem mediante emprego de violência ou grave ameaça, ainda que por breve tempo e em seguida à perseguição imediata ao agente e recuperação da coisa roubada, sendo prescindível a posse mansa e pacífica ou desvigiada.

587. Para a incidência da majorante prevista no art. 40, V, da Lei n. 11.343 de 23-8-2006, é desnecessária a efetiva transposição de fronteiras entre estados da federação, sendo suficiente a demonstração inequívoca da intenção de realizar o tráfico interestadual.

588. A prática de crime ou contravenção penal contra a mulher com violência ou grave ameaça no ambiente doméstico impossibilita a substituição da pena privativa de liberdade por restritiva de direitos.

589. É inaplicável o princípio da insignificância nos crimes ou contravenções penais praticados contra a mulher no âmbito das relações domésticas.

593. O crime de estupro de vulnerável se configura com a conjunção carnal ou prática de ato libidinoso com menor de 14 anos, sendo irrelevante eventual consentimento da vítima para a prática do ato, sua experiência sexual anterior ou existência de relacionamento amoroso com o agente.

594. O Ministério Público tem legitimidade ativa para ajuizar ação de alimentos em proveito de criança ou adolescente independentemente do exercício do poder familiar dos pais, ou do fato de o menor se encontrar nas situações de risco descritas no art. 98 do Estatuto da Criança e do Adolescente, ou de quaisquer outros questionamentos acerca da existência ou eficiência da Defensoria Pública na comarca.

595. As instituições de ensino superior respondem objetivamente pelos danos suportados pelo aluno/consumidor pela realização de curso não reconhecido pelo Ministério da Educação, sobre o qual não lhe tenha sido dada prévia e adequada informação.

599. O princípio da insignificância é inaplicável aos crimes contra a administração pública.

600. Para a configuração da violência doméstica e familiar prevista no art. 5.º da Lei n. 11.340/2006 (Lei Maria da Penha) não se exige a coabitação entre autor e vítima.

602. O Código de Defesa do Consumidor é aplicável aos empreendimentos habitacionais promovidos pelas sociedades cooperativas.

604. O mandado de segurança não se presta para atribuir efeito suspensivo a recurso criminal interposto pelo Ministério Público.

•• *Vide* arts. 581, 584, 593 e 597 do CPP.
•• *Vide* art. 197 da LEP.

605. A superveniência da maioridade penal não interfere na apuração de ato infracional nem na aplicabilidade de medida socioeducativa em curso, inclusive na liberdade assistida, enquanto não atingida a idade de 21 anos.

•• *Vide* arts. 2.º, parágrafo único, e 121, § 5.º, do ECA.

606. Não se aplica o princípio da insignificância a casos de transmissão clandestina de sinal de internet via radiofrequência, que caracteriza o fato típico previsto no art. 183 da Lei n. 9.472/1997.

607. A majorante do tráfico transnacional de drogas (art. 40, I, da Lei n. 11.343/2006) configura-se com a prova da destinação internacional das drogas, ainda que não consumada a transposição de fronteiras.

608. Aplica-se o Código de Defesa do Consumidor aos contratos de plano de saúde, salvo os administrados por entidades de autogestão.

609. A recusa de cobertura securitária, sob a alegação de doença preexistente, é ilícita se não houve a exigência de exames médicos prévios à contratação ou a demonstração de má-fé do segurado.

617. A ausência de suspensão ou revogação do livramento condicional antes do término do período de prova enseja a extinção da punibilidade pelo integral cumprimento da pena.

628. A teoria da encampação é aplicada no mandado de segurança quando presentes, cumulativamente, os seguintes requisitos: a) existência de vínculo hierárquico entre a autoridade que prestou informações e a que ordenou a prática do ato impugnado; b) manifestação a respeito do mérito nas informações prestadas; e c) ausência de modificação de competência estabelecida na Constituição Federal.

•• *Vide* art. 6.º, § 3.º, da Lei n. 12.016, de 7-8-2009.

630. A incidência da atenuante da confissão espontânea no crime de tráfico ilícito de entorpecentes exige o reconhecimento da traficância pelo acusado, não bastando a mera admissão da posse ou propriedade para uso próprio.

•• *Vide* art. 65, III, *d*, do CP.
•• *Vide* arts. 28 e 33 da Lei n. 11.343, de 23-8-2006.
•• *Vide* Súmula 545 do STJ.

631. O indulto extingue os efeitos primários da condenação (pretensão executória), mas não atinge os efeitos secundários, penais ou extrapenais.

•• *Vide* arts. 5.º, XLIII, e 84, XII, da CF.
•• *Vide* art. 107, II, do CP.

634. Ao particular aplica-se o mesmo regime prescricional previsto na Lei de Improbidade Administrativa para o agente público.

636. A folha de antecedentes criminais é documento suficiente a comprovar os maus antecedentes e a reincidência.

•• *Vide* art. 59 do CP.

639. Não fere o contraditório e o devido processo legal decisão que, sem ouvida prévia da defesa, determine transferência ou permanência de custodiado em estabelecimento penitenciário federal.

•• *Vide* art. 52, § 1.º, da LEP.

643. A execução da pena restritiva de direitos depende do trânsito em julgado da condenação.

•• *Vide* art. 669 do CPP.
•• *Vide* art. 147 da Lei n. 7.210, de 11-7-1984.
• *Vide* art. 5.º, LVII, da CF.

644. O núcleo de prática jurídica deve apresentar o instrumento de mandato quando constituído pelo réu hipossuficiente, salvo nas hipóteses em que é nomeado pelo juízo.

•• *Vide* art. 266 do CPP.
•• *Vide* art. 16 da Lei n. 1.060, de 5-2-1950.

648. A superveniência da sentença condenatória prejudica o pedido de trancamento da ação penal por falta de justa causa feito em *habeas corpus*.

654. A tabela de preços máximos ao consumidor (PMC) publicada pela ABCFarma, adotada pelo Fisco para a fixação da base de cálculo do ICMS na sistemática da substituição tributária, não se aplica aos medicamentos destinados exclusivamente para uso de hospitais e clínicas.

•• *Vide* art. 148 do CTN.
•• *Vide* Súmula 431 do STJ.

655. Aplica-se à união estável contraída por septuagenário o regime da separação obrigatória de bens, comunicando-se os adquiridos na constância, quando comprovado o esforço comum.

656. É válida a cláusula de prorrogação automática de fiança na renovação do contrato principal. A exoneração do fiador depende da notificação prevista no art. 835 do Código Civil.

657. Atendidos os requisitos de segurada especial no RGPS e do período de carência, a indígena menor de 16 anos faz jus ao salário-maternidade.

•• *Vide* arts. 7.º, XXXIII, 201, II, e 227 da CF.
•• *Vide* art. 428 da CLT.
•• *Vide* arts. 14 e 55 da Lei n. 6.001, de 19-12-1973.
•• *Vide* arts. 11, VII, c, e § 6.º, 25, III, 39, parágrafo único, e 71 da Lei n. 8.213, de 24-7-1991.
•• *Vide* art. 93, § 2.º, do Decreto n. 3.048, de 6-5-1999.

658. O crime de apropriação indébita tributária pode ocorrer tanto em operações próprias, como em razão de substituição tributária.

•• *Vide* art. 2.º, II, da Lei n. 8.137, de 27-12-1990.

Súmulas do STJ

659. A fração de aumento em razão da prática de crime continuado deve ser fixada de acordo com o número de delitos cometidos, aplicando-se 1/6 pela prática de duas infrações, 1/5 para três, 1/4 para quatro, 1/3 para cinco, 1/2 para seis e 2/3 para sete ou mais infrações.
- • *Vide* art. 71 do CP.

660. A posse, pelo apenado, de aparelho celular ou de seus componentes essenciais constitui falta grave.
- • *Vide* art. 50, VII, da LEP.

661. A falta grave prescinde da perícia do celular apreendido ou de seus componentes essenciais.
- • *Vide* art. 50, VII, da LEP.

662. Para a prorrogação do prazo de permanência no sistema penitenciário federal, é prescindível a ocorrência de fato novo; basta constar, em decisão fundamentada, a persistência dos motivos que ensejaram a transferência inicial do preso.
- • *Vide* art. 10, § 1.º, da Lei n. 11.671, de 8-5-2008.

663. A pensão por morte de servidor público federal pode ser concedida ao filho inválido de qualquer idade, desde que a invalidez seja anterior ao óbito.
- • *Vide* art. 217 da Lei n. 8.112, de 11-12-1990.

664. É inaplicável a consunção entre o delito de embriaguez ao volante e o de condução de veículo automotor sem habilitação.
- • *Vide* arts. 306 e 309 do CTB.

665. O controle jurisdicional do processo administrativo disciplinar restringe-se ao exame da regularidade do procedimento e da legalidade do ato, à luz dos princípios do contraditório, da ampla defesa e do devido processo legal, não sendo possível incursão no mérito administrativo, ressalvadas as hipóteses de flagrante ilegalidade, teratologia ou manifesta desproporcionalidade da sanção aplicada.
- • *Vide* art. 143 da Lei n. 8.112, de 11-12-1990.

667. Eventual aceitação de proposta de suspensão condicional do processo não prejudica a análise do pedido de trancamento de ação penal.
- • *Vide* art. 89, *caput*, da Lei n. 9.099, de 26-9-1995.

668. Não é hediondo o delito de porte ou posse de arma de fogo de uso permitido, ainda que com numeração, marca ou qualquer outro sinal de identificação raspado, suprimido ou adulterado.
- • *Vide* art. 1.º, parágrafo único, II, da Lei n. 8.072, de 25-7-1990.
- • *Vide* art. 16, § 1.º, IV, da Lei n. 10.826, de 22-12-2003.

670. Nos crimes sexuais cometidos contra a vítima em situação de vulnerabilidade temporária, em que ela recupera suas capacidades físicas e mentais e o pleno discernimento para decidir acerca da persecução penal de seu ofensor, a ação penal é pública condicionada à representação se o fato houver sido praticado na vigência da redação conferida ao art. 225 do Código Penal pela Lei n. 12.015, de 2009.
- • *Vide* art. 225 do CP.

674. A autoridade administrativa pode se utilizar de fundamentação *per relationem* nos processos disciplinares.
- • *Vide* art. 93, IX, da CF.

675. É legítima a atuação dos órgãos de defesa do consumidor na aplicação de sanções administrativas previstas no CDC quando a conduta praticada ofender direito consumerista, o que não exclui nem inviabiliza a atuação do órgão ou entidade de controle quando a atividade é regulada.

676. Em razão da Lei n. 13.964/2019, não é mais possível ao juiz, de ofício, decretar ou converter prisão em flagrante em prisão preventiva.
- • *Vide* arts. 282, § 4.º, 310, II, e 311 do CPP.
- • *Vide* art. 20 da Lei n. 11.340, de 7-8-2006.

Índice Alfabético da Legislação Complementar e das Súmulas

ABSOLVIÇÃO CRIMINAL
- não prejudicará a medida de segurança: Súmula 422/STF 497

ABUSO DE AUTORIDADE
- ação pública de crimes de responsabilidade: Lei n. 5.249, de 9-2-1967 168
- competência para julgar militar por: Súmula 172/STJ 509
- crimes de: Lei n. 13.869, de 5-9-2019 450

AÇÃO DECLARATÓRIA DE CONSTITUCIONALIDADE
- processo e julgamento: Lei n. 9.868, de 10-11-1999 274

AÇÃO DIRETA DE INCONSTITUCIONALIDADE
- arguição de descumprimento de preceito fundamental: Lei n. 9.882, de 3-12-1999 278
- processo e julgamento: Lei n. 9.868, de 10-11-1999 274

AÇÃO PENAL
- ação penal pública condicionada à representação; crimes sexuais; vítima em situação de vulnerabilidade temporária; recuperação do discernimento para persecução penal de seu ofensor: Súmula 670/STJ 515
- como é regulada a prescrição da: Súmula 146/STF 495
- crime de lesão corporal; violência doméstica contra a mulher: Súmula 542/STJ 512
- crimes de sonegação fiscal: Súmula 609/STF 499
- disposições penais; classificação: Decreto-lei n. 2.848, de 7-12-1940 137
- início mediante novas provas, no caso de arquivamento de inquérito policial por despacho do juiz a requerimento do promotor de justiça: Súmula 524/STF 498
- pedido de trancamento: Súmula 648/STJ 514
- trancamento da ação penal; análise do pedido; não prejudicialidade em eventual aceitação de suspensão condicional do processo: Súmula 667/STF 515

AÇÃO PENAL ORIGINÁRIA
- processos: Lei n. 8.038, de 28-5-1990, arts. 1.º a 12 207

AÇÃO PENAL POR OFENSA À HONRA
- admissibilidade da exceção da verdade quanto ao desempenho de função pública; prevalecerá a competência especial por prerrogativa de função: Súmula 396/STF 497

AÇÃO PENAL PRIVADA
- ação pública intentada por crime de; ratificação por parte legítima; prosseguimento: Decreto-lei n. 3.931, de 11-12-1941, art. 5.º 3

AÇÃO RESCISÓRIA
- Lei n. 8.038, de 28-5-1990, art. 24 209

Índice Alfabético da Legislação Complementar e das Súmulas

ACIDENTE DE TRÂNSITO
- competência para processar e julgar delito de: Súmula 6/STJ 507
- exclusão da aplicação do disposto nos arts. 6.º, I, 64 e 169 do Código de Processo Penal dos casos de: Lei n. 5.970, de 11-12-1973 170

AÇÕES COLETIVAS
- para a defesa de interesses individuais homogêneos; Código de Proteção e Defesa do Consumidor: Lei n. 8.078, de 11-9-1990 232

ADI E ADC
- processo e julgamento: Lei n. 9.868, de 10-11-1999 274

ADOLESCENTE
- Estatuto: Lei n. 8.069, de 13-7-1990 211

ADPF
- processo e julgamento: Lei n. 9.882, de 3-12-1999 278

ADVOGADOS
- honorários; fixação: Súmula 201/STJ 509

AGRAVO DE INSTRUMENTO
- apreciação de recurso extraordinário parcial: Súmula 528/STF 498
- cabimento de recurso especial: Súmula 86/STJ 508
- cabimento de recurso extraordinário: Súmula 289/STF 496
- contra decisão do juiz da execução penal; prazo para interposição: Súmula 700/STF 500
- da decisão que não admite recurso extraordinário; encaminhamento ao STF: Súmula 727/STF 501
- deficiência na fundamentação: Súmula 287/STF 496
- falta de despacho agravado: Súmula 288/STF 496
- Lei n. 8.038, de 28-5-1990, arts. 36 e 37 210
- prazo para interposição: Súmula 699/STF 500
- traslado sem as cópias das peças necessárias à verificação da tempestividade do recurso extraordinário não admitido pela decisão agravada; aplicação da Súmula 288 do STF: Súmula 639/STF 499

ALGEMAS
- Decreto n. 8.858, de 26-9-2016 435

ANTECEDENTES
- comprovação; folha de antecedentes criminais: Súmula 636/STJ 514

APELAÇÃO
- competência do STF; Lei de Segurança Nacional: Súmula 526/STF 498
- conhecimento da; independe da prisão: Súmula 347/STJ 510
- despachada; demora de juntada: Súmula 320/STF 496
- efeito devolutivo contra decisões do júri: Súmula 713/STF 501
- entrega e despacho: Súmula 428/STF 497
- renúncia do réu ao direito de apelar sem a assistência do defensor: Súmula 705/STF 500

Índice Alfabético da Legislação Complementar e das Súmulas

- renúncia do único defensor; falta de intimação do réu para constituir outro; nulidade: Súmula 708/STF 501

APELAÇÃO CÍVEL E AGRAVO DE INSTRUMENTO
- Lei n. 8.038, de 28-5-1990, arts. 36 e 37 210

APROPRIAÇÃO INDÉBITA TRIBUTÁRIA
- Súmula 658/STJ 514

ARGUIÇÃO DE DESCUMPRIMENTO DE PRECEITO FUNDAMENTAL
- processo e julgamento; disposições: Lei n. 9.882, de 3-12-1999 278

ARMAS DE FOGO
- aquisição, cadastro, comercialização, registro e porte; regulamento: Decreto n. 9.847, de 25-6-2019 444
- Estatuto do Desarmamento: Lei n. 10.826, de 22-12-2003 342
- porte ou posse de arma de fogo de uso permitido; numeração, marca ou sinal de identificação raspado; não configuração de crime hediondo: Súmula 668/STJ 515
- regras e procedimentos relativos à aquisição, ao registro, à posse, ao porte, ao cadastro e à comercialização nacional: Decreto n. 11.615, de 21-7-2023 470

ARQUIVAMENTO DE INQUÉRITO POLICIAL
- arquivamento de inquérito por despacho do juiz, a requerimento do promotor de justiça; efeito quanto ao início da ação penal: Súmula 524/STF 498

ASSISTÊNCIA JUDICIÁRIA
- gratuita: Lei n. 1.060, de 5-2-1950 149
- gratuita a pessoa jurídica: Súmula 481/STJ 511

ASSISTENTE DO MINISTÉRIO PÚBLICO
- não pode recorrer, extraordinariamente, de decisão concessiva de *habeas corpus*: Súmula 208/STF 495
- prazo para recurso; quando começará a correr: Súmula 448/STF 497
- recurso nos casos dos arts. 584, § 1.º, e 598 do Código de Processo Penal: Súmula 210/STF.... 495

ATIVOS VIRTUAIS
- serviços de; regulamentação: Lei n. 14.478, de 21-12-2022 466

ATO ILÍCITO
- indenizações por; juros compostos: Súmula 186/STJ 509

ATO INFRACIONAL
- prática; garantias processuais; oitiva do menor infrator; regressão da medida socioeducativa: Súmula 265/STJ 510

ATO JUDICIAL
- impetração de segurança por terceiro contra: Súmula 202/STJ 509

ATOS PROCESSUAIS
- sistema de transmissão de dados: Lei n. 9.800, de 26-5-1999 270

AUTOS DO PROCESSO
- recurso deserto; falta de recolhimento de importância das despesas de remessa e retorno dos: Súmula 187/STJ 509

- restituição; Juiz Estadual; Juiz Federal; conflito: Súmula 224/STJ 509
- transmissão de dados por fac-símile ou similar: Lei n. 9.800, de 26-5-1999 270

BEBIDAS ALCOÓLICAS
- margem de tolerância de álcool no sangue: Decreto n. 6.488, de 19-6-2008 403
- proibição de venda ou oferecimento: Lei n. 11.705, de 19-6-2008 402

CÂMARA DOS DEPUTADOS E SENADO FEDERAL
- poder de polícia em caso de crime cometido em suas dependências: Súmula 397/STF 497

CARTA PRECATÓRIA
- falta de intimação para inquirição de testemunha; nulidade relativa do processo: Súmula 155/STF 495
- intimação da defesa; desnecessidade de intimação da data da audiência: Súmula 273/STJ 510

CELULAR
- aparelho; falta grave: Súmulas 660/STJ e 661/STJ 515

CERTIDÕES
- expedição para defesa de direitos e esclarecimentos de situações: Lei n. 9.051, de 18-5-1995.. 238

CHEQUE SEM FUNDOS
- foro competente para o processo e o julgamento dos crimes de estelionato, sob a modalidade da emissão dolosa de cheque sem provisão de fundos: Súmula 521/STF 498
- recebimento da denúncia e prosseguimento da ação penal: Súmula 554/STF 498
- sem fraude: Súmula 246/STF 495

CIRCUNSTÂNCIAS AGRAVANTES
- nulidade absoluta do julgamento pelo júri, quando os quesitos da defesa não precedem aos das circunstâncias agravantes: Súmula 162/STF 495
- reincidência penal; disposições: Súmula 241/STJ 510

CITAÇÃO POR EDITAL
- de réu preso na mesma unidade da Federação em que o juiz exerce a sua jurisdição; nulidade: Súmula 351/STF 496
- indicação do dispositivo da lei penal e falta de transcrição da denúncia ou queixa e do resumo dos fatos; validade: Súmula 366/STF 496

CITAÇÃO POSTAL
- exige aviso de recebimento: Súmula 429/STJ 510

CIVIS
- sujeição à Justiça Militar em tempo de paz: Súmula 298/STF 496

CÓDIGO DA PROPRIEDADE INDUSTRIAL
- crimes contra a propriedade industrial: Lei n. 9.279, de 14-5-1996, arts. 183 a 210 249

CÓDIGO DE PROCESSO PENAL
- art. 384 e parágrafo único; aplicação à segunda instância: Súmula 453/STF 497

CÓDIGO DE PROTEÇÃO E DEFESA DO CONSUMIDOR
- disposições: Lei n. 8.078, de 11-9-1990 232

Índice Alfabético da Legislação Complementar e das Súmulas

CÓDIGO DE TRÂNSITO BRASILEIRO
- crimes; normas aplicáveis: Lei n. 9.503, de 23-9-1997, art. 291 257

CÓDIGO ELEITORAL
- dispositivos: Lei n. 4.737, de 15-7-1965 166

CÓDIGO PENAL
- dispositivos: Decreto-lei n. 2.848, de 7-12-1940 137

COISA JULGADA
- ações coletivas; Código de Proteção e Defesa do Consumidor: Lei n. 8.078, de 11-9-1990 232

COMISSÃO PARLAMENTAR DE INQUÉRITO
- disposições: Lei n. 1.579, de 18-3-1952 165
- prioridade nos procedimentos a serem adotados; conclusões: Lei n. 10.001, de 4-9-2000 280

COMPETÊNCIA
- conflito de; juizado especial federal e juízo federal: Súmula 428/STJ 510
- crime de uso de passaporte falso: Súmula 200/STJ 509
- crime em que o indígena figure como autor ou vítima: Súmula 140/STJ 508
- crimes conexos; processo e julgamento unificado: Súmula 122/STJ 508
- delito decorrente de acidente de trânsito envolvendo viatura de Polícia Militar: Súmula 6/STJ 507
- do Tribunal Penal Internacional: Decreto n. 4.388, de 25-9-2002, arts. 5.º a 13 285
- estabelecida pela EC n. 45/2004; processos já sentenciados; alcance: Súmula 367/STJ 510
- estelionato mediante cheque sem fundos; foro do local da recusa: Súmula 244/STJ 510
- inalterabilidade; existência de vara privativa: Súmula 206/STJ 509
- Justiça Federal; desvio de verba por prefeito: Súmula 208/STJ 509
- originária do STF; direito a licença-prêmio: Súmula 731/STF 501
- por prevenção; inobservância; nulidade relativa: Súmula 706/STF 500
- processo e julgamento de latrocínio: Súmula 603/STF 499

COMPETÊNCIA DA JUSTIÇA ESTADUAL
- civil acusado de prática de crime; instituições militares estaduais: Súmula 53/STJ 507
- contravenção penal: Súmula 38/STJ 507
- crime de falsa anotação na Carteira de Trabalho e Previdência Social: Súmula 62/STJ 507
- policial militar; promover ou facilitar a fuga de preso de estabelecimento penal: Súmula 75/STJ 508
- por desvio de verba por prefeito: Súmula 209/STJ 509

COMPETÊNCIA ESPECIAL POR PRERROGATIVA DE FUNÇÃO
- ação penal por ofensa à honra, sendo admissível a exceção de verdade quanto ao desempenho de função pública: Súmula 396/STF 497
- atração por continência ou conexão do processo do corréu: Súmula 704/STF 500
- estabelecida por Constituição estadual; não prevalece sobre a competência constitucional do Tribunal do Júri: Súmula 721/STF 501

– não se estende ao crime cometido após a cessação definitiva do exercício funcional: Súmula 451/STF 497

CONEXÃO DE CRIMES
– se um deles já foi julgado: Súmula 235/STJ 509

CONFISSÃO
– atenuante: Súmula 630/STJ 514
– para a formação do convencimento do julgador: Súmula 545/STJ.. 512

CONFLITOS DE ATRIBUIÇÕES
– Lei n. 8.038, de 28-5-1990, art. 24... 209

CONFLITOS DE COMPETÊNCIA
– entre Tribunal de Justiça e Tribunal de Alçada: Súmula 22/STJ 507
– Lei n. 8.038, de 28-5-1990, art. 24... 209
– sentença com trânsito em julgado: Súmula 59/STJ 507

CONSELHO DE CONTROLE DE ATIVIDADES FINANCEIRAS – COAF
– disposições: Lei n. 13.974, de 7-1-2020.. 455

CONSTRANGIMENTO ILEGAL
– pronunciado o réu, fica superada a alegação do: Súmula 21/STJ.. 507

CONSUMIDOR
– Código de Proteção e Defesa; decadência e prescrição; infrações penais; disposições gerais: Lei n. 8.078, de 11-9-1990... 232
– legitimidade da atuação de órgãos de defesa do consumidor em setores regulados: Súmula 675/STJ 515

CONSUNÇÃO
– embriaguez ao volante; condução de veículo automotor; inaplicabilidade: Súmula 664/STJ 515

CONTRABANDO
– atividades comerciais: Decreto-lei n. 2.848, de 7-12-1940 137
– aumento de pena: Decreto-lei n. 2.848, de 7-12-1940 137
– crime de; definição pela prevenção do Juízo Federal do lugar da apreensão dos bens; processo e julgamento; competência: Súmula 151/STJ 508
– facilitação: Decreto-lei n. 2.848, de 7-12-1940... 137

CONTRAVENÇÕES
– competência da Justiça Estadual Comum: Súmula 38/STJ.. 507

CORONAVÍRUS (COVID-19)
– medidas de enfrentamento contra a violência doméstica e familiar: Lei n. 14.022, de 7-7-2020... 457

CORRETORAS DE CRIPTOATIVOS
– prestação de serviços de ativos virtuais; regulamentação: Lei n. 14.478, de 21-12-2022 466

CORRÉU
– sem a prerrogativa de imunidade parlamentar: Súmula 245/STF.. 495

Índice Alfabético da Legislação Complementar e das Súmulas

CRIANÇA E ADOLESCENTE

- Estatuto: Lei n. 8.069, de 13-7-1990 211

CRIME(S)

- conexos; competência: Súmula 122/STJ 508
- continuado ou permanente; aplicação de lei penal mais grave: Súmula 711/STF 501
- continuado; prescrição; como é regulada: Súmula 497/STF 498
- contra a economia popular; competência para o processo e julgamento: Súmula 498/STF 498
- contra a economia popular: Lei n. 1.521, de 26-12-1951 162
- contra a honra de servidor público; legitimidade para a ação penal: Súmula 714/STF 501
- contra a propriedade industrial: Lei n. 9.279, de 14-5-1996, arts. 183 a 210 249
- contra a segurança externa do País ou as instituições militares; sujeição de civis à Justiça Militar em tempo de paz, em caso de tais crimes: Súmula 298/STF 496
- contrabando ou descaminho; competência para processo e julgamento: Súmula 151/STJ .. 508
- contra o sistema financeiro; definição: Lei n. 7.492, de 16-6-1986 200
- de estupro de vulnerável: irrelevância do consentimento da vítima para configuração: Súmula 593/STJ 513
- de "lavagem" ou ocultação de bens, direitos e valores: Lei n. 9.613, de 3-3-1998 261
- de roubo; configuração: Súmula 582/STJ 512
- de sonegação fiscal; ação penal: Súmula 609/STF 499
- de trânsito: Lei n. 9.503, de 23-9-1997, arts. 302 a 312-B 259
- de uso de passaporte falso: Súmula 200/STJ 509
- em que o indígena figure como autor ou vítima; competência: Súmula 140/STJ 508
- falimentar; aplicação de causas interruptivas da prescrição: Súmula 592/STF 499
- falimentar; começo da prescrição: Súmula 147/STF 495
- falimentar; falta de fundamentação do despacho de recebimento de denúncia; nulidade processual: Súmula 564/STF 498
- falsa anotação na Carteira de Trabalho e Previdência Social; empresa privada; competência: Súmula 62/STJ 507
- hediondos; disposições: Lei n. 8.072, de 25-7-1990 230
- hediondos; porte ou posse de arma de fogo de uso permitido; numeração, marca ou sinal de identificação raspado; não configuração do delito: Súmula 668/STJ 515
- hediondos; relaxamento da prisão por excesso de prazo: Súmula 697/STF 500
- inexistência; caso de flagrante preparado: Súmula 145/STF 495
- lesão corporal; violência doméstica contra a mulher; ação penal: Súmula 542/STJ 512
- policial militar; promover ou facilitar a fuga de preso de estabelecimento penal; competência: Súmula 75/STJ 508
- praticado por prefeito municipal; continuação do processo após extinção do mandato: Súmula 164/STJ 508
- resultante de preconceito de raça ou de cor: Lei n. 7.716, de 5-1-1989 203
- sexuais; vítima em situação de vulnerabilidade temporária; recuperação do discernimento para persecução penal de seu ofensor; ação penal pública condicionada à representação: Súmula 670/STJ 515
- tortura: Lei n. 9.455, de 7-4-1997 254

CRIME CONTINUADO
- Súmulas 243/STJ e 659/STJ 510, 515

CRIME DE APROPRIAÇÃO INDÉBITA TRIBUTÁRIA
- Súmula 658/STJ... 514

CRIME ORGANIZADO
- organização; investigação e procedimento criminal: Lei n. 12.850, de 2-8-2013............. 420
- processo e julgamento colegiado de crimes praticados por organizações criminosas: Lei n. 12.694, de 24-7-2012 415

CRIMES CONTRA A ADMINISTRAÇÃO PÚBLICA
- princípio da insignificância é inaplicável: Súmula 599/STJ 513

CRIMES CONTRA O SISTEMA FINANCEIRO
- crimes de "colarinho branco"; ordem tributária e econômica: Lei n. 7.492, de 16-6-1986 200

CRIMES DE PRECONCEITO
- de raça ou de cor; disposições: Lei n. 7.716, de 5-1-1989.. 203

CRIMES DE RESPONSABILIDADE
- do Governador do Distrito Federal, dos Territórios Federais, e dos secretários: Lei n. 7.106, de 28-6-1983 171
- do Presidente da República e Ministros de Estados; processo e julgamento: Lei n. 1.079, de 10-4-1950 151
- dos Prefeitos e Vereadores: Decreto-lei n. 201, de 27-2-1967.................................... 168

CRIMES ELEITORAIS
- disposições penais: Lei n. 4.737, de 15-7-1965, art. 287.. 167
- do processo das infrações: Lei n. 4.737, de 15-7-1965, arts. 355 a 364 167

CRIMES FALIMENTARES
- Lei n. 11.101, de 9-2-2005... 353

CRIMES HEDIONDOS
- disposições: Lei n. 8.072, de 25-7-1990... 230
- ou assemelhados; progressão de regime prisional: Súmula 471/STJ 511
- porte ou posse de arma de fogo de uso permitido; numeração, marca ou sinal de identificação raspado; não configuração do delito: Súmula 668/STJ................................. 515

CRIPTOMOEDA
- ativos virtuais; regulamentação: Lei n. 14.478, de 21-12-2022................................... 466

CURADOR
- falta de nomeação de curador ao réu menor que teve assistência de defensor dativo: Súmula 352/STF 496

CUSTAS
- judiciais: Lei n. 11.636, de 28-12-2007.. 399

DANO
- material e moral; indenizações cumuláveis: Súmula 37/STJ 507

Índice Alfabético da Legislação Complementar e das Súmulas

DECADÊNCIA
- Código de Proteção e Defesa do Consumidor: Lei n. 8.078, de 11-9-1990 232

DECRETO-LEI N. 157/67
- art. 18, § 2.º: Súmula 560/STF 498

DEFENSOR DATIVO
- processo penal em que houve falta de nomeação de curador ao réu menor que teve a assistência de defensor dativo: Súmula 352/STF 496

DEFESA NO PROCESSO PENAL
- sua deficiência somente o anulará se houver prova de prejuízo para o réu: Súmula 523/STF 498

DEFICIÊNCIA DA DEFESA NO PROCESSO PENAL
- anulação do processo se for comprovado prejuízo do réu: Súmula 523/STF 498

DELEGADO DE POLÍCIA
- condução do inquérito policial: Lei n. 12.830, de 20-6-2013 420

DENÚNCIA
- oferecimento; ausência de impedimento ou suspeição do Ministério Público se atuou na fase investigatória: Súmula 234/STJ 509
- recurso contra a rejeição da; acórdão que o provê vale pelo recebimento dela: Súmula 709/STF 501

DESARMAMENTO
- regulamento: Decretos n. 9.847, de 25-6-2019, e 11.615, de 21-7-2023 .... 444, 470

DESCAMINHO
- atividades comerciais: Decreto-lei n. 2.848, de 7-12-1940 137
- aumento de pena: Decreto-lei n. 2.848, de 7-12-1940 137
- crime de; definição pela prevenção do Juízo Federal do lugar da apreensão dos bens; processo e julgamento; competência: Súmula 151/STJ 508
- facilitação: Decreto-lei n. 2.848, de 7-12-1940 137

DIREITO DE QUEIXA
- exercício do: Súmula 594/STF 499

DIREITO DE REPRESENTAÇÃO
- exercício do: Súmula 594/STF 499

DIREITO DE RESPOSTA
- Lei n. 13.188, de 11-11-2015 428

DIREITO LOCAL
- ofensa a; recurso extraordinário: Súmula 280/STF 495

DOCUMENTO FALSO
- desentranhamento dos autos; rubrica do juiz e do escrivão: Decreto-lei n. 3.931, de 11-12-1941, art. 15 4

DOCUMENTOS
- defesa de direitos e esclarecimentos de situações: Lei n. 9.051, de 18-5-1995 238

DROGA(S)

- aplicação retroativa da Lei n. 11.343/06: Súmula 501/STJ 511
- expropriação de glebas; culturas ilegais: Lei n. 8.257, de 26-11-1991 236
- medidas para prevenção e repressão: Lei n. 11.343, de 23-8-2006 369
- medidas para prevenção e repressão; regulamento: Decreto n. 5.912, de 27-9-2006....... 391
- tráfico; confissão como atenuante: Súmula 630/STJ 514

ECONOMIA POPULAR

- crimes contra: Lei n. 1.521, de 26-12-1951.. 162

EMBARGOS DECLARATÓRIOS

- não oposição de tais embargos sobre ponto omisso da decisão; impossibilidade de recurso extraordinário: Súmula 356/STF 496

EMBARGOS DE DIVERGÊNCIA

- cabimento; âmbito do agravo regimental: Súmula 316/STJ 510
- justificação: Súmula 158/STJ... 508

EMBARGOS INFRINGENTES

- contra decisão em matéria constitucional submetida ao plenário dos tribunais; inadmissibilidade: Súmula 293/STF... 496
- decisão decorrente do julgamento de constitucionalidade pelo tribunal pleno; inadmissibilidade de embargos infringentes quanto à matéria constitucional: Súmula 455/STF.. 498

EMBRIAGUEZ

- ao volante; condução de veículo automotor; consunção; inaplicabilidade: Súmula 664/STJ   515

EMIGRANTE

- políticas públicas e direitos: Lei n. 13.445, de 24-5-2017... 438

ENTORPECENTES

- *Vide*, também, PLANTAS PSICOTRÓPICAS
- competência a respeito dos crimes relativos a entorpecentes: Súmula 522/STF............... 498
- Lei n. 11.343, de 23-8-2006 369
- regulamento da Lei de: Decreto n. 5.912, de 27-9-2006... 391
- tráfico; confissão como atenuante: Súmula 630/STJ.. 514

ESTATUTO DA CRIANÇA E DO ADOLESCENTE

- Lei n. 8.069, de 13-7-1990... 211

ESTATUTO DA PESSOA IDOSA

- Lei n. 10.741, de 1.º-10-2003 332

ESTATUTO DE ROMA

- Tribunal Penal Internacional: Decreto n. 4.388, de 25-9-2002 285

ESTATUTO DO DESARMAMENTO

- Lei n. 10.826, de 22-12-2003 342
- regulamento: Decreto n. 9.847, de 25-6-2019... 444

ESTELIONATO

- falsificação de cheque; competência para julgamento: Súmula 48/STJ 50

Índice Alfabético da Legislação Complementar e das Súmulas

- foro competente em caso de emissão dolosa de cheque sem provisão de fundos: Súmula 521/STF 498
- mediante cheque sem fundos; foro do local da recusa: Súmula 244/STJ 510
- papel-moeda grosseiramente falsificado: Súmula 73/STJ 508
- quando o falso se exaure no: Súmula 17/STJ 507

ESTRANGEIRO
- expulsão; caso em que é vedada: Súmula 1/STF 495
- expulsão; extradição: Lei n. 13.445, de 24-5-2017 438

EXAME
- cessação da periculosidade; requerimento: Súmula 520/STF 498
- criminológico; admissão: Súmula 439/STJ 511

EXCEÇÃO DA VERDADE
- admissibilidade no caso de ação penal por ofensa à honra; competência especial por prerrogativa de função: Súmula 396/STF 497

EXECUÇÃO PENAL
- cometimento de fato definido como crime doloso no cumprimento da pena: Súmula 526/STJ 512
- falta disciplinar; procedimento administrativo para reconhecê-la: Súmula 533/STJ 512
- Lei n. 7.210, de 11-7-1984 171
- regime disciplinar diferenciado: Lei n. 10.792, de 1.º-12-2003 341
- saída temporária; ato jurisdicional: Súmula 520/STJ 511
- saída temporária e trabalho externo: Súmula 40/STJ 507

EXPROPRIAÇÃO
- das glebas nas quais se localizem culturas ilegais de plantas psicotrópicas: Lei n. 8.257, de 26-11-1991 236

EXPULSÃO
- de estrangeiro; caso em que é vedada: Súmula 1/STF 495
- Lei n. 13.445, de 24-5-2017 438

EXTINÇÃO DE PUNIBILIDADE
- extensão ao crime de contrabando ou descaminho: Súmula 560/STF 498
- prescrição da pretensão punitiva; pena hipotética: Súmula 438/STJ 510
- sentença concessiva do perdão judicial é declaratória da: Súmula 18/STJ 507

EXTRADIÇÃO
- *habeas corpus* fundado em fato ou direito estrangeiro: Súmula 692/STF 500
- Lei n. 13.445, de 24-5-2017 438

EXTRADITANDO
- liberdade: Súmula 367/STF 497

FAC-SÍMILE
- e prática de atos processuais; disposições: Lei n. 9.800, de 26-5-1999 270

FALÊNCIAS
- Lei de Falências e Recuperação de Empresas; dispositivos: Lei n. 11.101, de 9-2-2005..... 353

FALSA IDENTIDADE
- perante autoridade policial; tipicidade: Súmula 522/STJ.. 512

FALTA DA DEFESA NO PROCESSO PENAL
- nulidade absoluta: Súmula 523/STF.. 498

FIANÇA
- dispositivos mais favoráveis; aplicação: Decreto-lei n. 3.931, de 11-12-1941, art. 2.º....... 3
- não concessão de: Súmula 81/STJ.. 508

FLAGRANTE PREPARADO
- inexistência de crime: Súmula 145/STF... 495

FUNCIONÁRIO PÚBLICO FEDERAL
- prática de crime contra; processo e julgamento: Súmula 147/STJ.................................. 508

FURTO
- qualificado; concursos de agentes: Súmula 442/STJ... 511
- sistema de vigilância por monitoramento eletrônico; não impossibilita configuração: Súmula 567/STJ... 512

GARANTIA CONSTITUCIONAL
- oitiva do menor infrator; regressão da medida socioeducativa: Súmula 265/STJ............ 510
- presunção de inocência; exigência da prisão provisória para apelar não ofende a: Súmula 9/STJ.. 507

HABEAS CORPUS
- contra decisão condenatória a pena de multa; não cabimento: Súmula 693/STF............ 500
- contra decisão de turma recursal de juizados especiais criminais; competência: Súmula 690/STF.. 500
- contra a imposição da pena de exclusão de militar ou de perda de patente ou função pública: Súmula 694/STF... 500
- decisão concessiva; o assistente do Ministério Público não pode recorrer, extraordinariamente, da decisão concessiva: Súmula 208/STF.. 495
- extinção da pena privativa de liberdade; não cabimento: Súmula 695/STF..................... 500
- impetrado contra decisão do relator que, em *habeas corpus* requerido a tribunal superior, indefere a liminar: Súmula 691/STF.. 500
- interposição de mais de um recurso; julgamento: Súmula 299/STF................................. 496
- julgamento de recurso criminal, na segunda instância, sem prévia intimação ou publicação da pauta: Súmula 431/STF.. 497
- justa causa: Súmula 648/STJ... 514
- não conhecimento: Súmula 606/STF... 499
- prazo para o recurso ordinário junto ao Supremo Tribunal Federal: Súmula 319/STF 496
- processo: Lei n. 8.038, de 28-5-1990, arts. 23 e 30 a 32...................................... 209, 216

Índice Alfabético da Legislação Complementar e das Súmulas

- recurso de *habeas corpus* cujo objeto seja resolver sobre o ônus das custas; não conhecimento: Súmula 395/STF 497
- sentença de primeira instância concessiva de *habeas corpus*, em caso de crime praticado em detrimento de bens, serviços ou interesses da União; sujeição a recurso *ex officio*: Súmula 344/STF 496

HABEAS DATA
- Lei n. 8.038, de 28-5-1990, art. 24, parágrafo único 209

HONORÁRIOS ADVOCATÍCIOS
- devidos; no cumprimento da sentença: Súmula 517/STJ 511
- fixação: Súmula 201/STJ 509
- justiça gratuita: Súmula 450/STF 497
- não cabível: Súmula 519/STJ 511

IDENTIFICAÇÃO CRIMINAL
- Lei n. 12.037, de 1.º-10-2009 407

IMPEDIMENTO DE PERITO
- exame realizado por um só perito no processo penal; nulidade; impedimento do que tiver funcionado, anteriormente, na diligência de apreensão: Súmula 361/STF 496

IMPEDIMENTO DO MINISTÉRIO PÚBLICO
- oferecimento da denúncia; atuação na fase investigatória; ausência de: Súmula 234/STJ 509

IMPROBIDADE ADMINISTRATIVA
- regime prescricional: Súmula 634/STJ 514

IMUNIDADE PARLAMENTAR
- não se estende ao corréu sem esta prerrogativa: Súmula 245/STF 495

INCOMPETÊNCIA RELATIVA
- declaração: Súmula 33/STJ 507

INDENIZAÇÃO
- acidente que cause a morte de filho menor; cabimento: Súmula 491/STF 498
- de danos materiais decorrentes de ato ilícito; correção monetária: Súmula 562/STF 498

INDÍGENA
- autor ou vítima; processo e julgamento; crime: Súmula 140/STJ 508

INDULTO
- efeitos na condenação: Súmula 631/STJ 514

INFRAÇÕES PENAIS
- Código de Proteção e Defesa do Consumidor: Lei n. 8.078, de 11-9-1990 232
- de repercussão interestadual ou internacional; repressão uniforme: Lei n. 10.446, de 8-5-2002 284

INQUÉRITO POLICIAL
- ação penal instruída por; desnecessidade de resposta preliminar: Súmula 330/STJ 510
- arquivamento por despacho do juiz, a requerimento do promotor de justiça; efeito quanto ao início da ação penal: Súmula 524/STF 498

- oferecimento da denúncia; atuação na fase investigatória; ausência de: Súmula 234/STJ 509

INSTRUÇÃO CRIMINAL
- alegação de constrangimento por excesso de prazo: Súmula 52/STJ 507

INSTRUMENTO DE MANDATO
- núcleo de prática jurídica: Súmula 644/STJ 514

INTERCEPTAÇÃO TELEFÔNICA
- regulamentação do inciso XII, parte final, do art. 5.º da Constituição Federal: Lei n. 9.296, de 24-7-1996 252

INTERVENÇÃO FEDERAL
- processo: Lei n. 8.038, de 28-5-1990, arts. 19 a 22 209

INTIMAÇÃO
- da expedição de precatória para defesa; desnecessidade de intimação da data de audiência: Súmula 273/STJ 510
- da expedição de precatória para inquirição de testemunha; sua falta; relatividade da nulidade do processo criminal: Súmula 155/STF 495
- para oferecer contrarrazões ao recurso interposto da rejeição da denúncia; falta; nulidade: Súmula 707/STF 500

INTIMAÇÃO FEITA EM SEXTA-FEIRA
- início de prazo judicial: Súmula 310/STF 496

JUIZADOS DE VIOLÊNCIA DOMÉSTICA E FAMILIAR CONTRA A MULHER
- criação: Lei n. 11.340, de 7-8-2006 359

JUIZADOS ESPECIAIS
- audiência; ofensa à dignidade da vítima ou de testemunhas; responsabilização civil, penal e administrativa: Lei n. 9.099, de 26-9-1995, art. 81, § 1.º-A 247
- cíveis e criminais; Código de Trânsito Brasileiro; normas aplicáveis: Lei n. 9.503, de 23-9-1997, art. 291 257
- cíveis e criminais; criação e funcionamento: Lei n. 9.099, de 26-9-1995 238
- cíveis e criminais; Justiça Federal; criação e funcionamento: Lei n. 10.259, de 12-7-2001 280

JUÍZO DA EXECUÇÃO CRIMINAL
- competência: Súmula 192/STJ 509

JULGAMENTO COLEGIADO
- primeiro grau de jurisdição; crime organizado: Lei n. 12.694, de 24-7-2012 415

JULGAMENTO PELO JÚRI
- nulidade, se os quesitos da defesa não precederem aos das circunstâncias agravantes: Súmula 162/STF 494

JURADO
- participação de julgamento anterior do mesmo processo; nulidade de julgamento ulterior pelo júri: Súmula 206/STF 49

JÚRI

- nulidade da decisão que determina o desaforamento de processo de sua competência sem audiência da defesa: Súmula 712/STF 501
- nulidade de julgamento por falta de quesito obrigatório: Súmula 156/STF 495
- nulidade de julgamento ulterior com a participação de jurado que funcionou em julgamento anterior do mesmo processo: Súmula 206/STF 495
- nulidade do julgamento pelo júri, se os quesitos da defesa não precederem aos das circunstâncias agravantes: Súmula 162/STF 495

JUSTIÇA COMUM

- competência; processo e julgamento; militar; abuso de autoridade: Súmula 172/STJ 509
- estadual; sociedade de economia mista; crimes: Súmula 42/STJ 507

JUSTIÇA ELEITORAL

- competência para anular débito decorrente de multa eleitoral: Súmula 374/STJ 510

JUSTIÇA ESTADUAL

- competência a respeito de crimes ligados a entorpecentes: Súmula 522/STF 498
- competência em caso de contravenção penal: Súmula 38/STJ 507
- competência; crimes de falsificação e uso de documento falso: Súmula 104/STJ 508
- competência; prefeito por desvio de verba: Súmula 209/STJ 509

JUSTIÇA FEDERAL

- competência a respeito de crimes ligados a entorpecentes: Súmula 522/STF 498
- competência; prefeito por desvio de verba: Súmula 208/STJ 509
- crime de uso de passaporte falso; competência: Súmula 200/STJ 509
- crimes praticados contra funcionário público federal, quando relacionados com o exercício da função; processo e julgamento: Súmula 147/STJ 508
- juizados especiais cíveis e criminais no âmbito da: Lei n. 10.259, de 12-7-2001 280
- processo e julgamento unificado dos crimes conexos; competência: Súmula 122/STJ 508

JUSTIÇA MILITAR ESTADUAL

- crime cometido por militar contra civil: Súmula 47/STJ 507
- crimes cometidos por policial militar; competência: Súmula 78/STJ 508
- crimes cometidos por policial militar; competência: Súmula 90/STJ 508

LATROCÍNIO

- processo e julgamento; competência: Súmula 603/STF 499

"LAVAGEM" DE DINHEIRO

- crimes: Lei n. 9.613, de 3-3-1998 261

LEGISLADOR ORDINÁRIO

- sujeição de civis à Justiça Militar em tempo de paz, nos crimes contra a segurança externa do País ou as instituições militares: Súmula 298/STF 496

LEI ANTITERRORISMO

- Lei n. 13.260, de 16-3-2016 431

LEI DE EXECUÇÃO PENAL

- Lei n. 7.210, de 11-7-1984 171

LEI DE FALÊNCIAS E RECUPERAÇÃO DE EMPRESAS

- dispositivos: Lei n. 11.101, de 9-2-2005 353

LEI DE TÓXICOS

- Lei n. 11.343, de 23-8-2006 369
- regulamento: Decreto n. 5.912, de 27-9-2006... 391

LEI "HENRY BOREL"

- enfrentamento da violência doméstica e familiar contra a criança e o adolescente: Lei n. 14.344, de 24-5-2022... 460

LEI MARIA DA PENHA

- Lei n. 11.340, de 7-8-2006 359
- suspensão do processo; transação penal; não aplicação do rito: Súmula 536/STJ.............. 512

LEI NOVA

- aplicação a fato julgado por sentença condenatória irrecorrível; forma: Decreto-lei n. 3.931, de 11-12-1941, art. 13... 4
- irretroatividade; quando não é invocável: Súmula 654/STF................................ 499

LEI "SECA"

- Lei n. 11.705, de 19-6-2008 402

LIVRAMENTO CONDICIONAL

- interrupção; falta grave: Súmula 441/STJ.. 511

MANDADO DE INJUNÇÃO

- individual e coletivo: Lei n. 13.300, de 23-6-2016.. 433
- Lei n. 8.038, de 28-5-1990, art. 24, parágrafo único.. 209

MANDADO DE SEGURANÇA

- atribuição de efeito suspensivo; recurso criminal: Súmula 604/STJ 513
- compensação tributária; não cabimento: Súmula 460/STJ................................ 511
- contra ato de juizado especial: Súmula 376/STJ 510
- disciplina: Lei n. 12.016, de 7-8-2009 403
- impetrado pelo Ministério Público; citação do réu como litisconsorte passivo: Súmula 701/STF.. 500
- interposição de mais de um recurso; julgamento: Súmula 299/STF.................. 496
- prazo para o recurso ordinário junto ao Supremo Tribunal Federal: Súmula 319/STF....... 496
- recurso ordinário em: Lei n. 8.038, de 28-5-1990, arts. 33 a 35......................... 210
- suspensão da liminar em; vigência: Súmula 626/STF.. 499
- teoria da encampação: Súmula 628/STJ 514

MANDADO DE SEGURANÇA COLETIVO

- disciplina: Lei n. 12.016, de 7-8-2009 403

MEDIDA DE SEGURANÇA

- não será aplicada em segunda instância, quando só o réu tenha recorrido: Súmula 525/STF... 498

Índice Alfabético da Legislação Complementar e das Súmulas

- não será prejudicada pela absolvição criminal: Súmula 422/STF 497
- tempo de duração: Súmula 527/STJ 512

MEDIDAS SOCIOEDUCATIVAS
- execução: Lei n. 12.594, de 18-1-2012 410

MENORES
- Estatuto da Criança e do Adolescente: Lei n. 8.069, de 13-7-1990 211
- menoridade; reconhecimento por documento hábil: Súmula 74/STJ 508
- regressão de medida socioeducativa; oitiva dos: Súmula 265/STJ 510

MINISTÉRIO PÚBLICO
- assistente; não poderá recorrer extraordinariamente de decisão concessiva de *habeas corpus*: Súmula 208/STF 495
- crimes cometidos por policial militar; competência: Súmula 78/STJ 508
- da União; crimes resultantes de preconceito de raça ou de cor: Lei n. 7.716, de 5-1-1989 203
- fiscal da lei; recorrer no processo: Súmula 99/STJ 508
- legitimidade para propor ação de alimentos: Súmula 594/STJ 513
- oferecimento da denúncia, atuação na fase investigatória, ausência de impedimento ou suspeição: Súmula 234/STJ 509
- procedimentos a serem adotados; conclusões de Comissões Parlamentares de Inquérito: Lei n. 10.001, de 4-9-2000 280

MINISTÉRIO PÚBLICO DA UNIÃO
- crimes resultantes de preconceitos de raça ou de cor: Lei n. 7.716, de 5-1-1989 203

MONITORAÇÃO ELETRÔNICA
- regulamento: Decreto n. 7.627, de 24-11-2011 409

MULHER
- Juizados de Violência Doméstica e Familiar contra a; criação: Lei n. 11.340, de 7-8-2006 359
- violência doméstica; lesão corporal; ação penal: Súmula 542/STJ 512

MULTA
- imposta em sentença condenatória; legitimidade para a execução fiscal: Súmula 521/STJ 511
- por infração de trânsito: Súmula 434/STJ 510

NULIDADE ABSOLUTA DO JULGAMENTO
- falta de quesito obrigatório: Súmula 156/STF 495

NULIDADE DE CITAÇÃO POR EDITAL DE RÉU PRESO
- nulidade de citação por edital de réu preso na mesma unidade da Federação em que o juiz exerce a sua jurisdição: Súmula 351/STF 496

NULIDADE DE DECISÃO DE TRIBUNAL
- acolhimento, contra o réu, de nulidade não arguida no recurso da acusação; ressalva: Súmula 160/STF 495

NULIDADE DE JULGAMENTO ULTERIOR PELO JÚRI
- participação de jurado que funcionou em julgamento anterior do mesmo processo: Súmula 206/STF 495

NULIDADE DE PROCESSO CRIMINAL
- falta de intimação da expedição de precatória para inquirição de testemunha: Súmula 155/STF 495

NULIDADE DO JULGAMENTO PELO JÚRI
- nulidade absoluta, se os quesitos da defesa não precederem aos das circunstâncias agravantes: Súmula 162/STF.. 495

ORGANIZAÇÕES CRIMINOSAS
- crimes praticados por; processo e julgamento colegiado: Lei n. 12.694, de 24-7-2012.... 415
- definição, investigação e procedimento criminal: Lei n. 12.850, de 2-8-2013 420

PENA(S)
- atividade laborativa; remição de parte do tempo da execução: Súmula 562/STJ 512
- base; vedações: Súmula 444/STJ... 511
- comutação; prática de falta grave: Súmula 535/STJ.. 512
- crime de roubo; terceira fase de aplicação: Súmula 443/STJ... 511
- imposição de regime mais severo; opinião do julgador; motivação não idônea: Súmula 718/STF 501
- incidência da circunstância atenuante; redução da: Súmula 231/STJ 509
- privativa de liberdade e pecuniária; substituição por multa: Súmula 171/STJ................ 509
- privativa de liberdade; proibição de substituição por restritiva de direitos: Lei n. 9.503, de 23-9-1997, art. 312-B 261
- progressão de regime de cumprimento; admissão antes do trânsito em julgado da sentença condenatória: Súmula 716/STF... 501
- progressão de regime de cumprimento; prática de falta grave: Súmula 534/STJ 512
- progressão no regime de execução aplicada ao crime de tortura; não se estende aos demais crimes hediondos: Súmula 698/STF.. 500
- reconhecimento da existência de causa especial de diminuição; pronúncia; classificação do crime; inadmissibilidade: Decreto-lei n. 3.931, de 11-12-1941, art. 7.º 3
- regime de cumprimento mais severo que o permitido: Súmula 719/STF 501
- restritiva de direitos; execução: Súmula 643/STJ.. 514
- soma das; superior a dois anos de reclusão; concurso material; fiança: Súmula 81/STJ.... 508
- unificada; não é considerada para a concessão de outros benefícios: Súmula 715/STF.... 501

PENITENCIÁRIO FEDERAL
- prorrogação do prazo de permanência: Súmula 662/STJ 515

PERDÃO JUDICIAL
- sentença concessiva: Súmula 18/STJ.. 507

PERFIS GENÉTICOS
- Banco Nacional de: Decreto n. 7.950, de 12-3-2013 417

PERITO
- nulidade do exame realizado por um só perito no processo penal: Súmula 361/STF 496

Índice Alfabético da Legislação Complementar e das Súmulas

PESSOA IDOSA
- Estatuto: Lei n. 10.741, de 1.º-10-2003 332

PLANTAS PSICOTRÓPICAS
- expropriação das glebas nas quais se localizem culturas ilegais: Lei n. 8.257, de 26-11-1991 236

PODER DE POLÍCIA DA CÂMARA DOS DEPUTADOS E DO SENADO FEDERAL
- âmbito deste poder em caso de crime praticado nas suas dependências: Súmula 397/STF 497

POLÍCIA MILITAR
- competência para processar e julgar delito decorrente de acidente de trânsito envolvendo viatura da: Súmula 6/STJ 507

PORTE DE ARMA
- Lei n. 10.826, de 22-12-2003 342
- Decreto n. 9.847, de 25-6-2019 444
- Decreto n. 11.615, de 21-7-2023 470
- posse de arma de fogo de uso permitido; numeração, marca ou sinal de identificação raspado; não configuração de crime hediondo: Súmula 668/STJ 515

PRAZO
- contagem no processo penal: Súmula 710/STF 501
- do recurso extraordinário nas causas criminais: Súmula 602/STF 499
- excesso; alegação do constrangimento ilegal da prisão; réu pronunciado: Súmula 21/STJ 507
- instrução; excesso: Súmula 64/STJ 508

PRAZO DE RECURSO ORDINÁRIO PARA O SUPREMO TRIBUNAL FEDERAL
- em *habeas corpus* ou mandado de segurança: Súmula 319/STF 496

PRAZOS JUDICIAIS
- prorrogação de vencimentos: Lei n. 1.408, de 9-8-1951 162

PRECATÓRIOS
- exceção prevista no art. 100, *caput*, da Constituição em favor dos créditos de natureza alimentícia: Súmula 655/STF 499

PRECONCEITO DE RAÇA OU DE COR
- crime: Lei n. 7.716, de 5-1-1989 203

PREFEITOS
- competência do Tribunal de Justiça para julgá-los: Súmula 702/STF 500
- crime; continuação do processo-crime após extinção de mandato: Súmula 164/STJ 508
- desvio de verba; competência: Súmulas 208 e 209/STJ 509
- mandato; extinção; não impede a instauração de processo: Súmula 703/STF 500
- responsabilidades: Decreto-lei n. 201, de 27-2-1967 168

Índice Alfabético da Legislação Complementar e das Súmulas

PREQUESTIONAMENTO
- falta deste requisito em caso da não oposição de embargos declaratórios quanto a ponto omisso da decisão; inadmissibilidade de recurso extraordinário: Súmula 356/STF 496

PRESCRIÇÃO
- causa interruptiva; pronúncia: Súmula 191/STJ 509
- causas interruptivas da; crimes falimentares: Súmula 592/STF 499
- Código de Proteção e Defesa do Consumidor: Lei n. 8.078, de 11-9-1990 232
- crime continuado; como é ela regulada: Súmula 497/STF 498
- da ação penal; como é regulada: Súmula 146/STF 495
- de crime falimentar; quando começa a correr: Súmula 147/STF 495
- penal; aplicação nas medidas socioeducativas: Súmula 338/STJ 510
- reincidência; influência no prazo da: Súmula 220/STJ 509
- suspensão do prazo; regulado pelo máximo da pena cominada: Súmula 415/STJ 510

PRESUNÇÃO DE INOCÊNCIA
- garantia constitucional; prisão provisória: Súmula 9/STJ 507

PRISÃO
- em flagrante; competência da Câmara dos Deputados e do Senado Federal, em caso de crime cometido em suas dependências: Súmula 397/STF 497
- transferência ou permanência de custodiado em estabelecimento penitenciário federal: Súmula 639/STJ 514

PRISÃO ESPECIAL
- Conselheiro Tutelar: Lei n. 8.069, de 13-7-1990 211
- disposições sobre: Lei n. 5.256, de 6-4-1967 170
- não impede a progressão de regime de execução da pena: Súmula 717/STF 501

PRISÃO EM FLAGRANTE
- decretação ou conversão de ofício, em prisão preventiva; impossibilidade: Súmula 676/STJ 515

PRISÃO PREVENTIVA
- Decreto-lei n. 3.931, de 11-12-1941, art. 2.º 3

PRISÃO PROVISÓRIA
- não ofende a garantia constitucional da presunção de inocência: Súmula 9/STJ 507

PRISÃO TEMPORÁRIA
- crimes hediondos; disposições: Lei n. 8.072, de 25-7-1990 230
- disposições sobre a: Lei n. 7.960, de 21-12-1989 206

PROCESSO ADMINISTRATIVO DISCIPLINAR
- controle jurisdicional: Súmula 665/STJ 515
- fundamentação *per relationem* em processos disciplinares: Súmula 674/STJ 515

PROCESSOS PERANTE STJ E STF
- normas procedimentais: Lei n. 8.038, de 28-5-1990 207

PROCESSOS PERANTE TJ E TRF
- normas procedimentais: Lei n. 8.658, de 26-5-1993 237

Índice Alfabético da Legislação Complementar e das Súmulas

PROGRAMA DE COOPERAÇÃO SINAL VERMELHO
- definição; Violência Doméstica: Lei n. 14.188, de 28-7-2021.. 459

PRONÚNCIA
- causa interruptiva da prescrição: Súmula 191/STJ 509
- classificação do crime; reconhecimento da existência de causa especial de diminuição da pena; inadmissibilidade: Decreto-lei n. 3.931, de 11-12-1941, art. 7.º................................... 3

PROPRIEDADE INDUSTRIAL
- crimes contra a: Lei n. 9.279, de 14-5-1996, arts. 183 a 210 249

PROTEÇÃO A VÍTIMAS E TESTEMUNHAS
- normas para a organização e manutenção de programas especiais de: Lei n. 9.807, de 13-7-1999 271

PROVA
- desistência; nulidade; procedimento para aplicação de medida socioeducativa: Súmula 342/STJ ... 510
- produção antecipada: Súmula 455/STJ 511
- recurso extraordinário para reexame: Súmula 279/STF 495

QUEIXA
- exercício do direito de: Súmula 594/STF... 499

QUESITO OBRIGATÓRIO
- sua falta; nulidade absoluta do julgamento: Súmula 156/STF 495

QUESITOS
- da defesa que não precedem aos das circunstâncias agravantes; nulidade absoluta do julgamento pelo júri: Súmula 162/STF.. 495

RECLAMAÇÃO
- exercício do direito de: Súmula 594/STF... 499
- processo: Lei n. 8.038, de 28-5-1990, arts. 13 a 18 209
- trânsito em julgado do ato judicial que tenha desrespeitado decisão do STF; não cabimento: Súmula 734/STF.. 501

RECURSO CRIMINAL
- contra decisão condenatória e sem efeito suspensivo; não obsta expedição de mandado de prisão: Súmula 267/STJ.. 510
- nulidade do julgamento, em segunda instância, sem prévia intimação ou publicação da pauta; ressalva: Súmula 431/STF... 497

RECURSO DE *HABEAS CORPUS*
- não conhecimento: Súmula 395/STF... 497

RECURSO DE OFÍCIO
- ressalva no tocante à nulidade de decisão do tribunal que acolhe, contra o réu, nulidade não arguida no recurso da acusação: Súmula 160/STF 495

RECURSO EM SENTIDO ESTRITO
- despacho de aplicação da lei nova a fato julgado por sentença condenatória irrecorrível: Decreto-lei n. 3.931, de 11-12-1941, art. 13, § 1.º... 4

RECURSO ESPECIAL

- admissibilidade ou inadmissibilidade; fundamentação: Súmula 123/STJ.................... 508
- cabimento: Súmula 86/STJ.. 508
- entendimento dominante do tema; possibilidade do relator: Súmula 568/STJ............ 512
- inadmissibilidade: Súmulas 126, 203, 207 e 211/STJ.. 508, 509
- Lei n. 8.038, de 28-5-1990, arts. 26 a 29.. 210
- não cabível: Súmula 518/STJ... 511
- não conhecimento: Súmula 83/STJ.. 508
- reexame de prova: Súmula 7/STJ.. 507

RECURSO *EX OFFICIO*

- sentença de primeira instância concessiva de *habeas corpus*, em caso de crime praticado em detrimento de bens, serviços ou interesses da União: Súmula 344/STF............... 496
- sentença; não transita em julgado; omissão: Súmula 423/STF..................................... 497

RECURSO EXTRAORDINÁRIO

- admissão parcial: Súmula 528/STF.. 498
- causas criminais; prazo para interposição: Súmula 602/STF... 499
- causas de alçada ou decisão proferida por turma recursal de juizado; cabimento: Súmula 640/STF... 499
- conhecimento e julgamento da causa com aplicação do direito à espécie: Súmula 456/STF... 498
- fundado em divergência jurisprudencial: Súmula 286/STF.. 496
- impossibilidade quando couber o recurso ordinário: Súmula 281/STF........................ 495
- inadmissibilidade; decisão recorrida assentada em mais de um fundamento: Súmula 283/STF... 496
- inadmissibilidade; deficiência na fundamentação: Súmula 284/STF............................ 496
- inadmissibilidade; questão federal não ventilada: Súmula 282/STF............................ 495
- interposto junto com o ordinário; julgamento: Súmula 299/STF.................................. 496
- julgados do mesmo tribunal na fundamentação: Súmula 369/STF.............................. 497
- Lei n. 8.038, de 28-5-1990, arts. 26 a 29.. 210
- medida liminar deferida em acórdão; não cabimento de: Súmula 735/STF................ 501
- ofensa a direito local: Súmula 280/STF.. 495
- razoável interpretação da lei: Súmula 400/STF... 497
- reexame de prova: Súmula 279/STF.. 495
- referente a ponto omisso da decisão, sobre o qual não foram opostos embargos declaratórios; inadmissibilidade por falta de prequestionamento: Súmula 356/STF........... 496
- tempestividade: Súmula 216/STJ.. 509
- violação de lei federal: Súmula 399/STF... 497

RECURSO ORDINÁRIO

- interposto junto com o extraordinário; julgamento: Súmula 299/STF.......................... 496
- substituição pelo extraordinário: Súmula 281/STF.. 495

Índice Alfabético da Legislação Complementar e das Súmulas

RECURSO ORDINÁRIO EM *HABEAS CORPUS*
- Lei n. 8.038, de 28-5-1990, arts. 30 a 32 210

RECURSO ORDINÁRIO EM MANDADO DE SEGURANÇA
- Lei n. 8.038, de 28-5-1990, arts. 33 a 35 210

RECURSO ORDINÁRIO PARA O SUPREMO TRIBUNAL FEDERAL
- prazo em caso de *habeas corpus* ou mandado de segurança: Súmula 319/STF 496

REGIME PRISIONAL
- aberto; pena substitutiva como condição ao; inadmissibilidade: Súmula 493/STJ 511
- disciplinar diferenciado; disposições: Lei n. 10.792, de 1.º-12-2003 341
- mais gravoso; em razão da sanção imposta: Súmula 440/STJ 511
- progressão de: Súmula 471/STJ 511
- progressão *per saltum*; proibição: Súmula 491/STJ 511

REGIMENTO INTERNO
- ofensa alegada ao STF; cabimento do recurso extraordinário: Súmula 399/STF 497

REINCIDÊNCIA PENAL
- aplicação da pena; circunstância agravante; descaracterização: Súmula 241/STJ 510
- comprovação; folha de antecedentes criminais: Súmula 636/STJ 514
- regime semiaberto; admissão se circunstâncias judiciais forem favoráveis em caso de: Súmula 269/STJ 510

REMIÇÃO DA PENA
- frequência a curso de ensino formal: Súmula 341/STJ 510

REMOÇÃO DE ACUSADO
- medida de segurança detentiva ao condenado: Decreto-lei n. 3.931, de 11-12-1941, art. 12 4

RESPONSABILIDADE
- ação pública nos crimes de: Lei n. 5.249, de 9-2-1967 168
- administrativa, civil e penal; processo nos casos de abuso de autoridade: Lei n. 13.869, de 5-9-2019 450
- civil, penal e administrativa; audiência; ofensa à dignidade da vítima ou de testemunhas: Lei n. 9.099, de 26-9-1995, art. 81, § 1.º-A 247
- crimes de: Lei n. 1.079, de 10-4-1950 151
- crimes de; competência legislativa da União; normas de processo e julgamento: Súmula 722/STF 501
- das instituições de ensino superior pelo não reconhecimento de cursos pelo Ministério da Educação: Súmula 595/STJ 513
- dos governadores do Distrito Federal e dos Territórios Federais e respectivos secretários: Lei n. 7.106, de 28-6-1983 171
- dos prefeitos e vereadores: Decreto-lei n. 201, de 27-2-1967 168

RÉU MENOR
- falta de nomeação de curador e assistência de defensor dativo: Súmula 352/STF 496

REVISÃO CRIMINAL

- Lei n. 8.038, de 28-5-1990, arts. 24 e 40 .... 209, 210
- não recolhimento à prisão: Súmula 393/STF 497

SALÁRIO-MATERNIDADE

- segurada especial; indígena menor de 16 anos: Súmula 657/STJ 514

SEGURANÇA PÚBLICA

- Cooperação federativa: Lei n. 11.473, de 10-5-2007 398
- infrações penais de repercussão interestadual ou internacional; repressão uniforme: Lei n. 10.446, de 8-5-2002 284

SENTENÇA

- concessiva do perdão judicial: Súmula 18/STJ 507
- condenatória sem efeito suspensivo; não obsta expedição de mandado de prisão: Súmula 267/STJ 510
- condenatória, transitada; aplicação da lei mais benigna: Súmula 611/STF 499
- não transita em julgado: Súmula 423/STF 497

SENTENÇA DE PRIMEIRA INSTÂNCIA

- concessiva de *habeas corpus*, em caso de crime praticado em detrimento de bens, serviços ou interesses da União; recurso *ex officio*: Súmula 344/STF 496

SERVIÇOS DE ATIVOS VIRTUAIS

- regulamentação: Lei n. 14.478, de 21-12-2022 466

SINAL VERMELHO CONTRA A VIOLÊNCIA DOMÉSTICA

- programa de cooperação: Lei n. 14.188, de 28-7-2021 459

SISTEMA FINANCEIRO

- crimes contra: Lei n. 7.492, de 16-6-1986 200

SISTEMA NACIONAL DE ARMAS – SINARM

- disposições: Lei n. 10.826, de 22-12-2003 342

SISTEMA NACIONAL DE ATENDIMENTO SOCIOEDUCATIVO – SINASE

- instituição: Lei n. 12.594, de 18-1-2012 410

SISTEMA NACIONAL DE POLÍTICAS PÚBLICAS SOBRE DROGAS – SISNAD

- instituição: Lei n. 11.343, de 23-8-2006 369
- regulamento: Decreto n. 5.912, de 27-9-2006 391

SONEGAÇÃO FISCAL

- crime; ação penal: Súmula 609/STF 499

SÚMULAS

- do STF 495
- do STJ 507
- vinculantes 503

SÚMULAS VINCULANTES

- ação possessória; direito de greve: competência: 23 504

Índice Alfabético da Legislação Complementar e das Súmulas

- acidente de trabalho; ações de indenização por danos morais e patrimoniais; competência: 22 .. 504
- algemas: 11 503
- alienação de salvados de sinistro: 32 505
- auxílio-alimentação; não se estende aos servidores inativos: 55 506
- cargo público; habilitação sujeita a exame psicotécnico: 44 505
- cargo público; investidura de servidor sem aprovação em concurso público destinado ao seu provimento: 43 505
- causas entre consumidor e concessionária de telefonia; competência: 27 504
- cláusula de reserva de plenário; violação: 10 503
- concorrência; instalação de estabelecimentos comerciais: 49 506
- condenado punido por falta grave; remição da pena: 9 503
- contribuição confederativa: 40 505
- crédito tributário; exigibilidade; depósito prévio: 28 504
- crédito tributário; inconstitucionalidade: 8 503
- crime contra a ordem tributária: 24 504
- crimes de responsabilidade; definição, normas e competência: 46 505
- direito de defesa; acesso aos elementos de prova; polícia judiciária: 14 504
- estabelecimento comercial; horário de funcionamento; competência: 38 505
- falsificação e uso de documento falso; processo e julgamento; competência: 36 505
- falta de estabelecimento penal adequado; manutenção do condenado em regime prisional mais gravoso; proibição: 56 506
- fármaco; pedido e análise no âmbito da rede pública de saúde: 60 506
- fármaco registrado na ANVISA, mas não incorporado às listas do SUS; concessão judicial: 61 506
- Gratificação de Desempenho de Atividade de Seguridade Social e do Trabalho – GDASST; inativos: 34 505
- Gratificação de Desempenho de Atividade Técnico-Administrativa – GDATA; inativos: 20 504
- homologação; transação penal; Lei n. 9.099/95: 35 505
- honorários advocatícios: 47 505
- ICMS; desembaraço aduaneiro: 48 506
- ICMS; não incidência; alienação de salvados de sinistro: 32 505
- iluminação pública; taxa: 41 505
- Imposto sobre a Propriedade Predial e Territorial Urbana – IPTU: 52 506
- Imposto sobre Serviços de Qualquer Natureza – ISS; locação de bens móveis: 31 505
- inelegibilidade; dissolução da sociedade ou do vínculo conjugal: 18 504
- IPI; crédito presumido; insumos isentos: 58 506
- Justiça do Trabalho; competência: 22, 23 e 53 .... 504, 506
- Lei Complementar n. 110/2001; garantia constitucional do ato jurídico perfeito; ofensa: 1 503
- livro eletrônico; imunidade tributária: 57 506
- medicamento registrado na ANVISA, mas não incorporado às listas do SUS; concessão judicial: 61 506

Índice Alfabético da Legislação Complementar e das Súmulas

- medida provisória; até a Emenda Constitucional n. 32/01: 54 506
- nepotismo: 13 503
- pena privativa de liberdade; substituição por restritiva de direitos: 59 506
- polícia civil e militar e corpo de bombeiros do Distrito Federal; vencimentos; competência: 39 505
- prazo; recolhimento de obrigação tributária: 50 506
- precatórios: 17 504
- processo administrativo; falta de defesa técnica por advogado: 5 503
- progressão de regime; crimes hediondos: 26 504
- salário mínimo; praças prestadoras de serviço militar inicial: 6 503
- salário mínimo; proibição do uso como indexador: 4 503
- salário mínimo; servidor público: 15 504
- servidor público; aposentadoria especial; regras do regime geral da previdência social: 33 505
- servidor público; aumento de vencimentos pelo Poder Judiciário: 37 505
- servidor público; remuneração: 16 504
- servidores estaduais ou municipais; vencimentos vinculados a índices federais: 42 505
- servidores civis do Poder Executivo; reajuste: 51 506
- sistemas de consórcios e sorteios; inconstitucionalidade de lei estadual ou distrital: 2 503
- recurso administrativo; exigências: 21 504
- taxa; cálculo do valor: 29 504
- taxa de juros: 7 503
- taxa de lixo: 19 504
- taxa de matrícula; universidades públicas: 12 503
- transação penal; homologação: 35 505
- Tribunal de Contas da União; processos; aplicação do contraditório e da ampla defesa: 3 .. 503
- Tribunal do Júri; competência constitucional: 45 505

SUPERIOR TRIBUNAL DE JUSTIÇA

- normas procedimentais para os processos perante o Supremo Tribunal Federal e: Lei n. 8.038, de 28-5-1990 207

SUPREMO TRIBUNAL FEDERAL

- incompetência evidente: Súmula 322/STF 496
- normas procedimentais para os processos perante o Superior Tribunal de Justiça e: Lei n. 8.038, de 28-5-1990 207
- processo e julgamento da arguição de descumprimento de preceito fundamental: Lei n. 9.882, de 3-12-1999 278

SUSPEIÇÃO DO MINISTÉRIO PÚBLICO

- oferecimento da denúncia; atuação na fase investigatória; ausência de: Súmula 234/STJ 509

SUSPENSÃO CONDICIONAL DO PROCESSO

- aceitação do pedido; não prejudicialidade da análise de trancamento da ação penal: Súmula 667/STJ 515

Índice Alfabético da Legislação Complementar e das Súmulas

SUSPENSÃO DO PROCESSO
- cabimento; desclassificação do crime ou procedência parcial da pretensão punitiva: Súmula 337/STJ 510
- concurso material, concurso formal ou continuidade delitiva; pena mínima cominada superior a um ano; inadmissibilidade: Súmula 243/STJ 510
- delitos sujeitos ao rito da Lei Maria da Penha; não aplicação: Súmula 536/STJ 512
- por crime continuado; caso de não admissão: Súmula 723/STF 501
- recusa do promotor a propô-la: Súmula 696/STF 500

TERRORISMO
- disposições: Lei n. 13.260, de 16-3-2016 431

TESTEMUNHA
- falta de intimação da expedição de precatória para sua inquirição; nulidade relativa do processo criminal: Súmula 155/STF 495
- programa especial de proteção à: Lei n. 9.807, de 13-7-1999 271

TORTURA
- crime: Lei n. 9.455, de 7-4-1997 254

TÓXICOS
- Lei n. 11.343, de 23-8-2006 369
- regulamento: Decreto n. 5.912, de 27-9-2006 391

TRÁFICO DE DROGAS
- ato infracional análogo ao: Súmula 492/STJ 511
- competência a respeito: Súmula 522/STF 498
- confissão como atenuante: Súmula 630/STJ 514
- interestadual: Súmula 587/STJ 513
- Lei n. 11.343, de 23-8-2006 369
- regulamento: Decreto n. 5.912, de 27-9-2006 391

TRÁFICO DE PESSOAS
- prevenção e repressão ao: Lei n. 13.344, de 6-10-2016 436

TRÁFICO INTERNO E INTERNACIONAL DE PESSOAS
- prevenção e repressão ao: Lei n. 13.344, de 6-10-2016 436

TRANSAÇÃO PENAL
- Lei n. 9.099, de 26-9-1995, art. 76 246

TRÂNSITO
- *Vide*, também, CÓDIGO DE TRÂNSITO BRASILEIRO
- casos de acidente; inaplicabilidade do disposto nos arts. 6.º, I, 64 e 169 do CPP: Lei n. 5.970, de 11-12-1973 170
- dos crimes; Código; normas aplicáveis: Lei n. 9.503, de 23-9-1997 255
- falta de habilitação; configura crime permitir, confiar ou entregar direção a pessoa não habilitada: Súmula 575/STJ 512

TRIBUNAL PENAL INTERNACIONAL
- Decreto n. 4.388, de 25-9-2002 285

TRIBUNAL REGIONAL FEDERAL (*)
- competência: Súmula 3/STJ 507

UNIÃO
- crime praticado em detrimento de seus bens, serviços ou interesses; recurso *ex officio*: Súmula 344/STF 496

VEREADORES
- responsabilidade: Decreto-lei n. 201, de 27-2-1967 168

VIOLÊNCIA DOMÉSTICA
- configuração; não se exige a coabitação: Súmula 600/STJ 513
- contra a criança e o adolescente; mecanismos para coibir e prevenir: Lei n. 14.344, de 24-5-2022 460
- contra a mulher; impossibilidade de substituição da pena: Súmula 588/STJ 513
- contra a mulher; inaplicabilidade do princípio da insignificância: Súmula 589/STJ 513
- contra a mulher; mecanismos para coibir e prevenir: Lei n. 11.340, de 7-8-2006 359
- coronavírus; medidas de enfrentamento contra a: Lei n. 14.022, de 7-7-2020 457
- suspensão do processo; transação penal; não aplicação do rito Lei Maria da Penha: Súmula 536/STJ 512

VISTAS DOS AUTOS
- *Vide* AUTOS DO PROCESSO

VÍTIMA
- programa especial de proteção à: Lei n. 9.807, de 13-7-1999 271

(*) Denominação antiga substituída por Tribunais de Justiça.

Índice Alfabético do Código de Processo Penal

ABSOLVIÇÃO
- aplicação de medida de segurança: art. 555
- cancelamento de hipoteca: art. 141
- em grau de revisão; efeitos: art. 621
- em recurso de revisão: art. 627
- levantamento do arresto em virtude da: art. 141
- levantamento do sequestro em virtude da: art. 131, III
- procedimento comum; recurso de apelação: art. 593, I
- requisitos: art. 386
- rito do júri: recurso de apelação: art. 593, III
- rito ordinário; fundamento: art. 386
- sentença absolutória; o que dela constará: art. 386, parágrafo único
- sumária: art. 415
- sumária; apelação; júri; recurso: art. 416
- sumária; condições: art. 397
- sumária; procedimento comum; recurso: art. 593, I

AÇÃO CIVIL
- arts. 63 a 68
- casos que não impedirão sua propositura: art. 67
- coisa julgada no cível, em caso de ato praticado em estado de necessidade, legítima defesa, estrito cumprimento do dever legal ou no exercício regular de direito: art. 65
- para reparação de dano; quem a promoverá: art. 63
- para ressarcimento do dano; contra quem se proporá: art. 64
- pobreza do titular do direito à reparação do dano; propositura pelo Ministério Público: art. 68
- propositura, apesar de sentença absolutória no juízo criminal: art. 66
- propositura ou prosseguimento pelo Ministério Público, em caso de crime de ação pública, quando houver controvérsia sobre o estado civil das pessoas, a ser dirimida no juízo cível: art. 92, parágrafo único
- propositura pelos interessados ou pelo Ministério Público, contra o responsável civil; casos: art. 144
- suspensão do seu curso, até julgamento definitivo da ação penal: art. 64, parágrafo único

AÇÃO PENAL
- comparecimento de mais de uma pessoa com direito de queixa: art. 36
- crime praticado em detrimento do patrimônio ou interesse da união, estado e município: art. 24, § 2.º
- declaração de pobreza: art. 32
- denúncia e queixa-crime; conteúdo: art. 41
- desistência pelo Ministério Público; inadmissibilidade: art. 42
- exercício do direito de representação: art. 39
- falta de condição exigida para o seu exercício; rejeição da denúncia ou queixa; ressalva: art. 395, II
- fundações, associações ou sociedades legalmente constituídas; exercício: art. 37
- iniciativa do Ministério Público, provocada por qualquer pessoa do povo: art. 27
- morte ou ausência do ofendido; transferência do direito de representação: art. 24, § 1.º
- não intentada no prazo; levantamento do sequestro: art. 131, I

- nas contravenções; como será iniciada: art. 26
- obrigatoriedade em caso de vários réus: art. 49
- ofendido menor de 18 anos, mentalmente enfermo ou retardado mental que não tenha representante: art. 33
- oferecimento pelo procurador geral: art. 28
- perdão: art. 51
- perempção, nos casos em que se procede, somente, mediante queixa: art. 60
- prazo para oferecimento quando Ministério Público dispensar o Inquérito Policial: art. 46, § 1.º
- prazo para o oferecimento da queixa-crime ou representação: art. 38
- privada; aditamento da queixa pelo Ministério Público: art. 45
- privada; admissão em crimes de ação pública; atribuições do Ministério Público: art. 29
- privada; quem poderá intentá-la: art. 30
- privada; requisito para a autoridade proceder a inquérito: art. 5.º, § 5.º
- processo das contravenções; forma sumária; início: art. 531
- procuração com poderes especiais: art. 44
- pública; aditamento da denúncia ou queixa; possibilidade de nova definição jurídica: art. 384
- pública; início do inquérito policial: art. 5.º
- pública; não intentada no prazo legal; admissão de ação privada; atribuições do Ministério Público: art. 29
- pública; privativa do Ministério Público: art. 257, I
- pública; promoção por denúncia do Ministério Público; ressalva: art. 24
- pública; quem poderá intervir como assistente do Ministério Público: art. 268
- pública; sentença condenatória; opinião do Ministério Público pela absolvição: art. 385
- suspensão da ação civil, até o julgamento final da: art. 64, parágrafo único
- suspensão, em caso de doença mental do acusado: art. 152

ACAREAÇÃO
- arts. 229 e 230
- cabimento: art. 229, in fine
- pessoas que dela participarão: art. 229
- precatória, em caso de testemunha ausente: art. 230
- repergunta de testemunhas: art. 229, parágrafo único
- Tribunal do Júri: art. 473, § 3.º

ACORDO DE NÃO PERSECUÇÃO PENAL
- condições: art. 28-A

ACUSAÇÃO
- nulidade do ato em sua falta: art. 564, III, f
- testemunhas respectivas; prazo para serem ouvidas: art. 401

ACUSADO
- Vide também RÉU
- advogado; será necessário para o processo e julgamento: art. 261
- alegações escritas e rol de testemunhas: art. 396-A
- analfabeto; interrogatório: art. 192, parágrafo único
- citação inicial por mandado; quando ocorrerá: art. 351
- citação mediante carta precatória: art. 353
- citação mediante carta rogatória ou edital, para aquele que se ache no estrangeiro: art. 368
- citação para responder a acusação; prazo de 10 dias: art. 406
- comportamento inconveniente; assistência de defensor, no prosseguimento de atos de instrução ou julgamento: art. 796
- condução à presença do juiz, em caso de não atendimento de ato judicial: art. 260
- debilitado por doença grave; prisão domiciliar: art. 318, II

- enfermo; locomoção do juiz até onde o mesmo se encontre, a fim de se proceder à instrução criminal: art. 403
- fiança; perda pelo acusado; recolhimento do saldo ao fundo penitenciário: art. 345
- funcionário público; notificação em crimes afiançáveis: art. 514
- gestante; prisão domiciliar: arts. 318 e 318-A
- honorários de defensor dativo; pagamento: art. 263, parágrafo único
- imprescindível aos cuidados de menor de 6 anos ou com deficiência: art. 318, III
- identificação; sua impossibilidade; quando não será retardada a ação penal: art. 259
- interrogatório: arts. 185 a 196
- interrogatório; constituição; sobre a pessoa do acusado e sobre os fatos: art. 187
- interrogatório; Tribunal do Júri: art. 474
- intimações; normas: art. 370
- mãe responsável por criança ou pessoa com deficiência; prisão domiciliar: art. 318-A
- maior de 80 anos; prisão domiciliar: art. 318, I
- menor; curador: art. 262
- mudo, surdo ou surdo-mudo; interrogatório: art. 192
- novo interrogatório: art. 196
- prisão preventiva; não será impedida pela apresentação espontânea do acusado, à autoridade: art. 317
- proibição de ausentar-se do país: art. 320
- quebramento de fiança, em caso de não comparecimento a atos judiciais: art. 327
- que não saiba se expressar no idioma nacional; interrogatório feito por intérprete: art. 193
- respostas do acusado, no interrogatório; redução a termo: art. 195
- revelia; em caso de não comparecimento a ato processual: art. 366
- silêncio do acusado; efeitos: art. 198

ADIAMENTO
- de instrução criminal: art. 372
- de julgamento; júri; decisão do juiz presidente: art. 454
- de julgamento; júri; não comparecimento de acusado preso: art. 457, § 2.º
- de julgamento; júri; não comparecimento de acusado solto: art. 457, *caput*
- de julgamento; júri; não comparecimento de testemunha: art. 461
- de julgamento; júri; não comparecimento do advogado do acusado: art. 456
- de julgamento; júri; não comparecimento do Ministério Público: art. 455
- de julgamento; júri; quando não houver número para a formação do Conselho de Sentença: art. 471

ADITAMENTO
- da queixa, em ação penal privativa do ofendido: art. 45
- da queixa, em caso de ação pública não intentada no prazo legal: art. 29
- da queixa; prazo e contagem respectiva: art. 46, § 2.º
- de atos; imprescindível: art. 535
- de denúncia ou queixa, em caso de possibilidade, nova definição jurídica: art. 384

ADVOGADO
- *Vide* também DEFENSOR
- anulação de ato processual, por falta de sua nomeação: art. 564, III, c
- dativo; abandono do processo; infração disciplinar: art. 265
- dativo; honorários, em caso de acusado que não seja pobre: art. 263, parágrafo único
- dativo; nomeação pelo juiz, a requerimento do condenado: art. 757
- dativo; nomeação pelo juiz, em caso de pobreza da parte: art. 32
- dativo; prazo para defesa concedido ao advogado dativo, em caso de não comparecimento, sem justificativa, do réu: art. 396, parágrafo único
- defesa oral nas apelações: art. 613, III
- do acusado: arts. 261 a 267

- doença do advogado, causadora de demora na instrução criminal; efeitos: art. 403
- homologações de sentença estrangeira; defesa oral: art. 789, § 3.º
- indicação pelo réu, no interrogatório: art. 266
- intimação: art. 370, § 1.º
- intimação da sentença: arts. 391 e 392, II e III
- não comparecimento na sessão do Tribunal do Júri; comunicação à OAB: art. 456
- nomeação para resposta preliminar em crimes afiançáveis, se não for conhecida a residência do acusado, ou este se achar fora da jurisdição do juiz: art. 514, parágrafo único
- parentes do juiz; impedimento: art. 267
- parentes do juiz; não funcionarão como defensores: arts. 267 e 252, I
- patrocínio gratuito; obrigatoriedade; ressalva: art. 264
- perdão; poderes especiais para sua aceitação: arts. 55 e 59
- pobreza da parte; nomeação pelo juiz em crimes de ação privada: art. 32
- poderão ficar sentados nas audiências e sessões; ressalva: art. 793
- poderes especiais, para apresentação de queixa: art. 44
- poderes especiais, para recusa de juiz; conteúdo da petição: art. 98
- prazo para ser ouvido, em caso de interdição de direito, durante a instrução criminal: art. 373, § 1.º
- prisão especial ou recolhimento a quartéis, antes da condenação definitiva: art. 295, VII
- procuração; dela independerá a constituição de defensor, por ocasião do interrogatório: art. 266
- procuração para arguição de falsidade documental: art. 146
- recurso em sentido estrito e apelação; prazo para falar, no julgamento: art. 610, parágrafo único
- renúncia do direito de queixa; poderes especiais: art. 50

AERONAVE
- crimes praticados a bordo; competência para julgamento: arts. 89 a 91

AGRAVANTES
- menção na sentença condenatória: art. 387, I
- reconhecimento pelo juiz, em crimes de ação pública: art. 385

ÁGUAS TERRITORIAIS
- prática de crime em embarcação: arts. 89 e 91

ALEGAÇÕES
- do apelante e do apelado; prazos: art. 600
- escritas do acusado; prazo para oferecimento: art. 396-A
- finais; ausência: art. 404
- finais; disposições: art. 403
- finais; orais: art. 534
- no recurso em sentido estrito; prazo: art. 588
- orais; crimes da competência do júri; audiência: art. 411, § 4.º

ALTO-MAR
- prática de crime em: art. 89

ANALFABETO
- interrogatório: art. 195
- mandado de prisão entregue ao analfabeto; assinatura de declaração por duas testemunhas: art. 286
- não poderá ser perito: art. 279, III
- recurso; assinatura do termo a rogo: art. 578, § 1.º

ANALOGIA
- admissibilidade da aplicação analógica em matéria processual penal: art. 3.º

ANISTIA
- art. 742

Índice Alfabético do CPP

APELAÇÃO(ÕES)
- crimes de competência do Tribunal do Júri ou do juiz singular; interposição pelo ofendido, cônjuges, ascendente, descendente ou irmão, caso não o faça o Ministério Público: art. 598 e parágrafo único
- declaração do apelante, na interposição da apelação, de seu desejo de arrazoar na superior instância; remessa dos autos ao tribunal *ad quem*: art. 600, § 4.º
- de sentença absolutória; caso em que não terá efeito suspensivo: art. 596, parágrafo único
- de sentença absolutória; colocação do réu em liberdade; ressalva: art. 596
- de sentença condenatória; efeito suspensivo; ressalva: art. 597
- de sentença de absolvição sumária: art. 416
- de sentença de impronúncia: art. 416
- de sentença; prazo: art. 392, § 2.º
- despesas de traslado; correção por conta de quem solicitá-lo; ressalva: art. 601, § 2.º
- interposição relativa a todo o julgado, ou apenas parte deste: art. 599
- interpostas de sentenças proferidas em processos por crime a que a lei comine pena de reclusão; forma do processo e julgamento: art. 613
- prazo de cinco dias; casos: art. 593
- prazos para apresentação ao tribunal *ad quem* ou entrega ao correio: art. 602
- prazos para o apelante e o apelado oferecerem razões, após a assinatura do termo de apelação: art. 600 e parágrafos
- remessa dos autos à instância superior, findos os prazos para razões; prazos: art. 601 e parágrafos
- subirá os autos originais; traslado em cartório: art. 603

APENSAMENTO
- ao processo principal, de auto de incidente de insanidade mental: art. 153

APLICAÇÃO
- analógica; admissibilidade em matéria processual penal: art. 3.º
- provisória de interdições de direitos; quando poderá ser determinada: art. 373

APLICAÇÃO ANALÓGICA
- *Vide* APLICAÇÃO

APONTAMENTOS
- de testemunha; consulta breve, durante o depoimento: art. 204, parágrafo único

APREENSÃO
- *Vide* também BUSCA e RESTITUIÇÃO DE COISAS APREENDIDAS
- de armas e munições, instrumentos utilizados na prática de crime ou destinados a fim delituoso: art. 240, § 1.º, *d*
- de cartas, cujo conteúdo possa ser útil à elucidação do fato: art. 240, § 1.º, *f*
- de coisa adquirida com os proventos da infração; disposições aplicáveis: art. 121
- de coisas achadas ou obtidas por meios criminosos; busca domiciliar: art. 240, § 1.º, *b*
- de documentos em poder do defensor do acusado; inadmissibilidade; ressalva: art. 243, § 2.º
- de instrumentos de falsificação ou de contrafação e objetos falsificados ou contrafeitos; busca domiciliar: art. 240, § 1.º, *c*
- de pessoa ou coisa; custódia da autoridade ou de seus agentes: art. 245, § 6.º
- de pessoa ou coisa, efetuada em território de jurisdição alheia: art. 250
- de pessoas vítimas de crime: art. 240, § 1.º, *g*

ARQUIVAMENTO
- da queixa; reconciliação nos crimes de calúnia e injúria: art. 522
- de inquérito policial, a requerimento do órgão do Ministério Público; razões improcedentes; remessa dos autos ao procurador-geral, pelo juiz, para decisão: art. 28

- despacho de arquivamento; não impedirá a propositura de ação civil: art. 67, I
- do inquérito, determinado pela autoridade judiciária; novas pesquisas pela autoridade policial: art. 18
- do inquérito, por autoridade policial; inadmissibilidade: art. 17

ARRESTO
- autuação em apartado: art. 138
- bens imóveis; decretação e revogação: art. 136
- bens imóveis; insuficiência ou falta; efeitos quanto aos bens móveis: art. 137
- depósito e administração dos bens arrestados: art. 139
- levantamento; casos: art. 141
- remessa dos autos da hipoteca ou arresto ao juiz do cível; oportunidade: art. 143

ARROMBAMENTO
- de porta, na busca domiciliar; auto circunstanciado: art. 245, § 7.º
- de porta, na busca domiciliar, em caso de desobediência: art. 245, §§ 2.º e 4.º
- de porta, para prisão do réu; será feito no período diurno: art. 293

ASCENDENTE DO OFENDIDO
- exercício do direito de queixa: art. 31
- exercício do direito de representação: art. 24, § 1.º

ASSISTÊNCIA JUDICIÁRIA
- *Vide* também ADVOGADO
- concessão a réu pobre, em crime de ação privada: arts. 32 e parágrafos e 806

ASSISTENTE
- intimação: art. 370, § 1.º

ASSISTENTE DO MINISTÉRIO PÚBLICO
- arts. 268 a 273
- admissão; audiência prévia do Ministério Público: art. 272
- admissão para atuar no plenário do júri: art. 430
- alegações orais, audiência: art. 411, § 6.º
- corréu no mesmo processo; não poderá sê-lo: art. 270
- despacho que o admita ou não; descabimento de recurso: art. 273
- direitos: art. 271
- intimação da sentença: art. 391
- oferecimento de razões na apelação, após assinatura do termo; prazo: art. 600, § 1.º
- prosseguimento do processo independentemente de nova intimação do: art. 271, § 2.º
- provas propostas pelo assistente; decisão do juiz acerca de sua realização: art. 271, § 1.º
- quem poderá ser: art. 268
- vista do processo, em crimes da competência do júri; prazo: art. 406, § 1.º

ASSOCIAÇÕES
- exercício da ação penal; por quem serão representadas: art. 37
- interdição: art. 773

ATENUANTES
- sentença condenatória; menção das: art. 387, I

ATESTADO DE ANTECEDENTES
- inquérito instaurado contra o requerente; não pode constar no: art. 20, parágrafo único

ATESTADO DE POBREZA
- conceito de pessoa pobre: art. 32, § 1.º
- prova suficiente da pobreza da parte: art. 32, § 2.º

ATOS PROCESSUAIS
- de instrução ou julgamento; comportamento inconveniente do réu; prosseguimento dos: art. 796
- execução por escrivães; prazos e penalidades: art. 799
- instrução e julgamento; crimes contra a dignidade sexual; preservação da integridade física e psicológica da vítima: art 400-A

- instrução processual; crimes contra a dignidade sexual; respeito à dignidade da vítima: art. 474-A
- prazos para cumprimento por juízes singulares: art. 800
- serão, em regra, públicos; onde serão realizados e quem os assistirá: art. 792 e parágrafos

ATRIBUIÇÕES DO PRESIDENTE DO TRIBUNAL DO JÚRI
- art. 497

AUDIÊNCIA(S)
- comportamento inconveniente do réu; seu prosseguimento com a assistência do defensor: art. 796
- de instrução; crimes da competência do júri: art. 411
- de julgamento, no processo sumário; quando será realizada: art. 531
- designação de dia e hora pelo juiz, no recebimento da queixa ou da denúncia: art. 399
- espectadores; não poderão manifestar-se: art. 795 e parágrafo único
- instrução e julgamento; crimes contra a dignidade sexual; preservação da integridade física e psicológica da vítima: art. 400-A
- instrução processual; crimes contra a dignidade sexual; respeito à dignidade da vítima: art. 474-A
- poder-se-á estar sentado durante as audiências; ressalva: art. 793 e parágrafo único
- polícia das audiências; competência: art. 794
- publicidade de que resulte escândalo, inconveniente grave ou perigo de perturbação da ordem; realização a portas fechadas: art. 792, § 1.º
- realização na residência do juiz: art. 792, § 2.º
- serão, em regra, públicas; onde se realizarão; assistência: art. 792 e parágrafos
- termo em livro próprio; resumo dos fatos relevantes: art. 405

AUSÊNCIA
- do ofendido, declarada judicialmente; transmissão do direito de oferecer queixa: art. 31
- do ofendido, declarada judicialmente; transmissão do direito de representação: art. 24, § 1.º
- do réu; falta de nomeação de defensor; nulidade do ato: art. 564, III, c

AUTO(S)
- circunstanciado, de busca domiciliar: art. 245, § 7.º
- de busca e apreensão; vista ao Ministério Público: art. 529, parágrafo único
- de exame de corpo de delito; falta de peritos oficiais; lavratura e assinatura do: art. 179
- de inquérito policial; devolução pelo juiz à autoridade policial, a requerimento desta, para realização de diligências: art. 10, § 3.º
- de prisão em flagrante; competência para concessão de fiança: art. 332
- de prisão em flagrante; crime praticado com escusa ou justificativa; efeitos: art. 310
- de prisão em flagrante; encaminhamento ao juiz; prazo: art. 306, § 1.º
- de prisão em flagrante; falta de testemunhas da infração: art. 304, § 2.º
- de prisão em flagrante; lavratura: art. 304
- de prisão em flagrante, no início do processo de contravenção: art. 531
- de prisão em flagrante; remessa ao juiz, no caso de a infração ter sido praticada na presença da autoridade policial: art. 307
- de reconhecimento e de identidade de cadáver exumado: art. 166
- em apartado; autuação de incidentes de insanidade mental: art. 153
- em apartado; incidentes de falsidade: art. 145
- em apartado; medidas assecuratórias: art. 138
- exame em cartório, em crimes de responsabilidade dos funcionários públicos: art. 515

- extravio; responsabilidade dos causadores: art. 546
- remessa ao juiz competente: art. 419
- restauração: arts. 541 a 548
- restauração; aparecimento dos originais durante: art. 547, parágrafo único
- restaurados; validade: art. 547
- retirada do cartório; proibição; ressalva: art. 803

AUTÓPSIA
- será feita pelo menos seis horas depois do óbito; ressalva: art. 162

AUTORIDADE(S)
- *Vide* também AUTORIDADES ADMINISTRATIVAS, AUTORIDADES JUDICIÁRIAS e AUTORIDADES POLICIAIS
- chefe de Polícia; recurso para ele, em caso de despacho que indeferir requerimento de abertura de inquérito: art. 5.º, § 2.º
- competente para ordenar a restituição de coisas apreendidas: art. 120
- condenação nas custas, daquela que, por má-fé ou abuso de poder, tiver determinado a coação, em caso de *habeas corpus*: art. 653
- estrangeiras; cartas rogatórias delas emanadas; independerão de homologação: art. 784
- estrangeiras; relações jurisdicionais com a: arts. 780 a 790
- exame pericial complementar de lesões corporais; por sua determinação; quando ocorrerá: art. 168
- restituição de coisas apreendidas: art. 120

AUTORIDADES ADMINISTRATIVAS
- *Vide* também AUTORIDADE(S), AUTORIDADES JUDICIÁRIAS e AUTORIDADES POLICIAIS
- competência: art. 4.º, parágrafo único

AUTORIDADES JUDICIÁRIAS
- *Vide* também AUTORIDADE(S), AUTORIDADES ADMINISTRATIVAS e AUTORIDADES POLICIAIS

- conflito de jurisdição: art. 114
- despacho de incomunicabilidade do indiciado: art. 21, parágrafo único
- ordem de sequestro: art. 127
- ou policiais; competência em caso de prisão em flagrante ou prisão por mandado, para a concessão de fiança: art. 332
- ou policiais; expedição de portaria, na ação penal de contravenção para o início desta: art. 26
- policiais; multa, se embaraçar ou procrastinar a expedição de ordem de *habeas corpus*: art. 655
- prisão especial: art. 295, VI
- requisição do inquérito policial em crimes de ação pública: art. 5.º, II

AUTORIDADES POLICIAIS
- *Vide* também AUTORIDADE(S), AUTORIDADES ADMINISTRATIVAS e AUTORIDADES JUDICIÁRIAS
- a elas serão comunicadas as obrigações estabelecidas na sentença: art. 768
- âmbito de atuação e finalidade: art. 4.º
- arquivamento de autos de inquérito; inadmissibilidade: art. 17
- atestará a pobreza da parte: art. 32, § 2.º
- como procederá, ao tomar conhecimento de prática de infração penal: art. 6.º
- competência: arts. 4.º, 13 e 332
- comunicação relativa a infração penal, ao Instituto de Identificação e Estatística: art. 23
- cumprimento de mandado; expedição de cópias: art. 297
- diligências em circunscrição diversa: art. 22
- e seus agentes; efetuação obrigatória de prisão em flagrante: art. 301
- inquérito em crimes de ação privada: art. 5.º, § 5.º
- instauração de inquérito contra testemunha: art. 211
- interrogatório do acusado, preso em flagrante: art. 304
- interrogatório do preso em flagrante: art. 304

Índice Alfabético do CPP

- nomeação de curador para indiciado menor: art. 15
- ou agentes respectivos; apreensão de pessoa ou coisa em território de jurisdição diversa: art. 250 e parágrafos
- ou judiciais; efetuação de busca e apreensão: art. 240 e parágrafos
- prazo para dar nota de culpa ao preso: art. 306, § 2.º
- prazo para remeter ao juiz relatório sobre a cessação ou não de periculosidade: art. 775, I
- procederá a inquérito, em caso de aplicação de medida de segurança: art. 549
- providências que tomará para efeito de exame do local onde houver sido praticada infração penal: art. 169
- recusa ou demora na concessão da fiança: art. 335
- remessa da representação à autoridade policial, para o respectivo inquérito: art. 39, § 4.º
- representação, para exame de sanidade mental do acusado: art. 149, § 1.º
- sigilo quanto ao inquérito: art. 20
- suspeição: art. 107

AVALIAÇÃO
- de coisas destruídas, deterioradas ou que constituam produto do crime: art. 172 e parágrafo único

AVOCATÓRIA
- restabelecimento de jurisdição do STF, mediante: art. 117

BENS
- apreendidos ou sequestrados; utilização por órgãos de segurança pública: art. 133-A
- arrestados; depósito e administração; regime do processo civil: art. 139
- arresto; decretação de início e revogação: art. 136
- avaliação e venda em leilão público: art. 133
- imóveis do indiciado; instrução da petição de especialização da hipoteca legal: art. 135, § 1.º
- imóveis do indiciado; pedido de especialização mediante requerimento: art. 135 e parágrafos
- imóveis do indiciado; requerimento de hipoteca legal pelo ofendido: art. 134
- imóveis do indiciado; sequestro: art. 125
- indícios suficientes para a decretação do sequestro: art. 126
- móveis; sequestro: art. 132
- móveis suscetíveis de penhora; arresto, se o responsável não possuir imóveis: art. 137 e parágrafos
- sequestro; atuação em apartado: art. 129
- sequestro; casos de levantamento: art. 131
- sequestro; casos em que poderá ser embargado: art. 130
- sequestro; embargos de terceiros: art. 129
- sequestro; inscrição no Registro de Imóveis: art. 128
- sequestro; quando poderá ser ordenado: art. 127

BOLETIM INDIVIDUAL
- art. 809

BUSCA
- apreensão de documento em poder do defensor do acusado; quando será permitida: art. 243, § 2.º
- apreensão de pessoa ou coisa em território de jurisdição alheia: art. 250 e parágrafos
- conteúdo do mandado: art. 243
- determinação de ofício ou a requerimento das partes: art. 242
- domiciliar: art. 240 e § 1.º
- domiciliar; auto circunstanciado: art. 245, § 7.º
- domiciliar; desobediência do morador; arrombamento da porta: art. 245, § 2.º
- domiciliar; expedição do mandado: art. 241
- domiciliar; será diurna; ressalva: arts. 245 e parágrafos e 246

- e apreensão: arts. 240 a 250
- em casa habitada; cuidado quanto aos moradores: art. 248
- ordem de prisão; constará do texto do mandado: art. 243, § 1.º
- ou apreensão; realização da diligência em crimes contra a propriedade imaterial: art. 527
- pessoal: art. 240 e § 2.º
- pessoal; quando independerá do mandado: art. 244

CADÁVER(ES)
- arrecadação e autenticação de objetos úteis ao seu reconhecimento: art. 166, parágrafo único
- autópsia; quando deverá ser feita: art. 162
- dúvida sobre sua identidade; providências a tomar: art. 166
- exame externo, em caso de morte violenta; seu valor: art. 162, parágrafo único
- exumação para exame cadavérico; dia marcado pela autoridade e lavratura de auto circunstanciado: art. 163
- fotografias; requisito: art. 164

CADEIA DE CUSTÓDIA
- arts. 158-A á 158-F
- abrangência: art. 158-B
- central de custódia: arts. 158-E e 158-F
- coleta de vestígios: arts. 158-C e 158-D
- definição: art. 158-A

CALÚNIA
- e injúria; processo e julgamento: arts. 519 a 525

CANCELAMENTO DE HIPOTECA
- *Vide* também HIPOTECA LEGAL
- em caso de absolvição ou extinção da punibilidade: art. 141

CAPTURA
- requisição por qualquer meio de comunicação: art. 299
- requisição por via telefônica: art. 299

CARCEREIRO
- multa, se embaraçar ou procrastinar expedição de ordem de *habeas corpus*: art. 655
- recibo de entrega do preso: art. 288, *in fine*, e parágrafo único

CARTA(S)
- exibição em juízo, pelo destinatário; desnecessidade de consentimento do signatário: art. 233, parágrafo único
- falta de entrega pelo escrivão: art. 642
- não terá efeito suspensivo: art. 646
- particulares; interceptação ou obtenção por meios criminosos; inadmissibilidade em juízo: art. 233
- prazo para requerê-la: art. 640
- quando será dada: art. 639

CARTA PRECATÓRIA
- *Vide* também CARTA(S), CARTA ROGATÓRIA e CARTA TESTEMUNHÁVEL
- inquirição de testemunha: art. 222 e parágrafos
- para inquirição de testemunha; não suspenderá a instrução criminal: arts. 222, § 1.º, e 353 a 356

CARTA ROGATÓRIA
- *Vide* também CARTA(S), CARTA PRECATÓRIA e CARTA TESTEMUNHÁVEL
- arts. 222-A, 783 a 786
- acompanhadas de tradução em língua nacional; *exequatur* e cumprimento: art. 784, § 1.º
- citação do réu no estrangeiro: art. 368
- contrária à ordem pública e aos bons costumes: art. 781
- cumprimento: art. 783
- devolução posterior às diligências: art. 785
- emanadas de autoridades estrangeiras competentes; não dependerão de homologação: art. 784

CARTA TESTEMUNHÁVEL
- *Vide* também CARTA(S), CARTA PRECATÓRIA e CARTA ROGATÓRIA

- arts. 639 a 646
- prazo de entrega pelo escrivão: art. 641
- processo e julgamento: art. 643

CAUÇÃO
- prestação por terceiro; levantamento do sequestro: art. 131, II
- suficiente para impedir inscrição de hipoteca legal: art. 135, § 6.º

CENTRAL DE CUSTÓDIA
- arts. 158-E e 158-F

CHEFES DE POLÍCIA
- julgamentos dos; competência: art. 87
- prisão especial: art. 295, II
- recurso para o chefe, em caso de indeferimento de abertura de inquérito: art. 5.º, § 2.º

CIRCUNSTÂNCIAS AGRAVANTES
- *Vide* AGRAVANTES

CIRCUNSTÂNCIAS ATENUANTES
- *Vide* ATENUANTES

CITAÇÃO(ÕES)
- arts. 351 a 369
- com hora certa; ocultação do réu: art. 362
- devolução da precatória ao juiz deprecante: art. 355
- do acusado para responder a acusação: art. 406
- do interessado, para deduzir embargos, em caso de requerimento de homologação de sentença estrangeira: art. 789, § 2.º
- do militar: art. 358
- edital; indicações: art. 365 e parágrafo único
- em legações estrangeiras: art. 369
- estrangeira: art. 368
- inicial; mandado: art. 351
- mandado; conteúdo: art. 352
- mediante carta rogatória; réu no estrangeiro; infração inafiançável: art. 368
- mudança de residência ou ausência desta, pelo réu; obrigações do réu: art. 367
- ocultação do réu; devolução da precatória: art. 355, § 2.º
- por carta rogatória: art. 368
- por edital: arts. 363 e 364
- por edital, de réu não encontrado: arts. 361 e 363, § 1.º
- por edital; suspensão do processo e do prazo prescricional: art. 366
- por mandado; requisitos: art. 357
- por precatória: art. 353
- por precatória; conteúdo desta: art. 354
- precatória; expedição por via telegráfica: art. 356
- revelia, em caso de não comparecimento a ato processual: art. 366

COAÇÃO
- ilegal, na liberdade de ir e vir; *habeas corpus*; ressalva: art. 647
- irresistível; absolvição do réu: art. 386, VI
- legal: art. 648
- má-fé ou abuso de poder pela autoridade; condenação nas custas: art. 653 e parágrafo único

COAUTORIA
- recurso interposto por um dos réus; quando aproveitará aos outros: art. 580

CÓDIGO DE PROCESSO PENAL
- casos de inaplicabilidade; ressalva: art. 1.º e parágrafo único
- interpretação extensiva e aplicação analógica; admissibilidade: art. 3.º
- suplemento dos princípios gerais de direito: art. 3.º
- vigência; início: art. 810

COISA JULGADA
- exceção de; admissibilidade: art. 95, V
- exceção de; aplicação do disposto sobre exceção de incompetência do juízo: art. 110
- exceção de; oposição em relação ao fato principal: art. 110, § 2.º
- no cível; sentença penal: art. 65

COISAS

- apreendidas ou sequestradas; utilização por órgãos de segurança pública: art. 133-A
- adquiridas com os proventos da infração; disposição aplicável: art. 121
- apreendidas; dúvida sobre a identidade do verdadeiro dono; como procederá o juiz: art. 120, § 4.º
- apreendidas; perda em favor da União, venda em leilão e recolhimento ao Tesouro Nacional do que não coube ao lesado ou a terceiro de boa-fé: art. 122 e parágrafo único
- apreendidas; restituição: arts. 118 a 124-A

COMPETÊNCIA

- Arts. 69 a 91
- avocação (em casos de conexão ou continência): art. 82
- casos de exclusiva ação privada: art. 73
- conexão e continência; unidade de processo e julgamento; ressalva: art. 79 e parágrafos
- conexão instrumental: art. 76, III
- conexão intersubjetiva: art. 76, I
- conexão objetiva: art. 76, II
- conflito de jurisdição: art. 114
- continência por cumulação objetiva: art. 77, II
- continência por cumulação subjetiva: art. 77, I
- crime continuado ou permanente: art. 71
- crimes a distância: art. 70, § 1.º
- desclassificação em casos de conexão ou continência: art. 81
- disposições especiais: arts. 88 a 91
- em crimes praticados a bordo de aeronave nacional ou estrangeira dentro do espaço aéreo brasileiro: art. 90
- estelionato: art. 70, § 4.º
- jurisdicional; elementos que a determinarão: art. 69
- limite territorial incerto: art. 70, § 3.º
- lugar da infração desconhecido: art. 72
- no processo e julgamento de crimes cometidos em qualquer embarcação nas águas territoriais da República, ou rios e lagos fronteiriços, e a bordo de embarcações nacionais, em alto-mar: art. 89
- no processo por crimes praticados fora do território brasileiro: art. 88
- originária dos Tribunais de Apelação: art. 87
- pela distribuição: art. 75
- pela natureza da infração: art. 74 e parágrafos
- pela natureza da infração; desclassificação do crime; remessa do processo ao juiz competente: art. 74, § 3.º
- pela natureza da infração; desclassificação do crime; remessa do processo ao juiz competente, ou prorrogação da mesma: art. 74, § 2.º
- pela natureza da infração; leis que a regularão; ressalva: art. 74
- pela prerrogativa de função: arts. 84 a 87
- pela prerrogativa de função; processos por crime contra a honra: art. 85
- pela prerrogativa de função; será do STF, do STJ, do TRF, e do TJ; crimes comuns e de responsabilidade: art. 84 e §§ 1.º e 2.º
- pelo domicílio ou residência do réu: arts. 72 e 73
- pelo lugar da infração: arts. 70 e 71
- por conexão; determinação: art. 76
- por conexão e continência; separação facultativa dos processos: art. 80
- por conexão ou continência: arts. 76 a 82
- por conexão ou continência; instauração de processo diferente; como procederá a autoridade de jurisdição prevalente: art. 82
- por conexão ou continência; reconhecida inicialmente ao júri; desclassificação da infração, impronúncia ou absolvição do acusado excluindo a competência do júri remessa do processo ao juízo competente art. 81, parágrafo único
- por conexão ou continência; regras a observar: art. 78

- por conexão ou continência; reunião dos processos; sentença absolutória ou que desclassifique a infração para outra não incluída na competência do juiz ou tribunal; efeitos: art. 81
- por continência; determinação: art. 77
- por distribuição: art. 75 e parágrafo único
- por prevenção: art. 83
- prevalência de foro no caso de conexão ou continência: art. 78
- prevenção: art. 91
- privativa do STF, para processo e julgamento: art. 86
- separação obrigatória dos processos em caso de conexão ou continência: art. 79
- último ato de execução praticado fora do território nacional: art. 70, § 2.º

COMPROMISSO
- de peritos não oficiais, em exames de corpo de delito e outras perícias: art. 159, § 2.º
- de testemunha: arts. 203 e 208
- para servir como testemunha; não se deferirá a doentes, deficientes mentais e menores de quatorze anos: art. 208

CONCURSO
- de jurisdição entre autoridades policiais: art. 22
- de jurisdições de diversas categorias: art. 78, III
- de jurisdições de igual categoria: art. 78, II
- entre a competência do júri e de outro órgão da jurisdição comum: art. 78, I
- entre a jurisdição comum e a especial: art. 78, IV
- formal e material; determinação da competência: art. 77, II

CONCURSO FORMAL E MATERIAL
- *Vide* CONCURSO

CONDUÇÃO
- de acusado intimado para interrogatório: art. 260
- de perito faltoso: art. 278

- de réu preso em flagrante delito; serão ouvidos condutor e testemunhas; lavratura de auto: art. 304
- de testemunha intimada a depor: art. 218

CONDUTOR
- do agente apanhado em flagrante delito; será ouvido, juntamente com as testemunhas: art. 304

CONEXIDADE OU CONEXÃO DE CRIMES
- *Vide* COMPETÊNCIA

CONFISCO
- de instrumentos e produtos do crime: art. 779

CONFISSÃO
- arts. 197 a 200
- divisibilidade: art. 200
- do acusado; não suprirá o exame do corpo de delito, quando a infração deixar vestígios: art. 158
- feita fora do interrogatório; será tomada por termo nos autos: art. 199
- retratabilidade: art. 200
- seu valor; aferição: art. 197
- silêncio do acusado: art. 198

CONFLITO DE JURISDIÇÃO
- arts. 113 a 117
- decisão na primeira sessão; ressalva: art. 116, § 5.º
- decisão proferida; envio de cópias às autoridades, para sua execução: art. 116, § 6.º
- jurisdição do STF; restabelecimento mediante precatória: art. 117
- negativo; poderá ser suscitado nos próprios autos do processo: art. 116, § 1.º
- por quem poderá ser suscitado: art. 115
- positivo; distribuição do feito; suspensão imediata do andamento do processo determinada pelo relator: art. 116, § 2.º
- positivo ou negativo; resolução de questões atinentes à competência: art. 113

- quando ocorrerá: art. 114
- representação de juízes e tribunais e requerimento da parte interessada: art. 116

CONSELHO DE SENTENÇA
- *Vide* também QUESITOS e VOTAÇÃO
- conhecer mais de um processo no mesmo dia: art. 452
- impedimentos: arts. 448 a 450
- questionário e votação: arts. 482 a 491

CONSULTA DOS AUTOS
- *Vide* AUTO(S)

CONTESTAÇÃO
- de exceção da verdade ou da notoriedade do fato imputado; prazo: art. 523
- dos embargos à homologação de sentença estrangeira: art. 789, § 5.º

CONTRAFÉ
- entrega ao réu; requisito da citação por mandado: art. 357, I

CONTRARIEDADE
- intimação de testemunhas arroladas; nulidade, se faltar: art. 564, III, *h*

CONTRAVENÇÕES
- início da ação penal: art. 26
- prisão em flagrante; disposições aplicáveis: art. 532
- processo respectivo; prazo para oferecer razões: art. 600
- processo respectivo; terá forma sumária: art. 531
- remessa dos autos ao juiz competente; prazo: art. 535, *in fine*

CONVENÇÕES INTERNACIONAIS
- inaplicabilidade do Código de Processo Penal: art. 1.º, I

CORRÉU
- não poderá intervir como assistente do Ministério Público no mesmo processo: art. 270

CRIME(S)
- afiançáveis; autuação da denúncia ou queixa e notificação do acusado; prazo para resposta escrita deste: art. 514
- classificação, na denúncia ou queixa: art. 41
- contra a honra; querelantes sujeitos à jurisdição do STF e Tribunais de Apelação; competência para o julgamento: art. 85
- contra a propriedade imaterial; processo e julgamento: arts. 524 a 530
- de ação pública; verificação em autos ou papéis por juízes ou tribunais; remessa de cópias e documentos ao Ministério Público, para oferecimento da denúncia: art. 40
- de calúnia e injúria, de competência do juiz singular; processo e julgamento: arts. 519 a 523
- de competência do júri; instrução preliminar: arts. 406 a 412
- de competência do júri; processo: arts. 406 a 497
- de imprensa; lei especial: art. 1.º, V
- de responsabilidade dos funcionários públicos; processo e julgamento: arts. 513 a 518
- hediondo; processo, prioridade na tramitação: art. 394-A
- inafiançáveis: art. 323

CUMPRIMENTO DE DEVER LEGAL
- *Vide* ESTRITO CUMPRIMENTO DO DEVER LEGAL

CURADOR
- aceitação de perdão pelo curador, se querelado for mentalmente enfermo o retardado mental: art. 53
- ao acusado menor: art. 262
- ao indiciado menor, nos inquéritos policiais: art. 15
- ao menor de vinte e um anos; falta e nomeação; nulidade: art. 564, III, c
- especial; casos em que será nomeado para o exercício do direito de queixa: art. 33

- exame de sanidade mental do acusado; nomeação de: art. 149, § 2.º
- irresponsabilidade do acusado ao tempo da infração; prosseguimento do processo com a presença do: art. 151
- para a defesa, quando falecer pessoa cuja condenação tenha de ser revista: art. 631

CUSTAS
- condenação da autoridade coatora por má-fé ou abuso de poder: art. 653
- condenação do vencido, na sentença ou acórdão: art. 804
- contagem e cobrança: art. 805
- depósito em cartório; será necessário em caso de ações intentadas mediante queixa; ressalva: art. 806
- dinheiro ou objetos dados em fiança; ficarão sujeitos ao pagamento das custas, em caso de condenação do réu: art. 336
- em dobro; responsabilidade de quem causar extravio de autos: art. 546
- falta de pagamento; efeitos: art. 806, § 2.º
- suspeição procedente; pagamento pelo juiz, em caso de erro inescusável: art. 101

CUSTÓDIA DO RÉU
- em caso de dúvida sobre a legitimidade da pessoa do executor ou sobre a legalidade do mandado respectivo: art. 290, § 2.º

DATILOGRAFIA
- das peças do inquérito policial; rubrica pela autoridade: art. 9.º
- no laudo do exame do corpo de delito; rubrica pelos peritos: art. 179, parágrafo único
- sentença datilografada; rubrica das folhas pelo juiz: art. 388

DEBATES
- Tribunal do Júri: arts. 476 a 481

DECADÊNCIA
- do direito de queixa ou representação; prazo: art. 38

DECLINATÓRIA DO FORO
- *Vide* EXCEÇÕES

DEFENSOR
- *Vide* também ADVOGADO
- arts. 261 a 267
- constituído; intimação: art. 370, § 4.º
- de acusado cuja residência não seja conhecida ou que se ache fora da jurisdição do juiz: art. 514, parágrafo único
- nomeado; intimação: art. 370, § 4.º

DEFESA
- inquirição de testemunhas; independerá da: art. 396
- interdições de direitos; aplicação provisória posterior à sua apresentação: art. 373, I
- pagamento prévio das custas; ressalva: art. 806, § 1.º
- prazo destinado à defesa; não comparecimento do réu: art. 396, parágrafo único
- prazo destinado à defesa; oposição verbal ou escrita da exceção de incompetência do juízo: art. 108
- prazo destinado à, em caso de reconhecimento de possibilidade de nova definição jurídica do fato, pelo juiz: art. 384
- prévia, em crimes de responsabilidade de funcionários públicos: art. 514 e parágrafo único
- prévia; final do tríduo respectivo; início da contagem de prazos para as testemunhas de acusação: art. 401, parágrafo único
- prévia; prazo para oferecimento: art. 396-A
- sua falta na sessão de julgamento acarretará nulidade: art. 564, III, *l*

DELEGADO DE POLÍCIA
- *Vide* AUTORIDADE(S)

DENÚNCIA
- aditamento, na possibilidade de nova definição jurídica: art. 384

- crimes contra a propriedade imaterial; sua instrução com exame pericial, no caso do crime haver deixado vestígio: art. 525
- elementos: art. 41
- inquérito policial; quando acompanhará a: art. 12
- irretratabilidade da representação, depois de oferecida a: art. 25
- nos crimes de ação pública: art. 24
- nos crimes de responsabilidade dos funcionários públicos; instrução da: art. 513
- nulidade, na sua falta: art. 564, III, *a*
- omissões; suprimento antes da sentença final: art. 569
- prazo para seu oferecimento, no caso de dispensa do inquérito: art. 39, § 5.º
- prazo para seu oferecimento; réu preso, solto ou afiançado: art. 46
- recebimento pelo juiz; citação do acusado para resposta: art. 396
- recebimento pelo juiz; designação de dia e hora para a audiência: art. 399
- recurso em sentido estrito da decisão, despacho ou sentença que não recebê-la: art. 581, I
- rejeição: art. 395

DEPOIMENTO DE TESTEMUNHAS
- redução a termo; assinatura a rogo: art. 216
- registro: art. 405, § 1.º
- reprodução fiel na redação: art. 215
- será oral: art. 204

DEPOIMENTO ESCRITO
- opção por autoridades: art. 221, § 1.º

DEPOSITÁRIO
- de coisas apreendidas, em caso de dúvida sobre quem seja o verdadeiro dono: art. 120, § 4.º
- público; entrega a ele do valor em que consistir a fiança: art. 331 e parágrafo único

DESEMBARGADOR(ES)
- inquirição em local, dia e hora previamente ajustados: art. 221
- processo e julgamento dos desembargadores; competência: art. 86, III
- relator; suspeição; como deverá proceder: art. 103 e parágrafos
- revisor; suspeição; como deverá proceder: art. 103 e parágrafos
- suspeição; declaração nos autos: art. 103 e parágrafos

DESENTRANHAMENTO
- de documento reconhecido como falso; requisito: art. 145, IV
- de prova, ilícita: art. 157, § 3.º

DESERÇÃO
- de recurso interposto, em caso de falta de pagamento das custas: art. 806, § 2.º

DESISTÊNCIA
- da ação penal pelo Ministério Público, inadmissibilidade: art. 42
- irretratabilidade da representação, após oferecimento da denúncia: art. 25

DESOBEDIÊNCIA
- à ordem judicial de apresentação do detido; efeitos: art. 656, parágrafo único
- de morador, em busca domiciliar; arrombamento da porta: art. 245, § 2.º
- processo penal pelo crime respectivo; imposição a testemunha faltosa: art. 219
- retirada da sala de audiências ou sessões dos espectadores desobedientes: art. 795, parágrafo único

DESPACHO SANEADOR
- no processo sumário: art. 538

DESTINATÁRIO
- exibição de cartas em juízo: art. 233, parágrafo único

DETENTOR
- declarará à ordem de quem o paciente estiver preso: art. 658

Índice Alfabético do CPP

- ordem de soltura, por ofício ou telegrama: art. 665
- prisão e processo, pela não apresentação de paciente em *habeas corpus*: art. 656, parágrafo único

DETRAÇÃO
- competência para considerar: art. 387, §§ 1.º e 2.º

DILIGÊNCIA(S)
- devolução do inquérito à autoridade policial, para complementação das: art. 16
- imprescindível; ausência de alegações finais: art. 404
- realizadas na instrução preliminar; crimes da competência do júri: art. 410
- requerimento pelo Ministério Público, pelo querelante ou pela defesa: art. 402
- requerimento pelo ofendido ou seu representante legal, ou pelo indiciado: art. 14
- requisição pelo juiz ou pelo Ministério Público; a quem caberá realizá-las: art. 13, II
- requisição pelo Ministério Público, para a ação penal: art. 47

DIPLOMADOS EM ESCOLAS SUPERIORES
- recolhimento a quartéis ou prisão especial: art. 295, VII

DIREITO DE REPRESENTAÇÃO
- *Vide* REPRESENTAÇÃO

DIREITO INTERNACIONAL PRIVADO
- citação mediante carta rogatória: art. 368
- sentença penal estrangeira; homologação; requerimento: art. 790

DISTRIBUIÇÃO
- competência por: art. 75 e parágrafo único

DIVERGÊNCIA DE DEPOIMENTOS
- *Vide* DEPOIMENTO DE TESTEMUNHAS e ACAREAÇÃO

DOCUMENTO(S)
- arts. 231 a 238

- cartas; exibição em juízo pelo destinatário: art. 233, parágrafo único
- cartas particulares interceptadas ou obtidas por meios criminosos; inadmissibilidade em juízo: art. 233
- em língua estrangeira; tradução: art. 236
- exame pericial de letra e firma: art. 235
- fotografia devidamente autenticada; valor do original: art. 232, parágrafo único
- o que será considerado como tal: art. 232
- originais juntos a processo findo; entrega à parte; traslado nos autos: art. 238
- públicas-formas; requisito para validade: art. 237
- quando poderão ser apresentados; ressalva: art. 231
- reconhecido como falso; rubrica do juiz e escrivão, antes de ser desentranhado: art. 145, IV
- relativo a ponto relevante da acusação ou da defesa; juntada *ex officio* aos autos: art. 234

DOENÇA
- do acusado ou indiciado; prisão domiciliar: art. 318, II
- do defensor; substituição deste: art. 403, terceira parte
- do réu; deslocamento do juiz até o local, para a instrução: art. 403, segunda parte
- do réu ou defensor; demora na instrução criminal: art. 403
- mental do acusado, superveniente à infração; suspensão do processo: art. 152 e parágrafos

DOMICÍLIO
- inviolabilidade: art. 283, § 2.º

DOMINGOS E FERIADOS
- atos processuais que poderão ser praticados nesses dias: art. 797
- exame de corpo de delito em: art. 161
- julgamentos iniciados em dia útil: art. 797
- prazos; ininterrupção em: art. 798

- prorrogação de prazo terminado em: art. 798, § 3.º
- sessões de julgamento; não serão marcadas para tais dias: art. 797

EDITAL
- *Vide* também CITAÇÃO(ÕES)
- citação do querelante, assistente ou advogado; prazo: art. 391
- intimação da sentença; prazo para apelação; contagem: art. 392, § 2.º
- prazo; imposição de pena privativa de liberdade por tempo igual ou superior a um ano: art. 392, § 1.º

EFEITO SUSPENSIVO
- carta testemunhável: art. 646
- da apelação de sentença condenatória; ressalva: art. 597
- recurso em sentido estrito: art. 584
- recurso extraordinário: art. 637

EMBARCAÇÕES
- *Vide* também ÁGUAS TERRITORIAIS e ALTO-MAR
- crimes praticados em águas territoriais da República, rios, lagos fronteiriços, ou em alto-mar; competência para processo e julgamento: arts. 89 e 91

EMBARGOS
- à homologação de sentença estrangeira: art. 789, §§ 2.º a 5.º
- de declaração; como serão deduzidos: art. 620 e parágrafos
- de declaração; prazo: art. 619
- de declaração; requisitos: art. 620 e § 2.º
- de sequestro de bens imóveis: art. 130 e parágrafo único
- de terceiro, em caso de sequestro de bens imóveis: art. 129
- infringentes e de nulidade; cabimento e prazo: art. 609, parágrafo único
- julgamento pelos Tribunais de Justiça, câmaras ou turmas criminais: art. 609

EMBRIAGUEZ
- isenção de pena: art. 386, VI

EMENDATIO LIBELLI
- art. 383

EMPATE
- na votação de *habeas corpus*: art. 664, parágrafo único
- no julgamento de recursos; havendo empate, prevalecerá a decisão mais favorável ao réu: art. 615, § 1.º

ENFERMIDADE
- *Vide* DOENÇA

ERRO
- de fato; isenção de pena: art. 386, VI
- na execução; determinação da competência pela continência: art. 77, II

ESCALADA
- crimes praticados por meio de escalada; fornecimento de dados pelos peritos: art. 171

ESCRITOS
- reconhecimento mediante exame: art. 174

ESCRIVÃO(ÃES)
- afixação de edital à porta do edifício onde funciona o juízo; certidão respectiva a ser feita pelo: art. 365, parágrafo único
- assistência às audiências, sessões e atos processuais: art. 792
- carta testemunhável; requerimento dirigido ao: art. 640
- envio dos autos ao juiz ou ao órgão do Ministério Público, no dia em que assinar termo de conclusão ou de vista; sanção caso não o faça: art. 800, § 4.º
- falta ou impedimento do mesmo, ou de seu substituto; nomeação de pessoa idônea: art. 808
- intimações feitas por: art. 370, § 3.º
- lavratura de auto de prisão em flagrante: art. 305

Índice Alfabético do CPP

- multa e penas em que incorrerá, se embaraçar ou procrastinar expedição de ordem de *habeas corpus*: art. 655
- notificação de obrigações e sanções ao réu e a quem prestar a fiança: art. 329, parágrafo único
- prazo para conclusão dos autos ao juiz, se interposto por termo o recurso: art. 578, § 3.º
- prazo para dar conhecimento da sentença ao órgão do Ministério Público: art. 390
- prazo para entrega de carta testemunhável: art. 641
- prazo para execução de atos determinados em lei ou ordenados pelo juiz: art. 799
- prazos; terminação; será certificada pelo: art. 798, § 2.º
- prorrogação de prazo para extração de traslado: art. 590
- publicação de edital; prova mediante certidão fornecida pelo: art. 365, parágrafo único
- registro de sentença pelo: art. 389, *in fine*
- retirada de autos do cartório; responsabilidade: art. 803
- sentença; publicação em mão do escrivão; lavratura de termo nos autos: art. 389
- suspensão: art. 642
- valor da fiança; entrega ao escrivão, nos lugares onde o depósito não possa ser feito de pronto: art. 331, parágrafo único

ESPECTADORES DE AUDIÊNCIAS E SESSÕES
- não poderão manifestar-se: art. 795
- poderão estar sentados durante as audiências e sessões; ressalva: art. 793

ESTADO CIVIL
- controvérsia a respeito; suspensão da ação penal: art. 92

ESTADO DE NECESSIDADE
- coisa julgada no cível: art. 65
- liberdade provisória: art. 310, § 1.º
- prisão preventiva; não será decretada: art. 314
- sentença absolutória; menção a tal circunstância: art. 386, VI

ESTATÍSTICA JUDICIÁRIA CRIMINAL
- *Vide* também INSTITUTO DE IDENTIFICAÇÃO E ESTATÍSTICA
- atribuição do Instituto de Identificação e Estatística: art. 809
- terá por base o boletim individual: art. 809

ESTRITO CUMPRIMENTO DO DEVER LEGAL
- absolvição; menção de tal circunstância: art. 386, VI
- fato praticado nesta circunstância; concessão de liberdade provisória: art. 310, § 1.º
- fato praticado nesta circunstância; não será decretada prisão preventiva: art. 314
- sentença penal que reconheça tal circunstância; coisa julgada no cível: art. 65

EXAMES
- *Vide* também PERÍCIA(S)
- cadavérico; exumação; auto circunstanciado da diligência: art. 163
- complementar, em caso de lesões corporais: art. 168 e parágrafos
- complementar, em caso de lesões corporais; suprimento pela prova testemunhal: art. 168, § 3.º
- de corpo de delito; compromisso de peritos não oficiais: arts. 159, § 2.º, e 179
- de corpo de delito; descrição minuciosa e resposta a quesitos, pelos peritos: art. 160
- de corpo de delito direto ou indireto; necessidade sua; quando haverá: art. 158
- de corpo de delito e perícias em geral: arts. 158 a 184
- de corpo de delito; inobservância de formalidade, omissões, obscuridades ou contradições; providências que tomará a autoridade: art. 181

- de corpo de delito; juntada de documentos ao laudo respectivo, para representar lesões encontradas no cadáver: art. 165
- de corpo de delito; não poderá ser negado às partes: art. 184
- de corpo de delito; nulidade, na sua falta: art. 564, III, *b*
- de corpo de delito; perito desempatador que divirja dos demais: art. 180, *in fine*
- de corpo de delito; peritos oficiais: art. 159 e parágrafos
- de corpo de delito; prazo e prorrogação respectiva, para os peritos formarem juízo seguro ou fazerem relatório: art. 160, parágrafo único
- de corpo de delito; prazo para formulação de quesitos: art. 176
- de corpo de delito; realização em qualquer dia e a qualquer hora: art. 161
- de corpo de delito; suprimento por prova testemunhal: art. 167
- de instrumentos empregados na prática da infração: art. 175
- do local da prática da infração; providências que tomará a autoridade: art. 169
- externo do cadáver; quando será suficiente: art. 162, parágrafo único
- médico-legal do acusado; duração: art. 150, § 1.º
- médico-legal do acusado; onde será realizado: art. 150 e parágrafos
- médico-legal, em caso de dúvida sobre a integridade mental do acusado: art. 149 e parágrafos
- médico-legal; entrega de autos aos peritos: art. 150
- médico-legal; nomeação de curador ao acusado: art. 149, § 2.º
- para reconhecimento de escritos, por comparação de letra; disposições aplicáveis: art. 174
- para verificação da cessação da periculosidade; quando será determinado: art. 777
- periciais na restauração de autos; repetição: art. 543, II
- pericial de letra e firma de documentos particulares: art. 235
- por precatória; local de nomeação dos peritos: art. 177 e parágrafo único
- por precatória; transcrição de quesitos: art. 177, parágrafo único

EXCEÇÕES

- *Vide* também COISA JULGADA, ILEGITIMIDADE DE PARTE, INCOMPETÊNCIA DO JUÍZO e LITISPENDÊNCIA
- arts. 95 a 111
- andamento da ação penal; não será suspenso, em regra: art. 111
- arguição de suspeição; precedência; ressalva: art. 96
- autos apartados: art. 111
- crimes da competência do júri; processadas em apartado: art. 407
- da verdade; crimes contra a honra; competência: art. 85
- da verdade ou da notoriedade do fato imputado; prazo para contestação: art. 523
- declaração de incompetência pelo juiz; será feita nos autos, com ou sem alegação da parte; art. 109
- declinatória do foro aceita com audiência do Ministério Público; envio do feito ao juízo competente: art. 108, § 1.º
- de coisa julgada; disposições aplicáveis: art. 110
- de coisa julgada; requisito para ser oposta: art. 110, § 2.º
- de ilegitimidade de parte; disposições aplicáveis: art. 110
- de incompetência do juízo; disposições aplicáveis às de litispendência, ilegitimidade de parte e coisa julgada: art. 110
- de incompetência do juízo; forma e prazo: art. 108 e parágrafos
- de incompetência do juízo; recurso em sentido estrito: art. 581, II
- de litispendência; disposições aplicáveis: art. 110

- de suspeição; ressalva quanto ao recurso em sentido estrito: art. 581, III
- incidente da suspeição; julgamento; sustação do processo principal a requerimento da parte contrária: art. 102
- oposição de várias, numa só petição ou articulado: art. 110, § 1.º
- que poderão ser opostas: art. 95
- recurso cabível, quando julgadas procedentes; ressalva: art. 581, III
- suspeição; afirmação espontânea pelo juiz; será por escrito: art. 97
- suspeição; arguição pela parte; disposições aplicáveis: art. 103, § 3.º
- suspeição às autoridades policiais nos atos do inquérito; inadmissibilidade; ressalva: art. 107
- suspeição; declaração na sessão de julgamento, com registro em ata: art. 103, § 1.º
- suspeição de peritos, intérpretes, serventuários ou funcionários de justiça; arguição pelas partes; decisão do juiz: art. 105
- suspeição do órgão do Ministério Público; arguição; decisão pelo juiz: art. 104
- suspeição do presidente do tribunal; designação do dia e presidência do julgamento por substituto: art. 103, § 2.º
- suspeição dos jurados; arguição oral e decisão: art. 106
- suspeição julgada procedente; efeitos: art. 101
- suspeição manifestamente improcedente: art. 100, § 2.º
- suspeição não aceita pelo juiz; como este procederá: art. 100 e parágrafos
- suspeição não reconhecida; julgamento pelo tribunal pleno: art. 103, § 4.º
- suspeição; reconhecimento pelo juiz; como este procederá: art. 99

EXCLUSÃO DE CRIME

- reconhecimento na absolvição do réu: art. 386, VI

EXECUÇÃO

- arts. 668 a 779

- no cível, para reparação de dano; trânsito em julgado da sentença condenatória: art. 63
- pobreza do titular do direito; promoção pelo Ministério Público: art. 68

EXEQUATUR

- de cartas rogatórias: arts. 784, §§ 1.º e 3.º, e 786

EXERCÍCIO REGULAR DE DIREITO

- coisa julgada no cível: art. 65
- liberdade provisória: art. 310, § 1.º
- menção na sentença absolutória: art. 386, VI
- prisão preventiva; inadmissibilidade: art. 314

EXTINÇÃO DA PUNIBILIDADE

- ação civil; propositura, em caso de: art. 67, II
- cancelamento da hipoteca: art. 141
- concessão de anistia: art. 742
- concessão de graça: art. 738
- concessão de *habeas corpus*: art. 648, VII
- concessão de indulto: art. 741
- levantamento do arresto em virtude da: art. 141
- levantamento do sequestro em virtude da: art. 131, III
- morte do acusado; requisito a ser atendido pelo juiz: art. 62
- perdão; aceitação; reconhecimento da: art. 58
- reconhecimento; declaração de ofício: art. 61
- recurso cabível da decisão que a julgar: art. 581, VIII
- recurso cabível da decisão que indefira pedido de reconhecimento de causa relativa a: art. 581, IX

EXUMAÇÃO

- auto circunstanciado da diligência: art. 163
- cadáveres; forma de fotografá-los: art. 164
- dúvida quanto à identidade do cadáver: art. 166

FALECIMENTO
- *Vide* também MORTE e ÓBITO
- do querelante; peremlção da ação penal: art. 60, II

FALSIDADE
- arguição; poderes especiais: art. 146
- de documento constante dos autos; arguição escrita; processo que observará o juiz: art. 145
- de testemunhas; advertência pelo juiz, quanto às penas: art. 210
- incidente de: arts. 145 a 148
- incidente de; cabimento de recurso de decisão a respeito: art. 581, XVIII
- remessa de documento ao Ministério Público: art. 145, IV
- verificação de ofício: art. 147

FALSO TESTEMUNHO
- advertência pelo juiz: art. 210
- em plenário de julgamento; apresentação da testemunha à autoridade policial: art. 211, parágrafo único
- reconhecimento pelo juiz; instauração de inquérito: art. 211
- revisão criminal, em caso de: art. 621, II

FÉRIAS FORENSES
- atos processuais que nelas poderão ser praticados: art. 797
- ininterrupção dos prazos: art. 798

FIANÇA
- arbitramento de seu valor no *habeas corpus*: art. 660, § 3.º
- concessão pela autoridade policial; casos que a autorizarão: art. 322, *caput*
- crimes em que não será concedida: art. 323
- cumulação com outra medida cautelar: art. 319, § 4.º
- distribuição para o efeito de sua concessão; prevenirá a da ação penal: art. 75, parágrafo único
- *habeas corpus*: art. 648, V
- limites de fixação: art. 325
- mandado de prisão; declaração do valor da: art. 285, parágrafo único, *d*
- medida cautelar diversa da prisão: art. 319, VIII
- perda; recursos com efeito suspensivo: art. 584
- quebramento; consequências: art. 343
- quebramento daquela anteriormente concedida; efeitos: art. 324, I
- quebramento, em caso de descumprimento de medida cautelar imposta: art. 341, III
- quebramento, em caso de mudança de residência ou ausência sem prévia autorização: art. 328
- quebramento, em caso de não atendimento de intimação: arts. 327 e 341, I
- quebramento, em caso de obstrução ao andamento de processo: art. 341, II
- quebramento, em caso de prática de outra infração penal dolosa: art. 341, V
- quebramento, em caso de resistência a ordem judicial: art. 341, IV
- quebramento; reforma de julgamento; efeitos: art. 342
- recurso cabível da decisão, despacho ou sentença que a conceder, negar, arbitrar, cassar ou julgar idônea: art. 581, V
- recurso cabível da decisão, despacho ou sentença que a julgar quebrada ou perdido seu valor: art. 581, VII
- recurso em sentido estrito: art. 581, V
- requerimento ao juiz para sua concessão: art. 322, parágrafo único
- verificação da situação econômica do preso: art. 350

FLAGRANTE
- *Vide* PRISÃO EM FLAGRANTE

FOLHA DE ANTECEDENTES
- *Vide* INSTITUTO DE IDENTIFICAÇÃO E ESTATÍSTICA

FORAGIDO
- *Vide* também FUGA

- não será processado ou julgado sem defensor: art. 261

FORÇA
- emprego de força, com arrombamento das portas da casa onde se oculte o réu: art. 293
- emprego de força, se houver resistência ou tentativa de fuga do réu: art. 284

FORÇA MAIOR
- citação por edital, quando inacessível o lugar onde se encontre o réu: art. 366

FORMAÇÃO DA CULPA
- *Vide* INSTRUÇÃO CRIMINAL

FORO ESPECIAL
- *Vide* também COMPETÊNCIA
- crimes de responsabilidade do Presidente da República, e dos ministros de Estado e do STF: art. 1.º, II

FOTOGRAFIA(S)
- de cadáveres; regra a seguir: art. 164
- de documento; valor do original, se autenticada: art. 232, parágrafo único
- de lesões encontradas no cadáver: art. 165
- do local da infração: art. 169
- ilustração de laudos nas perícias: art. 170

FUGA
- de sentenciado; comunicação ao juiz pelo diretor da prisão: art. 683
- do réu; captura independente de ordem judicial: art. 684
- do réu; unidade do processo não implica a do julgamento: art. 79, § 2.º

FUNCIONÁRIOS
- *Vide* também SERVENTUÁRIO DA JUSTIÇA
- da justiça; erro, falta ou omissão quanto a recursos; estes não serão prejudicados: art. 575
- da justiça; suspeição; disposições aplicáveis: art. 274
- públicos; comparecimento em juízo; notificação ao chefe da repartição: art. 359
- públicos; depoimento como testemunha; comunicação do mandado ao chefe da repartição: art. 221, § 3.º
- públicos; processo e julgamento dos crimes de sua responsabilidade: arts. 513 a 518

FUNDAÇÕES
- exercício da ação penal; por quem serão representadas: art. 37

FUNDO PENITENCIÁRIO
- fiança perdida pelo acusado; recolhimento do saldo: art. 345
- fiança quebrada pelo acusado; recolhimento do saldo: art. 346

GOVERNADOR(ES)
- inquirição em local, dia e hora ajustados com o juiz: art. 221
- julgamento; competência originária: art. 87
- prisão especial: art. 295, II

GRAÇA
- arts. 734 a 740

GRAFOSCOPIA
- documentos de autenticidade contestada: art. 235
- exame para reconhecimento de escritos, por comparação de letra: art. 174
- laudo; aceitação ou não pelo juiz: art. 182

HABEAS CORPUS
- alvará de soltura; expedição pelo telégrafo; quando ocorrerá: art. 660, § 6.º
- apresentação de paciente preso; ressalva: art. 657 e parágrafo único
- apresentação imediata do paciente ao juiz: art. 656
- cabimento; ressalva: art. 647
- cessação da violência ou coação ilegal; pedido prejudicado: art. 659
- coação; quando se considerará legal: art. 648

- competência originária do Tribunal de Apelação; destino da petição: art. 661
- competência originária para conhecimento do pedido: art. 650
- concedido em virtude de nulidade do processo; renovação deste: art. 652
- concessão; não obstará nem porá termo ao processo; ressalva: art. 651
- condenação nas custas da autoridade que tiver determinado a coação por má-fé ou abuso de poder: art. 653 e parágrafo único
- contra prisão administrativa de responsáveis por dinheiro ou valor pertencente à Fazenda Pública; descabimento; ressalva: art. 650, § 2.º
- decisão do juiz; prazo e fundamentação: art. 660 e parágrafos
- desobediência do detentor quanto à apresentação do paciente que se ache preso; mandado de prisão: art. 656, parágrafo único
- detentor; declarará à ordem de quem o paciente estiver preso: art. 658
- expedição de ofício por autoridade judicial; ameaça de violência ou coação na liberdade de locomoção; processo de competência originária ou recursal: art. 647-A
- multa imposta aos responsáveis pelo embaraço ou procrastinação da expedição da ordem de: art. 655
- ordem impetrada; será imediatamente passada pelo juiz ou tribunal: art. 649
- ordem transmitida por telegrama; o que será observado: art. 665, parágrafo único
- petição; conteúdo: art. 654, § 1.º
- por quem poderá ser impetrado: art. 654
- processo: arts. 647 a 667
- processo e julgamento de competência originária do STF; disposições aplicáveis: art. 667
- processo e julgamento de recurso das decisões de última ou única instância, denegatórias de; disposições aplicáveis: art. 667
- recurso cabível da decisão, despacho ou sentença que conceder ou negar a ordem de: art. 581, X
- sentença concessiva; recursos de ofício: art. 574, I

HIPOTECA LEGAL

- avaliação de imóvel ou imóveis determinada pelo juiz: art. 135, *in fine*
- cancelamento em caso de absolvição do réu ou extinção da punibilidade: art. 141
- designação e estimação de imóvel ou imóveis pela parte: art. 135
- inscrita em primeiro lugar, para efeito de fiança: art. 330
- para efeito de fiança; execução pelo órgão do Ministério Público, no juízo cível: art. 348
- processo de especialização; auto apartado: art. 138
- remessa de autos ao juiz, passando em julgado a sentença condenatória: art. 143
- sobre imóveis do indiciado; quando poderá ser requerida pelo ofendido; requisito: art. 134

HOMOLOGAÇÃO

- cartas rogatórias emanadas de autoridades estrangeiras competentes; dela não dependerão: art. 784
- contestação de embargos pelo procurador-geral da República; prazo: art. 789, § 5.º
- de sentença estrangeira emanada de autoridade judiciária de Estado que não tenha tratado de extradição com o Brasil; requisito: art. 789, § 1.º
- de sentença penal estrangeira; como procederá o procurador-geral da República: art. 789
- de sentença penal estrangeira, para reparação de dano, restituição e outros efeitos civis; disposições aplicáveis: art. 790
- de sentenças estrangeiras: arts. 787 a 790
- de sentenças estrangeiras e cumprimento de cartas rogatórias contrárias à ordem

pública e aos bons costumes; inadmissibilidade: art. 781
- embargos; fundamentação; a que estará adstrita: art. 789, § 4.º
- prazo para deduzir embargos: art. 789, §§ 2.º e 3.º

HONORÁRIOS DE DEFENSOR DATIVO
- arbitramento: art. 263, parágrafo único

IDADE
- indicação, na qualificação do réu: art. 188

IDENTIFICAÇÃO
- *Vide* também INSTITUTO DE IDENTIFICAÇÃO E ESTATÍSTICA
- de cadáver exumado; como se procederá, em caso de dúvida: art. 166
- do acusado; dúvida; prisão preventiva: art. 313
- do acusado; impossibilidade; não retardará a ação penal: art. 259
- do indiciado por processo dactiloscópico: art. 6.º, VIII

ILEGITIMIDADE DE PARTE
- exceção de: art. 95, IV
- exceção de; aplicação do disposto sobre exceção de incompetência do juízo: art. 110
- nulidade, em caso de: art. 564, II
- nulidade; saneamento; ratificação dos atos processuais: art. 568

IMÓVEIS
- sequestro: art. 125

IMPEDIMENTO(S)
- do juiz; processos em que ocorrerá: art. 252
- dos órgãos do Ministério Público: art. 258
- juízes parentes entre si; juízos coletivos: art. 253
- legal do juiz, órgão do Ministério Público, serventuários ou funcionários de justiça, peritos e intérpretes; declaração nos autos pelos mesmos ou arguição pelas partes: art. 112
- ou suspeição decorrente de parentesco por afinidade; quando cessará: art. 255
- pessoas proibidas de depor; ressalva: art. 207

IMPRENSA
- processo especial nos crimes de: art. 1.º, V
- publicação de edital: art. 365, parágrafo único
- publicação de sentença condenatória: art. 387, VI

IMPRONÚNCIA
- art. 414
- cessação da aplicação provisória de interdição: art. 376
- recurso cabível: art. 416
- retorno dos autos ao Ministério Público; indícios de coautoria ou participação: art. 417

INAFIANÇABILIDADE
- em crimes: art. 323

INCIDENTE(S)
- de falsidade: arts. 145 a 148

INCOMPETÊNCIA DO JUÍZO
- *Vide* também EXCEÇÕES
- anulará somente atos decisórios: art. 567
- declaração nos autos pelo juiz: art. 109
- disposições aplicáveis às exceções de litispendência, ilegitimidade de parte e coisa julgada: art. 110
- exceção de: art. 95, II
- exceção de; forma e prazo: art. 108 e parágrafos
- recurso no sentido estrito da decisão, despacho ou sentença que concluir pela: art. 581, II

INCOMUNICABILIDADE
- do indiciado; prazo: art. 21 e parágrafo único
- dos jurados; nulidade, em sua falta: art. 564, III, *j*

INDENIZAÇÃO
- *Vide* também AÇÃO CIVIL
- em caso de revisão: art. 630 e parágrafos
- em caso de revisão; quando não será devida: art. 630, § 2.º

INDICIADO

- debilitado por doença grave; prisão domiciliar: art. 318, II
- gestante; prisão preventiva: arts. 318, IV e 318-A
- hipoteca legal sobre seus imóveis: art. 134
- imprescindível aos cuidados de menor de 6 anos de idade ou com deficiência: art. 318, III
- incomunicabilidade: art. 21 e parágrafo único
- mãe responsável por criança ou pessoa com deficiência; prisão domiciliar: art. 318-A
- maior de 80 anos; prisão domiciliar: art. 318, I
- poderá requerer qualquer diligência: art. 14
- prazo para terminação do inquérito: art. 10
- proibição de ausentar-se do país: art. 320

INDÍCIOS

- conceito: art. 239

INDIVISIBILIDADE DE PROCESSO

- atribuição do Ministério Público: art. 48

INDULTO

- art. 741

INFRAÇÕES

- de menor potencial ofensivo: art. 538
- permanentes; flagrante delito; caracterização: art. 303

INJÚRIA(S)

- processo e julgamento dos crimes de: arts. 519 a 523

INQUÉRITO POLICIAL

- arts. 4.º a 23
- arquivamento dos autos pela autoridade policial; inadmissibilidade: art. 17
- arquivamento ordenado pela autoridade judiciária; novas pesquisas pela autoridade policial: art. 18
- crimes de ação pública; início: art. 5.º e parágrafos
- crimes em que não caiba ação pública; remessa dos autos ao juízo competente para iniciativa do ofendido ou seu representante legal; entrega ao requerente mediante traslado: art. 19
- denúncia ou queixa; casos em que as acompanhará: art. 12
- despacho de arquivamento; efeitos quanto à ação civil: art. 67, I
- devolução à autoridade policial, a requerimento do Ministério Público; inadmissibilidade; ressalva: art. 16
- devolução dos autos requerida pela autoridade, quando o fato for de difícil elucidação e o indiciado estiver solto; realização de diligências: art. 10, § 3.º
- dispensa pelo órgão do Ministério Público; prazo para oferecimento da denúncia: art. 39, § 5.º
- exame médico-legal para verificação de insanidade mental do acusado; representação da autoridade policial ao juiz competente: art. 149, § 1.º
- incomunicabilidade do indiciado: art. 21 e parágrafo único
- incumbências da autoridade policial: art. 13
- indiciado menor; nomeação de curador pela autoridade policial: art. 15
- Instituto de Identificação e Estatística; ofício da autoridade policial com dados sobre a infração penal e pessoa do indiciado: art. 23
- instrumentos do crime e objetos que interessem à prova; acompanharão os autos: art. 11
- Ministério Público ou o delegado de polícia poderá requisitar, de quaisquer órgãos do poder público ou de empresas da iniciativa privada, dados e informações cadastrais da vítima ou de suspeitos: art. 13-A
- Ministério Público ou o delegado de polícia poderão requisitar, mediante autorização judicial, às empresas prestadoras de serviço de telecomunicações que disponibilizem informações que permitam a localização da vítima ou dos suspeitos do delito em curso: art. 13-B
- peças do mesmo; redução a escrito; rubrica da autoridade, se datilografadas: art. 9.º

Índice Alfabético do CPP

- polícia judiciária; competência: art. 4.º e parágrafo único
- prazos para conclusão: art. 10
- prisão em flagrante; normas a observar: art. 8.º
- procedimento da autoridade policial, quando tomar conhecimento de infração penal: art. 6.º
- prorrogação da competência da autoridade policial a outras circunscrições: art. 22
- relatório da autoridade; indicação de testemunhas: art. 10, § 2.º
- relatório do apurado pela autoridade; envio dos autos ao juiz competente: art. 10, § 1.º
- reprodução simulada dos fatos; requisito: art. 7.º
- requerimento de diligências pelo ofendido ou seu representante legal; realização ou não: art. 14
- sigilo necessário; será assegurado pela autoridade: art. 20
- suspeição de autoridades policiais nos atos do inquérito policial; inadmissibilidade; ressalva: art. 107

INQUIRIÇÃO DE TESTEMUNHAS
- *Vide* TESTEMUNHA(S)

INSANIDADE MENTAL DO ACUSADO
- exame médico-legal: arts. 149 a 152
- incidente; auto apartado: art. 153
- superveniência no curso da execução da pena; disposição aplicável: art. 154

INSCRIÇÃO
- da condenação no Instituto de Identificação e Estatística ou repartição congênere: art. 709
- da hipoteca de imóvel ou imóveis; autorização judicial restrita aos que forem necessários à garantia da responsabilidade: art. 135, § 4.º
- de sequestro de bens imóveis adquiridos pelo indiciado com os proventos da infração: art. 128
- em primeiro lugar, de hipoteca; prestação de fiança: art. 330

INSTITUTO DE IDENTIFICAÇÃO E ESTATÍSTICA
- estatística judiciária criminal: art. 809 e parágrafos
- reconhecimento de cadáver exumado; lavratura do auto: art. 166
- remessa de dados sobre a infração penal e a pessoa do indiciado, feita pela autoridade policial: art. 23

INSTRUÇÃO CRIMINAL
- adiamento; prosseguimento em dia e hora marcados pelo juiz; termo nos autos: art. 372
- aplicação provisória de interdições de direitos, durante a: art. 373, I
- audiência; designação de dia e hora, pelo juiz: art. 399
- crimes contra a propriedade imaterial: art. 524
- crimes de responsabilidade dos funcionários públicos: art. 518
- demora na sua conclusão por motivo de força maior; prazos em que não será computada: art. 403
- deslocamento do juiz até onde se encontre réu enfermo, para a realização da: art. 403, segunda parte
- diligências; requerimento pelo Ministério Público ou querelante e pela defesa; quando será feito: art. 402
- documentos; oferecidos pelas partes: art. 396-A
- expedição de precatória; não suspenderá a: art. 222, § 1.º
- inquirição de testemunhas: art. 396
- não comparecimento do réu; concessão do prazo para defesa ao defensor nomeado pelo juiz: art. 396, parágrafo único
- pedido de substituição; deferimento, se não for encontrada qualquer das testemunhas: art. 461, § 1.º
- plenária; Tribunal do Júri: art. 473

- prazo para o acusado oferecer alegações escritas e arrolar testemunhas: art. 396-A
- prazos para ouvir testemunhas de acusação; réu preso ou solto: art. 401 e parágrafo único
- prazo; tomada de declarações do ofendido e inquirição de testemunhas: art. 400
- preliminar; crimes da competência do júri: arts. 406 a 412
- reconhecimento de pessoa: art. 226, parágrafo único
- substituição do defensor em caso de enfermidade: art. 403, in fine
- testemunhas de defesa não encontradas: art. 461, § 2.º
- testemunhas; número máximo: arts. 401 e 532

INSTRUÇÃO PRELIMINAR
- crimes da competência do júri: arts. 406 a 412
- prazo para conclusão: art. 412

INSTRUMENTOS DO CRIME
- acompanharão os autos do inquérito: art. 11
- exame para apuração de sua natureza e eficiência: art. 175
- inutilização ou recolhimento a museu criminal ou público: arts. 124 e 124-A

INTERPOSIÇÃO
- de um recurso por outro; não prejudicará a parte; ressalva: art. 579

INTERPRETAÇÃO
- analógica; admissibilidade na lei processual penal: art. 3.º
- extensiva; admissibilidade na lei processual penal: art. 3.º

INTÉRPRETE(S)
- e peritos: arts. 275 a 281
- equiparação aos peritos: art. 281
- no interrogatório de acusado que não fale a língua nacional: art. 193

INTERROGATÓRIO
- constituído em duas partes; sobre a pessoa do acusado e sobre os fatos: art. 187
- de analfabeto; consignação no termo: art. 195
- defensor; indicação pelo acusado por ocasião do: art. 266
- de mudo, surdo ou surdo-mudo: art. 192
- direito de permanecer em silêncio: art. 186
- do acusado: arts. 185 a 196
- do acusado; não atendimento da intimação; condução à presença da autoridade: art. 260
- do acusado; realização de outro, a todo tempo: art. 196
- do acusado; Tribunal do Júri: art. 474
- do paciente, em caso de habeas corpus: art. 660
- do preso em flagrante delito: art. 304
- do réu; mais de um acusado; interrogatório separado: art. 191
- do réu; nulidade, na sua falta: art. 564, III, e
- do réu; perguntas necessárias: art. 187, § 2.º
- em caso de confissão do réu: art. 190
- na prisão em flagrante; lavratura do auto: art. 304 e parágrafos
- redução a termo das respostas do acusado: art. 195
- silêncio do réu; efeitos: art. 186, parágrafo único
- videoconferência: art. 185, §§ 2.º a 9.º

INTERVENTORES
- julgamento; competência originária: art. 87
- prisão especial: art. 295

INTIMAÇÃO(ÕES)
- arts. 370 a 372
- adiamento da instrução criminal; designação de dia e hora para seu prosseguimento, pelo juiz: art. 372
- da decisão de pronúncia: art. 420
- de defensor constituído; como será feita: art. 370, § 1.º

- de sentença ao Ministério Público, pelo escrivão: art. 390
- de sentença ao querelante ou assistente: art. 391
- de sentença ao querelante ou assistente, por edital; prazo: art. 391, *in fine*
- de sentença ao réu ou defensor: art. 392
- de sentença ao réu ou defensor, nos crimes afiançáveis; será pessoal: art. 392, II
- de sentença ao réu preso; será feita pessoalmente: art. 392, I
- disposições aplicáveis: art. 370
- do advogado; como será feita: art. 370, § 1.º
- do assistente; como será feita: art. 370, § 1.º
- do defensor nomeado; será pessoal: art. 370, § 4.º
- do Ministério Público; será pessoal: art. 370, § 4.º
- do querelado, para aceitação ou não de perdão; prazo para dizer: art. 58
- do querelante; como será feita: art. 370, § 1.º
- falta da intimação; nulidade: art. 564, III, *o*
- falta ou nulidade; saneamento: art. 570
- para a sessão de instrução e julgamento do júri: art. 431
- pelo escrivão; por mandado ou via postal: art. 370, § 2.º
- pessoal; feita por escrivão; efeito: art. 370, § 3.º
- por despacho na petição em que for requerida: art. 371
- por edital; prazos: art. 392, IV, V e VI, e § 1.º
- publicação em órgão oficial; indispensável constar nomes das partes e de seus advogados; pena de nulidade: art. 370, § 1.º

IRRETRATABILIDADE
- da representação, após o oferecimento da denúncia: art. 25

SENÇÃO
- de pena; reconhecimento na absolvição do réu: art. 386, VI

JUIZ
- *Vide* também AUTORIDADES JUDICIÁRIAS, JUÍZO e JURISDIÇÃO
- conflito de jurisdição; representação circunstanciada pelo: art. 116
- convicção; livre apreciação da prova: art. 155
- crimes de responsabilidade dos funcionários públicos; competência para processo e julgamento: art. 513
- definição jurídica dada ao fato diversa da que constar da queixa ou denúncia: art. 383
- despacho, reforma ou sustentação no recurso em sentido estrito: art. 589
- documento relevante para a acusação ou defesa; juntada aos autos, independentemente de requerimento: art. 234
- elaboração de relatório sucinto do processo perante o Tribunal do Júri: art. 423, II
- extinção da punibilidade do acusado, por morte deste; declaração à vista da certidão de óbito: art. 62
- extinção da punibilidade; reconhecimento; declaração de ofício: art. 61
- impedimento ou suspeição decorrente de parentesco por afinidade; cessação; ressalva: art. 255
- incumbências: art. 251
- inscrição de hipoteca de imóvel ou imóveis necessários à garantia da responsabilidade; autorização: art. 135, § 4.º
- instrução criminal; adiamento; designação de dia e hora para seu prosseguimento: art. 372
- liberdade provisória em caso de prisão em flagrante por fato praticado em estado de necessidade, legítima defesa, estrito cumprimento do dever legal ou no exercício regular de direito: art. 310, § 1.º
- ordem de *habeas corpus*; competência para expedi-la: art. 654, § 2.º
- parentes entre si, não poderão servir nos juízos coletivos: art. 253

- perdão; aceitação por curador nomeado pelo: art. 53
- presidente do Tribunal do Júri; atribuições: art. 497
- prisão preventiva decretada pelo mesmo; cabimento em qualquer fase da investigação policial ou do processo penal: art. 311
- processo em que não exercerá jurisdição: art. 252
- reabilitação; revogação pelo: art. 750
- recusa pela parte; poderes especiais: art. 98
- recusa pelas partes: art. 254
- remessa do inquérito policial ou peças de informação ao procurador-geral da República, na improcedência das razões do Ministério Público para o arquivamento: art. 28
- remessa dos autos ao juiz competente: art. 419
- requisição de força pública; incumbência do: art. 251
- singulares; prazo para despachos e decisões: art. 800
- suspeição do órgão do Ministério Público; decisão: art. 104
- suspeição espontaneamente afirmada; casos: art. 254
- suspeição espontaneamente afirmada; sê-lo-á por escrito: art. 97
- suspeição; quando não poderá ser declarada: art. 256
- suspeição; reconhecimento pelo juiz; sustação da marcha do processo: art. 99

JUIZ DAS GARANTIAS
- competência: art. 3.º-B
- designação: art. 3.º-E
- infrações penais sob sua competência: art. 3.º-C
- investigação; iniciativa do juiz vedada nessa fase: arts. 3.º-A e 3.º-D
- responsabilidade pelo tratamento dos presos: art. 3.º-F

JUÍZO
- cível; ação para ressarcimento de dano: art. 64 e parágrafo único
- de menores; concurso com a jurisdição comum: art. 79, II

JULGAMENTO
- abandono do processo pelo defensor: art. 265, § 3.º
- audiência, no processo sumário: art. 531
- competência nos crimes de responsabilidade dos funcionários públicos: art. 513
- comportamento inconveniente do réu; prosseguimento dos atos com assistência do defensor: art. 796
- de apelações interpostas das sentenças proferidas em processos por crime a que a lei comine pena de reclusão; forma a seguir: art. 613
- de crimes contra a propriedade imaterial: arts. 524 a 530-I
- de crimes contra a propriedade imaterial; normas a observar: art. 524
- de crimes de calúnia e injúria, de competência de juiz singular: arts. 519 e 523
- de crimes de responsabilidade dos funcionários públicos: arts. 513 a 518
- de crimes de responsabilidade dos funcionários públicos; autuação da denúncia ou queixa e notificação do acusado: art. 514
- de recursos, apelações e embargos; competência: art. 609
- de recursos de *habeas corpus*, em primeira sessão: art. 612
- de recursos em sentido estrito e das apelações, nos Tribunais de Apelação: arts. 607 a 618
- falta de comparecimento do defensor: art. 265, § 1.º
- pelo júri: arts. 453 a 493

JURADOS
- afixação da relação dos convocados na porta do Tribunal: art. 435
- alistamento: arts. 425, 426 e 436, § 1.º

- chamada: art. 462
- compromisso: art. 472
- convocação dos sorteados: art. 434
- desconto em vencimentos ou salário; impossibilidade: art. 441
- dispensa: art. 444
- escusa para não comparecimento: art. 443
- exercício da função de; serviço público relevante: art. 439
- idade: art. 436
- impedimentos: arts. 448 a 451
- incomunicabilidade: arts. 466 e 564, III, *j*
- isentos do serviço: art. 437
- não comparecimento; multa: art. 442
- obrigatoriedade do serviço do júri: art. 436
- prazo para recurso em caso de inclusão e exclusão na lista geral: arts. 582, parágrafo único, e 586, parágrafo único
- preferência em licitações e concursos públicos: art. 440
- prisão especial para quem tiver exercido tal função; ressalva: art. 295, X
- recurso cabível da inclusão ou exclusão na lista geral: art. 581, XIV
- recusa ao serviço fundamentada: art. 438
- recusa ao serviço; multa: art. 436, § 2.º
- recusa pela defesa ou Ministério Público: arts. 468 e 469
- responsabilização criminal: art. 445
- serviço alternativo: art. 438 e §§
- suplentes: art. 446
- suplentes; sorteio: art. 464
- sorteio dos: arts. 432, 433 e 467
- suspeição; arguição oral: art. 106

JÚRI
- *Vide* também TRIBUNAL DO JÚRI
- processo dos crimes de sua competência: arts. 406 a 497

JURISDIÇÃO
- alheia; penetração por autoridade ou seus agentes, para o fim de apreensão de pessoa ou coisa: art. 250 e parágrafos
- competência por conexão ou continência; determinação; regras a observar: art. 78
- conexão e continência; unidade de processo e julgamento; ressalva: art. 79
- processos em que o juiz não poderá exercê-la: art. 252

JUSTIÇA
- especial; concurso com a jurisdição comum: art. 78, IV
- funcionários; suspeição: art. 274
- militar; inaplicabilidade do Código de Processo Penal: art. 1.º, III

LAUDO
- aceitação ou rejeição pelo juiz: art. 182
- divergência entre os peritos: art. 180
- instrução com fotografias, desenhos ou esquemas elucidativos, para efeito de exame do local onde houver sido praticada a infração: art. 169
- instrução, nas perícias de laboratório: art. 170
- juntada ao processo; assinatura pelos peritos; exame de corpo de delito: art. 178
- omissões, obscuridades ou contradições; complementação ou esclarecimento: art. 181
- subscrito e rubricado pelos peritos; prazo para estes decidirem; prorrogação: art. 179, parágrafo único

LEGAÇÕES ESTRANGEIRAS
- citações a serem feitas nas mesmas; serão efetuadas mediante carta rogatória: art. 369

LEGÍTIMA DEFESA
- coisa julgada no cível: art. 65
- liberdade provisória: art. 310, § 1.º
- prisão preventiva do agente; descabimento: art. 314

LEILÃO
- de coisas facilmente deterioráveis; como se procederá: arts. 120, § 5.º, e 137, § 1.º

- objetos não reclamados ou não pertencentes ao réu; venda: art. 123
- trânsito em julgado da sentença condenatória; avaliação e venda dos bens: art. 133
- venda de coisas apreendidas; perda em favor da União: art. 122

LEILOEIRO

- ou corretor; venda de pedras, objetos ou metais preciosos: art. 349

LEI PROCESSUAL PENAL

- interpretação extensiva, aplicação analógica e suplementos dos princípios gerais de direito: art. 3.º

LESÕES

- corporais; exame de corpo de delito; nulidade, se não for realizado: art. 564, III, *b*
- corporais; exame pericial complementar: art. 168 e parágrafos
- encontradas no cadáver; como serão representadas: art. 165

LEVANTAMENTO DE SEQUESTRO

- *Vide* SEQUESTRO

LIBELO(S) ACUSATÓRIO(S)

- nulidade, se faltar: art. 564, III, *f*

LIBERDADE

- provisória; agente reincidente, membro de organização criminosa ou que portava arma de fogo de uso restrito; denegação: art. 310, § 2.º
- provisória; ausência de requisitos que autorizam a decretação de prisão preventiva: art. 321
- provisória; casos que não admitirão fiança: arts. 323 e 324
- provisória; cassação de fiança: arts. 338 e 339
- provisória com ou sem fiança: arts. 321 a 350
- provisória; concessão da fiança; recusa ou demora: art. 335
- provisória; critério para determinação do valor da fiança: art. 326
- provisória; dedução dos encargos do réu; entrega do saldo a que houver prestado fiança: art. 347
- provisória; delito inafiançável; cassação da fiança: art. 339
- provisória; dinheiro ou objetos dados como fiança; pagamento das custas, da indenização do dano e da multa, em caso de condenação: art. 336 e parágrafo único
- provisória, em caso de cabimento de fiança; verificação da situação econômica do preso: art. 350
- provisória; em que consistirá a fiança: art. 330 e parágrafos
- provisória; fiança consistente em caução de títulos da dívida pública; determinação do valor pela cotação em Bolsa: art. 330, § 2.º
- provisória; fiança consistente em pedras, objetos ou metais preciosos; venda por leiloeiro ou corretor: art. 349
- provisória; fiança declarada sem efeito ou sentença absolutória ou que declare extinta a ação penal; restituição do seu valor sem desconto; ressalva: art. 337
- provisória; fiança tomada por termo; obrigações do afiançado: art. 327
- provisória; fixação do valor da fiança; competência: art. 325
- provisória; inocorrência de hipótese que autorize prisão preventiva; procedimento a seguir: art. 310, § 1.º
- provisória; notificação ao réu e a quem prestar a fiança das obrigações e sanção: art. 329, parágrafo único
- provisória; perda de fiança, recolhimento do saldo ao fundo penitenciário: art. 345
- provisória; perda do valor total da fiança: art. 344
- provisória; prestação de fiança por meio de hipoteca; execução pelo órgão do Ministério Público, no juízo cível: art. 348

- provisória; prisão em flagrante ou por mandado; competência para concessão de fiança: art. 332
- provisória; proibições ao réu afiançado: art. 328
- provisória; quando poderá ser prestada a fiança: art. 334
- provisória; quebramento da fiança; casos: arts. 327, *in fine*, e 341 a 343
- provisória; recolhimento do valor da fiança a repartição arrecadadora ou entrega a depositário público: art. 331 e parágrafo único
- provisória; recusa ou demora da autoridade policial em conceder a fiança: art. 335
- provisória; reforço da fiança: art. 340 e parágrafo único
- provisória; vista do processo ao Ministério Público: art. 333

LISTA GERAL DE JURADOS
- inclusão ou exclusão; recurso; a quem será dirigido: art. 582, parágrafo único
- inclusão ou exclusão; recurso cabível: art. 581, XIV
- prazo para recurso em caso de inclusão ou exclusão: art. 586, parágrafo único

LITISCONSÓRCIO
- queixa contra qualquer dos autores do crime; processo de todos; indivisibilidade a cargo do Ministério Público: art. 48

LITISPENDÊNCIA
- exceção de: art. 95, III
- exceção de; disposições aplicáveis: art. 110
- exceção de; processamento em autos apartados; efeitos quanto ao andamento da ação penal: art. 111
- recurso cabível na procedência da exceção de: art. 581, III

LIVRAMENTO CONDICIONAL
- arts. 710 a 733

LIVRE APRECIAÇÃO DA PROVA
- formação da convicção do juiz: art. 155

LIVRO(S)
- de registro de sentença: art. 389
- para termos de fiança; numeração e rubrica de suas folhas, pela autoridade: art. 329

LOCAL DO CRIME
- exame por peritos: art. 169 e parágrafo único
- providências que tomará a autoridade policial para que não se alterem o estado e conservação das coisas: art. 6.º, I

LUGAR DA INFRAÇÃO
- determinação da competência: arts. 70 e 71

MÁ-FÉ
- ou evidente abuso de poder pela autoridade coatora, em *habeas corpus*; condenação nas custas: art. 653

MAGISTRADO
- *Vide* também JUIZ
- inquirição em local, dia e hora previamente ajustados: art. 221
- prisão especial: art. 295, VI

MANDADO
- citação; requisitos: art. 357
- de busca e apreensão; conteúdo: art. 243
- de citação de funcionário público: art. 359
- de citação de militar: art. 358
- de citação; indicações: art. 352
- de citação por precatória: art. 353
- de condução do acusado à presença da autoridade: art. 260 e parágrafo único
- de prisão; apresentação ao réu; efeitos: art. 291
- de prisão; conteúdo e a quem será dirigido: art. 285, parágrafo único
- de prisão; entrega de um exemplar a preso analfabeto; assinatura a rogo: art. 286, *in fine*
- de prisão; expedição de vários, com reprodução fiel do original: art. 297
- de prisão; expedição pela autoridade que ordená-lo: art. 285

- de prisão expedido por autoridade judiciária; cumprimento pela autoridade policial: art. 13, III
- de prisão; necessidade da sua exibição ao diretor ou carcereiro: art. 288
- de prisão passado em duplicata; entrega ao preso, com recibo, de um exemplar: art. 286
- de prisão; recibo de entrega do preso passado no: art. 288, parágrafo único
- de prisão; registro em banco de dados mantido pelo CNJ: art. 289-A
- de prisão; resistência; lavratura de auto: art. 292
- falta de exibição em infração inafiançável; não constituirá óbice à prisão; apresentação imediata ao juiz: art. 287

MANDATO
- *Vide* também ADVOGADO e PROCURAÇÃO
- constituição de defensor no interrogatório: art. 266

MANICÔMIO JUDICIÁRIO
- exame médico-legal para verificação de insanidade mental do acusado; internação: art. 150 e parágrafos
- suspensão do processo em caso de doença mental superveniente à infração; internação do acusado: art. 152, § 1.º

MEDIDA(S) DE SEGURANÇA
- arts. 751 a 779
- aplicação em sentença absolutória: art. 386, parágrafo único, III
- revisão de sentença; absolvição; restabelecimento de direitos; imposição de: art. 627
- trânsito em julgado da sentença de revogação; ordem judicial para desinternação, cessação de vigilância ou proibição: art. 778

MEDIDAS ASSECURATÓRIAS
- arts. 125 a 144-A
- alienação antecipada para preservação do valor dos bens: art. 144-A
- arresto de bens móveis, na falta ou insuficiência de bens imóveis: art. 137 e parágrafos
- arresto de imóvel; decretação de início; revogação: art. 136
- avaliação e venda de bens em leilão público: art. 133
- competência do Ministério Público para promovê-las; interesse da Fazenda Pública ou pobreza do ofendido requerente: art. 142
- depósito e administração dos bens arrestados; regime do processo civil: art. 139
- especialização de hipoteca legal; arbitramento do valor da responsabilidade e avaliação do imóvel ou imóveis: art. 135 e parágrafos
- especialização de hipoteca legal e arresto; processo em auto apartado: art. 138
- garantias do ressarcimento do dano; despesas processuais e penas pecuniárias; referência da reparação do dano ao ofendido: art. 140
- hipoteca legal sobre os imóveis do indiciado; requerimento pelo ofendido em qualquer fase do processo; requisito: art. 134
- requeridas no cível contra o responsável civil, pelos interessados ou pelo Ministério Público: art. 144
- sequestro de bens móveis: art. 132
- sequestro de imóveis adquiridos com os proventos da infração: art. 125
- sequestro de imóveis; autuação em apartado; embargos de terceiro: art. 129
- sequestro de imóveis; casos de embargos: art. 130 e parágrafo único
- sequestro de imóveis; iniciativa do sequestro; quando poderá ser ordenado: art. 127
- sequestro de imóveis; inscrição no Registro de Imóveis: art. 128
- sequestro de imóveis; levantamento: art. 131
- sequestro de imóveis; o que bastará para este: art. 126

MEDIDAS CAUTELARES
- aplicação: art. 282

Índice Alfabético do CPP

- decretação: art. 282, § 2.º
- descumprimento de obrigação imposta por; cabimento de prisão preventiva: arts. 282, § 4.º, e 312
- diversas da prisão: art. 319
- quebramento de fiança; possibilidade de imposição: art. 343
- revogação: art. 282, § 5.º

MEMORIAIS

- júri; por analogia ao procedimento ordinário: art. 403, § 3.º
- procedimento ordinário: art. 403, § 3.º

MENOR

- *Vide* também CURADOR
- acusado; curador ao mesmo: art. 262
- de vinte e um anos e maior de dezoito anos; exercício do direito de perdão: art. 52
- de vinte e um anos e maior de dezoito anos; exercício do direito de queixa: art. 34
- de vinte e um anos; não poderá ser perito: art. 279, III
- exercício do direito de queixa por curador especial; casos: art. 33
- indiciado; nomeação de curador: art. 15
- nomeação de curador; nulidade, se não houver: art. 564, III, c
- pátrio poder, tutela ou curatela; incapacidade para seu exercício; providências que tomará o juiz: art. 692
- que completar dezoito anos; renúncia do representante legal; direito de queixa: art. 50, parágrafo único

MICROFOTOGRAFIAS

- ilustração de laudos periciais: art. 170

MILITAR(ES)

- citação por intermédio do chefe do respectivo serviço: art. 358
- inferiores e praças de pré; recolhimento à prisão: art. 296
- inquirição; requisição à autoridade superior: art. 221, § 2.º
- jurisdição; concurso com a jurisdição comum: art. 79, I
- preso em flagrante; recolhimento a quartel: art. 300, parágrafo único

MINISTÉRIO PÚBLICO

- arts. 257 e 258
- ação civil ou execução da sentença condenatória promovida pelo MP, em caso de pobreza do titular do direito à reparação do dano que a requeira: art. 68
- ação civil promovida pelo MP, em crimes de ação pública: art. 92, parágrafo único
- aditamento da denúncia ou queixa, se houver possibilidade de nova definição jurídica: art. 384
- aditamento da queixa, ainda quando a ação penal for privativa do ofendido: art. 45
- aditamento da queixa e outras medidas, em caso de ação privada nos crimes de ação pública não intentada no prazo legal: art. 29
- admissão de assistente; será ouvido previamente a respeito: art. 272
- assistente do MP; quem poderá sê-lo: art. 268
- busca e apreensão; vista dos autos: art. 529, parágrafo único
- conflito de jurisdição suscitado pelo órgão do: art. 115, II
- denúncia, em crimes de ação pública: art. 24
- desistência da ação penal; inadmissibilidade: art. 42
- desistência de recurso pelo MP interposto; inadmissibilidade: art. 576
- devolução do inquérito à autoridade policial; requerimento pelo: art. 16
- diligências; requerimento: art. 402
- dispensa do inquérito pelo MP: art. 39, § 5.º
- execução da lei; promoção e execução pelo: art. 257, II
- fiança prestada por meio de hipoteca; execução no juízo cível a cargo do: art. 348
- *habeas corpus*; impetração pelo: art. 654

- *habeas corpus*; responsabilidade da autoridade coatora promovida pelo: art. 653, parágrafo único
- incompatibilidade ou impedimento legal; abster-se-á de servir no processo: art. 112
- iniciativa nos casos em que caiba ação pública; quem poderá provocá-la: art. 27
- inquérito policial; início mediante sua requisição, em crimes de ação pública: art. 5.º, II
- intervenção do MP; nulidade, se não houver: art. 564, III, *d*
- intervenção na causa cível, para o seu rápido andamento, em caso de suspensão do processo: art. 93, § 3.º
- intimação: art. 370, § 4.º
- julgamento de seus órgãos; competência originária: art. 87
- medidas assecuratórias que promoverá, se houver interesse da Fazenda Pública ou se o ofendido for pobre e requerer: art. 142
- medidas assecuratórias requeridas contra o responsável civil: art. 144
- não comparecimento à sessão do Tribunal do Júri: art. 455
- prazo para aditamento da queixa; prosseguimento do processo, caso não o faça: art. 46, § 2.º
- prazo para apelação: art. 593
- prazo para oferecimento da denúncia, em caso de dispensa do inquérito: art. 39, § 5.º, *in fine*
- prazos; contagem; ressalva: art. 800, § 2.º
- prestação de fiança; vista do processo para requerer o que julgar conveniente: art. 333
- reabilitação; será ouvido: art. 745
- requisição de maiores esclarecimentos e documentos complementares ou novos elementos de convicção: art. 47
- restituição de coisas apreendidas; deverá ser ouvido: art. 120, § 3.º
- retardamento do processo; responsabilidade dos seus órgãos; efeitos: art. 801
- revogação de livramento condicional a seu requerimento: art. 730
- sentença condenatória, ainda que tenha opinado pela absolvição, em crimes de ação pública: art. 385
- sentença; prazo para o escrivão dar conhecimento desta ao órgão do: art. 390
- suspeição e impedimentos: art. 258

MINISTRO(S)

- da Justiça; providências para obtenção de elementos que habilitem o procurador-geral da República a requerer a homologação de sentença penal estrangeira: art. 789
- da Justiça; requisição da promoção de ação penal pública: art. 24
- de confissão religiosa; recolhimento a quartel ou prisão especial, antes de condenação definitiva: art. 295, VIII
- de Estado; competência para processo e julgamento; ressalva: art. 86, II
- de Estado; prerrogativas constitucionais nos crimes conexos com os do Presidente da República; ressalva quanto ao Código de Processo Penal: art. 1.º, II
- de Estado; recolhimento a quartéis ou prisão especial; antes de condenação definitiva: art. 295, I
- do STF; crimes comuns; competência para processo e julgamento: art. 86, I
- do STF; crimes de responsabilidade; inaplicabilidade do Código de Processo Penal: art. 1.º, II, *in fine*
- do STF; suspeição; como deverá agir: art. 103
- do STM; inquirição em local, dia e hora previamente ajustados: art. 221
- do Tribunal de Contas; inquirição em local, dia e hora previamente ajustados: art. 221
- do Tribunal de Contas; recolhimento a quartéis ou prisão especial antes de condenação definitiva: art. 295, IX

MONITORAÇÃO ELETRÔNICA

- medida cautelar diversa da prisão: art. 319 IX

MORTE
- autópsia; quando deverá ser feita: art. 162
- de condenado ocorrida no curso da revisão de sentença; curador para a defesa: art. 631
- de detido ou sentenciado; comunicação imediata ao juiz, pelo diretor da prisão: art. 683, parágrafo único
- do acusado; declaração da extinção de punibilidade à vista da certidão de óbito: art. 62
- do ofendido; transferência do direito de queixa ou de prosseguimento na ação: art. 31
- do ofendido; transferência do direito de representação: art. 24, § 1.º
- do querelante; perempção da ação penal: art. 60, II
- violenta; casos em que bastará o exame externo do cadáver: art. 162, parágrafo único

MÓVEIS
- sequestro: art. 132

MUDO
- *Vide* também SURDO e SURDO-MUDO
- depoimento: art. 223, parágrafo único
- e surdo-mudo; interrogatório; como será feito: art. 192, II e III, e parágrafo único

MULHER(ES)
- busca pessoal: art. 249
- internação em estabelecimento próprio ou seção especial: art. 766

MULTA(S)
- aplicável a testemunha faltosa: art. 219
- imposta a advogados e solicitadores que negarem seu patrocínio quando nomeados: art. 264
- imposta ao escrivão, pela não execução de atos determinados em lei ou ordenados pelo juiz: arts. 799 e 800, § 4.º
- imposta ao excipiente que agir com malícia: art. 101
- imposta ao perito nomeado pela autoridade, pela não aceitação do encargo; ressalva: art. 277
- impostas a quem embaraçar ou procrastinar expedição de ordem de *habeas corpus*: art. 655
- penas pecuniárias: arts. 686 a 690
- por abandono de processo pelo defensor: art. 265

MUSEU
- recolhimento de instrumento do crime e coisas confiscadas, se houver interesse na sua conservação: arts. 124 e 124-A

MUTATIO LIBELLI
- art. 384
- crimes da competência do júri: art. 418

NAVEGAÇÃO
- processo e julgamento de crimes cometidos a bordo de embarcação ou aeronave; competência: arts. 89 e 90

NECROPSIA
- *Vide* AUTÓPSIA

NOITE
- busca domiciliar; requisitos: art. 245
- mandado de prisão; execução: art. 293

NOTA DE CULPA
- preso em flagrante; recebimento: art. 306
- preso; recebimento de exemplar: art. 286

NULIDADE
- arts. 563 e 573
- arguição: art. 571
- arguição pela parte que lhe deu causa; inadmissibilidade: art. 565
- arguição por meio de *habeas corpus*: art. 648, VI
- casos: art. 564
- citação, intimação e notificação; consequência: art. 570

- de que não resulte prejuízo; não será declarada: art. 563
- incompetência do juízo e anulação dos atos decisórios: art. 567
- omissão verificada no processo; suprimento: art. 569
- procedência da suspeição; nulidade dos atos do processo principal: art. 101
- renovação do processo; concessão de *habeas corpus*: art. 652

OBEDIÊNCIA HIERÁRQUICA

- menção da causa na absolvição do réu: art. 386, VI

ÓBITO

- autópsia: art. 162
- do acusado; extinção da punibilidade: art. 62
- do sentenciado; comunicação ao juiz: art. 683

OBJETOS APREENDIDOS

- venda em leilão: art. 123

OCULTAÇÃO DO RÉU

- com o fim de se evitar a citação; devolução da precatória: art. 355, § 2.º

OFENDIDO

- abertura de inquérito; requerimento: art. 5.º, I e § 1.º
- atendimento multidisciplinar: art. 201, § 5.º
- diligência a seu requerimento: art. 14
- intimação não atendida; procedimento: art. 201, § 1.º
- perguntas ao: art. 201
- preservação de sua intimidade, vida privada, honra e imagem: art. 201, § 6.º
- qualificação e declarações: art. 201

OFICIAIS

- prisão especial: art. 295, V

OFICIAL DE JUSTIÇA

- certificação de edital de citação afixado: art. 365, parágrafo único
- citação por mandado; conservação dos requisitos pelo: art. 357, I e II
- condições de intimação por despacho na petição em que for requerida: art. 371
- consequências do embaraço ou procrastinação da ordem de *habeas corpus*: art. 655
- mandado de captura; cumprimento: art. 763
- ocultação de réu para não ser citado; declaração pelo: art. 355, § 2.º
- testemunha faltosa; condução pelo: art. 218

OMISSÕES

- suprimento na denúncia, queixa, representação, portaria ou auto de prisão em flagrante: art. 569

ONUS PROBANDI

- a quem cabe a prova de alegação: art. 156

ORALIDADE NO JULGAMENTO

- apelações: art. 613, III
- recurso em sentido estrito: art. 610, parágrafo único

ORDEM PÚBLICA

- não serão cumpridas cartas rogatórias contrárias à: art. 781
- não serão homologadas sentenças estrangeiras que a contrariem: art. 781
- prisão preventiva como garantia da: art. 312

ORGANIZAÇÃO JUDICIÁRIA

- competência dos Tribunais de Justiça: art. 609
- competência pela natureza da infração: art. 74
- Tribunal do Júri; competência: art. 74, § 1.º

PADRE

- prisão especial: art. 295, VIII

PAGAMENTO

- custas por ato requerido: art. 806, § 1.º

PARTES

- instrução e julgamento; crimes contra a dignidade sexual; preservação da integridade física e psicológica da vítima: art. 400-A
- instrução processual; crimes contra a dignidade sexual; respeito à dignidade da vítima: art. 474-A
- fase do processo; apresentação de documentos: art. 231
- não intervirão na nomeação de peritos: art. 276

PENA(S)

- acessórias: arts. 691 a 695
- pecuniárias: arts. 686 a 690
- privativas de liberdade: arts. 674 a 685

PERDÃO

- aceitação fora do processo; declaração assinada pelo querelado, seu representante legal ou procurador: art. 59
- aceitação pelo querelado; declaração: art. 58
- concessão a um dos querelados; aproveitará a todos: art. 51
- extinção da punibilidade pela aceitação: art. 58, parágrafo único
- extraprocessual expresso: art. 56
- menor de vinte e um anos; aceitação: art. 54
- menor de vinte e um e maior de dezoito anos; exercício do direito: art. 52
- procurador com poderes especiais; aceitação: art. 55
- querelado mentalmente enfermo ou retardado mental; aceitação pelo curador: art. 53
- silêncio do querelado; importará aceitação: art. 58, *in fine*
- tácito; admissão de todos os meios de prova: art. 57

PEREMPÇÃO

- da ação penal, em casos em que se procede somente mediante queixa: art. 60

PERGUNTAS

- não respondidas pelo réu e suas razões; consignação: art. 191
- que serão feitas ao ofendido: art. 201

PERÍCIA(S)

- em geral: arts. 158 a 184
- indeferimento pelo juiz ou autoridade policial: art. 184
- o que é permitido às partes em relação à: art. 159, § 5.º
- que abranja mais de uma área de conhecimento especilizado: art. 159, § 7.º
- quesitos; apresentação: art. 176

PERITOS

- arts. 275 a 281
- avaliação de bens que garantirão a fiança: art. 330, § 1.º
- busca e apreensão em crime contra a propriedade imaterial; apresentação do laudo; prazo: art. 527
- condução, em caso de não comparecimento: art. 278
- crimes cometidos com destruição, rompimento ou escalada; descrição: art. 171
- descrição do exame feito; quesitos formulados; respostas: arts. 160 a 176
- disciplina judiciária; sujeição: art. 275
- divergência; nomeação de um terceiro: art. 180
- efeitos das divergências entre os: art. 180
- encargos; aceitação, sob pena de multa: art. 277
- esclarecimentos; prévio requerimento das partes: art. 400, § 2.º
- incêndio; procedimento: art. 173
- incompatibilidade ou impedimento: art. 112
- intérpretes; equiparação aos: art. 281
- juiz; não ficará adstrito ao laudo: art. 182
- laudo; datilografia: art. 179, parágrafo único
- laudos; instrução com fotografias, desenhos ou esquemas: art. 169
- lesões encontradas em cadáver; anexação ao laudo, para representação: art. 165

- material suficiente para nova perícia; sua guarda: art. 170
- nomeação em caso de precatória; será feita no juízo deprecado: art. 177
- nomeação sem intervenção das partes: art. 276
- oficiais; exame de corpo de delito: art. 159
- prestação de compromisso pelos não oficiais: art. 159, § 2.º
- quem não poderá ser: art. 279
- quesitos formulados; recebimento até o ato da diligência: art. 176
- requerimento de oitiva na audiência: art. 400, § 2.º
- suspeição; arguição; decisão de plano e sem recurso: art. 105
- suspeição de juízes; extensão aos: art. 280

PERSEGUIÇÃO DO RÉU
- entendimento da expressão: art. 290, § 1.º
- flagrante delito: art. 302, III
- prisão em outro território, município ou comarca: art. 290

PESSOA
- jurídica; exercício da ação penal: art. 37
- jurídica querelante; extinção sem sucessor; perempção da ação penal: art. 60, IV
- reconhecimento: arts. 226 a 228

PETIÇÃO
- de *habeas corpus*; conteúdo: art. 654, § 1.º
- de *habeas corpus*; encaminhamento; caso de competência originária do Tribunal de Apelação: art. 661
- de *habeas corpus*; interpretação: art. 654

POBREZA
- assistência judiciária; condições para merecê-la: art. 32, § 1.º
- atestado comprobatório por autoridade policial: art. 32, § 2.º
- comprovação; defesa sem pagamento de custas: art. 806, § 1.º
- comprovação; promoção da ação penal por advogado nomeado: art. 32

- de titular de direito à reparação do dano; execução da sentença ou ação civil pelo Ministério Público: art. 68

POLÍCIA
- condução de testemunha; requisição de força pública: art. 218
- das audiências e sessões; atribuição: art. 794
- espectadores; desobediência à proibição de manifestar-se nas audiências ou sessões; retirada da sala: art. 795, parágrafo único
- judiciária; competência cumulativa: art. 4.º, parágrafo único
- judiciária; exercício por autoridades policiais: art. 4.º

PORTARIA
- expedida pela autoridade judiciária ou policial; contravenções; início mediante: art. 26
- início da ação penal nas contravenções: arts. 26 e 531
- processos de contravenções penais; nulidade, em sua falta: art. 564, III, *a*
- suprimento das omissões antes da sentença final: art. 569

PORTEIRO
- assistência às audiências, sessões e atos processuais: art. 792

POVO
- impetração de *habeas corpus*: art. 654
- prisão em flagrante delito: art. 301
- provocação da iniciativa do Ministério Público, em casos de ação pública: art. 27

PRAÇAS DE PRÉ
- prisão em estabelecimentos militares: art. 296

PRAZO(S)
- aceitação de perdão pelo querelado: art. 58
- aditamento da queixa pelo Ministério Público: art. 46, § 2.º
- alegações das partes na arguição de falsidade: art. 145, II
- alegações finais: art. 403

Índice Alfabético do CPP

- apelação; interposição: art. 598, parágrafo único
- apresentação de defesa prévia na instrução criminal: art. 396-A
- apresentação do laudo pericial em diligência de busca ou apreensão: art. 527
- audiência das testemunhas de acusação; réu preso: art. 401
- audiência das testemunhas de acusação; réu solto: art. 401
- auto de prisão em flagrante; encaminhamento ao juiz: art. 306, § 1.º
- citação de pessoa incerta: art. 364
- citação em caso de epidemia, guerra ou força maior: art. 364
- citação por edital: art. 361
- citação por edital; contagem do: art. 365, V
- conclusão de autos de recurso; suspensão do escrivão que não a fizer: art. 578, § 3.º
- conhecimento da sentença por intimação do escrivão, ao Ministério Público: art. 390
- contestação da exceção da verdade; crime de calúnia ou injúria: art. 523
- contestação de embargos à homologação de sentença estrangeira: art. 789, § 5.º
- correrão em cartório; serão contínuos e peremptórios: art. 798
- crimes da competência do júri; citação do acusado para responder a acusação: art. 406
- decisão definitiva ou interlocutória mista: art. 800, I
- decisão interlocutória simples: art. 800, II
- de defesa; exceção de incompetência do juízo; período em que deve ser oposta: art. 108
- defesa; aditamento da denúncia ou queixa pelo Ministério Público: art. 384
- despacho de expediente proferido por juiz singular: art. 800, III
- destino do valor da fiança entregue a escrivão: art. 331, parágrafo único
- devolução dos autos ao juiz *a quo*; recurso em sentido estrito: art. 592
- diligências de restauração de autos extraviados ou destruídos: art. 544
- embargos à homologação de sentença estrangeira; interessado com residência no Distrito Federal: art. 789, § 2.º
- embargos à homologação de sentença estrangeira; interessado não residente no Distrito Federal: art. 789, § 2.º
- entrega da nota de culpa, após a prisão em flagrante: art. 306, § 2.º
- entrega de carta testemunhável; recurso em sentido estrito: art. 641
- entrega de carta testemunhável; recurso extraordinário: art. 641
- entrega de relatório do exame do corpo de delito: art. 160, parágrafo único
- esgotado para conclusão da instrução; consignação dos motivos nos autos: art. 402
- exame complementar para classificação do delito; lesão corporal grave: art. 168, § 2.º
- exame mental do acusado internado em manicômio judiciário: art. 150, § 1.º
- execução, pelo escrivão, de atos determinados em lei ou ordenados pelo juiz: art. 799
- exercício do direito de queixa ou representação: art. 38
- extração de traslado pelo escrivão; recurso em sentido estrito: art. 587, parágrafo único
- fluência; termo inicial: art. 798, § 5.º
- impedimento do juiz, força maior, ou obstáculo judicial oposto pela parte contrária; efeitos quanto aos: art. 798, § 4.º
- inscrição de hipoteca legal; promoção, sob pena de revogação do arresto: art. 136
- interposição de apelação: arts. 593 e 598, parágrafo único
- interposição de recurso em sentido estrito: art. 586
- intimação da sentença ao querelante ou assistência: art. 391
- intimação de sentença mediante edital: art. 392, § 1.º
- instrução preliminar: art. 412
- não computação no dia do começo e inclusão do vencimento: art. 798, § 1.º

Índice Alfabético do CPP

- nulidade por sua falta à acusação ou à defesa: art. 564, III, e
- ocultação do réu; citação por hora certa: art. 362
- oferecimento de denúncia contra réu preso: art. 46
- oferecimento de denúncia contra réu solto ou afiançado: art. 46
- oferecimento de denúncia pelo Ministério Público; dispensa do inquérito: art. 39, § 5.º
- oferecimento de razões de apelação: art. 600
- oferecimento de razões pelo recorrente e recorrido; recurso em sentido estrito: art. 588
- oposição de embargos de declaração: art. 619
- para autópsia: art. 162
- para despachos e decisões dos juízes singulares: art. 800
- paralisação do processo pelo querelante; perempção da ação penal: art. 60, I
- para o defensor nomeado pelo juiz proceder à defesa: art. 396, parágrafo único
- para o juiz decidir sobre concessão de fiança: art. 322, parágrafo único
- parecer do procurador-geral em apelações: art. 613, II
- parecer do procurador-geral em revisão: art. 625, § 5.º
- pedido de reabilitação: art. 743
- perda em favor da União das coisas apreendidas; vendas em leilão público: art. 122
- perempção da ação penal, em casos onde somente se proceda mediante queixa: art. 60
- prisão de testemunha faltosa: arts. 219 e 453
- produção de prova pela defesa; nova definição jurídica do fato: art. 384
- promoção da ação, se houver prisão em flagrante; crimes contra a propriedade imaterial: art. 530
- propositura da ação penal; levantamento do sequestro: art. 131, I
- prorrogação: art. 798, § 3.º
- punibilidade; prova de extinção: art. 61, parágrafo único
- que a incomunicabilidade do indiciado não excederá: art. 21, parágrafo único
- queixa com fundamento em apreensão e perícia; crimes contra a propriedade imaterial: art. 529
- razões de apelação em processos de contravenção: art. 600
- razões de apelação, por parte do assistente: art. 600, § 1.º
- reclamação de coisas apreendidas: art. 123
- recurso de apelação: art. 593
- recurso em sentido estrito; apresentação ao juízo *ad quem*: art. 591
- recurso em sentido estrito; devolução dos autos ao juiz *a quo*: art. 592
- recurso em sentido estrito; inclusão ou exclusão de jurado na lista geral: art. 586, parágrafo único
- recurso em sentido estrito; interposição: art. 586
- reforma ou sustentação de despacho por juiz; recurso em sentido estrito: art. 589
- remessa do processo ao juiz; contravenções: art. 535
- remessa dos autos à instância superior; apelação: art. 601
- remessa do traslado dos autos de apelação à instância superior: art. 601, § 1.º
- renovação do pedido de reabilitação: art. 749
- requisição de esclarecimentos para a restauração de autos extraviados ou destruídos: art. 544, parágrafo único
- resposta da parte contrária à arguição de falsidade de documento: art. 145, I
- resposta do acusado à denúncia ou queixa; crime de responsabilidade dos funcionários públicos: art. 514
- resposta do juiz em arguição de suspeição: art. 100
- restituição de coisa apreendida; prova do direito do reclamante: art. 120, § 1.º

- revisão criminal a qualquer tempo: art. 622
- subida de recurso em sentido estrito: art. 591
- suspensão de escrivão ou secretário do tribunal que se negar a dar recibo ou deixar de entregar carta testemunhável: art. 642
- suspensão de escrivão que não der conhecimento da sentença ao Ministério Público: art. 390
- suspensão de escrivão que não fizer conclusão de autos de recurso: art. 578, § 3.º
- suspensão de escrivão que, na reincidência, não executar atos determinados em lei ou ordenados pelo juiz: art. 799
- suspensão de processo criminal; decisão de questão prejudicial: art. 93, § 1.º
- término; certificação nos autos pelo escrivão: art. 798, § 2.º
- término do inquérito policial: art. 10
- término do inquérito policial, se o indiciado estiver solto: art. 10
- vista ao procurador-geral e ao relator; recursos em sentido estrito e apelações: art. 610

PRECATÓRIA
- acareação de testemunhas: art. 230
- devolução ao juiz deprecante; independe de traslado: art. 355
- escrito de pessoa ausente, intimação para fazê-lo mediante: art. 174, IV
- expedição por via telegráfica, em caso de urgência: art. 356
- nomeação de peritos em exame por: art. 177
- prisão por mandado; concessão de fiança pela autoridade deprecada: art. 332
- réu em outra jurisdição; prisão: art. 289
- réu fora do território da jurisdição do juiz processante; citação: art. 353
- testemunha residente fora da jurisdição do juiz; inquirição: art. 222

PRESCRIÇÃO
- objetos e dinheiro dados como fiança; custas e indenizações por réu condenado: art. 336 e parágrafo único

PRESIDENTE DA REPÚBLICA
- opção por depoimento escrito: art. 221, § 1.º

PRESO
- dúvida sobre sua identidade: art. 289-A, § 5.º
- fiança; prestação mediante simples petição, em caso de recusa ou demora por parte da autoridade policial: art. 335
- internação em manicômios judiciários em caso de superveniência de doença mental: art. 682
- intimação da sentença; será pessoal: art. 392, I
- intimação para a sessão de julgamento pelo Tribunal do Júri; nulidade, se faltar: art. 564, III, g
- mandado de prisão; recebimento de exemplar: art. 286
- não afiançado: art. 324
- presença em juízo; requisição: art. 360

PRESUNÇÃO
- de flagrante delito: art. 302, IV

PREVENÇÃO
- distribuição para concessão de fiança, decretação de prisão preventiva ou qualquer diligência anterior à denúncia ou queixa: art. 75, parágrafo único
- prática de infrações continuadas em diversos territórios: art. 71
- verificação da competência: art. 83

PRIMÁRIO
- obtenção de *sursis* pelo sentenciado: art. 696, I

PRINCÍPIOS GERAIS DE DIREITO
- art. 3.º

PRISÃO

- arts. 282 a 318-B
- autoridade policial; cumprimento de mandados: art. 13, III
- casa particular; entrega do réu pelo morador; arrombamento de portas, em caso de recusa: art. 293
- civil; impossibilidade de fiança: art. 324, II
- comunicação imediata ao juiz, ao MP e à família do preso: art. 306
- decretada sem registro no CNJ; competência para efetuá-la: art. 289-A, § 2.º
- diretor; embaraço ou procrastinação da expedição de *habeas corpus*: art. 655
- disposições gerais: art. 282
- dúvida quanto à identidade do preso: art. 289-A, § 5.º
- em flagrante: art. 283
- em flagrante; concessão de liberdade provisória com ou sem fiança: art. 310, III
- em flagrante; conversão em preventiva: art. 310, II
- em perseguição do réu; entendimento da expressão: art. 290, § 1.º
- emprego de força: art. 284
- especial ou recolhimento a quartel: art. 295
- ilegal; relaxamento: art. 310, I
- infração inafiançável; independerá de exibição do mandado: art. 287
- mandado; cumprimento; expedição e quantos forem necessários às diligências: art. 297
- mandado registrado no CNJ; competência para efetuá-la: art. 289-A, § 1.º
- mandado; registro; regulamentação: art. 289-A, § 6.º
- mandado; requisitos: art. 285, parágrafo único
- militar; fiança; quando não cabe fiança: art. 324, II
- pelo executor do mandado, em outro município ou comarca: art. 290
- perseguição; território de outra jurisdição: art. 290
- por mandado; quando se entenderá feita: art. 291
- por precatória: art. 289
- praças de pré: art. 296
- preso; entrega de um exemplar do mandado: art. 286
- preso; informação de seus direitos: art. 289-A, § 4.º
- provisória; medidas que visem não prolongá-la: art. 80
- provisória; separação dos condenados: art. 300
- recolhimento de preso; exibição do mandado ao diretor ou carcereiro: art. 288
- relaxamento: art. 310, I
- requisição por qualquer meio de comunicação: art. 289, § 1.º
- resistência: art. 292
- resistência ou tentativa de fuga do preso; emprego de força: art. 284
- testemunha faltosa: art. 219

PRISÃO DOMICILIAR

- arts. 317 a 318-B
- cabimento: arts. 318 a 318-B
- conceito: art. 317
- prisão preventiva; hipóteses de substituição por: arts. 318 a 318-B

PRISÃO EM FLAGRANTE

- arts. 301 a 310
- acusado; apresentação e interrogatório: art. 304
- a quem será apresentado o preso em caso de falta de autoridade no lugar: art. 308
- autoridades policiais e agentes; dever: art. 301
- conversão em prisão preventiva: art. 310, II
- efetuação por qualquer do povo: art. 301
- em casa particular; recusa do morador; arrombamento de portas: art. 294
- falta de testemunhas; não impedirá o auto respectivo: art. 304, § 2.º

- falta ou impedimento do escrivão; lavratura do auto: art. 305
- fato praticado em excludente de ilicitude: art. 310, § 1.º
- fiança; competência para concessão: art. 332
- flagrante impróprio: art. 302, III
- flagrante presumido: art. 302, IV
- flagrante próprio: art. 302, I
- formalidades na lavratura do auto: arts. 304 a 306
- infrações permanentes: art. 303
- início da ação penal, nas contravenções, com o auto respectivo: art. 26
- lavratura do auto: art. 304
- liberdade do réu, após lavratura do auto, em caso de o réu se livrar solto: art. 309
- liberdade provisória: art. 310, III
- liberdade provisória do réu; concessão: art. 310
- normas a observar: art. 8.º
- nulidade, na falta do auto respectivo: art. 564, III, *a*
- prática de delito em presença da autoridade; consignação no auto: art. 307
- prazo para encaminhamento ao juiz: art. 306, § 1.º
- processo das contravenções: art. 532
- quem poderá efetuá-la: art. 301
- recebimento de nota de culpa pelo preso: art. 306
- relaxamento pelo juiz: art. 310, I
- relaxamento; recurso em sentido estrito: art. 581, V, *in fine*
- requisitos: art. 302
- resistência à sua efetuação: art. 292
- supressão de omissões do autor: art. 369

PRISÃO PREVENTIVA
- arts. 311 a 316
- cabimento; fases: arts. 311 e 312
- computação na pena privativa de liberdade do tempo de: art. 672, I
- decisão que a decrete, substitua ou denegue: art. 315
- decretação: art. 313
- distribuição objetivando decretá-la; prevenirá a da ação penal: art. 75, parágrafo único
- dúvida sobre a identidade civil; decretação: art. 312
- fato praticado em condições que excluem a ilicitude: art. 314
- hipóteses de cabimento: arts. 312 e 313
- indeferimento de requerimento; recurso em sentido estrito: art. 581, V
- inexistência de crime; não decretação: art. 314
- quebramento de fiança; possibilidade de decretação de: art. 343
- representação pela autoridade policial: arts. 13, IV, e 311
- revogação: art. 316
- substituição por prisão domiciliar; hipóteses: arts. 318 a 318-B

PROCEDIMENTO
- *Vide* PROCESSO

PROCESSO(S)
- audiências, sessões e atos processuais; publicidade: art. 792
- ausência de defensor; substituição: art. 265, § 2.º
- comum: arts. 394 a 502
- comum ou especial: art. 394
- concessão de *habeas corpus*; efeitos quanto ao: art. 651
- crime hediondo; violência contra a mulher; prioridade na tramitação: art. 394-A
- crimes contra a propriedade imaterial: arts. 524 a 530
- crimes de calúnia e injúria de competência do juiz singular: arts. 519 a 523
- crimes de competência do júri: arts. 406 a 497
- crimes de responsabilidade dos funcionários públicos: arts. 513 a 518

- de restauração de autos extraviados ou destruídos: arts. 541 a 548
- disposições preliminares: arts. 1.º a 3.º
- do *habeas corpus*: arts. 647 a 667
- e julgamento dos recursos em sentido estrito e das apelações, nos Tribunais de Apelação: arts. 609 a 618
- em espécie: arts. 394 a 562
- em geral: arts. 1.º a 392
- especiais: arts. 513 a 555
- exceção de suspeição; autos apartados: art. 111
- exceção de suspeição; improcedência manifesta; rejeição: art. 100, § 2.º
- exceção de suspeição; não aceitação; remessa dos autos ao juiz ou tribunal competente: art. 100
- exceção de suspeição; relevância da arguição; julgamento: art. 100, § 1.º
- fato não criminoso; aplicação de medida de segurança: arts. 549 a 555
- formação completa; citação do acusado: art. 363
- *habeas corpus*; expedição de ofício por autoridade judicial; ameaça de violência ou coação na liberdade de locomoção; processo de competência originária ou recursal: art. 647-A
- júri: *vide* TRIBUNAL DO JÚRI
- nulidade do processo e concessão de *habeas corpus*; renovação do: art. 652
- ordinário e sumário; absolvição sumária: art. 397
- ordinário e sumário; resposta à acusação: arts. 396 e 396-A
- ordinário: arts. 396 a 405
- ordinário; audiência de instrução, debates e julgamento: art. 400
- ordinário; debates orais: art. 403
- ordinário; diligências complementares: art. 402
- ordinário; memoriais: art. 403, § 3.º
- ordinário; número de testemunhas: art. 401
- penal; reger-se-á pelo Código respectivo; ressalva: art. 1.º
- rejeição da inicial: art. 395
- revelia do acusado: art. 366
- sumário: arts. 531 a 538
- sumário; audiência de instrução, debates e julgamento: art. 531
- sumário; debates orais: art. 534
- sumário; encaminhado pelo Jecrim: art. 538
- sumário; número de testemunhas: art. 532
- sumaríssimo: art. 394, III
- violência contra a mulher; prioridade na tramitação: art. 394-A

PROCURAÇÃO

- indicação de defensor por ocasião do interrogatório; efeitos: art. 266
- poderes especiais para aceitação de perdão: arts. 55 a 59
- poderes especiais para arguição de falsidade: art. 146
- poderes especiais para exercício do direito de representação: art. 39
- poderes especiais para queixas: art. 44
- poderes especiais para recusa de juiz: art. 98
- poderes especiais para renúncia ao exercício do direito de queixa: art. 50

PROCURADOR-GERAL DA REPÚBLICA

- crimes comuns e de responsabilidade; processo e julgamento pelo STF: art. 86, II
- prazo para dar parecer em revisão: art. 625, § 5.º
- sentença estrangeira; contestação de embargos na homologação: art. 789, § 5.º
- sentença estrangeira; pedido de providências para homologação: art. 789

PROCURADOR-GERAL DO ESTADO

- competência do Tribunal de Apelação para julgamento: art. 87
- oferecimento da denúncia ou arquivamento do inquérito policial; atendimento pelo juiz; obrigatoriedade: art. 28
- prazo para audiência nos recursos em sentido estrito e apelações: art. 610

Índice Alfabético do CPP

- prazo para dar parecer em apelações: art. 613, II
- prazo para dar parecer em revisão: art. 625, § 5.º

PROIBIÇÃO
- quanto ao depoimento: art. 207

PROMOÇÃO DE AÇÃO PENAL
- em crimes de ação pública: art. 24

PRONÚNCIA
- art. 413
- autos encaminhados ao juiz presidente do Tribunal do Júri; preclusão da decisão de: art. 421
- intimação da decisão de: art. 420
- processos da competência do juiz; nulidade pela falta de sentença: art. 564, III, *f*
- recurso cabível: art. 581, IV
- recurso; subida em traslado: art. 583, parágrafo único
- retorno dos autos ao Ministério Público; indícios de coautoria ou participação: art. 417
- suspensão tão somente do julgamento pelo recurso de: art. 584, § 2.º

PROPRIEDADE IMATERIAL
- busca ou apreensão; quem efetuará a diligência: art. 527
- processo e julgamento de crimes contra a: arts. 524 a 530-I

PRORROGAÇÃO DA COMPETÊNCIA
- de autoridade policial: art. 22
- desclassificação de crime pelo júri: art. 492, § 2.º

PROVA(S)
- arts. 155 a 250
- absolvição do réu, se insuficiente: art. 386, VII
- convicção do juiz; formação pela livre apreciação da: art. 155
- da alegação; a quem incumbirá: art. 156
- de fonte independente: art. 157, § 2.º
- derivadas das ilícitas: art. 157, § 1.º
- desentranhamento dos autos: art. 157, § 3.º
- disposições gerais: arts. 155 a 157
- documental; reprodução: art. 543, III
- exame médico-legal do acusado, se duvidosa sua integridade mental: art. 149
- exames de corpo de delito e outras perícias; peritos não oficiais: art. 159, § 2.º
- exames de corpo de delito e outras perícias; peritos oficiais: art. 159 e parágrafos
- formação da convicção do juiz: art. 155
- fundamentação na decisão: art. 155
- ilícitas: art. 157
- juiz; não ficará adstrito ao laudo pericial: art. 182
- juízo penal; restrições à: art. 155
- meios de prova nominados: arts. 158 a 250
- ônus da prova: art. 156
- produção antecipada: art. 156
- produzidas em uma só audiência: art. 400, § 1.º
- restrição; quanto ao estado das pessoas: art. 155, parágrafo único
- testemunhal; caso em que suprirá o exame do corpo de delito: art. 167
- testemunhal; suprimento da falta de exame complementar: art. 168, § 3.º

PSICOPATA
- autos; entrega aos peritos para exame de insanidade mental: art. 150, § 2.º
- curador para aceitação de perdão: art. 53
- depoimento sem compromisso: art. 208
- direito de queixa por curador especial: art. 33
- doença mental superveniente à infração, em relação a corréu; cessação da unidade do processo: art. 79, § 1.º
- exame de sua integridade mental; nomeação de curador: art. 149, § 2.º
- exame médico-legal; promoção no inquérito: art. 149, § 1.º
- exame médico-legal quando duvidosa a integridade mental do acusado: art. 149

- incidente de insanidade mental; processo em auto apartado: art. 153
- internação do acusado para efeito de exame de insanidade mental: art. 150
- internação do acusado por superveniência de doença mental: arts. 152, § 1.º, e 682
- suspensão do processo por doença mental posterior à infração: art. 152

PUBLICAÇÃO

- de sentença; conhecimento ao Ministério Público: art. 390
- de sentença; jornal e data em que será feita: art. 387, VI
- de sentença; termo e registro em livro especial: art. 389

PÚBLICAS-FORMAS

- validade: art. 237

PUNIBILIDADE

- aceitação de perdão e extinção da: art. 58, parágrafo único
- levantamento de arresto ou cancelamento de hipoteca, julgada extinta a: art. 141

QUALIFICAÇÃO

- de testemunha: art. 203
- do acusado; comparecimento perante a autoridade judiciária: art. 185
- do acusado; denúncia ou queixa; requisitos: art. 41

QUARTÉIS

- direito a recolhimento em: art. 295

QUEBRAMENTO DE FIANÇA

- anterior; não haverá concessão: art. 324, I
- consequências: arts. 343 a 346
- mudança de residência do réu; comunicação necessária: art. 328
- prisão preventiva; possibilidade de decretação: art. 343
- quando ocorrerá: art. 341
- reforma de despacho: art. 342

QUEIXA

- aditamento ou repúdio pelo Ministério Público: art. 29
- aditamento pelo Ministério Público: art. 384
- aditamento pelo Ministério Público; ação privativa do ofendido: arts. 45 e 384
- contra qualquer dos autores do crime; obriga ao processo de todos; indivisibilidade: art. 48
- curador especial para o exercício do direito de: art. 33
- depósito das custas; ressalva: art. 806
- elementos: art. 41
- inquérito policial; acompanhará a: art. 12
- nulidade, em sua falta: art. 564, III, a
- omissões; suprimento: art. 569
- perempção da ação penal: art. 60
- realização de ato ou diligência; depósito em cartório da importância das custas: art. 806
- recebimento pelo juiz; citação do acusado para resposta: art. 396
- rejeição: art. 395

QUERELANTE

- crimes de calúnia e injúria; reconciliação: art. 521
- intimação da sentença: art. 391
- intimação do: art. 370, § 1.º
- requerimento de diligências: art. 402

QUESITOS

- arts. 482 a 484
- divergência entre peritos: art. 180
- formulação; faculdade: art. 159, § 3.º
- nulidade, na sua falta: art. 564, III, k
- ordem: art. 483
- prazo para formulação: art. 176
- transcrição na precatória: art. 177, parágrafo único

QUESTÕES PREJUDICIAIS

- arts. 92 a 94
- ação cível; promoção pelo Ministério Público: art. 92, parágrafo único
- cabimento de recurso; despacho que ordena suspensão do processo: art. 581, XVI

- decretação da suspensão do processo pelo juiz: art. 94
- intervenção do Ministério Público na causa cível, para o seu rápido andamento, em caso de suspensão do processo: art. 93, § 3.º
- recurso; não cabimento em relação a despacho que denegar a suspensão do processo: art. 93, § 2.º
- sentença penal; coisa julgada no cível: art. 65
- suspensão da ação penal; controvérsia sobre o estado civil das pessoas: art. 92
- suspensão da ação penal; prorrogação e prosseguimento do processo; prazo: art. 93, § 1.º

REABILITAÇÃO
- arts. 743 a 750
- audiência do Ministério Público: art. 745, *in fine*
- comunicação ao Instituto de Identificação e Estatística: art. 747
- folha de antecedentes; não constará condenação anterior: art. 748
- pedida pelo representante do morto: arts. 623 e 631
- recurso de ofício da decisão que a conceder: art. 746
- renovação do pedido: art. 749
- requisitos do requerimento: art. 743
- revisão criminal; casos: art. 621
- revogação: art. 750

RECAPTURA
- réu evadido; efetuação por qualquer pessoa: art. 684

RECONCILIAÇÃO
- assinatura do termo de desistência e arquivamento da queixa: art. 522
- crimes de calúnia e injúria; oportunidade: art. 520

RECONHECIMENTO
- de objeto ou pessoa; prova em separado: art. 228
- de objeto; procedimento: art. 227
- de pessoa; lavratura de auto pormenorizado do ato: art. 226, IV
- de pessoa, na instrução criminal ou no plenário de julgamento: art. 226, parágrafo único
- de pessoa; procedimento: art. 226

RECURSO(S)
- arguição de suspeição de peritos, intérpretes, serventuários ou funcionários de justiça; decisão de plano, sem cabimento de: art. 105
- da decisão que reconhecer falsidade de documento; não caberá: art. 145, IV
- da pronúncia; cabimento: art. 581, IV
- da pronúncia; quando subirá em traslado: art. 583, parágrafo único
- da pronúncia; suspensão do julgamento: art. 584, § 2.º
- de despacho que denegar suspensão do processo; não cabimento de: art. 93, § 2.º
- de ofício; casos: art. 574
- de ofício; circunstância que exclua o crime ou isente o réu de pena; absolvição sumária: art. 574, II
- de ofício da sentença que conceder *habeas corpus*: art. 574, I
- de ofício da sentença que conceder reabilitação: art. 746
- de ofício; nulidade, se faltar: art. 564, III, *n*
- de ofício; subirão nos próprios autos: art. 583, I
- de sentença definitiva: art. 593, I
- do despacho que admita ou não intervenção de assistente; não cabimento de: art. 273
- do despacho que decida arguição de suspeição contra órgão do Ministério Público; não cabimento: art. 104
- em geral: arts. 574 a 667
- *habeas corpus* contra prisão administrativa; não cabimento: art. 650, § 2.º
- interposição: art. 577
- interposição de um por outro; efeitos: art. 579

- interposição pelo Ministério Público; desistência inadmissível: art. 576
- interposição por petição ou termo nos autos: art. 578
- parte que não tenha interesse na reforma ou modificação da decisão; não cabimento de: art. 577, parágrafo único
- petição de interposição; prazo para entrega ao escrivão: art. 578, § 2.º

RECURSO EM SENTIDO ESTRITO

- arts. 581 a 592
- cabimento: art. 581
- da pronúncia; exigência da prisão do réu ou prestação da fiança: art. 585
- da pronúncia; quando subirá em traslado: art. 583, parágrafo único
- da pronúncia; suspensão do julgamento: art. 584, § 2.º
- de decisão, despacho ou sentença que conceder, negar, arbitrar, cassar ou julgar inidônea a fiança: art. 581, V
- efeito suspensivo; casos: art. 584
- prazo para extração de traslado pelo escrivão: art. 587, parágrafo único
- prazo para interposição: art. 586
- prazo para oferecimento de razões pelo recorrente e recorrido: art. 588
- prazo para reforma ou sustentação de despacho por juiz: art. 589
- quando subirão nos próprios autos: art. 583
- reforma do despacho recorrido; efeitos: art. 589, parágrafo único

RECURSO ESPECIAL

- art. 638

RECURSO EXTRAORDINÁRIO

- arts. 637 e 638

REGIMENTO INTERNO

- normas complementares para *habeas corpus*; competência do STF: art. 667
- normas complementares para *habeas corpus*; estabelecimento pelos Tribunais de Apelação: art. 666
- normas complementares para recursos e apelações; estabelecimento pelos Tribunais de Apelação: art. 618
- normas complementares para revisões criminais; estabelecimento pelos Tribunais de Apelação: art. 628
- processo e julgamento do recurso especial; competência do STJ: art. 638
- processo e julgamento do recurso extraordinário; competência do STF: art. 638

REGISTRO CIVIL

- averbação da incapacidade para exercer autoridade marital ou pátrio poder: art. 693

REGISTRO DE IMÓVEIS

- hipoteca legal; inscrição: arts. 135, §§ 4.º e 6.º, e 136
- sequestro de bens adquiridos com o produto do crime; inscrição: art. 128

REGRAS DE DIREITO INTERNACIONAL

- não são regidas pelo Código de Processo Penal: art. 1.º, I

REINCIDÊNCIA

- crimes dolosos; sentença transitada em julgado: art. 313, II

REINQUIRIÇÃO DE TESTEMUNHAS

- na segunda instância: art. 616
- no plenário do júri: art. 473
- restabelecimento do acusado insano mental: art. 152, § 2.º

REJEIÇÃO DE DENÚNCIA OU QUEIXA

- casos: art. 395

RELAÇÕES JURISDICIONAIS

- com autoridade estrangeira: arts. 780 a 790

RELATOR

- citação do interessado na homologação de sentença estrangeira: art. 789, § 2.º
- expedição de alvará de soltura, em caso de decisão absolutória confirmada ou proferida em grau de apelação: art. 670
- para a revisão criminal: art. 625

- recursos em sentido estrito; exposição do feito: art. 610, parágrafo único
- recursos em sentido estrito; vista dos autos; prazo: art. 610
- revisão criminal; apresentação do processo: art. 625, § 4.º
- revisão criminal; exame dos autos: art. 625, § 5.º

RELATÓRIO
- elaboração e remessa do inquérito ao juiz: art. 10, § 1.º
- testemunhas não inquiridas; indicação pela autoridade policial: art. 10, § 2.º

RENÚNCIA
- ao exercício do direito de queixa; declaração: art. 50
- de representante de menor; efeitos: art. 50, parágrafo único
- do exercício do direito de queixa em relação a um dos autores do crime; extensão: art. 49
- tácita; meios de prova: art. 57

RÉPLICA
- art. 477

REPRESENTAÇÃO
- conteúdo: art. 39
- crimes dependentes da mesma; início do inquérito: art. 5.º, § 4.º
- declaração do exercício do direito de: art. 39
- dispensa do inquérito pelo Ministério Público, em caso de oferecimento de elementos à promoção da ação penal: art. 39, § 5.º
- do ofendido; crimes de ação pública: art. 24
- exercício do direito de representação: art. 39
- formalidades: art. 39
- irretratabilidade, após o oferecimento da denúncia: art. 25
- oferecida ou reduzida a termo; inquérito: art. 39, § 3.º
- nulidade, se faltar: art. 564, III, *a*
- redução a termo: art. 39, § 1.º
- remessa à autoridade policial para inquérito; oportunidade: art. 39, § 4.º

RESIDÊNCIA DO RÉU
- competência pela prevenção: art. 72, § 1.º
- determinação da competência: art. 72
- incerta; juízo competente: art. 72, § 2.º
- permissão para mudança ou ausência; requisitos: art. 328
- preferência do querelante; quando ocorrerá: art. 73

RESISTÊNCIA À PRISÃO
- emprego de força: art. 284
- por parte de terceiros: art. 292

RESPONSABILIDADE
- civil; ressarcimento de dano: art. 64
- civil, penal e administrativa; instrução e julgamento; crimes contra a dignidade sexual; ofensa à integridade física e psicológica da vítima: art. 400-A
- civil, penal e administrativa; instrução processual; crimes contra a dignidade sexual; ofensa à dignidade da vítima: art. 474-A

RESPOSTA DO ACUSADO
- crimes de competência do júri; conteúdo: art. 406, § 3.º
- não apresentação; juiz nomeará defensor: art. 408

RESSARCIMENTO DE DANO
- garantias; alcance: art. 140
- medidas assecuratórias; competência do Ministério Público para promoção: arts. 142 e 144
- responsabilidade civil: art. 64

RESTAURAÇÃO DE AUTOS
- diligências necessárias; determinação: art. 543
- exibição e conferência de certidões; audiência: art. 542
- extraviados na segunda instância; proceder-se-á na primeira instância: art. 541, § 3.º

- extraviados ou destruídos; processo: arts. 541 a 548
- requisição de cópias: art. 541, § 2.º, b
- valor dos originais: art. 547

RESTITUIÇÃO DE COISAS APREENDIDAS

- arts. 118 a 124-A
- apreensão de coisa adquirida com os proventos da infração; disposições aplicáveis: art. 121
- competência para determiná-la: art. 120 e parágrafos
- dúvida quanto ao direito do reclamante; autuação em apartado do pedido: art. 120, § 1.º
- instrumentos do crime e coisas confiscadas; inutilização ou recolhimento a museu criminal ou público: arts. 124 a 124-A
- objetos apreendidos não reclamados ou não pertencentes ao réu; venda em leilão e depósito do saldo: art. 123
- perda em favor da União e venda em leilão público: art. 122 e parágrafo único

RETIFICAÇÃO DE ATOS

- nulidade não sanada: art. 573

RETRATABILIDADE

- de confissão: art. 200

RÉU

- afiançado; exigências para mudança ou afastamento de residência: art. 328
- alegações escritas e arrolamento de testemunhas; prazo: art. 396-A
- citação por edital: arts. 361 a 364
- citado; mudança de residência: art. 367
- enfermo; deslocamento do juiz até onde o réu se ache, para proceder à instrução: art. 403, segunda parte
- novo interrogatório, a qualquer tempo: art. 196
- perguntas não respondidas; consignação: art. 191
- prisão em outro município ou comarca: art. 290
- prosseguimento do processo, em caso de revelia: art. 366

REVELIA

- ausência do acusado a qualquer ato do processo; prosseguimento deste: art. 366
- mudança ou ausência da residência, por parte do réu; prosseguimento do processo: art. 367

REVISÃO

- arts. 621 a 631
- de processos findos; admissibilidade: art. 621
- falecimento do réu no curso do processo; nomeação de curador: art. 631
- indenização por prejuízos: art. 630
- morte do réu; quem formulará o pedido de: art. 623
- processo e julgamento: art. 624
- quem poderá pedi-la: art. 623
- *reformatio in pejus*; inadmissibilidade: art. 626, parágrafo único
- restabelecimento dos direitos perdidos: art. 627

SALVO-CONDUTO

- entrega a paciente, em processo de *habeas corpus* preventivo: art. 660, § 4.º

SECRETÁRIO DE ESTADO

- inquirição: art. 221
- prisão especial: art. 295, II

SECRETÁRIO DE TRIBUNAL

- assistência a atos processuais: art. 792
- *habeas corpus*; envio imediato da petição ao presidente do tribunal, da câmara criminal ou de turma, em caso de competência originária do Tribunal de Apelação: art. 661
- ordem de *habeas corpus*; lavratura pelo: art. 665
- prazos para entrega de carta testemunhável: art. 641
- suspensão pela não entrega de carta testemunhável: art. 642

SENTENÇA

- arts. 381 a 392
- absolutória; apelação; casos em que não terá efeito suspensivo: art. 596
- absolutória; caso em que não impedirá a ação civil: art. 67, III
- absolutória; medida de segurança: arts. 386, parágrafo único, III, e 753
- absolutória; requisitos: art. 386
- condenatória; absolvição opinada pelo Ministério Público: art. 385
- condenatória; apelação; efeitos: art. 597
- condenatória; efeitos: arts. 548 e 669, I
- condenatória; elementos: art. 381
- condenatória; fiança no processo; cabimento: art. 334
- condenatória; garantia das custas: art. 336, parágrafo único
- condenatória irrecorrível; interdições de direitos; aplicação provisória: art. 374
- condenatória irrecorrível; medida de segurança; aplicação provisória: art. 378
- condenatória; pobreza do titular do direito; promoção da execução pelo Ministério Público: art. 68
- condenatória; processo de restauração de autos extraviados ou destruídos; efeitos: art. 548
- condenatória; publicação: art. 387, VI
- condenatória; publicação em mão de escrivão; termo e registro em livro especial: art. 389
- condenatória recorrível; interdições de direitos; aplicação provisória: art. 373, IV
- condenatória; requisitos: art. 387
- condenatória; trânsito em julgado; autos de hipoteca e arresto; remessa ao juízo cível: art. 143
- condenatória; trânsito em julgado; avaliação e venda de bens sequestrados: art. 133
- condenatória; trânsito em julgado; reparação do dano; promoção da execução: art. 63
- datilografada; rubrica do juiz: art. 388
- de absolvição sumária; recurso cabível: art. 416
- de impronúncia; recurso cabível: art. 416
- de pronúncia; interdições de direitos; aplicação provisória: art. 373, II
- de pronúncia; medida de segurança; aplicação provisória: art. 378
- de pronúncia; nulidade, se faltar: art. 564, III, *f*
- do júri; desclassificação da infração; proferimento por seu presidente: art. 74, § 3.º
- *emendatio libelli*: art. 383
- elementos: art. 381
- embargos de declaração; admissibilidade: art. 382
- estrangeira; carta rogatória; atendimento: art. 784
- estrangeira; homologação: arts. 787 a 790
- estrangeira; homologação; processo: art. 787
- exequibilidade depois de passada em julgado: art. 669
- final; instauração de inquérito por reconhecimento de falso testemunho: art. 211
- fundamentada; requisitos: arts. 381, 386 e 387
- intimação: art. 392, I a VI
- intimação pessoal ao réu ou defensor nos crimes afiançáveis: art. 392, II
- intimação pessoal ao réu preso: art. 392, I
- motivação: art. 381, III
- *mutatio libelli*: art. 384
- nulidade, se faltar: art. 564, III, *m*
- penal estrangeira; homologação; processo: art. 789
- possibilidade de nova definição jurídica do fato; reconhecimento pelo juiz; efeitos: art. 384
- proferimento; prazo: art. 800
- publicação: art. 389
- publicação em mão do escrivão: art. 389
- registro em livro especial: art. 389

- trânsito em julgado; encaminhamento do réu; expedição de carta de guia: art. 674
- Tribunal do Júri: arts. 492 e 493

SEQUESTRO
- autuação em apartado: art. 129
- bens; avaliação e venda em leilão público: art. 133
- bens imóveis; transferência a terceiro: art. 125
- bens móveis; proveniência ilícita; indícios veementes: art. 132
- decretação; elementos: art. 126
- dinheiro apurado na venda de bens em leilão; recolhimento: art. 133
- embargo pelo acusado ou terceiro: art. 130
- embargos de terceiro; admissão: art. 129
- inscrição no Registro de Imóveis: art. 128
- levantamento; casos: art. 131
- poderá ser ordenado em qualquer fase do processo: art. 127

SERVENTUÁRIO DA JUSTIÇA
- *Vide* também ESCRIVÃO(ÃES)
- caso em que não servirá no processo: art. 112
- suspeição arguida; decisão pelo juiz: art. 105
- suspeição; extensão das regras aplicáveis aos juízes: art. 274

SIGILO
- da autoridade, no inquérito policial: art. 20

SIGNATÁRIO
- exibição de cartas em juízo sem o seu consentimento: art. 233, parágrafo único

SILÊNCIO
- do querelado; aceitação do perdão: art. 58
- do réu, no interrogatório; prejuízo da defesa: art. 186, parágrafo único

SOBRESTAMENTO
- de ação penal, para decisão de ação cível; prazo: art. 93, § 1.º

SOCIEDADES
- exercício da ação penal: art. 37

SOLICITADOR
- *Vide* também ADVOGADO
- nomeado defensor; não poderá negar seu patrocínio: art. 264

SOLTURA
- absolvição em segunda instância; expedição de alvará: art. 670
- de sentenciado; comunicação ao juiz: art. 683
- *habeas corpus*: art. 653
- imediata; apelação de sentença absolutória: art. 596
- ordem transmitida por telegrama; concessão de *habeas corpus*: arts. 660, § 6.º, e 665

SUPERVENIÊNCIA DE DOENÇA MENTAL
- suspensão do feito: art. 152

SUPREMO TRIBUNAL FEDERAL
- competência privativa: art. 86
- *exequatur* de seu presidente; cumprimento de rogatórias: art. 785
- *habeas corpus*; processo e julgamento: arts. 650, I, e 667
- jurisdição; restabelecimento mediante avocatória: art. 117
- nulidade de julgamento por falta de *quorum*: art. 564, III, p
- processos por crime contra a honra; exceção da verdade, admissibilidade; competência para julgamento: art. 85
- revisões criminais; processo e julgamento: art. 624, I
- sentença estrangeira; homologação: art. 787
- sentença estrangeira; processo de homologação: art. 789
- suspeição; declaração: art. 103

SURDO
- *Vide* também MUDO e SURDO-MUDO
- depoimento: art. 223, parágrafo único

- interrogatório: art. 192, I, e parágrafo único

SURDO-MUDO
- *Vide* também MUDO e SURDO
- depoimento: art. 223, parágrafo único
- interrogatório: art. 192, III, e parágrafo único

SURSIS
- arts. 696 a 709

SUSPEIÇÃO
- afirmação espontânea pelo juiz: arts. 97 e 254
- arguição de; precederá a qualquer outra; ressalva: art. 96
- autoridades policiais; oposição nos atos do inquérito; inadmissibilidade; ressalva: art. 107
- declarada; membro do STF e do Tribunal de Apelação: art. 103
- decorrente de parentesco ou afinidade; cessação: art. 255
- de jurados; arguição oral: art. 106
- de órgão do Ministério Público; arguição; decisão sem recurso; prazo para produção de provas: art. 104
- de órgãos do Ministério Público; quando não funcionarão nos processos: art. 258
- de testemunha; arguição anterior ao depoimento: art. 214
- do juiz; nulidade processual: art. 564, I
- exceção de: art. 95, I
- não aceitação pelo juiz; autuação em apartado da petição: art. 100
- parentesco de advogado com juiz: art. 267
- peritos, intérpretes e serventuários ou funcionários da justiça: arts. 105, 274, 280 e 281
- procedência da arguição reconhecida; sustação do processo principal: art. 102
- procedência; nulidade dos atos do processo principal: art. 101
- procedente; responsabilidade do juiz pelas custas; caso: art. 101
- reconhecimento pelo juiz; sustação do processo: art. 99
- recusa do juiz pela parte; procedimento: arts. 98 e 254

SUSPENSÃO CONDICIONAL DA PENA
- arts. 696 a 709

SUSPENSÃO DE AÇÃO
- civil; até julgamento definitivo da ação penal: art. 64, parágrafo único
- penal; decisão da ação civil; prazo: art. 93, § 1.º
- penal; decretação de ofício ou a requerimento das partes: art. 94
- penal; intervenção do Ministério Público na causa cível: art. 93, § 3.º
- penal; não cabimento de recurso do despacho que denegá-la: art. 93, § 2.º

SUSPENSÃO DE PROCESSO
- citação, intimação ou notificação; falta ou nulidade: art. 570
- despacho; recurso: art. 581, XVI
- principal, pela procedência da arguição de suspeição: art. 102
- superveniência de doença mental do acusado: art. 152

SUSPENSÃO DO ESCRIVÃO
- conclusão dos autos ao juiz; omissão: art. 578, § 3.º
- conhecimento da sentença ao órgão do Ministério Público; omissão: art. 390
- entrega de carta testemunhável; omissão: art. 642
- inexecução de atos: art. 799
- pela não conclusão de autos: art. 800, § 4.º

SUSTAÇÃO DE PROCESSO
- por suspeição reconhecida: art. 99

TELEGRAMA
- precatória; expedição em caso de urgência: art. 356
- transmissão de ordem de soltura; concessão de *habeas corpus*: art. 665, parágrafo único

TENTATIVA DE FUGA
- emprego de força: art. 284

TERMO
- adiamento da instrução criminal: art. 372
- autos extraviados ou destruídos; restauração: art. 542
- de fiança; requisitos: art. 329

TERRITORIALIDADE
- regência do processo penal: art. 1.º

TESTEMUNHA(S)
- arts. 202 a 225
- apreciações pessoais; impedimento de manifestação: art. 213
- arrolada; nulidade, pela falta de intimação: art. 564, III, h
- arrolada na denúncia ou na queixa; competência do júri: art. 406, § 2.º
- arrolada para depor no plenário do júri: art. 422
- comparecimento impossível; inquirição: art. 220
- compromisso; a quem não será deferido: art. 208
- contradita, antes de iniciado o processo: art. 214
- convocação para assistir a arrombamento de porta, em caso de desobediência à entrega de réu: art. 293
- de acusação; prazo para ser ouvida: art. 401
- de defesa não encontrada; procedimento: art. 461
- de flagrante delito; ouvida: art. 304
- depoimento antecipado: art. 225
- depoimento de mudo, surdo ou surdo-mudo: art. 223, parágrafo único
- depoimento obrigatório: art. 206
- depoimento oral: art. 204
- desconto em vencimentos ou salário; impossibilidade: art. 459
- falso testemunho; advertência: art. 210
- faltosa; penas a que estará sujeita: arts. 219 e 453
- formulação de perguntas pelas partes: art. 212
- funcionário público: art. 221, § 3.º
- identidade duvidosa: art. 205
- incomunicabilidade: art. 210, parágrafo único
- influência em seu depoimento pela presença do réu: art. 217
- inquirição em caso de exceção de suspeição: art. 100, § 1.º
- inquirição na instrução criminal: art. 401
- inquirição na instrução preliminar; crimes da competência do júri: arts. 410 e 411
- inquirição por precatória: art. 222
- inquirição no tribunal do júri: art. 473, § 1.º
- inquirição por videoconferência: art. 217
- instauração de inquérito por falsidade: art. 211
- instrução do processo; número máximo: art. 532
- intérprete, no caso de desconhecimento da língua nacional: art. 223
- militar: art. 221, § 2.º
- mudança de residência; comunicação ao juiz: art. 224
- não comparecimento na sessão do Tribunal do Júri: arts. 458 e 461
- não encontrada; substituição: art. 397
- não indicadas pelas partes; ouvida a critério do juiz: art. 209
- oferecimento por juiz que não aceitar a suspeição: art. 100
- pessoas não computadas como tal: art. 209, § 2.º
- processo sumário; número máximo: art. 532
- proibição de depor: art. 207
- promessa de dizer a verdade: art. 203
- que poderão ajustar com o juiz dia, hora e local: art. 221
- recolhimento para que não possam ouvir outros depoimentos: art. 460
- recusa de depoimento justificada: art. 206
- redução a termo do depoimento; assinatura: art. 216

- reinquirição em outra instância: art. 616
- reprodução de seu depoimento: art. 215
- suspensão de audiência: art. 536
- toda pessoa poderá sê-lo: art. 202

TRABALHO
- educativo e remunerado, para assegurar meios de subsistência ao internado, após a internação: art. 764

TRADUÇÃO
- de documentos em língua estrangeira: art. 236

TRADUTOR PÚBLICO
- tradução de documentos em língua estrangeira: art. 236

TRASLADO
- despesas; por conta de quem correrão: art. 601, § 2.º
- dos autos; extração promovida pelo apelante; prazo para remessa à instância superior: art. 601, §§ 1.º e 2.º
- dos termos essenciais da apelação; permanência em cartório: art. 603
- extração de peças para instrução do recurso: art. 589
- peças que deverão informar o instrumento; indicação: art. 587
- recurso da pronúncia; subida: art. 583, parágrafo único
- recurso em sentido estrito; extração, conferência e concerto: art. 587, parágrafo único
- recurso em sentido estrito; extração; prorrogação de prazo: art. 590

TRATADOS
- homologação de sentenças penais estrangeiras: art. 780
- inaplicabilidade do Código de Processo Penal: art. 1.º, I

TRÉPLICA
- art. 477

TRIBUNAIS DE APELAÇÃO (*)
- câmaras criminais; competência: art. 609
- competência para processo e julgamento de seus membros: art. 86, III
- decisão por maioria de votos: art. 615
- *habeas corpus* de sua competência originária; processo e julgamento: arts. 650, II, 661 e 666
- julgamento; competência originária: art. 87
- novo interrogatório do acusado e reinquirição de testemunhas no julgamento de apelações: art. 616
- nulidade de julgamento pela falta de *quorum* legal: art. 564, III, p
- recursos e apelações; julgamento: art. 609
- recursos em sentido estrito e apelações; processo e julgamento: arts. 609 a 618
- revisões criminais; processo e julgamento: art. 624, II
- suspeição de seus membros; declaração: art. 103

TRIBUNAL DO JÚRI
- absolvição sumária: art. 415
- acusação e instrução preliminar (1 fase): arts. 406 a 421
- alistamento dos jurados: art. 425
- ata da sessão: arts. 494 a 496
- competência: art. 74, § 1.º
- competência por conexão ou continência; desclassificação da infração; remessa do processo ao juízo competente: art. 81, parágrafo único
- composição: art. 447
- concurso de competência; prevalência: art. 78, I
- Conselho de Sentença: arts. 447 a 452
- debates: arts. 476 a 481
- desaforamento: arts. 427 e 428
- desclassificação: art. 419
- encaminhamento dos autos ao juiz presidente do; pronúncia: art. 421

(*) Denominação antiga substituída por Tribunais de Justiça.

- falso testemunho; instauração de inquérito: art. 211, parágrafo único
- formação do conselho de sentença: arts. 447 a 452
- fórmulas e termos de processos perante o Tribunal; nulidade, na sua falta: art. 564, III, *f*
- função do jurado: art. 436
- impronúncia: art. 414
- infração desclassificada pelo tribunal; competência de seu presidente para proferir a sentença: art. 74, § 3.º
- inquirição das testemunhas: art. 473
- instrução em plenário: arts. 473 e 475
- interposição de apelação de suas decisões; cabimento: art. 593, III
- interrogatório do acusado: art. 474
- intimação da decisão de pronúncia: art. 420
- intimação para a sessão de instrução e julgamento: art. 431
- juiz presidente do; atribuições: art. 497
- nomeação de substituto para defensor ausente: art. 265, § 2.º
- pauta: art. 429
- preparação do processo para julgamento em plenário: arts. 422 a 424
- primeira fase; audiência de instrução: art. 411
- primeira fase; exceções: art. 407
- primeira fase; não apresentada a resposta à acusação: art. 408
- primeira fase; número de testemunhas: art. 406, § 2.º
- primeira fase; recebimento da inicial: art. 406
- primeira fase; resposta à acusação: art. 406, § 3.º
- pronúncia: art. 413
- quesitos para votação: art. 483
- reconhecimento de pessoa no plenário de julgamento: art. 226, parágrafo único
- registro dos depoimentos e do interrogatório: art. 475
- reunião e sessões: arts. 453 a 472
- sentença: arts. 492 e 493
- separação de julgamentos; dois ou mais acusados: art. 469 e §§
- sessão: arts. 454 a 493
- sessão; não comparecimento de testemunha: art. 458
- sessão, não comparecimento do acusado preso: art. 457, § 2.º
- sessão; não comparecimento do acusado solto: art. 457
- sessão; não comparecimento do advogado do acusado: art. 456
- sessão; não comparecimento do Ministério Público: art. 455
- sorteio e convocação dos jurados: art. 432
- votação dos quesitos: arts. 485 a 491

ULTRA PETITA

- definição jurídica do fato diversa daquela constante da queixa ou denúncia; aplicação de pena mais grave: art. 383
- nova definição jurídica; aditamento de denúncia ou queixa pelo Ministério Público; prazo para apresentação de prova pela defesa: art. 384

VENDA EM LEILÃO PÚBLICO

- bens sequestrados: art. 133

VESTÍGIOS DA INFRAÇÃO

- desaparecimento; prova testemunhal: art. 167
- exame de corpo de delito: art. 158

VIDEOCONFERÊNCIA

- inquirição por: art. 217
- interrogatório: art. 185, §§ 2.º a 9.º

VIOLÊNCIA DOMÉSTICA

- prisão preventiva: art. 313, III
- violência contra a mulher; processo; prioridade na tramitação: art. 394-A

VISTA DOS AUTOS

- ao Ministério Público; busca e apreensão art. 529, parágrafo único
- fora do cartório; responsabilidade do escrivão: art. 803

VOTAÇÃO

- de quesitos em julgamento pelo júri: arts 485 a 491